바시슈타 요가

신이 신에게 가르침을 준
인류 최고의 지혜서

바시슈타
요가

스와미 벤까떼사난다 지음
김병채 옮김

 슈리 크리슈나다스 아쉬람

바가반 슈리 라마나 마하리쉬

I offer this Korean Edition
to the Lotus Feet of Sri Ramana Maharshi

축복의 말

『요가 바시슈타』는 인도철학에서 독특한 지위를 점하고 있는 책이다. 이 책은 실제적인 신비주의를 담고 있다는 점에서 매우 존경을 받고 있는 책이다. 이 위대한 경전을 연구만 해도 신 의식의 깨달음을 얻는 데 확실히 도움이 될 것이다. 최고의 행복을 얻으려는 구도자들에게 『요가 바시슈타』는 감로와 같은 것이다. 이 경전은 지혜의 보고가 담겨 있는 책이다. 슈리 냐네쉬바라의 『암리따누바바』처럼, 이 경전에서 보여 주고 있는 길은 영적으로 아주 높은 경지에 이른, 거의 싯다의 경지에 이른 사람들을 위한 것이다. 이 경전은 많은 이야기들과 예로 최고의 교의를 설명하고 있다. 철학자들뿐만 아니라 현대의 심리학자들과 과학자들은 확실히 이 경전 속에서 그들 자신의 발견들과 어떤 연관성을 발견할 것이다.

대부분의 경전들은 신이 자신의 헌신자들에게 설명한 것이지만, 『요가 바시슈타』는 신이 신 자신에게 설명한 것이다. 이 경전은 현자 바시슈타가 신 라마에게 전수한 가르침을 담고 있다. 여기에는 세상 창조에 대한 진정한 이해가 기술되어 있다. 『요가 바시슈타』의 철학은 까슈미르 쉐이비즘의 철학과 매우 유사하다. 그것의 주된 가르침은 물질적인 세상과 당신이 보고 있는 세상을 포함한 이 모든 것이 의식이라는 것이다. 이것은 절대적으로 진실한 것이다. 세상은 다름이 아닌 의식의 유희이다.

까슈미르 쉐이비즘의 10세기의 위대한 철학자 아비나와굽타는 "마음 안에 항상 고통치고 있는 독립적이며 순수한 참나인 쉬바는 여러 감각 경험들 안에서 즐거움으로 일어난 빠라샥띠이다. 그때 이 외부 세계의 경험은 참나로서 나타난다. 나는 이 삼사라라는 단어가 어디로부터 왔는지 모르겠다."라고 한때 말하였다. 이것은 또한 『요가 바시슈타』의 비할 바 없는 철학이기도 하다.

이 기념비적인 경전을 번역하는 데 있어서, 이 경전의 철학적 내용을 보통 사람들이 이해할 수 있도록 하기 위해서 스와미 벤까떼사난다는 많은 노력을 기울였다. 그렇게 함으로써, 그는 진리의 구도자들에게 큰 봉사를 하였다. 스와미지는 순수하며 지혜가 가득한 사람이다. 그러므로 이 지고의 요가의 작품을 번역하기에 적절한 인물이다.

이 경전이 읽는 독자들에게 진정한 지식을 가져오길.

스와미 묵따난다

목차

서문

이 책 『바시슈타 요가』는 원래 산스크리뜨로 쓰여 있던 유명한 베단따 경전이다. 이것을 스와미 벤까떼사난다가 간결한 설명을 덧붙여 영어로 번역하였다. 스와미 벤까떼사난다는 인도의 리쉬께시에 있는 신성한 삶의 사회(Divine Life Society)에 소속해 있다.

그의 또 다른 두 번역서인 신의 전기 『슈리마드 바가바땀』과 신의 노래 『바가바드 기따』에서처럼, 이 책에서도 글귀들을 일 년에 걸쳐서 매일의 생각으로 이어지는 묵주가 될 수 있도록 정리해 두었다.

『요가 바시슈타』는 수세기에 걸쳐 인도의 영적 구도자들이 애독해 온 책이다. 이 경전이 가진 특별한 매력은 철저한 이성적 접근 방법과 철학의 관점에서 베단따를 설명하고 있다는 점이다. 그럼으로써 이 경전은 『바가바드 기따』에서처럼, 포괄적이고 고상한 영성을 통해, 인간의 삶 속에 있는 성스러움과 속됨, 행위와 사고 사이에 놓인 장벽을 이어준다. 이 경전을 읽는 독자는 이성의 중요성을 강조하는 다음과 같은 글을 접할 것이다.

이성에 일치한다면, 어린 소년의 말이라도 수용해야 하고, 그렇지 않다면,

창조주 브람마가 말했더라도 지푸라기 대하듯 거부하라.

현대를 살아가는 이들이 세상에 빠진 자신을 구하여, 창조적 삶과 성취라는 드높은 길로 가기 위해 필요한 것은 바로 이성적이고 실제적인 포괄성을 띤 영성주의의 철학이다.

요가와 베단따가 주는 삶의 메시지를 동서양에 전하기 위해 수십 년을 지치지 않고 일해 온 스와미 벤까떼사난다는, 그의 위대한 두 책의 번역에 이어 『바시슈타 요가』를 번역함으로써 널리 멀리까지 영적 구도자들에게 도움을 주고 있다.

스와미가 번역한 세 권의 책을 출간하고, 삶을 주는 사상, 우리를 정화시키는 사상, 영감을 주는 영원한 인디아, 아마뜨 바라뜨(Amat Bharat)의 사상을 널리 보급할 수 있도록 도와 준, 남아프리카 칠턴 요가 협회는 이 책을 읽는 독자들이 드리는 무언의 감사를 받을 자격이 있다.

스와미 랑가나타난다

소개

　학자들은 이 불후의 경전을 지은 저자와 그 학문적인 중요성에 대해 생각한다. 신의 축복으로 그들이 성공하기를 바란다.

　『바시슈타 요가』는 영적인 깨달음과 참된 진리를 직접적으로 경험하는 데 있어서 최고의 도움을 준다. 그것은 확실하다. 독자들이 원하는 것이 이것이라면, 여러분이 『바시슈타 요가』에 오는 것을 환영한다.

　이 책은 반복이 많다. 하지만 그것들은 단순한 반복이 아니다. 독자들이 반복을 싫어한다면, 다음 글귀를 읽어 보라.

　하늘의 푸름이 시각적인 환영인 것처럼 이 세상의 모습 역시 혼동이다. 마음이 세상에 거주하지 않게 하는 것이 아니라, 세상을 무시하는 것이 낫다고 나는 생각한다.

　이 글귀는 경전에 여러 번 나타나며, 아주 근본이 되는 가르침인 듯하다.

　그것이 명확하지 않다면 경전을 읽어 보라. 이러한 진리가 표현되는 여러 방법으로 여러분의 마음은 문을 열 것이다.

하루에 한 쪽만을 읽는 것이 현명하다. 이곳의 가르침은 혁명적이다. 한쪽으로 치우친 마음은 그 가르침을 선뜻 받아들이지 못할 것이다. 매일 이 책을 읽은 후 명상하라. 이 책의 메시지가 독자들에게 스며들도록 하소서.

* * * * * * * *

까마귀가 야자나무에 내려앉는 순간, 익은 야자열매가 나무에서 떨어진다는 말인 까까딸리야는 이 경전에서 종종 나타나는 표현이다. 인과 관계가 없는데도 이처럼 관련 없는 두 사건이 시간과 공간에서는 관련되는 것처럼 보인다.

삶은 그렇다. '창조' 역시 그렇다. 하지만 '왜'라는 논리적 물음에 갇힌 마음은 스스로를 만족시키기 위하여 '왜'와 '이유'를 만든다. 그러면서 편리에 따라 지성적 마음을 아직 따라다니는 불편하게 하는 질문을 무시하기도 한다.

바시슈타는 마음과 그것의 움직임, 그것의 개념들, 그것의 추리, 추측하는 원인과 투사된 결과, 관찰 대상과 관찰 등 이러한 것들을 무한한 의식으로서의 분리할 수 없는 통일성의 관점에서 직접적으로 보기를 요구한다.

그것이 스스로를 지고의 것이라고 말하는 이 경전의 독특함이다.

이 경전을 통하지 않으면, 지금이나 어느 때라도 선한 것을 얻을 수 없을 것이다. 그러므로 지고의 진리를 완벽하게 깨우치기 위해서는 이 경전을 열심히 연구해야 할 것이다.

하지만 지고의 것은 책이나 현인이 아니라 가르침이다. 그러므로 바시슈타는 감히 이렇게 말한다.

하지만 만약 누군가가 이 경전이 인간으로부터 기원한 것이기에 믿을 만하지 않다고 느낀다면, 참나 지식이나 궁극의 해방을 다루는 다른 경전들을 읽을 수 있다.

어느 경전을 택했든지 어떤 길을 택했든지에 상관없이, 심리적 조건

화가 완전히 멈출 때까지는 멈추지 말라. 그러므로 바시슈타는 구도자
에게 다음의 내용을 간곡히 타이른다.

매일 이 경전을 조금이라도 읽어라. 이 경전의 아름다움은 이 경전을 배우
는 이들을 절망 속에 내버려두지 않을 것이라는 점이다. 처음에는 명확하지
않을지라도, 깊이 연구하면 그 모든 것이 명확해질 것이다.

기도

야따하 사르바니 부따니 쁘라띠반띠 스티따니 짜
야뜨리이뵤 빠샤맘 얀띠 따스마이 샤뜨야뜨마네 나마하(1)

냐따 냐남 따타 즈네얌 드라슈따 다르샤나 드르슈야부흐
까르따 헤뚜후 끄리야 야스마뜨 따스마이 얍쁘뜨야뜨마네 나마하(2)

스푸란띠 씨까라 야스마드 아난다스얌바레 바나우
사르베샴 지바남 따스마이 브람마난다뜨마네 나마하(3)

모든 원소들,
마치 독립적인 존재들인 것처럼 빛나는 생물과 무생물들,
그것 속에 그것들이 잠시 존재하다가 다시 그것 속으로 들어가는
그 실재에게 경배를.

아는 자와 앎과 대상, 보는 자와 봄과 대상,
행위자와 행과 행위라는 세 구분의 원천인
의식에게 경배를.

모든 존재의 삶의 행복과 피어남이
그 희열의 바다로부터
물보라를 일으키며 소나기를 내려 주는
절대 희열의 바다에 경배를.

제1부

초연에 관하여

현자 수띡슈나가 현자 아가스띠야에게 물었다.

현자시여! 일과 지식 둘 중 어느 것이 해방에 도움이 됩니까? 이 해방이라는 의문점에 대해 저를 일깨워 주십시오.

아가스띠야가 대답했다.

실로 새는 양 날개가 있기에 날 수 있습니다. 이와 마찬가지로 일과 지식, 이 둘이 함께 해야 해방이라는 지고의 목표에 이를 수 있습니다. 정말이지 일만으로 혹은 지식만으로는 해방에 이를 수 없습니다. 그러나 이 둘이 함께 하면 해방으로 가는 방법이 됩니다. 그대의 질문에 대한 답이 되는 전설을 하나 말할 테니 들어 보십시오. 옛날 까룬야라는 이름의 젊은이가 있었는데, 그는 아그니베슈야의 아들이었습니다. 신성한 경전들을 통달하고 그 요지를 이해한 후, 이 젊은이는 삶에 대해 냉담해져 버렸습니다. 이를 보고, 아그니베슈야는 일상의 의무들을 하지 않는 이유를 아들 까룬야에게 물었습니다. 이에 아들 카룬야가 대답했습니다. "경전의 한편에서는 죽을 때까지 경전에서 지시하는 것들을

해야 한다고 말하고, 또 다른 한편에서는 불멸은 모든 행위를 포기할 때
만 이루어질 수 있다고 하지 않습니까? 오, 나의 구루이시며 아버지시
여! 이 두 가르침에 잡혀 있는 저는 무엇을 해야 합니까?" 이렇게 말하
고, 젊은이는 조용히 있었습니다.

아그니베슈야가 말했습니다.

나의 아들아! 옛 전설을 들려 줄 터이니 들어 보아라. 그 전설이 지니
고 있는 교훈을 생각하고, 그러고 나서 네가 하고 싶은 대로 하라. 옛날,
수루찌라는 천상의 요정이 히말라야의 봉우리에 앉아 있다가 신들 중
의 왕인 인드라의 사신이 재빨리 지나가는 것을 보았다. 그 이유를 묻
자, 그 사신은 다음과 같이 자신의 임무를 말했다. "아리슈따네미라는
현자 왕이 왕국을 아들에게 물려주고, 간다마다나 언덕에서 놀라운 금
욕 생활을 했다. 이를 보고, 인드라께서 내게 요정들과 함께 가서 그를
천국으로 데려오라고 하셨다. 그러나 현자 왕은 천국의 장단점을 알고
싶어 했다. 나는 다음과 같이 대답했다. 천국에서는 경건한 자들 중 최
고, 중간, 최하인 이들이 자신에게 맞는 적절한 보상을 받습니다. 그러
나 지닌 공덕의 열매가 고갈되면, 그들은 다시 인간 세상으로 되돌아갑
니다. 이 말을 듣자 현자 왕은 인드라가 있는 천국으로의 초대를 거절했
다. 인드라는 다시 한 번 나를 그 현자 왕에게 보내, 그 초대를 거절하기
전에 현자 발미끼의 조언을 구한 후에 결정하라는 말을 하라고 하였다.

그래서 현자 왕은 현자 발미끼에게 소개되었다. "탄생과 죽음을 없애
는 가장 좋은 방법이 무엇입니까?"라고 현자 왕은 물었다. 그에 대한 답
으로 발미끼는 라마와 바시슈타 간의 대화를 말해 주었다.

발미끼가 말하였다.

"나는 구속되어 있다. 나는 해방되어야만 한다."라고 느끼며 그리고

완전히 무지하지도 않고 완전히 깨닫지도 못한 자는 라마와 바시슈타 간의 대화인 이 경전을 공부하기에 적격입니다. 이야기 형태로 되어 있는 이 경전에서 제시되는 해방의 방법을 숙고하는 이는 틀림없이 삶과 죽음이라는 반복적인 윤회로부터 해방될 것입니다.

나는 일찍이 라마의 이야기를 만들어, 나의 사랑하는 제자인 바라드바자에게 전하였습니다. 바라드바자가 메루 산에 갔을 때 그 이야기를 창조주 브람마에게 들려주었습니다. 이 이야기를 듣고 몹시 기뻐하여, 브람마는 바라드바자에게 부탁을 하나 들어주겠다고 했습니다. 바라드바자는 "모든 인간이 불행에서 자유로워지게 하소서."라는 부탁을 하면서 브람마에게 이것을 성취할 수 있는 가장 좋은 방법을 찾아 달라고 간청하였습니다.

"현자 발미끼에게로 가서 라마의 숭고한 이야기를 계속해 달라고 청하라. 그 이야기를 듣는 이들은 무지라는 어둠에서 자유로워질 수 있다."고 브람마가 바라드바자에게 말했습니다. 여기서 그치지 않고, 브람마는 바라드바자를 손수 나의 거처로 데려왔습니다.

경배를 받고 브람마가 내게 말하였습니다. "현자여! 라마에 대한 당신의 이야기는 인간이 삼사라(반복되는 삶)의 바다를 건너게 해 주는 뗏목이 될 것이다. 그러니 그 이야기를 계속하여 잘 끝맺어 주기 바란다." 이렇게 말하고 나서, 창조주는 바로 그곳에서 사라졌습니다.

브람마의 갑작스런 요구에 당황하여, 나는 현자 바라드바자에게 방금 브람마가 말했던 것을 나에게 설명해 달라고 했습니다. 바라드바자는 브람마의 말을 반복했습니다. "브람마는 모든 이들이 슬픔을 넘어갈 수 있게 해 줄 라마의 이야기를 당신이 해 주기를 원하십니다. 오, 현자시여! 나 역시 청하오니, 라마, 락슈마나와 다른 형제들이 슬픔에서 풀려 난 방법을 상세히 말하여 주십시오."

나는 라마, 락슈마나, 다른 형제들, 그들의 부모, 왕궁 사람들이 자유를 얻게 된 비밀을 바라드바자에게 들려주었습니다. 그리고 바라드바자에게 다음과 같이 말했습니다. "젊은이여! 그대가 그들처럼 산다면, 그대 또한 지금 여기에서 슬픔으로부터 자유로워질 것이다."

발미끼는 계속 말했다.

이 세상의 모습은 하나의 혼란이다. 그것은 하늘의 푸름이 시각적인 환영에서 온 것과 같다. 마음이 세상을 생각하지 않고 무시하는 것이 더 낫다고 생각한다. 세상의 모습은 진짜가 아니라는 확신이 생긴 다음에야 슬픔으로부터 자유도, 진정한 본성에 대한 깨달음도 가능하다. 그리고 이 확신은 이 경전을 부지런히 공부할 때 생긴다. 그때서야 외부 세상은 실재와 비실재의 혼란에서 온다는 굳은 확신이 온다. 따라서 이 경전을 공부하지 않는다면, 진정한 지식은 수백만 년이 지나더라도 생기지 않을 것이다.

목샤 즉 해방은 모든 바사나(마음의 조건화)를 조금도 남김없이 완전히 버리는 것이다. 마음의 조건화에는 두 가지 유형, 즉 순수한 것과 순수하지 못한 것이 있다. 순수하지 못한 것은 출생의 원인이 되며, 순수한 것은 출생으로부터 자유롭게 한다. 순수하지 못한 것은 무지와 자아감을 말한다. 이것들은 말하자면 재탄생이라는 나무의 씨앗이다. 반면에 이 씨앗을 버리면, 단지 육체를 지탱하고 있을 뿐인 마음의 조건화는 순수한 본성이 된다. 그러한 마음의 조건화는 살아 있는 동안 해방된 이들에게조차도 존재하고 있다. 그것이 현재의 동기가 아닌, 과거의 추진력으로 남아 유지되고 있다. 그러므로 그것은 재탄생으로 나아가게 하지 않는다.

라마가 어떻게 해방된 현인의 깨달은 삶을 살았는지 말해 주겠다. 이를 알면, 늙음과 죽음에 관련된 모든 오해에서 그대는 자유로워질 것이다.

스승의 거처에서 돌아오자, 라마는 아버지의 궁전에서 다양한 방법으로 즐기며 기거했다. 온 나라를 여행하면서 성스러운 순례지들을 방문하고픈 열망에 차서, 라마는 아버지가 있는 곳을 찾아가 순례를 허락해 달라고 청했다. 왕은 순례를 시작하기에 좋은 길조의 날을 받았다. 바로 그날, 가족의 웃어른들이 주는 사랑이 깃든 축복을 받은 후에 라마는 길을 떠났다. 라마는 그의 형제들과 함께 히말라야에서 시작해 아래쪽으로 온 나라를 여행하였다. 그리고 온 나라 사람들의 기쁨을 받으며 수도로 돌아왔다.

발미끼는 계속 말했다.

궁전으로 돌아오자 라마는 아버지, 현자 바시슈타, 연장자들, 신성한 이들에게 공손히 절했다. 아요드야 시 전역은 8일 동안 축제를 하며 순례에서 돌아온 라마의 귀환을 축하했다.

얼마 동안 라마는 궁전에서 일상적인 의무들을 행하며 살았다. 그러나 곧 이상한 변화가 그를 찾아왔다. 라마는 수척해지며 창백하고 허약해져 갔다. 사랑하는 아들에게 생긴 모습과 행동의 갑작스럽고 까닭 모를 변화에 다샤라타 왕은 걱정스러웠다. 건강을 물어볼 때마다 라마는 괜찮다고 했다. "사랑하는 아들아! 걱정거리가 뭐냐?"고 물으면, 라마는 공손하게 "없습니다, 아버지!"라고 대답하고는 침묵하였다.

할 수 없이 다샤라타 왕은 답을 구하러 바시슈타에게 갔다. 현자는 수수께끼 같은 대답을 주었다. "라마가 지금처럼 된 데는 분명 몇 가지 이유가 있습니다. 이 세상에도 원인이 있기 전에는 커다란 변화가 일어나지 않듯이, 우주 원소들에서도 분노, 낙심, 기쁨 같은 변화는 적당한 원인이 없다면 고상한 사람들의 행동에 나타나지 않는 법입니다." 다샤라타 왕은 더 이상 답을 구하려 하지 않았다.

얼마 되지 않아, 세상에 널리 알려진 현자 비슈바미뜨라가 궁전에 도착했다. 이 신성한 방문 소식을 들은 왕은 달려가 그를 맞았다. 다샤라타 왕은 말했다. "현자시여! 어서 오십시오. 어서 오십시오. 저의 초라한 처소를 찾아 주시니 몹시 기쁩니다. 이것은 장님에게 눈을 뜨게 해 주는 것과 같고, 메마른 땅에 비를, 아이를 갖지 못하던 여자에게 아들을, 죽은 자에게 부활, 잃어버린 재산을 되찾게 해 주는 것과 같으니 저에게는 환영할 만한 일입니다. 현자시여! 당신을 위해 제가 무엇을 하면 되겠습니까? 당신이 원하는 것이 무엇이든지 간에, 그것은 이미 이루어질 것입니다. 당신은 존경받아야 할 신성한 존재이십니다. 저는 당신의 분부대로 하겠습니다."

발미끼가 계속했다.

비슈바미뜨라는 다샤라타 왕의 말을 듣고 기뻐하며 자신의 임무를 알려 주었다. 그는 왕에게 다음과 같이 말했다.

"오, 왕이시여! 종교 의식을 끝내는 데 도움이 필요합니다. 종교 의식을 할 때마다 카라와 두샤나를 따르는 악마들이 이 신성한 곳에 침입하여 그것을 더럽히고 있습니다. 종교 의식의 맹세로 인해, 그들을 저주할 수도 없습니다.

당신께서 나를 도울 수 있습니다. 당신의 아들 라마는 쉽게 이 악마들을 다룰 수 있습니다. 이 도움에 대한 답례로, 전례 없는 영광을 당신에게 가져다줄 많은 축복을 라마에게 주겠습니다. 왕께서 아들에 대한 집착으로 의무에 대한 헌신을 저버리지 않기 바랍니다. 이 세상에서 숭고한 이들은 자신의 수입을 초과하는 선물은 생각하지 않는 법입니다.

당신이 '예'라고 말하는 바로 그 순간, 나는 악마들이 죽었다고 여길 것입니다. 나는 현자 바시슈타와 이 왕궁에 있는 다른 신성한 분들처럼 라마가 누구인지 알고 있기 때문입니다. 더 이상 미루지 마십시오. 왕이시여! 지체 말고 라마를 저와 함께 보내십시오."

이 내키지 않는 청을 듣고, 왕은 잠시 멍해져서 조용히 있었다. 그러고는 대답했다. "오, 현자시여! 라마는 아직 열여섯 살도 되지 않아서 싸움을 견딜 만한 자격이 되지 않습니다. 라마는 궁전 안의 싸움을 제외하면 싸움을 본 적도 없습니다. 제가 당신과 동행하게 해 주십시오. 제가 거느리고 있는 수많은 군사들이 당신과 동행하여 악마들을 물리치게 해 주십시오. 그러나 저는 라마와는 떨어질 수 없습니다. 모든 생물이 자식을 사랑하는 것은 자연스러운 것이 아닙니까? 심지어 현명한 이들도 자식에 대한 사랑으로 인해 특별한 행동을 하지 않습니까? 그리고 자식을 위해 행복, 배우자, 재산을 포기하지 않습니까? 예, 저는 라마와 떨어질 수 없습니다.

힘센 악마 라바나에 대해 들어 본 적이 있습니다. 그는 당신의 종교 의식을 방해하는 원인이 아닙니까? 그런 경우라면 당신을 도울 수 있는 것은 없습니다. 왜냐하면 저는 신들조차 악마 라바나에게는 무력하다는 것을 알고 있기 때문입니다. 시간이 되면 다시 그런 강한 존재들이 이 세상에 나타났다가, 시간이 지나면 이 세상이라는 무대를 떠나갑니다."

비슈바미뜨라는 화가 났다. 이를 보고, 현자 바시슈타가 나서서 왕에게 그의 약속을 철회하지 말고 라마를 비슈바미뜨라와 함께 보내라고 설득하였다. "왕이시여! 왕께서 약속을 철회하는 것은 어울리지 않습니다.

왕은 올바른 행동의 표본이 되어야 합니다. 지극히 강하며, 많은 무적의 무기를 지닌 비슈바미뜨라의 보호 속에서 라마는 안전할 것입니다."

발미끼는 계속했다.

스승 바시슈타의 바람에 따라, 다샤라타 왕은 시종에게 라마를 데려오게 했다. 시종이 돌아와 라마가 곧 올 것이라 전하고 덧붙였다. "왕자님은 낙심한 듯하고 동행하는 것을 피하십니다." 이 말에 당황한 다샤라타 왕은 라마의 시종을 보고 라마의 마음과 건강 상태에 대해 알려 달라고 했다.

시종은 눈에 띄게 곤란해 하고는 말했다.

"왕이시여! 순례에서 돌아온 후로 심각한 변화가 왕자님께 일어났습니다. 왕자님께서는 목욕과 신을 숭배하는 일에조차 관심이 없는 듯 보이셨습니다. 왕자님께서는 궁전 안의 사람들과 어울리는 것을 즐기지 않습니다. 보석이나 귀한 돌에도 관심이 없으십니다. 매혹적이며 기쁨을 주는 대상이 주어져도 슬프고 무관심한 눈으로 그것을 봅니다. 궁전의 무희들을 고문자라고 생각하시고 쫓아 버리십니다! 마치 귀머거리나 벙어리처럼 자동적으로 먹고, 걷고, 쉬고, 씻고, 앉아 있을 뿐입니다. 종종 혼자 중얼거리시기도 합니다. '재산이나 명예가 무슨 소용이며, 재난이나 집이 무슨 소용이 있는가? 이 모든 것은 실재하는 것이 아니다.'라고요. 왕자님께서는 대부분의 시간을 침묵으로 보내시며 여흥에도 즐거워하지 않으십니다. 고독만을 즐기고 있습니다. 항상 자신의 생각 속에 잠겨 있습니다. 무엇이 왕자님을 찾아온 것인지, 마음속에 무슨 생각을 하고 있는지 저희는 모릅니다. 날마다 왕자님께서는 더욱 쇠약해 가십니다.

반복해서 왕자님은 혼자 노래합니다. '아! 우리는 지고의 것에 도달하려 하지 않고 삶을 여러 가지 면으로 낭비하고 있다! 자신이 고통을 받으며 모자란다고 큰 소리로 울부짖지만, 진지하게 고통과 궁핍의 원인에서 벗어나려고 애쓰지는 않는다.' 이것을 모두 보고 들으며, 보잘것 없는 하인에 불과한 저희들은 모두 낙심했습니다. 우리는 어떻게 해야 할지 모르겠습니다. 왕자님께서는 희망이나 열정을 빼앗기고, 어떤 것에도 집착하거나 의지하지 않고 있습니다. 미치거나 정신을 다른 곳에 빼앗긴 것은 아닙니다. 무지한 것도 아닙니다. 그러나 때때로 왕자님께서는 의기소침하여 자살을 생각하고 있는 것처럼 보이기도 합니다. '재산, 어머니, 모든 관계가 무슨 소용이 있는가? 왕국이 무슨 소용이 있으며 이 세상의 욕망이 다 무슨 소용이 있는가?'라고 중얼거리십니다. 왕이시여! 왕께서만이 왕자님의 지금 상황에 맞는 적절한 치료법을 찾으실 수 있습니다."

비슈바미뜨라가 말했다.

그런 경우라면 라마를 여기로 오게 하라. 그의 상태는 기만의 결과가 아닌, 지혜와 공평으로 가득한 것이며, 그것은 깨달음을 지칭하는 것이다. 그를 여기로 데리고 오면 우리가 낙담을 없애 줄 것이다.

발미끼가 말했다.

그래서 왕은 시종에게 라마를 궁전으로 데려오게 했다. 그 동안 라마는 아버지를 만날 채비를 했다. 멀리서 그는 아버지와 현자들을 보고는 인사했다. 어리지만 성숙함이 가지는 평화로움으로 빛나는 라마의 얼굴을 그들은 볼 수 있었다. 라마는 왕의 발에 절했다. 왕은 그를 포옹하여 맞이한 후, 일으켜 세우면서 말했다. "왜 그리 슬퍼하느냐, 나의 아들아! 의기소침함은 불행을 맞아들이는 초청장과 같은 것이다." 현자 바시슈타와 비슈바미뜨라도 왕의 말에 동의했다.

라마가 말했다.

신성한 분이시여! 질문에 답하겠습니다. 저는 아버지의 집에서 행복하게 자랐습니다. 저는 훌륭한 선생님들로부터 교육도 받았습니다. 최근에는 순례를 갔었습니다. 이 기간 동안 한 생각이 저를 사로잡았는데, 그것이 이 세상의 모든 희망을 저로부터 앗아갔습니다. 제 가슴이 질문하기 시작합니다. 사람들은 무엇을 행복이라 부르며, 그것이 이 세상의 늘 변화하는 대상들 속에서 견딜 수 있는 것인가? 이 세상의 모든 존재들은 죽기 위해 태어나고, 태어나려고 죽는 것이 아닌가! 모든 고통과 죄악의 근원인 이런 덧없는 현상 안에서는 의미가 보이지 않습니다. 관련 없는 존재들이 함께 모여 있습니다. 그리고 마음은 그 사이에 관계를 만듭니다. 이 세상의 모든 것은 마음과 마음의 자세에 달려 있습니다. 고찰해 보면, 마음 자체가 실재가 아닌 듯합니다! 그러나 우리는 그것에 사로잡혀 있습니다. 우리는 갈증을 채우려고 사막의 신기루를 좇아 달리는 것 같습니다.

스승이시여! 확실히 우리는 팔린 노예가 아닙니다. 그러나 우리는 자유가 없는 노예와 같은 삶을 살고 있습니다. 진리에 무지한 채, 우리는 세상이라는 숲 속을 목적 없이 방황해 왔습니다. 이 세상은 무엇입니까? 존재하고 자라고 죽는 것은 무엇입니까? 이러한 고통은 어떻게 끝나는 겁니까? 눈물을 흘리는 것은 아니지만 제 가슴은 슬픔으로 피를 흘립니다.

라마는 계속해서 말했다.

오, 현자시여! 무지한 자들을 미혹시키는 재산도 똑같이 쓸모가 없습니다. 지속되지 못하고 덧없는 부는 상당한 걱정거리를 낳고 더 많은 것을 향한 탐욕만을 낳을 뿐입니다. 부는 사람을 차별하는 척도가 되지 않습니다. 착한 사람이나 악한 사람이나 모두 부유해질 수 있기 때문입니다. 그러나 가슴이 부를 추구하려는 열정으로 딱딱해지기 전까지만, 사람들은 선하고 열정적이며 다정다감합니다. 부는 현명한 학자, 영웅, 감사를 받는 사람, 영리하며 온유하게 말하는 사람의 가슴조차 오염시킵니다. 부와 행복은 함께 할 수 없습니다. 부유한 자에게 그를 중상 모략하는 경쟁자나 적이 없는 것은 드문 일입니다. 올바른 행동이라는 연꽃에게는 부유함이란 밤입니다. 슬픔이라는 하얀 연꽃에게는 부유함이란 달빛입니다. 선명한 통찰이라는 등불에게는 부유함이란 바람입니다. 미움이라는 물결에게는 부유함이란 홍수입니다. 혼란의 구름에게는 부유함이란 그에 유리한 바람입니다. 낙심이라는 독에게는 부유함이란 증상을 악화시키는 약입니다. 부유함은 사악한 생각의 독사와 같으며, 고뇌에 두려움을 더합니다. 그것은 냉정하고 비열한 자를 파괴하는 눈덩이입니다. 그것은 악한 욕망이라는 올빼미에게는 황혼입니다. 그것은 지혜라는 달이 월식이 되는 것입니다. 부유함이 존재할 때 사람의 선한 본성은 움츠러듭니다. 사실, 부는 죽음에 의하여 이미 선택받은 자들을 찾습니다.

오, 현자시여! 사람의 일생 역시 그러합니다. 사람의 일생은 나뭇잎 위에 떨어지는 물방울처럼 짧습니다. 짧은 일생은 참나 지식을 가진 사람들에게만 가치 있는 것입니다. 우리는 바람을 감쌀 수도, 공간을 가를 수도, 파도들을 묶어 화환으로 만들 수도 있지만, 일생 위에 믿음을 고정시킬 수는 없습니다. 사람은 짧은 수명을 늘리려는 헛된 노력으로 더 많은 슬픔을 느끼며 또 고통의 기간도 늘리고 있습니다. 참나 지식을 얻기 위해 노력하는 이만이 삶을 살고 있습니다. 이것만이 세상에서 얻을 가치가 있으며, 이것에 의해 미래의 탄생이 끝날 것입니다. 여기서 여러 사람들은 당나귀처럼 존재합니다. 어리석은 자에게는 경전을 아는 것은 짐이며, 욕망으로 가득 찬 자에게는 지혜조차 짐이며, 휴식 없는 자에게는 자신의 마음도 짐이며, 참나 지식이 없는 자에게는 육체(일생)도 짐입니다.

시간이라는 쥐는 쉬지 않고 인생을 갉아먹습니다. 질병이라는 흰개미는 살아 있는 존재의 바로 그 생명의 핵을 먹고(파괴하고) 있습니다. 쥐를 잡으려는 고양이가 항상 주의 깊고 준비된 자세로 쥐를 지켜보듯이, 죽음도 이 일생을 늘 지켜보고 있습니다.

라마는 계속했다.

신성한 분이시여! 자기중심이라고 알려진 지혜의 무서운 적이 오는 것을 알면, 저는 당황스럽고 두렵습니다. 그것은 무지의 어둠 속에서 나타나 무지 속에서 번성합니다. 그것은 끝없는 죄스러운 경향과 행동을 만듭니다. 모든 고통은 확실히 자기중심의 주위를 맴돕니다. 그리고 자기중심이 정신적 고통의 유일한 원인입니다. 자기중심은 제 최악의 병이라고 생각합니다! 세상이 주는 즐거움의 대상 사이에 퍼진 채, 살아 있는 존재를 옭아매는 것도 바로 자기중심입니다. 정말로 이 세상의 모든 끔찍한 재난들은 자기중심에서 생겨납니다. 자기중심은 자기 통제력을 떨어뜨리고, 덕을 파괴하며, 평정을 흐리게 합니다. "나는 라마다."라는 자아적인 생각을 없애고 모든 욕망을 제거함으로써, 저는 자신 안에서 쉬고 싶습니다. 저는 자기 본위의 생각으로 행한 일들은 모두 헛된 것이라는 것을 알게 되었습니다. 자아 없음이야말로 진리입니다. 자아의 영향 아래 있으면, 저는 불행합니다. 자아가 없을 때, 저는 행복합니다. 자아는 갈망을 부추깁니다. 자아가 없으면 갈망이 사라집니다. 자아는 이유도 까닭도 없이 가족과 사회관계의 망을 퍼트려, 그 결과로 조심성 없는 영혼을 함정에 빠뜨립니다. 제게는 자아가 없다고 생각합니다. 하지만 저는 아직도 비참합니다. 청하건대 저를 일깨워 주십시오.

성스러운 분들에 대한 봉사를 통해 얻은 은총이 부족한 채로, 불순한 마음은 바람처럼 쉴 새 없이 흔들리고 있습니다. 무엇을 얻더라도 만족하지 못하며 나날이 더욱 불안스럽습니다. 체는 물로 가득할 수 없습니다. 그처럼 마음도 세상의 대상을 아무리 많이 얻는다 해도 만족에 이를 수는 없습니다. 마음은 항상 모든 방향으로 날아다니지만 어디에서도 행복을 찾을 수 없습니다. 지옥에서 얻을 커다란 고통의 가능성은 염두에 두지 않고, 마음은 이곳에서 즐거움을 찾아 나서지만 그것을 얻지 못합니다. 우리 안의 사자처럼 마음은 늘 불안하고, 자유를 잃었으며, 현 상태에 즐거워하지 않습니다. 아, 신성한 분이시여! 저는 갈망이라는 매듭 때문에 마음이 펼친 그물에 묶여 있습니다. 쏟아지는 강물이 둑 위의 나무를 뿌리째 뽑듯, 불안한 마음은 제 온 존재를 앗아갔습니다. 저는 마음 때문에 바람 속의 마른 나뭇잎처럼 흩날립니다. 마음은 저를 어디서도 쉴 수 없게 합니다. 이 세상의 모든 대상들을 있게 하는 원인은 바로 마음입니다. 마음이라는 것 때문에 삼계가 존재합니다. 마음이 사라지면 세상 또한 사라집니다.

라마가 계속했다.

갈망이 마음을 사로잡으면 수많은 실수가 무지의 어둠 속에서 일어난다는 것은 정말입니다. 이 갈망은 달콤함이나 부드러움 같은, 마음과 가슴의 선하고 숭고한 성질을 고갈시켜 저를 메마르고 잔인하게 만듭니다. 그런 어둠 속에서 각기 다른 모습의 갈망들이 마귀처럼 춤을 춥니다.

이런 갈망을 억제하려고 여러 방법들을 써 본다 해도, 갈망은 순식간에 저를 누르고 강풍이 지푸라기를 날려 버리듯이 저를 무기력하게 합니다. 제가 평정과 그런 자질들을 발전시키려는 어떤 희망을 가질지라도, 쥐가 실을 자르듯 갈망은 그 희망을 끊어 버립니다. 그래서 저는 갈망의 바퀴에 힘없이 사로잡히게 됩니다. 그물에 걸린 새처럼 우리는 날수 있는 날개가 있어도 참나 지식이라는 목표나 거주지로 날아갈 수 없습니다. 제가 감로주를 단숨에 마시더라도 이러한 갈망은 걷잡을 수 없습니다. 이러한 갈망의 특징은 방향이 없다는 것입니다. 그것은 저를 지금은 어떤 방향으로 데려갔다가 곧 다른 방향으로 내몰아 버립니다. 마치 미친 말처럼 말입니다. 그것은 자식, 친구, 아내, 다른 관계들에 얽힌 채 우리 앞에 펼쳐져 있습니다.

제가 영웅이라 할지라도, 이 갈망이라는 것은 저를 두려움에 떠는 겁쟁이로 만듭니다. 볼 수 있는 눈이 있다 할지라도, 그것은 저를 장님으로 만듭니다. 제가 기쁨으로 가득 차 있어도, 그것은 저를 불행하게 만듭니다. 그것은 무서운 악귀와도 같습니다. 모든 구속과 불행의 책임은 바로 이 무서운 악귀 같은 욕망에 달려 있습니다. 그것은 사람의 가슴을 부수고 그 안에 미혹을 일으킵니다. 이 마귀에 사로잡히면, 그의 영향력 안에 있는 즐거운 것에도 기쁨을 느끼지 못합니다. 갈망이 행복을 위한 것처럼 보이지만, 이것은 이 삶에서 행복이나 결실로 나아가게 하지 않습니다. 이와는 반대로 갈망은 헛된 노력만 하게 하고 또 온갖 불행으로 나아가게 할 뿐입니다. 행복하고 불행한 상황들이 연기되는 삶이라는 무대를 장악할 때에도, 늙은 여배우 같은 이 갈망은 선하고 고귀한 것은 연기하지 못하고 모든 경우에 패배와 고통을 겪습니다. 그러나 갈망은 무대 위의 춤을 그만두지는 않습니다.

갈망은 방금 하늘까지 올랐다가, 곧 세상의 깊은 곳으로 들어갑니다. 갈망은 늘 쉬지 않습니다. 왜냐하면 그것은 마음의 공허에 바탕을 두고 있기 때문입니다. 마음에서 지혜의 빛이 순간적으로 빛나면, 다음 순간은 혼란이 찾아옵니다. 현자들이 참나 지식이라는 칼로 이것을 끊을 수 있는지는 의문입니다.

라마가 계속했다.

정맥, 동맥, 신경계로 이루어진 가엾은 이 몸 역시 고통의 원천입니다. 느릴 때, 그것은 지적으로 보이기도 합니다. 몸이 지각이 있든 없든, 몸은 환영만을 만든다는 것을 사람들은 알지 못합니다. 작은 만족에 기뻐하고 작은 불행에도 침울해 하는 이 몸은, 사실상 지극히 경멸할 만합니다.

저는 나무를 몸에 비유할 수 있습니다. 가지는 팔에, 줄기는 가슴에, 구멍은 눈에, 열매는 머리에, 나뭇잎은 수많은 질병에 비유할 수 있습니다. 몸은 살아 있는 존재들을 위한 쉼터입니다. 누가 몸을 자신의 것이라 말할 수 있겠습니까? 그에 연관된 희망이나 절망은 부질없는 것입니다. 몸은 탄생과 죽음의 바다를 건너기 위해 사람에게 주어진 배일 뿐입니다. 몸을 자신이라고 여겨서는 안 됩니다.

몸이라는 이 나무는 삼사라(반복되는 존재)로 알려진 숲에서 태어납니다. 쉴 새 없이 움직이는 원숭이(마음)는 나무 위에서 놉니다. 나무는 귀뚜라미(근심)의 거처이며, 곤충(끝없는 고통)은 나무를 계속 먹어 댑니다. 나무는 독뱀(욕망)에게 은신처가 되고, 야생 까마귀(분노)도 그 위에서 지냅니다. 나무 위에는 꽃(웃음)도 있고, 그 열매는 좋기도 하고 나쁘기도 합니다. 바람(생명의 힘)이 나무에 활기를 주는 듯합니다. 나무는 새(감각)를 부양하고 여행자(갈망과 욕망)가 나무에 출입을 하기도 하는데, 이것은 그것이 쾌락의 그늘을 제공하기 때문입니다. 무서운 독수리(에고이즘)가 그 위에 앉기도 합니다. 그것은 공허하며 속이 비었습니다. 그것은 확실히 행복을 제공하지 못합니다. 오래 살든 짧게 살든 그것은 여전히 쓸모없습니다. 그것은 살과 피로 이루어져, 늙고 죽게 되어 있습니다. 저는 그것에 전혀 매력을 느끼지 못합니다. 그것은 순수하지 못한 물질로 가득하며, 무지로 인해 시달립니다. 그것이 어떻게 제 희망을 성취시켜 주겠습니까?

이 몸은 질병의 본거지이며, 정신적 압박의 무대이고, 감정과 정신을 변화시킵니다. 저는 그것에 매력을 느낄 수 없습니다. 부, 왕국, 몸이 무엇입니까? 시간(죽음)은 이 모든 것을 잔인하게 절단해 버립니다. 죽음에 이르면, 배은망덕한 몸은 자신 안에 살며 자신을 보호하던 영혼을 버립니다. 그 안에서 제가 쉴 수 있다는 희망이 있을까요? 수치심도 없이 몸은 같은 행동을 계속합니다. 몸의 유일한 목적은 결국 불태워지는 것인 듯합니다. 부자, 가난한 자 모두에게 공통적인 노년이나 죽음에는 무심한 채, 몸은 부와 힘을 좇습니다. 무지라는 술에 미혹당한 채, 이 몸에 구속된 자들은 부끄러워해야 합니다! 이 세상에 구속당한 자들은 부끄러움을 느껴야 합니다!

라마가 말했다.

사람들이 무지하여 즐겁고 행복하다고 생각하는 아동기에도 슬픔은 가득합니다. 오, 현인이시여! 무기력, 재난, 욕망, 표현에 대한 무능력, 어리석음, 향락, 불안정, 약함, 이 모든 것들은 아동기를 표현할 수 있는 것들입니다. 아이들은 쉽게 감정을 상하고, 화내며, 울음을 터뜨립니다. 사실 아이들의 고통은 죽어가는 사람, 노인, 환자, 다른 어른들의 고통보다 더 끔찍하다고 감히 말할 수도 있습니다. 이것은 아동기의 아이 상태가 사람의 자비에 의해 좌우되는 동물의 삶의 상태와 실로 비슷하기 때문입니다.

아이들은 주위에서 일어나는 수많은 일들에 노출되어 있습니다. 그

일들은 아이들을 당황하고 혼란스럽게 하며, 다양한 환영과 두려움이 생겨나게 합니다. 아이들은 감수성이 예민하고, 악한 것에 쉽게 영향을 받습니다. 결론적으로 말하면 아이들은 부모에 의해 조절되고 벌 받습니다. 아동기는 복종의 시기일 뿐 아무것도 아닌 것 같습니다!

아이들은 순진해 보일지도 모르지만, 마치 올빼미가 낮 동안 어두운 구멍 속에 숨어 있는 것처럼, 사실은 온갖 종류의 단점들과 죄를 저지를 경향성들, 신경질적인 행동이 그 안에 잠재되어 있을 수도 있습니다. 오, 현인이시여! 저는 사람들이 어린 시절을 행복한 시기로 어리석게 믿고 있는 것이 유감스러울 뿐입니다.

쉬지 않는 마음보다 더 고통스러운 것이 있을까요? 아이들의 마음은 극도로 침착하지 못합니다. 매일 새로운 것을 얻지 못하면 아이들은 불행합니다. 울거나 통곡하는 것은 아이들의 첫 번째 행위입니다. 원하는 것을 얻지 못하면 아이들의 가슴이 망가져 보이기도 합니다.

학교에 가면 아이들은 선생님의 손에 벌을 받습니다. 이 모든 것은 불행을 더합니다.

아이들이 울면, 부모는 아이들을 달래려고 세상을 주겠다고 약속합니다. 그때부터 아이들은 세상의 가치를 재고, 세상의 사물을 갈망하기 시작합니다. 부모들은 "장난감으로 쓸 달을 줄게."라고 말합니다. 아이들은 그 말을 믿고 손에 달을 쥘 수 있으리라 생각합니다. 따라서 기만의 씨앗이 어린 마음에 생겨납니다.

더위나 추위가 느껴져도 아이들은 피할 수 없습니다. 그러니 아이들이 나무보다 나은 것이 무엇입니까? 동물이나 새처럼 아이들은 원하는 것을 가지려고 헛되이 손을 뻗습니다. 그것은 집안 어른에게는 두려운 일입니다.

라마는 계속 말했다.

아동기를 지나면 청년기로 가게 됩니다. 그러나 젊은이들도 불행을 떨쳐 버릴 수는 없습니다. 그들은 마음의 많은 변화를 겪게 되고 고통에서 더 큰 고통으로 나아갑니다. 왜냐하면 그들은 현명함을 버리고 욕망이라는 끔찍한 마귀에 현혹되어, 그것들을 자신의 마음에 두기 때문입니다. 그들의 삶은 욕망과 열정으로 가득 찹니다. 청년기에 지혜를 빼앗기지 않은 이들은 어떤 공격도 견딜 수 있습니다.

저는 덧없는 젊음에도 매력을 느끼지 못합니다. 이 시기에는 짧은 쾌락 뒤에 오래 지속되는 고통이 따라오며, 젊음으로 인해 사람은 변화하는 것을 변화하지 않는 것이라고 착각하게 됩니다. 그보다 더 나쁜 것은 젊은 시절 동안 자신의 마음대로 행동하여 다른 이들에게 불행을 가져다준다는 점입니다.

숲 속에 난 불로 인해 나무가 없어지는 것처럼, 젊은이들의 가슴도 사랑하는 사람이 떠났을 때 욕망의 불로 인해 사라집니다. 가슴의 순수를 지키려고 아무리 노력한다 해도, 젊은이들의 가슴은 불순함으로 가득합니다. 사랑하는 이가 곁에 없을 때조차도 그들은 그녀의 아름다움을 생각함으로 마음이 흐트러집니다. 이런 갈망으로 가득한 사람은 자연적으로 선한 이들로부터 높은 존중을 받을 수 없습니다.

젊음은 질병과 불안정한 마음의 거주지입니다. 그것은 양 날개가 선과 악을 행하는 새에 비유될 수 있습니다. 젊음은 사람의 선한 면을 혼란시키고 분산시키는 모래바람과 같습니다. 젊음은 가슴 안의 모든 악의 면을 일으키고, 그 안에 존재할지도 모르는 선한 마음을 억누릅니다. 따라서 그것은 악을 부추깁니다. 그것은 혼란과 집착을 가지게 합니다. 젊음은, 육체에는 이상적으로 나타난다 할지라도, 정신적인 면에서는 파괴를 가져옵니다. 젊었을 때 사람들은 행복의 신기루에 의해 유혹당하고 그것을 추구하다가 슬픔의 우물에 빠지게 됩니다. 따라서 제게는 젊음이 매력적이지 않습니다.

젊음이 육체에서 떠나려 할 때조차, 젊음으로 인해 일어난 열정은 보다 강렬하게 불타며 그 사람을 빨리 파괴시킵니다. 이 젊음 속에서 기뻐하는 자는 사람이 아니라 사람의 옷을 입은 동물입니다.

젊음이 주는 악에 지지 않고 인생의 유혹에 압도당하지 않은 채, 삶의 무대에서 살아 있는 이들은 정말로 숭배를 받을 만한 위대한 영혼입니다. 그들만이 인간입니다. 그것은 넓은 바다를 건너기는 쉽지만, 좋은 것이나 싫은 것에 정복되지 않고 젊음의 건너편 해안에 닿는 것은 어렵기 때문입니다.

라마가 계속했다.

젊을 때 사람은 성적 유혹의 노예입니다. 몸은 살, 피, 뼈, 머리카락, 피부의 집합체일 뿐인데도 사람들은 아름다움과 매력으로 인식합니다. 이 '아름다움'이 영원하다면 상상력이 정당화될지도 모르지만, 그것은 오래가지 못합니다. 반면, 연인의 매혹, 매력, 아름다움에 기여했던 그 살은 곧 노년의 주름이 되고 나중에는 벌레, 독수리, 불에 의해 없어져 버립니다. 하지만 그것이 지속되는 한, 이 성적 이끌림은 젊은이의 가슴과 지혜를 소모시킵니다. 이것에 의해 창조가 유지됩니다. 이러한 유혹이 멈출 때, 이 삼사라(출생과 죽음의 윤회)도 멈춥니다.

아이들이 어린 시절에 만족하지 않을 때 젊음이 오고, 젊음이 불만족과 혼란에 시달릴 때 노년이 그것을 지웁니다. 얼마나 잔인한 인생입니까! 바람이 나뭇잎에서 이슬을 떨어뜨리듯, 노화는 몸을 파괴시킵니다. 한 방울의 독이 곧 몸 전체에 퍼지듯, 노화는 몸에 퍼져 그것을 파괴시킵니다. 그리고 몸을 다른 이들의 웃음거리로 만듭니다.

노인이 신체적으로는 욕망을 만족시킬 수 없더라도 욕망 자체는 번성하고 커 갑니다. 자신의 삶의 과정을 바꾸기에는 너무 늦어 버렸을 때 혹은 삶의 방식을 바꾸거나 자신의 삶을 보다 의미 있게 만들 수 없을 때, 그는 "나는 누구인가? 나는 무엇을 해야 하는가?" 등을 자신에게 물어보기 시작합니다. 노쇠와 함께 기침, 흰머리, 호흡 곤란, 소화 불량, 수척함 같은 신체 쇠약의 현상으로 인한 고통이 나타납니다.

죽음을 지배하는 신이 노인의 흰머리를 소금 친 멜론으로 알고, 그것을 가지려 급히 올지도 모릅니다. 홍수가 강둑 위에 서 있는 나무의 뿌리조차 잘라 버리듯, 노쇠는 삶의 뿌리를 잘라 버립니다. 죽음이 따라와 그것을 가져갑니다. 노쇠는 죽음이라는 왕에게 복종하는 충실한 신하와 같습니다.

얼마나 신비하고 얼마나 놀라운 일인가요! 적에 의해 정복당하지 않은 자들도, 정복할 수 없는 산 정상에 집을 짓고 살아온 자들도 노쇠나 퇴화라고 알려진 사악한 것으로 인해 고통을 받습니다.

라마가 계속했다.

미친 사람이 거울에 비친 과일의 맛을 즐기는 것처럼, 이 세상의 모든 즐거움은 미혹일 뿐입니다. 이 세상에 살고 있는 인간의 모든 희망은 시간에 의해 철저히 파괴됩니다. 오, 현자시여! 시간만이 이 세상의 모든 것을 낡게 합니다. 시간이 손 닿지 않는 것은 창조물 속에 없습니다. 시간만이 수많은 우주를 창조하고, 곧 모든 것을 파괴시킵니다.

시간은 년, 시대, 긴 시대로 나타남으로써 자신을 언뜻 보여 줄 뿐입니다. 그러나 중요한 본성은 숨겨져 있습니다. 이 시간이란 것은 모든 것을 압도합니다. 시간은 자비롭지 않으며 냉혹하고 잔인하며 탐욕스럽고 만족할 줄 모릅니다. 시간은 속임수로 가득한 위대한 마술사입니다. 이 시간은 분석할 수도 없습니다. 왜냐하면 그것을 아무리 나눈다 할지라도 여전히 파괴되지 않기 때문입니다. 그것은 모든 것에 대해 채워지지 않는 식욕을 가지고 있습니다. 그것은 작은 곤충도, 큰 산도, 천국의 왕까지도 먹어 버립니다! 심심풀이로 공을 가지고 노는 젊은이처럼, 시간은 심심풀로 태양과 달이라는 두 개의 공을 사용합니다. 사실, 우주의 파괴자(루드라), 세상의 창조자(브람마), 천국의 왕(인드라), 부유함의 왕(꾸베라), 그리고 우주 분해의 무(無)로서 나타나는 것은 시간일 뿐입니다. 우주를 계속 창조하고 소멸시키는 것도 시간이 하는 일입니다. 크고 위대한 산이 지구에 뿌리를 두고 있는 것처럼, 이 위대한 시간은 절대적 존재(브람만) 안에 세워져 있습니다.

시간이 끝없이 우주를 창조한다 할지라도, 그것은 지치거나 기뻐하지 않습니다. 그것은 오거나 가지도 않습니다. 그것은 뜨거나 지지도 않습니다.

미식가인 시간은 세상의 모든 사물이 태양이라는 불에 의해 익어 가는 것을 지켜보다가 완전히 익은 것을 알면 먹어 버립니다! 말하자면, 다채로운 존재라는 아름다운 보석들은 시간의 각 시대를 꾸밉니다. 이것은 모든 것을 놀이 삼아 쓸어 버리는 시간에게 즐거움을 주기 위해서입니다.

젊음이라는 연꽃에게 시간은 해질 녘의 시간입니다. 일생이라는 코끼리에게 시간은 사자와 같습니다. 이 세상에는 높든 낮든 시간을 파괴할 수 있는 것은 아무것도 없습니다. 심지어 이 모든 것이 파괴되어도, 시간은 파괴되지 않습니다. 하루의 활동을 한 후에 수면 속에서 휴식을 취하는 것처럼, 시간도 우주의 소멸 후에 창조적 잠재력은 감춘 채 잠을 자거나 휴식을 취합니다. 이런 시간이 무엇인지는 아무도 진정 모릅니다.

라마가 계속했다.

지금껏 묘사한 시간 이외에도 탄생과 죽음에 책임이 있는 또 다른 시간이 있습니다. 사람들은 그것을 죽음을 지배하는 신이라고 말합니다.

그러나 끄르딴따라고 알려진 시간의 다른 면이 있습니다. 끄르딴따는 행동의 끝, 행동의 불가피한 결과나 결실입니다. 이 끄르딴따는 자신의 아내를 위해 니야띠(자연의 법칙)와 함께 춤추는 사람과 같습니다. 이것은 모든 존재들에게 행위에서 오는 필연적인 결실을 가져다줍니다. 우주가 존재하는 동안, 그 둘은 지치지 않고 일하며, 경계를 늦추지 않으며, 열정은 지칠 줄 모릅니다.

이렇듯 시간이 모든 것을 창조하고 파괴하면서 우주 안에서 춤추는데, 우리는 어떤 희망을 품을 수 있습니까? 끄르딴따는 신념이 확고한 자들까지도 흔들리게 하여 그들을 불안하게 합니다. 이 끄르딴따의 질서에 의해, 이 세상의 모든 것은 항상 변화를 경험합니다. 여기에 더 이상 영원이란 없습니다.

이 세상에 있는 모든 존재가 악으로 더럽혀져 있습니다. 모든 관계가 속박입니다. 모든 즐거움은 위험한 질병입니다. 행복에의 열망은 신기루일 뿐입니다. 자기 자신의 감각은 적입니다. 실재가 알려지지 않은 비실재가 되었습니다. 자기 자신의 마음이 최악의 적이 되었습니다. 이기심은 악의 제일가는 원인입니다. 지혜가 약해집니다. 모든 행동이 불쾌함으로 이끌어지며 쾌락은 성적인 면으로 향해집니다. 자신의 지성은 이기심에 의해 지배됩니다. 따라서 자신의 마음에 평화나 행복이 없습니다. 젊음은 시들어 갑니다. 신성한 분들과의 교제는 드뭅니다. 이러한 고통을 벗어날 길이 없습니다. 진리에의 깨달음은 누구에게도 보이지 않습니다. 다른 사람의 행복이나 명예에 기뻐하는 이도 없고, 어느 누구의 가슴에서도 자비심은 찾아볼 수 없습니다. 사람들은 날마다 비열해지고 있습니다. 허약함은 강함을 누르고, 비겁이 용기를 눌렀습니다. 악과의 만남은 쉽게 가질 수 있지만 선한 만남은 갖기 어렵습니다. 시간이 인간성을 어디로 몰아갈지 궁금합니다.

오, 신성한 분이시여! 이 창조를 지배하는 신비로운 힘은 강력한 악마조차 파괴하고, 영원하다고 여겨지는 것은 무엇이든지 빼앗으며, 불멸의 것조차 죽여 버리는데, 저 같은 평범한 이들에게 무슨 희망이 있겠습니까? 이 신비한 존재는 모든 것 안에 있는 것처럼 보이며, 그것의 개체화된 측면은 이기심으로 간주됩니다. 그 힘에 의해 파괴되지 않는 것은 없습니다. 전 우주가 그것의 통제 하에 있습니다. 그것의 의지만이 여기에 홀로 퍼져 있습니다.

라마가 계속했다.

오, 현인이시여! 아동기에도, 청년기에도, 노년기에도 사람은 행복을 즐길 수 없습니다. 이 세상의 대상들 그 어느 것도 행복을 주도록 되어 있지 않습니다. 마음은 헛되이 이 세상의 대상들에서 행복을 찾으려 합니다. 자기본위적이지 않고, 감각적 쾌락에의 갈망으로 흔들리지 않는 사람만이 행복합니다. 그러나 이 세상에서 그런 사람은 극히 드뭅니다. 사실 저는 강력한 군대에 맞서 잘 싸울 수 있는 사람을 영웅이라고 여기지 않습니다. 마음과 감각들의 바다를 건널 수 있는 사람만을 영웅으로 여깁니다.

저는 곧 잃어버릴 것을 '얻은 것'이라고 생각지 않습니다. 잃지 않을 것, 그것만이 얻은 것입니다. 그러나 아무리 열심히 애쓴다 하더라도, 이 세상에서 인간에게 허락된 그런 얻음은 없습니다. 반면에 덧없는 얻음이나 순간적인 역경은 구하지 않아도 옵니다. 신성한 분이시여! 하루 종일 바쁜 듯이 여기저기 돌아다니며 이기적인 활동에 온 시간을 전념하는 사람이 하루 동안 한 번의 선한 일을 하지 않아도 밤에 잘 수 있다는 것이 저는 당황스럽습니다!

하지만 그 바쁜 사람이 지상의 모든 적을 이기고 부와 사치로 둘러싸여 있다 해도, 항상 자기는 행복하다고 자랑하고 다닌다 해도, 죽음은 가만히 다가옵니다. 죽음이 어떻게 그를 찾는지는 신만이 아십니다.

무지로 인해 사람은 자신을 아내, 아들, 친구에게 얽어맵니다. 그는 이 세상은 수많은 사람들이 우연히 만나는 순례지와 같다는 것을, 아내, 아들, 친구라고 부르는 사람들도 그들 중 일부라는 것을 모릅니다.

이 세상은 도공이 사용하는 녹로와 같습니다. 녹로가 놀라운 속력으로 돌지만, 그것은 여전히 멈춘 듯 보입니다. 사실 세상은 계속 변하는데도, 무지한 사람에게는 이 세상이 안정되어 보입니다. 이 세상은 독나무와 같습니다. 와서 그 나무를 만지는 사람은 의식을 잃고 어리석어집니다. 세상의 모든 사람이 오염되어 있습니다. 이 세상에 있는 모든 나라가 악의 영역입니다. 세상에 있는 모든 이들은 죽기 마련이며 모든 행동은 기만적입니다.

수많은 영겁의 세월이 왔다 갑니다. 그러나 그것들은 단지 순간일 뿐입니다. 시대와 순간 사이에 근본적으로 다른 것은 없습니다. 신들의 관점에서 보면 한 시대도 순간일 뿐입니다. 온 지구가 작은 원소들의 변형인 듯합니다. 그 위에 우리의 신념과 희망을 고정시킨다는 것은 얼마나 헛된 것입니까!

라마가 계속 말했다.

오, 성스러운 분이시여! 이 세상에 있는 것은 그것이 영원해 보이든지 순간적으로 보이든지 간에 모두 꿈과 같습니다. 오늘날의 분화구는 예전에는 산이었고, 지금의 산은 순식간에 지구 위의 구멍이 될 것이며, 오늘날의 울창한 숲은 곧 대도시로 바뀌고, 지금의 비옥한 대지는 척박한 사막이 됩니다. 사람의 몸, 생활 방식, 재산도 그와 비슷하게 변화합니다.

삶과 죽음의 이 순환은 살아 있는 영혼들로 치마를 만들어 입은 능란한 무희와 같습니다. 무희의 춤 동작은 영혼들을 천국으로 올리거나, 지옥으로 던지거나, 다시 이 땅으로 돌아오게 하는 것입니다. 사람들이 행하는 모든 대단한 행위는 곧 기억 속에 남겨질 뿐입니다. 여기서 행하는 종교 의식조차도 그렇습니다. 곧 인간은 동물로 태어나고, 또 그 반대도 됩니다. 신들은 신성함을 잃습니다. 여기서 변하지 않는 것은 무엇입니까? 저는 창조자 브람마, 보호자 비슈누, 구원자 루드라와 다른 신들조차 어쩔 수 없이 파괴로 향하는 것을 봅니다. 이 세상의 감각 대상들은 이런 파괴를 기억할 때까지만 즐거운 것으로 보입니다. 흙을 가지고 노는 아이가 흙으로 여러 모양을 만들듯이, 우주의 임명자는 계속하여 새 것을 창조하고 또 파괴합니다.

세상이 가지는 단점에 대한 이런 지각은 제 마음 안에 있는 바람직하지 못한 경향성을 파괴했습니다. 따라서 감각적 쾌락에 대한 갈망은 제 마음 안에 생기지를 않습니다. 수면 위에는 신기루가 나타나지 않듯이 말입니다. 이 세상과 이 세상의 기쁨이 제게는 쓰디쓴 것처럼 보입니다. 저는 쾌락의 정원을 헤매고 싶지 않습니다. 저는 여자를 원하지도 않고, 재산의 획득에 가치를 부여하지도 않습니다. 저는 제 안에 평화롭게 남기를 바랍니다. 저는 계속해서 탐구합니다. "어떻게 하면 내 가슴이 세상이라 불리는 늘 변하는 환영을 완전히 멀리하게 만들 수 있을 것인가?" 저는 죽음도, 삶도 바라지 않습니다. 욕망의 열병을 지니지 않은 채, 저는 저 자신으로 존재합니다. 왕국, 즐거움, 부를 어떻게 해야 합니까? 이것들 모두는 제 안에 없는 이기심의 노리개입니다.

지금 지혜 속에 자리 잡지 않는다면, 언제 다른 기회가 생긴단 말입니까? 감각적 쾌락에의 탐닉은 마음에 독이 되어, 그 영향이 여러 생애 동안 계속되기 때문입니다. 참나 지식을 지닌 자만이 이것에서 자유로울 것입니다. 따라서 오, 성자시여! 간청합니다. 욕망, 두려움, 혼란에서 영원히 자유로울 수 있도록 가르쳐 주십시오. 당신이 주는 가르침의 빛으로 제 가슴에 있는 무지의 어둠을 파괴시켜 주십시오.

라마가 계속 말했다.

슬픔이라는 무서운 함정에 이렇게 떨어지는 살아 있는 존재들의 이 가엾은 운명을 생각하면, 저는 비탄에 젖습니다. 제 마음은 혼란스럽고, 저는 진저리나고, 걸을 때마다 두렵습니다. 저는 모든 것을 포기했지만 지혜 안에 자리 잡지는 못했습니다. 따라서 부분적으로는 구속되어 있고, 부분적으로는 자유롭습니다. 마치 베어졌지만 뿌리는 남아 있는 나무와 같습니다. 마음을 억제하고 싶지만 그렇게 할 수 있는 지혜가 제게는 없습니다.

그러니 말해 주십시오. 슬픔을 겪지 않는 자의 조건이나 상태는 무엇입니까? 세상이나 세상의 행위에 빠진 저 같은 자가 어떻게 하면 지고의 평화와 희열의 상태에 다다를 수 있습니까? 다양한 활동이나 행위들에 의해 영향을 받지 않을 수 있는 자세는 어떤 것입니까? 말해 주십시오. 깨달음을 얻은 사람은 어떻게 이 세상에서 살아갑니까? 어떻게 하면 마음을 욕망에서 자유롭게 할 수 있습니까? 어떻게 하면 마음이 세상을 자신의 참나로서 보는 동시에, 풀잎보다 가치 없이 볼 수 있게 할 수 있습니까? 지혜의 길을 배우려면 위대한 이의 자서전을 공부해야 합니까? 사람은 어떻게 이 세상을 살아가야 합니까? 신성한 분이시여! 혼란스러운 마음을 산처럼 안정되게 할 수 있는 지혜를 가르쳐 주십시오. 당신은 깨달은 분이십니다. 다시는 슬픔에 빠지지 않도록 저를 가르쳐 주십시오.

확실히 이 세상은 고통과 죽음으로 가득합니다. 어떻게 하면 가슴을 혼란스럽게 하지 않으면서도, 세상이 기쁨의 원천이 될 수 있습니까? 마음은 분명히 불순함으로 가득 차 있습니다. 어떻게 하면 마음을 깨끗이 할 수 있습니까? 위대한 현자가 처방한 청정제는 무엇입니까? 사랑과 미움이라는 흐름의 희생자로 떨어지지 않기 위해서는 어떻게 살아야 합니까? 수은이 불 속에 떨어져도 영향을 받지 않듯이, 세상의 고통과 슬픔에 영향받지 않을 수 있도록 하는 비밀은 틀림없이 있습니다. 그 비밀이 무엇입니까? 이 우주의 모습 안에 퍼진 마음의 습관을 조절할 수 있는 비밀은 무엇입니까?

미혹에서 자유로워진 영웅들은 누구입니까? 그들이 자유롭기 위해 쓴 방법은 무엇입니까? 제가 적격이 아니거나 그것을 이해할 수 없다고 생각하신다면, 저는 차라리 죽음을 택할 것입니다.

발미끼가 말했다.

그렇게 말하고 라마는 조용해졌다.

발미끼가 말했다.

마음의 미혹을 없애 주는 라마의 빛나는 지혜의 말은 왕궁에 모인 모든 이들을 몹시 고무시켰다. 그들은 자신 속에 있는 모든 의심과 오해가 없어진 듯 느꼈다. 그들은 크게 기뻐하며 라마의 감미로운 말을 마셨다. 라마의 말을 듣고 있는 동안, 그들은 더 이상 살아 있는 존재가 아닌 그려진 모습이었다. 그들은 극도로 집중한 채 움직이지 않았다.

라마의 대화를 들은 이는 누구인가? 바시슈타, 비슈바미뜨라와 같은 현인들, 성직자들, 다샤라타 왕을 포함한 왕족들, 시민들, 하인들, 성스러운 이들, 새장 안의 새들, 동물들, 왕궁 마구간의 말들, 현자들과 천상의 악사들을 포함한 하늘의 존재들이 들었다. 물론 천상의 왕과 지옥 세계의 왕도 들었다.

라마의 말에 전율하여 모두 한 목소리로 "훌륭합니다!" 하고 외쳤으며, 이 즐거워하는 소리는 하늘을 메웠다. 라마를 축하하려고 천국에서 꽃들이 비 오듯 쏟아졌다. 왕궁에 모였던 모든 이들은 그를 칭찬했다. 확실히 아무도 라마가 한 것처럼 초연하고 침착하게 말한 적은 없었다. 신들조차 그렇게 한 적은 없었던 것이다. 모두 라마의 말을 들은 것을 행운이라 여겼다. 그의 말을 듣는 동안 우리는 천국에조차 행복이 없는 듯한 느낌을 받았다.

모여 있던 완성을 이룬 현자들이 말했다.

라마의 무게 있고 현명한 질문에 주어질 성스러운 이들의 대답은 분명 우주의 모든 존재가 들을 만한 가치가 있는 것이다.

오, 현인들이여! 오라. 와서 모두 다샤라타 왕의 왕궁에 모여 지고의 성자 바시슈타의 대답에 귀를 기울이자.

발미끼가 말했다.

이 말을 듣고 세상의 모든 현인들이 급히 왕궁으로 왔으며, 그곳에서 그들은 정당한 접대를 받고 예우되어 자리에 앉았다. 가슴에 라마의 숭고한 지혜가 비춰지지 않는다면, 우리는 정말 실패자가 될 것이다. 우리의 능력이나 재능이 무엇이든지, 지성을 잃었음을 우리는 증명할 것이다!

제2부

구도자의 행동에 관하여

슈까의 이야기

비슈바미뜨라가 말하였다.

오, 라마여! 그대는 실로 현자들 중의 으뜸이며, 진정 그대가 알아야 할 것은 없습니다. 그러나 그대의 지식은 확증되어야 합니다. 그것은 슈까가 이해를 넘어선 평화를 발견하기 전, 그의 참나 지식을 자나까에게 확증받을 필요가 있었던 것과 같습니다.

라마가 답하였다.

성스러운 분이시여! 어떻게 하여 슈까가 그의 지식에도 불구하고 평화를 발견하지 못했으며, 나중에는 어떻게 평화를 발견하게 되었는지 부디 말씀해 주십시오.

비슈바미뜨라가 말하였다.

오, 라마여! 들으십시오. 그대에게 타고난 현자 슈까의 영혼을 고양시키는 이야기를 해 주겠습니다. 슈까는 지금 그대의 아버지 옆에 앉아 있는 베다비야사의 아들입니다.

그대처럼 슈까도 이 세상의 덧없음에 대해 깊이 숙고한 후 존재에 대한 진리에 이르렀습니다. 그럼에도 그는 "이것이 진리이다."라고 스스로에게 분명히 단언할 수 없었습니다. 왜냐하면 그것은 자신이 혼자 얻은 지식이었기 때문입니다. 그는 물론 궁극적이고 지고한 초연의 상태에 이르렀습니다.

어느 날, 슈까는 아버지 베다비야사에게 가서 물었습니다. "스승이시여! 이 세상의 다양한 창조물이 어떻게 해서 존재하게 되었으며, 어떻게 끝나겠습니까?" 베다비야사는 이 질문에 상세히 답해 주었습니다. 그러나 슈까는 '그것들은 이미 모두 알고 있었다. 그 안에서 새로운 것은 무엇인가?'라고 생각하고는 감명을 받지 못했습니다. 베다비야사 역시 이 점을 느끼고 슈까에게 말했습니다. "아들아! 나는 그 이상은 알지 못한다. 그러나 이보다 많은 것을 아는 땅 위의 현자 자나까 왕이 있다. 그에게 가 보거라."

그래서 즉시 슈까는 자나까의 궁전으로 갔습니다. 왕궁의 문지기가 젊은 슈까가 왔다고 알렸으나, 자나까는 일주일 동안 그를 아랑곳하지 않았습니다. 그 동안 슈까는 참을성 있게 밖에서 기다렸습니다. 한 주일이 지난 후 자나까는 슈까를 궁전으로 데려와 무희들과 음악가들의 시중을 받게 했습니다. 슈까는 이것에도 동요하지 않았습니다. 이후 슈까는 왕 앞으로 안내되었고, 자나까가 말했습니다. "그대는 진리를 안다. 내가 지금 무엇을 말할 수 있겠는가?" 슈까는 아버지에게 했던 질문을 다시 말했고, 자나까 역시 슈까의 아버지가 했던 답을 했습니다. 슈까가 말했습니다. "저는 그것을 이미 알고 있습니다. 제 아버지께서도 그렇게 말씀하셨습니다. 경전 역시 그것을 확인시켜 줍니다. 지금 당신도 그 진리를 말씀하십니다. 그 진리란, '다양성은 마음의 변형으로 인해 일어나며, 마음의 변형이 멈추면 다양성 역시 그칠 것이다.'라는 것입니다." 이렇게 그의 참나 지식이 확증되자, 슈까는 평화를 얻고 니르비깔빠 사마디에 잠겼습니다.

비슈바미뜨라가 모인 현자들에게 말하였다.

슈까처럼 라마 또한 최고의 지혜를 얻었습니다. 최고의 지혜를 가진 이의 가장 확실한 표시는 그가 이 세상의 쾌락에 끌리지 않는다는 것입니다. 왜냐하면 그에게는 미묘한 경향성들조차 끝났기 때문입니다. 이 경향성들이 강할 때 구속이 있고, 그것들이 멈추면 해방이 있습니다. 명성이나 다른 보상이라는 동기 없이, 자연적으로 감각적 쾌락들에 흔들리지 않는 이가 참으로 해방된 현자입니다. 라마가 자신의 지혜 안에서 확고해지고 우리 역시 고무되도록 라마를 가르쳐야 한다고 나는 현자 바시슈타에게 청했습니다. 틀림없이 바시슈타의 가르침은 가장 위대한 지혜, 경전 중의 최고가 될 것입니다. 왜냐하면 그것은 깨달은 현자가 자격 있고 초연한 제자에게 준 것이기 때문입니다.

바시슈타가 말하였다.

그대의 청을 수락하겠습니다. 오, 라마여! 이제, 신성한 창조주 브람마 자신이 제게 보여 주신 지혜를 그대에게 전해 주겠습니다.

라마가 말하였다.

거룩한 스승이시여! 이것을 먼저 말씀해 주십시오. 베다비야사는 해방을 얻지 못했다고 간주되는데, 그의 아들 슈까는 해방된 현자로 보는 이유가 무엇입니까?

바시슈타가 말하였다.

오, 라마여! 존재했다 용해된 수많은 우주들이 있었습니다. 사실, 이 순간에 존재하고 있는 우주들조차 헤아릴 수 없이 많습니다. 이 모든 것을 자신의 가슴속에서 즉시 깨달을 수 있습니다. 공중에 지은 누각처럼 이 모든 우주들은 갈망하는 이의 가슴속에 만들어진 창조물이기 때문입니다. 살아 있는 존재는 가슴속에 이 세상을 그려 내고, 살아 있는 동안 이 환영을 굳힙니다. 죽으면 저 세상을 그려 내고 그것을 경험합니다. 그러므로 질경이 줄기 층에 있는 층들처럼, 세상들 속에서도 세상들이 생겨납니다. 정말이지 물질이라는 세상도, 창조의 형식들도 실재가 아닙니다. 하지만 산 자와 죽은 자들만이 그것들을 실재한다고 생각하며 느낍니다. 이 진리에 대한 무지로 인해 그 모습이 유지됩니다.

오, 라마여! 존재라는 이 우주의 바다에서 다른 것들과 동등한 존재들이 여기저기 생깁니다. 또 다른 것들과 차이 나는 존재들도 생깁니다. 창조라는 이 흐름 속에서 이 베다비야사는 23번째 존재입니다. 베다비야사와 다른 현자들은 거듭해서 몸이 생겼다 소멸되었다 합니다. 그들은 어느 때는 다른 존재와 같을 것이고, 어느 때는 다를 것입니다. 지금의 구현된 몸 안에서 베다비야사는 실로 해방된 현자입니다. 그런 해방된 현자들 또한 무수한 몸들로 나타나며, 그들은 다른 존재들과 관계를 갖습니다. 그들은 때로는 다른 존재들과 같고, 때로는 배움, 행동 등에서 다릅니다.

자기 노력

바시슈타가 계속하였다.

라마여! 파도들이 일든 일지 않든 물은 물로 있는 것처럼, 해방된 현자의 겉모습이 어떠하든 그의 지혜는 변치 않습니다. 무지한 관찰자의 눈에만 차이가 보일 뿐입니다.

그러니, 오, 라마여! 내가 하는 말을 들으십시오. 이 가르침은 무지의 어둠을 반드시 없앨 것입니다.

이 세상에서 얻어지는 모든 것은 자기 노력에 의한 것입니다. 실패가 있는 곳은 노력 속에 태만이 있음을 보여 주는 것입니다. 이것은 분명합니다. 운명이라는 것은 허구이며, 보이지 않습니다.

라마여! 자기 노력은 경전에 조예 깊은 성스러운 이의 가르침을 따르는 심적, 언어적, 신체적 행위입니다. 인드라가 하늘의 왕이 된 것, 브람마가 창조주가 된 것, 다른 신들이 그들의 영역을 얻은 것도 오직 그런 노력에 의해서입니다.

자기 노력에는 두 가지 종류가 있습니다. 즉, 과거에 있었던 탄생들의 것과 이번 탄생의 것입니다. 후자는 전자를 효과적으로 거슬러 중화시킵니다. 운명이란 바로 과거의 탄생들에서 한 자기 노력입니다. 지금의 환생 속에서는 이 둘 사이에 끊임없는 충돌이 있고, 강한 쪽이 승리합니다.

경전과 일치하지 않는 자기 노력은 미혹으로 인해 생기게 됩니다. 자기 노력의 결실에 방해가 있을 때는 미혹된 행위가 있는지 알아봐야 합니다. 그럴 경우 즉시 그것을 고쳐야 합니다. 현재의 바른 행동보다 더 강한 힘은 없습니다. 그러므로 이를 악물고 자기 노력에 의지해야 하며, 선으로 악을 이기고 지금의 노력으로 운명을 이겨야 합니다.

게으른 자는 당나귀보다 나쁩니다. 나태함에 굴복해서는 안 됩니다. 매 순간 생명이 쇠해 가는 것을 보면서 해방만을 얻기 위해 투쟁해야 합니다. 고름 속에 빠진 벌레처럼 감각적 쾌락이라는 타락에 빠져서는 안 됩니다.

"운명이 이것을 하라고 지시한다."라고 말하는 이는 어리석은 자입니다. 행운의 여신은 그를 버립니다. 그러므로 자기 노력에 의해 지혜를 얻고, 진리의 직접적 깨달음 속에서 자기 노력은 끝이 없다는 것을 알아야 합니다.

나태함이라 불리는 이 무서운 악의 원천이 세상에 없다면, 누가 무지하며 가난에 허덕이겠습니까? 비탄과 가난에 시달리며 동물 같은 삶을 사는 것은 이 세상에 나태함이 있기 때문입니다.

발미끼가 말하였다. 이때 저녁 기도를 위한 시간이 되어 그날의 모임을 끝냈다.

바시슈타는 이튿날의 가르침을 시작했다.

오, 라마여! 노력이 있으면 결실이 있습니다. 이것이 자기 노력의 의미이며, 그것은 운명(신)으로도 알려져 있습니다. 고통으로 상처 입을 때 "아, 비극이다!", "아, 내 운명을 보라!"고 울부짖는데, 이 둘은 같은 의미입니다. 운명이나 신의 의지라는 것은 과거에 있었던 행위나 자기 노력일 뿐입니다. 현재는 과거보다 훨씬 힘이 있습니다. 과거에 했던 노력의 결실(이것을 그들은 신의 의지라고 생각합니다)에 만족하여, 자기 노력을 하지 않는 자는 실로 어리석습니다.

운명(또는 신의 의지)이 현재의 자기 노력을 때로 방해한다고 생각한다면, 현재의 자기 노력이 약하다는 것을 알아야 합니다. 약하고 지혜롭지 않은 이들은 강하고 힘 있는 적을 만났을 때 그것을 신의 섭리라고 생각합니다.

가끔 노력 없이도 큰 이익을 얻는 일이 생깁니다. 예를 들어 왕이 후계자 없이 갑자기 죽었을 때, 나라를 상징하는 코끼리가 고대 관습에 따라 탁발승을 통치자로 고르는 것입니다. 이것은 우연한 사건도 아니고 신이 행한 행위도 아니며, 탁발승이 과거의 생애에 행했던 자기 노력의 결실일 뿐입니다.

때로 폭풍 때문에 농부의 노력이 헛될 수도 있습니다. 폭풍의 힘이 농부의 노력보다 강한 것은 분명합니다. 그는 지금보다 더 노력을 기울여야 합니다. 그는 불가피한 손실 때문에 비탄에 젖어서는 안 됩니다. 그런 슬픔이 옳다면, 피할 수 없는 죽음에 대해서는 왜 매일 울지 않습니까? 물론, 현명한 이는 자기 노력으로 얻을 수 있는 것과 얻을 수 없는 것을 알아야 합니다. 그러나 모든 것을 외적 힘으로 돌리고, "신이 나를 천국이나 지옥으로 보낸다."거나 "외적 힘이 나를 이것이나 저것을 하게 한다."고 말하는 것은 무지한 일입니다. 그런 어리석은 자는 피해야 합니다.

신 의지의 다른 이름은 자기 노력뿐이라는 것을 알고, 좋고 싫은 것에서 벗어나야 하며, 올바른 자기 노력을 하고, 지고의 진리에 도달해야 합니다. 우리는 운명론자를 비웃습니다. 경전들의 가르침과 성자들의 행위에 노출된 가슴으로부터 나타난 바른 이해에서 일어난 것만이 자기 노력입니다.

바시슈타는 계속하였다.

오, 라마여! 이곳에 다시 태어나지 않도록 질병 없는 신체와 근심 없는 마음으로 참나 지식을 추구해야 합니다. 그러한 자기 노력은 세 개의 뿌리가 있고, 그에 따른 세 개의 열매를 지닙니다. 지성에서의 내적 일깨움, 마음의 결심, 신체 행위가 그것입니다.

자기 노력은 경전들에 대한 지식, 스승의 가르침, 스스로의 노력이라는 이 세 가지에 기초하고 있습니다. 운명(혹은 신의 섭리)은 여기에 들지 않습니다. 그러므로 구원을 바라는 이는 지속적인 노력으로 불순한 마음을 순수한 노력으로 전환해야 합니다. 이것이 모든 경전이 말하는 정수입니다. 영원한 선함으로 가는 길을 꾸준히 가라고 성스러운 이들은 강조합니다. 노력의 결실은 자기 노력의 강도에 비례합니다. 운명이나 신도 그것을 다르게 정할 수 없다는 것을 현명한 구도자는 압니다. 실로 그런 자기 노력만이 이곳에서 얻는 모든 것의 원인이 됩니다. 어떤 사람이 불행할 때, 그를 위로하려고 사람들은 그것이 운명이라고 합니다. 여행을 하여 외국으로 가고, 음식을 먹어 배고픔을 해소합니다. 그것은 운명에 의한 것이 아닙니다. 그것은 자명합니다. 누구도 그런 운명이나 신을 만나지 않았습니다. 그러나 선하거나 악한 행위가 어떻게 선하거나 악한 결과에 이르는지는 모든 이가 경험했습니다. 그러므로 경전들에 대한 지적 탐구, 신성한 이들과의 교제 그리고 바른 자기 노력으로 어린 시절부터 진정으로 선한 것(구원)을 증진시키려고 노력해야 합니다.

운명이나 신의 섭리는 진리라고 되풀이하여 말함으로써 진리로 간주되는 관습에 불과합니다. 신이나 운명이 이 세상 모든 것의 진정한 주관자라면 목욕, 말하기, 자선 같은 행위가 무슨 의미이며, 도대체 누구를 가르쳐야 합니까? 그런 것이 아닙니다. 이 세상에서는 시체를 제외한 모든 것이 활동하고 있으며, 그런 활동은 그에 상응하는 결과를 낳습니다. 누구도 운명이나 신의 섭리를 안 적이 없었습니다. 다만 사람들은 자기 만족을 위해 "운명이나 신의 섭리 때문에 할 수 없이 이것을 한다."와 같은 표현을 씁니다. 그러나 이것은 사실이 아닙니다. 예를 들어 점성학자가 어떤 젊은이에게 위대한 학자가 될 것이라고 예언했다고 하여 그가 공부도 하지 않고 학자가 됩니까? 그렇지 않습니다. 그러면 왜 신의 섭리라는 것을 믿습니까? 라마여! 여기 현자 비슈바미뜨라는 자기 노력으로 브람마 리쉬가 되었습니다. 우리 모두는 오직 자기 노력에 의해 참나 지식을 얻었습니다. 그러므로 운명론을 버리고 자기 노력에 전념하십시오.

라마가 물었다.

신이시여! 당신은 진정으로 진리를 아는 분이십니다. 사람들이 신, 운명 즉 다이밤으로 부르는 것이 실제로 무엇인지 말해 주십시오.

바시슈타가 대답하였다.

과거 행위에 의한 좋고 나쁜 결과를 겪는 자기 노력의 결실을 사람들은 운명 혹은 다이밤이라고 합니다. 또 사람들은 결과의 좋고 나쁜 특성을 운명이나 다이밤으로 생각합니다. '이 식물은 이 씨에서 자란다.'고 생각한다면, 그것은 다이밤의 작용으로 간주됩니다. 그러나 나는 운명은 자기 자신의 행위의 완성일 뿐이라고 생각합니다.

사람의 마음속에는 잠재된 수많은 경향성들이 있고, 이러한 경향성들이 신체적, 언어적, 정신적으로 다양한 행위들을 만듭니다. 분명히, 인간의 모든 행위는 이러한 경향성들과 정확히 일치하며, 그렇지 않을 수는 없습니다. 그러한 것이 행위의 과정입니다. 즉 행위는 잠재된 경향성들에서 가장 강한 경향성과 다르지 않고, 이러한 경향성들은 마음과 다르지 않으며, 사람은 마음과 다르지 않습니다! 사람은 마음, 잠재된 경향성, 행위, 운명 같은 범주들이 실재인지 비실재인지 명확하게 단정할 수 없습니다. 그러므로 지혜로운 이들은 그들에게 상징적으로 암시해 주었습니다.

라마가 다시 물었다.

고귀한 스승이시여! 전생에서 온 잠재된 경향성들이 현세에서 제게 어떤 행위를 강요한다면, 행동의 자유는 어디에 있습니까?

바시슈타가 말하였다.

라마여! 전생에서 온 경향성들에는 두 가지가 있습니다. 그것들은 순수한 것과 불순한 것입니다. 순수한 경향성은 해방으로 인도하나, 불순한 경향성은 문제를 가져옵니다. 그대는 정말이지 의식이며, 둔한 물질이 아닙니다. 자신 외의 어떤 것으로부터도 행위를 강요받지 않습니다. 그러니 자유롭게, 불순한 것에 우선하여 잠재된 순수한 경향성을 강화시킬 수 있습니다. 격렬한 반발이 일지 않도록 불순한 경향성을 점차 버리고, 마음을 그것에서 조금씩 돌아서게 해야 합니다. 선한 경향성이 반복적으로 행해지도록 북돋음으로써 그것을 강화하십시오. 불순한 경향성은 쓰지 않음으로 약화될 것입니다. 그대는 선한 경향성의 표현 및 선한 행위에 젖을 것입니다. 이렇게 악한 경향성들의 힘을 이겨 냈을 때, 다음에는 선한 경향성조차 버려야 할 것입니다. 그때 좋은 경향성에서 나오는 지성으로 지고의 진리를 경험할 것입니다.

바시슈타는 계속하였다.

사람들이 운명, 다이밤, 니야띠라 부르며 그리고 모든 노력이 적절한 결실로서 축복을 받도록 보증하는 우주 질서는, 모든 곳에 있으며 전능하고 모든 것을 아는 존재(브람만)에 바탕을 두고 있습니다. 그러므로 자기 노력으로 감각들과 마음을 조절하고, 마음을 집중하여 내가 말하려고 하는 것을 고요히 경청하십시오.

이 이야기가 다루는 것은 해방입니다. 여기 모인 다른 지혜로운 구도자들과 함께 그것을 경청함으로, 그대는 슬픔이나 파괴 없는 저 지고한 존재를 깨달을 것입니다. 이 이야기는 앞 세대에 창조자 브람마가 내게 드러낸 것입니다.

라마여! 전지전능한 자 혹은 우주적 존재는 모든 존재 속에서 영원히 빛납니다. 바다의 표면이 동요할 때 파도들이 일어나는 것처럼, 우주적 존재 안에서 진동이 일어날 때 비슈누 신이 태어납니다. 그 비슈누로부터 창조주 브람마가 태어났습니다. 브람마는 우주 안에 무수히 다양한 생물과 무생물, 감각이 있거나 없는 존재들을 만들기 시작했습니다. 우주의 분해 전에 우주는 그것 그대로 있었습니다.

창조주는 이 세상에 살아 있는 모든 존재들이 병과 죽음, 아픔과 고통을 겪어야 된다는 것을 알았습니다. 그의 가슴에 연민이 생겨 살아 있는 존재들이 이 모든 것에서 벗어나도록 하는 길을 놓으려 했습니다. 그래서 순례지들과 금욕, 순결, 진실, 올바른 행위와 같은 숭고한 덕목들을 세웠습니다. 그러나 그것들은 적합하지 않았습니다. 즉 그것들은 고통으로부터의 일시적 위안만 되었을 뿐, 슬픔으로부터의 궁극적 자유는 줄 수 없었습니다.

그래서 숙고한 후, 창조자는 나를 존재케 했습니다. 그는 나를 그에게로 끌어당겨 내 가슴 위로 무지의 장막을 쳤습니다. 즉시 나는 내 정체와 자기 본성을 망각했습니다. 나는 비참했습니다. 나는 내 아버지이며 창조주인 브람마에게 이 비참함에서 벗어나는 방법을 가르쳐 달라고 간청했습니다. 비탄에 빠져 나는 아무것도 할 수 없었고, 어떤 것도 하고 싶지 않았으며, 나태와 게으름 속에 있었습니다.

간청에 대한 응답으로, 나의 아버지는 참된 지식을 내게 보여 주었습니다. 그 참된 지식은 나를 둘러싸고 있던 무지의 장막을 즉시 없애 버렸습니다. 그리고 창조주가 내게 말했습니다. "아들아! 네가 큰 기쁨을 가지게끔 나는 지식을 가렸다가 다시 보여 주었다. 그런 다음에야 너는 무지한 존재들의 고통을 이해하고 그들을 도울 수 있을 것이다." 라마여! 이 지식을 가진 채 나는 지금 여기에 있으며, 창조의 끝까지 여기에 계속 존재할 것입니다.

바시슈타는 이야기를 계속해 나갔다.

시대를 막론하고 창조주는 모든 이에게 영적 깨달음을 주고자 나를 포함해 여러 현자들의 모습으로 찾아오십니다. 그리고 창조주 브람마는 모든 이에게 주어진 세속적인 의무들이 제대로 이루어지게 할 목적으로 지상의 모든 영역을 공정하고 현명하게 다스리는 왕들을 만들었습니다. 그런데 이 왕들은 곧 권력과 쾌락에 대한 욕망으로 타락해 버렸습니다. 이해관계들을 둘러싼 갈등이 전쟁을 유발시켰으며, 이는 후회를 낳았습니다. 그들의 무지를 없애려고 현자들은 영적 지혜를 전해주곤 했습니다. 옛날에는 왕들이 이 지혜를 받아 소중히 여겼으므로 그것은 라자 비디야 즉 왕의 학문으로 알려졌습니다.

오, 라마여! 순수한 식별에서 나온 초연의 최고 모습은 그대의 가슴 안에서 생겨났습니다. 그것은 환경적 요인이나 극도의 혐오에서 비롯된 초연보다 우월합니다. 그런 초연은 확실히 신의 은총에 의한 것입니다. 가슴 안에 초연이 생겨나는 순간, 이 은총은 식별이라는 완숙함과 만납니다.

최고의 지혜가 가슴 안에서 보이지 않는다면, 인간은 삶과 죽음의 윤회를 벗어날 수 없습니다. 따라서 청하건대 마음을 집중하여 내가 말하는 지혜의 말에 귀를 기울이십시오.

이 지혜는 무지라는 숲을 없앱니다. 무지의 숲에 들어선 자는 끝이 없어 보이는 고통과 혼돈을 겪습니다. 따라서 깨달은 스승에게 다가가 공손한 자세로 올바른 질문을 하여 스승의 가르침을 이끌어 내야 합니다. 그때 그 가르침은 그 사람의 존재의 절대 필요한 부분이 됩니다. 반면 어리석은 자는 불손한 자세로 불경한 질문을 합니다. 더 큰 잘못을

범하는 자는 현자들의 지혜를 무시해 버리는 자입니다. 물론 현자는 어리석은 자가 제기한 공허한 물음에는 답하지 않습니다.

오, 라마여! 그대는 어떤 구도자들보다 훌륭합니다. 그것은 그대가 진리를 충분히 고찰했고 최고의 초연으로 고취되었기 때문입니다. 확신하건대 내가 하고자 하는 말이 가슴속에 굳건한 자리를 차지할 것입니다. 마음이란 원숭이처럼 쉽게 동요하므로 인간은 진실로 지혜가 가슴속에 자리 잡도록 적극적인 노력을 해야 합니다. 그리고 현명치 못한 자들과의 만남은 피해야 합니다.

라마여! 자유(목샤)의 영역으로 가는 입구에는 네 문지기가 있습니다. 그것들은 자기 조절, 탐구심, 만족, 좋은 만남입니다. 현명한 구도자는 이 네 가지, 아니면 최소한 그들 중 하나와만이라도 우정을 부지런히 길러 나가야 합니다.

바시슈타는 계속하였다.

오, 라마여! 의심의 베일과 마음의 불안 없이 순수한 가슴과 수용적인 마음으로 해방의 본질과 수단에 대한 설명을 들어 보십시오. 왜냐하면 지고의 존재를 깨달을 때까지 삶과 죽음이라는 두려운 고통은 끝나지 않기 때문입니다. 무지의 삶이라는 무서운 뱀을 지금 여기서 정복하지 않는다면, 그 뱀은 현세뿐만 아니라 앞으로 올 수많은 삶에서 끝없는 고통을 만들 것입니다. 이 고통은 무시할 수 없지만, 내가 전하는 지혜에 의해 그것을 극복해야 합니다.

오, 라마여! 반복되는 삶(삼사라)의 슬픔을 극복한다면, 그대는 여기 이 세상에서 브람마나 비슈누 같은 신으로 살 것입니다. 환영이 사라지고 자기 본성의 탐구에 의해 진리를 깨달았을 때, 마음에 평화가 깃들고 가슴이 지고의 진리로 도약하며, 마음의 모든 혼동된 생각의 물결들이 가라앉고, 중단 없는 평화가 흐르고, 가슴이 궁극의 희열로 충만합니다. 그리고 진리를 가슴속에서 깨달을 때, 바로 이 세상이 희열의 거주지가 됩니다.

그런 사람에게는 얻을 것도 피할 것도 없습니다. 그는 삶의 결점들로 더럽혀지지 않고, 삶의 슬픔에 닿지 않습니다. 보는 사람 눈에는 그가 왔다가 가는 것처럼 보일지라도, 그는 태어나지도 죽지도 않습니다. 종교적 의무조차도 불필요해집니다. 그는 힘을 잃은 과거의 경향성들에 영향을 받지 않습니다. 그의 마음은 불안을 버리고, 그는 본성인 희열에 듭니다. 그와 같은 희열은 다른 수단이 아닌 참나 지식에 의해서만 가능합니다. 따라서 인간은 스스로를 참나 지식에 전념하게 해야 합니다. 오직 이것만이 자신이 해야 할 의무입니다.

성스러운 경전들과 성스러운 사람을 경시하는 자는 참나 지식을 얻지 못합니다. 그런 어리석음은 이 세상에서 겪게 되는 모든 질병보다 더 해롭습니다. 그러므로 참나 지식으로 나아가게 하는 이 경전에 충실히 귀 기울여야 합니다. 이 경전을 가진 자는 맹목적인 무지의 우물로 다시는 떨어지지 않을 것입니다. 오, 라마여! 자신을 삼사라(반복적인 삶)의 슬픔에서 자유롭게 하고 싶다면, 나와 같은 현자들이 주는 유익한 가르침을 받아들이고 자유로워져야 합니다.

바시슈타는 계속하였다.

삼사라(반복적인 삶)라고 하는 이 무서운 바다를 건너려면, 영원하며 변치 않는 것에 의지해야 합니다. 오, 라마여! 마음이 영원 속에 안주하여, 그래서 완전히 스스로 조절되고 평화롭다면, 그만이 사람들 중에서 최고의 사람입니다. 그는 쾌락과 고통이 서로를 좇고 소멸시킨다는 것을 알며, 그런 지혜 속에 자기 제어와 평화가 있습니다. 이것을 모르는 자는 불타는 집에서 잠자는 것과 같습니다.

여기에서 이 영원한 지혜를 얻는 사람은 삼사라에서 자유로울 것이며, 무지 속으로 다시는 태어나지 않을 것입니다. 그런 불변의 진리는 없을 수도 있다고 의심할 수도 있습니다! 설사 그런 진리가 없다 해도, 삶의 본질에 대한 탐구로 해를 입지는 않습니다. 영원을 추구하는 것은 삶의 변화들에서 오는 고통을 줄일 것입니다. 하지만 그런 진리가 존재한다면, 그것을 아는 것으로 자유로워집니다.

영원은 의식과 의례를 통해서도, 성지 순례를 통해서도, 부를 통해서도 얻어지지 않습니다. 그것은 마음의 정복과 지혜의 배양에 의해서만 얻을 수 있습니다. 그러니 신, 악마, 반신반인, 인간 등의 모든 존재는 걷든지, 넘어지든지, 앉아 있든지 간에 지혜의 결실인 마음의 정복과 자기 조절을 항상 추구해야 합니다.

마음이 평화롭고, 순수하며, 잔잔하고, 미혹이나 환영에서 자유롭고, 얽힘이 없고, 갈망에서 자유로우면, 그것은 어떤 것도 갈망하거나 거부하지 않습니다. 이것이 자기 조절 즉 마음의 정복이며, 앞서 말했던 자유로 가는 네 문지기 중의 하나입니다.

선하고 상서로운 것은 자기 조절에서 나옵니다. 자기 조절은 모든 악을 몰아냅니다. 이 세상과 천국에서 얻는 어떤 이득이나 즐거움도 자기 조절의 기쁨에 비할 수 없습니다. 자기 조절을 경험하는 기쁨은 무엇과도 비할 수 없습니다. 모든 존재가 자연스럽게 그를 신뢰합니다. 어느 누구도, 심지어 악마나 악귀까지도 그를 미워하지 않습니다.

오, 라마여! 자기 조절은 모든 육체적, 정신적 질병에 대한 최고의 치료제입니다. 자기 조절이 있을 때 먹는 음식은 더 맛있고, 그렇지 않을 때는 쓴맛이 납니다. 슬픔은 자기 조절이라는 갑옷을 입은 사람에게는 해를 끼치지 않습니다.

유쾌한 것과 불쾌한 것으로 여겨지는 것을 듣고, 만지고, 보고, 냄새 맡고, 맛볼 때도 들뜨거나 의기소침해지지 않는다면, 자기 조절이 된 것입니다. 즐거움과 고통의 감정을 조절하고 모든 존재를 동등한 시각에서 본다면, 자기 조절이 된 것입니다. 모든 것 사이에서 살지만 그것들에 영향 받지 않고 잠잘 때조차 우쭐대거나 미워하지 않는다면, 그는 자기 조절이 된 것입니다.

바시슈타는 계속하였다.

탐구(해방으로 가는 두 번째 문지기)는 경전들에 대한 철저한 공부를 통해 정화된 지성으로 행해야 하며, 이 탐구는 도중에 중단되는 일이 없어야 합니다. 그러한 탐구로 지성은 예리해지며, 지고의 것을 깨우칠 수 있게 해 줍니다. 그러므로 탐구만이 삼사라라는 질병에 대한 최고의 치료법입니다.

현자들은 힘, 지성, 능력과 때에 맞는 행동 등을 탐구의 결실로 여깁니다. 실로 궁극의 해방뿐만 아니라 왕국, 번영, 즐거움 등도 그 같은 과정의 결실입니다. 탐구 정신은 생각하지 않는 바보에게 떨어지는 재난으로부터 보호해 줍니다. 탐구를 하지 않아 마음이 둔해지면 선선한 달빛조차 치명적인 무기로 변하며, 어리석은 상상은 어둠 속에서 악귀를 만듭니다. 그러므로 탐구하지 않는 바보는 진실로 슬픔의 저장고입니다. 탐구하지 않으면, 자신과 남에게 해를 주는 행위들과 수많은 심신의 병들을 초래합니다. 그러므로 그런 생각 없는 자와의 만남을 피해야 합니다.

탐구 정신이 늘 깨어 있는 자는 세상을 밝히고, 접촉하는 모든 것을 깨우치게 하며, 무지한 마음이 만들어 낸 환영들을 없애며, 감각적 쾌락과 그 대상의 거짓됨을 압니다. 오, 라마여! 탐구의 빛 안에는 영원하고 변화하지 않는 실재에 대한 깨달음이 있습니다. 이것이 지고함입니다. 그것을 지니면 다른 것을 얻으려고 열망하지도 않고, 어떤 것을 버리지도 않습니다. 그는 망상과 집착에서 자유로워집니다. 즉 그는 움직이지 않는 것도 아니며, 행위에 몰두하는 것도 아닙니다. 그는 지금 이 세상에서 살며 활동하지만 자연스럽게 수명이 다하면, 완전한 자유가 주는 희열의 상태에 이릅니다.

영적 탐구라는 눈은 활동 중에도 통찰력을 잃지 않습니다. 이런 눈을 갖지 못한 자는 실로 가엾습니다. 이런 눈이 없는 자보다는 진흙 속의 개구리, 오물 속의 벌레, 굴 속의 뱀으로 태어나는 것이 더 나을 것입니다. 탐구란 무엇입니까? "나는 누구인가? 삼사라(반복되는 삶)라는 이 불행은 어떻게 존재하는가?"라고 묻는 것이 진정한 탐구입니다. 진리에 대한 지식은 그 같은 탐구에서 생깁니다. 그런 지식으로 내적 평온이 옵니다. 그때 이해와 모든 슬픔의 끝을 넘는 지고의 평화가 일어납니다.

(비차라 즉 탐구는 추리도 분석도 아니다. 그것은 자신 안을 직접 들여다보는 것이다.)

바시슈타는 계속하였다.

만족은 해방으로 안내하는 또 다른 문지기입니다. 만족의 감로를 마신 자는 감각적 쾌락들에 대한 갈망을 맛보지 않습니다. 이 세상의 어떤 즐거움도 모든 죄를 없애는 만족만큼 달콤한 것은 없습니다.

무엇이 만족인가요? 구하지 않아서 얻지 못한 것에 대한 모든 갈망을 버리는 것이며, 구하지 않아도 오는 것에 만족하는 것, 그런 일로 인해 우쭐해지지도 기가 꺾이지도 않는 것, 이것이 만족입니다. 자신에 만족하지 않는 한, 슬픔을 당할 것입니다. 만족이 생기면서, 가슴의 순수함이 피어납니다. 아무것도 소유하지 않고 만족하는 이는 온 세상을 가진 것입니다.

삿상(현명하고 신성하며 깨달은 이들과의 만남)은 해방으로 가는 또 다른 문지기입니다. 삿상은 자신의 지성을 키우고, 무지와 심리적 고통을 없앱니다. 아무리 비용이 들고 어렵고 많은 장애들이 있더라도, 삿상을 게을리해서는 안 됩니다. 왜냐하면 삿상만이 삶의 행로를 비추는 빛이기 때문입니다. 삿상은 자선, 금욕, 순례 등과 같은 모든 종교적 수행이나 종교 의식을 행하는 것보다 진정 위에 있습니다.

힘이 닿는 한 반드시 성스러운 이를 숭상하고 봉사해야 합니다. 그들은 진리를 깨닫고 가슴속에 있는 무지의 어둠을 걷어 낸 이들입니다. 그런 성스러운 이를 무례히 대하는 자는 분명 커다란 고통을 초래합니다.

만족, 삿상(현자와의 만남), 탐구 정신, 자기 조절, 이 네 가지는 삼사라의 바다에 빠져 고통을 당하고 있는 사람들을 구할 수 있는 가장 확실한 수단입니다. 만족은 최상의 얻음입니다. 삿상은 목적지를 향해 가는 가장 훌륭한 동반자입니다. 탐구 정신은 가장 위대한 지혜입니다. 자기 조절은 최상의 행복입니다. 네 가지 모두에 의존할 수 없다면, 한 가지라도 하십시오. 이들 중 하나를 열심히 한다면, 나머지 세 가지도 그대 안에서 찾아질 것입니다. 최고의 지혜가 스스로 그대를 찾을 것입니다. 이 고귀한 자질들로써 마음이라는 야생 코끼리를 길들이기 전에는 지고함을 향해 나가는 것이 불가능할 것입니다. 그대가 신, 반신반인, 나무의 모습을 하고 있더라도 말입니다. 오, 라마여! 그러니 이 고귀한 자질들을 연마하도록 반드시 노력하십시오.

바시슈타는 말하였다.

지금껏 열거한 자질을 갖춘 사람은 이제 내가 말할 내용을 들을 자격이 된 것입니다. 오, 라마여! 그대야말로 그러한 자격을 갖춘 사람입니다. 해방을 향한 준비가 된 자만이 이것을 듣고 싶어 할 것입니다. 빛이 잠자는 사람의 눈도 비추듯이, 이 경전은 자유를 원치 않더라도 사람을 해방으로 인도할 수 있을 것입니다. '밧줄은 밧줄이다.'라는 진리가 보일 때, 밧줄을 뱀이라 오해한 것에서 생긴 공포가 사라지듯이, 이 경전에의 공부는 삼사라에서 비롯된 슬픔에서 인간을 자유롭게 합니다.

　이 경전은 32,000개의 2행구로 구성되어 있습니다. 바이라기야 쁘라까라남(초연에 관한 장)이라는 제1부는 이 세상에서의 진정한 삶의 본질에 대한 지식을 전합니다. 그것을 자세히 공부하면 가슴이 정화됩니다. 이 장은 1,500개의 2행구로 되어 있습니다.

　무묵슈 비야바하라 쁘라까라남(구도자의 행동에 관한 장)이라는 제2부는 1,000개의 2행구로 되어 있습니다. 이 장에서는 구도자가 갖추어야 할 자질이 묘사되어 있습니다.

　다음으로 7,000개의 2행구로 이루어진 제3부 우뜨빳띠 쁘라까라남(창조에 관한 장)이 있습니다. 이 안에는 많은 고무적인 이야기들이 있습니다. 그 이야기들은 '이것'과 '나'라는 거짓 개념의 작용으로 인해, 사실 창조되지도 않은 우주가 마치 존재하는 것처럼 보인다는 위대한 진리를 설명하는 데 도움을 줍니다.

　이어서 스티띠 쁘라까라남(존재에 관한 장)이 나오는데, 그것은 3,000개의 2행구들로 되어 있습니다. 이야기의 도움으로 세상의 존재와 그 근원에 관한 진리를 말합니다.

　5,000개의 2행구들로 이루어진 우빠샨띠 쁘라까라남(소멸에 관한 장)이 그 뒤에 옵니다. 이것을 들음으로 무지는 흔적만 남게 되고, 세상에

대한 허구적인 지각이 끝납니다.

끝으로, 니르바나 쁘라까라남(해방에 관한 장)의 2행구는 14,500개에 달합니다. 이것의 공부와 이해는 근원적 무지를 없앱니다. 그리고 이 모든 기만과 환영이 정지될 때, 절대적 자유가 있습니다. 그는 신체적 몸은 가지지만 몸이 없는 듯 살며, 모든 갈망과 욕구, 집착과 혐오에서 자유롭습니다. 그는 삼사라(반복되는 역사)로부터 자유로워집니다. 지금 여기에서 그에게는 이기심이라는 악마가 없습니다. 그는 완전함을 지닌 사람입니다.

바시슈타는 계속하였다.

이 경전 지식의 씨앗을 뿌리는 사람은 진리의 깨달음이라는 결실을 곧 얻습니다. 천한 사람이 말할지라도, 진리의 설명은 받아들여야 합니다. 그렇지 않을 때는 신의 계시라고 생각되는 것이라도 거부해야 합니다. 지혜의 말일 때는 어린 소년의 말일지라도 받아들여야 합니다. 거짓의 말일 때는 창조자 브람마의 말일지라도 지푸라기인 양 버려야 합니다.

이 경전의 설명을 듣고 반추하는 사람은 깊이를 알 수 없는 지혜, 굳은 확신과 영의 평온한 서늘함을 즐깁니다. 곧 그는 그의 영광을 말로 표현할 수 없는 해방된 현자가 됩니다.

무한한 시야를 지닌 현자는 분리 없는 하나의 지성으로 헤아릴 수 없이 무수한 우주들을 봅니다. 왜냐하면 그는 이미 마야의 마법인 우주의 환영을 깨달았기 때문입니다. 모든 원자 속에서 무한을 보므로, 그는 창조에 대한 생각이 일어나고 가라앉는 데 초연합니다. 그래서 구하지 않아도(거부하지 않아도) 오는 것에 대해 늘 만족하며, 자신에게서 사라지는 것을 쫓아가지도 않고, 그로 인해 비통해 하지도 않습니다.

이 경전은 수많은 흥미로운 이야기들로 충분히 꾸며졌기에 이해가 쉽습니다. 이 경전을 공부하고 그 의미를 깊이 생각하는 사람은 금욕, 명상, 만뜨라를 반복할 필요가 없습니다. 왜냐하면 이 경전의 공부로 얻은 해방보다 더 위대한 것이 무엇이 있겠습니까?

이 경전을 공부하고 가르침을 이해한 사람은 세상의 모습에 더 이상 미혹되지 않습니다. 저쪽에 있는 독사가 실물처럼 보이는 그림이라는 것을 알면, 더 이상 그것이 두렵지 않습니다. 세상의 모습이 단지 모습으로만 보일 때, 그것은 우쭐함도 슬픔도 만들지 않습니다. 그런 경전이 존재함에도, 사람들이 커다란 슬픔으로 이어지는 감각적 쾌락을 좇는다는 사실은 참으로 안된 일입니다.

오, 라마여! 직접 경험하지 못한 진리를 설명하고자 할 때, 예를 들지 않는다면 사람들은 납득하지 못합니다. 분명한 목표와 제한된 의도로 이 경전은 그런 예들을 이용했습니다. 그것들을 말 그대로 받아들여서는 안 되며, 그 의미를 본래의 의도 이상으로 확대 해석해도 안 됩니다. 이렇게 경전을 공부할 때, 세상은 꿈의 모습으로 보입니다. 이것들이 정말이지 예들의 목표이자 의도입니다. 이 경전의 예들이 왜곡된 지성을 가진 사람에 의해 잘못 해석되는 일이 없어야 할 것입니다.

바시슈타는 계속하였다.

비유의 목적은 오직 한 가지뿐입니다. 즉, 듣는 이가 진리에 이르도록 하려는 것입니다. 비유는 가공일 수 있지만, 진리에의 깨달음이 극히 중요하므로 적당한 방법의 사용은 정당화됩니다. 비유는 설명된 진리에만 부분적으로 적용되므로 그 부분만 이해하고 나머지는 무시해야 합니다. 진리를 깨달을 때까지는 예시와 유능한 스승의 도움으로 경전을 공부하고 이해하는 것이 필요합니다.

다시 말하지만, 그런 공부는 진리를 깨달을 때까지 계속해야 합니다.

완전한 깨달음을 이루지 않은 상태로는 공부를 중단하지 말아야 합니다. 경전에 대한 미미한 지식은 혼란만 가중시킬 뿐입니다. 가슴속에 있는 지고한 평화의 존재를 인식하지 못하고 상상적 요소를 실재로 가정하는 것, 이 둘은 불완전한 지식과 그 결과로 일어나는 왜곡된 논리를 낳습니다.

바다가 모든 파도들의 근본이 되듯이, 직접적인 경험만이 모든 증명의 기본을 이룹니다. 직접적 경험이란 진리를 있는 그대로 직접 경험하는 것을 말합니다. 그 근본은 스스로 경험자, 경험 행위, 경험이 되는 '경험하는 지성'입니다. 경험하는 것만이 오직 사실입니다. 그러나 이해가 없는 상태에서는 이 경험이 주체(경험자)를 가진 듯합니다. 탐구 정신에서 태어난 지혜는 몰이해를 없애 버리며, 나뉘지 않은 지성은 자신의 빛 속에서 빛납니다. 그 단계에서는 탐구의 정신조차 필요 없게 되어 스스로 사라져 버립니다.

움직임이 공기 중에 내재하듯이, 미묘하게 지각하는 마음과 마음이 감지하는 거친 대상들로서의 이 현상은 이 경험하는 지성 속에 내재하고 있습니다. 그리고 무지로 인해 지각하는 마음은 "나는 이러이러한 대상이다."라고 생각하고 그때부터 그 대상이 됩니다. 대상은 다른 곳이 아닌 주체 안에서만 경험됩니다.

오, 라마여! 이 지혜가 그대 안에서 직접 일어날 때까지, 위대한 스승들이 전하는 지혜에 의지해야 합니다. 위대한 스승들로부터 그 지혜를 받을 때, 그대의 행동은 스승들의 행동을 반영할 것입니다. 그대가 고귀한 자질 속에서 성장할 때, 지혜가 그대 안에서 펼쳐질 것입니다. 성스런 이들이 하는 숭고한 행동의 본뜸과 지혜는 서로를 성장시킬 것입니다.

제3부

🌿 창조에 관하여

아까샤 - 공간 또는 차원

원본에는 세 가지 주요 용어가 나온다. 그것은 찌다까샤, 찌따까샤, 부따까샤이다. 글자 그대로 말하면, 아까샤는 공간을 뜻한다. 찌다까샤는 의식의 공간을, 찌따까샤는 마음의 공간을, 부따까샤는 원소의 공간을 의미한다. 이 세 개념을 바가반 라마나 마하리쉬는 아래와 같이 아름답게 설명하고 있다.

"찌다까샤는 아뜨마 스와루빠(아뜨마의 모습)이며, 그것을 마음의 도움으로만 볼 수 있다는 말이 있습니다. 마음이 진정되면 어떻게 그것을 볼 수 있습니까?" 하고 누군가가 물었다. 바가반은 다음과 같이 말했다. "하늘을 예로 들자면, 그것은 찌다까샤, 찌따까샤, 부따까샤로 설명되어야 합니다. 자연적 상태는 찌다까샤로 불리며, 찌다까샤에서 태어난 '나'라는 느낌이 찌따까샤입니다. 찌따까샤가 팽창하면서 모든 부따(원소)들의 형태를 취하는데, 이것이 부따까샤입니다. 자기('나')의 의식인 찌따까샤가 찌다까샤를 보지 않고 부따까샤를 보면, 그것을 마노(마음의) 아까샤라고 말합니다. 그리고 그것이 마노 아까샤를 떠나서 찌다까샤를 볼 때 그것은 친마야(순수 의식)라 합니다. 마음이 진정된다는 것은 대상들의 다양성에 대한 생각이 사라지고, 대상들이 하나라는 생각이 나타나는 것을 의미합니다. 그것이 성취되면 모든 것은 자연스러워집니다."

아마도 아까샤라는 단어에 대한 더 나은 해석은 '차원'일지도 모른다. 동일한 무한한 의식이 영적, 심리적(개념적) 그리고 물리적 차원에서 각각 보여지는 것이 찌다까샤, 찌따까샤, 부따까샤이다.

바시슈타는 계속 말했다.

나는 그대에게 창조와 그 비밀을 말할 것입니다. 왜냐하면 지각된 대상에 실재성을 부여하는 한, 속박이 지속되기 때문입니다. 그러한 개념이 계속되는 한, 그것과 함께 속박도 지속됩니다. 여기 이 창조 속에서는 창조된 것만이 자라고 쇠퇴하며, 그 뒤에 천국이나 지옥으로 가며, 그리고 해방됩니다.

우주적 소멸 때, 대상으로 있는 모든 창조물은 무한한 존재 안으로 용해됩니다. 의사소통과 원활한 대화를 위해, 현자들은 무한한 존재를 아뜨만, 브람만, 진리 등으로 다양하게 불렀습니다. 바로 이 무한한 참나는 자신 속에 자신과 타인이라는 이원성을 생각합니다. 바다의 표면이 흔들릴 때 물결이 일듯, 그때부터 마음도 일어납니다. 그러나 금팔찌가 실제로는 금이듯이 (금은 팔찌가 되지 않고도 존재하지만, 팔찌는 금이나 다른 금속 없이는 존재하지 않습니다) 피조물의 성질들과 본성, 창조물의 잠재성은 창조자 속에 내재되어 있다는 것을 명심하십시오. 마음은 무한한 자와 다르지 않습니다.

신기루가 진짜 강물처럼 보이듯이, 이 창조물도 완전히 실재인 것처럼 보입니다. 그리고 '너'와 '나'가 실재한다는 개념에 매여 있는 한, 해방은 있을 수 없습니다. 그러한 존재의 개념을 단지 말로만 부인한다고 해서 그것이 없어지는 것은 아닙니다. 이와는 반대로 그러한 부인은 더 큰 혼란을 불러일으킵니다.

라마여! 사실 창조물이 실재라면 그것이 멈춰질 가능성은 없습니다. 왜냐하면 비실재하는 것에는 아무런 실재적 존재가 없으며, 실재하는 것은 계속 존재해야 한다는 것이 불변의 법칙이기 때문입니다. 그러므로 고행, 명상 및 다른 수행들은 그것을 중단시킬 수도 없으며, 깨달음을 일으킬 수도 없습니다. 창조물이라는 개념이 지속되는 한, 생각이 움직이지 않는 사마디는 있을 수 없습니다. 비록 그것이 가능하다 하더라도, 사마디에서 돌아오는 순간에 슬픔과 동행한 창조물이 마음에 생겨납니다. 생각의 움직임은 창조된 대상들의 개념을 불러일으킵니다.

참깨 씨 속의 기름처럼, 꽃 속의 향기처럼 모든 것 속에 정수가 존재하고 있듯이, 대상적 지각의 기능은 지각하는 자의 내부에 존재하고 있습니다. 꿈의 대상들은 꿈꾸는 자에 의해서만 경험되듯이, 지각의 대상들은 지각하는 자에 의해 경험됩니다. 때가 되면 씨에서 싹이 돋듯이, 이 잠재성은 창조물이라는 개념으로서 나타납니다.

바시슈타는 계속 말했다.

아까샤자(글자대로 해석하면 '공간에서 태어난 자'라는 뜻)라는 신성한 사람이 있었습니다. 그는 꾸준한 명상을 하였으며 가슴에 모든 존재의 안녕을 기원하고 있었습니다. 죽음이 그를 삼키려 할 때까지 그는 오랫동안 살았습니다. 죽음이 그에게 다가갔을 때, 죽음은 그 신성한 사람을 보호하는 격렬한 불과 싸워야만 했습니다. 불을 피한 후에도, 죽음은 그를 건드릴 수 없었습니다. 이런 유별나고 전에 없었던 일에 당황한 죽음은 운명을 관장하는 주인인 야마에게 가서 물었습니다. "신이시여! 왜 제가 그를 죽음으로 데려올 수 없는지 말씀해 주십시오."

야마는 대답했습니다. "오, 죽음이여! 사실, 그대는 누구도 죽일 수가 없다. 까르마가 죽음의 원인이기 때문이다. 그러니 그의 치명적인 까르마를 찾아보도록 하여라."

아이들을 낳지 못하는 여자의 아이들을 찾을 수 없듯이, 죽음은 세상의 그 어디에서도 그 신성한 사람의 까르마를 발견할 수 없었습니다. 그는 이것을 야마에게 보고했습니다.

야마는 말했습니다. "오, 죽음이여! 이 신성한 사람인 아까샤자는 진정으로 우주에서 태어난 자이다. 그에게는 까르마가 없다. 그는 우주만큼이나 순수하다. 그래서 그는 그대가 그를 잡아 삼키도록 하는 까르마를 초래하지 않았다. 아이를 낳지 못하는 여자의 아이들처럼, 이 신성한 이는 태어나지 않은 것이다. 그는 또한 전생의 까르마도 없다. 그러므로 그에게는 마음이 없다. 그대의 범위 안에서 그를 데려올 수 있는 마음의 어떤 행위도 그는 하지 않았다. 그는 지성의 덩어리일 뿐이다. 우리의 눈으로는 존재하는 듯이 보이지만, 그에게는 까르마를 일으킬 수 있는 아무런 개념이 없다. 의식은 의식 안에서 비추어진다. 그러면 비추어진 것은 독립된 모습을 취한다! 이것은 거짓된 가정이지 진정한 존재는 아니다. 이 신성한 사람은 이 진리를 알고 있다.

유동성이 물 속에 본래 존재하고 있듯이 텅 빔은 공간 안에 존재하고 있다. 이 신성한 사람은 최고의 영 속에서 살고 있다. 그는 원인이 없는 나타남이다. 그러므로 그는 스스로 창조되었다고 얘기된다. '나는 흙으로 된 몸이다.'라는 어리석은 개념을 가진 사람은 문제에 빠져 있다. 그러므로 그대는 그를 이길 수 있다. 이 신성한 자는 그런 생각이 없기에, 그는 실제로는 아무런 몸이 없다. 그는 그대가 닿을 수 있는 범위 너머에 있다.

이 신성한 사람은 결코 태어난 적이 없다. 그는 변화를 겪지 않는 순수한 의식이다. 한 시대가 시작되는 때에 무한한 존재 안에서 잠재된 무지로 인하여 진동이 일어난다. 이것은 우주적 꿈 속에서처럼 다양한 존재들로 나타난다. 이것에 관련되지 않은 채, 이 신성한 사람은 순수 의식으로 있다."

바시슈타는 계속 말했다.

창조자 안에는 보는 자도 없고 지각의 대상도 없습니다. 그러나 그는 스스로 창조된 자로 알려져 있습니다. 화가의 마음속에 있는 그림처럼 그는 우주적 의식 안에서 빛나고 있습니다.

바시슈타는 계속 말했다.

창조자 안에는 과거에 대한 기억이 없기 때문에 그는 이전의 까르마를 가지고 있지 않습니다. 그는 신체적 몸조차 가지고 있지 않습니다. 영적 실체는 태어나지 않습니다. 사멸하는 존재들은 신체적 몸과 영적인 몸이라는 두 개의 몸을 지니고 있습니다. 태어나지 않은 창조자는 영적 몸만을 지니고 있습니다. 신체적 몸을 만드는 원인이 그의 내부에 없기 때문입니다.

그는 창조되지 않았습니다. 하지만 그는 모든 존재의 창조자입니다. 금팔찌 같은 창조된 대상들은 그것이 만들어진 것인 금과 동일한 실체입니다. 창조자의 생각이 이 다양한 창조의 원인이 되고 또 창조자 자체가 신체적 몸을 가지고 있지 않기 때문에, 창조물 또한 물질이 없는 생각의 내용을 정말로 지니고 있습니다.

　창조자 안에서 한 진동이 일어납니다. 그러면 그의 생각이 우주가 되어 펼쳐집니다. 이 진동은 모든 존재의 지성으로 만들어진 미묘한 몸을 존재하게 합니다. 생각으로만 이루어진 이 모든 것은 비록 그 모습이 실재처럼 느껴지지만, 실재하는 것처럼 보일 뿐입니다. 꿈 속에서의 성적 즐거움이 그러하듯이, 실재라고 상상된 이 나타난 모습은 실제적인 결과들을 가져옵니다. 이와 비슷하게 몸이 없는 창조자(이 이야기 속의 신성한 사람)조차 몸을 가지고 있는 듯이 보입니다.

　창조자 또한 의식과 생각이라는 이원적인 본성을 지니고 있습니다. 의식은 순수하며, 생각은 혼란을 겪습니다. 그러므로 창조자는 실제로는 일어나는 것이 아니지만, 일어나 존재 안으로 들어오는 것처럼 보입니다. 그는 온 우주를 지지하는 지성입니다. 그 지성 안에서 일어나는 매 생각은 하나의 형태를 일어나게 합니다. 이 모든 형태들은 순수한 지성이지만, 이것에 대한 자기 미혹과 물질적 형상들에 대한 생각으로 그것들은 물질적 형태로 굳어집니다. 악귀들은 형상이 없지만, 지각하는 자의 미혹 때문에 형상들을 가지고 있는 것처럼 보입니다.

　그러나 창조자는 그러한 미혹에 지배를 받지 않습니다. 그러므로 그는 항상 영적 본성이지 물질적이지 않습니다. 창조자는 영적입니다. 그와 마찬가지로 그의 창조물 역시 근본에 있어서는 실제로 영적입니다. 이 창조에는 원인이 없습니다. 그러므로 이 창조물은 지고한 존재인 브람만이 그러하듯이 본질적으로 영적입니다. 공중에 있는 누각처럼, 창조가 지닌 물질성은 자신의 마음의 환영적인 투사입니다.

　창조자는 마음입니다. 마음 즉 순수 지성은 그의 몸입니다. 생각은 마음 안에 내재하고 있습니다. 지각의 대상은 지각하는 자 안에 내재하고 있습니다. 이 둘에 대한 구분을 누가 한 적이 있습니까?

발미끼가 말했다.

이 단계에서 태양은 현자의 말을 명상하기를 열망하고 땅의 다른 부분들을 비추려는 듯이 서쪽 언덕을 향해 졌다. 다음 날 아침 모든 사람은 전과 같이 궁정에 모여들었다.

라마는 물었다.

오, 성스런 현자시여! 청하건대 마음이 실제로 무엇인지 말씀해 주십시오.

바시슈타가 대답했다.

텅 비어 있고 움직임이 없는 무(無)가 공간으로 알려져 있듯이, 마음은 텅 빈 무입니다. 마음이 실재하든지 그렇지 않든지 간에, 마음은 지각의 대상들 안에서 알 수 있습니다. 라마여! 생각은 마음입니다. 이 둘 사이는 구분이 없습니다. 영적 몸을 입은 나를 마음이라 합니다. 마음은 물질적, 신체적 몸을 존재하게 합니다. 무지, 삼사라(반복되는 역사), 마음, 속박, 불순, 어둠, 둔함 등은 모두 비슷한 말들입니다. 경험만이 마음입니다. 마음은 지각되는 것들일 따름입니다.

금으로 된 장신구가 금과 다르지 않듯이, 이 온 우주는 각 원자 안에 머무르고 있는 의식과 다르지 않습니다. 장신구의 모습이 금 안에 존재하고 있듯이, 대상은 주체 안에 존재하고 있습니다. 하지만 이 대상에 대한 개념을 확고히 거부하여 주체에서 없앴을 때, 외형적, 잠재적 대상성이 없이 의식만 존재하게 됩니다. 이것이 이루어질 때, 이끌림과 혐오, 사랑과 미움 같은 악들과 세상, 너, 나 등의 거짓 개념들 또한 자신의 가슴속에서 멈춥니다. 대상화시키려는 경향성마저도 멈춥니다. 이것이 해방입니다.

라마가 물었다.

성스러운 분이시여! 지각의 대상이 실재한다면, 그것은 존재하기를 그만두지 않을 것입니다. 그것이 실재하지 않는다 해도 우리는 그것을 실재하지 않는 것으로 보지 않습니다. 그러므로 어떻게 하면 이것을 극복할 수 있습니까?

바시슈타가 말했다.

오, 라마여! 하지만 그것을 이겨 낸 신성한 이들이 있음을 우리는 압니다. 공간과 같은 외적 대상들과 '나' 등과 같은 심리적 요소들은 단지 이름으로만 존재합니다. 실제로는 대상적 우주도, 지각하는 자신도, 그와 같은 지각도, 공도, 둔함도 존재하지 않습니다. 유일하게 존재하는 것은 우주적 의식(찌뜨)입니다. 이것 안에서 다양성, 다양한 행위들, 경험들, 속박이라는 개념과 해방을 향한 갈망을 그려 내는 것은 마음입니다.

라마가 물었다.

오, 성스러운 현자시여! 마음의 원천은 무엇이며, 어떻게 그것이 일어납니까? 이것에 대해서 저를 자비롭게 깨우쳐 주십시오.

바시슈타가 답하였다.

우주의 소멸 후 다음 시대가 오기 전에, 온 대상적인 우주는 완전한 평온의 상태에 있었습니다. 그 후에 영원하며 태어나지 않고 스스로 빛나는 지고한 신이 존재하게 되었습니다. 그는 이 모든 것이며 전능합니다. 그는 생각할 수 없으며 묘사할 수 없습니다. 아뜨만 등의 여러 이름으로 알려져 있지만, 이것들은 견해일 뿐이고 진리는 아닙니다. 그는 존재하고 있지만 세상은 그를 깨닫지 못합니다. 그는 또한 몸 속에 존재하고 있으면서도 멀리 있습니다. 셀 수 없는 광선들이 태양에서 나오듯이, 비슈누와 같은 수많은 신들이 그로부터 나타납니다. 바다 표면에서 물결들이 일어나듯이, 무한의 세상들이 그로부터 나옵니다.

그는 우주적 지성이며, 무수한 지각의 대상들이 그 속으로 들어갑니다. 그는 빛입니다. 참나와 세상은 그 안에서 빛납니다. 그는 창조된 모든 것의 특징을 부여합니다. 신기루가 반복해서 나타나고 사라지듯이, 그 안에서 세상들이 나타나고 사라집니다. 그의 형태(세상)는 없어지나, 그의 참나는 변치 않습니다. 그는 모든 것 속에 거주합니다. 그는 가려져 있지만 그는 넘쳐흐릅니다. 그의 단순한 현존만으로도 이 외형상의 활력이 없는 물질적 세상과 그 안에서 살아가는 모든 존재들은 늘 활동적입니다. 그는 모든 곳에 존재하며 모든 것을 할 수 있고 모든 것을 알기 때문에, 그의 생각들이 물질화합니다.

오, 라마여! 이 지고한 참나는 지혜 아닌 다른 방법에 의해서는 깨달을 수 없습니다. 종교적 수행들을 하는 것으로는 그것을 깨달을 수 없습니다. 이 참나는 멀리 있는 것도, 가까이 있는 것도 아닙니다. 그것은 접근하기 어려운 것도, 먼 곳에 있는 것도 아닙니다. 그것은 자신 안에서 희열의 경험으로 있는 듯이 보입니다. 그러므로 자신 안에서 깨달아집니다.

고행과 금욕, 자선과 종교적 맹세들을 지키는 것으로는 신에 대한 깨달음으로 나아갈 수 없습니다. 성스러운 이들과의 만남, 참된 경전에 대한 공부는 도움이 됩니다. 그것들은 무지와 미혹을 물리치기 때문입니다. 이 참나만이 실재라는 것을 확신할 때, 그는 슬픔을 넘어 해방의 길에 들어서게 됩니다.

고행이나 금욕들은 스스로 부과한 고통입니다. 다른 이들을 속여서 얻은 부를 가지고 행한 자선이 무슨 가치가 있겠습니까? 그것들은 자선의 진정한 결실들을 없앨 뿐입니다! 종교적 의식들은 허영심을 증가시킵니다. 신에 대한 무지를 처방하는 유일한 방법이 하나 있습니다. 그것은 감각적 쾌락을 향한 갈망을 확고하고도 단호하게 버리는 것입니다.

라마가 물었다.

이 신은 어디에 있으며, 제가 어떻게 그분에게 갈 수 있습니까?

바시슈타가 답했다.

신이라고 묘사되는 그는 멀리 있지 않습니다. 그는 몸 안에 거주하고 있는 지성입니다. 비록 우주는 그가 아니지만, 그는 우주입니다. 그는 순수한 지성입니다.

라마가 말했다.

어린 소년조차 신은 지성이라고 말합니다. 이 특별한 가르침을 이해하기에 필요한 것은 무엇입니까?

바시슈타가 답했다.

아, 순수한 지성을 대상적 우주라고 알고 있는 사람은 아무것도 모르고 있습니다. 지각력이 있는 것이 우주이며, 지각력이 있는 것이 영혼 (지바)입니다. 지각력이 있는 것은 인식 가능한 것을 만들며 그래서 슬픔에 빠집니다. 인식 가능한 것을 멈출 때, 인식할 수 없는 것 즉 순수한 지성을 향한 주의의 흐름이 있게 됩니다. 그때 완성이 있습니다. 그래서 그는 슬픔 너머로 갑니다.

인식 가능한 것의 멈춤이 없이는, 그 사람의 주의는 인식 가능한 것으로부터 방향을 바꿀 수 없습니다. 단지 지바가 이 삼사라 속에 관련하고 있다는 것을 아는 것만으로는 아무런 소용이 없습니다. 하지만 지고한 신이 알려지면, 슬픔은 끝납니다.

라마가 물었다.

성스러운 분이여! 신에 대하여 설명해 주십시오.

바시슈타가 답했다.

우주가 존재하기를 멈출 때 그 안에 나타나는 우주적 지성이 신입니다. 신 안에서는 주체와 대상의 관계가 중단되는 듯이 보입니다. 신은 공(空)입니다. 그 안에 우주가 존재하는 것처럼 보입니다. 신 안에서는 우주적 의식조차도 산처럼 가만히 서 있습니다.

라마는 다시 물었다.

어떻게 하면 신을 깨달을 수 있으며, 우리가 실재한다고 여기는 우주가 실재하지 않는다는 것은 어떻게 깨달을 수 있습니까?

바시슈타가 대답했다.

하늘의 푸름이 실재하지 않듯이, 우주가 실재하지 않는다는 것에 확고히 자리를 잡을 때만 신을 깨달을 수 있습니다. 이원론은 단일성을 전제로 하고 있습니다. 그리고 비이원론은 이원론을 암시합니다. 창조물은 전혀 존재하지 않고 있다는 것을 알 때만 신을 깨달을 수 있습니다.

라마가 물었다.

성스런 분이시여! 이것은 어떤 방법으로 알 수 있으며, 무엇을 알아야 인식 가능한 것들의 정지가 옵니까?

바시슈타가 대답했다.

잘못된 생각이 지속되기 때문에, 이 세상이 실재한다는 잘못된 개념이 깊게 뿌리내리게 되었습니다. 하지만 성스러운 이들과 함께 하고 신성한 경전을 공부하는 날, 그 잘못된 생각은 사라질 수 있습니다. 모든 경전 중에서도 이 마하라마야남이 가장 좋습니다. 이 경전에서 알려지는 것은 다른 곳에서도 알려집니다. 또 이 경전에서 알려지지 않는 것은 다른 곳에서 알려지지 않습니다. 그렇지만 이것을 공부하고 싶지 않다면, 다른 경전을 공부해도 좋습니다. 이에 대해서는 반대하지 않습니다.

잘못된 개념을 물리쳐 진리가 깨달아질 때, 그 깨달음은 완전하게 그 사람에게 스며듭니다. 그래서 그것에 대하여 생각하며, 그것에 대하여 말하고, 그것 안에서 기뻐하며, 다른 이들에게 그것을 가르칩니다. 그런 이들은 때로는 지반묵따라 불리며, 때로는 비데하묵따라 불리기도 합니다.

라마가 물었다.

신이시여! 지반묵따(살아 있을 때 해방된 자)와 비데하묵따(몸이 없는 해방된 자)의 특징은 무엇입니까?

바시슈타가 대답했다.

보통의 삶을 살면서 온 세상을 공으로 경험하는 자가 지반묵따입니다. 그는 깨어 있지만 깊은 잠이 주는 평온을 즐기고 있습니다. 그는 쾌락과 고통에 조금도 영향을 받지 않습니다. 그는 깊은 잠 속에서는 깨어 있지만, 이 세상에 대해서는 결코 깨어 있지 않습니다. 그의 지혜는 잠재된 경향성들에 의해 흐려지지 않습니다. 좋아함, 싫어함, 두려움을 겪는 듯이 보이지만, 사실 그는 공간처럼 자유롭습니다. 그에게는 자아와 의지가 없습니다. 활동할 때나 활동하지 않을 때도 그의 지성은 영향을 받지 않습니다. 누구도 그를 두려워하지 않으며, 그도 누구를 두려워하지 않습니다. 때가 되어 몸을 버릴 때, 그는 비데하묵따가 됩니다.

하지만 비데하묵따는 존재도 존재하지 않음도 아니며, '나'도 '다른 이'도 아닙니다. 그는 빛나는 태양이며, 모두를 보호하는 비슈누이고, 모든 것을 파괴하는 루드라이며, 모든 것을 창조하는 브람마입니다. 그는 공간, 공기, 불, 물과 땅입니다. 사실 그는 모든 존재의 본질인 우주 의식입니다. 과거, 현재, 미래에 있는 모든 것이 그이며, 오로지 그일 뿐입니다.

라마가 다시 물었다.

신이시여! 저의 지각은 왜곡되어 있습니다. 어떻게 하면 당신이 말한 그 상태에 도달할 수 있습니까?

바시슈타가 답했다.

오, 라마여! 해방이라는 것은 절대적인 것 그 자체입니다. 오로지 그 것만이 존재합니다. 여기서 '나', '너'로서 지각되는 것은 존재하는 것처럼 보일 뿐입니다. 왜냐하면 그것은 결코 창조되지 않았기 때문입니다. 어떻게 브람만이 이 모든 세상들이 되었다고 할 수 있습니까?

오, 라마여! 나는 금으로 된 장신구에서는 금만을, 파도들에서는 물만을, 공기 속에서는 움직임만을 봅니다. 나는 공간 속에서는 공(空)만을, 신기루 속에서는 열기만을 보지, 어떤 다른 것은 보지 않습니다. 이처럼 나는 절대자, 브람만만을 볼 뿐이며, 세상들은 보지 않습니다.

'세상들'에 대한 지각은 시작이 없는 무지입니다. 그렇지만 진리에 대한 탐구로 그것은 없어질 것입니다. 존재하게 되었던 것만이 존재하기를 그칩니다. 이 세상은 실제로는 결코 존재하지 않고 있지만, 존재하고 있는 것처럼 보입니다. 창조에 관한 이 장 속에서는 이 진리에 대해 설명하고 있습니다.

이전에 우주적 소멸이 일어났을 때, 존재하는 듯이 보였던 모든 것이 사라졌습니다. 그때 무한함만이 홀로 남았습니다. 그것은 공도 형태도 아니고, 보이는 것도 보이지 않는 것도 아니었습니다. 그것이 존재한다고도 존재하지 않는다고도 말할 수 없었습니다. 그것은 귀도, 눈도, 혀도 없지만 그것은 듣고, 보며, 먹습니다. 그것은 원인도 없고, 창조도 없습니다. 물이 물결들의 원인이듯이, 그것이 모든 것의 원인입니다. 이 무한하고 영원한 빛이 모든 것의 가슴 안에 있습니다. 그것의 빛 안에서 삼계가 하나의 신기루와 같이 빛납니다.

무한한 것이 진동할 때, 세상은 나타나는 것처럼 보입니다. 무한한 것이 진동하지 않을 때, 세상은 잠겨 있는 듯 보입니다. 횃불이 빠르게 회전하면 그것은 불의 원처럼 나타나며, 가만히 있으면 불의 원은 소멸합니다. 진동하는 것과 진동하지 않는 것은 항상 어디서든 같습니다. 이것을 깨닫지 못할 때 그 사람은 미혹을 겪게 됩니다. 이것을 깨달을 때 모든 갈망과 고뇌는 소멸됩니다.

무한한 것으로부터 시간이 옵니다. 무한한 것으로부터 지각 가능한 대상에 대한 지각이 옵니다. 행위, 형태, 맛, 냄새, 소리, 촉각, 사고 등 그대가 알고 있는 이 모든 것은 오직 무한한 것입니다. 무한한 것으로 그대는 이 모든 것을 압니다! 무한한 것은 보는 자, 봄 그리고 보이는 것 안에 존재합니다. 이것을 알 때 그대는 그대의 참나를 깨닫게 됩니다.

라마가 말했다.

성스러운 분이시여! 어떻게 그것이 공하지 않다고 말할 수 있으며, 빛이 비춰지지 않고, 어둡지 않다고 할 수 있습니까? 그런 반대되는 표현 때문에 저는 혼란스럽습니다!

바시슈타가 답했다.

라마여! 그대의 질문들은 미숙하지만, 그것의 정확한 의미를 설명하겠습니다.

나무토막 속에는 만들어 두지 않았지만 이미지가 늘 있습니다. 이처럼 그대가 세상을 실재로 여기든 실재가 아닌 것으로 여기든, 이 세상은 절대적인 것 안에 내재하고 있습니다. 그러므로 절대적인 것은 공하지 않습니다. 고요한 바다 안에 파도들이 없다고 말할 수 없듯이, 절대적인 것에 세상이 없다고 말할 수 없습니다. 물론 이 예들은 제한적으로 적용을 해야 합니다. 한도를 넘어서는 적용을 해서는 안 됩니다.

하지만 사실 이 세상은 절대적인 것으로부터 일어난 것도 아니고, 절대적인 것 속에 용해된 것도 아닙니다. 절대적인 것만이 지금 존재하고 있으며 영원합니다. 절대적인 것을 공한 것으로 생각한다면, 그것이 공하지 않다고 느끼는 감정 때문입니다. 그것을 공하지 않다고 생각한다면, 그것이 공하다는 느낌이 있기 때문입니다.

절대적인 것은 물질적이지 않습니다. 그러므로 태양과 같은 물질적 빛의 근원들은 그것을 빛나게 하지 못합니다. 그러나 그것은 스스로 빛을 냅니다. 그러므로 그것은 활기를 잃지 않으며 어둡지도 않습니다. 이 절대적인 것은 다른 누군가에 의해 깨달아지거나 경험될 수 없습니다. 절대적인 것만이 그것 스스로를 깨달을 수 있습니다.

무한한 의식(의식의 공간)은 무한한 공보다 훨씬 더 순수합니다. 그리고 무한한 것이 존재하는 것만큼 세상은 존재하고 있습니다. 고추를 맛보지 못한 사람은 고추의 맛을 알지 못합니다. 그처럼 대상이 없을 때는 무한한 것 속에 있는 의식을 경험하지 못합니다. 그래서 이 의식이 생명력이 없거나 지각력이 없는 것처럼 보입니다. 세상도 그렇게 경험됩니다. 만져서 알 수 있는 바다 안에 만져서 알 수 있는 파도들이 보이듯이, 형태 없는 브람만 안에 세상 역시 형태가 없이 존재하고 있습니다. 무한한 것으로부터 무한한 것이 나타나며 그리고 무한한 것으로서 그것 안에 존재하고 있습니다. 그러므로 세상은 실제로 결코 창조되지 않았습니다. 세상은 자신이 나타난 것인 무한한 것과 동일합니다.

마음에 생각들의 연료를 주지 않음으로 자기라는 개념이 없어질 때, 존재하는 것 그것이 무한한 것입니다. 잠자지도 않고, 활기 없지도 않은 것, 그것이 무한한 것입니다. 그 무한한 것 때문에 지성이 없음에도 앎, 아는 자, 알려진 것이 하나로 존재하고 있습니다.

라마가 말했다.

신이시여! 우주가 소멸되는 동안에 지금 확연히 보이는 이 세상은 어디로 갑니까?

바시슈타는 말했다.

아이를 낳지 못하는 여인의 아이들이 어디에서 와서, 어디로 가겠습니까? 그 여인의 아이들은 결코 존재하지 않고 있습니다. 이처럼, 이 세상 역시 결코 존재하지 않고 있습니다. 세상의 존재를 당연한 것으로 여겨 왔기 때문에, 이런 설명은 그대를 당황시킬 것입니다.

이것을 생각해 보십시오. 금팔찌 안에 팔찌라는 것이 있습니까? 그것은 단지 금이 아닙니까? 텅 빔이 없이 하늘이라고 불리는 것이 있겠습니까? 그처럼, 절대적인 것인 브람만과 관계가 없는 세상이라 불리는 '그러한 것'은 없습니다. 차가움이 얼음과 분리될 수 없듯, 세상이라 불리는 것은 브람만과 분리될 수 없습니다.

신기루 속의 물은 존재 안으로 들어오지 않았으며 그래서 존재 바깥으로 나가지도 않습니다. 그처럼 이 세상도 절대적인 것에서 온 것이 아니며, 그래서 어느 곳으로도 가는 것이 아닙니다. 세상이라는 창조물에는 아무런 원인이 없습니다. 그러므로 아무런 시작을 가지지 않았습니다. 그것은 지금에조차도 존재하지 않고 있습니다. 어떻게 그것이 파괴될 수 있겠습니까?

이 세상은 브람만으로부터 창조되지 않았다는 것을 인정하지 않고 브람만이라는 실재에 근거한 모습이라고 주장한다면, 그때도 정말이지 세상은 존재하지 않으며 브람만만이 홀로 존재합니다. 세상은 꿈과 같습니다. 무지의 상태에서는, 자신의 내부에 있는 지성이 수많은 꿈의 대상들로 나타납니다. 그 모든 것은 모두 지성일 뿐입니다. 그처럼 창조의 시작이라고 알려진 것 안에서도 그와 같은 나타남이 일어납니다. 하지만 그것은 브람만과 독립적인 것이 아닙니다. 그것은 브람만과 떨어져서 존재하지 않습니다. 그러므로 그것은 존재하지 않습니다.

라마가 말했다.

성스러운 분이시여! 그렇다면 이 세상은 어떤 이유로 그런 실재감을 얻었습니까? 지각하는 자가 있는 한 지각되는 것도 있으며, 그 반대도 마찬가지입니다. 둘 모두가 끝날 때만 해방이 있습니다. 깨끗한 거울이 있다면, 그것은 어떤 것이나 다른 것을 늘 비출 것입니다. 그처럼 보는 자 내부에서 이 창조물은 계속해서 생겨납니다. 그렇지만 창조물이 존재하지 않는다는 것을 깨닫게 되면, 보는 자는 없어집니다. 그러나 그런 깨달음을 얻기는 힘듭니다!

바시슈타는 말했다.

라마여! 나는 우화를 통해서 그대의 의심을 없앨 것입니다. 그러면 그대는 창조물이 존재하지 않고 있다는 것을 깨닫고, 이 세상에서 깨달음의 삶을 살아갈 것입니다.

바시슈타가 말했다.

오, 라마여! 꿈들이 잠자는 자의 의식 안에 나타나듯이, 이 창조물이 순수하고 나누어지지 않는 우주적 존재에서 생겨난 것처럼 보이는 이유를 말하겠습니다.

이 우주는 사실 영원하고 빛나는 무한한 의식입니다. 그것은 그것의 형태(공간)에 관련된 생각과 그것 자신에 관한 탐구로 자신의 내부에 존재하는 것으로 알려질 인식 가능한 것들을 만듭니다. 이렇게 해서 공간이 존재하게 되었습니다. 상당한 시간이 지난 후 무한한 존재 안에서 창조의 의식이 강해질 때, 미래의 지바(살아 있는 우주적 영혼, 히란야가르 바라고도 함)가 그 안에서 일어납니다. 말하자면, 무한한 존재는 자신의 지고한 상태를 버리고 자신을 지바로서 한계 짓습니다. 하지만 그럴 때 조차 브람만은 무한한 것으로 남아 있으며, 이런 것들로의 아무런 변형 은 없습니다.

공간에서는 소리의 기능이 그 스스로를 나타냅니다. 다음 우주 창조 를 촉진시키기 위해 필수적인 자아가 존재하게 됩니다. 동시에 시간이 라는 요소도 존재하게 됩니다. 이 모든 것은 우주적 존재 안에 내재하 고 있는 창조적 사고에 의하여 일어나며, 무한한 존재가 실제로 변형된 것은 아닙니다.

창조적 사고와 유사한 활동으로 인하여 공기가 창조됩니다. 베다들 도 역시 존재하게 됩니다. 이 모든 것에 둘러싸인 의식을 지바라 합니 다. 이 지바는 이 세상 안에 있는 다른 모든 원소를 일어나게 합니다.

존재에는 열네 가지 측면이 있으며, 각각 그 유형에 맞는 거주자들이 있습니다. 이 모든 것은 의식의 창조적 사고의 나타남입니다. 그와 같이, 이 의식이 '나는 빛이다.'라고 생각하는 순간, 태양과 같은 빛의 근원들 이 즉시 창조되었습니다. 이와 비슷하게 물과 흙이 창조되었습니다.

이 모든 근원적 원소들은 계속 서로에게 경험하는 자와 경험으로 작 용하기를 계속하였습니다. 그래서 온 창조물이 바다 표면의 물결들처 럼 존재하게 되었습니다. 그것들은 서로 너무 잘 엮이고 섞여 있어서, 우주가 소멸될 때까지는 서로에게서 벗어날 수 없습니다. 이 물질적 모 습들은 계속 변화하고 있습니다. 실재는 변화되지 않은 채로 있습니다. 비록 이 모든 것이 전혀 변화를 겪지 않는 무한한 의식임에도 불구하 고, 이 모든 것이 의식으로 연결되어 있기 때문에, 이것들은 즉시 거친 물질적 실체가 됩니다.

바시슈타는 계속 말했다.

지고의 존재 안에는 즉시 균형을 이루거나 혼동이 일어나는 진동이 존재합니다. 이것 때문에 그것들이 실제로 창조된 것이 아닐지라도 공간, 빛, 둔한 것으로 나타납니다. 이 모든 것이 의식 안에서 일어나기 때문에, 이것들은 알 수 있는 자질을 가집니다. 그와 동시에 아는 자가 일어납니다. 아는 자가 우주적 아는 자이기 때문에, 그것은 모든 것을 빛나게 하는 의식의 내재적 힘입니다. 그 의식 자체가 그것 자신의 알 수 있는 대상과 아는 자가 됩니다. 그러한 관계가 일어날 때, '나는 살아 있는 영혼인 지바이다.'라는 개념이 의식 안에서 일어납니다.

알 수 있는 것과 더 깊이 동일시함으로써, 순수 의식 안에서 자아에 대한 개념이 생깁니다. 그리고 나서 구별하는 기능, 즉 논리적으로 설명하는 지성이 생깁니다. 그 다음에 마음과 근원적 원소들이 생성됩니다. 이 근원적 원소들은 거듭 결합하여 세상을 만듭니다. 꿈 속에서 도시들이 나타났다가 사라지듯이, 자발적이며 또한 질서를 지닌 변화들에 의하여 이 수많은 형태들은 나타나고 사라집니다. 이것들 중에 어떤 것도 흙, 물, 불 같은 수단적이거나 물질적인 원인을 필요로 하지 않습니다. 왜냐하면 이 모든 것은 의식의 본성을 지녔기 때문입니다. 어떤 이가 꿈 속에서 도시를 짓듯이, 이 모든 것을 표면적으로 만드는 것도 바로 의식이기 때문입니다. 그것은 다름 아닌 순수한 의식입니다.

다섯 원소들은 씨앗이며, 그 씨앗의 나무는 세상입니다. 영원한 의식은 원소들의 씨앗입니다. 씨앗이 존재하듯이 그 열매(나무)도 또한 존재합니다. 그러므로 세상은 다름 아닌 절대적 존재인 브람만입니다.

이런 식으로 무한한 능력을 가진 우주적 의식은 우주 공간 안에서 우주를 마법으로 만들었습니다. 우주는 사실이 아니며, 정말로 만들어진 것도 아닙니다. 모든 원소들이 서로 결합되어 이 세상의 외형적 물질들을 만들었지만, 진실로 이 모든 것은 공간 안에 보이는 형상처럼 겉모습에 불과합니다. 그것들의 실재성은 유일한 실재인 우주적 의식을 바탕으로 하고 있습니다.

다섯 원소들로 된 세상이 다섯 원소들의 창조물이라는 생각을 갖지 마십시오. 다섯 원소들을 절대적 의식 안에 내재하고 있는 힘의 나타남이라고 생각하십시오. 흙 등의 원소들은 꿈 속의 대상들처럼 의식 속에서 만들어졌다고 할 수 있습니다. 혹은 그것들은 우주적 의식 위에 무지하게 얹어진 단지 겉모습이라고도 말할 수 있습니다. 그러한 것이 신성한 이들의 통찰 혹은 깨달음입니다.

바시슈타는 계속 말했다.

라마여! 이제는 지바(살아 있는 영혼)가 몸 안에 어떻게 머물게 되었는지 말하겠습니다.

지바는 "나는 성질과 크기가 원자처럼 극소하다."라고 생각하였고, 그래서 지바는 본성이 원자처럼 되었습니다. 하지만 외형상으로만 그렇게 된 것이었습니다. 그것은 거짓된 상상에 기인한 것이었습니다. 죽어서 다른 몸을 갖는 것을 꿈꿀 수 있듯이, 실제로 순수 의식이라는 극히 미묘한 몸을 가지고 있는 지바는 이제 거친 것과 자신을 동일시하여 거칠어졌습니다.

산이 거울 속에 비춰질 때 마치 거울 안에 산이 있는 것처럼 보이듯이, 지바는 외적 대상들과 활동들이 비춰지면 곧 그것들 모두가 자신 안에 있으며 자신은 행동하는 행위자이며 그리고 경험하는 경험자라고 생각하기 시작합니다.

지바가 보기를 원하자, 눈이 거친 몸 안에서 만들어졌습니다. 그와 같이 피부, 귀, 혀, 코, 행위 기관이, 지바 안에서 일어나는 특유한 갈망의 결과로 만들어졌습니다. 이렇게 의식이라는 극히 미묘한 몸을 지니고 있는 지바는 여러 외적인 물질적 경험과 여러 내적인 심리적 경험을 다양하게 상상하면서 몸 속에 거주합니다. 이렇게 실재이지만 실재가 아닌 것에 머무르면서, 이제는 지바로 나타난 브람만은 혼란스러워집니다.

그 자신을 유한한 지바로 여겨 신체적 몸을 지니게 된 이 동일한 브람만은 외부 세상을 이해할 때, 무지의 베일 때문에 세상이 물질로 이뤄진 듯이 봅니다. 어떤 이는 자신을 브람마라고, 어떤 이는 자신을 다른 누구라고 생각합니다. 이런 식으로 지바는 그것을 이것 아니면 저것으로 상상해 버립니다. 그래서 세상의 모습의 환영에 자신을 묶습니다.

그러나 이 모든 것은 상상이나 생각에 불과합니다. 지금조차도 아무것도 창조되지 않았습니다. 순수한 무한한 공간만이 존재합니다. 창조주인 브람마는 우주적 소멸 전에 소위 말하는 세상을 창조할 수 없었습니다. 왜냐하면 브람마는 그때 최종적인 해방을 얻었기 때문입니다. 우주적 의식만이 지금 그리고 늘 존재하고 있습니다. 그것 속에는 아무런 세상들도, 아무런 창조된 존재들도 없습니다. 의식이 자체 속으로 비추어진 의식이 창조로 나타납니다. 실제가 아닌 악몽이 실제적인 결과들을 낳듯이, 무지의 상태에서 이 세상은 실재감을 얻는 것처럼 보입니다. 진정한 지혜가 일어날 때, 이 비실재감은 사라집니다.

바시슈타가 계속하였다.

내가 이미 그대에게 설명하였듯이, 오 라마여! 자아와 수많은 경험의 대상들로 구성된 이 세상은 창조되지 않았습니다. 그러므로 그것은 존재하지 않고 있습니다. 존재하고 있는 것은 절대적 존재인 브람만입니다. 바다가 동요할 때 바다의 표면에 파도들이 일어나듯이, 절대적 존재가 생각할 때 말하자면 지바라는 것이 나타납니다. 마치 잠자는 사람이 그 자신의 독특한 그리고 고유한 실재성을 버림이 없이 그 자신 내에 다양한 창조물들을 만드는 것처럼, 절대적 존재는 고통스러운 감소나 변화를 거치지 않고 단순한 생각이나 의지로 이 무수한 창조물들을 존재케 합니다.

이 우주적 의식의 우주적 모습(비라뜨)은 물론 거친 물질에 의하여 오염되지 않는 순수 의식의 성품입니다. 순수 의식으로 만들어진 우주적 모습은 잠자는 사람이 계속해서 꾸는 꿈과 비교될 수 있습니다. 그 꿈에는 궁전들과 다른 존재들이 있습니다.

창조자 브람마조차도 이 우주적 의식에서 그저 하나의 생각의 모습에 불과합니다. 의식이 자신 안에 자신의 생각의 모습들을 비추는 것이 이 모든 눈에 보이는 보는 자와 보이는 것들입니다. 그것 모두는 그저 상상에 불과합니다. 그러나 그것들 모두는 오직 이름으로만 있고 오직 이름으로만 증가됩니다. 우주적 존재가 우주적 생각으로 우주적 의식 안에 일어나듯이, 마치 하나의 등불이 다른 등불들을 밝히듯이, 이 모든 것은 그 우주적 존재의 생각들로부터 일어납니다. 그러나 그것들 모두는 하나로 있는 우주적 존재와 다르지 않습니다. 왜냐하면 그것들 모두는 우주적 존재의 생각의 파동들로부터 일어나기 때문입니다.

브람만만이 우주적 존재입니다. 그리고 우주적 존재는 지바 및 모든 원소들과 더불어 있는 이 모든 창조물입니다.

라마가 물었다.

신이시여! 오직 하나의 우주적 지바만이 있습니까? 아니면 많은 지바들이 있습니까? 아니면 지바들의 거대한 집합들이 있습니까?

바시슈타가 대답하였다.

라마여! 하나의 지바도, 많은 지바들도 없으며, 지바의 집합들도 없습니다. 지바는 이름일 따름입니다! 존재하고 있는 것은 오직 브람만입니다. 전능하기 때문에, 브람만이 하는 생각은 물질화됩니다. 원래 하나인 것이 다양하게 보이는 것은 무지 때문입니다. 어둠을 보기 위해 빛이 오게 할 때 어둠은 없어집니다. 이와 마찬가지로 탐구로 사라지는 이 무지를 우리는 경험하지 않습니다. 브람만만이 우주적 영혼(마하지바)이며, 수없이 많은 지바입니다. 그 외에 다른 것은 없습니다.

바시슈타는 계속 말했다.

지각이나 인지의 대상을 이해하고자 하므로 의식은 살아 있는 영혼인 지바가 되며, 외적으로는 반복되는 역사인 삼사라에 관련됩니다. 아는 자인 의식으로부터 떨어져 있는 인지의 대상에 대한 거짓 개념이 멈출 때, 지바는 평온을 되찾습니다.

규칙적이거나 불규칙적인 방법으로, 하나였던 마하지바는 개체적인 지바가 됩니다. 그 지바는 이전의 삶으로부터 이원성과 개체성의 감각을 이어 받습니다.

설명이 불가능하며 놀라운 방법으로 이 무한히 다양한 이름과 형태(몸)를 낳는 의식의 신비로운 힘을 자아라 합니다. 같은 의식이 자신을 음미하거나 경험하기를 바랄 때, 의식은 알 수 있는 우주가 됩니다. 미숙한 사람만이 이것 안에서 실제적인 변형이나 현혹된 겉모습을 봅니다. 의식만이 존재하며 다른 아무것도 존재하지 않기 때문입니다.

바다는 물입니다. 파도들은 물입니다. 이 파도가 바다의 표면에서 유희할 때, 물결이 만들어집니다. 우주에서도 마찬가지입니다. 바다가 물결의 개체성을 바라보고 인식하듯이, 의식은 개체적인 것들을 독립된 것으로 생각합니다. 그래서 자아라는 것이 생겨납니다. 이 모든 것은 의식이 지닌 신비한 힘의 놀라운 유희입니다. 그것이 우주라고 불리는 것입니다.

자아가 존재하게 될 때, 의식과 다르지 않은 자아는 이 우주를 구성하는 여러 원소들에 대한 개념을 일으킵니다. 그래서 그 원소들이 존재하게 됩니다. 따라서 하나 속에서 다양성이 일어납니다. 오, 라마여! 지바와 그 자신의 원인에 대한 생각조차도 버림으로, '나'와 '너'라는 모든 거짓 개념들을 없애도록 하십시오. 이 모든 것이 사라질 때, 실재와 비실재 간의 중앙에 있는 진리를 깨달을 것입니다. 이 모든 '구름'이 없어질 때, 하나의 분리할 수 없는 전체가 빛납니다. 그것은 결코 빛나는 것을 멈추지 않았습니다. 우리는 무엇이 실재이며 무엇이 거짓인지를 모릅니다!

이 의식은 알 수 있는 것이 아닙니다. 그것이 알려지기를 원할 때, 그것은 우주로서 알려집니다. 마음, 지성, 자아, 다섯 원소들, 세상 등 이 모든 셀 수 없는 이름들과 형태들은 오로지 의식일 뿐입니다. 사람과 그의 삶과 일은 구별할 수 없습니다. 정적인 모습과 동적인 모습도 그렇습니다. 지바와 마음 등은 의식 안에 있는 모든 진동들입니다.

바시슈타가 계속 말했다.

그 의식은 "나는 잘릴 수 없다, 나는 태워질 수 없다, 나는 젖을 수 없다, 나는 건조될 수 없다. 나는 영원하며, 모든 곳에 있으며, 변함이 없고, 움직임이 없다."라는 것을 알면서, 여기에 존재하고 있습니다. 이것이 진리입니다. 사람들은 다른 사람들과 논쟁하고 혼란시키기를 좋아합니다. 그들은 정말로 혼란스럽습니다. 그러나 오, 라마여! 우리는 혼란 너머에 있습니다. 무지하고 미혹된 사람들은 변화 없는 것 안에서 변화를 상상합니다. 하지만 참나 지식을 지닌 현자들의 시각에서 보면, 의식 속에서는 어떤 변화도 일어나지 않았습니다.

오, 라마여! 의식만이 자신의 내부에서 어떤 변화도 일으키지 않고 공간으로서 퍼져 있습니다. 그 후에, 의식은 움직임의 성질을 지닌 바람으로 나타납니다. 그 다음에 의식은 불로, 물로, 광물성을 가진 흙으로, 살아 있는 존재의 몸으로 나타납니다.

외적 대상에 대한 개념을 없애면, 참나 지식이 일어납니다. 의식 안에 활동이 없고 무지가 있을 때, 깊은 잠의 상태가 옵니다. 그러므로 의식만이 늘 존재하고 있기 때문에, 공간이 존재하거나 존재하지 않는다고도, 세상이 존재하거나 존재하지 않는다고도 할 수 있습니다.

열이 불에, 흰색이 조개껍질에, 움직이지 않음이 산에, 유동성이 물에, 달콤함이 사탕수수에, 버터가 우유에, 차가움이 얼음에, 밝음이 조명에, 기름이 겨자씨에, 흐름이 강에, 단 것이 꿀에, 장신구가 금에, 향기가 꽃에 있는 것처럼, 우주는 의식에 있습니다. 의식이 있기 때문에 세상이 존재합니다. 세상은 의식의 몸입니다. 어떤 분리도, 어떤 차이도, 어떤 구별도 없습니다. 따라서 우주는 실재한다고도, 그렇지 않다고도 할 수 있습니다. 그것이 실재하는 이유는, 우주 자신의 실재인 의식이 실재하기 때문입니다. 실재하지 않는 이유는, 의식과 별개로는 우주가 우주로서 존재하지 않기 때문입니다. 이 의식은 나눌 수 없습니다. 그래서 부분이나 가지가 없습니다. 의식 안에서 산, 바다, 땅, 강 등은 그 자체로 존재하는 것이 아니며 의식으로 존재할 뿐입니다. 따라서 의식 안에는 부분들도 가지들도 없습니다.

하지만 우주 등이 실재하지 않는다고 해서, 그것의 원인인 의식 역시 실재하지 않는다고 할 수는 없습니다. 그런 말은 의미 없는 말장난에 지나지 않습니다. 왜냐하면 그것은 우리의 경험에 반대되는 것이며, 의식의 존재는 부인될 수 없기 때문입니다. (이쯤에서 삼일째 저녁이 되었고, 모임은 해산되었다.)

릴라의 이야기

바시슈타는 계속 말했다.

오, 라마여! 깨어 있는 상태의 경험으로 보았을 때, 꿈 속에 보이는 대상들은 꿈꾸는 동안에는 진짜인 듯해도 깨어나면 진짜가 아닌 것과 같이, 이 세상은 물질로 보이지만 실재로는 순수 의식입니다. 신기루에는 일시적이거나 미묘한 강조차도 없습니다. 그처럼 세상이라는 것은 결코 없습니다. 오로지 순수 의식만이 있을 뿐입니다. 무지에 바탕을 둔 지식만이 세상이라는 개념에 매달립니다. 사실 '세상', '브람만 혹은 무한한 것', '참나'라는 말들의 의미에는 차이가 없습니다. 꿈 속에서 본 도시가 깨어 있는 상태의 의식의 경험과 관련해서는 진실이듯이, 세상도 브람만과 관련해서는 진실입니다. 그러므로 '세상'과 '우주적 의식'은 같은 말입니다.

오, 라마여! 이 모든 것을 명확하게 하기 위하여, 만다빠의 이야기를 해 주겠으니 잘 듣도록 하십시오.

오, 라마여! 옛날에 빠드마라는 왕이 살았습니다. 그는 모든 면에서 완벽했습니다. 그의 성품과 행동으로 인해 왕조의 영광이 높아졌습니다. 바다가 해안의 권위를 존중하듯이 그는 종교적 전통을 존중하였습니다. 태양이 어둠을 물리치듯이 그는 적들을 물리쳤습니다. 불이 건초를 잿더미로 만들 듯이 그는 사회악을 없앴습니다. 그는 덕을 지닌 왕이었습니다. 광풍이 담쟁이를 날려 보내듯이 그는 전쟁터에서 적들을 떨게 했습니다. 그는 학식이 높았고 예술에 조예가 깊었습니다. 신 나라야나에게 불가능한 것이 없듯이, 그에게도 이룰 수 없는 것은 없었습니다.

이 왕에게는 릴라라는 이름의 부인이 있었습니다. 그녀는 여자로서 지녀야 할 교양이 있었으며 매우 아름다웠습니다. 그녀는 나라야나의 아내인 여신 락슈미가 땅에 화신으로 나타난 것 같았습니다. 그녀의 말씨는 부드러웠고, 걸음걸이는 조용하고 우아했으며, 웃음은 달빛의 서늘한 즐거움을 발산했습니다. 그녀는 아름다웠으며 꿀처럼 달콤하였습니다. 팔은 부드럽고 섬세했으며, 몸은 성스런 강가 강의 물처럼 순수하고 맑았습니다. 강가 강의 물을 만지는 것만으로도 희열이 생기듯이, 그녀를 만지는 것은 희열을 경험하는 것이었습니다. 그녀는 남편인 빠드마에게 헌신적이었습니다. 그녀는 그를 섬기고 기쁘게 하는 방법을 알았습니다.

그녀는 왕과 하나가 되어 슬픔과 기쁨을 나누었습니다. 왕이 화를 낼 때 두려움을 드러내는 것을 제외하면, 그녀는 빠드마의 변형된 자아였습니다.

바시슈타는 계속 말했다.

빠드마 왕과 릴라 왕비는 이상적인 삶을 살았습니다. 그들은 모든 가능한 그리고 바른 방법으로 삶을 즐겼습니다. 그들은 신들처럼 젊었으며, 서로를 향한 사랑은 위선적이거나 인위적이지 않았으며 순수하고 강렬했습니다.

어느 날 릴라 왕비는 생각했습니다. "누구보다 잘생긴 왕인 내 남편은 나의 생명보다 더 소중하다. 우리가 영원히 삶의 즐거움을 누리려면, 나는 무엇을 해야 하는가? 이 열망을 채우기 위해서는 성스러운 이들이 권하는 금욕 생활도 할 것이다." 그래서 그녀는 성스러운 이들의 조언을 구했습니다. 그들은 이렇게 말했습니다.

"오, 왕비시여! 금욕이나 고행, 만뜨라의 반복, 자제하는 생활은 세상에서 얻을 수 있는 모든 것을 오게 할 것입니다. 그러나 신체적으로 영원히 사는 것은 이 세상에서 불가능합니다!"

왕비는 이 충고를 깊게 생각하고서 결심했습니다. "내가 남편보다 먼저 죽어야 한다면, 나는 참나 지식을 얻어 슬픔에서 자유로워야 할 것이다. 하지만 남편이 먼저 죽는다면, 남편의 지바가 궁궐을 떠날 수 없게 하도록 하는 은총을 신들로부터 얻도록 애쓸 것이다. 남편이 항상 나와 함께 있다는 것을 알면, 나는 궁궐 안에서 행복하게 살 수 있을 것이다."

이렇게 결심하고서 이 계획을 남편과 의논하지 않은 채 릴라는 여신 사라스와띠에게 정성을 다하기 시작했습니다. 그녀는 신, 성스러운 이들, 가르침을 주는 자, 학식 있는 자, 현자들을 정성으로 경배한 후에야 3일에 한 번씩 식사를 했습니다. 그녀는 이런 고행이 결실을 낳게 한다고 확신하게 되었습니다. 이런 확신은 지금 행한 고행을 더욱 열심히 하게 했습니다. 자신의 의도를 왕에게 말하지는 않았지만, 그녀는 고행으로 인해 남편을 섬기는 일이 조금의 영향도 받지 않도록 했습니다. 그러한 3일 밤 동안의 경배를 백 번 하자, 여신 사라스와띠가 나타나서 은혜를 청하라고 말했습니다. 릴라가 청했습니다. "오, 성스런 어머니시여! 두 가지 은혜를 주십시오. 첫째는 제 남편이 몸을 떠나면, 그의 지바가 궁궐에 남아 있도록 해 주십시오. 둘째는 제가 당신께 기도할 때마다 당신을 보게 해 주십시오." 여신 사라스와띠는 이 두 은혜를 허락하고 사라졌습니다.

시간은 무정하게 흘러갔습니다. 빠드마 왕은 전쟁터에서 치명적인 부상을 입고 궁궐에서 죽었습니다. 릴라 왕비는 비탄해 하며 슬픔에 잠겼습니다. 비탄에 잠겨 있을 때 하늘의 목소리가 말했습니다.

사라스와띠의 천상의 목소리는 말했습니다.

나의 아가야! 왕의 죽은 몸을 꽃들로 덮어라. 그러면 썩지 않을 것이다. 그는 궁궐을 떠나지 않을 것이다.

릴라는 그렇게 하였습니다. 그러나 그녀는 만족스럽지 않았습니다. 부자가 가난으로 고통을 받는 척하는 느낌이 들었습니다. 그녀는 여신 사라스와띠에게 빌었습니다. 그러자 여신은 그녀 앞에 나타나 말했습니다.

아가야! 왜 그렇게 비탄해 하느냐! 신기루 속의 물처럼 슬픔은 환영이다.

릴라는 여신에게 물었습니다.

부디 제 남편이 있는 곳을 가르쳐 주십시오.

오, 릴라여! 물질적 공간, 마음의 공간, 무한한 의식의 공간이라는 세 개의 공간이 있다. 이들 중 가장 미묘한 것은 무한한 의식의 공간이다. 이 무한한 의식의 공간을 깊이 명상하면, 여기서는 그를 볼 수 없지만 그대의 남편과 같은 자의 현존을 보고 경험할 수 있다. 그의 몸은 무한한 공간이다. 무한한 지성이 한 공간에서 다른 공간으로 여행할 때 중간에 있는 것이 무한한 공간이다. 모든 생각을 버린다면 그대는 지금 여기서 모든 것과 하나가 되는 깨달음에 도달할 것이다. 보통은 우주가 전혀 존재하지 않는다는 것을 깨달은 자만이 이것을 경험할 수 있지만, 그대는 나의 은혜로 그렇게 할 수 있을 것이다.

바시슈타는 계속 말했다.

릴라는 명상을 시작했습니다. 즉시 그녀는 모든 혼란들로부터 자유로운, 의식의 가장 높은 상태인 니르비깔빠에 들어갔습니다. 그녀는 무한한 의식의 공간에 있었습니다. 그곳에서 그녀는 왕으로 있으면서 그를 숭배하는 다른 왕들, 많은 현자들, 베다를 찬송하는 성스러운 이들, 많은 여인들, 무장한 군인들에 의해 에워싸여 있는 왕을 다시 보았습니다. 생각의 형상이 자신에게만 보이고 다른 이들에게는 보이지 않듯이, 그녀는 그들을 보았지만 그들은 그녀를 보지 못했습니다. 그녀는 왕이 젊은 몸을 지닌 것을 보았습니다. 또한 빠드마 왕의 많은 왕실 사람들을 궁중에서 보았습니다. 그녀는 의아했습니다. 그들 역시 모두 죽은 것이었습니다!

사라스와띠 여신의 은혜로 릴라는 자신의 궁전으로 되돌아왔습니다. 그리고 자신의 시중들이 잠들어 있는 것을 보았습니다. 그들을 깨워서 왕실 사람들을 어서 모이도록 했습니다. 사자들을 보내어 모두를 즉시 소집했습니다. 곧 빠드마 왕의 궁전은 대신들, 현자들, 신하들, 친척들, 친구들로 가득해졌습니다. 모두가 그곳에 있는 것을 보고 릴라는 기뻤습니다.

바시슈타는 계속 말했다.

왕실의 모든 사람을 보자, 릴라는 혼란스러웠습니다. 그녀는 생각했습니다. "이상하다. 이 사람들이 같은 시간에 두 장소에 있는 듯이 보이니 말이다. 그들이 명상 중 내가 본 곳과 바로 여기 내 앞에 있다니 말이다. 산이 거울의 안과 밖 모두에서 보이듯이, 창조물 역시 의식의 안과 밖 둘 다에서 보인다. 하지만 이들 중 실재하는 것은 어느 것이며, 그림자는 어느 것인가? 사라스와띠 여신에게 여쭤 보아야겠다." 그녀는 사라스와띠 여신에 대한 숭배를 올렸고, 여신이 자신 앞에 앉아 있는 것을 보았습니다.

릴라는 물었습니다.

오, 여신이시여! 자비를 베푸셔서 말씀해 주십시오. 이 세상으로 나타난 그것은 지극히 순수하며 나뉘어 있지 않습니다. 그리고 그것은 지식의 대상이 아닙니다. 이 세상은 그것의 반사로서는 그것 안에, 굳은 물질로서는 바깥이라는 둘 다에 있습니다. 어떤 것이 실재이며, 어떤 것이 그림자입니까?

사라스와띠가 물었습니다.

그대가 먼저 말해 보라. 그대는 무엇이 실재이고 무엇이 실재가 아니라고 생각하는가?

릴라가 대답했습니다.

저는 여기에 있고 당신은 제 앞에 있습니다. 이것은 실재라고 생각합니다. 지금 제 남편이 있는 그곳, 그것은 실재가 아니라고 생각합니다.

사라스와띠가 말했습니다.

어떻게 비실재가 실재의 결과가 될 수 있는가? 결과는 원인에서 나온다. 거기에는 아무런 본질적인 차이가 없다. 항아리의 경우에 항아리는 물을 담을 수 있지만 항아리의 원인인 흙은 물을 담지 못하는 것처럼, 이런 차이가 생기는 것은 함께 하는 원인들 때문이다. 그대의 남편을 태어나게 했던 물질적 원인은 무엇이었는가? 왜냐하면 물질적인 원인은 물질적인 결과만을 낳기 때문이다.

그러므로 결과에 대한 직접적인 원인을 찾지 못할 때는 틀림없이 그 원인은 과거 즉 기억에 있다. 기억은 공간처럼 비어 있다. 이곳에 있는 모든 창조물은 그런 비어 있음에서 생긴 결과이다. 그러므로 창조물 역시 비어 있다. 그대 남편의 탄생조차도 기억이 만들어 낸 환영의 산물이다. 내게는 이 모든 것이 상상이 만들어 낸 환영이며 실재하지 않는 것으로 보인다.

이런 창조물이 지닌 꿈과 같은 본성을 설명하는 이야기를 해 주겠다. 순수 의식인 창조주의 마음 한 구석에 푸른 천장으로 덮인 낡고 초라한 성소가 하나 있었다. 그것은 열넷의 세상을 방으로 갖고 있었다. 세 개의 공간 구역에는 구멍이 있었다. 태양이 빛이었다. 그 안에는 작은 개미 언덕인 도시, 작은 흙더미인 산, 작은 물웅덩이인 바다가 있었다. 이것이 창조이며 우주이다. 그것의 아주 작은 모퉁이에 성스러운 사람이 아내와 아이들과 더불어 살고 있었다. 그는 건강했으며 두려움이 없었다. 그는 종교 의식과 사회적 의무를 훌륭하게 행하였다.

사라스와띠가 계속하였습니다.

그 성스러운 사람은 바시슈타였으며 그의 아내는 아룬다띠였다. 비록 그들은 전설적인 인물인 바시슈타와 아룬다띠와는 달랐지만, 어느 날 그 성스러운 사람이 언덕 꼭대기에 앉아 있을 때, 그는 그 언덕 아래에서 화려한 행렬이 지나가는 것을 보았다. 그 행렬에는 멋진 코끼리를 탄 왕이 있었고 군대와 왕실이 쓰는 물건들이 왕을 따르고 있었다. 이것을 보자 성자의 가슴속에 소망이 일어났다. "나는 언제 왕실의 코끼리를 타고, 저처럼 군대의 호위를 받을 것인가?"

이후 시간이 흘러 그 성스러운 자는 늙게 되었다. 죽음이 그를 데려갔다. 그에게 헌신했던 그의 아내가 간청하며 남편의 영혼이 집을 떠나지 않게 해 달라는, 그대가 했던 것과 같은 부탁을 했다. 나는 그녀의 청을 들어주었다.

그 성스러운 자는 에테르의 존재였지만 그의 전생에서 계속되었던 소망의 힘으로 인해 강한 왕이 되었고, 땅 위에 있는 천국과 닮은 거대한 제국을 다스렸다. 그는 적들에게는 두려움이었으며, 여성들에게는 사랑의 사자였고, 유혹에 대해서는 산처럼 안정되고 확고했다. 그는 자신의 내부에 거울처럼 모든 경전이 비추어져 있었으며, 모든 이의 소망을 들어주는 자였고, 성스러운 이들에게 있어서는 휴식의 장소였다. 실로 그는 올바름에 있어서 보름달과 같은 존재였다. 아룬다띠 역시 몸을 버리고 남편과 다시 하나가 되었다. 이런 일이 생긴 후 8일째 되던 날이었다.

릴라여! 지금의 그대 남편이 바로 그 성스러운 자이다. 그의 아내였던 그 아룬다띠는 그대이다. 무지와 기만 때문에 무한한 의식 안에서 이 모든 것이 일어나는 것 같다. 그대는 이 모든 것을 진실이나 거짓으로 간주할지도 모른다.

릴라가 질문했습니다.

오, 여신이시여! 이 모든 것이 제게는 믿어지지 않거나 이상스럽게 보입니다. 거대한 코끼리가 겨자씨 가운데 묶여 있다고 말하는 것이나, 원자 속에서 모기가 사자와 싸우고, 연꽃 꼬투리 안에 산이 있다고 말하는 것과 같습니다.

사라스와띠가 말했습니다.

나의 아이야! 나는 거짓은 말하지 않으며 진리만을 말한다. 믿지 못하겠지만, 어떤 성스러운 이의 궁궐에 대한 욕망 때문에 그 성스러운 이의 오두막 안에 이 궁궐이 있는 것처럼 보인다. 과거의 기억은 잊혀지고, 그대 둘은 다시 일어났다. 죽음은 꿈에서 깨어난 것에 불과하다. 신기루 속의 물결처럼, 소망에서 생겨난 탄생은 소망보다 더 실제적인 것이 아니다!

사라스와띠가 계속 말했습니다.

릴라여! 그대의 집, 그대, 나와 이 모든 것은 순수 의식일 뿐이다. 그대의 집 역시 성자 바시슈타의 집 안에 있었다. 그의 지바의 공간 안에 강과 산 등이 있다. 그 성스러운 이의 집 안에서 이 모든 것이 창조된 후에도, 그것은 전처럼 남아 있다. 정말이지, 모든 원자 안에는 세상들 안의 세상들이 있다.

릴라가 물었습니다.

오, 여신이시여! 당신은 그 성스러운 자가 죽은 지 겨우 8일이 되었다고 말씀하셨습니다. 그렇지만 저와 남편은 이렇게 오랜 기간을 살았습니다. 이 모순을 어떻게 설명하실 수 있습니까?

사라스와띠가 말했습니다.

오, 릴라여! 공간이 고정된 범위를 가지지 않듯이, 시간에도 고정된 시간의 범위가 없다. 세상과 그것의 창조물이 모습들에 불과하듯이, 순간과 시대 역시 실재가 아닌 상상일 뿐이다. 눈 깜짝할 사이에 지바는 죽음의 경험이라는 환영을 겪고는, 전에 일어났던 일을 잊어버린다. 그리고는 무한한 의식 안에서 '나는 이러하다.', '나는 누구의 아들이며, 몇 살이다.' 등을 생각한다. 이 세상의 경험과 다른 세상의 경험 간에는 본질적인 차이가 나지 않는다. 이 모든 것은 무한한 의식 안에 있는 생각의 형태들이다. 그것들은 같은 바다에 있는 두 개의 파도와 같다. 이 세상들이 결코 창조되지 않았기에, 그것들은 결코 존재하기를 그치지 않을 것이다. 그러한 것이 법칙이다. 그것들의 진정한 본성은 의식이다.

꿈 속에서조차 탄생, 죽음, 관계 등 이 모든 것이 아주 짧은 시간 안에 있다. 사랑하고 있는 자에게는 연인 없는 하룻밤이 한 시대로 느껴지듯이, 지바는 눈 깜짝할 사이에 경험된 대상들과 경험되지 않은 대상들을 생각한다. 바로 그 후, 지바는 그런 것들(세상)이 실재라고 상상한다. 경험하지도 보지도 못했던 것들조차도 꿈 속에서처럼 그 앞에 그들 스스로 나타난다.

이 세상과 이 창조물은 기억과 꿈에 지나지 않는다. 순간과 나이 같은 거리와 시간의 단위들은 모두 환영이다. 이것은 지식의 한 종류인 기억이다. 과거 경험의 기억에 기초하지 않은 다른 것이 있다. 이것은 그것 자신의 결과들을 낳을 수 있는 원자와 의식의 우연한 만남이다.

해방은 우주와 같은 그러한 것들이 전혀 존재하지 않고 있다는 것에 대한 깨달음이다. 이것은 자아와 우주의 존재를 단순히 부정하는 것과는 다르다! 후자는 반쪽 지식에 불과하다. 해방은 이 모든 것이 순수 의식이라는 것을 깨닫는 것이다.

릴라가 물었습니다.

오, 여신이시여! 이전의 환영이 없이 성자와 그의 아내를 창조하는 것이 어떻게 가능합니까?

사라스와띠는 말했습니다.

정말이지, 그것은 창조자 브람마가 생각한 모습에 기인한 것이다. 브람마는 숨겨진 생각의 형태인 기억을 가지고 있지 않다. 왜냐하면 창조에 앞서 소멸이 있었으며 그때 창조주는 이미 해방을 얻었기 때문이다. 이 시대가 시작할 즈음에, 누군가가 창조자의 역할을 맡고 '내가 새 창조자다.'라고 생각한다. 서로 관계가 없지만, 까마귀가 야자나무에 앉자 야자열매가 떨어지는 것처럼, 이것은 서로 아무런 관계가 없는 단순한 우연일 뿐이다. 물론, 이 모든 것이 일어나는 것처럼 보이지만, 창조는 없다는 점을 잊지 말라! 하나의 무한한 의식만이 생각의 형태이며 경험이다. 원인과 결과의 관계는 없다. 원인과 결과는 단어들에 불과한 것이며 사실이 아니다. 무한한 의식은 늘 무한한 의식 안에 있다.

릴라가 말했습니다.

오, 여신이시여! 당신의 말씀들은 깨달음을 오게 합니다. 하지만 예전에 당신의 말씀들을 접해 본 적이 없으므로 지혜가 잘 서지 않습니다. 성스러운 바시슈타의 원래 집을 보고 싶습니다.

사라스와띠가 말했습니다.

오, 릴라여! 그대의 지금의 모습을 버리고, 순수한 영적 통찰을 얻도록 하라. 왜냐하면 브람만만이 브람만을 정말로 보거나 깨달을 수 있기 때문이다. 나의 몸은 순수한 빛, 순수한 의식으로 이루어져 있다. 그대의 몸은 그렇지 않다. 지금의 그대 몸으로는 그대가 상상하는 곳조차 방문할 수 없다. 그러니 어떻게 다른 사람이 상상하는 장소로 들어갈 수 있겠는가? 하지만 빛으로 된 몸을 얻는다면, 그대는 곧 성스러운 자의 집을 볼 수 있을 것이다. 스스로에게 '나는 나의 이 몸을 떠나 빛의 몸을 취할 것이다. 향의 냄새처럼, 나는 그 몸으로 그 성자의 집으로 갈 것이다.'라고 확실히 단언하라. 물과 물이 섞이는 것처럼, 그대는 의식의 장과 하나가 될 것이다.

그러한 명상을 끊임없이 함으로써 그대의 몸조차도 순수 의식이 되며 그래서 미묘해질 것이다. 왜냐하면 나는 나의 이 몸마저 의식으로 보기 때문이다. 그대는 물질이라는 세상을 보기 때문에, 마치 무지한 사람이 귀중한 돌을 조약돌로 여기는 것처럼, 그대는 그렇게 되지 않는다. 그러한 무지는 그 스스로 일어나지만 지혜와 탐구로 없앨 수 있다. 사실상, 그런 무지는 존재하지 않고 있다! 지혜롭지 않음도 무지도 없다. 속박도 없고 해방도 없다. 오로지 하나의 순수 의식만이 있다.

사라스와띠가 말했습니다.

사랑하는 릴라여! 꿈 속에서 꿈의 몸은 실재하는 것처럼 보인다. 그러나 꿈이라는 사실을 알아차리게 되면, 그 몸의 실재는 사라진다. 이와 같이 기억과 잠재적 경향성들에 의해 지탱되는 신체적 몸이 실재가 아닌 것을 알게 될 때, 실재가 아닌 것으로 보인다. 꿈이 끝날 때, 그대는 신체적 몸을 알아차리게 된다. 이러한 경향성들이 끝날 때 그대는 에테르의 몸을 자각하게 된다. 꿈이 끝나면, 깊은 잠이 온다. 생각의 씨앗들이 사라지면, 그대는 해방된다. 해방 속에는 생각의 씨앗들이 존재하지 않는다. 해방된 현자가 살고 있고 생각하는 것처럼 보인다면, 마루 위에 놓인 타 버린 천 조각처럼 그는 그렇게 하고 있는 것처럼 보일 뿐이다. 하지만 이것은 생각의 씨앗이 숨겨져 있는 깊은 잠이나 무의식과는 다른 것이다.

꾸준한 수행(아비야사)으로 자아를 고요하게 할 수 있다. 그때 그대는 자연스럽게 자신의 의식 안에 쉬게 될 것이다. 그리고 지각된 우주는 소멸의 지점으로 향할 것이다. 수행이라 불리는 것은 무엇인가?

그것에 대해서만 생각하고, 그것에 대해 얘기하며, 다른 이들과 그것에 대해 대화하는 것, 그것에만 전적으로 헌신하는 것, 이것이 현자들이 말하는 아비야사 즉 수행이다. 자신의 지성이 아름다움과 희열로 채워질 때, 자신의 통찰이 넓어질 때, 감각적 즐거움에 대한 열정이 자신 안에 없을 때, 이것이 수행이다. 이 우주는 결코 창조된 적이 없으므로 세상은 그렇게 존재하고 있는 것이 아니라는 확고한 확신 속에 있을 때, '이것은 세상이다. 이것이 나다.'라는 생각들이 자신 안에 전혀 일어나지 않을 때, 이것이 아비야사 즉 수행이다. 그렇게 되면 애착과 혐오가 일어나지 않는다. 의지력을 사용하여 애착과 혐오를 극복하는 것은 고행이지 지혜는 아니다.

(이맘때쯤 저녁이 왔고, 궁전에 모인 사람들은 해산했다.)

다음 날 아침 일찍, 그들은 모였고 바시슈타는 이야기를 계속했다.

바시슈타는 계속 말하였다.

오, 라마여! 사라스와띠와 릴라 왕비는 즉시 깊은 명상 즉 니르비깔빠 사마디에 든 채 앉아 있었습니다. 그들은 몸의 의식 위로 올라섰습니다. 그들은 세상에 대한 모든 개념을 버렸기 때문에, 세상은 그들의 의식에서 완전히 사라졌습니다. 그들은 지혜의 몸 속에서 자유로이 돌아다녔습니다. 공간 속에서 수백만 마일을 여행한 것 같았지만, 그들은 여전히 같은 공간에 있었습니다. 그러나 의식의 다른 차원에 있었습니다.

바시슈타는 계속 말하였다.

서로 손을 맞잡은 채, 사라스와띠와 릴라는 서서히 공간 속에 있는 먼 곳으로 올라갔습니다. 이 공간은 몹시도 순수했으며 전적으로 비어 있었습니다. 그들은 지구의 축인 메루 산의 꼭대기에서 쉬었습니다. 달의 궤도를 벗어남에 따라 재미있는 수많은 광경들을 보았습니다. 공간 속에 있는 거대한 구름 속을 거닐기도 했습니다. 그들은 무한의 세상들 안에 있는 무한한 공간, 자궁 그리고 무한한 존재들의 원천 속으로 들어갔습니다.

그들은 우주 속에서 일곱 개의 큰 산을 보았습니다. 그것들은 소멸의 불처럼 빛났습니다. 메루 산 가까이 있는 금빛의 평원과 짙은 어두운 형태를 보았습니다. 그들은 초자연적 힘을 가진 존재들인 싯다들을 보았습니다. 그들은 악마들, 악귀들의 무리와 다른 영혼들의 무리들을 보았습니다. 그들은 공간 운송 기구들이 온갖 곳으로 오가는 것을 보았습니다. 그들은 하늘 요정들이 노래하고 춤추는 것을 보았습니다. 그들은 갖가지 새들과 동물들을 보았습니다. 그들은 천사들과 신들을 보았습니다. 그들은 모든 상서로운 자질을 갖춘 위대한 요기들을 보았습니다. 그들은 창조자의 거처, 쉬바 및 다른 존재들의 거처를 보았습니다. 한 쌍의 모기처럼 그들은 이 모든 평원을 거닐었습니다.

(주: 원본에는 묘사가 사실적이고 상세하다.)

간단히 말해 그들은 사라스와띠의 마음속에 이미 있었던 모든 것을 보았습니다. 그리고 사라스와띠가 릴라 왕비에게 보여 주고 싶었던 모든 것을 보았습니다. 그것은 그것의 꽃잎을 향하고, 진흙 같은 지옥 속에서 자라며, 뿌리는 신성한 뱀에 의해 지탱되고 있는 가슴의 연꽃 같았습니다.

이 연꽃 속에서, 그들은 잠부드비빠라고 알려져 있는 것을 보았습니다. 거기에는 무수한 나라와 대륙들이 있습니다. 그것은 소금기 있는 바다에 의해 둘러싸여 있습니다. 그것 너머에는 우유의 바다로 둘러싸인 샤까드비빠가 있습니다. 그 다음에는 응유의 바다로 되어 있는 쿠샤드비빠가 있습니다. 그 다음에는 크라운짜드비빠와 기(응유)의 바다가 있습니다. 그 다음에는 포도주로 둘러싸여 있는 샬말리드비빠가 있습니다. 고메다비빠는 사탕수수 주스의 바다로 둘러싸여 있습니다. 그 다음에는 달콤한 물의 바다로 둘러싸인 푸슈까라드비빠가 있습니다. 그리고 나서 우주 홀(hole)이 있습니다. 그것 너머에 찬란하게 빛나는 로까로까 산이 있습니다. 그 너머에 무한한 숲이 있습니다. 마지막으로 무한한 공간, 완전한 텅 빔이 있습니다.

(주: 바가바땀에서 기술되고 있는 것과 비교해 보라.)

바다들, 산들, 우주의 보호자들, 신들의 왕국, 하늘과 땅을 본 후에 릴라는 자신의 집을 보았습니다.

바시슈타는 계속 말하였다.

오, 라마여! 두 여인은 그때 성스러운 이의 집 안으로 들어갔습니다. 온 식구가 애도하고 있었습니다. 그들이 슬퍼하고 있었으므로 집의 분위기도 침울하였습니다. 순수한 지혜의 요가 수행으로 릴라는 자신의 생각들이 즉시 물질로 나타나는 능력을 얻었습니다. 그녀는 다음과 같이 원했습니다. "나의 친척들인 이들은 나와 사라스와띠 여신을 보통의 여인들처럼 보아야 한다." 그들은 애도하는 가족들에게 그렇게 보였습니다. 그러나 두 여인은 초자연적인 빛이어서, 집안에 스며 있는 우울함을 없앴습니다.

죽은 성스러운 부부의 장남은 두 여인을 숲의 천사들이라 여기고 환대했습니다! 그가 그들에게 말했습니다. "오, 숲의 천사들이여! 당신들은 사별 속에 처해 있는 우리의 비탄을 덜어 주러 이곳에 온 것임이 틀림없습니다. 왜냐하면 그러한 것이 신성한 분들의 본성이기 때문입니다. 신성한 이들은 다른 이들의 고통을 덜어 주기를 열망합니다."

두 여인은 젊은이에게 물었습니다. "여기에 있는 이 모든 사람을 괴롭히고 있는 것 같이 보이는 슬픔의 원인은 무엇입니까?"

성스러운 부부의 아들이 대답했습니다. "오, 여인들이여! 이 집에는 경건한 남자와 그의 헌신적인 아내가 살았습니다. 그들은 모두 올바른 생활을 하였습니다. 그들은 최근에 자녀와 손자, 집과 가축을 버리고 천국으로 갔습니다. 그래서 우리에게는 온 세상이 허무해 보입니다. 보십시오. 오, 여인들이여! 새들조차 떠나간 분들을 위하여 울지 않습니까? 신들도 비통해 울고 있습니다(비처럼 내리는 눈물!). 나무도 아침마다 눈물을 흘립니다(이슬방울). 이 땅을 버리고, 나의 부모님은 불멸의 세상으로 가 버렸습니다."

이 말을 듣고 릴라는 그 젊은이의 머리에 손을 얹었습니다. 즉시 그는 슬픔에서 벗어났습니다. 이것을 보자, 다른 모든 이들 역시 슬픔이 덜어졌습니다.

라마가 물었다

오, 성스러운 분이시여! 릴라가 자신의 아들에게 어머니로서 나타나지 않은 이유는 무엇입니까?

바시슈타가 답했다.

라마여! 물질적 실체들의 비실재성을 깨달은 이는 모든 곳에서 나누어지지 않는 하나의 의식만을 볼 뿐입니다. 꿈꾸는 자는 이 세상을 보지 않습니다. 깊은 혼수상태에 있는 자들조차도 다른 세상을 봅니다. 릴라는 진리를 깨달았습니다. 브람만, 참나 등이 하나의 무한한 의식이라는 것을 깨달은 이에게 아들, 친구, 아내 등이 어디에 있단 말입니까? 그녀가 손을 젊은이의 머리 위에 얹은 것조차 브람만의 은총의 자연스러운 표현이었습니다.

바시슈타는 계속 말했다.

이렇게 고인이 된 성스러운 이의 가족을 축복하고서, 두 여인은 사라졌습니다. 위로를 받은 가족은 집으로 돌아갔습니다. 릴라는 사라스와띠를 돌아보고 질문했습니다. 물론 이런 상태에서는 그들의 몸은 흙과 같은 물질이나 생명의 호흡 같은 정신신체적인 요소들로 된 것도 아니었습니다. 그것은 두 개의 꿈과 같은 대상들이 서로 대화하는 것과 같았습니다. 릴라가 사라스와띠에게 물었습니다. "이곳의 나의 가족은 우리를 봤습니다. 우리가 나의 남편인 왕을 방문하였을 때, 왕국을 다스리던 왕인 그가 우리를 볼 수 없었던 이유는 무엇이었습니까?"

사라스와띠가 답했습니다.

그때 그대는 여전히 '나는 릴라이다.'라는 개념에 매달려 있었다. 이제 그대는 그런 몸에 대한 의식을 극복했다. 이원적 의식이 완전히 없어지기 전에는 그대가 무한한 의식 속에서 활동할 수 없다. 그대는 그것을 이해할 수조차 없다. 그것은 마치 태양 아래 서 있는 사람이 나무 그늘의 서늘함을 알지 못하는 것과 같다. 하지만 이제 그대가 남편에게 간다면, 그대는 전처럼 그를 대할 수 있을 것이다.

릴라가 말했습니다.

오, 신성한 분이시여! 남편이 신성한 사람이었으며, 제가 그의 아내였던 곳이 바로 여기였습니다. 그리고 이곳에서 저는 그의 왕비였습니다. 여기에서 남편은 죽었는데, 다시 그는 이곳에서 통치하고 있습니다. 청하건대, 그를 볼 수 있는 곳으로 저를 데리고 가 주십시오.

사라스와띠가 말했습니다.

릴라여! 그대와 그대의 남편은 여러 몸을 거쳐 왔으며, 그들 중 셋은 그대도 안다. 이번 환생에서 그대의 남편은 세상이라는 올가미 속에 빠져 '나는 군주다. 나는 강하다. 나는 행복하다.' 등을 생각한다. 영적 관점을 통해서는 전 우주를 지금 경험할 수 있지만, 물질적 관점에서는 수백만 마일의 땅을 분리시킨다. 무한한 의식 속에서, 그것의 모든 원자 속에서, 마치 지붕에 난 구멍을 통해 비취는 햇빛 속 먼지처럼, 우주들이 오고 간다. 이것들은 바다의 물결처럼 오간다.

릴라는 회상했습니다.

오, 신이시여! 무한한 의식 안에서 반사로 나타난 후, 저는 팔백 번을 태어났습니다. 오늘에야 이것이 보입니다. 저는 요정, 악녀, 뱀, 숲 속 부족의 여자였던 때가 있었으며, 악한 행위들로 인해 넝쿨이 되었습니다. 또 현자들을 가까이 하였으므로 현자의 딸이 되기도 했습니다. 왕이 된 적도 있습니다. 이때 행한 나쁜 행위 때문에 모기, 벌, 사슴, 새,

물고기가 되었으며, 다시 하늘에 사는 사람이 되었습니다. 그 후로 거북, 백조가 되었고 다시 모기가 되었습니다. 천상의 존재들인 남성들이 제 발아래 무너지곤 했던 천상의 요정이었던 적도 있습니다. 저울의 바늘이 끊임없이 시소를 타듯, 이렇게 반복되는 존재 즉 삼사라라는 시소 속에 갇혀 있었습니다.

라마가 질문했다.

성스러운 분이시여! 거리가 먼 우주의 은하를 두 여인이 어떻게 이동할 수 있었으며, 수많은 장애들을 어떻게 극복했습니까?

바시슈타가 대답했다.

오, 라마여! 어디에 우주가 있으며, 어디에 은하가 있으며, 어디에 장애들이 있단 말입니까? 두 여인은 왕비가 사용하던 왕궁의 내실 방에 있었습니다. 성스러운 바시슈타가 비두라따 왕이 되어 나라를 다스렸던 곳은 거기였습니다. 전의 빠드마 왕도 다름 아닌 그였습니다. 이 모든 것이 순수한 공간에서 일어났습니다. 아무런 우주도, 먼 곳도, 장애도 없습니다.

서로 대화하면서, 두 여인은 방에서 나와 산 위에 있는 마을로 향했습니다. 그 산의 아름다움과 영광은 믿을 수 없을 정도였습니다. 그곳의 모든 집들은 말 그대로 나무에서 계속 떨어지는 꽃들로 덮여 있었습니다. 젊은 여인들은 자신들의 방 안에서 구름들로 만들어진 침대 위에서 잠을 잤습니다.

지혜의 요가를 집중적으로 수행함으로 릴라는 과거, 현재, 미래를 완전히 알게 되었습니다. 과거를 돌이키며, 그녀는 사라스와띠에게 말했습니다. "오, 신이시여! 얼마 전까지 저는 나이 든 여인으로 여기에 살았습니다. 저는 여러 면으로 옳은 일에 전념하였습니다. 그러나 저는 저의 본성 속으로의 탐구, 즉 '나는 누구인가, 이 세상은 무엇인가?'라는 질문은 결코 하지 않았습니다. 저의 남편 또한 착하고 정의롭고 학식이 있는 사람이었지만, 그의 내면의 지성은 일깨워지지 않았습니다. 우리는 행위들의 모범이었으며, 그러한 행위들로 우리는 사람들이 살아야 하는 방식을 다른 사람들에게 가르쳤습니다. 이렇게 말한 후, 릴라는 사라스와띠에게 그녀가 살던 곳을 보여 주면서, "보십시오. 이것은 제가 귀여워하였던 송아지입니다. 서로 떨어지게 되었으므로, 그것은 풀을 먹지 않고 지난 8일간 계속 눈물을 흘리고 있었습니다. 이곳에서 제 남편은 세상을 다스렸습니다. 그의 강한 의지 때문에 그리고 그가 곧 위대한 왕이 되기로 마음먹었기 때문에, 그 기간이 몹시 길게 보이기는 하지만, 8일간이라는 짧은 기간에 그는 황제가 되었습니다. 공기가 공간에서 보이지 않은 채 움직이듯이, 이 집의 공간에서 제 남편은 눈에 보이지 않은 채 살고 있습니다. 손가락 만한 작은 공간인 이곳에서, 우리는 남편의 왕국이 백만 마일이 된다고 상상합니다. 오, 신이시여! 남편과 저는 모두 순수 의식인 것이 확실합니다. 하지만 수수께끼 같은 환영의 힘인 마야로 인하여, 남편의 왕국이 수백의 산들로 둘러싸여 있는 듯 보입니다. 이것은 정말로 신기합니다. 저는 남편이 통치하고 있는 수도로 들어가고 싶습니다. 그곳에 가도록 합시다. 근면한 자에게 성취할 수 없는 것이 무엇이겠습니까?

바시슈타는 계속 말했다.

사라스와띠와 함께 릴라 왕비는 하늘로 올라갔습니다. 그들은 극에 있는 별의 영역 너머로, 완성을 이룬 현자들의 영역 너머로, 신들의 영역 너머로, 창조자인 브람마의 영역 너머로, 그리고 고로까, 쉬바, 사자의 영혼, 해방된 이들의 영역 너머로 갔습니다. 그곳에서 릴라는 태양과 달조차 멀리 밑에 있어서 거의 볼 수 없다는 것을 알았습니다. 사라 스와띠는 릴라에게 말했습니다. "사랑하는 이여! 그대는 이것조차 넘어 서 창조의 정점까지 가야 한다. 그대가 봤던 것은 그곳에서 나온 작은 티끌에 불과하다." 곧 그들은 이곳의 정상에 이르렀습니다. 왜냐하면 그들의 의식이 순수하고 견고하여 그들의 의지가 다이아몬드 같았기 때문입니다.

그곳에서 릴라는 이 창조물이 물, 불, 공기, 공간들의 층에 의해 싸여 있으며, 그 너머에 순수 의식이 있다는 것을 알았습니다. 이 지고의 무 한한 의식은 순수하며, 평화롭고, 환영들이 없고, 자신의 영광 속에 자 리하고 있었습니다. 그 속에서 릴라는 빛 속에 있는 먼지 입자처럼 떠 다니는 수많은 창조물들을 보았습니다. 그런 우주들 속에 거주하고 있 는 지바들의 자기 투사들이 그것들에게 그것들의 형태들과 내용을 주 고 있었습니다. 이 무한한 의식의 근본적 본성 때문에, 이 모든 것이 계 속하여 일어나며, 그것들 자신의 생각하는 힘에 의하여 평온의 상태로 돌아갑니다. 이 모든 것은 아이들이 하는 자발적인 놀이와 같습니다.

라마가 물었다.

무한한 것만이 진리일 때, 사람들이 말하는 '위', '아래' 등과 같은 것 은 무엇을 의미합니까?

바시슈타가 대답했다.

오, 라마여! 작은 개미들이 둥근 바위 위를 여기저기 기어 다닐 때, 그들의 발아래 있는 것은 늘 '아래'에 있는 것이며, 등 뒤에 있는 것은 늘 '위에' 있는 것입니다. 사람들은 방향에 대해 이런 식으로 말합니다.

오, 라마여! 수많은 우주들 중 어떤 곳에는 식물만이 있습니다. 어떤 곳에는 브람마, 비슈누, 루드라 등이 있으며, 또 다른 곳에는 아무것도 없습니다. 어떤 곳에는 동물과 새들만이 있고, 어떤 곳에는 바다만이 있으며, 어떤 곳에는 단단한 바위들이 있고, 어떤 곳은 벌레들만이 살고 있습니다. 어떤 곳은 짙은 어둠이 퍼져 있으며, 어떤 곳에는 신들이 거주합니다. 어떤 곳은 항상 빛으로 환합니다. 어떤 곳은 소멸되려 하고, 어떤 곳은 소멸을 향하여 공간 안으로 떨어지는 듯 보입니다. 의식은 모든 곳에서 늘 존재하고 있으므로, 이 우주들의 창조와 그것들의 소멸 역시 모든 곳에서 영원히 진행되고 있습니다. 이 모든 것은 신비한 힘에 의해 함께 결합되어 있습니다. 라마여! 모든 것은 하나의 무한한 의식 안에 있습니다. 모든 것이 그것으로부터 일어납니다. 그것만이 모든 것입니다.

바시슈타는 계속 말했다.

이 모든 것을 본 후, 릴라는 궁궐의 내실을 보았는데, 그곳에는 왕의 시체가 꽃들 아래 묻혀 있었습니다. 남편의 또 다른 삶을 보고 싶다는 강한 갈망이 생겼습니다. 그녀는 우주의 정상을 헤치고, 남편이 지금 통치하는 왕국 안으로 갔습니다.

바로 그 시간에, 신두 지역을 다스리는 힘센 왕이 남편의 왕국을 포위하고 있었습니다. 싸움이 벌어지는 전장 위의 공간을 달릴 때, 두 여인은 거기서 전쟁과 위대한 영웅들의 활동을 지켜보고 있는 수많은 천상의 존재들을 만났습니다.

라마가 물었다.

성스런 분이시여! 누가 군인들 가운데 영웅이며, 누가 짐승 즉 전쟁범죄자입니까? 말해 주십시오.

바시슈타가 대답했다.

오, 라마여! 결점 없는 행위를 하는 정의로운 왕을 위하여 경전의 지시들에 따라 전쟁을 하는 자는 전쟁에서 죽든 승리하든 영웅입니다. 백성을 괴롭히며 그들의 몸을 불구로 만드는 정의롭지 않은 왕을 위해 싸우는 자는 전쟁터에서 싸우다 죽었을지라도 짐승이나 죄인입니다. 그래서 지옥으로 갑니다. 가축, 성스러운 이들, 친구들, 자신에게서 피난처를 찾는 사람들을 보호하기 위해 싸우는 자는 하늘을 장식합니다. 반면에 백성을 괴롭히는 것을 즐거워하는 왕을 위해 싸우는 자들은 그들이 왕이든 지주이든 지옥으로 갑니다. 전쟁터에서 죽은 영웅만이 천국으로 갑니다. 전쟁터에서 죽었지만 정의롭지 않게 싸운 자들은 천국으로 가지 않습니다.

오, 라마여! 그때까지 하늘에 서 있으면서, 릴라는 두 대군이 전투에 임할 태세를 갖추고 서로에게 접근하는 것을 보았습니다. (군대의 준비 상태, 각각 다른 전투 배치, 전쟁의 격렬함, 그에 따른 파괴의 섬뜩한 장면에 대한 생생한 묘사가 뒤를 잇는다. 이 모든 것이 이 책에서는 생략되어 있다. – S.V.)

저녁이 되자, 릴라의 남편은 대신들과 함께 아침에 있었던 일에 관해 회의를 한 뒤 잠에 들었습니다.

두 여인은 치열한 전쟁을 서서 바라보던 장소를 떠나 공기의 흐름처럼 이동하여, 왕이 자고 있는 궁궐의 내실로 들어갔습니다.

라마가 물었다.

성스러운 분이시여! 몸은 크고 무거워 보입니다. 어떻게 그것이 작은 구멍을 통해 들어갑니까?

바시슈타가 대답했다.

오, 라마여! 자신이 물질적인 몸이라는 생각에 뿌리를 내린 사람은 작은 구멍이나 관을 통과할 수 없습니다. '나는 그런 움직임에 방해가 되는 몸이다.'라는 깊은 내적 확신이 사실상 장애입니다. 앞의 확신이 없어지면 장애도 없어집니다.

물은 늘 물로 있으면서 아래로 흐르고, 불은 올라가는 본성을 버리지 못하는 것처럼, 의식은 언제나 의식으로 머뭅니다. 그러나 이것을 이해하지 못하는 자는 그것의 미묘함이나 진정한 본질을 경험하지 못합니다. 이해가 그러하면 그의 마음도 그러합니다. 마음을 만드는 것은 이해이기 때문입니다. 마음의 방향은 많은 노력으로 바뀔 수 있습니다. 보통의 경우 행위들은 그 사람의 마음과 일치합니다.

하지만 자신의 몸이 에테르라는 것을 아는 자가 있다면 어떻게 그의 움직임이 방해받는다는 말입니까? 사실 모든 곳에 있는 모든 이의 몸은 순수한 의식입니다. 그러나 자신의 가슴속에 떠오르는 생각 때문에, 이 모든 것이 가고 오는 것처럼 보입니다. 같은 무한한 의식이 또한 개체적 의식인 마음과 우주적 공간인 물질이기도 하기 때문입니다. 그러므로 에테르의 몸은 어디서든 어떤 것 안으로 들어갈 수 있습니다. 그것은 그 가슴이 소망하는 곳이라면 어디에나 갈 수 있습니다.

오, 라마여! 모든 사람의 의식에는 이러한 본성과 힘이 있습니다. 모든 사람의 의식에는 세상에 관한 각기 다른 생각이 있습니다. 죽음과 같은 경험은 우주의 소멸, 우주 의식의 밤과 같습니다. 그것이 끝날 때, 사람들은 자신의 생각들, 개념들, 미혹들의 구체화인 그 자신의 심적 창조물에 대해 깨어납니다. 우주의 소멸 후 우주적 존재가 우주를 창조하듯이, 개체들은 죽은 후에 자신의 세상을 창조합니다.

그러나 브람마, 비슈누, 쉬바와 같은 신들이나 성스러운 현자들은 우주가 소멸되는 동안 궁극의 해방을 얻습니다. 다음 번 윤회에서 그들의 창조는 기억에서 나온 것이 아닙니다. 다른 존재들의 경우에, 죽은 이후의 새로운 탄생은 이전의 삶의 경험이 남긴 인상들에 의해 조건 지어집니다.

바시슈타는 계속 말했다.

죽은 바로 뒤의 상태는 그 사람이 여기에 있는 것도 거기에 있는 것도 아닙니다. 그때 의식은 말하자면 그러지 않는 듯 보이지만 눈을 조금 뜹니다. 그 상태는 쁘라다나, 즉 의식의 물질적 혹은 둔한 상태입니다. 그것은 또한 에테르의 본질 또는 나타남이 없는 본질이라고도 합니다. 그것은 지각력이 있거나 없는 것 둘 다로 간주됩니다. 기억과 기억 없음에 책임이 있는 것은 바로 이것입니다. 그러므로 다음 번 탄생에 책임이 있습니다.

에테르의 본질이 일깨워질 때, 그리고 그것의 의식 안에서 자아감이 그 스스로를 나타낼 때, 그것은 다섯 원소인 흙, 물, 불, 공기, 에테르와 시공간의 연속체 그리고 물질적 탄생과 존재에 필요한 여타의 것들을 만듭니다. 그때 이것들은 자기들의 물질적 대응물 속으로 응축됩니다. 꿈꾸는 동안이나 깨어 있는 상태에서 그것들은 물질적 몸의 느낌을 일어나게 합니다. 그러나 사실 이 모든 것이 지바의 에테르 몸을 구성합니다.

비록 이 모든 것이 공기 속의 진동이나 움직임들처럼 일어나지만, '나는 몸이다.'라는 생각이 깊이 스며들면, 이 똑같은 에테르의 몸이 눈 등과 같은 몸의 물질적 특성들을 발전시킵니다. 이 모든 것이 실재인 것처럼 보이지만, 그것들은 꿈 속의 성적 쾌락의 경험만큼이나 비실재적인 것입니다.

죽을 때마다 바로 그곳에서 지바는 이 모든 것이 일어나는 것을 지켜봅니다. 그 공간에서, 의식 그 자체의 바로 그 장에서, 그는 '이것은 세상이다, 이것은 나다.'라고 상상합니다. 그리고 자신이 태어났다고 믿으면서, 그는 공간에 불과한 세상을 경험합니다. 그 사람 즉 지바 역시 공간입니다! '그는 내 아버지고, 그녀는 내 어머니다. 이것은 나의 재산이고, 나는 이 놀라운 행위를 하였다. 아! 나는 죄를 지었다.'라고 그는 생각합니다. 그는 '나는 어린아이가 되었고, 지금은 젊은이가 되었다.'고 상상합니다. 그래서 이 모든 것을 그의 가슴속에서 봅니다.

창조물이라는 이 숲은 모든 지바의 가슴 안에서 일어납니다. 사람이 죽을 때마다, 그때 거기서 그는 이 숲을 봅니다. 이런 방법으로, 개체적 지바들의 의식 속에서 태어난 수많은 세상들이 시간 속에서 사라졌습니다. 그처럼 수많은 브람마들, 루드라들, 비슈누들 그리고 태양들이 사라졌습니다. 이런 식으로 창조에 관한 환영적인 지각이 수도 없이 일어났습니다. 지금도 일어나고 있으며 미래에도 일어날 것입니다. 그럼에도 불구하고 이 모든 것은 생각의 움직임과 다르지 않습니다. 생각은 무한한 의식과 떨어진 것이 아닙니다. 실제로 마음의 활동은 단지 의식일 뿐이며, 그 의식은 지고의 진리입니다.

바시슈타는 계속 말했다.

두 개의 달처럼 빛나는 두 여인은 신들처럼 왕의 내실 안으로 들어갔습니다. 그들의 은총으로 왕의 시종들은 빨리 잠들었습니다. 그들이 앉자 왕은 깨어나서 그들을 바라보았습니다. 왕은 일어나 그들의 연꽃 같은 발을 꽃으로 숭배했습니다. 사라스와띠는 왕의 대신이 릴라에게 왕의 조상에 대해 알려 주기를 원했습니다. 그녀의 의지에 따라 대신이 깨어났습니다.

사라스와띠가 왕이 누구인지를 묻자, 그 대신은 그는 위대한 왕 익슈바꾸의 자손이며, 그의 아버지는 아들이 10세 때 왕궁을 아들에게 맡기고 영적 삶을 살기 위해 숲 속으로 물러난 나보라타라고 두 여인에게 알려 주었습니다. 왕의 이름은 비두라타였습니다. 그때 사라스와띠가 왕의 머리에 손을 얹고 축복하였습니다. 그리고 그 자신의 과거의 삶들에 대한 사실들을 기억하게 하는 영감을 주었습니다. 즉시 왕은 곧 모든 것을 기억하고는 사라스와띠에게 물었습니다.

"오, 여신이시여! 제가 죽은 지 하루가 되지 않았지만, 이 몸 안에서 70년을 산 것처럼 느껴지는 이유가 무엇입니까? 그리고 제가 어렸을 때 일어났던 모든 일을 기억하는 것은 왜 그렇습니까?"

사라스와띠가 답했습니다.

"오, 왕이여! 지금 여기에 보이는 모든 것은 그대가 죽는 바로 그 순간, 그대가 죽는 바로 그 장소에서 나타났다. 이 모든 것은 성스러운 바시슈타가 살았던 언덕 마을이다. 그것이 그의 세상이고, 그 세상 속에 빠드마 왕의 세상이 있다. 그리고 빠드마 왕의 그 세상 속에 그대가 있는 세상이 있다. 그 속에 살면서 그대는 생각한다. '이들은 나의 친척이다. 이들은 나의 백성이다. 이들이 나의 대신이다. 이들은 나의 적이다.' 그대는 자신이 통치한다고 생각하고, 자신이 종교 의식들을 행하고, 적들과 싸우고, 그들에게 패배한다고 생각한다. 그대는 자신이 우리를 보고 있고, 우리를 경배하고 있으며, 우리에게서 깨달음을 얻고 있다고 생각한다. 그대는 '나는 모든 슬픔을 극복하고 지고의 희열을 즐긴다. 나는 절대적인 것에 대한 깨달음 속에 머물러야만 한다.'고 생각한다.

이 모든 것이 일어나는 데 시간은 걸리지 않는다. 그것은 전 생애가 꿈 속의 드라마로 상연되는 데 아무런 시간이 들지 않는 것과 같다. 실제로 그대는 태어나지도 죽지도 않는다. 말하자면, 보지 않지만 그대는 이 모든 것을 보고 있는 것과 같다. 왜냐하면 이 모든 것은 무한한 의식과 다르지 않은데, 누가 무엇을 본단 말인가?

(비두라타가 "그러면 이 모든 나의 대신들은 독립된 존재가 아닙니까?"라고 묻자, 사라스와띠가 대답했습니다.)

깨달은 자에게는 오직 하나의 무한한 의식만이 있을 뿐, '내가 존재한다.'거나 '이것들이 존재한다.'와 같은 개념이 없다.

바시슈타가 이렇게 말하고 있을 때, 또 하루가 끝났다.

사라스와띠는 계속 말했습니다.

이 세상이 존재한다고 확신하는 미숙하고 유치한 자에게는 이 세상이 계속 실재한다. 그것은 귀신이 있다고 믿고 있는 아이에게는 평생 동안 귀신이 나타나는 것과 같다. 팔찌의 겉모습에 반하면, 팔찌가 금이라는 것을 보지 못한다. 궁궐, 코끼리, 도시의 장관을 보는 자는 유일한 진리인 무한한 의식을 보지 못한다.

이 우주는 긴 꿈에 불과하다. 다른 것들이 있다는 상상과 자아감은 꿈 속의 대상들만큼 실재한다. 단 하나의 실재는 무한한 의식이다. 그것은 어디에나 있고, 순수하며, 고요하고, 전능하다. 그리고 그것의 몸과 존재는 절대 의식이다. 그러므로 그것은 대상도 아니고, 알 수 있는 것도 아니다. 이 의식이 어디에서 어떤 방법으로 나타나든 간에, 의식은 그것이 된다. 그러므로 보는 자가 인간의 존재를 본다고 공상하면, 인간 존재가 거기에 나타난다. 바탕(무한한 의식)은 실재이다. 비록 실재가 바탕이지만, 그것에 바탕을 두고 있는 모든 것은 실재성을 얻는다. 이 우주와 그 속에 있는 모든 존재들은 하나의 긴 꿈에 불과하다. 그대에게는 내가, 나에게는 그대가 실재한다. 이런 상대적인 실재성은 꿈 속 대상들의 실재와 같다.

라마가 물었다.

성스러운 분이시여! 꿈 속에서 나타난 도시의 경우, 그것이 진짜 도시라면 그것은 계속 존재합니다. 이것이 당신의 가르침 속에서는 무엇을 의미합니까?

바시슈타가 대답하였다.

맞습니다. 오, 라마여! 도시 등에 대한 꿈은 무한한 의식이라는 진정한 토대 위에 기초하고 있기 때문에, 이 꿈의 대상들은 실재인 것처럼 보입니다. 그러나 깨어 있는 의식의 상태와 꿈의 상태 간에는 아무런 차이가 없습니다. 하나에서 사실인 것이 다른 하나에서는 사실이 아닙니다. 그러므로 이 두 상태는 본질적으로는 같습니다.

그러므로 깨어 있거나 꿈꾸는 의식의 상태에 있는 대상들은 똑같이 실재가 아닙니다. 그것들을 받치고 있는 무한한 의식은 그렇지 않습니다.

왕에게 이 가르침을 준 후, 사라스와띠는 그를 축복한 후 말했습니다. "모든 경사로운 일이 그대에게 함께 하기를. 그대는 보아야 할 것을 보았다. 우리를 가도록 해 달라."

비두라타가 말했습니다.

오, 여신이시여! 수면 속에서 이 꿈에서 저 꿈으로 가듯이, 저는 여기에서 갈 것입니다. 청컨대, 저의 대신들과 처녀인 제 딸이 저와 함께 갈 수 있도록 해 주십시오.

그의 청을 들어준 뒤 사라스와띠는 말했습니다.

오, 왕이여! 그대는 이 전쟁에서 죽을 것이다. 그러고 나서 그대의 왕국을 다시 되찾을 것이다. 그대는 지금의 몸으로 죽은 후, 그대의 딸과 그대의 대신들과 함께 예전의 도시로 갈 것이다. 우리 둘은 여기 왔던 것처럼 갈 것이다. 물론 그대들 모두는 자신에 맞는 적당한 절차로 우리를 따를 것이다. 왜냐하면 말, 코끼리, 낙타가 하는 동작이 서로 다르기 때문이다!

바시슈타는 계속 말했다.

사라스와띠가 왕에게 이렇게 말하고 있을 때, 충성스런 사자가 급히 와서, 적군이 수도에 들어와 파괴하고 있음을 알렸습니다. 그들은 방화 습격을 하였습니다. 그래서 전 도시가 불타올랐습니다. 두 여인, 왕 그리고 대신들은 창가로 가서 그 끔찍한 현장을 목격했습니다.

도시에 대한 약탈이 시작되었습니다. 약탈자들은 모든 곳에서 사납게 외치고 있었습니다. 온 도시가 짙은 연기로 뒤덮였습니다. 불이 하늘에서 비처럼 내렸습니다. 반달 모양의 날아다니는 무기들은 하늘에 줄을 이루고 있었습니다. 무거운 바위 같은 날아다니는 무기(폭탄)들이 집 위에 떨어져 집들과 그 주변의 거리들을 파괴하고 있었습니다.

왕과 다른 이들은 백성들의 비참한 외침을 들었습니다. 도처에서 울고 흐느끼고 있었으며, 여인들과 아이들의 비통한 외침이 있었습니다. 어떤 이는 울고 있었습니다. "아! 이 여인은 아버지, 어머니, 형제, 아이를 잃었다. 그녀는 죽지 않았지만 그녀의 삶의 비극은 가슴을 태우고 있다." 어떤 이들은 소리쳤습니다. "빨리 집 밖으로 나가라. 집이 무너질 것이다." 다른 이는 소리쳤습니다. "폭탄들과 무기들이 모든 집으로 비처럼 쏟아진다." 날아다니는 무기들이 우주적 소멸 앞에 오는 비처럼 퍼부었습니다. 집 주위의 모든 나무들이 타 버렸으며, 모든 곳이 황폐해 보였습니다. 코끼리처럼 보이는 것이 전쟁터에서 하늘로 치솟아, 도시에 불을 뿜고 있었습니다. 모든 곳에 장애물이 있었습니다. 애착으로 인해 남자들은 불타는 집 안에서 아내와 아이들을 찾으며 머물렀습니다. 왕실 여인들조차 침입한 군인들에게 끌려 다니고 있었습니다. 이 신분이 높은 왕실 여인들은 흐느껴 울며 무엇을 해야 할지 몰랐습니다. 그들은 소리쳤습니다. "아! 이 끔찍한 처지에 있는 우리를 누가 도와 줄 것인가?" 그들은 군인들에 의해 둘러싸였습니다.

이런 것이 통치, 왕국, 제국의 영광입니다.

바시슈타는 계속 말했다.

그 사이 왕비가 거기에 도착했습니다. 시녀는 그녀가 왔음을 왕에게 알렸습니다. 왕비는 말했습니다. "폐하! 규방의 모든 여자들은 적군들에게 난폭하게 끌려갔습니다. 말할 수 없는 재난에서 우리를 구할 수 있는 이는 폐하뿐입니다."

왕은 사라스와띠에게 절하면서 말했습니다. "저는 적들과 대적하기 위해 전선으로 갈 것입니다. 그 동안은 저의 아내인 이 사람이 당신의 시중을 들 것입니다."

깨달음을 얻은 릴라는 왕비의 모습이 자신과 완전히 똑같은 것을 보고 놀랐습니다. 그녀는 사라스와띠에게 물었습니다. "오, 여신이시여! 그녀가 저와 똑같은 이유는 무엇입니까? 그녀는 젊었을 때의 제 모습과 같습니다. 이것의 비밀은 무엇입니까? 그리고 여기 대신들 역시 옛날 우리 궁궐에 있었던 그들과 같습니다. 그들이 단지 우리의 환영의 투영이나 대상들에 불과하다면, 그들은 지각이 있으며 의식을 지니고 있습니까?

사라스와띠가 답했습니다.

오, 릴라여! 자신 안에서 일어나는 이미지는 어떤 것일지라도 그것은 즉시 경험된다. 말하자면, 주체로서의 의식이 지식의 대상이 된다. 의식 안에 세상의 이미지가 일어나면, 바로 그 즉시 의식은 그렇게 된다. 시간, 공간, 기간, 객관성은 물질에서 일어나는 것이 아니다. 그렇다면 그것들은 물질일 것이기 때문이다. 자신의 의식 안에 비추어진 것은 바깥에서도 빛난다.

깨어 있는 상태에서 경험되는 객관적인 세계로 여겨지는 것은, 꿈꾸는(잠자는) 동안에 경험하는 것들보다 더 실제적인 것이 아니다. 잠자는 동안에는 세상이 존재하지 않고, 깨어 있는 동안에는 꿈이 존재하지 않는다! 그처럼 죽음은 삶과 모순된다. 즉 살아 있는 동안에는 죽음이 존재하지 않으며, 죽음에는 삶이 존재하지 않는다. 왜냐하면 어느 한쪽의 경험을 결합시키는 것이 다른 쪽에는 없기 때문이다.

어느 것이 실재한다고도 실재하지 않는다고도 말할 수 없다. 하지만 그것들의 바탕은 실재한다고 말할 수 있다. 우주는 브람만 안에 오직 단어나 생각으로만 존재한다. 밧줄이 뱀으로 오인될 때 밧줄 속의 뱀이 실재도 비실재도 아니듯이, 우주는 실재도 비실재도 아니다. 지바도 그렇다. 지바는 자신이 바라는 것을 경험한다. 지바는 자신이 예전에 경험했던 것을 경험한다고 상상한다. 그리고 어떤 것들은 새로운 경험이다. 그것들은 때로는 유사하고, 때로는 그렇지 않다. 이 모든 경험은 근본적으로는 실재하지 않지만 실재하는 것처럼 보인다. 그러한 것이 이 대신들과 다른 이들의 본성이다. 그처럼 지금의 이 릴라도 의식 속 투영의 산물로 존재한다. 그대, 나, 다른 모든 이들도 다 그렇다. 이것을 깨닫고 평화 속에 머물러라.

두 번째 릴라가 사라스와띠에게 말했습니다.

오, 신이시여! 저는 사라스와띠 여신을 경배했으며, 그분은 저의 꿈속에서 나타나곤 했습니다. 당신은 그분과 똑같아 보입니다. 추측하건대, 당신은 사라스와띠 여신입니다. 황송하게도 제게 은혜를 베풀어 주시기를 간청합니다. 남편이 전장에서 죽게 되면, 그가 어느 왕국으로 가든, 지금의 이 몸으로 저도 남편과 함께 하게 해 주십시오.

사라스와띠가 답했습니다.

오, 그대여! 그대는 강한 헌신으로 오랫동안 나를 경배해 왔다. 그러므로 그대가 원하는 은혜를 베풀어 주도록 하겠다.

첫 번째 릴라가 사라스와띠에게 말했습니다.

진실로 당신의 말씀은 실수가 없습니다. 당신이 바라시는 것은 항상 이루어집니다. 저에게는 같은 몸을 지니고 의식의 한 면에서 다른 면으로 이동하는 것을 왜 허락하지 않으셨는지 그 이유를 제발 말씀해 주십시오.

사라스와띠가 답했습니다.

나의 사랑하는 릴라여! 사실 나는 누구에게 어떤 것도 하지 않는다. 모든 지바는 스스로가 한 행위로 자신의 상태를 얻는다. 나는 모든 존재의 지성을 지배하는 신일 따름이다. 나는 모든 존재의 의식의 힘이며 생명력이다. 살아 있는 존재의 에너지가 그 자신 안에서 무엇인가를 만들면, 그것만이 시간이 감에 따라 결실을 맺는다. 그대는 해방을 원했다. 그래서 그대는 그것을 얻었다. 그대는 그것을 금욕 생활이나 신을 경배한 결실이라고 여길 수도 있겠지만, 그대에게 결실을 부여한 것은 오로지 의식일 뿐이다. 그것은 하늘에서 떨어진 것 같이 보이는 과일이 사실은 나무에서 떨어진 것과 같다.

바시슈타는 계속 말했다.

이렇게 얘기하고 있을 때, 비두라타 왕은 빛나는 마차에 올라서 전선으로 갔습니다. 안타깝게도 그는 적의 진영으로 들어서는 순간까지도 자신과 적군의 힘을 비교하지 않았습니다.

두 명의 릴라, 사라스와띠, 그리고 여신의 축복을 받은 공주는 궁궐의 내실에서 이 끔찍한 전쟁을 지켜보고 있었습니다.

하늘은 양군에서 쏘아 올린 화살, 탄환, 돌로 가득했으며, 전사들이

외치는 함성이 도처에서 들렸습니다. 온 도시가 연기와 먼지의 장막으로 뒤덮였습니다.

비두라타 왕은 적의 진영으로 들어갔지만, 그곳에는 격렬한 십자 포화의 소리가 들렸습니다. 화살과 탄환 등이 충돌함에 따라, 무기 소리들이 울려 퍼졌습니다.

두 번째 릴라가 사라스와띠에게 물었습니다.

우리가 당신으로부터 축복을 받았음에도 불구하고, 제 남편이 전쟁에서 이길 수 없는 이유가 무엇입니까?

사라스와띠가 답했습니다.

확실히 비두라타 왕은 나를 오랫동안 경배했다. 하지만 그는 전쟁에서의 승리는 빌지 않았다. 나는 모든 존재의 이해 속에 거주하고 있는 의식이므로 나는 그 사람이 구하는 것을 그 사람에게 준다. 나에게 요구하는 것이 무엇이든지 나는 그에게 그 결실을 준다. 불이 그대에게 열을 주는 것은 당연하다. 그는 해방을 청했다. 그래서 그는 해방을 얻을 것이다.

그와 반대로 신두 왕은 나를 숭배하였고, 전쟁에서 승리를 빌었다. 그래서 비두라타 왕은 전쟁터에서 죽을 것이며, 그리고 그는 그대 둘다와 재회할 것이다. 그리고 시간이 경과하면 해방을 얻을 것이다. 이 신두 왕은 전쟁에서 이기고 승리한 군주로서 나라를 다스릴 것이다.

바시슈타는 계속 말했다.

여인들이 전쟁을 지켜보고 있을 때, 동쪽의 지평선에서는 마치 이 끔찍한 전투의 결말 부분을 보고자 하는 듯이 태양이 떠올랐습니다. 각각 천여 명의 군인들에 의해 둘러싸인 채, 두 왕은 서로 싸웠습니다. 그들의 날아다니는 무기들은 모양과 크기가 여러 가지였습니다. 어떤 미사일은 땅을 떠날 때는 탄두가 하나였지만, 공중에서 수천으로 늘어서, 목표물을 쳤을 때는 글자 그대로 수십만이 되어 비처럼 쏟아졌습니다.

두 왕은 힘이나 용맹에 있어서 어울리는 짝이었습니다. 비두라타 왕의 힘과 용맹은 타고난 것이었습니다. 반면 적의 강인함은 나라야나 신에게서 얻은 은총에 의한 것이었습니다. 그들이 싸우는 동안, 그들의 군대는 어쩔 줄 모르고 지켜보았습니다.

첫 번째 싸움에서는 비두라타가 이기는 것 같았습니다. 두 번째 릴라는 의기양양해 하면서 사라스와띠에게 그를 가리켰습니다. 바로 그 다음 순간, 적이 다치지 않은 것으로 드러났습니다. 한쪽에서 치명적인 미사일들을 쏘아 올리면 다른 쪽에서는 그에 대항하는 미사일들을 발사하였습니다. 낙담시키는 미사일이 날아오다 격추되면 전사들은 고무되었습니다. 뱀 미사일에는 그에 대응하는 미사일이 있었습니다. 물 미사일은 불 미사일에 의해 대응되었습니다. 비슈누 미사일은 두 왕에 의하여 모두 사용되었습니다.

두 왕은 그들의 전차를 잃었습니다. 그래서 그들은 땅에 서서 계속 싸웠습니다. 비두라타가 새 전차에 오르려는 순간, 그는 신두 왕의 칼에 맞았습니다. 곧 비두라타의 몸은 궁전으로 옮겨졌습니다. 사라스와띠가 있었기 때문에 적들은 궁전 안으로는 쫓아 들어올 수 없었습니다.

바시슈타는 계속 말했다.

비두라타 왕이 쓰러지자 곧 도시는 전쟁 후의 혼란과 혼동이 완연했습니다. 신두 왕은 자신의 아들이 새로운 통치자가 될 것임을 알렸습니다. 그의 국민들은 기뻐했으며, 대신들은 대관식 준비를 서둘렀습니다. 즉시 새로운 정부가 계엄령을 선포하자 그 나라는 평화와 질서가 회복되었습니다.

비두라타 왕이 쓰러진 것을 보고, 두 번째 릴라 역시 의식을 잃고 쓰러졌습니다.

첫 번째 릴라가 사라스와띠에게 말하였습니다.

오, 여신이시여! 지금 제 남편은 죽으려 합니다.

사라스와띠가 말했습니다.

사랑하는 이여! 이 모든 끔찍한 전쟁, 이 파괴와 죽음은 꿈과 같은 것이다. 왜냐하면 왕국도 영토도 없기 때문이다. 이 모든 것은 언덕 꼭대기에 있는 성스러운 이인 바시슈타의 집 안에서 벌어졌다. 궁전, 전쟁터 및 그 밖의 모든 것은 그대 궁궐의 내실 외에는 어디에도 없다. 실은 온 우주가 그곳에 있다. 왜냐하면 거룩한 자의 집 속에 빠드마 왕의 세상이 있기 때문이다. 그 세상 안에 있는 왕의 궁궐 내부에 그대가 여기서 보았던 모든 것이 있다. 이 모든 것은 단지 상상이며 환영이다. 존재하는 것은 유일의 실재이다. 그것은 창조되지도 파괴되지도 않는다. 무지한 자에 의해 우주라고 지각되는 것은 그 무한한 의식이다.

온 도시가 꿈꾸는 자의 내부에 있듯이, 삼계도 작은 원자 안에 있다. 확실히, 저 세상들 안에 원자들이 있다. 그리고 물론 이 원자들 각각은 삼계를 포함하고 있다.

의식을 잃고 쓰러진 또 다른 릴라는 그대의 남편인 빠드마의 몸이 누워 있는 세상에 이미 도착했다.

첫 번째 릴라가 물었습니다.

오, 여신이시여! 어떻게 그녀는 거기에 벌써 갔습니까? 그리고 그곳에서 그녀에게 말하는 사람들은 누구입니까?

사라스와띠가 대답했습니다.

그대 둘 모두 왕이 상상했던 대상들이듯이, 왕과 나도 꿈의 대상들이다. 이것을 아는 자는 '지각의 대상들'을 찾기를 포기한다. 무한한 의식 안에서 우리는 상상 속에서 서로를 창조하였다. 젊은 릴라는 정말이지 그대였다. 그녀는 나를 숭배했고, 자신이 남편을 잃는 과부가 되지 않게 해 달라고 기도했다. 그래서 비두라타 왕이 죽기 전에 그녀는 이곳을 떠났다. 사랑하는 이여! 그대들 모두는 개체화된 우주적 의식이지만, 나는 우주적 의식이다. 나는 이 모든 것을 일어나게 한다.

바시슈타는 계속 말했다.

오, 라마여! 사라스와띠로부터 은혜를 얻었던 두 번째 릴라는 하늘로 올라갔으며 그곳에서 자신의 딸을 만났습니다. 딸은 릴라에게 자신을 소개했습니다. 릴라는 딸에게 남편인 왕이 있는 곳으로 안내해 달라고 했습니다. 그래서 소녀는 어머니와 함께 날아갔습니다.

먼저 그들은 구름의 영역을 통과했습니다. 그 다음에는 공기의 영역을 통과했습니다. 그리고는 태양의 궤도를 통과하여 별이 반짝이는 천국으로 갔습니다. 그들은 창조자 브람마, 비슈누, 쉬바의 영역들로 계속 갔습니다. 그리고 마침내 그들은 우주의 정점 안으로 들어갔습니다. 항아리를 깨지 않고도 얼음의 차가움이 항아리로부터 나올 수 있듯이, 그들은 이 모든 것을 할 수 있었습니다. 물론, 생각으로 만들어진 에테르의 몸을 가진 릴라는 이 모든 것을 자신의 내부에서 경험했습니다.

이 우주조차 넘어가면서, 릴라는 우주를 감싸고 있는 바다들과 다른 원소들을 가로질렀습니다. 그래서 무한한 의식 안으로 들어갔습니다. 그 무한한 의식 안에는 서로의 존재를 알지 못하는 수많은 우주가 있습니다.

릴라는 그 우주들 중의 하나로 들어갔습니다. 그 안에는 꽃 더미로 뒤덮인 왕 빠드마의 몸이 있었습니다. 그녀는 다시 브람마 등과 같은 신들의 영역들을 통과하여 도시로 들어갔습니다. 그리고 왕의 몸이 누워 있는 궁궐 안으로 들어갔습니다. 그러나 주위를 둘러보았을 때, 그녀는 딸을 볼 수 없었습니다. 그녀는 신비스럽게도 사라져 버린 것입니다. 그녀는 왕이 자신의 남편인 것을 알아보았습니다. 전장에서 전사다운 영광스러운 죽음을 당했으므로 그가 영웅의 천국으로 올라갔다고 생각했습니다. 그녀는 "사라스와띠의 은총으로, 나는 육체로서 이곳에 이르렀다. 나는 사람들 중에서 가장 축복 받은 이다."라고 생각했습니다. 그녀는 왕의 몸을 부채질하기 시작했습니다.

첫 번째 릴라가 사라스와띠에게 물었습니다.

그녀를 보고서 왕의 신하들은 무엇을 했습니까?

사라스와띠가 대답했습니다.

왕, 왕실의 하인들, 그 밖의 모든 사람은 무한한 의식일 뿐이다. 하지만 바탕이 실재인 무한한 의식의 반사이고, 그리고 공상에서 나온 창조의 질서에 대한 확신이 있기 때문에 그들은 서로를 알아본다. 남편은 '그녀는 나의 아내이다.' 그리고 아내는 '그는 나의 남편이다.'라고 말한다.

그녀는 그녀 자신의 육체적 몸으로는 새로운 영역에 들어갈 수 없었다. 왜냐하면 빛은 어둠과 공존할 수 없기 때문이다. 자신 안에 무지라는 눈먼 개념이 있는 한, 지혜는 일어나지 않는다. 자신의 에테르 몸에 관련한 지혜가 일어날 때, 육체적 몸이 사실이라 인식되는 것이 끝난다. 이것은 내가 그녀에게 허락한 은총의 결실이다. 은총을 받은 이는 '당신이 당신의 은총으로 저로 하여금 생각하게 한 바대로, 그렇게 저는 존재합니다.'라고 생각한다. 그러므로 그녀는 자신이 육체적 몸으로 남편이 있는 곳에 도착했다고 생각한다. 사람은 무지하게도 밧줄 안에서 뱀을 본다. 그러나 밧줄은 뱀처럼 움직일 수 없다.

사라스와띠가 말했습니다.

지혜에 도달한 자만이 에테르의 영역으로 오를 수 있다. 오, 릴라여! 다른 이들은 갈 수 없다. 이 릴라는 그와 같은 지혜가 없다. 따라서 그녀는 남편이 거주하는 도시에 도착했다고 상상했을 뿐이다.

깨달음을 얻은 릴라가 말했습니다.

오, 여신이시여! 당신의 말씀대로 되소서. 하지만 제게 말해 주십시오. 불 속의 열, 얼음 속의 차가움, 땅 속의 견고함처럼, 대상들은 어떻게 그들의 특성을 얻었습니까? 어떻게 세상의 질서(니야띠)가 먼저 일어나고, 탄생과 죽음 또한 일어났습니까?

사라스와띠가 말했습니다.

사랑하는 이여! 우주가 소멸할 때 온 우주는 사라지고, 오직 무한한 브람만만이 평화 속에 있다. 의식의 본성을 지닌 이 무한한 존재는 '나는 있다.'라고 느낀다. 그러고 나서 '나는 빛의 원자다.'라고 느낀다. 이리하여 그것은 그 자신 안에서 그 말의 진실을 경험한다. 그것은 또한 자신 안에 다양한 창조물의 존재를 상상한다. 그것의 본성은 순수하고 절대적 의식이기 때문에, 그 공상적 창조는 무한한 의식의 공상과 엄격하게 일치하는 다양한 특성을 지닌 대상들과 함께, 진정한 창조가 있는 것으로 나타난다.

그 첫 번째 창조 동안 무한한 의식에 의하여 생각되고 상상된 것은 그것이 무엇이든지, 어디에 있든지, 어떠하든지 간에, 그 모두는 그 방법과 그 특성을 가지고 존재하게 되었으며 지금까지 그렇게 존재하고 있다. 이렇게 하여 제한적 질서가 이곳에 존재하게 되었다.

사실, 이 질서는 무한한 의식 속에 내재하고 있다. 이 모든 대상과 그 특성들은 우주의 소멸 동안에도 그것 안에서 잠재적으로 존재하고 있었다. 그것들이 그 밖의 어디로 소멸될 수 있겠는가? 더구나 어떻게 어떤 것이 아무것도 아닌 것이 될 수 있겠는가? 팔찌로 보이는 금은 모습이 완전히 없어질 수가 없다.

이 창조물의 모든 원소는 전적으로 비어 있다. 그러나 어떤 원소가 처음으로 어떤 특성과 함께 시작한다고 상상하면, 그것은 그렇게 되고 그래서 그 질서가 지금까지 지속되고 있다. 그러나 이 모든 것은 단지 상대적 관점으로 볼 때만 존재한다. 왜냐하면 이 우주는 전혀 창조되지 않았으며, 존재하는 것은 무엇이든 무한한 의식이지 그 이외의 것은 아니기 때문이다. 존재하는 것은 실재가 아니지만 실재처럼 보이는 본성을 지니고 있다.

그런 것이 우주 안의 질서이다. 지금껏 아무도 그것을 바꿀 수 없었다. 무한한 의식은 이 모든 원소들이 그 자신 안에 있는 것으로 생각한다. 그래서 그 자신 안에서 이 모든 것을 경험한다. 그리고 그 경험은 물질화되어 나타난다.

사라스와띠는 계속 말하였습니다.

첫 번째 창조에 있었던 질서에 따르면, 인간은 백, 이백, 삼백, 사백 살까지의 수명을 받았다. 수명의 길고 짧음은 나라, 시간, 활동, 쓰이고 소비되는 물질 등의 요인들이 순수한가 불순한가에 달려 있다. 경전들의 가르침을 따르는 이는 그 경전들이 보증한 수명을 누린다. 그래서 사람들은 길거나 짧은 삶을 살다가 삶의 끝에 이른다.

깨달음을 얻은 릴라가 말했습니다.

오, 여신이시여! 죽음에 대하여 저에게 가르쳐 주십시오. 그것은 유쾌한 것입니까, 아니면 불쾌한 것입니까? 그리고 죽음 후에는 무엇이 일어납니까?

사라스와띠가 말했습니다.

사랑하는 이여! 세 유형의 인간이 있다. 어리석은 자, 집중과 명상을 수행하는 자, 지성적인 인간인 요기가 그들이다. 뒤의 두 유형은 집중과 명상의 요가 수행으로 몸을 버린다. 그리고 달콤한 의지와 쾌락을 떠난다. 그러나 집중이나 명상을 수행하지 않은 어리석은 자들은 바깥의 힘들에 좌우되기 때문에 죽음이 다가오면 커다란 고뇌를 경험한다.

이 어리석은 자들은 불타는 자신의 내부에서 끔찍한 느낌을 경험한다. 호흡은 어렵고 힘들어진다. 그의 몸은 쇠약해진다. 그는 짙은 어둠 안으로 들어가서 낮에도 별을 본다. 그는 어지러워지며 시야가 혼란스러워진다. 즉, 그는 땅을 공간으로 보며 하늘을 단단한 땅으로 본다. 우물 속에 빠지고, 돌 안으로 들어가며, 빠른 운송 기구를 타고, 눈처럼 녹아내리며, 밧줄에 끌리고, 풀잎처럼 떠다니는 등 온갖 종류의 정신착란의 감각들을 경험한다. 그는 자신의 고통을 표현하고 싶어 하지만, 그렇게 할 수 없다. 점차 그의 감각들은 힘을 잃고, 그는 생각조차 할 수 없다. 그러므로 그는 지혜롭지 못함과 무지 속으로 가라앉는다.

깨달음을 얻은 릴라가 물었습니다.

각각의 사람에게 여덟 개의 수족이 주어졌음에도 그가 이 모든 고뇌와 무지를 경험하게 되는 이유는 무엇입니까?

사라스와띠가 대답했습니다.

무한한 의식에 의하여 창조가 시작될 때 세워진 질서가 그런 것이다. 생명의 호흡이 자유롭게 흐르지 않으면, 사람은 죽는다. 그러나 이 모든 것은 상상이다. 어떻게 무한한 의식이 존재하는 것을 그만둘 수 있겠는가? 인간은 다름 아닌 무한한 의식이다. 누가 언제 죽는단 말인가?

누구에게 이 무한한 의식이 속하며, 어떻게 속한다는 말인가? 수백만의 몸들이 죽을 때도, 이 의식은 쇠퇴하지 않고 존재하고 있다.

깨달음을 얻은 릴라가 말했습니다.

탄생과 죽음에 대한 이야기를 계속해 주십시오. 그 말씀을 다시 듣는다면 제 지혜가 깊이를 더할 것입니다.

사라스와띠가 말했습니다.

생명의 호흡의 흐름이 멈출 때, 개체들의 의식은 전적으로 수동적이 된다. 오, 릴라여! 그 의식은 순수하고 영원하며 무한하다는 것을 제발 기억하라. 그 의식은 일어나지도 않고, 존재하는 것을 멈추지도 않는다. 그것은 움직이고 움직이지 않는 창조물들 속에, 하늘 속에, 산 위에, 불과 공기 속의 거기에 늘 존재하고 있다. 생명의 호흡이 멈출 때, 몸이 '죽었다'거나 '움직이지 않는다'고 말한다. 생명의 호흡은 자신의 근원인 공기로 돌아가고, 기억과 경향성들에서 자유롭게 된 의식은 참나로서 남는다.

이 기억과 경향성들을 가지고 있는 원자 같은 에테르의 입자를 지바라 한다. 지바는 죽은 몸이 있는 공간 안의 거기에 남는다. 그것을 프레따(죽은 영혼)라고 한다. 그 지바는 이제 그것의 생각이나 그것이 그때까지 보아 왔던 것을 버리고, 다른 것들을 꿈꾸거나 한낮의 백일몽처럼 지각한다.

의식이 순간적으로 상실될 때, 지바는 자신이 다른 몸, 다른 세상, 다른 수명을 본다고 상상하기 시작한다.

오, 릴라여! 죽은 영혼에는 여섯 범주가 있는데, 나쁜, 더 나쁜, 가장 나쁜 죄인들과 좋은, 더 좋은, 가장 고결한 자들이 있다. 물론 이들 간에도 역시 하위 구분들이 있다. 가장 나쁜 죄인들의 경우, 의식의 순간적인 상실이 상당 시간 지속될지도 모른다.

최악의 죄를 지은 존재들은 지옥에서 끔찍한 고통들을 경험한다. 그들의 괴로움의 끝을 보기 이전에, 그들은 수많은 살아 있는 종들로 태어난다. 그들은 오랫동안 나무로 있을지도 모른다.

중간 정도의 죄를 지은 자들은 상당한 기간 동안 의식의 상실로 고통을 당한다. 그러고 나서 그들은 벌레와 동물로 태어난다.

가벼운 죄인들은 곧 인간으로 다시 태어난다.

최고로 올바른 이들은 천국으로 올라가고 거기에서 삶을 즐긴다. 후에 그들은 지상의 선하고 부유한 가족들에 태어난다.

중간 정도의 올바른 이들은 요정들의 영역으로 가고 브람마나 등의 자녀들로 땅으로 돌아온다.

죽은 자 가운데서도 올바른 자들 역시 그러한 천상의 기쁨을 즐긴 후에 그들이 저질렀을지도 모르는 불순함의 결실들을 치르기 위해 반신의 영역들을 통과해야 한다.

사라스와띠는 계속했습니다.

이 모든 죽은 영혼들은 과거 행위들의 결실을 그들 자신 속에서 경험한다. 처음에는 '나는 죽는다.'라는 개념이, 다음에는 '죽음의 신이 보낸 사자들이 나를 데려가고 있다.'라는 개념이 있다. 그들 중 올바른 이들은 천국으로 간다고 상상하며, 보통 죄인들은 죽음의 신의 법정 안에서 있으며, 찌뜨라굽따(자신의 행위들의 숨겨진 기록)의 도움으로 그들의 과거 삶에 대한 재판과 판결이 이루어지고 있다고 상상한다.

지바가 보는 것이 무엇이든, 지바는 그것을 경험한다. 왜냐하면 무한한 의식이라는 이 빈 공간에는 시간, 행동 등이라는 것이 없기 때문이다. 그때 지바는 '죽음의 신이 나를 천국 혹은 지옥으로 보냈다.'라거나

'나는 천국이나 지옥의 즐거움 또는 고통을 누리거나 겪었다.'라거나 '나는 죽음의 신에 의하여 동물 등으로 태어난다.'라고 상상한다.

그 순간 지바는 먹은 음식을 통하여 남성의 몸으로 들어간다. 그러고 나서 그것은 여성에게로 옮겨져 세상에 나오는데, 그곳에서 지바는 과거에 행한 행위들의 결과에 따라서 다시 삶을 겪는다. 그것은 그곳에서 달처럼 기울고 찬다. 또다시 늙음과 죽음을 겪는다. 이것은 지바가 참나 지식에 의해 깨달음을 얻을 때까지 계속된다.

깨달음을 얻은 릴라가 물었습니다.

오, 여신이시여! 그러나 이 모든 것이 맨 처음에 어떻게 시작되는지 말씀해 주십시오.

사라스와티가 대답했습니다.

산, 숲, 땅 그리고 하늘, 이 모든 것은 다름 아닌 무한한 의식이다. 무한한 의식만이 모든 것의 참다운 존재이며, 모든 것 안에 있는 실재이다. 순수한 무한한 의식이 자신을 나타낼 때마다, 그것이 취하는 형태가 무엇이든 그것이 되는 것처럼 보였다. 지금까지 그것은 그렇게 되기를 계속하고 있다. 생명의 호흡이 몸 속으로 들어가 몸의 여러 부분들을 진동시키기 시작할 때, 그 몸은 살아 있게 된다. 그러한 살아 있는 몸들은 창조의 맨 처음부터 존재해 오고 있다. 생명의 호흡이 들어간 몸들이 진동하지 않았을 때, 그것들을 나무나 식물이라 한다. 이들 몸 속에서 지성이 되는 것은 정말이지 무한한 의식의 작은 부분이다. 몸 속으로 들어간 이 지성은 눈 등과 같은 여러 기관들이 있게 한다.

이 의식이 생각하는 것이 무엇이든, 그것은 그 형태를 취한다. 그래서 모든 것의 이 참나는 움직이는 몸들의 특성으로서는 움직임을, 움직이지 않는 몸들의 특성으로서는 부동성을 지닌 채 모든 몸들 안에 존재하고 있다. 그래서 이 모든 몸들이 지금까지 계속되고 있다.

사라스와띠가 계속했습니다.

무한한 의식의 부분인 지성이 자신을 나무라고 상상하였기에, 무한한 의식은 나무가 되었다. 바위라고 상상하였기에, 그것은 바위가 되었다. 풀이라고 상상하였기에, 그것은 풀이 되었다. 감각이 있는 것들과 없는 것들 간에는, 둔함과 지성 간에는 아무런 차이가 나지 않는다. 물질들의 본질에는 전혀 차이가 나지 않는다. 왜냐하면 무한한 의식은 모든 곳에 동등하게 존재하기 때문이다. 지성이 자신을 다른 물질과 동일시하기 때문에 차이가 만들어진다. 동일한 무한한 의식이 여러 물질들에서는 여러 이름들로 알려진다. 이와 마찬가지로, 지성이 벌레, 개미, 새로 동일시하는 것은 같은 무한한 의식이다. 그것 안에는 아무런 비교도, 차이에 대한 감각도 없다. 그것은 마치 북극에 사는 사람이 남극에 사는 사람을 알지 못하는 것과 같다. 그러므로 북극에 사는 사람들은 자신을 남극에 사는 사람들과 비교하지 않는다. 이 지성에 의하여 동일시된 각각의 독립적 물체들은 다른 물체들과 구분이 없이 그것 자신에 의하여 존재하고 있다. 자신들을 '감각이 있는 것'과 '감각이 없는 것'으로 구분하는 것은, 바위 속에서 태어난 개구리가 자신을 감각이 없는 존재로 생각하고, 바위 바깥에서 태어난 개구리는 자신을 감각이 있는 존재로 생각하는 것과 같다!

무한한 의식의 한 부분인 지성은 모든 곳에 있으며, 그것은 모든 것이다. 그 지성이 자신이라고 생각한 것은 무엇이든, 창조의 맨 처음에 그것은 그렇게 되었다. 그 이후로 그것은 그것으로 늘 있게 되었다.

지성은 자신을 공간이라 생각했고, 지성은 자신을 움직이는 공기라 생각했으며, 지성은 자신을 감각이 없는 것이라 생각했고, 지성은 자신을 감각이 있는 것이라고 생각했다. 이 모든 것은 다름이 아니라 지성이 상상한 것에 불과하다. 그러한 모습은 실재인 것처럼 보이지만 실재가 아니다.

오, 릴라여! 지금 비두라타 왕은 빠드마 왕의 가슴 안으로 들어가고자 한다. 그가 그곳으로 향해 가고 있다.

깨달음을 얻은 릴라가 말했습니다.

오, 여신이시여! 우리도 같은 방향으로 가십시다.

사라스와띠가 말했습니다.

빠드마 왕의 가슴 안에 있는 자아의 원리로 향하면서, 비두라타 왕은 자신이 다른 세상으로 가고 있다고 상상한다. 우리는 우리 자신의 길로 가도록 하자. 사람은 다른 이의 길을 걸을 수가 없다!

바시슈타는 계속했다.

새들이 쓰러지려고 하는 나무를 버리듯이, 그 사이 생명의 호흡은 비두라타 왕의 몸을 떠났습니다. 그의 지성은 에테르의 모습으로 공간 속으로 올라갔습니다. 릴라와 사라스와띠는 이것을 보고 따라갔습니다. 잠시 후, 죽은 뒤 무의식의 기간이 끝나자, 에테르의 모습이 의식을 하게 되었습니다. 그리고 왕은 그의 장례를 치르기 위해 친척들이 수습한 육체의 모습까지 보았다고 상상했습니다.

이렇게 하고 난 뒤 그는 남쪽을 여행하여 죽음의 신의 거처에 도달했습니다. 죽음의 신은 왕이 죄스러운 행위를 하지 않았다고 말하면서, 자신의 사자에게 왕으로 하여금 향료로 방부 처리된 이전의 몸인 빠드마 왕의 몸으로 들어가게 하라고 지시했습니다.

즉시 비두라타의 지바는 여러 우주를 가로질러 빠드마 왕의 몸이 누워 있는 궁궐에 도착했습니다. 먼 나라들을 여행하고 있는 사람이라도 자신이 보물을 묻어 둔 곳에 늘 집착하고 있듯이, 확실히 비두라타는 빠드마 왕의 자아를 통해 빠드마 왕의 몸과 연결되어 있었습니다!

라마가 물었다.

오, 성스런 분이시여! 자신의 친척들이 장례식을 적절하게 치르지 못했다면, 그 사람은 어떻게 에테르의 모습을 얻을 수 있습니까?

바시슈타가 답했다.

장례식이 적당하게 치러졌든 치러지지 않았든 상관없이, 죽은 자가 장례식이 잘 치러졌다고 믿는다면 그는 에테르 모습의 이익을 갖습니다. 이것은 잘 알려진 사실입니다. 자신의 의식이 무엇이 되면, 그 무엇으로 그는 존재합니다. 대상이나 물질 같은 대상들은 자신의 생각 혹은 관념과 같은 공상 때문에 존재 안으로 들어옵니다. 자신의 공상 또한 사물들로부터 일어납니다. 독은 자신의 신념인 공상을 통하여 감로주로 변합니다. 그처럼 그와 같은 강한 신념이 있다면, 실제로 있지 않은 대상이나 물체가 실재가 됩니다. 원인이 없이는 결과는 언제, 어디서도 만들어지지 않습니다. 그러므로 아무런 공상도 생각도 없습니다. 따라서 하나의 원인이 없는 무한한 의식에게는 어떠한 것도 결코 일어나거나 만들어지지 않았습니다. 이것을 확신하십시오.

죽은 자의 영혼이 극히 부도덕하지 않은 한, 장례식이 올바른 신념을 지닌 자신의 친척들에 의하여 치러진다면 그것은 죽은 영혼의 지성을 돕습니다.

빠드마 왕의 궁궐로 돌아가도록 합시다. 앞서 말한 대로 릴라와 사라스와띠는 아름다운 궁궐로 다시 들어가 향료가 발라진 빠드마 왕의 몸이 있는 방으로 갔습니다. 왕실의 하인들은 모두 깊이 잠들어 있었습니다.

바시슈타는 계속했다.

거기서, 그들은 빠드마 왕의 몸 가까이 앉아서 왕에게 열심히 부채질하고 있는 두 번째 릴라를 보았습니다. 첫 번째 릴라와 사라스와띠는 그녀를 보았지만, 그녀는 그들을 보지 못했습니다.

라마가 물었다.

첫 번째 릴라는 왕 가까이에 있는 그녀의 몸을 잠시 떠나 에테르의 몸으로 사라스와띠와 함께 여행했다고 했습니다. 그러나 지금 그 첫 번째 릴라의 몸은 전혀 언급되지 않고 있습니다.

바시슈타가 대답했다.

첫 번째 릴라가 깨달음을 얻게 되자, 그녀의 자아에서 나온 진정한 존재에 대한 공상은 사라져 그녀는 육체와의 연결을 버리게 되었습니다. 그것은 눈처럼 녹아 버렸습니다. 사실, 릴라가 자신이 육체적 몸을 가지고 있는 것처럼 보이게 만든 것은 릴라의 무지한 공상이었습니다. 그것은 마치 사람이 '나는 사슴이다.'라고 생각하거나 아니면 꿈을 꾸고서, 깨어나 잃어버린 사슴을 찾는 것과 같습니다. 그 사슴을 찾으러 가야 합니까? 미혹된 마음 안에는 실재하지 않는 것이 스스로를 나타냅니다. '그것은 밧줄이지 뱀이 아니다!'라는 것을 알게 되어 미혹이 추방되면, 거기에는 더 이상 무지한 공상이 없게 됩니다. 실재하지 않는 것이 실재한다는 공상에서 나온 확신은 되풀이하면 깊어집니다.

꿈 속에서 앞의 모습을 버리지 않고 또 다른 모습을 취할 수 있듯이, 하나의 에테르 몸에서 그 몸을 버리지 않고 다른 에테르의 몸으로 이동할 수 있습니다. 요기의 몸은 무지한 자의 눈에는 보이는 것 같습니다. 그러나 요기의 몸은 진실로 보이지 않으며 미묘합니다. 그 자신의 무지로 '이 요기가 죽었다.'라고 생각하며 말하는 자는 그런 식으로 보는 자입니다. 몸이 어디에 있으며, 무엇이 존재하며, 무엇이 죽는단 말입니까? 존재하고 있는 것은 존재하고 있습니다. 오직 미혹만이 사라졌습니다!

라마가 물었다.

성스러운 분이시여! 그러면 요기의 육체적 몸이 에테르의 몸이 됩니까?

바시슈타가 대답했다.

오, 라마여! 여러 번 말했습니다. 하지만 그것을 이해하지 못하고 계십니다! 에테르의 몸만이 있습니다. 계속되는 상상으로 인해, 그것이 육체적 몸과 관계 있는 것처럼 보입니다. 자신을 육체적 몸이라고 생각하는 무지한 자가 죽어서 화장될 때, 그는 미묘한 몸을 가집니다. 그처럼 살아 있는 동안에 깨달음을 얻은 요기는 에테르의 몸을 가집니다.

육체적 몸은 그 사람의 무지한 상상의 창조물일 따름이며, 실재가 아닙니다. 몸과 무지 간에는 차이가 없습니다. 그들이 둘이라고 생각하는 것, 이것이 정말이지 되풀이되는 삶인 삼사라입니다.

바시슈타는 계속했다.

그러는 사이에 사라스와띠는 비두라타의 지바가 빠드마 왕의 몸 안으로 들어가지 못하게 하였습니다.

깨달음을 얻은 릴라가 사라스와띠에게 물었습니다.

오, 여신이시여! 제가 여기서 지금까지 명상하면서 앉아 있었는데, 시간이 얼마나 흘렀습니까?

사라스와띠가 대답했습니다.

사랑하는 이여! 그대가 명상에 들어간 지 한 달이 되었다. 처음 15일 동안에 그대의 몸은 쁘라나야마에 의해 생긴 열로 수분이 증발되었다. 그래서 그대의 몸은 마른 잎처럼 되어 떨어졌다. 그래서 굳고 차가워졌다. 그러자 대신들은 그대가 죽었다고 생각하고 그 몸을 화장했다. 그대의 소원 때문에 이제 그대는 에테르의 몸으로 여기에 나타나 있다. 그대 안에는 과거 삶에 대한 기억들도, 이전의 환생에서 나온 잠재된 경향성들도 없다. 젊은 나이에 이르게 되면 자신이 태아였을 때의 삶을 잊듯이, 지성이 자신의 에테르의 본질에 대하여 확신이 서면 몸은 잊혀지기 때문이다. 오늘은 31일째이고 그대는 여기에 있다. 우리 자신을 다른 릴라에게 드러내도록 하자.

두 번째 릴라는 그녀 앞에 있는 그들을 보고서 그들의 발아래에 엎드려 경배했다.

사라스와띠가 그녀에게 물었다.

어떻게 그대가 여기에 왔는지 우리에게 말해 보거라.

두 번째 릴라가 대답했다.

비두라타의 궁전에서 기절했을 때, 저는 한동안 아무것도 몰랐습니다. 그때 저는 제 미묘한 몸이 하늘로 올라가 공기와 같은 운송 수단을 타게 되었습니다. 그것이 저를 여기로 데려왔습니다. 저는 비두라타가 화원 안에 누워 잠들어 있는 것을 보았습니다. 나는 그가 전쟁을 하여 지쳤다고 생각하고는 그를 깨우지 않고 부채질을 하였습니다.

사라스와띠는 즉시 비두라타의 지바를 몸 안으로 들어가게 했습니다. 왕은 선잠에서 깬 듯 바로 깨어났습니다. 두 명의 릴라는 그에게 절했습니다.

왕은 깨달음을 얻은 릴라에게 물었습니다.

"당신은 누구이고, 저 여인은 누구인가? 그녀는 어디에서 왔는가?"

깨달음을 얻은 릴라가 답했습니다.

"왕이시여! 저는 전생의 당신 아내이며, 말 그대로 당신의 영원한 동반자입니다. 이 릴라는 당신의 또 다른 아내입니다. 그녀는 당신을 기쁘게 하려고 제가 만든 나 자신의 그림자입니다. 저쪽 황금의 옥좌에 앉아 계시는 분은 사라스와띠 여신이십니다. 우리의 대단한 행운으로 인해 그분이 여기에 계십니다."

이 말을 듣고, 왕은 바로 앉아 사라스와띠를 경배했습니다. 사라스와띠는 그에게 장수와 부 등과 깨달음의 은총을 내려 주었습니다.

바시슈타는 계속 말했다.

희망했던 은총들을 왕에게 내린 후, 사라스와띠는 그 자리에서 사라졌습니다. 왕과 왕비는 서로 정답게 껴안았습니다. 왕의 몸을 지키던 시종들도 깨어났으며 왕이 다시 생명을 얻게 된 것을 기뻐했습니다.

그 나라는 큰 즐거움에 빠졌습니다. 사람들은 어떻게 릴라 왕비가 왕에 대한 선물로서 또 다른 릴라를 데리고 다른 세상에서 되돌아왔는지를 오랫동안 서로서로 이야기했습니다. 왕은 깨달음을 얻은 릴라로부터 지난 달에 일어났던 모든 일을 들었습니다. 그는 계속 나라를 통치했습니다. 그 자신의 자기 노력으로 얻은 것이 확실한 사라스와띠의 은총을 통해 왕은 삼계의 축복을 누렸습니다.

오, 라마여! 이것이 그대에게 내가 상세히 설명한 릴라의 이야기입니다. 이 이야기를 묵상하면 그대는 지각되는 대상들이 지니고 있는 실재성에 대한 최소한의 믿음이 마음으로부터 사라질 것입니다. 사실, 진실인 것만이 없애질 수 있다면, 어떻게 실재가 아닌 것을 없앨 수 있겠습니까? 없애야 할 것은 없습니다. 왜냐하면 흙 등과 같이 그대의 눈에 존재하는 것으로 나타나는 모든 것은 오로지 무한한 의식이기 때문입니다. 어떤 것이 만들어졌다면, 그것마저도 의식 안에서 의식에 의하여 일어났습니다. 모든 것은 있는 그대로 존재하고 있습니다. 여태 아무것도 창조되지 않았습니다. 존재하는 것처럼 보이는 것은 마야의 창조물이라고 그대는 말할지 모릅니다. 하지만 마야 자체도 실재가 아닙니다!

라마가 말했다.

신이시여! 당신은 제게 궁극의 진리에 대한 커다란 통찰을 주셨습니다! 성스러운 분이시여! 하지만 제 안에는 깨달음을 주는 당신의 감로주 같은 말씀에 대한 채워지지 않는 갈망이 있습니다. 청컨대, 제게 시간의 신비에 대하여 설명해 주십시오. 릴라의 이야기에서 어떤 경우에는 8일 만에 전 생애를 살았고, 때로는 한 달 만에 전 생애를 살기도 하였습니다. 저는 혼란스럽습니다. 여러 우주 속에 각기 다른 시간의 척도가 있습니까?

바사슈타는 대답했다.

오, 라마여! 사람이 자신의 지성으로 자신 안에서 생각하는 것은 무엇이든, 그것만을 그는 경험합니다. 감로주마저도 독이라고 상상하면 독으로 체험됩니다. 내적 태도에 따라 친구가 적이 되기도 하고, 적이 친구가 되기도 합니다. 대상은 자신의 내적 느낌에 따라 그 사람에 의해 정확히 경험됩니다. 고통을 받는 사람에게 하룻밤은 한 시대와 같습니다. 환락의 밤은 순간처럼 지나갑니다. 꿈 속에서 한 순간은 한 시대와 다르지 않습니다. 마누의 전 생애는 브람마에게 한 시간 반일 따름입니다. 브람마의 전 생애는 비슈누의 하루입니다. 비슈누의 전 생애는 쉬바의 하루에 해당합니다. 그러나 의식의 한계들을 극복한 현자에게는 낮도 밤도 없습니다.

바사슈타는 계속 말했다.

요기들은 달콤한 것이 쓴 것으로 바뀌고 또 그 반대가 되는 것, 친구가 적이 되고 또 그 반대가 되는 것은 오직 마음의 상태에 의한 것이라는 것을 압니다. 이와 마찬가지로, 세상을 보는 시각을 바꿈으로써 그리고 계속적인 수행을 함으로, 흥미롭지 않았던 경전들에 대한 연구와 자빠 등에 대한 취향을 개발할 수 있습니다. 왜냐하면 이런 자질은 대상들에 있는 것이 아니라, 자신의 생각 안에 있기 때문입니다. 뱃멀미 하는 사람이 세상이 돌고 있다고 보듯이, 무지한 사람들은 이런 자질이 대상들 안에 있다고 생각합니다. 술 취한 사람은 벽들이 있는 곳에서 빈 공간을 보며, 존재하지도 않는 악귀가 미혹된 사람을 죽입니다.

이 세상은 다름 아닌 의식의 단순한 진동에 지나지 않습니다. 무지한 자의 눈에 악귀가 존재하는 것처럼 보이듯이, 세상이 존재하는 것처럼 보입니다. 이 모든 것은 마야일 뿐입니다. 왜냐하면 무한한 의식과 눈에 보이는 우주의 존재 간에는 아무런 모순이 없기 때문입니다. 이 세상은 깨어 있는 사람이 꾸는 놀라운 꿈과도 같습니다.

오, 라마여! 가을에는 나무들이 잎을 떨어뜨립니다. 봄에는 같은 나무들이 자신들 안에 확실히 있었던 새로운 잎들을 싹 틔웁니다. 그처럼 이 창조물은 절대 의식 안에 늘 존재하고 있습니다. 이것은 보이지 않습니다. 이것은 금 안에 늘 있는 유동성이 보이지 않는 것과 같습니다. 한 시대를 만든 창조자가 해방을 얻고, 그리고 만약 다음 시대의 창조자가 자신의 기억으로부터 새로운 세상을 투사한다면, 그 기억조차 다름 아닌 무한한 의식일 뿐입니다.

라마가 물었다.

신이시여! 왕과 시민들 또한 동일한 외적인 것을 경험하는 이유는 무엇입니까?

바시슈타는 대답했다.

오, 라마여! 그렇게 된 것은 모든 지바의 지성이 하나의 무한한 의식에 기초하고 있기 때문입니다. 시민들 역시 자신들의 왕이 그리고 생각했습니다. 생각의 진동은 무한한 의식 안에서는 자연스럽고 본래부터 존재하고 있습니다. 그러나 그것은 동기화되지 않고 있습니다. 다이아몬드가 빛나는 것이 자연스럽듯이, 왕의 지성은 '나는 왕 비두라타이다.'라고 생각합니다. 우주 안의 모든 존재도 그러합니다. 자신의 지성이 무한한 의식에 관련한 이 진리 안에 자리 잡는다면, 그는 해방이라는 지고의 상태에 도달합니다. 이것은 그의 자기 노력의 강렬함에 달려 있습니다. 사람들은 두 개의 각기 다른 방향에 이끌립니다. 하나는 절대자인 브람만을 깨닫고자 하는 방향이고, 다른 하나는 세상이 실재라는 것을 무지하게 수용하는 방향입니다. 강렬한 열정으로 노력하는 것이 이깁니다! 일단 무지를 극복하면, 실재가 아닌 것에 대한 미혹된 시각은 영원히 사라집니다.

라마가 물었다.

성스러운 분이시여! '나'와 '세상'이라는 미혹된 개념이 아무런 이유도 없이 어떻게 일어납니까?

바시슈타는 대답했다.

모든 것에 지성이 똑같이 깃들여 있듯이, 모든 것은 늘 그리고 모든 면에서 창조되지 않고 있습니다. 모든 것은 참나입니다. 우리는 '모든 것'이란 표현을 사용하는데, 그것은 말의 형태에 불과합니다. 왜냐하면 오로지 무한한 의식 즉 브람만만이 존재하고 있기 때문입니다. 팔찌와 금, 파도들과 물 사이에 아무런 구분이 없듯이, 우주와 무한한 의식 사이에도 아무런 분리가 없습니다. 무한한 의식만이 우주입니다. 팔찌가 금으로 만들어졌지만 금이 팔찌로 만들어진 것은 아닌 것과 같이, 우주로서의 우주는 무한한 의식이 아닙니다. 사람과 그의 수족을 하나이며 같다고 여기듯이, 우리가 모든 존재들로서의 무한한 의식을 말할 때,

그 말은 무한한 존재 안에 어떤 구분이 있다는 것을 의미하는 것이 아닙니다.

그 무한한 의식 안에는 자신의 무한한 본성에 대한 비인식이 내재되어 있습니다. 무한한 의식은 '나'와 '세상'으로 나타나는 듯이 보입니다. 조각되지는 않았지만 대리석 석판 속에 어떤 이미지가 있듯이, '나'와 '세상'이라는 개념은 무한한 의식 안에 존재하고 있습니다. 고요한 바다에 파도들이 잠재적인 상태로 있듯이, 세상은 무한한 의식 안에 잠재적인 상태로 존재하고 있습니다. 그러한 것이 세상의 창조로 알려져 있습니다. '창조'라는 단어가 이와 다른 의미를 지니고 있는 것은 아닙니다. 어떠한 창조도 지고의 존재 혹은 무한한 의식 안에 일어나지 않습니다. 무한한 의식은 창조에 관여하지 않고 있습니다. 그것들은 서로 분리된 관계에 있지 않습니다.

바람이 그 자신의 움직임과 다르지 않듯이, 이 무한한 의식은 지성과 다르지 않지만, 이 무한한 의식은 그 자신의 가슴 안에서 그 자신을 지성이라 여깁니다. 실재하지 않는 구분이 생기는 바로 그 순간, 그 의식 안에 공간이라는 개념이 일어납니다. 의식의 힘 때문에 의식은 공간 혹은 에테르라고 알려져 있는 원소로서 나타납니다. 나중에 그것은 스스로 자신을 공기라고 믿으며, 다음에는 불이라고 믿습니다. 이러한 개념으로부터 불과 빛의 모습이 생깁니다. 그것은 나아가 맛이라는 내재적 기능을 가진 물의 개념을 가져옵니다. 그리고 그것은 냄새라는 내재적 기능과 고형의 특성을 가진 흙이 자신이라고 믿습니다. 이렇게 해서 물과 흙 원소들은 그것들 스스로가 드러난 것처럼 보입니다.

바시슈타는 계속 말하였다.

동시에, 같은 무한한 의식은 눈을 백만 번 깜박이는 것에 해당하는 한 단위의 시간 개념을 자신 안에 가졌습니다. 이것으로부터 네 시기가 한 주기로 구성되는 시대들이라는 시간의 척도로 발전됩니다. 그것이 한 우주적 창조의 수명입니다. 무한한 의식 그 자체는 이것들 안에 포함되지 않습니다. 왜냐하면 무한한 의식에는 모든 시간 척도의 본질이 일어났다가 지는 것이 없으며, 시작, 중간, 끝이 없기 때문입니다.

그 무한한 의식만이 늘 깨어 있고 깨달아 있는 실재입니다. 창조물과 함께 해도 그것은 같은 채로 있습니다. 그 무한한 의식만이 이 창조물의 깨닫지 못한 나타남입니다. 이 창조물 이후에도 무한한 의식은 항상 같은 채로 있습니다. 그것은 늘 같은 채로 있습니다. 어떤 사람이 참나에 의해 참나 안에서 의식이 절대적 브람만이라는 것을 깨닫는다면, 그 때 그는 마치 하나의 에너지가 자신의 모든 수족에 있는 것처럼, 참나를 모든 것으로서 경험합니다.

이 세상의 모습이 의식의 나타남인 한 그리고 직접적으로 경험하는 한, 이 세상을 실재라고 말할 수 있습니다. 세상이 마음과 감각 기관들로 이해될 때, 그것은 실재가 아닙니다. 바람이 움직일 때, 바람은 실재라고 지각됩니다. 움직임이 없을 때, 그것은 존재하지 않는 것처럼 보입니다. 이와 마찬가지로 이 세상의 모습은 실재와 비실재 둘 다로 여겨질 수 있습니다. 삼계의 이 신기루 같은 나타남은 절대적 브람만과 다르지 않게 존재하고 있습니다.

싹이 씨앗 안에, 흐름이 물 안에, 부드러움이 우유 안에, 매운맛이 고추 안에 있듯이, 창조물은 브람만 안에 있습니다. 그러나 무지 속에서는 창조물이 브람만과 다르고 관계가 없는 것처럼 보입니다. 절대적 브람만 안의 순수 투영으로서의 이 세상이 존재합니다. 이렇게 된 데는 아무런 이유가 없습니다. 창조물에 대한 개념이 있을 때, 창조는 존재하는 듯이 보입니다. 자기 노력을 통해 창조되지 않음에 대한 이해가 있을 때, 아무런 세상이 없습니다.

　언제 어디서나 그 어떤 것도 창조된 적이 없습니다. 아무것도 끝에 이르지 않습니다. 절대적 브람만이 모든 것이며, 지고의 평화이며, 태어나지 않음이며, 순수 의식이며, 영원입니다. 세상들 안의 세상들이 매 원자 안에 나타납니다. 무엇이 원인이 될 수 있으며, 이것들은 어떻게 일어납니까?

　'나'와 '세상'이라는 개념들로부터 얼굴을 돌릴 때, 그 사람은 해방됩니다. '나는 이것이다.'라는 개념이 여기에 있는 유일한 굴레입니다. 무한한 의식을 우주의 이름 없는, 형상 없는 바탕으로 아는 이들은 반복되는 역사인 삼사라에 대해 승리를 거둡니다.

　라마가 물었다.

　브람만만이 존재하는 것은 확실합니다. 오, 성스러운 현자시여! 그러나 신에 의해 미리 정해진 것처럼, 현자들과 지혜로운 이들은 이 세상 안에 왜 존재합니까? 그리고 신은 무엇입니까?

　바시슈타가 대답했다.

　오, 라마여! 무한한 의식의 힘이나 에너지는 존재하고 있습니다. 그것은 항상 움직이고 있습니다. 그것이 모든 시대에 스며들어 있기 때문에, 그것만이 모든 필연적 미래 사건들의 실재입니다. 우주 안에 있는 모든 대상의 본성이 정해진 것은 바로 이 힘에 의해서입니다. 그 힘(찌뜨 샥띠)은 또한 위대한 존재인 마하삿따, 위대한 지성인 마하찌띠, 위대한 힘인 마하샥띠, 위대한 통찰인 마하드르슈띠, 위대한 행위자 또는 행위인 마하끄리야, 위대한 생성인 마호드바바, 위대한 진동인 마하스빤다라고도 합니다. 모든 것에 그것의 독특한 성질을 부여하는 것은 이 힘입니다. 그러나 이 힘은 절대적 브람만과 다르거나 그것으로부터 떨어져 있는 것이 아닙니다. 그것은 그림의 떡만큼 실재합니다. 현자들은 브람만과 그 힘을 구분하여 창조물을 그 힘의 작품이라고 합니다.

전체로서의 몸과 그것의 부분들에 대해 말하는 것처럼, 구분은 언어적인 것입니다. 사람이 자신의 몸에 있는 팔과 다리를 자각하게 되듯이, 무한한 의식은 자신의 내재적 힘을 자각하게 됩니다. 그와 같은 자각을 일컬어 본성을 결정하는 절대자의 힘인 니야띠라 합니다. 그것은 또한 다이바, 즉 성스러운 섭리라고도 합니다.

그대가 나에게 이러한 질문들을 해야 하는 것도 역시 니야띠에 의해 미리 정해져 있습니다. 그리고 그대가 나의 가르침에 따라 행해야 하는 것도 또한 니야띠에 의해 정해져 있습니다. 사람들이 '신이 나를 먹여 살릴 것이다.'라고 말하면서 빈둥거리고 있다면, 그것 또한 니야띠의 작용입니다. 루드라 같은 신들조차 이 니야띠를 물러나게 할 수 없습니다. 그러나 현명한 이들은 이것 때문에 자기 노력을 버려서는 안 됩니다. 왜냐하면 니야띠는 자기 노력으로서 그리고 자기 노력을 통해서만 기능하기 때문입니다. 이 니야띠는 인간적인 면과 초인간적인 면이라는 두 가지 측면을 가집니다. 전자는 자기 노력이 결실을 맺는 곳에서 보이며, 후자는 그렇지 않은 곳에서 보입니다.

니야띠가 자신을 위해 모든 것을 해 줄 것이라 믿으면서 나태하게 지낸다면, 그는 곧 그의 삶이 마감된다는 것을 알 것입니다. 왜냐하면 삶은 행위이기 때문입니다. 최고로 높은 초의식의 상태에 들어감으로써, 그는 숨을 멈추고 해방을 얻을 수 있습니다. 그러나 그것은 참으로 가장 큰 노력입니다!

무한한 의식만이 한 곳에서는 하나의 사물로, 다른 곳에서는 또 다른 사물로 나타납니다. 파도들과 물, 수족들과 몸에 분리가 없듯이, 의식과 그 힘 사이에는 아무런 분리가 없습니다. 그러한 분리는 무지한 자들에 의해서만 경험됩니다.

라마가 물었다.

유일한 실재가 무한한 의식이며 그것의 내재하는 동적인 힘이라면, 어떻게 지바가 두 번째라는 것이 없는 단일성 안에서 어떤 모습을 얻을 수 있습니까?

바시슈타는 대답하였다.

무지한 자들의 마음속에만 지바라 불리는 끔찍한 악귀가, 투사된 실재나 모습으로 일어납니다. 아무도, 지혜로운 이들이나 현자들조차도 그것이 무엇인지 분명히 말할 수 없습니다. 왜냐하면 그것은 그것의 본성에 대한 어떤 징후들이 없기 때문입니다.

무한한 의식의 거울 안에는 수많은 투영들이 보입니다. 이것들이 세상의 모습을 이룹니다. 이것들이 지바입니다. 지바는 브람만의 바다 표면에 있는 그냥 작은 흔들림과 같습니다. 혹은 바람 없는 방에 놓인 촛불의 작은 움직임과 같습니다. 그 약간의 흔들림으로 무한한 의식의 무한함이 장막에 가려지면, 의식의 제한이 일어납니다. 이것 역시 그 무한한 의식 안에 내재하고 있습니다. 무한한 의식의 그와 같은 제한이 지바입니다.

불꽃에서 나온 불똥이 가연성의 물질과 부딪히면 독립된 불꽃이 되는 것처럼, 이 의식의 제한에 잠재적 경향성들과 기억들이 주어지면, 그것은 자아 즉 '나'라는 것 속으로 응축됩니다. 이 '나'라는 것은 견고한 실재가 아닙니다. 그러나 지바는 하늘의 푸름처럼 그것을 실재라고 봅니다. 자아가 그것 자신의 개념들을 받아들이기 시작하면, 그것은 마음과 같은 것, 독립되고 분리된 지바의 개념, 마음, 우주적 환영이라는 마야, 우주적인 성품 등을 만듭니다. 이러한 개념들을 가진 지성은 흙, 물, 불, 공기, 공간과 같은 자연의 원소들을 만듭니다. 이것들과 결합하여, 같은 지성이 비록 그것이 진리 속에 있는 우주적 빛임에도 불구하고 빛의 불꽃이 됩니다. 그리고 나서 그것은 수많은 형상들로 응축됩니다. 그것은 어떤 곳에서는 나무, 어떤 곳에서는 새, 어떤 곳에서는 악귀, 어떤 곳에서는 반신들이 됩니다. 생각과 의지로 그런 변형들의 첫 번째는 창조자 브람마가 됩니다. 그리고 다른 것들을 창조합니다. 따라서 의식 안의 진동만이 지바, 까르마, 신입니다. 그리고 나머지 것들이 그 뒤를 따릅니다.

마음이라는 창조물은 단지 의식 안의 동요일 뿐입니다. 세상은 마음 안에 존재합니다! 그것은 불완전한 비전과 이해 때문에 존재하는 듯이 보입니다. 그것은 기껏해야 긴 꿈과 같은 것입니다. 이것이 이해된다면, 모든 이원성은 끝납니다. 브람만, 지바, 마음, 마야, 행위자, 행위, 세상이 하나의 비이원의 무한한 의식과 동일하게 보일 것입니다.

바시슈타는 계속하였다.

오, 라마여! 하나는 결코 다수가 될 수 없습니다. 많은 초들이 다른 초로부터 불붙여질 때, 모든 초에서 타는 것은 똑같은 불꽃입니다. 그처럼 하나의 브람만이 다수인 것으로 나타납니다. 이 다양성이 사실이 아니라는 것을 명상하면, 그는 슬픔으로부터 자유로워집니다.

지바는 의식의 제한에 불과합니다. 제한이 사라지면 평화가 있습니다. 그것은 마치 구두를 신은 사람에게는 온 세상이 가죽으로 깔린 것과 같습니다. 이 세상은 무엇입니까? 요리용 바나나 줄기가 잎들에 불과하듯이, 이 세상은 외적 모습에 불과합니다. 술이 빈 하늘에서 온갖 환영들을 보게 하듯이, 마음도 사람으로 하여금 단일성 속에서 다양성을 보게 만듭니다. 술 취한 사람이 나무가 움직이는 것을 보듯이, 무지한 사람은 이 세상 속에서 움직임을 봅니다.

마음이 이원성을 지각하면, 그때 이원성과 그것의 짝인 일원성이 있습니다. 마음이 이원성의 지각을 그만둘 때, 이원성도 일원성도 없습니다. 하나의 무한한 의식 속에 확고하게 자리 잡을 때, 조용하게 있든 일을 하든 상관없이 그 사람은 그 자신과의 관계에서 평화에 있다고 여겨집니다. 이렇게 지고의 상태에 자리 잡을 때, 그 상태를 자기 아닌 상태라거나 공 혹은 텅 빔의 지식의 상태라 합니다.

마음의 동요 때문에, 의식은 지식의 대상이 되는 것처럼 보입니다! 그때 마음속에 '나는 태어난다.' 등과 같은 온갖 종류의 거짓 개념들이 일어납니다. 그런 지식은 마음과 다른 것이 아닙니다. 그러므로 그것을 무지 혹은 미혹이라 합니다.

자신으로부터 이 삼사라나 세상의 모습이라는 질병을 없애기 위해서는 지혜나 참나 지식 이외의 다른 치료법이 없습니다. 지식만이 밧줄을 뱀으로 보는 잘못된 지각의 치료제입니다. 그러한 지식이 있다면, 무지를 악화시키는 감각적 즐거움에 대한 마음속의 갈망도 없습니다. 그러므로 갈망이 있다면, 그것을 충족시키지 마십시오. 이렇게 하는 데 무슨 어려움이 있단 말입니까?

마음이 대상들에 대한 개념을 받아들이면, 마음 내에 동요나 움직임이 있습니다. 대상들이나 생각들이 없으면, 마음속에 아무런 생각의 움직임이 없습니다. 움직임이 있을 때, 세상은 존재하는 것으로 보입니다. 움직임이 없을 때, 세상의 모습은 정지합니다. 생각의 움직임을 지바, 원인 그리고 행위라 합니다. 그것이 세상 나타남의 씨앗입니다. 그

때 몸이라는 창조물이 그 뒤를 따릅니다.

바시슈타는 계속 말하였다.

여러 원인들 때문에 생각의 이 움직임이 있습니다. 어떤 사람은 한 평생을 지낸 후에야 이 움직임으로부터 자유로워집니다. 어떤 사람은 천 번의 탄생 후에 이 움직임으로부터 자유로워집니다. 생각의 움직임 이 있을 때는 진리를 보지 못합니다. 그때 '내가 존재한다.'와 '이것은 나의 것이다.' 등과 같은 생각이 있습니다.

세상의 모습은 의식의 깨어 있는 상태입니다. 자아는 의식의 꿈꾸는 상태입니다. 마음의 성분은 의식의 깊은 잠의 상태입니다. 순수 의식은 네 번째 상태 혹은 모순 없는 진리입니다. 이 네 번째 상태 너머에 의식 의 절대적 순수가 있습니다. 그 안에 자리를 잡은 이는 슬픔 너머로 갑 니다.

하늘(공간)이 나무의 성장의 원인(하늘은 나무의 성장을 가로막지 않고, 나무의 성장을 촉진시키거나 일으키기 때문입니다)인 것과 꼭 같이, 세상의 모습은 그것의 원인으로서 절대적 브람만을 가진다고 얘기됩니다. 사 실, 브람만은 능동적인 원인의 요인이 아닙니다. 이것은 탐구에 의하여 드러납니다. 땅을 파는 사람이 계속 땅을 파면 텅 빈 공간을 발견하듯 이, 탐구를 계속하면, 이 모든 것이 다름 아닌 무한한 의식이라는 진리 를 발견할 것입니다.

라마가 물었다.

바라건대, 이 창조가 어떻게 큰 규모로 일어나게 되었는지 말씀해 주 십시오.

바시슈타는 계속 말했다.

무한한 의식 내의 흔들림은 의식 자체와 다르지 않습니다. 그 흔들림으로부터 지바가 나타나듯이, 지바로부터 마음이 나타납니다. 그것은 지바가 생각하기 때문입니다. 마음은 다섯 원소들에 대한 개념을 받아들이고, 자기를 그런 원소들로 변형시킵니다. 마음이 무엇을 생각하든 마음은 오로지 그것만을 봅니다. 이 이후에 지바는 혀, 눈, 코, 촉각 등과 같은 감각 기관들을 얻습니다. 이 과정에 마음과 감각 기관들 사이에 인과 관계의 관련성은 없지만, 생각과 감각 기관들의 나타남에 우연한 일치가 있습니다. 그것은 마치 까마귀가 야자나무에 앉자 우연히 야자열매가 나무에서 떨어지고 그래서 까마귀가 열매를 떨어뜨리는 것으로 보이는 것과 같습니다. 이리하여 첫 번째 우주적 지바가 존재하게 되었습니다.

라마가 물었다.

성스러운 분이시여! 무지가 진리 안에 존재하지 않는다면, 해방과 탐구에 대해 왜 고민해야 합니까?

바시슈타는 대답했다.

라마여! 그 생각은 그것 자신에게 맞는 시간이 되었을 때 일어나야 합니다. 지금은 아닙니다! 적당한 때가 되면 꽃들이 피어나고 과일이 익습니다.

우주적 지바는 '옴'을 읊조림으로 그리고 순수 의지로 다양한 대상을 창조합니다. 창조자 브람마가 의지에 의해 존재하게 되었듯이, 그와 마찬가지로 벌레도 존재하게 됩니다. 벌레는 불순함 안에 갇혀 있기 때문에, 그것의 행위는 보잘것이 없습니다. 구분은 환영입니다. 진실로, 아무런 창조물이 없습니다. 그래서 어떠한 구분도 전혀 없습니다.

까르까띠의 이야기

바시슈타는 계속 말했다.

오, 라마여! 이것과 관련해 말해 줄 옛 전설이 하나 있습니다.

까르까띠라는 끔찍한 마귀가 히말라야 산의 북쪽에 살고 있었습니다. 그녀는 거대하고 검고 보기만 해도 무시무시했습니다. 이 마귀는 먹을 것을 충분히 구할 수 없었습니다. 그래서 언제나 배가 고팠습니다.

그녀는 생각했습니다. "한 끼 식사로 잠부드비빠 대륙에 살고 있는 모든 사람을 먹을 수 있다면, 폭우 뒤에 신기루가 사라지듯이 나의 배고픔이 사라질 것이다. 그러한 행동의 과정은 자신의 삶을 보존하기 위한 것이기에 부적절한 것이 아니다. 그러나 잠부드비빠 사람들은 경건하고, 자비롭고, 신에게 헌신하고, 그리고 허브에 관한 지식을 가지고 있다. 평화를 사랑하는 이러한 사람들을 괴롭히는 것은 적절하지 않다. 고행을 하도록 하자. 왜냐하면 고행을 통하여 얻어지는 것은 얻기에 지극히 어려운 것이기 때문이다."

그래서 까르까띠는 눈 봉우리들 중 한군데에 올라가 한 다리로 서서 고행하기 시작했습니다. 그녀는 돌처럼 움직이지 않았습니다. 날이 가고 달이 가는 것조차 알아채지 못했습니다. 시간이 흐르자 그녀는 너무 말라 해골이 얇은 피부에 덮인 것처럼 보였습니다. 그녀는 천 년 동안 그렇게 있었습니다.

천 년이 지난 후에 창조주 브람마가 그녀의 고행에 만족하고 그녀 앞에 나타났습니다. 격렬한 고행으로 이룰 수 없는 것은 없습니다. 독이 있는 연기조차도 소멸됩니다. 그녀는 마음속으로 그에게 절하면서 어떤 은혜를 청해야 할지 생각했습니다. "아, 그렇다." 그녀는 생각했습니다. "질병의 화신인 살아 있는 철핀(슈찌까)이 되게 해 달라고 청할 것이다. 이 은혜로써 나는 동시에 모든 존재의 가슴에 들어가 나의 욕망을 달성하고 또 내 배고픔을 달랠 것이다." 브람마가 "네 고행에 기쁘다. 네가 택한 은혜를 묻겠다."라고 말하자, 그녀는 자신의 소원을 말했습니다.

브람마가 말했다.

그렇게 되어라. 너는 또한 비슈찌까가 될 것이다. 너는 미세한 것이 되어서, 나쁜 음식을 먹고 나쁜 삶에 탐닉하는 자들의 가슴속에 들어가 그들에게 고통을 가할 것이다. 하지만 다음 만뜨라를 사용하는 자는 구원을 얻을 것이다.

히마드레르 웃따레 빠르슈베 까르까띠 나마 락샤시
비슈찌까비다나 샤남나삐 안야야바디까
옴 흐람 흐림 슈림 람 비슈누샥따예 나모 바가바띠
비슈누샥띠 에히 에남 하라 다하 다하 하나 하나 빠차 빠차
마타 마타 웃샤다야 두레 꾸루 꾸루 스와하 비슈찌께
뜨왐 히마반땀 가챠 가챠 지바샤라 찬드라만달람 가또씨 스와하

이 만뜨라에 익숙한 자가 그의 왼팔에 그것을 끼고 달을 생각하면서 자신의 손을 환자 위로 통과하면 환자는 즉시 치유될 것이다.

바시슈타는 계속 말했다.

오, 라마여! 거대한 몸을 지닌 마귀는 즉시 핀의 크기로 점점 줄기 시작했습니다. 그녀는 너무 미세해져서, 오직 상상으로만 그녀의 존재를 짐작할 수 있는 정도가 되었습니다. 그녀는 머리 정수리에서 척추의 바

닥을 연결하는 미세한 수슘나 나디 같았습니다. 그녀는 불교도가 말하는 알라야 의식과 같았습니다. 비슈찌까(콜레라)라는 그녀의 다른 형태가 그녀를 항상 따라다녔습니다.

그녀는 극히 미세하고 눈에 보이지는 않았지만, 그녀의 마귀 들린 정신은 변화되지 않았습니다. 그녀는 자신이 선택한 은혜를 얻었지만 모든 존재를 먹어 삼키려는 욕망을 채울 수는 없었습니다! 그것은 그녀가 바늘만 했기 때문입니다! 얼마나 이상합니까? 미혹된 자들은 통찰력이 없습니다. 이기적인 목적을 획득하기 위한 이기적인 자의 격렬한 노력은 종종 다른 결과로 끝이 납니다. 그것은 숨을 헐떡이면서 거울로 달려갈 때, 그의 호흡이 거울을 흐리게 하여 얼굴조차 볼 수 없는 것과 같습니다.

거대한 모습을 한 마귀가 바늘이 되기 위한 자신의 야망을 채우려고 몸을 버린 것은 의미 있는 일입니다. 이기적 이익에 여념이 없을 때, 그리고 극도의 갈망에 사로잡힐 때, 죽음조차도 바람직한 것이 됩니다.

비슈찌까는 빛이 났고 꽃의 향기만큼 미세했습니다. 다른 것들의 생명력에 의존하면서, 그녀는 자신의 일에 열중했습니다.

슈찌까와 비슈찌까라는 두 가지 형태로써, 그 마귀는 세상의 모든 사람을 괴롭히며 떠돌아다녔습니다. 자신의 소원에 의해 그녀는 작아졌습니다. 실제로, 사람들은 강하게 바라는 대로 됩니다. 마귀가 잔인한 바늘로 변형되도록 기도한 것과 마찬가지로, 마음이 좁은 이들은 사소한 것을 위해 기도합니다. 타고난 성품은 고행에 의해서조차 쉽게 거스를 수 없습니다.

슈찌까는 이전의 질병 때문에 아주 쇠약해졌거나 과도한 체중을 가진 사람들의 몸 안으로 들어가, 자신을 비슈찌까(콜레라)로 변형시켰습니다. 슈찌까는 건강하고 지성적인 사람의 가슴에도 들어가 그들의 지성을 그르치게도 했습니다. 그러나 어떤 경우에는 그 사람이 만뜨라나 약의 도움으로 치료를 받고 있으면 내버려두기도 했습니다.

이렇게 마귀는 수많은 세월 동안 지구를 배회했습니다.

바시슈타는 계속했다.

슈찌까는 수많은 은신처를 가지고 있었습니다. 은신처 중에는 지저분하고 오물이 있는 땅, 더러운 손가락, 옷 속의 실, 몸 안의 근육, 먼지로 덮인 더러운 피부, 손바닥의 지저분한 깊은 주름, 노화로 인한 몸의 여러 부분들, 파리들이 많은 장소, 윤기 없는 몸, 썩은 잎들이 가득 찬 곳, 건강한 나무들이 없는 곳, 불결한 옷을 입고 있는 사람, 건강하지 못한 습관을 가진 사람, 파리가 새끼를 까는 산림 벌채로 생긴 나무 그루터기, 물이 고인 웅덩이, 오염된 물, 길 중간을 흐르는 열린 하수구, 여행객이 이용하는 휴식처, 코끼리나 말과 같은 동물들이 많이 사는 도시 등이었습니다.

슈찌까(재봉용 바늘)가 되어, 그녀는 길에 버려진 더러운 천 조각을 함께 꿰매어 걸치고 아픈 사람들의 몸을 자유롭게 돌아다녔습니다. 재봉사가 사용하던 바늘도 피로함을 느끼고 땅에 떨어져 쉬는 것처럼, 슈찌까 역시 파괴적인 활동으로 피곤해졌습니다. 꿰뚫는 것이 바늘의 자연적인 기능인 것처럼 잔인함은 슈찌까의 천성이었습니다. 바늘이 꿰뚫는 것을 실이 계속 삼키듯이, 슈찌까는 그녀의 희생자의 목숨을 계속 앗아갔습니다.

사악하고 잔인한 사람들조차도 때때로 오랫동안 가난에 찌들어 불쌍하게 살아왔던 사람들을 보고 불쌍히 여기는 것을 볼 수 있습니다. 그들처럼 그녀도 그녀 앞의 천(그녀의 까르마) 안에서 그녀를 통과했던 수많은 실들을 보았습니다. 이것이 그녀를 괴롭혔습니다. 그녀(슈찌까 혹은 재봉용 바늘)가 꿰매었던 이 어두운 천이 자신의 얼굴을 가려서 판단이 흐려졌다고 그녀는 상상했습니다. "어떻게 하면 이 베일을 찢을까?" 하고 걱정했습니다. 그녀(바늘)는 딱딱한 천(사악한 사람)을 관통하듯이 부드러운 천(좋은 사람)도 관통했습니다. 어리석고 사악한 자가 좋고 좋지 않은 것을 왜 구분하겠습니까?

다른 이들에 의해 해를 입지 않고 자극되지 않은 슈찌까는 다른 것들을 파괴하고 죽이기 위해 일합니다. 실로 묶인 채 그녀는 위험하게 매달려 있습니다. 지바 슈찌까라고도 알려져 있는 그녀는 쁘라나와 아빠나의 도움을 받아 생명력으로서 모든 존재들 속에서 움직이면서, 마음을 잃게 하는 엄청난 통증(통풍, 류머티즘의)을 일으켜 지바로 하여금 슬픔을 겪게 합니다. 그녀는 바늘처럼 발로 들어가서 피를 마십니다. 모든 사악한 자들처럼 그녀는 다른 이들의 슬픔을 기뻐합니다.

(바시슈타가 이렇게 말했을 때, 태양은 지고 그 날이 끝나가고 있었다. 집회가 기도를 위해 휴회되었다.)

바시슈타는 계속 말했다.

이런 식으로 아주 오래 산 후, 마녀 까르까띠는 환영에서 깨어났습니다. 천 년 동안의 격심한 고행으로 바늘(그리고 콜레라 바이러스)이라는 타락한 존재가 되어 사람들을 탐식하려 했던 자신의 어리석은 욕망을 후회했습니다. 그래서 그녀는 스스로 가한 자신의 불운을 몹시 슬퍼했습니다.

"아, 슬프다! 내 거대한 몸은 어디에 있고 바늘의 형태는 어디에 있는가? 때때로 나는 진흙과 오물 속으로 빠지고, 사람들에 의해 짓밟힌다. 슬프다! 나는 길을 잃었다. 나는 친구도 없다. 아무도 나를 불쌍히 여기지 않는다. 나는 일정한 거주지가 없고, 이름을 붙일 만한 몸도 없다. 나는 마음과 감각을 잃은 것이 분명하다. 재앙을 향하는 마음은 우선 미혹과 악함을 만든다. 그 후에 이것들은 불행과 슬픔 속으로 퍼진다. 나는 결코 자유롭지 않으며, 늘 다른 자들에 의해 좌우된다. 나는 다른 자의 손안에 있으며 그들이 시키는 것을 한다. 모든 것을 먹어 치우려는 욕망의 악귀를 만족시키길 나는 갈망했다. 그러나 그것은 질병보다 더 나쁜 치료로 나아가게 하여 더 큰 악귀가 생겼다. 확실히 나는 머리가 나쁜 바보이다. 나는 그렇게 위대하고 거대한 몸을 버리고 병원체(혹은 바늘)라는 이 비열한 몸을 스스로 선택했다. 곤충보다 더 작은 이 비참한 존재로부터 이제 누가 나를 해방시킬 것인가? 나와 같은 악한 창조물에 대한 생각은 현자의 가슴 안에는 일지 않을 것이다. 언제 다시 산만큼 큰 존재가 되어서 거대한 존재들의 피를 마실 것인가? 다시 고행자가 되어, 이전에 했던 것처럼 고행을 하자."

즉시 까르까띠는 살아 있는 존재들을 게걸스럽게 먹으려는 욕망을 모두 포기하고, 다시 강도 높은 고행을 하려고 히말라야로 갔습니다. 발이 하나인 것처럼 하고 서서, 그녀는 고행을 시작했습니다. 불의 고행은 그녀 머리의 정수리에 연기가 나게 했습니다. 그것은 다른 슈찌까 즉 동료가 되었습니다. 그녀의 그림자는 또 다른 슈찌까 즉 또 다른 친구가 되었습니다.

숲 속의 나무들과 덩굴식물들조차도 슈찌까의 고행을 보고 감탄하여 그녀가 먹도록 꽃가루를 내주었습니다. 그러나 그녀는 아무것도 먹으려 하지 않았습니다. 그녀는 결심을 굳게 했습니다. 하늘의 신 역시 그녀가 서 있는 곳으로 고기 조각을 보냈습니다. 그러나 그녀는 손도 대지 않았습니다. 이렇게 전혀 움직이지 않았습니다. 바람, 비, 숲의 불로도 움직이지 않은 채, 그녀는 7천 년 동안 서 있었습니다.

까르까띠의 온 존재는 이 고행에 의해 완전히 정화되었습니다. 죄의 경향성들은 고행으로 씻겨졌고, 그녀는 최상의 지혜를 얻었습니다. 말하자면, 그녀가 한 고행의 에너지는 히말라야를 불태운 것입니다. 천국의 왕 인드라는 현자 나라다로부터 까르까띠의 전례 없는 수행에 대해 들었습니다.

인드라의 요청에 따라, 현자 나라다는 까르까띠에 대한 이야기를 하였습니다.

이 비열한 악마 까르까띠는 금속 바늘의 형태를 한 살아 있는 바늘이 되었습니다. 그렇게 해서 죄 많은 사람들의 몸 속으로 들어가, 근육과 관절을 아프게 하고 혈액에 피해를 주었습니다. 그녀는 바람같이 몸 속으로 들어가 찌르고 따끔거리는 통증을 일으켰습니다. 그녀는 고기와 같은 불결한 음식으로 영양을 섭취한 몸들 속에서 그러한 통증을 일으켰습니다.

그녀는 독수리처럼 모든 존재의 몸 속에 들어가 다른 이의 몸을 게걸스럽게 먹었습니다. 고행의 힘 때문에 그녀는 모든 이의 마음과 가슴 안으로 들어가고 '숙주'가 하는 모든 것에 관여하는 능력을 얻었습니다. 바람처럼 보이지 않고 미세한 자에게 무엇이 불가능하겠습니까?

그렇지만 때때로 그녀는 자신의 불순한 경향성 때문에 다른 존재보다 특정한 존재를, 다른 즐거움보다 특정한 즐거움을 더 좋아했기 때문에 그것들에 묶이게 되었습니다. 그래서 그들 위를 떠돌기 시작했습니다. 그녀는 자유롭게 배회했지만 무지한 사람이 곤란을 겪을 때 그렇게 하듯이, 어려움에 처할 때는 바늘의 몸으로 돌아가 버렸습니다.

하지만 그녀는 육체적으로 만족하지 못했습니다. 오직 존재하는 요인만이 적절한 경험을 할 수 있습니다. 어떻게 존재하지 않는 몸이 만족을 느낄 수 있겠습니까? 불만스러워진 슈찌까는 비참했습니다. 예전의 거대한 악귀의 몸을 되찾으려고 그녀는 다시 고행을 시작했습니다. 그녀는 히말라야의 꼭대기로 날아가는 독수리의 몸에 들어갔는데, 그곳에서 독수리는 바늘을 내려놓고 날아갔습니다.

단단한 바늘로 자신을 지탱하면서 슈찌까는 지금까지 계속되는 고행을 시작했습니다. 오, 인드라여! 당신이 그녀의 고행을 중단시키지 않는다면, 그녀는 그 고행의 힘으로 세상을 파괴시키려 할 것입니다.

바시슈타는 계속 말했다.

이 말을 듣고, 인드라는 슈찌까가 살고 있는 정확한 장소를 바람의 신 바유에게 찾아내라고 하였습니다. 바유는 우주에 있는 모든 다른 행성들을 찾아다녔습니다. 마침내 지구로 들어와 히말라야로 내려갔습니다. 태양에 근접해 있기 때문에 히말라야에는 초목도 없었습니다. 그래서 전 지역은 불모의 사막 같아 보였습니다.

바시슈타가 계속 말하였다.

히말라야에서 바유는 산꼭대기처럼 서서 고행하고 있는 슈찌까를 보았습니다. 전혀 먹지 않고 있었으므로 그녀는 거의 완전히 말라 버렸습니다. 바유(바람)가 그녀의 입에 들어가자, 그녀는 그것을 계속해서 내뿜었습니다. 그녀는 머리 꼭대기로 그녀의 생명력을 거두어들였으며 완전한 요기니로 서 있었습니다. 그녀를 보고 바유는 놀라움에 빠졌습니다. 그녀에게 말조차 할 수 없었습니다. 그녀가 최고의 고행을 하고 있다고 확신한 후 그는 즉시 천국으로 되돌아가 인드라에게 보고했습니다.

"신이시여! 잠부드비빠 대륙에 있는 슈찌까는 전례 없는 고행을 하고 있습니다. 그녀의 입에 바람조차 들어가게 하지 않습니다! 그리고 배고 픔을 이겨 내기 위하여, 그녀는 위를 딱딱한 금속으로 변화시켰습니다. 청컨대 즉시 일어나 창조주 브람마에게로 가서 그녀가 바라는 은혜를 들어주어 그녀를 달래 달라고 하십시오. 그러지 않으면 그녀의 고행의 힘이 우리 모두를 불태울 것입니다."

그래서 인드라는 브람마에게로 갔습니다. 브람마는 그의 청에 응하여 슈찌까가 고행을 하고 있는 곳으로 갔습니다.

그러는 동안에 슈찌까는 고행으로 완전히 순수해졌습니다. 그녀의 두 가지 다른 형태, 즉 그녀의 그림자와 금욕 행위의 불이 그녀가 행한 고행을 증명하고 있었습니다. 그녀 주위의 공기와 먼지조차도 그녀에게 닿음으로써 궁극의 해방을 얻었습니다. 바로 이때 자신 안에 있는 지성을 조사함으로써, 그녀는 모든 것의 지고의 원인이 없는 원인에 대한 직접적인 지식을 얻었습니다. 지고의 구루나 스승은 확실히 자기 자신의 의식 안에 있는 생각의 움직임을 직접 탐구합니다. 오, 라마여! 그 밖의 다른 구루는 없습니다.

브람마는 그녀에게 말했습니다. "은혜를 청하라." 그녀는 감각 기관들이 없었지만, 그녀는 자신 속에서 이것을 경험했습니다. 이것에 응하여 그녀는 자신 속에서 생각했습니다. "나는 절대적인 깨달음에 도달했다. 그리고 나에게는 의심이나 원하는 것이 없다. 은혜로 내가 무엇을 하겠는가? 무지한 아이였을 때 욕망이라는 악귀가 나를 따라다녔다. 이제 참나 지식으로 그 귀신은 진정되었다."

브람마는 말했습니다. "오, 고행자여! 영원한 세상의 질서는 무시될 수 없다. 그리고 그 세상의 질서는, 그대가 이전의 몸을 되찾고 오랫동안 행복하게 살다가 그때 해방을 얻을 것을 정하였다. 그대는 사악하고 죄지은 자들을 괴롭히며, 그리고 그대의 자연적인 배고픔을 달래기 위해서만 먹어 최소한의 해를 끼치며 깨달은 삶을 살 것이다." 슈찌까는 브람마의 말을 수용했습니다. 그래서 그녀의 바늘과 같은 몸은 산 같은 몸으로 커졌습니다.

바시슈타가 계속 말하였다.

이전의 악마적 모습으로 돌아왔지만, 악마적인 경향성이 없이 까르까띠는 상당한 시간 동안 초월의식의 상태로 있었습니다. 그녀는 명상하는 자세로 같은 장소에 앉아 있었습니다. 여섯 달 후에는 바깥세상과 자신의 몸을 완전히 자각하게 되었습니다. 즉시 그녀는 배고픔을 느꼈습니다. 몸이 있는 한, 몸은 배고픔과 갈증을 포함하는 물질적 법칙을 겪게 되어 있습니다.

까르까띠는 곰곰이 생각했습니다.

"무엇을 먹을 것인가? 누구를 먹어 버릴 것인가? 현자들은 자신의 삶을 늘리려고 다른 살아 있는 존재들을 죽이는 것을 비난한다. 그런 금지된 음식을 먹지 않는다면, 나는 이 몸을 포기해야 할 것이다. 그렇게 하는 데 해가 없다고 본다. 해로운 음식은 독이다. 나아가 나처럼 깨달은 이에게는 육체적 삶과 죽음 사이에 구분이 없다."

이렇게 생각하고 있을 때, 그녀는 꿈같은 소리가 말하는 것을 들었습니다. "오, 까르까띠여! 무지하고 미혹한 자들에게 다가가서 그들 안에 있는 지혜를 일깨워라. 실로 이것은 깨달은 존재들의 유일한 사명이다. 그대가 깨닫게 하려고 노력하였지만 진리를 깨닫는 데 실패한 자는 네가 먹기에 적당하다. 그런 무지한 자를 먹는 것은 죄가 되지 않을 것이다."

이 말을 듣고, 까르까띠는 일어나 산에서 내려갔습니다. 그녀는 언덕에 있는 종족들과 사냥꾼들의 거주지인 밀림으로 들어갔습니다. 밤이 땅에 드리웠습니다.

그 지역에는 비끄람이라는 사냥꾼의 왕이 있었습니다. 이 왕은 관습대로 대신과 함께 도둑과 강도를 진압함으로써 백성을 보호하려고 밤의 짙은 어둠 속으로 나갔습니다. 까르까띠는 숲에 있는 종족의 반신들에게 기도하고 있는 용감하고 대담한 두 사람을 보았습니다.

그들을 보고 까르까띠는 생각했습니다. "확실히 이 두 사람은 내 배고픔을 달래 주려고 여기에 왔다. 그들은 무지함으로 지상에 짐이 되고 있다. 그러한 무지한 사람들은 이생과 내세에 고통을 당한다. 고통은 그들 삶의 유일한 사명이다! 그들에게 오는 죽음은 그러한 고통에서 그들을 해방시키는 것이다. 죽은 후에야 깨어나서 그들의 구원을 찾는 것이 가능하다. 그러나 그 둘 다 현명한 사람일지도 모른다. 나는 현명한 자를 죽이는 것을 좋아하지 않는다. 왜냐하면 진정한 행복, 명성, 장수를 누리기를 바라는 사람이라면 누구든지 선한 자들이 갖기를 바라는 모든 것을 그들에게 줌으로써 선한 자를 존경하고 경배해야 한다. 그러므로 그들의 지혜를 시험해 보도록 하자. 그들이 현명하다면 나는 그들을 해치지 않을 것이다. 현명한 자, 선한 자들은 진실로 인류의 위대한 은인이다."

바시슈타는 계속했다.

왕과 그의 대신을 시험하기로 결심을 한 마녀 까르까띠는 날카로운 소리로 고함쳤습니다. 그런 다음 그녀는 소리쳤습니다. "어이! 이 짙은 숲 속을 방황하는 두 마리 작은 벌레들! 너희들은 누구냐? 나에게 빨리 말하라. 그렇지 않으면 나는 너희들을 먹어 치울 것이다."

왕이 대답했습니다. "오, 유령이여! 당신은 누구이며 어디에 있는가?

나는 당신의 말만 들을 수 있다. 당신이 누구인지 보여 달라."

왕의 침착하고 조용한 대답을 듣고 마녀는 그의 대답이 그럴 듯하다고 느꼈습니다. 그래서 그녀 자신을 보여 주었습니다. 그때 왕과 대신은 그녀의 무서운 모습을 보았습니다. 조금의 동요도 없이 대신은 마녀에게 말했습니다. "오, 마녀여! 왜 그렇게 화가 났는가? 모든 살아 있는 존재들에게 음식을 구하는 것은 자연스런 일이다. 현명한 자들도 분노와 마음의 동요를 버리고 평온하고 맑은 마음이 된 후에도 적절한 방법과 행위 즉 행동으로 자기 본위의 목적을 이룬다. 우리는 그대와 같은 많은 곤충들을 보아 왔으며 그들을 공정하게 다루었다. 왜냐하면 사악한 것을 벌주고 선한 것을 보호하는 것은 왕의 의무이기 때문이다. 분노를 버리고 평온에 의지하여 그대의 목적을 이루어라. 그것이 적당한 행위이다. 야망을 획득할 수 있건 없건 간에 평화로워야 한다. 갖고 싶은 것이 무엇인지 요청하라. 우리는 거지를 빈손으로 보낸 적이 없다."

까르까띠는 그 두 사람의 용기와 지혜에 크게 감탄했습니다. 그녀는 그들이 보통 사람이 아니라 깨달은 사람이라고 생각했습니다. 왜냐하면 그들의 얼굴을 보자, 그녀의 가슴이 평화로 가득해졌기 때문입니다. 두 계곡의 물이 합류점에서 섞이듯이, 깨달은 두 사람이 만나면 그들의 가슴은 평화와 희열로 섞입니다. 더구나 확실히 죽음에 직면했는데도 침착할 수 있는 이는 현명한 자 말고 누가 있겠습니까? 그러므로 그녀는 생각했습니다. "이 기회를 이용하여 마음속의 의심을 없애도록 하자. 왜냐하면 현명한 자와 같이 있으면서도 의심을 없애려 하지 않는 자는 어리석은 자임에 틀림이 없기 때문이다."

그녀의 요청에, 대신은 왕의 정체를 알려 주었습니다. 까르까띠는 반박했습니다. "오, 왕이여! 그대에게는 현명한 대신이 있는 것 같지는 않다. 훌륭한 대신은 왕을 현명하게 한다. 왕이 현명하면 백성도 현명하다. 왕의 권위와 평등한 시각은 참나 지식의 고귀한 학문에서 생긴다. 이것을 갖지 않은 자는 훌륭한 신하도 현명한 왕도 아니다. 그대 두 사람이 참나 지식이 없는 자들이라면, 나의 원래의 천성에 따라 나는 그대들을 삼켜 버릴 것이다. 그대들에게 참나 지식이 있는지를 알아보기 위해 몇 가지 질문을 할 것이다. 바른 답을 하라. 이것이 그대들에게 내가 요청하는 유일한 것이다."

마녀는 질문하였습니다.

오, 왕이여! 하나이지만 다수이고, 그 안에 수백만의 우주가 바다의 물결처럼 녹는 것은 무엇인가? 그렇게 보이지는 않지만, 순수 공간인 것은 무엇인가? 내 속에 있는 그대이고 그대 속에 있는 나는 무엇인가? 움직이지 않지만 움직이고, 정지하지 않지만 정지한 채로 있는 것은 무엇인가? 의식이지만 돌고 텅 빈 공간에서 놀라운 재주를 부리는 것은 무엇인가? 태양도 달도 불도 아니지만 여전히 영원히 빛나는 것은 무엇인가? 멀리 있는 듯하지만 가까이 있는 그 원자는 무엇인가? 의식이지만 알 수 없는 것은 무엇인가? 모든 것이지만 그것들 중의 그 어느 것도 아닌 것은 무엇인가? 모든 것의 참나이지만 무지에 의해 가려져 있다가 여러 번의 삶에 걸쳐 지속적이고 강한 노력을 통해 다시 얻어지는 것은 무엇인가? 원자처럼 작지만 그 안에 산을 넣을 수 있고, 삼계를 풀잎으로 바꿀 수 있는 것은 무엇인가? 원자처럼 작지만 헤아릴 수 없는 것으로 있는 것은 무엇인가? 원자적 본성을 버리지 않고도, 가장 큰 산보다 더 크게 보이는 것은 무엇인가? 우주적 소멸 동안, 그 안에서 전 우주가 씨앗처럼 쉬고 있는 원자는 무엇인가?

아무것도 전혀 하지 않지만, 우주 안에 있는 모든 원소의 기능에 책임을 지고 있는 것은 무엇인가? 팔찌와 같은 장신구가 금인 것처럼, 보는 자, 봄, 보이는 대상은 무엇으로 만들어지는가? 나무가 씨앗 속에 있듯이, 무엇 안에서 세 가지 나타남(보는 자, 봄, 보이는 대상)이 자리 잡고 있는가? 나무가 씨앗 밖으로 씨앗이 나무 밖으로 번갈아 나오듯이, 바꿔 가면서 나타나고 사라지는 것은 무엇인가?

오, 왕이여! 이 우주를 창조한 자는 무엇이며, 무엇의 힘으로 그대는 존재하고, 왕의 역할을 하고, 백성을 보호하고 사악한 자를 벌주는가? 그것을 봄으로써 그대의 시각이 정화되고, 분리 없이 그대가 그것만으로 존재하는 것은 무엇인가?

오, 왕이여! 눈앞의 죽음에서 목숨을 구하려면, 이 질문에 답하라. 그대가 가진 지혜의 빛으로 내 안에 있는 의심이라는 어둠을 쫓아 버려라. 질문을 받았을 때, 무지와 의심의 뿌리를 자를 능력이 없는 자는 현명한 사람이 아니다.

하지만 그대가 내 안의 무지를 근절하지 못하고 이 질문들에 답하지 못한다면, 오늘은 그대가 내 배고픔을 풀어 줄 것이다.

대신이 답하였습니다.

오, 여인이여! 내가 그대의 질문에 답할 것이다. 왜냐하면 그대의 모든 질문이 말하는 것은 지고의 참나이기 때문이다.

참나는 이름이 없고 묘사될 수 없으므로 공간보다 더 미세하다. 마음도 감각들도 그것에 도달하거나 그것을 이해할 수 없다. 그것은 순수의식이다. 씨앗 속에 나무가 존재하듯이, 원자적인 의식 안에 온 세상이 존재한다. 그러나 그때 세상은 의식으로서 존재하지, 세상으로서 존재하는 것이 아니다. 하지만 그러한 것은 모든 것이 하는 경험이다. 그리고 그것만이 모든 것의 참나이기 때문에 그 의식은 존재한다. 그것이 존재하므로 모든 다른 것이 존재한다.

　그 참나는 공간처럼 비어 있다. 그러나 그것이 아무것도 아닌 것은 아니다. 왜냐하면 그것은 의식이기 때문이다. 그것은 존재한다. 하지만 마음과 감각들이 경험할 수 없기 때문에, 그것은 존재하지 않는다. 모든 것의 참나이지만, 그것은 경험의 대상으로서 누구나 경험하는 것은 아니다. 하나이지만 존재하는 무한한 원자들 속에 투사되므로 다수인 것처럼 보인다. 팔찌가 실재인 금의 상상적인 모습이듯이, 그것의 외적인 모습은 사실이 아니다. 그러나 참나는 비실재하는 것이 아니다. 그것은 공이나 무는 아니다. 왜냐하면 그것은 모든 것의 참나이고, 그것이 존재한다고 말하는 자나 그것이 존재하지 않는다고 말하는 자의 참나이기 때문이다. 더 나아가 그것의 존재는 장뇌의 존재를 그 향기로 경험할 수 있듯이 간접적으로 경험할 수 있다. 그것만이 의식으로서 모든 것의 참나이며, 세상의 모습을 가능하게 만드는 실체이다.

　흐르는 물의 속성으로 소용돌이가 생기듯이, 의식이라는 무한한 바다 속에서 삼계라는 소용돌이가 자발적이면서 자연적으로 일어난다. 의식은 마음과 감각들의 범위 너머에 있기 때문에, 비어 있는 것처럼 보인다. 그러나 참나 지식으로 알 수 있기 때문에, 그것은 비어 있는 것이 아니다. 의식은 분리될 수 없기에, 내가 그대이며 그대가 나이다. 그러나 분리할 수 없는 의식은 나도 그대도 될 수 없다. '그대'와 '나'라는 거짓 개념을 버린다면, 그대도 없고, 나도 없으며, 모든 것이 없다는 자각이 생긴다. 그것만이 전부일 것이다.

　참나는 무한하기에 움직이지만 움직이지 않는다. 참나는 존재하는 모든 원자 안에 영원히 자리 잡고 있다. 참나는 가지도 오지도 않는다. 공간과 시간은 그들의 의미를 오로지 의식에서 끌어내기 때문이다. 존재하는 모든 것이 참나 안에 있는데, 참나가 어디로 갈 수 있겠는가? 항아리가 한 곳에서 다른 곳으로 옮겨질 때, 그 안의 공간은 한 곳에서 다른 곳으로 가지 않는다. 모든 것이 늘 공간 안에 있기 때문이다.

대신은 계속 말하였습니다.

활발하지 않은 것과 외관상으로 관련될 때, 순수 의식의 본성을 가진 참나는 둔하고 감각들이 없는 듯이 보인다. 무한한 공간에서 이 무한한 의식은 무한한 대상들을 나타나게 했다. 이 모든 것이 완성되어 있는 듯 보이지만, 그런 효과는 단지 상상에 불과하다. 아무것도 완성된 것은 없다. 그러므로 그것은 의식과 둔감한 것, 행위자와 비행위자 둘 다이다.

불 속에 있는 실재는 이 참나 즉 의식이다. 하지만 참나는 어떤 것을 태우지도 자신이 타지도 않는다. 왜냐하면 그것은 모든 것 안에 있는 실재이며, 무한하기 때문이다. 그것은 태양, 달, 불에서 반짝거리는 영원한 빛이다. 그러나 그것들로부터 독립적이다. 이러한 불들이 졌을 때조차 그것은 빛난다. 그것은 모든 것 안에서 모든 것을 빛나게 한다. 그것만이 나무, 식물, 넝쿨 안에 거주하는 지성이며, 그리고 그것들을 보호한다. 보통의 관점으로 볼 때 참나 즉 무한한 의식은 모든 것의 창조자, 보호자, 지배자이지만, 절대적 관점으로 보면 그것은 모든 것의 참나이므로 그런 제한적인 역할들이 없다.

이 의식으로부터 독립하여 있는 세상은 없다. 그러므로 산들조차도 원자 같은 참나 안에 있다. 그것 안에서 순간적이기도 하고 시대적이기도 한 공상이 일어난다. 꿈에서 보이는 대상이 꿈을 꿀 당시에는 사실인 것처럼 보이듯이, 이러한 것들은 실재하는 시간의 척도인 것처럼 보인다. 눈을 깜박이는 동안에 한 시대가 존재하듯이, 전 도시가 작은 거울 안에 투영된다. 그러하거늘, 어떻게 실재를 이원성이나 비이원성이라 주장할 수 있는가? 이 원자적 참나 즉 무한한 의식만이 한 순간이나 한 시대에 가까이 있거나 멀리 있는 것처럼 보인다. 그것에서 떨어져 있는 것은 없다. 그리고 그것들은 그들 내부에서 서로 모순이 되지 않는다.

팔찌를 팔찌로 보는 한, 그것은 금으로 보이지 않는다. 그러나 팔찌는 말에 불과하다. 그것이 실재가 아니라는 것을 알면 금이 보인다. 그처럼 세상이 실재로 여겨지면 참나는 보이지 않는다. 그러나 이런 추측을 버리면 의식이 깨우쳐진다. 그것이 모두이므로 그것은 실재이다. 그것이 경험되지 않으므로 그것은 비실재이다.

있는 것처럼 보이는 것은 마야의 마술일 뿐이다. 그것은 의식 속에서 주체와 대상이라는 분리를 만든다. 그것은 꿈 속의 도시와 같은 것이다. 그것은 실재도 비실재도 아니지만 오래 지속되는 환영이다. 창조주 브람마에서 작은 곤충에 이르는 다양성은 분리의 가정에서 만들어진 것이다. 하나의 씨앗 속에 나무의 다양한 특성이 늘 있듯이, 참나 속에는 늘 이런 분명한 다양성이 존재하고 있다. 그러나 의식으로 있다.

까르까띠가 말하였습니다.

오, 왕이여! 대신의 대답은 흡족하다. 이제 그대의 답을 듣고 싶다.

왕이 대답했습니다.

오, 고귀한 여인이여! 그대가 한 질문은 순수한 존재인 영원한 브람만에 관련한 것이다. 깨어 있고, 꿈꾸고, 깊이 잠자는 세 가지 변형이 멈추어 마음에 생각의 움직임이 없을 때, 그것은 알려진다. 그것의 나타남이 펼쳐지고 거두어지는 것을 일반적으로 세상의 창조와 소멸이라고 한다. 알려지는 대상이 끝날 때 그것은 침묵 안에서 표현된다. 그것은 모든 표현 너머에 있기 때문이다. 그것은 두 극단 사이에 있는 미묘한 중앙이며, 그 중앙은 두 측면을 지니고 있다. 이 모든 우주들은 그것의 놀이이며 의식의 투사이다. 이 우주의 다양성으로서 그것은 그 자체가 분리된 듯 보이지만, 사실 분리되지 않은 것이다.

이 브람만이 원하면, 바람이 존재하게 된다. 바람은 다름 아닌 순수 의식일 뿐이다. 이와 마찬가지로 소리를 생각하면, 소리처럼 들리는 것이 공상적으로 투사된다. 그러나 순수 의식인 실재는 소리나 그것의 의미 및 실체라고 생각되는 것과는 거리가 멀다. 그 지극히 미묘한 원자와 같은 존재는 모든 것이며 동시에 아무것도 아니다. 나는 그것이지만, 그것은 나가 아니다. 그것만이 존재한다. 그것이 전지전능하므로 이 모든 것이 존재하는 것으로 보인다.

이 참나는 백 가지 방법과 수단으로 얻어질 수 있다. 하지만 그것이 얻어지면, 얻은 것이 아무것도 없다! 그것은 지고의 참나이다. 그러나 그것은 아무것도 아니다. 세상이 실재처럼 보이게 하는 근원적인 무지를 없앨 수 있는 지혜의 여명이 있을 때까지, 사람은 삼사라의 숲인 반복적인 역사 속에서 방황한다. 무지한 자가 신기루 속에 있는 물을 보고 끌리듯이, 이 세상 모습은 무지한 자를 유인한다. 하지만 마야라는 그것 자신의 힘을 통해 그것 자신 속에서 세상을 지각하는 것은 무한한 의식이라는 것이 진리이다. 정욕으로 마음이 흐려진 사람의 착각처럼, 내부에서 보이는 것이 외부에서도 나타난다.

참나는 지극히 미묘하고 원자적이다. 순수 의식의 근본적 본질이지만, 그것에 의해 온 세상이 펼쳐진다. 모든 것에 존재하는 이 전능한 존재는 세상의 모습이 자신의 곡조에 맞춰 춤추게 한다. 머리카락 한 올을 백 번 나눈 것보다 더 미묘한 그것은 모든 곳에 있기 때문에 가장 위대한 것보다 더 위대하다.

왕은 계속 말했습니다.

참나 지식의 빛만이 모든 경험을 비춘다. 그것은 그것 자신의 빛으로 빛난다. 태양을 비롯한 세상의 모든 빛이 둔해진다면, 사람이 무슨 빛으로 보는가? 오직 내적인 빛이다. 이 내적 빛은 바깥에 있는 듯하기도 하고 외부 대상들을 비추는 것처럼 보이기도 한다. 빛의 다른 근원은 정말이지 무지의 어둠과 다르지 않으며, 그것이 빛나는 것처럼 보인다. 안개와 구름 둘 다는 대상들을 가린다는 점에서 본질적인 차이가 없다. 안개는 빛을 방출하는 듯이 보이는 반면에 구름은 빛을 가리는 듯 보인다. 의식이라는 내면의 빛은 안과 밖에도, 낮이나 밤에도 늘 빛난다. 신비스럽게도 그것은 무지의 어둠을 없애지 않고 무지의 결과들을 비춘다. 늘 빛나고 있는 태양이 밤과 낮의 도움으로 자신의 진정한 본성을 드러내듯이, 참나의 빛은 의식과 무지 둘 모두를 드러냄으로써 자신의 진정한 본질을 나타낸다.

한 방울의 꿀 속에 꽃, 잎, 열매의 미묘한 본질이 있듯이, 의식의 원자적인 공간 안에 모든 경험이 존재하고 있다. 그 의식으로부터 모든 경험이 퍼진다. 왜냐하면 경험하는 것은 의식인 경험자뿐이기 때문이다. 경험에 대해 특별한 기술이 무엇이든지 간에, 그것들 모두는 하나의 의식의 경험 속에 포함된다. 진실로 이 무한한 의식만이 이 모든 것이다. 모든 손과 눈이 비록 지극히 미세하지만, 그것의 것이다. 그러나 그것은 사지가 없다. 짧은 꿈 속에서도 젊음, 늙음 및 죽음조차도 경험하듯이, 눈을 깜박하는 사이에 무한한 의식은 자신의 내부에서 한 시대를 경험한다. 돌로 만든 조각이 돌에 불과하듯이, 의식 속에 나타나는 모든 대상은 의식과 다른 것이 아니다. 앞으로 나무가 지니게 될 모든 것이 씨앗 속에 있듯이 과거, 현재, 미래라는 전 우주가 무한한 의식의 원자 속에 담겨져 있다. 그러므로 참나는 행위의 행위자도, 경험의 경험자도 아니다. 그러나 그것은 모든 행위의 행위자이고 모든 경험의 경험자이다. 참나로부터 떨어져 있는 것은 아무것도 없다. 무한한 의식의 원자 안에 행위와 경험자가 내재하고 있다.

하지만 세상은 정말이지 결코 창조된 적이 없으며, 사라지지도 않는다. 상대적인 관점으로 본다면, 세상은 실재가 아닌 것으로 여겨진다. 절대적인 관점으로 본다면, 세상은 무한한 의식과 다르지 않다.

왕이 계속 말하였습니다.

현자들은 안과 밖에 대해 얘기하지만, 그것은 단어일 뿐, 그것에 해당하는 실체가 있는 것은 아니다. 그렇게 하는 것은 무지한 자들을 가르치기 위해서이다. 보는 자는 자신은 보이지 않은 채 스스로를 본다. 그리고 보는 자는 결코 의식의 대상이 되지 않는다. 보는 자는 보이는 것이며, 잠재된 마음의 인상들이 멈추면, 보는 자는 자신의 순수한 존재를 되찾는다. 외적 대상을 상상하면, 보는 자를 창조한 것이다. 주체가 없다면, 대상 역시 없다. 남자를 아버지로 만드는 것은 아들이다. 대상이 되는 것은 주체이다. 주체(보는 자)가 없이는 대상(보이는 것)도 없다. 아버지가 없을 때 아들도 없다. 주체(보는 자)는 순수 의식이기 때문에, 그는 대상을 나타나게 할 수 있다. 반대로는 될 수 없다. 즉 대상이 주체를 낳을 수는 없다. 그러므로 보는 자만이 실재이고, 대상은 환영적인 존재이다. 금만이 실재이며, 팔찌는 이름과 형태일 뿐이다. 팔찌의 개념이 계속되는 한, 순수한 금을 이해할 수 없다. 대상의 개념이 지속되는 한, 보는 자와 보이는 것 사이의 분리 역시 지속된다. 그러나 팔찌 속에 있는 의식 때문에 금이 자신이 금이라는 것을 깨닫듯이, 대상(보이는 것)으로 나타나는 주체(보는 자)는 주체성(의식)을 깨닫는다. 한쪽은 다른 한쪽의 반사이다. 실재하는 이원성은 없다. 보는 자가 대상을 볼 때 그는 자신을 보지 않는다. 즉, 보는 자는 자신을 대상으로 보기에 보지 않는 것이다. 비록 그는 실재이지만 실재가 아닌 것처럼 보인다. 그러나 참나 지식이 일어나고 대상이 존재하기를 멈출 때, 보는 자(주체)는 하나뿐인 실재로 깨달아진다.

주체는 대상 때문에 존재한다. 대상은 다름이 아니라 주체의 투사이다. 하나가 없다면 이원성이 있을 수 없다. 하나만이 존재한다면, '단일성'이라는 개념이 어디에 필요하겠는가? 그러므로 진정한 지식이 올바른 탐구와 이해로 얻어지면, 말로 표현할 수 없는 것만이 남는다. 그것에 대하여 하나라거나 다수라고 말할 수 없다. 그것은 보는 자도 아니고, 보이는 것도 아니다. 주체나 대상도 아니고, 이것도 저것도 아니다. 단일성도 다양성도 진리라고 할 수 없다. 왜냐하면 모든 정의는 그 반대의 것을 만들기 때문이다. 하지만 파도들이 물과, 팔찌가 금과 다르지 않듯이, 한쪽은 '다른 한쪽'과 다르지 않다. 이처럼 분리는 단일성의 반대가 아니다! 단일성과 다양성에 관한 이 모든 추측은 단지 슬픔을 극복하기 위한 것이다. 이 모든 것 너머에 있는 것이 진리이며, 지고의 참나이다.

바시슈타는 계속 말하였다.

왕의 이와 같은 현명한 말을 들은 후 까르까띠는 평온해졌으며, 그녀의 마귀 같은 본성이 그녀를 떠났습니다. 그녀는 말했습니다. "오, 현명한 분들이여! 당신 두 사람은 모두에 의해 경배되고 섬겨질 자격이 있다. 당신들과의 거룩한 만남으로 나는 완전히 깨어났다. 손에 초를 쥔 사람은 어디에서도 어둠을 보지 않듯이, 깨달은 자들과의 만남을 즐기는 자는 이 세상에서 고통을 받지 않는다. 당신들을 위해 내가 할 수 있는 것을 말해 달라."

왕이 말했습니다. "오, 여인이여! 내가 다스리는 도시에 많은 사람들이 류머티즘성 심장 질환으로 고통을 받고 있다. 도시에는 콜레라 전염병도 돌고 있다. 이것들을 조사하고 치료법을 알아보려고 나와 대신이 오늘 밤 궁전 밖으로 나온 것이다. 그대에게 부탁하는 것은 내 백성의 어떤 생명도 거두어 가지 말라는 것이다. (즉시 까르까띠는 왕의 요구에 응했습니다.) 부탁하건대, 대답해 달라. 그대의 친절함에 어떻게 보답하며, 그대의 배고픔을 어떻게 달랠 수 있겠는가?"

까르까띠가 대답했습니다. "한때 나는 히말라야에서 고행에 임하면서 내 몸을 버리려 했다. 그러나 이제는 그 생각을 버렸다. 내 일생을 말해 주겠다. 한때 나는 몸집이 거대한 마녀였다. 나는 사람들을 포식하기를 원했으며, 그런 의도로 고행을 했다. 창조주 브람마로부터 은혜를 얻고, 그 결과 나는 바늘과 콜레라 병균이 되었다. 그렇게 나는 사람들에게 말할 수 없는 비참함을 주었다. 그러나 브람마는 유일하게 나를 통제할 수 있는 만뜨라를 만들었다. 이 만뜨라를 배워라. 그러면 그 도움으로 당신은 백성들에게 류머티즘성 심장 질환, 백혈병 및 다른 혈액 질환들을 제거할 수 있다. 나는 부모에게서 아이에게 유전되는 방법으로 백혈병이 퍼지도록 하곤 했다!"

그들 셋 모두는 강둑으로 갔습니다. 그곳에서 왕은 까르까띠로부터 만뜨라를 받았습니다. 이 만뜨라를 반복(자빠)하자 효력이 나타나기 시작하였습니다.

왕이 감사히 여기며 까르까띠에게 말했습니다. "오, 친절한 여인이여! 이제 그대는 나의 구루요 친구가 되었다. 선한 사람들은 우정을 가치롭게 여긴다. 바라건대 부드럽고 좀 작은 모습을 하고서, 내 궁전으로 와서 나의 손님으로 살도록 하자. 좋은 사람을 괴롭힐 필요는 없다.

하지만 죄인과 도둑들을 음식으로 주어 당신을 부양할 것이다."

까르까띠는 동의했습니다. 그녀는 매력 있는 젊은 여인이 되었고 왕의 손님으로 살려고 왕을 따라갔습니다. 왕은 도둑, 범죄자, 죄인들을 그녀에게 맡겼습니다. 매일 밤 그녀는 마귀 같은 형태를 되찾았고 그들을 먹었습니다. 낮에는 왕의 친구이고 매력 있는 여자 손님으로 있었습니다. 정상적인 의식과 삶으로 돌아가기 전, 그녀는 식사 후 종종 한꺼번에 몇 년씩 사마디에 들곤 하였습니다.

바시슈타는 계속하였다.

이리하여 까르까띠는 지금까지도 왕의 자손을 보호하며 살고 있습니다. 그녀는 게를 닮은 마귀의 딸이었습니다. 마귀들은 많은 종류와 색깔(회색, 검은색, 초록색, 붉은색)들이 있습니다. 그녀는 검은색이었습니다. 하지만 그녀의 질문과 왕의 대답을 기억하고 있었기에 나는 그 이야기를 그대에게 해 준 것입니다. 본질적으로 나무의 가지가 잎, 꽃, 열매 등과 더불어 씨앗에서 나오듯이, 다양한 세상은 무한한 의식에서 펼쳐져 나옵니다.

오, 라마여! 내 말들을 듣기만 하여도 그대는 깨달을 것입니다. 이것은 확실합니다. 세상은 브람만으로부터 일어났으며, 그것은 브람만일 뿐이라는 것을 아십시오.

라마가 물었다.

하나인 그것만이 진리라면, '이것에 의해 저것을 얻는다.'라고 말하는 이유는 무엇입니까?

바시슈타가 대답했다.

라마여! 경전에서는 가르침을 주기 위하여 말들이 사용되어 왔습니다. 원인과 결과, 나와 신, 차이점과 비차이점, 지식과 무지, 고통과 즐거울, 이러한 모든 쌍들은 무지한 자들을 가르치려고 만들어진 것입니다. 그것들은 원래 사실이 아닙니다. 이 모든 토론과 논쟁은 무지 때문에 무지 속에서 일어납니다. 지식이 있을 때 이원성은 없습니다. 진리가 알려지면, 모든 묘사는 중단되고 고요만이 있습니다.

그러면 시작도 끝도 없는 하나만이 있다는 것을 깨달을 것입니다. 그러나 진리를 나타내려고 말들이 사용되는 한, 이원성은 피할 수 없습니다. 하지만 그런 이원성은 사실이 아닙니다. 모든 분리는 환영입니다.

다른 예를 그대에게 들려줄 것입니다. 주의 깊게 들으십시오. 제 설명에 들어 있는 약을 수단으로, 마음을 괴롭히는 질병을 확실히 극복할 것입니다. 세상의 나타남인 이 삼사라는 좋아함과 싫어함으로 채워져 있는 마음일 뿐입니다. 마음에 그것들이 없을 때 세상의 모습은 끝납니다. 마음속에 있는 의식은 모든 물체의 씨앗입니다. 마음의 둔한 측면은 환영의 세상 모습의 원인입니다. 의식은 모든 곳에 있기 때문에, 마음은 알 수 있는 것의 모습을 취합니다. 이렇게 해서 세상의 씨앗이 됩니다. 아이와 같은 마음은 세상이 존재한다고 상상합니다. 마음이 밝아지면, 마음은 마음의 안에서 무한한 의식을 경험합니다. 이제 어떻게 주체와 대상의 분리가 일어나는지를 설명해 주겠습니다.

바시슈타가 계속 말했다.

한때 나는 창조주 브람마에게 어떻게 이 우주가 처음 창조되었는지 알려 달라고 했습니다. 브람마는 나에게 다음과 같이 답했습니다.

브람마가 말했습니다.

나의 아이야! 이 모든 것으로 나타나는 것은 마음일 뿐이다. 이 시대의 처음에 나에게 생긴 일을 너에게 말해 줄 것이다. 이전 시대의 끝에 우주의 밤이 있었다. 그리고 그 밤의 끝에 잠에서 깨어나자마자 나는 아침 기도를 올리고 우주 창조를 바라면서 주위를 돌아보았다. 나는 밝지도 어둡지도 않은 무한한 공간을 바라보았다.

내 마음속에는 창조에 대한 의지가 있었다. 나의 가슴속에서 미묘한 비전들이 보이기 시작했다. 나의 마음 안에서, 그리고 나의 마음으로 나는 몇 개의 독립된 우주들을 보았다. 그 모든 것들 속에서 나는 또한 나와 상대가 되는 것들인 창조주들을 보았다. 그 우주들 속에서 나는 산과 강, 바다와 바람, 태양과 천국에 있는 존재들, 저승과 마귀뿐 아니라 모든 종류의 존재들을 보았다.

이 모든 우주 속에서 나는 또한 선과 악, 천국과 지옥을 결정짓는 경전과 도덕률을 보았다. 기쁨으로 가는 길과 해방으로 가는 길을 설명해 놓은 경전들도 보았다. 그리고 사람들이 각기 다른 목표들을 추구하는 것을 보았다.

나는 일곱 세상, 일곱 대륙과 바다와 산들을 보았다. 그것들 모두가 확실히 파괴를 향하고 있었다. 나는 시간과 시간의 나눠짐, 낮과 밤들을 보았다. 나는 거룩한 강가 강이 하늘 영역, 공기, 땅이라는 이 삼계를 엮고 있는 것도 보았다.

공중의 누각처럼, 이 창조물이 그것의 하늘, 땅, 바다와 함께 널리 빛나고 있었다. 이 모든 것을 바라보면서 나는 놀라고 당황했다. "육체적인 눈으로 보지 않는데도, 커다란 공 속에 있는 이 모든 것을 내가 마음으로 보고 있는 것은 왜인가?" 나는 상당 시간 동안 이 문제를 깊이 생각하였다. 마침내 태양계 속에 있는 태양 중 하나를 생각해 내고 그에게 오라고 청했다. 나는 그에게 나의 관심을 끌고 있는 질문을 했다.

태양이 대답하였습니다.

오, 위대하신 분이시여! 이 모든 것의 전능한 창조자이신 당신은 진정 신이십니다. 끊임없고 끝없는 창조적 활동으로 보이는 것은 오로지 마음일 뿐입니다. 무지 때문에, 그것은 사람을 미혹시켜 '이것은 사실이고 이것은 사실이 아니다.'라고 생각하게 합니다. 신이시여! 분명히 당신은 진리를 아십니다. 하지만 당신의 의문에 제가 대답하도록 명하시기에 말씀드리겠습니다.

인두의 열 명의 아들들 이야기

태양이 말했습니다.

오, 신들 중의 신이시여! 저 수바르나자따라는 곳의 성스러운 산인 까일라사 근처에 당신의 아들들이 식민지를 세웠습니다. 그곳에 현자 까쑤야빠의 자손인 인두라는 성자가 있었습니다. 그와 그의 아내는 자식이 없다는 것을 제외하고는 모든 축복을 누렸습니다. 이 축복을 얻기 위해 그들은 까일라사로 가서 약간의 물만을 마시면서 혹독한 고행을 했습니다. 그들은 나무와 같은 상태까지 갔으며, 움직이지 않고 서 있었습니다.

그들의 고행에 흡족해진 쉬바 신이 그들 앞에 나타나서, 받고 싶은 은혜를 말하라고 했습니다. 그들은 신과 정의를 위해 헌신할 아들을 열 명쯤 낳게 해 달라고 했습니다. 쉬바 신은 은혜를 내렸습니다.

이후에 곧 이 성자의 아내는 총명하고 빛나는 아들 열 명을 낳았습니다. 이들은 자라 청년이 되었습니다. 그들은 일곱 살도 채 안 되는 나이에 모든 경전에 통달했습니다. 오랜 시간이 흘러, 그들의 부모는 몸을 버리고 해방되었습니다.

이 열 명의 젊은이들은 부모를 잃은 데 대하여 몹시 상심하였습니다. 어느 날 이들은 모여 스스로에게 물었습니다. "오, 형제들이여! 이 세상에서 가장 바람직한 목표는 무엇인가? 우리가 열망하기에 적당하고 그리고 우리를 불행으로 이끌지 않을 것이 무엇인가? 왕, 황제가 되는 것, 천국의 신인 인드라가 되는 것마저도 하찮은 일이다. 인드라 역시 창조자의 수명에서는 극히 짧은 시간 동안만 천국을 다스릴 뿐이기 때문이다. 그러니까 창조자가 되는 것이 최상일 것이다. 그것은 전 시대 동안 끝나지 않을 것이기 때문이다."

다른 형제들도 이 말에 진심으로 동의했습니다. 그들은 말했습니다. "그럼, 우리는 노화와 죽음이 없는 브람마의 상태에 이르러야 한다."

장남이 말했습니다. "내가 말한 대로 하라. 지금부터 '나는 활짝 핀 연꽃 위에 앉아 있는 브람마다.'라고 명상하라." 그래서 형제들은 모두 다음과 같이 명상하기 시작했습니다. "나는 우주의 창조자인 브람마. 지혜의 여신인 사라스와띠와 같은 현자들 역시 그들의 인격적인 모습을 가진 채 내 안에 있다. 모든 천인들이 살고 있는 천국도 내 안에 있다. 산, 대륙, 바다도 내 안에 있다. 반신들과 악령도 내 안에 있다. 태양은 내 안에서 빛난다. 이제 창조가 일어난다. 이제 창조가 있다. 지금은 소멸의 시간이다. 한 시대가 끝났다. 브람마의 밤이 가까이 왔다. 나는 참나 지식이 있으며, 해방되었다."

그들의 모든 존재로서 이렇게 명상하자, 그들은 그렇게 되었습니다.

태양이 계속 말하였습니다.

신이시여! 그 후로 열 명의 성스러운 이들은 여전히 우주의 창조자가 되겠다는 의도로 깊이 명상하며 서 있었습니다. 그들의 몸은 쇠퇴하였고, 남은 것은 야수들에게 먹혔습니다. 그러나 한 시대가 종언을 구할 때까지 그들은 온몸이 산산이 분해된 채로 계속 거기에 서 있었습니다. 태양이 맹렬히 타오르면서 엄청난 열기를 내뿜었고, 끔찍한 폭우가 내려 모든 것을 파괴시켰습니다. 우주의 창조자가 되겠다는 일념으로, 성스러운 이들은 몸 없는 상태로 있었습니다.

새로운 창조의 여명에서 이들은 같은 장소에서, 같은 자세로, 같은 의도로 계속 있었습니다. 그들은 창조자가 되었습니다. 신이시여! 그들이 당신께서 본 창조자들이며, 당신은 그들의 우주 역시 보았습니다.

창조자가 태양에게 물었습니다.

오, 태양이여! 이 열 명의 창조자가 우주를 창조한다면, 나는 무엇을 할 필요가 있는가? 내가 할 무엇이 있는가?

태양이 대답하였습니다.

신이시여! 당신에게는 당신 자신의 바람이나 동기가 없습니다. 자연히 당신이 어떤 것을 해야 할 필요는 없습니다. 우주를 창조한다고 해서 당신에게 무슨 이득이 있습니까? 당신에게 있어 우주 창조는 목적이 없는 놀이에 지나지 않을 것입니다.

신이시여! 최소한의 요구나 동기가 없는 당신에게서 창조가 나옵니다. 그것은 마치 비추려는 의도가 없는 태양이, 태양을 반사하려는 의도가 없는 물웅덩이 안에 비춰지는 것과 같습니다. 그렇게 하려는 의도가 없는데도 태양이 밤과 낮에게 서로서로 따라오게 하듯이, 의지 없이 창조의 행위에 임하십시오. 당신의 자연스러운 직무를 버림으로써 무엇을 얻으려 합니까?

현명한 이들은 어떤 것을 하기를 바라지 않습니다. 또한 그들은 어떤 것을 버리려고도 하지 않습니다.

신이시여! 당신은 성스러운 자들이 이렇게 창조한 우주를 마음의 눈으로 보고 있습니다. 사람들은 육체적인 눈으로 자신이 마음속에서 만든 대상들을 볼 뿐, 그 밖의 것은 보지 않습니다. 마음이 만든 대상은 파괴할 수 없습니다. 물질적 실체들로 만들어진 대상만이 붕괴됩니다. 인간은 자신의 마음 안에서 자신의 존재에 대한 진리로서 확고히 자리 잡고 있는 것이 됩니다. 자신의 마음이 그이지, 그 밖의 것은 아닙니다.

아할야의 이야기

태양은 계속 말했습니다.

신이시여! 마음만이 우주의 창조자입니다. 마음만이 지고의 인간입니다. 마음이 행하는 것은 행위이며, 몸이 행하는 것은 행위가 아닙니다. 마음의 힘을 보십시오. 단호하게 생각함으로써 성자의 아들들은 이 우주의 창조자가 되었습니다! 반면에 '나는 하잘 것 없는 몸이다.'라고 생각하면, 사람은 사멸하는 존재가 됩니다. 자신의 의식이 밖으로 향하는 이는 고통과 쾌락을 겪습니다. 반면에 자신의 의식이 내면으로 향해진 요기는 고통과 쾌락에 대한 생각이 없습니다. 이와 관련하여, 당신께 들려줄 전설이 있습니다.

마가다라는 나라에 인드라듐나라는 왕이 있었습니다. 아할야는 그의 아내였습니다. 그곳에 인드라라는 품행이 단정치 못한 잘생긴 젊은이도 있었습니다. 어느 날 강연 중에 왕비는 천국의 왕 인드라가 이름난 아할야를 유혹한 이야기를 들었습니다. 그 결과로 그녀는 청년 인드라에 대한 대단한 사랑을 품게 되었습니다.

인드라를 향한 사랑으로 아할야는 정신이 혼란해졌습니다. 한 시녀의 도움으로 그 젊은이를 자신에게 데려올 수 있었습니다. 그 후 이들은 비밀의 집에서 만나 즐거운 시간을 보냈습니다.

아할야는 그를 너무나 좋아하여, 모든 곳에서 그가 보였습니다. 그를 생각만 해도 그녀의 표정은 빛났습니다. 그들의 사랑이 커지면서 사람들이 그들의 관계를 알게 되었으며 왕의 귀에도 들어가게 되었습니다.

분노한 왕은 그들의 관계를 끊어 버리려고 수많은 방법으로 그들을 벌주었습니다. 그들을 얼음같이 차가운 물 속에 집어넣기도 했고, 끓는 기름에다 튀기기도 하였습니다. 코끼리 다리에다 묶어 놓기도 하였고, 죽도록 매로 때리기도 하였습니다. 인드라는 웃으며 왕에게 말했습니다.

오, 왕이시여! 내게 있어 전 우주는 나의 사랑하는 이일 뿐입니다. 그것은 아할야에게도 그렇습니다. 그러므로 이 모든 것은 우리에게 영향을 끼치지 않습니다. 왕이시여! 나는 오직 마음일 뿐입니다. 마음이 개인입니다. 당신은 몸에 벌을 줄 수 있지만 마음에는 벌줄 수 없습니다. 마음에 조금이라도 변화를 줄 수 없습니다. 마음이 어떤 것에 완전히 적셔져 있으면, 몸에 일어난 그 무엇도 마음에 영향을 줄 수 없습니다. 조그만 짐승들의 뿔이 굳게 서 있는 산을 움직이게 할 수 없듯이, 은혜와 저주조차도 마음에 영향을 끼치지 못합니다. 몸이 마음을 만드는 것이 아니라, 마음이 몸을 만듭니다. 마음만이 몸의 씨앗입니다. 나무가 죽어도 씨앗은 죽지 않습니다. 그러나 씨앗이 죽으면 나무는 그것과 함께 죽습니다. 몸이 죽으면 마음은 혼자 힘으로 다른 몸들을 만듭니다.

태양은 계속 말했습니다.

신이시여! 그래서 왕은 현자 바라타를 찾아가서, 고집 센 이 남녀에게 저주로써 벌을 주라고 간청했습니다. 그래서 현자는 그들에게 저주를 내렸습니다. 그러나 그들은 현자와 왕에게 말했습니다. "당신 둘 모두 조금도 이해하지 못하고 있습니다. 우리를 저주함으로써 당신은 고행으로 얻은 공덕을 헛되이 써 버렸습니다. 당신의 저주는 확실히 우리의 몸을 없앨 것입니다. 그러나 우리는 그로 인해 아무것도 잃지 않을 것입니다. 누구도 다른 이들의 마음을 파괴할 수는 없습니다." 그러나 현자의 저주는 그들의 몸을 죽였습니다. 몸을 떠나자, 그들은 동물로, 다음에는 새들로서 함께 태어났습니다. 다음에는 성스러운 집안에서 부부가 되었습니다. 지금까지 서로를 향한 완전한 사랑으로 인해 그들은 남편과 아내로서 함께 태어났습니다. 이 부부의 뛰어난 사랑과 헌신은 숲 속의 나무들까지 감화시켰습니다.

현자의 저주조차 그 남녀의 마음에 변화를 가져올 수는 없었습니다. 신이시여! 그처럼 당신도 성자의 아들 열 명이 하는 창조를 방해할 수 없습니다. 그들이 창조를 한다 해서 당신이 잃을 것이 무엇입니까? 자신들의 마음이 만든 창조물들과 그들이 함께 있도록 두십시오. 수정에 반사된 모습을 없앨 수 없듯이, 당신은 그것을 없앨 수 없습니다.

신이시여! 당신의 의식 속에서 원하는 대로 세상을 창조하십시오. 사실, 무한한 의식, 자기 자신의 의식인 마음, 무한한 공간, 이 모두는 무한한 의식이 퍼트린 실체입니다. 그러므로 그 젊은이들이 창조한 것에 상관없이 당신은 원하는 만큼 많은 세상을 창조할 수 있습니다!

브람마가 바시슈타에게 말했습니다.

태양의 조언을 듣고, 즉시 나는 내 존재의 자연스러운 표현으로서 세상을 창조하기 시작했다. 나는 태양에게 이 일에서 나의 처음 상대가되어 달라고 청했다. 이렇게 해서 그는 이 젊은이들의 창조물에서는 태양이 되었고, 나의 창조물에서는 인류의 선조가 되었다. 그리고 그는 이 두 가지 역할을 잘 행했다. 내 의도대로, 그는 세상의 창조물들을 가져왔다. 의식 속에서 나타나는 것은 그것이 무엇이든 존재가 되고, 확립되며, 결실까지 낳는다! 마음의 힘은 그러한 것이다. 성자의 아들들이 그들의 마음의 힘으로 세상의 창조자의 위치를 얻은 것처럼, 나도 창조자가 되었다. 어떤 것들을 이곳에 나타나게 한 것은 마음이다. 마음은 몸 등의 외적인 모습을 만든다. 그 밖의 것은 몸을 알지 못한다.

창조자 브람마가 말했습니다.

향신료에 가지각색의 맛이 나듯이, 이 개체적 의식인 마음에는 여러 잠재력이 있다. 의식 그 자체는 미묘하고 영묘한 몸으로서 나타나지만, 거칠어지면 그것은 육체적이고 물질적인 몸이 된다. 잠재력들이 극도로 미묘한 상태에 있을 때, 그 개체적 의식을 지바나 개체적 영혼이라 한다. 지바의 모든 속임이 끝나면, 그것은 지고의 존재로서 빛난다. 이 우주 속에는 나도 없고 어느 누구도 없다. 모든 것은 무한한 의식일 뿐이다. 그 젊은이들의 의도가 표현되었듯이, 이 모든 것은 무한한 의식에 기초한 외적인 모습이다. 젊은이들의 의도가 그들로 하여금 자신들이 창조자라고 느끼게 했듯이, 나 또한 그렇다.

순수한 무한한 의식만이 자신을 지바라고, 마음이라고 생각하고, 그 다음에는 그 자신을 몸이라고 믿는다. 이 꿈 같은 환영이 연장되면, 이 긴 꿈은 실재처럼 느껴진다! 이것은 실재이기도 하고 실재가 아니기도 하다. 그것은 지각되기 때문에 실재처럼 보이지만, 내재적인 모순 때문에 실재가 아니다. 마음은 의식에 기초하기 때문에 지각력이 있다. 의식에서 떨어진 어떤 것으로 보일 때, 마음은 둔하며 미혹된다. 지각이 있을 때, 마음은 지각의 대상이라는 역할을 맡는다. 팔찌가 금인 것이 사실이지만 팔찌만 보이는 것과 같이, 그것이 그렇게 지각될 때조차도 실제로는 그렇지 않다.

브람만만이 이 모든 것이기에, 움직이지 않는 둔한 것마저도 순수 의식이다. 그러나 나로부터 저 바위에 이르기까지, 우리 모두는 둔하다고도 지각력이 있다고도 할 수 없는 형용하기 어려운 존재이다. 완전히 다른 두 가지 것을 이해할 수는 없다. 주체와 대상 사이에 유사성이 있을 때만 지각이 가능하다. 정의하기 어려운 것과 존재가 확실하지 않은 것에 있어서, '둔한'과 '지각력이 있는'이라는 말은 실체가 없는 말에 불과하다. 마음 안에서 주체는 지각력이 있고 대상은 둔하다고 말한다. 그러므로 지바는 현혹된 채 배회한다. 진실로 이런 이원성은 마음이 창조한 것이며 환영이다. 물론 그런 환영이 존재하는지 확실히 결론을 지을 수는 없다. 무한한 의식만이 진정으로 존재하고 있다.

이런 환영의 분리를 있는 그대로 보지 못할 때, 거짓 자아가 일어난다. 그러나 마음이 그것 자신의 본성을 탐구할 때 이런 분리는 사라진다. 하나의 무한한 의식에 대한 깨달음이 있으면, 커다란 희열을 얻는다.

바시슈타가 브람마에게 물었습니다.

신이시여! 현자의 저주가 인드라의 몸에만 영향을 주고 마음에는 영향을 끼치지 않는 일이 어떻게 가능합니까? 몸이 마음과 다르지 않다면, 그럼 그 저주는 마음에도 영향을 끼쳐야 합니다. 어떻게 마음이 영향을 받지 않았는지, 아니면 마음이 영향을 받았는지 설명해 주십시오.

창조자 브람마가 대답했습니다.

친애하는 이여! 브람마에서 언덕에 이르기까지, 형체가 부여된 우주의 모든 존재들은 두 개의 몸을 가지고 있다. 이들 가운데 첫째는 쉬지 않고 빠르게 행동하는 마음의 몸이다. 둘째는 살로 만들어진 몸이다. 이것은 실제로는 아무것도 하지 않는다. 물론 저주, 은혜, 마력은 후자를 압도한다. 몸은 연꽃잎 위에 있는 물방울처럼 어리석고 무력하며 덧없는 것이다. 그것은 운명, 숙명, 다른 요인들과 같은 것들에 전적으로 지배를 받는다. 그러나 마음은 의존적인 듯 보이지만 독립적이다. 마음이 확실히 자기 노력에 임할 때, 그것은 슬픔의 범위를 넘어선다. 마음이 노력할 때, 언제나 그것은 노력의 결실을 틀림없이 발견한다.

육체적 몸은 아무것도 이룰 수 없는 반면에, 마음의 몸은 결과를 얻는다. 마음이 언제나 순수한 것에 머물 때, 마음은 저주의 영향을 받지 않는다. 몸은 불이나 수렁에 빠질 수 있지만, 마음은 자신이 생각하는 것만을 경험한다. 이것은 인드라에 의해 증명되었다. 이것은 현자 디르가따빠에 의해서도 증명되었다. 그는 종교적 의식을 하고 싶었다. 종교적 의식을 위한 물질을 모으다가 막힌 우물에 빠졌다. 그래서 그는 의식을 마음으로 치렀다. 그렇게 하여도 눈에 보이는 물리적인 의식을 치른 결실을 얻었다. 성자의 열 명의 아들들 또한 마음의 노력으로 브람마의 신분에 이를 수 있었다. 나조차도 그것을 막지 못했다.

저주와 '사악한 눈'은 물론이고 정신적, 육체적 질병이 참나에 헌신하고 있는 마음에 닿는 것보다는 연꽃이 바위에 떨어져 바위를 둘로 쪼개는 것이 더 쉽다. 그러므로 마음을 가지고는 마음이 순수한 길을 가도록 하고, 참나를 가지고는 참나가 순수의 길을 가도록 애써야 한다. 마음이 생각하는 것은 그 무엇이든지 즉시 이루어진다. 환영을 실재라고 지각하는 시각을 치유하기 위해, 집중적인 명상을 함으로써 마음은 내부에 급격한 변화를 일으킬 수 있다. 마음이 하는 것을 실제로 경험한다. 마음은 달빛 속에 앉아 있는 사람에게 타는 듯한 더위를 경험하게도 한다! 이런 것이 신비한 마음의 힘이다.

바시슈타가 계속 말했다.

오, 라마여! 옛날에 창조자 브람마는 이렇게 나를 가르쳤습니다. 나는 그것을 그대에게 전했습니다.

이렇게 구분이 없는 상태에 있는 절대적 브람만이 모든 것에 스며들어 있기 때문에, 모든 것은 구분되지 않은 상태에 있습니다. 그것이 자진해서 응축되면, 우주적 마음이 탄생합니다. 그 마음 안에 극히 미묘한 상태에 있는 여러 원소들의 존재에 대한 의도가 일어납니다. 이 모든 것의 총체가 창조자 브람마로 알려져 있는 우주적 인간입니다. 그러므로 이 창조자는 다름이 아닌 우주적 마음입니다.

창조자 브람마는 자신의 마음 안에서 보려고 하는 것은 무엇이나 봅니다. 왜냐하면 그는 의식의 본성을 지녔기 때문입니다. 우주에서의 구별의 원리인 무지를 존재시키고자 한 이는 창조자 브람마입니다. 그것으로 인해 사람들은 참나를 참나 아닌 것과 혼동합니다. 또 무지의 이 요인과 더불어 창조자는 산, 풀잎, 물 등의 이 우주를 다양한 창조물 중의 하나로 나타나게 했습니다. 이것 때문에, 비록 전 우주가 다름 아닌 무한한 의식이지만, 분자와 미립자로부터 태어난 창조물들이 있는 것처럼 보입니다.

그러므로 오, 라마여! 파도들이 바다에 나타나듯이, 이 우주 안의 모든 대상과 물체는 절대자 브람만에서 나타났습니다. 이 창조되지 않는 우주에서, 창조자 브람마의 마음은 스스로를 자아라고 지각합니다. 그래서 우주적 마음인 브람마가 우주의 창조자 브람마가 된 것입니다. 우주적 마음의 힘만이 우주에서 다양한 힘들로 나타납니다. 무수한 다양한 창조물들이 우주적 마음 안에서 나타납니다. 그래서 그들을 다양한 지바라 합니다.

겉으로는 원소들로 이루어진 다양한 지바들이 의식의 무한한 공간 속에서 일어나 각각의 몸으로 들어갈 때, 의식은 생명력의 틈으로 들어갑니다. 그래서 움직이기도 하고 움직이지 않기도 하는 모든 몸들의 씨앗을 형성합니다. 그래서 개체로서의 탄생이 일어나고, 각 개체적 존재들은 우연하게, 마치 까마귀가 나뭇가지에 내려앉자 여자열매가 떨어지듯이, 원인과 결과 등의 법칙이 일어나게 합니다. 그래서 진화 속에서 오르기도 하고 떨어지기도 합니다. 그러므로 이 모든 것의 원인은 오로지 욕망입니다.

라마여! 그러한 것이 세상의 나타남이라고 알려져 있는 이 숲입니다. 탐구라는 도끼로 그 뿌리를 자르는 자는 그것에서 자유롭습니다. 어떤 이는 이것을 곧 이해하고, 어떤 이들은 오랜 시간 후에 이것을 이해합니다.

바시슈타가 계속 말했다.

라마여! 이제 창조의 순환이 시작되어 분리가 일어날 때 생긴 존재들의 최고, 최악 그리고 중간의 구분들에 대해 말하겠습니다.

창조물 중 처음이며 최고의 것들은 고귀한 습관에서 태어났습니다. 이들은 천성적으로 선하며 선한 행동에 헌신합니다. 그들은 몇 번의 삶 후에 해방에 이릅니다. 그들은 순수함과 빛(사뜨바)의 자질로 가득합니다. 다음에는 불순함으로 가득한 자들이 있습니다. 그들 속에는 세상의 습관이 강하게 물들어 있습니다. 그들은 수천 번의 탄생 후에 해방에 도달할 것입니다. 그들은 선한 자들 중에서는 가장 적습니다. 그들 중에 이 세상 순환에서 해방 그 자체가 의심스러운 자들이 있습니다. 그들은 짙은 암흑의 존재들입니다.

중간 유형은 역동성과 욕망(라자스)으로 가득한 사람들입니다. 그러한 사람들이 해방에 가까이 있습니다. 세상을 떠날 때 그들은 그곳에 이릅니다. 그들에게는 라자스와 사뜨바가 섞여 있게 됩니다. 그러나 라자스적(격렬한 욕망)인 경향이 너무나 강하여 그것을 순화시키는 데 시간이 좀 더 걸리게 되면, 그들은 순수한 라자스입니다. 하지만 라자스적 경향이 너무 강하면, 그것은 어두움(따마스)의 경향을 띱니다. 해방이 너무나 멀리 있어서 해방이 의심스러운 이들의 경우에는, 라자스의 자질은 가장 짙은 어둠의 경향을 띱니다.

수천 번의 탄생을 거듭한 뒤에도 여전히 깨어나지 못하고 어두움 속에 있는 이들은 어두움의 존재(따마스)라고 합니다. 그들이 해방에 이르는 데는 오랜 시간이 걸릴지도 모릅니다. 그러나 이 해방이 가까이 있으면, 그때 그들의 따마스는 라자스와 섞입니다. 그들이 해방으로 가까이 가는 중에 있다면, 그때 그들의 따마스는 라자스와 섞입니다. 수백 번의 탄생을 거듭한 후에도 다시 수백 번의 탄생을 거쳐야 할 만큼 해방이 멀리 있을 때, 이들은 따마스로 가득합니다. 해방이 의심스러우면, 그들은 짙은 어둠 속에 있습니다.

(이 장은 사뜨바, 라자스, 따마스는 원래 해방에 있어서 장애가 되지 않는다는 것을 말하려는 듯하다. 하지만 잘못된 생각과 행위로 더한 변형을 가져올 때 해방은 멀어진다. —S. V.)

파도들이 바다 표면에 일어나듯이, 절대적 브람만의 균형에 가벼운 동요라도 있게 되면, 이 모든 존재들이 그 안에서 생겨납니다. 항아리 안의 공간, 방 안의 공간, 조그만 구멍 속의 공간이 하나의 우주적 공간의 모든 필수적인 부분들이듯이, 이 모든 것은 부분들이 없는 하나의 무한한 존재입니다. 그것은 그 안에서 일어나듯이, 그 안으로 들어가 하나가 됩니다. 이와 같이 무한한 브람만의 의지에 의하여 이 모든 것이 그 안에서 일어나 그 안으로 소멸되는 것처럼 보입니다.

바시슈타가 계속 말했다.

꽃과 향기가 동시에 있듯이, 행위와 행위자는 동시에 지고의 존재 안에 자연스럽게 있습니다. 하지만 무지한 자들의 눈에는 지바의 창조가 사실처럼 보입니다. 그것은 무지한 자들의 눈만이 하늘에서 푸름을 보는 것과 같습니다. 깨달은 이들에게는 '지바가 브람만에게서 태어났다.'와 '지바는 브람만에게서 태어나지 않았다.'라는 이 두 표현 모두 무의미합니다.

단지 가르침을 위하여, 이원적인 것이 일시적으로 수용됩니다. 그렇지 않으면 가르칠 수 없기 때문입니다. 지바가 브람만에게서 태어났다는 것을 가정한 후에, 결과가 원인과 다르지 않기에 스승들은 지바가 브람만과 다르지 않다고 지적합니다. 향기가 꽃에서 나오듯이, 이 모든 것은 브람만에게서 태어난 듯이 보입니다. 한 계절이 다른 계절로 들어가듯이, 이 모든 것은 브람만 안으로 다시 들어갑니다.

우주 안에 나타난 모든 종의 존재들은 그것들의 천성적 습성들과 더불어 태어납니다. 자신의 본성 즉 참나에 대한 무지 때문에 다음 생에서 반작용을 일으키는 행동이나 행위를 하게 됩니다.

라마가 말했다.

성스러운 분이시여! 진실로 마음이 채색되지 않은 현자들의 말씀이 경전이 됩니다. 그리고 가슴이 순수하고 분리 없는 시각을 지닌 이들이 현자로 여겨집니다. 미성숙한 이들은 경전과 깨달은 이의 본성에 대한 지식의 도움으로만 진리의 빛을 보기를 희망할 수 있습니다. 성스러운 분이시여! 이 세상에서 우리는 씨앗이 나무에서 나고, 나무가 씨앗에서 자라는 것을 봅니다. 그렇다면 이전의 까르마의 씨앗이 없이도, 다양한 존재들이 절대적 브람만에서 태어났다고 말하는 것이 적절합니까?

바시슈타가 대답했다.

오, 라마여! 주의해서 본다면, 마음이 행위에 연루되었을 때만 행위가 결실을 맺는다는 것을 알 수 있을 것입니다. 그러므로 마음은 행위의 씨앗입니다. 그처럼 우주적 마음이 절대적 브람만 속에서 자신을 나타내는 순간, 다양한 존재들의 본성적 경향과 그들의 행위가 태어났습니다. 그래서 몸을 가진 존재들이 지바로 여겨지게 되었습니다. 행위와 마음 간에는 구분이 없습니다. 그것이 행위로서 투사되기 전에, 그것은 마음을 그것의 '몸'으로 하여 마음 안에서 나타납니다. 그러므로 행위는 다름이 아니라 의식 안에 있는 에너지의 움직임입니다. 이것은 필연적으로 그것 자신의 결실을 낳습니다. 이런 행위가 끝나면, 마음도 끝납니다. 마음이 존재하기를 멈추면, 행위는 없습니다. 이것은 단지 해방된 현자들에게만 해당되며 다른 이들에게는 해당되지 않습니다.

바시슈타는 계속 말했다.

마음은 오직 지각일 뿐이며, 지각은 의식 속의 움직임입니다. 이 움직임의 표현이 행위이고, 결실은 이것을 따라옵니다. 마음은 전능하고 무한한 의식 안에 일어난 의지입니다. 말하자면 그것은 실재와 비실재 사이에 있지만, 이해의 방향으로 향하는 경향이 있습니다. 무한한 의식과 다르지 않지만, 마음은 자신이 존재한다고 생각합니다. 아무것도 하지 않지만, 그것은 자신이 행위를 한다고 생각합니다. 그런 것이 마음입니다. 이런 자질들은 마음과 떨어질 수 없습니다. 그처럼 지바와 마음도 떨어질 수 없습니다.

행위 기관들은 마음이 생각하는 모든 것을 물질화시키려 합니다. 그러므로 마음이 행위입니다. 그러나 마음, 지성, 자아, 개체화된 의식, 행위, 상상, 탄생과 죽음, 잠재적 경향성, 지식, 노력, 기억, 감각, 본성, 마야 즉 환영, 활동, 이런 모든 말은 단어에 불과하며, 그에 맞는 실체가 없습니다. 유일한 실재는 무한한 의식일 뿐이며, 그 안에 이런 개념들이 있다고 생각됩니다. 무한한 의식이 참나를 잊고 그 자신을 지각의 대상으로 볼 때, 야자열매를 떨어뜨린 까마귀처럼 우연의 일치로 이 개념들이 생긴 것입니다.

이렇게 무지에 가려진 의식이 들뜬 상태에서 다양성을 보고, 대상들을 그렇게 바라볼 때, 그것을 마음이라 합니다. 어떤 지각에 대한 신념이 확고할 때, 그것을 지성이라 합니다. 무지하고 어리석게도 그것이 자신을 분리된 개체적 존재와 동일시할 때, 이것을 자아라고 합니다. 그것이 계속적인 탐구를 그만두고, 자신을 끊임없이 오가는 생각과 함께 놀게 할 때, 이것을 개체화된 의식 즉 마음이라 합니다.

의식 안에서의 순수한 움직임은 독립된 행위자가 없는 까르마인데 비해, 그것이 행위의 결실을 추구할 때 그것을 까르마라 합니다. 그것이 본 적이 있거나 없는 어느 것과의 관계에서 '나는 전에 이것을 본 적이 있다.'라는 개념을 가질 때, 그것을 기억이라 합니다. 과거의 즐거움의 효과가 효과 그 자체는 보이지 않지만 의식의 영역에 계속 남아 있을 때, 그것을 잠재적 경향성이라고 합니다. 그것이 분별의 시각은 무지의 산물이라는 진리를 의식할 때, 그것을 지식이라 합니다. 반면에 그것이 잘못된 방향으로 움직여 더욱더 참나를 망각하게 되고 거짓된 상상에 더욱 깊이 관여할 때, 그것을 불순함이라 합니다. 그것이 감각들을 지닌 내재하는 자를 가질 때, 그것을 감각(인드리야)이라 합니다. 그것이 우주적 존재 안에서 나타나지 않고 있을 때, 그것을 본성이라 합니다. 그것이 실재와 모습 사이에서 혼돈을 일으킬 때, 그것을 마야(환영)라 합니다. 그것이 '나는 속박되어 있다.'라고 생각할 때 속박이 있습니다. 그것이 '나는 자유다.'라고 생각할 때 자유가 있습니다.

바시슈타는 계속 말했다.

마음에 있는 확고한 신념으로 의식의 빛이 가려질 때, 그 가려진 의식의 빛이 바로 마음입니다. 이 마음은 인간, 신, 악마, 반신반인, 천사와 같은 다양한 형태로 자신을 표현합니다. 그 다음에 이것은 다양한 행위의 형태뿐만 아니라, 도시, 마을 등과 같은 형태로 퍼져 나갑니다. 그런 것이 진리인데, 이 모든 외적 모습을 살피는 것이 무슨 소용이 있겠습니까? 우리가 살펴봐야 할 적당한 것은 마음뿐입니다. 마음의 본성을 탐구하면, 모든 창조물과 모습들은 마음이 창조한 것으로서 보이기 때문입니다. 무한한 의식만이 마음에 의해 창조되지 않은 것으로 있습니다. 깊이 관찰할 때 마음은 그것 자신의 바탕으로 흡수됩니다. 그렇게 흡수되면 지고의 희열이 있습니다. 이렇게 해서 마음이 분해되면 해방이 있습니다. 더 이상의 탄생은 없습니다. 왜냐하면 탄생하고 죽는 것처럼 보이는 것은 단지 마음뿐이었기 때문입니다.

라마가 다시 물었다.

신이시여! 이 모든 것이 어떻게 순수하고 무한한 의식 속에서 일어날 수 있습니까? 실재와 비실재가 섞여 있는 마음이 어떻게 의식 속에서 일어날 수 있습니까?

바시슈타가 말했다.

라마여! 공간에는 분리되지 않은 의식의 무한한 공간, 분리된 의식의 유한한 공간, 물질적 세상이 존재하는 물질적 공간이라는 이 세 가지가 있습니다. 분리되지 않은 의식의 무한한 공간(찌뜨 아까샤)은 실재인 것과 존재하는 것처럼 보이는 것의 순수한 목격자로서, 모든 것의 안과 밖에 존재합니다. 나누어진 의식의 유한한 공간(찌따 아까샤)은 시간의 구분을 만들며, 모든 존재에 스며들어 있으며, 모든 존재의 안녕에 관심을 가집니다. 물리적 공간은 공기 등과 같은 여러 원소들이 존재하는 곳입니다. 뒤의 둘은 첫 번째의 것 즉 분리되지 않은 의식의 무한한 공간과 독립하여 존재하지 않습니다. 사실 다른 것들은 존재하지 않으며, 의식을 이 세 가지로 나누는 것은 무지한 자들을 가르치는 동안만 임의적으로 제안한 것입니다. 깨달은 자는 오로지 한 가지 실재인 무한한 의식만이 있다는 것을 압니다.

라마여! 그 의식이 '나는 지혜롭다.'나 '나는 둔하다.'라고 분명히 생각할 때, 그것이 마음입니다. 이 거짓 개념으로부터 모든 물리적이고 심리적인 요소들이 상상으로 창조되었습니다.

거대한 숲의 이야기

바시슈타는 계속했다.

오, 라마여! 마음의 기원이 무엇이든 그리고 그것이 무엇이 될 수 있든, 자기 노력을 통하여 마음을 끊임없이 해방으로 향하도록 해야 합니다. 순수한 마음은 잠재적 경향성으로부터 자유롭습니다. 따라서 그것은 참나 지식을 얻습니다. 전 우주가 마음속에 있기 때문에, 굴레와 해방이라는 개념 또한 마음속에 있습니다. 이것과 관련하여 내가 창조자 브람마에게서 직접 들은 다음과 같은 전설이 있습니다. 귀 기울여 들어 보십시오.

거대한 숲이 있었습니다. 그 숲은 너무나 커서 수백만 평방 마일의 공간도 그 속에서는 작은 먼지 속에 있는 공간일 뿐이었습니다. 그 속에는 수천 개의 팔과 다리를 가진 오직 한 사람만이 살고 있었습니다.

그는 영원히 쉴 수 없는 존재였습니다. 그는 손에 철퇴를 쥐고 스스로를 내려쳤습니다. 철퇴를 맞는 두려움으로 그는 공포에 질려 이리저리 달아났습니다. 그는 출구가 없는 우물에 빠졌습니다. 거기서 나온 그는 다시 자신을 때리기 시작했습니다. 그는 다시 공포에 질려 달아났습니다. 이번에는 숲으로 달아났습니다. 거기서 나온 그는 다시 자신을 때리기 시작했습니다. 그는 다시 공포에 질려 달아났습니다. 이번에는 바나나 숲 속으로 달아났습니다. 거기에는 두려워할 다른 존재도 없었지만 그는 울면서 두려움에 소리 질렀습니다. 그는 이전과 같이 계속 뛰기 시작했고 이전과 같이 자신을 때리기 시작했습니다.

이러한 모든 것을 직관적으로 목격하고 내 의지의 힘으로 나는 그를 잠깐 멈추게 했습니다. 나는 그에게 "당신은 누구인가?" 하고 물었습니다. 그러나 그는 혼자 괴로워하면서 나를 그의 적으로 몰아붙이면서 소리 내어 울었습니다. 또 그는 크게 웃었습니다. 그러고 나서 그는 그의 몸인 수족을 하나하나 버리기 시작했습니다.

이런 일이 있은 뒤 곧바로, 첫 번째 사람처럼 계속해서 달리면서 자신을 때리고 울고 소리 지르는 또 다른 한 사람을 나는 보았습니다. 마찬가지로 내가 그를 멈추게 하자, 그는 나에게 욕설을 퍼붓다가 자신의 삶의 방식을 좇기 위하여 달아났습니다. 그 후로 나는 이와 같은 사람들을 여러 명 만났습니다. 어떤 사람들은 나의 말을 듣고 그들의 이전의 삶의 방식을 버리고 깨달음을 얻었습니다. 또 어떤 사람들은 나를 무시하거나 아니면 심지어 나를 경멸하기까지 했습니다. 또 다른 어떤 사람들은 출구가 없는 우물 혹은 어리석음의 숲에서 나오는 것을 거부하기까지 했습니다.

오, 라마여! 거대한 숲은 이와 같습니다. 다시 말해서 그들이 어떤 삶의 방식을 가지든지 그 속에서는 아무도 진정으로 쉴 수 있는 곳을 찾지 못합니다. 오늘날에도 그대는 이 세상에서 그러한 사람들을 만날 수 있습니다. 그리고 그대 자신도 그러한 무지와 미혹의 삶을 보아 왔습니다. 젊고 무지하기 때문에 그대는 이것을 이해하지 못합니다.

바시슈타는 계속했다.

오, 라마여! 이 큰 숲은 그다지 멀리 떨어져 있지도 않습니다. 이상한 나라의 이상한 사람도 마찬가지입니다! 이 세상이 바로 그 숲입니다. 이것은 커다란 공(空)입니다. 그러나 이 공은 탐구의 불빛 속에서만 보입니다. 이 탐구의 불빛은 우화 속의 '나'입니다. 이 지혜를 어떤 사람은 받아들이고 어떤 사람은 받아들이기를 거부합니다. 거부하는 이는 계속해서 고통에 시달립니다. 지혜를 받아들이는 이들은 깨달음을 얻습니다.

수천 개의 팔을 가지고 있는 사람은 수많은 나타남을 가진 마음입니다. 이 마음은 자신의 잠재적 경향성들에 의해서, 이 세상에서 쉼 없이 방랑함으로써 스스로를 벌합니다. 이 이야기 속의 출구 없는 우물은 지옥을, 바나나 숲은 천국을 말합니다. 가시덤불로 된 울창한 숲은 아내, 아이, 부유함이라는 수많은 가시에 의해 괴롭힘을 당하는 세상 사람의 삶을 말합니다. 마음은 이제 지옥을 방황하고, 이제 천당을 방황하고, 그리고 이제 인간의 세상을 방황합니다.

지혜의 빛이 미혹된 마음의 삶을 비출 때도, 어리석게도 마음은 그 지혜를 적으로 생각하고 거부합니다. 그리고는 흐느끼고 비탄에 빠져 절규합니다. 때때로 마음은 불완전한 깨우침을 경험하고는 적절한 이해도 없이 세상의 즐거움을 포기합니다. 그러한 포기는 커다란 슬픔의 근원임이 드러납니다. 그러나 그러한 포기가 완전한 이해로부터, 그리고 마음의 본성에 대한 탐구에서 나온 지혜로부터 생기는 경우, 그것은 궁극의 희열로 나아가게 합니다. 그러한 마음은 자신이 과거에 가졌던 기쁨에 대한 생각까지도 놀라워하면서 볼 수 있을지도 모릅니다. 팔다리가 잘리면 그것들이 떨어져 없어지듯이, 현명하게 세상을 포기한 자의 잠재적 경향성 역시 마음에서 사라집니다.

무지가 하는 놀이를 보십시오! 자신의 의지로 스스로에게 상처를 주고, 의미 없는 공포로 여기저기를 달리는 저 놀이를 보십시오. 참나 지식의 빛이 모든 이의 가슴속에서 빛나지만, 자신의 잠재적 욕망 때문에 사람들은 이 세상에서 방황합니다. 마음은 이 슬픔을 심화시키고, 사람으로 하여금 하찮은 일에 초조하게 만듭니다. 그것은 변덕과 망상, 생각과 희망들로 자신을 속박합니다. 슬픔이 방문하면 그것은 절망하며 불안해 합니다.

지혜를 얻고 그것을 오랫동안 보존하고 탐구를 계속하는 사람은 슬픔을 겪지 않습니다. 통제되지 않은 마음은 슬픔의 근원입니다. 태양이 뜨면 안개가 걷히듯, 그것을 철저히 이해했을 때 슬픔은 사라집니다.

바시슈타는 계속했다.

오, 라마여! 개체화된 의식인 마음은 지고의 존재에서 일어났습니다. 즉, 파도들이 바다와 다르기도 하고 다르지 않기도 한 것처럼, 그것은 무한한 의식과 다르기도 하고 다르지 않기도 합니다. 깨달은 이들에게 있어, 마음은 절대적인 브람만일 뿐입니다. 깨닫지 못한 이들에게 있어, 마음은 반복적인 역사(삼사라)의 원인입니다. 오, 라마여! 이원적 개념을 사용하는 것은 가르침을 쉽게 하기 위해서입니다. 분리는 실재가 아닙니다.

절대적인 브람만은 전지전능합니다. 절대적 브람만 이외에는 아무것도 없습니다. 모든 사물에 가득 차 있는 것은 절대적 브람만의 힘과 에너지입니다. 몸을 지닌 존재들 속에서, 그것은 의식 혹은 지성의 힘(찌뜨 아까샤)입니다. 그것은 공기 속의 움직임이며, 땅 속의 안정이며, 공간 속의 무이며, 창조된 존재들 속에 있는 자기 의식('나는 존재한다.')의 힘입니다. 그러나 이 모든 것은 단지 절대적 브람만의 힘에 불과합니다. 그것은 분리의 힘이고, 슬픔에 고통당하는 자들에게 슬픔을 유발하는 힘이며, 즐거운 자들에게서 의기양양함을 유발하는 힘입니다. 전사의 가슴속에서 그것은 용기입니다. 창조를 일으키는 것도 그 힘이며, 우주의 소멸을 가져오는 것도 동일한 그 힘입니다.

지바는 의식과 물질의 접합부에 있습니다. 이것은 절대적 브람만의 그림자이기 때문에 브람만 속에 있는 것으로 알려져 있습니다. 온 우주와 절대 브람만으로서의 '나'를 보십시오. 왜냐하면 브람만인 참나는 전지전능하기 때문입니다. 그 참나가 생각할 때, 그것을 마음이라고 합니다. 그것은 브람만과 다르지 않은 절대적 브람만의 힘입니다. 그 속에서는 '나'와 '이것'으로의 임의적 분리는 단지 외적인 나타남일 뿐입니다. 마음의 바로 실재는 오직 브람만일 뿐입니다.

여기 그리고 저기서, 지금 그리고 그때, 이 브람만의 힘은 그 힘들 중 하나나 다른 것을 나타나게 합니다. 그러나 이 모든 나타남은 브람만이 가진 힘의 외적 나타남일 뿐이며 실재의 창조가 아닙니다. 따라서 창조, 변형, 존재와 파괴는 모두 브람만 속에서 브람만에 의해 일어납니다. 그것은 다름 아닌 브람만일 뿐입니다. 행위의 도구와 행위와 행위자, 탄생과 죽음과 존재, 이 모든 것은 브람만입니다. 상상 속에서조차 그 외에는 아무것도 존재하지 않습니다. 미혹, 갈망, 탐욕, 집착은 존재하지 않습니다. 이원성이 없는데 이러한 것들이 어떻게 존재하겠습니까? 속박이 존재하지 않을 때, 분명히 해방 또한 거짓입니다.

라마가 물었다.

신성한 분이시여! 당신은 마음이 어떤 것을 생각하면 그것은 이루어진다고 했습니다. 이제 당신은 속박이 존재하지 않는다고 말합니다! 어떻게 이것들이 동시에 가능합니까?

바시슈타가 대답했다.

오, 라마여! 무지한 상태에 있는 마음은 속박을 상상합니다. 속박은 무지스러운 상태에서만 존재합니다. 꿈꾸는 자가 깨어나면 꿈의 대상들이 사라지듯이, 깨달은 자의 눈에는 속박과 자유라는 이 모든 환영이 존재하지 않습니다.

세 명의 존재하지 않는 왕자들의 이야기

바시슈타는 계속했다.

이것을 설명하기 위한 재미있는 전설이 하나 있습니다. 잘 듣기 바랍니다.

어떤 어린 소년이 유모에게 이야기를 하나 해 달라고 조르자 유모는 소년에게 다음과 같은 이야기를 하였습니다. 그 소년은 주의 깊게 그 이야기를 들었습니다.

옛날에 존재하지 않는 도시에 용감하고 행복한 세 명의 왕자가 살고 있었습니다. 그 중에 두 명의 왕자는 태어나지 않았고, 세 번째 왕자는 임신되지도 않았습니다. 불행하게도 그들의 모든 친척은 죽었습니다. 왕자들은 태어난 도시를 떠나 다른 도시로 갔습니다. 그들은 곧바로 태양열을 견디지 못하고 기절했습니다. 그들의 발은 뜨거운 모래에 데고 풀끝은 그들을 찔렀습니다. 그들은 세 그루의 나무 그늘에 도착했는데 그 중의 두 그루는 존재하지 않았고, 세 번째는 심어지지도 않았습니다. 거기서 얼마 동안 휴식을 취하고 그 나무의 열매들을 먹은 후 그들은 계속해서 더 멀리 나아갔습니다.

그들은 세 개의 강이 흐르는 강둑에 도착했습니다. 그것들 중 두 강은 말라 있었고, 세 번째 강은 물이 없었습니다. 왕자들은 거기에 들어가서 상쾌하게 몸을 씻고 갈증을 풀었습니다. 그리고 그들은 거대한 도시에 도착했는데 그 도시는 이제 막 지어지려 하고 있었습니다. 그 도시에 들어가서 그들은 그 아름다움을 말로는 표현할 수 없는 세 궁궐을 발견했습니다. 그 궁궐들 중에 두 궁궐은 전혀 지어지지 않았고, 세 번째 궁궐은 벽들이 없었습니다. 그들은 그 궁궐들에 들어가서 세 개의 황금 접시를 발견했습니다. 그들 중에 두 개는 두 조각으로 깨어져 있었고, 세 번째 접시는 깨어져서 산산조각이 났습니다. 그들은 산산 조각난 것 중의 하나를 가졌습니다. 그들은 99그램 마이너스 100그램의 쌀로 요리를 하였습니다. 그리고 나서 그들은 세 명의 성자를 손님으로서 초대했습니다. 세 명의 성자들 중의 두 명은 몸을 가지고 있지 않았고, 세 번째 성자는 입이 없었습니다. 이들 세 명의 성자들이 음식을 다 먹고 나자 세 왕자들은 남은 음식을 먹었습니다. 그들은 매우 기뻤습니다. 그래서 그들은 그 도시에서 오랫동안 평화롭고 즐겁게 살았습니다. 나의 아이여! 이 이야기는 너무나 아름다운 전설입니다. 항상 이것을 기억하고 기도하십시오. 그러면 그대는 학식 있는 사람으로 성장할 것입니다.

오, 라마여! 이 어린 소년은 이야기를 듣고 전율을 느꼈습니다.

이 젊은이의 이야기가 사실이 아니듯이, 우리가 알고 있는 세상의 창조에 대한 이야기 또한 사실이 아닙니다. 이 세상은 단지 환영에 지나지 않습니다. 그것은 단지 개념에 불과합니다. 무한한 의식 속에서 창조에 대한 생각이 일어납니다. 그리고 그것이 존재하고 있는 것입니다. 오, 라마여! 이 세상은 하나의 생각에 지나지 않습니다. 이 세상에 있는 모든 의식의 대상들은 단지 하나의 생각일 뿐입니다. 생각의 오류인 쓰레기를 거부하고 생각에서 자유로워지십시오. 그리고 진리에 뿌리를 내리고 평화를 얻으십시오.

바시슈타는 계속했다.

현명한 사람이 아니라 바보만이 자신의 생각에 미혹됩니다. 바보는 죽지 않는 것을 죽을 것이라 생각하고 미혹됩니다. 자아는 참나와 물질적 요소와의 거짓 연합에 기초하고 있는 생각입니다. 하나만이 이 모든 것 안에 무한한 의식으로서 존재하는데, 자아라는 것이 어떻게 일어나겠습니까? 사실, 사막에 신기루가 있는 것보다도 이 자아는 존재하지 않고 있습니다. 그러므로 오, 라마여! 사실에 기초하지 않고 있는 불완전한 시각을 버리십시오. 그리고 진리에 기초하고 희열의 본성을 가진 완전한 시각 속에서 휴식하십시오.

진리의 본성을 탐구하십시오. 거짓됨을 버리십시오. 그대는 늘 자유롭습니다. 왜 스스로 속박되었다고 생각하고 슬퍼하십니까? 참나는 무한합니다. 왜, 어떻게, 누구에 의해서 그것이 속박되었습니까? 참나 속에는 어떤 분리도 없습니다. 왜냐하면 절대적 브람만은 이 모든 것이기 때문입니다. 그렇다면 무엇을 속박이라고 하며, 무엇을 해방이라고 하겠습니까? 비록 그대가 고통에 의하여 닿지 않고 있습니다만, 무지의 상태에서만 그대는 고통을 겪는다고 생각합니다. 이러한 것들은 참나 속에서는 존재하지 않습니다.

몸이 넘어지거나 일어나거나, 다른 우주로 가게 두십시오. 나는 몸에 갇히지 않았는데, 어떻게 내가 이 모든 것에 영향을 받는다는 말입니까? 몸과 참나의 관계는 구름과 바람, 연꽃과 벌의 관계와 같습니다. 구름이 흩어지면 바람은 공간과 하나가 됩니다. 연꽃이 시들면 벌은 허공으로 날아가 버립니다. 참나는 몸이 넘어져도 파괴되지 않습니다. 마음도 참나 지식의 불이 그것을 태울 때까지 존재하기를 멈추지 않습니다.

죽음은 영원히 존재하는 참나가 시간과 공간에 의해서 가려지는 것일 뿐입니다. 오직 바보들만이 죽음을 두려워합니다.

껍질을 깨고 하늘로 날아오르고자 하는 새처럼, 그대의 잠재적 경향성들을 버리십시오. 무지로 태어난 이러한 경향성들은 파괴하기가 어렵습니다. 또 이것들은 끝없는 슬픔을 낳습니다. 무한한 것을 유한한 것으로 보는 것은 마음의 무지한 참나를 제한시키는 경향성 때문입니다. 태양이 이슬을 스러지게 하듯이, 참나의 본성의 탐구는 무지한 참나 제한적인 경향성을 흩어지게 합니다. 사실 이런 탐구를 하려는 바로 그 욕망이 변화를 가져올 수 있습니다. 고행과 다른 어떤 수행도 이것에는 소용이 없습니다. 지혜가 일어나서 마음이 과거로부터 정화될 때, 마음은 예전의 경향성들을 버립니다. 마음은 참나 속에서 자신을 용해시키려고 참나를 추구합니다. 사실 이것은 마음의 본성 안에 있습니다. 라마여! 이것이 지고의 목표입니다. 이것을 위해 노력하십시오.

이때 또 다른 날이 저물었다.

라바나의 이야기

바시슈타는 계속 말했다.

무한한 의식 안에 마음이 나타난 후, 마음은 자신의 본성에 의해 그 자신을 퍼트립니다. 그것의 본성에 의해서, 다시, 마음은 긴 것을 짧게 보이게 하거나 그 반대로 짧은 것을 길게 보이게 하고, 또 자신의 마음을 뚜렷이 드러내기도 하고 그리고 반대로도 합니다. 마음이 손대는 작은 것일지라도, 그것을 모습으로 나타나게 하고는 그것을 자신의 것으로 만듭니다. 눈 깜박할 사이에 마음은 수많은 세계들을 만들어 내고 눈 깜박할 사이에 그 세계들을 파괴합니다. 유능한 배우가 무대에서 여러 가지 역할을 하나하나 차례대로 연기하듯이, 이 마음은 여러 측면들을 차례로 취합니다. 마음은 사실이 아닌 것을 사실인 것처럼 보이게 하고 또 그 반대로도 합니다. 이러한 것 때문에 마음은 즐거워하면서도 고통 받는 것처럼 보입니다. 마음은 자연스럽게 취할 수 있는 것도 손과 발로 잡습니다. 이러한 잘못된 소유감의 결과로 마음은 고통을 당합니다.

변화하는 계절로서의 시간은 간접적으로 나무와 식물에 변화를 가져옵니다. 그처럼 마음은 그것 자신의 사고와 생각의 힘으로 어떤 것을 다르게 보이게 합니다. 그러므로 시간, 공간 그리고 모든 사물은 마음의 통제 하에 있습니다. 마음의 강렬함과 둔감함에 따라, 그리고 창조되거나 영향을 받은 대상의 크거나 작은 크기에 따라 마음은 약간 늦춰지거나 아니면 훨씬 뒤에 해야 할 것을 합니다. 마음은 무엇이든 못할 게 없습니다.

오, 라마여! 흥미로운 다른 전설을 들어 보십시오. 이것은 이렇게 시작됩니다.

웃따라빤다바라고 하는 나라가 있었는데, 그 나라의 숲에는 현자들이 살고 있었습니다. 그 마을들은 아름답고 부유했습니다. 그곳을 라바나라고 하는 왕이 통치를 하고 있었습니다. 그는 하리슈찬드라라고 하는 유명한 왕의 후손이었습니다. 그는 정의롭고 품위가 있었으며 용감하고 자비로워서, 모든 면에서 위대한 왕이었습니다. 그는 적들을 모두 정복했고, 적을 따르는 자들은 그를 생각하기만 해도 걱정으로 병이 날 지경이었습니다.

어느 날 이 왕은 그의 궁궐로 가서 왕좌에 앉았습니다. 모든 대신들과 다른 이들이 그에게 경의를 표한 후, 한 마술사가 궁궐로 들어와 그에게 절을 했습니다. 그는 왕에게 말했습니다. "폐하께 아주 놀라운 것을 보여드리겠습니다!" 그가 한 뭉치의 공작새 깃털을 흔들자, 한 기사가 눈부시게 아름다운 한 마리의 말을 이끌고 궁궐로 들어왔습니다. 그는 왕에게 그 말을 선물로 받아 줄 것을 요청했습니다. 마술사는 왕에게 그 말을 타고 온 세상을 자유롭게 돌아다닐 것을 요청했습니다. 왕역시 그 말을 바라보았습니다.

곧이어 왕은 눈을 감았습니다. 그리고 미동도 없이 그렇게 앉아 있었습니다. 이것을 보고 궁궐에 모인 모든 사람들은 조용히 숨을 죽였습니다. 절대적인 평화가 궁궐을 감돌았고 아무도 왕의 평화를 감히 방해할 수 없었습니다.

바시슈타는 계속 말했다.

라마여! 얼마간의 시간이 흐른 후 왕은 감았던 눈을 뜨고, 공포에 질린 사람처럼 떨기 시작했습니다. 그가 쓰러지려 하자 옆에 있던 대신들이 그를 부축했습니다. 당황해 하며 왕은 그들을 보고 물었습니다. "당신들은 누구이며 나에게 무슨 일을 하고 있는 것인가?" 걱정스러워 하며 대신들은 그에게 말했습니다. "폐하! 당신은 위대한 지혜를 가진 전지전능한 왕이시지만 이 환영이 당신을 이겼습니다. 도대체 폐하의 마음속에서 무슨 일이 일어났단 말입니까? 이 세상의 작은 대상들과 아내, 자식 등과 같은 잘못된 관계에 집착하는 자들만이 정신적인 착오에 빠지며, 지고의 것에 헌신하는 폐하와 같은 이는 아닙니다. 더구나 지혜를 얻지 못한 자만이 주술과 약물 등에 의하여 영향을 받지, 마음이 완전히 진화된 자들은 그럴 수 없습니다."

이 말을 듣고 왕은 어느 정도 침착성을 되찾는 듯 했으나, 마술사를 보자마자 그는 다시 공포에 떨며 마술사에게 말했다. "오, 마술사여! 당신이 나에게 어떤 짓을 했단 말인가? 당신은 환영이라는 그물로 나를 덮쳤다. 현명한 자라 해도 마야의 마술에는 당할 수밖에 없다. 비록 내가 몸 속에 아직껏 있지만, 짧은 순간 나는 아주 놀라운 환영을 경험했다." 왕은 궁정의 사람들을 보고 자신이 방금 경험한 것에 대해서 이야기했습니다.

이 마술사가 공작새 깃털을 흔드는 것을 보자 나는 내 앞에 있는 말에 올라타서 마음의 미혹을 얼마 동안 경험했다. 그리고 나는 사냥 길을 떠났다. 말은 나를 아무도 살지 않고, 아무것도 자라지 않으며, 물조차 없는 몹시 추운 사막으로 데려갔다. 나는 엄청난 슬픔을 겪었다. 나는 하루 종일 거기서 시간을 보냈다. 그리고 나서 다시 말을 타고 사막을 건너 조금 덜 두려운 다른 곳에 도착했다. 그곳은 좀 덜 무서웠다. 나는 나무 아래에서 쉬었다. 말은 달아나 버렸다. 나는 잠시 휴식을 취했으며 해가 졌다. 놀라서 나는 덤불 숲 속에 숨었다. 그날 밤은 어떤 한 시대보다 더 길었다.

새벽이 오고 태양이 떠올랐다. 잠시 뒤 나는 검은 옷을 입은 한 소녀가 접시에 가득 음식을 담아 옮기는 것을 보았다. 나는 그 소녀에게 다가가서 음식을 청했다. 나는 배가 고팠다. 그녀는 나를 무시했다. 그러나 나는 그녀를 뒤쫓아 갔다. 마침내 소녀가 말했다. "당신이 나와 결혼하겠다고 하면 음식을 드리겠습니다." 나는 그렇게 하겠다고 했다. 살아남는 게 우선이고 그 다음 문제는 그때 가서 하기로 했다. 그녀는 내게 음식을 주었고 그 뒤 나를 자신의 아버지에게 소개했는데, 그는 보기만 해도 무서운 사람이었다. 곧 우리 셋은 그들의 마을에 도착했는데 그곳은 피와 살이 넘쳐흘렀다. 나는 그녀의 남편으로서 모든 사람들에게 소개되었다. 그들은 나를 존중하며 환대해 주었다. 그들은 고통의 근원인 무서운 이야기로 나를 맞아 주었다. 악마적인 예식으로 나는 그 소녀와 결혼했다.

왕은 계속 말했습니다.

바로 나는 그 원시 종족의 한 사람이 되었다. 내 아내는 딸을 하나 낳았는데, 그것은 내가 더 불행해지는 요인이 되었다. 시간이 지나면서 세 명의 아이가 더 태어났다. 나는 그 종족에서 한 가족을 이룬 사람이 되었다. 나는 한 가족의 가장으로서 아내와 아이들을 부양하고 보호하는 괴로움에 고통을 받으면서, 이 종족과 여러 해 동안 같이 시간을 보냈다. 나는 장작을 패고 종종 밤에는 나무 밑에서 잠을 자야 했다. 날씨가 추워지면, 몸을 따뜻이 하기 위해 덤불 속에 몸을 숨겼다. 돼지고기는 내가 주로 먹는 음식이었다.

시간은 흘러 나는 나이가 들었다. 나는 고기를 거래하기 시작했다. 나는 고기를 빈드야 산에 있는 마을에 가지고 가서, 가장 좋은 부위를 팔았다. 나는 고기를 팔아 일정한 이윤을 남기지도 못했다. 나는 고기를 조각조각으로 나누어 매우 불결한 곳에서 말렸다. 배가 고플 때는 종족 내의 다른 사람들과 고기 한 조각을 먹기 위해 싸우곤 하였다. 나의 몸은 숯처럼 새까맣게 되었다.

이렇게 벌 받을 행위를 하며, 나의 마음 역시 죄에 물들기 시작했다. 선량한 생각과 감정은 나를 떠났다. 나의 가슴은 뱀이 허물을 벗듯 모든 연민을 벗어 버렸다. 나는 그물들과 여러 덫들 및 무기들로 새들과 동물들에게 말할 수 없는 고통을 주었다.

허리 부위만 가리는 옷을 입고 나는 모든 혹독한 날씨를 견뎌 냈다. 이렇게 나는 7년의 세월을 보냈다. 악마적 경향성들의 밧줄에 묶인 채, 나는 분노로 욕설을 퍼부으며 야만인이 되어 갔으며, 불행 속에서 눈물을 흘리며 썩은 고기를 먹었다. 이렇게 나는 그곳에서 오랫동안 살았다. 마치 나의 삶에서 유일한 목적이 먹는 일인 것처럼, 나는 바람 속의 마른 나뭇잎처럼 표류했다.

대지에 가뭄이 있었다. 공기는 너무나 뜨거워 대기는 불꽃이 불똥을 일으키는 것 같았다. 숲에 불이 붙었다. 숲은 재만 남겼다. 사람들은 굶주림에 죽어 갔다. 사람들은 신기루에 물이 있을 것으로 생각하고 신기루를 찾아 나섰다. 그들은 자갈을 고기 덩어리로 생각하고 그것들을 씹기 시작했다.

어떤 사람들은 시체까지 먹기 시작했다. 어떤 사람들은 그렇게 하면서 그 시체들의 피에 자신의 손가락들을 담근 뒤 씹어 먹기까지 했다. 그들의 굶주림은 그처럼 비참했다.

한때 나무들로 무성하던 숲은 거대한 화장터로 바뀌었다. 한때 기쁨으로 가득 찼던 나라는 죽어 가는 자의 고통스러운 신음 소리로 진동했다.

왕은 이야기를 계속했습니다.

기근으로 고통을 받자, 많은 사람들은 그 나라를 떠나 다른 곳으로 이주했다. 아내와 자녀에게 깊이 집착한 다른 사람들은 그 땅에서 죽어갔다. 그 외 많은 사람들은 야생 동물들에게 공격을 당해 죽었다.

나 역시, 아내와 아이들을 데리고 그 나라를 떠났다. 그 나라의 국경에서 나는 시원한 그늘진 나무에 마음을 빼앗기고, 어깨 위에 올리고 가던 어린 아들을 내려놓고, 나무 그늘 아래서 오랫동안 쉬었다.

나의 막내는 매우 어리고 순진해서 내 가슴을 가장 아프게 했다. 아이는 두 눈에 눈물을 글썽이면서 음식을 달라고 졸랐다. 내가 먹을 고기가 없다고 해도 아이는 배고픔을 참지 못하고 어린애 같은 순진함으로 떼를 썼다. 나는 절망적인 심정으로 말했다. '그래, 나의 살을 먹어라!' 그 순진한 아이는 아무 생각 없이, '주세요.'라고 했다.

나는 애착과 측은함으로 마음이 움직였다. 나는 아이가 배고픔의 고통을 더 이상 못 참을 것으로 생각했다. 나는 이 모든 고통을 끝낼 수 있는 가장 최선의 방법으로, 나의 삶을 끝낼 것을 결심했다. 나는 주위에서 발견한 나무들로 장작을 쌓아 올렸다. 그리고 그 장작더미에 올라가면서 공포로 떨었다. 이때 나는 그대들에 의해 환호와 영접을 받으며 궁궐에 있는 나 자신을 보았다.

(왕이 이 이야기를 하자 마술사는 사라져 버렸습니다.) 대신들이 말했습니다. "폐하! 그는 마술사일 리가 없습니다. 왜냐하면 그는 보상으로 돈에 관심이 없었기 때문입니다. 분명히 어떤 신성한 존재가 폐하와 우리 모두에게 우주적 환영의 힘을 보여 주고자 했을 것입니다. 이러한 모든 것들로 미루어 보아, 이 세상의 모습은 단지 마음의 유희일 뿐이라는 것이 분명합니다. 즉 마음은 단지 전지전능한 무한한 존재의 유희일 뿐입니다. 이 마음은 심지어 위대한 지혜를 가진 자도 바보로 만들 수 있습니다. 그것이 아니라면 모든 학문에 대해 정통한 그 왕은 어디에 있

으며, 그리고 이 당황스런 미혹은 어디에 있단 말입니까?

분명히 이것은 마술사의 속임수가 아닙니다. 왜냐하면 마술사는 물질적인 이익을 위해 마술을 하기 때문입니다. 이것은 진실로 환영의 힘입니다. 그래서 마술사는 보상을 요구하지도 않고 사라진 것입니다."

바시슈타가 말하였다.

라마여! 나는 그때 그 시간에 그 궁궐에 있었습니다. 그래서 나는 이 모든 것에 대해서 직접적으로 알고 있습니다. 이런 방법으로 마음은 참나의 진정한 본성을 숨기고 많은 나뭇가지, 꽃, 과일이 있는 환영의 모습을 만듭니다. 이 환영을 지혜로써 파괴하고, 평화 속에서 휴식하십시오.

바시슈타는 계속 말했다.

처음에 지고의 존재 즉 무한한 의식 안에서 분리가 일어났으며, 그 무한한 존재는 관찰자와 관찰의 대상이 되었습니다. 이 관찰자가 관찰의 대상을 파악하거나 이해하려 할 때, 실재와 분명히 나타난 것들에 대한 혼합 즉 혼란이 일어났습니다. 이 혼란으로 인해서, 무한한 의식 안에 한계라는 생각이 일어납니다.

그때 무한한 마음은 자신 속에 그것을 약화시키고 감추어 슬픔으로 인도하는 수많은 개념들을 일으키고, 마음은 그것을 크게 확대합니다. 이러한 개념들과 경험들은 그들의 표시를 마음에 남깁니다. 이것은 대개 잠재되거나 잠복해 있는 인상이나 조건적 경향성들을 만듭니다. 그러나 마음이 이러한 것을 버릴 때, 베일은 태양 앞의 이슬처럼 순식간에 사라지고, 그것과 더불어 슬픔도 사라집니다. 그때까지 마음은 모든 것들과 어울려 놉니다. 이것은 아이가 병아리들과 놀면서 그것들을 괴롭히는 것과 같습니다.

순수하지 못한 마음은 기둥이 있는 곳에서 귀신을 봅니다. 그는 친구들 사이에 의심을 일으키고, 그들을 적으로 만들며, 모든 관계들을 오염시킵니다. 그것은 술 취한 사람이 세상이 자신의 주위로 빙빙 돌고 있다고 보는 것과 같습니다. 비탄에 빠진 마음은 음식을 독으로 바꾸고 질병과 죽음의 원인이 됩니다.

경향성들로 채워진 불순한 마음은 강박관념과 공포라는 미혹의 원인입니다. 사람들은 이런 것들을 뿌리 뽑아 없애도록 노력해야 합니다. 마음이 없는 사람은 무엇일까요? 몸은 둔감하고 지각력이 없습니다. 마음이 생기 있다고도 말할 수 없지만, 마음이 둔하다고도 말할 수 없습니다. 마음이 행하는 것이 행동이며, 마음이 버리는 것이 포기입니다.

마음은 온 세상이고, 마음은 대기이며, 마음은 하늘이고, 마음은 땅이며, 마음은 바람이고, 그래서 마음은 위대합니다. 마음이 어리석은 자를 바보라고 부릅니다. 몸이 지성을 잃었을 때, 예를 들어 죽었을 때, 그 시체를 어리석다고 하지는 않습니다!

마음이 봅니다. 눈들이 생깁니다. 마음이 듣습니다. 귀들이 생깁니다. 그렇게 하여 마음은 다른 감각들을 만들어 냅니다. 그것들을 창조하는 것은 마음입니다.

마음은 무엇이 달고 무엇이 쓴지, 누가 친구이며 누가 적인지 판단합니다. 마음은 시간의 길이를 결정합니다. 라바나 왕은 한 시간도 안 되는 기간을 경험했는데, 그것은 마치 한 평생처럼 늘어난 듯 하였습니다. 마음은 천당이 무엇이며 지옥이 무엇인지를 결정합니다. 따라서 이 마음이 지배되면, 감각들을 포함한 모든 것이 지배됩니다.

바시슈타는 계속 말하였다.

라마여! 마음이 전지전능하고, 순수하고, 영원하고, 무한한 의식을 이 둔감한 육체적 몸과 혼동시키면서 감출 수 있다는 것보다 더 신비한 것이 무엇이겠습니까? 마음은 움직이는 원소 속에서는 바람으로, 영광스러운 것 속에서는 영광으로, 땅 속에서는 견고함으로, 공간 속에서는 비어 있음으로 자신을 나타냅니다.

만약 '마음이 다른 곳에 있다면', 먹고 있는 음식의 맛은 정말로 경험할 수 없습니다. 만약 '마음이 다른 곳에 있다면', 우리는 우리 앞에 있는 옳은 것을 볼 수 없습니다. 감각들은 마음으로부터 태어나며 다른 방법으로 태어나는 것이 아닙니다.

몸과 마음이 아주 다르다고 말하는 것은 어리석은 자들의 생각에서 나온 말입니다. 사실 그것들은 다르지 않습니다. 마음만이 있기 때문입니다. 실제로 이 진리를 깨달은 현자들을 경배하십시오.

이것을 깨달은 현자들은 여자가 자신의 몸을 안아도 마음이 흐트러지지 않습니다. 그에게 이것은 몸으로 나무토막을 접촉하는 것과 같습니다. 그의 팔들이 잘려 나갈지라도, 그는 그것을 경험하지 않습니다. 그는 모든 슬픔을 희열로 바꿀 수 있습니다.

마음이 다른 곳에 있으면, 재미난 이야기를 듣는다 해도 그대는 아무것도 듣지 않습니다.

배우가 자신 안에서 다른 인물의 성격을 묘사할 수 있듯이, 마음은 깨어나고 꿈꾸는 것과 같은 다른 의식의 상태를 만들어 낼 수 있습니다. 라바나 왕으로 하여금 원시 종족으로 느끼게 할 수 있는 마음은 얼마나 신비로운가요! 마음은 자신이 구성하는 것을 경험합니다. 마음은 생각들이 합쳐진 것에 불과할 뿐입니다. 이것을 알고 나서, 하고 싶은 것을 하십시오.

계속되는 생각 때문에 그것은 태어나서 죽는다고 생각하며, 그것은 형태가 없는데도 몸 등을 가진 지바라고 생각하는 것은 마음입니다. 생각으로 인해 그것은 국적을 얻고, 그리고 기쁨을 즐기고 고통에 괴로워합니다. 이 모든 것은 기름이 씨앗 속에 있는 것처럼 마음속에 있습니다.

마음이 기쁨의 대상들을 향하여 방황하도록 허용하지 않는 이는 마음의 주인이 될 수 있습니다. 기둥에 매인 자가 움직이지 못하듯이, 고귀한 자의 마음은 실재로부터 움직이지 않습니다. 그만이 인간이며, 다른 이들은 벌레입니다. 그는 끊임없는 명상을 통해 지고의 존재에 도달합니다.

바시슈타는 계속 말했다.

자신의 자기 노력의 도움으로 참나 지식을 얻고, 마음이 즐거움이라고 갈망하는 것을 버릴 수 있을 때, 마음이라는 악귀에 대해 승리할 수 있습니다. 아이의 관심을 쉽게 다른 것으로 돌릴 수 있듯이, 이것은 적절한 태도를 개발하면 노력 없이도 쉽게 성취할 수 있습니다. 갈망을 버릴 수 없는 자를 슬퍼하십시오. 왜냐하면 이것은 우리가 궁극적인 선을 성취하기 위한 유일한 방법이기 때문입니다. 자기 노력을 열심히 함으로써 마음을 누르고 승리하는 것이 가능합니다. 그래서 자신의 개체성이 깨뜨려질 때, 개체화된 의식은 노력 없이도 무한한 의식 속으로 들어갑니다. 이것은 쉬운 일이고 쉽게 성취할 수 있습니다. 이것을 할 수 없는 자는 사실 인간의 모습을 하고 있는 탐욕스러운 독수리입니다.

자신의 마음을 통제하는 것 외에는 우리를 구할 수 있는 다른 길이 없습니다. 이것은 마음속에 있는 갈망을 버리려는 절대적인 노력이 필요하다는 것을 의미합니다. 말하자면 마음을 죽이려고 굳건히 결심해야 한다는 것입니다. 그러면 이것은 틀림없이 쉽게 성취할 수 있습니다. 마음의 갈망을 버리지 않는다면, 스승의 가르침, 경전에 대한 연구, 만뜨라의 낭송 등은 지푸라기의 가치에 지나지 않습니다! 개념화하지 않음이라는 것을 무기로 마음의 뿌리를 자를 때만, 전지전능하며 지고의 평화인 절대적 브람만에 도달할 수 있습니다. 개념화나 상상은 오류와 슬픔의 산물입니다. 이것은 참나 지식으로써 쉽게 버릴 수 있습니다. 그것을 버릴 때 큰 평화가 있습니다. 왜 그것을 어렵게 생각하십니까?

어리석은 자들이 만든 운명이나 신들에 의지하는 마음을 버리십시오. 자기 노력이나 참나 지식으로 마음을 마음이 아니게 하십시오. 말 그대로 무한한 의식이 말하자면 제한된 마음을 삼켜 버리게 하고, 그리고는 모든 것 너머로 가십시오. 궁극적인 것과 연결된 지성으로, 불멸하는 참나를 붙잡으십시오.

이렇게 하여 마음이 전혀 흔들리지 않게 되면, 삼계를 정복하는 것조차 가치가 없는 것으로 여겨질 것입니다. 이것은 경전을 연구하거나, 오르거나 떨어지는 것을 하여서 오는 것이 아니라, 오직 참나 지식에 의해서 옵니다. 그런데 왜 이것을 어렵다고 생각하십니까? 이것을 어렵다고 누가 생각한다면, 그는 어떻게 참나 지식도 없이 이 세상을 살아간단 말입니까?

참나의 죽지 않는 본성을 아는 자는 죽음을 두려워하지 않습니다. 뿐만 아니라 그는 친구와 친척들과의 이별에 영향을 받지 않습니다. '이것은 나이다.', '이것은 나의 것이다.'라는 느낌이 마음입니다. 그것들이 없어지면 마음은 존재하기를 멈춥니다. 그때는 두려움이 없어집니다. 칼과 같은 무기들은 두려움을 일으킵니다. 자아를 파괴하는 무기인 지혜는 두려움을 없애 줍니다.

바시슈타는 계속 말했다.

대상이 있는 곳은 어디나 마음은 강하게 그쪽으로 흐릅니다. 그것 속에서 마음은 자신의 갈망이 충족되는 것을 봅니다. 특별한 방향으로 움직이는 원인은 분명하지 않습니다. 바다 표면의 물결처럼, 그런 강렬한 움직임은 여기저기에서 나타나 존재하다가 사라집니다. 얼음을 차가움과 분리할 수 없듯이, 이 쉼 없는 움직임은 마음과 분리할 수 없습니다.

라마가 물었다.

그렇다면 성스러운 분이시여! 어떻게 더 큰 동요를 일으키지 않고 힘으로 마음의 쉬지 않는 움직임을 억제할 수 있습니까?

바시슈타는 말했다.

물론, 가만히 있는 마음은 없습니다. 가만히 있지 못함은 마음의 본성입니다. 오, 라마여! 무한한 의식에 바탕을 둔 마음의 이 쉬지 않는 작용이 이 세상의 모습으로 나타납니다. 오, 라마여! 그것은 정말이지 마음의 힘입니다. 하지만 마음이 그것의 쉬지 못하는 본성을 잃으면, 그것을 죽은 마음이라 일컫습니다. 그리고 그것이 경전과 해방을 입증하는 고행(따빠스)입니다.

이렇게 하여 마음이 무한한 의식에 흡수되면 지고의 평화가 있습니다. 그러나 마음이 생각에 관련되면 커다란 슬픔이 있습니다. 마음이 쉬지 못하는 것을 무지라 합니다. 그것이 경향성, 성질, 조건화가 위치하는 자리입니다. 탐구를 통해, 그리고 쾌락을 주는 감각 대상에 대한 생각을 확고히 버림으로써 이것을 파괴하십시오.

오, 라마여! 마음은 실재와 겉모습, 의식과 둔감함 사이를 끊임없이 시계추처럼 오갑니다. 마음이 오랫동안 둔한 대상들을 묵상할 때, 그것은 그 둔한 성질을 가집니다. 똑같은 마음이 탐구와 지혜에 쏟아진다면, 그것은 모든 조건화를 버리고 순수 의식이라는 원래의 본성으로 돌아갑니다. 마음은 본성적이든 계발된 것이든 간에, 묵상하는 것의 바로 그 형태를 취합니다. 그러므로 단호하지만 지혜롭게 슬픔 너머에 있는 의심들로부터 자유로운 그 상태를 묵상하십시오. 마음은 자신을 자제할 수 있습니다. 사실 그 외에 다른 방법은 없습니다.

지혜로운 이들은 잠재된 경향성, 즉 단지 마음일 뿐인 조건화가 일어나면, 그들의 마음에서 그 나타남을 없앱니다. 그렇게 함으로써 무지가 제거됩니다. 먼저 욕망을 포기하는 방법으로 마음의 조건화를 파괴하십시오. 그리고 마음에서 속박과 해방의 개념마저 제거하십시오. 조건화로부터 완전히 놓여나십시오.

바시슈타는 계속 말했다.

심리적 경향성 혹은 마음의 경향성 혹은 마음의 조건화는 실재하지 않지만, 그것은 마음에서 일어납니다. 따라서 이것은 복시증을 앓고 있는 사람이 두 개의 달을 보는 것에 비유할 수 있습니다. 그러므로 그것을 단순한 환영으로 간주하고 이런 경향성을 버려야 합니다. 무지의 산물은 무지한 사람에게만 실재합니다. 지혜로운 사람에게 그것은 아이를 못 낳는 여자의 아들에 대해 이야기하는 것처럼 단지 언어적인 표현에 불과합니다. 오, 라마여! 무지한 상태로 있지 말고, 두 번째의 달이 있다는 생각을 버리고자 하듯이 마음의 조건화를 거부함으로써 현명해지려고 노력하십시오.

오, 라마여! 그대는 이곳에서 행동의 행위자가 아닙니다. 그런데 왜 행위자가 되려 합니까? 그것 하나만이 존재하는데, 누가 무엇을 어떻게 한단 말입니까? 활동하지 않아도 역시 안 됩니다. 아무것도 하지 않는데 무엇을 얻는단 말입니까? 이뤄져야 할 것은 이뤄져야 합니다. 따라서 참나 속에서 휴식하십시오. 그대에게 자연스러운 행위를 할 때도 그 행위에 집착하지 않으면, 그대는 행위를 하지 않는 자입니다. 아무것도 하지 않으면서 무행위에 집착하고 있다면, 그래서 아무것도 하지 않고 있을지라도 그대는 행위자가 될 수 있습니다! 이 모든 세상이 마술사의 속임과 같다면, 무엇을 포기하고 무엇을 추구한단 말입니까?

이 세상 나타남의 씨앗은 무지입니다. '이것이 그것이다.'로서 보이지 않는다면, 이 무지는 진리의 자질을 가집니다! 심리적인 경향성 혹은 정신적 조건화는 세상의 모습을 만들고, 물레가 도공에 의해 계속 돌아가듯이 그것은 세상을 계속 돌릴 수 있는 힘이 됩니다. 그것은 대나무처럼 속이 비어 있고 실체가 없습니다. 강의 물결처럼, 그것은 설사 산산이 흩어진다 해도 죽지 않습니다. 그것은 움켜쥘 수 없습니다. 그것은 미묘하고 부드러우나 칼의 힘을 가지고 있습니다. 비록 그것이 그것 자신의 투영 안에 그것의 결과로서 지각되지만, 그것은 진리에 대한 탐구에는 도움이 되지 않습니다. 이 조건화 때문에 창조물의 대상들 안에 차이가 보입니다.

특정 장소에 있다고 할 수는 없지만, 그것은 어디에나 보입니다. 이 정신적 조건화는 지성이 나타난 것은 아니지만, 그러나 지성에 기초하여 지성의 모습을 띱니다. 계속해서 변하지만, 그것은 자신 안에 영원이라는 환영을 만듭니다. 무한한 의식과 유사하기 때문에, 그것은 움직이는 것처럼 보입니다. 그 무한한 의식이 깨우쳐지면, 그것 즉 조건화는 끝이 납니다.

대상에의 집착에 의해 부양되지 않을 때, 이 마음의 조건화는 죽습니다. 그러나 그러한 집착이 없어도 그것은 잠재적으로 계속 살아 있습니다.

바시슈타는 계속 말하였다.

무지나 마음의 조건화는 노력 없이 얻을 수 있으며, 기쁨을 키워 주는 것처럼 보이지만 사실 그것은 슬픔을 가져옵니다. 그것은 참나 지식을 완전히 감추는 방법에 의해서만 기쁨에 대한 환영을 만듭니다. 따라서 그것은 라바나 왕이 한 시간도 안 되는 시간을 여러 해처럼 경험하도록 만들 수 있었습니다.

무지와 마음의 조건화는 아무것도 할 수 없는 무력한 것입니다. 그러나 그것은 매우 활동적인 것처럼 보이는데, 그것은 거울이 램프의 빛을 활동적으로 반사하는 것과 같습니다. 실물 크기의 여자를 그린 그림이 살아 있는 여자의 일을 할 수 없는 것과 마찬가지로, 이 무지 혹은 마음의 조건화는 능력이 있을 것 같으면서도 아무런 기능도 할 수 없습니다. 신기루가 짐승은 속이지만 지성을 가진 사람은 속이지 못하듯이, 그것은 어리석은 자를 제압할 수 있을지라도 현명한 사람을 미혹시킬 수는 없습니다.

무지 즉 마음의 조건화는 단지 순간적인 존재에 불과합니다. 하지만 계속 흐르기 때문에 그것은 강처럼 영원해 보입니다. 그것은 실재를 감출 수 있기 때문에 실재처럼 보입니다. 그러나 그것을 잡으려 하면, 그것이 아무것도 아님을 알게 됩니다. 그러나 가는 섬유들이 모여 하나의 밧줄이 될 때 큰 힘을 얻는 것과 같이, 그것은 세상의 나타남 속에서 이러한 속성으로 인해 힘과 견고함을 다시 얻습니다. 이런 조건화는 커져 가는 것처럼 보입니다. 그러나 사실은 그렇지 않습니다. 왜냐하면 잡으려 할 때, 그것은 불꽃처럼 사라져 버리기 때문입니다. 하늘이 푸르게 보이듯이, 이 조건화 역시 어떤 종류의 실제 모습이 있는 듯 보입니다! 그것은 사물이 두 개로 보이는 병세인 복시증의 두 번째 달로 태어납니다. 그것은 꿈의 대상들처럼 존재합니다. 그리고 움직이는 배 안에 앉은 사람이 해안이 움직인다고 보는 것처럼 그것은 혼동을 일으킵니다. 움직일 때 그것은 세상 모습이라는 긴 꿈의 환영을 만들어 냅니다. 그것은 모든 관계와 경험을 왜곡합니다. 창조와 이원성의 지각의 원인이 되며, 분리 및 지각과 경험에 대한 끊임없는 혼란을 가져오는 것은 이 무지나 마음의 조건화 때문입니다.

그것의 비실재를 알아차려 무지 혹은 마음의 조건화를 극복하면 마음은 존재하기를 멈춥니다. 물이 흐르기를 멈추면 강이 마르는 것과 같습니다.

라마는 물었다.

신성한 분이시여! 신기루 속에 보이는 강은 끝이 없습니다. 이런 무지가 온 세상을 눈멀게 했다는 것은 얼마나 놀라운 일입니까? 무지 혹은 마음의 조건화는 한 쌍의 욕망과 증오의 힘으로 번성합니다. 청컨대 무지나 마음의 조건화가 일어나지 않도록 하는 가장 좋은 방법을 말해 주십시오.

신성한 분이시여! 이 두려운 무지의 어둠을 사라지게 하는 방법 또한 말해 주십시오.

바시슈타는 말했다.

오, 라마여! 빛을 향하여 나아가면 어둠이 사라지듯이, 참나의 빛으로 향할 때 무지는 사라집니다. 참나 지식을 향한 자연스러운 열망이 일어나지 않는 한, 무지나 마음의 조건화는 세상 모습이라는 끝없는 흐름을 내뿜습니다. 빛을 보려 할 때 그림자가 사라지듯이, 참나 지식을 향할 때 무지는 사라집니다.

라마여! 무지 혹은 마음의 조건화는 욕망입니다. 따라서 욕망을 끝내는 것이 해방입니다. 이것은 마음속에 생각의 움직임이 없을 때 일어납니다.

라마는 물었다.

오, 현자시여! 무지가 존재하기를 멈출 때 참나 지식이 생긴다고 당신은 말씀하셨습니다. 그럼 참나(아뜨만)는 무엇입니까?

바시슈타는 대답했다.

오, 라마여! 창조자인 브람마에서 풀잎에 이르기까지 모든 것이 참나입니다. 무지는 존재하지 않는 비실재입니다. 마음이라는 것은 조금도 없습니다. 그런 참나 속에서 베일이 그것 또한 참나인 주체와 객체로 양극화시키면서 떠다닙니다. 그때 무한한 의식은 마음이 됩니다. 이 베일은 무한한 의식 속에 있는 사고, 의도, 생각입니다. 마음은 이런 생각이나 사고에서 태어나며, 그래서 생각이나 사고의 도움으로 즉 개념과 사고를 끝내는 방법으로 없애야 합니다.

'나는 절대적인 브람만이 아니다.'라는 굳건한 확신은 마음을 묶습니다. 마음은 '모든 것은 절대적인 브람만이다.'라는 굳건한 확신을 가질 때 해방됩니다. 생각과 사고는 속박입니다. 그것들이 끝나는 것이 해방입니다. 따라서 그것들에 대해 자유로워지고, 해야 할 것을 자연스럽게 행하십시오.

사고나 생각이 하늘의 푸름을 '보는' 것처럼, 마음은 세상을 실재라고 봅니다. 하늘에는 푸름이 없습니다. 어떤 한계를 넘어 볼 수 있는 시각의 무능함이 푸름으로 나타납니다. 그처럼 사고의 한계는 세상 모습을 지각하게 합니다. 이 세상 모습은 미혹입니다. 오, 라마여! 그것에 대한 생각이 마음속에서 다시 일어나지 못하게 하는 것이 좋습니다.

'나는 길을 잃었다.'는 생각에 의해 사람은 슬픔으로 갑니다. 그리고 '나는 정신을 차리고 있다.'라는 생각에 의해서 사람은 희열로 나아갑니다.

바시슈타는 계속 말하였다.

마음이 계속해서 미혹되거나 어리석은 개념들에 안주하고 있으면 마음은 미혹됩니다. 마음이 계속해서 깨달은 고결한 개념들에 안주하고 있으면, 마음은 깨달은 상태에 있게 됩니다. 무지의 사고가 마음속에 계속 자리하게 되면, 무지는 굳건하게 자리를 잡습니다. 참나가 깨달아지면, 이 무지는 용해되어 버립니다. 게다가 마음이 얻고자 하는 것을 위해, 감각 기관들은 그들의 모든 에너지를 동원해 노력합니다.

그러므로 참나를 의식하려고 노력함으로, 마음을 사고와 개념에 묶이게 하지 않는 자는 평화를 맛볼 수 있습니다. 처음에 존재하지 않았던 것은 지금도 존재하지 않습니다! 처음에 존재했고 지금도 있는 것은 절대적인 브람만입니다. 이것을 명상함으로써 평화를 얻을 수 있습니다. 왜냐하면 브람만은 평화이기 때문입니다. 언제 어디서 어떤 형태로든 그 밖의 어떤 것도 명상해서는 안 됩니다. 즐거움에 대한 희망을 최대한의 지성을 사용하여 힘껏 뿌리 뽑아야 합니다.

무지만이 늙음과 죽음의 원인입니다. 희망과 집착은 무지에서 비롯되는 마음의 조건화로 인해 가지를 칩니다. 이 가지들은 '이것은 내 재산이다.', '이 애들은 나의 자식들이다.' 등과 같은 개념을 만듭니다. 이 공허하며 비어 있는 물질적인 몸 속에 '나'라고 하는 것이 어디에 있습니까? 오, 라마여! '나', '나의 것' 등은 존재하지 않습니다. 하나의 참나만이 항상 진리입니다.

밧줄 속에서 뱀을 보는 것은 깨달은 상태가 아닌 무지의 상태에서만 가능합니다. 그러므로 깨달은 자의 눈에는 무한한 의식만이 존재하고 그 밖에 어떠한 것도 존재하지 않습니다. 오, 라마여! 무지한 사람이 되지 말고 현자가 되십시오. 이 세상 모습을 일으키는 마음의 조건화를 파괴하십시오. 왜 무지한 사람처럼 몸을 자신으로 생각하고 괴로워합니까? 몸과 참나는 함께 존재하는 듯 해도, 그것들은 분리할 수 있습니다. 몸이 죽을 때 참나는 죽지 않습니다.

오, 라마여! 사람들이 절대적인 브람만만이 존재한다는 진리를 잊고, 실재하지 않는 것과 존재하지 않는 무지를 확신하는 것이 정말 놀랍지 않습니까? 라마여! 무지가 존재한다는 어리석은 개념이 그대 속에 뿌리내리지 않도록 하십시오. 왜냐하면 의식이 이렇게 오염되면, 그것은 끊임없는 고통을 불러오기 때문입니다. 그것은 실재하지 않지만 진정한 고통의 원인이 될 수 있습니다! 신기루와 같은 환영이 존재하는 것, 그리고 공중을 날고 우주를 유영하는 것과 같은 여러 가지 환영들과 광경들을 보며 천당과 지옥을 경험하는 것은 다 무지로 인한 것입니다. 그러므로 오, 라마여! 이원론적 지각의 원인이 되는 마음의 조건화를 버리고 완전히 조건화되지 말고 있으십시오. 그러면 모든 것에 대해 비교할 수 없는 탁월함을 얻게 될 것입니다!

몇 분 동안 깊은 명상에 잠겼다가 라마는 물었다.

신성한 현자시여! 존재하지 않는 무지가 존재하지 않는 세계를 실재하는 것처럼 보이게 하는 환영을 만든다는 것이 진정으로 믿기지 않습니다. 어떻게 해서 이것이 가능한지 좀 더 자세하게 설명해 주십시오. 또 왜 라바나 왕은 모든 종류의 고통을 경험했는지 말해 주십시오. 이런 모든 고통을 경험하는 자는 누구 혹은 무엇인지를 말해 주십시오.

바시슈타는 대답했다.

오, 라마여! 의식이 어떤 형식으로 몸과 관련되어 있다는 것은 정말이지 진실이 아닙니다. 몸은 의식이 꿈 속에서처럼 생각해 낸 것일 뿐입니다. 자신의 에너지에 의해 옷이 입혀진 의식이 스스로를 제한하고 자신을 지바라고 생각할 때, 쉬지 않는 에너지를 부여받은 지바는 세상의 모습에 관련됩니다.

과거 행위의 결실을 누리거나 그로 인해 고통 받는 그리고 다양한 몸을 입고 있는 존재를 자아, 마음, 지바라고 합니다. 몸도, 깨달음을 얻은 존재도 고통을 받지 않습니다. 고통을 받는 것은 단지 무지한 마음뿐입니다. 마음이 세상의 모습을 꿈꾸는 것은 잠과 같은 무지 상태에 있을 때뿐입니다. 깨어 있거나 깨달은 상태에 있을 때는 그렇지 않습니다. 그러므로 이곳에서 고통을 겪는 존재인, 몸을 받은 존재를 마음, 무지, 지바, 마음의 조건화, 개체화된 의식이라 합니다.

몸은 감각이 없습니다. 따라서 즐길 줄도 모르고 고통을 받지도 않습니다. 무지는 경솔함과 지혜롭지 못함을 낳습니다. 따라서 즐기거나 고통을 받는 것은 무지일 뿐입니다. 태어나고, 울고, 죽이고, 가고, 다른 것들을 괴롭히고 하는 것은 몸이 아니라 마음이 합니다. 모든 환영과 상상 속에서와 마찬가지로 모든 행복과 불행의 경험 속에서, 모든 것을 행하는 것은 마음입니다. 그리고 이 모든 것을 경험하는 것도 마음입니다. 다시 말해서 마음이 곧 사람입니다.

라바나 왕이 고통을 받은 이유를 설명하겠습니다. 라바나는 하리슈 찬드라의 후손이었습니다. 라바나는 생각했습니다. "내 아버지는 장엄한 종교적인 제사를 올려 위대한 사람이 되었다. 나도 같은 제사를 올려야 한다." 그는 필요한 물건들을 모았습니다. 그리고 정원에 앉아서 종교인들과 일 년 내내 마음으로 제사를 올렸습니다.

마음으로 행해진 종교적인 의식을 성공적으로 마쳤기 때문에, 그는 그 결실에 대한 권리를 가졌습니다. 오, 라마여! 그래서 그대는 마음만이 모든 행위의 실행자고, 또한 모든 행복과 불행의 경험자라는 것을 압니다. 따라서 오, 라마여! 그대의 마음을 구원으로 난 길로 인도하십시오.

바시슈타는 계속 말했다.

나는 직접 라바나 왕의 궁궐에서 일어난 일을 목격했습니다. 그래서 마술사가 궁궐에서 갑자기 사라지고 사람들이 그 마술사가 누구인지 알고자 했을 때 나는 미묘한 통찰을 통해 그의 정체를 봤으며, 그가 신의 사자라는 것을 알았습니다. 라바나가 마음으로 행하고 있던 특별한 종교 의식에 참가하였던 자의 힘을 시험하기 위해 인드라가 온갖 고통을 주는 것은 전통입니다. 그가 가졌던 환영은 그 결과였습니다. 의식은 마음으로 행해지고, 환영들은 마음에 의해 경험됩니다.

똑같은 마음이 완전하게 정화되면, 모든 이원성과 그것이 만드는 다양성이 사라질 것입니다.

라마여! 나는 이미 그대에게 이전의 우주적 소멸 이후에 주기적 창조의 과정과, 어떻게 '나'와 '나의 것'이라는 잘못된 생각이 마음속에 들어오게 되었는지 그 과정을 이미 이야기했습니다. 지혜로 무장하고 요가에서 말하는 완전한 경지로 나아가게 하는 일곱 단계를 차례로 올라가는 사람은 이러한 것들로부터 해방을 얻습니다.

라마가 물었다.

신성한 분이시여, 말씀하신 일곱 단계는 무엇입니까?

바시슈타가 대답하였다.

오, 라마여! 내려가는 무지의 일곱 단계가 있으며, 올라가는 지혜의 일곱 단계가 있습니다. 이제 이것들에 대해서 말하겠습니다. 참나 지식 속에 있는 것이 해방입니다. 이것이 방해를 받으면, 자아와 속박이 일어납니다. 참나 지식의 상태는 마음의 동요도 없으며 혼란, 마음의 둔감함, 자아, 다양성의 개념도 없는 것입니다.

이 참나 지식을 가리는 미혹은 일곱 겹으로 되어 있습니다. 즉 깨어 있음의 씨앗 상태(seed state of wakefulness), 깨어 있음(wakefulness), 큰 깨어 있음(great wakefulness), 깨어 있는 상태의 꿈(wakeful dream), 꿈(dream), 꿈의 깨어 있음(dream wakefulness), 잠(sleep)으로 되어 있습니다. 순수한 의식 속에서 마음과 지바가 단지 이름만으로 존재하는 경우 이것은 깨어 있음의 씨앗 상태입니다. '나'와 '나의 것'이라는 개념들이 일어날 때, 이것이 깨어 있음이라고 합니다. 이러한 개념이 이전의 환생에 대한 기억에 의하여 힘을 얻으면, 그것은 큰 깨어 있음이 됩니다. 마음이 자신의 환영에 대해 완전히 깨어 있으며 그것들로 가득차 있을 때, 그것은 깨어 있는 상태의 꿈입니다. 아직은 실재인 것으로 나타나지만, 잠자는 동안에 경험하는 거짓된 개념들은 꿈입니다. 꿈의 깨어 있음 상태에서는 과거의 경험들을 사실인 것처럼 회상합니다. 전적으로 움직임이 없는 둔함을 위해 이것들을 버릴 때, 그것은 잠입니다. 이들 일곱 가지는 무수히 세분화된 하위 구분들을 가집니다.

바시슈타는 계속 말했다.

오, 라마여! 이제 지혜의 일곱 가지 상태나 단계들을 설명하겠습니다. 그것들을 알면 미혹에 사로잡히지 않을 것입니다. 첫 단계는 순수한 바람과 의도이며, 두 번째 단계는 탐구이며, 세 번째 단계는 마음이 미묘해지는 것이며, 네 번째 단계는 진리 속에 있는 것, 다섯 번째 단계는 집착과 속박으로부터의 완전한 자유이며, 여섯 번째는 대상화의 정지이고, 일곱 번째 단계는 이 모든 것을 초월하는 것입니다.

'왜 나는 계속 어리석은 자로 있는가? 나는 초연함을 연마하면서, 신성한 자와 경전을 찾을 것이다.' 이러한 바람은 첫 번째 상태입니다. 그래서 탐구인 직접적 관찰을 하게 됩니다. 이러한 모든 것이 가능하게 되면 무집착이 일어나며 마음은 미묘하고 투명한 상태가 됩니다. 이것이 세 번째 상태입니다. 이러한 세 가지가 수행될 때 구도자 속에 감각적 즐거움들로부터의 자연적 전환이 일어납니다. 그래서 자연적으로 진리 속에 있게 됩니다. 이것이 네 번째 상태입니다.

이러한 모든 것이 잘 수행되면, 완전한 무집착이 생기고 그와 동시에 진리의 본성에 대한 확신이 생깁니다. 이것이 다섯 번째 상태입니다. 그러고 나면 자신의 참나 안에서 기쁨이 생기고, 자신의 안과 밖 둘 다와 이원성과 다양성에 대한 지각이 멈추며, 다른 이들을 고취시킨 노력이 직접적인 영적 경험 속에서 결실을 맺습니다.

이후에는 어떤 다른 지지나 분리나 다양성도 없으며, 참나 지식은 자발적이고 자연적이게 됩니다. 그래서 끊어지지 않습니다. 이것이 일곱 번째인 초월의 상태입니다. 이것은 여기 살아 있는 동안에 해방된 상태를 말합니다. 이 상태를 넘으면 몸조차 초월한 자의 상태(뚜리야띠따)입니다.

라마여! 이러한 지혜의 일곱 가지 수준을 올라간 위대한 이들은 모두 신성한 자들입니다. 그들은 해방을 얻은 자들이고, 행복과 불행이라는 수렁에 다시는 빠지지 않습니다. 그들은 일을 할 수도 하지 않을 수도, 혹은 활동 상태에 있을 수도 그렇지 않을 수도 있습니다. 그들은 참나 속에서 기쁨을 맛보고 있으며, 다른 사람들이 그들을 행복하게 할 필요가 없습니다.

모두가 최고의 의식 상태를 얻을 수 있는데, 동물이나 원시인들조차 얻을 수 있고, 몸을 가진 자에 의해서나 심지어 몸을 가지지 않은 존재에 의해서도 가능합니다. 왜냐하면 이것은 지혜의 일어남과만 관련이 있기 때문입니다.

최고의 의식 상태에 도달한 자는 진정으로 위대한 인간입니다. 그들은 숭배받을 만합니다. 그들에 비하면 황제도 한낱 가치 없는 풀잎에 불과합니다. 왜냐하면 그들은 여기 지금에서 해방되었기 때문입니다.

바시슈타는 계속 말했다.

금이 자신이 금이라는 사실을 잊고 스스로를 반지라고 생각하고 '나는 금다운 성질을 잃었다.'라고 하며 울며 슬퍼하듯이, 참나는 무지하게도 자아적 존재를 상상합니다.

라마가 물었다.

신성한 분이시여! 무지와 자아는 어떻게 참나 속에서 생깁니까?

바시슈타가 말했다.

라마여! 비실재하는 것이 아니라 실재하는 것에 대해서 물어야 합니다. 진리 속에는 금이 없는 반지도, 제한된 자아도 존재하지 않습니다. 금세공인이 반지를 팔 때 그는 금의 무게를 잽니다. 왜냐하면 그것은 금이기 때문입니다. 반지 안의 반지에 대한 존재 그리고 무한한 의식 속의 유한한 형태를 거론해야 한다면, 그것을 아이 못 낳는 여인의 아들과 비교해야 합니다. 비실재적인 것의 존재는 비실재입니다. 그것은 무지에서 나오며 탐구를 하면 사라집니다. 무지하면, 은을 푸른 조개에서 보게 됩니다. 그러나 그것은 한 순간조차도 은 역할을 할 수가 없습니다! 그것이 푸른 조개라는 진실을 모르는 한, 무지는 계속됩니다. 모래에서 기름을 추출할 수 없듯이, 반지에서 금만 얻을 수 있듯이, 여기 이 우주에서는 두 개의 사물이 존재하지 않습니다. 무한한 의식만이 홀로 모든 이름과 형태로 빛날 뿐입니다.

그런 것이 완전한 무지, 환영 그리고 이 세상 과정의 본성입니다. 진정한 존재가 없다면, 자아라는 이 환영적인 개념만이 있게 됩니다. 자아는 무한한 참나 속에는 존재하지 않습니다. 무한한 참나 속에는 창조자, 창조물, 세상, 천국, 인간, 악마, 몸, 원소, 시간, 존재, 파괴, '너', '나', 자기, 그것, 진리, 거짓, 다양성이라는 개념, 명상, 즐김이 없습니다. 무엇이 있든지 간에, 우주라고 알려진 것이 무엇이든지 간에 지고의 평화만이 있습니다. 시작, 중간, 끝도 없습니다. 마음과 언어의 이해를 넘어서, 모든 것은 항상 모든 것입니다. 창조란 없습니다. 무한한 것은 결코 자신의 무한성을 버리지 않았습니다. 그것은 결코 이것이 될 수 없습니다. 그것은 드넓은 바다와 같습니다. 그러나 움직임이 없는 바다입니다. 그것은 태양처럼 스스로 빛을 발하지만 활동이 없습니다. 무지 속에서 지고의 존재가 대상으로, 세상으로 여겨집니다. 공간 속에 공간이 공간과 하나로 존재하듯이, 창조물로 보이는 것도 브람만 속에 브람만으로 존재하는 브람만입니다. 멀고 가까움, 다양성, 이곳과 저곳이라는 개념은 모든 도시를 비추는 거울 속의 두 사물 간의 거리와 같은 것입니다.

바시슈타는 계속 말했다.

환영과 같은 경험을 하고 난 다음 날, 라바나 왕은 생각했습니다. '나는 내가 환영 속에서 본 그곳으로 가야 한다. 아마 그 세상은 실제로 존재할 것이다.' 곧 그는 수행원들과 출발하여 남쪽으로 갔습니다. 얼마 지나지 않아 환영 속에서 본 광경과 그 당시 만났던 사람들과 같아 보이는 이들과 마주쳤습니다. 그가 그 종족의 사람으로 있는 동안에 알게 된 사람들을 만났습니다. 자신의 가난한 자식들까지도 보았습니다.

그는 고통 속에서 울면서 다음과 같이 외치는 늙은 여인을 보았습니다. '오, 사랑하는 남편이여! 당신은 우리들을 이렇게 남겨 두고 어디로 가 버렸단 말입니까? 나는 아름다운 내 딸을 잃었습니다. 그 애는 운이 좋게도 잘생긴 왕을 남편으로 맞아 시집을 갔답니다. 내 딸과 사위는 모두 어디로 가 버렸습니까? 슬프도다! 나는 그들 모두를 잃었습니다.' 왕은 다가가서 그녀를 위로했습니다. 왕은 그녀가 자신의 부족 아내의 어머니인 것을 알았습니다. 자비심에서 그는 그들에게 필요한 것들을 구할 수 있고 그가 전날 보았던 온 나라를 휩쓴 가뭄을 극복할 수 있을 만큼의 충분한 재물을 주었습니다. 얼마 동안 그들 중에 살다가 그는 궁궐로 돌아왔습니다.

다음 날 아침, 왕은 나에게 그 수수께끼를 설명해 달라고 했고 나의 설명을 듣고 매우 만족해 했습니다. 오, 라마여! 그러므로 무지의 힘은 실재하는 것과 실재하지 않는 것을 완전히 혼동하게 할 수 있는 능력이 있습니다.

라마는 물었다.

오, 현자시여! 이것은 진정 놀라운 일입니다. 어떻게 꿈 속이나 환영 속에서 본 것을 깨어 있는 상태에서도 경험할 수 있단 말입니까?

바시슈타는 대답했다.

오, 라마여! 그러나 이 모든 것은 무지입니다! 멀고 가까움, 순간과 영원의 개념은 모든 환영일 뿐입니다. 무지 속에서 실재는 실재하지 않는 것처럼 보이고, 실재하지 않는 것은 실재하는 것처럼 보입니다. 개체화된 의식은 그것의 조건화 때문에 그것이 생각하고 그것이 지각하는 것을 지각합니다. 무지로 인해 자아의 개념이 일어나는 순간, 처음과 중간 및 마지막이라는 미혹도 일어납니다. 그러므로 미혹에 빠진 자는 자신이 동물이라고 생각하고 이것을 경험합니다. 이러한 모든 것은 동시 발생적으로 우연히 일어나는 일입니다. 그것은 마치 까마귀가 야자나무로 날아가서 그 위에 앉자 까마귀가 떨어뜨리기라도 한 것처럼 야자열매가 떨어지는 것과 같습니다. 사실 까마귀가 그렇게 한 것이 아닙니다! 마찬가지로 전적인 우연의 일치와 무지 속에서, 실재하지 않는 것이 실재하는 듯 보입니다.

바시슈타는 계속 말했다.

최면의 상태에서 라바나 왕은 자신의 의식 속에서 한 왕자가 부족 여자와 결혼하는 것이 투사되는 것을 보았습니다. 그리고 그것이 마치 자신에게 일어난 듯이 경험했습니다. 인간은 인생의 초기에 했던 것을, 그 당시에는 그것에 많은 시간과 에너지를 들였을지라도, 잊습니다. 그리하여 그는 실제로 자신이 한 일을 하지 않은 것으로 생각합니다. 이러한 모순은 기억 속에서 자주 있는 일입니다.

인간은 때때로 과거의 사건을 마치 지금 일어나는 것처럼 꿈꾸듯이, 라바나는 자신의 비전 속에서 종족 사람들과 관계된 어떤 과거의 사건을 경험했습니다. 빈댜스 지역의 숲에 사는 사람들이 라바나의 의식에 나타난 비전들을 그들의 마음속에서 경험하였던 것은 가능한 일입니다. 또 라바나와 종족들이 그들 자신의 마음속에서 다른 사람들이 경험한 것을 보았다는 것도 있을 수 있는 일입니다. 아주 많은 사람들이 한 말이 진실인 것으로 받아들여지듯이, 많은 사람들이 경험하면 환영도 실재가 됩니다. 이러한 것들이 자신의 삶에 합쳐질 때, 그것들은 실재성을 얻습니다. 결국, 세상의 사물들이 자신의 의식 속에서 어떻게 경험되는가를 제외한다면, 이 세상의 것들과 관련된 진리는 도대체 무엇입니까?

모래 속의 기름이 실제적인 존재가 아니듯이, 무지는 실제적인 존재가 아닙니다. 무지와 참나는 어떠한 관련성을 가질 수 없습니다. 왜냐하면 동일하거나 유사한 것들 사이에서만 관련성이 있을 수 있기 때문입니다. 이것은 모든 사람의 경험 속에서 명확히 드러납니다. 이와 같이, 우주 속의 모든 것을 알 수 있는 것은 오직 의식이 무한하기 때문입니다. 그것은 주체가 스스로 빛을 가지지 않는 대상을 비추기 때문이 아니라, 의식이 이 모든 것이기 때문에 모든 사물은 지각하는 지성을 요구하지 않고도 스스로 빛을 내기 때문입니다. 지성이 스스로 나타나는 것은 의식이 그 스스로를 자각하는 행위 때문이지, 의식이 둔한 대상을 이해하는 때가 아닙니다.

이 우주 속에 감각이 있는 것들과 없는 것들이 혼합되어 있다고 말하는 것은 옳지 않습니다. 왜냐하면 그것들은 서로 섞이지 않기 때문입니다. 그것은 모든 것이 의식으로 가득하기 때문입니다. 이 의식이 그 스스로를 이해할 때 지식이 있습니다.

나무와 바위가 둔하게 보이지만, 우리는 그들 간의 관계를 볼 수 있습니다. 그러나 그러한 관계는 하나는 나무가 되고 하나는 바위가 되기 위해 어떤 변화를 겪었던 근원적 원소 속에 있습니다. 이것은 또한 맛을 느끼는 감각 기관에서도 볼 수 있습니다. 혀 속에 있는 맛을 느끼는 돌기는 음식 속에 있는 맛에 감응합니다. 왜냐하면 구성에 있어서의 그들의 유사성 때문입니다.

바시슈타는 계속 말했다.

그러므로 모든 관계는 이미 존재하고 있는 단일성에 대한 깨달음입니다. 주체와 대상으로의 분리라는 이전의 잘못되고 현혹된 추측 때문에 그것은 관계로서 간주되는 것입니다. 사실 하나이면서 모든 것 즉 무한한 의식만이 있을 뿐입니다. 오, 라마여! 따라서 이 우주가 무한한 의식임을 깨우치십시오. 이 우주는 의식의 힘의 마술로 채워져 있습니다. 그러나 어떤 것도 일어나지 않았습니다. 왜냐하면 완전히 채워진 것은 더 이상 채울 수 없기 때문입니다. 이 우주는 상상의 도시로 가득한 공간에서만 채워집니다.

금이 잊혀질 때만 팔찌가 보입니다. 팔찌는 금의 환영의 모습입니다. '나'라거나 '세상'이라는 환영의 개념도 그러하며, 반복되는 탄생이라는 환영의 개념도 그러합니다. 팔찌라는 거짓 개념이 거부될 때, 금에 대한 진실이 깨달아집니다. 주체와 대상이라는 거짓된 개념을 거부할 때, 분리를 만드는 무지가 없어집니다. 생각만이 이 모든 분리와 환영을 만듭니다. 생각이 멈출 때 창조도 멈춥니다. 그때 그대는 모든 파도들이 하나의 바다를 구성하고, 인형은 나무이며, 그릇은 진흙이고, 삼계는 절대적 브람만이라는 것을 깨닫습니다.

봄과 보이는 대상의 중간에는, 보는 자라고 알려져 있는 관계가 있습니다. 보는 자, 봄, 보이는 대상 간의 분리를 없애면, 그것이 바로 궁극입니다. 마음이 한 나라에서 다른 나라로 여행할 때, 그들 사이에는 우주적 지성이 존재합니다. 항상 그렇게 되도록 하십시오. 그대의 진정한 본성은 제한된 깨어 있는 의식, 꿈꾸는 의식, 잠자는 의식과 구별됩니다. 그것은 영원하며, 알려져 있지 않고, 둔하지 않습니다. 그것은 항상 그것으로 있습니다. 둔함을 제거하고 가슴 안에 있는 진리 안에 자리를 잡으십시오. 그리고 그때 바쁘게 활동을 하든지 명상을 하든지 간에 갈망과 증오 없이 몸이라는 의식에 빠지지 말고 늘 그것으로 남아 있으십시오. 앞으로 있을 마을의 일로 자신을 바쁘게 하지 않듯이, 그대 마음의 기분에 빠지지 말고, 진리 안에 자리를 잡으십시오. 마음을 외국인, 나무 조각, 돌덩이로 생각하십시오. 무한한 의식에는 마음이 없습니다. 이 존재하지 않는 마음에 의해서 행해진 것은 또한 실재하지 않습니다. 이러한 깨달음 속에 있으십시오.

정말이지 마음은 존재하지 않습니다. 만약 존재했더라도 지금 그것이 죽었습니다. 그러나 이 죽은 마음은 이 모든 것을 봅니다. 따라서 그것은 거짓 지각입니다. 이 깨달음 속에 확고히 있으십시오. 전혀 존재하지도 않는 이 마음에 의해 지배되는 자는 미친 자이고, 천둥이 달로부터 온다고 생각하는 자입니다! 그러므로 아주 멀리서 마음의 실재를 거부하고, 옳은 생각과 명상에 늘 헌신하십시오. 오, 라마여! 나는 매우 오랫동안 마음과 관련된 진리를 찾아보았습니다. 그러나 아무것도 찾지 못했습니다. 단지 무한한 의식만이 존재합니다.

바시슈타는 계속 말하였다.

무지라는 끝없이 보이는 강은 신성한 이들과 계속해서 같이 있음으로써만 건널 수 있습니다. 그러한 교제를 통해서 추구할 만한 가치가 있는 것과 피해야 할 것에 대한 지혜가 생깁니다. 그러고 나면 해방을 얻기 위한 순수한 소망이 생깁니다. 이것은 진지한 탐구로 안내합니다. 그때 마음은 미묘해집니다. 탐구가 마음의 조건화를 줄였기 때문입니다. 순수 지혜가 일어난 결과로서, 의식이 실재 안에서 움직입니다. 그때 마음의 조건화는 사라지고 무집착이 있습니다. 행위와 행위의 결실에 대한 속박은 없어집니다. 비전이 진리 속에 굳건히 자리 잡으며, 비실재에 대한 이해가 약해집니다. 이 세상에서 살면서 기능하는 동안에도 이 무조건적인 비전을 가진 자는 마치 잠든 것처럼 세상과 그것의 즐거움에 대한 생각 없이 해야 할 일을 합니다. 이렇게 몇 년을 살고 난 후에 완전히 해방되어 이 모든 상태들을 초월합니다. 그는 살아 있는 동안에도 해방되어 있습니다.

이렇게 해방된 현자는 얻은 것에 대해 들뜨지 않으며, 얻지 못한 것에 대해 슬퍼하지 않습니다. 오, 라마여! 그대 안에 마음의 조건화가 약해졌습니다. 진리를 알려고 하십시오. 무한한 의식인 참나 지식을 얻는다면, 슬픔, 미혹, 탄생과 죽음, 행복과 불행을 초월할 수 있습니다. 참나는 하나이며 분리되지 않았기에 그대에게는 친척들이 없으며, 그래서 그런 거짓 관계에서 오는 슬픔도 없습니다. 참나는 하나이며 분리되지 않았기에, 추구하고 갈망할 만한 가치를 지닌 것은 없습니다. 그릇이 깨어져도 그 속의 공간은 깨어지지 않듯이 이 참나는 변화를 겪지 않으며, 죽지도 않습니다.

　마음의 조건화가 극복되고 마음이 완전히 고요해지면, 무지한 자를 미혹하는 환영은 끝납니다. 환영이 큰 미혹을 만드는 것은, 이 환영(마야)이 명백히 이해되지 않을 때만 가능합니다. 그러나 일단 그것이 명확하게 이해되면, 그것은 무한한 것으로 보이며, 행복의 근원이 되고, 절대적인 브람만에 대한 깨달음이 됩니다. 참나, 브람만 등에 대해서 말하는 것은 단지 경전적인 가르침을 위해서입니다. 그러나 진리 속에서는 그것은 오직 하나입니다. 그것은 몸을 가진 존재가 아니라 순수 의식입니다. 알든 모르든, 몸을 가지고 있든 몸을 가지고 있지 않든 그렇습니다. 이 세상에 보이는 모든 불행은 몸에 속해 있습니다. 슬픔은 감각들이 파악하지 못하는 참나에 닿을 수 없습니다. 참나 안에는 욕망이 없습니다. 세상은 참나의 일부로서 소망이나 의도도 없이, 그것 안에 나타납니다. 오, 라마여! 나의 가르침을 통하여, 창조와 존재라는 거짓된 개념이 없어졌습니다. 그대의 의식은 이원성이 없이 순수해졌습니다.

제4부

존재에 관하여

바시슈타는 계속 말하였다.

오, 라마여! 세상 창조의 진정한 내용을 설명한 후, 이 세상 모습의 유지에 대해 다룰 것입니다. 세상의 모습에 대한 미혹이 지속되는 한, 지각의 대상으로서 이 세상은 존재합니다. 사실, 그것은 꿈에서 보는 광경만큼 실제적입니다. 왜냐하면 그것은 아무것도 없는 것을 바탕으로 해서 어떤 도구도 없이, 어느 누구에 의해서도 아닌 무에서부터 만들어졌기 때문입니다.

이 세상의 모습은 백일몽입니다. 그것은 본질적으로 비실재합니다. 그것은 무지개의 빛처럼 공간 위의 그림입니다. 그것은 넓게 흩뿌려진 안개와 같습니다. 그대가 그것을 붙잡으려고 하면, 그것은 아무것도 아닌 것입니다. 어떤 철학자들은 이것을 둔한 물질이나 공 혹은 원자들의 집합체로 취급합니다.

라마가 물었다.

이 우주는 궁극의 실재 안에서 씨앗의 상태로 존재하다가 다음 시대에 다시 나타난다고 말합니다. 이것은 어떻게 존재하며, 이런 관점을 가진 이들은 깨닫거나 혹은 무지한 것으로서 간주돼야 합니까?

바시슈타는 계속 말했다.

우주의 소멸 이후 이 우주가 씨앗의 상태로 존재한다고 말하는 사람들은 이 우주의 실재에 대해 확고한 신념을 가진 사람들입니다! 오, 라마여! 이것은 순진한 무지입니다. 그것은 가르치는 사람이나 듣는 사람이나 둘 다를 현혹시키는 완전히 빗나간 견해입니다. 식물의 씨앗은 미래의 나무를 포함하고 있습니다. 이것은 씨앗과 싹이 둘 다 감각과 마음으로 이해될 수 있는 대상들이기 때문입니다. 그러나 마음과 감각이 도달할 수 없는 곳에 있는 그것이 어떻게 세상을 위한 씨앗이 될 수 있겠습니까? 공간보다 더 미묘한 그곳에서, 어떻게 우주의 씨앗으로 존재할 수 있습니까? 그것이 그렇다고 했을 때, 어떻게 궁극의 존재로부터 우주가 출현할 수 있겠습니까?

어떻게 어떤 것이 무(無) 속에서 존재할 수 있겠습니까? 그리고 만약 그것 안에 우주라고 불리는 것이 있다면, 어떻게 그것이 보이지 않겠습니까? 어떻게 항아리 안의 빈 공간으로부터 나무가 나올 수 있겠습니까? 어떻게 두 개의 상반되는 것들인 브람만과 우주가 공존할 수 있겠습니까? 어두움이 태양 안에 존재할 수 있겠습니까? 나무가 씨앗 안에 존재한다고 말하는 것은 적절합니다. 이것 둘 다가 적절한 형태를 가지고 있기 때문입니다. 그러나 아무런 형상이 없는 것인 브람만 안에서, 이 우주적 세상의 형상이 존재한다고 말하는 것은 적절하지 않습니다. 그러므로 브람만과 세상 사이에 인과 관계가 있다고 추측하는 것은 아주 어리석은 일입니다. 진리는 오직 브람만만이 존재한다는 것이며, 세상으로 나타나는 것은 오직 브람만일 뿐입니다.

바시슈타는 계속했다.

라마여! 우주의 소멸 동안 절대적인 브람만 안에서 우주가 씨앗 상태로 있다면, 소멸 후에 우주가 나타나기 위해서는 협조적인 원인이 필요할 것입니다. 우주가 그러한 협조적인 원인이 없이 나타났다고 추정하는 것은 아이를 낳지 못하는 여인에게 딸이 있다고 추측하는 것입니다. 그러므로 근본적인 원인을 지고의 존재의 바로 본성으로 보아야 합니다. 그 본성은 소멸 후의 기간 동안에도 그렇게 존재하기를 계속합니다. 사람들은 그것 속에서 이 창조를 봅니다. 지고의 존재와 우주 간에는 아무런 인과 관계가 없습니다.

수백만의 우주들은 무한한 의식(찌뜨 아까샤)안에서 나타납니다. 그것은 지붕에 있는 구멍을 통하여 방 안으로 흘러드는 빛 줄기 속의 미세한 먼지와 같습니다. 하지만 미세한 먼지가 외부의 햇빛 속에서는 보이지 않는 것처럼, 세상은 비이원적인 지고의 의식 안에서는 보이지 않습니다. 사람의 본성이 그 사람 자체와 다르지 않은 것처럼, 이 우주도 무한한 의식과 다르지 않기 때문입니다.

우주 소멸의 끝에, 단지 기억에 지나지 않는 우주의 창조자가 일어났습니다. 그 기억으로부터 일어난 생각들이 이 세상을 나타나게 하였습니다. 그것은 그림 속의 떡보다 더 실제적이지 않습니다. 왜냐하면 이전의 세상의 순환에 있었던 신들(창조자 브람마 등)은 확실히 해방을 얻었기에, 기억에서 생각들이 일어났다는 것은 아무런 타당한 근거를 갖지 못하기 때문입니다. 기억해야 할 아무런 사람이 없는데, 어떻게 기억이 존재할 수 있겠습니까?

그러므로 이전의 경험이든 아니든 간에 의식에서 일어난 그 기억이 세상으로서 나타납니다. 무한한 의식 안에서 자연적으로 세상이 나타

나는 것을 자발적인 창조라 합니다. 이 세상의 모습은 우주적 인간으로
알려져 있는 에테르의 모습을 취하였습니다.

하나의 작은 원자 안에 공간, 시간, 행위, 물질, 낮과 밤 같이 모든 구
성 요소들을 지닌 삼계가 존재하는 것으로 나타납니다. 마치 대리석 속
에 조각되지 않은 형상이 있고, 그 형상은 팔다리를 지닌 형상을 가지
고 있으며 그렇게 무한하게 계속되듯이, 그것 속에 그와 같은 세상의
모습들이 있는 다른 원자들이 있습니다. 그러므로 오, 라마여! 깨달은
자나 무지한 자 둘 다의 눈에 비전은 사라지지 않습니다. 깨달은 자에
게 이것은 언제나 브람만이고, 무지한 자에게는 이것이 언제나 세상입
니다! 전적인 공(空) 속에서, 그대는 '거리'로 여겨지는 것이 보입니다.
무한한 의식 속에서, 그대는 '창조'라고 여겨지는 것을 봅니다. 창조란
본질적인 실재와 연결이 없는 그냥 단어에 불과한 것입니다.

슈끄라의 이야기

바시슈타는 계속하였다.

오, 라마여! 세상의 모습이라는 이 험난한 바다를 건너는 유일한 방법
은 감각들을 성공적으로 제어하는 것입니다. 다른 어떤 노력도 소용이
없습니다. 경전들에 대한 공부와 현자들과 사귐으로써 얻어지는 지혜를
갖추고, 자신의 감각들이 자신의 통제 아래에 있을 때, 그는 지각하는
모든 대상이 전적으로 존재하지 않는다는 것을 깨닫습니다.

라마여! 마음만이 이 모든 것입니다. 그것이 치유될 때, 세상의 모습
으로 나타나는 이 마술 또한 치유됩니다. 마음의 생각하는 능력에 의해

서만 이 마음은 몸이라는 것을 만듭니다. 마음이 기능하지 않는 곳에 몸은 보이지 않습니다! 따라서 대상들의 지각이라고 알려져 있는 심리적 마음을 다루는 것이 이 세상의 모든 치료들 중에서 최고입니다. 마음은 미혹을 만들고, 마음은 탄생과 죽음이라는 생각을 만듭니다. 그 자신의 생각의 직접적인 결과로, 그것은 속박되기도 하고 해방되기도 합니다.

라마가 물었다.

오, 성스러운 현자시여! 어떻게 이 거대한 우주가 마음 안에 존재하는지를 말씀해 주십시오.

바시슈타가 대답했다.

오, 라마여! 그것은 브람마나 소년들에 의하여 창조된 우주들과 같습니다. 다시 말하면, 그것은 라바나 왕에 의해 고통을 받았던 환영들과 같습니다. 여기에 또 다른 예가 있습니다. 내가 그대에게 할 이야기는 현자 슈끄라에 대한 이야기입니다.

아주 오랜 옛날, 현자 브리구는 산봉우리에서 심한 고행을 하고 있었습니다. 그의 아들 슈끄라는 그 당시에 젊은이였습니다. 아버지가 움직이지 않고 앉아 명상하는 동안, 그 젊은 아들은 아버지에게 필요한 모든 것을 돌보았습니다. 어느 날, 이 젊은이는 한 아름다운 요정이 하늘을 날고 있는 것을 보았습니다. 그의 마음은 그녀에 대한 욕망으로 혼란스러웠습니다. 그녀 역시 환한 젊은 슈끄라를 보았을 때 마음이 혼란스러웠습니다.

요정에 대한 욕구로 강렬하게 압도당한 슈끄라는 눈을 감고 마음으로 그녀를 뒤쫓았습니다. 그는 천국에 도달했습니다. 그곳에서 그는 찬란한 천상의 존재들, 신들과 그들의 배우자들, 천상의 코끼리들과 말들을 보았습니다. 그는 또한 이 우주를 다스리는 여러 신들과 더불어 창조자 브람마를 보았습니다. 그는 완전한 존재(싯다)들을 보았습니다. 그는 천상의 음악을 들었습니다. 그는 천국에 있는 천상의 정원들로 갔습니다. 마침내 그는 비할 수 없이 아름다운 요정들의 시중을 받으면서 위엄 있게 앉아 있는 천국의 왕 인드라를 보았습니다. 그는 인드라에게 절했습니다. 인드라도 그의 왕좌에서 일어나 젊은 현자 슈끄라에게 인사를 하면서 오랫동안 천국에 머무르라고 청했습니다. 슈끄라도 그렇게 하기로 동의했습니다.

바시슈타가 계속하였다.

슈끄라는 예전의 자신의 정체성을 완전히 잊었습니다. 인드라의 궁전에서 약간의 시간을 보낸 후에, 슈끄라는 천국을 떠돌았습니다. 곧 그가 보았던 요정이 있는 곳을 발견하였습니다. 소망을 충족시키는 것이 천국의 특징이므로, 그들은 서로를 보자 서로에 대한 욕망으로 압도당했습니다.

슈끄라는 그가 요정을 만났던 그 쾌락의 정원이 밤의 어둠으로 둘러싸이기를 원했습니다. 그래서 어둡게 되었습니다. 슈끄라는 그때 그 정원에 있는 아름다운 휴식처로 들어갔습니다. 요정도 뒤따라 들어갔습니다. 그녀는 간청하기를, "위대한 분이시여! 나는 당신에 대한 욕망으로 괴롭습니다. 오직 우둔한 사람이 사랑을 비웃지만, 현명한 사람들은 그렇지 않습니다. 심지어 삼계의 지배권조차도 사랑하는 사람과 함께하는 기쁨에 견주지 못합니다. 그러므로 바라건대 당신의 가슴속에 저의 안식처를 주십시오." 하고 말하며, 그의 가슴 위로 무너졌습니다.

슈끄라는 천국에서 마음대로 떠돌아다니면서 그 요정과 함께 아주 오랜 시간을 보냈습니다. 그는 여덟 세상의 순환 동안 요정과 함께 살았습니다.

오랜 시간이 지난 후 그의 공덕이 소멸되어 버리자, 슈끄라는 그 요정과 함께 하늘에서 떨어졌습니다. 그들의 미묘한 육체가 지구상에 떨어졌을 때, 그들은 이슬방울이 되어 곡물 속으로 들어갔습니다. 신성한 브람마나가 그 곡물을 먹었습니다. 그로부터 그의 아내는 그들의 정수를 받았습니다. 슈끄라는 그들의 아들이 되었습니다. 그는 그곳에서 자랐습니다. 그 요정은 암사슴이 되었고, 슈끄라는 그녀를 통해 인간의 아이를 낳았습니다. 그는 이 아들에게 대단히 집착하게 되었습니다. 이 아이에 의해 생겨난 근심과 갈망이 슈끄라를 나이 들게 했고, 그는 기쁨을 바라며 죽었습니다.

이 때문에 슈끄라는 다음 생애에서 왕국의 통치자가 되었습니다. 그는 고행과 신성한 삶을 갈망하며 죽었습니다. 다음 생애에서 그는 신성한 사람이 되었습니다. 이렇게 이 몸에서 또 다른 몸을 거치면서 온갖 종류의 운명을 견딘 후에, 슈끄라는 강둑 위에 확고히 앉아 강한 고행을 행했습니다.

자신의 아버지 앞에 앉아 명상하면서, 슈끄라는 오랜 시간을 보냈습니다. 그의 몸은 극도로 쇠약해졌습니다. 그 동안에 쉬지 않는 마음은 계속적인 수명, 탄생과 죽음, 천국으로의 상승과 땅으로의 하강 그리고 은둔자의 평화로운 삶의 인생들을 창조했습니다. 이것들에 너무 몰두한 나머지 그는 그것들을 진실로 간주했습니다. 몸은 여러 험난한 날씨들 때문에 살갗과 뼈만 남게 되었습니다. 그것은 보기만 해도 두려울 만큼 끔찍했습니다. 하지만 그 몸이 깊은 명상에 몰두하고 있는 현자 브리구 앞에 똑바로 서 있었고 슈끄라 자신도 요가 수행을 통하여 정신적인 힘을 부여받았기 때문에 육식 동물에게 먹히지는 않았습니다.

바시슈타는 계속했다.

천상의 백 년 동안을 명상한 후에 현자 브리구는 자리에서 일어났습니다. 그는 앞에 있는 아들 슈끄라를 보지 못하고, 바싹 말라 버린 육체를 보았습니다. 눈구멍 속에서 빠른 속도로 번식하는 벌레들의 서식처가 된 그 육체는 보기만 해도 소름끼쳐 보였습니다. 그가 보았던 것에 깊이 유감으로 여기고 사건들의 자연적 진행을 깊이 생각하지 않고서, 브리구는 노여움에 차서 자신의 아들의 이른 죽음을 일으킨 것에 대하여 시간을 저주하기로 했습니다.

시간 또는 죽음은 육체적인 모습으로 현자에게 즉시 다가왔습니다. 시간은 한 손에 검을, 다른 손에 올가미를 들고 있었습니다. 그는 꿰뚫을 수 없는 갑옷을 입고 있었습니다. 그는 여섯 개의 팔과 여섯 개의 얼굴을 가지고 있었습니다. 그는 많은 무리의 하인들과 사신들에 의해 둘러싸여 있었습니다. 그는 자신의 몸과 손에 들고 있는 무기에서 뿜어져 나오는 파괴의 불꽃으로 빛났습니다.

고요하며 단호한 목소리로 시간은 브리구에게 다음과 같이 말했습니다.

오, 현자시여! 당신 같은 지혜로운 현자가 그와 같은 무가치한 행동을 하려는 이유는 무엇입니까? 지혜로운 이들은 기분이 상했을 때도 흥분하지 않습니다. 그러나 어느 누구도 당신을 화나게 만들지 않았음에도 불구하고 당신은 마음의 균형을 잃었습니다! 당신은 정말로 숭배할 만한 사람이고, 나는 행동의 적절한 방식을 엄격히 지키는 이들 중의 하나입니다. 그러므로 나는 어떤 동기도 없이 당신에게 절합니다.

저주하려고 쓸데없이 힘을 드러냄으로써 당신의 공덕을 낭비하지 마십시오! 우주를 용해시키는 불마저도 내게 영향을 주지 않는다는 것을 아십시오! 나는 우주 소멸의 불에도 영향을 받지 않음을 아십시오. 그러므로 저주로써 나를 파괴하기를 바라다니 얼마나 유치한 일입니까!

나는 시간입니다. 나는 수많은 존재들, 아니 이 우주를 지배하는 신들조차도 파괴하였습니다. 성스런 분이시여! 나는 먹는 자이며, 당신은 우리의 음식입니다. 이것은 정말이지 자연적으로 정해져 있는 것입니다. 이 관계는 좋아하거나 싫어하는 상호 관계들에 기초를 둔 것이 아닙니다. 본래부터 불은 위쪽을 향하여 타오르며, 물은 당연히 아래로 흐릅니다. 음식은 자신을 소비시킬 자를 찾고, 창조된 대상들은 자신들의 종말을 좇습니다. 이것이 신에 의해 정해져 온 방식입니다. 모두의 자신 안에 참나가 그 자신으로서 거주합니다. 정화된 눈에게는 행위자도 없고 즐기는 자도 없습니다. 그러나 구분을 보는, 정화되지 않은 눈에서는 그러한 구분이 존재하는 것처럼 보입니다.

당신은 정말이지 진리를 아는 자이며, 여기에는 행위한다는 것도 행위하지 않는다는 것도 없음을 당신은 압니다. 창조물들은 나무의 꽃처럼 오고 가며 그것들의 원인을 가린다는 것은 추측에 불과한 것입니다. 이러한 모든 것은 시간으로 귀착됩니다. 이것은 실재 혹은 비실재로 생각될 수도 있습니다. 왜냐하면 호수의 표면이 출렁일 때 달의 그림자도 출렁이는 것처럼 보일 수 있기 때문입니다. 이것은 진실이며 동시에 거짓이라고도 여겨질 수 있습니다.

시간은 계속 말했습니다.

분노를 일으키지 마십시오, 오, 현자시여! 그것은 확실히 재앙으로 가는 길입니다. 왜냐하면 되어야 할 것이 되기 때문입니다. 이 진리를 깨달으십시오. 우리는 공허한 것에 흔들리지 않습니다. 우리는 우리 본래의 타고난 경향성들을 이루려 하는 자연스러운 경향이 있습니다. 그러한 것이 정말이지 현명한 사람들의 본성입니다. 현명한 이들은 여기서 행해야 하는 것을, 마치 깊은 잠 속에서처럼 자아 없고 이기적이지 않은 채 행해야 합니다. 이것이 어겨지도록 하지 마십시오.

당신의 지혜, 위대함, 도덕적 용기는 어디에 있습니까? 오, 현자시여! 희열로 가는 길을 알면서도 왜 당신은 바보처럼 행동합니까? 당신은 무르익은 과일이 땅에 떨어진다는 것을 잘 알고 있습니다. 이러한 사실을 무시한 채, 당신은 왜 나를 저주하려 합니까?

당신은 누구나 신체적인 몸과 마음의 몸이라는 두 개의 몸을 가지고 있다는 것을 잘 알고 있습니다. 신체적인 몸은 생명이 없으며 그것 자신의 멸망으로 치닫고 있습니다. 마음은 유한하며 정돈되어 있습니다. 그러나 그 마음은 당신 속에서 혼란되어 있습니다! 아이들이 진흙을 가지고 노는 것처럼, 마음은 몸을 자신의 장단에 맞춰 춤추게 하면서 마음속에서 계속적인 변화들을 오게 합니다. 마음의 행위들만이 행위입니다. 마음이 만들어 낸 생각들이 굴레의 원인이며, 마음의 순수한 상태가 해방입니다. 팔다리들이 있는 몸을 만드는 것은 마음입니다. 마음은 지각이 있기도 하고 없기도 한 존재들입니다. 이 모든 끝없는 다양성은 단지 마음입니다. 결정하는 기능을 하는 마음을 지성이라 하며, 동일시하는 기능의 마음을 자아라 합니다. 육체적인 몸은 오직 물질적인 물체일 뿐입니다. 그러나 마음은 몸을 자신의 것이라고 여깁니다. 하지만 마음이 진리를 향한다면, 마음은 몸과 동일시하는 것을 포기하고 지고의 존재를 성취합니다.

오, 현자시여! 당신이 명상에 몰두해 있는 동안, 당신의 아들은 그의 공상 속에서 아주 멀리 가 버렸습니다. 그는 '브리구의 아들'이었던 몸을 남기고 하늘로 올라가 버렸습니다. 하늘에서 그는 천상의 요정과 즐거움을 누렸습니다. 시간이 흐르고 그가 지녔던 공덕이 그런 쾌락에 의해 없어지자, 그는 요정과 함께 잘 익은 과일처럼 땅으로 떨어졌습니다. 그는 하늘의 몸은 하늘에 남겨두어야 했습니다. 그는 땅에 떨어져 육체적인 몸으로 태어났습니다. 이곳 땅 위에서 그는 연속되는 탄생들을 겪어야만 했습니다. 계속해서 그는 브람마나 소년, 왕, 어부, 백조, 다시 왕, 정신적 힘들을 지닌 요기, 천상의 반신반인, 현자의 아들, 다시 왕, 그리고 다시 현자의 아들이 되었고, 사악한 행동 때문에 그는 사냥꾼, 왕, 그러고 나서 벌레들과 식물들, 당나귀, 대나무, 중국에서 사슴, 뱀, 새 그리고 다시 한 번 반신반인, 그리고 지금 다시 한 번 그는 바수데바라는 브람마나의 아들이 되었습니다. 그는 경전들에 정통하며, 지금은 신성한 사망가 강둑에서 고행에 전념하고 있습니다.

바시슈타는 계속 말했다.

시간(야마)의 말에 용기를 얻은 현자 브리구는 아들의 삶을 지켜보려고 지혜의 눈 안으로 들어갔습니다. 즉시 그는 자신의 지성 속에서 아들의 전생에 관한 이야기 전부를 보았습니다. 자신이 본 것에 대해 경이로움을 느끼며, 그는 자신의 몸 속으로 다시 들어갔습니다.

아들에 대한 집착들을 완전히 없앤 브리구가 말했습니다.

신이시여! 당신은 정말이지 과거, 현재, 미래를 알고 있는 반면에, 우리는 거의 이해를 하지 못하고 있습니다. 비실재가 실재처럼 보이는 이 세상의 모습은 지혜를 지닌 대단한 이조차 미혹시킵니다. 확실히 이 모든 것은 당신 안에 있으며, 오직 당신만이 마음의 상상들이 만들어 낸 이 환영의 참된 모습을 알고 있습니다.

나의 아들은 죽지 않았습니다. 하지만 아들이 죽었다고 여김으로써 나는 동요하였습니다. 나는 아들이 때가 오기도 전에 내게서 떠났다고 생각했습니다. 신이시여! 우리는 땅에서 일어나는 일들의 과정을 알기는 하지만, 우리가 행운과 불행으로 여기는 것으로 인해 기쁨과 슬픔으로 움직입니다.

이 세상에서 분노는 사람들로 하여금 분노해서는 안 될 것을 분노하게 하지만, 고요는 해야 할 것을 하게 합니다. 세상의 모습에 대한 미혹이 존재하는 한, 적절한 행동과 그렇지 못한 행동 사이의 구별은 타당합니다. 이곳에 있는 존재들에게 피할 수 없는 죽음을 가져오는 자연적인 작용 때문에 동요하는 것은 적합하지 않습니다.

당신의 은총으로 나는 다시 나의 아들을 보았고, 마음만이 몸일 뿐이며 이 세상에 대한 비전을 그려 내는 것도 마음이라는 것을 깨달았습니다.

시간이 말했습니다.

오, 현자시여! 좋은 말을 하셨습니다. 진실로 마음이 몸입니다. 마치 도공이 항아리를 만들 듯이, 단지 생각들만으로 몸을 만드는 것도 마음입니다. 마음은 새로운 몸을 만들고, 존재하고 있는 것들의 파괴를 가져옵니다. 원하기만 하면 이 모든 것들이 그렇게 됩니다. 그림의 떡에 불과한 것들을 만들어 내는 미혹이나 환영, 꿈, 비합리적인 생각의 기능들이 마음속에 있다는 것은 확실합니다. 바로 그처럼 마음은 그 스스로의 안에 몸의 형상을 만듭니다. 하지만 둔한 육체적 비전을 지닌 무지한 자는 육체적인 몸을 마음과 독립적인 것으로 봅니다.

깨어 있음, 꿈, 잠이라는 세 가지 세상이란 단지 마음의 기능들의 표현에 불과합니다. 이 표현은 실재도 아니며 비실재도 아니라고 여길 수 있습니다. 다양성으로 지각에 의하여 조건 지어진 마음이 무엇을 볼 때, 마음은 다양성을 봅니다.

시간이 계속했습니다.

마음은 '나는 약하다, 불행하다, 어리석다' 등과 같은 수많은 개념들을 가짐으로써 이 세상의 모습에 휘말립니다. 이러한 모든 것은 마음의 거짓된 창조물이며, '나는 내가 존재하는 것(I am that I am)'이라는 이해가 일어날 때, 그때서야 지고의 평화가 자신의 의식 안에 일어납니다.

마음은 그 안에 무한히 다양한 파도들을 지닌 광대한 바다와 같습니다. 그 위에서 크기가 다른 잔물결과 파도들이 일어나고 떨어집니다. 작은 파도는 자신이 작다고 생각합니다. 큰 파도는 자신이 크다고 생각합니다. 바람 때문에 부서진 파도는 자신이 망가졌다고 생각합니다. 어떤 파도는 춥다고 생각하고, 또 다른 파도는 따뜻하다고 여깁니다. 그러나 모든 파도들은 단지 바다의 물일 뿐입니다. 바다 안에 파도들이 없다고 말하는 것이 정말이지 진리입니다. 오직 바다만이 존재합니다. 하지만 파도들이 있다는 것 또한 진실입니다!

그와 같이, 절대적인 브람만이 존재할 뿐입니다. 그러나 브람만은 전능하기 때문에, 그것의 무한한 능력들의 자연스러운 표현은 이 우주 안에 무한한 다양함으로 나타납니다. 다양함은 자기 자신의 상상 안에 있을 때를 제외하고는 아무런 실재적 존재를 가지지 않습니다. '이 모든 것은 정말이지 절대적인 브람만이다.'라는 것이 이 진리 안에 확고합니다. 다른 모든 개념을 포기하십시오. 파도들 등이 바다와 다르지 않은 것처럼, 이 모든 사물은 브람만과 다르지 않습니다. 씨앗 속에 풍성한 나무가 잠재적으로 숨겨져 있듯이, 브람만 속에 온 우주가 영원히 존재하고 있습니다. 여러 색깔의 무지개가 햇빛에 의해 만들어지듯이, 이 모든 다양성이 하나 안에서 보입니다. 둔한 거미줄이 살아 있는 거미에게서 나오는 것처럼, 이 둔한 세상은 무한한 의식에서 나왔습니다.

누에가 고치를 짜서 스스로를 감듯이, 무한한 존재는 이 우주를 공상하고는 그 속에 갇힙니다. 코끼리가 묶여 있던 기둥에서 애쓰지 않고 풀려 나듯이, 참나는 자신의 속박으로부터 그 스스로를 해방시킵니다. 왜냐하면 참나는 참나가 생각하는 방식으로 존재하기 때문입니다. 사실 신에게는 속박도 해방도 없습니다. 나는 속박과 해방의 이러한 개념들이 어떻게 존재 속으로 들어왔는지를 알지 못합니다! 속박이나 해방은 없으며, 오직 무한한 존재만이 보입니다. 하지만 영원한 것은 일시적인 것에 의해 가려져 있습니다. 이것은 진실로 대단한 경이 또는 커다란 환영입니다.

이 마음이 무한한 의식 안에서 나타나는 순간, 다양성의 개념들 또한 일어납니다. 그래서 이 개념들은 무한한 의식 안에 존재합니다. 이것 때문에 이 우주 안에 다양한 신들과 수많은 창조물의 종들이 존재하는 것처럼 보입니다. 어떤 것은 수명이 길고 어떤 것은 짧고, 어떤 것은 크고 어떤 것은 작고, 어떤 것은 행복하고 어떤 것은 불행합니다. 이 모든 살아 있는 실체들은 단지 무한한 의식 속의 개념들에 불과합니다. 어떤 것은 스스로를 무지하고 구속되었다고 여기고, 다른 것들은 무지로부터 자유로우며 해방되어 있습니다.

시간이 계속 말하였습니다.

오, 현자시여! 신들과 악마들, 그리고 인간들은 브람만이라고 알려져 있는 의식의 이 우주적 바다와 다르지 않습니다. 이것이 진리이며, 다른 모든 주장들은 거짓입니다. 그들은(신들 등) 잘못된 개념들 즉 '나는 절대적인 존재가 아니다.'와 같은 말들을 받아들입니다. 그래서 불순과 몰락의 감정을 자신 위에 덮습니다. 그런 그들조차도 의식이라는 이 우주적 바다 안에 늘 거주하고 있습니다. 하지만 자신을 브람만과 분리되었다고 생각하고는, 그들은 미혹됩니다. 언제나 순수하지만, 그들은 그들 자신 위에 불순물을 덧씌웁니다. 이것이 행복, 불행, 무지와 깨달음 등과 같은 모든 그들의 행위들과 그 결과들의 씨앗입니다.

이러한 존재들 중 어떤 것들은 쉬바와 비슈누 같이 순수하고, 어떤 것들은 사람과 신들처럼 약간 오염되었고, 어떤 것들은 나무와 관목들처럼 짙은 미혹에 빠져 있고, 어떤 것들은 벌레들처럼 무지에 의해 눈 멀게 되었고, 어떤 것들은 지혜와는 멀리 떨어져서 방황하고, 어떤 것들은 브람마, 비슈누 그리고 쉬바와 같이 깨달음과 해방의 상태에 도달했습니다.

이와 같이 무지와 미혹의 수레바퀴 속에서 돌고는 있지만, 지고의 진리와 관련된 지혜에 발을 들여놓을 때 그는 즉시 구원됩니다.

이들 중 미혹 속에 굳게 뿌리내린 나무와 같은 자들과 미혹을 완전히 제거한 자들은 경전들의 연구에 골몰할 필요가 없습니다. 경전들은 악의 본성을 따르는 무지의 상태에서 깨어나 악의 표현이 그친 이들과, 지성이 자연적으로 그런 경전이 주는 가르침을 찾는 사람들에게 지침을 주기 위해 깨달은 이들이 만든 것입니다.

오, 현자시여! 이 세상에서 즐거움과 고통을 경험하는 것은 존재들이 지닌 육체적인 몸이 아니라 마음입니다. 사실 육체적인 몸은 다름이 아니라 마음의 상상의 결과에 불과합니다. 육체적인 몸은 마음과 독립되어 있는 실체가 아닙니다. 당신의 아들은 그 자신의 마음속에서 의도하였던 모든 것을 경험합니다. 우리는 이것에 대해 져야 할 책임이 없습니다. 이 세상 여기의 모든 존재들은 그들 자신이 지닌 잠재성과 경향성이라는 창고에서 나온 그런 행동들만을 합니다. 다른 어느 누구도 그러한 행동들에 책임이 있지 않습니다. 초인간적인 존재나 신들까지도.

자, 천국의 즐거움을 잠시 감상한 후에, 당신의 아들이 고행에 전념하는 곳으로 가 봅시다.

(이와 같이 말하고서, 시간 야마는 브리구를 붙잡고 멀리 데려갔다. 현자 바시슈타가 이렇게 말하는 동안 팔 일째 날이 저물었고, 모인 사람들은 흩어졌다.)

바시슈타가 계속 말하였다.

오, 라마여! 현자 브리구와 시간을 지배하는 신은 사망가 강둑을 향해 갔습니다. 그들이 만다라 산으로 내려가고 있을 때, 그들은 완벽하고 깨달은 현자들이 살고 있는 아름다운 숲들을 보았습니다. 그들은 발정기에 있는 힘센 코끼리들도 보았습니다. 그들은 다른 완벽한 현자들도 보았는데, 그들에게 천상의 요정들은 장난스럽게 꽃을 던지고 있었습니다. 그들은 숲을 거닐고 있는 깨달음을 얻은 불교 수도승들을 보았습니다. 그러고 나서 그들은 마을과 도시들이 점점이 흩어져 있는 평야를 따라 내려갔습니다. 곧 그들은 사망가 강둑에 도착했습니다.

그곳에서 현자 브리구는 그의 아들을 보았습니다. 비록 그가 우주 안에 살고 있는 존재들의 운명을 충분히 비추고 있을지라도, 그는 이전과 다른 몸과 평화로운 기질을 가진 사람이었습니다. 그의 마음은 깨달음의 평온 속에 있었습니다. 이 빛나는 젊은이는 생각들과 반대 생각들의 유희가 멈춘 마음의 완전한 정지 상태에 도달한 것처럼 보였습니다. 그는 주위에 있는 것을 반사하는 것조차도 관심이 없는 수정처럼 절대적으로 순수했습니다! 그의 마음속에는 '이것은 얻어야 한다.'나 '이것은 피해야 한다.'라는 생각이 없었습니다.

시간은 이 젊은이를 가리키며 브리구에게 말했습니다. "이 사람이 당신의 아들입니다." 슈끄라는 "일어나라."는 말을 들었고 조용히 눈을 떴습니다. 그의 앞에 서 있는 두 사람의 빛나는 존재들을 보고, 그는 그들에게 예의를 갖춰 인사하고는 그들을 바위 위에 앉게 했습니다. 그는 부드럽고 감미롭게 말했습니다. "신성한 분들이시여! 나는 진실로 두 분 모두를 보는 축복을 받았습니다! 내 앞에 있는 당신의 현존으로, 경전을 연구하거나 고행이나 지혜나 지식에 의해서도 파괴되지 않은 마음이 주는 미혹들이 없어졌습니다. 감로가 쏟아지는 것이라도 신성한 분들을 대하는 것만큼의 행복은 주지 못합니다. 두 분의 발이 밟은 땅조차도 성스럽습니다."

현자 브리구가 그에게 말했습니다. "자신에 대해 회상해 보십시오. 왜냐하면 당신은 무지한 사람이 아니기 때문입니다!" 즉시 슈끄라는 자신의 예전 존재를 기억하게 되었습니다. 잠시 눈을 감고 그는 그것을 바라보았습니다.

슈끄라가 말했습니다.

"보십시오. 나는 수많은 고통과 기쁨의 경험들, 지혜와 미혹을 경험하는 수많은 몸들을 통과하였습니다. 나는 잔인한 왕, 탐욕스런 상인, 떠돌아다니는 고행자였습니다. 내가 즐기지 않은 쾌락이 없으며, 나는 모든 행위들을 했으며, 모든 불행과 행복을 겪어 보았습니다. 지금 나는 바라는 것이 없으며, 피하고 싶은 것도 없습니다. 자연스럽게 진행되는 대로 둘 뿐입니다. 아버지, 예전의 저의 육체가 말라 있는 장소로 함께 갔으면 합니다."

바시슈타는 계속 말했다.

곧 그들은 브리구의 아들인 슈끄라의 몸이 있던 장소에 도착했는데, 그 몸은 부패가 상당히 진행되어 있었습니다. 이것을 보면서 슈끄라는 통곡했습니다. "아! 천상의 요정들에 의해서 숭배 받고 사랑을 받았던 이 몸을 보라. 그것은 이제 벌레와 해충들의 서식처가 되었다. 향으로 발라지던 몸이 지금은 먼지로 덮여 있다. 아, 몸이여! 너는 지금 시체라고 불리고, 너는 나를 정말 두렵게 하는구나. 맹수들조차 너의 끔찍스러운 모습을 두려워한다. 감각들이 전혀 없는 이 몸은 개념과 사고에서 완전히 자유로운 상태이다. 마음이라는 악귀에서 자유로워진 채, 그것은 자연적인 재난들마저도 영향을 끼칠 수 없는 상태로 있다. 마음이라는 쉬지 않는 원숭이의 장난을 없앤다면, 이 몸이라는 나무는 뿌리째 뽑혀 쓰러진다. 내가 이 깊은 숲 속에서, 슬픔에서 해방된 이 몸을 볼 수 있다는 것은 참으로 대단한 행운이다."

라마가 물었다.

성스러운 분이시여! 슈끄라는 수많은 몸들을 경험했음에도 왜 브리구에게서 태어난 몸의 운명을 슬퍼합니까?

바시슈타가 대답했다.

라마여! 모든 다른 몸들은 이 원래의 몸이었던, 현자 브리구의 아들 슈끄라가 가졌던 몸의 환영들이었기 때문입니다. 이전의 소멸의 끝에 창조가 있은 후 곧, 무한한 의식의 의지 때문에 음식이 되어 현자 브리구의 몸에 들어갔던 지바 즉 살아 있는 영혼은 나중에 슈끄라가 되어 태어났습니다. 이 영혼이 브람마나 소년의 탄생에 적합한 모든 의식들과 제식들을 누렸던 것은 바로 그 몸 속에서였습니다.

지금은 바수데바인 슈끄라는 왜 그 몸에 대해 슬퍼했습니까? 현명하든 무지하든 몸이 지속되는 한, 몸의 기능들은 그것의 본성에 따라 변함이 없이 움직입니다. 몸을 가지고 태어난 사람은 집착한 채로 아니면 집착하지 않은 채로 세상에서 적절하게 기능을 합니다. 집착과 그렇지 않은 것의 차이는 그들의 마음의 경향성들에 있습니다. 현자들의 경우에는 해방되어 있으며, 무지한 자들의 경우에는 구속되어 있습니다. 몸이 있는 한, 고통은 고통스럽고 기쁨은 즐거울 것입니다. 그러나 현자들은 둘 다에 집착하지 않습니다. 위대한 이들은 사실은 깨달았음에도 불구하고 무지한 사람처럼 기쁨 속에서는 즐기고 고통 속에서는 고통스러워하는 행동을 하는 것처럼 보입니다. 감각 기관들은 자유롭게 두고 행위 기관들은 억제하고 있는 이는 깨달음을 얻은 것입니다. 감각 기관들은 억제되어 있지만 행위 기관들이 자유로운 이는 굴레 속에 있습니다. 현자들은 외적으로는 사회의 규범을 지키고 있지만 내적으로는 동조의 모든 요구로부터 자유롭습니다. 오, 라마여! 모든 열망과 갈망을 포기하고, 그대가 늘 순수한 무한한 의식임을 깨닫고, 행할 필요가 있는 것을 행하십시오.

바시슈타가 계속 말했다.

젊은 고행자인 바수데바가 그의 이전의 몸의 운명에 대해 슬퍼하는 것을 듣고서, 시간(혹은 죽음)이 끼어들어 슈끄라에게 말했습니다.

시간(혹은 죽음)이 말하였습니다.

오, 브리구의 아들이여! 왕이 자신의 왕국으로 다시 들어가듯이, 그대의 이 몸을 버리고 그대의 다른 몸으로 다시 들어가십시오. 슈끄라의 그 다른 몸을 가지고, 다시 고행에 전념하여 악마들의 영적 지도자가 되십시오. 한 시대의 막바지에 그대는 그 몸을 버리고는 다시는 몸으로 나타나지 않을 것입니다.

이렇게 말하고, 시간은 바로 그 장소에서 사라졌습니다.

그 후 곧 슈끄라는 사망가 강둑에서 맹렬히 고행했던 바수데바의 몸을 버렸습니다. 그리고는 현자 브리구의 아들 슈끄라의 부패된 몸으로 다시 들어갔습니다. 바로 그 순간, 바수데바의 몸은 뿌리 뽑힌 나무처럼 쓰러져 시체가 되었습니다. 현자 브리구는 그 몸을 소생시키는 힘을 지닌 신성한 찬가들을 읊조리고, 살 등으로 몸에 옷을 입히면서, 자신의 물 항아리로 떠 온 신성한 물을 슈끄라의 몸에 뿌렸습니다. 즉시 그 몸은 이전처럼 젊어지고 빛나게 되었습니다.

슈끄라는 명상 자세에서 일어나 앞에 서 있는 자신의 아버지 현자 브리구를 보고는 그의 발아래에 절하였습니다. 브리구는 죽음에서 부활한 자신의 아들을 보고 기뻐하였으며, 행복한 미소로 그를 다정하게 껴안았습니다. "얘가 나의 아들이다."라는 생각에서 오는 애정의 감정은 현자 브리구조차도 압도하였습니다. 몸의 의식이 있는 한 이것은 당연합니다. 그들 둘 다는 이 행복한 재회에 기뻐했습니다.

그러고 나서 브리구와 슈끄라는 브람마나 소년 바수데바가 지녔던 몸에 대한 장례 의식을 거행했습니다. 왜냐하면 지혜를 지닌 자들은 사회적인 관습들이나 전통들에 경의를 표해야 하기 때문입니다.

그때 그들 둘은 태양과 달의 빛으로 빛났습니다. 확실히 전 우주의 영적인 지도자들이었던 그들은 세계를 떠돌아다녔습니다. 참나 지식 속에 확고한 그들은 시간과 환경이 일으키는 변화들에 동요되지 않았습니다. 이윽고, 슈끄라는 악마들의 영적 지도자가 되었고, 그의 아버지 브리구는 가장 높은 지혜를 가진 현인들 중의 한 사람이 되었습니다.

이것이 요정에게 홀렸기 때문에 수많은 자궁 속에서 헤매었던 현자 슈끄라의 이야기입니다.

라마가 물었다.

신성한 분이시여! 슈끄라의 소망이 천국 등과 같은 상승으로 물질적으로 이루어진 것처럼, 다른 사람들의 소망은 왜 그와 같이 물질적으로 실현되지 않습니까?

바시슈타가 대답했다.

슈끄라의 마음은 순수하였습니다. 왜냐하면 그것이 그의 첫 번째 몸이었기 때문입니다. 그 마음은 다른 이전의 몸들의 불순함이 쌓여 있지 않았습니다. 그런 마음은 순수하며, 그 안에서는 모든 갈망이 정적 상태에 있습니다. 그런 순수한 마음이 바라는 것은 무엇이든 이루어집니다. 이러한 관점에서 보면 슈끄라에게 일어난 일은 그 밖의 사람에게도 있을 수 있는 일입니다.

세상은 씨앗의 상태로 각각의 지바 속에 존재하고 있으며, 마치 나무가 씨앗으로부터 싹을 내듯이 모습을 드러냅니다. 세상은 이처럼 각각의 개체에 의해 그릇되게 상상됩니다. 세상은 오르지도 내리지도 않습니다. 이 모두는 단지 미혹된 마음의 상상일 뿐입니다. 각 개체 안에 상상의 세상이 있습니다. 어떤 사람의 꿈이 다른 사람들에게 알려지지 않듯이, 어떤 사람의 세상도 다른 사람들에게 알려지지 않습니다. 마귀들, 반신반인들, 악마들이 있습니다. 그것 모두는 미혹의 몸들입니다. 오, 라마여! 그렇게 하여 우리는 순수한 사고력에서 나와 존재 속으로 들어가, 허위의 것을 실재한다고 생각합니다. 그러한 것이 정말이지 무한한 의식 속에 있는 창조의 기원입니다. 물질이 텅 빔 속에서 지각되더라도, 그것은 실제의 것이 아닙니다. 이와 같이 모든 사람은 그 자신의 세상을 상상합니다. 이 진리가 깨달아지면, 이렇게 상상된 세상은 끝이 납니다. 이 세상은 외적인 모습이나 상상 안에서만 존재할 뿐이지, 사람들이 물질적인 실체를 보기 때문에 존재하는 것은 아닙니다. 그것은 기나긴 꿈이나 마법사의 속임수와 같습니다. 마음이라는 코끼리가 묶이게 된 것은 그 후입니다.

마음이 세상이고, 세상이 마음입니다. 어느 하나가 진실하지 않은 것으로 자각될 때, 둘 모두는 사라집니다! 마음이 정화될 때 마음은 진리를 비춥니다. 실재하지 않는 세상의 모습은 사라집니다. 마음은 진리를 계속해서 명상할 때 정화됩니다.

라마가 물었다.

연속적인 탄생들 등이 슈끄라의 마음속에서 어떻게 일어났습니까?

바시슈타가 대답했다.

슈끄라는 계속적인 탄생들에 관하여 그의 아버지 브리구로부터 가르침을 받았습니다. 이 가르침은 슈끄라의 마음을 조건화하였습니다. 그래서 그것은 그런 조건화를 확대시켰습니다. 마음이 모든 조건화에서 완전히 정화될 때만 마음은 다시 그것의 완전한 순수함을 얻습니다. 그 순수한 마음은 해방을 경험합니다.

바시슈타가 계속 말하였다.

오, 라마여! 이 창조 안에 보이는 다양성은 단지 외형상의 다양성일 뿐입니다. 진화나 수축은 그것의 근원이며 목표인 하나의 무한한 의식을 가지고 있습니다. 진화가 일어나는 동안, 하나의 무한한 의식 안에서 다양성이 일어납니다. 그 다양성은 그 의식 안에 나타나는 개념들과 일치합니다. 이러한 개념들 중 어떤 것은 서로 섞입니다. 그래서 이 다양성 안에 무한한 다양성들이 만들어집니다. 어떤 것은 이와 같이 혼합되지 않습니다. 하지만 사실 이러한 모든 개념은 존재의 매 원자 안에 나타납니다. 그리고 이 원자들은 서로 독립적으로 존재합니다. 전체는 절대적인 브람만입니다.

각 개인은 그 자신의 마음 안에 뿌리내린 그러한 대상들만을 봅니다. 마음속에 있는 개념들이 열매를 맺지 않을 때, 마음속에 변화가 있습니다. 그래서 이 심리적인 변화들에 맞는 연속적인 탄생들이 있게 됩니다. 탄생과 죽음의 실재, 몸의 실재를 확신시키는 것은 이 심리적인 연결입니다. 이 확신이 포기될 때 몸의 형상화가 중지됩니다.

진리에 대한 망각 때문에 비실재가 실재라는 혼란이 일어납니다. 생명력(쁘라나)의 정화에 의해서 그리고 쁘라나 즉 생명력 너머에 있는 것에 대한 지식에 의해서, 탄생의 연속을 있게 하는 바탕뿐만 아니라 마음의 활동들에 관한 모든 지식을 얻습니다.

모든 살아 있는 존재들은 깨어 있음, 꿈, 깊은 잠이라는 세 가지 상태를 경험합니다. 그것들은 몸과는 관계가 없습니다. 순수 의식인 깊은 잠의 상태 너머로 간 현자는 근원으로 되돌아갑니다. 그러나 그렇지 않은 어리석은 자들은 삶의 주기 안에 잡혀 있습니다.

의식은 무한하기 때문에, 사람은 하나의 삶의 주기에서 다른 삶의 주기로 나아가며, 세상의 주기조차도 넘어섭니다. 바나나 줄기의 껍질과 같이 하나의 창조가 다른 창조 안에 나타납니다. 그러한 창조들은 끝이 없습니다. 물론 절대자 브람만을 어떤 것과 비교하는 것은 현명하지 않습니다.

모든 실체들의 정말로 원인이 없는 원인을 탐구해야 합니다. 그 원인은 그러한 모든 인과 관계 너머에 있습니다. 단지 이것만이 탐구할 가치가 있습니다. 왜냐하면 이것만이 본질이기 때문입니다. 왜 본질이 아닌 것을 묻습니까?

바시슈타는 계속 말하였다.

오, 라마여! 씨앗 속의 나무는 씨앗을 파괴한 후에 그 씨앗으로부터 자랍니다. 하지만 브람만은 자신을 파괴시키지 않고 이 세상을 창조합니다. 나무(세상)는 씨앗(브람만)이 그대로 있을 때조차 나타납니다. 그러므로 비할 수 없는 브람만을 그것이 무엇이든 어떤 것과 비교하는 것은 불가능합니다. 나무나 그 밖의 것들은 정의할 수 있는 물질적 실체이지만, 브람만은 이름이 없고 형상이 없는 존재입니다. 여러 본성으로 나타나는 듯이 보이는 것은 오직 브람만입니다. 하지만 다른 관점으로 보면 그것은 그렇지도 않습니다. 왜냐하면 그것은 영원하고 변화가 없기 때문입니다. 그러므로 브람만에 관하여 어떤 것도 가정할 수 없습니다. 그것은 이 모든 것이 되지 않았다고도 말할 수 없고, 이 모든 것이 되었다고도 말할 수 없습니다.

참나가 대상으로서 보일 때, 보는 자는 보이지(깨달아지지) 않습니다. 객관적인 우주가 지각되는 한, 참나를 깨닫지 못합니다. 신기루를 물로 본다면, 솟아오르는 뜨거운 공기를 지각하지 못합니다. 하지만 뜨거운 공기를 지각한다면, 신기루 속의 물은 보이지 않습니다! 하나가 진리일 때, 다른 것은 진리가 아닙니다.

세상의 모든 대상물을 지각하고 있는 눈은 자기를 보지 못합니다. 객관적 실재라는 개념을 받아들이는 한, 참나는 깨달아지지 않습니다. 브람만은 공간만큼 미묘하고 순수합니다. 그것은 노력 등으로 깨달아지는 것이 아닙니다. 보이는 것들이 지각의 대상이라는 내적인 느낌을 가지고 보는 한, 자신을 분리된 주체 혹은 보는 자라고 보는 한, 브람만에 대한 깨달음은 진실로 먼 곳에 있습니다.

보는 자와 보이는 것이라는 분리가 버려질 때만, 둘이 하나의 실체로 보일 때만, 진리를 깨닫게 됩니다. 주체와 전적으로 다른 본성을 가진 대상은 없습니다. 주체인 참나가 대상처럼 보일 수도 없습니다! 사실, 주체인 참나만이 보이는 것인 대상으로서 모습으로 나타냅니다. 여기에 다른 지각의 대상은 없습니다. 주체 즉 참나만이 이 모든 것이라면, 그때 그것은 주체나 보는 자조차도 아닙니다! 그러한 시각에는 아무런 분리가 없습니다.

설탕이 타고난 단맛을 잃지 않고 다양한 사탕과자가 되듯이, 이 무한한 의식 즉 브람만은 자신의 본질적인 본성은 변하지 않으면서 이 모든 무한한 다양성으로서 그 스스로를 보이게 합니다. 이 무한한 의식의 나타남에는 아무런 한계가 없습니다.

바시슈타가 계속 말했다.

각각의 지바는 자신이 지닌 생명력의 도움으로 자신 안에서 스스로 만든 것을, 그것이 어떤 것이더라도 어떤 식으로라도, 자신 속에서 경험합니다. 오, 라마여! 자기 내면의 지혜의 눈으로써, 존재의 모든 원자 안에 수많은 세상의 모습들이 있다는 진리를 보십시오. 모든 사람의 마음 안에, 바로 공간 안에, 각 바위 안에, 불꽃 안에, 물 안에, 셀 수 없이 많은 세상의 모습들이 존재합니다. 그것은 기름이 참깨 씨앗 속에 존재하는 것과 같습니다. 마음이 절대적으로 순수해질 때, 마음은 순수 의식이 됩니다. 그래서 그 사람은 무한한 의식과 하나가 됩니다.

이 세상의 모습은 다름이 아니라 창조자 브람마와 여러 존재들의 상상이며, 모든 곳에 나타나는 그들의 기나긴 꿈에 지나지 않습니다. 이렇게 창조자의 꿈 속에서 생겨난 대상물들은 꿈에서 꿈으로, 몸에서 몸으로 이동합니다. 이렇게 해서 이 세상의 모습에 대한 환영이 견고해집니다. 이 꿈과 같은 나타남은 꿈이 지속되는 동안에만 사실입니다.

모든 원자 안에는 모든 종류의 잠재적인 경험이 있습니다. 그것은 하나의 씨앗이 그것의 내부에 나무의 (꽃, 잎, 열매 등과 같은) 다른 측면들을 포함하고 있는 것과 같습니다. 존재의 모든 원자 안에는 무한한 의식이 있습니다. 따라서 이것은 분할할 수 없습니다. 그러므로 다양성이나 하나와 같은 그대의 모든 개념을 버리십시오. 시간, 공간, 행동(또는 움직임)과 물질은 무한한 의식의 다른 측면들입니다. 그리고 의식은 그것들을 자신 안에서 경험합니다. 의식이 창조자 브람마의 몸이 되거나 벌레의 몸이 되거나 말입니다.

의식의 원자는 그것이 완전히 성숙한 상태의 몸에 도달하게 되면, 그것 자신의 기능들을 경험합니다. 무한한 의식이 모든 곳에 있기 때문에 어떤 이는 대상들이 마치 밖에서 펼쳐지는 것으로 지각합니다. 다른 이들은 진화와 수축을 번갈아 하는 모든 것을 내부에서 봅니다. 어떤 이들은 이 세상의 모습 안에서 방황하며, 하나의 꿈의 경험에서 다른 꿈의 경험으로 나아갑니다.

그들 자신 안에 보이는 세상의 모습이 늘 영원한 진리로 있는 하나의 무한한 의식이라는 것을 보지 못하고 있다면, 자신이 환영을 보고 있다는 것을 깨닫는 이는 거의 없습니다. 이 의식 때문에 세상은 지바 안에 나타납니다. 그리고 지바들 안에 지바들이 무한하게 있습니다. 그가 환영에서 풀려나는 것은 이 진리를 경험할 때입니다. 동시에, 쾌락들에 대한 열망은 약해집니다. 이것만이 지혜의 유일한 증거입니다. 감로주를 그린 항아리는 감로주가 아니며, 불꽃 그림은 불이 아니며, 여인의 그림은 여인이 아닙니다. 현명한 말들은 욕망과 분노가 구체적으로 없지 않는 한, 그 말들은 그냥 말(무지)일 뿐, 지혜는 아닙니다.

바시슈타가 계속 말했다.

모든 존재의 씨앗은 절대적 브람만입니다. 그것은 모든 곳에 존재하고 있습니다. 지바들 안에 무수한 다른 지바들이 있습니다. 전 우주가 무한한 의식으로 완전히 충만해 있기 때문에 이것은 그러합니다.

지바들의 모습으로 나타나면, 그들이 하는 명상의 형태가 어떤 것이든 간에 그들은 그 형태가 됩니다. 신에게 헌신하는 이들은 신에게 이릅니다. 반신을 숭배하는 이들은 반신에 이릅니다. 절대적인 브람만을 명상하는 이들은 브람만이 됩니다. 그러므로 사람들은 제한적이거나 조건 지어지거나 유한하지 않은 것에 의지해야 합니다.

요정의 모습을 지켜봄으로써 슈끄라는 묶이게 되었고, 무한한 의식인 자신의 참나의 순수함을 깨달았을 때 그는 즉시 자유로워졌습니다.

라마가 물었다.

거룩한 분이시여! 깨어 있는 상태와 꿈꾸는 상태의 진정한 내용을 말해 주십시오. 깨어 있는 상태를 이루고 있는 것은 무엇이며, 깨어 있는 상태에서의 꿈 혹은 미혹이 어떻게 일어납니까?

바시슈타가 대답하였다.

오래 지속되는 상태가 깨어 있는 상태이며, 일시적인 상태가 꿈의 상태입니다. 꿈꾸는 동안에는 꿈은 깨어 있는 상태의 특징을 가집니다. 깨어 있는 상태가 일시적인 것이라는 것을 깨달을 때, 깨어 있는 상태는 꿈의 특징을 가집니다. 그 점을 제외하면, 둘은 같습니다.

몸 안에 있는 생명력이 움직이면, 생각, 말, 행위라는 갖가지 기관들은 자신의 기능을 행합니다. 마음속에 퍼져 있는 미혹된 개념들에 일치하여, 그것들은 지각의 대상들을 향해 흐릅니다. 이 생명력은 참나 안에 있는 다양한 형상들을 지각합니다. 이 지각은 영속하는 성질처럼 보이기 때문에, 그것은 깨어 있는 상태로 알려져 있습니다.

그러나 생명력(지바 체따나)이 이처럼 몸과 마음에 의해 여러 대상들을 향하지 않는다면, 그것은 가슴 안에 뿌리를 내린 채 평화롭게 있습니다. 몸의 신경들 안에는 의식의 움직임이 없으며, 생명력도 감각들을 활동시키지 않습니다. 그러나 깊은 잠 속에서조차 깨어 있고, 또한 깨어 있거나 꿈꾸는 동안에도 빛나는 빛이기도 한 그 의식은 초월의 의식인 뚜리야입니다.

무지와 미혹의 씨앗들이 팽창하면 첫 번째 생각이 일어나는데, 그것은 "나는 존재한다."라는 생각입니다. 그때 사람들은 꿈들의 마음 안에 있는 생각이라는 형태들을 지각합니다. 이때 외부 감각 기관들은 기능하지 않지만 내부의 감각들은 기능합니다. 자신의 내부에는 지각이 있습니다. 이것이 꿈의 상태입니다. 생명력이 다시 감각 기관들을 움직이게 하면, 또 한 번 깨어 있는 상태가 있습니다.

바시슈타가 계속 말하였다.

나는 마음의 상태들에 대하여 묘사했는데, 이것은 그대가 마음의 본성을 이해할 수 있도록 하기 위해서였습니다. 그러나 그것은 아무런 소용이 없습니다. 왜냐하면 마음은 자신이 강렬하게 묵상하는 모습을 띠기 때문입니다. 존재, 비존재, 얻음, 버림, 이 모든 것은 마음의 변덕들에 지나지 않습니다.

라마가 물었다.

마음이 이 모든 것이라면, 신이시여! 어떻게 그것이 언젠가 더럽혀집니까?

바시슈타가 대답했다.

라마여! 좋은 질문이지만, 지금은 묻기에 적당한 때가 아닙니다. 내가 하는 말을 귀기울여 듣는다면, 그대는 분명 이 물음에 대한 답을 명쾌히 찾을 것입니다.

마음이 불결하다는 것은 해방을 얻으려 애쓰는 모든 이들이 겪는 경험입니다. 개개인의 특별한 견해에 따라 각자 그것을 다르게 설명할 뿐입니다.

여러 꽃들과 접한 공기가 각 꽃들의 향기에 감염되듯이, 여러 개념들을 지닌 마음은 그런 기분에 감염되어 그것들에 적합한 몸을 만들고, 감각들을 활성화시키는 에너지가 되어 자신의 개념들이 만들어 낸 결실들을 즐깁니다. 행위 기관들의 기능을 위한 연료를 공급하는 것 역시 마음입니다. 마음이 행위이고, 행위가 마음입니다. 이 둘은 꽃과 그것의 향기와 같습니다. 마음의 신념은 행위를 결정하고, 행위는 신념을 강화합니다.

마음은 모든 곳에서 다르마, 부, 즐거움과 자유에 헌신합니다. 그러나 각자는 이것들에 대해 다른 정의를 내리며, 자신의 정의가 진리라고 확신합니다. 게다가, 성자 까삘라의 추종자들, 베단따인들, 비냐나바딘(Vijñānavādin)들, 자이나인들은 그들의 길이 해방을 위한 유일한 길이라고 단언합니다. 그들의 철학은 그들 자신의 경험의 결실이며, 그들의 마음 안에 있는 확신과 일치하는 그들의 경험의 표현입니다.

라마여! 속박이란 어떤 대상에 대한 개념 바로 그것입니다. 이 개념이 마야이며, 무지 등인 것입니다. 그것은 사람으로 하여금 진리의 태양에 눈멀게 하는 백내장입니다. 무지는 의심을 일으키며, 의심은 지각되고, 그 지각은 곡해됩니다. 어둠 속에서는 비어 있는 사자 우리에 다가갈 때조차 그는 두렵습니다. 그처럼 사람은 자신이 이 텅 빈 몸 안에 갇혀 있다고 무지하게 믿습니다. '나'와 '세상'에 대한 개념들은 그림자에 불과하며, 진리가 아닙니다. 그런 개념들만이 '대상들'을 창조하며, 이 대상들은 진리도 거짓도 아닙니다. 자신을 주부로 생각하는 어머니는 그렇게 행동하고, 자신을 남편의 어머니로 간주하는 아내는 당분간은 그렇게 행동합니다. 그러므로 라마여! '나'와 '이것'에 대한 개념을 버리고 진리 안에 확고히 자리 잡으십시오.

바시슈타가 계속했다.

참나 탐구를 통하여 지혜를 얻고, 그에 따르는 능력들을 지닌 사람은 참나 지식의 명쾌함을 즐깁니다. 그것은 명반 조각이 물 속에 던져질 때 물이 깨끗해지는 것과 같습니다.

그의 마음은 변화들에 동요되지 않습니다. 그의 존재는 변형되었습니다. 얻을 만한 가치 있는 것 즉 참나 지식을 얻었으므로, 그는 객관적 실재라는 바로 그 개념을 버렸습니다. 보는 자만이 보기 때문에, 그는 다른 요인들을 보는 자, 즉 주체라고 여기지 않습니다. 그는 지고의 진리에 완전히 깨어 있습니다. 그러므로 말하자면 그는 세상에 완전히 잠든 것입니다. 초연이 가득하므로 그는 즐거움과 그 반대의 것에도 흥미가 없습니다. 쉬지 않는 강이 바다에 들어설 때 멈추듯 그의 갈망들이 정지되었습니다. 쥐가 올가미를 잘라 내듯이 그는 세상이라는 그물을 잘라 버렸습니다.

마음에 모든 집착이 사라졌을 때, 마음이 반대되는 것들의 쌍에 의해 흔들리지 않을 때, 마음이 대상들에 의해 이끌리지 않을 때, 마음이 모든 지지들로부터 완전히 독립적일 때, 마음은 미혹이라는 새장에서 자유로워집니다. 모든 의심이 멈추게 될 때, 의기양양함도 의기소침함도 없을 때, 그때 마음은 보름달처럼 빛납니다. 마음의 불순함이 존재하기를 그칠 때, 가슴속에는 길조의 모든 특성들이 일어나고, 모든 곳에 평등한 시각이 있습니다. 어둠이 떠오르는 태양에 의해 사라지듯이, 세상의 환영은 무한한 의식의 태양이 가슴 안에서 떠오를 때 사라집니다. 우주에 있는 모든 존재의 가슴을 기쁘게 할 수 있는 그런 지혜가 나타나고 확장됩니다. 간단히 말해서, 알 가치가 있는 것만을 알고 있는 사람은 오고 가는 모든 것, 삶과 죽음을 초월합니다.

참나 탐구나 직접적인 관찰을 통하여 일어난 참나 지식을 지닌 성스러운 이들은 브람마, 비슈누, 인드라 그리고 쉬바와 같은 신들과도 공감되며 그들을 돕습니다.

자아감이 없을 때, 마음속에 혼란이 없습니다. 그때 마음은 자연스럽게 기능합니다. 파도들이 바다 안에서 일어나 사라지듯이, 이 세상들도 일어났다가 사라집니다. 이것은 무지한 자들을 미혹시키지만, 현명한 자들은 미혹되지 않습니다. 항아리 안의 공간은 항아리가 만들어질 때 존재하게 된 것도, 항아리가 깨어질 때 없어지는 것도 아닙니다. 몸(항아리)과 참나(공간) 간의 관계가 그러하다는 것을 아는 자는 칭찬이나 책망에 영향을 받지 않습니다.

참나의 본성에 대한 탐구를 하지 않을 때만 이 매혹적인 세상의 모습이 사람을 괴롭힙니다. 지혜가 일어나면, 미혹은 가라앉습니다.

바시슈타는 계속 말하였다.

오, 라마여! 몸을 미혹된 이해의 산물로 그리고 불행의 근원으로 보는 자, 그리고 몸이 참나가 아님을 아는 자는 진리를 보고 있습니다.

즐거움과 고통은 시간의 변화와 자리하고 있는 환경 때문에 이 몸 안에서 경험된다는 것을 아는 자, 그래서 그것들은 자신에게 속하지 않는다는 것을 아는 자는 진리를 보고 있습니다.

모든 곳에서 늘 일어나고 있는 모든 것을 자신 안에 감싸고 있는 무한한 의식이 자신이라는 것을 아는 자는 진리를 보고 있습니다.

털을 백만 번 쪼갠 것보다 더 미묘한 참나가 모든 것에 퍼져 있음을 아는 자는 진리를 보고 있습니다.

참나와 다른 것 사이에는 전혀 구분이 없으며, 하나의 무한한 의식의 빛이 유일한 실재로서 존재하고 있다는 것을 아는 자는 진리를 보고 있습니다.

모든 존재들에 내재하는 비이원의 의식은 전능하며 모든 것에 편재해 있다는 것을 아는 자는 진리를 보고 있습니다.

병, 두려움, 흥분, 노화, 죽음에 지배당하는 몸이 자신이라는 생각에 미혹되지 않는 이는 진리를 보고 있습니다.

많은 구슬이 하나의 실에 꿰어 있듯이, 모든 것이 참나 안에 꿰어져 있으며, 그리고 "나는 마음이 아니다."라는 것을 아는 자는 진리를 보고 있습니다.

이 모든 것은 '나'도 '다른 것'도 아닌 브람만이라는 것을 아는 자는 진리를 보고 있습니다.

삼계에 있는 모든 존재를 자신의 동정과 보호를 받아야 하는 가족처럼 보는 자는 진리를 보고 있습니다.

참나만이 존재하며 대상 속에는 아무런 실체가 없다는 것을 아는 자는 진리를 보고 있습니다.

즐거움, 고통, 출생, 죽음 등 이 모두가 참나라는 것을 아는 자는 그것들에 의해 영향을 받지 않습니다.

"이 모든 것이 하나의 참나인데, 무엇을 얻고 무엇을 버려야 한단 말인가?"라고 깨달은 자는 진리 속에 확고히 뿌리를 내리고 있습니다.

외견상으로 보이는 온 우주의 창조, 존재, 소멸 동안에도 변화되지 않는 채로 있는 것은 진실로 브람만일 뿐이라는 지고의 깨달음으로 가득한, 상서로움이 머물고 있는 자에게 경의를.

바시슈타가 계속 말하였다.

라마여! 도공의 녹로가 이전의 추진력에 의해 돌아가고 있는 것처럼, 고귀한 길을 걷는 이는 몸 안에 있으면서 행했을 수도 있는 행위들에 의하여 오염되지 않습니다. 그의 경우, 몸은 자신의 기쁨과 자신의 영혼의 해방을 위해 있습니다. 그는 몸 안에서 불행을 경험하지 않습니다.

무지한 자에게 몸은 고통의 원천입니다. 깨달은 이들에게 이 몸은 무한한 기쁨의 원천입니다. 몸이 존재하는 동안, 현명한 이는 몸으로부터 커다란 즐거움과 깨달음의 기쁨을 이끌어 냅니다. 수명이 다하면, 몸이 죽었다고는 전혀 생각하지 않습니다. 따라서 깨달은 이들에게 몸 그 자체는 무한한 기쁨의 근원입니다. 그리고 몸은 자유롭고 즐겁게 이 세상을 떠돌 수 있도록 그를 운반해 주기 때문에, 이 몸을 지혜의 운송 수단으로 여깁니다. 현자들은 몸을 통하여 갖가지 감각 경험들을 이끌어 내고 다른 이들의 우정과 사랑을 얻기에, 그에게 있어 몸은 획득의 근원입니다. 천국의 왕 인드라가 그의 도시에서 머물 듯이, 깨달은 이들은 몸이라는 자신의 도시에 머물면서 행복하게 군림합니다.

현명한 이들은 몸이 욕망과 탐욕이라는 유혹의 지배를 받도록 하지 않으며, 무지나 두려움이 그에게 들어오도록 하지 않습니다. 현자들의 몸을 지배하고 있는 지성은 무지한 사람들이 쾌락이라고 부르는 자극에 의하여 밖으로 끌려 나오지 않습니다. 그 대신에 그들은 명상의 상태 안에서 휴식을 취합니다.

공기가 존재하고 있는 항아리에게 영향을 주지만, 존재하지 않는 항아리에게는 영향을 주지 않듯이, 몸을 가지고 있는 존재는 몸이 있을 때는 몸과 쉽게 접촉을 하지만, 몸이 없어지면 즉시 그것과 접촉을 하지 않습니다.

쉬바 신이 마신 치명적인 독이 그를 해치지 않고 그의 매력을 오히려 돋보이게 하였듯이, 깨달은 사람의 다양한 행위들과 즐거움들은 그를 탄생과 죽음이라는 윤회에 묶지 못합니다. 그대가 어떤 사람이 도둑임을 알고 있으면서 그와 상대한다면 그 도둑이 그대의 친구가 되듯이, 대상들의 진정한 본성을 알고 그것들을 즐긴다면 그것들은 그대에게 기쁨을 줍니다. 모든 의심을 없애고, 자신에 대한 어떠한 이미지도 내면에 두지 않고 있는 현자들은 몸 안에서 지고의 주권을 쥐고 있습니다.

그러므로 쾌락에 대한 모든 갈망을 버리고 지혜를 얻어야 합니다. 잘 훈련된 마음만이 진정으로 행복을 경험합니다. 포로가 된 왕은 풀려났을 때 빵 한 조각으로도 기뻐합니다. 포로가 되어 보지 못한 왕은 왕국의 합병조차도 그처럼 즐겁지 않습니다. 따라서 현자는 이를 갈면서 자신의 마음과 감각들을 정복하려 애씁니다. 그런 정복은 외부의 적들을 정복하는 것보다 더 위대합니다.

다마, 비얄라 그리고 까따의 이야기

바시슈타는 계속 말했다.

오, 라마여! 무서운 지옥이라는 거대한 제국에, 악한 행동들이 발정기에 있는 힘센 코끼리처럼 떠돌아다니고 있습니다. 이 행위들에 책임이 있는 감각들은 무서운 갈망의 무기고를 갖추고 있습니다. 그러므로 이 감각들을 정복하는 것은 매우 어렵습니다. 이 배은망덕한 감각들은 신체와 그들 자신의 거처 및 지지물을 파괴하고 있습니다.

올가미가 코끼리의 존재에 해를 끼치지 않고 코끼리를 억제할 수 있는 것과 같이, 지혜를 갖추고 있는 이들은 존재에 해를 주지 않고 갈망을 억제할 수 있습니다. 자신의 감각들을 제어하고 있는 현명한 자들이 누리는 기쁨은 벽돌과 회반죽으로 지어진 도시를 지배하고 있는 왕이 누리는 향락보다 뛰어납니다. 현명한 이의 지성은 감각의 쾌락을 향한 갈망이 사라지기 시작함에 따라 선명함에서 자라기 시작합니다. 그러나 지고의 진리를 본 뒤라야 갈망은 완전히 사라집니다.

현자들에게 마음이란 순종하는 하인, 좋은 상담자, 감각들의 유능한 지휘관, 즐겁게 해 주는 아내, 보호해 주는 아버지와 신뢰할 수 있는 친구입니다. 마음은 그로 하여금 선한 행동들을 하게 합니다.

라마여! 진리 안에 확고히 자리를 잡고는 마음이 없는 상태인 자유 안에서 살아가십시오. 악마들인 다마, 비얄라와 까따처럼 행동하지 마십시오. 나는 지금 그들에 대하여 그대에게 이야기를 하고자 합니다.

지옥에 삼바라라는 힘센 악마가 있었습니다. 그는 마법계의 대가였습니다. 그는 지평선 위에 백 개의 태양이 있고, 금으로 만들어진 걷고 말하는 존재들이 있고, 값비싼 돌에 조각된 백조들이 있으며, 얼음같이 찬 불과 그 자신의 천상의 몸들이 있는 마법의 도시를 만들었습니다. 그는 천국의 신들에게는 공포였습니다.

그가 잠을 자거나 그의 도시에서 떠나 있을 때, 신들은 이 상황을 이용하여 그의 군사들을 죽였습니다. 화가 난 악마는 천국에 침입했습니다. 그의 마술 같은 힘을 두려워한 신들은 몸을 숨겼습니다. 악마는 신들을 찾을 수 없었습니다. 그러나 신들은 알맞은 때에 그의 병력들을 무찔렀습니다. 자신의 군대를 지키기 위하여, 악마 삼바라는 3명의 다른 악마들인 다마, 비얄라와 까따를 창조했습니다.

이 세 악마들은 전생에 태어난 적이 없었습니다. 그러므로 마음의 모든 조건화로부터 자유로웠습니다. 그들에게는 아무런 두려움, 의심 및 경향성들이 없었습니다. 그들은 적 앞에서 도망가지 않았습니다. 그들은 죽음을 두려워하지도 않았습니다. 그들은 전쟁도, 승리나 패배의 의미도 몰랐습니다. 사실, 그들은 독립된 지바가 전혀 아니었습니다. 그들은 악마 삼바라의 로봇처럼 일하는 그림자에 지나지 않았습니다. 그들은 모든 잠재된 경향성과 조건화들이 없는 것처럼 행동했습니다. 그러나 깨달음을 얻은 것은 아니었습니다. 악마 삼바라는 그의 군대가 무적의 보호자를 갖게 된 것을 무척 기뻐했습니다.

바시슈타는 계속 말하였다.

악마 삼바라는 신들과 싸우려고, 세 명의 새로운 악마들에 의하여 보호를 받는 무적의 군대를 파견했습니다. 신들의 군대 역시 싸울 준비를 했습니다. 악마들은 무장하지 않았습니다. 그들은 신들과 일대일로 싸웠습니다. 격렬한 전쟁이 계속되었습니다. 나중에 그들은 모든 도시, 마을, 동굴, 동물 등을 파괴하는 온갖 종류의 끔찍한 날아다니는 무기들을 가지고 싸웠습니다. 양편은 번갈아 승리를 즐기고 또 패배로 고통을 받았습니다.

세 악마들은 주요한 신들을 찾았지만 찾을 수 없었습니다. 악마들은 삼바라에게 보고하기 위하여 돌아갔습니다. 신들은 창조자 브람마에게 기도했습니다. 그러자 즉시 브람마가 앞에 나타났습니다. 신들은 세 악마들을 없앨 방법을 가르쳐 달라고 브람마에게 청했습니다.

브람마가 말했습니다.

오, 신들이여! 그대들은 지금 삼바라를 죽일 수 없다. 비슈누 신이 백년 후 그를 죽일 것이다. 세 악마들에 의하여 패배를 당하는 듯하면서, 이 싸움에서 물러서는 것이 현명하다. 조만간 그들이 이 전쟁에 관여했으므로 자아라는 것이 그들 안에 생길 것이다. 그러면 그들은 심리적 조건화의 지배를 받고는 잠재적 경향성들이 일어날 것이다. 지금 이 세 악마에게는 자아와 그것의 부가물인 조건화들과 경향성들이 전혀 없다.

자아인 '나'와 그것의 대응물인 경향성들을 지니지 않고 있는 그들은 욕망도 노여움도 모른다. 그들은 무적이다. 자아인 '나'와 마음의 조건화에 의해 묶인 자는, 비록 그가 위대한 사람이나 배움이 많은 사람일지라도, 아이조차 그를 패배시킬 수 있다.

사실 '나'와 '나의 것'이라는 개념들은 슬픔과 고통을 받아들이고자 하는 그릇이다. 몸을 참나와 동일시하는 이는 비참함 속으로 가라앉는다. 참나를 모든 것에 편재하고 있는 존재로 바라보는 사람은 슬픔을 극복한다. 이러한 사람에게는 삼계에 참나가 아닌 것이 없으며, 갈망해야 할 것이 없다.

마음이 조건화된 사람들은 패배할 수 있다. 그런 조건화가 없으면 모기조차 불멸이 된다. 조건화된 마음은 고통을 겪는다. 조건화가 없으면, 그것은 기쁨을 경험한다. 조건화나 갈망은 사람을 약화시킨다. 그러므로 그대들은 이 세 악마들과 싸우려 할 필요가 없다. 그들 내부에 '나', '나의 것'이라는 느낌을 만들 수 있는 일을 하라. 그들은 악마 삼바라의 무지한 창조물이므로, 그들은 이 유혹에 쉽게 밥이 될 것이다. 그러면 그대들 모두는 그들을 쉽게 이길 수 있을 것이다.

바시슈타는 말했다.

이렇게 말하고 창조자 브람마는 사라졌습니다. 신들은 악마들을 다시 공격할 준비를 하고서 그들의 거처에서 잠시 쉬었습니다. 신들의 군대와 악마들의 군대의 새로워진 전쟁은 전보다 훨씬 더 격렬하였습니다. 도처에 끔찍한 파괴가 있었습니다.

전쟁에 계속 관여함으로 세 명의 악마들 안에 '내가 있다.'라는 개념이 만들어졌습니다. 거울이 가까이에 있는 대상을 비추듯이, 사람의 행동은 자신의 의식 안에 있는 자아로서 비추어집니다. 그러나 이 행동이 의식으로부터 거리를 둔 채 있게 하고 그 행동과 동일시하지 않는다면, 자아는 일어나지 않습니다.

자아가 일어나자마자 신체의 생명의 연장, 부의 획득, 건강, 쾌락 등을 향한 욕망이 재빨리 뒤따라 왔습니다. 이런 욕망들은 악마들의 개성을 대단히 약화시켰습니다. 그 다음에 그들의 마음속에 혼란이 일어났습니다. 차례로 '이것은 나의 것이다.', '이것은 나의 몸이다.'라는 느낌이 일어났습니다. 이 모든 것은 어쩔 수 없이 일의 비능률과 무력을 가져왔습니다. 그들은 먹고 마시는 데 몹시 집착하게 되었습니다. 대상들이 그들에게 쾌락을 준다는 느낌을 가지게 되었습니다. 이렇게 해서 그들의 자유는 사라졌습니다. 자유를 잃게 되자, 그들의 용기 또한 없어졌습니다. 그들은 공포를 느꼈습니다. "우리는 이 전쟁에서 죽을 것이다."라는 생각으로 그들은 몹시 걱정했습니다.

신들은 이 상황을 이용하여 악마들을 공격하기 시작했습니다. 죽음에 대한 공포에 사로잡힌 세 악마는 도망쳤습니다.

악마편의 군대가 자신들을 지켜 주던 무적의 보호자들이 도망가는 것을 보았을 때, 그들은 사기가 완전히 저하되었습니다. 악마들은 패했습니다.

자신의 군대가 신들에게 패배했다는 소식을 듣자, 악마 삼바라는 분노했습니다. 그는 무적의 세 악마인 다마, 비얄라와 까따를 가리키며, "그들이 어디로 갔느냐?"라고 다그쳤습니다. 삼바라의 노함을 두려워한 이 세 악마는 지옥의 세계로 피신했습니다.

죽음의 신인 야마의 하인들이 그들에게 피난처를 주었으며 결혼도 할 수 있도록 세 여자도 주었습니다. 그들은 오랫동안 지옥에서 살았습니다. 어느 날 야마는 치장을 하지 않고 그들을 찾아왔습니다. 그들은 야마를 알아보지 못했으며 경의도 표하지 않았습니다. 화가 난 야마는 가장 무서운 지옥으로 그들을 보내 버렸습니다. 그곳에서 고통을 받고, 인간보다 낮은 다양한 종들로 수없이 태어난 후, 그들은 지금 까슈미르 호수의 물고기로 살고 있습니다.

바시슈타는 계속하였다.

이제까지 그대는 지혜롭지 않음에서 오는 비참한 결과들을 보았습니다. 그대는 무적의 악마들이 어떻게 완전히 패배했으며 자아 때문에 수치스러워졌는지를 알았습니다. 그것은 가슴에 두려움을 일으켰습니다. 세상의 무서운 덩굴도 자아라는 씨앗에서 싹을 틔웁니다. 그러므로 오, 라마여! 이 자아와 그 안에 놓여 있는 모든 힘을 버리십시오. '나는 아무 것도 아니다.'라는 신념에 자리 잡음으로 행복해지십시오. 자아라는 그림자는 순수한 희열의 본성을 지닌 무한한 의식을 가립니다.

악마들인 다마, 비얄라와 까따는 삶과 죽음의 윤회에서 자유로웠지만, 자아로 인해 그들은 삶과 죽음의 지배를 받게 되었습니다. 신들조차도 두려워했던 그들이 지금은 까슈미르 호수의 비참한 물고기가 되었습니다.

라마가 물었다.

성스러운 분이시여! 다마, 비얄라와 까따는 삼바라의 마법에 의해 만들어졌으므로 실재가 아니었습니다. 어떻게 그들이 우리처럼 실재하는 존재들이 되었습니까?

바시슈타가 답했다.

라마여! 다마와 다른 악마들이 실재가 아니고 마법의 산물이듯이, 우리 그리고 신들과 모든 다른 것도 실재가 아닙니다. 오, 라마여! '나', '너'와 같은 이 모든 개념은 실재하지 않습니다. 그대와 나는 실재하지 않습니다. 죽은 사람이 지금 그대 앞에 나타난다고 해도 그는 여전히 죽은 것처럼, 그대와 내가 실재의 존재들처럼 보인다는 것이 진리를 바꾸어 놓지는 않습니다.

그러나 진리인 '브람만만이 실재이다.'를 무지한 사람들에게 말하는 것은 현명하지 않습니다. 왜냐하면 무지한 사람들의 가슴에 깊이 박혀 있는 세상 모습의 실재는 경전들의 요지를 강렬하게 탐구하지 않고는 없어지지 않을 것이기 때문입니다. "이 세상은 실재가 아니다. 브람만 이 실재이다."를 무지한 사람들에게 말하는 자는 비웃음을 당합니다. 그대가 "이 세상은 실재가 아니다. 브람만만이 실재이다."를 아무리 잘 설명하더라도, 무지한 사람들은 시체가 걸을 수 있다는 것을 믿기보다 는 그것을 믿기가 더 어렵습니다. 그 진리는 현명한 이들에 의해서만 경험될 수 있습니다.

오, 라마여! 우리도, 이 악마들도 실재가 아닙니다. 실재는 아무런 변 화를 겪지 않는 무한한 의식입니다. 그 무한한 의식 안에서 그대, 나, 악마라는 개념들이 일어납니다. 지각하는 의식이 실재이기 때문에 그 것들은 실재라는 옷을 입고 있습니다. 이 의식이 이른바 '깨어 있는' 상 태에서는 그러한 개념들이 일어납니다. 이 의식이 이른바 '잠자는' 상 태에서는 그러한 개념들이 소멸합니다. 그러나 무한한 의식 안에는 깨 어 있거나 잠자는 상태라는 그러한 것들이 없습니다. 그것은 단지 순수 한 의식입니다. 이것을 깨달아, 구분 때문에 만들어진 슬픔과 두려움에 서 풀려 나십시오.

라마가 물었다.

오, 신성한 현인이시여! 바라건대 세 악마가 언제 그리고 어떻게 해 방을 얻을 것인지 말씀해 주십시오.

바시슈타가 답했다.

라마여! 그들이 자신들에 대한 이야기를 듣고, 자신들의 근원적 본성 이 순수 의식이라는 것을 상기하게 될 때, 해방될 것입니다.

시간이 흐르면, 아디슈타나라는 도시가 까슈미르의 중앙에 일어날 것입니다. 그 도시의 중앙에 언덕이 있을 것이며, 그 꼭대기를 프라듐나라 할 것입니다. 그 언덕의 꼭대기에 마천루가 있을 것인데, 그 건물의 모퉁이에서 악마 비얄라가 참새로 태어날 것입니다.

그 건물 안에는 야샤스까라라는 왕이 기거할 것입니다. 악마 다마는 모기로 태어나 그 궁전 기둥의 한 구멍 속에서 살 것입니다.

그 도시 어딘가에 라드나발리비하라라는 궁전이 있을 것이며, 거기에 나라심하라는 국무대신이 있을 것입니다. 악마 까따는 새(미나)로 태어나 그 궁전에서 살 것입니다.

어느 날 그 대신은 세 악마 다마, 비얄라와 까따의 이야기를 읊조릴 것입니다. 이 이야기를 듣고 미나는 깨달음을 얻을 것입니다. 미나는 자신의 원래 성격은 악마 삼바라의 마법이 만들어 낸 창조물에 불과하다는 것을 기억해 낼 것입니다. 이 회상은 삼바라의 마법에서 그를 풀어 줄 것입니다. 악마 까따는 이와 같이 해서 해방(니르바나)을 얻을 것입니다.

다른 어느 누가 이 이야기를 할 것입니다. 참새 또한 그 이야기를 듣고 난 뒤 해방을 얻을 것입니다. 이와 같이 하여 악마 비얄라는 해방을 얻을 것입니다.

같은 식으로, 모기가 된 악마 다마 역시 이 이야기를 듣고 해방을 얻을 것입니다.

오, 라마여! 그들의 자아와 그들의 갈망으로 인해 지옥에 떨어졌던 세 악마 다마, 비얄라와 까따의 이야기는 그러합니다. 이 모든 것은 무지와 환영의 놀이에 지나지 않습니다.

사실, '내가 있다.'라는 순수하지 못한 개념을 놀이 삼아 가지고 논것은 바로 순수 의식입니다. 의식으로서의 자신의 본성을 버리지 않은 채, 자신 안에서 자신의 왜곡된 이미지를 경험하는 것도 바로 순수 의식입니다. 이 왜곡된 이미지는 진정 실재가 아니지만, '내가 있다.'라는 자아감이 그것을 실재하는 것으로 믿고는 미혹됩니다.

바시슈타는 계속 말하였다.

오, 라마여! 경전들이 지적하는 것처럼, 해방의 상태에 자리 잡고 있는 이들은 그들의 의식이 참나를 향하여 흘러가기 때문에 세상이라는 이 바다를 반드시 건너갑니다. 그러나 슬픔과 혼란만을 낳는 논쟁의 그물에 갇힌 이들은 그들 자신의 최고의 선을 잃습니다. 경전들이 보여 주는 길에서조차도, 오직 자신이 직접 경험하는 것이 지고의 목표로 가는 가장 안전한 길입니다.

한 움큼의 재 이외에 무엇이 탐욕스런 자에게 남겠습니까? 세상이 풀잎보다 더 가치 있는 것이 아니라는 사실을 아는 자는 재난을 당하지 않습니다. 무한한 것을 완전히 깨달은 이들은 우주의 신들이 보호합니다. 그러므로 엄청난 고난의 시기에 있을 때조차도 그릇된 길에 발을 들여놓아서는 안 됩니다. 덕이 있는 삶을 살아 좋은 평판을 얻은 이들은 가져 보지 못한 것을 얻게 되며, 불운이 오지 않습니다. 자신이 지닌 미덕에 기뻐하지 않고, 자신이 들은 것을 가르치는 데 헌신하면서 진리의 길을 밟으려 애쓰는 이들만이 진정한 인간입니다. 다른 이들은 인간의 탈을 쓴 동물입니다. 인간적인 친절이라는 우유로 채워진 곳이 분명코 신 하리의 거처입니다. 사람들은 신 하리가 우유의 바다에 살고 있다고 합니다.

즐겨야 할 모든 것을 이미 즐겼고, 보아야 할 모든 것을 이미 보았습니다. 이 세상에서 현명한 이들이 추구해야 할 새로운 무엇이 있겠습니까? 그러므로 즐거움을 향한 모든 갈망을 버리고, 경전들이 지시하고 있는 자신의 의무에 헌신하십시오. 성자들을 숭배하십시오. 이것들이 죽음으로부터 그대를 구할 것입니다.

경전들에서 지시하고 있는 것들을 행하면서, 때가 무르익으면 오는 완전을 끈기 있게 기다려야만 합니다. 해방을 가져다주는 이 신성한 경전을 공부함으로 자신을 아래쪽으로 가지 않도록 하십시오. '이것은 단지 그림자일 뿐이다.'라는 것을 알고서 진리를 끊임없이 탐구하십시오. 다른 것들에 유인당하지 마십시오. 짐승들만이 다른 것들에 유인당합니다. 무지의 잠에서 깨어나십시오. 깨어나 노년과 죽음을 끝내려 노력하십시오.

부는 악의 근원입니다. 감각들이 주는 쾌락은 고통의 원천입니다. 불행은 최고의 행운입니다. 모든 것에 의해 거부당하는 것은 승리입니다. 품행과 행위가 선하고 유쾌하며, 은둔에 헌신하며, 결국에는 고통으로 나아가게 하는 세상의 쾌락을 갈망하지 않는 이들에게 생명, 명예 및 고귀한 자질들이 꽃피어나 결실을 맺을 것입니다.

바시슈타는 계속 말했다.

오, 라마여! 무엇이든지 열심히 하면 항상 결실을 거둡니다. 그러므로 올바른 노력을 그만두지 마십시오. 물론 어떤 것을 열심히 하기 전에, 마지막에 올 결과의 가치를 깊이 생각하는 것이 필요합니다. 이런 식으로 주의 깊게 탐구해 본다면, 참나 지식만이 모든 고통과 즐거움의 뿌리를 완전히 없애 준다는 것을 알게 될 것입니다. 그러므로 모든 노력을 다하여 오로지 참나 지식으로 향해야 합니다. 그대 안에 쾌락을 추구하고자 하는 욕망으로 만들어진 대상들에 대한 모든 개념을 버리십시오. 불행으로 오염되지 않고 있는 행복이 있습니까?

금지하지 않는 것과 금지의 수행이라는 이 둘은 절대적 브람만 안에서는 같습니다. 그것들 간에는 아무런 구분이 없습니다. 그러나 금지의 수행은 그대에게 큰 즐거움과 행운을 가져다줍니다. 그러므로 스스로 금지하고 자아를 버리십시오. 진리의 본성을 탐구하는 현명한 이들과 함께 하십시오. 경전들에서 말하는 금지들을 지키며 살아가는 이들은 선량하고 현명합니다. 그들 안에는 탐욕, 미혹, 분노가 나날이 줄어들고 있습니다.

현명한 이들과 함께 할 때, 참나 지식이 일어납니다. 그와 동시에 지각의 대상들이 실재한다는 개념은 점점 감퇴하여 결국에는 사라집니다. 매달릴 가치 있는 대상이 없다는 것을 알기 때문에, 지각의 대상인 세상이 이렇게 하여 사라진다면, 지고의 진리만이 남습니다. 지각의 대상인 이 세상은 결코 창조되지 않았으며, 지금 존재하고 있는 것도 아니며, 미래에도 존재하지 않을 것입니다. 유일의 실재로서 늘 존재하고 있는 것은 오로지 지고의 존재입니다.

이렇게 나는 지각의 대상인 세상이 본질적으로 실재하지 않고 있다는 것을 그대에게 수많은 방법들로 설명하였습니다. 세상은 오로지 의식의 순수한 공간입니다. 순수한 공간 안에서는 "이것은 진리이다.", "이것은 실재가 아니다."라는 분리가 없습니다. 그 무한한 의식의 놀라운 나타남이 세상이며, 달리 아무것도 아닙니다. 그 안에 주체와 대상이나 물체와 그림자의 분리가 있다는 것은 태양 광선과 햇빛의 구분처럼 인정되지 않는 임의적인 가정일 뿐입니다. 사실 분할할 수 없으며 변경되지 않고 있는 의식만이 존재할 뿐입니다. 그 자신의 본성에 따라 자신의 눈을 감고 뜰 때, 말하자면 우주의 멸망과 창조라는 것이 있습니다.

바시슈타는 계속하였다.

바르게 이해되지 못했을 때, '나'는 무한한 의식 안에 있는 순수하지 못한 개념처럼 보입니다. 하지만 '나'라는 것이 바르게 이해되면, 그것의 의미는 무한한 의식입니다. 나의 진정한 실재가 보이면, 그것은 더 이상 자아가 아니라 무한한 실재로서 나타납니다. 사실, '나'라는 구별되는 실체는 없습니다.

이 진리가 순수한 마음을 지닌 사람에게 드러날 때, 그의 무지는 즉시 떨어져 나갑니다. 그러나 다른 사람들은 유령이 있다고 믿는 아이들처럼 그들 자신의 거짓 개념에 매달립니다.

그러므로 분리된 실체로서의 '나'가 거짓으로 알려진다면, 어떻게 그것과 관련된 천국, 지옥 등의 여러 개념들을 믿을 수 있겠습니까? '나'가 하나의 실체로 보이는 한, 천국을 향한 심지어 해방을 향한 갈망이 자신의 가슴 안에서 일어납니다. 그러므로 '나'가 있는 한, 자신의 삶에는 불행만이 있습니다. 이 '나'라는 개념은 참나 지식을 통하지 않고는 없앨 수 없습니다. '나라는 것'의 이 유령에 사로잡혀 있다면, 어떤 경전, 어떤 만뜨라, 그 어떤 것도 그 사람으로 하여금 그것을 없애도록 할 수 없습니다.

자기란 무한한 의식에 비친 순수한 반영이라는 진실을 계속적으로 기억할 때만 '나라는 것'은 성장을 중지합니다. 세상은 마술사의 속임수로 나타난 것입니다. 나와 세상 사이에 있는 모든 주체와 대상이라는 관계는 어리석습니다. 이 이해가 뿌리를 내릴 때, '나라는 것'은 뿌리가 뽑힙니다. '세상'이라는 개념을 일어나게 하는 것은 '나'라는 것이 알려지면, 그 둘은 평화 안에서 사라집니다.

하지만, "나는 온 우주와 하나이고, 나로부터 떨어져 있는 것은 아무것도 없다."라는 느낌을 일어나게 하는 높은 형태의 '나'가 깨달은 이들이 지니고 있는 이해입니다. 다른 유형의 '나'는 "'나'는 본질적으로 매우 미묘하고 극히 작다. 그러므로 그것은 이 우주에 있는 모든 것과 다르며 독립적으로 있다."라고 느끼는 것입니다. 이것 역시 반대할 수 없는 것입니다. 이러한 이해는 해방에 도움이 됩니다. 그러나 이 두 유형이 아닌, 앞에서 말하였던 '나'는 몸과 동일시하는 '나'입니다. 이것은 확실히 버려야 합니다. 높은 형태의 '나'를 끊임없이 키워 감으로써 낮은 형태의 '나'는 뿌리 뽑힙니다.

낮은 '나'를 점검하면서, "나는 모든 것이다." 혹은 "나는 극히 미묘하며 독자적이다."라는 느낌을 자신 안에서 계속 만들면서, 높은 '나'에 의존해야 합니다. 조만간 높은 형태의 '나'의 모습마저도 완전히 버려야 합니다. 그때 그 사람은 온갖 활동을 하고 있거나 아니면 조용한 곳에 은둔하면서 살 것입니다. 그러한 사람에게는 몰락의 두려움이 없습니다.

비마, 바사 그리고 드르다의 이야기

바시슈타는 계속 말하였다.

오, 라마여! 세 명의 악마들 즉 다마, 비얄라, 까따가 도망을 가 버린 후에, 삼바라는 그들이 어리석게도 자아적인 개념을 갖게 되어 재난을 당했다는 것을 알았습니다. 그래서 그는 악마들을 만들 것을 결심했지만, 이번에는 자아의 함정에 빠지지 않도록 참나 지식과 지혜를 가진 악마들을 만들기로 결심했습니다.

그래서 삼바라는 마법으로 비마, 바사 그리고 드르다라는 세 명의 악마를 만들었습니다. 그들은 전능했습니다. 그들은 참나 지식을 지니고 있었으며, 초연과 순결로 가득했습니다. 그들은 온 우주를 풀잎보다 더 가치가 있는 것으로 보지 않았습니다.

그들은 신들의 군대와 싸우기 시작했습니다. 오랫동안 싸웠지만 자아는 일어나지 않았습니다. 자아가 머리를 들 때마다 그들은 '나는 누구인가?'라는 참나 탐구로 그것을 가라앉혔습니다. 그러므로 그들은 죽음의 공포에서 자유로웠습니다. 현재 속에서 적절히 행동했으며, 모든 집착에서 자유로웠습니다. '내가 그것을 했다.'라는 느낌이 없었습니다. 주인 삼바라가 정해 준 일에 전념했으며, 욕망과 혐오가 없었고, 모든 것을 동등한 시각으로 보았습니다. 그들은 신들의 군대를 재빠르게 패배시켰습니다. 신들은 피하여 비슈누 신에게로 도망쳤습니다. 비슈누의 명령에 따라, 그들은 다른 거처로 이주하였습니다.

이 일이 있은 후, 비슈누 신이 손수 악마 삼바라와 싸워야 했습니다. 신에 의해 죽음을 당한 악마는 즉시 비슈누의 거처에 이르렀습니다. 지배자 비슈누는 세 악마인 비마, 바사, 드르다를 해방시켰습니다. 그들은 원래 자아가 없었으므로 몸이 죽었을 때 바로 깨달았습니다.

오, 라마여! 조건화된 마음만이 굴레입니다. 마음에서 조건화가 떨어져 나갈 때 해방이 있습니다. 진리가 선명히 보이고 깨달아질 때, 마음의 조건화는 멀리 떨어져 나갑니다. 램프의 불꽃이 꺼질 때처럼 조건화가 중지되면, 그 사람의 의식은 더없이 평화로워집니다. "어디에서 무엇을 생각하든, 참나만이 이 모든 것이다."라는 것을 깨닫는 것이 깨끗한 지각입니다. '조건화'와 '마음'은 그에 상응하는 진실이 없는 그냥 말에 불과한 것입니다. 진리를 탐구하면 '조건화'와 '마음'은 의미를 지니기를 그칩니다. 이것이 깨끗한 지각입니다. 이러한 깨끗한 지각이 일어날 때, 해방이 있습니다.

다마, 비얄라, 까따는 자아에 의하여 조건 지어진 마음을 예로 든 것입니다. 비마, 바사, 드르다는 조건화나 자아가 없는 마음을 예로 든 것입니다. 오, 라마여! 전자처럼 되지 말고 후자처럼 되십시오. 그것이 나의 소중하고 총명한 제자인 그대에게 내가 이 이야기를 한 이유입니다.

바시슈타는 계속 말했다.

오, 라마여! 비마, 바사, 드르다는 무지와 기만의 지배를 받는 마음을 통제하였던 진정한 영웅들입니다. 마음의 그러한 통제는 이 세상의 모습, 또는 출생과 죽음이라는 윤회의 고통, 비극의 끝없는 사슬을 치료할 수 있는 유일한 길입니다. 나는 그대에게 지혜의 정수 모두를 말할 것입니다. 잘 듣고 그대의 온 인생을 그 향기로 채우십시오. 굴레는 쾌락을 향한 갈망이고, 쾌락을 포기하는 것이 해방입니다. 그러므로 이 세상에서 모든 쾌락의 중심들을 독한 기운으로 보십시오.

맹목적인 포기는 바람직하지 않습니다. 감각들이 주는 쾌락의 본질 안으로 깊고 진지하게 탐구하여 그것들을 위한 모든 갈망을 버리십시오. 그때 그대는 행복하게 살 수 있습니다.

행운을 가져다주는 자질들을 배양함으로써 잘못된 모든 지식이 점차 그치게 됩니다. 그에 따라 마음은 반대를 이루는 쌍들, 불안, 두려움 및 미혹으로부터 자유롭게 되어 점차 욕망이 없어질 것입니다. 그럼으로써 마음은 평화와 희열의 상태에서 쉽니다. 그러면 마음은 자아, 나쁜 생각들, 감정들, 집착과 슬픔에 오염되지 않습니다.

그 다음에 마음은 의심이라는 난폭한 아들과 갈망이라고 알려져 있는 아내를 없앱니다. 이상하게도, 깨달은 마음은 자신을 키워 주었던 생각, 욕망 같은 바로 그러한 것들의 정지를 가져옵니다. 마음의 진정한 본성을 탐구해 가면서, 마음은 몸과의 동일시마저도 버립니다. 무지한 마음은 팽창합니다. 그러나 지혜가 깨어나면, 마음이 마음이기를 그칩니다.

마음만이 이 우주입니다. 마음은 산맥입니다. 마음은 공간입니다. 마음은 신입니다. 마음만이 친구이자 적입니다. 의식이 자신을 잊어버리고 변화와 심리적 조건화를 거칠 때, 그것이 탄생과 죽음을 일어나게 하는 마음입니다. 이 무한한 의식이 심리적 조건화에 의해 조금 둘러싸임으로 이 의식의 대상이 되는 무한한 의식의 부분을 지바라 합니다. 무한한 의식의 진리에서 떨어져 나와 조건화 속으로 더욱더 깊이 가라앉음으로써 세상에 관련되는 것도 이 지바입니다.

물론, 참나는 지바도 아니고 몸도 아니며, 몸의 구성 원소들도 아닙니다. 참나는 공간처럼 이 모든 것으로부터 독립하여 있습니다.

바시슈타는 계속 말했다.

오, 라마여! 마음 자체가 지바입니다. 마음은 마음 자신이 마음 그 자신에게 투사한 것을 경험합니다. 그것에 의하여 마음은 구속됩니다. 지바의 화신의 내용을 결정하는 것도 마음의 상태입니다.

왕이 되고 싶은 사람은 왕이 되는 것을 꿈꿉니다. 사람은 자신이 강하게 바라는 것을 조만간에 획득합니다. 마음이 순수하지 못하면, 그것의 결과들도 순수하지 못합니다. 마음이 순수하면, 그것의 결과 역시 순수합니다. 고귀한 사람들은 궁핍할 때도 고귀한 영적인 추구를 합니다.

진리 안에는 굴레도 해방도 없습니다. 무한의 존재가 '나는 몸이다.'라고 생각하며, 이 생각이 굴레로서 작용합니다. 이것들 모두가 거짓임을 깨달을 때, 그는 무한한 의식으로서 빛납니다. 순수한 천은 쉽게 물이 듭니다. 마음이 순수한 생각들과 행위들로부터 정화되었을 때, 마음은 무한함의 성질을 지니게 됩니다.

순수한 마음 안에서 몸, 경전의 지식 및 초연 등에 관한 개념과 관념들이 일어날 때, 세상의 모습이 존재하게 됩니다. 마음이 외적 대상인 우주에 관여할 때, 마음은 참나로부터 멀어집니다. 그러나 마음이 주체와 대상의 관계를 포기하면, 마음은 즉시 무한한 것 안으로 흡수됩니다.

　마음은 무한한 의식과 따로 떨어져서는 아무런 존재도 가지지 않습니다. 마음은 처음에는 존재하지 않았으며, 끝에도 존재하지 않을 것입니다. 그러므로 마음은 지금 존재하지 않고 있습니다! '마음이 존재한다.'라고 생각하는 사람들은 손에 슬픔을 들고 있습니다. 이 세상이 실제로는 참나임을 아는 사람은 그 슬픔 너머로 갑니다. 그러므로 이 세상은 그에게 기쁨과 해방 둘 다를 줍니다.

　마음은 다름이 아니라 생각들과 개념들일 뿐입니다. 그런 마음이 끝난다고 해서 누가 슬퍼할 것인지요! 실재는 보는 자와 대상 간의 중간에 놓여 있는 의식입니다. 이 실재는 마음에 의해 가려져 있으며, 마음이 그치면 드러납니다.

　마음의 조건화가 그치면, 무지, 갈망, 욕망들과 혐오들, 미혹, 우둔, 두려움과 개념 작용들이 끝납니다. 순수함, 행운, 선함이 일어납니다. 그러면 그 사람은 참나 지식의 기쁨을 즐깁니다.

　모든 내적 불순들을 파괴함으로 순수해진 지성을 가지고 있는 이들은 참나 안으로의 탐구를 통해 얻은 참나의 불빛으로 자신의 가슴을 빛나게 했습니다. 탄생과 죽음의 무가치함을 앎으로, 그는 몸이라는 도시에서 공포와 걱정이 없이 삽니다.

　라마가 물었다.

　신이시여! 무한한 의식은 초월적인 것입니다. 청하건대 그 안에 이 우주가 어떻게 존재하는지를 말씀해 주십시오.

바시슈타가 대답했다.

오, 라마여! 미래의 파도들이 고요한 바다 안에 존재하듯이, 이 우주는 무한한 의식 안에 존재하고 있습니다. 진리 안에서는 아무런 차별이 없지만, 잠재적으로는 눈에 보이는 차별이 있습니다. 비록 공간이 모든 곳에 있지만 나타나지 않고 있는 것처럼, 무한한 의식은 모든 곳에 있지만 나타나지 않고 있습니다. 수정 안에 비친 대상이 실제로 존재한다고도 존재하지 않는다고도 말할 수 없는 것처럼, 무한한 의식 안에 비친 이 우주는 실제로 존재한다고도 존재하지 않는다고도 말할 수 없습니다. 다시 말해, 공간이 그 안에 떠 있는 구름에 의해 영향을 받지 않듯이, 이 무한한 의식은 그 안에서 일어나는 우주에 의해 영향을 받지 않습니다. 굴절체가 없으면 빛이 보이지 않듯이, 무한한 의식은 여러 몸들을 통하여 보입니다. 무한한 의식은 본질적으로 이름들과 형태들이 없지만, 이름들과 형태들은 그것 안에 나타납니다.

의식 안에 비친 의식은 의식으로서 빛나고 의식으로서 존재하고 있습니다. 그러나 스스로는 현명하고 합리적이라고 생각하지만 실제로는 무지한 자에게는 개념이 일어나 존재하며, 이 개념은 의식과 다른 어떤 것으로 존재하고 있습니다. 무지한 자에게는 이 의식이 끔찍한 세상의 모습으로 나타납니다. 현명한 자에게는 같은 의식이 하나의 참나로 나타납니다. 이 의식만이 순수한 경험입니다. 태양이 빛나고 모든 존재들이 여기에서 삶을 즐길 수 있는 것은 순수한 의식의 덕분입니다.

이 의식은 창조되지도 소멸되지도 않습니다. 파도들과 바다의 관계처럼, 세상의 모습은 순수 의식 위에 덧붙여진 것입니다. 그 의식 안에서 그것이 그것 스스로 비추어질 때, 다양성을 일어나게 하는 '내가 존재한다.'라는 개념이 일어납니다. 말하자면, 동일한 의식이 공간으로서는 씨를 싹 틔우는 것을 가능하게 하고, 공기로서는 싹을 나오게 하고, 물로서는 그것에 영양을 주고, 흙으로서는 그 싹을 튼튼하게 하고, 빛으로서는 의식 자체가 새로운 생명을 나타나게 합니다. 오래지 않아 과실로서 나타나는 것은 씨 안에 있는 의식입니다.

이 의식만이 여러 계절들이며 여러 계절들의 특징입니다. 이 의식이 우주의 소멸 때까지 수많은 존재들을 지탱하고 있기 때문에, 온 우주가 존재하는 것은 이 의식 때문입니다.

바시슈타는 말했다.

그러므로 이 세상의 모습은 바로 무한한 의식의 본성으로서 오고 갑니다. 이 세상은 무한한 의식과 다르지 않습니다. 그러므로 이 세상 안에 있는 것들은 서로 인과 관계를 가지고 있습니다. 즉, 세상은 무한한 의식 안에서 일어나, 그 안에 존재하다가, 그 안으로 흡수됩니다. 깊은 바다처럼 무한한 의식은 흔들리지 않습니다. 그럼에도 불구하고 무한한 의식은 바다 표면에 보이는 파도들처럼 흔들립니다. 약물로 중독이 된 사람이 자신을 다른 사람으로 보듯이, 자신을 의식하게 된 이 의식은 그 자신을 다른 것이라 여깁니다.

이 우주는 실재도 비실재도 아닙니다. 우주는 의식 안에 존재하지만, 그러나 의식 안에서 독립하여 존재하지는 않습니다. 의식에 덧붙여진 것처럼 보이지만, 그것은 의식을 능가하지는 않습니다. 그 관계는 금장식들과 금의 관계와 같습니다.

모든 것에 스며 있는 이 참나인 지고의 브람만은 그대로 하여금 소리, 맛, 형태, 향기를 경험하는 것을 가능하게 합니다. 오, 라마여! 그것은 초월적이며 모든 것에 있습니다. 그것은 비이원적이고 순수합니다. 그 안에는 다른 것이라는 개념조차도 존재하지 않습니다. 존재와 비존재, 선과 악 같은 이 모든 다양성은 무지한 자들이 공연히 상상한 것입니다. 이 상상이 참나 아닌 것이나 참나에 바탕을 두고 있는 것이라고 말하든 그것은 중요하지 않습니다.

참나 아닌 것이 없는데, 어떻게 다른 것에 대한 욕망이 있을 수 있겠습니까? 그러므로 '이것은 바람직하다.', '이것은 바람직하지 않다.'와 같은 개념들은 참나를 건드리지 못합니다. 참나는 욕망이 없기 때문에 그리고 행위자인 행위의 도구와 행위 그 자체 역시 비이원적이기 때문에, 그것은 행위에 관계하지 않습니다. 존재하는 그것과 그것 안에 존재하는 것은 동일하므로, 심지어 그것이 존재한다고도 말할 수 없습니다. 그것 안에는 어떤 욕망도 없기 때문에, 그것 안에는 행동하지 않음의 개념도 없습니다.

오, 라마여! 그 밖의 것은 없습니다. 그대가 바로 이 절대적 브람만의 존재입니다. 그러므로 그대 자신을 모든 이원성의 개념들로부터 자유롭게 하고는 활기찬 삶을 살아가십시오. 모든 종류의 행위들을 몇 번이고 반복함으로써 그대는 무슨 이득을 얻었습니까? 그리고 행위하지 않기를 바람으로써 그대는 무엇을 얻을 것입니까? 또는 경전들에 집착함으로써 무엇을 얻을 것입니까? 오, 라마여! 바람에 의하여 흔들리지 않을 때의 바다처럼 평화와 순수 속에 있으십시오. 모든 것에 완전히 충만해 있는 참나는 그대가 널리 여행한다고 해서 얻어지는 것이 아닙니다. 그대의 마음을 세상의 대상들 속에서 방황하게 하지 마십시오. 그대 자신이 지고의 참나이며, 무한한 의식입니다. 그대는 그 외의 것이 아닙니다!

바시슈타는 말하였다.

오, 라마여! 행복과 불행 둘 다를 일어나게 하는, 혹은 요가의 상태를 일어나게 하는 행위자라는 감각인 '내가 이것을 한다.'라는 개념은 현자들의 눈에는 허구적인 것입니다. 하지만 무지한 자들에게는 그것이 실재입니다. 왜냐하면 이 개념의 근원은 무엇입니까? 이 개념은 경향성에 의해 자극된 마음이 어떤 것을 얻으려 노력할 때 일어납니다. 그러고 나서 결과로서 생기는 행위는 자신에게 돌아갑니다. 같은 행위가 그것의 결실의 경험으로 나아갈 때, '나는 이것을 즐긴다.'라는 개념이 일어납니다. 사실 두 개념은 같은 개념의 두 얼굴입니다.

행위를 하든 행위를 하지 않든, 천국에 있든 지옥에 있든 간에, 심리적 조건 형성이 무엇이든 그것은 마음에 의하여 경험됩니다. 그러므로 무지한 자들이나 조건 지어진 자들에게는 그들이 무엇을 하거나 하지 않을 때도 '내가 이것을 한다.'라는 개념이 있습니다. 깨달음을 얻었거나 조건 지어지지 않은 이들에게는 그러한 개념이 일어나지 않습니다. 이것에 관한 진리를 알면, 조건화는 약해집니다. 그러므로 현명한 이들은 이 세상에서 행위를 하고 있지만, 행위들의 결과에는 관심이 없습니다. 그는 그런 행위들에 집착함이 없이, 행위들이 자신의 삶에서 일어나도록 허용합니다. 그리고 행위의 결과들이 어떠하든지, 그는 그것들을 자신의 참나와 다르지 않다고 봅니다. 하지만 그러한 것은 마음의 상태들에 빠져 있는 사람들의 태도는 아닙니다.

마음이 하는 것은 무엇이든지, 그것만이 행위입니다. 그러므로 마음만이 행위자이지 몸은 아닙니다. 마음만이 이 세상의 모습입니다. 이 세상의 모습은 마음 안에서 일어났습니다. 이 세상은 마음 안에서 쉽니다. 경험하고 있는 마음뿐만이 아니라 대상들이 고요해지면, 의식만이 남습니다.

현자들은 깨달은 이들의 마음이 희열의 상태에 있는 것도 희열이 없는 상태에 있는 것도 아니며, 움직이고 있는 것도 가만히 있는 것도 아니며, 실재인 것도 비실재인 것도 아니며, 이 두 속성 사이에 있다고 합니다. 그의 조건화되지 않은 의식은 연극을 하는 것처럼 이 세상에서 자신의 역할을 즐겁게 연기합니다. 왜냐하면 행위와 경험의 성격을 결정하는 것은 무지한 자들에게 존재하고 있는 마음의 조건화이기 때문입니다. 그것이 깨달은 이들에게는 없기 때문에, 그들은 늘 희열에 있습니다. 그들의 행위는 행위하지 않음입니다. 그러므로 그들은 공덕이나 공덕 아님을 초래하지 않습니다. 그들의 행위는 어린아이의 행위와 같습니다. 그들이 고통을 겪고 있는 것처럼 보이더라도, 그는 그렇지 않습니다. 그는 이 세상과 마음과 감각들의 행위에 전혀 집착하지 않고 있습니다. 그는 해방의 개념도, 굴레의 개념도 간직하지 않습니다. 그는 참나를 봅니다. 그는 참나만을 봅니다.

바시슈타는 계속 말했다.

라마여! 절대적 브람만은 전능하기 때문에, 그의 무한의 잠재성이 이 눈에 보이는 우주로서 나타납니다. 실재, 비실재, 단일성, 다양성, 시작과 끝이라는 이 다양한 분류들은 그 브람만 안에 존재하고 있습니다. 바다의 파도들처럼 지바들 역시 개별화된 의식에 의하여 스스로 한계 지어진 브람만 안에 나타납니다. 이 지바는 나중에 점차 더 짙은 조건화를 경험합니다. 그리고는 그러한 행위의 결과들을 경험합니다.

라마가 물었다.

신이시여! 브람만은 슬픔에서 자유롭습니다. 하지만 하나의 램프가 다른 램프로부터 불을 전해 받아 불이 켜지는 것처럼, 슬픔으로 가득한 우주가 슬픔으로부터 자유로운 우주에서 나왔습니다. 어떻게 이것이 가능합니까?

발미끼가 말했다.

이 질문을 듣고서, 바시슈타는 잠시 동안 다음과 같이 숙고했다. 분명히 라마의 이해는 충분하지 않다. 왜냐하면 그의 마음에 불순함이 있기 때문이다. 하지만 그가 진리를 충분히 이해할 수 없다면, 그의 마음은 휴식을 찾지 못할 것이다. 마음이 쾌락이나 행복에 대한 생각들로 흔들리는 한, 마음은 진리를 이해할 수 없다. 마음이 순수하다면, 그때 진리를 즉시 이해한다. 그러므로 무지하거나 반쯤 깨달은 사람들에게 "모든 것이 브람만이다."라고 말하는 사람들은 지옥에 간다고 한다. 그러므로 현명한 스승들은 먼저 자신의 제자들에게 자제심과 평온에 있도록 격려해야 한다. 그 다음에 진리의 지식을 전하기 전에 제자를 철저히 조사해야 한다.

바시슈타가 말했다.

브람만이 슬픔으로부터 자유롭든지 그렇지 않든지 간에, 그대는 혼자 힘으로 진리를 발견할 것입니다. 혹은 적절한 시간이 오면 나는 그대가 이것을 이해하도록 도울 것입니다. 지금은 다음의 것을 이해하십시오.

브람만은 모든 것을 할 수 있으며, 모든 곳에 스며들어 있으며, 모든 것 안에 존재하고 있습니다. 이 브람만은 마야라는, 말로 표현할 수 없는 힘을 통하여 이 창조물들을 존재하게 만들었습니다. 텅 빈 공간을 푸른색으로 보이게 하는 것처럼, 이 마야는 실재하지 않는 것을 실재하도록 혹은 그 반대로 보이게 할 수도 있습니다.

라마여! 보십시오. 그대는 이 세상 안에 무한히 다양한 창조물들을 봅니다. 그것은 신이 지닌 무한한 잠재력의 표현입니다. 평온을 받아들이십시오. 마음이 평화로운 사람은 진리를 봅니다. 마음이 평화롭지 않을 때, 세상은 다양성을 지닌 혼란처럼 보입니다. 하지만 사실 이 우주는 신이 지닌 무한한 잠재력이 밖으로 나타난 것입니다. 불빛이 있는 곳에는 자연스레 볼 수 있는 능력이 있듯이, 신의 무한한 능력 때문에 이 세상은 자신의 성품으로 일어났습니다. 그러나 이 세상이 나타남과 더불어 무지 또한 존재하게 되었습니다. 그것으로 인해 슬픔이 있습니다. 이 무지를 버리고 자유로우십시오.

바시슈타는 계속하였다.

오, 라마여! 세상의 모습으로 있는 이 전체 창조는 무한한 의식 즉 브람만의 전능한 의식 에너지(찌뜨 샥띠)의 의도가 우연히 나타난 것에 불과합니다. 이 의도가 응축되어 마음 안에 의도된 것이 만들어집니다. 그러면 마음은 즉시 이 세상이라는 장 안에 물질을 만들어 냅니다. 이 단계에 이 창조가 무한한 의식으로서의 자신의 본래적이며 진정한 본성을 사실상 버렸다는 개념이 있습니다.

이 무한한 의식은 자신 안에서 순수한 공을 봅니다. 그래서 의식 에너지(찌뜨 샥띠)가 공간을 존재케 합니다. 그 의식 에너지 안에 다양화하려는 의도가 일어납니다. 이 의도는 여러 생명이 있는 창조물들을 만드는 수행원들을 가지고 있는 창조자 브람마로 나타납니다. 그래서 무한한 의식의 공간 안에 모두 열넷의 세상들이 나타나게 되었습니다. 그 세상들에는 다양한 존재들이 있습니다. 어떤 존재들은 짙은 어둠 속에 있으며, 어떤 존재들은 깨달음에 가까이 있으며, 어떤 존재들은 완전한 깨달음을 얻었습니다.

오, 라마여! 이 세상에 있는 살아 있는 많은 종들 중에서 인간만이 진리의 본성 안으로 지도를 받기에 적당합니다. 이 인간들 중에서도 많은 이들은 슬픔과 미혹, 미움과 공포에 사로잡혀 있습니다. 이제 나는 이 모든 것을 자세히 설명할 것입니다.

그러나 이 세상을 누가 만들었으며 그것이 어떻게 만들어졌는지에 대한 이야기는 경전들을 만들고 그것들을 설명할 목적으로 이야기된 것이지 진리에 기초하고 있는 것은 아닙니다. 무한한 의식 안에서 일어나는 변형들 혹은 우주적 존재의 조직화는 그렇게 보일는지는 모르지만, 신 안에서 실제로 일어나는 것은 아닙니다. 상상 속에서조차 오로지 무한한 의식만이 있을 뿐입니다! 그러한 존재를 창조자로 그리고 우주를 창조된 것으로 생각하는 것은 어리석습니다. 한 램프에서 다른 램프로 불이 옮겨 붙을 때, 그들 사이에는 창조자와 창조물이라는 관계는 없습니다. 불은 하나입니다. 창조는 단지 말에 불과한 것입니다. 창조는 그 말에 대응하는 실질적인 실재가 없습니다.

의식은 브람만입니다. 마음은 브람만입니다. 지성은 브람만입니다. 브람만만이 알맹이입니다. 소리와 말은 브람만입니다. 브람만만이 모든 물질의 구성 원소입니다. 참으로 모든 것은 브람만입니다. 실제로는 아무런 세상이 없습니다.

먼지가 제거되면 진짜 물질이 나타나고, 밤의 어둠이 없어지면 밤으로 인해 가려졌던 대상들이 확실히 보이듯이, 무지가 제거되면 진리가 깨달아집니다.

라마가 물었다.

신이시여! 무한한 의식 안에서 다양화하려는 의도가 어떻게 있을 수 있습니까?

바시슈타가 말했다.

오, 라마여! 내가 한 말에는 어떤 모순도 없습니다. 그대가 진리에 대한 통찰을 얻을 때, 그대는 나의 말 속에 있는 진리의 아름다움을 볼 것입니다. 창조 등에 관한 묘사들은 제자들을 지도할 목적으로 경전들에 주어져 있습니다. 그대의 마음이 그것들에 의하여 물들게 하지 마십시오. 단어들이 가리키는 것을 깨달을 때, 그대는 자연스럽게 단어들의 마술을 버릴 것입니다.

무한한 의식 안에는 의도도 없고 미혹의 베일도 없습니다. 하지만 그것 그 자체가 세상으로서 그대 앞에 있습니다.

이것은 무지가 끝날 때만 깨달아질 수 있습니다. 이 단어들과 설명들에 의지하고 있는 가르침의 도움 없이는 무지는 끝나지 않을 것입니다. 이 무지는 스스로 파괴되기를 바랍니다. 그래서 이 무지는 진정한 지식의 빛을 찾고 있습니다. 무기들은 다른 무기들로 파괴되고, 먼지는 먼지를 깨끗이 하며, 독은 독을 치료하고, 적들은 다른 적들에 의해 파괴됩니다. 이처럼 이 마야는 마야가 파괴될 때 기뻐합니다. 그대가 이 마야를 자각하게 되는 순간, 마야는 끝이 납니다.

이 무지 즉 마야는 진리를 가리고는 이 다양성을 만듭니다. 그러나 마야는 그것 자신의 본성을 알지 못합니다. 그것은 이상합니다. 마야의 본성을 탐구하지 않는 한, 마야가 지배합니다. 마야의 본성을 탐구하는 순간, 마야는 그칩니다.

이 마야는 진리 안에는 존재하지 않습니다. 이 진리를 직접 경험하지 않는 한, 그대는 그것에 대한 나의 말을 받아들여야 할 것입니다. 브람만만이 진리라는 것을 아는 자는 해방되어 있습니다. 다른 모든 견해들은 사람을 무지에 가두려는 것입니다.

이 무지는 참나 지식이 없이는 떠나지 않을 것입니다. 참나 지식은 경전들에 대하여 깊이 공부했을 때만 일어납니다. 이 무지의 기원이 무엇이든지 간에, 확실히 그조차도 참나 안에 있습니다. 그러므로 오, 라마여! '어떻게 무지가 일어났는가?'라고 묻지 말고 '어떻게 무지를 제거할 수 있는가?'를 탐구하십시오. 이 무지 즉 마야가 존재하기를 그칠 때, 그때 그대는 이 마야가 어떻게 일어났는지를 알게 될 것입니다. 그대는 이 무지가 정말로의 실재가 아니라는 것을 알게 될 것입니다. 무지는 지혜롭지 않은 상태에서만 일어납니다. 위대한 학자이건 영웅이건 단 한 사람도 이 무지를 면치 못했습니다. 이 무지는 모든 슬픔의 근원입니다. 그것을 뿌리 뽑아 없애십시오.

바시슈타는 계속하였다.

나는 무한한 의식이 지바와 이 모든 것으로 나타나게 된 과정을 다시 그대에게 말할 것입니다. 그대는 바다 안에서 고요한 곳들도 보고, 파도가 일렁이는 곳들도 봅니다. 이처럼 무한한 의식 그 자체는 원래 비이원적이지만 어떤 장소에서는 다양성을 지닌 것처럼 보입니다. 전능하며 무한한 의식이 그것의 모든 무한한 영광으로 나타나는 것은 자연스럽습니다.

무한한 의식의 전능한 이 힘이 나타날 때, 이 나타남에 있어 반드시 필요한 것들인 시간, 공간 및 인과 관계와 제휴하여 나타납니다. 그때부터 무한의 이름들과 형태들이 일어납니다. 그러나 사실 이 모든 외적인 나타남은 실제로는 무한한 의식과 다르지 않습니다. 스스로를 이름 및 형태와 연관을 짓고 시간, 공간, 인과 관계와 관련을 짓는 이 무한한 의식의 측면이 '들판의 아는 자' 즉 목격하는 의식입니다. 몸은 들판입니다. 이 들판의 모든 측면을 샅샅이 아는 자가 들판의 아는 자 즉 목격하는 의식입니다.

이 목격하는 의식이 잠재적 경향성들에 관련되면 자아 의식이 발달하게 됩니다. 이 자아 의식이 그 안에서 개념들과 의도들을 만들어 내면, 그것을 지성이라 합니다. 생각하는 도구로서 그것은 마음이라 합니다. 지성이 더욱 변형되거나 왜곡되면 그것은 감각이 됩니다. 이 모든 것이 몸을 만들고 있는 것입니다. 과일이 익어 가면서 크기, 색깔 등에 있어 여러 변화들을 겪듯이, 무지가 깊고 짙어짐에 따라 이 동일한 의식이 외적인 변화들을 겪습니다.

그때 어리석은 사람들은 올바른 생각이나 진리로의 탐구를 버리고 자발적으로 무지가 희열인 것으로 받아들입니다. 여러 가지 활동 및 자신을 그것들의 행위로 여기는 동일시의 덫에 걸린 채, 그들은 자신이 부과하고 자신이 의도한 끝없는 고통을 겪습니다. 오, 라마여! 슬픔과 비탄, 욕망과 미혹으로 가득한 마음만이 이 세상의 모든 불행의 원인입니다. 참나 지식을 잊고서, 마음은 사람을 감각의 대상들이라는 불 속으로 던져 버리는 욕망과 분노, 악한 생각들과 갈망들을 만듭니다. 오, 라마여! 마음을 이 무지의 덫으로부터 구하십시오.

오, 라마여! 선하고 악한 생각들이 교차되는 마음의 불순한 상태를 걱정하지 않으며 노년, 죽음 및 절망에 지배당하고 있는 사람은 정말이지 인간의 모습을 하고 있는 악마입니다.

바시슈타는 계속하였다.

무한한 의식의 힘은 이 우주 안에 수백만의 존재들로서 우연히 나타납니다. 이 무수한 존재들은 그들 자신의 마음의 조건화에 갇혀 있습니다. 그들은 모든 나라에서 그리고 온 우주의 모든 곳에서 발견됩니다. 그들은 상상할 수 있는 모든 상황 안에서 존재하고 있습니다.

그들 중 일부는 이 시대에 새롭게 창조되었습니다. 다른 것들은 창조된 지 아주 오래되었습니다. 어떤 존재들은 단지 몇 번만 탄생했으며, 다른 존재들은 수없는 몸들로 탄생하고 있습니다. 어떤 존재들은 해방을 얻었습니다. 다른 존재들은 무서운 고통 속에 가라앉아 있습니다. 어떤 존재들은 하늘에서 살며, 어떤 존재들은 반신반인이며, 어떤 존재들은 우주를 관장하는 신들입니다. 어떤 존재들은 악마이고, 어떤 존재들은 악귀입니다. 어떤 존재들은 인간의 네 계급의 구성원이고, 어떤 존재들은 미개한 원시 종족의 구성원입니다.

그 중 어떤 존재들은 약초 및 풀의 모습으로 있습니다. 또 어떤 존재들은 뿌리, 과일, 잎으로서 나타납니다. 어떤 존재는 넝쿨들의 형태로 있고, 어떤 존재들은 꽃들로서 삽니다. 어떤 존재들은 왕실의 의복을 걸친 왕과 장관들이며, 어떤 존재들은 은둔자나 거지이기 때문에 누더기나 나무껍질로 된 옷을 입습니다. 어떤 존재들은 뱀이고, 어떤 존재들은 곤충입니다. 어떤 존재들은 사자나 호랑이처럼 동물입니다. 어떤 존재들은 새이고, 어떤 존재들은 코끼리와 당나귀입니다.

어떤 존재들은 번영하고, 어떤 존재들은 그렇지 못합니다. 어떤 존재들은 천국에 있고, 어떤 존재들은 죽어 가는 나무 구멍 속에 있습니다. 어떤 존재들은 해방된 현자들 사이에 살고, 어떤 존재들은 몸이라는 의식을 이미 넘어선 해방된 현자입니다. 어떤 존재들은 깨달은 지성을 부여받았습니다. 어떤 존재들은 완전히 우둔합니다.

오, 라마여! 이 우주에 여러 종류의 무수한 존재들이 있는 것처럼, 다른 세상에도 또한 그들 세상의 몸을 입고 있는 비슷한 존재들이 있습니다.

그러나 그들 모두는 자신들이 만든 마음의 조건화에 의하여 묶여 있습니다. 이 존재들은 때로는 올려지고 때로는 내려지면서 이 세상을 떠돌며 방황합니다. 죽음은 공을 가지고 노는 것처럼 그들을 가지고 놉니다. 무수한 욕망들과 집착들에 속박되어 있으며 마음의 조건화에 의해 제한되면서, 그들은 한 몸에서 다른 몸으로 옮겨 다닙니다. 무한한 의식인 그들 자신의 참나에 관한 진리를 지각할 때까지 그들은 계속 그렇게 될 것입니다. 그들이 이 참나 지식을 얻은 후에는 미혹에서 해방되며, 출생과 죽음이라는 윤회로 더 이상 되돌아오지 않습니다.

바시슈타는 계속 말했다.

그러나 이 모든 창조는 꿈과 같이 일어납니다. 이 창조는 실재가 아닙니다. 그것은 단지 실재처럼 보일 뿐입니다. 무지가 완전히 뿌리 뽑히고 모든 마음의 조건화가 멈춘 자가 해방된 현인입니다. 그는 세상의 모습이라는 이 꿈을 자각하고 있는 듯이 보이지만, 실제로는 세상을 세상으로 보지 않습니다. 지바가 해방을 얻을 때까지, 세상의 모습은 모든 지바들 안에서 항상 자연스럽게 상상됩니다. 그러므로 모든 지바 안에는 몸이 잠재적으로 존재하고 있습니다. 모든 것이 물질적 실질성으로 존재하는 것은 아니며, 생각으로서 의지로서 존재하고 있습니다.

나는 그대에게 다시 한 번 창조자 브람마가 무한한 의식 안에서 어떻게 일어났는지를 말할 것입니다. 그러면 그대는 무한한 존재들이 그 의식 안에서 어떻게 일어났는지를 알게 될 것입니다. 시간, 공간, 인과 관계가 없는 무한한 의식은 놀듯이 이것들을 취합니다. 이렇게 해서 우주적 사람이 존재하게 됩니다. 이 우주적 사람은 우주적 마음이기도 하고 우주적 생명이기도 합니다. 이 우주적 사람은 소리를 경험하려고 합니다. 그래서 소리를 전달하는 특징을 지니고 있는 공간이 존재하게 됩니다. 이 우주적 사람은 접촉을 경험하고자 합니다. 그래서 공기가 창조됩니다. 공간과 공기는 보이지 않으며 미묘합니다. 보고자 하는 바람으로 이 우주적 사람은 불을 존재하게 합니다. 이 불은 빛의 근원들 안으로 확장합니다. 그는 불을 막는 차가움뿐만 아니라 맛을 경험하고자 합니다. 그래서 물이 존재하게 됩니다. 마지막으로 냄새를 맡으려는 소망으로 인하여, 냄새의 능력을 가진 흙이 존재하게 됩니다.

온갖 능력을 지니고 있는 이 우주적 사람은 아직은 매우 미묘하고 분할되지 않았습니다. 외관상으로 볼 때 그것은 자신을 버리고 공간에 있는 무한의 불꽃들로 자신을 지각합니다. 그것은 자신을 이 각각의 불꽃이라고 생각합니다. 그래서 자아가 일어납니다. 이 자아는 그것 안에 내재하고 있는 지성을 가지고 있습니다. 그리고 그것은 내가 앞서 언급했던 우주의 다섯 원소들의 도움을 받아 자신을 몸이라고 상상합니다. 그것은 몸을 거칠고 물질적이며, 물질로 되어 있다고 여깁니다. 그래서 그것은 그렇게 됩니다.

이 우주적 사람이 브람마입니다. 그는 이 모든 수많은 존재들을 창조한 것처럼 보입니다. 바로 그가 그것들을 보호하고 있습니다. 처음에 그는 무한한 의식에서 일어났습니다. 그러나 마치 태아가 잠들어 있는 것처럼, 참나 제한과 무한한 본성의 망각에 압도당하여, 그는 생명력(쁘라나)에 의하여 힘을 얻고 유지되며 그리고 물질로 된 몸과 자신을 동일시합니다. 자신의 기원에 대한 탐구를 시작할 때, 그의 진정한 본성이 드러납니다. 그래서 그는 참나 제한으로부터 해방됩니다.

바시슈타는 계속하였다.

오, 라마여! 이 우주는 존재하고 있는 듯이 보이지만, 우주로서 존재하는 것은 사실 아무것도 없습니다. 우주는 오로지 실재인 무한한 의식의 나타남이거나 반사일 뿐입니다. 무한한 의식 안에서 마치 꿈처럼 창조가 일어납니다. 그러므로 실재만이 있습니다. 실재가 실재 안에서 나타나는 것은 실재입니다. 그것은 무한한 비어 있음입니다. 그대는 세상을 봅니다. 왜냐하면 눈 또는 여러 감각들이 세상을 지각하기 때문입니다. 이와 마찬가지로 만약 그대가 세상이 존재한다고 생각하거나 믿거나 안다면, 그것은 그대의 마음이 그렇게 생각하기 때문입니다. 그 마음은 자신이 살기 위하여 이 몸을 존재하게 하였습니다.

마음이 타고난 이 모든 힘은 무한한 의식 안에 있습니다. 그 힘에 의하여 세상이 존재하게 되었습니다. 그러므로 현자들은 마음이 모든 것을 할 수 있다고 말했습니다. 이 모든 신들, 악마들, 인간들은 마음에 의해 출현되었습니다. 마음이 그러한 개념들을 가지기를 그친다면, 그것들은 마치 연료가 없는 램프처럼 존재하기를 멈출 것입니다.

세상에 있는 모든 대상이 실재가 아니라는 것을 아는 현자들은 이 세상에 있는 쾌락의 대상들을 추구해야 할 것으로 생각하지 않습니다. 자신의 마음이 만든 대상들을 쫓는 사람들은 분명코 슬픔에 이르게 됩니다. 이 세상의 모습은 욕망 때문에 존재하게 되었습니다. 그것이 존재하기를 그치는 것은, 세상에 등을 돌리거나 싫어할 때가 아니라, 오로지 욕망이 일어나는 것이 멈출 때뿐입니다. 이 세상의 모습이 사라졌을 때 사실은 아무것도 파괴된 것은 아닙니다.

실재하지 않는 것이 사라졌을 때, 그 사람이 무엇을 잃겠습니까? 그것이 전혀 실재하지 않는다면, 그것을 어떻게 정말로 없앨 수 있겠습니까? 그리고 왜 실재하지 않는 사라짐에 대하여 마음 아파해야 합니까? 그것이 실재한다면, 그때는 아무도 그것을 파괴할 수 없으며 그것을 실재하지 않게 할 수도 없습니다. 이런 관점에서 본다면, 이 세상은 다름 아닌 영원한 진리인 브람만입니다. 어느 경우에도 도대체 슬퍼해야 할 여지가 어디에 있겠습니까?

마찬가지로, 실재하지 않는 것은 성장하거나 번창할 수 없습니다. 무엇을 위해 기뻐합니까? 그러면 무엇을 갈망해야 합니까? 이 모든 것이 정말로 하나의 무한한 의식일 때, 무엇을 포기해야 한단 말입니까?

처음에 존재하지 않았으며 끝에도 존재하지 않을 것은 중간 즉 지금에도 역시 실재하지 않습니다. 처음에 존재하고 끝에도 존재하는 것은 현재에도 역시 실재하고 있습니다. '나 자신을 포함하여 이 모든 것이 실재가 아니다.'라는 것을 알면, 그대 안에 아무런 슬픔이 없을 것입니다. 혹은 '나 자신을 포함한 이 모든 것이 실재이다.'라고 생각하십시오. 그러면 슬픔은 그대에게 닿지 않을 것입니다.

(현자가 이것을 말했을 때, 아홉 번째 날은 저물고 집회는 흩어졌다.)

바시슈타는 계속 말했다.

자신의 부, 아내, 아들 등을 포함한 온 우주가 다름 아닌 마음의 마술이 만들어 낸 창조에 불과하다는 것을 알면, 무엇을 잃었을 때 비탄에 빠지지도 않으며, 성공했다고 해서 들뜨지 않습니다. 오히려 번영할 때 불행을 느끼는 것이 적절한 것일지도 모릅니다. 왜냐하면 그러한 번영은 자신의 무지를 강화시킬 수도 있기 때문입니다. 그러므로 어리석은 자들에게 집착과 갈망을 만드는 것이 현자들에게는 초연과 차분한 무관심을 만듭니다.

현자들은 노력 없이 얻지 못하는 경험들을 갈망하지 않습니다. 그들은 이미 와 있는 것들은 경험합니다. 어떻게 해서든 마음을 감각의 쾌락을 위한 갈망에서 떼어놓을 수 있다면, 미혹의 바다에 빠지는 것에서 구조될 수 있습니다. 온 우주와 자신이 하나임을 깨달은 자, '무엇을 위한' 욕망이나, '무엇에 반대하는' 욕망 모두를 넘어선 자는 결코 미혹되지 않습니다.

그러므로 오, 라마여! 실재 아닌 것과 실재인 것에 스며들어 있는 참나 즉 무한한 의식을 깨달으십시오. 그러므로 실재와 실재 아닌 것 둘 다를 초월하십시오. 그리고 나서 안에나 밖에 있는 것이 무엇이든 잡지도 말고 버리지도 마십시오. 그런 참나 지식 안에 있는 현명한 현자는 어떤 물듦이나 마음의 조건화나 참나 제한으로부터도 자유롭습니다. 그는 그것 내에서 일어나는 어떤 것에 의해서도 전혀 더럽혀지지 않는 하늘이나 공간과 같습니다.

그 어떤 감각의 대상들 속에서도 '나의 것'이라는 느낌을 마음 안에 불러오지 마십시오. 그러면 활동을 하든 하지 않든, 그대는 무지의 수렁에 가라앉지 않을 것입니다. 그대의 가슴이 감미롭거나 바람직한 감각의 쾌락을 맛보지 않을 때, 그대는 알아야 할 것을 모두 알았습니다. 그리고 그대는 탄생과 죽음이라는 윤회에서 놓여납니다. 자신 안에 몸 의식이 있거나 없거나 간에 이 세상이나 천국의 쾌락에 이끌리지 않는 사람은 해방을 특별히 열망하거나 해방을 위하여 노력하지 않아도 해방되어 있습니다.

오, 라마여! 무지스러운 마음의 조건화라는 이 바다 안에서, 참나 지식이라는 뗏목을 발견한 사람은 빠져 죽지 않고 구해집니다. 그 뗏목을 발견하지 못한 사람은 분명코 빠져 죽을 것입니다. 그러므로 오, 라마여! 칼날처럼 날카로운 지성으로 참나의 본성을 탐구하십시오. 그러고 나서 참나 지식 속에 자리를 잡아 휴식하십시오.

참나 지식을 가진 현자들이 살듯이 살아가십시오. 그들은 무한한 의식과 세상을 알고 있습니다. 그러므로 그들은 이 세상의 활동을 즐기지도 않으며 포기하지도 않습니다. 라마여! 그대 또한 참나 지식을 얻었으니 그대는 평화 안에 있습니다.

바시슈타는 계속하였다.

오, 라마여! 과거에 수백만의 브람마들, 쉬바들, 인드라들, 나라야나들이 있었습니다. 그러나 이 신들을 만든 것도 다름 아닌 마야의 마술이었습니다! 이 창조들은 때로 브람마가 한 것이며, 때로는 쉬바, 나라야나 혹은 다른 현자들이 하였습니다. 브람마는 때로는 연꽃에서 태어났으며, 때로는 물, 계란 혹은 공간에서 태어났습니다. 어떤 우주들에서는 브람마가 최고의 신입니다. 다른 우주들에서는 태양, 인드라, 나라야나, 쉬바가 최고의 신입니다. 어떤 우주들에서는 땅이 나무들로 가득합니다. 다른 우주들에서는 사람과 산들로 가득합니다. 어떤 곳에서는 땅이 흙이나 점토입니다. 다른 곳에서는 바위, 금, 구리입니다. 태양광선들을 셀 수 있을지 모르나 존재하는 우주들의 수효를 세는 것은 불가능합니다. 이 창조는 시작이 없습니다. 이 '브람만의 도시' 즉 무한한 의식이나 가슴의 공간에 있는 의식에서 이 우주들은 거듭해서 일어나고 사라집니다. 그러나 이것들은 무한한 의식과 다르지 않습니다.

거칠든 미묘하든, 안정되어 있든 분해되고 있든, 이 창조물들은 모두 의식의 무한한 공간에서 일어난 미묘한 원소들로 된 화환입니다. 어떤 때는 공간이 제일 먼저 만들어졌습니다. 그래서 창조자는 공간에서 태어난다고 말합니다. 다른 때는 공기가 먼저 만들어졌습니다. 다른 때는 시간, 불, 물, 흙이 먼저 만들어졌습니다. 그래서 창조자는 적당한 이름을 얻습니다. 이 창조자의 몸으로부터 사제(브람마나)와 같은 '단어들'이 만들어집니다. 그리고 이 단어들은 적당한 호칭들을 지닌 '살아 있는 존재들'이 됩니다.

물론 이 모든 것은 꿈에서 보이는 창조물들처럼 실재가 아닙니다. 그러므로 '어떻게 이 모든 것이 무한한 의식에서 일어났습니까?'라고 묻는 것은 미숙하고 유치한 질문입니다. 창조는 마음의 의도들에 따라 일어납니다. 이것은 분명히 신비와 경이입니다.

진리를 설명하기 위하여 이 모든 것을 나는 그대에게 얘기했습니다.

그러나 이 창조에서 그러한 순서나 차례는 없습니다. 이 창조는 마음이 만든 창조에 불과합니다. 이것은 진리입니다. 나머지 것들은 공상에서 나온 말일 뿐입니다. 이 세상의 창조와 소멸의 연속 때문에 순간에서 영겁이라는 시간의 척도가 상상되었습니다. 그러나 불꽃이 빨갛게 달구어진 쇠공 안에 늘 있듯이, 이 세상은 의식 안에 늘 있습니다. 하지만 깨달은 자의 순수한 시각에서는 이 모든 것은 브람만이지 세상이 아닙니다. 무수히 많은 세상들의 반복 즉 창조와 소멸, 그리고 그 세상들 안에 있는 무수히 많고 다양한 창조자들은 무지한 자들과 미혹된 자들의 상상적 지각에 불과한 것입니다.

다슈라의 이야기

바시슈타는 계속 말했다.

오, 라마여! 쾌락과 힘을 추구하느라 이 세상에서 여러 일들로 바쁜 자들은 그들이 보지 못하고 있는 진리를 알려고 하지 않습니다. 현명하지만 쾌락을 추구하려는 감각의 경향성들을 완전히 통제하지 못하는 자는 진리를 보며 또한 미혹을 봅니다. 세상과 지바가 무엇인지를 분명히 이해하였으며 세상이 실재라는 생각을 완전히 버린 자는 해방되어 있습니다. 그는 다시 태어나지 않습니다. 무지한 사람들은 참나가 아니라 몸의 이익을 위해 노력합니다. 오, 라마여! 무지한 자들처럼 되지 말고 현명해지십시오.

이를 설명하기 위하여, 흥미로운 전설을 하나 말해 주겠습니다. 쾌락의 정원이 많은 마가다라는 마을에 다슈라라고 하는 현자가 살고 있었습니다. 그는 놀랄 만한 고행을 하고 있었습니다. 그는 속세의 쾌락들에는 조금도 관심이 없는 대단한 금욕가였습니다. 또한 학식이 있는 사람이었습니다.

그는 샤랄로마라는 현자의 아들이었습니다. 하지만 불행히도 그가 어렸을 때 양친을 모두 잃었습니다. 숲의 신들이 슬픔에 잠긴 이 고아를 동정하며 다음과 같이 그에게 말하였습니다.

현명한 아이야! 너는 현자의 아들이다. 왜 무지한 바보처럼 울고 있느냐? 너는 이 세상 모습이 덧없다는 것을 모른단 말인가? 어린 아이야! 다음과 같은 것이 바로 이 세상의 모습이다. 사물들은 나타나 잠시 존재하다가 사라진다. 바르게 본다면, 창조자 브람마이든 그 무엇이든 간에 그 모든 것은 필연적으로 종말을 겪는다. 이것에 대해서는 의심의 여지가 없다. 그러므로 네 부모의 피할 수 없는 죽음에 대하여 슬퍼하지 말라.

그 어린 소년의 슬픔은 호전되었습니다. 그는 자리에서 일어나 부모의 장례를 치렀습니다. 그런 다음 해야 할 것과 하지 말아야 할 것을 하는 엄격한 종교적 삶을 시작했습니다. 진리를 아직 깨닫지 못했지만 그는 모든 명령과 금지들이 포함된 종교 의식에 완전히 열중했습니다. 이모든 수행은 그에게 이 세상이 불순으로 가득 차 있다는 것을 알게 했습니다. 그는 오염되지 않은 곳에서 살고 싶었습니다. 그래서 그는 그러한 장소를 나무 꼭대기라 생각했습니다. 나무 꼭대기에 살면서 그는 자신의 살을 잘라 성스러운 불에 바치는 신성한 의식을 거행했습니다. 곧 불의 신이 그의 앞에 나타나 말하였습니다. "네 가슴속에 이미 일어나 있는 그 소원을 너는 반드시 얻게 될 것이다."

그 금욕주의자의 숭배를 받은 후, 불의 신은 사라졌습니다.

바시슈타는 계속 말했다.

그 현자는 그의 앞에 장엄한 형상을 하고 있는 큰 까담바 나무를 보았습니다. 그것은 손인 나뭇잎으로 그가 사랑하는 하늘의 눈물인 빗물을 닦는 것처럼 보였습니다. 실제로 그 나무는 하늘과 땅 사이에 있는 공간을 수많은 자신의 팔인 나뭇가지들로 감싸고 있었습니다. 그리고 그것은 태양과 달을 자신의 눈으로 가진 신의 우주적 형상처럼 서 있었습니다. 꽃들을 지닌 그 나무는 하늘을 선회하는 경건하고 신성한 현자들에게 꽃을 실은 비를 내렸습니다. 그곳에 살고 있는 벌들은 현자를 환영하는 노래를 불렀습니다. (그 나무에 대한 자세한 묘사들은 사실적이면서 아름답다. - S.V.)

현자는 하늘과 지구를 연결하는 기둥처럼 서 있는 이 나무에 올라갔습니다. 그는 나무의 가장 높은 가지 위에 앉았습니다. 잠시 동안 그는 모든 방향들에 시선을 두었습니다. 그는 우주적 존재에 대한 통찰을 가졌습니다. (자세한 묘사가 50장에 있는데 그가 보았던 것 또한 흥미롭다. - S. V.)

거처를 까담바 나무 위로 하였기 때문에, 그는 까담바 다슈라라는 이름을 가지게 되었습니다. 그는 그 나무 꼭대기에 앉아서 금욕 생활을 시작했습니다. 그는 베다에서 말하는 종교적 의식 수행에 익숙해 있었습니다. 그래서 그는 그 의식들을 행했지만, 이번에는 마음으로 하였습니다. 이것이 현자의 마음과 가슴을 정화시켰습니다. 그래서 그는 순수한 지혜를 얻었습니다. 이러한 것이 마음 수행의 힘입니다.

어느 날 그는 꽃들로 장식한 요정이 자신의 앞에 있는 것을 보았습니다. 그녀는 매우 아름다웠습니다. 현자가 그녀에게 물었습니다. "오, 아름다운 아가씨여! 그대는 큐피드의 광채를 능가하겠소. 그대는 누구시오?" 그녀가 대답했습니다. "신이시여! 나는 숲의 여신입니다. 이 세상에는 당신과 같이 깨달음을 얻은 현자의 현존에 의지함으로 이 세상에서 얻을 수 없는 것은 아무것도 없습니다. 저는 방금 숲에서 있은 축제에 참석하였습니다. 거기서 자손을 가진 여러 여신들을 만났습니다. 그들 중에서 저만 아이가 없었습니다. 그래서 저는 슬펐습니다. 그러나 당신이 이 숲에 있는데 왜 제가 슬퍼해야 할까요? 저에게 아들을 주십시오. 그러지 않으면 저는 재가 되어 버릴 것입니다." 현자는 나무 덩굴을 하나 주워 그녀에게 건네주면서 말했습니다. "가시오. 이 덩굴이 한 달 안에 꽃을 생산하게 되듯이, 그대도 아들을 낳을 것이오." 그 여신은 감사하며 사라졌습니다.

그녀는 12년이 지난 뒤에 12살짜리 아들을 데리고 현자에게 다시 왔습니다. 그녀는 말했습니다. "신이시여! 이 아이가 당신의 아들입니다. 저는 이 아이에게 온갖 종류의 학문을 가르쳤습니다. 저는 당신이 아이에게 참나 지식을 가르쳐 주기를 원합니다. 어느 부모가 아들이 바보로 자라도록 내버려둘까요?" 현자가 그렇게 할 것을 허락하자 그 여신은 사라졌습니다. 그날부터 현자는 어린 소년에게 모든 종류의 참나 지식을 가르치기 시작했습니다.

바시슈타는 계속 말했다.

이 기간 동안 나는 그 나무를 보고 있었으며, 그의 아들을 가르치는 현자의 가르침을 들었습니다.

다슈라가 말했습니다.

이 세상에 대하여 내가 말하고자 하는 바를 이야기로 설명해 보겠다. 삼계를 정복할 수 있는 능력을 지닌 강력한 왕이 살고 있었다. 그의 이름은 꼬타였다. 세상을 관장하는 신들도 그의 명령에 경의를 표하고 있었다. 행복과 불행 둘 다를 만들 수 있는 그의 셀 수 없이 많은 행위들은 아무도 열거할 수 없을 정도였다. 어떤 무기를 사용하는 사람도 그의 용맹에는 도전하지 못했다. 심지어 불도 그러하였다. 그것들은 주먹으로 허공을 치는 것에 불과했다. 인드라, 비슈누, 쉬바조차도 그의 힘에 맞설 수 없었다.

이 왕은 세상들을 완전히 감쌀 수 있는 세 개의 몸을 가지고 있었다. 그것들은 각각 최상의 것, 중간의 것, 가장 보잘것없는 것이었다. 이 왕은 공간 속에서 생겨나 공간 속에 자리하고 있었다. 그 왕은 그 공간 안에 열넷의 길과 세 지역을 가진 도시를 세웠다. 그 도시에는 쾌락의 정원들, 운동을 할 수 있는 아름다운 산봉우리 그리고 귀중한 물건과 파충류들이 있는 일곱 개의 호수가 있었다. 그곳에는 뜨겁고 차가운 두 개의 불이 있었다. 그 불은 결코 꺼지지 않았다.

그 도시에서 왕은 여러 모습의 존재들을 만들었다. 어떤 것은 높은 곳에, 어떤 것은 가운데에, 또 어떤 것은 아래에 있었다. 그들 중에 어떤 것들은 오래 사는 것이었고, 또 다른 것들은 수명이 짧은 것이었다. 그들은 검은 털로 싸여 있었다. 그들은 아홉 개의 문을 가지고 있었다. 그들은 환기가 잘 되었으며, 다섯 개의 램프와 세 개의 기둥 그리고 하얀 색의 목조 지지 기둥을 가지고 있었다. 그들은 부드러운 점토 회반죽으로 만들어졌다. 이 모든 것은 마야 즉 그 왕의 환영의 힘에 의하여 만들어졌다.

여기서 왕은 저택 즉 여러 몸을 보호하기 위하여 만든 (탐구나 조사를 두려워하는) 유령들과 악귀들과 더불어 그 자신을 농락하고 있다. 움직이는 것을 생각하자, 그는 미래의 도시를 생각하고 그곳으로 이주하는 것을 그리게 된다. 유령들에 둘러싸인 그는 지금의 거처를 떠나 새로운 거처로 재빠르게 달리고, 신비스러운 창조 양식으로 새로운 도시를 짓고는 그곳을 차지한다. 그곳에서 다시 그가 파괴를 생각하자, 그 자신도 파괴된다. 가끔 그는 한탄하였다. "어떻게 해야 할까? 나는 무지하다. 나는 비참하다." 어떤 때는 행복하고, 다른 때는 불행하다.

그렇게 그는 살아가고, 정복하고, 가고, 이야기하고, 번성하고, 빛나고, 빛나지 않는다. 아들이여! 그래서 이 왕은 세상이라는 이 바다 안으로 던져지고 있다.

다슈라는 계속 말하였습니다.

이제까지 우주와 인간의 창조를 예로 들어 설명하였다. 위대한 공(空)에서 일어난 꼬타는 다름 아닌 개념이나 의도이다. 이 개념은 위대한 공 안에서 저절로 일어나 위대한 공 안으로 저절로 사라진다. 온 우주와 우주 안에 있는 것은 무엇이나 이 개념이나 의도의 산물이며 다른 어떤 것이 아니다. 사실, 세 신인 브람마, 비슈누, 쉬바조차도 그와 같은 개념의 소산이다. 그 의도가 삼계, 열네 지역, 일곱 바다를 창조하게 하였다. 그 왕이 세운 도시는 다름이 아니라 여러 기관들과 각각의 특징들을 지닌 살아 있는 존재들이다. 그렇게 창조된 여러 존재들 중에서, 어떤 것들은 높은 곳에 있고 다른 것들은 낮은 곳에 있다.

이 상상의 도시를 세운 왕은 그 도시를 유령들의 보호 아래 두었다. 이 유령들이 자아(아함까라)이다. 그때부터 그 왕은 이 세상 안에서, 이 몸 안에서 논다. 잠깐 동안 그는 깨어 있는 상태에 있는 세상을 본다. 얼마 후에 그는 꿈 속의 세상을 즐기려 그의 주의를 꿈 속의 세상으로 불현듯 돌린다. 그는 한 도시에서 다른 도시로, 이 몸에서 다른 몸으로, 이 지역에서 다른 지역으로 옮겨간다.

그런 많은 이주가 있은 후에, 그 왕은 지혜를 발전시킨다. 이런 세상들과 세상들이 주는 환영의 쾌락들에서 점점 깨어난다. 모든 개념을 중지시킴으로 그의 방황은 끝에 이른다.

잠깐 동안 지혜를 즐기는 것처럼 보이다가 바로 다음 순간 그는 쾌락 찾기에 열중한다. 어린아이들처럼 한 순간에 그의 이해는 그르친다. 이러한 개념들은 짙은 무지(무지를 가져오게 하고 보다 낮은 창조의 질서 속으로 태어나게 하는)이거나, 혹은 지혜를 일으켜 진리에 가깝도록 해 주는 순수와 투명이거나, 혹은 세상을 일어나게 하는 불순이다.

온갖 영적 수행을 한다고 해도, 신들을 스승으로 두고 있다고 해도, 천국이나 다른 지역에 있다고 해도, 모든 개념을 중지시키지 않고는 해방을 얻을 수 없다. 실재, 비실재, 이 둘의 혼합, 이 셋은 모두 개념들일 뿐이지 그 밖의 다른 것이 아니다. 개념들은 실재도 비실재도 아니다. 그렇다면 이 우주 안에 있는 무엇을 실재라 할 수 있겠는가? 아들아! 이 개념들, 생각들, 의도들을 포기하라. 그것들이 그칠 때, 마음은 자연적으로 마음 너머에 있는 것 즉 무한한 의식으로 향한다.

어린 소년이 물었습니다.

아버지! 이런 상깔빠(의도, 생각, 관념, 개념)는 어떻게 일어나고 자라나고 그치는지 말씀해 주십시오.

다슈라가 대답했습니다.

나의 아들아! 무한한 의식 안에서 의식은 스스로를 대상으로 자각하고자 할 때, 거기에 관념화의 씨앗이 있다. 이것은 매우 미묘하다. 곧 그것은 거칠어져 전 공간을 채운다. 의식이 이 관념화에 몰두하면, 그것은 대상과 주체가 다르다고 생각한다. 그때 관념화는 싹트고 자라기 시작한다. 관념화는 자연스럽게 저절로 불어난다. 이것은 행복이 아니라 슬픔으로 나아가게 한다. 이 세상 슬픔의 원인은 관념화 외에는 없다!

이 관념화 혹은 개념은 진실로 까마귀가 야자나무에 내려앉자 그 열매가 인과의 연결이 없이 땅으로 떨어지는 것과 같이 전적으로 우연으로 존재하게 되었다. 그러나 실재가 아닌 이 비물질은 자라날 수 있다! 그러므로 너의 탄생은 실재가 아니며, 너의 존재 역시 분명코 실재가 아니다. 이것을 알고 깨달으면, 비실재는 사라진다.

개념들을 가져오지 말라. 네 존재에 대한 개념을 붙잡지 말라. 왜냐하면 이것들에 의해 미래가 존재하게 되기 때문이다. 모든 관념화의 파괴를 두려워해야 할 아무런 이유가 없다. 아무런 생각이 없을 때, 개념이나 관념화가 그친다. 나의 아들아! 개념들을 받아들이기를 멈추는 것은 네 손에 놓여 있는 꽃을 뭉개 버리는 것보다 더 쉽다. 후자는 노력을 요하지만, 전자는 노력이 들지 않는다. 모든 개념이 사라질 때, 거기에 거대한 평화가 있다. 그리고 슬픔이 뿌리째 뽑힌다. 왜냐하면 이 우주 안에 있는 모든 것은 오직 생각, 관념, 개념이기 때문이다. 그것은 마음, 살아 있는 영혼인 지바, 지성 그리고 조건화와 같은 다른 이름들을 가지고 있다. 이런 낱말들에 상응하는 실재하는 실체는 없다. 그러므로 모든 생각들을 버려라. 다른 시도를 한다고 네 삶과 노력을 낭비하지 말라.

개념들이 약해지면, 행복이나 불행에 영향을 덜 받는다. 대상이 실재가 아니라는 것을 알면 집착이 없어진다. 아무런 희망이 없을 때, 의기양양이나 의기소침도 없다. 의식 안에 나타난 마음이 지바이다. 그러면 마음은 공중에 누각을 짓고 난 뒤 과거, 현재, 미래로 뻗어 나간다. 관념화의 물결들을 이해한다는 것은 불가능하다. 감각 경험들은 관념화를 증식시킨다. 감각 경험들이 버려질 때 관념화가 존재하기를 멈춘다고는 말할 수 있다. 이 개념들이 석탄의 검은색처럼 실재하고 있다면, 너는 그것들을 없앨 수 없을 것이다. 그러나 그것은 그렇지 않다. 그러므로 너는 그것들을 없앨 수 있다.

바시슈타는 계속하였다.

그 현자의 말을 듣고, 나는 그 까담바 나무에서 내려왔습니다. 상당한 시간 동안 우리 셋은 참나 지식에 대해 토론했습니다. 나는 지고의 지식을 깨달았습니다. 그런 다음 나는 그들을 떠나 사라졌습니다. 오, 라마여! 이것은 세상의 본성을 설명하기 위한 것이었습니다. 그러므로 이 이야기는 세상만큼이나 진실한 것입니다!

만약 그대가 이 세상과 그대 자신이 실재한다고 믿는다면, 그때는 그들이 실재합니다. 그렇다면 그대 자신의 참나 안에 확고히 쉬십시오. 이 세상이 실재하기도 하고 실재하지 않기도 하다고 생각한다면, 이 변화하는 세상에 적절한 자세를 취하십시오. 그대가 이 세상이 실재하지 않는다고 믿는다면, 그때는 무한한 의식 속에 단호히 머무르십시오. 이와 마찬가지로, 세상에 창조자가 있다고 믿든 없다고 믿든 간에, 그것이 그대의 이해를 흐리게 하지 마십시오.

참나는 감각들이 없습니다. 비록 참나가 모든 것의 행위자일지라도, 참나는 마치 둔한 것처럼 하고 있습니다. 사람은 겨우 백 년 동안 살 수 있습니다. 이렇게 짧은 기간 동안에 불멸의 참나가 왜 감각들의 쾌락을 좇아야 합니까? 세상과 세상의 대상들이 실재라 한다 하여도, 의식이 있는 참나가 둔한 대상들을 찾는다는 것은 당연치 않습니다. 물론 세상의 대상들이 실재가 아니라면, 그것들을 추구해서 오는 결실은 단지 불행일 것입니다.

그대 가슴 안에 있는 욕망들을 버리십시오. 그대는 이 세상에서 있는 그대로의 그대입니다. 이것을 알고 이 세상에서 즐기십시오. 램프가 있는 곳에 불이 있듯이, 참나가 있기에 세상의 모든 활동이 일어납니다.

램프는 빛을 낼 아무런 의도가 없습니다. 그처럼 참나는 아무런 의도가 없지만, 모든 것이 그의 현존에서 일어납니다. 그대는 다음의 두 가지 태도 가운데 어느 하나를 택할 수 있습니다. 하나는, '나는 모든 곳에 있으며, 아무것도 하지 않는다.'입니다. 다른 하나는, '나는 이 세상의 모든 행위를 하는 자이다.'입니다. 어느 쪽이든 그대는 불멸하는 완전한 평정의 상태에 이르게 될 것입니다. 좋은 것과 싫은 것, 매력적인 것과 혐오스러운 것으로부터 자유롭게 될 것입니다. '어떤 사람이 나를 섬긴다.'나 '어떤 사람이 나에게 상처를 준다.'와 같은 어리석은 감정들은 없을 것입니다. 그러므로 오, 라마여! 그대는 '나는 행위자가 아니다. 나는 존재하지 않는다.' 또는 '나는 행위자이다. 나는 모든 것이다.'라고 느낄 것입니다. 혹은 참나의 본성을 탐구하여('나는 누구인가?') '나에게 속한다고 하는 그 어떤 것도 나가 아니다.'라는 것을 깨닫게 될 것입니다. 의식의 최상의 상태인 참나 속에 자리 잡고 휴식하십시오. 그 속에는 이 상태를 알고 있는 신성한 분들 중에도 가장 신성한 분이 거주하고 있습니다.

라마가 물었다.

성스러운 현자시여! 절대적인 브람만 안에 어떻게 이 비실재적인 세상이 존재합니까? 태양 아래에 눈송이가 어떻게 있을 수 있습니까?

바시슈타는 말했다.

라마여! 지금은 그대가 이 질문을 하기에 적당한 때가 아닙니다. 왜냐하면 지금은 그대가 그 대답을 이해할 수 없을 것이기 때문입니다. 사랑의 이야기는 어린 소년에게는 재미가 없습니다. 모든 나무는 정해진 때에 열매를 맺습니다. 내 가르침도 좋은 시절이 되면 열매를 맺을 것입니다. 그대 자신의 참나의 노력으로 참나가 참나를 찾는다면, 그대는 그대의 질문의 답을 확실히 찾을 수 있을 것입니다. 나는 마음의 조건화나 관념화의 본질이 확실해지도록 행위자와 비행위자에 대한 질문에 대해 논하였습니다.

속박은 생각과 개념들에의 속박이고, 자유는 그것들로부터의 자유입니다. 모든 개념을 버리십시오. 해방이라는 개념마저 버리십시오. 먼저 우정과 같이 좋은 관계들을 배양함으로써, 거칠고 물질적인 경향성과 개념들을 버리십시오. 다음에는 계속 다정히 지낸다 해도 우정과 같은 개념들을 버리십시오. 모든 욕망을 버리고 우주적 의식의 본성 또는 개념을 명상하십시오. 비록 이것이 관념화나 생각의 영역 안에 있더라도 말입니다. 조만간에 이것마저 버리십시오. 이 모든 것을 버린 후에 남아 있는 것 안에서 쉬십시오. 그 다음에는 이러한 개념들을 버린 자를 버리십시오. 자아라는 개념이 사라질 때, 그대는 무한한 공간과 같아질 것입니다. 자신의 가슴으로부터 모든 것을 포기한 자는 활동을 하고 있든지 늘 명상 속에 있든지 간에 사실상 궁극의 신입니다. 그가 움직이든 움직이지 않든 아무런 소용이 없습니다. 오, 라마여! 나는 모든 경전을 조사하였고 진리를 연구하였습니다. 모든 관념, 개념 혹은 마음의 조건화를 완전히 포기하지 않으면 아무런 구원이 없습니다.

다양한 이름과 형상들로 된 이 세상은 바람직한 것과 바람직하지 못한 것으로 이루어져 있습니다! 사람들은 세상을 위해서는 애를 쓰지만, 참나 지식을 위해서는 어느 누구도 애쓰지 않습니다. 이 삼계에서 참나 지식을 지닌 현자들은 드뭅니다. 세상의 황제나 천국의 왕이 될 수도 있습니다. 그러나 이것들은 다섯 원소들로 만들어진 것일 뿐입니다! 이 같은 사소한 이익을 위해 그런 터무니없는 삶의 파괴에 들어간다는 것은 참으로 유감스러운 일입니다. 그것들을 부끄러워하십시오. 현자들은 그 어느 것에도 관심을 두지 않습니다. 왜냐하면 현자는 참나 지식을 갖추고 있기 때문입니다. 그는 해와 달이 접하지 않는 수슴나라는 지고의 자리에 있기 때문입니다. 참나 지식을 지닌 현자들은 이득이나 온 우주가 주는 쾌락에 미혹되지 않습니다.

까짜의 노래

바시슈타는 계속 말했다.

오, 라마여! 이것에 관련하여, 나는 신들의 스승의 아들 까짜가 부른 감동적인 노래를 기억합니다. 이 까짜는 참나 지식에 자리 잡고 있었습니다. 그는 메루 산의 동굴에 살았습니다. 그의 마음은 최고의 지혜로 가득 차 있었습니다. 그러므로 그의 마음은 다섯 원소들로 이루어진 세상의 어떤 대상들에도 이끌리지 않았습니다. 절망을 가장하면서, 까짜는 이 의미 있는 노래를 불렀습니다. 이것을 들어 보십시오.

까짜는 말했습니다.

내가 무엇을 해야 할까? 나는 어디로 가야 할까? 나는 무엇을 잡아야 할까? 나는 무엇을 포기해야 할까? 이 온 우주는 참나로 펴져 있다. 불행이나 슬픔은 참나이다. 행복 역시 참나이다. 왜냐하면 모든 욕망은 비어 있는 공이기 때문이다. 이 모든 것이 참나라는 것을 알았기에, 나는 모든 고통으로부터 자유롭다. 이 몸의 안과 밖에서, 위와 아래에서, 여기든 저기든, 어디든 오직 참나만이 있을 뿐이며 참나 아닌 것은 없다. 참나만이 모든 곳에 있다. 모든 것은 참나로서 존재한다. 이 모든 것이 진정으로 참나이다. 나는 참나로서 참나 안에 있다. 실재가 이 모든 곳에 존재하고 있듯이, 나는 이 모든 것으로서 존재하고 있다. 나는 충만이다. 나는 참나 희열이다. 나는 우주의 바다처럼 온 우주를 채우고 있다.

이와 같이 그는 노래했습니다. 그러고 나서 그는 종소리처럼 울려 퍼지는 신성한 단어 '옴'을 읊었습니다. 그는 그 신성한 소리 안에 그의 온 존재를 몰입시켰습니다. 그는 내부의 어떤 것도, 외부의 어떤 것도 아니었습니다. 이 현자는 참나 안에 완전히 몰입한 채 그것 안에 머물고 있었습니다.

바시슈타는 계속 말하였다.

오, 라마여! 이 세상에는 먹고 마시고 성교하는 것 이외에 무엇이 있습니까? 현명한 이가 찾을 만한 가치가 있는 것이 이 세상에 있습니까? 다섯 원소들로 된 이 세상과 살, 피, 털 등으로 이루어진 이 몸을 무지한 사람들은 실재라고 생각합니다. 그것들은 그의 즐거움을 위해 존재하고 있습니다. 현자들은 이 모든 것을 일시적인 것이며 실재가 아닌 무서운 독으로 봅니다.

라마가 물었다.

모든 개념을 파괴함으로써 마음이 창조주와 같은 상태를 회복했을 때, 어떻게 세상의 개념이 그 안에 일어날 수 있습니까?

바시슈타는 계속 말했다.

라마여! 무한한 의식의 자궁으로부터 생겨난 최초의 창조주는 '브람마'라는 소리를 냈습니다. 그래서 그는 창조주 브람마라고 알려지게 되었습니다. 이 창조주는 처음에 빛의 개념을 받아들였습니다. 그래서 빛이 존재하게 되었습니다. 그 빛 안에서 그는 그 자신이 우주적 몸을 가지고 있다고 상상하였습니다. 그래서 빛나는 태양으로부터 공간을 채우고 있는 다양한 대상들에 이르기까지 이 모든 것이 존재하게 되었습니다. 그는 무한한 불꽃과 같은 빛을 생각하였습니다. 그래서 이 모든 불꽃은 다양한 존재들이 되었습니다. 이 브람마와 모든 다른 존재들이 된 것은 오로지 우주적 마음입니다. 태초에 이 브람마가 창조한 것이 오늘까지도 보입니다.

이 비실재의 세상은 그것의 존재에 대한 개념의 지속성 때문에 실체성을 얻었습니다. 이 우주 안의 모든 존재들은 그들 자신의 개념과 생각들로써 유지됩니다.

자신의 사고하는 힘으로 우주를 창조한 후, 창조주는 이렇게 생각하였습니다. "우주적 마음을 조금 떨게 함으로, 나는 이 모든 것을 창조하였다. 나는 그것을 충분히 했다. 이제 그것은 저절로 지속될 것이다. 나는 쉬어야겠다." 이렇게 생각하면서, 창조주 브람마는 깊은 명상을 하며 자신의 참나 안에 쉬었습니다.

그런 다음에 창조물들에 대한 자비심이 일어나, 창조주는 참나 지식을 담은 경전들을 드러냈습니다. 다시 한 번 그는 모든 개념과 묘사들 너머에 있는 그 자신의 참나에 대한 지식 안에 몰입하였습니다. 사실 이것은 가장 높은 '창조주의 상태'(브람미 스티띠)입니다.

거기에서 계속, 창조된 존재들은 자신들이 연관하고 있던 것들의 특징들을 얻었습니다. 선한 것과 연관된 것들은 선해지고, 세속적인 것과 연결된 것들은 세속적이 되었습니다. 그래서 어떤 이는 이 세상의 모습에 묶여 있습니다. 어떤 이는 또한 해방되었습니다.

바시슈타는 계속 말했다.

세상을 창조한 후에, 이 세상의 모습은 물병 모양을 갖추게 되었습니다. 그 안에 살고 있는 창조물들은 마치 밧줄에 묶인 것처럼, '살고자 하는 욕망'에 묶여, 어두운 우물 속을 올라가고 내려가기를 반복합니다. 파도들이나 물결들처럼 무한한 의식의 바다에서 일어난 이 살아 있는 존재들은 물질로 된 공간 안으로 들어갔습니다. 공기, 불, 물, 흙과 같은 원소들이 전개되자 그들은 그것들과 관련을 맺게 되었습니다. 그래서 탄생과 죽음의 윤회가 순환하게 되었습니다.

말하자면 지바들은 달빛을 타고 내려와서 식물과 약초 안으로 들어갑니다. 그것들은 그 식물들의 열매가 되고 그 열매들은 태양의 빛에 의해 익습니다. 그런 다음 그것들은 몸을 가질 준비를 합니다. 미묘한 개념들, 생각들, 마음의 조건화가 아직 태어나지 않은 존재 안에 잠복하고 있습니다. 출생할 때 그것들을 덮고 있던 베일이 벗겨집니다.

이런 존재들 중 어떤 것들은 순수하고 깨달음을 얻은 채(사뜨비까) 태어납니다. 이전의 삶에서조차도 그들은 감각적 쾌락의 유혹으로부터 돌아섰습니다. 그러나 탄생과 죽음의 순환을 영속시키기 위하여 태어난 다른 이들도 있습니다. 그들은 순수와 불순과 어두움이 섞여 있습니다. 약간 불순하지만 순수한 이들도 있습니다. 그들은 진리에 열중하며 고귀한 자질들이 충만해 있습니다. 무지라는 어두움이 없는 이들은 거의 없습니다. 다른 이들은 무지와 어리석음의 암흑에 뒤덮여 있습니다. 그들은 바위나 언덕들과 같습니다!

약간의 불순을 지니고 있으나 순수가 우세한 이들(라자스 사뜨비까)은 늘 행복하고 밝으며, 슬퍼하거나 절망하지 않습니다. 그들은 나무들처럼 이기적이지 않으며 또 새로운 행위를 하지 않으면서, 과거 행위의 결과들을 경험하기 위하여 살아갑니다. 그들은 욕망이 없습니다. 그들은 그들 안에서 평화로우며 최악의 재난 속에서조차도 이 평화를 포기하지 않습니다. 그들은 모든 것을 사랑하고 모든 것을 동등한 시각으로 바라봅니다. 그들은 슬픔의 바다에 빠지지 않습니다.

모든 수단을 다하여 슬픔의 바다에 빠지는 것은 피해야 하며, 그리고 '나는 누구인가, 이 세상의 환영은 어떻게 일어났는가?'라는 참나의 본성의 탐구에 몰두하십시오. 그래서 몸 속에 있는 이기심과 세상에의 이끌림을 버려야 합니다. 그러면 무엇인가가 공간 안에 있든 없든, 공간에는 아무런 분리가 없다는 것을 깨닫게 될 것입니다. 태양 속에서 빛나고 있는 의식이 구멍 안에 살고 있는 작은 벌레에도 머물고 있습니다.

바시슈타는 계속하였다.

오, 라마여! 현명하며 그리고 진리의 본성을 탐구할 수 있는 능력을 가지고 있는 이는 선하고 학식이 있는 사람을 가까이 하고는 경전을 연구해야 합니다. 이 스승은 쾌락의 욕구에서 자유로워야 하며 또한 진리를 직접 경험하고 있어야 합니다. 그의 도움으로 경전을 연구하고, 대단한 요가 수행으로 궁극의 상태에 이를 수 있습니다.

오, 라마여! 그대는 정말로 영적인 영웅이며 또한 선한 자질들이 가득합니다. 그대는 슬픔으로부터 자유롭습니다. 그대는 평온의 상태에 이르렀습니다. 최고의 지성을 사용하여 모든 망상을 버리십시오. 세상의 대상들에 대한 모든 관심으로부터 자유로울 때, 그대는 비이원의 의식에 자리 잡을 것입니다. 그것이 궁극의 해방입니다. 이것에는 의심의 여지가 없습니다. 그리고 참나 지식의 현자들이 그대의 고결한 예를 따를 것입니다.

라마여! 그대처럼 지적이며, 선한 본성과 동등한 시각을 갖고 있으며 그리고 선한 것만을 바라보는 사람은 내가 여기서 설명하고 있는 지혜의 시각을 가질 자격이 있습니다.

오, 라마여! 몸으로 있는 한, 좋고 싫은 것과 이끌림과 혐오에 흔들리지 말고, 그대가 살고 있는 사회의 기준에 따라 욕망이나 갈망 없이 살아가십시오. 성스러운 이들이 하는 것처럼, 궁극의 평화를 발견하기 위하여 끊임없이 노력하십시오.

궁극의 상태를 향하여 나아가게 만드는 것은 신성한 이들의 예와 겨루는 것입니다. 이번 삶에서 얻은 것을, 이 수명이 다한 뒤에도 지니게 됩니다. 그러나 지금 진지하게 노력하고 있는 이는 그러한 경향성들을 극복할 수 있으며 또한 암흑과 어리석음(따마스), 불순(라자스)의 상태들로부터 자신을 높일 수 있습니다. 자신의 지혜를 사용함으로 이 상태들로부터 순수와 밝음(사뜨바)의 상태로 오를 수 있습니다.

강한 자기 노력에 의해서만 좋은 몸을 받을 수 있습니다. 강한 자기 노력으로 얻지 못하는 것은 없습니다. 브람마차리야(금욕 혹은 브람만에 모든 영혼을 다하여 헌신함)의 수행, 용기, 인내, 초연, 상식에 기초한 수행으로, 얻고자 하는 참나 지식을 얻습니다.

라마여! 그대는 이미 해방된 존재입니다. 그런 이들처럼 살아가십시오!

제5부

🌿 소멸에 관하여

발미끼가 말하였다.

신들, 반신들, 현자들, 왕실 사람들을 포함한 이들은 현인 바시슈타의 지혜에 관한 말을 귀 기울여 들었다. 다샤라타 왕과 대신들은 왕실의 업무와 즐거움을 당분간 접어 두고 현인의 가르침에 몰두했다. 정오에 소라 나팔 소리가 시간을 알려 주었고 한낮의 휴식을 위해 집회가 중단되었다. 저녁에 그 집회는 하루를 마무리하며 끝났고, 왕들과 왕자들이 일어나 뜰을 나설 때 눈부신 장식물들이 번쩍거렸다. 뜰 그 자체가 하나의 작은 우주처럼 보였다.

그렇게 집회에 모인 사람들이 흩어졌을 때, 다샤라타 왕은 예를 갖추어 현인들에게 존경을 표했고 그들의 축복을 받았다. 이렇게 한 후, 바시슈타는 왕자들인 라마와 그의 형제들에게 그 날을 마치고 떠나기 위해 작별 인사를 했다. 그들 역시 그 현인의 발치에 엎드려 그의 축복을 받았다.

밤이 되자, 라마를 제외하고 모두 잠을 자러 갔다. 그러나 라마는 잠을 이룰 수가 없었다.

라마는 현인 바시슈타의 빛나는 말씀들을 이렇게 명상했다.

이 세상의 모습은 무엇인가? 이 모든 다양한 부류의 사람들과 다른 존재들은 누구인가? 그들이 왜 여기에 나타났으며, 어디에서 와서 어디로 가는가? 마음은 무엇이며, 마음은 어떻게 침묵을 얻는가? 이 우주적 환영(마야)은 어떻게 처음 일어났으며, 그것은 어떻게 끝나는가? 이런 환영을 끝내는 것은 바람직한 것인가, 바람직하지 않은 것인가? 어떻게 제한적인 것이 무한한 참나 안으로 들어갔는가?

현인 바시슈타가 감각들과 마음의 정복을 위해 지시한 방법은 정확히 무엇인가? 감각들과 마음은 분명히 슬픔의 근원이다. 쾌락의 즐거움을 버리는 것은 불가능한데, 그런 즐거움을 포기하지 않고서는 슬픔을 끝낼 수 없다. 이것은 정말로 문제이다. 그러나 마음이 이 모든 것 중에 매우 중요한 요소이므로, 마음이 한번 세상의 모든 환영이 없는 지고의 평화로움을 맛본다면, 마음은 그것을 버리지 않을 것이다. 그리고 감각적 쾌락을 좇지 않을 것이다.

마음이 순수해져 지고의 상태에서 쉴 수 있을 때는 언제인가? 파도가 바다 속으로 들어가 다시 하나가 되듯이 나의 마음이 무한함 속에서 쉬게 될 때는 언제인가? 이 모든 갈망에서 내가 자유로워질 때는 언제인가? 모든 것을 동일하게 보는 축복이 내게는 언제 주어질 것인가? 내가 이 끔찍한 속세의 열기를 버릴 때는 언제인가?

오, 마음이여! 위대한 현인들에 의해 보여진 지혜 속에 너는 확고히 있을 것인가? 오, 나의 지성이여! 너는 나의 친구이다. 이 세상에 존재함으로 오는 비참함에서 너와 나 둘 다를 구해 줄 방법인 현인 바시슈타의 가르침을 명상하라.

발미끼가 계속 말했다.

새벽이 되자, 라마와 사람들은 일어나서 아침 종교 의식을 치르고 현인 바시슈타의 집으로 갔다. 현인은 새벽 기도를 마치고 깊은 명상에 잠겨 있었다. 그가 일어났을 때, 그는 다른 사람들과 함께 마차를 타고 다샤라타 왕의 궁전으로 갔다. 그들이 궁전 뜰에 도착하자, 왕이 세 발짝 걸어 나와 적절한 경의를 표하며 그들을 맞이했다.

곧, 집회에 참여하는 다른 구성원들인 신들, 반신들, 현인들, 그 외 사람들이 집회 장소로 들어와 자리를 잡았다.

그 날의 집회를 열면서 다샤라타 왕이 말했다.

오, 축복 받은 신이시여! 어제 강연의 피로에서 회복되셨기를 바랍니다. 우리는 어제 당신이 말씀하신 지고의 지혜로 인해 높이 앙양되었습니다. 깨달은 현인들의 말씀은 모든 이들의 슬픔을 없애고 희열을 주는 것이 확실합니다. 그 말씀들은 우리들의 사악한 행위로 생겨난 불순을 몰아냈습니다. 간절한 갈망, 탐욕 등의 나쁜 경향성들이 당신의 지혜로 인해 약해졌습니다. 세상 모습의 실재성에 대한 우리의 잘못된 믿음 역시 힘찬 도전을 받았습니다.

오, 라마여! 그런 현인들이 숭배 받는 날만이 가치가 있으며 그 외의 날들은 어둡다고 할 수 있다. 이것은 네가 가질 수 있는 최고의 기회이다. 배울 만한 가치 있는 것을 현인에게 묻고 배워라.

바시슈타가 말했다.

오, 라마여! 내가 그대에게 전해 준 가르침을 깊이 명상하였습니까? 밤새 그것들을 숙고하고 가슴에 새겼습니까? 내가 마음은 사람이라고 했던 것을 기억합니까? 이 우주의 생성에 대해 말했던 상세한 내용들을 기억합니까? 그런 가르침들을 자주 기억함으로써 그것들은 명확해집니다.

라마가 말했다.

신이시여! 바로 그렇게 했습니다. 잠을 자지 않고, 당신의 깨우침의 말씀에 대하여 명상하고, 그 말씀이 뜻하는 진리를 찾으려고 애쓰면서 온 밤을 보냈습니다. 이렇게 해서 나는 가슴속에 그 진리를 소중히 간직하고 있습니다. 그 말씀들이 가장 고귀한 기쁨을 준다는 것을 알면서 당신의 가르침을 머릿속에 담아 두지 않는 사람이 누가 있겠습니까? 동시에 그 말씀들은 듣기에 매우 달콤하고 모든 종류의 경사스러움을 증가시켜 주며 무엇과도 비교할 수 없는 경험들을 가져다줍니다.

그러므로 오, 신이시여! 청컨대 탁월한 당신의 말씀을 계속해 주시기를 바랍니다.

바시슈타가 말하였다.

오, 라마여! 우주의 소멸과 지고의 평온을 이룸에 대한 이 강의를 들어 보십시오.

외관상 끝없어 보이는 이 세상의 모습은 건물이 기둥들에 의해 지탱되는 것처럼, 불순한 존재들(라자사)과 우둔한 존재들(따마사)에 의해 유지됩니다. 그러나 뱀이 허물을 쉽게 벗듯이, 순수한 본성을 가진 이들은 그것을 노는 것처럼 쉽게 버립니다. 순결한(사뜨바) 본성을 가진 존재들과 행동들(라자사)이 순수함과 빛(사뜨바)에 기초를 둔 존재들은 삶을 기계적으로 살지 않습니다. 그들은 이 세상 모습의 본질과 기원에 대해 탐구합니다. 올바른 경전의 공부와 성스러운 이들과의 만남을 통해 그런 탐구가 행해지면, 램프 속의 빛처럼 자신 안에서 명확한 이해가 일어나며 그 속에서 진리가 보입니다. 혼자 힘으로 스스로 그런 탐구를 하여 진리를 얻기 전에는 진리가 보이지 않습니다. 오, 라마여! 그대의 본성은 진정으로 순수합니다. 그러므로 진리와 거짓의 본성에 대하여 탐구하고 진리에 전념하십시오. 처음에는 없었고 어느 시기가 지나면 사라질 것, 그것이 어떻게 진리로 여겨질 수 있겠습니까? 항상 존재했고 앞으로도 항상 존재할 것만이 진리로 여겨질 수 있습니다.

오, 라마여! 탄생은 마음의 탄생입니다. 성장 역시 마음의 것입니다. 진리가 명백히 보이면, 자신의 무지에서 해방되는 것도 마음입니다. 그러므로 경전들을 공부하고, 현인들과 교제하며, 초연을 기름으로써 마음이 올바른 길로 갈 수 있게 하십시오. 이런 것들이 갖추어지면, 지혜가 완벽한 구루의 발에 머리를 조아리고 도움을 청해야 합니다. 구루의 가르침에 성실히 따름으로써 점차 완전한 순수의 경지에 오르게 됩니다.

라마여! 서늘한 달이 온 공간을 지각하고 있듯이, 순수한 질문을 통하여 참나에 의하여 참나를 보십시오. 참나 탐구라는 든든한 배를 타지 않는 한, 사람들은 지푸라기처럼 환영과 같은 세상의 파도 위에서 흔들립니다. 물 속에 떠다니는 모래 입자가 물이 아주 고요해지면 가라앉듯이, 진리를 알게 된 이의 마음도 완전한 평온 속에서 가라앉습니다. 일단 진리에 대한 이 지식을 얻게 되면, 그것은 잃어지지 않습니다. 금 조각이 잿더미 속에 놓여 있더라도, 금 세공인은 그것을 쉽게 찾아냅니다. 진리를 알지 못하면, 혼란이 있을 수 있습니다. 진리를 알게 되면, 혼란이 있을 수 없습니다. 참나에 대한 무지가 그대 슬픔의 원인입니다. 참나에 대한 지식은 기쁨과 평온으로 나아가게 합니다.

바시슈타가 계속했다.

몸과 참나 사이의 혼란을 해결하십시오. 그러면 즉시 평화로워질 것입니다. 진흙 속에 떨어진 금 덩어리가 진흙 때문에 손상되지 않듯이, 참나는 몸에 의해 더럽혀지지 않습니다. 나는 확실히 이것을 다시 선언합니다. "물과 연꽃처럼 몸과 참나는 별개의 것입니다. 그러나 아무도 나의 말을 귀담아 듣지 않습니다! 생기 없고 둔한 마음이 쾌락의 길을 추구하는 한, 환영과 같은 세상의 어둠은 사라지지 않습니다. 그러나 이런 상태에서 깨어나 참나의 본성에 대한 질문을 던지는 순간, 이 어둠은 즉시 사라집니다. 그러므로 변화의 과정을 넘어설 수 있도록, 몸 안에 거주하고 있는 마음이 깨어 있도록 끊임없이 노력해야 합니다. 왜냐하면 그런 변화의 과정에는 슬픔이 뒤따르기 때문입니다.

하늘이 그 속에 떠다니는 먼지 입자들에 의해 영향을 받지 않듯이, 참나는 몸에 의해 영향을 받지 않습니다. '하늘이 먼지에 의해 오염된다.'고 잘못 생각할 수 있듯이, 참나가 쾌락과 고통을 경험한다고 잘못 상상합니다. 사실 쾌락과 고통은 몸의 것도 아니고, 모든 것을 초월하는 참나의 것도 아닙니다. 그것들은 오로지 무지에 속할 뿐입니다. 그것들을 잃는 것은 잃는 것이 아닙니다. 쾌락과 고통은 누구에게도 속해 있지 않습니다. 이 모든 것은 진실로 지고의 평화이며 무한인 참나입니다. 이것을 깨달으십시오. 오, 라마여!

참나와 세상은 동일한 것도 아니고 다른 것도 아닙니다. 이 모든 것은 진리의 반사일 뿐입니다. 브람만만이 존재합니다. '나는 이것과는 다르다.'는 것은 완전한 상상에 불과합니다. 오, 라마여! 그것을 버리십시오. 하나인 참나는 자신의 내부에 있는 자신을 무한한 의식으로 지각합니다. 그러므로 슬픔도, 망상도, 출생(창조)도, 창조물도 없습니다. 고뇌에서 떠나십시오. 오, 라마여! 이원성에서 떠나십시오. 그대의 안녕에 대한 근심마저 버리고, 참나 속에 굳건한 채 머물러 계십시오. 한결같은 마음을 가지고 안에서 평화로우십시오. 그대의 마음 안에 슬픔을 두지 마십시오. 내면의 침묵 속에서 휴식하십시오. 스스로 일으키는 생각들이 없이, 홀로 있으십시오. 마음과 감각들을 정복하고는, 용감하십시오. 욕망 없이 존재하십시오. 구하지 않았지만 오는 것에 만족하십시오. 어떤 것을 잡거나 포기하는 것 없이, 노력 없이 살아가십시오. 모든 마음의 타락과 환영에 눈먼 오점으로부터 자유로우십시오. 그대 자신의 참나에 만족하십시오. 그래서 모든 절망에서 자유로워지십시오. 넓은 바다처럼, 참나 안의 광대함에 머무르십시오. 보름달의 희열에 찬 광선처럼, 참나에 의해 참나 안에서 즐거워하십시오.

바시슈타는 계속 말했다.

오, 라마여! 그럴 의도 없이 수정이 자신의 주위에 있는 물체들을 비추는 것처럼, 의식이 존재하기 때문에 모든 행위들이 그냥 일어날 뿐이라는 것을 아는 사람은 해방되어 있습니다. 인간으로 태어난 뒤에도 비의도적인 행위에 관심이 없는 사람들은 천국에서 지옥으로, 다시 지옥에서 천국으로 갑니다.

모든 활동에서 돌아서거나 억누르고, 활동하지 않음에 전념하는 이들도 있습니다. 그들은 지옥에서 지옥으로, 슬픔에서 슬픔으로, 두려움에서 두려움으로 오갑니다. 어떤 이들은 행위에서 생긴 결실을 두고 그들이 지닌 경향성이나 의도에 의하여 구속당합니다. 그러면 그들은 벌레와 해충으로, 다음에는 나무와 식물로, 그리고 벌레와 해충으로 태어납니다. 참나를 아는 이들도 있습니다. 그들은 참으로 축복을 받았습니다. 그들은 마음의 본성을 주의해서 탐구하며 모든 갈망을 극복했습니다. 그들은 의식의 더 높은 경지에 오릅니다.

지금 이 세상에 태어나는 것이 마지막인 사람은 빛(사뜨바)과 약간의 불순(라자스)이 섞여 있습니다. 태어나면서부터 그는 성스럽게 자랍니다. 보다 고상한 형태의 지식이 쉽게 그의 안으로 들어옵니다. 우정, 동정, 지혜, 선함, 관대함 같은 모든 고상한 자질들이 그를 찾아와 그의 내부에 자리 잡습니다. 그는 적절히 활동을 하지만, 그 활동의 결과가 이익이 되든지 손해가 되든지 흔들리지 않고 합니다. 기분이 들뜨거나 우울해 하지도 않습니다. 그의 가슴은 깨끗합니다. 사람들은 그를 많이 따릅니다.

모든 고상한 자질들로 차 있는 그런 사람은 참나 지식의 길로 안내해 주는 깨달은 스승을 찾아내고 난 뒤에 그를 따라야 합니다. 그때 그는 우주적 존재인 참나를 깨닫습니다. 이렇게 해방된 자는 지금껏 잠자고 있던 내면의 지성이 일깨워집니다. 이 일깨워진 지성은 즉시 그 스스로가 무한한 의식임을 압니다. 끊임없이 내면의 빛을 자각하고 있는 그와 같은 축복을 받은 이는 즉시 지극히 순수한 상태 속으로 올라갑니다.

오, 라마여! 이것이 보통의 진화 과정입니다. 그러나 이 규칙에도 예외들이 있습니다. 이 세상에 태어난 이들의 경우에 있어서, 해방을 얻는 데 두 가지 가능성이 있습니다. 첫째는 스승이 가리키는 길을 따라감으로써 구도자가 점차 해방의 목표에 이르는 것입니다. 둘째는 말 그대로 참나 지식이 무릎 위에 떨어지는 경우입니다. 그러면 즉시 깨달음이 있게 됩니다.

둘째 유형의 깨달음을 설명해 주는 옛 전설을 들려주겠습니다. 들어보십시오.

자나까 왕의 이야기

바시슈타는 계속했다.

오, 라마여! 비데하 지역을 통치하고 있었으며 통찰력이 끝이 없던 훌륭한 군주가 있었습니다. 그의 이름은 자나까였습니다. 그 왕의 도움을 바라는 이들에게 그는 풍요의 뿔이었습니다. 그가 있으면 친구들에게 가슴의 연꽃이 피어났습니다. 그는 그들에게 태양과 같은 존재였습니다. 그는 모든 선한 자들에게 커다란 은인이었습니다.

어느 날 그는 자유롭게 거닐곤 하였던 기쁨의 정원으로 갔습니다. 이렇게 거닐고 있는데, 어떤 신성하고 완성을 이룬 현인들이 영감을 주는 말을 중얼거리고 있었습니다. 그는 그 말을 들었습니다.

완성을 이룬 현인들은 이렇게 노래했습니다.

보는 자가 분리나 개념화 없이 대상과 접촉할 때, 순수한 희열의 경험으로 참나가 나타나는데, 우리는 그런 참나를 명상한다.

주체와 대상이라는 분리된 경험과 이 분리를 만드는 의도나 의지가 모두 멈추어졌을 때, 대상들이 참나 안에 아무런 의지 없이 비치는데, 우리는 그런 참나를 명상한다.

빛나는 모든 것을 비추는 빛이며, '있다'와 '없다'라는 두 개념 너머에 있어서, 그래서 말하자면 두 방향의 '한가운데에' 있는 것이 참나인데, 우리는 그런 참나를 명상한다.

그것 안에 모든 것이 있으며, 모든 것이 그것에 속하며, 그것으로부터 모든 것이 나왔으며, 그것이 모든 것의 원인이며, 그것 스스로가 모든 것인 실재인데, 우리는 그러한 실재를 명상한다.

모든 언어와 표현의 바탕이며, 알파와 오메가이면서 "a"에서 "ha"에 이르는 모든 영역을 덮고 있으며, "나(아함)"라는 단어가 가리키는 것이 참나인데, 우리는 그런 참나를 명상한다.

아! 사람들은 어리석게도 자신의 가슴 동굴 속에 거주하고 있는 신을 버리고 대상들을 뒤쫓고 있다.

대상들의 무가치함을 알고서도 가슴이 여전히 대상들에 속박된 채로 있는 이들은 인간이 아니다!

가슴속에 갈망이 일어났거나 일어나려 한다면, 지혜의 막대기를 사용하여 매 갈망을 없애야 한다.

평화로부터 흘러나오는 즐거움을 누려야 한다. 마음이 잘 조절되는 사람은 평화 속에 확고히 자리 잡고 있다. 가슴이 평화 속에 자리 잡으면, 곧바로 참나의 순수한 희열이 일어난다.

바시슈타는 계속 말했다.

현인들의 말을 듣고, 자나까는 몹시 우울해졌습니다. 황급히 발걸음을 궁전으로 돌렸습니다. 재빨리 청중들을 물러가게 하고 방에 혼자 있고 싶었습니다. 그는 고뇌에 휩싸였습니다.

자나까 왕은 중얼거렸습니다.

아! 이 비참한 세상에서 나는 돌처럼 무력하게 흔들리고 있다. 영원 속에서 수명이란 무엇인가? 하지만 나는 그것을 사랑하고 있었다! 아! 마음이란 이제 역겨워! 평생 동안 통치할지라도 그 통치란 무엇이란 말인가? 하지만 어리석게도 나는 그것 없이는 아무것도 할 수 없다고 생각했다! 내게 주어진 수명은 순간에 불과하다. 그것의 전과 후에는 영원의 세계가 있다. 이제 내가 수명을 어떻게 소중히 할 수 있겠는가?

세상이라는 환영을 퍼뜨려서 나를 미혹시킨 마술사는 누구인가? 어떻게 해서 내가 그런 미혹에 떨어졌는가? 가깝고 먼 것, 이 모두가 내 마음속에 있다는 것을 알았으므로, 이제 나는 외부 대상들을 이해하려는 것을 그만둘 것이다. 세상에서 분주하게 살아가더라도 결국 그 모든 것이 고통으로만 나아가게 한다는 사실을 안 내가 어떻게 마음속에 희망을 지닐 수 있겠는가? 날마다, 달마다, 해마다, 순간마다, 행복은 슬픔을 안고 있으며 그러므로 슬픔이 반복해서 나에게로 오고 있는 것을 본다!

여기서 보이거나 경험되는 것은 무엇이나 변화되고 파괴되도록 되어 있다. 현명한 자가 의존할 수 있는 것은 이 세상에 아무것도 없다. 오늘 고귀한 자가 내일은 발아래 짓밟힌다. 오, 어리석은 마음이여! 이 세상에서 무엇을 믿어야 한다는 말인가?

아! 나는 끈이 없는데도 묶여 있다. 나는 불순이 없는데도 오염되어 있다. 위에 있는데도, 나는 떨어지고 있다. 아, 나의 참나여! 이 얼마나 수수께끼 같은 것인가! 늘 빛나고 있던 태양도 곧 떠도는 구름을 만나듯이, 이 이상한 미혹이 불가사의하게도 내 앞으로 오고 있음을 본다. 친구들과 친척들은 누구이며, 이 쾌락들은 다 무엇인가? 유령을 본 아이가 무서워하듯이, 나는 공상적인 관계들로 미혹당하고 있다. 그런 관계들이 밧줄처럼 나를 늙음과 죽음 등으로 묶어 버린다는 것을 알면서도, 나는 아직 그것들에 집착하고 있다. 이런 관계들을 내버려두라. 그것들이 나에게 무엇이란 말인가? 대단한 사건이나 인물들도 우리의 기억 속에 남게 하고는 사라진다. 나는 무엇을 믿어야 하나? 여러 신들과 세 신들마저도 수백만 번을 오고 갔다. 이 우주에서 영원한 것은 무엇인가? 세상이라는 악몽에 자신을 묶어 버리는 것을 바란다는 것은 부질없는 희망이다. 아! 나는 이 얼마나 비참한 상황에 처해 있는가.

자나까 왕은 계속했다.

나는 '나는 이러한 사람이다.'라는 거짓 느낌을 만드는 자아라는 악귀에 홀린 무지한 바보와 같다. 시간이 수많은 신들과 세 신들을 삼켜버렸다는 것을 잘 알면서도, 나는 여전히 삶을 사랑하고 있다. 낮과 밤이 무한한 의식의 희열을 경험하는 데 쓰이는 것이 아니라, 헛된 갈망에 쓰이고 있다. 슬픔에서 더 큰 슬픔으로 가고 있는데도, 초연이 내게 일어나지 않고 있다.

세상에서 소중히 했던 그 모든 것이 그 사람을 비참하게 내버려둔 채 사라지는 것을 보고 있는데, 내가 무엇을 뛰어나며 바람직하다고 여길 수 있겠는가? 날이 갈수록 이 세상 사람들은 더욱더 죄와 폭력 속에서 자라고 있다. 그래서 그들은 날이 갈수록 더욱더 큰 슬픔을 경험하고 있다. 유년 시절은 무지 속에서 사라지고, 청년 시절은 쾌락을 향한 열망 속에서 사라지며, 나머지 인생은 가족을 걱정하다가 사라진다. 이 삶 속에서 어리석은 사람들이 이루는 것은 무엇인가?

큰 종교적 의식을 행했을 때, 그 사람은 아마도 천국으로 갈 것이다. 그러나 더 이상의 것은 없다. 무엇이 천국인가? 천국은 지상에 있는가, 지하에 있는가? 그곳은 고통이 존재하지 않는 곳인가? 슬픔은 행복을 가져오고, 행복은 슬픔을 가져온다! 온 땅의 구덩이는 죽은 시체들로 가득하다. 따라서 그것이 단단한 것처럼 보인다!

이 우주에는 눈을 깜빡이는 순간이 다른 존재들에게는 한 시대에 해당하는 수명을 지닌 존재들이 있다. 그와 비교해 보면 내 수명은 얼마나 짧은가? 물론 이 세상에는 즐거움을 주며 오래 지속되는 듯한 대상들도 있기는 하지만, 그것들은 끝없는 걱정과 근심을 가져온다! 번영은 정말이지 역경이다. 역경은 마음먹기에 따라 바람직한 것이 될 수도 있다! 마음만이 미혹을 일으키는 씨앗이다. '나', '나의 것'에 대한 거짓 감정을 가져오는 것은 마음이다.

우연히 까마귀가 야자나무에 앉자마자 까마귀에 의해 야자열매가 떨어지는 듯이 보이듯이, 창조된 것처럼 보이는 이 세상 안에서 무지하여

'이것을 가져야 한다.', '이것은 버려야 한다.'와 같은 느낌을 만들어 낸다. 이 세상에서 사는 것보다 오히려 은거처나 지옥에서 시간을 보내는 것이 더 낫다.

의도나 동기가 세상을 일으키는 씨앗이다. 나는 이 동기를 없애 버릴 것이다! 나는 온갖 경험을 통해 즐겨 왔다. 이제 쉬고 싶다. 더 이상 비탄에 잠기지 않을 것이다. 나는 깨달았다. 나의 지혜를 앗아간 이 도둑인 마음을 죽일 것이다. 나는 현인들로부터 가르침을 잘 받았다. 이제 나는 참나 지식을 찾을 것이다.

바시슈타는 계속했다.

왕이 자리에 앉아 깊은 명상 속에 들어가 있는 것을 보고, 수행원들이 조심스럽게 다가와 말했습니다. "폐하! 이젠 왕실의 의무를 생각해야 할 때입니다. 폐하의 시녀는 향수 목욕을 준비해 놓고서 폐하께서 즐기기를 기다립니다. 신성한 성직자들이 욕실에서 찬송을 시작하려고 폐하께서 오시기를 기다리고 있습니다. 폐하! 일어나셔서 해야 할 일을 해 주십시오. 귀한 분들은 시간을 지키지 않거나 태만하지 않기 때문입니다."

하지만 왕은 그의 말을 무시하고 계속 깊은 명상에 잠겨 있었습니다.

이 모든 것이 무상하다는 것을 이제 알았는데, 왕실과 왕실의 의무에서 무엇을 해야 하는가? 그것들은 나에게 쓸모가 없다. 나는 모든 행위와 의무를 버리고 참나의 희열에 잠길 것이다.

오, 마음이여! 늙음과 죽음의 윤회가 가져다주는 비참함을 없애려면 감각의 쾌락에 대한 갈망을 버려라. 행복을 누리고자 하는 그 어떤 상황도 불행의 근원이다! 이 죄 많고, 조건화되어 있으며, 쾌락을 추구하는 삶은 이제 충분하다. 그대 안에 자연스러우며 본래부터 있는 기쁨을 구하여라.

왕이 고요한 것을 알고 수행원 역시 조용해졌습니다.

왕은 다시 혼자 말했습니다.

이 우주에서 내가 얻어야 할 것은 무엇이며, 확신을 가지고 의지할 수 있는 진리는 어떤 것인가? 끊임없이 활동하거나 활동 없이 빈둥거리고 있는 것, 이들 간에는 어떤 차이가 있는가? 그 어떤 경우든 이 세상의 모든 것은 정말로 영원하지 않다. 활동을 해도 게으름을 피워도 이 몸은 영원하지 않다. 몸은 항상 변한다. 지성이 평온 속에 뿌리내리고 있을 때, 무엇을 어떻게 잃는단 말인가?

나는 내게 없는 것을 갈망하지 않는다. 바라지 않았는데도 오는 것은 버리지 않는다. 나는 참나 안에 확고히 뿌리를 내리고 있다. 나의 것이 나의 것으로 있게 둔다! 내가 해야 할 일은 아무것도 없다. 활동하지 않음도 내게는 아무런 의미가 없다. 활동으로 얻어진 것이나 활동하지 않음으로 얻어진 것 둘 다는 거짓이다. 마음이 욕망이 없는 상태에 있을 때, 쾌락을 추구하지 않을 때, 몸과 손발이 자연스럽게 움직일 때, 활동과 활동하지 않음은 같은 의미를 지닌다. 그러므로 몸이 자연스럽게 기능하도록 두자. 그런 활동을 하지 않으면 몸은 해체될 것이다. 마음이 '나는 이것을 한다.'거나 '나는 이것을 즐긴다.'라는 개념을 가지지 않을 때, 활동은 활동하지 않음이 된다.

바시슈타는 계속했다.

이렇게 숙고하면서, 해가 떠오르자 자나까 왕은 자리에서 일어나 왕실의 의무를 집착이 없이 하기 시작했습니다. 바람직하거나 바람직하지 않다는 모든 개념을 버리고, 모든 심리적인 조건화와 의도에서 자유로운 채, 그는 깨어 있지만 깊이 잠든 것처럼 자연스럽고 적절하게 활동에 관계하였습니다. 그는 신성한 존재들을 숭배하는 것을 포함한, 그 날에 해야 할 모든 일을 하였습니다. 하루가 끝날 때쯤이면 서재로 물러가서 쉽고 자연스러운 깊은 명상 속에서 밤을 보냈습니다. 그의 마음은 모든 혼란과 미혹에서 자연적으로 멀어졌으며, 확실히 침착해졌습니다. 아침에 일어났을 때, 자나까 왕은 마음으로 이렇게 생각했습니다.

오, 불안해 하고 있는 마음이여! 이 세상의 삶은 그대를 진정한 행복으로 안내하지 않는다. 그러므로 평온한 상태에 있어라. 평온의 상태에서만 그대는 평화, 희열 및 진리를 경험한다. 그릇된 생각을 할 때마다, 이 세상의 환영은 팽창하기 시작한다. 즐거움에 대한 욕망을 가질 때, 이 세상의 환영은 수많은 가지를 뻗친다. 이 세상을 만드는 것은 생각이다. 변덕과 환영을 버리고 평온에 이르러라. 감각적 쾌락과 기쁨의 희열을 그대의 지혜로 저울질하라. 무엇인가를 진리로 정하였다면, 그것을 구하여라. 무엇인가를 구하거나 버리려 하지 말고, 모든 희망과 기대를 버리고는 자유롭게 방랑하라. 이 세상의 모습이 실재이거나 실재가 아니더라도, 그것을 그냥 그대로 두어라. 세상이 나타나거나 사라지도록 그냥 두어라. 그러나 세상의 좋고 나쁜 점이 그대의 평온을 방해하게는 두지 말라. 이 세상은 그대와 한 순간도 관계하지 않고 있기 때문이다. 무지 때문에 그러한 관계가 그대 안에서 일어났다. 오, 마음이여! 그대는 거짓이다. 이 세상의 모습 또한 거짓이다. 아이를 못 낳는 여인과 그녀에게서 태어난 자식처럼, 그대와 세상은 이해할 수 없는 관계에 있다. 그대는 실재라 하고 세상은 실재라 하지 않는다면, 둘 사이에 어떻게 정당한 관계가 있을 수 있겠는가? 반대로 둘 다 실재라 한다면, 기쁨과 슬픔을 어떻게 정당화시키겠는가? 따라서 슬픔을 버리고 깊은 명상에 들어가라. 이 세상에는 그대를 충만한 상태로 이끌어 줄 것이 없다. 용기와 인내로, 그대의 고집을 정복하라.

바시슈타는 계속했다.

지금까지 묘사된 것을 이해한 후, 자나까 왕은 정신을 차리고 마음과 영혼을 다하여 왕으로서의 자신의 직분과 필요한 모든 것을 행했습니다. 왕실의 즐거움은 그의 마음을 혼란시키지 못했습니다. 사실 그는 계속 깊은 잠의 상태에 있는 것처럼 움직였습니다.

그때부터 그는 모으는 것에도 버리는 것에도 관심이 없었습니다. 의심이나 혼란이 없이 그는 현재를 살았습니다. 그의 지혜는 중단되지 않았으며, 그의 지성은 불순함에 의해 어두워지지 않았습니다. 참나 지식(찌드 아뜨마)의 빛이 그의 가슴속에 떠올랐습니다. 해가 수평선 위로 떠오르는 것처럼 불순과 슬픔에서 해방되었습니다. 우주의 힘(찌드 샥띠) 속에 존재함으로 그는 우주의 모든 것을 보았습니다. 참나 지식을 지니고서 그는 무한한 참나 안에 있는 모든 것을 보았습니다. 일어나는 모든 것이 자연스럽게 일어난다는 것을 알고는, 그는 들뜨지도 의기소침하지도 않았습니다. 그는 평온의 상태에 있었습니다. 자나까 왕은 살아 있는 동안 해방된 사람(지반 묵따)이 되었습니다.

악이나 선의 영향으로 그의 참나 지식이 가라앉거나 일어나지 않은 채, 자나까 왕은 왕국을 계속 통치했습니다. 다른 사람들에게는 활동들로 분주한 것으로 보였습니다. 그러나 무한한 의식 속에 늘 있은 채, 그는 활동하지 않는 상태를 경험하고 있었습니다. 그의 모든 경향성과 의도들이 끝나 버렸습니다. 따라서 활동적으로 보여도, 그는 늘 깊이 잠든 상태에 있었습니다.

그는 과거를 생각하지 않았을 뿐만 아니라 미래에 대해서도 걱정하지 않았습니다. 그는 항상 미소를 띠며 현재를 살았습니다.

자나까는 그 자신의 탐구에 의하여 그가 한 모든 것을 얻었습니다. 이와 마찬가지로 탐구의 끝에 이를 때까지 진리의 본질을 탐구해야 합니다. 참나 지식 즉 진리에 대한 지식은 스승이나 경전 탐구, 좋은 일로 얻어지는 것이 아닙니다. 진리는 현명하고 신성한 분들과 교제하면서 얻은 영감으로 탐구를 해야 얻어집니다. 자신의 내면의 빛만이 수단이지 그 밖의 것은 아닙니다. 이 내면의 빛이 계속 살아 있을 때, 그 빛은 둔한 어둠에 영향을 받지 않습니다.

바시슈타는 계속했다.

극복하기 어려워 보이는 슬픔도 내면의 빛인 지혜라는 배의 도움으로 쉽게 건널 수 있습니다. 이런 지혜가 없는 사람은 작은 어려움에도 괴로움을 당합니다. 하지만 이 지혜를 가진 이는 이 세상에서 혼자이더라도, 무력하더라도, 경전을 배우지 않았더라도 쉽게 슬픔의 바다를 건넙니다. 다른 사람의 도움 없이도 지혜로운 사람은 자신의 일을 이루어 냅니다. 지혜롭지 못한 사람은 그러하지 못합니다. 그들은 가지고 있는 것들조차도 잃습니다. 과일을 따려는 사람이 과수원에서 계속 노력하듯이, 이러한 내면의 빛과 지혜를 얻으려면 계속해서 노력해야 합니다. 꾸준히 영양을 주면, 지혜는 참나 지식이라는 훌륭한 열매를 주는 뿌리가 됩니다.

세속적 활동을 향하여 하는 노력과 에너지는 지혜를 얻는 데 먼저 사용되어야 합니다. 먼저 모든 슬픔과 재난의 근원이며, 세상 모습의 큰 나무의 씨앗인 어리석음을 없애야 합니다. 그리고 천국, 지옥 혹은 여기의 제국들에서 얻어지는 것은 무엇이나 여기 지금에 있는 지혜에 의해서 얻어집니다. 지혜에 의해 세상이라는 바다를 건너는 것이지, 자선, 순례 혹은 고행에 의해서는 아닙니다. 여기에서 신성한 미덕을 지니고 있는 이들은 그것들을 지혜에 의해서 얻었습니다. 왕들조차 자신들의 왕의 자리를 지혜를 통하여 얻었습니다. 지혜는 지고의 선인 해방뿐만 아니라 천국으로 가는 길임이 확실합니다.

온순한 학자가 힘센 적과의 대결에서 이긴 것은 지혜에 의해서입니다. 오, 라마여! 지혜 혹은 내면의 빛은 갖고 싶은 것은 무엇이나 주는 전설에 나오는 귀한 돌과 같습니다. 이 지혜를 가진 사람은 세상이라는 환영의 건너편에 쉽사리 도달합니다. 지혜가 없는 사람은 세상의 환영 속에 빠지게 됩니다. 내면의 빛이 지성과 이해를 적절히 안내하면, 그 사람은 건너편에 도달합니다. 그렇지 않으면 장애물에 패배합니다.

결점, 욕망, 악마는 마음이 미혹에 들지 않는 지혜로운 이들에게는 다가가지 못합니다. 내면의 빛인 지혜로 볼 때 온 세상은 있는 그대로 보입니다. 맑은 비전을 가진 이에게는 행운이나 불운이 다가오지 않습니다. 태양을 가리고 있는 짙은 구름이 바람에 의해 걷히듯이, 참나를 가리고 있는 자아의 어둠은 지혜에 의해 사라집니다. 최고의 의식 상태에 있고자 하는 자는, 곡식을 바라는 이가 땅을 갈 듯이, 지혜를 키우고 내면의 빛에 불을 붙임으로써 먼저 마음을 정화해야 합니다.

바시슈타는 계속했다.

오, 라마여! 자나까가 한 것처럼 참나의 본성을 탐구하십시오. 그러면 어떤 방해도 없이, 아는 자들이 알아야 하는 영역에 도달합니다. 우리는 감각이라는 적을 이겨야 합니다. 그러면 자신의 노력으로 참나가 주는 참나 만족을 얻을 것입니다. 무한한 참나가 깨달아지면 슬픔은 끝납니다. 미혹의 씨앗조차 파괴되고 불행이 없어지면, 악에 대한 지각도 끝납니다. 오, 라마여! 그러므로 자나까 왕처럼 되십시오. 내면의 빛 속에 있는 참나를 깨달으십시오. 뛰어난 자가 되십시오.

끊임없이 참나 탐구를 하면서 무상한 세상의 본질을 바라보십시오. 그렇게 하면 적절한 때에 자나까 왕처럼 참나 지식을 얻을 것입니다. 참나 지식에는 신도, 의식도, 의례도, 행위도, 부도, 친척도 아무런 소용이 없습니다. 세상의 환영을 두려워하는 이에게는 참나 탐구라는 자기 노력만이 참나 지식을 가져오게 할 수 있습니다. 신들, 다양한 의식들, 틀에 박힌 행동들에 의존하고 있는 미혹된 자들의 가르침을 따르지 말며, 그 외의 다른 왜곡된 수행들을 좇지 마십시오. 지고의 지혜 안에 확고히 자리 잡고 있을 때, 오직 참나로 참나를 볼 때, 지성이 감각적 지각에 의해 딴 곳으로 향하거나 물들지 않을 때, 그대는 이 세상이라는 바다를 비로소 건널 수 있습니다.

나는 지금까지, 말하자면 지식이 은총으로 하늘에서 떨어진 것처럼, 자나까 왕이 참나 지식을 얻게 된 과정을 그대에게 말했습니다. 자나까 왕이 가지게 된 지식을 연마하는 사람은 자신의 가슴속에서 내면의 빛을 경험할 것이며, 세상의 환영이라는 무지스러운 공상이 즉시 버려질 것입니다. '나는 이러저러한 사람이다.'라는 제한되고 조건 지어진 느낌이 멈출 때, 모든 곳에 퍼져 있는 무한한 자의 의식이 일어납니다. 따라서 오, 라마여! 자나까 왕처럼 가슴속에 있는 자아라는 거짓되고 공상적인 개념을 버리십시오. 이 자아가 버려졌을 때, 참나 지식이라는 지고의 빛이 그대의 가슴속에 확실히 빛날 것입니다. 자아만이 가장 짙은 어두움입니다. 그것이 사라질 때, 내면의 빛이 저절로 빛납니다. "나는 존재하지 않는다.", "다른 것들도 존재하지 않는다.", "비존재도 없다."는 것을 아는 사람, 그래서 마음의 활동이 정지하게 된 사람은 욕심에 휩싸이지 않습니다. 오, 라마여! 바람직하다고 여기는 것을 가지려는 욕심과 바람직하지 않다고 여기는 것을 피하려는 걱정 이외에 다른 굴레는 없습니다. 그런 근심에 굴복하지 마십시오. 탐난다고 생각되는 것을 얻는 것이 그대의 목표가 되게 하지 마십시오. 이 둘 다를 버리십시오. 그 뒤에 남아 있는 것 안에서 휴식하십시오.

바시슈타는 계속했다.

획득과 거부라는 쌍을 이루는 충동들이 없어진 사람들은 어떤 것을 바라지도 않으며 거부하지도 않습니다. 획득과 거부라는 이 두 충동이 없어지지 않는 한, 마음은 완전한 평온에 이르지 못합니다. '이것은 실재이다.', '이것은 실재가 아니다.'라고 느끼는 한, 마음은 평화와 평정을 경험하지 못합니다. '이것은 옳다.', '이것은 틀렸다.', '이것은 얻는 것이다.', '이것은 잃는 것이다.'라는 생각에 흔들리는 사람의 마음에 어떻게 평온, 순수, 초연이 일어날 수 있겠습니까? 하나의 브람만(그것은 늘 하나이면서 여럿입니다)이 있을 때, 무엇이 옳고 무엇이 틀리다고 할 수 있겠습니까? 마음이 바람직하거나 바람직하지 않은 생각으로 흔들린다면 평온은 있을 수 없습니다.

욕망 없음(모든 기대들이 없음), 두려움 없음, 변함없는 안정, 평온, 지혜, 무집착, 무활동, 선함, 왜곡의 완전한 부재, 용기, 인내, 다정, 지성, 만족, 부드러움, 유쾌한 말, 이 모든 자질은 획득과 거부로부터 자유로운 사람들에게 자연스럽게 일어나는 것들입니다. 이러한 자질들조차도 의도적으로 일어나는 것이 아니라 자연적으로 일어납니다.

둑을 세워 강의 흐름을 막듯이, 마음이 아래로 흐르는 것을 막아야 합니다. 외부 대상들과의 모든 접촉을 확실히 버린 후, 마음을 내부로 돌리고 내부에 있는 모든 것을 명상하십시오. 다양한 활동을 하는 동안에도 그렇게 하십시오. 지혜라는 날카로운 칼의 도움을 받아 세상 모습의 원인인 갈망, 의도, 동기, 획득, 거절을 만들어 내는 조건화를 헤치고 나아가십시오.

마음으로 마음을 잘라 내십시오. 순수의 상태에 도달한 후, 그 안에 확고히 머무르십시오. 마음으로 마음을 자르십시오. 그러고 난 뒤 마음을 부인하는 마음도 버리십시오. 그러면 그대는 마침내 세상의 모습을 없앨 수 있을 것입니다. 그러면 세상의 모습이 사라지고, 미혹은 일어나지 않을 것입니다. 마음은 세상의 모습을 다시는 만들지 않을 것입니다. 남에게는 이 세상에서 활동하는 것처럼 보일지라도, 이 모든 것이 실재가 아니라는 자각에 확고하게 뿌리를 내리십시오. 모든 희망과 기대를 포기하십시오. 평온 속에 뿌리내린 채, 주어진 상황에 따라 적절한 행동을 하며, 원하지 않았음에도 일어나는 것에 대해서조차 생각하지 말고, 의지 없는 삶을 살아가십시오. 신이 모든 행위의 행위자와 행위하지 않는 자라고 할 수 있듯이, 그대 역시 해야 할 일을 하거나 하지 않음으로 아무런 의지 없이 살아가십시오.

바시슈타는 계속했다.

그대는 모든 것을 아는 자인 참나입니다. 그대는 태어나지 않은 존재이며, 지고의 신이십니다. 그대는 모든 것에 퍼져 있는 참나와 다르지 않습니다. 참나 이외의 지각의 대상이 있다는 생각을 버린 자는 기쁨과 비탄에서 나온 결함을 겪지 않습니다. 끌림과 혐오에서 자유롭고, 흙덩어리와 금 덩어리가 똑같이 가치 있고 중요하며, 세상의 모습을 확고하게 하는 경향성들을 버린 사람을 요기라 합니다. 무엇을 하고, 무엇을 즐기고, 무엇을 주고, 무엇을 파괴하든 그의 의식은 자유롭습니다. 그래서 고통과 즐거움 속에서도 침착합니다. 바람직한 것과 바람직하지 않은 것을 구분하지 않고, 해야 할 일을 하는 사람은 행동을 하고 있지만 그 속에 빠지지 않습니다.

무한한 의식만이 존재하고 있다는 신념 속에 확고히 있는 사람은 쾌락에 대한 생각에서 즉시 풀려 납니다. 그래서 고요하며 스스로 통제됩니다. 마음은 본래 경험하는 능력을 얻기 위해 의식으로부터 지성을 빌려 옵니다. 그래서 마음은 의식의 힘이나 에너지(찌뜨 샥띠)에 의하여 존재하게 된 것을 접하게 됩니다. 말하자면, 마음은 의식의 은총에 의해 존재합니다. 이 우주에 대한 자신의 지각 때문에 여러 가지 생각을 가지게 됩니다. 의식만이 마음의 빛입니다. 그렇지 않다면 어떻게 활발하지 못한 마음이 지적으로 움직이겠습니까?

　경전들에 조예가 깊은 이들은 의식 안에서 에너지가 상상으로 움직이는 것을 마음이라고 선언합니다. 그리고 뱀의 쉿 하는 소리 같은 마음의 표현들이 생각이나 관념이라고 합니다. 의식에서 개념을 없앤 것이 영원한 브람만인 절대자입니다. 의식에 개념을 더한 것이 생각입니다. 말하자면 생각의 작은 부분이 실재로서 가슴 안에 있습니다. 이것을 유한한 지성 혹은 개체화된 의식이라 합니다. 하지만 이 제한된 의식은 자신이 근본적으로 의식이라는 것을 곧 잊습니다. 계속해서 존재하지만 둔합니다. 그러고 나서 그것은 수용과 거부를 내재적 경향성으로 가지는, 생각하는 기능이 됩니다. 사실 이 모든 것이 된 것은 무한한 의식입니다. 하지만 그것이 자신의 무한한 의식에 대해 깨어나기까지는, 참나 지식 속에 있는 그 자신을 알지 못합니다. 그러므로 마음은 경전들, 초연, 감각들의 조절에 기초한 탐구라는 수단으로 깨어나야 합니다. 그렇게 깨어나면, 지성은 절대자인 브람만으로서 빛납니다. 그렇지 않으면 그것은 이 유한한 세상을 계속 경험합니다.

　바시슈타는 계속했다.

　이 내면의 지성이 일깨워지지 않으면, 그것은 어떤 것도 정말로 알거나 이해하지 못합니다. 생각을 통하여 알려진 것처럼 보이는 것은 물론 실재가 아닙니다. 생각은 의식으로부터 자신의 가치를 얻어 냅니다. 그릇 안에 두었던 향 때문에 그릇이 향의 냄새를 얻는 것과 같습니다. 이 빌려 온 지식 때문에 생각은 이 우주 의식의 파편 같은 조각을 알 수 있습니다. 무한한 것의 빛이 마음에 비칠 때만 마음은 완전히 피어납니다.

그렇지 않으면, 지적으로 보일지는 몰라도, 생각은 어떤 것을 진정으로 정말로 이해할 수 없습니다. 그것은 춤추도록 요청 받았지만 화강암으로 된 무용가의 형상이 춤추지 못하는 것과 같습니다. 화폭 위에 그려진 전쟁의 장면이 싸우는 군대의 굉음을 낼 수 있습니까? 시체가 일어나서 뛸 수 있습니까? 바위에 새겨진 태양의 그림이 어둠을 떨쳐 버릴 수 있습니까? 이와 마찬가지로, 둔한 마음이 무엇을 할 수 있겠습니까? 태양이 빛남으로써 신기루가 물이 흐르는 것처럼 보이듯이, 마음은 내면의 빛이 의식이기 때문에 지적이고 활동적인 것으로 보입니다.

무지한 사람들은 생명력의 움직임이 마음이 된다고 오해합니다. 하지만 사실상 마음은 쁘라나 즉 생명력 이상의 것은 아닙니다. 하지만 지성이 생각들에 의하여 조각나거나 제한되지 않는 이들의 경우, 마음은 지고의 존재인 참나의 광채입니다. '이것은 나다.', '이것은 나의 것이다.'라는 개념들을 가짐으로써 그 자신을 참나 속에 있는 특정한 생명력의 움직임과 동일시하는 지성이 지바 즉 살아 있는 영혼입니다. 지성, 마음, 지바 등은 현자들조차 사용하는 이름들입니다. 하지만 그러한 실체들은 절대적인 관점에서 볼 때 실재가 아닙니다. 사실상 마음, 지성, 몸을 가진 존재란 없습니다. 참나만이 늘 존재하고 있습니다. 참나만이 세상이고, 참나만이 시간이고 또한 진화의 과정입니다. 극도로 미묘하기 때문에, 참나는 존재하고 있지만 존재하지 않는 것처럼 보입니다. 반사로 혹은 나타난 모습으로 있더라도, 그것 역시 진리인 것으로 이해됩니다. 그러나 참나는 이 모든 말들 너머에 있으며 그것의 진리는 참나 지식 안에서만 오직 직접적으로 경험될 수 있습니다.

빛이 있으면 어둠이 사라지는 것과 같이, 내면의 빛이 빛나기 시작할 때 마음은 존재하기를 멈춥니다. 반면에 의식이 감각의 대상들을 경험하려는 노력으로 대상화되면, 말하자면 참나는 잊혀집니다. 그래서 마음이 만든 창조물들에 관련한 생각들이 떠오릅니다.

바시슈타는 계속했다.

지고의 존재에서 올라온 생각을 개체적 의식이라 합니다. 이 의식이 생각과 개체화로부터 자유로워질 때, 해방이 있습니다. 이 세상의 모습에 대한 씨앗 즉 유일한 원인은 무한한 의식 안에서 일어나는 생각입니다. 그 씨앗은 제한되고 유한한 개체적 의식을 일어나게 합니다. 의식이 극히 고요한 상태에서 벗어날 때 그래서 오염될 때, 생각의 능력이 일어납니다. 그것과 더불어 마음은 우주를 생각합니다.

오, 라마여! 생명력의 조절에 의해서도 마음은 억제됩니다. 실체가 없어질 때 그림자가 사라지듯이 마음은 생명력이 없어지면 사라집니다. 어디선가 겪었던 경험을 기억하는 것은 생명력의 움직임 때문입니다. 생명력은 다음과 같은 수단들에 의해 억제됩니다. 즉 초연으로, 호흡 조절(쁘라나야마)로, 생명력의 움직임의 원인에 대한 탐구로, 지적인 방법을 통하여 슬픔을 끝냄으로, 그리고 직접적인 지식 즉 궁극의 진리를 경험함으로 가능합니다.

마음은 지성이 돌 안에 있다고 생각하는 것이 가능합니다. 그러나 마음은 지성을 조금도 소유하지 않고 있습니다. 움직임은 둔한 생명력에 속합니다. 지성 즉 의식의 힘은 참나에 속합니다. 그것은 순수하고 영원히 편재해 있습니다. 마음은 이 두 요인들 간의 관계에 대해 공상합니다. 그러나 그런 상상은 잘못된 것입니다. 따라서 이런 잘못된 관계에서 나온 지식은 모두 잘못된 것입니다. 이것을 무지, 마야 즉 우주적 환영이라고 합니다. 그것은 세상의 모습이라는 무서운 독을 만듭니다.

생명력과 의식 간의 이 관계는 상상에서 나온 것입니다. 그렇게 상상되지 않으면, 세상의 모습이 있을 수 없습니다! 생명력이 의식과 관계를 맺음으로 생명력은 의식을 지니게 되고, 세상을 생명력 자신의 대상이라 경험합니다. 그러나 이 모든 것은 아이들이 유령을 경험하는 것처럼 실재가 아닙니다. 무한한 의식 안에 있는 움직임만이 진리입니다. 이 무한한 의식이 어떤 유한한 요소에 의해 영향을 받을 수 있습니까? 다시 말해, 열등한 실체가 우수한 실체를 압도할 수 있습니까? 오, 라마여! 따라서 진리 안에는 마음이나 유한한 의식이 없습니다. 이 진리가 명확하게 이해될 때 마음으로 잘못 상상된 것이 끝을 맺습니다. 미흡한 이해 때문에 마음이 존재하는 것처럼 보입니다. 이 오해가 끝나면, 마음 역시 존재하기를 멈춥니다.

바시슈타는 계속했다.

이 마음은 둔하며 실체가 아닙니다. 따라서 그것은 언제나 죽은 것입니다! 하지만 이 세상의 존재들이 이 죽은 것에 의해 죽고 있습니다. 이 우둔은 얼마나 불가사의한 것입니까!! 마음은 참나도, 몸도, 토대도, 형태도 가지고 있지 않습니다. 하지만 마음에 의해 모든 것이 이 세상에서 소모됩니다. 이는 참으로 거대한 불가사의입니다. 실체 없는 마음에 의해 자신이 파괴되었다고 말하는 사람은 사실상 연꽃에 의해 그의 머리가 박살났다고 말하는 것과 같습니다. 둔하고, 말 못하며, 보지 못하는 마음에 의해 상처받을 수 있다고 말하는 것은 보름달의 열기에 의해 누군가가 태워질 수 있다고 말하는 것과 같습니다. 앞에 서 있는 진짜 적을 파괴시킬 수 있는 영웅도 실제로는 존재하지도 않는 이런 마음에 의해 파괴됩니다.

거짓 존재이며, 그것의 존재를 탐구할 때 존재하지 않는 것으로 판명되며, 생각에 의하여 조립된 그것의 힘은 무엇입니까?

어리석음과 무지만이 이 세상의 모든 슬픔의 근원입니다. 이런 창조는 오직 무지와 어리석음에 의해 야기된 것입니다. 이를 알면서도, 살아 있는 존재들은 실재가 아니며 거짓인 비실체를 추구하여 그것을 오히려 강화시키고 있습니다. 그것은 정말로 이상한 일입니다.

이 세상이라는 환영은 적의 눈으로부터 나온 보이지 않는 쇠사슬이 자신을 묶고 있으며 그리고 적의 단순한 생각으로부터 만들어진 보이지 않는 군대가 자신을 공격하여 괴롭힌다고 생각하는 영웅의 상상과 비교할 수 있습니다. 존재하지 않는 마음에 의하여 만들어진 이 세상은 존재하지 않는 마음에 의해 파괴됩니다. 이 환영의 세상은 마음 외에는 아무것도 아닙니다. 마음의 진정한 모습을 이해할 수 없는 자는 경전에서 설명되는 미묘한 진리를 알기에 걸맞지 않습니다. 그러한 사람의 마음은 경전에서 설명하고 있는 미묘한 진리의 가르침을 이해할 수 없습니다. 그런 마음은 환영의 세상에 만족하고 있는 것처럼 보입니다. 그런 마음은 두려움으로 가득합니다. 그런 마음은 비나의 아름다운 소리를 두려워합니다. 심지어는 잠들어 있는 친척조차도 두려워합니다. 누군가가 큰소리치면 그는 놀라서 그 자리에서 도망칩니다. 어리석은 사람은 자신의 미혹된 마음에 의해 완전히 정복당한 것입니다.

독이 행복과 약간만 섞여도 매우 유해하듯이, 자신의 가슴속에 마음이 있으면 그는 그 마음으로 타 들어갑니다. 그는 진리를 모릅니다. 왜냐하면 그는 마음에 의해 어리석게도 미혹되어 있기 때문입니다! 이것은 참으로 거대한 신비입니다.

바시슈타는 계속했다.

오, 라마여! 나의 가르침은 이 환영의 세상을 실재라 믿고 그 결과로 이 세상에서의 즐거움을 계속 추구하는, 지성이 침묵한 자들을 위한 것이 아닙니다. 어떤 어리석은 사람이, 보기를 거부하는 사람에게 다채로운 숲을 보여 주려 애쓰겠습니까? 나병으로 코가 없어진 사람에게 향수를 구별하는 섬세한 기술을 누가 교육시키려 하겠습니까? 누가 술고래에게 형이상학의 정교한 내용을 가르치겠습니까? 누가 화장터에 누워 있는 시체에게 걱정스런 마을 일을 문의하겠습니까? 어리석은 이가 이렇게 하고 있다면, 누가 그에게 그런 어리석은 의도를 하지 말도록 할 수 있겠습니까? 그처럼 말 못하고 보지 못하는 마음을 다스리는 것이 힘들다고 하는 무지한 사람을 누가 가르칠 수 있겠습니까?

사실상 마음은 존재하지 않습니다. 따라서 그것은 항상 정복당해 있습니다. 이것을 명심하십시오. 실재하지 않는 마음을 이기는 것이 어렵다고 느끼는 자는 먹지도 않은 독의 영향으로 고통 받고 있습니다. 현명한 사람은 항상 참나만을 봅니다. 그는 생명력에 의해 모든 움직임이 일어난다는 것을 압니다. 그는 또한 감각들이 각각의 기능을 수행한다는 것도 압니다. 그렇다면 무엇을 마음이라 합니까? 모든 움직임은 생명력에 속해 있으며, 모든 의식은 참나에 속해 있으며, 감각들은 각각 그들 자신의 힘을 갖고 있습니다. 그것들을 함께 묶는 이는 누구입니까? 이 모든 것은 정말이지 하나이며 무한하며 전능한 의식입니다. 다양성은 실체 없는 단어에 불과합니다. 다양성에 대한 생각이 어떻게 그대에게 일어납니까?

지성을 혼미하게 하는 단어에 불과한 개체적 영혼(지바)이란 무엇입니까? 제한된 그리고 개인화된 의식은 실재 아닌 공상입니다. 그것이 무엇을 할 수 있겠습니까! 공상으로 마음을 존재하게 해 놓고는 그 마음이 홀로 존재하고 있는 진리를 가립니다. 그러한 결과로 고통 받고 있는 무지한 사람들의 운명을 보는 것은 정말 딱한 일입니다.

이 세상에서 어리석은 자는 태어나 고통 받다가 사라집니다. 매일 수백만의 동물들이 세상에서 죽습니다. 매일 수백만이 넘는 모기들이 바람에 의해 죽습니다. 매일 바다에서는 큰 고기가 작은 물고기를 잡아먹습니다. 슬퍼할 일이 어디에 있습니까? 이 세상에는 힘센 동물이 약한 동물을 죽이고 잡아먹습니다. 작은 개미로부터 가장 위대한 신에 이르기까지 그 모두가 태어났다가 죽게 되어 있습니다. 그것을 좋아하든 좋아하지 않든 상관없이, 기뻐하든 슬퍼하든 개의치 않고, 매 순간 셀 수 없는 존재들이 죽고 매 순간 셀 수 없는 존재들이 태어납니다. 따라서 필연적인 것에 대해서는 비탄에 빠지지도 않고 기뻐하지도 않는 것이 현명합니다!

바시슈타는 계속했다.

오, 라마여! 왜곡된 지성을 가지고 사람의 슬픔을 없애려 앞으로 나오는 자는 작은 우산으로 하늘을 덮으려 애쓰는 것과 같습니다. 짐승처럼 행동하는 이들은 가르침을 받을 수 없습니다. 왜냐하면 그들은 마음이라는 밧줄에 의하여 동물처럼 이끌리고 있기 때문입니다. 마음의 수렁에 빠지는 무지한 사람들을 보고 돌조차 눈물을 흘립니다. 그들의 행동은 그들 자신의 파멸을 초래합니다. 현자들은 마음을 극복하지 못한 이들을 가르치려 하지 않습니다. 따라서 그러한 사람은 모든 면에서 불행합니다. 반면 현자들은 마음을 정복하여 참나 탐구를 할 만큼 성숙한 자들의 슬픔은 없애려 합니다.

오, 라마여! 마음이란 존재하지 않습니다. 마음의 존재를 쓸데없이 상상하지 마십시오. 그대가 마음의 존재를 상상하면 그것은 유령처럼 그대를 죽일 것입니다. 그대의 참나를 잊고 있는 한, 이런 상상적인 마음은 존재합니다. 마음의 존재를 계속 확신함으로써 마음은 커 간다는 것을 그대는 깨달았으므로, 그와 같이 생각하기를 버리십시오.

대상이 그대의 의식 안에 일어날 때, 의식은 조건화되고 제한됩니다. 그것은 속박입니다. 대상이 버려지면, 그대는 마음 없음이 됩니다. 그것이 해방입니다. 속성들과 접촉하는 것은 속박을 조성합니다. 그것들을 버리는 것이 해방으로 가는 길입니다. 이것을 알고 그대가 좋아하는 일을 하십시오. '나는 없다.', '이것은 없다.'를 깨닫고, 무한한 공간처럼 확고하며 움직이지 않는 채로 있으십시오. 참나와 세상이라는 이원성을 만드는 순수하지 못한 생각을 버리십시오. 보는 자로서의 참나와 보이는 대상으로서의 세상 사이에서, 그대는 봄(지켜봄)입니다. 늘 이 깨달음 속에 있으십시오. 경험자와 경험 사이에서, 그대는 '경험하고 있음'입니다. 이것을 알고 참나 지식 속에 있으십시오.

이 참나를 버리고 대상을 생각할 때, 그때 그대는 마음(주체)이 됩니다. 따라서 불행을 겪게 됩니다. 참나 지식이 아닌 그 지성이 마음을 구성하는 것입니다. 그것은 슬픔의 근원입니다. '이 모든 것은 참나이다.'라는 것을 깨닫게 되면 마음도, 주체도, 객체도, 생각하기도 없어집니다. '나는 지바이다.'라고 생각하면, 마음이 일어납니다. 그것과 더불어 슬픔도 옵니다. '나는 참나이고, 지바 및 다른 것들은 존재하지 않는다.'라는 것을 알면, 마음은 존재하기를 그치고, 지고의 희열이 있게 됩니다. '이 모든 우주는 참나일 뿐이다.'라는 진리의 견지에서 보면, 마음은 존재하지 않습니다. 마음이라는 이 뱀이 몸 속에 있을 때만 두려움이 있습니다. 요가 수행으로 마음이 제거되면, 어디에 두려움의 원인이 있겠습니까?

바시슈타는 계속했다.

참나가 참나를 잊고, 보이고 경험되는 대상들과 스스로 동일시함으로 불순하게 될 때, 갈망이라는 독이 생깁니다. 이 갈망은 미혹을 강화시킵니다. 쉬바와 같은 신들은 우주적 소멸의 불과 맞설 수 있을 것입니다. 하지만 어느 누구도 갈망이라는 타오르는 불을 다루는 것은 불가능합니다. 이 세상의 끔찍한 고통과 재난은 모두 갈망의 결과입니다. 오, 라마여! 보이지 않고 미세한 채로 있기에, 이 갈망은 몸의 살, 뼈, 피마저 소진시킬 수 있습니다. 잠시 동안 가라앉은 듯이 보이다가, 다음 순간에 그것은 팽창의 상태에 있습니다. 그것에 시달려 사람은 불쌍하고, 약하고, 빛나지 않고, 비열하고, 미혹되고, 비참하며, 파괴됩니다.

이 갈망이 사라지면, 그 사람의 생명력은 순수하고 모든 신성한 가치와 미덕들이 가슴속으로 들어옵니다. 먹이(미끼)에 대한 갈망으로 짐승이 덫에 걸리듯, 자신의 갈망의 흔적을 따르는 사람은 지옥으로 떨어집니다. 노쇠로 인해 생기는 최악의 무분별도, 눈 깜짝할 사이에 갈망이 가슴속에 일으키는 눈먼 미혹에 비하면, 가벼운 것입니다.

갈망은 사람을 위축시키고 작게 만듭니다. 심지어 비슈누 신도 그가 부탁하려고 결심하자 난쟁이가 되어 버렸습니다. 따라서 모든 슬픔의 근원이고 모든 존재의 삶을 파괴하는 이 갈망은 멀리 버려야 합니다.

하지만 태양이 지구 위에서 빛나고, 바람이 불고, 산들이 서 있고, 땅이 살아 있는 것들을 지탱하는 것은 갈망 때문입니다. 삼계의 모든 것은 오로지 갈망 때문에 존재합니다. 삼계에 있는 모든 존재들은 갈망이라는 밧줄에 의해 묶여 있습니다. 세상에서 가장 강한 밧줄을 부수는 것은 가능하나, 갈망의 밧줄을 부수기는 힘듭니다.

오, 라마여! 따라서 생각이나 개념화를 포기함으로써 갈망을 포기하십시오. 마음은 생각이나 개념화 없이는 존재할 수 없습니다. 첫째로 '나', '너', '이것'이란 이미지들이 마음속에 떠오르지 않게 하십시오. 왜냐하면 이런 이미지로 인해 희망과 기대가 존재하기 때문입니다. 그대가 이런 이미지들이 생기는 것을 억제할 수 있다면, 그대 또한 지혜로운 사람으로 간주될 것입니다. 갈망은 자아감과 다르지 않습니다. 자아감은 모든 죄들의 근원입니다. 무아라는 지혜의 칼로 자아감의 뿌리를 잘라 버리십시오. 두려움으로부터 벗어나십시오.

라마는 말했다.

신이시여! 당신은 자아감과 그것을 일으키는 욕구를 버리라고 가르치십니다. 자아감을 포기하게 되면, 또한 이 몸과 자아감에 기초한 모든 것을 포기해야 할 것입니다. 왜냐하면 몸과 생명력은 자아감의 지지를 받고 있기 때문입니다. 뿌리인 자아감이 잘려지면 나무는 넘어질 것입니다. 그러면 자아감을 없애고도 살아 있는 것이 어떻게 가능한가요?

바시슈타는 대답했다.

라마여! 모든 관념, 조건화 그리고 개념화를 버리는 데는 두 가지가 있을 수 있습니다. 하나는 지식이나 직접적인 깨달음에 기초를 둔 것이고, 다른 하나는 명상에 기초를 둔 것입니다. 나는 그것들에 대하여 그대에게 자세히 설명할 것입니다.

우리는 '나는 세상의 대상들에 속해 있고, 나의 삶은 그것들에게 의존하고 있다. 나는 그것들이 없이는 살 수 없고, 그것들도 나 없이는 존재할 수 없다.'라고 생각하는 자신의 미혹된 개념을 자각해야 합니다.

그리고 깊은 탐구로, '나는 이런 대상들에 속해 있지 않을 뿐 아니라 이 대상들도 나에게 속해 있지 않다.'는 것을 숙고해야 합니다. 그렇게 강한 명상을 통하여 자아감을 버리고, 자연스레 일어나는 행동들과 놀듯이 관계해야 합니다. 그러나 가슴과 마음은 늘 서늘하고 고요하게 해야 합니다. 그런 자아감과 조건화를 버리는 것을 관조적 무아라 합니다.

비이원의 진리에 대한 지식 혹은 직접적인 경험이 있을 때, 그 사람은 자아감과 조건화를 버리며, 몸과 관련해서도 '이것은 나의 것이다.'라는 느낌을 가지지 않습니다. 이것을 자아 없음의 직접적인 깨달음이라 합니다. 관조적 방법을 통해 자아감을 흔쾌히 포기하는 이는 살아 있는 동안에도 해방됩니다. 직접적인 경험에 의해 자아감을 완전히 근절시키는 자는 평온에 자리 잡습니다. 그는 해방되었습니다. 자나까와 같은 이들은 관조적 방법을 따릅니다. 자아감 없는 직접적인 경험을 가져 본 다른 이들은 브람만과 하나이며, 몸의 의식을 넘어섰습니다. 그러므로 그들 둘은 해방되고 브람만과 하나 되었습니다.

바람직한 것과 바람직하지 않은 것에 의해 동요되지 않는 자, 이 세상에 살고 움직이지만, 마치 깊은 잠을 자는 것처럼 내적으로는 전혀 세상에 의해 닿지 않는 자는 해방된 현인이라 여겨집니다.

(현인 바시슈타가 이렇게 말했을 때, 또 하나의 날이 끝났다. 모임은 흩어졌다.)

바시슈타는 계속했다.

오, 라마여! 몸 의식을 넘어간 사람들 역시 형용할 수 없습니다. 따라서 나는 그대에게 살아 있는 동안 자유로워진 이들의 내용을 말해 줄 것입니다.

갈망 없이 자연스럽게 기능을 하는 과정에 일어난 욕망은 해방된 현인의 욕망입니다. 하지만 외부 대상들에 대한 갈망으로 묶인 욕망은 속박을 부릅니다. 그러나 자신의 가슴속에 자아에 바탕을 둔 모든 개념이 없어질 때, 자연스럽게 생긴 관심은 또한 해방된 현인의 본성입니다. 외부 대상들과 접촉함으로 괴롭힘을 당하는 갈망은 속박을 불러옵니다. 어떤 대상에 영향 받지 않은 의지 없는 욕망은 해방입니다. 대상들과 접촉하기 전에도 있었던 갈망은 지금도 존재하고 앞으로도 존재할 것입니다. 그것은 자연스러우므로 슬프지 않으며 불순함이 없습니다. 현명한 이들은 그런 갈망을 구속으로부터 자유로운 것이라 여깁니다.

'나는 이것이 나의 것이기를 바란다.'라는 갈망이 가슴속에 생기면, 그것은 불순함을 일으킵니다. 현명한 사람은 그런 갈망은 늘 그리고 어떤 수단을 쓰더라도 반드시 포기해야 합니다. 속박으로 가는 욕망과 해방을 향한 욕망 역시 포기하십시오. 바다처럼 고요하십시오. 참나는 늙음과 죽음에서 자유롭다는 것을 알고, 이런 것들이 그대의 마음을 혼란시키지 못하게 하십시오. 전 우주가 환영으로 깨달아질 때, 갈망은 그 의미를 잃어버립니다.

다음 네 가지의 느낌이 사람의 가슴속에 일어납니다. 첫째, 나는 나의 부모에게서 태어난 몸이다. 둘째, 나는 몸과는 다른 미묘한 원자적 원리이다. 셋째, 나는 세상에 있는 사라질 수 있는 다양한 대상들 중에 있는 영원한 원리이다. 넷째, 세상과 나는 공간처럼 순수한 공(空)이다. 이들 중 첫 번째는 구속을 만들며, 다른 것들은 해방에 도움이 됩니다. 다른 세 느낌과 함께 하는 갈망들은 속박을 일으키지 않습니다.

'나는 모든 것의 참나이다.'라는 깨달음이 일단 일어나면, 그는 잘못이나 슬픔에 다시는 빠지지 않습니다. 텅 빔, 자연, 마야, 브람만, 의식, 쉬바, 뿌루샤 등으로 다양하게 묘사되는 것은 오로지 참나입니다. 그것만이 언제나 실재입니다. 다른 것은 없습니다. 비이원의 이해에 의지하십시오. 진리는 비이원이기 때문입니다. 하지만 행동은 이원성을 필요로 합니다. 따라서 분명히 이원성 안에서 기능합니다. 그러므로 그대의 본성이 이원성과 비이원성 모두를 갖도록 하십시오. 실재는 이원적이지도(마음이 분리를 만들기 때문입니다) 하나이지도(하나의 개념은 이원성과의 대조에서 나왔기 때문입니다) 않습니다. 이런 개념들이 사라지면, 무한한 의식만이 유일한 실재로 깨달아집니다.

바시슈타는 계속했다.

과거, 현재와 미래의 사건들에 무심한 해방된 현인들은 세상의 상태를 즐겁게 봅니다. 계속적으로 적절하게 행하며, 극단적이고 반대되는 두 관점의 중간에 행복하게 있으면서, 그는 모든 유형의 조건화와 의도를 받아들이지 않으면서 꾸준히 살아갑니다. 그는 지고의 충만 속에 있습니다. 따라서 그는 이 세상에서 벌어지는 사건들에 흔들리거나 들뜨지 않습니다. 모든 적개심 속에서도 그는 중립적인 입장에 있습니다. 모든 것에 대한 자비와 동정심을 지니고 있음에도 불구하고, 그는 세상에 의해 영향을 받지 않습니다. 사람들이 그에게 말을 걸면, 그는 간단하고 적절하게 답합니다. 그러지 않을 때는 고요히 있습니다. 그는 아무것도 추구하지 않고 또 싫어하지도 않습니다. 따라서 그는 세상에 의해 괴롭힘을 당하지 않습니다. 그는 누구에게나 좋은 것을 말하고, 질문을 받으면 견해를 설득력 있게 설명합니다. 그는 무엇이 타당하고 무엇이 타당하지 않은지를 압니다. 그는 다른 사람들의 관점을 알고 있습니다. 그는 지고의 상태에 확고한 채 있습니다. 그 자신의 가슴속에서 고요하고 침착한 그는 세상의 상태를 즐겁게 바라봅니다. 이런 것이 이 세상에서 아직 살아 있으면서 해방에 도달한 현인의 상태입니다.

우리는 자신의 마음을 조절하지 않고 감각적 즐거움의 수렁에 빠진 어리석은 자들의 철학을 설명할 수 없습니다. 그들은 오직 성적인 쾌락과 물질적인 부의 취득에만 관심이 있습니다. 우리는 또한 고통과 기쁨이라는 모습의 모든 종류의 보상을 가져다주는 종교적인 의식과 일상의 일에 대해서도 또한 설명할 수 없습니다.

오, 라마여! 모든 제한을 확고히 거부한 후, 무제한의 시각으로 이 세상을 살아가십시오. 내적으로 모든 욕망과 희망에서 자유로워지십시오. 하지만 겉으로는 해야 할 일을 하십시오. 모든 것을 알아보고, 제한되거나 유한하지 않은 것만을 구하십시오. 그리고 끊임없이 무한한 것을 명상하면서 이 세상에서 살아가십시오. 그대의 가슴속에 아무런 희망을 품지 않지만 희망에 차 있듯이 살아가며, 외부로는 다른 사람들처럼 행동하면서 그대의 가슴을 고요하고 태연하게 한 채, 이 세상을 살아가십시오. 안으로는 '나는 행위자이다.'라는 개념을 버린 채, 겉으로는 모든 행동에 관여하십시오. 오, 라마여! 조금의 자아감의 흔적도 없이 완전히 자유로운 채 이 세상을 살아가십시오.

아무런 속박이 없으며, 따라서 아무런 해방도 없습니다. 이 세상의 모습은 원래 실재가 아니며, 마술사의 속임수와 같은 본성을 지녔습니다. 어디서나 존재하는 무한한 참나는 결코 속박될 수 없습니다. 따라서 왜 그것이 해방되겠습니까? 이 모든 혼란은 진리에 대한 무지 때문에 일어납니다. 밧줄에 보이는 상상의 뱀처럼, 진리가 알려지면 이 혼란은 사라집니다.

바시슈타는 계속했다.

오, 라마여! 그대는 현명한 사람입니다. 자아 없음에 확고히 자리 잡고, 공간처럼 때 묻지 않은 채 있으십시오. 자아가 존재하지 않는다면,

'이것들이 나와 관계하는 것들이다.'라는 개념이 어떻게 일어나겠습니까? 참나는 그런 개념들에 관련되지 않을 뿐 아니라, 기쁨과 고통, 선과 악이라는 개념들에도 연루되지 않습니다. 세상의 모습에 의해 야기된 두려움과 미혹에서 자유로워지십시오. 태어나지 않는 이에게는 아무런 친척들이 없으며, 그러한 친척들에 의한 슬픔이 없습니다!

그대가 자신이 예전에 누구였는지를 알고, 지금 누구인지를 알며, 앞으로 누구로 있을 것인지를 깨닫는다면, 그리고 이 모든 관계들 중 이것이 진리라는 것을 깨닫는다면, 그대는 환영에서 자유로울 것입니다. 그대가 과거에 존재했고 지금도 존재하지만 앞으로는 존재하지 않을 것이라고 느낀다면, 그때도 비탄에 잠길 필요는 없습니다. 왜냐하면 그것이 이 세상 모습의 끝이기 때문입니다. 따라서 여기 이 세상에서 슬퍼하는 것은 어리석습니다. 항상 행복하고, 언제나 적당한 행동을 하는 것이 더 나은 일입니다. 하지만 오, 라마여! 환희에도 슬픔에도 굴복하지 말고, 마음이 안정된 상태에 있으십시오. 그대는 영원하고 무한한 빛이며, 순수하고 지극히 미묘합니다.

이 세상의 모습은 존재합니다. 나중에 그것은 사라질 것이고, 또다시 나타날 것입니다. 하지만 세상의 모습이란 깨달은 자들을 위한 것이 아니라 무지한 자들을 위한 것입니다. 이 세상의 모습은 본질상 슬픔을 지녔습니다. 무지는 그것을 확장시키고 악화시킵니다. 오, 라마여! 하지만 그대는 현명합니다. 그러므로 행복하십시오. 환영적인 모습은 환영일 뿐이며 꿈은 꿈일 뿐입니다! 이 모든 것은 전능한 존재의 힘이며, 모습은 그냥 모습일 뿐입니다.

여기서 누가 누구에게 친척이며, 누가 누구에게 적입니까. 모든 존재의 신이 원하므로, 모두가 모두에게 늘 모두인 것입니다! 이 관계의 강은 계속해서 흐르고 있습니다. 수레바퀴처럼 꼭대기에 있던 것이 바닥을 향해 내려오고, 밑에 있는 것이 위로 올라갑니다. 천국에 있는 이들도 곧 지옥으로 가고, 지옥에 있는 이들도 천국으로 갑니다. 그들은 한 종에서 다른 종으로 가고, 우주의 한 부분에서 다른 부분으로 갑니다. 용감한 자가 겁쟁이가 되고, 겁쟁이는 용감해집니다. 이 우주에서 변하지 않는 것은 없습니다. 관계가 있었던 것들도 잠시 후에는 가 버립니다. 친구, 적, 친척, 낯선 사람, 나, 그대는 그에 따르는 실체 없는 단어들일 뿐입니다. '그는 친구이다.', '그는 친척이 아니다.'와 같은 생각들은 평범한 자에게 떠오릅니다. 도량이 큰 사람에게 그런 구분은 생기지 않습니다. 오, 라마여! 모든 존재는 그대의 친척입니다. 왜냐하면 이 우주에서 절대적으로 관계가 없는 것은 존재하지 않기 때문입니다. 현명한 이는 '내가 없는 곳은 없다.', '나의 것이 아닌 것은 없다.'는 것을 알고 있습니다. 그래서 그들은 한계나 조건화를 극복합니다.

뿐야와 빠바나의 이야기

바시슈타가 말하였다.

오, 라마여! 이와 관련하여 내가 그대에게 설명해 줄 고대의 전설이 있습니다.

잠부드비빠라는 대륙에 마헨드라라는 거대한 산이 있습니다. 그 산의 비탈에 있는 숲 속에는 많은 현인들과 현명한 이들이 살았습니다. 그들은 그 산에서 흘러내리는 보마 강가(혹은 아까샤 강가) 강에서 목욕물과 마실 물 등을 길었습니다. 강의 둑에는 그 이름이 의미하는 것처럼 부단한 권위의 바로 그 화신인 디르가따빠라 불리는 현인이 살고 있었습니다.

이 고행자는 뿐야와 빠바나라는 두 아들이 있었습니다. 이들 중 뿐야는 완전한 깨달음에 도달하였지만, 빠바나는 무지를 극복하였음에도 불구하고 완전한 깨달음에는 아직 도달하지 못하여 중간 정도의 지혜만 가지고 있었습니다.

보이지 않으며 무형으로 있는 냉혹한 시간이 지나간 후에 여러 유형의 집착과 갈망으로부터 자유로워졌던 디르가따빠는 새가 자신의 새장을 떠나 날아가는 것처럼 자신의 몸을 버리고는 완전한 순수의 상태에 도달하였습니다. 그로부터 배운 요가의 방법을 사용하여, 그의 아내 또한 그를 따랐습니다.

부모의 갑작스런 죽음에 빠바나는 슬픔에 빠져 큰 소리로 울부짖었습니다. 반면, 뿐야는 장례식을 준비하였으나 부모를 잃은 것에 동요되지 않은 상태로 있었습니다. 그는 슬픔에 잠겨 있는 그의 동생 빠바나에게로 갔습니다.

뿐야는 말했습니다. "아우야! 너는 왜 그토록 슬퍼하느냐? 맹목적인 무지가 너의 눈에 흐르는 눈물의 원인이다. 우리 아버지는 어머니와 함께 여기로부터 해방의 상태 혹은 가장 높은 경지로 가셨다. 그곳은 모든 존재에게 자연스럽고, 그곳은 자기를 초월한 이들의 존재 상태이다. 왜 너는 그분들이 자신의 본성으로 돌아갔는데 비탄해 하느냐? 너는 무지하게도 '아버지'와 '어머니'라는 개념을 자신에게 한정시켰다. 아직도 너는 그런 무지로부터 자유로워진 그분들에 대하여 슬퍼하느냐! 그는 네 아버지가 아니고, 또한 그녀는 네 어머니가 아닐 뿐만 아니라, 너 또한 그분들의 아들이 아니다. 너는 수없이 많은 아버지와 어머니가 있었고, 그들은 수없이 많은 아이들을 가졌었다. 너의 몸은 수없이 많이 존재했다! 네가 부모의 죽음에 대하여 슬퍼한다면, 왜 셀 수 없이 많은 끊임없는 이들 존재들에 대하여는 슬퍼하지 않느냐?

사랑하는 아우야! 네가 보고 있는 세상은 단지 환영일 뿐이다. 사실 친구도 친척도 없다. 따라서 죽음도 이별도 없다. 네 주변에서 일어난 엄청난 번영의 징조들은 3일이나 5일 동안 지속되는 속임수들에 불과하다! 너의 예리한 통찰력으로 진리를 구하여라. '나', '너', '그는 죽었다.', '그는 갔다.' 등과 같은 개념들을 버려라. 이 모든 것은 개념일 뿐 진리가 아니다."

뿐야는 계속하였습니다.

아버지, 어머니, 친구, 친척 등과 같은 거짓 개념들은 바람에 의해 먼지가 날아가듯이 지혜로 깨끗이 사라진다. 이들 친척들은 진리에 바탕을 둔 것이 아니라, 단지 말들일 뿐이다! 어떤 사람이 친구라고 생각한다면 그는 친구인 것이다. 그가 다른 사람이라고 생각하면 그는 다른 사람인 것이다. 이 모든 것이 어디에나 존재하는 하나의 존재로서 보일 때, 친구와 다른 사람의 구분이 어디에 있겠는가?

아우야! 네 자신 안을 탐구하라. 몸은 둔하며, 피와 살과 뼈 등으로 구성되어 있는데, 그것 안에 '나'란 무엇인가? 네가 이와 같이 진리를 탐구한다면, 너는 '너'인 것도 없으며 '나'인 것도 없다는 것을 깨닫게 될 것이다. 뿐야나 빠바나라고 불리는 것은 단지 잘못된 개념일 뿐이다.

그래도 만약 네가 여전히 '나는 존재한다.'라고 생각한다면, 지난 윤회의 과정 속에서 네게는 아주 많은 친척들이 있었다. 왜 너는 그들의 죽음에 대하여 슬퍼하지 않는가? 네가 백조였을 때 많은 백조 친척들이 있었고, 네가 나무였을 때 많은 나무 친척들이 있었고, 네가 사자였을 때 많은 사자 친척들이 있었으며, 네가 물고기였을 때 많은 물고기 친척들이 있었다. 왜 너는 그들을 위하여 눈물을 흘리지 않느냐? 너는 왕자였으며, 당나귀였으며, 인도 보리수나무였으며, 벵골 보리수였다. 너는 브람마나 계급이었으며, 파리였으며, 또한 모기였고, 개미였다. 너는 반년 동안 전갈이었고, 벌이었으며, 지금은 나의 형제이다. 이들 많은 형상들 속에 너는 끝없이 다시 태어났었다.

이처럼 나도 수많은 몸을 가졌었다. 나는 순수하고 명확하며 신비한 지력으로 너와 나의 모든 윤회를 보았다. 나는 새, 개구리, 나무, 낙타, 왕, 호랑이, 그리고 지금은 너의 형이다. 십 년 동안 나는 독수리였으며, 다섯 달 동안 악어였다. 그리고 백 년 동안 나는 사자였다. 그러나 지금 나는 너의 형이다. 나는 이 모든 것을 기억하고, 무지와 망상의 상태에서 겪었던 더 많은 환생들을 기억한다. 이 모든 환생들 속에서 수없이 많은 친척들이 있었다. 누구를 위해서 내가 슬퍼해야 하는가? 이런 것들을 고려하고서, 나는 슬퍼하지 않는다.

숲에 난 길 위에 떨어진 마른 잎들처럼, 삶이라는 길을 따라 친척들이 흩뿌려진다. 아우야! 이 세상에서 무엇이 슬픔과 기쁨의 적당한 이유가 될 수 있겠는가? 이 모든 무지한 개념들을 포기하고 평온하라. 너의 마음속에 '나'로서 일어나는 세상이라는 개념을 포기하라. 올라가거나 떨어지지 말고 고요하라. 불행, 탄생, 아버지, 어머니가 네게는 없다. 너는 참나일 뿐 다른 어떤 것이 아니다. 현인들은 중도를 지각하며, 그들은 이 순간에 있는 것을 알며, 그들은 평화 안에 있다. 목적의 의식에 자리 잡은 그들은 어둠 속에서 등불처럼 빛난다. 그 불빛 안에서 사건들이 벌어진다.

바시슈타는 계속 말하였다.

형에게서 가르침을 받은 빠바나는 깨달았습니다. 그들은 지혜와 직접적인 깨달음을 지닌 깨달은 존재로 있었습니다. 그들은 원하는 것을 하였지만 흠 없이 숲을 돌아다녔습니다. 시간이 흘러감에 따라 그들은 몸을 버리고, 연료 없는 램프처럼 궁극의 해방을 얻었습니다.

오, 라마여! 갈망은 모든 슬픔의 근원입니다. 유일한 지성적인 방법은 모든 갈망을 완전히 포기하고, 그것들을 탐닉하지 않는 것입니다. 연료가 공급될 때 불이 모든 것을 더욱 맹렬히 태우는 것처럼, 생각은 생각함으로써 증가됩니다. 따라서 생각은 단지 생각의 단절에 의해서만 없앨 수 있습니다. 생각 없음의 수레를 끌어올리십시오. 그리고 슬픔에 빠진 세상을 동정심과 끝없는 관찰로 지켜보십시오. 오, 라마여! 일어나십시오.

이것은 참으로 순수하고 갈망과 질병이 없는 브람만의 상태입니다. 심지어 바보였던 사람도 이것을 얻게 되면 환영으로부터 해방됩니다. 지혜를 친구로 가지고, 깨달음을 애인으로 가지고 지구를 돌아다니는 사람은 미혹되지 않습니다.

삼계에서 가치 있는 것은 아무것도 없으며, 가지기를 원할 수 있는 것이 아무것도 없습니다. 갈망이라는 열병을 치료한 이들은 몸을 가진 존재가 본질적으로 가지고 있는, 연속적으로 일어나고 떨어지는 과정의 지배를 받지 않습니다. 마음은 갈망과 소망을 채움에 의해서가 아니라 완전한 초연에 의해서만 성취를 얻을 수 있습니다. 아무런 집착과 갈망이 없는 사람에게는 삼계는 송아지의 발자국 넓이와 같고, 온 세상의 윤회가 한 순간입니다. 히말라야 산의 꼭대기에 있는 얼음 덩어리의 차가움은 갈망으로부터 자유로운 현명한 자의 마음의 초연과 비교될 수 있는 것이 아닙니다. 갈망이 제거된 마음은 보름달보다 밝고, 바다보다 가득 차고, 행운의 여신의 얼굴보다 더 빛납니다.

마음의 나뭇가지 같은 모든 갈망과 소망을 제거했을 때, 마음은 자신의 근원을 되찾습니다. 마음속에 있는 갈망과 소망에 의지하는 것을 단호히 거부한다면, 두려움이 없을 것입니다. 마음이 생각의 움직임으로부터 자유로울 때, 마음은 마음 없음의 상태가 됩니다. 그것이 해방입니다. 소망과 갈망에 의해 유발된 생각을 '브리띠' 즉 생각의 움직임이라 합니다. 소망과 갈망이 포기되었을 때, 브리띠 또한 없습니다. 화나게 하는 원인이 제거될 때 화의 행위도 제거됩니다. 마음에 평화를 회복하기 위하여, 방해하는 원인인 갈망과 소망을 제거하십시오.

발리의 이야기

바시슈타는 계속했다.

오, 라마여! 발리 왕이 했던 것처럼 마음을 변화시키십시오. 나는 그대에게 발리의 이야기를 할 것입니다. 그러면 그대는 영원한 진리에 관한 지식을 얻게 될 것입니다.

세상의 다른 부분(자가뜨)에 지옥(파딸라)이 있습니다. 그곳에는 매우 아름다운 여자 귀신, 머리가 여럿 있는 파충류, 거대한 몸을 가진 괴물, 거대한 코끼리, 매우 오염되고 무서운 '까따 끼따'란 소리가 계속 공기를 채우는 곳, 보석으로 가득 찬 동굴과 깊은 갱도, 현인 까필라의 신성한 발의 먼지에 의해 신성하게 된 곳, 선녀가 숭배하였던 하따께슈와라 왕에 의해 신성하게 된 곳들이 있습니다.

비로짜나의 아들인 악마 왕 발리는 이 지역 모두를 다스렸습니다. 우주의 신 슈리 하리는 이 왕의 옹호자였습니다. 그래서 심지어 하늘의 왕 인드라도 그를 숭배하였습니다. 이 발리 왕이 발하는 광채의 열기에 의해 바다는 말라 버렸습니다. 그의 눈빛은 너무나 강력해서 그저 보기만 해도 산들을 옮길 수 있었습니다. 발리는 매우 오랫동안 지옥을 통치하였습니다.

시간이 흐름에 따라 강한 초연이 발리 왕을 덮쳤습니다. 그래서 그는 다음과 같은 질문을 하였습니다.

나는 얼마나 오랫동안 지옥을 통치할 수 있을까? 삼계에서 내가 얼마나 오랫동안 돌아다닐 수 있을까? 이 왕국을 다스림으로써 내가 무엇을 얻을 수 있을까? 삼계의 모든 것이 파괴될 수밖에 없는데, 어떻게 사람들은 이 모든 것을 통해 행복하기를 바랄 수 있는가?

이 세상에서는 거듭해서 똑같은 진저리나는 쾌락이 경험되고, 똑같은 행위들이 매일 반복된다. 지혜로운 사람들마저도 어떻게 이것을 부끄러워하지 않는가? 똑같은 밤과 똑같은 낮으로서, 이 세상에서의 삶은 소용돌이처럼 거듭 거듭 돌아간다.

매일 이렇게 한다면, 어떻게 반복되는 존재가 중지되는 상태에 도달할 수 있을까? 우리는 얼마 동안이나 이 소용돌이 속에서 반복되는 삶을 계속해야 하는가? 그렇게 하는 것이 무슨 소용이 있는가?

이렇게 곰곰이 생각을 하다가, 다음과 같은 생각이 떠올랐습니다.

아, 한때 나의 아버지 비로짜나께서 하셨던 말씀이 기억난다. 나는 아버지에게 물었다. "아버지, 이 세상의 모습, 즉 반복적인 존재의 목적지는 무엇입니까? 언제 그것이 끝나겠습니까? 언제 마음의 미혹이 끝겠습니까? 무엇을 얻어야 완전한 만족에 이르며, 무엇을 보아야 아무것도 찾지 않게 되겠습니까? 세상의 즐거움과 행동에서 얻는 경험으로

는 이것을 얻는 것이 가능하지 않다는 것을 저는 압니다. 왜냐하면 그
것들은 단지 미혹을 악화시킬 뿐이기 때문입니다. 지고의 평화로운 상
태에서 쉴 수 있는 방법을 부디 말씀해 주십시오."

비로짜나가 발리에게 말했습니다.

나의 아들아! 삼계를 삼켜버릴 만큼 넓은 광활한 왕국이 있다. 그곳
에는 호수도, 바다도, 숲도, 강도, 땅도, 하늘도, 바람도, 달도, 신도, 악
마도, 반신도, 식물도, 천국도, 높고 낮음도, 말도, 나도, 비슈누와 같은
신도 없다. 단지 하나만이 있다. 그것은 지고의 빛이다. 그는 전지전능
하며 어디에나 있고 모든 것이다. 그는 움직이지 않는 것처럼 고요한
채로 있다. 왕인 그가 명령을 내리면, 그의 대신은 어떤 일도 한다. 그
는 없었던 것을 가져올 수 있으며, 존재하고 있는 것을 변화시킨다. 이
대신은 어떠한 것도 즐길 수 없으며, 어떤 것도 알지 못한다. 무지하고
지각력도 없지만 그는 자신의 주인인 왕을 위해서 무엇이든 한다. 왕은
평화에 자리 잡은 채 홀로 있다.

발리가 질문하였습니다.

아버지! 몸과 마음의 병이 없는 그 왕국은 무엇입니까? 대신은 누구
이며, 왕은 누구입니까? 그 이야기는 놀라우며 들은 적이 없습니다. 자
세히 이 모든 것을 설명해 주십시오.

비로짜나가 답하였습니다.

모든 신들과 악마들이 모여 병력까지 모았지만 그들의 힘으로는 그
대신에게 도전조차 할 수가 없었다. 그는 모든 신들의 왕인 인드라도
아니고, 죽음의 신도 아니고, 부의 신도 아니고, 신도 아니고, 그대가
쉽게 정복할 수 있는 악마도 아니다. 비슈누 신이 악마들을 죽인다고
믿고 있지만, 그들을 소멸시키는 것은 정작 이 대신인 것이다. 사실 비

슈누와 같은 신들도 그에 의해 제압되고는 그곳에서 다시 태어나게 된다. 큐피드는 이 대신에게서 힘을 얻는다. 노여움도 그에게서 힘을 얻는다. 선과 악이 여기에서 계속 싸우는 것은 그의 바람이기 때문이다.

이 대신은 그의 주인인 왕에 의해서만 제압되며, 다른 사람들은 그럴수 없다. 시간의 예정된 과정 속에서 왕의 마음에 그런 소망이 일어나면 그 대신은 쉽게 파괴된다. 그는 삼계에서 가장 강력하며, 삼계는 단지 그가 만들어 낸 것일 뿐이다. 그를 정복할 능력을 갖고 있다면 참으로 너는 영웅이다.

태양이 떠오르면 연꽃이 피듯이, 그 대신이 일어나면 이 세상이 나타난다. 그가 물러가면 세상은 잠을 자게 된다. 미혹이나 무지에서 완전히 벗어나 완전히 하나로 모아진 너의 마음으로 그를 정복할 수 있다면, 그때 너는 영웅이다. 그가 정복되면 이 모든 세상과 그 속에 있는 모든 것도 정복된다. 네가 이 세상에 있는 이것저것을 정복했다고 생각할지 몰라도, 그가 정복되지 않으면 어떤 것도 정복되지 않는다.

따라서 나의 아들아! 절대적 완전과 영원한 희열을 얻으려면, 어떤 어려움과 장애가 있더라도 모든 힘과 가능한 방법으로 노력하라.

발리는 물었습니다.

아버지! 그 강력한 대신을 정복하는 데 효과적인 수단은 무엇입니까?

비로짜나가 답변하였습니다.

이 대신이 거의 무적이지만, 나의 아들아! 그를 정복할 수 있는 방법을 말해 주겠다. 그를 지성적인 행위로 붙잡는다면, 한 순간에 그는 제압된다. 그런 지성적인 행동이 없이 다가간다면, 그는 독사처럼 모든 것을 태울 것이다. 지성적으로 그에게 접근한 사람들은 어린애와 놀듯이 그와 놀며, 놀이처럼 그를 정복한다. 그런 사람은 왕을 보며, 지고의 경지에 자리 잡게 된다. 왜냐하면 왕이 보이게 되면 대신은 완전히 통제되는 것이며, 대신이 통제 하에 있다면 왕은 명확히 보이기 때문이다. 왕이 보이기 전에는, 대신은 정말로 정복되지는 않는다. 대신이 정복되기 전에는 왕은 보이지 않는다! 따라서 왕을 보고 대신을 정복하기 위해서는 지성적인 수행이 동시에 두 배로 되어야 한다. 강한 자기 노력과 꾸준한 수행으로, 너는 이 두 가지를 모두 얻을 수 있으며, 그 왕국에 들어갈 수 있을 것이며, 다시 슬픔을 겪지 않을 것이다. 그곳은 영원히 평화로운 성스러운 이들이 사는 곳이다.

나의 아들아! 이 모든 것을 너에게 명백히 설명하겠다! 앞서 말했던 왕국은 해방의 상태이며, 그것이 모든 슬픔의 끝이다. 그곳의 왕은 다른 모든 왕국과 의식의 상태들을 초월한 참나이다. 대신은 마음이다. 진흙에서 항아리가 만들어지듯이, 이 모든 세상을 만든 것은 이 마음이다. 마음이 정복되면 모든 것이 정복된다. 마음이란 것은 지성적인 수행을 통하는 것 이외에는 거의 불굴의 것임을 명심하라.

발리는 물었습니다.

아버지! 어떤 지성적인 수행이 마음을 정복하게 할 수 있는지 말씀해주십시오.

비로짜나는 답변하였습니다.

마음을 제압할 수 있는 최고의 지성적 방법은 모든 대상에 대한 욕망, 희망, 기대에서 늘 완전히 자유로운 것이다. 이 강한 코끼리(마음)가 제압될 수 있는 것은 바로 이 방법이다. 이 방법은 아주 쉽지만 동시에 매우 어렵다. 나의 아들아! 경건한 수행을 하지 않는 사람에게는 매우 어렵지만, 열심히 노력하는 사람에게는 쉽다. 씨를 뿌리지 않고는 수확을 할 수 없는 것처럼, 꾸준한 수행을 하지 않고는 마음을 제압할 수 없다. 따라서 이 포기의 수행을 하라. 감각적 즐거움을 멀리할 때까지는 슬픔의 세상에서 계속 배회하게 될 것이다. 아무리 강한 사람이라도 그것을 향하여 움직이지 않는다면 목적지에 도달할 수 없을 것이다. 꾸준한 수행이 없이는 아무도 완전한 초연의 상태에 도달할 수 없다.

비로짜나는 계속하였습니다.

초연은 올바른 노력에 의해서만 얻어질 수 있다. 다른 방법은 없다. 사람들은 신의 은총 혹은 운명에 관하여 말하지만, 이 세상에서는 신을 볼 수 없고 몸만을 지각한다. 사람들이 신에 관하여 말할 때는 피할 수 없는 것, 자신들의 통제와 자연의 질서를 벗어난 것을 의미한다. 모든 완전한 평온, 즐거움과 슬픔의 단절을 유발하는 것은 무엇이든 신의 은총으로 간주된다. 신의 은총, 자연의 질서와 올바른 자기 노력, 이 모든 것은 같은 진리를 언급하고 있는데, 이것에 대한 구분은 잘못된 지각과 환영 때문이다.

적절한 자기 노력을 통해 마음이 생각하는 것은 그 결실이 나타나며, 마음이 그런 결실을 얻을 때 즐거움 등이 있다. 마음은 활동가이며 마음이 생각하는 자연 질서는 창조되고 구체화된다. 마음은 또한 자연의 질서에 반대하여 달려가기도 한다. 따라서 마음은 자연 질서의 증진자라고 말할 수 있다.

바람이 공간에서 움직이는 것처럼, 행동이 이기적이고 독선적인 것처럼 보이기도 하지만 지바(개체)는 자연의 질서의 테두리 안에서 이루어져야 할 것을 하며 이 세상에서 기능한다. 자연에 의해 자극되었을 때, 그는 움직이거나 서 있는 듯하다. 산 정상에 있는 나무가 움직이므로 산꼭대기가 흔들려 보이듯이, 그 둘 모두는 단순한 표현이거나 거짓된 덧씌움이다.

그러므로 마음이 있는 한, 신도 자연의 질서도 없다. 마음이 존재하기를 멈추게 하고, 그 뒤에 오는 것은 무엇이든 있게 하라!

발리가 물었습니다.

신이시여! 어떻게 하면 쾌락을 향한 갈망이 가슴속에서 확실히 끊어지게 할 수 있습니까?

비로짜나가 말하였습니다.

나의 아들아! 참나 지식이란 것이 쾌락 추구의 단절이라는 열매를 만들어 내는 넝쿨이다. 참나가 보여질 때 초연의 최고 완성이 가슴속에서 견고히 뿌리를 내린다. 따라서 사람은 지성적인 탐구를 통하여 참나를 보아야 하며, 그것에 의하여 쾌락에 대한 갈망을 없애야 한다.

지성이 아직 일깨워지지 않았을 때, 쾌락을 즐기고 있는 마음의 4분의 2의 한 부분은 경전 연구, 다른 부분은 구루에 대한 봉사로 채워야 한다. 지성이 부분적으로 일깨워졌을 때는 절반은 구루에 대한 봉사에 주어지며, 나머지는 각각 한 부분씩을 얻는다. 완전히 깨어났을 때는 변하지 않는 동료로 초연을 가지고, 절반은 구루에 대한 봉사에 다른 절반은 경전 탐구에 바쳐진다.

비로짜나가 계속하였습니다.

어떤 사람이 최고의 지혜의 설명을 들을 자격이 부여되는 때는 그 사람이 선함으로 가득 채워졌을 때만 가능하다. 따라서 정화된 지식으로써 마음을 부단히 교육시키고, 마음에 경전 연구로 이뤄진 내적 변화의 자양분을 주도록 노력해야 한다. 이렇게 마음이 변화되었을 때, 왜곡 없이 진리를 볼 수 있다. 그리고는 바로 참나를 보려고 애써야 한다. 참나 깨달음과 갈망의 단절, 이 둘은 손을 맞잡고 동시에 진행되어야 한다.

참된 초연은 금욕, 자비, 순례 등에 의해 일어나는 것이 아니라 자신의 본성을 직접적으로 지각할 때 가능하다. 그리고 올바른 자기 노력을 제외하고는 직접적인 참나 깨달음을 위한 방법이 없다. 따라서 신이나 운명에 의존하는 것을 포기하고, 쾌락을 추구하는 것을 올바른 자기 노력으로 완고히 거부해야 한다. 초연이 성숙할 때, 탐구하는 정신이 내면에서 일어난다. 탐구하는 정신은 초연을 더욱 강하게 만든다. 이 둘은 바다와 구름처럼 상호 의존적이다. 이 둘과 참나 깨달음은 모두 친한 친구들이며 항상 함께 존재한다.

따라서 우선 결심을 굳게 하고 올바른 참나 노력으로 신과 같은 외적 요소에의 의존을 버리고 초연을 길러라. 하지만 전통이나 관습을 어기지 않고 친척들을 무시하지 않은 채 부를 축적할 수도 있을 것이다. 이 부는 고귀한 성품을 가진 선하고 숭고한 사람들과의 교제에 사용되어야 한다. 이런 숭고한 사람들과의 만남은 초연을 일으킨다. 그때 탐구하는 정신, 지식과 경전의 연구가 일어난다. 차츰 그 사람은 지고의 진리에 도달한다.

쾌락의 추구에서 완전히 멀어졌을 때, 탐구의 방법을 통하여 지고의 경지를 얻을 수 있다. 자신이 완전히 정화되었을 때, 지고의 평화에 있을 것이다. 슬픔의 원인이 되는 개념화의 수렁으로 다시는 결코 떨어지지 않을 것이다. 계속 살아가면서, 너는 모든 희망과 기대에서 자유로울 것이다. 너는 순수하다! 길조의 화신이여, 그대에게 경배하라!

행해지는 사회적 전통에 따라 부를 조금 얻고, 그것으로 현인들과 교제하며 그들을 숭배하라. 그들과 교제함으로써 너는 쾌락의 대상에 대한 경멸을 얻을 것이다. 올바른 탐구에 의해 참나 지식을 얻을 것이다.

발리는 혼자 말했습니다.

다행스럽게도 아버지께서 제게 말씀하셨던 모든 것을 나는 기억한다. 내 안에서 쾌락에 대한 갈망이 그쳤기에, 나는 감로주와 같은 평온한 상태에 도달할 것이다. 부의 축적, 욕망의 충족, 성적 쾌락에의 향유, 이것들을 반복하는 것이 정말로 지겹다. 즐거운 것은 평화로운 상태이다. 지극한 내적 평온의 상태에서는 모든 즐거움과 고통이 그 가치를 잃어버린다. 삶이란 반복되는 경험의 계속적인 순환이다. 나는 모든 것을 포기할 것이고, 쾌락의 추구로부터 완전히 물러난 마음을 가지고 참나 상태에서 행복하게 머무를 것이다. 이 우주는 단지 마음의 창조물일 뿐이다. 그것을 포기한들 무엇을 잃겠는가?

참회는 충분히 하였다! 치료에 있어서 중요한 것은 병을 즉각적으로 다루는 것이다. '나는 누구인가?' '이 모든 것은 무엇인가?' 나는 이 질문들을 나의 구루인 슈끄라에게 할 것이다.

바시슈타는 계속하였다.

이렇게 결심하고, 발리는 악마들의 구루인 슈끄라를 명상했습니다. 자신이 자리 잡고 있는 무한한 의식 때문에, 슈끄라는 모든 곳에 존재했습니다. 그래서 제자들이 자신의 존재를 필요로 한다는 것을 알았습니다. 즉시 그는 발리 왕 앞에 자신의 몸을 나타내었습니다.

구루의 현존 안에서, 발리는 특별한 광채로 빛났습니다. 그는 적절한 존경으로 구루를 맞이했으며 대단한 헌신으로 그의 발을 숭배하였습니다.

발리는 슈끄라에게 물었습니다.

신이시여! 제가 이 문제를 당신에게 묻도록 만든 것은 당신에게서 나오는 신성한 빛 때문입니다. 저는 쾌락에 대한 아무런 갈망이 없습니다. 그래서 저는 진리를 배우기를 원합니다. 저는 누구입니까? 당신은 누구입니까? 이 세상은 무엇입니까? 제발 이 모든 것에 대해 말해 주십시오!

슈크라가 대답하였습니다.

오, 발리여! 나는 다른 영역으로 가는 중이지만, 지혜의 본성에 대해 그대에게 몇 마디 할 것이다. 의식만이 존재하며, 의식만이 이 모든 것이며, 이 모든 것은 의식으로 가득하다. 나, 그대, 이 세상은 오직 의식일 뿐이다. 그대가 겸허하고 진지하다면, 그대는 내 말에서 모든 것을 얻을 수 있겠지만, 그렇지 않으면 잿더미에다 봉헌물을 붓는 것처럼 많은 설명도 도움이 되지 않을 것이다. 봉헌물은 신성한 불에 부었을 때만 효력이 발생한다. 의식의 객관화 즉 개념화를 속박이라 하며, 그런 객관화를 버리는 것이 해방이다. 그런 객관화를 제외한 의식이 모든 것의 실재이다. 이것이 모든 철학의 확신이다. 이런 비전에 자리 잡을 때, 그대는 무한한 의식 또한 얻을 것이다. 나는 지금 신들의 일을 하러 떠날 것이다. 몸이 있는 한, 적당한 활동을 포기해서는 안 된다.

슈크라가 떠난 후 발리는 명상에 잠겼습니다.

스승이 말한 것은 참으로 옳고 적절하다. 분명코, 존재하는 모든 것은 의식이며 그밖에는 아무것도 없다. 무한한 의식이 '이것이 태양이다.'라는 개념을 가질 때, 태양은 어둠과 구분된다. 즉, 빛과 어둠을 구분하는 것은 의식이다. 땅을 땅으로, 공간의 방향을 방향으로, 전 세상을 세상으로 인식하는 것은 의식이다. 의식이 산을 인식하지 않았다면, 의식이 산으로 존재할 것인가?

의식 그 자체가 이 모든 것이다. 마음 안에서 일어나는 갈망, 몸, 감각들을 포함하여, 안과 바깥에 있는 것은 무엇이든, 공간 그리고 변하는 세상까지도 포함하여 이 모든 것은 의식이다. 내가 어떤 대상들과 접촉하고 그것들을 경험할 수 있는 것은 몸 때문이 아니라 의식 때문이다. 몸에도 불구하고, 나는 전 우주의 참나인 의식이다.

의식은 두 번째가 없이 하나로 존재한다. 그러므로 누가 나의 친구이고 나의 적인가? 발리라 알려져 있는 몸의 머리가 잘리면, 무한한 의식도 그것의 머리를 잃어버리는가? 증오나 다른 그와 같은 특성들도 의식의 변형일 뿐이다. 따라서 증오와 집착도, 마음과 마음의 변형도 없다. 의식은 무한하고 완전히 순수한데, 왜곡된 것들이 그 속에서 어떻게 일어날 수 있겠는가? 의식은 그것의 이름이 아니다. 이름은 단지 단어일 뿐이지 않은가! 그것은 이름을 가지고 있지 않다.

나는 모든 대상과 수식어가 없는 영원한 주체이다. 나는 대상들이라는 유혹하는 개념에서 자유로우며, 그래서 영원히 자유롭다. 주체와 대상의 구분이 없는 의식이며, 구분 없이 적절히 행동하며 그리고 모든 모습들 속에 비추어져 있는 불빛인 나 자신에게 나는 경의를 표한다. 나는 경험에 대한 갈망이 멈추어진 의식이다. 나는 공간처럼 한계가 없다. 나는 행복과 불행 등에 의해 닿지 않고 있다. 그러므로 그것들이 나에게 하고 싶은 것을 하도록 두라. 왜냐하면 나는 그것들과 다르지 않기 때문이다. 한 물질 속에서의 에너지의 이동으로 무엇을 잃거나 얻지 않는다. 의식만이 모든 것일 때, 사고와 사고의 확장이 의식을 확장하게 하거나 수축하게 할 수 없다. 따라서 나는 참나 안의 절대적 침묵에 이를 때까지 계속 움직일 것이다.

바시슈타는 계속하였다.

이렇게 숙고한 후에, 신성한 말 '옴'을 읊조리고 그것의 미묘한 의미를 명상한 후에 발리는 고요한 채로 있었습니다. 모든 의심들로부터, 대상들에 대한 지각으로부터, 생각하는 자와 생각과 생각의 대상 그리고 명상, 명상자와 명상의 대상에 대한 구분이 없이, 그리고 모든 의도들과 개념들이 고요해진 발리는 마치 바람 없는 곳의 등불처럼 모든 움직임과 사고가 그친 마음을 가지고 지고의 경지 안에 확고히 자리 잡은 채로 있었습니다. 그는 상당한 기간을 이와 같이 살았습니다.

바시슈타가 계속하였다.

발리 왕의 추종자 혹은 신하들인 모든 악마들이 궁전으로 급히 와서 깊은 명상 속에 앉아 있는 왕을 둘러쌌습니다. 신비를 이해할 수 없었기 때문에 그들은 스승인 슈끄라를 생각했습니다. 그들은 앞에 있는 슈끄라를 보았습니다. 슈끄라는 발리가 초월 의식의 상태에 있는 것을 보았습니다. 그는 즐거움을 발하는 미소를 지으며 악마들에게 말하였습니다.

"오, 악마들이여! 발리 왕이 단호한 탐구에 의해서 완성을 얻었다니 참으로 대단하다. 그가 계속 자신의 참나 안에 있도록 두어라. 세상에 대한 지각을 일어나게 하는 정신적 활동들이 그의 내면에서 제거되었다. 따라서 그에게 말하려 하지 말라. 무지의 어두운 밤이 끝났을 때, 참나 지식의 태양이 떠오른다. 이것이 지금의 그의 상태이다. 세상 지각의 씨앗이 그의 의식 속에서 싹을 틔우기 시작할 때, 그는 지금의 이 상태 속에서 나올 것이다. 따라서 전처럼 그대들의 일을 부지런히 하여라. 그는 지금으로부터 천 년 뒤에 세상의 의식으로 돌아올 것이다."

이 말을 듣고 나서, 그 악마들은 그들의 의무가 있는 곳으로 돌아가서는 왕국의 일을 행했습니다. 그런 명상을 천 년 동안 한 후에, 발리 왕은 천상의 음악에 의해 깨어났습니다. 그에게서 발하는 초자연적인 빛이 도시 전체를 비추었습니다.

악마들이 다시 도착하기 전에 발리는 이렇게 숙고했습니다.

잠시 동안 내가 머물렀던 곳은 실로 놀라운 상태였다. 나는 계속해서 그 상태에 있을 것이다. 내가 외부 세상의 무슨 일을 해야 하는가? 지금 지고의 평온과 희열이 내 가슴속에 있다.

그 사이 악마들이 그가 앉아 있는 곳으로 왔습니다. 그들을 본 후 발리는 이렇게 생각했습니다.

나는 의식이고 내 속에는 어떤 왜곡도 없다. 획득하고 포기해야 할 것이 무엇인가? 우습게도 나는 해방을 바라지만, 그러나 누가 나를 구속했으며 언제 어떻게 구속했다는 것인가! 왜 나는 그때 해방을 바랐는가? 속박도 해방도 없다. 명상을 하거나 명상을 하지 않음으로써 무엇을 얻을 수 있겠는가? 명상과 명상을 하지 않는 것의 미혹에서 벗어나, 있어야 할 것을 있게 두라. 나에게는 얻을 것도 잃을 것도 없다. 나는 명상하거나 명상하지 않는 것을 갈망하지 않는다. 또한 즐겁거나 즐겁지 않은 것을 바라지도 않는다. 나는 지고의 존재나 세상을 바라지 않는다. 나는 살아 있지도 죽어 있지도 않다. 나는 실재도 비실재도 아니다. 무한한 존재인 나에게 경의를 표한다! 이 세상이 나의 왕국이 되지 않게 하라. 나는 나 자신으로 있을 것이다. 내가 명상과 무슨 연관이 있으며, 내가 이 왕국과 무슨 연관이 있겠는가? 존재해야 하는 모습대로 존재하도록 두자. 나는 어느 것에도 속하지 않으며, 어느 것도 나에게 속하지 않는다. 나로 알려진 것에 의하여 행해져야 할 것은 아무것도 없다. 그렇다면 내가 왜 자연스런 활동을 해서는 안 되는가?

이와 같이 생각한 뒤 발리 왕은 태양이 연꽃 위로 빛을 발하는 것처럼, 모여 있는 악마들을 향하여 광채를 비추었습니다.

바시슈타는 계속하였다.

그 후에 발리 왕은 계획 없이 자연스럽게 모든 것을 하면서 왕국을 다스렸습니다. 그는 브람만 계급들(브람마나스), 신들, 신성한 사람들을 존경하였습니다. 그는 친척들을 존경으로 대하였습니다. 노예들에게는 충분한 보상을 주었으며, 그들이 예상했던 것보다 더 많은 자선을 베풀었습니다. 그는 여자들과도 다정하게 지냈습니다.

신성한 의식을 행하려는 소망이 가슴속에서 일어났습니다. 그는 그것을 하는 데 필요한 사람들과 재료들을 모았습니다. 그는 적절하게 의식을 치렀습니다. 이 의식을 하는 동안에 발리 왕에게서 삼계의 통치권을 빼앗아 인드라에게 주기를 원했던 비슈누는 난장이의 모습을 취하고는, 발리 왕을 속여 세상의 통치권을 비슈누에게 거저 주도록 했습니다.

오, 라마여! 이 발리는 다음의 인드라가 될 것입니다. 그는 천국을 다스릴 때를 기다리면서 비슈누 왕에 의해 보내졌던 곳인 저승에서 해방되고 깨달음을 얻은 현인으로 지냅니다. 번영이 찾아오든 역경이 찾아오든 그는 관심이 없습니다. 그의 의식은 행복과 불행에 의기소침하거나 의기양양해 하지 않습니다. 그는 삼계를 수십억 년 동안 다스렸지만, 지금은 그의 가슴이 쉬고 있습니다. 그는 오랫동안 삼계를 또다시 다스릴 것입니다.

그러나 그는 인드라가 될 것이란 기대에 흥분하지 않으며, 지위를 잃고 지옥에 내팽개쳐졌을 때도 의기소침해 하지 않았습니다. 그는 바라지 않았는데도 오는 것은 무엇이나 반갑게 맞으며 자신 안에서 평화롭습니다.

오, 라마여! 나는 그대에게 발리 왕에 관한 이야기를 하였습니다. 그가 지고의 희열을 가지고 즐겼던 것처럼 그런 통찰을 가지십시오. 이 세상에서 정수도 없고 쓸모도 없는 감각적 쾌락을 향한 갈망을 버리십시오. 그대를 유혹하는 매력적인 대상들은 멀리 보이는 바위 형상들보다 감탄받을 가치가 없습니다. 하나에서 다른 것으로 날아다니는 마음이 그대의 가슴속에 확고히 자리 잡게 하십시오.

그대는 의식의 빛입니다. 오, 라마여! 그대 안에 세상이 뿌리를 내리고 있습니다. 누가 그대의 친구이고 누가 다른 사람입니까? 그대는 무한한 존재입니다. 그대 안에 묵주의 구슬처럼 모든 세상이 꿰어져 있습니다. 그대인 그 존재는 태어나지도 않고 죽지도 않습니다. 참나는 실재이지만, 태어남과 죽음은 상상입니다. 삶을 괴롭히는 모든 질병의 근원을 탐구하십시오. 그리고 갈망이 없이 사십시오. 그대는 빛이고 신인 라마입니다. 이 세상은 그 빛 속에 있는 것처럼 보입니다. 이 세상은 어떤 실재하는 독립된 존재도 가지고 있지 않습니다.

이전에, 그대는 바람직하고 바람직하지 않은 잘못된 개념들을 반복해서 간직했습니다. 이것들 또한 포기하십시오. 그때 그대는 평온을 누릴 것입니다. 그리고 탄생의 바퀴는 멈추게 될 것입니다. 어떤 것 안에라도 마음이 가라앉으려 하면, 그것에서 마음을 끄집어내어, 그것을 진리로 향하게 하십시오. 마음이라는 야생 코끼리는 길들여질 것입니다. 직접적인 경험이 없는, 사악하며 스스로가 선생이 된 자들의 길고 공허한 말로 인해 길을 잃지 않도록 하십시오. 그대는 나의 설명을 들음으로써 확실히 깨달음을 얻을 것입니다.

쁘라흘라다의 이야기

바시슈타는 계속해서 말했다.

오, 라마여! 장애물들로부터 자유로운 깨달음의 길을 설명하는 다른 이야기를 해 주겠습니다. 저승에 히란야까쉬뿌라는 강력한 악마 왕이 있었습니다. 그는 하리로부터 삼계의 통치권을 얻었습니다. 그는 삼계를 지배했습니다. 그에게는 많은 아들이 있었습니다. 그들 중, 보석들 중에서도 찬란한 다이아몬드처럼 빛나는 유명한 쁘라흘라다가 있었습니다.

삼계의 지배, 강력한 군대와 훌륭한 자녀라는 행운을 이렇듯 누렸던 악마 왕은 자만심이 가득하고 거만해졌습니다. 그의 공격적인 방식과 공포의 통치는 신들을 걱정하게 만들었습니다. 신들은 곤경에서 벗어나는 방법을 찾기 위하여 창조자 브람마에게 기도했습니다. 그들의 기도에 답하여, 신 하리는 나라심하의 모습을 취하여 악마 왕을 파괴시켰습니다. 나라심하의 몸은 거대하고 강력했습니다. 그는 날카롭고 무서운 이빨과 꼬리를 지녔습니다. 그의 귀고리는 횟불과 같았습니다. 그의 배는 산과 같았습니다. 그는 모든 창조물을 흔들 수 있는 강력한 무기를 지녔습니다. 그의 호흡은 산을 흔들었습니다. 그의 몸의 머리카락은 불길과 같았습니다. 그의 사지는 바로 무시무시한 무기였습니다. 나라심하의 불같은 눈빛을 참을 수 없어서, 악마들은 사방으로 도망쳤습니다. 궁궐 내부는 재가 되었습니다.

목숨을 유지한 쁘라흘라다는 죽은 친척들의 장례식을 치렀습니다. 그는 다친 사람들을 위로했습니다. 거대한 파괴에 놀란 그와 살아남은 다른 친척들은 잠시 동안 움직이지 못하고 서 있었습니다.

쁘라흘라다는 생각에 잠겼습니다.

이제 누가 우리를 도와 줄 수 있겠는가? 하리는 악마 종족의 모든 자손을 없애 버렸다. 아! 우리의 적은 신속하게 군사적 승리의 정점에 도달했다. 한때 아버지의 발밑에 초라하게 무릎 꿇었던 신들이 우리의 왕국을 점령했다. 나의 친척들은 빛을 잃고, 일도 없고, 정열도 없이, 빈

곤하고 비참해졌다. 한때 강력하고 힘셌던 악마들이 이제는 신들처럼 허약하고 소심해졌다. 정말로 운명은 신비로운 것이다. 겁 많은 사슴이 낯선 마을로 들어오면 나뭇잎이 떨어지는 소리에도 놀란다. 그처럼 적의 용맹스러움을 본 악마들은 사소한 것에도 놀랐다.

소망을 이뤄 주는 나무를 신들이 다시 차지했다. 이전에 악마들이 신들의 얼굴을 보는 것을 즐겼던 것처럼, 이제는 신들이 악마들을 보는 것을 즐기고 있다. 악마의 내실에서 삶을 즐겼던 반 여신들과 다른 자들은 메루 산의 숲 속으로 도망가 숲 속의 새처럼 살아가고 있다. 내 어머니는 슬픔의 이미지 자체이다. 아버지를 추종하는 자들은 지금은 하리를 시중든다. 하리의 은총에 의해, 우리는 비할 데 없고 표현할 수 없는 역경을 겪게 되었다. 그것에 대한 생각이 우리를 비참하고 절망스럽게 만든다.

쁘라흘라다는 계속해서 명상했습니다.

눈 덮인 히말라야 꼭대기가 태양의 뜨거운 열은 받지 않는 것처럼, 비슈누의 보호 속에 살아가는 신들은 억압을 받지 않는다. 나뭇가지에 앉은 작은 원숭이가 땅 위에 있는 힘센 개를 괴롭히듯이, 비슈누의 보호 하에 있는 신들이 악마들을 괴롭히고 있다.

전 우주를 보호하며 유지하는 것은 비슈누이다. 비슈누가 무기를 사용하지 않더라도 그에게 대적할 자는 없다. 나라심하는 재래식 무기를 사용하지 않았다. 그만이 이 세상의 모든 존재들의 안식처이다. 따라서 반드시 누구나 그에게서 안식을 찾아야 하며 다른 방도는 없다. 어떤 이도 그보다 우월하지 못하고 그만이 우주의 창조와 보존, 소멸의 근원이다. 바로 이 순간부터 나는 비슈누에게 헌신할 것이고, 그의 현존이 가득한 것처럼 살아갈 것이다. 그에게 바쳐진 신성한 만뜨라 "나모 나라야나야.”는 그의 헌신자들에게 모든 은총을 부여할 수 있다. 그것은 나의 가슴에서 결코 떠나지 않을 것이다.

하지만 비슈누가 아닌 사람이 비슈누를 숭배하는 것으로써 어떤 혜택을 이끌어 내는 것은 아니다. 누구나 비슈누가 되어서 비슈누를 숭배해야 한다. 따라서 나는 비슈누이다. 쁘라흘라다로 알려져 있는 이는 비슈누 외의 어떤 이가 아니다. 이원성은 없다. 비슈누를 나르는 가루다가 지금 나를 실어 나르고 있다. 그의 훈장이 나의 팔다리를 장식한다. 그의 아내인 락슈미는 내 옆에 서 있다. 비슈누의 모든 신성한 찬란함이 나의 것이 되었다.

비슈누와 변함없이 관련된 상징물인 소라, 원반, 철퇴, 검이 지금은 나에게 있다. 창조자 브람마를 잉태한 연꽃은 내 배꼽에서 핀다. 반복적으로 생겨나고 사라지는 전 우주가 내 배 안에 있다.

나의 색깔은 이제 비슈누의 색깔이다. 그것은 푸르다. 나는 비슈누의 노란색 옷을 입고 있다. 나는 비슈누이다. 누가 이제 나의 적이 될 수 있으며, 누가 나에게 도전할 수 있겠는가? 나는 비슈누이기 때문에 나에게 적대적인 사람은 확실히 생명의 종말에 이르렀다. 내 앞에 있는 악마들은 나에게서 나오는 찬란함을 견디기가 어렵거나 견딜 수 없다. 나는 비슈누이기 때문에, 신들은 나를 찬양하는 노래를 부른다.

나는 이원성이라는 모든 감각을 초월했다. 따라서 나 자신은 비슈누가 되었다. 그의 배 속에서 그는 삼계를 지키고, 우주의 모든 악을 진압하며, 모든 근심과 두려움을 내쫓는다. 그는 나이고 나는 그에게 경의를 표한다.

바시슈타는 계속했다.

자신을 비슈누의 이미지로 변경시키고서, 쁘라흘라다는 비슈누를 숭배하는 것에 대해 생각했습니다. 그는 생각했습니다. "여기 또 다른 비슈누가 있다. 그 역시 운송 수단인 가루다에 앉아 있으며, 모든 신성한 자질과 힘을 부여받았고, 비슈누의 지위와 연관된 모든 표지를 지니고 있다. 나는 지금 숭배와 관련된 전통에 따라 그를 경배하되 마음으로 할 것이다."

이렇게 결심한 후, 쁘라흘라다는 경전의 가르침과 전통이 규정하는 모든 도구들로써 마음으로 비슈누를 경배했습니다. 이렇게 한 후에, 그는 외적인 종교 의식과 의례로도 비슈누를 경배했습니다. 이런 숭배를 마치자마자, 쁘라흘라다는 희열을 느꼈습니다.

그때부터 쁘라흘라다는 매일 그러한 방식으로 비슈누를 숭배했습니다. 그를 보고 그의 본보기를 따라, 그 왕국의 모든 악마들은 철두철미한 비슈누의 헌신자가 되었습니다. 그런 소문이 들불처럼 천국에 퍼지면서 최근까지 비슈누의 적이었던 악마들이 갑자기 그의 헌신자가 되었습니다! 천국의 신들은 당혹스러웠습니다. 어떻게 악마들이 헌신자가 될 수 있겠는가? 그들은 재빨리 비슈누에게 다가가서 그에게 물어보았습니다.

신들이 말했습니다.

신이시여! 이런 신비는 무엇입니까? 악마들은 당신의 옛날부터 있어온 적입니다. 악마들이 당신의 헌신자로 바뀌게 된 것은 사실이 아니며 속임수인 듯합니다. 악마들의 극악무도한 자질은 어디에 있습니까? 지바의 마지막 화신 동안에만 일어나는 당신에 대한 헌신은 어디에 있습니까? 좋고 신성한 자질은 이런 악마들과는 맞지 않습니다. 이것은 터무니없게 들립니다. 어떤 존재의 자질이 항상 그 존재의 근본적인 천성과 일치하는 것은 확실합니다. 이런 악마들이 하룻밤 사이에 당신의 헌신자가 되었다는 소리를 듣는 것은 고통스러울 지경입니다. 그들이 차츰 더 나은 존재의 상태로 진화하여 선한 자질들을 계발하고 그런 다음 당신의 헌신자가 되었다면 우리는 그것을 이해할 수 있을 것입니다. 그러나 사악한 성질을 지니고 있던 누군가가 갑자기 당신의 헌신자가 되었다면, 우리는 믿을 수 없습니다.

비슈누가 대답했습니다.

오, 신들이여! 의심과 절망으로 고통 받지 말라. 쁘라흘라다는 나의 헌신자가 되었다. 이번이 진정 그의 마지막 탄생이며 그는 지금 해방될 만하다. 그의 무지의 씨앗은 불타 버렸다. 그는 더 이상 태어나지 않을 것이다. 선한 사람이 사악한 마음을 지니고 있다는 말을 듣는 것은 무의미하고 고통스런 것이다. 선하지 않은 자질을 지닌 사람이 선하게 되었다는 말을 듣는 것은 적절하고 좋은 것이다. 쁘라흘라다의 변화는 선함을 향한 것이다.

바시슈타는 계속했다.

그렇게 신들을 안심시킨 후, 비슈누는 사라졌습니다. 그리고 신들은 각자의 거주지로 돌아갔습니다. 그들은 쁘라흘라다에 대해 우호적이 되었습니다.

매일 쁘라흘라다는 생각, 말, 행동으로써 비슈누 신을 경배했습니다. 그런 경배의 즉각적인 결실로서, 지혜와 초연과 같은 고귀한 자질이 그에게서 생겨났습니다. 그는 쾌락을 추구하지 않았습니다. 마음조차도 쾌락에 대해 생각하지 않았습니다. 쾌락에 대한 갈망을 버리자, 그의 마음은 지지를 받지 않고 매달려 있었습니다. 비슈누 신은 쁘라흘라다의 상태에 대해 알게 되었습니다. 쁘라흘라다가 그를 경배하고 있는 저승을 그는 여행했습니다. 궁궐에 비슈누 신이 온 것을 보고서, 쁘라흘라다는 더욱더 기뻐하며 다시 비슈누를 경배했습니다.

쁘라흘라다는 기도했습니다.

저는 당신에게 안식처를 구합니다. 그의 내부에서 삼계는 즐거워하며, 당신은 모든 종류의 무지와 불순을 파괴시키는 숭고한 빛이며, 의지할 데 없는 가난한 자들의 안식처이며, 당신만이 추구할 가치 있는 피난처를 지닌 신이시며, 태어나지 않음이고, 가장 확실한 안전지대입니다. 당신은 푸른 보석, 푸른 연꽃처럼 빛을 발하십니다. 당신의 몸은 가장 높은 맑은 겨울 하늘처럼 푸릅니다. 그리고 당신은 손에 신성한 표시를 들고 계십니다. 당신의 목소리는 신성한 경전인 진리이며, 당신의 배의 연꽃은 창조자 브람마의 자리이며, 모든 존재의 가슴속에 있는 당신에게서 저는 안식을 구합니다. 당신의 손발톱은 천국의 별처럼 빛나며, 당신의 부드럽게 미소 짓는 얼굴은 달이며, 당신의 가슴에는 강가 강처럼 광선이 빛나 흘러나오는 보석이 있으며, 순수한 맑은 가을 하늘을 옷으로 입고 계십니다. 당신에게서 저는 안식을 구합니다. 당신 안에서 광대한 우주가 작아지지 않고 쉬고 있으며, 결코 태어나지도 않았으며 변하지도 않으며, 몸은 길조의 자질들로 되어 있는, 보리수 잎 위에 있는 당신에게서 저는 안식을 구합니다. 옆에는 락슈미 여신이 있으며, 몸의 아름다움이 지는 해의 아름다움과 같은 당신에게서 저는 안식을 구합니다. 삼계의 연꽃 위에 비치는 태양 같고, 무지한 어둠의 등불 같으며, 무한한 의식을 지니고 계시며, 우주의 모든 만물의 고통과 고뇌를 없애시는 당신에게서 저는 안식을 구합니다.

신이 말했습니다.

오, 쁘라흘라다여! 그대는 선한 자질의 바다이며 악마들 중에 있는 진정한 보석이다. 탄생의 슬픔을 없앨 수 있는 은총을 택하여 내게 요구해 보거라.

쁘라흘라다가 말했습니다.

오, 신이시여! 당신은 모든 존재들의 내면의 거주자이시며, 우리의 모든 소망이 결실을 맺도록 합니다. 끝이 없으며 무한하다고 당신이 생각하시는 은총을 제게 주십시오.

신이 말했습니다.

쁘라흘라다여! 무한한 브람만 안에서 쉴 때까지 그대는 탐구하는 정신을 지니게 될 것이다. 그래서 그대의 모든 망상은 끝나고 최고의 열매인 축복을 얻게 될 것이다.

바시슈타는 계속했다.

그렇게 말한 후에, 신은 사라졌습니다. 쁘라흘라다는 경배를 끝내고 신을 찬송하는 노래를 부른 후에 다음처럼 생각하기 시작했습니다.

쁘라흘라다는 묵상했습니다.

신은 "계속 탐구하라."고 명했다. 따라서 나는 참나 탐구에 전념할 것이다. 세상이라는 정교한 무대에서 말하고, 걷고, 서 있고, 기능하는 나는 무엇인가? 우선 이것을 찾아봐야 한다.

확실히 나는 나무, 관목, 산으로 이루어진 생기 없고 외부에 있는 이런 세상은 아니다. 또한 호흡의 움직임으로 태어나 아주 짧은 기간 동안만 살아 있는 듯 보이는 몸도 아니다. 나는 귀라는 둔한 물체에 의해 감지되며, 공기의 순간적 움직임이고, 형태가 없고 존재가 없는, 소리인 단어, 이름 혹은 표현이 아니다. 나는 순간적이며 무한한 의식에 의해서만 기능할 수 있는, 감각 즉 촉각의 경험이 아니다. 또한 나는 끊임없이 변하며 불안정하며 그리고 자신의 대상들에 헌신하는 혀를 바탕으로 두고 있는 미각이 아니다. 또한 나는 매우 찰나적이고 단지 보는 사람을 미혹시키는 시각도 아니다. 또한 나는 코의 상상물이며 불확실한 형태를 지닌 후각도 아니다.

따라서 나는 이런 모든 상상적인 자질들이 없다. 나는 이런 감각의 기능과 관계가 없다. 나는 순수한 의식이다. 나는 생각들 너머에 있는 평화이다.

쁘라흘라다는 계속해서 묵상했습니다.

나는 객관성이 없고 그래서 개념과 관념이 없는, 모든 것에 퍼져 있는 실재이다. 나는 순수 의식이다. 하찮은 항아리로부터 강력한 태양에 이르기까지 모든 것은 단지 이 의식에 의해서 지각된다. 나는 모든 곳에 존재하며 개념화를 갖지 않는 참나라는 진리를 나는 회상한다. 모든 감각과 경험은 단지 그런 참나에 의해서만 가능하다. 왜냐하면 그것이 내부의 빛이기 때문이다. 그 내부의 빛 때문에 이런 대상들이 명확한 실재성을 얻는다.

태양이 뜨겁고, 달이 서늘하고, 산은 무겁고, 물이 액체인 것은, 모든 변형에서 완전히 자유로운 내면의 의식의 빛 때문이다. 그것은 이 창조물들로서 나타나는 모든 결과들의 원인이지만, 그러나 그것 스스로 원인이 있어서 생긴 것은 아니다. 다양한 대상들의 특징적인 성질들이 생겨나게 된 것은 그 내면의 의식의 빛 때문이다. 그것은 형태가 없고 모든 결과들의 원인이기 때문에, 이 다양성을 지닌 우주가 그 안에서 생겨났다. 그것만이 삼위일체인 창조자 브람마, 유지자 비슈누, 구제자 쉬바가 나타난 원인이다. 그러나 그것은 원인을 지니지 않고 있다.

나는 아는 것과 알려지는 것, 주체와 대상이라는 이원성이 없는 그 자신의 불빛인 참나에게 경의를 표한다. 그 안에 우주의 모든 것이 존재하며, 그 안으로 그것들이 들어간다. 내부의 참나가 생각하는 모든 것이 외부의 실재로서 모든 곳에서 일어난다. 이 의식이 생각하면, 이런 것들이 존재하게 된다. 비존재로서 생각하면, 그것들은 종말에 다다른다. 따라서 이 모든 무한한 대상들은 무한한 의식의 공간에서 나타난다. 그림자가 태양 빛 속에서 자라고 줄어드는 것과 같이, 그것들은 자라고 줄어드는 것처럼 보인다.

이 참나 즉 내부의 의식의 빛은 보이지 않고 알려져 있지 않다. 그것은 가슴을 정화시킨 사람들에 의해 얻어진다. 그러나 신성한 이들에 의해서는 그것은 매우 순수한 의식의 우주적 공간 혹은 차원 안에서 보인다.

이 참나는 창조자 브람마로부터 풀잎에 이르기까지, 무한하고 스스로 빛나는 의식으로서, 삼계 속에서 나누어지지 않는 상태로 존재하고 있다. 그것은 시작과 끝이 없는 하나이다. 그것은 모든 것으로서, 모든 움직이고 움직이지 않는 존재들의 내적 경험으로서 존재한다.

쁘라흘라다는 계속해서 묵상에 잠겼습니다.

따라서 유일한 경험을 하고 있는 것인 참나는 모든 것의 경험자이다. 그러므로 참나는 수천 개의 손과 눈을 지니고 있다고 얘기된다. 이토록 아름다운 태양이라는 몸을 지니고서, '나'인 이 참나는 공기로 된 몸처럼 공간을 배회한다. 이 세상에서 숭배되고 있는 소라, 원반, 철퇴 등을 지니고 있는 신의 몸을 가진 참나도 그렇다. 연꽃 안에 늘 앉아 있는 존재인 창조자 브람마로 태어난 것도 참나인 나였다. 이런 창조를 소멸시키고, 세상의 순환의 끝에 모든 창조물을 사라지게 하는 것도 참나이다.

인드라 안에 몸으로 있다고 언급되고 있는 참나가 세상을 보호한다. 나는 여자이고 남자이며, 젊은이이고 고령의 노인이다. 그리고 몸을 얻었기 때문에 나는 분명히 이곳에서 태어난다. 나는 모든 곳에 존재한다. 무한한 의식의 지면으로부터 나는 나무와 식물을 자라게 하고, 그것들의 본질로서 그들 속에 존재한다. 노는 아이의 손에 쥐어진 진흙처럼, 이 세상의 모습은 즐거움을 위해 내가 펼쳐 놓은 것이다. 세상은 참나(나)로부터 자신의 실재를 끌어내며, 내 안에서 나를 통해 움직이고, 내가 그것을 버리거나 이해하려는 것을 그만둘 때, 실재를 갖기를 중단한다. 왜냐하면 투영이 거울 속에 존재하는 것처럼 보이듯이, 세상은 나, 참나, 무한한 의식 안에 존재하기 때문이다.

나는 꽃 속의 향기이며, 꽃과 잎에서 광휘이며, 광휘 속의 빛이며, 그런 빛 속에서조차 나는 경험이다. 움직이고 움직이지 않는 모든 존재들이 이 우주 안에 존재하고 있다. 나는 그들의 숭고한 진리이거나 혹은 개념화가 없는 의식이다. 나는 우주의 모든 존재들 안에 있는 정수이다. 버터가 우유 안에 존재하고 유동성이 물 안에 존재하는 것처럼, 의식의 에너지로서 나는 존재하고 있는 모든 것 안에 존재하고 있다. 과거, 현재, 미래의 이런 세상의 모습은 객관적 실재의 구별이 없이 무한한 의식 속에 존재하고 있다. 어디에나 있는, 전능한 우주적 존재는 '나'라는 것으로 나타나는 참나이다. 우주라고 알려져 있는 이 우주적 왕국은 찾지 않았음에도 내게로 왔으며 그것은 나에 의해 퍼져 있다. 우주적 창조물이 소멸된 후에는 하나의 우주적 바다가 우주에 퍼지는 것과 같이, 나는 참나 즉 무한한 의식으로서 온 우주에 퍼져 있다. 걷지 못하는 불완전한 물 속 생물들조차도 우주의 바다가 무한하다는 것을 알고 있는 것처럼, 나는 무한한 나 자신의 크기에는 끝이 없다는 것을 안다. 이 세상은 무한한 의식 안에 있는 먼지 입자와 같은 것이다. 작은 과일이 코끼리의 배고픔을 달랠 수 없는 것처럼, 이 세상의 모습은 나를 만족시키지 못한다. 따라서 창조자 브람마의 집에서 확장되기 시작한 세상의 모습은 지금도 계속 팽창하고 있다.

쁘라흘라다는 계속 묵상에 잠겼습니다.

정말이지, 존재하고 있었던 것은 오로지 무한한 의식이었다. 어떤 정당화나 지지 없이, 유한하며 한계를 지닌 자아감이 어떻게 그 안에서 일어났는가? 무엇이 '이것은 당신이다.', '이것은 나다.'와 같은 말 속에 자신을 나타내는 미혹을 일으켰는가? 무엇이 이 몸이며, 무엇이 몸이 없는 것이며, 살아 있는 것은 누구이며, 죽은 것은 누구인가? 확실히, 나의 조상들은 이해가 부족하여 이 무한한 의식을 버리고는 이 작은 땅을 배회하였다. 욕망과 갈망으로 가득한 세상의 영광이라고 알려져 있는 이 무서운 허영과 무한의 비전을 어떻게 비교하겠는가? 무한한 의식의 이 비전은 순수하고, 지고의 평화의 본성을 지니고 있다. 그것은 이 우주에서 있을 법한 비전들 중에서 지고의 것임에 확실하다.

모든 존재들 안에 거주하고 있는 자이며, 개념화나 객관적 실재가 없는 의식이며, 모든 존재들 안에 있는 지성인 나 자신의 참나에 나는 경의를 표한다. 나는 태어나지 않은 자이다. 그 안에는 세상의 모습이 사라진다. 나는 얻을 가치가 있는 것을 얻었다. 나는 승리했으며 승리를 얻어 살아간다. 나는 우주적 의식의 이 숭고한 희열을 버리고 왕국을 지배하는 데서는 즐거움을 얻지 못한다. 이 세속적 삶의 오물 안에서 흥청망청하고 있는 사악한 악마들은 부끄럽지도 않은가.

아! 이 육체적 존재를 즐기고 만족해 했던 내 아버지는 얼마나 어리석고 무지하였는가! 땅이라는 하찮은 진흙 공을 지배하고 오래 살면서 그가 얻었던 것은 무엇이었는가? 수많은 세상의 기쁨은 참나의 희열에 비하면 아무것도 아니다. 그러나 이 참나 지식을 지니고 있는 사람은 모든 것을 가지고 있다. 이것을 포기하고 다른 것들을 추구하는 자는 현명한 이가 아니다. 죽어야 할 육체적 존재와 깨달음의 희열을 어떻게 비교할 수 있겠는가? 삼계 속에 있는 모든 것을 통치하는 세상의 통치는 의식 안에 있다. 왜 사람들은 의식 밖에는 아무것도 없다는 진리를 경험하지 못하는가?

모든 것은 언제 어디에서나, 나누어지지 않고 편재하고 있는 의식을 통해서 쉽게 얻어진다. 태양과 달의 빛, 신들을 움직이는 에너지, 마음과 원소들의 본질적 특징, 자연 속에 존재하고 있는 성질들과 기능들(공간은 비행기가 움직이는 것을 가능하게 한다), 에너지와 지성의 무한하고 다양한 표출은 모두 나누어지지 않고 변화가 없는 하나의 우주적 의식의 팽창이며 기능이다. 태양이 모든 만물을 구별하지 않고 비추는 것처럼, 이 우주적 의식은 우주에 있는 모든 것의 참나로서 구분하지 않고 즉각적이고 자발적으로 모든 것을 밝히고 있다.

쁘라흘라다는 계속 묵상에 잠겼습니다.

무한한 의식은 시간의 세 주기에 퍼져 있으며, 무한한 세상을 경험한다. 그것은 모든 것을 감싸고, 그것은 모든 것을 바라본다. 혼돈이 없고 변형이 없으므로, 무한한 의식만이 늘 남아 있다. 이 의식은 달콤하고 쓴 것을 동시에 경험한다. 무한한 의식은 조용하고 평화롭다. 이 의식은 본성적으로 개념과 관념인 모든 변형에서 자유롭고 또한 미묘하고 모든 것을 동시에 경험하기 때문에, 그것은 다양한 현상을 경험할 때조차도 늘 평화롭고 동질적이다.

변형된 것이 어떤 변화도 겪지 않는 존재에 의존하거나 의지하게 되면, 그것은 슬픔에서 자유롭다. 존재하는 것이, 존재하지 않는 것인 생각의 움직임이 없는 마음에 의하여 보이면, 존재하는 것은 그것의 사악함을 버린다.

의식이 시간의 세 양식을 지각하지 않을 때, 객관적 실체나 개념화의 구속으로부터 자유로울 때, 그것은 완전한 고요에 자리 잡는다. 의식은 마치 비실재적인 것처럼 된다. 왜냐하면 그것은 말로써는 표현할 수 없기 때문이다. 따라서 어떤 이들은 참나가 존재하지 않는다고 말한다. 참나인 브람만이 있든 없든, 소멸하지 않는 그것이 지고의 해방이다.

변화(생각) 때문에, 이 의식은 분명히 베일에 가려 있고 깨달아지지 않는다. 매혹과 혐오의 진창에 빠진 사람들은 이런 깨달음에 도달할 수 없다. 그들은 사고의 그물에 사로잡혀 있다. 그런 사람들이 나의 조상들이었다. 욕망, 미움, 미혹된 이원성의 지각으로 인해 그들은 해충과 같은 삶을 산다.

자신의 내부에 갈망과 적대감이라는 유령들을 진정시키고, 무지한 사고와 심리적 타락의 신기루를 진실한 내적 깨달음으로 없앤 자만이 살아 있는 것이다. 유일하게 존재하고 있는 무한한 의식 속에서 어떻게 개념들과 지각 대상들이 일어날 수 있겠는가?

나는 참나에게 경의를 표한다! 분리 없는 의식이며, 보이고 보이지 않는 세상들의 보석인 나 자신에게 경의를 표한다! 그대는 정말이지 조만간에 도달한다! 그대는 접촉되었고, 얻어졌으며, 깨우쳐졌고, 모든 종류의 왜곡이 초월되어졌다. 그대는 그대의 것으로 존재하고 있다. 나의 참나, 쉬바, 신들의 신, 지고의 참나인 그대에게 경의를 표하라.

자신의 몸 안에서 즐기며, 그것 자신 안에 있는, 자신을 완전히 조절하고 있으며, 스스로가 만든 무지의 베일인 생각과 개념에서 완전히 벗어난 참나에게 나는 경의를 표한다.

쁘라흘라다는 계속해서 명상에 잠겼습니다.

옴(OM)은 아무런 타락이 없는 비이원적 의식이다. 우주에 존재하는 모든 것은 하나의 참나이다. 살과 피 등으로 만들어진 이 몸 안에 있을

지라도, 태양처럼 빛의 근원 안에서 그리고 빛의 근원을 통하여 빛나기 때문에, 참나는 빛나는 지성이다. 참나는 불을 뜨겁게 하고, 감로의 달콤함을 경험하게 한다. 말하자면 참나는 모든 감각 경험들을 경험한다. 참나는 서 있지만 정지하고 있는 것이 아니다. 가고 있지만 움직이지 않는다. 휴식 상태에서도 계속 바쁘다. 동적이지만 영향을 받지 않는다. 과거, 현재, 미래, 여기, 저기, 모든 곳에서 분명한 모든 변화들 속에서도 그것은 늘 같은 채로 있다. 두려움이 없고 제한을 받지 않으면서 의식은 창조자 브람마에서 풀잎에 이르기까지 다양성을 지닌 무한한 존재들을 나타나게 하고는 유지시킨다. 그것은 항상 동적이며 활발하다. 그럼에도 불구하고 바위보다 비활동적이며, 공간보다도 행동에 영향을 받지 않는다.

바람이 나뭇잎을 살랑이듯이, 마음을 활동하게 하는 것은 참나 즉 의식이다. 기수가 말을 관리하듯이, 그것은 감각들을 작용하게 한다. 비록 참나는 이 몸의 주인이지만, 노예처럼 다양한 활동을 한다.

이런 참나만이 추구되고, 찬미되고, 명상되어야 한다. 참나의 도움으로, 사람은 탄생과 죽음의 윤회 및 환영을 지니고 있는 이 세상을 건넌다. 그것은 쉽게 접근할 수 있고, 좋은 친구처럼 쉽게 자기편으로 끌어들일 수 있다. 왜냐하면 그것은 모든 이의 가슴의 연꽃에 있기 때문이다. 그것을 부를 필요도 없이, 자신의 몸 안에 얻어져 있다. 잠시 동안만이라도 그것을 명상하면, 그것은 자신을 나타내어 보여 준다. 그것은 모든 우월을 지니고 있고 모든 것의 주인이지만, 그것을 찬미하는 사람에게는 거만과 자만을 보이지 않는다.

꽃에 향기가 있듯이, 모든 몸에 이 참나가 거주하고 있다. 모든 이들이 그것을 깨닫지는 않는다. 왜냐하면 아무도 참나에 관한 진리를 탐구하지 않기 때문이다. 참나 탐구를 통하여 그것을 깨달으면, 즉각적으로 지고의 희열을 경험하게 되며 영원한 진리의 비전을 지니게 된다. 모든 구속들이 사라지고, 모든 적들이 소멸되며, 욕망은 마음을 어지럽히지 못한다. 그것이 보일 때 모든 것이 보이고, 그것이 들릴 때 모든 것이 들리며, 그것이 만져질 때 모든 것이 만져진다. 왜냐하면 그것이 있으므로 세상이 있기 때문이다. 그것은 사람이 잠을 잘 때조차도 깨어 있다. 그것은 어리석은 이들을 깨어나게 한다. 그것은 고통의 아픔을 없애고 갈망하는 모든 대상을 준다. 이 창조물 속에서, 그것은 마치 살아 있는 실체인 지바처럼 존재하고 있다. 그것은 쾌락을 즐기는 듯이 보이며, 이 세상의 대상들 속에 퍼져 있는 듯이 보인다.

쁘라흘라다는 계속해서 묵상에 잠겼습니다.

이 참나는 공간 속의 비어 있음이다. 그것은 움직이는 모든 것 속에 있는 움직임이다. 그것은 빛을 발하는 모든 것의 빛이다. 그것은 모든 액체 속에서 맛이다. 그것은 흙 안에 있는 견고함이다. 그것은 불 속의 열기이다. 그것은 달의 시원함이다. 그것은 바로 세상들의 존재이다. 특징적인 자질이 그에 해당하는 물질 속에 있듯이, 그렇게 그것은 몸 안에서 신으로 존재하고 있다. 존재가 모든 곳에 존재하고 있듯이, 시간이 늘 존재하고 있듯이, 이 참나는 물질적, 심리적 기능들을 지니고 모든 몸에 존재하고 있다.

이 참나는 영원한 존재이다. 그것은 신들마저 깨닫게 한다. 나, 참나 만이 있다. 내게는 아무런 지각의 대상이나 개념이 없다. 공간이 떠다 니는 먼지에 의해 영향을 받지 않는 것처럼, 연꽃이 물에 오염되지 않는 것처럼, 나는 어떤 것에도 영향을 받지 않는다. 행복과 불행이 몸을 지배하도록 두라. 어떻게 참나가 그것에 영향을 받겠는가? 등잔의 불길이 실 한 조각에 묶여 있지 않은 것처럼, 모든 물질적 존재를 넘어서 있는 참나는 물질에 의해 묶이지 않는다. 우리(참나)와 존재 및 비존재라는 개념과 감각에서 생겨난 갈망 사이에 무슨 관계가 있는가? 누가 무엇이 공간을 구속하며, 누구에 의해 마음이 묶인다는 말인가?

몸이 백 개의 조각으로 잘릴지라도, 참나는 다치지 않는다. 항아리가 부서져 가루가 될지라도, 그 안의 공간은 파괴되지 않는다. 이 악령 같은 마음이 실체가 아니라 말로서 존재하는데, 그것이 존재하지 않는다고 무엇을 잃겠는가? 옛날에 행복과 불행이라는 개념으로 된 마음이 있었다. 그러나 이제 그런 모든 개념이 존재하기를 그쳤는데, 나의 마음은 어디에 있는가? '다른 것을 즐긴다.', '다른 것을 이해한다.', '본다.', '불행을 겪는다.'와 같은 그런 개념들을 받아들일 바보가 있겠는가? 자연만이 즐긴다. 마음은 이해하고 파악한다. 고통은 몸에 속한다. 사악한 사람은 바보다. 그러나 해방을 얻은 사람에게는 이런 것들이 없다. 나는 쾌락의 욕망을 받아들이지도 않고, 또한 그것을 없애기를 원하지도 않는다. 오는 것은 무엇이든지, 그것이 오게 두라. 가는 것은 무엇이든지, 그것이 가게 두라. 다양한 경험의 개념들이 몸 속에 일어나거나 자리 잡게 하지 말라. 나는 그것들 안에 있지도 않고 또한 그것들이 내 안에 있지도 않다.

오랫동안 나는 나에게서 지혜의 풍부함을 빼앗아 가는 무지라는 무서운 적의 노예로 있었다. 그러나 지금, 비슈누 신의 은총과 나 자신의 뛰어난 자기 노력에 의해 나는 그 지혜를 획득하였다. 참나 지식이라는 마법의 주문에 의해 이런 악마적 자아가 추방되었다. 기만이라는 결핍을 없앤 채, 나는 지고의 신으로 있다. 알 가치가 있는 것은 모두가 이미 알려졌고, 볼 가치가 있는 것은 모두 보여졌다.

쁘라흘라다는 계속해서 묵상했습니다.

운 좋게도, 감각적 쾌락을 향한 갈망이라는 치명적 뱀은 멀리 뒤에 남겨졌고, 모든 미혹과 희망은 누그러졌다. 나는 지고의 진리의 상태를 얻었다. 찬가, 경배, 기도, 마음의 평화, 절제된 생활로 나는 참나인 신을 보았다. 비슈누 신의 은총으로 지고의 존재에 대한 깨달음이 확고히 내 가슴 안에 있다.

지금까지 무지스러운 한계들과 미혹들은 나를 괴롭혔다. 무지의 숲에는 감각적 갈망의 모습을 한 독뱀들이 사는 수많은 개미집, 죽음이라는 보이지 않는 함정, 슬픔이라는 산불이 있다. 그 안에는 자아라는 가장 치명적인 적처럼, 폭력과 탐욕이라는 도둑들이 어슬렁거리며 돌아다닌다. 지금 나는 자기 노력과 비슈누 신의 은총으로 그것에서 자유로우며, 내 지성은 완전히 깨어났다. 태양이 떠오를 때 어둠을 보지 못하듯이, 깨어 있는 지혜의 빛 속에서 나는 자아라는 실체를 지각하지 못한다. 자아의 악귀를 달래었기 때문에, 나는 내 안의 평화에 있다.

진리가 보이고 자아가 추방될 때, 미혹, 슬픔, 희망, 갈망, 정신적 고민을 할 여지가 어디에 있는가? 해방에 관한 망상처럼, 천국과 지옥은 자아가 존재하는 한 존재한다. 그림은 텅 빈 하늘이 아니라 캔버스 위에서 그려진다! 지성이 자아의 구름과 욕망의 뇌우로부터 자유로울 때, 그것은 참나 지식의 불빛으로 빛난다. 그것은 보름달이 비치는 가을 밤의 하늘이 빛나는 것과 같다.

오, 참나여! 자아의 늪이 없는 그대에게 경의를 표한다. 오, 참나여! 무시무시한 감각들과 모든 것을 소모시키는 마음이 고요해진 그대에게 경의를 표한다. 오, 참나여! 내부에 활짝 핀 희열의 연꽃인 그대에게 경의를 표한다. 오, 참나여! 의식과 그것의 반사라는 양쪽 날개를 가지고 가슴의 연꽃에 거주하는 그대에게 경의를 표한다. 오, 참나여! 가슴속에 있는 무지의 어둠을 쫓아내는 태양인 그대에게 경의를 표한다. 오, 참나여! 가장 높은 사랑의 촉진자이며, 우주의 이 모든 것들의 유지자인 그대에게 경의를 표한다.

강철이 가열된 강철 빔을 자르는 것처럼, 나는 마음을 정화된 마음의 상태로 차분히 가라앉혔다. 나는 욕망, 무지, 어리석음을 그것들의 반대들에 의하여 조각조각 잘라 버렸다. 자아 없이, 나의 몸은 원래의 에너지를 지니고 움직인다. 과거의 경향성들, 마음의 조건화와 한계들이 완전히 파괴되었다. 나는 의문이 일기 시작한다. 어떻게 내가 그렇게 오랫동안 자아의 덫에 사로잡혀 있었던 걸까! 의존, 사고의 습관들, 욕망과 갈망, 자아 존재에 대한 현혹된 믿음, 쾌락 추구 경향의 착색, 환락 등 이 모든 것에서 자유로운 채, 나의 마음은 완전한 고요에 이르렀다. 이와 함께 모든 슬픔이 끝났고, 지고의 희열의 빛이 새벽을 열었다!

쁘라흘라다는 계속해서 묵상에 잠겼습니다.

마침내 의식의 모든 양상과 상태들을 초월하여 있는 참나가 깨달아졌다. 오, 참나여! 다행히도 그대는 깨달아졌다. 나는 그대에게 경의를 표하며 껴안는다. 그대를 제외한 누가 삼계에서 나의 친구이며 친척이겠는가? 그대만이 파괴하고, 그대만이 보호하고, 그대가 주고, 그대가 칭찬하고, 그대가 움직인다. 오, 참나여! 나는 그대를 보았으며 그대를 가졌다. 지금 그대는 무엇을 할 것이며, 어디로 갈 것인가? 그대의 실재가 모든 세상에 퍼져 있으며, 그대만이 모든 곳에서 보인다. 오, 참나여! 그대는 지금 어디로 달려갈 것인가?

시작도 없는 시간부터 우리 사이에는 무지라는 거대한 벽이 가로막고 있었다. 그 벽이 붕괴되었으므로, 그대는 전혀 거리가 없는 곳에 있는 것으로 보인다. 성취될 필요가 있는 것을 완전히 성취한, 모든 행동의 진정한 행위자, 영원하고 늘 순수한 존재이며 신인 참나에게 경의를 표한다. 비슈누에게, 쉬바에게, 창조자 브람마에게 경의를 표한다. 오, 참나여! 그대(참나)와 나 사이의 차이점은 말과 그 말이 가리키는 실체의 구분처럼 말에 불과하다. 파도와 파도 속에 있는 물을 말로 구분하듯이, 구분이란 실재가 아니며 상상적인 것이다. 사실, 이 세상에 존재하는 듯 보이는 무한히 다양한 창조물에 오직 그대만이 널리 퍼져 있다.

보는 자이며 경험하는 자에게 경의를 표한다. 창조하는 자에게, 모든 것들로서 펼쳐져 있고 퍼져 있는 자에게 경의를 표한다. 모든 것의 내면의 실재인 자에게 경의를 표한다. 모든 곳에 있는 자에게 경의를 표한다. 오, 참나여! 그대의 보이는 몸과의 동일시로 인하여, 말하자면 그대는 그대 자신의 본성을 망각해 왔다. 그래서 참나 지식이 없는 외적 지각들을 경험하면서 그대는 탄생의 반복이라는 끝없는 고통을 겪어야 했다. 이 외적 세상은 흙, 나무, 바위에 불과하다. 오, 참나여! 이 모든 것들 안에는 그대와 다른 아무런 실재가 없다. 참나 지식을 얻으면, 사람은 어떤 것도 갈망하지 않는다.

신이시여! 이제 그대가 보이며, 그대에게 도달했다. 이 시간 후로, 그대는 다시는 미혹되지 않을 것이다. 그대에게 경의를 표한다. 신이시여! 눈의 빛이며, 몸 전체를 타고난 지혜로 채우는 참나가 어떻게 보이거나 경험되지 않겠는가? 촉감으로서 작용하며 모든 대상을 경험하는 지성이 왜 깨달아지지 않겠는가? 청각 속에 있는 지성으로서 듣기도 하고 소름을 낳기도 하는 그런 지성이 자기 자신과 어떻게 멀리 떨어져 있을 수 있겠는가? 앞에 놓인 대상들의 달콤함 같은 것을 경험하는 그런 지성의 달콤함을 왜 사람은 맛보지 않는가? 후각을 즐기는 그런 지성의 존재를 왜 직접적으로 경험하지 못하는가? 경전들이 그것의 영광을 노래하고, 지식이며 지혜 자체인 참나가 어떻게 그 스스로를 망각하는가? 오, 참나여! 지금 그대를 깨달았기에, 전에 탐닉했던 감각의 쾌락은 나의 주의를 더 이상 끌 가치가 없다!

쁘라흘라다는 계속해서 묵상했습니다.

오, 참나여! 태양 속에서 빛나는 것은 순수한 그대의 빛이다. 달을 통해서 발하는 감로 같은 서늘함은 순수한 그대 자신의 빛이다. 산의 묵중함은 그대에게서 얻어졌으며, 바람의 속도도 그렇다. 그대로 인해 땅은 견고하고, 공간은 비어 있다. 나는 운이 좋게도 그대를 깨달았다. 오, 신이시여! 그대(참나)와 나 사이에 차이점은 없다. 그대가 나이고, 내가 그대이다. 그대나 나로서 언급되는 것이 무엇이든, 뿌리가 어느 것이든 가지가 어느 것이든, 그것에게 나는 경의를 거듭 표한다. 무한하고 자아가 없는 나의 참나에게 경의를 표한다. 형태 없는 참나에게 경의를 표한다.

형태 없이 그리고 시간과 공간의 구분이 없이, 순수한 목격자의 의식으로서 그대(참나)는 균형의 상태로 내 안에 거주하고 있다. 생명의 힘의 두 변형인 쁘라나와 아빠나의 두 힘이 움직이기 시작하면서, 마음은 동요되고, 감각들은 움직이기 시작하며, 에너지는 확장되기 시작한다. 욕망의 힘에 이끌린 운전자인 마음은 피, 뼈, 피부로 이루어진 몸을 휩쓸어 버린다. 하지만 나는 몸과 어떤 다른 것에 의존하지 않고 있는 순수 의식이다. 욕망이 몸을 움직이게 한다. 욕망에 따라, 몸이 일어나거나 떨어지도록 두라.

시간이 감에 따라 자아가 일어나고, 또 우주 순환의 끝에 우주가 소멸하는 것과 같이 시간이 감에 따라 자아는 존재하기를 멈춘다. 그러나 전 우주가 존재의 순환이 끝날 때 휴식하는 것과 같이, 그런 탄생과 죽음의 순환 후에 나는 평화와 안식의 상태를 얻었다. 초월하여 있으며 그리고 모든 것인 나 자신인 그대에게 경의를 표한다. 우리에 대하여 말하는 그들 모두에게 경의를 표한다!

목격의 의식인 지고의 참나는 그것과 관련된 경험의 오점들에 의하여 영향을 받지 않는다. 꽃에 향기가 있고 참깨 씨앗에 기름이 있는 것처럼, 참나는 모든 곳에 있는 모든 것이며, 모든 것 안에 존재하고 있다. 오, 참나여! 그대는 자아에서 완전히 자유롭지만, 그대는 여기서 파괴하고, 보호하고, 주고, 포효하고, 기능한다. 실제로 이것은 커다란 경이이다. 나는 참나의 빛이기 때문에, 말하자면 내가 눈을 뜨면 우주가 존재하게 된다. 내가 눈을 감으면 우주가 존재하기를 멈춘다. 오, 그대 참나여! 커다란 보리수나무가 작은 씨앗 안에 잠재되어 있듯이, 그대는 전 우주가 이미 그대 안에 존재하고 있는 지고의 원자이다. 오, 참나여! 하늘에 있는 구름 모양이 말, 코끼리, 기타 동물을 종종 닮듯이, 그대 자신은 무한히 다양한 대상들로서 우주 공간에 나타난다. 존재와 비존재로부터 자유로운 채, 참나는 존재와 비존재 그리고 다양한 존재들로서 있으며, 그리고 말하자면 다른 것들과 구분되고 분리된 자이다.

쁘라흘라다는 계속해서 명상했습니다.

허영, 분노, 불순 그리고 폭력을 버려라. 왜냐하면 위대한 영혼들은 그런 천한 자질들에 의하여 정복될 수 없기 때문이다. 과거의 슬픔을 반복해서 기억하라. 그리고 밝은 마음가짐으로 '나는 누구인가?', '어떻게 이 모든 것이 생겼는가?'를 탐구하여, 그 모든 것으로부터 자유로워져라. 지난 것은 지나간 것이다. 그대를 불태웠던 모든 슬픔과 근심은 존재하기를 멈추었다. 오늘, 그대는 몸이라는 이 도시의 통치자이다. 주먹이 하늘을 잡을 수 없듯이, 슬픔은 그대 위에 손을 올려놓을 수 없다. 이제, 그대는 감각과 마음의 지배자이다. 그리고 그대는 가장 큰 기쁨을 누린다.

신이시여, 오, 참나여! 말하자면, 그대는 지금까지 잠들어 있다. 진행되는 경험을 자각하려는 목적으로, 그대는 그대 자신의 에너지에 의하여 분명히 일깨워진다. 그와 같은 경험의 대상과 접촉하는 것은 사실상 그 에너지다. 하지만 그런 자각 때문에, 그대는 그런 경험들이 자신이라고 여긴다. 생명력의 수행(쁘라나야마)으로, 머리의 왕관에 있는 '브람마의 틈'에 이른 자들은 창조자 브람마의 도시에서 과거에 있는 것과 미래에 있을 것을 매 순간 지각한다.

오, 참나여! 그대는 몸이라는 꽃에 있는 향기이다. 그대는 몸이라는 달 안에 있는 감로이다. 그대는 몸이라는 약초 안에 있는 엑기스다. 그대는 몸이라는 얼음 안에 있는 시원함이다. 우유에 버터가 있는 것처럼, 몸 안에는 우애나 집착이 있다. 불이 목재에 있듯이 그대는 몸 속에 있다. 그대는 빛을 내는 모든 대상들 안에 있는 빛이다. 그대는 대상들에 대한 지식을 가능케 하는 내적 빛이다. 그대는 마음이라는 코끼리의 힘이다. 그대는 참나 지식이라는 불의 열기이고 빛이다.

오, 참나여! 말은 그대를 차단한다. 그것은 어딘가에서 다시 나타난다. 여러 장식들이 금으로 만들어졌듯이, 모든 수많은 창조물들은 그대에 의하여 만들어졌다. 그 차이는 언어적인 것이다. '이것은 그대이다.', '이것은 나이다.'와 같은 그런 표현들은 그대 스스로가 그대를 찬미하거나 그대의 기쁨을 위해 그대를 묘사할 때 사용된다. 하나의 불길이지만 거대한 산불이 다양한 형태들을 취하는 것처럼, 그대의 비이원적 존재는 이 우주의 모든 다양한 대상들로 나타난다. 그대는 이런 모든 세상을 꿴 끈이다. 그대는 이런 모든 말이 들어 있는 진리의 기반이다. 세상들이 영원히 잠재적으로 그대 안에 있다. 음식의 맛이 요리에 의해 나타나듯이, 그대에 의해 그것들이 나타난다. 그러나 이 세상들이 존재하는 것 같지만, 그것들은 그대가 없다면 존재하는 것을 그치게 될 것이다! 그대는 그것들의 실재이다. 이 몸은 통나무처럼 생명력이 없이 쓰러질 것이다. 어둠은 빛이 접근할 때 사라지듯이, 행복과 슬픔은 그것들이 그대에게 접근할 때 붕괴한다. 하지만 행복의 경험 등은 그대에게서 나오는 자각의 빛 때문에만 가능하다.

쁘라흘라다는 계속해서 묵상에 잠겼습니다.

오, 참나여! 쾌락과 고통, 행복과 불행은 그들의 존재를 그대에게 빚지고 있다. 그것들은 그대에게서 태어난다. 그대와 독립해서는 그것들이 존재하지 않고 있다는 것이 깨달아질 때 그것들은 자신들의 정체성을 잃는다. 환영이 눈 깜박할 사이에 나타나고 사라지는 것처럼, 고통과 쾌락이라는 환영적인 경험은 눈 깜박할 사이에 나타나고 사라진다. 고통과 쾌락은 자각의 빛에서 나타나고 그것들이 그 자각과 다르지 않다는 것이 지각될 때 그것들은 사라진다. 그것들은 그것들이 죽는 순간에 태어나고, 그것들이 태어나는 순간에 죽는다. 누가 이 모든 신비스러움을 지각하는가?

모든 것은 언제나 변화하고 있다. 그러면 어떻게 그런 순간적인 원인들이 만질 수 있는 견실한 결과들을 만들 수 있겠는가? 물결이 꽃처럼 보일 수 있다고 그것을 화환으로 묶을 수 있는가? 안정된 결과들이 덧없는 현상과 같은 불안정한 원인에서 나올 수 있다고 믿을 수 있다면, 벼락을 묶어 빛을 내는 화환으로 만들고 그 화환을 입는 것도 가능해야 하지 않는가! 오, 참나여! 그대는 완전한 평온의 상태를 저버리지 않은 채, 현자들의 의식을 통해 쾌락과 고통을 지각하고 받아들이면서, 마치 그것들이 실재하는 것처럼 그것들을 즐기고 있다. 그러나 같은 것이 현명하지 못하고 깨어 있지 못한 이들의 가슴 안에 일어날 때, 그대가 경험하고 있는 것이 무엇인지를 내가 말로써 표현하는 것은 불가능하다! 오, 참나여! 그대는 진실로 아무런 집착이 없으며, 갈망과 희망이 없으며, 그대는 부분이 없는 하나이고 동질적이며, 그대는 자아가 없다. 그대는 행위자의 모습을 가지며 그리고 그것이 사실이든 허구적이든 간에 그대는 다양성을 경험하는 듯이 보인다.

오, 참나여! 이 무한한 우주로서 나타나는 그대를 환호한다. 지고의 평화인 참나를 환호한다. 오, 참나여! 경전들 너머에 있는 그대를 환호한다. 오, 참나여! 모든 경전들의 바탕이자 목표인 그대를 환호한다. 오, 참나여! 모든 창조물 안에 태어나서 거주하고 있는 그대를 환호한다. 오, 참나여! 태어나지 않은 그대를 환호한다. 오, 참나여! 변화와 파괴를 겪고 있는 그대를 환호한다. 오, 참나여! 변하지 않고 파괴되지 않고 있는 그대를 환호한다. 오, 참나여! 존재하고 있는 것인 그대를 환호한다. 오, 참나여! 존재하지 않고 있는 것인 그대를 환호한다. 오, 참나여! 정복될 수 있고 얻어질 수 있는 것인 그대를 환호한다. 오, 참나여! 정복될 수 없고 이를 수 있는 것 너머에 있는 그대를 환호한다.

나는 기쁘다. 나는 완전한 평온과 지고의 평화 속에 있다. 나는 움직이지 않는 채로 있다. 나는 참나 지식에 도달했다. 나는 승리자이다. 나는 정복하기 위해 산다. 나 자신에게 경의를 표한다. 그대에게 경의를 표한다. 오. 나의 참나여! 그대가 순수하고 더럽혀지지 않는 실재로서 있는 한, 속박이 어디에 있으며, 불행이 어디에 있으며, 행운이 어디에 있으며, 탄생과 죽음이 어디 있다는 말인가? 나는 늘 지고의 평화 안에서 설 것이다.

바시슈타는 계속했다.

그렇게 숙고한 후, 쁘라흘라다는 마음의 변형이 전혀 없지만, 생각의 움직임에 의하여 흐트러지지 않는 지고의 희열 상태에 들었습니다. 그는 조각상처럼 앉아 있었습니다.

이런 식으로 매우 오랜 시간이 지났습니다. 악마들은 온갖 노력을 다하여 그를 방해하려 했지만, 그들은 그렇게 할 수 없었습니다. 천 년이 지났습니다. 악마들은 그가 죽었다고 결론을 지었습니다.

저승이 혼돈 상태가 되었습니다. 히란야까쉬뿌가 죽었습니다. 그리고 그의 아들이 세상에 죽은 채로 있었습니다. 어떤 이도 왕좌에 오를 수가 없었습니다. 악마들은 변덕과 공상에 휩싸인 채, 나라를 마음대로 떠돌아다녔습니다. 극도의 무질서가 팽배했으며, 바다 속에서 큰 물고기가 작은 물고기를 집어삼키듯이 강한 자가 약한 자를 힘으로 지배했습니다.

그 동안 우유로 된 바다 속에서 뱀의 의자에 기대어 있던 우주의 보호자인 비슈누 신은 우주의 상태를 지켜보았습니다. 마음속에서 그는 천국과 세상을 보았고 모두 질서가 잡혀 있어서 만족했습니다. 그런 후에 그는 저승의 상태를 보았습니다. 그는 쁘라흘라다가 초월적 의식의 상태에 잠겨 있는 것을 알아차렸습니다. 악마들에 의한 고통에서 자유로워진 천국의 신들은 끝없는 번영을 누렸습니다. 이것을 보고서,

비슈누 신은 생각했습니다.

쁘라흘라다가 초월적 의식의 상태에 잠겨 있기 때문에, 지도자가 없는 악마들은 그들의 힘을 잃어버렸다. 악마로부터 위협이 존재하지 않아서 천국의 신들은 두려움이 없으며, 따라서 미워하는 것도 없다. 두려

워하거나 미워하는 것이 없다면, 그들은 조만간 상반되는 쌍들 너머에 있는 초월적 의식의 상태로 오를 것이며, 그리고 해방을 성취할 것이다! 그러면 비위를 맞출 신들이 없기 때문에, 인간은 종교적 의식이 무의미하다는 것을 알 것이다. 자연적인 우주의 소멸 때까지만 존재해야 하는 이 우주는 갑자기 끝날 것이다. 나는 이 속에 어떤 좋은 점도 보지 못한다. 따라서 나는 악마들은 악마들로서 계속 살아야 한다고 생각한다. 악마들이 신들의 적으로서 기능한다면, 종교적이고 올바른 행위가 이 창조물들 속에서 퍼질 것이다. 이렇게 함으로써 이 창조는 계속 존재하고 번영할 것이다. 다른 방법으로는 그렇게 되지 않을 것이다.

따라서 나는 곧바로 저승으로 가서 그것을 있어야 할 상태로 다시 세울 것이다. 쁘라흘라다가 그 왕국을 지배하는 데 관심이 없다면, 나는 그의 지위를 대신할 누군가를 임명할 것이다. 확실히 이번은 쁘라흘라다의 마지막 환생이다. 그는 이 세상 순환의 종말까지 그런 모습으로 살 것이다. 그런 것이 세상의 순리이다. 따라서 나는 지옥으로 가서 소리쳐 쁘라흘라다를 깨울 것이다. 나는 그를 설득하여 그가 해방의 의식을 누리면서 왕국을 지배하게 할 것이다. 이렇게 나는 자연스런 소멸이 있을 때까지 이 창조를 유지시킬 것이다.

바시슈타는 계속했다.

이렇게 결심하고, 비슈누 신은 재빨리 저승에 도달했습니다. 그의 빛 속에서, 악마들은 새로운 힘과 활력을 얻었습니다. 하지만 그의 신성한 빛에 의해 아찔해진 그들은 달아났습니다. 비슈누는 쁘라흘라다가 앉아 있던 곳에 다가가서, "고귀한 자여, 깨어나라!" 하고 큰 소리로 소리치면서 동시에 그의 소라 나팔을 불었습니다. 이 소리를 듣자 악마들은 쓰러졌고 신들은 기뻐했습니다.

생명력이 쁘라흘라다의 머리의 왕관 부위를 진동시키기 시작했습니다. 그러자 생명력이 몸을 통해 퍼졌습니다. 감각이 에너지를 얻었고 감각에 맞는 각각의 대상들을 이해하기 시작했습니다. 마음이 기능하기 시작했습니다. 신경(나디)들이 진동하기 시작했습니다. 마음은 그것의 육체적 상자 즉 몸을 깨닫기 시작했습니다. 쁘라흘라다는 자신의 주위 환경에 완전히 깨어나서 신을 응시했습니다.

비슈누 신이 쁘라흘라다에게 말했습니다.

오, 쁘라흘라다여! 저승의 지배자로서의 그대의 정체성을 기억하라. 그대에게는 얻거나 거절해야 할 것이 없다. 이 세상의 윤회가 끝날 때까지 그대는 지금의 몸으로 있어야 한다. 이 세상 질서의 법칙을 알기 때문에, 나는 이것이 불가피하다는 것을 안다. 따라서 그대는 모든 미혹으로부터 자유로운 해방된 현인으로서 지금 이곳에서 이 왕국을 통치해야 한다.

우주적 소멸의 시간이 아직은 오지 않았다. 자연스러운 우주의 소멸이 일어나기 전에 오는 표시, 징후나 사건들이 아직은 보이지 않는다. 왜 그대는 헛되이 이 몸을 포기하려 하는가?

나는 존재한다. 그 안에 이 모든 세상과 창조물이 존재하고 있다. 따라서 아직은 그대 몸의 포기에 대하여 생각하지 말라.

무지와 슬픔에 빠져 있는 사람이 죽기에 적합하다. '나는 약하고, 비참하고, 어리석다.'와 같이 생각하고 탄식하는 사람이 죽기에 적합하다. 마음이 불안정하고 끊임없이 욕망과 소망에 의해 동요되는 사람이 죽기에 적합하다. 행복과 불행 같은 반대되는 것들에 의해 지배되고, 몸에 집착하며, 육체적으로 정신적으로 고통 받고, 번뇌와 분노의 불길이 가슴을 말려 버린 사람이 죽음을 경험하기에 알맞다. 사람들은 몸을 버릴 때 그것을 죽음이라고 여긴다!

삶은 마음이 참나 지식에 의해 조절되고 있고 진리를 알고 있는 사람에게 적절하다. 자아감의 개념이 없으며, 어떤 것에도 집착하지 않고, 싫어하는 것과 좋아하는 것이 없으며, 고요한 마음을 가지고 있으며, 마음이 마음 없는 상태에 이른 사람은 살아야 한다. 진리를 지각하고 있으며, 놀듯이 이 세상에서 움직이고, 외적인 사건에 의해 내적으로 들뜨거나 우울해 하지 않으며, 얻거나 거부하는 욕망이 없는 자가 살아야 하는 것이 마땅하다. 그에 대해 듣고 그의 말을 들으면서, 사람들은 커다란 즐거움을 경험한다. 삶만이 그에게 적당하며, 죽음은 그를 위한 것이 아니다.

신은 계속 말했습니다.

사람들의 말에 따르면, 몸이 기능하고 존재하는 것을 살아 있는 상태라 한다. 다른 몸을 얻기 위하여 몸을 포기하는 것을 죽음이라 한다. 쁘라흘라다여! 그대는 이 두 가지 개념에서 자유롭다. 그대에게 무엇이 죽음이고 무엇이 삶인가! 나는 그대에게 설명을 하기 위해 사람들이 사용하는 개념을 쓰고 있었다. 사실 그대는 살아 있는 것도, 죽어 있는 것도 아니다. 몸 속에 있지만 몸을 가지고 있지 않기 때문에, 그대는 몸이 없다. 그대는 비물질적 지성인 관찰자이다. 그것은 공기가 공간에 존재하지만 공간에 붙어 있지 않으므로 그 공간에서 자유로운 것과 같다. 그러나 말로 표현하자면, 공간이 식물의 성장을 막지 않으면서 식물의 성장에 책임을 지고 있듯이, 몸을 통해 감각들을 경험하기 때문에 그대는 몸이다.

그대는 깨달았다. 그대에게 몸이나 몸을 지닌 것이란 무엇인가? 그대의 형태가 존재하고 있다는 것은 단지 무지한 이들의 눈에서만 그렇다. 늘 그대는 모든 것이며, 그대는 지고한 내적인 의식의 빛이다. 그대에게 무엇이 몸이거나 몸 없음이며, 그대가 무엇을 잡거나 버릴 수 있겠는가? 봄철이든, 우주적 소멸의 날이든 간에, 그러한 것들은 존재와 비존재라는 개념을 초월한 사람들에게는 아무런 의미가 없다. 왜냐하면 이런 모든 조건에서, 그는 확고히 참나 지식에 자리 잡고 있기 때문이다. 우주의 모든 존재들이 살아 있든 죽어 있든 혹은 번성하든 간에, 그는 참나 지식에 확고히 자리 잡은 채로 있다.

지고의 신은 몸이 죽을 때 죽지 않으며, 몸이 변할 때 변하지 않은 채로 몸 속에 자리 잡고 있다. '나는 몸에 속한다.' 또는 '몸이 나에 속한다.'와 같은 잘못된 개념을 포기할 때, '나는 그것을 포기할 것이다.' 또는 '나는 그것을 포기하지 않을 것이다.', '나는 이것을 한다.', '나는 이것을 하지 않는다.'와 같은 표현은 무의미하다.

깨달음을 얻은 사람들은 비록 활동에 끊임없이 관계하고 있는 것 같지만, 아무것도 하지 않고 있다. 그들이 비활동의 상태에 도달하는 것은 활동하지 않음으로써가 아니다! 이런 비활동의 사실이 그대를 경험으로부터 자유롭게 한다. 왜냐하면 씨를 뿌리지 않는 곳에는 수확이 없기 때문이다. '나는 한다.' 그리고 '나는 경험한다.'와 같은 두 개념이 중단되었을 때, 오로지 평화만이 남는다. 그런 평화가 확고히 자리 잡을 때, 해방이 있다.

그런 깨달음을 얻은 사람에게 얻어야 하거나 버려야 할 것이 어디 있겠는가? 왜냐하면 오로지 주체와 대상의 개념이 멈출 때만 해방이 있기 때문이다. 그대와 같이 그런 깨달음을 얻은 사람들은 늘 깊은 잠의 상태에 있는 것처럼 이 세상을 산다. 오, 쁘라흘라다여! 그처럼, 잠을 반쯤 자는 듯이 이 세상을 지각하라! 깨달음을 얻은 존재들은 쾌락에도 크게 기뻐하지 않으며, 고통에도 비탄에 빠지지 않는다. 그들은 수정이 의도 없이 가까이 놓인 대상을 반영하듯이 그렇게 하려는 의도가 없이 움직인다. 그들은 참나 지식에는 완전히 깨어 있지만, 세상에 대해서는 잠을 자고 있다. 그들은 자아와 그와 관계된 것들이 없이, 이 세상에서 어린애처럼 움직인다. 오, 쁘라흘라다여! 그대는 비슈누의 상태에 도달했다. 창조자 브람마의 삶 속에서는 하루에 해당하는, 한 세상의 순환 동안 지옥을 다스려라.

쁘라흘라다는 말했습니다.

신이시여! 실제로 나는 피로로 지쳤고 그래서 잠시 동안 휴식을 취했습니다. 당신의 은총으로, 나는 명상과 명상하지 않는 것이 구분되지 않는다는 깨달음을 얻었습니다. 당신을 나의 내부에서 오랫동안 보아왔습니다. 다행히도, 지금 당신은 내 앞에 보입니다. 나는 슬픔, 미혹, 초연에 대한 걱정, 몸을 버리려는 욕망, 세상의 모습에 대한 공포가 없는, 무한한 의식에 대한 진리를 나의 내부에서 경험하였습니다. 하나의 유일한 실재가 알려지면, 어디에 슬픔이 있고, 어디에 파괴가 있으며, 무엇이 몸이고, 무엇이 세상의 모습이며, 무엇이 두려움이고 두려움 없음입니까? 나는 내 안에서 자발적으로 일어나는 그 의식의 상태에 있었습니다.

'나는 이 세상에 지쳐서 세상을 버릴 것이다.'와 같은 그런 생각은 단지 무지한 자 안에서만 일어납니다. 무지한 자만이 몸이 있을 때 슬픔이 있고 일단 몸이 포기되면 슬픔이 없다고 생각합니다. '이것이 쾌락이다.', '이것이 고통이다.', '이것이 있다.', '이것이 없다.'는 현명한 자가 아닌 무지한 자의 마음속에서만 움직이고 있습니다. '나'와 '다른 것'에 대한 개념은 지혜로부터 멀리 떠나 있는 무지한 자의 마음 상태

안에만 존재합니다. '이것은 가져야 할 것이다.' 그리고 '이것은 포기되어야 할 것이다.'와 같은 생각은 단지 무지한 자의 마음 상태에서만 일어납니다. 모든 것이 당신에 의해 퍼져 있을 때, 가지거나 버려지는 '다른 것'이 어디에 있습니까? 전 우주는 의식에 의해 퍼져 있습니다. 무엇이 얻어져야 하고 무엇이 버려져야 합니까?

나는 내 자신 안에서 자연스럽게 내 자신을 탐구하면서, 존재와 비존재, 가짐과 버림의 개념이 없이 단지 잠시 동안 휴식을 취했습니다. 나는 이제 참나 지식을 성취했습니다. 그래서 나는 당신을 기쁘게 하는 것은 무엇이든지 할 것입니다. 나의 경배를 받아 주십시오.

쁘라흘라다의 경배를 받고, 비슈누 신이 그에게 말했습니다.

오, 쁘라흘라다여! 일어나라. 이곳의 신들과 현자들이 그대의 영광을 찬송하는 동안, 나는 지금 그대를 저승의 왕으로 임명할 것이다. (그를 저승의 왕으로 앉힌 후에, 비슈누는 계속해서 말했습니다.) 태양과 달이 비치는 동안 저승의 지배자가 되어라. 욕망, 두려움, 미움에 동요되지 말고 평등한 시각을 가지고서 왕국을 보호하라. 왕의 기쁨을 누려라. 모든 번영이 그대에게 올 것이다. 그러나 천국의 신들도 지상의 인간들도 크게 동요되거나 염려되지 않는 방식으로 행동하라. 생각이나 동기에 의해 흔들림 없이 적절하게 행동하라. 그러면 그대는 행동에 의해 묶이지 않을 것이다. 오, 쁘라흘라다여! 그대는 이미 모든 것을 알고 있다. 그대를 가르칠 필요가 있겠는가? 지금부터 신들과 악마들은 우호적으로 살 것이다. 여신들과 악마들이 조화롭게 살 것이다. 오, 왕이여! 오랫동안 이 세상을 지배하면서, 무지를 아주 멀리하고, 깨달은 삶을 살아가라.

바시슈타는 계속했다.

그렇게 말한 후에, 비슈누 신은 악마의 왕국을 떠났습니다. 신의 은총과 축복으로 인해 천국의 신, 저승의 악마, 지상의 인간들이 걱정 없이 행복하게 살았습니다.

오, 라마여! 이렇게 나는 그대에게 자신의 가슴속에 있는 모든 불순들을 파괴할 수 있는 쁘라흘라다의 상서로운 이야기를 들려주었습니다. 이 이야기를 묵상하는 사람들은, 비록 그들이 아주 악하거나 죄가 있을지라도, 더욱 높은 의식의 상태에 곧 이를 것입니다. 이 이야기를 조금만 조사하여도 모든 죄들을 없애 줄 것입니다. 그러나 만약 조사가 요가식이라면, 확실히 그것은 지고의 깨달음으로 나아가게 할 것입니다. 죄는 단지 무지입니다. 죄는 탐구로 파괴됩니다. 그러므로 탐구를 결코 버려서는 안 됩니다.

라마가 물었다.

오, 신이시여! 비이원의 의식이라는 최고로 높은 상태에 있었던 쁘라흘라다가 어떻게 소라 소리에 의해 깨어났습니까?

바시슈타가 대답했다.

오, 라마여! 해방에는 '몸이 있는' 그리고 '몸이 없는'이라는 두 종류가 있습니다. 마음이 완전히 어떤 것에 집착하지 않는 즉 무엇을 얻으려거나 포기하려는 행위가 없는 그리고 갈망이 전혀 없는 해방의 상태를 '몸이 있는 해방'이라 합니다. 몸이 떨어져 나갈 때, 그것을 '몸이 없는 해방'이라 합니다.

'몸을 지닌 해방'의 경우에 있어서, 모든 경향성과 마음의 조건화는 미래에 몸을 가질 수 없는 튀긴 씨앗과 같습니다. 이런 상태는 잠자는 사람의 상태처럼 비의도적이고 비자발적이지만, 순수, 확장, 참나 지식과 같은 조건화는 여전히 남아 있습니다. 이런 자취가 남아 있는 한, 몸을 가진 채 해방된 현자는 100년 동안의 내적 명상 후 세상에 대한 의식에 깨어날 수 있습니다. 그것이 쁘라흘라다의 상태였습니다. 따라서 그는 소라 나팔 소리에 깨어난 것입니다.

더구나 비슈누 신은 모든 것의 참나이며, 그의 안에서 일어나는 개념은 무엇이든 즉각적으로 물질화됩니다. 그의 나타남은 원인이 없지만, 그것은 이 우주에 무한한 생명체를 만들고자 하는 유일한 목적을 지니고 있습니다. 참나 지식을 얻음으로써, 비슈누 신이 깨달아집니다. 비슈누 신을 찬미함으로써, 참나 깨달음이 얻어집니다.

오, 라마여! 쁘라흘라다가 가졌던 비전에 이르십시오. 그대 스스로 끊임없는 탐구를 하십시오. 그리하면 그대는 지고의 상태에 도달할 것입니다. 참나 탐구의 태양이 가슴속에서 일어나지 않는 한, 이 세상은 사람을 미혹시킵니다. 비슈누 신과 참나의 은총을 얻을 때, 이런 환영적인 세상의 모습이라는 유령에 의하여 괴로움을 당하지 않습니다.

라마가 물었다.

거룩한 분이시여! 당신은 쁘라흘라다가 비슈누 신의 은총으로 깨달음을 얻었다고 하셨습니다. 자기 노력으로 모든 것이 얻어진다면, 비슈누의 은총 없이는 그가 왜 깨달음을 얻을 수 없었습니까?

바시슈타가 대답했다.

확실히 쁘라흘라다가 성취한 모든 것은 자기 노력을 통해서였습니다. 오, 라마여! 다른 것이 아니었습니다. 비슈누가 참나이고, 참나가 비슈누입니다. 그 차이점은 말에 불과할 뿐입니다. 비슈누에 대한 헌신을 내부에서 만들었던 것은 바로 쁘라흘라다의 참나였습니다. 자신의 참나인 비슈누로부터 쁘라흘라다는 참나 탐구라는 은혜를 얻었으며, 그런 탐구를 통해 참나 지식을 얻었습니다. 때때로, 사람들은 자기 노력으로 한 참나 탐구를 통하여 참나 지식을 얻습니다. 때때로 이런 자기 노력은 참나인 비슈누에 대한 헌신으로서 나타나며, 이렇게 깨달음을 얻습니다.

오랫동안 비슈누를 굉장한 헌신으로 경배할지라도, 그는 참나 지식에 있어 현명하지 못한 사람에게는 깨달음을 주지 않습니다. 따라서 참나 지식의 최고 수단은 참나 탐구입니다. 은총과 다른 요인들은 부차적인 수단입니다. 그러므로 감각을 제어하고, 온 영혼을 다한 영적 수행으로 마음이 참나 탐구의 길로 나아가게 하십시오. 자기 노력을 하여 이 세상이라는 바다를 건너 건너편 해안에 이르십시오.

참나 탐구라는 노력 없이 비슈누 신을 볼 수 있다고 생각한다면, 왜 새와 짐승들은 그에 의해 고양되지 못합니까? 구루가 자기 노력이 필요 없이 사람을 영적으로 들어 올릴 수 있는 것이 사실이라면, 왜 구루가 낙타나 황소를 들어 올릴 수 없겠습니까? 아닙니다. 그 무엇도 신, 구루, 부, 다른 수단의 도움으로 성취되는 것이 아니라, 자기 노력에 의하여 마음을 완전히 통제함으로써 성취됩니다. 무색(모든 형태의 마음의 조건 형성으로부터의 자유)과 더불어 오는 단호한 자기 제어에 의하여 얻어질 수 없는 것은 삼계에 있는 다른 어떤 수단들로도 얻어질 수 없습니다.

따라서 참나에 의하여 참나를 찬미하십시오. 참나에 의하여 참나를 경배하십시오. 참나에 의하여 참나를 보십시오. 참나에 의하여 참나 안에 확고히 자리를 잡으십시오. 비슈누 헌신의 의식은 경전의 탐구, 자기 노력, 참나 탐구를 하지 않고 있는 사람들을 선한 무엇을 할 수 있도록 이끌기 위한 의도로 만들어졌습니다. 확고하고 일관성이 있는 자기 노력은 최고의 것으로 간주됩니다. 자기 노력이 없을 때, 다른 경배의 형태가 제시됩니다. 감각들의 완전한 통제가 있다면, 경배가 무슨 소용이 있겠습니까? 감각의 통제가 없다면, 경배가 무슨 소용이 있겠습니까? 참나 탐구와 그에 따르는 내적 평온이 없다면, 비슈누 신에 대한 헌신도 참나 지식도 가능하지 않습니다. 따라서 참나 탐구와 정신의 흐트러짐을 중단하게 하는 수행에 의존하십시오. 그리고 참나를 경배하십시오. 이것에 성공한다면, 그대는 완벽함을 얻습니다. 그렇지 않으면, 그대는 단지 사나운 당나귀와 다를 바 없습니다.

바시슈타는 계속했다.

그대가 비슈누 신과 다른 신들을 경배하듯이, 왜 그대는 자신의 참나를 경배하지 않습니까? 사실 비슈누 신은 모든 것의 가장 내부에 거주하고 있는 존재입니다. 내부에 있는 자를 버리면서 밖으로 비슈누를 찾는 자들은 가장 나쁜 자들입니다. 신이 거주하는 곳은 모든 존재들의 가슴 동굴입니다. 그것이 그의 영원한 몸입니다. 소라, 원반, 기타 등등에 의해서 보이는 형태는 참나의 이차적인 형태일 뿐입니다. 주요한 진리를 포기하고 부차적인 면들을 뒤쫓는 이는 확실한 치료법을 버리고, 다른 수단으로 치료 효과를 가져오게 하려고 헛되이 몸부림치는 것과 같습니다. 내부에 거주하고 있는 참나에 일점 지향의 주의를 주면서 명상할 수 없어서 참나의 지혜를 성취할 수 없는 사람은 비슈누 신의 외적인 형태에 대한 경배에 전념할 것입니다. 그러한 수행에 관련된 노력에 의하여 마음은 점차 정화되어 색깔이 지워질 것입니다. 이런 수행을 지성과 지혜와 더불어 지속한다면, 가슴속에 평화와 즐거움이 일어나고 참나 지식을 위한 성숙과 무르익음이 옵니다. 실제로 내가 언급했던 이 결실은 참나로부터 옵니다. 소위 말하는 비슈누 신에 대한 경배는 단지 그것에 대한 구실일 뿐입니다.

비슈누 신에 의하여 주어지는 모든 은총과 축복은 사실 참나 본성을 탐구하는 사람에 의해서 오로지 참나로부터 얻어집니다. 이 모든 여러 수행들과 이것들로부터 오는 것처럼 보이는 축복은 모두 자신의 마음에 대한 이해와 통제 위에 있는 것입니다. 그것은 땅이 모든 다양한 음식물의 근거가 되는 것과 같습니다. 사실 흙을 쟁기로 갈고 바위를 옮기는 것조차도 자신의 마음을 통제하는 것 이외 다른 것이 아닙니다!

천 번의 삶 동안 탄생과 죽음의 수레바퀴를 돌릴지도 모릅니다. 이것은 마음을 완전히 통제하여 마음이 지고의 평화와 평온에 이르기 전에는 멈추지 않을 것입니다. 이 삼계의 어느 누구도, 심지어 신들이나 셋으로 있는 신들조차도 변덕스러운 마음의 괴롭힘에서 사람을 구할 수는 없습니다.

그러므로 오, 라마여! 그것들이 그대 안에서 나타나든 그대 밖에서 나타나든 간에 대상적 세상의 모습에 대한 모든 환영을 버리십시오. 반복적 탄생을 멈추려면 의식의 유일한 실재를 명상하십시오. 대상으로 있는 의식인 모든 개념과 지각을 단호히 버리고 무한한 변함없는 의식을 명상함으로써 사실 모든 존재의 본성인 순수 의식을 맛보십시오. 그대는 확실히 세상 모습과 재탄생이라는 이 강을 건널 것입니다.

가디의 이야기

바시슈타가 말했다.

오, 라마여! 탄생과 죽음의 순환은 무한합니다. 이러한 마야는 다른 것으로 끝낼 수 없으며 마음을 제어할 때만 멈춥니다. 이것을 설명하기 위해 그대에게 들려줄 전설이 하나 있습니다.

이 세상에 코살라라는 지역이 있습니다. 그곳에 가디라는 브람마나 (브람민 계급의 사람)가 있었습니다. 그는 매우 학식이 있었으며, 덕의 화신이었습니다. 어린 시절부터 그는 포기와 초연의 정신으로 가득했습니다. 한번은 이 브람마나가 금욕 생활을 하러 숲으로 나갔습니다. 그는 비슈누를 보게 되기를 바라면서 강물 속으로 들어가 여러 가지 만뜨라들을 읊기 시작했습니다. 그것은 그의 존재를 완전히 정화시켰습니다.

8개월 후, 비슈누 신이 그곳에 나타나 그에게 '원하는 바를 말하라.' 고 하였습니다.

그러자 브람마나가 대답했습니다.

"신이시여! 모든 존재를 혼란하게 하고 그들을 무지에 빠뜨리는, 당신의 현혹시키는 힘인 마야를 보고 싶습니다."

비슈누 신이 말했습니다.

"그대는 나의 마야를 보게 될 것이다. 그러면 그 즉시 대상들에 대한 미혹된 지각을 버리게 될 것이다."

비슈누 신이 사라진 뒤 가디는 물에서 나왔습니다. 그는 매우 즐거웠습니다. 그 후 며칠 동안, 비슈누 신을 본 결과에서 온 희열 속에 잠긴 채 여러 성스러운 활동을 했습니다.

어느 날 그는 강에 목욕하러 가서, 여전히 비슈누 신의 말을 명상하고 있었습니다. 물 속에 있을 때, 그는 자신이 죽어 있고 사람이 애도하고 있는 것을 보게 되었습니다. 그의 몸은 가라앉아 있었고 그의 얼굴은 창백하여 생명이 없었습니다.

그는 자신이 큰 소리로 통곡하고 있는 매우 많은 친척들에게 둘러싸여 있는 것을 보았습니다. 그들은 위로할 길 없는 크나큰 비탄에 잠겨 있었습니다. 그의 아내는 그의 발을 쥐고서 마치 둑이 터진 듯이 눈물을 흘리고 있었습니다. 그의 어머니는 그의 얼굴을 붙잡고 고통의 눈물을 흘리며 큰 소리로 울부짖고 있었습니다. 그는 비탄해 하는 많은 친척들에 둘러싸여 있었습니다.

그는 자신이 잠들거나 깊은 명상에 있는 듯 고요히 누워 있는 것을 보았습니다. 말하자면 긴 휴식을 취하고 있는 것이었습니다. 그는 친척들의 통곡과 울부짖음을 다 듣고는 "이 모든 것은 무엇을 의미하는가?" 하고 생각하며 우정과 친척 관계의 속성에 관해 생각해 보았습니다.

곧 친척들이 그의 몸을 화장터로 옮겼습니다. 장례 의식을 치른 후, 그들은 시신을 화장용 장작더미에 올려놓았습니다. 장작에 불을 붙이자 가디의 몸은 불에 타 버렸습니다.

바시슈타가 계속 말했다.

오, 라마여! 아직껏 강물 속에 있던 가디는 부따만달람이라는 지방의 부족 여인의 자궁 속에 태아로 있는 자신을 보았습니다. 그 여인의 몸속에서 오물과 살로 둘러싸여 있었습니다. 시간이 지나 그 여인의 아들로 태어났습니다. 한동안 그는 자신의 배설물 속에서 뒹굴었습니다. 그는 부모처럼 검은 피부를 지녔습니다. 그는 가족의 사랑을 듬뿍 받았습니다.

곧 그는 건장한 젊은이로 자랐습니다. 그는 훌륭한 사냥꾼이 되었습니다. 그는 부족의 여자와 결혼하였으며 숲 속을 자유로이 돌아다녔습니다. 그리고 유목 생활을 하면서, 나무 아래에서 자기도 하고, 수풀 속에 숨기도 했으며, 때로는 거주할 동굴을 만들었습니다. 그는 아버지가 되었고, 그의 자녀들도 그가 그런 것처럼 활기차고 사나웠습니다.

그는 거대한 가족을 거느리게 되었고 많은 친지와 친구들을 가지게 되었습니다. 그가 늙었을 때 자신은 죽지 않았지만 죽음으로 친구와 친지를 하나씩 잃게 되었습니다. 그는 혐오감을 느끼고 고향을 떠나 외국으로 방랑의 길을 떠났습니다. 그는 정처 없이 여러 나라를 떠돌았습니다.

그렇게 여기저기를 떠돌아다니던 어느 날, 매우 번영하고 부유한 어느 왕국에 들어가게 되어 수도에 있는 큰 거리를 걷고 있을 때, 자신의 앞쪽에 호화롭게 꾸민 거대한 코끼리를 보았습니다.

이 왕실 코끼리는 사명을 띠고 있었습니다. 이 왕국을 다스리던 왕이 후계자 없이 막 죽은 터라 관례에 따라 이 왕실 코끼리가 적당한 후계자를 찾도록 위임되었습니다. 마치 보석 상인이 고귀한 보석을 찾듯이 적당한 사람을 찾고 있었습니다.

사냥꾼은 그 코끼리를 놀라움과 호기심으로 한동안 바라보고 있었습니다. 그 코끼리는 그를 그의 짐 가방과 함께 번쩍 들어 올려 자기의 등에 올려놓았습니다. 바로 그 순간 그 도시에서는 북과 나팔의 소란스러운 소리가 울려 퍼졌습니다. 사방에서 사람들이 기쁨에 넘쳐 "왕이시여! 장수하소서!"라고 외쳤습니다. 코끼리가 왕을 선택한 것이었습니다.

곧 사냥꾼은 왕족들에게 둘러싸였습니다. 왕실의 아름다운 여인들이 그를 둘러싸고 기품 있는 옷과 보석으로 그를 치장했습니다. 그에게 화환을 씌우고 여러 가지 연고와 향수를 제공했습니다. 사냥꾼은 찬란한 왕처럼 빛났습니다. 그가 코끼리 등에 마련된 옥좌에 앉아 있는 동안 그에게 왕관이 씌워졌습니다. 그리하여 부족민이자 사냥꾼이 끼라뿌라의 왕이 된 것입니다! 그 이후로 그는 왕으로서의 모든 향락과 특권을 누렸습니다.

날이 갈수록 왕이라는 그 지위가 그에게 나라를 다스리는 기술을 가르쳤습니다. 그는 가발라라는 유명한 왕이 되었습니다.

바시슈타가 말했다.

시녀들과 대신들로부터 극진한 봉사를 받은 가발라 왕은 자신의 미천한 출신을 완전히 잊었습니다. 그렇게 8년이 지났습니다. 그 동안 그는 자비와 순수함으로써 나라를 공정하고 현명하게 다스렸습니다.

어느 날, 그가 왕의 옷과 휘장을 두르지 않은 채 간소한 차림으로 내궁을 배회하였습니다. 자신의 우월함을 의식하고 있는 사람들은 외부적인 장식들을 무시하기도 합니다. 궁 밖에서 그는 친숙한 노래를 부르고 있는 한 떼의 사람들을 보고서 조용히 그들과 어울려 노래를 부르기 시작했습니다.

그때, 한 나이 많은 사람이 그를 알아보고서 사람들로부터 일어나 그를 가리키며 말했습니다. "어이, 까딴자! 이 나라의 왕이 그대의 음악적 업적을 인정하여 그대에게 좋은 선물을 내렸는가? 아! 그대를 만나 무척 기쁘다. 어느 누가 옛 친구를 만난 것이 기쁘지 않겠는가?" 가발라 왕은 이 사람을 무시했습니다. 그러나 멀리서 보고 있던 왕실의 부인들과 대신들은 충격을 받았습니다. 왕은 급히 왕궁으로 돌아왔습니다.

그러나 왕실의 하인들과 신하들은 그들의 왕이 그들로서는 아는 척도 하지 않는 비천한 부족의 사람이라는 것을 알게 된 충격에서 벗어날 수 없었습니다. 그들은 왕을 피하기 시작했습니다. 그를 마치 악취 나는 송장 취급했습니다.

대신들과 하인들과 그를 치장하려고 기다리던 부인들에게서 무시당하게 된 가발라 왕은 그의 본 모습인 어리석고 추한, 화장터처럼 보기만 해도 끔찍한 부족 사람으로서의 본 모습을 드러내기 시작했습니다. 시민들조차도 그를 피했고 그의 면전에서 피해 달아났습니다. 궁전 안에서 사람들에 둘러싸여 살고 있었지만, 그는 완전히 외로움을 느꼈고, 왕이었지만 가난한 사람처럼 느껴졌습니다. 그가 말을 걸려 해도 사람들은 대답조차 하지 않았습니다!

그곳의 지도자들이 협의회를 열어 상의하였습니다. "아아! 개가죽을 쓰고 사는 이 부족민을 접했으니 우리는 더럽혀졌다. 이 오염을 씻을 길은 죽음 외에는 없다. 거대한 장작을 쌓고 그 위에 우리의 더럽혀진 몸을 던져 영혼을 깨끗이 하자." 이렇게 결정하고 그들은 장작을 모아서 거대한 화장터를 만들어서는 한 명씩 몸을 던져 넣었습니다. 연장자들이 모두 그렇게 그들의 생을 마치게 되어, 그 도시는 무질서와 무법천지가 되었습니다.

가발라 왕은 후회했습니다. "아, 이 모두가 나로 인해서이다! 어찌 내가 더 살려 하는가. 죽음이 삶보다 낫구나. 사람들에게 불명예스러워진 사람은 죽는 것이 차라리 낫다." 이렇게 결심하고서 왕 또한 조용히 자신의 몸을 불 속에 던졌습니다. 가발라 왕의 사지가 불에 타기 시작하자, 강물 속에 가라앉아 기도문을 읊고 있던 가디가 의식을 되찾았습니다.

(이 장면에서 날이 저물었고, 또 하나의 날이 끝났다.)

바시슈타가 말했다.

그 후 가디는 그가 가졌던 환영의 비전에서 자유로워졌습니다. 다시 한 번 '나는 가디다.'라는 의식을 되찾았습니다. 그는 종교 의식을 마치고 강에서 나와서는 "나는 누구인가. 나는 무엇을 보았고, 어떻게 보게 되었는가?" 하고 묻기를 계속했습니다. 자신이 피로에 지쳐 그의 마음이 자신을 속였음이 분명하다고 결론지었습니다. 그 자리에서 걸어 나갔을 때도 그는 그 환영에 관해 깊이 빠져 부모와 친구와 그 환영에서 보았던 사람들에 관해 생각하고 있었습니다. '분명히 그 모든 것은 환영이다. 왜냐하면 지금 나는 어떤 것도 지각하지 않기 때문이다!'라고 생각했습니다.

며칠 후 다른 브람마나가 그를 찾아왔습니다. 가디는 정중히 그 귀빈을 맞이했습니다. 그들이 대화를 나누는 동안, 가디가 손님에게 "왜 그리 피곤하고 지쳐 보이는지요?" 하고 물었습니다. 그러자 귀빈이 대답했습니다. "진실을 말하리다! 북쪽에 끼라라는 왕국이 있습니다. 나는 거기서 융숭하게 대접받으며 한 달을 보냈는데 그들에게서 이상한 이야기를 들었습니다. 그들이 말하기를 '어떤 부족인이 이 왕국을 8년간 다스렸다. 그 후 그의 정체가 알려지게 되었는데 그 사람 때문에 이곳의 많은 브람마나들이 죽었다.' 하였습니다. 내가 그 말을 들었을 때, 나 또한 더러워짐을 느껴 신성한 장소인 쁘라야로 가서 엄격한 금욕과 긴 단식을 했습니다. 바로 오늘 그 긴 단식을 마쳤습니다." 그 손님은 그 밤을 가디와 함께 보내고 다음 날 떠났습니다.

가디는 더 깊이 생각해 보았습니다. "내가 환영 속에서 보았던 것을 그 손님은 실제로 보았구나. 아! 그 이야기를 나 스스로 밝혀 봐야겠다." 이렇게 결심하고 가디는 먼저 부따만달라는 곳으로 급히 가 보았습니다. 의식 수준이 고도로 높은 사람은 스스로의 독특한 노력에 의해 자신이 마음으로 상상한 것도 실제로 볼 수 있습니다. 그러므로 가디도 목적지에 닿아 그가 상상한 것을 모두 볼 수 있었습니다.

거기서 그는 그의 의식 깊숙한 곳에 남아 있는 한 마을을 보았습니다. 바로 자신이었던 그 부족인의 집을 보았고 그가 사용하였던 물건들을 보았습니다. 집은 형편없이 망가져 있었고 동족에 의해 살이 뜯겨 먹힌 동물의 해골들도 보았습니다. 한참 동안 그는 묘지처럼 끔찍한 장소를 바라보았습니다. 그곳을 떠나 이웃 마을에서 마을 사람에게 물어보았습니다. "저쪽에 살던 사람에 대해 아는 것이 있나요?"

그러자 그 마을 사람이 "예, 물론 압니다. 보기에도 끔찍하고 흉악한 사람이 저곳에 오래 오래 살았습니다. 그의 동족을 모두 잃게 되자 그 사람은 그곳을 떠나고는 끼라의 왕이 되어 8년간 다스렸습니다. 그의 신분이 들통이 나서 많은 사람이 죽게 되었고 그 자신도 죽었습니다. 왜 그에 대해 물으십니까?"라고 말하였습니다. 이 말을 듣고 가디는 매우 혼란스러웠습니다.

바시슈타가 말했다.

가디는 그 마을에서의 자신의 '삶'과 관계 있는 여러 가지 물건들과 장소들을 알아보았는데, 취해서 누워 있던 곳, 잠잤던 곳, 음식을 먹었던 장소, 입었던 옷 등이었습니다. 가디는 그곳에서부터 끼라 왕국까지 여행했습니다. 수도에 가서 시민에게 묻길 "얼마 전 부족인이 이 나라를 다스렸습니까?" 하니 그들은 열광적으로 대답했습니다. "예, 그렇습니다. 그 사람이 8년간 이 나라를 다스렸는데, 그는 코끼리에 의해 왕으로 뽑혔었지요. 그의 신분이 들통 나자, 그는 자살했습니다. 그것이 12년 전의 일입니다."

바로 그때, 가디는 수행원과 함께 궁전에서 나오는 왕을 보게 되었습니다. 그 왕은 비슈누 신의 변신이었습니다! 이 모든 것을 보자, 가디는 의아스러웠습니다. "이곳은 내가 그리 오래되지 않은 과거에 실제로 다스렸던 끼라 왕국이다. 그런데도 나에게는 마치 전생에서 일어난 일처럼 여겨지다니!" 가디는 스스로에게 말했습니다. "꿈만 같구나. 그러나 내 눈앞에 실제로 나타나는구나. 아아! 나는 틀림없이 어떤 환영의 그물에 사로잡혀 있다. 나는 비슈누 신이 나에게 그의 마야를 볼 수 있는 은총을 내렸음을 기억한다. 이것이 바로 그것이로구나." 가디는 그 도시를 즉시 떠나 근처 산에 있는 동굴로 가서 강한 금욕 생활을 수행했습니다.

곧 비슈누 신이 그의 앞에 나타나서 어떤 은총을 원하는지 물었습니다. 가디는 "꿈 속에서 겪었던 환영이 어떻게 실제로 일어날 수 있습니까?"라고 물었습니다.

신이 말하였습니다.

오, 가디여! 그대가 지금 보고 있는 것은 환영이다. 그것은 진실로는 참나 이외의 아무것도 아니다. 그것은 정화되지 못한 마음과 진리를 깨닫지 못한 마음에 의하여 지각된 것이다. 참나 바깥에는 아무것도 없다. 나무가 씨앗 속에 들어 있듯이, 이 모든 것은 이미 마음 안에 들어 있다. 그런데도 마음은 그것이 바깥에 있는 것처럼 본다. 지금 이 모든 것을 지각하는 것은 바로 마음일 뿐이다. 미래에 일어나리라 예상하거나, 과거에 일어난 기억으로 여기는 것들 모두가 마음의 조화이다. 꿈으로 겪거나 환영이나 병 등으로 겪은 것들은 모두 마음이다. 나무에 가득 활짝 핀 꽃들처럼 온갖 '사건'들이 마음 안에서 일어난다. 또한 뿌리 없는 나무가 꽃을 피우지 못하듯이, 지각이나 개념에서 자유로운 마음은 다시 태어남으로부터 자유롭다.

수없이 많은 생각을 지니고 있는 마음이 '나는 부족 사람이다.'라는 생각을 나타낼 수 있어야 했다는 것은 놀랍지 않은가? 이와 같이 똑같은 마음이 '이야기를 해 준 브람마나 손님을 모시고 있다.', '나는 부따만달람에 갈 것이다.', '나는 지금 끼라 왕국에 있다.'라는 여러 생각들로 나타난다. 이 모든 것은 단지 환영일 뿐이다! 그러니 성스러운 이여! 그대는 환영의 양면을 다 보았다. 하나는 그대가 환영이라고 생각했던 것이고 다른 하나는 실재라고 생각하는 것인데, 사실은 그 둘 모두 환영인 것이다. 그대는 손님을 맞은 적도 없고, 어디에도 가지 않았다! 이 모든 것 역시 환영일 뿐이다. 그대는 실제로 부따만달람이나 끼라 왕국에 있지 않았다. 이 모든 것은 또한 환영이다. 오, 현명한 자여! 일어나서 여기 이 상황에 적합한 행위는 어떤 것이라도 행하라. 그렇지 않고는 지금의 삶 속에서 가치로운 것을 얻을 수 없다!

바시슈타가 말했다.

다시 한 번 확신하기 위해, 가디는 다시 부따만다람 등지로 가서는 또다시 마을 사람들로부터 같은 이야기를 들었습니다. 그리고 자신 앞에 나타난 비슈누 신을 또 경배하며 물었습니다. "신이시여! 저는 두 나라를 6개월 동안이나 돌아다녔으며 그곳 사람들이 사실이라고 전해 주는 똑같은 이야기를 들었습니다. 지금의 혼란을 없애 주십시오."

신이 말했습니다.

오, 가디여! 그대와 상관없이 일어났을지 몰라도, 이런 일들은 그대의 마음 안에 비추어졌다. 그것은 까마귀가 야자나무에 앉자 그 열매가 땅에 떨어지는 것처럼 우연적인 관계에 있는 것과 같다. 그러므로 그 사람들은 그대가 그대 자신의 것이라고 믿고 있는 그 이야기를 똑같이 말하는 것이다! 그런 동시성은 그리 이상한 일이 아니다. 때때로 똑같은 환영이 여러 명에게 나타나기도 한다. 때로는 많은 사람들이 똑같은 꿈을 꾸기도 한다. 여러 사람이 똑같은 환영을 경험하기도 하며, 많은 술주정뱅이들이 동시에 이 세상이 자신들 주변을 회전하는 것을 경험한다. 많은 아이들이 똑같은 놀이를 한다.

그런 혼란은 시간에 관해서도 사람들의 마음 안에 일어난다. 시간은 마음에서 일어난 개념이다. 시간은 상호 인과 관계에 있는 어떤 현상과 관련되어 있다.

비슈누 신이 사라지자, 가디는 오랫동안 깊은 명상에 잠겼다가 다시 한 번 기도하자 신이 앞에 나타났습니다. 가디는 "신이시여! 저는 당신의 마야에 의해 혼란스럽습니다. 적당한 방법으로 이 혼란을 없애 주십시오."라고 기도했습니다. 그러자 신이 말했습니다.

그대가 부따만달람과 끼라에서 보았던 것들은 사실일 수 있다. 끼딴자라는 부족 사람은 실제로 얼마 전에 태어났었고 자신의 동족을 잃고 끼라의 왕이 되었다. 이 모든 것은 그대의 의식 안에서 비추어진 것들이다. 마음은 실제로 겪었던 일을 때때로 잊는 것처럼, 그것은 본 적도 없는 것을 경험했다고 생각한다. 꿈과 비전을 보는 것처럼, 사람은 깨어 있는 상태 동안에도 환영을 경험한다. 비록 끼딴자는 몇 년 전에 살았지만, 그대의 의식 속에는 현재 있는 듯이 여겨지는 것이다.

'이것이 나다.'와 같은 개념은 참나 지식이 있는 사람에게 생기는 것이 아니라 무지한 사람의 마음에만 떠오른다. '나 자신이 모든 것이다.'라는 진리를 아는 사람은 비탄에 빠지지 않고, 슬픔의 산물인 유한한 대상을 잡지도 않는다. 그러므로 그 사람은 기쁨이나 슬픔에 지배되지 않는다.

그대는 완전히 깨닫지 않았으므로 그대의 마음은 객관적인 대상이나 개념에 의한 환영에 집착한다. 이런 마야는 모든 곳에 퍼져 있다. 중심에 세워진 사람은 미혹이 없다. 일어나라. 10년간 집중적으로 명상하라.

그 이후 가디는 깊은 명상에 전념하고는 참나 깨달음을 얻었습니다. 그런 다음 그는 두려움과 슬픔을 벗어난 해방된 현인으로 살았습니다.

바시슈타가 말했다.

이 우주적 환영(마야)은 큰 혼란을 낳으며 불안정한 본질을 지니고 있습니다. 그것을 이해하기는 매우 어렵습니다. 짧은 한 시간 동안의 꿈에 걸친 환영과 온갖 다양한 일들을 겪은 한 부족 사람의 전 생애 사이에 어떤 대조점이 있습니까? 다시 말해, 그런 환영 속에 보이는 것과 우리 눈앞에 보이는 것들을 어떻게 관련지을 수 있겠습니까? 또는 어떤 것이 정말로 사실이 아니고 어떤 것이 실제적인 변형을 겪습니까? 그러므로, 오, 라마여! 이 우주적 환영은 경솔한 마음을 끝없는 어려움 속으로 이끈다는 것을 그대에게 이야기하고 있습니다.

라마가 물었다.

"오, 성스런 분이시여! 하지만 그렇게 거대한 힘으로 돌고 있는 이 우주적 환영의 수레바퀴를 어떻게 정지시킬 수 있습니까?"

바시슈타가 대답했다.

오, 라마여! 마음이 미혹된 자들의 마음속에 미혹을 일으키며, 이 악순환이 그 주위에서 순환하게 하는 축입니다. 집중적인 자기 노력과 날카로운 지성을 통해 그 축을 멈춤으로써 그 전체 바퀴를 정지시킬 수 있습니다. 축의 움직임이 멈추어야 바퀴는 돌지 않게 됩니다. 마음이 고요해지면 즉 멈추면, 환영이 그칩니다. 이 기술을 모르고 그것을 수행하지 않는 사람은 끝없는 슬픔을 겪게 됩니다. 보십시오! 진리가 보이는 순간, 슬픔은 끝이 납니다.

이 세상의 환영을 지각하는 병을 고치는 유일한 치료법은 마음을 지배하는 것입니다. 그러므로 오, 라마여! 성지 순례라든지, 선물이나 금욕 생활 같은 행동들을 그만두고, 궁극의 선을 위하여 마음을 그대의 지배 하에 두십시오. 항아리 안에 공간이 있듯이, 마음 안에 세상의 모습이 있습니다. 항아리가 깨어진다면, 공간의 환영적인 분리는 사라집니다. 마음이 존재하기를 멈추면, 마음 안에서 일어나는 세상이라는 개념도 없어집니다. 항아리가 깨어지면 항아리 안에 갇혀 있던 벌레가 자유를 얻듯, 마음과 그 안에 포함된 세상의 환영이 없어지면 그대 역시 자유를 누릴 것입니다.

현재에 살아가십시오. 잠시 외부로 나타난 의식을 가지지만 그러나 아무런 노력 없이 살아가십시오. 마음이 그 자신을 과거나 미래에 연결 짓는 것을 멈출 때, 마음은 마음 아닌 것이 됩니다. 순간순간 그대의 마음이 지금 있는 것에 머무르고 그리고 마음을 노력 없이 놓아 버리면, 마음은 순수함으로 가득 찬 채 마음 아닌 것이 됩니다. 구름이 있을 때라야 비가 내리듯이, 마음이 다양한 투사나 확장을 경험할 때에만 마음은 동요되기를 계속합니다. 또한 무한한 의식이 자신을 유한한 마음으로 한정시킬 때, 그런 동요나 확장이 일어납니다. 의식이 유한한 마음이기를 멈춘다면, 그래서 탄생과 죽음이라는 순환하는 세상 환영의 뿌리는 타 버리고 거기에 완벽함이 있다는 것을 아십시오.

바시슈타가 말했다.

마음의 한계가 없는 의식을 내면의 지성이라 합니다. 내면의 지성이 마음 없음의 핵심적 본성입니다. 그러므로 내면의 지성은 개념과 관념의 불순함에 의해 오염되지 않습니다. 그것은 실재이고, 그것은 최고의 길조이며, 그것은 지고의 참나로 알려진 상태이고, 그것은 전지입니다. 그리고 그런 통찰은 사악한 마음이 움직일 때는 얻을 수 없습니다. 마음이 있는 곳에는 희망과 욕망이 번창하고, 그래서 고통과 쾌락의 경험이 일어납니다. 진리를 깨닫게 된 의식은 개념과 관념 속으로 떨어지지 않습니다. 비록 다양한 심리적 경험을 겪는 듯이 보일지라도, 의식은 세상의 환영과 세상의 모습의 순환을 만들지 않습니다.

경전 공부, 성스러운 이들과의 교제, 진리에의 방심 없는 수행을 통해 일깨워진 이들의 경우, 그들의 의식은 대상이 없는 순수 상태에 이른 것입니다. 그러므로 마음을 무지와 동요 상태에서 힘차게 끌어올려, 그것을 경전 공부와 신성한 현인들과의 교제에 바치도록 해야 합니다.

지고의 참나나 무한한 의식을 깨닫기 위한 유일한 도움은 참나뿐입니다. 자신의 슬픔을 버리기 위해 노력하는 것은 자기 자신의 참나입니다. 이것을 위해서 혼자 힘으로 자기 자신의 참나를 깨우치는 것이 유일한 방법입니다.

그러므로 오, 라마여! 이 세상에서 말하기, 가지기, 머물기 등의 움직임을 하는 동안에도 마음 없이 존재하며 그리고 그대는 순수 의식임을 깨달으십시오. '이것은 나의 것이다.', '저 사람은 그이다.', '나는 이러하다.'와 같은 개념들을 버리고 분리되지 않은 하나라는 의식 안에 확고히 있으십시오. 몸이 남아 있는 동안, 현재와 미래를 차분한 의식을 가지고 생각하십시오. 어릴 때나 젊을 때나 늙어서나, 또한 즐거울 때나 괴로울 때라도, 또 깨어 있거나 잠자거나 꿈꿀 때와 같은 이 모든 상태들에서 언제든지 참나의 의식 속에 확고하십시오. 대상적 지각의 불순함, 희망, 욕망을 버리고, 참나 지식 속에 확고히 남아 있으십시오. 상서롭거나 불길한 일들에 대한 개념들을 버리고, 바람직하거나 바람직하지 않은 비전들을 버리십시오. 그대는 바로 의식의 정수임을 아십시오. 주체, 대상, 행위들이 그대를 건드릴 수 없음을 깨달으십시오. 혼란 없이 순수한 의식으로 있으십시오. '나는 모든 것이다.'라는 것을 알고 깊은 잠 속에 든 것처럼 깨어서 사십시오. 이원성이라거나 비이원성이라는 조건들에서 자유로워지십시오. 순수한 의식과 자유의 상태인 평온 속에 머무르십시오. 이 우주적인 의식은 '나'와 '남'으로 나누어지지 않음을 깨닫고 견고하게 흔들리지 마십시오.

바시슈타가 계속해서 말했다.

한계가 없으며 인내와 끈기를 지닌 지성으로써 모든 희망과 욕망의 족쇄들을 자르고, 다르마와 아다르마를 초월하십시오. 참나 지식에 확고히 뿌리내릴 때, 최악의 독약도 불멸의 과즙으로 바뀝니다. 이 참나 지식이 무지에 의해 압도될 때 세상 모습이라는 미혹이 마음에 떠오르게 됩니다. 그러나 무한하고 제한이 없으며 무조건적인 참나 지식 안에 견고히 자리 잡을 때, 세상 모습을 일으키는 망상이나 무지는 끝나게 됩니다. 그때, 그대의 지혜의 빛은 세상을 꿰뚫고 사방으로 빛납니다.

참나 지식이라는 형태로 있는 불멸의 과즙을 마신 사람에게는 감각적인 쾌락은 고통스러워집니다. 우리는 참나 지식을 얻은 이들과의 교제에 의지해야 합니다. 그렇지 못한 이들은 인간의 옷을 입은 당나귀입니다. 코끼리가 큰 걸음걸이로 움직이듯이, 높은 경지의 의식 상태에 다다른 현인들은 의식의 더욱 높은 상태에 이르렀습니다. 그들은 외부적인 도움을 전혀 가지지 않고 있으며, 어떤 태양들도 그들의 길을 비추지 않습니다. 참나 지식만이 그들의 빛입니다. 태양이 비치는 한낮에는 등불이 빛을 잃듯이, 사실 태양과 세상은 대상적인 지각이나 지식의 범위를 넘어선 그들에게는 지각의 대상이 되지 않습니다.

참나 지식을 가진 현인 즉 진리를 아는 이들은 찬란하고, 영광스럽고, 강력하고, 거대하며, 탁월함의 상징이라 여겨지는 여러 특징을 부여받은 사람들 중에서도 최고입니다. 이 현인들은 이 세상에서 태양처럼, 불처럼, 달처럼, 일제히 반짝이는 별들처럼 빛납니다. 반면에, 참나 지식을 얻지 못한 사람들은 벌레나 곤충보다 더 못합니다.

참나 지식이 내부에서 일어나지 않는 한, 미혹이라는 허깨비는 사람을 괴롭힙니다. 그런 무지한 사람들은 아무리 무지를 벗어나려고 모든 곳을 헤매고 다니면서 노력해도 언제까지나 슬픕니다. 그는 참으로 걸어 다니는 송장입니다. 참나 지식을 지닌 현인만이 의식이 있는 살아 있는 존재입니다. 두꺼운 구름이 끼면 태양 빛이 가리듯이, 마음이 불순함과 무지함으로 차게 되면 참나 지식의 빛은 가려집니다. 그러므로 사람은 과거에 경험해 보았거나 아직 경험하지 않았더라도 간절히 바라는 쾌락에 대한 갈망을 버리고, 쾌락에 대한 맛을 포기함으로써 마음을 차츰 약화시켜야 합니다. 몸과 그와 관련된 것 즉 아내나 아들, 가족 등과 같은 참나 아닌 것과의 잘못된 관계를 형성함으로 마음은 점차 거칠어집니다. '나', '내 것'이라는 개념이 마음을 더 우둔하고 무지하게 만듭니다. 그리고 그 마음은 노화, 슬픔, 야망, 심리적 고뇌, 성취하거나 포기하려는 노력, 애착, 탐욕, 부와 성을 향한 욕망, 감각적 쾌락을 즐김으로써 점차 더 악화되는데, 이런 모든 것은 모두 무지와 미혹에서 비롯된 것입니다.

바시슈타가 말했다.

오, 라마여! 마음이라는 것은 몸이라는 척박한 들에 뿌리내린 나무와 같습니다. 걱정과 불안이 그 나무의 꽃이고, 늙음과 질병이라는 열매가 달리게 됩니다. 욕망과 감각의 향락이라는 꽃으로 단장하고, 희망과 바람이 그 나무의 가지들이며, 심술궂음이 그 나무의 잎들입니다. 산처럼 흔들림 없는 것으로 보이는 이 치명적으로 유독한 나무를 탐구라는 날카로운 도끼로 베어 버리십시오.

오, 라마여! 이 마음은 몸이라는 숲을 돌아다니는 한 마리 코끼리와 같습니다. 그것의 시야는 미혹에 의해 흐려져 있습니다. 그것은 조건 지어지고 무지한 쪽으로 들어갔습니다. 그것은 그 자신의 참나 희열 안에서 쉴 수 없습니다. 그것은 난폭합니다. 그것은 현명한 이들로부터 듣는 진리를 인식하기를 바라지만, 다양성이라는 지각에 잡혀 있으며 쾌락이나 고통이라는 개념에 조건 지어져 있습니다. 그것은 욕망 등의 흉포한 이빨을 가지고 있습니다. 오, 라마여! 그대는 사자입니다! 오,

라마여! 이 코끼리를 그대의 날카로운 지성으로 산산조각 내십시오.

오, 라마여! 이 마음은 몸이라는 둥지에 살고 있는 까마귀와 같습니다. 그것은 오물 속에서 한껏 즐기고, 살을 먹고 강해지고, 다른 이의 심장을 꿰뚫고, 자신의 견해만을 진리라고 여기고, 늘 자라고 있는 어리석음 때문에 우매합니다. 악의 경향성들로 가득 차 있고 난폭한 표현에 빠져듭니다. 그것은 땅 위의 무거운 짐입니다. 오, 라마여! 그것을 그대로부터 멀리 몰아내십시오.

오, 라마여! 이 마음은 귀신과 같습니다. 그것은 갈망이라는 악귀의 시중을 받으며 무지의 숲에서 쉽니다. 그것은 미혹 때문에 수많은 몸속을 방황합니다. 지혜와 초연, 구루의 은총, 자기 노력, 만뜨라 찬송 등의 도움으로 이 귀신을 눕히지 않는다면 어떻게 그 사람이 참나 지식을 얻을 수 있겠습니까?

오, 라마여! 이 마음은 수많은 존재들을 죽여 온 독뱀과 같습니다. 이 뱀을 적절한 명상적 방식이나 가르침이라는 독수리의 힘으로 죽이십시오.

오, 라마여! 이 마음은 원숭이와 같습니다. 그것은 이리저리 과일인 보상이나 즐거움 등을 찾아 돌아다니고, 이 세상의 순환에 묶인 채 춤추고 사람들을 즐겁게 합니다. 그대가 완전함을 얻고자 한다면 모든 면에서 마음을 제지하십시오.

오, 라마여! 이 마음은 무지의 구름과 같습니다. 모든 개념과 관념을 반복해서 포기함으로써 그것을 제거하십시오.

끔찍한 무기가 더 강력한 무기로 파괴되듯이, 마음을 마음의 도움으로 고요하게 하십시오. 모든 형태의 마음의 동요를 버리십시오. 원숭이들의 소란이 없는 나무처럼 그대 안의 평화에 머무르십시오.

우달라까의 이야기

바시슈타는 계속했다.

오, 라마여! 미묘하고 날카로운 것인 마음의 개념과 관념에 자리 잡지 마십시오. 마음은 시간이 흐름으로 합쳐지고 시간이 경과함에 따라 커다란 힘을 얻습니다. 몸이라는 넝쿨을 시간이 죽이기 전에 지혜로 마음을 통제하십시오. 나의 말을 깊이 숙고함으로써 그대는 지고의 희열을 얻을 것입니다.

오, 라마여! 그대에게 옛날 현인 우달라까가 어떻게 지고의 진리의 비전을 얻었는지 말해 주겠습니다.

지상의 한 곳에 간다마다나라는 큰 산이 있었습니다. 그 산의 한 정상에 커다란 나무가 있었습니다. 그 지역에 현인 우달라까가 살고 있었습니다. 어린 소년일 때조차도 그는 자신의 노력을 통해 지고의 지혜를 얻고자 했습니다. 순수한 가슴을 지녔음에도 불구하고 그는 이해가 부족했고 안정되지 않은 마음을 지녔었습니다. 그는 금욕적인 생활과 경전 연구에 전념했습니다. 그래서 그의 내부에 지혜가 일어났습니다.

어느 날 혼자 앉아 있는 동안, 현인 우달라까는 다음과 같이 숙고했습니다.

해방은 무엇인가? 얻어질 수 있는 대상들 중 어느 것이 최상의 것이라 할 수 있는가? 어떤 것을 얻어야 슬픔을 겪지 않으며, 다시 태어나지 않는가? 언제 내가 그런 상태에서 영원히 쉴 것인가? 욕구와 갈망으로 일어난 마음의 동요는 언제 끝날 것인가? '나는 이것을 했다.', '나는 이것을 해야 한다.'와 같은 생각에서 언제 자유로울 것인가? 연꽃이 물에서 살지만 물로 오염되지 않는 것처럼, 내 마음이 이런 관계 속에서 살지만 사악함을 경험하는 것은 언제 중단될 것인가? 지고의 지혜라는 배의 도움으로 해방이 있는 건너편 해안으로 건너갈 때는 언제인가? 어린아이의 장난처럼 사람들의 다양한 활동을 내가 지켜볼 수 있을 때는 언제인가? 마음이 완전히 고요할 때는 언제인가? 무한한 의식의 경험을 통해 주체와 대상적 경험 간의 환영적인 분리가 중지될 때는 언제인가? 그 속에 연루됨이 없이 시간이라는 개념을 지켜볼 수 있을 때는 언제인가? 완전히 고요한 마음을 갖고서 동굴 안에 살면서, 내가 생각의 움직임이 전혀 없는 상태에 있는 바위처럼 있을 때는 언제인가?

그렇게 생각하면서 우달라까는 명상 수행을 계속했습니다. 그러나 그의 마음은 계속 동요되었습니다. 그러나 어느 날 그의 마음은 외적 대상들을 포기하고 순수한 상태가 되었습니다. 때로는 그것은 아주 혼란스러웠습니다. 그런 변하는 기분에 괴로워하면서, 그는 숲 속을 거닐었습니다. 어느 날, 그는 지금껏 누구도 방문한 적이 없던 숲 속의 고요한 지점에 이르렀습니다. 그곳에서 그는 완전한 고요와 평화의 상태를 얻기에 가장 적합할 것 같은 동굴을 보았습니다. 그곳은 아름다운 담쟁이와 꽃들이 주위를 둘러싸고 있었으며, 기후도 적당했으며, 모든 면에서 쾌적했습니다. 그곳은 에메랄드로 조각된 것처럼 빛났습니다.

바시슈타는 계속했다.

우달라까는 그 쾌적한 동굴로 들어가서 명상의 자세로 앉았습니다. 생각의 움직임이 없는 마음의 상태를 얻고자 하면서, 그는 마음속에 있는 잠재적 경향성들에 주의를 집중했습니다.

우달라까는 다음과 같이 숙고했습니다.

오, 마음이여! 그대는 이런 세상의 모습과 무슨 관련이 있는가? 현명한 사람들은 나중에 고통으로 변하는 쾌락이라는 것과 접촉하지 않는다. 내부에 있는 지고의 평화를 버리고 쾌락을 찾아가는 자는 기쁨의 낙원을 포기하고 독초 들판으로 들어가는 것이다. 그대는 그대가 좋아하는 곳으로 갈지도 모른다. 그러나 완벽한 고요 없이는 지고의 평화를 맛보지 못할 것이다. 따라서 모든 희망과 갈망을 포기해라. 왜냐하면 겉으로 보기에 경이로운 이 모든 자연의 대상들은 그것들이 존재하든 존재하지 않든, 그대의 행복을 위한 것이 아니기 때문이다.

음악과 종소리 때문에 덫에 걸린 사슴처럼, 암코끼리의 도움으로 인해 덫에 걸린 수코끼리처럼, 미각으로 인해 낚시 바늘이라는 죽음으로 간 물고기처럼, 불빛에 매혹되어 그 안에서 사라진 나방처럼, 후각으로 인해 꽃으로 가서 밤이 되어 꽃봉오리가 닫히자 그 속에 갇혀 죽음을 당한 꿀벌처럼 사라지지 말라.

오, 어리석은 마음이여! 청각에 의해 사슴이, 후각에 의해 꿀벌이, 시각에 의해 나방이, 촉각에 의해 코끼리가, 미각에 의해 물고기가 그렇듯이, 이 모든 것은 하나의 감각적 갈망의 지배를 받으면서 사라졌지만 그대는 다섯 가지 유혹의 희생자이다. 어떻게 그대가 행복을 지닐 수 있겠는가? 누에가 고치를 짜서 그 안에 갇히듯이, 그대는 개념의 그물을 짜서 그 안에 갇혀 있다. 그 모든 것을 없애고, 순수함을 얻으며, 삶과 죽음의 두려움을 극복하고 그래서 완전한 고요를 얻을 수 있다면, 그대는 가장 위대한 승리를 얻은 것이다. 다른 한편으로 세상이라 불리는 끊임없이 변하는 현상에 집착한다면, 그대는 확실히 슬픔 속에서 사라질 것이다.

오, 마음이여! 왜 내가 그대에게 그런 것을 가르치는가? 왜냐하면 진리를 탐구한다면, 마음이라고 불리는 것은 없다는 것을 알기 때문이다! 마음은 단지 무지의 산물이다. 무지가 마멸되면 마음도 마멸된다. 따라서 그대는 마멸되는 과정 속에 있다. 그러므로 없어져 가는 과정에 있는 사람을 가르치는 것은 현명하지 못하고 어리석다. 왜냐하면 나날이 그대는 점점 약해져서, 나는 그대를 포기하기 때문이다. 현명한 이는 버려야 하는 자를 가르치지 않는다.

오, 마음이여! 나는 자아가 없으며 무한하고 동질로 있는 의식이다. 나는 자아의 원인인 그대와 아무런 관련이 없다.

우달라까는 다음과 같이 계속 명상에 잠겼습니다.

코끼리가 사과 속으로 비집고 들어가는 것보다, 무한한 참나가 마음으로 비집고 들어가기가 더 어렵다. 자기를 한정시키는 과정을 통해 유한하게 한정된 의식이 개념이 되는데, 그것을 마음이라 한다. 이것은 무지의 결과이다. 따라서 나는 이것을 받아들이지 않는다. 자아는 어린아이의 개념에 불과하다. 진리를 탐구하지 않는 사람만이 그것을 믿는다.

나는 조심스럽게 조사해 왔다. 나는 모든 것을 머리부터 발끝까지 관찰해 왔다. 그리고 '이것이 나다.', '나는 누구인가?'라고 말할 수 있는 어떤 것도 찾지 못했다. 나는 지식이나 아는 것의 대상이 아니며, 자기라는 것이 없는 모든 것에 퍼져 있는 의식이다. 나는 나누어질 수 없고, 아무런 이름도 변화도 없으며, 단일성과 다양성의 모든 개념을 뛰어넘고, 크고 작은 측정을 넘어서 있는 것이며 그리고 그 외의 어떤 것도 아니다. 따라서 오, 마음이여! 나는 슬픔의 근원인 그대를 포기한다.

살, 피, 뼈 등이 있는 이런 몸 안에서 '이것은 나이다.'라고 말하는 이는 누구인가? 움직임은 에너지의 본성이며, 생각은 의식에 본래 내재하고 있으며, 노화와 죽음은 몸에 자연스러운 것이다. 누가 '이것을 나다.'라고 말하는가? 이것은 혀이고, 이것은 귀이고, 이것은 코이며, 이것은 움직임이고, 이것은 눈이다. 누가 '이것을 나다.'라고 말하는가?

나는 이들 중 그 어떤 것도 아니고, 오, 마음이여! 나는 너도 아니며, 이런 개념들도 아니다. 나는 단지 순수하고 독립적인 무한한 의식이다. '나는 이 모든 것이다.' 또는 '나는 없다.'라는 이 둘 다는 똑같은 진리의 표현이다.

아! 그렇게 오랫동안 무지는 나를 기만해 왔다. 그러나 다행히도, 나는 나에게서 참나 지식을 빼앗아 갔던 것을 발견했다! 나는 더 이상 무지의 희생자가 되지 않을 것이다. 언덕의 꼭대기에 있는 구름이 언덕에 속하지 않는 것처럼, 나는 슬픔과 연관된 것처럼 보이지만 나는 그것과 독립되어 있다. 참나 지식이 없을 때 자아감이 일어난다. 그러나 지금 나는 자아감이 없다. 감각, 몸, 기타 등등을 그대로 두거나 사라지게 하라. 나는 그것들과 관계가 없다. 눈 등의 감각들은 그들 자신을 위하여 그들 자신의 대상과 접하기 위하여 존재한다. '이것이 나다.', '나는 본다.' 등과 같은 생각으로 미혹시키는 '나'는 누구인가? 이런 눈 등과 같은 것들은 이전의 조건 형성에 의해 강요됨이 없이, 그들의 대상을 자연스럽게 보고 경험한다. 따라서 행위들이 마음의 조건화 없이 자발적으로 행해지면, 그들의 경험은 과거에 있었던 행복이나 불행의 기억으로부터 자유로울 것이며 순수할 것이다. 이런 기억 또는 마음의 조건화는 실제로 사실이 아니다. 그것은 무한한 의식과 다르지도 않으며 또 독립되어 있지도 않다. 그러므로 그것은 단지 의식 속에서 그것을 떠올리지 않음으로 쉽게 없앨 수 있다. 그러므로 오, 마음이여! 이런 다양성에 대한 이 지각을 버리고 그대 자신이 무한한 의식에서 떨어져 있다는 것이 사실이 아님을 깨닫는 것이 해방이다.

우달라까는 다음과 같이 계속 명상에 잠겼습니다.

실제로 의식은 조건 지어질 수 없다. 그것은 한계가 없으며 가장 미묘한 원자보다 더 미묘하다. 그러므로 그것은 마음의 조건화의 영향 너머에 있다. 마음은 자아감과 감각들 안에 있는 투영된 의식 안에 자리 잡고 있다. 그리고 이것으로부터 의식의 자기 제한이라는 환영이 일어난다. 이것을 거듭하여 생각하고 경험할 때, 자아감과 참나 제한이라는 환영은 거짓 타당성을 얻는다. 그러나 나는 이것들 중 어느 것에도 닿지 않는 의식이다.

몸으로 하여금 무지한 활동들에 의하여 존재하게 된 이 세상 안에 계속 살게 하라. 아니면 몸이 세상을 포기하도록 하라. 나는 어떤 것에 의해서도 영향을 받지 않는 의식이다. 무한하고 널리 퍼져 있는 의식은 탄생과 죽음이 없으며, 어떤 이에 의해서도 소유되지 않는다. 의식은 분리된 실체로서 살아가는 존재가 얻을 수 있는 어떤 것을 가지고 있지 않다. 왜냐하면 그것은 모든 곳에 퍼져 있기 때문이다. 탄생과 죽음은 마음의 개념이다. 그것들은 참나와 아무런 관련이 없다. 자아감이라는 개념을 받아들이는 것만이 붙잡히고 구속될 수 있다. 참나는 자아감이 없다. 따라서 참나는 존재와 비존재를 넘어서 있다.

자아감은 헛된 망상이다. 마음은 신기루와 같고 세상의 대상들은 둔한 물질이다. '내가 있다.'라고 말하는 그것은 누구인가? 몸은 살, 피와 같은 것의 집합체이다. 마음은 그것의 본성을 탐구할 때 사라진다. 의식의 자기 제한과 그와 다른 개념들은 생명(감각)이 없는데, 무엇이 자아란 말인가? 감각은 존재하면서 늘 자기를 만족시키는 활동을 한다. 세상의 물질은 세상의 물질일 뿐이다. 어디에 자아가 있단 말인가? 자연은 자연일 뿐이다. 자연의 성질들은 시각과 불빛, 청각과 소리 등처럼 서로 상호 작용을 하고 있다. 그리고 존재하고 있는 것은 그것 자신 안에 휴식하고 있다. 어디에 자아가 있단 말인가?

의식인 참나는 모든 것의 지고의 참나로서 모든 몸들 안에서 그리고 모든 시간들에서 존재하고 있다. 나는 누구인가? 나는 무엇으로 만들어져 있는가? 나의 형태는 무엇이며, 누구에 의해 만들어졌는가? 나는 무엇을 얻고 무엇을 버릴 것인가? 그러므로 이렇게 '나'라고 불릴 수 있으며 존재와 비존재를 경험하고 있는 것은 없다. 실제로 아무런 자아감이 없는데, 어떻게 그 자아감이 관련될 수 있으며, 그리고 누구에게 관련되겠는가? 따라서 전혀 아무런 관련이 없다는 것을 깨달을 때, 그 때 이원성의 허구적 개념은 사라진다. 그러므로 존재하는 모든 것은 우주적 존재인 브람만 즉 참나이다. 내가 그 실재인데, 왜 내가 환영 속에서 고통을 겪는가? 하나인 것만이 순수하게 모든 곳에 있는 존재로서 존재하고 있는데, 어떻게 자아감이라는 것이 일어날 수 있겠는가? 진실로 어떤 물체라도 그 안에 아무런 실체가 없으며 단지 참나만이 존재하고 있다. 또는 어떤 실체가 정말로 있는 것으로 생각되더라도, 그것과 참나는 아무런 관련이 없다. 감각들은 감각으로서 기능하며, 마음은 마음으로서 존재한다. 의식은 이것들에 닿지 않고 있다. 무엇이 관계이며, 그 관계가 어떻게 생긴단 말인가? 그것들이 나란히 존재한다고, 관련성을 가정하는 것은 올바르지 않다. 돌과 철로 된 막대기는 나란히 놓일 수 있지만, 서로 간에 전적으로 아무런 관련이 없다.

우달라까는 계속해서 명상에 잠겼습니다.

거짓 자아감이 일어날 때만 '이것은 내 것이다.', '저것은 그의 것이다.'라는 잘못된 개념들도 일어난다. 이 모든 것이 거짓 자아감의 속임수라는 것이 보일 때, 이런 실재하지 않는 개념들이 존재하기를 그친다. 진실로 참나만이 있을 뿐 다른 아무것도 없다. 따라서 나는 이 모든 것은 하나의 우주적 존재 즉 브람만이라는 것을 깨닫는다. 자아감이라는 미혹은 하늘의 푸름과 같은 것이다. 그런 개념은 다시 갖지 말고 버리는 것이 더 낫다. 자아감의 뿌리를 버린 후에, 나는 평화의 본질을 지닌 참나 속에서 쉰다.

자아감은 끊임없는 슬픔, 고통, 악행의 근원이다. 삶은 죽음으로 끝나고 죽음은 탄생을 오게 한다. 존재하고 있는 것은 그 자신의 끝에 가서는 사라진다. 자아감이 받아들인 그런 개념들은 커다란 슬픔으로 나아가게 한다. '나는 지금 이것을 가졌다.', '나는 저것도 가질 것이다.'와 같은 생각들로 일어난 근심은 무지한 자들을 불태운다. '이것은 있다.'와 '저것은 없다.'와 같은 개념들은 자아를 가진 이들을 불안하게 한다. 그러나 자아감이 존재하기를 그친다면 환영적인 세상의 모습은 다시 생기지 않는다. 모든 갈망은 끝에 이른다.

이 우주는 우주의 창조에 있어서 아무런 타당한 이유 없이 생겼음이 확실하다. 어떻게 원인이나 목적이 없는 창조에 대한 진리를 받아들일 수 있는가? 태초부터, 항아리가 언제나 흙 속에 들어 있듯이, 이 모든 몸들은 우주적 존재 속에 내재하고 있었다. 바다가 과거에도 현재와 미래에도 바다로 존재하고 있으며 그리고 같은 물이 일시적으로 파도의 형태를 취하듯이, 이 모든 것은 영원히 언제나 우주적 존재이다. 어리석은 자만이 몸 등과 같은 일시적인 모습과 관련하여 '이것이 나다.'라는 느낌을 가진다.

같은 식으로, 마음은 처음에 의식이었고, 마음으로서의 본성과 기능을 다한 후에는 결국 다시 의식이 될 것이다. 그렇다면 그것이 중간(지금)에 다르게 불리는 이유는 무엇인가?

이 모든 현상들은 꿈같은 경험, 광란 상태에서의 비전, 술주정뱅이의 환영, 눈의 환영, 심신의 병, 감정의 혼란, 정신병적 상태 등과 같은 일시적인 실재를 지닌 듯이 보인다. 그러나 오, 마음이여! 그대는 그것들에 영원한 실재를 부여했다. 그것은 연인이 자신이 사랑하는 사람과의 결별에 대하여 상상함으로 고통을 받는 것과 같다. 그러나 물론, 이것은 그대의 잘못이 아니다. 나의 마음인 그대가 진정한 실체라는 개념에 매달리는 것은 나의 잘못이다. 이 모든 현상이 환영의 모습이라는 것을 내가 깨달을 때, 그대는 마음이 아니게 될 것이고, 감각적 경험 등과 같은 모든 기억들은 끝이 날 것이다. 의식이 스스로를 깨닫고 자기 제한적인 마음의 조건화를 버릴 때, 마음은 그것의 색깔이 없어지고 자신의 본성인 의식 속에서 휴식한다. 자신의 모든 가지들을 모은 마음이 자신을 순수 의식의 불 속에 바칠 때, 그것은 정화되고 불멸성을 얻는다.

우달라까는 계속해서 명상에 잠겼습니다.

마음이 몸을 자신과 전혀 다른 것으로 보고, 자신의 조건화인 개념들을 버리고, 자기 자신의 무상한 본성을 인식할 때, 그것은 승리한다. 마음과 몸은 서로의 적이다. 따라서 그것들을 없앨 때, 지고의 행복이 따른다. 왜냐하면 그것들이 함께 있을 때, 그들의 싸움으로 인해 주인이 고통 받기 때문이다.

생각의 힘을 통해 마음은 몸을 낳는다. 그리고 몸이 살아 있는 동안 마음은 마음 자신의 슬픔으로 몸을 부양한다. 따라서 슬픔에 의해 고통을 받으면서, 몸은 자신의 부모인 마음을 파괴하기를 원한다! 이 세상에는 친구도 적도 없다. 우리에게 쾌락을 주는 것은 우리의 친구로 간주되며, 고통을 초래하는 것은 우리의 적이다!

그처럼 마음과 몸이 끊임없이 서로를 파괴할 때, 어떻게 행복을 얻을 수 있겠는가? 마음을 없앨 때만, 행복이 있을 수 있다. 따라서 몸은 매일 깊은 잠 속에서 마음을 파괴하려 한다. 하지만 찰나 지식을 성취할 때까지, 한쪽은 자기도 모르게 다른 쪽의 힘을 키우며, 공통의 목적을 위해 그들은 함께 움직이는 듯하다. 그것은 서로의 반대지만, 물과 불이 요리와 같은 공통된 목적을 위해 함께 일하는 것과 같다.

마음이 존재하기를 멈추면, 생각의 힘과 마음의 조건화도 중단되기 때문에, 그때 몸 역시 존재하기를 멈춘다. 하지만 마음은 몸이 죽을 때 끝나지 않는다. 따라서 마음을 죽이려고 애써야 한다. 마음은 생각이라는 나무들과 갈망이라는 덩굴 식물들을 가지고 있는 숲과 같다. 이것들을 파괴함으로써, 나는 희열을 얻는다. 마음이 죽는다면, 살과 피로 된 몸이 있든 없든 그것은 내게 중요하지 않다. 내가 몸이 아니라는 것은 분명하다. 왜냐하면 시체는 움직이지 않기 때문이다!

참나 지식이 있는 곳에 마음이나 감각, 경향성이나 습관은 없다. 나는 그 지고의 상태를 얻었다. 나는 승리를 거둔 것이다. 나는 해방(니르바나)을 얻었다. 씨앗에서 짜낸 기름이 씨앗과 관계없듯이, 나는 마음, 몸, 감각과의 관계 위로 솟아올랐다. 지금 내게 있어 마음, 몸, 감각은 노리개에 지나지 않는다. 순수, 욕망의 완전한 충족 그러므로 욕망의 부재, 모든 것에 대한 다정함, 진실함, 지혜, 고요함과 희열, 말의 달콤함, 최상의 관대함, 빛남, 하나로 향함, 우주적 합일의 깨달음, 공포 없음, 분리 의식의 부재, 타락되지 않음, 이것들이 나의 믿음직한 동료들이다. 늘 어디에서나 모든 것이 모든 식으로 일어나기 때문에, 그것이 유쾌한 것이든 그렇지 못하든 간에, 내게는 어떤 것에 대한 욕망이나 혐오가 없다. 모든 미혹이 끝났기에, 마음이 존재하는 것을 멈췄기에, 그리고 모든 사악한 생각들이 사라졌기에, 나는 나 자신의 참나 속에 평화로이 있다.

바시슈타는 계속 말했다.

그러고 나서 현자 우달라까는 연꽃 자세로 앉아 눈을 반쯤 감은 채로 명상에 잠겼습니다. 그는 최상의 상태를 주는 신성한 단어 옴을 읊조렸습니다. 그렇게 옴을 읊어서 그 진동이 그의 전 존재를 채우고, 머리 정수리까지 가게 했습니다. 그의 수행의 첫 번째 단계로, 그는 호흡을 완전히 내쉬었습니다. 그것은 마치 그의 생명력이 몸을 버리고 순수한 의식의 공간(차원)에서 돌아다니는 듯했습니다. 가슴에서 나온 불이 그의 온 몸을 불태웠습니다. 이 모든 것을, 우달라까는 하타 요가에서 수반하고 있는 격렬함이 없이 했습니다. 왜냐하면 하타 요가에는 고통이 일어나기 때문입니다.

신성한 단어 옴을 두 번째 발음하자, 그는 평온 상태에 다다랐고, 흔들림이나 진동 없이 저절로 호흡의 멈춤이 일어났습니다. 생명력은 안쪽이나 바깥쪽도, 아래도 위도 아닌 곳에서 고요히 있었습니다. 몸을 재로 만든 후, 불은 다 타버리고 없어졌습니다. 순수한 재만이 보였습니다. 그것은 뼈들이 경배 속에 불타고 있었던 장뇌로 변한 것과 같았습니다. 강한 바람이 재를 날리고, 그것은 공간에 흩어집니다.

세 번째 단계에서, 신성한 단어 옴이 절정 즉 평온에 이르렀을 때, 들이쉬는 호흡이 일어났습니다. 이 단계 동안에 의식이라는 감로의 바로 중앙에 있었던 생명력은 시원한 바람이 되어 공간으로 퍼졌습니다. 이런 힘들은 달의 영역에 이르렀습니다. 그곳에서 그것은 경사스러운 빛으로 퍼져 갔고, 몸의 남아 있는 재 위로 내렸습니다.

즉시 재에서 비슈누 신처럼 네 개의 팔을 지닌 빛나는 존재가 생겼습니다. 우달라까는 신처럼 빛났고, 그의 전 존재는 신으로 바뀌었습니다. 생명력이 소용돌이처럼 퍼져 내부의 꾼달리니를 채웠습니다. 그래서 우달라까의 몸은 완전히 정화되었습니다. 그런 후, 이미 연꽃 자세로 앉아 있던 그는 자세를 확실히 하고 감각을 '묶고' 나서, 그의 의식을 생각의 움직임이 조금도 없도록 만들었습니다. 그는 온 힘을 다해서 마음이 흐트러지지 않도록 했습니다. 반쯤 감은 눈은 고요하고 움직이지 않았습니다. 마음은 내적 고요함에 있는 채로, 쌍을 이루는 두 생명력인 쁘라나와 아빠나를 똑같게 했습니다. 기름이 씨앗에서 분리되듯이, 그는 내부의 감각들이 그들의 대상들과 닿지 못하게 했습니다. 그래서 그는 과거의 경험들이 만들어 낸 마음의 조건화를 직접적으로 자각하게 되었으며, 그래서 자각의 제한을 풀고 그것을 순수하게 했습니다. 그런 후, 그는 직장(直腸) 및 눈 등과 같은 몸의 다른 배출구들을 닫았습니다. 이처럼 완벽한 수련으로 생명력과 자각을 외부로 향하게 하지 않은 채, 그는 마음을 가슴속에 두었습니다.

바시슈타는 계속했다.

우달라까의 마음은 절대적 평온을 얻었으며, 어떤 산만함도 그것을 건드릴 수 없었습니다. 참나 지식의 빛을 가렸던 무지의 어둠을 그는 가슴속에서 보았습니다. 자신 안에서 일어난 지식의 빛으로, 그는 그 무지조차도 몰아냈습니다. 다음에 그는 내부의 빛을 보았습니다. 하지만 그 빛이 희미해지자, 현자는 잠이 왔습니다. 그러나 그는 수면의 둔함 또한 몰아냈습니다. 졸음이 없어지자 현자의 마음은 다양한 빛나는 형태들 위로 올라갔습니다. 현자는 의식의 이런 비전들을 없앴습니다. 그러자 그는 술에 취한 사람처럼, 큰 둔함에 압도되었습니다. 그는 그런 둔함 역시 극복했습니다. 그 후 지금까지 묘사된 이 모든 것과는 다른 상태 안에 그의 마음이 자리 잡았습니다. 잠시 동안 이 상태에 있은 후에, 그의 마음은 존재의 완전함에 대한 경험을 깨우쳤습니다. 그때까지는 다른 요인들과 연관이 있었던 이 자각이 이제 순수해지고 독립적

이 되었습니다. 그것은 흙 항아리 속에 있던 흙탕물에서 물이 증발하
자, 진흙이 같은 물질로 된 항아리의 일부가 된 것과 같았습니다. 파도
가 바다 속에 녹아 하나가 되어 바다와 다르지 않게 된 것처럼, 의식은
자신을 대상화하는 것을 버리고 자신의 절대적 순수함을 다시 얻게 되
었습니다. 우달라까는 깨달음을 얻었습니다. 그는 브람마와 같은 신들
이 누리고 있는 지고의 희열을 맛보았습니다. 그의 상태는 말로써 표현
할 수 없었습니다. 그는 희열의 바다와 하나가 되었습니다.

곧 우달라까는 무한한 의식 속에 있는 위대한 현자들을 보았습니다.
그는 그들을 모르는 체했습니다. 그는 계속해서 지고의 희열의 경험을
맛보았습니다. 그는 살아 있는 동안 해방된 자의 상태를 얻었습니다.
그는 신들과 현자들, 세 신들까지 보았습니다. 그는 그런 상태조차 넘
어갔습니다. 그는 희열 그 자체로 완전 변형되었으므로, 희열의 영역조
차 넘어갔습니다. 그는 희열도 비희열도 경험하지 않았습니다. 그는 순
수 의식이 되었습니다. 잠시 동안이라도 이런 것을 경험한 이는 천국의
기쁨에도 무관심합니다. 이것이 지고의 상태이며, 이것이 목적이며, 이
것이 영원한 거주지입니다. 이런 상태에 있는 이는 다시는 미혹되지 않
으며, 주체와 대상의 관계에 더 이상 얽매이지 않습니다. 그는 완전히
깨어났고, 대상화나 관념화 같은 개념을 결코 다시 갖지 않습니다. 물
론 이것이 '깨달음'은 아닙니다.

우달라까는 심령적인 힘들의 유혹을 주의 깊게 피하면서, 여섯 달 동
안 이 상태로 있었습니다. 신들과 현자들조차 그를 경배했습니다. 그는
천국으로 올라오라고 초대받았지만 그것을 거절했습니다. 모든 욕망이
완전히 없어진 채, 우달라까는 살아 있는 동안 해방된 현자로서 거닐었
습니다. 산에 있는 동굴에서 며칠씩 혹은 몇 달씩 지내면서 명상을 했

습니다. 때로는 일상적인 평범한 활동을 했지만, 그는 완전한 평온의 상태에 도달했습니다. 그는 모든 것을 같은 시각으로 보았습니다. 그의 내적 빛은 떠오르지도 지지도 않으면서 늘 빛나고 있었습니다. 이원적인 모든 개념이 완전히 정지된 채, 그는 순수한 존재 속에서 몸의 의식이 없이 살았습니다.

라마의 순수한 존재에 대한 질문에 바시슈타는 답했다.

물질적 존재에 대한 개념들이 완전히 없어져서 마음이 존재하기를 멈출 때, 의식은 의식으로 그 자신의 본성 안에 존재합니다. 이것을 순수한 존재라고 합니다. 대상화의 개념들이 없는 의식이 자신 안으로 녹아들어 개별적 정체를 잃을 때, 그것이 순수한 존재입니다. 모든 외적(물질적), 내적(개념적) 대상들이 의식 안으로 녹아들 때, 의식의 순수한 존재가 있습니다. 그들이 몸을 지니고 있는 것처럼 보이든 그렇지 않든 간에, 이것이 모든 깨달은 이들에게 일어나는 지고의 비전입니다. 이런 비전은 깨달은 사람, 깊은 명상에 있는 사람, 참나 지식의 사람에게 있습니다. 그것은 무지한 자에 의해 경험되지 않습니다. 오, 라마여! 현자들과 세 신들은 이런 의식 속에 있습니다. 이런 의식 상태를 얻은 후에도 우달라까는 얼마간 살았습니다.

시간이 흐르자, '이 몸은 형태를 버릴 것이다.'라는 바람이 그의 마음속에 일어났습니다. 그는 산의 동굴로 가서, 눈을 반쯤 감은 채 연꽃 자세로 앉았습니다. 발꿈치를 눌러 직장(直腸)을 압박하고, 몸에 있는 아홉 구멍을 막았습니다. 감각들을 가슴속으로 끌어들였습니다. 그는 자신의 생명력(쁘라나)을 억제했으며, 몸을 완전한 평온의 상태에 두었습니다. 혀끝을 눌러 입천장 뿌리를 압박하자, 턱이 서로 조금 떨어졌습니다. 그의 내적 비전은 안도 밖도, 위도 아래도, 물질도 빈 곳도 아닌 곳으로 향했습니다. 그는 순수 의식 속에 있었으며 자신의 내부에서 순수 희열을 경험했습니다. 그는 희열의 상태를 넘어서 순수 존재의 의식 상태에 도달했습니다. 그의 존재 전체가 절대적으로 순수해졌습니다.

우달라까는 얼마 동안 이렇게 완전히 순수한 상태에서 그림처럼 있었습니다. 날이 갈수록 점차로 그는 완벽한 고요에 다다랐습니다. 그는 자신의 순수한 존재 안에 있었으며, 탄생과 죽음의 순환을 넘어 올랐습니다. 모든 의심이 정지되었습니다. 왜곡된 생각도 중단되었습니다. 가슴의 모든 불순함이 씻겨졌습니다. 그는 말로써 표현할 수 없는 희열의 상태에 도달했습니다. 이와 같이 그의 몸은 여섯 달 동안 있었습니다.

그러던 어느 날 빠르바띠에 의해 인도되어, 몇몇 여신들이 헌신자의 기도에 응답하여 그곳에 도착했습니다. 신들에게 경배를 받던 여신이, 우달라까의 몸이 태양의 뜨거운 열로 말라붙은 것을 보고, 그의 몸을 자신의 머리 정수리에 얹었습니다.

오, 라마여! 이것이 가슴의 그늘 속에 머물고 있는 이의 가슴 안에 최고의 지혜를 일깨운 현자 우달라까의 영광스러운 이야기입니다.

바시슈타는 계속했다.

오, 라마여! 이처럼 살면서, 끊임없이 참나 본성에 대한 탐구를 하면서 평화를 얻으십시오. 이런 의식의 상태는 초연의 수련, 경전의 탐구, 구루의 지도, 지속적인 탐구의 수행으로 획득될 수 있습니다. 그러나 일깨워진 지성이 예민하고 날카롭다면, 다른 도움이 없이도 그것을 얻을 수 있을 것입니다.

라마가 물었다.

성스러운 분이시여! 어떤 이들은 참나 지식 안에 있고 깨달음을 얻었음에도 활동하며, 다른 이들은 스스로를 격리시켜 명상(사마디)을 행합니다. 이들 중 누가 더 나은 것입니까?

바시슈타가 대답했다.

라마여! 묵상 혹은 명상(사마디)이란 그것을 행하는 중에 감각의 대상들이 참나가 아니라는 것을 깨닫고, 늘 내적 고요와 평온을 누리는 것입니다. 대상들은 오직 마음에만 관련된다는 것을 깨닫고 내적 평화에 있으면서, 어떤 이들은 활동을 하고, 어떤 이들은 분리되어 삽니다. 그 둘 모두 명상의 희열을 누립니다. 사마디에 있는 것처럼 보이는 이의 마음이 흐트러지면, 그는 미친 사람입니다. 반면에 미친 듯이 보이는 이의 마음이 모든 개념들과 흐트러짐에서 자유로우면, 그는 깨달음을 얻은 것이고 중단되지 않는 명상에 있는 것입니다. 그가 활동하고 있든 혹은 숲 속에서 격리된 생활을 하든, 깨달음에는 구별이 없습니다. 조건화로부터 자유로운 마음은 활동에 관여하고 있더라도 오염되지 않습니다. 마음의 무활동을 정지(사마다나)라고 합니다. 그것은 전적인 자유입니다. 그것은 행복입니다.

명상과 명상하지 않음의 차이점은 마음속에 생각의 움직임이 있는가와 없는가에 의해 나타납니다. 따라서 마음이 조건화되지 않도록 하십시오. 조건화되지 않는 마음은 확고하며, 그 자체가 명상, 자유, 영원한 평화입니다. 조건화된 마음은 슬픔의 근원입니다. 조건화되지 않는 마음은 행위하지 않는 자이며 깨달음의 지고의 상태를 얻습니다. 따라서 마음의 모든 조건화를 노력하여 없애야 합니다. 그것을 명상이나 사마디라고 합니다. 그 안에는 세상과 관련된 모든 욕망과 희망들이 중단되고, 슬픔, 두려움, 욕망이 없습니다. 그것에 의해 참나는 자신 안에 쉽니다.

참나를 여기에 있는 대상들과 그릇되게 동일시하는 것 모두를 마음으로 버리십시오. 그러고 나서 집이나 산의 동굴 중, 그대가 원하는 곳에서 살아가십시오. 마음이 완전한 고요를 얻은 이에게는 자신의 집이 숲입니다. 마음이 평화롭고 아무런 자아감이 없으면, 도시마저 텅 빈 곳입니다. 한편 가슴이 욕망과 악으로 가득한 자에게는 숲도 도시와 같습니다. 마음의 흐트러짐은 깊은 잠 속에서 가라앉습니다. 깨달음은 깨달음을 얻습니다. 그대가 원하는 대로 하십시오.

바시슈타는 계속 말했다.

참나를 초월적 존재나 내재하는 존재(모든 것의 참나)로서 보는 사람은 평온 속에 있습니다. 좋은 것과 좋아하지 않는 것이 내부에서 멈춘 자, 모든 존재가 똑같은 자, 꿈 속의 대상들을 지각하듯이 깨어 있는 상태에서 세상을 지각하는 자, 그런 이는 평온 속에 있으며, 마을에 살지만 숲에서 삽니다. 자신의 의식을 내부로 오게 하여 돌아다니는 이는 도시나 마을을 숲으로 봅니다.

내적 고요와 평화를 얻은 사람은 세상의 모든 곳에서 평화와 고요를 발견합니다. 마음이 들뜨고 안정되지 못한 사람은 불안정으로 가득한 세상을 발견합니다. 왜냐하면 안에서 경험하는 것만을 밖에서 경험하기 때문입니다. 실제로 하늘, 땅, 공기, 공간, 산, 강은 모두 내적 도구인 마음의 부분입니다. 그것들은 외부에 있는 것처럼 보일 뿐입니다. 이 모든 것이 씨앗 안의 나무처럼 존재하며, 그것들은 꽃의 향기처럼 밖으로 나타납니다. 사실 밖이라는 것도 안이라는 것도 없습니다. 의식이 생각하는 모든 것은, 어떤 방식으로든, 그렇게 나타납니다. 이처럼 내부에서나 외부에서나 참나만이 이 모든 것입니다.

내적 기쁨으로 가득 찬 자, 기쁨이나 슬픔으로 흔들리지 않는 자, 육체적 몸으로만 행위를 하는 자는 평온 속에 있습니다. 그는 하늘처럼 순수하고 욕망이 없으며, 그의 행동은 적절하고 자발적입니다. 기쁨과 슬픔에 관계될 때, 그는 나무나 흙으로 만들어진 듯이 행동합니다. 그는 평화로우며, 모든 것을 자신의 참나로서 바라보고, 다른 사람들이 소유한 것을, 두려움에서가 아니라 자연스럽게 먼지로 여깁니다. 그런 이만이 진리를 봅니다.

무지한 자는 크거나 작은 대상들이 실재하지 않는다는 것을 깨닫지 못합니다. 왜냐하면 그는 실재를 깨닫지 못했기 때문입니다.

순수 존재의 상태에 도달한 사람은 결코 더럽혀지지 않습니다. 그가 살든 죽든, 집에 있든 다른 곳에 있든, 사치스럽게 살든 구걸을 하든 상관없습니다. 그가 즐기며 춤을 추든 그렇지 않든, 모든 것을 버리고 산에서 고립되어 살든 그렇지 않든, 값비싼 크림이나 향수를 바르든 헝클어진 머리털을 하든, 불 속에 떨어지든 그렇지 않든, 죄를 저지르든 선행을 하든, 세상 순환의 종말까지 살든 죽든 간에 상관이 없습니다. 왜냐하면 그는 어떤 것도 하지 않기 때문입니다. 자아감과 그에 따른 개념들로 인해 오염되는 것은 조건화된 마음일 뿐입니다. 모든 개념들이 멈추고 지혜가 일어날 때, 마음의 불순함들은 자연스럽게 제거됩니다.

깨달음을 얻은 현자들은 어떤 것을 하든 하지 않든 간에, 아무것도 얻지 않은 채 있습니다. 나무가 돌에서 나지 않듯이, 욕망은 현자의 삶 속에 나타나지 않습니다. 때때로 욕망들이 일더라도, 물 위에 쓴 글씨처럼 그것들은 즉시 사라집니다. 현자와 전 우주는 서로 다르지 않습니다.

바시슈타는 계속 말했다.

오, 라마여! 무한한 의식은 고추의 매움을 자각합니다. 그리고 이것은 시간과 공간에 따라 다르게 자아감을 일어나게 합니다. 무한한 의식은 사탕수수의 달콤함을 자각합니다. 그것은 시간과 공간 안에 존재하는 것으로 보이는 모든 차별을 지닌 자아감을 일어나게 합니다. 무한한 의식은 소금 속에 있는 맛을 자각하게 합니다. 그것은 시간과 공간 안에 존재하는 것으로 보이는 모든 차별을 지닌 자아감을 일어나게 합니다. 무한한 의식은 설탕에 있는 달콤함을 자각하게 합니다. 그러므로 그것의 특별한 특징의 자각을 일어나게 합니다. 이와 마찬가지로 모든 것에 내재하고 있는 무한한 의식은 바위, 산, 나무, 물, 공간의 본성을 자각하게 되고, 그래서 자아감 즉 개체성이 일어납니다.

이처럼 의식 안에 있는 원자와 분자의 자연적 결합은 어떤 것을 구분시키는 벽으로 확실히 작용하며, 그래서 '나'와 '당신'이라는 등의 구분이 생기게 합니다. 그리고 이 모든 것이 의식의 대상이 되어 의식의 외부에 있는 듯 보입니다. 사실 이 모든 것은 의식 안에 있는 투영들에 불과합니다. 의식은 그것 자신의 내부에서 그것들을 자각하게 됨으로써 그것들에게 분명한 개체성을 부여합니다. 의식은 자신과 다르지 않은 자각인 그것 자신을 맛봅니다. 그래서 그것이 자아감 등을 일어나게 하는 것처럼 보입니다. 이 무한한 의식이라는 수정은 이 모든 원자들의 결합 안에 있는 그것 자신의 의식의 불빛을 반사합니다. 그리고 그때 원자들의 결합들은 분명한 자아감을 얻으며 그래서 '나는 존재한다.'라는 등을 생각합니다.

사실, 이러한 모든 결합 안에 있는 내적 자각은 무한한 의식과 다르지 않기 때문에, 그것들 간에 주체와 대상이라는 관계는 없습니다. 따라서 사람은 다른 것을 경험하지도, 얻지도, 변형시키지도 않습니다. 오, 라마여! 내가 위에서 언급했던 모든 것은 그대의 이해를 돕기 위한 언어의 놀이입니다. '나'나 '세상'과 같은 것과 원자 등의 결합은 없습니다. 마음도, 지식의 대상도, 세상 환영도 없습니다. 물이 자신의 특징을 지닌 소용돌이에서 모습을 얻은 것처럼, 의식도 그것 자신 안에 '나' 등에 대한 모습을 주는 듯이 보입니다. 그러나 의식은, 스스로를 쉬바신으로 생각하든 작은 지바로 생각하든, 의식일 뿐입니다!

'나'와 '그대' 등 그리고 물질적 존재라는 이 다양한 모든 것은 무지한 자의 만족을 위해 일어납니다. 무지한 자가 무한한 의식 속에서 무엇을 상상하든지 간에 그것만을 그는 봅니다. 자각의 빛 속에서, 삶은 의식으로 보여집니다! 삶이 삶으로 여겨질 때, 삶은 삶 이상의 것으로 보이지 않습니다. 사실 삶과 의식 사이에 본질적인 차이는 없습니다. 같은 식으로, 개체(지바)와 우주적 존재(쉬바) 사이에도 실재적이고 본질적 차이가 없습니다. 이 모든 것을 구분되지 않고 구분할 수 없는 무한한 의식으로 아십시오.

수라구의 이야기

바시슈타는 계속 말하였다.

이와 관련하여, 오, 라마여! 흥미로운 전설을 말할 터이니 귀 기울이십시오!

히말라야 산맥에 까일라사로 알려진 산이 있습니다. 그 산의 기슭에 헤마자따(노란머리)로 알려진 언덕 부족이 살았습니다. 수라구는 그들의 왕이었습니다. 그는 힘이 세고 강력하고 현명했습니다. 그는 참나 지식을 타고났고 시와 문학에 아주 뛰어났습니다. 그는 피로를 몰랐습니다. 축복을 받을 이들에게는 축복을, 처벌을 받을 이들에게는 응징을 가하는 그만의 법을 지니고 있었습니다. 그러나 이런 활동을 하는 가운데 그의 영적인 눈은 점점 흐려지게 되었습니다.

수라구는 자기 자신의 모습을 비춰 보기 시작했습니다. '사람들은 나 때문에 많은 고통을 겪는다. 그들의 고통은 진실로 나의 고통이다. 나는 그들에게 풍요함을 주어야만 한다. 네가 풍요로워진다면, 내가 기뻐하는 것처럼 그들도 기뻐할 텐데. 그들의 즐거움은 나의 즐거움이다. 아아! 사람들이 겪는 축복과 처벌의 엇갈림, 나 자신도 즐거움과 고통이 번갈아 있다.' 이런 것들을 생각할수록, 왕은 매우 괴로웠습니다.

어느 날, 현자 만다뱌가 왕을 방문하러 왔습니다. 수라구는 그 현자에게 경배하며 물었습니다. "신이시여! 저는 저의 백성들에게 주는 축복과 처벌이 저에게로 되돌아오는 일로 인해 고통스럽습니다. 제발 저에게 공정한 눈을 주시어 편견과 불공정으로부터 저를 구하여 주십시오."

만다뱌가 말하였습니다.

모든 정신적 약함은 참나 지식에 확고히 뿌리박은 사람에게서 일어나는 지혜에 근거를 둔 자기 노력으로 끝이 납니다. 마음의 고뇌는 참나의 본성에 대한 탐구에 의하여 제거됩니다. 자기 자신의 마음을 탐구하여야 합니다. '내 안에서 일어나는 이러한 기분, 양태, 감정은 무엇인가?' 그와 같은 탐구에 의하여, 당신의 마음은 확장됩니다. 당신이 그와 같은 탐구에 의하여 자신의 진정한 본성을 깨달을 때, 당신은 환희와 낙담에 의해 방해를 받지 않습니다. 마음은 과거와 미래를 버립니다. 그럼으로써 그것에 대해 복잡하게 짜여진 기능에서 벗어날 수 있게 됩니다. 그때 당신은 지고의 평화를 경험합니다. 당신이 이러한 평온의 상태에 있을 때, 당신은 많은 부와 세속적인 힘에 빠져 허우적거리는 모든 이들에 대해 동정심을 느끼게 됩니다. 당신이 참나 지식을 얻었을 때 그리고 당신의 의식이 무한히 확장되었을 때, 마치 코끼리가 웅덩이에 들어가지 않는 것처럼, 당신의 마음은 더 이상 이 세상의 구렁텅이에 떨어지지 않습니다. 작은 쾌락과 힘을 추구하고자 하는 것은 오로지 작은 마음입니다.

지고의 비전을 얻을 때 마음은 모든 것을 버립니다. 그러므로 지고의 비전을 얻을 때까지 사람들은 모든 것을 단호하게 포기하여야만 합니다. 모든 것을 저버리기 전에는 참나 지식이 얻어지지 않습니다. 모든 관점들이 버려질 때 얻어지는 것이 참나 지식입니다. 이것은 이 세상에서의 삶에서조차 진실입니다. 즉 장애물이 제거되지 않는 한, 원하는 것을 얻지 못합니다. 참나 지식에 있어서는 더욱더 그러합니다.

현명한 만다뱌가 이 말을 하고 떠났을 때, 수라구는 이렇게 명상했습니다.

'나'로 알려진 그것은 무엇인가? 나는 메루가 아니다, 메루는 나의 것이 아니다. 나는 언덕 부족이 아니다, 게다가 언덕 부족은 나의 것이 아니다. 이것은 단지 나의 왕국으로 불릴 뿐이다. 나는 그 개념을 버린다. 이제 그 수도는 잊혀졌다. 나는 이 도시도 아니고, 그것은 나의 것도 아니다. 그러한 개념 또한 버렸다. 심지어 아내, 아들들 등 가족 관계의 개념조차 나는 버린다.

이 몸을 탐구해 보자. 나는 몸과 살과 뼈와 같은 둔한 물질이 아니며, 피도 아니고, 행위 기관들도 아니다. 이 모든 것은 둔한 물질이다. 하지만 나는 지각력이 있다. 나는 쾌락이 아니다. 게다가 그것들은 나에게 속하지 않는다. 이 지성과 감각 기관은 내가 아니다. 게다가 그것들은 나의 것이 아니다. 그것은 둔하고 나는 지각력이 있다. 나는 이 무지한 생과 사의 순환의 근원인 마음이 아니다. 나는 식별의 능력이 아니며 자아감도 아니다. 이것들은 마음 안에 일어나는 개념들이다.

이제, 무엇이 남았는가? 남은 것은 지각력이 있는 지바이다. 그러나 그것은 주체와 객체의 관계에 관련되어 있다. 지식과 이해의 대상인 그것은 참나가 아니다. 따라서 나는 인식할 수 있는 것들인 대상을 버린다. 이제 남는 것은 의심의 기미가 전혀 없는 순수한 의식이다. 나는 무한한 참나이다. 왜냐하면 이 참나에는 한계가 없기 때문이다. 심지어 창조자 브람마, 신들의 왕 인드라, 죽음의 왕 야마, 바람의 왕 바유와 같은 신들과 모든 헤아릴 수 없는 존재들이 이 무한한 의식에 묶여 있다.

이 전능한 의식의 힘(찌뜨 샥띠)은 객관적 대상의 결함으로부터 자유롭다. 비록 그것이 모든 존재 안에 있는 실재이지만, 그것은 존재와 비존재 너머에 있다. 그것은 우주에 있는 모든 존재들에 가득 차 있다. 그것은 모든 것의 아름다움이며, 그것은 모든 것 안에 있는 빛이다. 그것은 모든 형태와 변형의 본질이다. 그러나 그것은 모든 것을 초월하여 있다. 늘 그것은 모든 것 안에 있는 모든 것이다. 그것은 존재라는 열네 국면들로 펼쳐져 있다. 심지어 이 우주에 관한 개념조차도 단지 이 의식의 힘에 지나지 않는다.

거짓은 고통과 즐거움의 조각난 개념이다. 왜냐하면 이 전능한 의식의 힘은 어디에나 존재하고 무한하기 때문이다. 내가 깨달았을 때, 그것은 참나이다. 내가 미혹에 있을 때, 그것은 왕이 된다. 몸과 마음 등이 기능하는 것은 그것의 은총으로 인한 것이다. 온 우주에 있는 모든 것이 자신의 곡조에 맞추어 춤추는 것은 그것의 힘에 의해서이다. 축복하고 벌주는 것에 대해 힘들어하는 나는 얼마나 어리석은가! 나는 깨달았다. 나는 보이는 모든 것을 보았다. 나는 달성할 가치가 있는 모든 것을 이루었다. 고통과 즐거움, 행복과 슬픔, 축복과 처벌이라는 이 모든 것은 무엇인가? 이 모든 것은 브람만에 의해 펴져 있다. 슬픔과 미혹에 대한 정당화는 어디에 있는가? 누가 무엇을 한단 말인가? 그것은 단지 존재하는 무한한 의식이다. 당신에게 경배하노라, 오 아름다운 신이시여! 무한한 참나에게 경배하노라.

바시슈타가 계속했다.

그와 같은 탐구에 의해, 수라구는 지고의 의식의 상태에 도달했습니다. 그는 다시는 슬퍼하지 않았습니다. 그때 이후로 그는 마음의 평형 상태에 줄곧 남아 있으면서 그의 일을 행했습니다. 동정적인 그러나 남을 업신여기지 않는, 상반되는 쌍들을 피하지 않는 그리고 질투하지 않는, 지적이지도 않고 또 지적이지 않은 것도 아닌, 동기를 부여받는 것도 아니고 또 동기를 부여받지 않는 것도 아닌, 그는 똑같은 비전과 내부의 평온으로 살았습니다. 그는 '이 모든 것은 단지 의식의 다양한 나타남일 뿐이다.'라는 것을 깨달았습니다. 이해의 충만함에 도달했기에 그는 고통과 즐거움 모두에 평화로웠습니다.

그렇게 하면서 그는 상당 기간 동안 이 세상을 다스렸습니다. 그러고 난 뒤 그는 자연스레 그의 몸을 버렸습니다. 그는 무한한 의식과 하나 됨을 얻었습니다. 오, 라마여! 깨달은 마음으로 세상을 다스리십시오.

라마가 물었다.

그러나 오, 스승이시여! 마음은 늘 불안한 상태에 있습니다. 완전한 평정의 상태에 어떻게 이를 수 있습니까?

바시슈타가 계속하였다.

오, 라마여! 이 문제와 관련이 있는 대화가 바로 왕 수라구 현자와 왕 빠리가 사이에 있었습니다. 잘 들어 보십시오.

왕 수라구와 가까운 친구인 빠리가라 불리는 왕이 페르시아에 있었습니다. 한번은 빠리가의 영토에 엄청난 기근이 있었습니다. 그는 백성들의 고통을 보고, 또한 고통을 없애려는 그의 노력이 소용없다는 것을 알고는 깊은 슬픔에 잠겼습니다. 빠리가는 고행을 하기 위하여 그의 백성들에게 알려지지 않은 숲으로 떠났습니다. 그는 말린 잎을 먹고 살았으며 그래서 빠르나다라는 이름을 얻었습니다. 수천 년간의 고행과 명상 후에 그는 참나 지식에 도달하게 되었습니다. 그 후 그는 자유롭게 삼계를 누볐습니다.

어느 날 그는 전에 알고 지냈던 수라구 왕을 만났습니다. 이 두 명의 깨달은 왕은 서로에게 예를 갖추어 존경을 표했습니다. 그 후, 빠리가가 수라구에게 물었습니다. "당신이 현자 만다뱌의 가르침을 통해 참나 지식을 얻은 것처럼, 나는 고행을 통해 얻은 신의 은총에 의해 그것에 이르렀습니다. 제발 나에게 말해 주었으면 합니다. 당신의 마음은 지금 완전한 평정 상태에 있는지요? 당신의 백성들은 평화와 번영 가운데 있는지요? 당신은 냉정한 상태에 확고히 자리 잡았는지요?"

수라구가 답하였습니다.

신이 의도하는 바를 누가 참되게 이해할 수 있겠습니까? 당신과 나는 지금까지 아주 멀리 떨어져 있었습니다. 그러나 지금 우리는 함께 있습니다. 신에게 있어서 불가능한 것이 무엇이겠습니까? 우리는 당신의 성스러운 방문에 의해 진실로 축복을 받았습니다. 우리들 가운데 당신이 있음에 의해, 우리 모두는 죄와 결함에서 자유로워졌고, 당신의 모습 속에서 앞으로 우리에게 다가올 모든 번영이 느껴집니다. 선하고 성스러운 사람과 함께 하는 것이 지고의 자유의 상태와 똑같은 것입니다.

빠리가가 말하였습니다.

오, 왕이시여! 평정에 확고히 자리 잡은 사람에 의해 행해지는 모든 행위들은 다른 사람들에 의해 행해지는 행위들과는 달리, 즐거움을 낳는군요. 당신은 사마디로 알려진, 마음에 어떤 생각과 개념이 없는 지고의 평화의 상태에 자리 잡았는지요?

수라구가 대답하였습니다.

성자여! 나에게 이렇게 물어 주십시오. 왜 생각과 개념들에서 자유롭게 된 상태만이 사마디라 불리는가? 진리를 아는 자라면, 그가 끊임없는 행위들을 하건 명상을 하건 간에, 그의 마음은 늘 사마디의 상태를 잃지 않습니다. 깨달은 이들은 비록 세상의 일들에 종사하고 있다 할지라도 사마디 상태에 늘 있습니다. 그와 반대로, 마음이 평온하지 않은 이들은 연화좌를 하고 앉아 있다 하더라도 사마디를 누릴 수 없습니다.

진리의 지식인 신은 모든 희망과 욕망을 마치 마른 풀잎인 양 태워버리는 불과 같습니다. 그것은 사마디라는 말로 알려져 있습니다. 단지 침묵으로 있는 것이 아닌 그것은 영구적인 만족, 있는 것에 대한 명확한 지각, 자아 없음, 상반되는 쌍들에 지배를 받지 않는, 무엇인가를 얻거나 거절하려는 소망과 갈망으로부터 자유로운 상태라 불립니다. 시간이 움직이는 것을 망각하지 않고 있듯이, 참나 지식의 사람은 참나를 잃지 않습니다. 물질적 대상이 영원히 물질인 것처럼, 참나 지식을 가진 현자는 영원히 참나 지식을 지닌 현자입니다.

따라서 나는 나 자신 안에 항상 깨달아 있고, 순수하며, 평화에 있으며, 사마디의 상태 안에 있습니다. 어떻게 그것이 다른 것일 수 있겠습니까? 참나 아닌 어떤 다른 것이 있을 수 있겠습니까? 모든 시간과 모든 방법으로 참나만이 모든 것 안에 모든 것으로 있는데, 사마디 아닌 다른 상태가 어떻게 있을 수 있겠습니까? 그리고 무엇이 사마디로 불릴 수 있겠습니까?

빠리가가 말하였습니다.

오, 왕이시여! 확실히 당신은 완전한 사마디에 이르렀군요. 당신은 축복과 평화와 달콤함과 순수함으로 빛나며 광채가 납니다. 당신에게는 아무런 자아감, 욕망이나 싫음이 존재하지 않는군요.

수라구가 계속 말하였습니다.

오, 현자시여! 바라거나 포기할 만한 가치가 있는 아무것도 없습니다. 이러한 것들이 대상들로 보이는 한, 그것들은 개념, 지각 그리고 관념들에 지나지 않는 것입니다. 아무것도 얻을 만한 가치가 없다는 것을 알 때, 아무것도 포기할 만한 가치가 없다는 것을 알게 됩니다. 선과 악, 크고 작음, 가치 있거나 가치 없는 것은 모두 바람직하다는 개념에 근거합니다. 바람직하다는 것이 아무런 의미를 가지지 않을 때, 다른 것들이 결코 일어나지 않습니다. 산, 바다, 숲, 남자와 여자, 모든 대상 등 이 세상에 보이는 모든 것에는 진실로 아무런 본질이 없습니다. 따라서 그것들에 대한 아무런 욕망이 없습니다. 아무런 욕망이 없을 때, 가슴에 지고의 평화가 있습니다.

바시슈타가 계속 말했다.

세상 모습의 환영의 본질을 숙고하고, 서로 존경을 표한 후에, 수라구와 빠리가는 그들 각자의 의무에 관계하기를 계속했습니다. 이러한 지혜 가운데에 확고히 자리 잡고는 그대의 가슴으로부터 순수하지 못한 자아감을 버리십시오. 순수한 가슴이 모든 희열의 근원이며 모든 것이 쉽게 닿을 수 있는 범위 내에 있는 의식의 무한한 공간(차원)을 묵상할 때, 그것은 지고의 참나 안에 쉽니다. 안으로 향하게 하고 그리고 참나 지식으로 가득 차 있는 무한한 의식에 전념하는 마음은 슬픔에 의해 영향을 받지 않습니다.

그대가 그대의 일상생활에 관련된 활동들에 종사하고, 그대 가운데 싫어하고 좋아하는 감정들이 일어난다 할지라도, 그대 내면의 존재는 결코 불순해지지 않을 것입니다. 빛만이 어둠을 제거할 수 있는 것처럼, 이 세상이 무지의 창조라는 지식만이 세상의 악에 대한 유일한 치료책입니다. 일단 이 지식이 일어나면, 세상이 어떤 실재를 가지고 있다는 무지스러운 지각은 단번에 끝납니다. 따라서 비록 그대가 그대 스스로 활동에 종사할지라도, 그대는 그것에 집착되지 않습니다. 마치 물고기의 눈이 바닷물에 의해 영향을 받지 않듯이, 그대는 그것에 의해 더럽혀지지 않습니다. 그대는 결코 다시는 미혹을 경험하지 않을 것입니다.

참나 지식의 빛이 자신의 가슴 안에 밝게 빛나는 그날에만 사람은 진정으로 살게 됩니다. 모든 자신의 행위들은 그러한 날에 희열로 충만할 것입니다. 자신의 가슴 안에 진정한 초연과 또한 참나 지식을 일으키는 것이 친구, 경전 그리고 세월입니다. 오, 라마여! 세상의 모습이라는 이 무서운 수렁으로부터 그대의 지바를 구하십시오. 일단 그대가 그것에 관한 진리를 깨달으면, 그대는 결코 다시는 이 수렁으로 되돌아가지 않을 것입니다.

오, 라마여! 성스러운 현자들과의 교제는 그대에게 참나 지식을 얻을 수 있는 방법에 대한 지식을 제공할 것입니다. 따라서 사람은 그와 같은 교제가 가능하지 않은 곳에는 살지 않아야 합니다. 현자들과의 교제에서, 구도자의 마음은 즉시 평온해질 것입니다. 자신을 높임으로써 무지의 수렁에 빠지지 않게 해야 합니다. 현자는 끊임없이 세상과 참나 등의 본성을 탐구해 들어가야만 합니다. 이렇게 하는 데는 부, 친구, 친척, 경전은 도움이 되지 않습니다. 끊임없이 참나 탐구에 몰두하고, 초연을 지닌 오로지 순수한 마음만이 그 사람으로 하여금 이 바다를 건너게 해 줄 수 있습니다.

신체를 생명이 없는 둔한 실체로 바라보는 바로 그 순간, 그 사람은 참나 지식을 얻습니다. 무지와 자아감의 어둠이 떨쳐질 때, 참나 지식의 빛이 빛납니다. 참나 지식이나 완전한 깨달음의 그 상태는 형언할 수 없습니다. 설탕의 달콤함이 단지 직접적 경험에 의해서만 알 수 있는 것과 마찬가지로, 깨달음의 본성 또한 직접적 경험에 의해서만 알 수 있습니다. 마음과 자아감이 멈출 때, 이 참나 지식은 일어납니다. 그것은 요가 수행으로 도달합니다. 그것은 어떤 면에서는 깊은 잠에 비길 만합니다. 그러나 그것은 진실로 비교할 수 없는, 형언할 수 없는 것입니다.

바사와 빌라사의 이야기

바시슈타는 계속하였다.

오, 라마여! 마음으로 마음을 다스리지 못하는 한, 누구도 참나 지식을 얻을 수 없습니다. '나', '나의 것'이란 잘못된 개념들을 가지고 있는 한, 그림 속의 태양이 지지 않는 것처럼 기나긴 슬픔은 그 끝이 보이지 않습니다. 이 같은 진실을 나타내 주는 전설이 하나 있습니다. 이제부터 그 얘기를 그대에게 해 주려 합니다.

삼계를 합쳐 놓은 만큼 높은 거대한 산이 하나 있었습니다. 그 산꼭대기에는 신들이 살았고, 중간 부분에는 인간이 그리고 밑 부분에는 암흑의 존재들이 살고 있었습니다. 그 산은 사햐라고 알려져 있습니다. 그것은 말하자면, 모든 것을 포함하고 있습니다. 산의 꼭대기에는 현자 아뜨리의 오두막이 있었고, 그 안에는 브리하스빠띠와 슈끄라라 알려진 현인 두 명이 살았습니다. 각각은 빌라사와 바사라고 알려진 존경할 만한 아들들이 있었습니다. 그 아들들은 청년으로 자라났습니다. 그들은 무척이나 가까워 떨어질 수가 없었습니다.

세월이 흘러 두 명의 나이 많은 현인들 즉 브리하스빠띠와 슈끄라가 이 세상을 떠나게 되었습니다. 너무나도 슬펐던 두 명의 젊은이들은 적절한 장례식을 치러 주었습니다. 아버지를 잃은 슬픔으로 그들은 부나 재산 같은 것들에 흥미를 잃어버리고 홀로 생활하기 위하여 각각 다른 방향의 숲으로 떠나게 되었습니다. 상당한 시간이 흐른 후 그들은 다시 서로 만나게 되었습니다.

빌라사가 그의 친구 바사에게 말하였습니다.

"다시 만나 정말 기쁘네. 내 친구여! 우리가 헤어지고 난 이후로 무엇을 하고 지냈는지 말해 보게. 너의 금욕이 결실을 맺었는가? 마음속에서 세상에 대한 타오르는 불길을 없애 버렸는가? 참나에 대한 지식을 얻었는가? 말해 보게. 너는 괜찮고 행복한가?"

바사가 대답하였습니다.

"나는 너를 다시 보게 된 것이 정말 행운이라고 생각하네. 나의 사랑스러운 친구이자 형제여! 그러나 우리가 이 세상에서 배회하고 있는 한, 그리고 가장 고귀한 지혜를 획득하지 않는 한, 심리적 왜곡이 그치지 않는 한, 어떻게 행복하게 잘 지낼 수 있겠는가? 세상이라는 이 바다를 건너기 전까지 어떻게 행복하게 살아갈 수 있겠는가? 마음속에 자리 잡은 욕망들과 희망들이 완전히 사라지지 않는 한, 어떻게 행복하게 살아갈 수 있겠는가?

참나 지식을 지닐 때까지, 우리는 어린 시절, 청년기, 장년기, 노년기 그리고 죽음을 거치는, 태어나서 죽는 과정을 반복하는 이곳에 되돌아와서는, 똑같은 의미 없는 행동과 경험들에 관계할 것이네. 열망이라는 것은 지혜를 망가뜨린다네. 감각적인 욕구의 만족에 빠져 있으면 인생은 빠르게 쇠퇴해 버린다네. 마음이란 쉽사리 감각적인 만족에 눈이 멀어 버리지. 참나 지식의 건너편 해안으로 우리를 데려다 줄 수 있는 뛰어난 운송 수단인 우리의 몸을 어떻게 그리고 왜 세상의 진흙 속으로 떨어져 버리게 하는지 놀라울 뿐이네! 눈 깜짝할 사이에 마음이라 알려져 있는 이 작은 물결은 끔찍한 모습을 취하네. 사람들은 어리석게도 조금도 참나에 닿지 않고 있는 슬픔과 고통을 참나의 탓으로 돌리고 있다네. 그래서 비참해진다네.

바시슈타는 계속 말을 이었다.

이처럼 서로 대화를 하고 세상의 본질에 대해 탐구하고서, 그들은 곧 지고의 지혜를 얻었습니다. 그러므로 오, 라마여! 나는 그대에게 참나 지식을 아는 것 외에는 굴레를 끊어 버리고 환영의 바다를 건너게 해 주는 다른 방법이 없다고 말합니다. 깨달은 사람에게 이 슬픔의 바다는 작은 웅덩이와 같습니다. 구경꾼이 멀리 있는 군중을 바라보듯이 그는 자신의 몸을 바라봅니다. 그러므로 그는 몸이 겪어야 하는 고통에 영향을 받지 않습니다. 파도가 바다의 풍만함을 버리지 못하는 것처럼 몸의 존재는 모든 것에 퍼져 있는 참나의 존재를 없애 버리지 못합니다.

백조, 바위 또는 나무토막이 그들을 둘러싸고 있는 물과 무슨 연관성이 있겠습니까? 마찬가지로, 지고의 참나는 이 세상의 모습과는 관련이 없습니다. 떨어지는 나무는 물 위에 파도를 일어나게 하는 것 같습니다. 우리 몸에 나타나는 기쁨과 슬픔도 이와 유사한 경험을 참나에게 일어나게 하는 것 같습니다. 나무가 물에 가까이 갈수록 나무는 물 위에 반사되어 보이듯이, 몸도 참나에 가까이 갈수록 참나 안에 반사됩니다. 바위가 물 속으로 떨어진다고 해도 물 자체에 아무런 해를 주지 않고 또 물에 의해 아무런 해를 입지 않는 것과 마찬가지로, 몸이 아내, 아이들 또는 물질적 대상들과 같은 다른 물질적 실체들과 접한다 하더라도 어느 누구에게 해나 고통을 주지 않습니다.

거울에 비친 사물의 그림자는 진짜라고도 진짜가 아니라고도 할 수 없습니다. 즉, 그것은 말로 묘사할 수 없습니다. 마찬가지로 참나에 반사된 육체는 진짜도 아니요, 가짜도 아닙니다. 단지 묘사할 수 없을 뿐입니다. 무지한 자는 자기가 세상에서 보는 것들은 무엇이나 진짜로 받아들입니다. 그러나 현명한 이들은 그렇지 않습니다. 나무토막과 물에 비친 나무토막이 아무런 관계가 없는 것과 마찬가지로 몸과 참나는 아무런 실제적인 관련성이 없습니다. 게다가 사실상 그런 관계가 존재할 수 있는 아무런 이원성이 없습니다. 하나의 완전무결한 의식만이 홀로 주체와 객체의 구분이 없이 존재합니다. 이 점에서 마치 귀신을 보았다고 생각하는 이가 귀신을 보는 것과 마찬가지로 다양한 모습들은 상상된 것이며, 슬픔에 의하여 닿지 않고 있는 그것이 그것 자체를 비참하다고 믿습니다. 생각의 힘 때문에 이 상상적인 관계가 실재의 힘을 얻습니다. 참나는 고통이나 쾌락에 닿지 않고 있습니다. 참나 그 자체가 몸이라고 생각하여, 참나는 몸의 여러 경험들을 겪습니다. 이 무지스러운 믿음을 버리는 것이 자유입니다.

이렇게 하여 잘못된 동일시나 애착에 사로잡히지 않는 사람들은 즉시 슬픔으로부터 자유로워집니다. 늙음과 죽음 그리고 미혹의 씨앗은 이 조건화입니다. 이 조건화가 사라질 때, 그 사람은 미혹의 바다 너머로 갑니다. 조건화된 마음은 금욕주의자들에게도 굴레를 만듭니다. 반면에 조건화되지 않은 마음은 가정 거주자라도 순수해질 수 있습니다. 이같이 조건화된 마음은 굴레입니다. 그러므로 해방은 조건화인 내적 접촉, 애착 혹은 동일시로부터의 자유입니다. 이 내적인 접촉(이는 가상의 구분을 가정한 것이다) 그 자체는 속박과 해방의 원인입니다. 조건화가 없는 사람으로부터 행해진 행위는 행위가 아닙니다. 조건화된 마음은 외견상으로는 행위를 그만두고 있는 것처럼 보일지라도 행위를 하고 있습니다. 행위를 하는 것과 행위를 하지 않는 것은 마음에서 비롯됩니다. 몸은 아무것도 하지 않습니다. 그러므로 이 같은 잘못된 구분을 전적으로 버려야 합니다.

라마가 물었다.

오, 신이시여! 조건화라는 것은 무엇을 뜻하며, 그것이 어떻게 속박을 만들어 냅니까? 그리고 해방이란 무엇이며, 그것이 어떻게 얻어집니까?

바시슈타가 계속 말했다.

신체와 참나 간의 차이를 무시해 버린 이들이 신체가 실재라는 확고한 믿음을 지닐 때, 이것이 조건화입니다. 그들은 무한한 참나는 한계가 있다고 여기며 쾌락을 좇습니다. 그래서 묶입니다. 반면에 '이 모든 것은 정말이지 무한한 참나이다. 내가 무엇을 바라고 무엇을 포기해야 하는가?'를 탐구하는 사람은 조건화되지 않은 해방의 상태에 자리를 잡습니다. '나는 존재하지 않는다. 다른 이들 또한 존재하지 않는다.' 혹은 '이것들이 존재하거나 존재하지 않게 하라.'라는 것을 알고 쾌락을 추구하지 않는 이는 해방되었습니다. 그는 무행위에 중독이 되어 있지도 않고, 그렇다고 행위의 결과에 빠져 있지도 않습니다. 그는 열광에 빠지거나 절망에 빠지지 않습니다. 그는 행위의 결과를 행위에 의해서가 아니라 그의 마음에 의해서 포기합니다! 속박이 없어지고 가장 고귀한 선이 얻어지는 것은 조건화의 거부에 의해서입니다. 조건화가 모든 슬픔의 근원입니다.

조건화는 다음과 같은 예들에 의해 얘기될 수 있습니다. 첫째, 당나귀가 주인의 밧줄에 의해 끌려가며 두려워서 무거운 짐을 운반하는 것, 둘째, 땅에 뿌리를 내린 나무가 더위, 추위, 바람, 비를 참아 내는 것, 셋째, 벌레가 땅의 구멍 속에 살면서 자신의 때를 기다리며 있는 것, 넷째, 배고픈 새가 약탈자를 경계하면서 나뭇가지 위에서 쉬는 것, 다섯째, 길든 사슴이 평화롭게 목초 위를 거닐다 사냥꾼의 총알의 희생양이 되는 것, 여섯째, 수많은 사람들이 벌레나 곤충으로 반복해서 태어나는 것, 일곱째, 셀 수도 없이 많은 존재들이 바다 표면의 파도들과 같이 태어났다 사라져 가는 것, 여덟째, 움직일 수조차 없는 나약한 인간이 반복해서 죽어 가는 것, 아홉째, 관목과 덩굴나무들이 땅으로부터 영양분을 얻기 위해 땅 위에서 자라나는 것, 열째, 강과도 같은 이 세상의 환영이 셀 수도 없이 많은 슬픔과 고통의 물결을 만들어 내는 것. 이 모든 것이 조건화의 확장된 모습들입니다.

조건화 혹은 내적 연결, 집착 혹은 참나 제한에는 두 가지 종류가 있습니다. 그중 하나는 숭배할 만한 것이고, 다른 하나는 메마르고 보잘 것없는 것입니다. 보잘것없는 무익한 조건화는 바보들의 세계 어디에서나 볼 수 있습니다. 이와는 달리 숭배할 만한 조건화는 진리를 아는 이들 사이에서 보입니다. 메마르고 보잘것없는 조건화는 자신의 참나에 무지한 이들의 마음속에 존재합니다. 그것은 신체와 같은 것들로부터 일어나며 생사를 반복하게 합니다. 다른 조건화의 형태는 참나에 대한 지식이 있는 존경할 만한 이들로부터 발견됩니다. 이것은 진정한 지혜의 깨달음으로부터 일어납니다. 즉, 이것은 사람들로 하여금 생과 사에서 벗어나게 합니다.

(숭배할 만한 조건화는 '자연적인' 한계들을 인정한다. 예를 들어, 눈, 귀 등

과 같은 것들은 그들의 지각에 한계가 있다. 무지한 자들의 조건화란 그들 스스로 부과한 조건화이다. 그것들은 무한한 참나를 신체와 동일시하는 것이다. 경전에서 사용되는 용어, 예를 들어 삼스끼는 종종 '집착'으로 번역된다. 그러나 집착은 무한한 것에 대한 한계 그리고 무조건적인 것의 조건화인 구분이나 이원성을 의미한다.)

바시슈타가 계속하였다.

소라와 원반 등을 양손에 든 신은 그 '숭배할 만한 조건화' 때문에 삼계를 보호합니다. 태양이 빛나고 창조자의 우주적 몸이 이 거대한 창조를 계속 연출하는 그 조건화와도 같은 유형인 것입니다. 그리고 신 쉬바 역시 이 같은 종류의 조건화 때문에 신성한 존재로 빛을 발하고 있습니다. 이 세상을 유지하고 여러 방법들로 기능하고 있는 신들은 이 숭배할 만한 조건화 즉 참나 제한에 의해 그들의 능력들을 부여받고 있습니다.

반면에, 메마르고 보잘것없는 조건화의 영향 아래에 있는 마음은 그러한 경험이 기쁠 것이라는 잘못된 믿음으로 쾌락의 갈구의 먹이가 되고 있습니다.

우주를 구성하는 원소들의 기능조차도 이 조건화 때문에 존재하고 있습니다. 조건화 때문에 천국의 신들, 지상의 인간들 그리고 지하의 악마들이 바다에 이는 파도와 같이 일어나고 사라집니다. 바다에서 거대한 물고기가 작은 물고기들을 먹어치우는 것처럼, 이 수없이 많은 존재들은 서로 먹고 먹히면서 그들의 조건화 때문에 어쩔 수 없이 공간 안을 배회하고 있습니다. 공간에 있는 별들은 조건화 때문에 그들 자신의 궤도를 순회합니다. 이제 떠오르고, 이제 지고, 그리고 이제 밝아졌다가 이제 어두워지는 달은 끊임없이 지구 주위를 돌고 있고, 이 조건화 때문에 이것들을 버리지 않습니다.

오, 라마여! 이 신비로운 창조가 존재들의 마음의 개념들에 반응하여 존재하게 되는 것을 보십시오. 이 우주는 빈 공간 속에서 단순히 마음의 조건화에 의해 나타나 존재하게 되었습니다. 그것은 실재가 아닙니다. 이 우주에서, 쾌락을 갈망하는 것은 세상과 신체 등에 집착하고 있는 모든 존재의 생명력을 좀먹는 것입니다. 그들이 해변을 따라 이어져 있는 모래의 수보다도 더 많이 있어서 어느 누구도 그들의 수를 셀 수는 없습니다. 이 우주의 창조자는 이 우주를, 말하자면, 이 셀 수 없이 많은 존재들의 마음의 조건화에 반응하여 존재하도록 하였습니다. 이 존재들은 진실로 이곳 지옥의 불타는 불꽃을 위한 탁월한 연료입니다. 어떠한 고통이 이 세상에서 나타나더라도, 이것은 오직 이 존재들을 위한 것임을 아십시오. 강물이 바다로 빠르게 흘러가듯이, 고통이라는 것은 마음으로 조건화된 이들을 향하여 흘러 들어갑니다. 그래서 이 온 창조물은 무지로 퍼져 있습니다. 그러나 만약 이 쾌락에 대한 욕망을 잘라 버린다면, 마음의 조건화의 한계는 무너져 거대하게 펼쳐질 것입니다. 마음의 조건화 또는 유한한 것 그리고 썩어 없어지는 것에 집착하는 것은 사지에 타들어 가는 고통입니다. 오, 라마여! 그러나 이 무한한 확장 혹은 무한한 것에 헌신하는 것은 타들어 가는 고통을 위한 놀라운 치료약입니다. 어떤 것에도 집착하지 않는, 무한한 확장의 평화로운 상태에 자리 잡는 마음이 기쁨을 오게 합니다. 참나 지식에 뿌리를 둔 사람은 지금 여기에서 자유로워집니다.

(비록 다시 사용된 단어가 '접촉'이나 '집착'으로 번역될 수도 있는 삼산감 (saṃsaṅgam)이지만, 이 장에서는 '조건화'의 진정한 의미가 부각되어 있다. 진정으로 의미하는 것은 '동일시'나 '조건화'이다.)

바시슈타가 계속 말하였다.

오, 라마여! 항상 적절한 것을 행하기 위해서는 마음이 행위, 생각들이나 대상에 집착해서는 안 됩니다. 위로는 천국에 얽매여서도 안 되며, 아래의 그리고 그 어떤 방향의 것들에 얽매여서도 안 됩니다. 마음은 외적인 관계들이나 내적 감각의 자연스러운 움직임이나 생명력 등 그 어떤 것에도 묶여서는 안 됩니다. 마음은 머리에도, 경구개 안에도, 미간에도, 코끝에도, 입이나 눈 안에도 머물러서는 안 됩니다. 또한 마음은 어두움 안이나 빛 안에도, 또는 가슴의 동굴 안에도 있어서는 안 됩니다. 깨어 있거나, 꿈을 꾸거나 잠자는 상태들도 마음을 잡아서는 안 되며, 넓고 순수한 공간조차도 마음의 집이 되어서는 안 됩니다. 마음은 색의 스펙트럼에, 움직임이나 정적에, 시작이나 중간 및 끝이나 그 어떤 곳에도 집착되지 않아야 하며, 멀거나 가까이, 앞이나, 대상들 안이나 혹은 자기 안에도 머물지 않아야 합니다. 감각의 경험들, 미혹된 행복의 상태, 개념들 그리고 지각들은 마음에 머물지 않아야 합니다.

이 세상의 대상들이 전적으로 무상하다는 것을 자각하고서, 마음은 생각의 움직임을 조금도 지니지 않은 채 순수 의식으로서 순수 의식 안에 머물러야만 합니다. 그렇게 해서 모든 집착이 끊어져 버릴 때, 지바는 더 이상 지바가 아닙니다. 행위든 무행위든지 간에 그 어떤 일이 벌어지더라도 지바는 더 이상 지바가 아닙니다. 그 같은 무집착의 상태에서 지바는 행위의 결과들에 묶이지 않습니다. 혹은 대상들에 대한 약간의 이해의 상태조차도 버리고, 지바를 지고의 평화 속에 쉬게 하십시오.

그와 같이 해방된 사람은, 그가 다른 이들과 행위에 있어서 연관되어 있는 것처럼 보이든 그렇지 않든 간에, 늘 슬픔과 두려움으로부터 자유롭습니다. 모든 사람이 그를 존경하고 사랑할 것입니다. 다른 이의 눈에는 흥분되어 있는 것처럼 보여도, 자기 자신의 안에서 그는 지혜에 확고한 뿌리를 내리고 있습니다. 그의 의식은 행복이나 불행에 의해 늘 물들지 않은 채로 있습니다. 그는 세상의 매력에 혼란되지 않습니다. 참나 지식을 얻었으므로 그는, 말하자면, 늘 명상 안에서 살아갑니다. 그러므로 그는 우주에 있는 그 어떤 것에도 집착하지 않습니다. 상반되는 쌍들 너머로 일어섰으므로 그는 깨어 있는 상태에서도 깊은 잠에 들어 있는 것처럼 보입니다.

마음이 마음의 특징인 생각의 움직임으로부터 자유로운 그리고 오직 평화의 경험만이 있는 그 상태를 '깨어 있는 깊은 잠'이라 합니다. 이 같은 상태에 있는 사람은 무의지의 삶을 살며, 모든 종류의 마음의 억압이나 고뇌로부터 자유로우며, 짧거나 긴 삶에 대하여도 신경을 쓰지 않습니다. 이 같은 '깨어 있는 깊은 잠'의 상태가 성숙할 때, 그것을 뚜리야 또는 제4의 상태라고 합니다. 그 상태에 확고히 자리를 잡은 현자는 이 우주를 마치 우주적인 운동장인 양 여기고, 그 안의 삶을 우주적 춤으로 여깁니다. 슬픔과 두려움으로부터 그리고 세상 모습의 미혹으로부터 완전히 자유롭게 되어, 뚜리야 안에 자리를 잡은 이는 다시는 오류에 빠지지 않습니다. 그는 늘 희열 속에 있습니다. 그는 이 단계를 뛰어넘어 위대하고 표현할 수 없는 지고의 희열의 상태로 나아갑니다. 그것을 뚜리야조차도 뛰어넘는, 이해할 수도 없고 묘사할 수도 없는 상태라고 합니다.

바시슈타가 계속 말하였다.

살아 있는 동안에 해방된 사람의 상태를 뚜리야의 상태나 '깨어 있는 깊은 잠'이나 또는 '완전히 자유로운 상태'라 칭하는 것도 가능할 것입니다. 그 이상의 상태 즉 신체 의식을 뛰어넘은 상태는 말로 묘사할 수 없습니다. 이것은 '뚜리야 너머의 상태'입니다. 오, 라마여! 그 단계에 도달하려고 노력하십시오.

그러나 우선, '깨어 있는 깊은 잠'의 상태에 먼저 자리를 잡으십시오. 신체라는 것은 단지 환영의 산물에 지나지 않음을 알고서, 존재 또는 신체의 다른 것들에 대해 신경을 쓰지 않은 채 있으십시오. 그대는 지혜로운 사람입니다. 오, 라마여! 그리고 그대는 내적인 일깨움의 상태에 도달해 있습니다. 참나 지식을 가진 사람의 마음은 밑으로 달리지 않습니다. 단지 순수한 의식만이 여기에 존재합니다. 그렇기 때문에 '나는 아무개이다.', '이것은 나의 것이다.'와 같은 생각은 하지 마십시오. '나'라는 단어조차도 단지 의사소통을 위해서만 사용하십시오. 진리는 이 모든 묘사들 너머에 있습니다. 이원성은 존재하지 않으며, 신체들도 없습니다. 그러므로 그들 간의 관계 또한 성립되지 않습니다. 태양에는 그림자가 존재하지 않습니다! 비록 내가 그대에게 외견상으로 이원성을 가정하고 말하고 있지만, 진실로 그 같은 이원성은 존재하지 않습니다.

빛과 어두움 간의 관계가 존재하지 않는 것처럼, 신체와 몸으로 있는 존재와의 관계도 마찬가지입니다. 진리가 알려질 때, 잘못된 지각들은 사라집니다. 참나는 순수하고 영원하고 스스로 빛나고 그리고 변화로부터 자유로운 의식입니다. 신체는 순수하지도 영구적이지도 않습니다. 그들 둘 사이에 어떤 관계가 있을 수 있겠습니까? 신체는 생명의 힘에 의해서 혹은 다른 원소들에 의해서 생명력을 얻습니다. 이 신체는 참나와 어떠한 관계도 가질 수 없습니다. 이처럼 비록 참나와 신체라는 이 둘이 두 가지의 구분되는 실재라고 여겨지더라도, 그 둘 사이에는 어떠한 관계도 성립하지 않습니다. 그러나 만약 이 이원성이 사실이 아니라면, 그때는 그 같은 생각 자체가 불필요해집니다. 이 진리가 그대 안에 확고히 자리 잡게 하십시오. 그러면 어느 누구든 어느 곳에 있든 지 어느 때에 있든지 간에 아무런 속박도 해방도 없을 것입니다.

이 모든 것이 단지 하나의 무한한 참나 혹은 의식이라는 사실은 분명 합니다. 만약 그대가 귀에게 '나는 행복하다 또는 불행하다.' 또는 '나 는 무지하다.'와 같은 개념들을 준다면, 그때는 그 같은 개념들이 그대 에게 끝없는 슬픔을 안겨 줄 것입니다. 신체는 바람인 생명의 호흡 때 문에 존재합니다. 그리고 신체의 말들은 호흡에 의해서 만들어지고, 모 든 감각적인 기능들은 그 때문에 존재합니다. 그러나 몸 안에 있는 지 성은 나누어질 수 없는 의식입니다. 그 무한한 의식만이 공간 등으로 모든 곳에 퍼져 있습니다. 후자는 의식 안에서 반사되며 그리고 이 반 사를 마음이라 합니다. 마음이 자신의 육체적 새장을 포기하고 훨훨 날 아갈 때, 마음은 의식인 참나를 경험하게 됩니다. 향기가 있는 곳에는 꽃이 있습니다. 마찬가지로, 마음이 있는 곳에는 의식이 있습니다. 그 러나 오로지 마음만이 이 세상의 모습이 있게 하는 원인입니다. 의식이 궁극적인 원인이기는 하지만, 그 의식은 어디에나 있고 무한하기 때문 에 그것은 세상의 모습을 만드는 원인이 될 수 없습니다. 때문에 진실 로 이 세상 모습을 있게 하는 원인은 실재의 본성을 탐구하지 않음인 무지입니다. 램프가 즉시 어두움을 제거할 수 있는 것과 마찬가지로, 참나 지식의 빛은 무지의 어두움을 즉시 없앨 수 있습니다. 이런 이유 로 소위 말하는 지바 혹은 마음 혹은 내적인 심리적 요인을 탐구해야만 합니다.

라마가 물었다.

신성한 분이시여! 어떻게 이러한 개념들과 범주들이 확고하게 자리 잡게 되었습니까? 제발 저를 깨우쳐 주십시오.

바시슈타는 계속 말하였다.

이 모든 것은 정말이지 참나입니다. 그러나 파도가 바다에 일듯이, 우주라는 다양성이 마음속에 일어납니다. 여기저기에서 참나가 활동적인 참나의 모습을 보여 줍니다. 다른 어떤 곳에서는 참나는 정적인 상태로 있습니다. 정적인 참나라는 것은 바위와 같은 활동성이 없는 것을 말하며, 활동적인 상태의 참나라는 것은 인간과 같은 것을 말합니다. 이 모든 경우들에 있어서, 전능한 참나는 무지의 개념을 받아들입니다. 그러므로 마치 무지한 것처럼 보입니다. 이처럼 무지의 옷을 입은 무한한 것이 지바입니다. 지바는 이 세상의 나타남에서 보면 그물에 걸린 코끼리와 같습니다.

그것이 살아 있기에, 그것을 지바라고 합니다. 그것의 자아 본위적인 개념 때문에, 그것을 자아라고 합니다. 그것의 구분하고 결정하는 특성 때문에, 그것을 붓디(buddhi) 혹은 식별력이라고 합니다. 또 그것의 어떤 개념이나 관념을 형성하는 능력 때문에, 그것을 마음이라고 합니다. 자연적이기 때문에, 그것을 자연이라고 합니다. 변하기 때문에, 그것을 몸이라 합니다. 그것의 본질이 의식이기 때문에, 그것을 의식이라 합니다.

오로지 진리인 지고의 참나는 둔한 것과 지성적인 것 바로 한가운데에 놓여 있습니다. 즉, 그것만이 다양성을 만들며 이 모든 다양한 이름들로 알려집니다. 그러나 이 모든 범주들은 논쟁을 좋아하여 그리고 무지한 사람들을 혼란시키기 위하여 심술궂은 지적인 사람들이 만든 것입니다.

그러므로 오, 라마여! 이 세상의 나타남을 있게 한 원인은 오직 지바밖에 없습니다. 즉, 이 귀먹고 말 못하는 신체가 무엇을 할 수 있겠습니까? 신체라는 것이 사라진다 해도 참나는 사라지지 않습니다. 나뭇잎이 떨어져 버려도 나무는 사라지지 않는 것과 같습니다. 단지 미혹된 이들만이 이와 반대로 생각합니다.

다른 한편으로는, 마음이 사라지면 모든 것이 사라집니다. 그러면 최종적인 해방이 있습니다. '나는 죽어간다, 나는 사라진다.'라고 한탄하는 사람은 잘못된 생각에 어리석게 매달려 있는 사람입니다. 그는 어느 곳에든 그리고 어느 시간에든 세상의 환영을 계속해서 경험합니다. 마음의 조건화 상태에 있는 지바는 하나의 신체를 버리고 다른 신체를 찾습니다. 이는 마치 원숭이가 숲에서 하나의 나무를 버리고 다른 나무로 뛰어오르는 것과 같습니다. 그런 후에 곧 지바는 그것 역시 버리고 다른 공간과 시간 속에 있는 또 다른 어떤 것을 찾습니다. 유모가 아기의 주의를 돌리기 위하여 이곳저곳을 다니는 것과 같이, 이 마음의 조건화는 지바를 이곳저곳으로 데리고 다닙니다. 이처럼 마음의 조건화에 묶여 있어 지바는 끝없는 고통을 참으며 다양한 종들로 반복해서 태어납니다.

(성자 바시슈타가 이를 말할 때, 또 다른 하루가 저물고, 모였던 무리는 저녁 예배를 위해 돌아갔다.)

바시슈타는 말을 계속하였다.

오, 라마여! 그대는 신체가 태어날 때 같이 태어난 것이 아니며, 신체가 죽는다고 해도 그대는 죽지 않습니다. 항아리 안의 공간이 항아리가 만들어질 때 생겨나서 항아리와 함께 사라져 버린다고 생각하는 것은 순전한 어리석음입니다. 게다가 내재하는 의식은 신체와 마음 그리고 감각과 관련한 바람직한 것과 바람직하지 않은 것에 대한 개념들로부터 자유롭습니다. 마치 여행자가 여인숙을 발견하거나 숲의 오두막을 발견하거나 시냇물을 발견하거나 그것을 떠나거나 같은 채로 있는 것처럼, 그 내재하는 의식은 이러한 관계들에서 늘 같은 채로 있습니다.

즉, 만나거나 헤어지는 것이 의식에게 아무런 행복이나 불행의 원인이 아닙니다. 그렇다면 왜 사람들은 이러한 상황들에 얽매여 크게 기뻐하거나 슬퍼합니까?

무지한 참나 제한 때문에 마음이 된 참나가 세상의 사물들에 의해 더럽혀집니다. 그러나 마음이 된 참나가 자신의 진정한 본성을 깨우치게 될 때 그것은 무지한 환영을 버리고 참나 지식을 회복하게 됩니다. 그때서야 마음은 비로소 굉장한 높이에서 신체를 바라볼 수 있게 됩니다. 신체가 원소들의 총체라는 것을 깨닫게 되면, 마음은 신체 의식을 초월하게 되고 깨닫게 됩니다.

그와 같은 깨달은 사람은 비록 그가 이 세상에서 행위를 하고 있는 동안에도 세상사나 무지에 의해 물들지 않습니다. 그는 세상에 있는 어느 것에 의해 유혹당하지도 거부당하지도 않습니다. 그는 "세 개의 시간 속에 있는 '나'라고 알려진 것과 '세상'이라고 알려진 것은 단지 순수한 경험하기와 경험 그 자체의 연결을 확장시킨 것에 불과하다는 것"을 압니다. 경험의 대상이 실제이든 실제가 아니든 간에, 그것은 전적으로 경험하기에 달려 있습니다. 그렇다면 슬픔이나 기쁨이 어떻게 일어납니까? 거짓은 거짓이며, 진리는 진리입니다. 이 둘의 혼합은 물론 거짓입니다! 미혹되지 마십시오. 거짓된 지각을 버리고 진리를 잡으십시오. 그러면 그대는 절대로 다시는 미혹되지 않을 것입니다.

존재하는 모든 것은 단지 순수한 경험하기와 그것의 경험 사이의 관계의 확장입니다. 그 경험은 진실로 참나 희열의 기쁨입니다. 그것은 순수한 경험하기 그 자체입니다. 때문에 그것은 절대자 브람만이라 알려져 있습니다. 이 순수한 경험하기가 경험과의 접촉으로 일어나는 그 기쁨은 최상의 것입니다. 우매한 자에게는 이것이 세속적인 것이겠지만, 현자에게 이것은 해방입니다. 이 순수한 경험하기는 그 자체로 무한한 참나입니다. 그것이 대상들에게로 기울어질 때, 그것은 굴레입니다. 그러나 그것이 자유로울 때, 그것은 해방입니다. 그러한 경험하기가 부패와 호기심으로부터 자유로울 때, 그것은 해방입니다. 그러한 경험하기가 이 주체와 객체 간의 관계 내지 접촉으로부터 자유로워질 때, 그때서야 세상의 나타남은 전적으로 그칩니다. 그때서야 뚜리야 의식 또는 '깨어 있는 깊은 잠'의 상태가 일어납니다.

참나라는 것은 이것도 아니고 저것도 아닙니다. 그것은 여기서 경험하기의 대상이 무엇이든지 간에 그것을 뛰어넘습니다. 진리를 아는 이의 무한하고 조건화되지 않은 시각에서 보면, 이 모든 것은 단지 하나의 참나 그리고 무한한 의식입니다. 참나가 아닌 것으로 간주되는 것은 아무것도 없습니다. 모든 물체의 본질은 참나 또는 무한한 의식 이외의 것이 아닙니다.

바시슈타는 계속 말했다.

오, 라마여! 다른 태도가 있는데 이를 통해 그대는 또한 신성한 통찰을 가질 것이며 그리고 참나 지식 안에 확고히 자리를 잡을 수 있을 것입니다. 그것은 다음과 같습니다.

'나는 공간이다. 나는 태양이다. 나는 위와 아래 같은 방향이다. 나는 신들이다. 나는 악마들이다. 나는 모든 존재들이다. 나는 어두움이다. 나는 지구이며 바다 등이다. 나는 먼지, 바람, 불 그리고 이 모든 세상이다. 나는 어디에나 존재한다. 나 이외의 어떠한 것이 존재할 수 있겠는가?'

이 같은 태도를 가짐으로써 그대는 기쁨과 슬픔을 뛰어넘을 수 있을 것입니다.

다음의 두 가지 태도 모두가 해방에 이르게 합니다. 하나는 '나는 지극히 미묘하며 초월적인 참나이다.'라는 것입니다. 다른 하나는 '나는 모두이고 모든 것이다.'라는 것입니다. '나'에 관련한 또 다른 태도가 있습니다. '나는 이 신체이다.'라는 태도입니다. 이 태도는 끝없는 슬픔의 근원입니다. 오, 라마여! 이 모든 세 관점을 버리고 순수한 의식으로 있으십시오. 왜냐하면 비록 참나가 초월적이고 어디에나 존재하는 것이지만, 참나만이 이 세상의 모든 것 안에 있는 빛이기 때문입니다. 이 세상의 모든 것은 사실 거짓입니다.

이 참나 지식은 설명이나 묘사를 통하여 얻어지지 않으며, 다른 이의 가르침에 의해서도 얻어지는 것이 아닙니다. 항상 모든 것은 직접적인 경험에 의해서만 알려집니다. 이 세상의 여기에서 알려지거나 경험되는 것은 무엇이든지 간에 그 모든 것은 경험하기와 경험이라는 이원성이 없는 의식인 참나입니다. 언제 어디서나 존재하고 있는 것은 오로지 참나입니다. 그러나 그것이 지극히 미묘하기 때문에, 그것은 경험되지 않습니다. 모든 존재들 안에서, 그것은 지바입니다. 모든 행위들은 태양의 빛 속에서 일어납니다. 그러나 그 행동들이 그친다고 해서, 태양은 상실이라는 고통을 경험하지 않습니다. 이와 마찬가지로, 참나 때문에 몸 등이 기능을 합니다. 그러나 몸 등이 없어져도 참나는 상실로 고통을 경험하지 않습니다. 참나는 태어나지 않으며 또한 죽어 없어지지도 않습니다. 참나는 구하지도 갈망하지도 않습니다. 참나는 구속되어 있지도 해방되어 있지도 않습니다. 참나는 언제나 모든 것의 참나입니다.

그 참나는 시간 공간 등에 의해서 조건화되지 않습니다. 어떻게 그것이 속박되겠습니까? 어떠한 속박도 없을 때, 해방이란 무엇입니까? 그러한 것이 참나의 영광입니다. 그러나 참나의 본질에 대한 무지 때문에 사람들은 여기서 울고 통곡을 합니다. 이 두 가지 잘못된 개념 즉 굴레라는 것과 해방이라는 것을 버리고, 여기에서 깨달은 삶을 사십시오. 하늘이나 땅 또는 지옥에는 해방이라는 것이 없습니다. 해방이란 단지 순수한 마음, 정확한 참나 지식, 그리고 정말로 깨달은 상태와 동의어입니다. 모든 욕망이나 희망이 완전히 없어진 상태가 해방입니다. 이 진정한 내적 깨달음 혹은 참나 지식에 이를 때까지, 사람들은 자신이 속박되어 있다고 간주하고 해방을 위하여 노력합니다. 이 같은 잘못된 속박과 해방의 개념을 벗어 던지고 '지고의 포기자'가 되십시오. 오, 라마여! 그런 다음에 오래오래 살며 온 세상을 다스리십시오.

바시슈타는 말을 계속했다.

참나가 장난으로 신체를 봄으로 자신이 신체를 가지고 있다는 개념을 가집니다. 세상이라는 환영을 구성하는 이 모든 것은 사막의 신기루처럼 존재하게 됩니다. 이 환영은 마음, 식별의 능력, 자아감, 잠재적인 경향성 및 감각과 같은 다양한 이름들을 취하면서 바다의 파도와 같이 퍼져 나갑니다. 마음과 자아감은 사실 둘이 아니며 같은 것입니다. 그 차이는 언어 상의 차이일 뿐입니다. 마음이 자아감이며 자아감이 바로 마음입니다. 단지 우매한 사람들만이 하나는 다른 하나로부터 생겨났다고 믿습니다. 이는 마치 우매한 사람이 하늘에서 내리는 눈에서 흰색이 생겨났다고 말하는 것과 같습니다.

이 같은 마음과 자아감은 만약 하나가 없어지면 다른 하나도 없어집니다. 그러므로 굴레와 해방이라는 개념을 가지는 대신에, 모든 갈망을 버리고 지혜와 초연을 통하여 마음이 중지되게 하십시오. '내가 해방되었으면' 하는 소망이 그대 안에서 일어나는 것만으로도, 마음은 소생합니다. 그리고 다른 개념들을 지니게 된 마음은 신체를 만들어 냅니다.

바로 그때 '나는 이것을 한다.', '나는 이것을 즐긴다.' 그리고 '나는 이것을 안다.'와 같은 다른 개념들이 일어납니다. 이 모든 개념은 사막의 신기루처럼 실제적인 것이 아닙니다. 그러나 그들의 비실제성을 모르기 때문에, 마치 신기루가 동물들을 미혹시켜 유혹하듯이 환영은 마음을 유혹합니다. 그러나 그것이 환영이라는 것을 알게 되면, 그것은 마음을 유혹할 수 없게 됩니다. 마치 램프가 어둠을 완전히 없애 버리듯이, 진리에 대한 지식이 개념들과 조건화를 완전히 뿌리 뽑습니다.

'이 신체는 그저 둔한 물질인데, 왜 사람은 신체를 위하여 쾌락을 좇아야 하는가?'라고 진실되게 질문을 던진다면, 모든 갈망이 사라질 것입니다. 그래서 욕망들이 사라지면, 자신 안에서 위대한 희열과 지고의 평화를 경험합니다. 참나 지식을 지닌 현자들은 용기와 안정성을 얻으며 그 자신의 영광 안에서 빛납니다. 그는 자신 안에서 지고의 만족을 즐깁니다. 그는 깨달았으며 그리고 이 내면의 빛이 그의 안에서 밝게 빛납니다. 그는 어디에나 있으며, 모든 것의 주인이며, 형상이 없지만 형상이 있는 모든 것에 퍼져 있는 모든 것의 참나로서 참나를 봅니다.

갈망에 흔들렸던 과거를 기억하면서, 그는 그 자신의 과거의 무지에 대해 웃습니다. 그는 사악한 친구들을 멀리하며, 마음의 고뇌로부터 자유롭습니다. 그러나 참나 지식 안에 확고히 자리를 잡고 있습니다. 그는 모든 사람에게 칭송을 받고, 모든 사람에게 갈채를 받으며, 모든 사람이 그를 찾습니다. 그러나 그는 무관심한 채로 있습니다. 그는 주지도 받지도 않으며, 어느 누구를 모욕하지도 칭찬하지도 않으며, 기뻐하지도 슬퍼하지도 않습니다. 그는 살아 있는 동안에 해방된 현자입니다. 그는 동기가 있는 모든 행위를 버렸으며, 조건화로부터 자유로우며, 모든 욕망과 희망을 포기한 사람입니다. 오, 라마여! 모든 욕망을 버리고 그대 자신 안에 있는 평화에 있으십시오. 세상의 어떤 기쁨도 그대가 모든 욕망과 희망을 완전히 버릴 때 그대의 가슴에 채워질 기쁨과는 비교할 수 없습니다. 왕위에 있건, 천국에 있건, 그리고 사랑하는 사람과 같이 있건 간에, 희망으로부터 자유로울 때 느껴지는 그러한 기쁨을 경험할 수는 없습니다.

바시슈타는 계속 말하였다.

욕망이 없는 사람 즉 헛된 희망이 없는 사람은 온 세상을 송아지의 발자국인 양, 가장 높은 산은 베어진 나무의 그루터기인 양, 공간은 작은 상자인 양 그리고 삼계는 마치 풀잎인 양 여깁니다. 그는 세속적인 마음을 가진 이들의 행동에 대해 웃습니다. 어떻게 그리고 무엇으로 그 같은 사람을 비교할 수 있겠습니까? 어떤 사람이 '나는 이 같은 일이 나에게 일어나기를 바란다.'라는 생각으로부터 전적으로 자유로울 때, 어느 누가 그의 평정의 상태를 방해할 수 있겠습니까? 오, 라마여! 사람을 세상의 윤회에 묶이게 하는 것은 갈망과 희망입니다.

그대가 참나만이 이 모든 것이며 그 다양한 모습들은 단지 실체가 없는 말뿐이라는 진리를 안다면, 그대는 욕망과 희망으로부터 전적으로 자유로워질 것입니다. 지고의 초연을 지니고 있는 그 같은 영웅들은 그의 현존에 의해 환영의 악귀를 쫓아 버릴 수 있습니다. 그는 쾌락에 의하여 즐거워하지 않으며, 고통들에 의하여 고통을 당하지 않습니다. 마치 바람이 산을 뿌리 뽑을 수 없는 것처럼 유혹이라는 것은 더 이상 그를 현혹할 수 없습니다. 유혹과 혐오, 이 두 가지 힘은 그에게 전혀 닿지 않습니다. 그는 모든 것을 똑같은 관점에서 바라봅니다.

최소한의 집착으로부터도 자유로우면서 그는 구하지 않아도 그에게 오는 어떤 것도 즐깁니다. 이는 마치 눈이 욕망이나 혐오 없이 그들의 대상들을 지각하는 것과 같습니다. 그러므로 그러한 경험들은 그에게 어떠한 기쁨이나 슬픔도 유발하지 못합니다. 비록 그가 이 세상에서 적절한 행동을 하는 데 관련되어 있는 것처럼 보여도, 그의 의식은 조금도 흐트러지지 않고 있습니다. 시간, 공간, 인과 관계의 법칙에 부응하여 어떤 일이 그에게 닥치더라도, 그것이 기쁜 일이든 기쁘지 않은 일이든지 간에, 그는 내적으로는 전혀 혼란되지 않은 채 있습니다.

뱀으로 잘못 본 밧줄이 뱀이 아니라 밧줄이라는 것을 알고 있는 사람에게 밧줄이 위협적이지 않듯이, 한번 사라진 환영은 되돌아오지 않으며, 한번 얻어진 참나 지식은 결코 잃지 않습니다. 나무에서 떨어진 과일을 어떻게 다시 원래대로 달 수 있겠습니까?

진리를 아는 사람은 비록 가장 아름다운 여자라도 마치 그려진 이미지로 여깁니다. 즉, 그것이 진실입니다. 왜냐하면 그것들 둘 모두는 흙, 물 등과 같은 재료들에 의하여 만들어진 것이기 때문입니다. 그렇게 해서 진리가 보일 때, 소유하고픈 욕망은 가슴속에서 더 이상 생겨나지 않습니다. 사랑하는 사람이 있는 여자가 그녀의 가슴에 그 사랑하는 이를 깊이 간직하면서도 자신의 집안일을 해 나가는 것처럼, 깨달은 현자들은 자신의 의식을 진리에 확고하게 둔 채 이 세상에서 기능합니다. 이 두 가지의 경우 모두에 있어서 어떤 누구라도 그들의 행동을 못하게 하는 것은 불가능합니다. 말하자면, 그 여자에게 그녀의 사랑하는 이를 잊게 하거나 또는 현자들에게 진리를 잊게 하지는 못합니다.

깨달은 현자들은 자신의 몸이 베여도 자신의 참나가 베이지 않는다는 것, 눈에서 눈물이 흘러내려도 자신의 참나는 울지 않는다는 것, 자신의 신체가 불타더라도 자신의 참나는 불타지 않는다는 것, 그리고 모든 것을 잃을 때조차도 자신의 참나는 잃지 않는다는 것을 압니다. 그 앞에 어떤 일이 닥치더라도, 즉 빈곤에 빠지든 풍요로움 속에 있든지 간에, 또 궁전에 살든지 숲 속에 살든지 간에, 그는 내적으로는 영향을 받지 않습니다.

바시슈타는 계속 말을 이었다.

그 같은 해방된 존재들이 이 우주 속에 많습니다. 오, 라마여! 내가 그대에게 몇 가지 예를 제시하겠습니다. 통치자 자나까, 우리의 조상 딜리빠 국왕, 세상의 첫 번째 통치자 마누, 전쟁에 참여했던 통치자 만다따, 악마왕 발리, 나무찌, 신들의 왕인 인드라와 싸웠던 브르뜨라, 쁘라흘라다, 신과 악마들의 스승이자 우주의 창조, 보존 및 소멸에 관계하고 있는 삼바라, 비슈바미뜨라와 나라다 같은 현자, 그리고 불과 공기 같은 자연의 원소들을 다스리는 신들도 이에 해당됩니다.

오, 라마여! 그 이외에도 이 우주에 해방을 얻은 수천의 존재들이 있습니다. 그들 중에 몇몇은 현자이며, 다른 이들은 왕이며, 다른 것들은 별이나 행성과 같이 빛나는 것들도 있고, 또 다른 존재들은 신 또는 악마입니다. 오, 라마여! 벌레나 곤충의 무리 중에서도 자유로운 것들이 있으며, 그와 반대로 신들 중에서도 우매한 신들이 있습니다. 참나는 모든 것 안에 있습니다. 참나는 언제 어디서나 어떤 모습으로도 존재합니다. 참나만이 신이며 모든 다양한 신성들입니다. 물질들 안에는 공(공간)이 있고 실체들은 공이나 공간 안에 있습니다. 적절하지 않은 것이 탐구로 적절한 것으로 나타납니다. 사람들은 죄의 결과를 두려워하기 때문에 올바르게 행동합니다. 존재하지 않는 것이 존재하는 것으로 나아갑니다! 즉, 공간이나 공의 명상이 지고의 진리의 얻음으로 나아가게 합니다! 존재하지 않는 것이 시간과 공간에 의하여 안내되어 존재 안으로 들어옵니다. 다른 한편, 강해 보이거나 대단해 보이는 것들은 그것 자신의 소멸에 이릅니다. 그러므로 오, 라마여! 이렇게 진리를 보고서 즐거움과 슬픔, 비통과 집착을 버리십시오. 실재가 아닌 것이 실재인 것으로 보이고, 실재인 것이 실재가 아닌 것으로 보입니다. 그러므로 희망과 희망 없음을 버리고 평정을 얻으십시오.

오, 라마여! 이 세상에서 해방이라는 것은 언제 어디서나 바로 가까이 존재합니다. 수백만의 사람들이 그들 자신의 자기 노력으로 해방을 얻었습니다. 해방이라는 것은 그 사람의 지혜로움과 우매함에 따라 쉬울 수도 어려울 수도 있습니다. 그러므로 오, 라마여! 그대 안에 있는 지혜의 등불에 불을 밝히십시오. 참나를 봄으로 슬픔은 사라집니다.

이 세상에는 자나까 왕처럼 살아 있으면서도 참나 지식과 해방을 획득한 사람들이 셀 수도 없이 많이 있습니다. 그러므로 여기 그리고 지금에 자유로워지십시오. 여기에 있는 그 어떠한 것에도 전적으로 무집착함으로 내적인 평화를 얻는 것이 해방이라 알려져 있습니다. 이것은 신체가 존재하든 존재하지 않든 간에 가능합니다. 모든 집착으로부터 자유로운 이가 해방됩니다. 현명하게 그리고 지혜롭게 이 자유를 얻는 데 노력해야 합니다. 시도조차 하지 않는 사람은 송아지의 발자국조차도 뛰어넘을 수 없습니다. 그렇기 때문에, 오, 라마여! 영적 영웅에, 올바른 노력에 의지하십시오. 그래서 올바른 참나 탐구로, 참나 지식의 완성에 이르도록 노력하십시오. 이 같은 노력을 하는 사람에게는 온 우주가 마치 송아지의 발자국에 지나지 않을 것입니다.

바시슈타는 계속 말을 이었다.

오, 라마여! 이 모든 세상은 절대적 브람만 안에서 나타납니다. 그러나 그들은 무지 또는 지혜롭지 못함 때문에 독립적인 본질적 실체라고 이해됩니다. 그 같이 잘못된 개념은 지혜가 일어남으로 사라집니다. 잘못된 지각은 이 모든 것을 '세상'으로 나타나게 만듭니다. 이와는 달리 올바른 지각은 이 오류를 끝내 줍니다. 라마여! 이 오류는 올바른 태도와 지혜를 가진 올바른 노력으로 예외 없이 없애 버릴 수 있습니다. 오, 라마여! 오류를 극복하는 이 같은 가능성이 있음에도 불구하고, 세상 환영의 진흙탕 속에 빠져 있는 불쌍한 이들이 있습니다. 라마여! 감탄스럽게도 그대는 올바른 탐구 정신이 그대의 가슴 안에 이미 나타나 있습니다. 진리가 그와 같은 탐구에 의하여 깨달아질 때, 강함, 지성과 밝음이 증가합니다.

진리를 깨달은 그리고 여기 지금에서 오류로부터 자유로운 현자들은 이 세상을 마치 한 치의 갈망도 없이 깊은 잠의 상태에 있는 듯 바라봅니다. 그는 추구하지 않았는데도 자신에게 오는 대상들과 경험들조차 그의 내적 지성으로 이해하지 않습니다. 왜냐하면 자기 자신의 가슴이 그 자체 안으로 들어갔기 때문입니다. 그는 미래에 대한 희망을 지니지 않으며, 과거를 회상하지도 않으며, 현재 속에서조차 살지 않습니다. 그럼에도 불구하고 그는 모든 것을 행합니다. 잠들어 있으면서도 그는 깨어 있고, 깨어 있으면서도 그는 잠들어 있습니다. 그는 모든 것을 행하면서도 아무것도 하지 않습니다. 밖으로는 무척 바쁜 것처럼 보이면서도, 안으로는 모든 것을 포기하였습니다. 그는 평정의 상태에 늘 있습니다. 그의 행동들은 전혀 의지에 의한 것이 아닙니다.

현자는 어떤 것에도 또는 어떤 사람에게도 집착되지 않습니다. 그렇기 때문에 그의 행동은 헌신하고 있는 사람들에게는 헌신적인 것처럼 보이고, 무정한 이에게는 무정하게 보입니다. 그는 아이들 사이에 있으면 아이가 되고, 노인들 사이에 있으면 노인이 되고, 영웅들 사이에 있으면 영웅이, 젊은이들 사이에 있으면 젊은이가, 슬픔 속에 있으면 슬폼이 됩니다. 그의 부드럽고 달콤한 말들은 지혜로 가득 차 있습니다. 그는 고상한 행동들로 얻는 것이 아무것도 없으나, 그러나 그는 고상합니다. 그는 쾌락을 갈구하지 않습니다. 그러므로 그것에 유혹되지 않습니다. 그는 굴레나 심지어는 해방에도 끌리지 않습니다. 무지와 오류의 그물은 지혜의 불길에 타 버렸고, 그의 의식의 새는 해방으로 날아가 버렸습니다.

그는 그의 노력이 결실을 맺을 때 우쭐하지 않습니다. 그리고 또한 결실을 맺지 못하더라도 걱정하지 않습니다. 그는 아이와 같은 즐거움으로 받아들이거나 포기합니다. 그는 달이 뜨겁게 빛나거나 태양이 시원하게 빛나더라도 놀라지 않습니다. 무한한 의식인 참나가 이 모든 것을 일어나게 할 수 있다는 것을 알기 때문에, 그는 그 같이 놀라운 현상들에 대해서도 놀라지 않습니다. 그는 소심하지 않으며 분노의 폭발도 없습니다.

존재들은 계속해서 태어나고 또한 계속해서 죽는다는 것을 알기 때문에, 그는 기뻐하거나 슬퍼하지 않습니다. 꿈의 대상들이 꿈을 꿀 때 일어나는 것처럼, 세상이 자신의 비전 안에 일어난다는 것을 압니다. 그렇기 때문에 이 모든 대상들은 순간적으로 존재하는 것들입니다. 그러므로 그는 불쌍함이나 기쁨에 대한 어떠한 정당화도 느끼지 못합니다. 쾌락과 고통, 바람직하거나 바람직하지 않은 것과 같은 모든 개념이 없어졌을 때, 마음속에 있는 모든 개념이 그칩니다. 타 버린 씨앗으로부터는 기름을 얻을 수 없는 것처럼, 오류는 다시 생겨나지 않습니다.

바시슈타는 계속 말을 이었다.

오, 라마여! 횃불을 돌릴 때 가공의 불꽃의 원 모양이 만들어지듯이, 의식에서 일어나는 동요 때문에 세상이라는 가공의 현상들이 생겨납니다. 하늘에서 내리는 눈에 있는 흰 색깔과 같이, 참기름 씨앗에 있는 기름과 같이, 꽃의 향기와 같이, 불의 열기와 같이 동요와 의식이라는 이 둘은 서로 분리될 수 없는 하나입니다. 그것들을 별개의 다른 범주로 구분하는 것은 잘못입니다. 마음과 생각의 움직임은 분리할 수 없습니다. 하나가 없어지면 둘 다 소멸해 버립니다.

오, 라마여! 이 같은 소멸이 일어날 수 있는 데는 두 가지 방법이 있습니다. 그 중 하나는 생각의 움직임을 제어하는 요가의 방법이며, 다른 하나는 올바른 지식의 길을 가는 지식의 방법입니다.

이 신체에서 에너지 경로(나디, 이것은 '움직임의 경로'를 의미하며, 편의상 그렇게 불리지만 꼭 신경의 경로를 의미하는 것은 아니다)들을 따라 흐르는 에너지를 쁘라나라고 합니다. 신체에서의 이것의 다양한 기능에 따라 그것은 아빠나 등의 이름으로 불리기도 합니다. 이 쁘라나는 마음과 밀접한 관계를 맺고 있습니다. 사실 쁘라나의 움직임 때문에 생각하는 쪽으로 향하는 의식이 마음입니다. 마음속의 생각의 움직임은 쁘라나의 움직임으로부터 일어납니다. 그리고 쁘라나의 움직임은 의식 안에서 생각이 움직이기 때문에 일어납니다. 물결과 물살의 흐름의 관계와 같이, 그것들은 상호 의존적인 순환을 만듭니다.

현자들은 마음이 쁘라나의 움직임에 의하여 일어난다고 말합니다. 그러므로 쁘라나의 억제로, 마음은 고요해집니다. 마음이 생각의 움직임을 버릴 때, 세상의 환영의 모습은 사라집니다. 쁘라나의 움직임은 경전과 현자들의 교훈을 열심히 행함으로써, 그리고 이전 삶들에서 초연을 배양함으로, 또는 묵상과 명상을 실천하려고 노력함으로써, 그리고 한결같은 마음으로 유일한 진리에 헌신하는 단계에 이름으로 모든 희망과 갈망이 자신의 가슴속에서 없어지는 순간에 멈춥니다.

쁘라나의 움직임은 또한 은둔처에서 긴장이 없이 들숨 등의 수행을 통해서, 또는 신성한 옴의 의미를 경험하면서 그것을 반복해도 멈추어집니다. 그때 의식은 깊은 수면의 상태에 도달합니다. 쁘라나가 신체의 사지에 닿지 않고 공간에서 배회할 때 숨을 내쉬거나, 쁘라나의 평화로운 활동으로 나아가게 하는 들이쉼이나, 숨을 오랫동안 참는 것 즉 호흡을 정지하는 수행 등 이 모든 것은 쁘라나의 움직임을 멈추게 합니다. 쁘라나가 머리꼭대기 쪽으로 올라갈 때 혀끝으로 코의 뒷부분을 막음으로, 아무런 생각의 움직임도 없는 명상을 수행함으로, 코끝으로부터 12인치 떨어진 지점에 의식을 꾸준히 붙잡음으로, 그리고 입천장과 위쪽의 구멍을 통해서 이마 쪽으로 쁘라나를 들여보냄으로, 그리고 미간에 쁘라나를 집중시킴으로, 갑작스러운 생각의 움직임을 멈춤으로, 또는 오랫동안 가슴 중심의 공간에 명상을 함으로, 이 모든 것은 쁘라나의 움직임을 멈추게 합니다.

라마가 물었다. "신이시여! 당신이 말씀하신 가슴이란 무엇입니까?"

바시슈타가 말을 이었다.

오, 라마여! '가슴'의 두 가지 측면을 지금부터 말하겠습니다. 하나는 받아들여지는 것이며, 다른 하나는 무시되어야 하는 것입니다. 이 물질적인 몸의 한 부분이며 신체의 한 부분을 차지하고 있는 가슴은 무시되어야 할 것입니다! 받아들여질 수 있는 가슴은 순수한 의식입니다. 그것은 안에 있기도 하고 밖에 있기도 하며, 또한 안에도 바깥에도 있지 않기도 합니다. 그것이 주요한 가슴입니다. 그것 안에서 우주에 있는 모든 것이 나오며, 그리고 그것은 모든 부를 가지고 있는 보물 창고입니다. 의식만이 모든 존재의 가슴이며, 사람들이 가슴이라 부르는 살의 부분이 아닙니다. 그러므로 만약 모든 조건화로부터 자유로운 마음이 순수한 의식 안으로 들어간다면, 쁘라나의 활동은 억제됩니다.

여러 스승들에 의하여 제시된 이들 방법 중 그 어떤 것을 통해서라도 쁘라나의 활동은 억제될 수 있습니다. 이 요가의 방법들을 격렬하거나 강제적으로 하지 않는다면, 바람직한 결과를 가져올 것입니다. 초연이 동시에 자라면서 그러한 수행에 확고히 자리를 잡을 때 그리고 마음의 조건화가 완전한 자제 아래에 올 때, 쁘라나 활동의 정지라는 결실이 있습니다.

수행을 하는 동안에 미간이나 입천장, 코끝 또는 코로부터 12인치 떨어진 머리의 끝을 사용할 수도 있습니다. 그렇게 해서 쁘라나가 억제될 것입니다. 게다가 만약 꾸준하고 지속적인 수행으로 혀끝이 목젖에 닿을 수 있다면, 쁘라나의 활동이 정지될 것입니다. 물론 이 모든 수행들이 산만하게 보일 것이지만, 그것들을 끊임없이 수행하면 산만함이 사라질 것입니다. 슬픔으로부터 자유롭고 참나의 희열을 경험하게 하는 것은 오로지 그러한 꾸준한 수행을 통해서입니다. 그러므로 요가를 수행하십시오. 수행을 통하여 쁘라나의 활동이 제어될 때, 그때 니르바나 즉 해방만이 남습니다. 그것 안에 모든 것이 있습니다. 그것으로부터 모든 것이 있습니다. 그것이 모든 것입니다. 그것은 어디에나 있습니다. 그것 안에 세상의 나타남은 없습니다. 그것으로부터는 이것이 없으며, 세상의 모습도 그것 같지 않습니다! 그것 안에 확고히 자리 잡는 이는 살아 있는 동안에 해방되어 있습니다.

요가의 수행으로 마음이 평화 안에 확고히 자리 잡은 이는 진리에 대한 바른 통찰을 가집니다. 지고의 참나는 시작도 끝도 없으며, 이 셀 수 없이 많은 대상들은 사실 참나이며 다른 것이 아니라는 것을 아는 것이 바른 통찰입니다. 잘못된 견해는 환생으로 나아가게 합니다. 이와는 달리 올바른 견해는 환생을 끝냅니다. 그 안에는 주체와 객체(아는 자와 알 수 있는 것)의 관계가 없습니다. 왜냐하면 참나인 의식은 아는 자와 지식 그리고 알 수 있는 대상이기도 하며, 분리는 무지이기 때문입니다. 이 것이 직접적으로 보여질 때 속박도 해방도 없습니다. 현자가 내면의 참 나 안에 확고히 자리 잡은 지성으로 자신의 참나 안에서 쉴 때, 그 무슨 쾌락이 이 세상에서 그를 묶어 놓을 수 있겠습니까?

바시슈타는 계속 말하였다.

탐구를 하고 있는 이는 산만한 것에 의해 유혹을 받지 않습니다. 눈 은 단지 볼 뿐입니다. 즉, 즐거움, 즐겁지 않음 등과 같은 개념들은 눈 에서 일어나는 것이 아니라 어떤 다른 곳에서 일어납니다. 다른 감각들 에서도 그러합니다. 그렇기 때문에 감각의 기능들은 사악하지 않습니 다. 이기적인 생각이 순간적으로 생겼다 사라지는 이 감각의 기능들과 연결된다면, 마음의 동요가 있습니다.

오, 눈이여! 당신의 경험의 대상들은 일어나고 사라집니다. 대상들은 단지 외적 모양일 뿐입니다. 영원히 내재하고 있는 의식이 유한한 운명 을 겪지 않도록, 그것들을 응시하지 마십시오. 당신의 진정한 존재인 보는 자가 되십시오. 오, 마음이여! 셀 수 없는 장면들이 눈의 자연적인 기능에 따라 눈에 의해서 보입니다. 왜 당신이 그들에게 관계되어야 합 니까? 비록 이 장면들이 마음에 비치고 마음에 의하여 인식되더라도, 왜 당신은 자아감으로 이것들에게 반응합니까? 눈과 그들의 대상 간에 는 의심할 필요도 없이 친밀한 관계가 있습니다. 그러나 왜 당신은 당 신 자신을 그것들의 지지로 제공하고 난 뒤에 그것들을 이해하려고 노 력합니까? 얼굴과 거울과 거울에 비친 얼굴처럼 장면, 봄 그리고 마음 은 서로 관련이 없습니다. 그러나 어떻게 해서인지 '나는 이것을 본다.'

와 같은 환영적인 개념이 일어납니다. 무지라는 것은 이것들을 서로 봉하는 밀랍입니다. 그러나 참나 지식은 이 밀랍을 녹여 없애는 열기를 지닌 불입니다!

진정으로, 이 무지한 관계를 강하게 하는 것은 반복적인 생각입니다. 그러나 나는 지금 올바른 탐구를 통하여 그것을 없애 버릴 것입니다. 무지가 파괴될 때, 장면, 봄 그리고 마음 간의 환영적인 관련성은 다시는 결코 일어나지 않을 것입니다. 마음만이 감각들에게 그것들의 사고력을 제공합니다. 그러므로 이 마음은 소멸되어야 합니다. 오, 마음이여! 왜 당신은 허무하게 오감에 의하여 동요됩니까? '그것은 나의 마음이다.'라고 생각하는 자만이 당신에 의해서 미혹됩니다. 당신은 존재하지 않습니다. 오, 마음이여! 나는 당신이 머물건 나로부터 떠나 버리건 상관하지 않습니다. 당신은 실재가 아니며, 둔하며, 환영의 것입니다. 지혜로운 자가 아니라 오직 어리석은 자만이 당신에 의해 시달림을 당합니다. 이 이해는 무지의 어두움에 종지부를 찍습니다. 오, 악마여! 당신의 갈망과 분노 같은 당신의 감정들과 함께 신체로부터 나가십시오. 오, 마음이여! 당신이 진실로 결코 존재하지 않고 있다는 것을 깨달았으므로, 나는 오늘 당신을 베어 버립니다.

아주 오랜 시간 동안, 마음이라는 이 악마는 탐욕, 분노 등 셀 수도 없이 많은 악한 개념들을 만들어 냈습니다. 이제 그 악마는 넘어뜨려졌습니다. 나는 나 자신의 과거의 우매함에 대해 웃습니다. 마음은 죽었습니다. 나의 모든 걱정과 욕망은 죽었습니다. 자아감이라 알려진 그 마귀 또한 죽었습니다. 이 모든 것이 탐구라는 만뜨라를 통하여 생겨났습니다. 나는 자유로우며 지금 행복합니다. 나의 모든 희망과 욕망이 사라졌습니다. 나 자신의 참나에 찬양을! 어떤 미혹도 슬픔도, '나'도

'다른 것'도 존재하지 않습니다! 나는 자아가 아니며 또한 다른 어떤 것도 아닙니다. 나는 모든 것 안에 있는 모든 것입니다. 나 자신의 참나에게 찬양을! 나는 시작입니다. 나는 의식입니다. 나는 모든 우주입니다. 내 안에는 어떤 구분도 없습니다. 나 자신의 참나에게 찬양을! 모든 것 안에 똑같이 존재하고 있는 그것, 미묘하게 내재하고 있는 모든 것에 있는 그것, 그 참나에게 찬양을!

바시슈타는 계속 말을 이었다.

오, 라마여! 이렇게 생각하면서, 현자들은 다음과 같은 태도를 가지고 더 나아가야 합니다.

"참나인 의식만이 이 모든 것일 때, 그리고 마음이 이 이해로 깨끗해졌을 때, 마음이라는 것은 확실히 존재하지 않는다. 그것이 보이지 않건, 또는 그것이 마음이 아니건, 또는 그것이 환영의 나타남이건 간에, 즉 그것이 존재하지 않거나 그것이 단순한 환영이라는 정도만큼은 확실하다. 이제 사악함과 미혹 이 두 가지가 사라져 버렸다. 나는 마음이라는 것을 볼 수 없다.

나의 모든 의심들은 없어졌다. 나는 동요의 흥분이 없이 있다. 내가 무엇이건 간에, 나는 갈망이 없는 나일 뿐이다. 마음이 존재하기를 그쳤을 때, 갈망 또한 존재하기를 그친다. 마음이 죽고 갈망 또한 죽을 때, 미혹이 사라지고 자아 없음이 태어난다. 그러므로 나는 깨어남의 이 상태에서 깨어난다. 오직 하나의 진리가 있으며 다양성은 전혀 아무런 실재를 가지지 않는데 내가 도대체 무엇을 찾아야 하는가?

나는 어디에나 존재하며 미묘한 영원한 참나이다. 나는 어떤 것도 비치지 않는 실재의 상태에 이르렀다. 그것은 시작도 끝도 없으며, 전적으로 순수하다. 무엇이 있건, 무엇이 없건 간에, 마음과 내적 실재 모두는 하나의 무한한 의식이다. 그것은 이해 너머에 있는 지고의 평화이다. 그것에 의하여 이 모든 것은 퍼져 있다. 마음을 계속해서 존재하도록 하거나 죽게 하라. 참나가 완전한 평정의 상태에 있을 때, 이 모든 것을 탐구한다는 것이 무엇인가? 내가 이 같은 탐구에 어리석게 매여 있는 한, 나는 제한된 상태에 있게 된다. 이제 이 탐구를 통하여 나는 조건화되지 않은 존재에 이르렀다. 그러면 누가 탐구자인가?

그와 같은 생각들은 전적으로 무의미하다. 이제 마음은 죽었다. 생각들이 마음이라고 알려진 이 마귀를 되살려 낼지도 모른다. 그러므로 나는 이 모든 생각과 개념을 버린다. 옴을 명상하면서 나는 참나 안에, 완전한 내적 침묵 안에 머물러야 한다."

이렇게 현명한 이들은 그가 무엇을 하고 있을지라도 늘 진리의 본질을 탐구해야 합니다. 그와 같은 탐구 때문에, 마음은 모든 동요로부터 자유롭지만 그것의 자연스러운 기능을 행하면서 그것 자신 안에 자리 잡은 채 있습니다.

조건화되지 않은 의식을 가진 성스러운 이들은 자만과 미혹으로부터 자유로우며, 늘 즐거운 가슴을 가지고서, 여기에 살면서 기능을 합니다. 그들의 안색은 성스러운 광채로 빛나며 그리고 그들은 그들의 자연스러운 행위를 합니다.

탐구에 관한 위의 글은 현자 삼바르따가 옛날에 나에게 말해 주었던 것을 인용한 것입니다.

비따하뱌의 이야기

바시슈타는 계속했다.

현자 비따하뱌가 행한 탐구의 또 다른 방식이 있습니다. 이 현자는 빈댜스라는 산맥이 있는 숲을 돌아다녔습니다. 어느 단계에서, 그는 미혹을 일으키는 세상사에 완전히 환멸을 느꼈습니다. 모든 잘못된 개념들과 생각들로부터 자유로운 명상을 통하여, 그는 세상을 닳아 해진 환영으로 여기고는 포기하였습니다. 그는 그의 오두막으로 들어가 산봉우리처럼 확고한 태도로 연꽃 자세로 앉았습니다. 감각을 거두어들이고 마음의 주의를 자신에게로 돌리면서, 그는 다음과 같이 명상하기 시작하였습니다.

나의 마음은 얼마나 불안정한가! 비록 마음이 안으로 향해 있더라도, 마음은 안정되어 있지 않으며 곧 바다의 표면처럼 동요한다. 감각들에 묶여, 마음은 공처럼 되풀이해 튀어 오른다. 감각들에 의해 자양분을 얻은 마음은 자신이 포기하였던 바로 그 대상들을 잡는다. 그리고는 미친 사람처럼 억제하고 있던 대상들을 향하여 달려 나간다. 마음은 원숭이처럼 하나의 대상에서 다른 대상으로 뛴다.

나는 마음을 분산시키는 오감의 특징을 이제 생각해 볼 것이다. 오, 감각들이여! 도대체 참나 지식을 얻을 시간이 당신에게 아직 도래하지 않았는가? 당신은 쾌락을 추구한 후에 오는 슬픔을 기억하지 않는가? 그러므로 이 공허한 흥분을 포기하라. 참으로, 당신은 둔하고 지각이 없다. 당신은 마음이 대상적인 경험에 이르기 위하여 밖으로 흐르는 통로이다. 나는 당신의 주인이고, 나는 의식이다. 나만이 순수한 지성으로서 이 모든 것을 한다. 오, 감각이여! 당신은 거짓이다. 당신과 참나인 의식 사이에는 도무지 아무 관련이 없다. 사람들이 햇빛 안에서 다양한 행동들을 하는 것처럼, 아무런 의지가 없는 의식의 빛 안에서 당신은 기능한다. 오, 감각들이여! 당신은 현명하지 않기 때문에, '나는 현명하다.'는 잘못된 생각을 가지지 말라. 당신이 거짓으로 받아들이고 있는 '내가 살아 있다.'는 생각은 단지 슬픔만을 오게 한다.

시작도 없고 끝도 없는 오로지 의식만이 있다. 오, 사악한 마음이여! 그렇다면 당신은 무엇인가? 당신 안에서 일어나는 대단한 원기 회복의 물질처럼 보이는 '나는 행위자다.', '나는 향락자다.'라는 것은 사실 치명적인 독극물이다. 오, 마음이여! 미혹당하지 말라. 진실로 당신은 어떤 것의 행위자도 아니고 경험자도 아니다. 당신은 둔하고 당신의 지성은 어떤 다른 근원으로부터 얻어진다. 쾌락이 어떻게 당신과 관련되었는가? 당신 자신은 존재하지 않고 있는데, 어떻게 당신은 관련을 가질 수 있는가? 만약 당신이 '나는 오로지 순수한 의식이다.'를 깨닫는다면, 그때 당신은 정말로 참나이다. 당신이 무한하고 조건이 없는 의식일 때 어떻게 당신 안에서 슬픔이 일어나는가?

비따하뱌는 계속하였습니다.

오, 마음이여! 나는 당신이 행위자도 경험자도 아니라는 진리를 당신에게 친절하게 알려 줄 것이다. 당신은 정말로 둔하다. 어떻게 돌로 만들어진 조상이 춤을 출 수 있겠는가? 만약 당신의 지성이 무한한 의식에 전적으로 의존한다면, 당신은 그 깨달음 안에 오래 살게 될 것이다. 그러나 지성 혹은 다른 것의 에너지로 행해진 것은 후자에 의해서 행해졌다고 생각한다. 낮은 농부의 에너지로 수확한다. 그러므로 농부가 수확자라고 말해진다. 마찬가지로, 자르는 것이 칼일지라도 칼을 휘두른 사람이 살인자다. 오, 마음이여! 당신은 둔하다. 당신의 지성은 무한한 의식으로부터 얻어진다. 그 참나 혹은 무한한 의식은 그것 자신에 의해 그것 자신을 알며, 그것 자신에 의하여 그것 자신 안에서 그것 자신을 경험한다. 신은 계속해서 당신이 깨달음을 얻게 하기 위하여 노력한다. 그러므로 현명한 이들은 수많은 방법으로 무지한 자를 가르쳐야 한다. 참나의 빛은 의식으로 혹은 지성으로 존재하고 있다. 그것 자체가 이제 마음으로 알려지게 되었다. 이 진리를 깨닫는다면, 당신은 즉시 녹아 사라질 것이다.

오, 어리석은 자여! 당신은 참으로 무한한 의식인데, 왜 슬퍼하는가? 무한한 의식은 동시에 어디든지 있고, 그것이 전부이다. 당신이 그것을 깨달을 때, 당신은 전부가 된다. 당신은 존재하지 않는다. 육체는 존재하지 않는다. 하나의 무한한 의식만이 존재하고 있다. 그 동질의 존재 안에서 '나' 그리고 '당신'이라는 다양한 개념들이 존재하기 위하여 나타난다. 만약 당신이 참나라면, 그때는 참나만이 존재하며 당신은 존재하지 않는다! 만약 당신이 둔하지만, 그러나 참나와 다르다면, 그때도 당신은 존재하지 않는다! 왜냐하면 참나 혹은 무한한 의식만이 모든 것이기 때문이다. 그 외에는 아무것도 없다. 의식과 둔한 물질이 아닌 제3의 것이 존재할 가능성은 없다.

오, 마음이여! 그러므로 당신은 행위자도 경험자도 아니다. 현명한 이들은 무지한 이들과 대화할 때 가르치기 위한 수단으로 마음을 사용해 왔다. 그러나 사실상 그 수단은 실재하지 않으며 둔하다. 참나만이 실재이다. 만약 농부가 낫을 사용하지 않으면, 어떻게 수확할 수 있겠는가? 그 칼은 죽이는 힘도 갖지 못하고 있다. 오, 마음이여! 당신은 행위자도 경험자도 아니다. 그러므로 슬퍼하지 말라. 신(의식)은 당신과 다르다. 그러므로 신을 위해 슬퍼하지 말라! 그는 행하거나 행하지 않음으로 무엇을 얻지 않는다. 그만이 모든 곳에 퍼져 있다. 그 이외에는 없다. 그러므로 그가 무엇을 하겠으며 무엇을 갈망하겠는가?

꽃과 향기의 관계와 달리, 당신은 참나와 아무런 관련이 없다. 관련은 비슷한 성질을 가진 두 독립적 존재가 하나 되기를 갈망할 때만 존재한다. 오, 마음이여! 당신은 언제나 동요하고 있다. 참나는 언제나 평화에 있다. 따라서 당신과 둘 사이에는 관련이 없다. 그러나 만약 당신이 사마디의 상태 또는 전적인 평정의 상태로 들어가면, 하나라거나 많다는 개념이 없이, 다양성으로부터 생긴 흔들림이 없이, 의식 안에 확고하게 남아 있을 것이다. 그리고 이 무한한 존재들로서 빛나는 무한한 의식인 하나의 참나만이 있다는 것을 깨닫는다.

비따하뱌가 말하였습니다.

오, 감각들이여! 당신이 무지의 어둠에서 태어났기 때문에, 나는 당신이 나의 충고의 빛에 의해 모두 쫓아 버려졌다고 생각한다. 오, 마음이여! 외형의 모습으로 당신이 나타나는 것은 당신 자신의 슬픔을 위함이다! 당신이 존재할 때, 어떻게 하여 헤아릴 수 없는 존재들이 미혹당하고 그래서 행운과 불운, 질병, 노화와 죽음을 가진 슬픔의 바다 안으로 들어가는지를 보라. 어떻게 탐욕이 모든 좋은 성질을 부식시키고 파괴하는지를 보라. 어떻게 탐욕과 갈망이 어지럽게 하고 에너지를 흩뜨리는지를 보라

오, 마음이여! 당신이 존재하기를 멈추었을 때, 모든 좋고 고귀한 자질은 꽃을 피운다. 거기에는 평화와 가슴의 순결이 있다. 사람들은 의심과 실수로 넘어지지 않는다. 거기에는 모든 것의 행복을 촉진시키는 우정이 있다. 걱정거리와 근심들은 말라 버린다. 무지의 어둠이 버려질 때, 내면의 빛이 밝게 빛난다. 바람이 바다의 표면을 세게 흔드는 것을

멈출 때 바다가 고요해지는 것처럼, 마음의 산만함과 고민은 끝이 난다. 안에서 참나 지식이 일어난다. 그리고 진리의 깨달음은 세상 환영의 지각을 끝낸다. 무한한 의식은 홀로 빛난다. 갈망으로 가득 찬 무지한 사람에게는 허락되지 않은 희열의 경험이 있다. 심지어 새로운 순들이 불에 탄 잎사귀로부터 일어날지도 모르듯이, 새로운 삶이 이것으로부터 나타날지도 모른다. 그러므로 다시 한 번 환영의 혼란을 피한 그는 항상 참나 지식 안에서 휴식을 취한다. 오, 마음이여! 그러한 것이 당신이 존재하지 않음으로 오는 결실들이다. 오, 마음이여! 무수한 다른 것들이 있다. 오, 마음이여! 당신은 우리의 모든 희망과 갈망의 지주이다. 당신이 존재하기를 멈출 때, 이 모든 희망과 갈망은 끝난다. 당신은 실재와 하나가 되거나 독립적 실체가 되기를 멈추는 것 중에서 어느 하나를 지금 선택할 수 있다.

오, 마음이여! 참나와 다르지 않고 참나와 동일한 것으로의 당신의 존재는 행복에 도움이 된다. 그러므로 오, 마음이여! 당신이 존재하지 않고 있다는 깨달음 안에 확고하게 자리 잡아라. 확실히, 행복을 무시하는 것은 어리석다. 만약 당신이 내적인 존재 혹은 의식으로 존재한다면, 누가 당신이 존재하지 않기를 바랄 것인가? 그러나 당신은 진정한 실체가 아니다. 그러므로 당신의 행복은 착각이다. 당신은 진정한 실재가 아니었다. 당신은 무지와 미혹을 통하여 존재하게 되었다. 그러나 지금 당신의 본질과 감각들과 참나의 본질에 대한 탐구를 통하여, 당신은 한 번 더 존재하기를 멈춘다. 이 탐구를 하지 않는 한 당신은 존재한다. 탐구의 정신이 일어날 때, 완전한 평정 혹은 동질성이 있다. 당신은 지혜와 식별의 부재인 무지로부터 태어났다. 이 지혜가 일어날 때, 당신은 존재하기를 멈춘다. 그러므로 나는 지혜를 경외한다! 오, 마음이여! 당신은 많은 방법을 통하여 일깨워진다. 이제 당신이 마음의 거짓된 특성을 잃었으므로, 당신은 이제 모든 한계와 조건화로부터 자유로운 지고의 존재 혹은 무한한 의식으로 존재한다. 무지에서 일어났던 마음은 지혜 안에서 죽는다. 오, 착한 마음이여! 당신 자신에도 불구하고 이 탐구가 당신 안에서 일어났다. 이것은 확실히 희열의 성취를 위한 것이다. 참으로 마음은 없다. 마음은 없다. 참나만이 존재하고 있다. 그것만이 있다. 그 외에는 없다. 나는 그 참나이다. 그러므로 우주에서 나와 다른 것은 없다. 나는 오로지 나의 활동적인 상태가 우주로서 나타난다. 나는 그 나타남이 있게 하는 무한한 의식이다.

바시슈타는 계속했다.

이 탐구를 한 후에, 성자 비따하뱌는 완전한 고요(사마디)의 상태에 머물렀습니다. 심지어 그의 쁘라나조차 움직이지 않았습니다. 그의 의식은 안으로 고정된 것도 아니고 외부의 물체들을 지각하는 것도 아니었습니다. 그의 눈은 코 주위에 부드럽게 초점이 맞추어져 있었습니다. 그의 몸은 꼿꼿이 세워져 있어서, 그는 마치 살아 있는 조상인 것처럼 보였습니다. 그렇게 그는 그의 육체를 포기하지 않고 300년 동안 살았습니다. 그의 사마디는 수많은 자연의 소동에 의해서도, 인간과 인간 이하의 존재들에 의해서도 방해를 받지 않았습니다. 이렇게 그는 300년을 한 시간처럼 보냈습니다. 의식 안에 반사된 육체는 의식에 의해서 보호되었습니다.

이 기간 이후에, 그의 마음은 그의 가슴 안에서 움직이기 시작했습니다. 그래서 창조의 개념이 그 안에 일어났습니다. 그때 그는 까일라사 산에서 현자로서 100년을 지냈습니다. 100년 동안 그는 신인이었습니다. 그 다음에 그는 다섯 세계 순환의 주기 동안 하늘의 왕 인드라였습니다.

라마가 물었다.

어떻게 인드라와 같은 신들의 시간표를 간섭하는 것이 가능합니까? 오, 신성한 분이시여!

바시슈타는 대답하였다.

무한한 의식의 에너지는 어디든지 있습니다. 무한한 의식은 좋아하는 곳이면 어디에나, 좋아하는 것은 무엇에든지 나타납니다. 무엇이든지 어디든지 어떤 방법이든지 이 의식이 질서를 상상하면, 그것은 그렇게 됩니다. 이처럼 그는 모든 조건화로부터 자유로운 그 자신의 가슴 안에서 이 모든 것을 보았습니다. 그가 무한한 의식을 지니고 있기 때문에, 이러한 개념들이 의지 없이 그것 안에 분명히 일어났습니다. 이후에, 그는 한 시대 동안 쉬바 신의 수행원이 되었습니다. 이 모든 것을 해방된 현자 비따하뱌는 경험하였습니다.

라마가 물었다.

만약 그러한 것이 해방된 현자인 비따하뱌의 경험이라면, 그것은 마치 속박과 자유가 현자에게도 존재하는 것처럼 보입니다.

바시슈타는 대답했다.

오, 라마여! 해방된 현자들에게 이 세상은 순수, 평화 그리고 완전을 지닌 채 무한한 자인 브람만으로서 존재하고 있습니다. 어떻게 속박과 해방이 그들에게 있을 수 있겠습니까? 비따하뱌가 무한한 의식과 하나가 되었기 때문에, 그는 모든 것의 경험들을 경험합니다. 지금조차도 그는 그렇게 하고 있습니다!

라마가 물었다.

만약 현자의 창조가 허구이고 상상의 것이라면, 어떻게 창조 안에 있는 존재들이 의식적이고 감각적이게 되었습니까?

바시슈타는 대답했다.

오, 라마여! 만약 비따하뱌의 창조가 허구였다면, 이것도 그렇습니다! 그것과 이것은 둘 다 순수한 무한한 의식입니다. 그들의 모습은 마음의 미혹의 결과입니다. 진실로 그 창조는 존재하지 않았으며, 이것 또한 존재하지 않고 있습니다. 브람만만이 시간의 세 주기 동안에 존재하고 있습니다. 오직 이 진리가 깨달아질 때까지 세상은 견고한 실재로 보입니다.

라마가 물었다.

신이시여! 부디 나에게 어떻게 비따하뱌가 동굴에서 그의 몸체를 소생시켰는지를 말하여 주십시오!

바시슈타가 계속했다.

그 현자는 무한한 의식을 깨달았습니다. 그래서 그는 비따하뱌라고 불리는 마음이 무한한 의식의 속임수였음을 알았습니다. 쉬바 신의 종으로 있는 동안에, 그는 비따하뱌의 육체를 보는 것에 대하여 한때 생각하였습니다. 이렇게 생각하였을 때, 그는 그 자신의 의식 안에서 그가 가졌던 모든 화신들을 보았습니다. 화신들의 몇은 끝에 와 있고, 다른 것들은 여전히 기능하고 있었습니다. 그는 비따하뱌로 알려져 있는 몸이 진흙 속의 벌레와 같이 가라앉아 있는 것을 보았습니다.

그러한 그것을 보자, 그는 생각했습니다. '확실히, 나의 이 몸은 생명의 힘이 없다. 그러므로 기능할 수 없다. 나는 지금 태양의 궤도에 들어갈 것이다. 그리고 삥갈라라고 알려져 있는 태양 에너지의 도움으로 나는 그 몸 안으로 들어갈 것이다. 혹은 내가 그것을 버릴까? 혹은 비따하뱌의 육체를 가지고 내가 무엇을 해야 할까? 또 한편으로는, 이 몸을 버리거나 살아 있어도 나에게는 동일하다. 이 육체가 분해되지 않고 원소들 안에 되돌아가는 것을 본 이상, 나는 그것 안으로 들어가 잠시 동안 기능할 것이다.'

그 다음에 현자의 미묘한 몸은 태양의 궤도 안으로 들어갔습니다. 태양의 궤도 안으로 현자가 들어온 목적을 반사하여, 태양은 그 일을 하기 위하여 자신의 에너지에게 명령하였습니다. 그 결과 현자의 미묘한 몸은 태양에게 경의를 표하였습니다.

태양의 에너지가 길을 인도하였으며 그리고 태양에 의해 명령된 대로, 그 에너지는 태양의 궤도로부터 떨어져 내려온 뒤에 빈야의 영역으로 들어갔습니다. 현자의 시신을 들어 올리려고, 그것은 시신이 진흙에 덮여 눕혀진 곳에 내렸습니다. 그것을 따라, 비따하뱌의 미묘한 몸 또한 그 시신 안으로 들어갔습니다. 그 시신은 즉시 소생되었습니다. 그때 비따하뱌는 돌아가려고 인사를 하는 태양 에너지 삥갈라에게 머리를 숙였습니다.

삥갈라는 태양의 궤도로 되돌아갔고, 현자는 그의 몸을 깨끗이 씻기 위해 호수를 향하여 나아갔습니다. 몸을 깨끗이 한 후 태양을 숭배하고, 현자는 전처럼 생활을 다시 시작하였습니다. 그는 친절함, 균형 잡힌 마음, 평화, 연민 그리고 기쁨을 지닌 깨달은 삶을 살았습니다.

바시슈타는 계속했다.

저녁에 현자는 깊은 명상을 하기 위하여 잘 아는 숲으로 다시 한 번 들어갔습니다. 그는 '나는 감각의 허위성을 이미 깨달았다. 그들에 관련한 더 이상의 탐구는 모순일 것이다.'라고 생각했습니다. '이것이 있다.'와 '이것이 없다.'와 같은 헛된 공상을 모두 포기하고 그는 다시 결가부좌로 앉았습니다. 그러자 그에게 '나는 완전한 평정의 의식에 자리 잡고 있다. 깨어나라. 나는 마치 자는 것처럼 있다. 의식의 초월 상태에 자리 잡고서, 나는 육체가 죽을 때까지 존재하기를 계속할 것이다.'

이렇게 결심을 하고 그는 6일 동안 명상을 했습니다. 그 날들은 마치 순식간인 듯 흘러갔습니다. 그 이후에 그는 해방된 현자로서 오랫동안 살았습니다. 그는 기쁨과 슬픔에서 자유로웠습니다. 때때로 그는 그의 마음에게 다음과 같이 말하곤 했습니다. '오, 마음이여! 당신이 지금 균형이 잡힌 상태에 있으므로 얼마나 행복한지를 보라! 항상 균형 잡힌 상태로 머물러라.'

그는 그의 감각들을 다음과 같이 부르곤 했습니다. '오, 감각들이여! 참나는 당신에게 속하지 않으며, 당신도 또한 참나에게 속하지 않는다. 당신 모두가 죽기를! 당신의 갈망들은 정지되었다. 당신은 더 이상 나를 지배할 수 없을 것이다. 마치 밧줄을 지각하지 못함으로 뱀에 대한 잘못된 지각이 일어나는 것처럼, 당신 존재의 실수는 참나에 대한 무지로부터 일어났다. 이런 모든 실수들은 비현명함의 어둠 속에 존재한다. 지혜의 빛 속에서는 그것들이 사라진다.

오, 감각들이여! 당신은 참나와 다르며, 행위의 행위자는 이 모든 것과 다르며, 경험들의 경험자도 무한한 의식도 역시 이 모든 것과 다르다. 무엇이 누구의 잘못이며, 어떻게 그것이 일어나는가? 그것은 다음과 같다. 나무들은 숲 속에서 자라고, 여러 섬유들로 밧줄이 만들어지고, 그 밧줄로 목재들이 묶이고, 대장장이가 도끼를 만들고, 이 모든 것을 가지고 목공은 집을 짓기를 원하기 때문이 아니라 그 자신의 생계를 위하여 집을 짓는다. 까마귀가 야자나무에 앉을 때 잘 익은 야자열매가 우연히 떨어지면 무지한 사람들은 그 까마귀가 야자열매를 떨어지게 했다고 생각하는 것처럼, 이 세상의 모든 것은 서로 아무런 관계없이 우연적으로 일어난다. 누가 이 모든 것을 비난할 것인가? 이 진리가 알려질 때, 실수는 실수로 남아 있고, 지식은 선명한 지식이 되고, 실재는 실재가 되고, 실재하지 않는 것은 실재하지 않는 것이 된다. 파괴된 것은 파괴되었고, 남는 것은 남는다.

이렇게 생각하고 이 지식에 자리 잡은 그 현자는 오랫동안 이 세상에 살았습니다. 그는 무지와 실수로부터 전적으로 자유로운 상태에 자리 잡고 있었습니다. 그는 다시 태어나지 않을 것이라고 확신하였습니다. 감각의 대상들과 접촉할 때마다, 그는 명상의 평화에 들어가서 참나의 희열을 즐겼습니다. 그의 가슴은 구하지 않은 모든 경험이 그에게 올 때조차도 유혹과 혐오로부터 자유로웠습니다.

바시슈타는 계속했다.

한번은 현자 비따하뱌는 그의 육체를 포기하고 결코 화신으로 다시 되돌아오고 싶지 않다는 기분을 느꼈습니다. 그는 사햐 산 위의 동굴에 가서 결가부좌로 앉았습니다.

비따하뱌는 마음속으로 다음과 같이 말하였습니다.

오, 유혹이여! 당신의 유혹의 힘을 포기하라. 오, 미움이여! 미움을 포기하라. 당신은 나와 같이 충분히 오랫동안 놀았다. 오, 쾌락이여! 당신에게 경의를 표한다. 당신은 여러 해 동안 참으로 나를 떠받쳐 왔고 심지어 나에게 참나를 잊게 만들었다. 오, 슬픔이여! 당신에게 경의를 표한다. 당신은 참나 지식을 탐구할 때 나를 격려했고, 이 참나 지식을 얻은 것은 당신의 은총이었다. 그러므로 당신은 참으로 기쁨을 주는 자이다.

오, 나의 친구 육체여! 나의 영원한 참나 지식의 거주지에 가도록 허락하라. 그러한 것은 참으로 자연의 과정이다. 모든 사람은 조만간에 육체를 포기해야만 한다. 오, 나의 친구 육체여! 당신은 오랫동안 나와 관계를 맺어 왔다. 나는 지금 당신을 포기한다. 당신 스스로 참나의 실재에 나를 훌륭하게 인도함으로 이 분리를 초래하였다. 놀랄 만하다! 내가 참나 지식을 얻는 것을 가능하게 하기 위하여, 당신은 당신 자신을 파괴하였다.

오, 어머니 갈망이여! 내가 갈 수 있도록 해 달라. 내가 지고의 평화의 상태에 도달했기 때문에, 이제 당신은 시들기 위해 홀로 남아 있다. 오, 탐욕이여! 당신을 정복하기 위하여, 나는 당신의 적 초연과 친해졌다. 나를 포기하라. 나는 자유로 나아간다. 나를 축복하라. 오, 미덕이여! 당신은 나를 지옥으로부터 구원하여 천국으로 인도하였기에, 당신에게 경의를 표한다. 고통과 처벌의 원인인 결점에 경의를 표한다. 내가 긴 시간 동안 괴로워하였던 것과 지금 나에게 보이지 않는 미혹에게 경의를 표한다.

사마디(명상)의 동료인 오, 동굴이여! 당신에게 경의를 표한다. 당신은 내가 세상 존재의 고통으로 괴로워할 때 나에게 피난처를 주었다. 오, 지팡이여! 당신은 또한 나의 친구였고 뱀 등으로부터 나를 보호해 주었다. 그리고 구덩이 등에 빠지는 것으로부터 나를 구해 낸 당신에게 경의를 표한다.

오, 육체여! 당신을 이루고 있는 원소들로 되돌아가라. 목욕 같은 활동에 경의를. 이 세상에 있는 모든 활동에 경의를. 나의 동료였던 쁘라나에게 경의를. 내가 이 세상에서 행하였던 것이 무엇이든지 당신을 통하여, 당신과 더불어, 당신의 에너지 때문에 하였다. 지금 내가 무한한 의식인 브람만에 들어갈 것이기에 제발 당신 자신의 근원으로 되돌아가라. 이 세상에서 함께 있는 모든 것은 어느 날엔가 헤어져야 한다.

오, 감각이여! 당신 자신의 근원 즉 우주의 원소들로 돌아가라.

　나는 원료 없는 등불처럼 옴 소리의 정점에 의하여 나타나는 참나에 의해 참나로 지금 들어갈 것이다. 나는 이 세상의 모든 활동과 경험과 지각의 모든 생각들로부터 자유롭다. 나의 가슴은 옴의 공명에 의해 나타난 평화에 자리 잡는다. 환영과 실수는 지나갔다.

　바시슈타는 계속 말하였다.

　마음 안에 있는 모든 갈망은 아주 조용해졌고, 비이원의 의식의 차원에 자신의 기초를 잘 세운 현자 비따하뱌는 신성한 단어 옴을 소리 냈습니다. 옴의 심오한 의미를 명상하면서, 그는 실재를 현상과 혼동하였던 실수를 지각했습니다. 모든 개념과 지각의 대상들을 포기함으로 그는 삼계를 포기했습니다. 그는 도공의 물레가 휴식할 때처럼 매우 조용해졌습니다. 옴을 소리 냄으로 그는 바람이 냄새를 분산시키는 것처럼, 감각 기관들과 그것들의 대상들이라는 거미집을 쫓아 버렸습니다. 이후에, 그는 무지의 어둠을 관통하였습니다. 그는 순식간에 내적인 밝음을 보았습니다. 그러나 그것 역시 즉시 포기하였습니다. 그는 밝음과 어둠 둘 다를 초월하였습니다. 거기에는 단지 생각의 모습의 자취만 남았습니다. 이것 역시 현자는 마음을 통하여 눈의 반짝임으로 산산조각 냈습니다. 이제 현자는 순수하고 무한한 의식에 남아 있었으며, 조금의 변화도 없었습니다. 그것은 갓 태어난 갓난아기의 의식 상태와 같았습니다. 그는 의식의 모든 대상과 심지어 의식의 가장 가벼운 움직임조차도 버렸습니다. 그는 '빠슈얀띠'라는 상태를 건너 깊은 수면의 의식에 이르렀습니다. 그는 그 너머로 계속 갔습니다. 그래서 초월의 즉 뚜리야의 의식에 도착했습니다. 그것은 설명할 수 없는 희열의 상태입니다. 그것은 '있다'와 '있지 않다'이며, '어떤 것'과 '어떤 것이 아닌 것'이며,

빛과 어둠입니다. 그것은 비의식과 대상 없는 의식으로 가득 차 있습니다. 그것은 오로지 부정 즉 '이것이 아니다.', '이것이 아니다.'에 의해서만 지적될 수 있습니다. 그는 설명 너머에 있는 것이 되었습니다.

그 상태는 여러 관점들을 가지고 있는 신비가들에 의해 공, 브람만, 의식, 샹끼야 학파의 뿌루샤, 요가 수행자의 이슈와라, 쉬바, 시간, 아뜨만 혹은 참나, 비자기, 중도 등으로 표현됩니다. 그것은 이 모든 경전적인 관점들에 의해 진리로서 자리 잡은 그 상태입니다. 그 상태 안에 현자들이 확고하게 자리 잡은 채 있습니다.

따라서 현자가 무한한 의식과 하나가 되었을 때, 육체는 분해되고 원소들은 그들 각각의 근원으로 되돌아갔습니다.

오, 라마여! 현자 비따하뱌의 상서로운 이야기를 내가 이렇게 말했습니다. 그것을 반추하여 보십시오. 내가 그대에게 말하였던 것은 무엇이나 그리고 내가 이제 그대에게 말할 것은 무엇이나 직접적인 지각, 직접적인 경험과 깊은 명상으로 태어납니다.

오, 라마여! 이것을 명상하십시오. 그래서 지혜를 얻으십시오. 해방은 오직 지혜와 참나 지식에 의하여 얻어집니다. 오직 그러한 지혜를 통하여 슬픔 너머로 가고 무지를 파괴하고 그리고 완전함에 이릅니다.

비따하뱌라고 묘사된 것은 오직 우리 마음 안에 있는 개념일 뿐입니다. 그래서 내가 있고, 그래서 그대가 있습니다. 이 모든 감각과 온 세상은 다름아닌 마음입니다. 오, 라마여! 그밖에 무엇이 세상일 수 있겠습니까?

라마는 물었다.

신이시여! 왜 우리들은 이 많은 해방된 현자들이 지금 하늘을 횡단하는 것을 보지 못합니까?

바시슈타가 대답했다.

오, 라마여! 하늘을 나는 것과 여러 힘들은 어떤 존재에게는 자연스러운 것입니다. 이 세상에서 보이는 특수한 능력들과 재능들은 그런 존재들에게는 자연스러운 것입니다. 참나 지식을 가진 현자들에게는 그렇지 않습니다. 공중을 나는 것과 같은 초자연적인 능력들은 어떤 물질에 의해서 또는 어떤 수행에 의해서 해방이나 참나 지식이 없는 사람들에 의해 개발됩니다. 이 모든 것은 스스로에게 만족하고 있는 참나 지식의 사람에게는 흥미를 끌지 못합니다. 쾌락을 추구하면서, 무지로 얼룩진 이 힘들을 획득한 이들은 확실히 무지로 가득 차 있습니다. 참나 지식의 현자들은 그러한 과정을 택하지 않습니다.

진리를 알고 있는 사람이든 진리를 모르고 있는 사람이든, 공중을 나는 것과 같은 힘들은 어떤 수행에 종사하는 사람들에게 생깁니다. 그러나 참나 지식의 현자들은 이러한 것들을 얻기를 원하지 않습니다. 이러한 수행은 그러한 것이 그들의 본성이기 때문에, 누구에게나 이 수행의 결과를 가져다줍니다. 오, 라마여! 독이 모두를 죽이고, 술이 모두를 취하게 하듯이, 이 수행들은 하늘을 나는 등의 능력을 가져옵니다. 지고의 참나 지식을 얻은 현자들은 이러한 것들에 조금의 흥미도 지니지 않습니다. 그것들은 갈망들로 가득 찬 사람들에 의해서만 얻어집니다. 그러나 현자들은 어떤 것에 대한 조금의 갈망으로부터도 자유롭습니다. 참나 지식은 가장 큰 이익입니다. 어떻게 참나 지식을 지닌 현자들이 그밖에 어떤 것에 대한 갈망을 마음에 지니겠습니까? 그러나 비따하뱌의 경우에, 그는 이런 힘들을 바라지 않았습니다. 이런 힘들을 구하지 않았는데도 그것들이 그에게 왔습니다.

라마가 물었다.

비따하뱌가 동굴에서 모든 것을 포기한 채 있었을 때 벌레들과 해충들이 그의 육체를 파먹지 않았던 이유는 무엇입니까? 그리고 어떻게 비따하뱌가 첫 단계에서 육체를 분리시키는 해방을 이루지 못했습니까?

바시슈타는 대답했다.

오, 라마여! 무지한 사람의 육체는 마음의 조건화에 의해 만들어지기도 하고 해체되기도 합니다. 그러한 조건화를 가지지 않은 사람의 경우에는 해체를 위한 힘이 없습니다. 게다가, 모든 존재의 마음은 그것이 접촉하게 되는 대상의 성질들에 반응합니다. 폭력적인 성품을 지닌 생명체가 완전히 평온한 사람과 만날 때, 비록 만남이 없어지면 원래의 과격한 상태로 돌아가기는 하지만 그 생명체는 일시적으로 평온하고 고요해집니다. 그러므로 비따하뱌의 육체 역시 해를 입지 않은 상태로 있었습니다. 의식은 모든 곳에 퍼져 있기 때문에 흙, 나무 등과 같은 물질적인 재료들에도 적용됩니다. 비따하뱌의 의식이 어떠한 변화도 겪지 않았기에 그의 몸에 어떤 변화도 일어나지 않았습니다. 그것 안에 쁘라나의 움직임이 조금도 없었으므로, 심지어 분해조차 일어날 수 없었습니다. 현자는 독립적이며 그리고 살거나 육체를 버리는 것에 자유롭습니다. 그가 한때는 육체를 포기하지 않았지만 나중에 포기한 것은 순전히 동시적인 것이었습니다. 그것은 그의 업 등에 관련된 것일 수도 있습니다. 그러나 사실 그는 업 너머에, 운명 너머에 그리고 마음의 조건화 너머에 있습니다. 까마귀가 잘 익은 야자열매를 떨어뜨리는 것처럼 순전히 우연적인 것입니다.

바시슈타는 계속했다.

비따하뱌의 마음이 탐구의 수행을 통하여 무집착하게 되고 완전한 자유로움을 얻었을 때, 우정 등과 같은 고귀한 자질이 그에게 일어났습니다.

라마가 물었다.

마음이 절대자인 브람만 안에 녹아 사라졌을 때, 우정과 같은 자질이 누구 안에서 일어납니까?

바시슈타는 대답했다.

오, 라마여! '마음의 죽음'에는 두 가지 유형이 있습니다. 하나는 마음의 형상이 남아 있는 곳이고, 다른 하나는 마음의 형상이 끝나는 곳입니다. 전자는 그 현자가 아직 살아 있을 때 일어나고, 후자는 그가 육체에서 분리될 때 일어납니다. 마음이라는 존재는 고통의 원인이며, 그것의 중지는 즐거움을 가져옵니다. 마음이 그것 자신의 조건화에 너무 조건화되어 있거나 관련되어 있을 때, 계속적인 탄생을 가져옵니다. 그러한 마음은 불행을 초래합니다. 시작이 없는 자질들을 '나 자신의 것'으로 여기는 것이 지바입니다. 그것은 아무런 참나 지식을 가지지 않고 있는 마음 안에 일어납니다. 그러므로 불행이 있습니다.

마음이 있는 한, 슬픔의 중지는 없습니다. 마음이 끝날 때, 세상의 나타남도 존재하기를 멈춥니다. 마음은 불행의 씨앗입니다.

이제 어떻게 마음이 존재하기를 그치는지 말하겠습니다. 행복과 불행이 마음의 절대적인 평정에 있는 사람을 움직이지 못할 때, 그의 마음이 죽었다는 것을 아십시오. '이것은 나다.'와 '이것은 내가 아니다.'라는 개념들이 그의 의식을 제한시키기 위하여 일어나지 못할 때, 그의 마음은 죽은 것입니다. 재앙, 빈곤, 의기양양, 자긍심, 둔함, 흥분이라는 개념들이 그에게서 생기지 않을 때, 그의 마음은 죽은 것이며, 그는 살아 있는 동안에 해방된 것입니다.

마음의 본성은 어리석음입니다. 그러므로 마음이 죽을 때 맑음과 고귀한 자질들이 일어납니다. 어떤 현인들은 순수한 마음을, 마음이 죽은 해방된 현자 안에 자리 잡고 있는 완전한 맑음의 상태라고 합니다. 그러므로 해방된 현자의 마음은 우정 등과 같은 고귀한 자질들로 가득 차 있습니다. 해방된 현자 안에 있는 그러한 자연스러운 선함의 존재가 순수(사뜨바) 등으로 알려져 있습니다. 그러므로 이것은 또한 '형상이 남아 있는 곳에서의 마음의 죽음'이라고 불립니다.

형상조차 사라지는 마음의 죽음은 육체와 분리된 현자와 관계가 있습니다. 그러한 마음의 경우에는 아무런 흔적도 남아 있지 않습니다. 긍정적인 방법으로 그것을 표현하는 것은 불가능합니다. 그것 안에는 자질들과 그것들의 부재도, 미덕들과 그것들의 부재도, 빛과 어둠도, 아무런 개념들도, 아무런 조건화도, 존재와 비존재도 없습니다. 그것은 지고의 정적과 균형의 상태입니다. 마음과 지성 너머로 일어선 그들은 지고의 평화의 상태에 이릅니다.

라마가 물었다.

신이시여! 무엇이 마음으로 알려진 이 무서운 나무의 씨앗입니까? 그리고 무엇이 그 씨앗 중의 씨앗입니까?

바시슈타가 대답했다.

라마여! 이 세상의 나타남을 위한 씨앗은 선과 악의 개념들과 그것의 생각들을 가지고 육체 안에 있습니다. 그 육체 역시 씨앗을 가지고 있습니다. 그리고 그것은 희망들과 갈망들의 방향으로 변함없이 흐르는 마음입니다. 그것은 또한 존재와 비존재라는 개념과 그 결과로 일어나는 슬픔의 개념들을 있게 하는 창고입니다. 세상의 나타남은 오직 마음에서 일어납니다. 이것은 꿈의 상태로 예를 들 수 있습니다. 그릇들이 진흙의 변형이듯이, 세상으로서 여기에 보이는 모든 것은 오로지 마음이 확대된 것입니다.

무수한 개념과 생각들을 나르는 마음으로 알려진 이 나무에는 두 가지 씨앗이 있습니다. 첫째는 생명력(쁘라나)의 움직임이고, 둘째는 고집센 공상입니다. 적당한 경로를 통해 쁘라나가 움직이면, 의식 속에 움직임이 일어나 마음이 생깁니다. 게다가 그것은 쁘라나만의 움직입니다. 마음이 그것을 보거나 지각하게 되면, 그것은 하늘의 푸름만큼이나 실재하는 세상의 나타남으로 보입니다. 쁘라나 움직임의 정지는 또한 세상 나타남의 중지입니다. 어디든지 있는 의식은 쁘라나의 움직임에 의해서 '깨어납니다.' 만약 이것이 일어나지 않으면, 거기에 지고의 선이 있습니다.

의식이 '깨어나' 대상들을 이해하기 시작할 때, 생각들이 일어나면 거기서부터 슬픔이 일어납니다. 다른 한편으로, 급히 드는 잠처럼 의식이 그 자신 속에 머무른다면, 그때 그 사람은 가장 바람직한 지고의 상태를 얻습니다. 그러므로 만약 그대가 자신의 심리적인 바탕인 개념들과 생각들의 안에서 쁘라나의 움직임을 억제하거나, 또는 의식 안에서 동질성의 혼란이 일어나는 것을 막을 수 있다면, 그대는 의식의 태어나지 않은 상태를 깨달을 것입니다. 이 동질성이 깨어지고 의식이 다양성을 경험하여 마음이 일어날 때, 수많은 심리적인 상황들이 행동으로 나타납니다.

마음의 정지를 가져오기 위하여, 요가 수행자는 생명력의 움직임의 억제인 쁘라나야마, 명상, 그리고 다른 옳고 적합한 방법들을 수행합니다. 위대한 요가 수행자들은 마음의 고요와 평화 등의 성취를 위한 가장 적절한 방법을 쁘라나야마라고 여깁니다.

나는 직접적인 경험을 가지고 태어난 현자들에 대한 다른 견해를 그대에게 얘기할 것입니다. 그들은 마음이 공상이나 거짓 상상에 매달리는 강한 집착을 가지고 태어난다고 말합니다.

바시슈타는 계속했다.

공상에 완고하게 매달림으로 그래서 진리의 본성에 대한 철저한 탐구를 포기했을 때, 그 사람은 그 공상으로 대상들을 이해합니다. 그러한 이해를 조건화 혹은 제한이라 합니다. 그러한 공상을 지속적으로 강하게 탐닉할 때, 이 세상의 나타남이 의식 안에서 일어납니다. 그 자신의 조건화 속에 갇힐 때, 자기가 보는 것은 무엇이든 실재라고 생각하여 속임을 당하게 됩니다. 그리고 공상과 조건화의 강렬함 때문에, 그는 그 자신의 본성을 버리고 오로지 세상의 환영을 지각합니다. 이 모든 것은 오직 현명하지 못한 사람들에게 일어납니다. 이렇게 지각이 전도된 것이 마음입니다. 이 마음이 잘못된 지각 안에서 굳혀질 때, 그것은 되풀이되는 출생과 노화 그리고 죽음을 위한 씨앗이 됩니다.

바람직하거나 바람직하지 않은 개념들이 일어나지 않을 때, 마음은 일어나지 않습니다. 거기에 지고의 평화가 있습니다. 개념, 상상, 생각과 기억들만이 마음의 형상을 구성합니다. 이것들이 없을 때, 어떻게 마음이 존재합니까? 아무런 변화가 없는 상태에 자리 잡은 사람이 아무런 변화가 없는 것을 명상할 때 그래서 사물을 있는 그대로 지각할 때, 마음은 마음 없음이 됩니다. 심리적인 조건화나 제한이 많지 않아서 마음이 맑아졌을 때, 그는 해방된 현자가 됩니다. 심지어 주어진 힘이 사라진 후에도 도공의 물레가 회전하는 것처럼, 그 현자는 확실히 살아 있기는 하지만 과거의 시간들 때문에 그는 지금 살아 움직이는 것일 뿐입니다. 그러나 그는 다시 태어나지 않을 것입니다. 그의 경우는 말하자면, 그 씨앗이 기름에 튀겨졌고, 세상의 환영으로 싹트지 않을 것입니다. 그 육체가 떨어질 때, 그는 무한한 자 안으로 흡수됩니다.

 이 세상 환영을 위한 두 씨앗 즉 쁘라나의 움직임과 공상에의 집착 중에, 만약 하나가 제거되면 다른 것도 떠납니다. 두 개가 서로 의존하고 있기 때문입니다. 마음은 세상 환영을 만들고 마음은 자신의 조건화 안에서 쁘라나의 움직임으로 만들어집니다. 또한 쁘라나의 이 움직임은 마음의 조건화와 공상 때문에 일어납니다. 이처럼 이 악순환은 완성됩니다. 하나는 다른 것을 공급하고, 하나는 다른 것을 활동하도록 합니다. 움직임은 쁘라나의 본성입니다. 그것이 의식 안에서 움직일 때, 마음이 일어납니다. 그때 그 조건화는 쁘라나를 움직이도록 합니다. 하나가 제지될 때 둘 모두 사라집니다.

 심리적인 조건화나 제한만이 헤아릴 수 없는 고통과 슬픔의 원인이며 무지의 바탕입니다. 그러나 심리적인 조건화나 제한이 끝나면, 마음은 그것과 더불어 즉시 끝납니다. 설령 그렇더라도 쁘라나의 움직임의 정지에 의하여, 마음은 마음 안에 있는 세상을 지각하지 않고 정지됩니다.

 바시슈타는 계속했다.

 라마여! 지식과 경험의 대상이라는 개념은 쁘라나의 움직임과 공상에 집착을 있게 하는 씨앗입니다. 왜냐하면 쁘라나의 움직임과 마음의 조건화가 일어나는 가슴에서만 그런 경험에 대한 갈망이 일어나기 때문입니다. 경험을 하고자 하는 갈망을 포기할 때, 이것들은 즉시 멈춰집니다.

 물론 내재하고 있는 의식은 경험을 위한 이 갈망의 씨앗입니다. 왜냐하면 그런 의식이 없이는 그러한 경험에 대한 갈망이 전혀 일어나지 않기 때문입니다. 그러나 의식에는 내부든 외부든 경험의 대상이 없습니다. 왜냐하면 그것 자체 안의 생각의 움직임 때문에 그것 자신을 대상으로 경험하고자 하는 것은 의식 그 자체이기 때문입니다. 사람이 자기 자신의 죽음이나 또는 외국으로 여행하는 꿈을 꾸듯이, 이 의식도 영리 하기에 대상으로 자기 자신을 경험합니다. 그러한 경험이 일어날 때, 이 세상의 나타남이 있습니다. 오, 라마여! 이 진리가 깨달아질 때 환영 은 존재하기를 멈춥니다.

진리는 무엇입니까? 이 모든 것은 다름 아닌 무한한 의식이고 그밖에 는 아무것도 없습니다. 보이는 것이든 보이지 않는 것이든 모든 것은 무 한한 의식입니다. 따라서 현명한 이들은 이 사실을 깨닫고, 그래서 자신 의 눈을 정화시킵니다. 깨끗하지 못한 눈은 세상을 지각합니다. 깨끗해 진 눈은 무한한 의식을 지각합니다. 그리고 그것 자체가 해방입니다. 오, 라마여! 그러므로 경험하려는 갈망을 없애도록 노력하십시오. 게으 름을 없애십시오. 모든 경험으로부터 자유로워지십시오.

라마가 물었다.

신이시여! 어떻게 이 둘을 조화시킬 수 있습니까? 제가 모든 경험으 로부터 자유를 추구하는 동시에 비활동으로부터 자유를 추구할 수 있 겠습니까?

바시슈타는 대답했다.

여기에 있는 어떤 것도 갈망하거나 희망하지 않는 사람, 활동하지 않 음에 휴식하기를 바라지 않는 사람, 그러한 사람은 지바로서 존재하지 않습니다. 그는 비활동적이지도 않고 경험을 하려고 애쓰지도 않습니 다. 끊임없이 활동을 하지만, 대상들에 대한 경험과 지각을 향하여 마 음이 쏠리지 않는 사람은 비활동적이지도 않고 어떤 것을 하거나 경험 하지도 않습니다. 대상적인 경험은 그의 가슴에 전혀 닿지 않습니다. 그러므로 의식이 비활동적이지 않은 사람은 여기 그리고 지금에 해방된 현자입니다.

모든 조건화로부터 자유로운, 변경되지 않은 의식의 상태에 완전히 자리 잡은 요가 수행자는 어린이나 바보처럼 머무릅니다. 하늘의 푸름처럼 그의 안에는 희열이 있습니다. 이 희열은 경험이 아니라 의식의 본성입니다. 그러므로 그것은 혼란으로 작용하지 않고 의식 안에 통합된 채로 있습니다. 모든 경험들로부터 자유가 있습니다. 그와 동시에 요가 수행자는 항상 행위에 관여합니다. 그러므로 나태함으로부터 자유가 있습니다.

바시슈타는 계속했다.

라마여! 아무리 이 상태에 이르는 것이 어렵더라도, 그것을 위해 노력하여 이 슬픔의 강을 건너십시오.

경험을 하고자 하는 이 갈망은 의식 안에서 생각으로 일어납니다. 그리고 이 생각의 반복으로 그것은 힘을 얻습니다. 이렇게 해서 자신 안에서 환영을 창조한 후에, 의식은 그 자신을 그것 자신의 해방으로 나아가게 합니다. 의식이 생각하는 것은 무엇이나 물질화됩니다. 누에고치를 가진 누에처럼, 그것은 스스로를 구속하여 슬픔에 빠져 있다가 시간이 흐름에 따라 해방됩니다. 왜냐하면 그것의 본성은 무한한 의식이기 때문입니다. 오, 라마여! 우주로 보이는 것은 단지 순수한 의식입니다.

순수한 존재만이 이 무한한 의식을 위한 씨앗입니다. 그것들은 햇빛과 그것의 광선처럼 분리할 수 없습니다. 그러나 이 순수한 존재는 두 측면을 가지고 있습니다. 하나는 다양성이며, 다른 하나는 단일성입니다. '이것'과 '저것', '나'와 '너'로 기술되는 것은 다양성을 말하는 것입니다. 이 다양성이 포기될 때 그리고 순수한 존재가 있을 때, 그것은 단일성으로 간주됩니다. 다양성이 없어지고 단일성이 우세할 때, 경험

역시 없어집니다. 그러므로 단일성은 '사물'도 아니고 경험의 대상도 아닙니다. 그러므로 이 단일성은 영원하고 불멸합니다.

오, 라마여! 그러므로 모든 구분을 버리십시오. 시간과 물질이라는 의미의 그런 구분을 말입니다. 그래서 순수한 존재 안에서 휴식하십시오. 이 구분들은 개념들을 일어나게 합니다. 그것들은 순수한 의식과 다르지 않습니다. 게다가 그것들은 그와 같은 것들이 아닙니다. 구분의 묵상은 비전의 순수로 나아가게 하지 않습니다.

그것 안에 아무런 구분이 없는 오로지 순수한 존재는 우리가 지금까지 토론해 왔던 이 모든 것의 씨앗입니다. 그리고 이 순수한 존재를 위한 씨앗은 없습니다. 그것은 모든 것이 원인이고, 그것 자체는 원인이 없습니다. 그것 안에 이 모든 것이 비추어집니다. 다양한 맛이 하나의 혀에 의해서 맛보아지는 것처럼, 모든 다양한 경험은 순수한 존재 안에서 경험됩니다. 무수한 우주가 태어나 존재하다가 그것 안으로 녹아듭니다. 그리고 그것들은 그것 안에서 상호 관계 안으로 들어옵니다.

그 순수한 존재는 모든 무거운 것의 무거움입니다. 그것은 빛나는 모든 것의 밝음입니다. 그것은 거칠고 그것만이 미묘합니다. 그것은 첫 번째 중의 첫 번째이고, 마지막 중의 마지막입니다. 그것은 밝은 것들 중의 빛이고, 캄캄한 것들 중의 어둠입니다. 그것은 모든 물질의 실체이며, 그것은 또한 공간입니다. 그것은 어떤 것도 아니며, 그것은 모든 것입니다. 그것은 있으며, 그것은 없습니다. 그것은 보이며, 그것은 보이지 않습니다. 그것은 나이며, 그것은 나가 아닙니다.

오, 라마여! 그러므로 그대의 힘이 닿는 모든 수단을 다해 그 지고의 상태에 있도록 노력하십시오. 그러고 난 다음 적절한 것을 하도록 하십시오. 순수하고 썩지 않는 것 그리고 자기 자신의 참나의 진리에 이르는 이들은 지고의 평화를 얻습니다. 그것에 이름으로써 그대는 이 세상 존재의 두려움으로부터 영원히 자유로워질 것입니다.

라마가 물었다.

신성한 분이시여! 나에게 자상하게 말하여 주십시오. 어떻게 하면 정신을 흐리게 하는 이 모든 씨앗을 재빨리 없애고 지고의 상태에 이를 수 있습니까?

바시슈타는 말했다.

오, 라마여! 슬픔의 이 씨앗들은 각각 이전 것을 파괴함으로써 파괴될 수 있습니다. 그러나 만약 그대가 지대한 자기 노력으로 모든 정신적인 조건화를 끊어 버릴 수 있다면, 만약 그대가 큰 자기 노력으로 순수한 존재 상태 안에 휴식할 수 있다면, 만약 그대가 그 상태 안에 일 초 동안만이라도 있을 수 있다면, 그대는 즉시 그것 안에 자리 잡을 수 있을 것입니다. 만약 그대가 순수한 존재 안에 그대의 근거지를 찾기를 바란다면, 그대는 보다 큰 노력에 의하여 그것을 성취할 수 있습니다. 마찬가지로, 무한한 의식을 명상함으로써 그대는 또한 지고의 상태에 쉴 수 있습니다. 그러나 그것은 더 많은 노력을 요구합니다.

경험의 대상들에 관한 명상은 가능하지 않습니다. 왜냐하면 경험의 대상들은 오로지 의식 또는 참나 안에 있기 때문입니다. 그러나 그대가 조건화인 생각, 개념, 버릇 등을 없애려 한다면, 한 순간에 그대의 모든 실수와 질병이 사라질 것입니다. 그러나 이것은 앞서 말한 것들보다 하기에 더 어렵습니다. 그러므로 마음이 생각의 움직임에서 자유로울 때까지는 조건화를 그만두기가 어렵습니다. 그 반대도 그렇습니다. 진리가 깨달아지지 않는다면, 마음은 기능하기를 멈추지 않습니다. 그 반대도 그렇습니다. 그리고 조건화가 없어지지 않는다면, 조건화되지 않은 진리는 깨달아지지 않습니다. 그 반대도 그렇습니다. 진리의 깨달음, 마음의 중지 그리고 조건화의 멈춤은 섞여 있습니다. 그것들을 개별적으로 분리하여 다루는 것은 지극히 어렵습니다.

그러므로 오, 라마여! 그대의 모든 힘을 동원하여 쾌락의 추구를 포기하십시오. 그리고 동시에 세 가지 모두에 의지하십시오. 이 모든 것을 상당한 시간 동안 동시에 수행했을 때, 그때 그것들은 결실을 맺게 됩니다. 그렇지 않으면 되지 않습니다. 오, 라마여! 이 세상의 나타남은 오랫동안 진실이라고 경험되어 왔습니다. 그것을 극복하려면 계속해서 이 세 가지를 수행하는 것이 필요합니다.

현명한 이들은 조건화의 포기와 쁘라나의 억제가 동등한 효과가 있다고 말합니다. 그러므로 그것들을 동시에 수행해야만 합니다. 쁘라나는 구루가 가르쳐 준 혹은 다른 방법에 의해 배운 요가 아사나와 쁘라나야마의 수행에 의하여 억제됩니다. 갈망, 혐오와 열망의 대상들이 눈앞에 보이더라도 그것들이 마음 안에 일어나지 않을 때, 마음의 조건화가 약해졌다고 볼 수 있습니다. 그때부터 마음의 조건화가 더욱 약해지면, 지혜가 생겨납니다. 그때 마음이 정지됩니다.

적절한 방법들이 없이는 '마음을 죽이는 것'이 불가능합니다. 참나에 대한 지식, 신성한 이들과의 교제, 조건화의 포기 그리고 쁘라나의 억제, 이러한 것들이 마음을 이겨내기 위한 수단들입니다. 이것들을 무시하고 하타 요가, 금욕 생활, 순례 여행, 의례 그리고 의식과 같은 것들을 격렬하게 수행하는 것은 시간의 낭비입니다. 참나 지식만이 그대에게 기쁨을 줍니다. 참나 지식의 사람만이 살아 있습니다. 그러므로 오, 라마여! 참나 지식을 가지십시오.

바시슈타는 계속했다.

참나 탐구에 의하여 조금이라도 마음을 조절할 수 있다면, 그러한 사람은 인생이 주는 결실을 얻었습니다. 왜냐하면 그 참나 탐구가 그의 가슴 안에서 팽창할 것이기 때문입니다. 그러한 탐구가 초연으로 나아가고 수행으로 안정성이 얻어질 때, 모든 고귀한 자질들이 자연적으로 그것에게로 옵니다. 참나 탐구 안에 있는 사람, 그리고 왜곡 없이 사물을 있는 그대로 보는 사람은 무지와 무지에 따르는 여러 가지 부수적인 것들에 의하여 방해받지 않습니다. 영적인 토대에 자신의 발을 확고하게 할 때, 감각의 즐거움이라는 도둑은 그 사람을 당해낼 수 없습니다.

그러나 영적인 것에 머물지 않는 사람은 감각적인 즐거움들에 압도당합니다. 참나 탐구 안에 계속 머무르지 않고 있으며 그래서 참나를 항상 의식하지 않는 사람은 오로지 죽은 사람으로 여겨질 뿐입니다. 오, 라마여! 그러므로 계속해서 이 탐구를 하십시오. 이 탐구는 무지라는 어둠을 쫓아 버리고서 진리를 나타나게 해 줍니다. 진리에 대한 지식은 이번에는 슬픔을 모두 몰아냅니다. 지식과 더불어 진리의 경험이 일어납니다. 그러나 경전들의 적절한 연구와 진리에 대한 탐구로 밝혀진 내면의 빛이 진리에 대한 지식과 경험을 빛나게 할 때, 그것들의 전체적인 정체성이 깨달아집니다. 신성한 이들은 이 내면의 빛 그 자체를 참나 지식이라 합니다. 그리고 그것에 대한 경험은 참나 지식의 통합적인 부분이며 그것과 다르지 않습니다. 참나 지식을 가진 사람은 늘 그 경험에 젖어 있습니다. 그는 살아 있는 동안 자유로우며 세상을 다스리는 황제처럼 삽니다.

그러한 현자는 다른 이들이 즐겁거나 불쾌한 것으로 여길 수 있는 다양한 경험들에 의하여 흩뜨려지지 않습니다. 쾌락이 그를 구속하거나 압도하지 못하며, 그에게는 쾌락에 대한 갈망도 없습니다. 그는 자신의 참나 안에서 완전히 만족합니다. 그는 어떤 대상 또는 어떤 사람에게도 집착하지 않습니다. 그리고 그의 가슴속에는 증오나 미움이 없습니다. 숲 속 사자의 포효하는 소리나 적의 외침에도 겁먹지 않습니다. 그는 정원에 갈 때도 기뻐하지 않으며 사막을 여행하더라도 힘들어하지 않습니다. 내적으로 그는 늘 자유롭지만 순간에 적절한 행동을 합니다. 살인자와 박애주의자를 대하는 그의 태도는 모두 같습니다. 그는 온 우주가 다름이 아닌 순수한 의식이라는 것을 알기에, 그의 우주적 비전 안에 있는 크거나 작은 모든 것이 같은 것으로 보입니다.

단지 행위의 기관들과 더불어 집착 없이 활동하는 그는 즐거움도 슬픔도 그 어떤 것에 의해서도 영향을 받지 않습니다. 그의 행위들은 의지에 의하는 것이 아닙니다. 눈이 보더라도 그는 보지 않고, 귀는 듣더라도 그는 듣지 않고, 몸이 만지지만 그는 만지지 않습니다. 확실히, 집착(접촉, 연합)이 세상 환영의 원인입니다. 그것만이 대상들을 만듭니다. 집착은 속박과 끊임없는 슬픔을 야기시킵니다. 그러므로 신성한 사람들은 집착의 포기가 해방 그 자체라고 선언합니다. 오, 라마여! 집착을 포기하십시오. 그래서 해방된 현자가 되십시오.

라마가 물었다.

신이시여! 나에게 이 집착이 무엇인지를 친절하게 말해 주십시오.

바시슈타는 대답했다.

오, 라마여! 쾌락의 대상들이 있는가와 없는가에 따라 쾌락과 고통의 경험을 반복적으로 일으킴으로 마음의 조건화가 더욱더 강해지는 것이 집착입니다. 그래서 그런 연관성을 만드는 것이 피할 수 없게 됩니다. 그래서 쾌락의 대상들에 대한 강한 집착을 가져옵니다. 그러나 해방된 현자의 경우에 이 조건화는 기쁨과 슬픔의 경험에서 자유롭습니다. 그러므로 그것은 정화되었습니다. 즉, 조건화가 파괴되면서 그 조건화는 약해집니다. 비록 육체가 죽게 될 때까지 그것은 아주 약화된 상태로 있겠지만, 너무나 순수하고 약해진 상태에서 나온 행동은 다시 탄생하는 결과를 낳지 않습니다.

다른 한편으로, 어리석은 자들 속에 있는 강한 조건화는 집착으로 알려진 그것 자체입니다. 만약 그대가 그대 안에 있는 나쁜 개념들을 일으키는 이 집착을 포기한다면, 여기에서 그대가 자발적으로 하게 될 행위들은 그대에게 영향을 끼치지 않을 것입니다. 그대는 기쁨과 슬픔 너머로 올라가게 됩니다. 그러므로 그것들이 같다고 여기면, 그리고 그대가 유혹, 혐오, 두려움에서 자유로워진다면, 그대에게는 집착이 없습니다. 그대가 슬픔 안에서 괴로워하지 않고, 행복 안에서 기뻐하지 않는다면 그리고 그대가 그대 자신의 갈망과 희망으로부터 독립된 채로 있다면, 그대는 집착하지 않고 있습니다. 그대가 여기에서 활동을 하고 있는 동안에도 진리의 동질성의 자각을 버리지 않고 있다면, 그대는 집착이 없습니다. 그대가 참나 지식을 얻었고 동일한 비전을 가지고 있고, 여기 지금에서 그대 자신을 자발적이고 적절한 행위에 관여시킨다면, 그대는 집착이 없습니다.

노력 없이 집착하지 않는 상태에 자리 잡음으로써, 어떤 것에도 유혹 당하지 않는 해방된 현자로서 여기에 사십시오. 해방된 현자는 자긍심이나 허영심 없이, 질투 없이, 그리고 자신의 감각들을 충분히 조절할 수 있으면서 내적인 침묵 안에 삽니다. 세상의 모든 대상이 눈앞에 펼쳐지더라도, 갈망이 없는 해방된 현자는 그것들에 유혹당하지 않습니다. 그러나 그 자신을 자연스러운 행위에 관여시킵니다. 불가피하고 적합한 것이라면 무엇이라도 그는 합니다. 그러나 그의 즐거움과 기쁨은 안에서 옵니다. 따라서 그는 이 세상의 나타남으로부터 자유롭습니다. 우유가 끓여진다고 색깔이 변하지 않는 것처럼, 끔찍한 재앙이 그를 시험하더라도 그는 현명함을 잃지 않습니다. 큰 고통을 받거나 하늘의 통치자가 되더라도, 그의 마음은 균형 잡혀 있습니다.

오, 라마여! 그러므로 늘 참나 탐구를 하십시오. 그래서 확고하게 참나 지식 안에 자리를 잡으십시오. 그대는 결코 다시는 탄생과 속박을 겪지 않을 것입니다.

(앞의 페이지들에서 비차라는 탐구 또는 참나 탐구라 번역되어 있다. 그것이 일반적인 번역이다. 그러나 그 단어는 자신의 내면의 지성이 효과적으로 움직이는 것을 의미한다. 산스크리뜨 '짜르'는 '움직이는 것'이다. 그것을 지적인 분석과 혼동하지 않아야 한다. 그것은 직접적인 관찰 내지 '내면으로 보기'이다.)

제6부

해방에 관하여

바가반 라마나 마하리쉬는 다음과 같이 말했다.

찌다바사는 마음의 빛으로 나타나는 참나의 느낌이다. 하나는 셋이 되고, 셋은 다섯이 되며, 다섯은 다수가 된다. 다시 말해, 순수한 참나(하나로 나타나는 사뜨바)는 접촉을 통해 셋(사뜨바, 라자스, 따마스)이 되며, 그 셋과 더불어 다섯 원소가 생겨나고, 그 다섯과 더불어 온 우주가 생겨난다. 몸이 참나라는 환영을 불러일으키는 것은 바로 이 때문이다. 하늘(아까샤)로 설명을 하자면, 그것은 영혼에 비친 세 가지 범주 즉 순수 의식의 무한한 세상, 정신적 의식의 무한한 세상, 그리고 물질의 무한한 세상(찌다까샤, 찌따까샤, 부따까샤)으로 설명될 수 있다. 마음(찌따)이 세 양상, 다시 말해, 마음(마나스), 직관(붓디) 그리고 '나'의 창조자(아함까라)로 구분될 때, 그것을 내적 도구 즉 안따까라나라고 한다. 까라남은 우빠까라남을 의미한다. 신체의 다리, 손 그리고 기타 몸의 기관들은 바햐즈까라나 즉 외적 도구들이라고 한다. 반면에, 신체 내부에서 작용하는 감각 기관을 안따까라나 즉 내적 도구들이라 한다. 이들 내적 도구들과 함께 작용하는 자기의 느낌이나 빛나는 마음을 개인의 영혼 혹은 지바라 한다. 그러나 이 순수한 의식의 만질 수 있는 측면의 반사물인 정신적 의식이 물질의 세상을 볼 때, 그것을 마음의 세상(마노 아까샤)이라 한다. 그러나 그것이 순수 의식의 만질 수 있는 측면을 볼 때, 그것은 총체적 의식(찐마야)이라고 한다. 그 때문에 "마음은 인간에게 속박과 해방의 원인이다."라고 말한다. 그 마음이 많은 환영을 만들어 낸다.

이에서 언급된 비밀의 진리가 참나 탐구를 통해 확인되면, 다수는 다섯으로, 다섯은 셋으로, 셋은 하나로 귀착된다. 당신이 약을 복용함으로써 당신의 두통을 없앤다면, 그 때 당신은 원래의 자기 자신으로 남아 있는 것이다. 두통은 몸이 자기라는 환영과 같다. 그래서 참나 탐구라는 약을 처방할 때, 그 두통은 사라진다.

그것은 미숙한 사람들이 아닌 성숙한 사람들에게만 가능하다는 것이 사실이다. 미숙한 사람들에게는, 자신의 호흡과 더불어 만뜨라를 반복하거나(자파), 신상들을 숭배하거나, 호흡을 조절하거나, 빛의 기둥을 마음에 떠올리거나, 아니면 이와 유사한 요가 수행이나 영적, 종교적 수행 등을 하라는 처방이 권장되어 왔다. 그러한 수행을 통하여 사람들은 성숙해지고, 그 다음 참나 탐구의 길을 통해 참나를 깨달을 것이다.

발미끼는 다음과 같이 말했다.

현자 바시슈타는 우빠사마 쁘라까라남의 가르침을 종결지으면서, "오, 라마여! 그대는 지금까지 우빠사마 쁘라까라남을 들었습니다. 이제는 해방을 다루는 부분을 들어 보십시오."라고 말했다. 궁전에 앉아 있던 모든 왕과 현자들은 위대한 바시슈타의 강연에 흠뻑 빠져 있었다. 바시슈타의 말과 몸짓에 주의력을 완전히 쏟고 있었기 때문에, 그들은 실제로 살아 있는 사람이라기보다 흡사 그림 속의 사람 같이 보였다. 사실 태양이나, 공기, 새, 짐승들을 포함한 전 자연계마저 인간의 가장 내면에 있는 참나의 본성에 대한 탁월한 설명에 넋을 잃고 현자의 강연을 열심히 경청하는 것처럼 보였다.

해가 지기 시작할 무렵, 궁정은 갑자기 북과 나팔 소리로 가득 찼다. 잠시 동안 이 소리 때문에 현자 바시슈타의 목소리가 들리지 않았다. 북과 나팔 소리가 잠잠해지자, 현자는 라마에게 다음과 같은 질문을 던졌다.

바시슈타는 말했다.

나는 이와 같이 최고의 진리를 보여 주는 이야기들로 짠 그물 하나를 그대에게 주었습니다. 그대 마음의 새를 이 그물로 붙들어 매어, 그 마음을 그대의 가슴속에 조용히 머물도록 하십시오. 그렇게 하면 그대는 참나 지식을 얻게 될 것입니다. 오, 라마여! 그대는 마치 속담 속의 백조가 함께 섞여 있는 우유와 물을 따로 분리시켜 우유만을 마실 수 있듯이, 내가 알려 준 이 진리도 비록 다양한 표현이나 실례가 함께 섞여 있다 할지라도 진리만을 흡수하였겠지요?

오, 고귀한 분이시여! 이제 그대는 거듭 반복해서 이 진리를 처음부터 끝까지 깊이 생각하고 숙고하며, 이 길을 따라 나아가야 합니다. 비록 그대가 다양한 활동들을 하고 있더라도, 그대의 지성이 이 진리로 흠뻑 젖어 있다면, 그대는 속박당하지 않을 것입니다. 그렇지 않으면 코끼리가 절벽에서 떨어지듯이 그대도 추락할 것입니다. 그리고 그대가 이 가르침을 지적인 오락으로 개념화하기만 하고 실생활 속에서 그것을 실천하지 않는다면, 그대는 눈먼 장님처럼 비틀거리며 넘어질 것입니다.

내가 가르친 완벽한 해방의 경지에 도달하려면, 그대는 그대에게 일어나는 매 상황에서 적절한 것을 행하면서 무집착의 삶을 살아야 합니다. 이것이 모든 경전의 가르침 속에 들어 있는 가장 중요한 요소이니 안심하십시오.

자리에서 떠나도 좋다는 허락을 받고, 그 집회에 모였던 모든 왕과 현자들은 그들의 거처로 돌아갔다. 그들은 바시슈타의 가르침을 깊이 묵상하며 그들끼리 토론을 벌이다가, 불과 두세 시간밖에 안 되는 달콤하고도 깊은 잠을 즐겼다.

발미끼는 계속 말했다.

이윽고 밤의 어둠은, 마치 내면의 지성이 깨어나기 시작하면서 마음의 조건화가 물러나듯이, 물러가기 시작했다. 동쪽의 지평선에서부터 쏟아지는 햇살이 동쪽과 서쪽의 산봉우리를 밝게 비추었다.

라마와 락슈마나 그리고 나머지 모든 사람들도 그 상서로운 시각에 깨어나서 아침 예배를 올렸다. 그 다음 그들은 재빨리 현자 바시슈타가 머물고 있는 은둔처로 갔다. 그들은 그의 발치에 엎드려 그에게 적절한 예를 올리고, 그를 따라 왕궁으로 갔다. 청중이 궁정을 꽉 메웠다. 그러나 바늘 떨어지는 소리마저 들릴 정도로 고요했다. 궁정의 공간은 이미 완벽한 경지에 도달한 천인들과 현자들로 다시 가득 채워졌다. 그들 모두는 전날처럼 지정된 자리에 앉았다. 라마는 경건하게 현자 바시슈타의 얼굴을 응시했다.

바시슈타는 말했다.

라마여! 그대는 내가 지금까지 그대에게 들려 준 이야기들을 기억하고 있겠지요? 다시 말해, 진리에 대한 지식이나 참나의 지식을 일깨울 수 있는 말들을 기억하고 있겠지요? 나는 그대에게 다시 한 번 완벽의 경지가 어떻게 영원히 확립될 수 있는지를 말씀드리겠습니다.

평정심(조건화가 없는 마음)과 진리에 대한 명확한 이해에 의지함으로써 이 삼사라(삶과 죽음에 대한 속박)의 바다를 건널 수 있습니다. 그러므로 그러한 노력에 온 힘을 기울이십시오. 진리가 명확히 지각되고 진리에 대한 오해가 완전히 사라졌을 때, 잠재해 있던 모든 경향성과 마음의 조건화가 소멸될 때 그대는 슬픔이 없는 상태에 이릅니다.

하나의 무한한 절대적 존재 즉 우주적 의식만이 있습니다. 그것은 시간과 공간의 개념에도 영향을 받지 않으며, 또한 양극성이나 구분에도 지배를 받지 않습니다. 무한만이 존재하지만, 어떻게 해서인지 무한이 이원성을 띠게 되었습니다. 그러나 사실 무한이 이렇게 양분될 수 없는데도, 어떻게 그러한 이원성이 생겨날 수 있겠습니까? 이것을 알고, 자아감에서 벗어나 참나를 향유하십시오.

마음도, 무지도, 개인의 영혼도 없습니다. 이들 모두는 창조주 브람마 안에서 일어난 개념들입니다. 어떤 대상이 있다 하더라도, 마음과 그것의 욕망이 그 무엇이라 하더라도, 그 모든 것은 정말로 하나의 우주적 의식입니다. 그 하나만이 하계와 지상 그리고 천국 안에서 의식으로서 빛납니다.

무지에서 태어난 개념들이 지속되는 한, 무한하지 않은 것에 대한 자각이 있는 한, 그리고 세상이라고 알려진 함정 안에 희망이 있는 한, 사람은 그렇게 오랫동안 마음 등과 같은 개념을 지니게 됩니다. 사람이 몸을 '나'로서 간주하고, 자기를 보이는 것과 관련시키는 한, 그리고 '이것이 내 것이다.'라는 느낌과 함께 대상들을 향한 희망이 있는 한, 마음 등에 관한 망상은 계속 존재할 것입니다.

바시슈타는 계속 말했다.

완전한 무집착의 경지에 도달한 현자들과 어울려 진리에 대한 숭고한 깨달음을 경험하지 않는 한, 그리고 사악함이 약화되지 않는 한, 마음 등이 있다는 잘못된 개념은 지속됩니다. 이 세상을 하나의 실재로서 보는 경험이 진리에 대한 명확한 지각에서 나온 에너지에 의해 흔들려 사라지지 않는 한, 마음 등이 존재한다는 것은 자명한 것으로 보입니다. 대상적 경험에 대한 갈망 때문에 맹목적인 의존이 있습니다. 그 결과로 사악함과 망상이 존재하는 한, 그러한 개념은 계속됩니다.

그러나 쾌락에 이끌리지 않고 가슴이 순수하여 마음이 평온한 사람,

그리고 욕망, 갈망 및 희망의 우리를 부수어 버린 사람에게는 마음이 존재한다는 잘못된 개념이 더 이상 존재하지 않습니다. 그는 자신의 몸마저 실체가 없는 기만적인 경험이라고 보고 있는데, 어떻게 그에게 마음이 일어나겠습니까? 무한에 대한 통찰력을 가지고 있고, 자신의 가슴속에 현상계가 녹아든 그런 사람은 지바 등과 같은 잘못된 개념을 품지 않습니다.

정확하지 않은 지각이 사라지고 참나 지식의 태양이 가슴속에 떠오를 때 마음은 완전히 없어진다는 것을 아십시오. 그것은 마치 마른 낙엽을 태워 버린 것처럼 두 번 다시 볼 수 없습니다. 아직 살아 있으면서 지고의 진리와 상대적 현상 모두를 볼 수 있는 해방된 사람들의 마음 상태를 사뜨바라고 합니다. 그것을 마음이라고 하는 것은 적절하지 않습니다. 그것은 실제로 사뜨바입니다. 그들은 마음이 없으며, 완벽한 균형의 상태에 있습니다. 그들은 유희를 하듯 여기에서 그들의 삶을 삽니다. 비록 그들이 다양한 활동을 하고 있는 것처럼 보일지라도, 그들은 언제나 내면의 빛을 바라보고 있습니다. 이원성이나 일원성 혹은 기타 그런 개념들이 그들에게는 일어나지 않습니다. 왜냐하면 그들의 가슴속에는 아무런 경향성이 없기 때문입니다. 무지의 씨앗 자체가 사뜨바의 상태에서 다 타 버렸기 때문에, 그것은 다시는 망상을 일으키지 않습니다.

오, 라마여! 그대는 그 사뜨바의 상태에 도달했으며, 그대의 마음은 지혜의 불길 속에서 타 버렸습니다. 그 지혜가 무엇이겠습니까? 그것은 무한한 브람만이 정말로 무한한 브람만이며, 현상계는 그 실재가 브람만인 현상에 지나지 않는다는 것입니다. 그 현상(예컨대 '라마'로서 그대의 몸)은 지각력이 없고 실재하지 않습니다. 그것의 실재란 의식인 것입니다. 그렇다면 왜 그대는 슬퍼합니까? 그러나 만약 이 모든 것이 의식이라고 그대가 느낀다면, 그대에게 다양성의 개념들이 일어날 필요가 없습니다. 무한한 의식이라는 그대의 본질적인 본성을 기억하십시오. 다양성의 개념들을 버리십시오. 그대는 있는 그대로의 그대 자신입니다. 아니, 그대는 하나의 관념으로 존재하지 않으며 그 관념을 초월하여 존재하는 스스로 빛나는 존재입니다. 오, 무한한 의식인 우주적 존재여! 그대에게 경의를 표합니다.

바시슈타는 계속 말했다.

그대는 우주라고 알려진 무수한 파도들과 물결들이 일어나는 그 의식의 바다입니다. 그대는 그저 마음의 단순한 개념에 지나지 않는 존재와 비존재의 상태들 너머에 있습니다. 그러한 조건화와 모든 이원성을 초월하십시오. 어떻게 그대 안에 경향성들과 한계들이 존재할 수 있겠습니까? 그러한 모든 개념('이것은 잠재된 경향성이거나 한계이다.' 그리고 '이것은 지바나 살아 있는 영혼이다.')은 의식 속에서 일어납니다. 그렇다면 그것들은 어떻게 의식과 다릅니까? 그리고 만약 그것들이 다르지 않다면, 우리는 어떻게 그것들이 의식 속에서 일어난다고 말할 수 있겠습니까?

라마라고 알려진 그 존재는 사실은 수많은 우주가 물결들과 파도들처럼 나타났다가 사라지는 그 웅장하고 무한한 의식의 바다입니다. 완전한 평온의 상태에 머물러 계십시오. 그대는 무한한 공간과 같습니다. 불은 열과 분리될 수 없고, 향기는 연꽃과, 검정색은 점안수와, 흰색은 흰눈과, 당분은 사탕수수와, 그리고 빛은 발광체와 분리될 수 없습니다. 이와 마찬가지로 경험은 의식과 분리될 수 없습니다. 파도들이 바다와 분리될 수 없듯이, 우주도 의식과 분리될 수 없습니다.

경험은 의식과 다르지 않으며, 자아감은 경험과 다르지 않으며, 지바는 자아감과 다르지 않으며, 마음은 지바와 다르지 않습니다. 감각들은 마음과 다르지 않고, 몸은 감각들과 다르지 않으며, 세상은 몸과 다르지 않으며, 또 이 세상 이외에는 아무것도 없습니다. 이러한 의존적인 범주의 목록들은 매우 오랫동안 존재해 왔습니다. 그러나 이것은 어떤 누군가가 움직인 것도 아니고, 또한 그것이 매우 오랫동안 혹은 매우 짧은 기간 동안 존재해 왔는지의 여부도 말할 수 없습니다. 오, 라마여! 사실, 이 모든 것은 무한을 스스로 경험한 것 이외의 그 어떤 것도 아닙니다.

비어 있는 것 안에 텅 빔이 있고, 브람만은 브람만에 가득 차 있으며, 진리는 진리 속에 빛나며, 충만은 충만을 채우고 있습니다. 현명한 사람은 비록 이 세상에서 움직이고 있지만 아무것도 하지 않습니다. 왜냐하면 그는 아무것도 구하지 않기 때문입니다. 그와 마찬가지로, 오, 라마여! 공간처럼 가슴에 순수하게 머물러 계십시오. 그러나 외적으로는 적절한 활동을 하십시오. 그대를 기뻐하게 하거나 우울하게 할 수 있는 상황들에서도 그것들의 영향을 받지 말고 통나무처럼 그냥 계십시오. 자신을 살해하려 하는 자에게조차 우호적인 사람이 진리를 보고 있는 자입니다. 좋아하는 것과 싫어하는 것을 초월하지 못한 사람을 숭배하는 것은 헛된 노력입니다. 자기중심적이거나 의지에서 나온 활동을 전혀 하지 않으며, 여기의 어떤 것에도 집착을 전혀 하지 않는 그런 사람만이 해방을 얻은 것입니다. 비록 그가 이 세상을 파괴시켜야 할지라도, 그는 아무것도 하지 않습니다.

모든 개념과 습관적인 경향성들이 그친 사람은 모든 정신적 조건화와 속박을 극복하였습니다. 그는 연료 없이 타는 등불과 같습니다.

바시슈타는 계속하였다.

오, 라마여! 감각은 물론, 마음과 지성과 자아감은 모두 독자적인 지성이 전혀 없습니다. 그렇다면 지바와 그 나머지 모두는 어디에 존재하 겠습니까? 달은 하나이지만, 시력의 결함이나 반사체의 동요 때문에 두 개나 그 이상으로 보이는 것과 꼭 같이, 참나(내면의 지성 혹은 의식)도 하나이지만, 생각으로 인한 동요 때문에 여럿이 있는 것처럼 보입니다.

어둠이 물러가면 밤이 끝나는 것처럼, 쾌락을 갈망하는 독약이 사라 지면 무지도 없어집니다. 쾌락을 갈망하는 이 치명적인 바이러스는 경 전의 말씀이라는 신비로운 공식으로 즉시 치료됩니다. 사악함이나 어 리석음이 사라지는 바로 그 순간, 마치 진주를 꿴 실이 끊어지면 진주 가 흩어지는 것처럼, 마음도 딸린 그 모든 것과 함께 사라집니다. 그러 므로 오, 라마여! 경전을 버린 사람들은 스스로를 파멸시키기 위하여 벌레나 해충처럼 살기를 선택한 사람들입니다.

바람이 가라앉으면, 호수의 표면은 다시 한 번 평온해집니다. 무지로 인한 마음의 동요가 사라지면, 아내와 다른 쾌락의 대상들에 대한 맹목 적인 정열로 인한 눈의 동요도 사라집니다. 오, 라마여! 분명히 그대는 그 흔들림이 없는 안정의 상태에 도달했습니다. 그대는 내 말을 열심히 경청했습니다. 그 때문에 그대의 마음속에 있던 무지의 장막이 걷혀 버 렸습니다. 심지어 보통의 사람들도 그들의 가족을 지도하는 스승의 말 씀에 의해 큰 영향을 받습니다. 그렇다면 그대처럼 확장된 통찰을 지닌 사람의 경우에는 얼마나 다르겠습니까?

라마는 말했다.

신이시여! 당신의 지혜의 말씀을 경청함으로써, 외부에 존재하는 것 처럼 보이던 세상이 그것의 실체를 잃었고, 제 마음이 없어졌습니다. 저 는 지고의 평화에 조용히 머물러 있습니다. 무한한 의식이 제 앞에 무한 히 전개되었으므로, 저는 이제 이 세상을 있는 그대로 지각하고 있습니다. 저의 모든 의심이 사라졌습니다. 저는 애착과 저항으로부터 자유롭습니다. 저는 본성에 자리를 잡고 있으며, 건강하고(스와스타흐: 저는 참나 안에 쉬고 있습니다), 행복하며, 또 저는 세상이 제 안에 피난처를 찾는 라마입니다. 저와 당신에게 경의를 표합니다. 마음의 조건화가 사라졌습니다. 마음도 끝나 버렸습니다. 저는 참나를 모든 것 안에 있는 모든 것으로서 보고 있습니다. 과거를 생각하면, 제가 품었던 이원성의 어리석은 생각을 보고 웃음이 납니다. 이 모든 것이 당신의 감미로운 영적 충고의 말씀 덕분입니다. 이 세상에 여전히 살고 있으면서, 저는 또한 빛의 세상에 있습니다. 지고의 지혜라는 말씀의 형태로 당신의 빛나는 가슴에서 발산되는 빛 덕분에 저는 지금 여기에서 지고의 희열 안에 잠겨 있습니다.

바시슈타는 계속 말했다.

오, 라마여! 그대는 나에게 소중합니다. 그러므로 나는 다시 한 번 그대에게 진리를 말씀드리겠습니다. 주의 깊게 경청하십시오. 귀를 기울이십시오. 그렇게 하는 동안에는 다양성의 존재를 가정해야만 합니다. 그대의 의식은 확대될 것입니다. 그리고 내가 설명할 진리는 완전히 깨어나지 못한 사람들마저 슬픔에서 구할 것입니다.

무지하면 그는 몸이 자기라는 잘못된 생각을 지니게 됩니다. 그러면 그의 감각은 가장 나쁜 적으로 드러납니다. 반면에 참나 지식을 지니고 있으며 진리를 아는 사람은 즐겁고 만족스러운 자신의 감각의 우정을 즐깁니다. 감각은 그를 파괴시키지 않습니다. 신체와 신체의 기능에 혐오감밖에 가지지 않는 사람은 확실히 그것을 만족시켜 주지 못하며, 그래서 고통을 초래하게 됩니다.

참나는 몸의 영향을 받지 않으며, 또한 몸도 어떤 식으로든 참나와 관련이 없습니다. 그들은 빛과 어둠과 같습니다. 모든 변화와 왜곡들을 초월해 있는 참나는 생겨나지도 않으며, 또한 사라지지도 않습니다. 무엇이 일어나더라도 그것은 둔하고, 무지하며, 지각력이 없고, 유한하고, 소멸될 수 있는, 또 감사할 줄 모르는 이 몸에 일어납니다. 그것이 일어나게 내버려두십시오. 그러나 이 몸이 (감각이나 마음을 통하여) 어떻게 영원한 의식을 이해할 수 있겠습니까? 왜냐하면 둘 중 어느 하나가 실재로서 보여질 때, 다른 하나는 존재하기를 그치기 때문입니다. 따라서 그들의 본성이 완전히 다를 때, 고통과 쾌락에 대한 그들의 경험이 어떻게 꼭 같을 수 있겠습니까? 그들이 아무런 관련이 없고 또 관련을 가질 수 없을 때, 그들이 어떻게 공존할 수 있겠습니까? 어느 하나가 생겨나면, 다른 하나는 사라집니다. 이는 마치 날이 밝아지면 밤의 어둠이 사라지는 것과 같습니다. 참나 지식은 결코 참나 무지가 될 수 없습니다. 이는 그림자가 결코 뜨거워질 수 없는 것과 같습니다.

실재인 브람만은 사람이 다양성을 자각하고 있을 때라도 결코 비실재적인 것이 될 수 없습니다. 또한 몸도 무한한 의식의 본성을 획득할 수 없습니다. 참나는 편재하지만, 마치 연꽃이 물의 영향을 받지 않는 것처럼 그것도 몸의 영향을 받지 않습니다. 공간이 그 안의 공기의 움직임에 영향을 받지 않는 것과 꼭 같이, 이 무한한 참나도 몸과 관련이 있는 노령이나 죽음, 쾌락과 고통, 존재와 비존재 등과 같은 여러 조건들에 의하여 영향을 받지 않습니다. 비록 이 모든 몸이 잘못된 이해에 의하여 보여진다 할지라도, 파도들이 바다에서 보이듯이 그 몸들은 모두 오직 무한한 의식 안에 있습니다. 현상계가 다양하고 왜곡되게 나타나는 것은 반사하는 매개체 때문입니다. 진리나 무한한 참나는 이 모든 것에 의해 영향을 받지 않습니다. 이는 마치 태양이 여러 개의 거울이나 기타 반사체에서 일어나는 반사물의 다양성과 흔들림에 영향을 받지 않는 것과 같습니다.

참나에 관한 진리를 이와 같이 알게 되면, 참나 무지의 개념은 즉시 사라집니다.

바시슈타는 계속 말했다.

몸과 몸 안에 있는 지성을 정확하게 이해하면, 그는 물질적, 영적 양상들로 있는 온 창조물을, 등불로 사물을 보는 것만큼이나 쉽게 이해할 수 있습니다. 이러한 올바른 이해력이 없을 때만, 기만적이고 잘못된 개념들이 자신의 가슴 안에 무성하게 일어납니다. 따라서 그러한 개념들에는 실체라고는 전혀 없습니다. 참된 지식의 빛이 없을 때 일어나는 이 잘못된 개념들로 혼란에 빠지면, 사람은 바람에 흩날리는 풀잎처럼 끊임없이 불안하게 이리저리로 끌려 다니게 됩니다.

우주적 지성에 대한 '미각'(직접적인 지식)이 없을 때, 감각은 그들 대상을 이해하려고 노력하며, 또 그러한 접촉이 의미 있는 경험을 낳으리라고 헛되이 상상합니다. 확실히 무한하고 다함이 없는 지성(의식)이 이 모든 것 안에 내재해 있습니다. 그러나 참나 지식이 없기 때문에, 그것은 그 자체를 모르는 것처럼 보이고, 그러므로 제한적이고 유한한 것처럼 보입니다.

생명력과 그에 수반하고 있는 것들은 어떤 다른 동기도 없이, 단지 생명에 내재하고 있는 운동 에너지를 공급하기 위하여 여기에서 기능하고 있습니다. 참나 지식이 없을 때, 사람들이 즐기는 모든 대화와 고함 소리는 총 소리와 같습니다. 그들은 어쩔 수 없이 파괴를 향해 나아가며, 유익한 결과로 나아가지 못합니다. 어리석은 자들은 그들이 타는 듯이 뜨거운 바위 위에서 쉬거나 잠을 자고 있다는 것을 모른 채, 그들의 노동의 결과를 즐기고 있습니다.

그런 어리석은 자들과 함께 어울린다는 것은 곧 베어 넘어질 숲 속의 나무 위에 앉아 있는 것과 같습니다. 그대가 그러한 사람들을 위해서 무엇을 하더라도, 그것은 막대기로 공을 치는 것과 같습니다. 그대가 만약 그들에게 무엇을 준다면, 그것은 진흙 속으로 버리는 것과 같고, 또 그들과 대화한다면, 그것은 마치 개가 하늘을 보고 짖는 것만큼이나 무의미합니다.

참나에 대한 무지는 모든 고통과 불행의 근원입니다. 오, 라마여! 참나의 무지에서 생겨나지 않는 고통이 단 하나라도 있는지 말해 보십시오. 이 온 창조물은 그것을 지탱해 주는 무지로 충만해 있습니다. 무지한 사람은 굉장한 슬픔을 몇 번이고 겪지만, 기쁨은 좀체 누리지 못합니다. 몸이나 부나 배우자와 같은 슬픔의 근원은 참나를 모르는 자에게는 사라지지 않습니다. 왜냐하면 몸이 참나라고 확고히 믿는 사람의 무지에는 끝이 없기 때문입니다. 진정한 참나 지식이 어떻게 그에게 일어날 수 있겠습니까? 이러한 무지가 지배하는 한, 어리석은 자는 몇 번이고 쓰러질 것입니다. 그의 슬픔은 끝이 없습니다. 시원한 달빛조차도 그에게는 유독한 독기로서 경험됩니다. 활짝 열려 있는 지옥의 문은 그런 어리석은 자를 받아들이려고 안달입니다.

바시슈타는 계속 말했다.

어리석은 자의 눈에는 유독한 덩굴식물(여자 혹은 남자)이 끊임없이 움직이는 두 눈과 진주처럼 하얀 치아를 가지고 있는 꽃으로 보입니다. 왜냐하면 사악한 자의 가슴속에서만 무수한 새(사악한 경향성)들의 거처를 제공하는, 맹목적인 심취라는 무서운 나무가 자라나고 있기 때문입니다. 그의 사악한 가슴이라는 숲 속 안에는 증오의 불길이 맹위를 떨치고 있습니다. 그의 마음은 질투심으로 넘쳐흐르고, 그 질투심은 다른 사람들을 파괴시키는 험담의 잡초가 자라나게 합니다. 자신의 가슴이 알고 있는 유일한 연꽃은 끊임없는 불안이라는 벌들이 찾고 있는 것인 질투입니다.

죽음은 이러한 사악한 바보들에게만 마련되어 있습니다. 탄생과 유년기는 청년기로 이어지고, 청년기는 노년기로 이어지며, 노년기는 죽음으로 끝납니다. 이 모든 것은 어리석은 자들에 의해 반복적으로 경험됩니다. 무지한 사람은 세상이라는 밧줄에 묶인 두레박과 같습니다. 그래서 그는 이따금 삼사라라는 잘 보이지 않는 우물 속으로 내려졌다가 올려지곤 합니다. 이 현상계라는 바다 자체는 현명한 사람에게는 송아지의 발자국과 같지만, 무지한 자에게는 깊이를 헤아릴 수 없는 끝없는 슬픔의 바다와 같습니다. 새장에 갇힌 새가 자유를 찾을 수 없는 것과 꼭 같이, 욕망을 충족시키는 데 몰두한 무지한 자는 속박으로부터 벗어나 해방을 찾을 수 없습니다. 그의 마음은 분명히 무수한 경향성과 조건화로 혼란에 빠져 있기 때문에, 삶과 죽음이라는 순환하는 수레바퀴를 선명히 볼 수 없습니다.

무지한 사람을 속박 안에 사로잡아 두기 위하여, 그 자신의 심취는 가공적인 관계의 망 전체를 세상 도처에 펼쳐 놓습니다. 한 조각의 작은 살점(두 눈)으로 어리석은 인간은 흙으로 된 작은 입자를 산이나 호수, 숲 또는 도시로 간주합니다. 무지는 가공의 대상이라는 무수한 잎들을 만들어 내는 가지들을 사방으로 펼친 거대한 나무와 같습니다. 그 나무 위에는 수많은 새들이 삽니다. 그 새들은 무지한 자가 경험하는 수많은 쾌락입니다. 탄생은 그 나무의 잎이고, 활동은 그것의 싹이며, 공과는 그것의 열매이고, 부와 행운은 그것의 꽃입니다.

이러한 무지는 지혜의 태양이 졌을 때 떠오르는 달과 같습니다. 반복되는 탄생은 달빛입니다. 그리고 이 무지는 결점과 불완전함의 군주입니다. 경향성들과 습관들은 이 달이 쏟아 붓는 감미로운 빛입니다. 희망과 욕망의 새들은 이 감로를 마십니다. 무지의 어둠 속에 있는 어리석은 자는 이 세상의 대상들 속에서 쾌락이나 행복을 경험합니다.

대상들 속에 들어 있는 외적인 달콤함의 모습은 무지 때문에 생긴 것입니다. 왜냐하면 이 모든 대상들은 처음과 끝을 가지고 있으며, 한계를 지니고 있으며, 또 소멸될 수 있기 때문입니다.

바시슈타는 계속 말했다.

그대가 여기에서 진주와 기타 보석으로 장식한 찬란하게 빛나는 여자 혹은 남자들로서 간주하는 그들은 그대 자신의 망상이 만들어 낸 창조물에 지나지 않습니다. 그들은 욕망의 바다에서 이는 잔물결들과 같습니다. 살이나 지방, 피부 등의 변화에 불과한 것에서 매력과 유혹의 특성들을 보고, 그래서 그들을 매력적이게 보이도록 만드는 것은 바로 이 망상입니다. 그들의 가슴은 황금 항아리로, 그들의 입술은 감로의 원천 등으로 묘사되는 것은 이 망상 때문입니다.

부와 성공을 추구하는 것은 바로 망상 때문입니다. 부와 성공이란 처음에는 우둔한 자에게 달콤하지만, 중간에는 행복과 불행, 쾌락과 고통, 성공과 실패 같은 두 개의 대립되는 개념의 원인이 되며, 끝에 가서는 매우 빨리 사라집니다. 번영의 추구로부터 무수한 쾌락의 가지와 헤아릴 수 없이 수많은 불행의 가지가 생겨납니다.

이 망상은 시작도 없는 때부터 강물처럼 흐르고, 그것은 쓸모없는 행위들과 그것들의 반응들에 의해 흐려지고 어두워집니다. 그것은 반복되는 탄생을 일으키고, 쾌락이나 행복을 가져오도록 계산된 활동에 대한 쓰라린 반응들과 결과들 때문에 더욱더 커집니다.

이러한 행위는 신체적, 정신적 질병 및 노령과 다양한 관계들이 입자인 먼지 구름을 일으키는 불길한 바람과 같습니다. 이 모든 것은 죽음 즉 시간의 경과로 나아갑니다. 죽음은 만족할 줄 모르는 게걸스러운 식욕을 가지고 있습니다. 말하자면 이 세상들이 익을 때, 그것들을 모두 죄다 먹어 치웁니다.

청년기는 지혜의 달이 빛을 내지 않아서 근심과 걱정이라는 악귀들이 춤추며 자주 출몰하는 시기입니다. 그 청년기는 망상이라는 더 짙은 어둠을 향해 나아갑니다. 사람의 혀(언어의 능력)는 여기의 평범하고 교양 없는 사람들에게 봉사하는 데 혹사당합니다. 그래서 그것은 약해집니다.

한편 가난은 불행과 고된 노동의 열매를 오게 하는 수천의 가지들을 뻗습니다. 그러나 공허하고 실체가 없으며 그리고 자기 자신의 영적인 발전을 파괴하는 탐욕이 망상의 어둠 속에서 계속 승리를 선언하고 있습니다.

노쇠라는 고양이가 살금살금 다가와 청춘이라는 쥐를 잡아먹습니다.

이 우주는 본질이 없습니다. 그럼에도 불구하고 그것은 가짜의 실재를 얻었습니다. 그것은 심지어 다르마(올바른 삶)와 아르타(성공의 추구)의 열매를 재배합니다. 하늘로 둘러싸여 있고 태양과 달의 눈을 갖추고 있는 이 세상은 그것의 실체에 대한 망상 때문에 쓰러지지 않고 지탱하고 있습니다. 이 현상계의 호수에는 몸이라고 하는 백합꽃들이 만발해 있고, 생명력이라고 하는 벌들이 그것들에게로 자주 찾아갑니다.

바시슈타는 계속 말했다.

세상 존재에 대한 퇴폐적인 개념은 찰나 제한과 조건화에 의하여, 그리고 희망과 욕망이라는 강력한 실에 묶인 채, 감각 속에 갇힌 채 놓여 있습니다. 이 현상계는 쁘라나 즉 생명력의 움직임의 바람 안에서 끊임 없이 떨고 있는 그리고 모든 종류의 존재들을 떨어뜨려 그들을 완전한 파멸로 몰아가게 하는 연약한 덩굴식물과 같습니다.

세상 존재라는 이 지옥과 같은 수렁을 벗어나 아무런 의심이 없는 상태에서 잠시 동안 기뻐하는 고귀한 사람들도 많이 있습니다. 푸른 광활한 창공에서 연꽃처럼 살아가는 신성한 존재들도 있습니다.

이 창조 속에서 활동은 활동들의 결과에 대한 헛된 욕망 때문에 오염되고, 심리적 조건화의 그물에 갇혀 있으며, 그리고 활발함이란 향기를 타고난 연꽃과 같습니다. 그러나 이 세상의 나타남은 이 유한한 공간 안에 들어와 끄르딴따(행위의 끝이나 종결)라고 알려진 완고한 무적의 늙은 독수리에게 곧 삼켜져 버리는 작은 물고기와 같습니다. 그러나 마치 물결들과 파도들이 바다의 수면 위에 나타났다가 사라지는 것처럼 다양한 장면들이 나날이 생겨나고 사라집니다. 시간이라는 도공은 이 모든 것을 도공의 녹로처럼 계속 순환시키고 있습니다. 창조물이라고 알려진 무수한 숲들이 시간이라는 산불에 의해 잿더미로 변해 버리고 있습니다. 이것이 바로 이 창조물의 상태입니다. 그러나 무지한 사람들은 그들 자신의 잘못된 개념들에 꽉 묶여 있기에, 이 세상의 덧없음이나 그들이 삶에서 받는 고된 타격도 그들을 깨어나게 할 수 없습니다.

이러한 심리적 조건화나 자기 제한은 신들의 왕인 인드라의 몸처럼 온 세상의 순환 동안 지속됩니다. 이 모든 와중에서도 우연히 가장 순수한 본성이 드러나는 신성한 현현들도 있습니다.

움직일 수 없는 피조물들은 말하자면 시간의 신비를 깊이 생각하며 서 있지만, 애착과 반감, 사랑과 증오 같은 두 힘에 따라 흔들리고, 쾌락과 고통이나 노령과 죽음 같은 무서운 질병에 시달리는 움직일 수 있는 피조물들은 노쇠해져 쇠퇴합니다. 움직일 수 있는 피조물 가운데 벌레와 해충들은 과거 그들 자신의 사악한 행위의 결과를 말없이 참을성 있게 견뎌 내면서, 말하자면 언제나 그 결과를 깊이 묵상합니다. 그러나 묵상조차 초월해 있는 감지할 수 없는 시간(혹은 죽음)은 이 모든 것을 송두리째 집어 삼킵니다.

바시슈타는 계속 말했다.

나무는 추위와 바람과 열을 견디어 내면서도 꼿꼿이 서서 꽃을 피우고 열매를 맺어야 하기 때문에 불행 그 자체의 모습입니다. 꿀벌과 같은 존재들은 이 세상이라고 알려져 있는 연꽃에 갇힌 채 언제나 불안스럽게 윙윙거립니다.

이 우주 전체는 말하자면 행위와 움직임의 본성을 가진 여신 깔리(시간과 죽음을 의미하는 깔라의 여성형을 암시)의 탁발 그릇입니다. 이 깔리는 끊임없이 그 그릇에 이 세상의 모든 피조물들을 채워, 그 음식들을 계속해서 그녀의 신에게 바치고 있습니다.

이 우주는 노파에 비유될 수 있습니다. 참나 무지의 어둠은 노파의 머리카락입니다. 태양과 달은 그녀의 불안한 두 눈입니다. 그녀의 내부와 외부의 본성 속에는 신들인 브람마와 비슈누와 인드라, 지구와 산 등이 포함되어 있습니다. 절대자 브람만에 관한 진리는 그녀의 가슴속에 숨겨진 보물 상자입니다. 그녀의 어머니는 의식 에너지(즉, 그녀는 의식 에너지로 알려진 어머니이다)입니다. 그녀는 극도로 동요하고 있으며 구름처럼 변하기 쉽습니다. 별들이 그녀의 치아들입니다. 새벽과 황혼은 그녀의 입술입니다. 연꽃은 그녀의 손바닥입니다. 하늘은 그녀의 입입니다. 일곱 바다는 그녀의 진주 목걸이입니다. 그녀는 푸른 하늘의 옷을 입고 있습니다. 극지는 그녀의 배꼽입니다. 숲은 그녀의 몸에 나 있는 털입니다. 이 노파는 계속해서 태어납니다. 다시 말해, 그녀는 계속해서 죽습니다.

이 모든 것이 의식의 빛 안에서 일어납니다. 이 가운데에 눈 깜짝할 사이에 창조자 브람마에 의해서 창조되는 신들도 있고, 브람마가 눈을 감는 바로 그 순간에 파괴되는 존재들도 있습니다. 그 지고의 의식 속에는 눈 깜짝할 사이에 수천 번에 걸친 시간의 순환 주기를 시작하고 끝내 버리는 루드라 신들도 있습니다. 또한 눈 깜짝할 사이에 루드라와 같은 신들을 창조하고 파괴하는 다른 신들도 있습니다! 확실히 이러한 현현은 무한합니다. 무한한 의식이 무한한 공간 속에서 무엇인들 생기게 할 수 없겠습니까? 그러나 이 모든 것은 무지의 한 현현인 상상에 지나지 않습니다. 모든 행운과 모든 불운, 어린 시절, 청년기, 노년기와 죽음, 또한 고통은 물론, 행복과 불행에 휘말려 있는 것으로 알려진 것과 그 나머지 모든 것은 무지의 짙은 암흑이 확대된 것입니다.

바시슈타는 계속 말했다.

오, 라마여! 나는 이제 무지라고 알려져 있는 이 덩굴식물이 어떻게 사방으로 기어 올라가는지를 그대에게 이야기해 주겠습니다. 이 덩굴식물은 현상계라고 알려져 있는 숲 속에서 무성하게 자라며, 의식이라고 하는 산에 뿌리를 내리고 있습니다. 삼계가 그것의 몸이며, 우주 전체가 그것의 껍질입니다. 쾌락과 고통, 존재와 비존재, 지혜와 무지는 그것의 뿌리와 열매입니다. 그 무지가 쾌락이라는 생각을 품을 때 쾌락이 체험되고, 그것이 고통이라는 생각을 품을 때는 고통이 체험됩니다. 존재라는 생각이 만연하면 존재가 있고, 비존재라는 생각이 만연하면 비존재가 있습니다. 그 무지는 무지의 수단에 의해 확대되고, 더 큰 무지를 낳습니다. 그러나 그것이 지혜를 찾을 때, 그것은 지혜를 먹고 결국은 지혜로 성장합니다.

무지라는 이 덩굴식물은 그것이 즐기는 다양한 오락과 심리적 상태들이나 양상들로 나타납니다. 언젠가 어디쯤에 가서 그것은 지혜를 만나 접촉하게 되고 그래서 정화됩니다. 그러나 그것은 또다시 집착에 빠집니다. 그것은 모든 감정과 감각 경험의 원천이 됩니다. 그것의 수액은 과거 경험에 대한 기억입니다. 비차라, 즉 참나의 본성에 대한 탐구는 그것을 갉아먹는 흰개미입니다. 창공에서 빛나는 별과 행성은 이 덩굴식물의 꽃입니다.

이 덩굴식물은 마음에 의해 흔들립니다. 그곳에는 생각이라는 새들이 자주 찾아옵니다. 감각이라는 치명적인 뱀들이 그것을 감싸고 있습니다. 금지된 행위라는 비단뱀이 그 안에 살고 있습니다. 그것은 천상의 빛에 의해 밝게 빛나고 있습니다. 그것은 살아 있는 존재들의 살림살이로 가득 차 있습니다. 거기에는 또한 다른 것들도 들어 있습니다. 즉, 어리석은 자들을 현혹시키는 그 모든 것, 지혜를 증진시키는 그 모든 것, 무한한 종류의 다양한 살아 있는 존재들이 거기에 들어 있습니다. 그곳에는 태어난 사람들, 곧 태어날 사람들, 죽은 사람, 곧 죽을 사람이 있습니다. 그것은 이따금씩 부분적으로 절단되기도 합니다. 또 어딘가 다른 곳에서는 전혀 잘리지 않기도 합니다(완전히 미숙한 사람들의 경우). 그러나 그것을 완전히 파괴하는 것은 불가능합니다. 과거와 현재와 미래가 그 안에 있습니다. 그것은 사람을 어리석게 만들어 버리는 치명적인 덩굴식물입니다. 그러나 그것을 단호히 조사할 때 그것은 죽게 됩니다.

이 덩굴식물 자체가 벌레와 해충은 물론이고, 별과 행성, 살아 있는 존재, 식물, 원소, 하늘과 땅, 신들과 같은 이 모든 것들로 나타납니다. 이 우주 안에 무엇이 있든지 간에, 그것은 이 무지로 충만해 있습니다. 그것이 초월될 때 그대는 참나 지식을 얻을 것입니다.

라마가 질문했다.

신이시여! 비슈누와 쉬바와 같은 신들조차도 이 무지 즉 아비디야의 일부분이라는 당신의 말씀을 듣고 저는 얼떨떨합니다. 제발 그 점을 더 설명해 주십시오.

바시슈타는 다음과 같이 대답했다.

진리, 즉 절대적인 존재-의식-희열은 생각과 이해를 초월해 있으며, 그것은 지고의 평화로서 어디에나 존재하며, 그것은 상상과 묘사를 초월해 있습니다. 그 안에서는 개념화의 능력이 자연스럽게 일어납니다. 이러한 참나 이해는 세 부분으로 되어 있다고 봅니다. 미묘한 부분, 중간 부분, 거친 부분이 그것입니다. 이들 셋을 포함하고 있는 지성은 그것들을 사뜨바와 라자스와 따마스로 여깁니다. 이 셋이 합쳐져서 쁘라끄르띠 즉 자연을 이루고 있습니다. 아비디야 즉 무지는 쁘라끄르띠 즉 자연이며, 그것은 세 부분으로 되어 있습니다. 이것이 모든 존재의 근원이고, 그 너머에는 궁극이 있습니다.

본성의 이 세 가지 특성(사뜨바, 라자스, 따마스)은 다시 각각 세 부분으로 세분됩니다. 즉 이들 각각에 대하여, 미묘한 부분, 중간 부분 그리고 거친 부분입니다. 따라서 모두 아홉 개의 범주가 생기며, 이들 아홉 개의 특성이 우주 전체를 구성하고 있습니다.

현자, 금욕주의자, 완벽한 자, 하계의 거주자, 천인(天人) 및 신들과 같은 이들은 무지 중의 사뜨바 부분입니다. 이들 가운데, 천인과 하계의 거주자들이 거친 부분(따마스)을 이루고, 현자들은 중간 부분(라자스)

을 이루며, 비슈누와 쉬바 같은 신들은 사뜨바의 부분을 이루고 있습니다. 사뜨바의 범주에 들어오는 이들은 다시 태어나지 않습니다. 그러므로 그들은 해방된 자들로 간주됩니다. 그들은 이 세상이 지속되는 한 존재합니다. 현자들과 같이 살아 있는 동안에 해방된 지반묵따들은 적당한 때에 그들의 몸을 벗고 신들의 거처에 도달하여, 이 세상이 존속되는 동안 거기에서 거주하다가 해방을 얻습니다. 따라서 아비디야 즉 무지의 이러한 부분이 비디야 즉 참나 지식이 된 것입니다! 아비디야는 물결이 바다에서 일어나듯이 비디야에서 일어납니다. 그리고 아비디야는 물결이 물 속으로 사라지듯이 비디야 속으로 사라집니다.

물결들과 물을 구별하는 것은 비실재적이며, 용어상의 차이에 지나지 않습니다. 그와 마찬가지로 무지와 지식의 구별도 비실재적이며, 용어상의 차이에 불과합니다. 지금 여기에는 무지도 없고 지식도 없습니다! 그대가 지식과 무지를 두 개의 다른 실체로 보지 않을 때, 존재하는 것만이 존재합니다. 비디야의 반사물은 본질적으로 아비디야로 간주됩니다. 이들 두 개념을 버린 뒤에 남아 있는 것이 진리입니다. 다시 말해 그것은 어떤 것일 수도 있고, 아무것도 아닌 것일 수도 있습니다! 그것은 전지전능하고, 공간보다 더 비어 있으면서도 의식으로 가득 차 있기 때문에 비어 있는 것은 아닙니다. 항아리 속의 공간처럼 그것은 파괴될 수 없고 도처에 존재합니다. 그것은 모든 사물의 실재입니다. 마치 자석이 바로 그 존재만으로 쇳조각을 움직이게 하는 것처럼, 그것은 우주를 움직이게 하려는 의도 없이도 우주를 움직이게 합니다. 그래서 그것은 전혀 아무것도 하지 않는다고 말해집니다.

바시슈타는 계속 말했다.

그래서 움직일 수 있거나 움직일 수 없는 모든 존재들과 함께 있는 이 모든 세상의 나타남은 아무것도 없는 무(無)인 것입니다. 지금까지 신체적 혹은 물질적으로 변해 버린 것은 정말 아무것도 없습니다. 존재와 비존재의 생각들을 일으키는 개념화가 없어지면, 이 모든 지바(개인의 영혼)는 공허한 표현이라는 것을 깨닫게 됩니다. 무지 때문에 가슴속에서 일어나는 모든 관계들은 전혀 존재하지 않는 것으로 보입니다. 밧줄을 뱀으로 오인할 때라도, 그 뱀에게 물릴 수 있는 사람은 아무도 없습니다!

무지나 망상이라는 것은 참나 지식의 부재입니다. 참나를 알게 되면, 무한한 지성의 피안에 도달할 수 있습니다. 의식이 그 자체를 객관화시켜, 그것을 관찰의 대상 자체로 여길 때, 아비디야 즉 무지가 생깁니다. 이러한 주체와 객체의 개념을 초월하면, 실재를 둘러싸고 있던 모든 베일이 제거됩니다. 개인은 개인화된 마음 그 이상의 어떤 것이 아닙니다. 그 마음이 멈추면, 개별성도 사라집니다. 그러나 개별성의 개념이 남아 있는 한, 그것은 지속됩니다. 항아리가 있는 한, 내부로 둘러싸여 있거나 혹은 그 항아리에 한정된 공간의 개념도 또한 있는 것입니다. 그러나 그 항아리가 깨어지면, 이전에 항아리의 공간이라고 상상했던 그곳에도 무한한 공간만이 존재합니다.

라마가 질문했다.

신이시여! 어떻게 이 우주적 지성이 지각력이 없는 바위와 같은 사물이 되는지 말씀해 주십시오.

바시슈타는 대답했다.

바위와 같은 물질에는 의식이 생각하는 능력을 버렸지만 마음이 없는 상태에는 도달할 수 없었기 때문에 움직일 수 없는 상태로 남아 있는 것입니다. 그것은 해방의 상태와는 거리가 먼, 깊은 수면의 상태와 같습니다.

라마가 다시 물었다.

그러나 만일 그들이 어떤 개념이나 지각의 대상들도 없이 깊은 수면 안에 있는 것처럼 존재한다면, 저는 그것들이 해방에 가까이 다가가 있다는 생각이 듭니다!

바시슈타는 다음과 같이 대답했다.

자유(목샤)나 해방이나 무한함의 깨달음은 움직일 수 없는 창조물로서 존재하지 않습니다! 해방을 얻는 것은 참나의 본성에 대한 지적인 탐구를 하고, 이것이 내적인 일깨움을 불러일으킨 뒤, 지고한 평화의 상태에 이를 때입니다. 까이발야 즉 완전한 자유는 모든 마음의 조건화가 의식적으로 초월되고 철저한 탐구를 마친 뒤에 얻어지는 순수한 존재의 성취입니다. 현명한 사람들이 말하길, 사람은 깨달음을 얻은 현자들과 함께 지내면서 그들의 도움을 받아, 경전에 설명된 대로 진리의 본질을 탐구한 뒤에야 비로소 순수한 존재 즉 브람만에 확고히 자리 잡을 수 있다고 합니다.

바시슈타는 계속 말했다.

심리적 제한과 조건화가 심지어 미묘한 '씨앗'의 상태로 가슴에 남아 있는 한, 그것은 깊은 수면의 상태로 간주되어야 합니다. 왜냐하면 비록 평온의 상태를 체험하고 마음이 참나에 흡수된 것으로 보일지라도, 그것은 환생을 일으키기 때문입니다. 그것은 스스로 움직일 수 없는 상태이고, 불행의 근원입니다. 그러한 것이 바위 등과 같은 지각력이 없고 움직일 수 없는 대상의 상태인 것입니다. 그것들은 자기 제한(바사나)이 없는 것이 아닙니다. 자기 제한은 마치 꽃이 씨앗(새싹을 틔우고 자라나 꽃을 피우는) 속에 숨어 있고, 항아리가 점토 속에 숨어 있는 것과 꼭 같이, 그들 안에 숨어 있습니다. 바사나(자기 제한이나 조건화나 경향성)의 씨앗이 존재하는 그 상태는 깊은 수면과 같습니다. 왜냐하면 그것은 완전한 경지가 아니기 때문입니다. 그러나 모든 바사나가 파괴되고, 심지어 바사나의 잠재성조차 존재하지 않을 때, 그 상태는 (깨어 있는 상태와 꿈, 그리고 깊은 수면의 상태 너머에 있는) 제4의 초월 상태로 알려져 있습니다. 그것은 완전한 경지를 가져다줍니다. 바사나와 불, 채무, 질병, 적, 우정(혹은 아교), 증오, 그리고 독과 같은 이 모든 것은 비록 그것을 없애고 난 뒤에도 약간의 찌꺼기가 남아 있다면, 귀찮게 됩니다.

반면에 모든 바사나들을 완전히 없앴다면, 그때 그 사람은 순수한 존재의 상태에 자리 잡게 됩니다. 그러한 사람은 살아 있든지 않든지 간에 다시는 슬픔에 시달리지 않습니다. 찌뜨 샥띠(의식 에너지)는 숨어 있는 바사나로서 움직일 수 없는 창조물 안에 있습니다. 각 대상의 본성을 결정짓는 것은 바로 이 찌뜨 샥띠입니다. 왜냐하면 그것이 각 대상을 구성하고 있는 분자 자체의 근본적인 특성이기 때문입니다.

만약 이것을 아뜨마 샥띠(참나나 무한한 의식의 에너지)로서 깨닫지 못하면, 그것은 세상 나타남의 망상을 만듭니다. 그러나 그것을 무한한 의식인 진리로서 깨닫게 되면, 그 깨달음이 모든 슬픔을 사라지게 합니다. 이 진리를 전혀 보지 못하는 것이 아비디야 즉 무지입니다. 이러한 무지가 다른 모든 현상의 근원이 되는 세상 나타남의 원인입니다. 첫 생각이 일어나면서 잠이 방해받고 잠이 끝나는 것과 꼭 같이, 내면의 지성이 조금이라도 일깨워지면 무지는 파괴됩니다. 사람이 손에 등불을 들고 어둠을 보려고 어둠에 다가가면, 어둠은 곧 사라집니다. 탐구의 불을 무지 쪽으로 돌리면, 무지는 사라집니다. 즉, "피와 살과 뼈 등으로 구성된 이 몸 안에 있는 '나'는 무엇인가?"라고 탐구를 시작할 때,

무지는 즉시 존재하기를 그칩니다. 시작이 있는 것은 끝이 있습니다. 시작이 있는 모든 것을 배제할 때, 그래도 남아 있는 것이 진리입니다. 진리란 아비디야 즉 무지의 중단입니다. 그대는 그것을 어떤 것으로 여길 수도 있으며 아무것도 아닌 것으로도 여길 수 있습니다. 무지가 사라졌을 때 있는 것을 찾아야 합니다. 어느 한 사람이 맛보는 달콤함은 다른 사람이 경험할 수 없습니다. 그러므로 아비디야의 중단을 설명하는 어떤 누군가의 말을 듣는다고 해서 그대의 깨달음이 일어나지는 않습니다. 각자가 그것을 깨닫지 않으면 안 됩니다. 요컨대 아비디야는 '브람만이나 우주적 의식이 아닌 어떤 실재가 존재한다.'라고 믿는 것입니다. '이것이 정말로 브람만이다.'라는 어떤 지식이 있을 때, 아비디야는 사라집니다.

브람만에 대한 설명

바시슈타는 계속 말했다.

오, 라마여! 그대의 영적인 일깨움을 위하여 나는 이 모든 것을 되풀이해서 말합니다. 왜냐하면 참나의 깨달음은 영적인 수행의 반복이 없이는 일어나지 않기 때문입니다. 아비디야 혹은 아냐나(ajnana)라고 알려진 이 무지는 사람이 수천 번의 몸을 바꾸는 가운데 이 몸의 내부와 외부를 통하여 감각들에 의해 표현되고 체험되었기 때문에 더욱 깊어졌습니다. 그러나 참나 지식은 감각이 미치지 않는 곳에 있습니다. 참나 지식은 여섯 번째 의식인 감각과 마음이 멈출 때 일어납니다.

오, 라마여! 마치 자나까 왕이 마땅히 알아야 할 것을 다 알고 난 뒤에도 살아간 것처럼, 참나 지식에 확고히 자리를 잡고 이 세상에서 살아가십시오. 그는 활동을 하든지 하지 않든지, 깨어 있든지 않든지 간에 늘 진리를 깨닫고 있었습니다. 비슈누 신이 몸을 받아 이 세상에 인간으로 화신할 때도 그는 참나 지식 안에 완전히 자리 잡고 있었습니다. 그와 꼭 같이 쉬바 신도 참나 지식에 자리를 잡고 있으며, 브람마 신도 참나 지식에 자리를 잡고 있습니다. 오, 라마여! 그대도 그들처럼 참나 지식에 확고히 자리를 잡으십시오.

라마가 물었다.

신이시여! 이 모든 위대한 이들이 자리 잡고 있는 참나 지식의 본질이 어떤 것인지를 말씀해 주십시오.

바시슈타는 다음과 같이 대답했다.

라마여! 그대는 이미 그것을 알고 있습니다. 그러나 그것을 선명히 하기 위하여 그대는 또다시 그것을 묻고 있습니다.

무엇이 존재하든, 그리고 무엇이 요술 같은 세상으로 보이든지 간에, 그것은 다름 아닌 순수한 브람만이나 절대 의식이지, 그 밖의 어떤 것도 아닙니다. 의식은 브람만이고, 세상은 브람만이고, 모든 원소도 브람만입니다. 나는 브람만이고, 나의 원수도 브람만이며, 나의 친구와 친척도 브람만입니다. 브람만은 셋의 주기에 걸쳐 있는 시간입니다. 왜냐하면 이 모든 것이 브람만에 뿌리를 두고 있기 때문입니다. 마치 바다가 파도들 때문에 팽창되는 것처럼 보이듯이, 브람만도 무한한 다양한 종류의 물질 때문에 팽창되는 것처럼 보입니다. 브람만은 브람만을 이해합니다. 브람만은 브람만을 경험하거나 즐깁니다. 브람만은 브람만 자신의 힘에 의해 브람만 안에서 나타납니다. 브람만은 브람만인 나를 불쾌하게 만드는 나의 원수의 형상입니다. 사실이 그렇다면, 누가 무엇을 다른 사람에게 한단 말입니까?

애착과 반감, 좋아함과 싫어함과 같은 마음의 형태는 상상력에서 불러낸 것들입니다. 이들은 생각이 없으면 사라집니다. 그렇다면 어떻게 그들이 확대될 수 있습니까? 오로지 브람만만이 브람만인 모든 것 안에서 움직이고, 브람만만이 모든 것 안에서 브람만으로 나타나고 있을 뿐인데, 무엇이 기쁨이고 무엇이 슬픔이겠습니까? 브람만은 브람만으로 만족하고 있고, 브람만은 브람만 안에 자리 잡고 있습니다. '나'도 없고, 또한 다른 것도 없는 것입니다!

바시슈타는 계속 말했다.

이 세상의 모든 대상은 브람만입니다. '나'는 브람만입니다. 그런 까닭에 열정과 냉정, 갈망과 혐오는 모두 개념들에 불과합니다. 몸은 브람만입니다. 죽음은 브람만입니다. 따라서 진짜 밧줄과 상상의 뱀이 함께 합쳐지듯이 그들이 함께 합쳐지면, 슬퍼할 이유가 어디 있겠습니까? 마찬가지로 몸은 브람만입니다. 쾌락도 브람만입니다. 그렇다면 몸이 쾌락을 체험할 때 기뻐할 이유가 어디 있겠습니까? 잔잔한 바다 표면 위에서 파도들이 일렁이는 것처럼 보일 때도, 그 파도들은 역시 바닷물이 아니겠습니까! 브람만이 세상의 나타남에서 흔들리는 것처럼 보일 때도 그 본질은 변화가 없으며, '나'라는 것도 없고, '너'라는 것도 없습니다. 소용돌이가 없어지면서 물이 될 때도, 없어진 것은 아무것도 없지 않습니까! 죽음의 브람만이 몸의 브람만을 따라잡아도, 잃는 것은 아무것도 없는 것입니다.

물은 잔잔해질 수도 있고, 출렁일 수도 있습니다. 그와 꼭 같이 브람만도 가만히 정지할 수도 있고, 가만히 있지 못할 수도 있습니다. 그러한 것이 브람만의 본성입니다. 하나를 둘로 나누어 '이것은 지각력이 있는 지바이다.'와 '이것은 지각력이 없는 물질이다.'라고 말하는 것은 무지나 망상 때문입니다. 현명한 사람들은 그런 잘못된 생각을 지니지 않습니다. 그런 까닭에 무지한 사람들에게는 이 세상이 슬픔으로 가득 차 있으며, 현명한 사람들에게는 똑같은 세상이 희열로 충만해 있습니다. 이는 마치 장님에게는 이 세상이 어둡고, 시력이 좋은 사람에게는 이 세상이 빛으로 가득 차 있는 것과 마찬가지입니다.

하나의 브람만만이 모든 것에 충만해 있을 때, 죽음도 없고, 살아 있는 사람도 없는 것입니다. 잔물결들이 바다의 표면 위에서 일어나지만, 그것들은 태어나지도 않고 죽지도 않는 것입니다. 이 세상의 원소들도 꼭 그와 같습니다. '이것은 존재한다.'와 '이것은 존재하지 않는다.'와 같은 기만적인 개념들은 참나 안에서 일어납니다. 마치 수정이 어떤 동기도 없이 여러 색깔의 대상들을 반사하듯이, 이들 개념들도 실제로는 원인도 없고 동기도 없습니다.

참나는 이 세상의 에너지가 의식이라는 바다의 수면 위에 무한한 다양성을 토해 낼 때도 항상 그 자체에 있습니다. 이 세상에는 '몸'과 같은 것으로 알려진 독립된 실체들은 전혀 없습니다. 몸으로서 보이는 것과 생각으로서 보이는 것들, 지각의 대상들, 소멸할 수 있는 것과 소멸할 수 없는 것들, 생각과 감정과 그것들의 의미, 이 모든 것은 무한한 의식인 브람만 속의 브람만인 것입니다. 현혹된 사람들과 무지한 사람들의 눈에서만 이원성이 존재합니다. 마음과 지성, 자아감, 우주적 근본 원소들, 감각들과 이러한 모든 다양한 현상들은 오로지 브람만입니다. 그래서 쾌락과 고통은 환영입니다. 그것들은 실체가 없는 말에 불과합니다. 마치 산중에서 외친 단 한마디의 고함 소리가 메아리치고 다시 메아리쳐 여러 소리로 되는 것과 같이, 하나의 우주 의식은 '이것은 나다.', '이것은 마음이다.' 등과 같은 생각과 함께 그 자체 내부에서 다양성을 경험합니다. 하나의 우주 의식은 마치 꿈꾸는 사람이 자신의 내부에서 다양한 대상들을 꿈꾸는 것처럼 다양성을 봅니다.

바시슈타는 계속 말했다.

금이 금으로서 식별되지 못할 때, 그 금은 흙과 함께 섞이게 됩니다. 마찬가지로 브람만이 브람만으로 자각되지 못할 때, 무지라는 불순물이 생겨납니다. 브람만을 알고 있는 이는 그렇게 위대한 자가 바로 신이며 브람만이라고 선언합니다. 무지한 자의 경우, 이 진리를 전혀 자각하지 못하는 것이 무지로 알려져 있습니다. 혹은 꼭 같은 바로 그 신이나 궁극의 존재가 무지한 사람에게 무지로서 간주되는 것은 브람만을 알고 있는 사람들의 견해인 것입니다. 금이 금으로서 식별이 될 때, 그 금은 즉시 금이 됩니다. 마찬가지로, 브람만이 브람만으로서 인정될 때, 브람만은 즉시 브람만이 됩니다.

브람만은 전능하기 때문에 그렇게 하려는 어떤 동기도 없이 그것이 생각하는 대로 무엇이든지 되어 버립니다. 브람만을 아는 사람들은 브람만이 신이며 위대한 존재라고 선언합니다. 왜냐하면 거기에는 활동과 행위자와 수단이 없고, 원인이 되는 동기가 없으며, 변형이나 변화도 없기 때문입니다.

무지한 자가 이러한 진리를 깨닫지 못할 때, 그에게는 무지가 일어납니다. 그러나 그것을 깨닫게 되면 무지는 사라집니다. 친척을 친척으로 알아보지 못하면, 그는 낯선 사람이 됩니다. 그러나 친척을 알아보면, 낯선 사람이라는 생각은 즉시 사라집니다.

이원성이 가공의 현상임을 알면, 절대자 브람만에 대한 깨달음이 있습니다. '이것이 내가 아니다.'라는 것을 알게 되면, 자아감이 실재하지 않는다는 것을 깨닫게 됩니다. 여기서부터 진정한 초연이 일어납니다. '나는 진실로 브람만이다.'라는 이 진리를 깨달을 때, 진리에 대한 자각이 그 사람 안에 일어나며, 그러면 모든 것은 그 자각 안으로 통합됩니다. '나'와 '너' 같은 생각들이 사라질 때, 진리에 대한 깨달음이 일어나며, 그리고 이 모든 것이, 그것이 무엇이든 간에, 정말로 브람만이라는 것을 깨닫게 됩니다.

진리란 무엇입니까? '나는 슬픔과 아무런 관계가 없으며, 활동이나 망상이나 욕망과도 아무런 관계가 없다. 나는 슬픔이 없는 평화에 있다. 나는 브람만이다.' 이러한 것이 진리입니다. '나는 모든 결함들로부터 자유롭다. 나는 모든 것이다. 나는 어떤 것을 구하지도 않고, 어떤 것을 버리지도 않는다. 나는 브람만이다.' 이러한 것이 진리입니다. '나는 피고, 살이며, 뼈다. 나는 몸이다. 나는 의식이다. 나는 또한 마음이다. 나는 브람만이다.' 이러한 것이 진리입니다. '나는 창공이고, 공간이며, 태양이고, 전 우주이다. 나는 여기의 모든 사물이다. 나는 브람만이다.' 이러한 것이 진리입니다. '나는 풀잎이다. 나는 지구다. 나는 나무 둥치다. 나는 숲이고, 산이며, 바다이다. 나는 비이원의 브람만이다.' 이러한 것이 진리입니다. '나는 의식이며, 이 의식 속에 모든 것이 엮여 있으며, 이 의식의 힘을 통해 모든 존재가 그들의 모든 활동을 하고 있다. 나는 모든 것의 본질이다.' 이러한 것이 진리입니다.

이것은 확실합니다. 즉, 모든 것은 브람만 안에 존재합니다. 모든 것은 브람만으로부터 흘러나옵니다. 모든 것은 브람만입니다. 그리고 브람만은 어디에나 존재합니다. 그것은 하나의 참나이고, 진리입니다.

바시슈타는 계속 말했다.

모든 곳에 있으며 객관성이 없는 순수 의식인 진리를 가리켜 의식이나 참나, 브람만, 존재, 진리, 질서 또는 순수 지식과 같은 다양한 이름 들로 부릅니다. 그것은 순수하며, 그 빛 안에서 모든 존재는 그들 자신의 참나를 압니다. 나는 마음과 지성과 감각 같은 순수 의식의 외양과 기타 그러한 모든 개념이 부정된 뒤에도 남아 있는, 순수 의식인 브람만입니다. 나는 그 빛을 통해서만 모든 원소와 우주 전체가 빛을 내는 불멸의 의식 즉 브람만입니다. 나는 의식 즉 브람만이며 불꽃입니다. 이 불꽃으로부터 이 우주 전체의 구석구석까지 끊임없이 빛나는 반사된 의식이 일어납니다. 순수한 마음으로 그것을 볼 때도, 그것은 침묵 안에서 표현되고 있습니다. 그것이 무수한 존재들의 자아감의 끊임없는 경험들과 접촉하고 있는 것처럼 보입니다. 그래서 그들은 브람만인 기쁨을 얻습니다. 그러나 그것은 이들이 미칠 수 없는 곳에 있으며, 또한 그들에 의해 전혀 영향을 받지 않습니다. 왜냐하면 비록 그것이 진실로 모든 행복과 기쁨의 궁극적인 근원이지만, 그것은 다양성이 없는 깊은 잠의 속성을 띠고, 평온하며 순수하기 때문입니다. 주체와 객체의 관계와 그 결과로 오는 쾌락의 경험 속에서는 브람만의 희열이 극미하게 경험됩니다.

나는 쾌락과 고통을 벗어나 있는 영원한 브람만입니다. 그러므로 순수합니다. 나는 참되고 순수한 경험을 하는 의식입니다. 나는 순수한 지성이 생각의 간섭을 받지 않고 작용하는 그런 순수한 의식입니다. 나는 흙, 물, 불 등과 같은 모든 원소들에 작용하는 지성적 에너지인 그런 브람만입니다. 나는 종류가 다른 과실에서 보이는 특색 있는 맛 등으로 나타나는 순수 의식입니다.

나는 자신이 바라는 것을 얻었다고 우쭐하거나 그것을 얻지 못했을 때 우울해 하는 것 모두를 초월할 때 깨달아지는, 변화 없는 브람만입니다. 태양이 빛나고, 이 세상의 대상들이 그 빛으로 볼 수 있을 때, 나는 이들 둘 사이에 있는 순수한 의식이고, 그 순수 의식은 바로 그 빛과 그 빛으로 빛나는 대상의 참나입니다. 나는 깨어 있는 상태, 꿈꾸는 상태, 그리고 깊은 수면 상태에서도 끊어짐이 없이 존재합니다. 그래서 제4의 즉 초월적 진리인, 그런 순수 의식 즉 브람만입니다.

백 개의 각기 다른 농장에서 재배된 사탕수수의 주스 맛이 균일하고 꼭 같은 것처럼, 모든 존재물 안에 내재하는 의식도 꼭 같습니다. 나는 그런 의식입니다. 나는 우주보다도 더 큰, 그러면서도 가장 미세한 원자의 입자보다 더 섬세하여, 볼 수도 없는 그런 의식 에너지(찌쁘 샥띠)입니다. 나는 우유 속의 버터처럼 어디에서든지 존재하는 의식입니다. 그리고 그것의 본성은 경험입니다.

바시슈타는 계속 말했다.

금으로 만들어진 장식물이 오로지 금인 것과 꼭 같이, 나는 몸 안에 있는 순수 의식입니다. 나는 안과 바깥의 만물에 충만해 있는 참나입니다. 나는 그 스스로 어떤 변화도 받지 않고 모든 경험을 비추어 주며, 또한 불순물에 의해 전혀 영향을 받지 않는 그런 순수 의식입니다.

나는 모든 생각이라는 과실을 주는 자이며, 모든 발광체에서 빛을 내는 빛이며, 지고의 이득인 그 의식에 경의를 표합니다. 그 의식은 항상 깨어 있고 경계를 늦추지 않는 상태로 모든 수족에 충만해 있으며, 모든 물질 속에서 끊임없이 진동하고 있으며, 늘 동질의 상태로 있으며, 그리고 비록 완전히 깨어 있기는 하지만 마치 깊은 수면 상태에 있는 것처럼 어떤 방해도 받지 않습니다. 그 의식은 우주 안의 모든 개개의 물질에 개별적인 특성을 부여하는 실재이고, 또한 비록 모든 것 내부에 있고 모든 것에 가장 가까이 있지만, 그것은 마음과 감각들이 접근할 수 없기 때문에 멀리 있는 것입니다. 그 의식은 깨어 있을 때나 꿈꾸고 있을 때, 깊은 수면에 있을 때, 그리고 제4의 (초월적) 의식의 상태에 있을 때도 계속 동질의 상태로 있기 때문에, 모든 생각이 멈추었을 때나 모든 흥분이 멈추었을 때나 모든 증오가 멈추었을 때도 계속 빛을 발합니다. 나는 욕망과 자아감이 없으며 부분으로 나눌 수 없는 그 의식에 경의를 표합니다.

나는 만물의 내재자인 그 의식을 이미 얻었습니다. 그러나 그 의식은 비록 모든 곳에 있지만 다양성을 초월해 있습니다. 그것은 무수한 존재들이 새처럼 걸려드는 우주적인 그물입니다. 그 안에서 사실은 아무것도 일어난 것이 없지만, 이 모든 세상이 나타납니다. 그 의식은 존재와 비존재의 본성이고, 선하고 신성한 모든 것의 휴식처입니다. 그것은 모든 존재의 역할을 수행하며, 비록 영원히 통일되고 해방된 것이지만, 그것은 모든 애정과 평화의 근원입니다. 그것은 모든 살아 있는 존재들의 생명이고, 어떤 누구도 훔칠 수 없는 창조되지 않은 감로수이며, 늘 존재하는 실재입니다. 감각 경험들 속에 반영된 그 의식은 아직 감각 경험들이 전혀 없으며, 감각 경험들에 의하여 경험될 수도 없습니다. 비록 그것 자체가 모든 기쁨을 초월한 순수한 희열이지만, 모든 존재들은 그 안에서 기뻐합니다. 그것은 공간과 같지만 공간을 초월해 있으며, 영광스럽지만 모든 팽창과 영광이 전혀 없습니다. 표면상 그것은 모든 것을 하지만, 실은 아무것도 하지 않습니다.

이 모든 것은 '나'이고, 이 모든 것은 '나의 것'입니다. 그러나 나는 존재하지 않고, 또한 나는 '나 이외의 다른' 누구도 아닙니다. 나는 이미 이것을 깨달았습니다. 이 세상이 환영인지 아니면 실재인지 그것은 아무 상관이 없습니다. 나는 더 이상 고통의 열병을 받지 않습니다.

바시슈타는 계속 말했다.

이러한 진리의 깨달음 속에 자리를 잡고서, 위대한 현자들은 마음의 평화와 평온 속에서 영원히 살았습니다. 그들은 심리적인 경향이 없었으며, 그 때문에 삶이나 죽음 그 어느 것도 구하거나 거부하지 않았습니다. 그들은 또 하나의 메루 산처럼 직접적인 경험 안에서 흔들리지 않은 채 있었습니다. 그러나 그들은 숲과 섬과 도시를 떠돌아다녔고, 마치 그들이 천사나 신들인 양 천국으로 여행을 했습니다. 또한 그들은 그들의 적을 정복했고, 황제로서 군림했습니다. 이처럼 그들은 경전의 지시에 따라 다양한 활동에 종사했습니다. 왜냐하면 그들은 그러한 것이 적절한 활동이라는 것을 깨달았기 때문입니다. 그들은 삶의 쾌락도 즐겼습니다. 그래서 그들은 쾌락의 정원을 방문했고, 천상의 선녀들로부터 환대도 받았습니다. 그들은 가정생활의 의무를 충분히 이행했습니다. 그들은 심지어 큰 전쟁에도 개입했습니다. 그들은 다른 사람들 같았으면 마음의 평화와 균형의 상태를 잃어버렸을 그런 참화의 상황 속에서조차 마음의 평온을 유지했습니다.

그들의 마음은 이미 사뜨바 즉 신성의 상태에 완전히 들어섰습니다. 그러므로 그들은 망상이 전혀 없었고, 자기중심적인 생각인 '내가 이것을 한다.'도 전혀 없었으며, 비록 그들이 성취나 그들의 활동에 대한 보답을 거부하지는 않았지만, 성취의 욕망도 전혀 없었습니다. 그들이 적을 쳐부수었을 때도 그들은 우쭐해 하는 허영심에 탐닉하지 않았으며, 또한 그들이 패했을 때도 절망이나 비탄에 굴하지 않았습니다. 그들은 모든 활동이 그들로부터 의지 없이 나오게 하면서 자연스러운 활동에 종사했습니다.

오, 라마여! 그들의 본을 따르십시오. 그대의 성격(자아감)에 자아가 없도록 하고, 적절한 행위들이 그대로부터 자연스럽게 흘러나오도록 하십시오. 왜냐하면 나눌 수 없는 무한한 의식만이 진리이기 때문입니다. 그리고 나눌 수 없는 무한한 의식이 다양성이라는 이러한 현상을 가장했습니다. 그것은 또 실재하지도 않고 실재하지 않는 것도 아닌 것입니다. 그러므로 여기의 어떤 것에도 전혀 집착하지 말고 살아가십시오. 그대는 왜 마치 무지한 사람인 것처럼 슬퍼합니까?

라마는 말했다.

신이시여! 당신의 은총으로 저는 실재에 완전히 깨어 있습니다. 저의 망상은 사라졌습니다. 저는 당신이 저에게 하라고 말씀하신 대로 할 것입니다. 확실히, 저는 살아 있으면서도 해방된 사람의 상태에서 평화롭게 쉬고 있습니다. 부디, 신이시여! 생명력(쁘라나)을 억제함으로써 그리고 모든 자기 제한이나 심리적 조건화를 소멸시킴으로써 어떻게 이러한 해방의 상태에 이르게 되는지를 말씀해 주십시오.

바시슈타는 계속 말했다.

사람들은 탄생과 죽음의 이러한 주기를 멈추게 하는 방법을 요가라고 부릅니다. 그것은 마음의 완전한 초월이며, 거기에는 두 가지 형태가 있습니다. 참나 지식이 그 하나의 형태이고, 생명력의 억제가 또 하나의 형태입니다. 그러나 요가는 후자만을 의미하게 되었습니다. 그러나 이 두 가지 방법이 다 똑같은 결과를 가져다줍니다. 어떤 사람에게는 탐구를 통한 참나 지식이 어렵습니다. 또 어떤 사람들에게는 요가가 어렵습니다. 그러나 나는 탐구의 길이 모든 사람들에게 쉽다고 확신하고 있습니다. 왜냐하면 참나 지식은 늘 나타나 있는 진리이기 때문입니다. 이제 나는 그대에게 요가의 방법을 설명해 주겠습니다.

부순다의 이야기

바시슈타는 계속 말했다.

무한하고 나눌 수 없는 의식 속에는, 말하자면 그 의식의 한 모퉁이에 신기루와 같은 현상계가 있습니다. 이 세상의 나타남을 분명히 일으킨 창조자 브람마가 거기에 살고 있습니다. 나는 그의 마음에서 태어난 아들입니다. 옛날 내가 인드라의 천국에 있었을 때, 나는 나라다와 같은 현자들로부터 장수한 존재들에 대한 이야기를 들었습니다. 이러한 논의가 진행되는 동안에, 위대한 현자 샤따따빠는 다음과 같이 말했습니다.

"메루 산의 한 모퉁이에 금과 은으로 된 잎사귀를 가진 추따라는, 소원을 성취시켜 주는 나무 한 그루가 있습니다. 그 나무 위에는 어떤 애착이나 혐오도 전혀 없는 부순다라고 하는 까마귀 한 마리가 살고 있습니다. 이 지상이나 천국에서 그보다도 더 오래 장수한 이는 아무도 없습니다. 그는 장수했을 뿐만 아니라, 깨달음을 얻은 평화로운 새입니다. 그대들 중 누구라도 그만큼 오래 산다면, 그것은 매우 칭찬받을 만하고 상을 받을 가치가 있는 삶으로서 간주될 것입니다."

나는 이러한 말을 듣고 크게 감격했습니다. 나는 곧 이 부순다를 만나러 출발했습니다. 즉시 나는 부순다가 살고 있는 메루 산의 정상에 도착했습니다. 그 산은 빛을 발했는데, 그 빛은 요기가 요가 수행을 통해 머리의 정수리와 수슘나(그것은 또한 메루라고 알려져 있다)라고 하는 나디의 위쪽 끝에 위치한 영혼의 관문을 통해 나오는 요기의 광채와 견줄 만했습니다. 정상은 천국과 맞닿아 있었습니다.

거기에서 나는 꽃과 잎이 보석처럼 빛나는 추따 나무를 보았습니다. 그것은 천국을 오려 낸 나무였습니다. 그 나무 위에서 사는 천인들은 그들의 노래 소리로 대기를 가득 채웠습니다. 자기들이 좋아하는 형태를 마음대로 취할 수 있는 완전한 경지에 도달한 현자들도 거기에 살았습니다. 그것은 잴 수 없는 크기의 거대한 나무였습니다.

나는 각기 다른 종류의 새들이 그 나무 위에 살고 있는 것을 보았습니다. 나는 창조자 브람마의 이동 수단이던 그 유명한 백조를 보았습니다. 나는 불의 신의 이동 수단이고 경전에 박식했던 슈카라는 새도 보았습니다. 나는 까르띠께야 신의 이동 수단이던 공작새도 보았습니다. 나는 또한 바라드바자라는 새와 다른 새들도 보았습니다. 그리고 멀리서 나는 그 나무 위에 있는 까마귀들을 보았습니다. 그 까마귀들 가운데 나는 커다란 부순다를 보았는데, 그는 완전한 평온과 평화 속에서 거기에 앉아 있었습니다. 그는 아름답고 빛이 났으며, 평화스러웠습니다.

이것이 장수했던 그 유명한 부순다였습니다. 그는 이미 여러 차례 세상 순환 주기를 겪으면서 살아왔습니다. 그는 무한히 긴 여러 시대 전에 살았던 사람들마저 기억했습니다. 그는 조용히 있었습니다. 그는 '나'라는 생각과 '나의 것'이라는 생각도 없었습니다. 그는 만인의 친구이며 친척이었습니다.

바시슈타는 계속 말했다.

나는 부순다의 바로 앞으로 내려갔습니다. 그는 내가 바시슈타임을 알고, 나를 적절히 맞아 주었습니다. 그는 단지 생각하는 힘만으로 꽃을 만들어, 그 꽃으로 나에게 예배를 올렸습니다. 그는 자기 가까이에 나를 앉게 했습니다. 그리고 부순다는 다음과 같이 나에게 말했습니다.

"오랜만에 당신이 우리를 방문해 주신 것을 큰 축복으로 생각합니다. 당신의 달샨(봄, 만남)이라는 감로수에 몸을 적시고 난 뒤, 우리는 좋은 나무처럼 다시 새로워졌습니다. 당신은 숭배받을 가치가 있는 사람들 가운데 가장 위대한 분입니다. 그래서 당신이 이곳을 찾게 된 것은 나의 선업이 누적된 결과에 불과한 것입니다. 이렇게 방문하시게 된 직접적인 이유가 무엇인지를 부디 말씀해 주십시오. 확실히 당신의 가슴속에서는 실재하지 않는 이 현상계의 본질에 대한 계속적이고 강렬한 탐구로 인하여 불붙은 그런 참나 지식의 빛이 빛나고 있습니다. 당신이 방문하신 목적은 무엇입니까? 아! 당신의 축복받은 발만 보고도 난 당신의 목적을 알아차렸습니다. 당신은 최고의 장수 비밀을 알아보려고 여기를 찾아온 것이지요. 그러나 당신의 입으로 직접 그 목적을 말하는 것을 듣고 싶습니다."

나는 다음과 같이 대답했습니다. "그대는 진실로 축복받은 분입니다. 왜냐하면 그대는 그대 주변 곳곳에서 지고의 평화를 누리고 있고, 최고의 지혜(참나 지식)를 부여받았으며, 현상계라고 하는 환영의 그물에 걸려들지 않았기 때문입니다. 부디 그대 자신에 관한 몇 가지 사실을 좀 알려 주십시오.

그대는 어떤 씨족에서 태어났습니까? 그대는 오직 알 가치가 있는 것에 대한 지식을 어떻게 얻었습니까? 그대의 지금 나이는 얼마이며, 그대는 과거에 대한 어떤 것을 기억하고 있습니까? 그대가 장수할 것이며, 이 나무에서 살아야 한다고 명령을 내린 자는 누구입니까?"

부순다는 다음과 같이 대답했습니다.

"오, 현자여! 당신이 나에 관하여 이런 질문을 하니, 나는 거기에 충분한 답변을 드리겠습니다. 주의 깊게 귀 기울여 주십시오. 내가 말하려는 이 이야기는 너무나 감동적이어서 그 이야기를 하는 사람과 그 이야기를 듣는 사람의 죄를 모두 없애 줄 것입니다."

오, 라마여! 이런 말을 하고 난 뒤에 부순다는 다음 이야기를 시작했습니다. 그의 말은 엄숙하고도 정중했습니다. 그의 말에는 힘이 있었습니다. 왜냐하면 그는 이미 모든 욕망과 쾌락의 추구를 초월해 있었기 때문입니다. 그의 가슴은 순수했습니다. 왜냐하면 그것은 이미 그것 자신의 성취에 도달해 있었기 때문입니다. 그는 피조물의 탄생과 소멸을 충분히 알고 있었습니다. 그의 말은 달콤했습니다. 그는 창조자 브람마의 위엄을 지니고 있었습니다. 그의 말은 감로수와 같았습니다. 그리고 그는 다음과 같은 강연을 시작했습니다.

부순다는 다음과 같이 말했습니다.

이 우주에는 신들의 신이며, 또한 천상의 모든 신들의 숭배를 받는 하라라는 위대한 신이 있습니다. 그의 배우자는 그의 몸의 절반을 차지하고 있습니다. 강가라고 하는 신성한 강이 그의 머리 타래에서 흘러내리고 있습니다. 그의 머리 위에는 또한 밝은 달이 빛나고 있습니다. 한 마리의 치명적인 코브라가 그의 목을 둘러싸고 있는데, 그 독사는 달에서 흘러내리는 감로수를 먹고 그 독을 빼앗겼음이 분명합니다. 그의 유일한 장식은 그의 전신에 칠해진 신성한 재입니다. 그는 공동묘지나 화장터에서 삽니다. 그는 해골로 만든 화환을 걸치고 있습니다. 그의 부적과 팔찌는 뱀들입니다.

한 번 쳐다보는 것만으로도 그는 악마를 죽입니다. 그는 우주 전체의 복지에 헌신하고 있습니다. 영원히 명상에 잠겨 있는 것처럼 보이는 언덕과 산들은 그를 나타내는 상징입니다. 그의 부관들은 면도기와 같은 머리와 손을 가지고 있고, 곰이나 낙타, 쥐 등과 같은 얼굴을 가진 악귀들입니다. 그는 세 개의 눈으로 빛나고 있습니다. 이들 악귀들은 그에게 고개 숙여 절합니다. 그리고 14계(界)의 존재들을 먹고 사는 여신들이 그의 앞에서 춤을 춥니다.

이들 여신들도 다양한 동물들을 닮은 그런 얼굴을 하고 있습니다. 그들이 사는 곳은 산꼭대기나 우주, 각기 다른 세상, 아니면 화장터나 몸을 받은 사람들의 몸 속입니다. 이들 여신 가운데 여덟 명이 주요 여신입니다. 즉, 자야, 비자야, 자얀띠, 아빠라지따, 싯다, 락따, 알람부사, 우뜨빨라가 그들입니다. 나머지 모든 여신들은 이 여덟 여신을 따르고 있습니다. 이들 중 일곱 번째인 알람부사가 가장 유명합니다. 그녀의 이동 수단은 까마귀로서, 그 까마귀는 대단히 강력하며 푸른색을 띠고 있습니다. 옛날 옛적에 이 모든 여신들이 공간에 모였습니다. 그들은 뚬부루(루드라 신의 모습 가운데 하나)라고 하는 신에게 적절한 예배를 올렸고, 지고의 진리를 드러내 주는 좌도의 의식을 치렀습니다. 그들은 뚬부루와 또한 바이라바 신을 숭배했습니다. 그들은 말하자면 포도주에 취한 채, 여러 종류의 의식을 치르기 시작했습니다. 곧 그들은 하나의 중요한 문제, 즉 우마의 신(하라)이 왜 우리를 경멸적으로 대하는 것일까? 하는 문제를 논의하기 시작했습니다. 그들은 다음과 같이 하기로 마음을 정했습니다. "우리는 그가 지금부터는 다시 그렇게 하지 못하도록 우리의 용맹성을 보여 주어야겠다." 그들은 마력의 힘으로 우마를 제압했고, 그녀를 그녀의 신인 하라로부터 갈라 놓았습니다. 모든 여신들이 황홀경 속에서 노래하고 춤을 추었습니다. 어떤 여신은 술을 마셨고, 어떤 여신은 웃음을 터뜨렸고, 어떤 여신은 고함을 질렀으며, 어떤 여신은 달렸고, 어떤 여신은 넘어졌고, 어떤 여신은 고기를 먹었습니다. 술에 취한 이 여신들은 이 세상 전체에 혼돈을 일으키기 시작했습니다.

부순다는 계속 말했습니다.

신들이 이렇게 흥청망청 놀면서 축하하고 있는 동안, 그들을 태워다

주던 동물들도 술에 취해 춤추기 시작했습니다. 모든 백조 암놈들은 알람부사의 이동 수단인 까마귀(찬다)와 춤을 추었습니다. 이들 백조 암놈들이 이렇게 춤을 추고 있는 동안에, 짝짓고 싶은 욕망이 그들에게 일어났습니다. 한 마리 한 마리씩 모든 백조들은 그 까마귀와 짝짓기를 했습니다. 왜냐하면 그 백조들이 모두 취해 있었기 때문입니다. 곧 그들은 임신을 하게 되었습니다.

축하연이 끝나고, 모든 신들은 하라 신(쉬바)에게 갔습니다. 그리고 그들은 그들이 마력을 사용하여 음식으로 바꾸어 버린 우마의 몸을 그에게 바쳤습니다. 신은 그 사실을 알고, 그 신들에게 화를 냈습니다. 그래서 그들은 다시 전과 같이 우마를 만들어, 신에게 우마를 바쳤습니다. 그래서 신은 다시 그의 배우자를 얻게 되었습니다. 모든 신들은 각자 그들의 거처로 돌아갔습니다. 브람미의 이동 수단이던 백조들은 브람미 여신에게 그 사이에 일어났던 모든 일을 알려 주었습니다.

브람미 여신은 그들에게 다음과 같이 말했습니다. "너희들 모두가 임신했으므로 너희들은 맡은 의무를 수행할 수 없다. 그러므로 당분간 너희들이 가고 싶은 데로 가거라." 이렇게 말을 한 후, 여신은 깊은 명상에 잠겨 앉아 있었습니다.

백조들은 적당한 시기에 스물한 개의 알을 낳았고, 그 알들은 곧 부화되었습니다. 따라서 우리 스물한 명이 까마귀 찬다의 가족으로 태어났습니다. 우리의 어머니들과 함께 우리는 브람미 여신을 숭배했습니다. 그 여신의 은총으로 우리는 참나 지식과 해방을 얻었습니다. 그 다음 우리는 우리의 아버지에게 다가갔고, 그는 우리 모두를 사랑스럽게 안아 주었습니다. 그 다음 우리는 알람부사 여신을 숭배했습니다.

찬다는 다음과 같이 말했습니다. "애들아! 바사나 즉 정신적 조건화의 족쇄를 끊고, 현상계라고 하는 이 그물을 벗어났느냐? 그러지 않았으면 최고의 지혜를 얻게 해 줄 은총을 주는 여신을 숭배하도록 하자."

우리는 이렇게 대답했습니다. "아버지! 우리는 브람미 여신의 은총으로 얻을 가치가 있는 지식을 이미 얻었습니다. 우리는 살기 좋은 한적한 곳을 찾고 있습니다."

찬다는 이렇게 말했습니다. "메루라는, 세상에 아주 좋은 산이 하나 있다. 그 산은 14계와 그 안에 살고 있는 모든 존재들을 떠받치고 있다. 모든 신들과 현자들도 그 위에서 살고 있다. 그 산에는 소원을 들어주는 바로 그 나무가 있다. 그 나무의 한 가지에다 나는 알람부사 여신이 깊은 명상에 들어 있는 동안에 둥지 하나를 튼 적이 있었다. 그것은 모든 면에서 아름답고 훌륭했다. 애들아! 그 둥지로 가서 거기에서 살아라. 너희들은 어떤 장애물도 만나지 않을 것이다."

아버지의 훈계에 따라서 우리 모두는 여기로 왔고, 그 둥지에서 거처를 잡았습니다.

부순다는 계속 말했습니다.

아주 옛날에, 그러나 우리가 직접 목격했기 때문에 기억 저편 멀리 있지 않은 그 옛날에, 하나의 세상이 있었습니다.

바시슈타는 이렇게 물었다. 그대 형제들에게는 어떤 일이 일어났습니까? 왜냐하면 나는 오직 여기에서 그대만을 보기 때문입니다.

부순다는 계속 말했습니다.

오, 현자여! 매우 오랜 시간이 지나갔습니다. 마침내 나의 형제들은 그들의 육체적인 존재를 버리고, 쉬바 신이 계신 천국으로 올라갔습니다. 정말로 신성하고 거룩하며, 건장했을지도 모르는 장수한 사람들마저 마침내 시간의 신(즉 죽음)에게 먹히고 말았습니다.

바시슈타는 다시 물었다.

어째서 그대는 더위와 추위와 바람과 불의 영향을 받지 않고 그대로 있었습니까?

부순다는 계속 말했습니다.

진실로 비록 창조주가 초라한 까마귀의 생존을 위해 충분히 대책을 마련해 두었지만, 사람들의 경멸을 받는 까마귀로 몸을 받아 태어난 것은 행복한 상태는 아닙니다. 그러나 우리는 행복하고 만족한 상태로 계속 참나에 잠겨 있었습니다. 그러므로 우리는 그토록 많은 재앙에도 불구하고 살아남은 것입니다. 우리는 단지 신체와 마음의 고통에 지나지 않는 헛된 활동을 버리고, 참나 속에 확고히 자리를 잡고 지내 왔습니다. 이 육신에게는 삶이나 죽음 그 어디에도 없는 불행이 있습니다. 그러므로 우리는 본질 이외의 그 어떤 것도 추구하지 않으며, 있는 그대로의 존재로 남아 있는 것입니다.

우리는 지금까지 여러 세상들의 운명을 봤습니다. 우리는 몸과의 동일시를 마음으로 버렸습니다. 참나 지식 속에 굳건히 선 채, 나무 위에서 떠나지 않고, 나는 시간의 경과를 지켜봅니다. 쁘라나야마 수행을 통해 나는 시간의 구분을 초월했습니다. 그러므로 나는 가슴 내부가 평온하며, 세상의 사건에 영향도 받지 않습니다. 모든 존재가 사라지거나 생겨난다 해도, 우리는 전혀 두려움이 없습니다. 이 모든 존재가 시간(즉 죽음)이라는 바다에 들어간다 해도, 우리는 그 바다의 해안에 앉아 있으므로 전혀 영향을 받지 않습니다. 우리는 받아들이지도 않고 거부하지도 않습니다. 우리는 존재하는 것처럼 보이지만, 그것도 아닙니다. 정말로 우리는 이렇게 나무 위에 있는 것입니다.

비록 우리가 다양한 활동들에 종사하고 있어도, 우리는 마음의 변화에 빠져들지 않고, 실재와의 접촉도 결코 잃지 않습니다.

신이시여! 신들이 바다를 휘저어 만든 그 감로도 당신과 같은 현자들의 존재 그 자체로부터 흘러나오는 감미로운 축복보다는 못합니다. 나는 모든 갈망과 욕망이 없는 현자들과 함께 있는 것보다 더 칭찬할 만한 것은 아무것도 없다고 생각합니다. 거룩한 분이시여! 비록 내가 이미 참나 지식을 얻었다 해도, 나는 오늘에야 당신을 만나 당신과의 교분을 즐겼기 때문에 비로소 나의 탄생이 진실로 그 목적을 성취했다고 생각합니다.

부순다는 계속 말했습니다.

소원을 이루어 주는 이 나무는 다양한 자연 재해에 의해서도 흔들리지 않고, 또한 살아 있는 존재들이 일으키는 지각의 대변동에 의해서도 흔들리지 않습니다. 악마들이 지구를 파괴하거나 멸망시키려고 했을 때, 지각의 대변동이 여러 차례 있었고, 또한 신이 개입하여 악마의 손아귀로부터 지구를 구출했을 때도 그러했습니다. 그러나 이 모든 격동의 기간 중에도 이 나무는 아무런 영향을 받지 않고 그대로 있었습니다. 심지어 홍수와 우주의 소멸을 수반하는 태양의 타는 듯한 열기마저 이 나무를 흔들지는 못했습니다. 이 때문에 이 나무 위에서 사는 우리도 해악을 모면했던 것입니다. 악이란 신성하지 않은 곳에 사는 자를 덮치기 때문입니다.

바시슈타는 이렇게 물었다.

그러나 모든 것이 소멸되면서 우주의 생명이 끝났을 때, 그대는 어떻게 살아남을 수 있었습니까?

부순다는 대답했습니다.

오, 현자시여! 그 기간 동안에 나는 마치 배은망덕한 사람이 그의 친구를 버리는 것처럼 이 둥지를 버렸습니다. 그 다음 나는 모든 생각과 마음의 변화를 전혀 받지 않은 채, 우주의 공간과 하나가 된 상태로 있었습니다. 열두 개나 되는 우주의 태양이 이 세상에 견딜 수 없는 열기를 쏟아 부을 때도, 나는 바루니 다라나를 수행하면서 전혀 영향을 받지 않고 있었습니다. (바루나는 물의 신이다. 바루니 다라나는 바루나에 대한 명상이다.) 바람이 심지어 산마저 날려 버릴 정도의 강력한 힘으로 불 때도 나는 빠르바띠 다라나를 수행하였으며, 전혀 영향을 받지 않았습니다. (빠르바띠는 산이고, 빠르바띠 다라나는 산에 대한 명상이다.) 전 우주가 우주의 소멸을 가져다줄 바닷물로 범람했을 때도, 나는 바유 다라나를 수행하였으며, 바람의 영향을 받지 않았습니다. (바유는 바람이고, 바유 다라나는 바람에 대한 명상이다.) 그리고 나는 다음의 우주 주기가 시작할 때까지, 마치 깊은 수면에 빠져 있는 것처럼 그대로 있었습니다. 새 창조주가 새 우주를 창조하기 시작할 때, 나는 이 둥지가 있는 거처로 다시 돌아왔습니다.

바시슈타는 질문했다.

당신이 하셨던 것을 다른 사람들은 어째서 할 수 없습니까?

부순다는 대답했습니다.

오, 현자시여! 절대자의 뜻을 어길 수는 없습니다. 내가 이와 같이 되고, 다른 사람들은 본래의 그들처럼 되는 것이 절대자의 뜻입니다. 사람은 무엇이 되어야만 하는지를 헤아릴 수 없고 또한 판단할 수도 없습니다. 각 존재의 본성에 따라서, 되어야 할 것은 그렇게 되게 됩니다. 그러므로 나의 생각의 힘이나 개념 작용에 따라서, 이 나무는 모든 세상의 순환 주기를 거치면서도 바로 이런 식으로 이 자리에 있게 되었습니다.

바시슈타는 물었다.

그대는 그대가 궁극의 해방을 얻었다는 것을 암시해 줄 그런 장수를 향유하고 있습니다. 그리고 그대는 현명하고 용감하며 또한 위대한 요기입니다. 부디 현재의 세상과 이전의 여러 주기에 걸친 세상들과 관련하여 그대가 기억하고 있는 어떤 특별한 사건들을 말씀해 주십시오.

부순다는 말했습니다.

내 기억에 아주 먼 옛날에는 이 지구상에 아무것도 없었습니다. 나무도 식물도 심지어 산도 없었습니다. 일만천 년의 기간 동안 지구는 용암으로 덮여 있었습니다. 그 당시에 극지방 아래쪽에는 낮도 없었고 밤도 없었습니다. 왜냐하면 지구의 나머지 지역에는 태양이나 달이 빛을 내지 못했기 때문입니다. 오직 극지방의 절반만이 밝게 비치고 있었습니다.

그러다가 악마들이 지구를 지배했습니다. 그들은 망상에 사로잡혀 있었으나 막강하고 번창했습니다. 지구는 그들의 놀이터였습니다.

극지방을 제외한 지구의 나머지 지역은 물로 덮여 있었습니다. 그 다음 매우 오랫동안 전 지구는 극지방을 제외하고 숲으로 뒤덮였습니다. 그 다음 큰 산들이 생겨났지만, 어떠한 인간 거주자도 없었습니다. 일만 년의 기간 동안 지구는 악마들의 시체로 덮여 있었습니다.

한때는 하늘을 떠돌아다니던 신들이 두려움 때문에 시야에서 사라져 버렸습니다. 그리고 지구는 흡사 단 한 개의 산처럼 변해 버렸습니다! 나는 이러한 많은 사건들을 기억하고 있습니다. 그러나 당신에게 중요한 것을 말씀드리겠습니다.

나는 내 일생 동안 수많은 마누(인류의 원조)들의 출현과 소멸을 보았습니다. 한때는 이 세상이 신과 악마가 전혀 없는, 하나의 빛나는 우주

의 알이었던 때도 있습니다. 또 어떤 때는 알코올에 중독된 브람마나(성
직자 계급의 구성원)들과, 신을 조롱하던 수드라(하인 계급)들과, 일부다처
의 여성들로 이 지구가 붐비던 때도 있었습니다. 나는 또한 지구가 숲
으로 덮여 있었고, 바다는 심지어 상상될 수도 없었고, 또 인간이 자연
스럽게 창조되었던 그런 또 다른 시기도 기억합니다. 또 어떤 때는 산
도 없었고 땅도 없었습니다. 그래서 신들과 현자들은 공간 속에서 살았
습니다. 또 어떤 때는 신도 없었고 현자들도 없었습니다. 그래서 어둠
만이 사방을 지배했습니다.

맨 처음 창조의 개념이 생겨났습니다. 그 다음 빛과 우주의 구분이
생겨났고, 그 다음 잇따라 다양한 존재물이 창조되었으며, 또한 별과
행성도 창조되었습니다.

나는 어느 한 시기에는 우주를 창조한 창조주가 비슈누 신(비슈누, 일
반적으로 보호자로 간주됨)이란 것을 알았고, 또 어떤 때는 우주를 창조한
창조주가 브람마임을 알았으며, 또 어떤 때는 쉬바 신이 창조주임을 알
았습니다.

부순다는 계속 말했습니다.

물론 나는 최근과 먼 과거에 살았던, 당신과 같은 현자들, 가우리와
같은 여신들, 히라니약사와 같은 악마들, 시비와 같은 왕들을 기억하고
있습니다. 오, 현자시여! 당신이 현자 바시슈타로 태어난 것은 이번이
여덟 번째입니다. 그래서 우리가 서로 만나는 것도 이번이 여덟 번째입
니다. 한때는 당신이 공간으로 태어났고, 또 한때는 물로 태어났고, 또
한때는 바람으로, 또 한때는 산으로, 또 한때는 불로 태어났습니다.

현재의 세상에서 무엇이 일어나고 있든지 그것은 세 번에 걸친 이전
의 세상에서 정확히 똑같은 식으로 일어났던 것입니다. 그러나 나는 열

번에 걸친 그러한 세상의 사건들을 기억하고 있습니다. (주석: 이어서 중요한 세상 사건들이 열거된다. 그 모든 사건들이 각 세상에서 항시 반복되지는 않았는데, 이는 부순다가 목격한 횟수의 차이를 설명해 준다. 그들 중 몇 개는 이것을 예시하기 위하여 여기에서 다시 이야기된다.) 모든 시대에는 진리를 설명하고 베다의 경전들을 밝혀 준 현자들이 있었습니다. 전설(즉 유사 이전의 이야기들)을 기록했던 비야사도 있었습니다. 그리고 몇 번이고 발미끼는 신성한 라마야나를 썼습니다. 그뿐만 아니라, 라마에 대한 당신의 가르침을 포함하고 있는 신성한 지혜의 책 한 권이 발미끼라고 하는 현자에 의해 또한 기록이 되었습니다. 원래 그 책은 십만 개의 시로 되어 있었습니다. 현 시대에 들어와서도 또한 그 책은 발미끼에 의해 열두 번째로 기록이 될 것입니다. 잊혀져 왔던 '바라따'라고 하는 똑같이 위대한 경전이 하나 있었습니다.

악마들을 멸하기 위하여, 비슈누 신은 거듭 라마의 모습으로 태어납니다. 그래서 현 시대에서는 그가 열한 번째로 태어날 것입니다. 그리고 비슈누 신은 열여섯 번째로 끄리슈나의 모습으로 태어날 것입니다.

그러나 이 모든 것은 가공의 나타남입니다. 이 세상 자체는 실재가 아니기 때문입니다. 그것이 망상이 있는 마음에는 실재하는 것으로 보입니다. 그것은 눈 깜짝할 사이에 바다의 물결처럼 일어났다가 사라집니다. 어떤 시기 중에는 삼계가 같았고, 또 어떤 시기 중에는 삼계가 완전히 달랐습니다. 이런 모든 차이들 때문에 각 시대마다 나는 새로운 친구들과 새로운 친척들과 새로운 하인들과 새로운 집들이 있습니다. 때때로 나는 히말라야 산에서 거주하기도 하고, 또 어떤 때는 말라야 산에서 거주하기도 하고, 또 어떤 때는 타고난 성벽 때문에 둥지가 있는 이곳에서 거처를 잡기도 합니다.

방향마저 시대마다 바뀝니다. 나 혼자만이 창조자 브람마의 밤마저 이겨내고 살아남았기 때문에 나는 이들 변화들에 대한 진실을 알고 있습니다. 극지방의 위치와 별과 태양과 달의 움직임에 따라 방향(북쪽, 동쪽 등)이 결정됩니다. 이런 것들이 변화하면 방향도 바뀝니다. 그러나 나는 이 세상이 실재하지도 않으며 실재하지 않는 것도 아니라는 것을 알고 있습니다. 유일한 실재는 우주 의식 내의 에너지의 이동입니다. 잘못된 이해 때문에 이것은 이 창조로 나타났다가 사라집니다. 즉, 그러한 망상이 또한 인간관계와 의무의 혼란을 일으킵니다. 어떤 시대에서는 아들이 아버지처럼 활동하기도 하고, 친구가 적처럼 활동하기도 하며, 남자가 여자처럼 활동하기도 합니다. 가끔 '암흑의 시대'에서는 사람들이 마치 '황금시대'가 지배하는 것처럼 활동하기도 하고, 그 반대이기도 합니다.

바시슈타는 질문했다.

오, 부순다여! 어찌하여 그대의 몸은 죽음으로 소진되지 않았습니까?

부순다는 다음과 같이 대답했습니다.

오, 현자시여! 당신은 모든 것을 알고 있습니다. 그러나 당신은 당신 하인의 웅변술을 계발하기 위하여 이 질문을 던지고 있습니다. 나는 당신의 질문에 답하겠습니다. 왜냐하면 순종하는 것이 성인을 숭배하는 최고의 모습이기 때문입니다.

죽음의 신은 애착(라가)과 혐오(드베샤), 그릇된 생각과 마음의 습관을 가지고 있지 않은 사람을 죽이고 싶어 하지 않습니다. 죽음의 신은 마음의 병으로 고통 받지 않는 사람, 근심 걱정을 일으키는 욕망과 희망을 품지 않는 사람, 탐욕에 중독되지 않은 사람, 몸과 마음이 분노와 증오의 불길로 타지 않는 사람, 육욕이란 제분기에 돌려져 가루로 빻아지지 않는 사람, 절대자 브람마의 순수 의식에 확고히 자리 잡은 사람, 그리고 마음이 원숭이처럼 분산되지 않는 사람을 죽이고 싶어 하지 않습니다.

오, 현자시여! 이들 죄악은 완전한 고요와 평온의 상태를 찾은 사람에게는 접근조차 못합니다. 또한 몸과 마음의 병들도 그에게 영향을 주지 못합니다. 그의 자각은, 깊은 수면 상태에 있든지 깨어 있는 상태에 있든지 간에, 일어나거나 지지 않습니다. 마음과 가슴이 지고의 평화에 자리 잡고 있는 사람은 애욕과 증오에서 태어난 맹목적인 죄악에 영향을 받지 않습니다. 그는 비록 끊임없이 적절한 활동들을 하고 있지만, 구하지도 거절하지도 않으며, 포기하지도 모으지도 않습니다. 악의 어떤 세력도 그들을 괴롭히지 못합니다. 모든 기쁨과 행복과 상서로운 특성이 그에게로 흘러갑니다.

그러므로 오, 현자시여! 사람은 무지가 전혀 없고, 모든 구함도 전혀 없는 불멸의 영원한 참나 속에 확고히 자리 잡아야 합니다. 사람은 이원성이나 분리의 유령을 없애고, 가슴을 하나의 진리에 집중해야 합니다. 왜냐하면 그 진리만이 처음과 중간과 끝이 달콤하기 때문입니다.

영원한 기쁨은 신이나 악마와 함께 있을 때나, 천상의 예술가들과 함께 있을 때나, 천상의 선녀들과 함께 있을 때도 찾을 수 없습니다. 영원히 즐거운 것을 천국이나 지상이나 심지어 하계에서나, 아니 이 우주의 그 어디에서도 찾을 수 없습니다. 모든 활동들에는 신체적 정신적 질병과 많은 형태의 불행이 수반됩니다. 즉, 영원히 좋은 것은 그 속에서 찾을 수 없습니다. 그러한 영원한 선은 감각들의 그 어떤 활동에서도 찾을 수 없습니다. 왜냐하면 감각의 경험들은 처음과 끝이 더럽혀져 있기 때문입니다.

온 세상의 통치도, 신의 형상에의 도달도, 경전에 대한 연구나 타인의 일에 대한 봉사도, 이야기를 귀담아 듣거나 들려 주는 일도, 장수나 죽음도, 천국이나 지옥 그 어느 것도 거룩한 사람의 마음 상태에 필적할 수는 없습니다.

부순다는 계속 말했습니다.

오, 현자시여! 모든 상태들 가운데 최상의 상태는 정말로 하나의 무한한 의식에 대한 통찰입니다. 심지어 무한한 의식인 참나에 대한 명상만으로도 슬픔은 사라지고, 현상계에 대한 오랜 꿈과 같은 비전도 끝이 나고, 마음과 가슴이 정화되며, 걱정과 불행이 사라집니다. 참나의 그 명상에는 마음의 작용이 없습니다. 그것은 당신과 같은 사람들에게는 쉽지만, 나와 같은 사람들에게는 오히려 어렵습니다.

그러나 이 참나의 명상에는, 말하자면, 그러한 명상을 아주 닮은 벗들이 있습니다. 그 벗들 가운데는 쁘라나에 대한 명상이 있습니다. 그것은 슬픔을 극복하고 상서로움을 증진시킬 수 있습니다. 나는 지금까지 이 명상을 채택해 왔습니다.

나에게 장수와 참나 지식을 준 것은 바로 그 쁘라나 명상입니다. 나는 이제 그것을 당신에게 설명해 주겠습니다.

신이시여! 세 기둥(세 개의 몸이나 세 개의 나디?)의 지지를 받고 있으며, 또 아홉 개의 관문을 가지고 있으며, 여덟 명의 배우자(뿌르야스따까)와 많은 친척(근본 원소)들을 거느리면서 자아의 보호를 받고 있는 이 매혹적인 몸을 보십시오.

이 몸의 중앙에는 미묘한 이다와 삥갈라가 둘러싸고 있습니다. 연꽃과 같은 세 개의 바퀴들이 있습니다. 이 바퀴들은 뼈와 살로 되어 있습니다. 생명의 공기가 이 바퀴를 적시면, 이들 연꽃 같은 바퀴의 꽃잎과 바퀴살이 진동하기 시작합니다. 생명의 공기는 그들의 팽창 때문에 팽창합니다. 그러므로 이들 나디들은 위아래로 바퀴살 모양으로 퍼집니다. 현자들은 이 생명의 공기들이 가지고 있는 각기 다른 작용 때문에 그 공기들을 쁘라나, 아빠나, 사마나 등과 같은 여러 가지 다른 이름으로 부릅니다. 이들의 작용은 중앙에 있는 영혼의 센터인 가슴의 연꽃에서 그 에너지를 이끌어 냅니다.

이렇게 가슴의 연꽃에서 진동하는 그 에너지가 쁘라나입니다. 그 에너지 때문에 눈은 볼 수 있고, 피부는 느낄 수 있고, 입은 말할 수 있고, 음식은 소화될 수 있으며, 신체의 모든 기능이 이루어집니다. 그것은 두 개의 다른 역할을 하고 있으며, 하나는 위에 다른 하나는 아래에 있는데, 그것들은 각각 쁘라나와 아빠나로 알려져 있습니다. 나는 그것들에게 헌신하고 있습니다. 왜냐하면 그것들은 피로가 전혀 없으며, 가슴에서 태양과 달처럼 빛나고 있으며, 몸이라는 도시의 수호자인 마음의 수레바퀴와 같으며, 자아감이라고 알려진 왕의 총애하는 말들이기 때문입니다. 그들에게 헌신하고 있기 때문에 나는 영원히 동질의 의식 속에서 마치 깊은 수면 상태에 빠진 것처럼 살고 있습니다.

이렇게 쁘라나와 아빠나를 숭배하는 자는 이 세상에 다시 태어나지 않고, 그는 모든 속박으로부터 자유로워집니다.

부순다는 계속 말했습니다.

쁘라나는 신체의 내부와 외부에서 끊임없이 움직이고 있습니다. 즉, 쁘라나는 신체의 위쪽 부분에 자리 잡고 있는 생명의 공기입니다. 아빠나는 마찬가지로 신체의 내부와 외부에서 끊임없이 움직이고 있지만, 신체의 아래쪽에 있습니다. 깨어 있거나 잠자고 있는 사람의 안녕에 도움이 되는, 이러한 생명력의 확대나 통제에 대한 수행에 부디 귀를 기울여 주십시오.

　가슴의 연꽃에 집중된 생명력이 아무 노력 없이 저절로 방출되는 것을 레차까, 즉 숨의 토해냄이라고 합니다. 가슴의 연꽃에서 가운데 손가락 12개의 길이 정도로 아래에 위치한 생명력의 근원과 접촉하는 것을 뿌라까, 즉 숨의 들이킴이라고 합니다.

　아빠나가 움직이지 않고, 쁘라나가 일어나 가슴 바깥으로 나가지 않을 때(그리고 이들이 일어나기 시작할 때까지)를 꿈바까(채워진 항아리의 경우처럼 보유)라 합니다. 레차까, 꿈바까 그리고 뿌라까에는 세 개의 주요 지점이 있다고 합니다. 첫째는 바깥(코)이며, 둘째는 드바다샨따(가운데 손가락 12개의 길이만큼 떨어진 곳에 있는 이마의 위나 전면)라고 하는 곳의 아래이며, 셋째는 쁘라나의 근원(가슴의 연꽃)입니다.

　항상 자연스럽고 노력 없이 움직이는 생명력에 귀를 기울여 주십시오. 생명의 공기가 자기 자신으로부터 12개의 손가락 길이까지 이동하는 것을 레차까라고 합니다. 아직 흙으로 빚어지지 않은 도자기처럼 아빠나의 힘이 드바다샨따에 머물고 있는 그 상태는 외부 꿈바까라고 합니다.

　밖으로 나가는 공기가 코끝까지 이동하면, 그것을 레차까라고 합니다. 그것이 드바다샨따의 범위까지 이동하면 그것을 외부 레차까라고 합니다. 쁘라나가 밖으로 이동하는 움직임을 멈추고, 아빠나가 아직 일어나지 않을 때, 그것을 외부 꿈바까라고 부릅니다. 그러나 쁘라나가 내부에서 일어나지 않고 아빠나가 내부로 흘러들어 오면, 그것을 내부 꿈바까라고 부릅니다. 아빠나가 드바다샨따에서 일어나 내부 팽창을 하면, 그것을 내부 뿌라까라고 합니다. 이러한 꿈바까들을 알고 있는 자는 다시 태어나지 않습니다.

가거나 서 있거나, 깨어 있거나 자거나 간에, 이 생명의 공기들은 자연히 불안정하므로, 이러한 수행들을 통해 억제됩니다. 그런 다음 그가 무엇을 하고 무엇을 먹든지, 이 꿈바까를 알고 있는 자는 그러한 활동의 행위자가 아닌 것입니다. 며칠 사이에 곧 그는 지고의 상태에 도달합니다. 이들 꿈바까를 수행하는 자는 외부의 대상에 끌리지도 않습니다. 이러한 비전을 부여받은 사람들은 가만히 있든 움직이든 구속되어 있지 않습니다. 즉, 그들은 얻을 가치가 있는 것을 얻은 것입니다.

부순다는 계속 말했습니다.

쁘라나와 아빠나에 헌신함으로써 가슴과 마음의 불순물이 소멸되었을 때, 그는 망상에서 풀려난 것이며, 내면의 일깨움을 얻었으며, 무엇이든지 해야 할 일을 하고 있을 때에도 자신의 참나에 조용히 머물러 있습니다.

신이시여! 쁘라나는 가슴의 연꽃에서 일어나, 신체의 바깥 12개 손가락 길이의 거리에서 끝납니다. 아빠나는 드바다샨따(신체에서부터 열두 개의 손가락 길이)에서 일어나, 가슴의 연꽃에서 끝납니다. 따라서 아빠나는 쁘라나가 끝나는 곳에서 일어납니다. 쁘라나는 불꽃과 같아서 확 타올랐다가 꺼집니다. 반면에 아빠나는 물과 같아서 가슴의 연꽃 쪽으로 내려갑니다.

아빠나는 몸을 외부로부터 보호해 주는 달입니다. 반면에 쁘라나는 태양이나 불과 같아서 신체 내부의 안녕을 증진시킵니다. 쁘라나는 매 순간마다 가슴의 공간 안에 열을 발생시키고, 이 열을 발생시킨 뒤에는 얼굴 앞의 공간에 열을 발생시킵니다. 달과 같은 아빠나는 얼굴 앞에 있는 공간에 자양분을 주며, 그 다음 가슴속의 공간에 자양분을 줍니다.

아빠나가 쁘라나와 결합하는 그 공간에 도달할 수 있다면, 그는 더 이상 슬퍼하지 않으며, 또한 다시 태어나지도 않습니다.

사실, 타는 듯한 열기를 버린 뒤에 변화를 겪어 아빠나처럼 보이는 것은 오직 쁘라나입니다. 그 다음, 똑같은 쁘라나가 이미 달의 차가움을 버렸으므로, 태양의 정화하는 불의 본성을 되찾습니다. 현명한 사람들은 쁘라나가 그 태양의 본성을 버리고 달이 되지 않는 한, 그 쁘라나의 본성을 탐구합니다. 자기 자신의 가슴속에서 태양과 달이 뜨고 지는 것에 대한 진리를 아는 사람은 다시 태어나지 않습니다. 자기의 가슴속에서 신이나 태양을 보는 사람은 진리를 보는 것입니다.

완벽한 경지에 도달하기 위하여, 사람은 외부의 어둠을 막지도 보호하지도 말며, 가슴속에 있는 무지의 어둠을 없애려고 노력해야 합니다. 외부의 어둠이 사라지면 세상을 볼 수 있습니다 그러나 가슴속에 있는 무지의 어둠이 사라지면 참나 지식이 생겨납니다. 그러므로 쁘라나와 아빠나를 바라보도록 노력해야 합니다. 왜냐하면 그것들에 대한 지식이 해방을 주기 때문입니다.

아빠나는 쁘라나가 일어나는 바로 그 가슴에서 끝납니다. 쁘라나가 태어나는 곳에서 아빠나는 죽습니다. 반면에 아빠나가 태어나는 곳에서 쁘라나는 끝납니다. 쁘라나가 움직이지 않고 아빠나가 막 일어나려 할 때, 사람은 외부 꿈바까를 경험하게 됩니다. 여기에 뿌리를 내리고 있기 때문에 사람은 더 이상 슬퍼하지 않습니다. 아빠나가 이동을 멈추고 쁘라나가 조금만 일어나도, 사람은 내부 꿈바까를 경험합니다. 여기에 뿌리를 두고 있어도 더 이상 슬퍼하지 않습니다.

부순다는 계속 말했습니다.

아빠나가 일어나는 곳(손가락 12개 길이의 거리)에서부터 더 멀리까지 쁘라나를 내보낸 뒤에, 꿈바까(호흡의 정지)를 수행하면, 그는 더 이상 슬픔을 겪지 않습니다. 또는 만약 들이마신 호흡이 내쉬는 숨의 충동으로 바뀌는 자기 내부의 그 공간을 볼 수 있다면, 그는 다시 태어나지 않습니다. 쁘라나와 아빠나가 그들의 운동을 끝마치는 지점을 봄으로써, 그리고 그 평화의 상태를 꽉 붙잡음으로써, 사람은 다시는 슬픔을 겪지 않습니다.

쁘라나가 아빠나에 의해 소멸되는 장소와 그 정확한 순간을 예리하게 관찰할 수 있다면, 그의 마음은 다시는 일어나지 않습니다. 그러므로 신체의 내외부에서 쁘라나가 아빠나에 의해 소진되고, 또 아빠나가 쁘라나에 의해 소진되는 그 장소와 그 순간을 지켜보십시오. 쁘라나가 이동을 멈추고, 아빠나가 이동을 시작하지 않은 그 정확한 순간에, 아무 노력도 없이 꿈바까가 일어납니다. 그래서 현자들은 그것을 하나의 중요한 상태로 간주합니다. 아무 노력 없는 호흡의 정지가 있을 때, 그것은 지고의 상태입니다. 이것이 참나이며, 그것은 무한한 순수 의식입니다. 여기에 도달한 자는 슬퍼하지 않습니다.

나는 그 무한한 의식을 명상합니다. 그 의식은 쁘라나 안에 내재해 있는 현존이지만, 쁘라나와 같이 있지도 않으며, 또한 쁘라나 이외의 다른 것과 같이 있는 것도 아닙니다. 나는 그 무한한 의식을 명상합니다. 그 의식은 아빠나 안에 내재하는 존재이지만, 아빠나와 함께 있지도 않고, 또한 아빠나 이외의 다른 것과 함께 있지도 않습니다. 쁘라나와 아빠나가 멈추어 버린 뒤에 존재하는 그것과, 쁘라나와 아빠나 사이의 중앙에 있는 그것. 나는 그 무한한 의식을 명상합니다. 나는 쁘라나 중의 쁘라나이고, 생명 중의 생명이며, 오직 신체의 보존을 책임지고 있으며, 또한 마음 중의 마음이며, 지성 속의 지성이며, 자아 안에 있는 실재인 그 의식을 명상합니다. 나는 만물이 태어날 때부터 그 안에 거주하고, 사방 어디에든지 존재하며, 완전한 것이며, 영원한 것인 그 의식에 경의를 표합니다. 나는 또한 만물을 정화해 주는 자이며, 그 비전이 가장 칭찬받을 가치가 있는 것인 그 의식에 경의를 표합니다. 나는 쁘라나가 이동을 멈추고 아빠나가 일어나지 않는, 그리고 코의 전면(혹은 뿌리) 공간에 있는 그 의식에 경의를 표합니다. 나는 쁘라나와 아빠나 모두의 근원이고, 이 둘의 에너지이며, 감각이 작용할 수 있게 해 주는 그 의식에 경의를 표합니다. 사실 내외부 꿈바까의 본질이며, 쁘라나 명상의 유일한 목적이며, 쁘라나가 작용할 수 있게 해 주며, 모든 원인의 원인이기도 한 그 의식에 경의를 표합니다. 나는 그 지고의 존재 속에서 위안을 찾습니다.

부순다는 계속 말했습니다.

내가 설명한 대로 규칙적이고 체계적인 쁘라나야마의 수행을 통해, 나는 순수의 상태를 얻었고, 메루 산(즉 북극)이 흔들린다 해도, 나는 흔들리지 않습니다. 이러한 사마디의 상태 즉 완전한 평온은 내가 걸어가거나 서 있거나, 깨어 있거나 잠자거나 꿈을 꾸고 있거나 간에, 그대로 유지되고 있습니다. 내 비전을 참나 쪽으로 돌려놓은 채, 나는 참나에 조용히 머물며, 이 세상이나 주위 환경에 그 어떤 변화가 일어나더라도, 삶의 모든 조건 속에 존재하는 그 참나와 함께 있습니다. 나는 이전의 우주가 소멸되던 때부터 바로 이렇게 살아왔습니다.

나는 과거나 미래 그 어느 것도 명상하지 않습니다. 나의 주의력은 끊임없이 현재로 지향되고 있습니다. 나는 결과를 생각함이 없이 현재 해야 할 일을 합니다. 바람직하고 바람직하지 않은 존재나 비존재에 대한 생각도 없이, 나는 참나 속에 그대로 있습니다. 그러므로 나는 행복하고 건강하며 병도 없습니다.

나의 상태는 쁘라나와 아빠나가 결합되는 순간(참나가 드러날 때)을 명상한 결과입니다. 나는 "나는 이것을 획득했고, 그것도 얻을 것이다."와 같은 헛된 생각을 지니지 않습니다. 나는 어느 때고 어떤 사람(나 자신도, 타인도)이나 어떤 것을 칭찬하지도 않고, 또한 비난하지도 않습니다. 내 마음은 좋은 것이라고 여겨지는 것을 얻는다고 우쭐해지지 않으며, 또한 나쁜 것이라고 여겨지는 것을 얻게 된다고 해서 우울해지지도 않습니다. 그러므로 나는 행복하고 건강한 상태에 있습니다. 나는 살고 싶은 욕망마저 포기했으므로, 지고의 포기를 받아들이고 있습니다. 그래서 나의 마음은 갈망을 지니고 있지 않으며, 평화로우며, 균형이 잡혀 있습니다. 나는 나무 한 조각, 아름다운 여자 혹은 남자, 산, 풀잎, 얼음과 불, 그리고 공간과 같은 모든 것에 공통적으로 깔려 있는 하나의 바탕을 바라봅니다. 그리고 나는 "나는 지금 무엇을 할 것인가?" 또는 "나는 내일 아침 무엇을 얻을 것인가?"와 같은 생각으로 걱정하지 않습니다. 나는 노년기와 죽음을 생각함으로써 또는 행복을 갈망함으로써 괴로움을 받지 않습니다. 또한 나는 어떤 것을 '나의 것'으로 간주하지도 않으며, 또한 다른 것들을 '나의 것이 아닌 것'으로 간주하지도 않습니다. 나는 항시 어디에서든지 모든 것이 하나의 우주 의식에 불과하다는 것을 알고 있습니다. 이런 것이 내가 행복하고 건강한 상태를 지키는 비밀입니다. 내가 육체적인 활동을 하고 있는 중이라도 나는 이 현상계가 환영의 것임을 알고 있기 때문에, "나는 몸이다."라는 생각을 하지 않고, 마치 곤한 잠에 빠진 듯이 그 안에서 살아갑니다. 나는 행운과 불운이 나에게 주어졌을 때, 그 어느 하나에 의해서도 방해받지 않습니다. 왜냐하면 나는 내 두 팔을 팔로 보는 것과 똑같이 그들을 똑같은 시각으로 보기 때문입니다. 내가 무엇을 하든지, 그것은 욕망이나 자아감의 진흙으로 더럽혀지지 않습니다. 따라서 나는 힘 있는 자리에 있을 때도 이성을 잃지 않으며, 가난한 위치에 있을 때도 구걸하러 가지 않습니다. 나는 희망과 기대가 나에게 영향을 미치게 하지 않습니다. 그래서 어떤 것이 낡고 닳았을 때도, 나는 그것이 마치 새 것인 양 그것을 새로운 눈으로 바라봅니다. 나는 행복한 사람들과는 함께 기뻐하고, 비탄에 잠긴 사람들과는 함께 슬퍼합니다. 왜냐하면 나는 모두의 친구라서 그 어느 것에도 속하지 않으며, 또 그 어느 것도 나에게 속하지 않는다는 것을 알고 있기 때문입니다. 나는 내가 세상이며, 그 안의 모든 활동이며, 그것의 지성이라는 것을 압니다. 이것이 내가 장수한 비결입니다.

바시슈타가 말했다.

그러자 나는 부순다에게 말했습니다. "오, 신이시여! 그대의 이 이야기는 정말로 놀랍습니다. 그대를 볼 수 있는 사람들은 정말로 축복을 받았습니다. 그대는 제2의 창조주와 같습니다. 그대와 같은 존재들은 참으로 보기 드뭅니다. 나는 그대를 봄으로써 이미 큰 공덕을 쌓았습니다. 계속 그대에게 축복이 함께 하기를 기원합니다. 이제 내가 이곳을 떠나도록 해 주십시오."

오, 라마여! 이 말을 듣자마자 부순다는 나에게 경배했고, 나의 만류에도 불구하고, 우정의 표시로 내 손을 꼭 잡고서 멀리까지 나를 배웅해 주었습니다. 그리고 우리는 헤어졌습니다. 친구끼리의 헤어짐은 정말이지 힘든 일이었습니다. 이 모든 일은 이전의 끄르따(Krta) 시대에 있었고, 지금은 뜨레따 시대입니다.

오, 라마여! 이상이 부순다의 이야기입니다. 그대도 부순다가 설명한 쁘라나야마를 수행하고, 부순다처럼 살도록 노력하십시오.

라마가 질문했다. 신이시여! 그대가 비춘 빛에 의해 암흑의 어둠이 사라졌습니다. 우리는 모두 영적으로 깨달음을 얻었습니다. 우리는 기쁩니다. 우리는 참나 안으로 들어갔습니다. 우리는 알아야 할 것을 이미 알았으므로, 말하자면 당신과 꼭 같은 사람이 되었습니다.

당신이 들려준 부순다에 대한 그 감동적인 이야기에서 당신은 세 개의 기둥과 아홉 개의 관문 등을 가진 몸에 대해 언급을 했습니다. 부디 그 몸이 처음에는 어떻게 일어나고, 또 어떻게 그것이 존재하며, 그 안에는 누가 사는지를 말씀해 주십시오.

바시슈타는 말했다.

오, 라마여! 몸이라고 하는 이 집은 사실은 어떤 누구에 의해서도 만들어지지 않았습니다! 그것은 하나의 사물을 둘로 보는 복시증 환자가 달을 두 개로 보는 것처럼, 단지 하나의 현상일 뿐입니다. 달은 실제로 하나뿐입니다. 둘로 보이는 것은 시각적 환영입니다. 몸은 신체적 몸의 개념이 마음을 지배할 때 존재하는 것으로 경험됩니다. 몸은 실재하지 않습니다. 그러나 그 생각이 일어날 때 그것이 존재하는 것처럼 보이기 때문에, 그것은 실재하기도 하고 실재하지 않기도 하는 것으로 여겨집니다. 꿈이란 꿈을 꾸는 동안에는 실재하지만, 그 밖의 때에는 실재하지 않습니다. 물결도 존재하는 것으로 보여질 때는 실재하지만, 그 밖의 때에는 실재하지 않습니다. 그와 마찬가지로 몸도 그것이 하나의 실재하는 실체로서 경험될 때는 실재합니다. 비록 그것이 실재하는 것처럼 보일지라도, 그것은 단지 가공의 현상에 지나지 않습니다.

'나는 이 몸이다.'라는 생각은 마음의 소인 때문에, 진실로 뼈 등을 가진 살집 조각인 것과 관련하여 일어납니다. 그것은 환영입니다. 이 환영을 버리십시오. 그대의 생각하는 힘으로 생겨나게 된 수천 개의 그러한 몸들이 있습니다. 그대가 잠자면서 꿈을 꿀 때, 그대는 그 꿈에서 하나의 몸을 체험합니다. 그런데 그 몸이 어디에서 일어나며, 또한 존재합니까? 백일몽을 꿀 때도, 그대는 천국 등에 있다고 상상합니다. 그런데 그 몸은 어디에 있습니까? 이 모든 것들이 끝났을 때, 그대는 각기 다른 역할을 수행하면서 다양한 활동들에 종사합니다. 이때 그대가 이런 활동들을 하는 몸은 어디에 있습니까? 그대가 친구들과 함께 놀고 즐기면서 자기 자신을 잊어버릴 때, 그 몸은 어디에 머무르고 있습니까? 오, 라마여! 이렇게 몸이란 단지 마음이 만들어 낸 것일 뿐입니다. 그러므로 그 몸은 실재하기도 하고 실재하지 않기도 한 것으로 간주됩니다. 몸의 활동은 마음에 의해 결정됩니다. 그들은 마음과 전혀 다르지 않습니다.

바시슈타는 계속 말했다.

오, 라마여! '이것은 재산이다.', '이것은 몸이다.', '이것은 국가이다.'라고 하는 이 모든 것은 마음의 에너지가 나타난, 달리 말하면 가공적인 생각들입니다. 이것이 하나의 기나긴 꿈, 또는 오래 계속된 환각, 또는 백일몽, 또는 희망하는 생각임을 아십시오. 신이나 참나의 은총으로 그대가 깨달음을 얻었을 때, 그대는 그때 가서야 이 모든 것을 명확히 알 것입니다. 그대 혹은 마음과 독립적으로 존재하는 이 세상은 단지 마음의 속임수에 불과합니다. 그것은 마치 생각이 하나의 실체인 양, 그 생각을 인정하는 것에 지나지 않습니다.

나는 내가 창조주의 마음에서 태어났다고 언급했습니다. 그와 꼭 같이, 이 세상도 하나의 개념으로서 마음에서 일어난 것입니다. 사실 창조주조차 우주적 마음에서 일어난 하나의 개념에 불과합니다. 현상계도 또한 마음에서 일어난 하나의 개념입니다. 이러한 개념들이 반복적으로 진리의 외투를 입게 됨으로써 마음속에서 힘을 얻는 것입니다. 그러므로 그 개념들은 거듭 일어나서 가공의 현상계를 만들어 내는 것입니다.

만약 사람이 이 개념들의 근원을 단호히 찾으려고 하면, 그는 의식을 깨닫게 됩니다. 그렇지 않으면 그는 계속해서 가공의 현상계를 경험하게 됩니다. 왜냐하면 '이것이 그것이다.', '이것이 내 것이다.', 그리고 '이것이 나의 세상이다.'와 같은 개념들을 계속적으로 받아들임으로써, 그러한 개념들이 실체성의 모습을 취하기 때문입니다. 이 세상이 영구불변하다는 것도 또한 환영입니다. 꿈의 상태에서는 정말로 짧은 한 순간이던 것이 꿈꾸는 사람에 의해서는 한 평생으로서 경험되고 있습니다. 신기루에서는 오직 가공의 '물'이 보이지, 그 바탕은 보이지 않습니다. 그와 꼭 같이, 무지의 상태에서는 가공적인 현상계만을 보지, 그 바탕은 보지 않습니다. 그러나 그러한 무지를 떨쳐 버렸을 때는 가공의 현상도 사라집니다. 심지어 정상적으로 두려움을 느끼는 사람도 가상의 호랑이를 두려워하지는 않습니다. 이 세상이 개념이나 상상에 지나지 않는다는 것을 아는 현자는 그 어떤 것도 두려워하지 않습니다. 이 세상이 자신의 참나의 외양에 지나지 않는다는 것을 알 때, 그가 누구를 두려워할 필요가 있겠습니까? 사람의 비전이 참나 탐구로 깨끗이 정화될 때, 이 세상과 관련된 그의 잘못된 이해는 사라집니다.

자신의 본성이 깨끗이 정화되는 것은 명료한 지각과 이해 때문입니다. 그러면 다시는 그 본성이 불순해지지 않습니다. 그 바른 이해란 무엇이겠습니까? 그것은 이 세상이 순수 의식의 반영(그러므로 현상)에 불과하며, 그러므로 이 세상은 실재하지도 않고 실재하지 않는 것도 아니라는 것을 깨닫는 것입니다. 탄생과 죽음, 천국, 지식과 무지, 이 모두가 의식의 반영입니다. 나와 너, 사방과 이 모든 것은 의식입니다. 이런 것이 바른 이해입니다. 바른 이해가 있을 때, 마음은 일어나지 않으며,

또한 지지도 않습니다. 마음은 지고의 평화를 얻습니다. 그것은 칭찬이나 비난, 또는 기쁨이나 슬픔에 빠지지 않고, 언제나 침착하며, 진리에 조용히 머물러 있습니다.

바시슈타는 계속 말했다.

죽음이 만인에게 피할 수 없는 것이라는 것을 깨닫는다면, 그가 왜 친척의 죽음이나 다가오는 자신의 종말에 대해 슬퍼하겠습니까? 모든 사람이 때로는 부유하고 또 때로는 그렇지 않다는 것을 깨닫게 되면, 왜 의기양양해 하거나 의기소침해야 하겠습니까? 살아 있는 존재들이 의식의 수면에 나타나는 잔물결들처럼 나타났다가 사라진다는 것을 안다면, 슬퍼할 이유가 어디 있겠습니까? 진실한 것은 항상 진실하며 즉 존재하는 것은 항상 존재하며, 실재하지 않는 것은 항상 실재하지 않습니다. 그러면 슬퍼할 이유가 어디 있겠습니까?

'나'란 것은 현재에도 없으며, 과거에도 없었고, 미래에도 결코 없을 것입니다. 몸은 불가사의한 망상에서부터 일어났고, 그래서 존재하는 것처럼 보입니다. 슬퍼할 이유가 어디에 있습니까? 몸이 실재한다 하더라도, '나'란 것은 그 몸과 다르며, 또한 '나'란 것은 무한한 의식의 반영에 불과하다는 그 진리에 대한 바른 이해가 있다면, 슬픔이란 것은 전혀 없습니다.

그러므로 자신의 신념과 희망과 포부를 실재하지 않는 것에 두어서는 안 됩니다. 왜냐하면 그러한 희망은 속박이기 때문입니다. 오, 라마여! 그대는 어떠한 희망도 품지 말고, 이 세상을 살아가십시오. 해야 할 일은 반드시 해야 합니다. 적절하지 못한 것은 포기해야 합니다. 바람직하고 바람직하지 않다는 생각도 없이 이 세상을 행복하고 즐겁게 살아가십시오.

무한한 의식만이 언제 어디서나 존재합니다. 존재하는 것처럼 보이는 것은 현상에 불과합니다. 그 현상을 현상으로 깨달을 때, 실재하는 진리를 깨닫게 됩니다. '나는 존재하지 않고, 이 경험들은 내 것이 아니다.'를 깨닫든지, 아니면 '나는 모든 것이다.'를 아십시오. 그러면 그대는 현상계의 유혹으로부터 벗어날 것입니다. 이 두 가지 태도는 다 좋습니다. 그대에게 맞는 것을 하나 채택하십시오. 그러면 그대는 애착과 혐오로부터 벗어날 것입니다.

　이 세상과 창공과 천국에 무엇이 있든지 간에, 애착과 혐오라는 두 개의 세력을 소멸시킨 자가 그것을 얻습니다. 만약 무지한 자가 이 두 세력의 자극을 받아 무슨 일을 한다면, 그는 그 일로 즉각 슬픔을 겪을 것입니다. 이 두 세력을 극복하지 못한 자는 비록 그가 경전에 해박한 지식을 갖고 있다 하더라도, 정말로 가련하고 멸시받을 만합니다. 그가 하는 말들은 '나는 또 다른 사람에게 강도를 당했다.'이든지, 아니면 '나는 부와 쾌락을 버렸다.'인 것입니다. 부와 친척과 친구들은 왔다가 사라집니다. 그래서 현명한 사람은 그들을 구하지도 않고 또한 그들을 버리지도 않습니다. 시작과 끝이 있는 것은 현명한 사람들의 주의를 끌 가치가 없습니다. 이 세상에는 누군가가 어떤 것(딸과 같이)을 만들어 내고, 그 밖의 누군가(신랑과 같이)가 그것을 즐기고 있습니다. 그렇다면 이 일로 누가 속고 있습니까?

　오, 라마여! 그대의 영적인 깨달음을 위하여 나는 몇 번이고 이 현상계는 기나긴 꿈과 같다고 말합니다. 깨어나십시오, 깨어나십시오. 태양처럼 빛나는 참나를 바라보십시오. 그대는 이렇게 소낙비처럼 쏟아지는 감로와 같은 말을 듣고 정말로 깨어났습니다. 그대는 탄생과 슬픔과 죄와 망상과는 아무런 관계가 없습니다. 이 모든 개념을 버리고, 참나 속에 조용히 머무십시오.

바시슈타는 라마가 완전히 참나에 몰입해 있는 것을 보고 갑자기 침묵을 지키다가, 잠시 뒤 라마가 정상적인 의식으로 돌아온 뒤에 다시 강연을 시작했다.

오, 라마여! 그대는 완전히 깨어났으며 참나 지식을 얻었습니다. 이 숭고한 상태에 영원히 머무르십시오. 이 현상계에 연루되지 마십시오. 이 현상계라는 수레바퀴(모든 것의 탄생과 죽음의 수레바퀴)는 그 바퀴통의 중심에 사상이나 생각이나 개념을 달고 있습니다. 이들이 정지되면 현상계도 또한 끝납니다. 어떤 사람이 그 수레바퀴를 정지시키려고 의지력을 행사하더라도, 생각에 의해 일어난 마음의 동요가 멈추지 않으면 그 수레바퀴는 계속 돌아갈 것입니다. 그러므로 최상의 자기 노력과 힘과 지혜와 상식에 의지하여 그 바퀴통의 중심(생각과 개념)을 억제해야 합니다. 이러한 일치된 활동으로 성취할 수 없는 일은 다른 어떤 수단으로도 성취될 수 없습니다. 그러므로 사실상 미숙하고 유치한 마음이 만들어 낸 것에 불과한 신의 개입에 잘못된 의존을 버려야 합니다. 그리고 자신의 강한 자기 노력으로 마음에 대한 지배력을 얻어야 합니다.

이 현상계는 창조주의 생각하는 힘으로 시작되었습니다. 그러나 그것은 가짜입니다. 그 안에서는 다양한 원소들의 자연스런 특징에서 태어난 이들 몸들이 떠돌아다니고 있습니다. 그러므로 몸이 존재한다는 생각과, 쾌락과 고통이 실제 상태라는 생각을 다시는 지니지 말아야 합니다.

자기가 고통을 받고 있다고 생각하며 끊임없이 눈물을 흘리는 그런 무지한 사람은 그림이나 동상보다도 훨씬 못합니다. 왜냐하면 후자의 경우에는 슬픔의 경험이 없기 때문입니다. 또한 동상은 병에 걸리지도 않고, 죽음의 지배를 받지도 않습니다. 동상은 누군가가 그것을 파괴시킬 때만 파괴됩니다. 그러나 인간의 몸은 필연적으로 죽어야 할 운명에 있습니다. 만약 동상이 잘 보호되고 보존된다면 그것은 좋은 상태로 장기간 존속될 것입니다. 그러나 인체는 비록 잘 보호되고 보존되더라도, 나날이 부패해 가서 좋은 상태로 남아 있지 않습니다. 그러므로 동상은 생각과 개념이 만들어 낸 몸보다도 더 나은 것입니다. 누가 이러한 인간의 몸에 기초를 두고 어떤 희망을 품겠습니까?

이 몸은 사람이 꿈 속에서 보는 몸보다도 더 나쁩니다. 꿈 속의 몸은 잠깐 동안의 생각(꿈)으로 만들어집니다. 그러므로 그 몸은 오래 지속되는 슬픔을 당하지 않습니다. 그러나 깨어 있는 상태의 몸은 오래 계속된 관념들과 개념들의 산물입니다. 그러므로 그 몸은 장기간 오래 계속된 슬픔으로 고통을 받습니다. 몸이 실재한다고 생각하든 실재하지 않는다고 생각하든 간에, 그것이 생각들과 개념들의 산물이라는 것은 틀림없습니다. 그러므로 그것과 관련하여 슬퍼할 필요가 전혀 없습니다.

동상이 깨어질 때 어떤 생명을 잃지 않는 것과 꼭 같이, 생각들과 개념들에서 태어난 몸이 죽을 때도 아무것도 잃지 않습니다. 그것은 마치 복시 시각 장애가 치료되었을 때, 두 번째 달이 안 보이는 것과 같습니다. 무한한 의식인 참나는 죽지도 않고, 또한 어떤 변화도 받지 않습니다.

바시슈타는 계속 말했다.

오, 라마여! 회전목마를 타고 있는 사람은 세상이 반대 방향으로 빙빙 돌고 있는 것을 봅니다. 그와 꼭 같이, 무지의 수레바퀴를 타고 도는 사람은 이 세상과 몸이 돌고 있다고 생각합니다. 그러나 영적인 영웅은 이것을 거부해야 합니다. 왜냐하면 이 몸은 무지한 마음이 지닌 생각들과 개념들의 소산이기 때문입니다. 무지가 만들어 내는 이 세상은 가짜입니다. 그러므로 몸이 활동적이고 모든 종류의 활동들을 수행하고 있는 것처럼 보일지라도, 그것은 마치 밧줄을 오인하여 생긴 가상의 뱀이 영원히 비실재적인 것처럼 여전히 비실재적인 것입니다. 움직이지 못하는 대상에 의해 이루어진 어떤 일은 실제로 그것에 의해 이루어지지 않습니다. 마찬가지로 신체도 비록 무언가를 하는 것처럼 보일지라도, 그것은 아무것도 하지 않습니다.

둔한 몸은 (몸의 활동에 동기를 부여할) 어떤 욕망도 품지 않습니다. 참나(무한한 의식) 또한 그러한 욕망이 없습니다. 그러므로 진실로 활동의 행위자는 아무도 없고, 단지 그 활동을 목격하는 지성만이 있을 뿐입니다. 등불이 바람이 없는 곳에서 등불이라는 이유 때문에 자발적이고 자연스럽게 빛을 내는 것과 꼭 같이, 사람은 모든 조건 속에서도 참나로 남아 있어야 합니다. 태양이 항상 자기 자신과 자신의 본성에 안주하면서 끊임없이 하루의 업무에 임하듯이, 그대도 그대 자신의 참나에 안주하면서 국가의 업무에 임하고 있습니다.

이 거짓된 몸이 실재라는 기만적 생각이 일단 일어나면, 어린 소년이 상상하는 유령처럼 자아감의 악귀 즉 마음이 일어납니다. 그 다음 이 가짜의 마음이나 자아감은 심지어 위대한 사람들마저 그 소리에 놀란 나머지 스스로 몸을 움츠려 깊은 명상으로 들어갈 정도로 큰 고함 소리를 지릅니다. 그러나 몸 안에 있는 마음(또는 자아감)이라고 하는 그 유령을 때려눕힌 자는 세상이라고 하는 공(空) 속에서 아무 두려움이 없이 살아갑니다.

심지어 지금도 사람들이 마음이라는 가공의 유령이 만들어 낸 몸을 참나라고 생각하면서 살아가는 것은 이상합니다. 그들은 마음이라는 유령의 손아귀에 잡힌 채로 죽어가니, 그들의 지성은 무지 그 자체입니다! 마음이라고 하는 유령이 출몰하는 집을 믿고 거기에 사는 자는 악귀이며, 그는 정말로 망상에 사로잡혀 있습니다. 왜냐하면 그 집(몸)은 영구적이지도 않고 불안정하기 때문입니다. 그러므로 오, 라마여! 자아감이라고 하는 유령에 이처럼 비굴하게 추종하는 일을 그만두고, 다시는 자아감을 생각하지 말고, 참나에 조용히 머무십시오.

자아감이라고 하는 유령의 사악한 영향을 받고 있는 자들은 망상에 빠져 있으며, 사실상 그들에겐 친구도 친척도 없습니다. 자아감에 압도 당한 지성으로 이루어지는 행위는 유독하며, 그것은 죽음의 열매를 맺습니다. 지혜와 용기가 전혀 없고, 자아감과 결혼한 그런 바보는 이미 죽은 것이나 같습니다. 그는 지옥이라는 난로불 속으로 들어갈 준비가 된 장작과 같습니다.

자아감이라고 알려진 이 유령이 몸 안에 조용히 머물러 있든지, 아니면 몸을 떠나가든지 간에, 오, 라마여! 그대 마음은 그것을 보지도 말아야 합니다.

바시슈타는 계속 말했다.

자아감이 일깨워진 지성에 의해 무시되고 방치되어 그 껍질이 벗겨지면, 그것은 더 이상 그대에게 해를 끼칠 수 없습니다. 참나는 무한한 의식입니다. 자아감이 비록 이 몸 안에 거주하더라도, 참나가 어떻게 거기에 영향을 받겠습니까?

오, 라마여! 마음의 영향을 받는 사람에게 찾아오는 불행을 일일이 열거하는 것은 불가능합니다. 우리가 이 세상에서 듣는, '아! 슬프다. 나는 죽었다.'라든가, '아! 슬프다. 나는 불타고 있다.' 등의 눈물 흘리며 한탄하는 이 모든 절규는 자아감의 장난에 지나지 않습니다. 그러나 만물에 충만해 있는 공간이 그 어떤 것에도 오염되지 않는 것과 꼭 같이, 사방에 편재해 있는 참나는 자아감의 영향을 받지 않습니다.

사람이 몸으로 무슨 일을 하든지 간에, 그것은 실제로 자아감이 숨을 들이마시고 내쉬는 고삐의 도움을 받아 하는 것입니다. 참나는 간접적으로 이 모든 것의 원인으로 간주되고 있습니다. 이는 마치 식물이 공간 속으로 뻗어 가는 것을 공간이 막지 않으므로, 공간이 간접적으로 식물의 성장에 책임을 지고 있는 것과 꼭 같습니다. 등불이 대상을 볼 수 있게 해 주는 원인으로 간주되는 것과 꼭 같이, 참나는 신체의 활동이나 마음 등의 원인으로 간주됩니다. 왜냐하면 그것들은 참나의 빛으로 작용하기 때문입니다. 그렇지 않으면 둔한 몸과 의식으로 있는 참나 사이에는 어떤 관계도 없습니다. 마음이 참나와 혼동을 일으키는 것은 오직 어디에서나 마음의 동요를 일으키면서 끊임없이 진동하는 쁘라나의 에너지 때문입니다.

오, 라마여! 그대는 마음이 아니라 참나입니다. 그대는 마음과 아무 관계도 없습니다. 이러한 망상을 버리십시오. 몸 안에 거주하는 악귀 같은 마음은 참나와 아무 관계가 없습니다. 그러나 그것은 조용히 '나는 참나이다.'라고 간주합니다. 이것이 탄생과 죽음의 원인입니다. 이렇게 간주해 버리면, 그대는 용기를 잃게 됩니다. 오, 라마여! 이 유령을 버리고 확고한 자세를 견지하십시오. 경전도, 친척도, 심지어 구루나 스승도 마음이라고 하는 유령에게 완전히 압도당한 자를 보호할 수 없습니다. 반면에 만약 누군가가 이 유령을 쓰러뜨렸다면, 구루와 경전과 친척들은 마치 진흙 웅덩이에 빠진 동물을 우리가 쉽게 구출할 수 있는 것처럼 쉽게 그를 도울 수 있습니다. 이 유령을 쓰러뜨린 사람들은 이 세상에 얼마쯤 공헌을 한 훌륭한 사람들입니다. 그러므로 자아감이라고 알려진 이 유령을 때려눕힘으로써 이 무지로부터 자기 자신을 건져 올려야 합니다. 오, 라마여! 인간의 복장을 한 동물처럼 이 세속적인 생존의 숲에서 방황하지 마십시오. 영구적이지 않은 이 몸을 위하여 가족 관계라고 하는 이 진흙 속에서 뒹굴지 마십시오. 몸은 어떤 사람으로 태어나 자아감의 보호를 받고 있습니다. 그리고 다른 누군가가 그 안에서 행복과 슬픔을 경험합니다. 이것은 정말로 대단히 불가해한 일입니다.

항아리의 본성과 천 조각의 본성이 전혀 다르지 않은 것과 같이, 마음의 본성과 무한한 의식의 본성도 전혀 다르지 않습니다. 이와 관련하여 나는 그대에게 쉬바 신이 직접 나에게 전한 가르침을 이야기해 주겠습니다. 왜냐하면 그 가르침 속에 드러난 비전은 가장 큰 망상마저도 소멸시킬 것이기 때문입니다.

쉬바 신의 가르침

바시슈타는 계속 말했다.

까일라사라고 알려진 쉬바 신의 거처가 있습니다. 나는 거기에서 얼마 동안 살면서 쉬바 신을 섬기며 금욕 생활을 했습니다. 나는 완벽의 경지에 도달한 현자들에 둘러싸여 그들과 함께 경전의 진리를 토론하곤 했습니다.

어느 날 저녁, 나는 쉬바 신에게 예배를 올리고 있었습니다. 대기 전체가 평화와 침묵으로 가득 차 있었습니다. 그 숲 속에서의 어둠은 너무나 짙어서, 그 어둠이 검으로 잘리기에 충분할 만큼 견고해 보였습니다.

그때 나는 숲 속에서 큰 빛을 보았습니다. 나는 외부의 시선으로 그 빛을 보았고, 내부의 통찰력으로는 그 본성이 무엇인지를 조사했습니다. 나는 그것을 보고, 쉬바 신이 한 손으로 그의 배우자인 빠르바띠를 잡고서 걸어가고 있다는 것을 알았습니다. 그의 앞에는 그의 이동 수단인 난디가 걸어가면서 신에게 길을 내주고 있었습니다. 나는 내 주변에 모인 제자들에게 신의 존재를 알리고, 신이 있는 곳으로 나아갔습니다.

나는 신에게 경의를 표하고, 또 그를 충분히 찬미했습니다. 나는 상당히 오랫동안 신성한 비전을 보고 눈요기를 했습니다. 그때 쉬바 신이 다음과 같이 나에게 말했습니다. "그대의 금욕 생활은 어떤 장애도 없이 만족스럽게 진행되고 있습니까? 그대는 성취할 가치가 있는 것을 이미 성취했습니까? 그리고 그대 내부의 두려움은 사라졌습니까?"

거기에 대해 나는 다음과 같이 신에게 말했습니다. "최고의 신이시여! 당신에게 헌신할 행운을 가진 사람들은 성취하기 어려운 일이 전혀 없으며, 전혀 두려움을 경험하지 않습니다. 이 세상의 모든 사람들은 당신에게 헌신하는 사람들과 또 끊임없이 당신을 기억하고 있는 그런 사람들에게 경의를 표하며 엎드려 절합니다. 오직 그것들은 나라들이며, 그것들은 도시들이며, 그것들은 방향들이며, 그것들은 산들입니다. 그곳에 거주하고 있는 사람들은 당신이 거주하여 주시기를 온 마음으로 성심껏 바라고 있습니다. 당신의 기억은 과거의 여러 생에 획득된 공덕의 결실이며, 또한 미래에 있을 훨씬 더 많은 축복에 대한 보증입니다. 오, 신이시여! 당신의 변함없는 기억은 감로의 항아리와 같고, 항상 해방으로 열려 있는 문입니다. 신이시여! 당신의 기억이라는 소중하고 빛나는 보석을 끼고서 저는 모든 불행을 짓밟아 뭉개었습니다. 그러지 않았다면 그 불행이 장차 저에게 심한 고통을 주었을지도 모릅니다.

신이시여! 당신의 은총으로 저는 참나 실현의 상태에 도달했지만, 한 가지 일에 대해 더 알고 싶습니다. 부디 저에게 깨달음을 주십시오. 모든 죄악을 소멸시키고 모든 행운을 증진시켜 주는 신을 경배하는 방법은 무엇입니까?"

쉬바 신은 다음과 같이 말했습니다.

그대는 '신'이 어떤 분인지를 아십니까? 신이란 비슈누나 쉬바나 브람마가 아닙니다. 바람도, 태양도, 달도 아닙니다. 브람마나나 왕도 아닙니다. 나도 아니요, 그대도 아닙니다. 락슈미도 아니요, 마음(지성)도 아닙니다. 신은 형상도 없고, (대상에서처럼) 나누어지지도 않습니다. 만들어진 것도 아니며, 시작도 끝도 없는 그 광채(데바남)가 순수 의식인 신(데바)이나 쉬바 신으로 알려져 있습니다. 그것만을 경배해야 합니다. 그리고 그것만이 전부입니다.

만약 이러한 쉬바를 숭배할 수 없다면, 그는 그 형상을 숭배할 자신감을 가져야 합니다. 후자는 유한한 결과를 낳지만, 전자는 무한한 희열을 줍니다. 무한한 것을 무시하고, 유한한 것에 헌신하는 자는 쾌락의 정원을 버리고 가시덤불을 찾는 꼴이 됩니다. 그러나 현자들은 때때로 재미삼아 그 형상을 숭배하기도 합니다.

이제 숭배를 올릴 때 사용되는 품목에 대해 말하겠습니다. 그러한 품목들 가운데 가장 으뜸이 되는 것은 지혜와 자기 통제와, 모든 존재 안에 있는 참나에 대한 지각입니다. 참나만이 지혜의 꽃과 함께 언제나 경배받기에 꼭 맞는 쉬바 신입니다.

(나는 이렇게 신에게 물었습니다. "이 세상이 어떻게 순수 의식으로 바뀌는지, 또한 그 순수 의식이 어떻게 지바와 다른 것들로서 나타나는지를 부디 말씀해 주십시오." 쉬바 신은 다음과 같이 계속 말했습니다.)

참으로, 우주가 소멸된 뒤에도 오로지 존재하는 그 찌뜨 아까샤(무한한 의식)만이 객관성이 전혀 없는 상태로 지금도 존재하고 있습니다. 의식 자체 내의 의식에 의해 밝혀지는 개념들과 생각들은 의식의 내부에 있는 에너지의 움직임 때문에 이러한 세상으로서 빛납니다. 이는 잠자는 동안 꿈이 일어나는 것과 꼭 같은 것입니다. 그렇지 않으면 지각의 대상들이 편재하는 무한한 의식의 바깥에 존재한다는 것은 완전히 불가능한 것입니다.

이 모든 산들과 온 세상, 창공, 참나, 지바 또는 개별성, 그리고 이 세상을 이루고 있는 모든 원소들은 모두가 순수 의식 이외의 어떤 것도 아닙니다. 소위 이 우주가 만들어지기 전 오로지 이러한 순수 의식만이 존재했을 때, 이 모든 것들(천국 등)은 어디에 있었습니까? 공간(아까샤)이나, 궁극의 또는 무한한 공간(브람마까샴), 창조, 의식 등 이러한 것들은 단순한 말에 지나지 않으며, 그것들은 동의어들이 같은 진리를 가리키는 것과 꼭 같이 똑같은 진리를 나타냅니다. 꿈 속에서 체험되는 이원성이 가공인 것과 꼭 같이, 이 세상의 창조에 내포된 이원성도 가공적인 것입니다. 꿈 속에서의 내면 의식의 세상 안에 대상들이 존재하고 작용하는 것처럼 보이는 것과 꼭 같이, 깨어 있는 상태의 바깥 의식의 세상에서도 대상들이 존재하고 작용하는 것처럼 보입니다. 그러나 실제로 이 두 가지 상태들에서 그 어떤 것도 일어나지 않습니다. 꿈의 상태에서 의식만이 실재인 것과 꼭 같이, 깨어 있는 상태에서도 의식만이 실재인 것입니다. 그것이 신이며, 그것이 지고의 진리이며, 그것이 그대와 나와 모든 것의 본질입니다.

쉬바 신은 계속 말했습니다.

그 신에 대한 숭배가 진정한 숭배이며, 그러한 숭배를 통하여 모든 것을 성취할 수 있습니다. 그는 나누어지지도 않고 분할할 수도 없으며, 또한 비이원적이며, 활동에 의해 만들어지거나 창조되지도 않습니다. 그는 외부의 노력으로 성취되지도 않습니다. 그를 숭배하는 것은 기쁨의 원천입니다.

어떤 형상에 대한 외적 숭배는 아직 지성이 깨어나지 않은 사람들과 그리고 어린아이처럼 미숙한 사람들에게만 하도록 권장됩니다. 자기 통제력과 같은 것이 없을 때는 신을 숭배할 때 꽃을 사용합니다. 그러나 그러한 숭배는 마치 외부의 형상 속에 있는 참나를 숭배하는 것이 무익한 것처럼 무익합니다. 그러나 이들 미숙한 헌신자들은 그들 스스로가 만들어 낸 대상을 숭배함으로써 만족을 얻습니다. 그들은 단지 그러한 숭배로부터 무가치한 보답을 받을지도 모릅니다.

이제 나는 그대와 같은 깨달음을 얻은 사람들에게 어울리는 숭배의 방식을 묘사하겠습니다. 숭배받기에 적합한 신은 정말로 전 우주를 지지해 주며, 생각과 설명을 초월해 있으며, 심지어 '모든 것'과 '집단적 총체성' 같은 개념조차 초월해 있는 자입니다. 그런 자만이 공간과 시간에 의해 나누어지지도 않고 분할할 수도 없으며, 빛으로 모든 대상을 비추며, 순수하고 절대적인 의식인 '신'이라 칭할 수 있습니다. 그는 모든 부분을 초월해 있고, 존재하는 모든 것 안에 숨겨져 있으며, 존재하는 모든 것 안에 있는 존재이며, 또한 존재하는 모든 것이며, 그리고 그들의 존재에서 모든 것을 훔치는(다시 말해, 진리를 가리는) 그런 지성입니다. 이 브람만은 존재와 비존재의 중간에 있고, 신이며, 또한 '옴'(OM)으로 나타나는 진리입니다. 그것은 식물의 본질처럼 어디에든지 존재합니다. 그대와 나, 모든 신과 여신 안에 존재하는 그 순수 의식이 신입니다. 거룩한 분이시여! 형상을 부여받은 다른 신들도 실제로는 그 순수 의식에 지나지 않습니다. 우주 전체가 순수 의식입니다. 그것이 신이며, 나는 그 '모든 것'입니다. 모든 것이 그로부터 그리고 그를 통하여 성취됩니다.

오, 거룩한 분이시여! 그 신은 어떤 누구로부터도 떨어져 있지 않습니다. 또한 거기에 도달하는 것이 어렵지도 않습니다. 그 신은 영원히 몸 안에 앉아 계시며, 공간처럼 어디에든지 존재합니다. 그는 모든 것을 행하며, 먹고, 동시에 모든 것을 지니고 있고, 가고, 숨쉬며, 몸의 모든 수족을 알고 있습니다. 그는 빛이며, 이 안에서 이 모든 수족이 작용하고 다양한 모든 활동이 일어납니다. 그는 자신의 가슴 동굴 안에 살고 있습니다. 그는 마음과 자각의 오감들을 초월해 있습니다. 그러므로 그는 그것들에 의해 이해되거나 묘사될 수 없습니다. 그러나 가르침을 줄 목적으로 그는 '의식'으로서 지칭되고 있습니다. 그러므로 비록 그가 모든 것을 하고 있는 것처럼 보이지만, 실제로 그는 아무것도 하지 않습니다. 그 의식은 순수하며, 봄이 나무의 개화에 개입하는 꼭 그 정도로 표면상 이 세상의 활동들에 개입하는 것처럼 보입니다.

쉬바 신은 계속 말했습니다.

어떤 곳에서는 이 의식이 공간으로 작용하고, 어떤 곳에서는 지바로서, 어떤 곳에서는 활동으로, 어떤 곳에서는 본질 등으로 작용하지만, 그렇게 하고자 하는 어떤 의도도 없이 작용하는 것입니다. 모든 '상이한' 바다들이 단지 하나의 분할할 수 없는 물 덩어리인 것과 꼭 같이, 이 의식도 비록 각기 다른 방식들로 묘사되고 있지만, 단지 하나의 우주적인 의식의 덩어리에 지나지 않습니다. 연꽃과 같은 몸 안에서 꿀벌과 같은 불안정한 마음이 모으는 꿀과 같은 경험을 흡수하는 것도 똑같은 의식입니다. 이 우주 안에서 이 모든 다양한 존재(신, 악마, 산, 바다 등)들은 마치 작고 큰 소용돌이들이 바다에서 나타나는 것처럼 이 무한한 의식 내부에서 흘러나옵니다. 삶과 죽음의 수레바퀴를 돌아가게 하는 원인인 무지의 수레바퀴도 그 에너지가 끊임없이 움직이는 이 우주 의식 안에서 돌고 있습니다.

무지개를 갖춘 뇌우가 지구에서 올라오는 열기를 식혀 주는 것과 꼭 같이, 악마를 괴멸시킨 것은 팔이 네 개 달린 비슈누 형상을 한 의식이었습니다. 쉬바와 빠르바띠, 창조주 브람마, 기타 수많은 존재들의 형상을 취하는 것은 오로지 의식뿐입니다. 이러한 의식은 말하자면 거울에 비친 상이 어떤 변화도 받지 않은 채, 그 자체 내부에 그 상을 지니고 있는 것과 같습니다. 이 의식은 그 자체 안에서 어떤 변화를 받음도 없이, 이 우주 안에 있는 무수히 많은 이 모든 존재들로서 나타납니다.

무한한 의식은 덩굴식물과 같습니다. 거기에는 무수한 지바들의 잠재적인 경향성들이 산재해 있습니다. 욕망은 그 싹입니다. 과거의 창조물은 꽃 실입니다. 지각력이 있거나 없는 존재들은 이 덩굴식물의 부분들입니다. 하나가 다수로 나타나지만, 그것은 다수가 되지 않았습니다.

이 모든 것이 생각되고, 표현되고, 이루어지는 것은 이 무한한 의식을 통해서입니다. 태양으로 빛나는 것은 오로지 무한한 의식입니다. 사실 둔한 몸이 서로 서로 접촉함으로써 다양한 경험을 얻어 내는 것은 그런 몸으로 나타난 무한한 의식입니다. 이 의식은 그 자체로는 보이지 않지만, 모래 입자와 먼지들이 마치 저절로 일어나 움직이는 것처럼 보이는 그러한 태풍과 같습니다. 이 의식은 그 자체 안에 하나의 그림자를 던집니다. 그러면 그것은 따마스 즉 둔한 것으로 여겨집니다.

이 몸 안에서는 생각과 개념들이 바로 이 의식의 빛을 받아 활동을 일으킵니다. 확실히 이 의식이 없다면 바로 자기 자신 앞에 있는 대상이라도 경험할 수 없습니다. 몸은 이 의식이 없다면 기능할 수 없고, 존재할 수도 없습니다. 그것은 자라기도 하고, 넘어지기도 하고, 먹기도 합니다. 이 의식은 우주 속의 모든 움직일 수 있거나 움직일 수 없는 존재들을 만들어 내고 부양해 줍니다. 무한한 의식만이 존재하지, 그 밖의 어떤 것도 존재하지 않습니다. 의식만이 의식 안에서 일어납니다.

바시슈타는 계속 말했다.

거기에 대해 나는 신에게 물었습니다. "만약 이 의식이 편재하는 것이라면, 사람은 어떻게 이 세상에서 지각력이 없고, 자동력이 없게 됩니까? 의식을 부여받은 사람이 어떻게 의식을 잃을 수 있단 말입니까?"

쉬바 신은 그 질문을 칭찬하면서 다음과 같이 대답했습니다.

편재하는 의식은 모든 것입니다. 이 몸 안에서는 변화하는 의식과 변화될 수 없는 무변화의 의식 둘 다로서 존재합니다. 마치 어떤 여자가 꿈 속에서 자기 자신을 다른 사람으로 꿈꾸면서 또 다른 남자가 그녀의 남편으로서 그 꿈에 나오는 것처럼, 같은 의식도 그 자체를 또 다른 본성을 띠고 있다고 믿습니다. 똑같은 사람이라도 그가 제어할 수 없는 분노의 영향을 받고 있을 때는 평소와 완전히 다르게 행위하는 것처럼, 마찬가지로 의식도 또 하나의 모습을 취하면서 달리 작용을 합니다. 점차로 의식은 지각력이 없어지고 둔하게 됩니다.

따라서 의식은 그것 자신의 대상이 되어 공간을 만들고, 그 다음 공기를 만들고, 그리고 그들 각각의 특성을 만들어 냅니다. 동시에 그것은 그 자체 내부에서 시간과 공간을 끌어내어 지바가 되고, 그 다음 개별화된 유한한 지성과 마음이 뒤따릅니다. 이것으로부터 주기적인 현상계와 '나는 불가촉천민이다.' 등과 같은 생각들이 생겨납니다. 따라서 무한한 의식 자체는 마치 물이 결정체가 되는 것처럼 분명히 스스로 움직이는 힘을 잃게 됩니다. 그 후 마음은 망상에 사로잡혀 갈망들을 지니게 되고, 애욕과 분노의 희생이 되며, 행운과 불운을 경험하고, 고통과 쾌락을 겪으며, 희망에 매달리기도 하고, 끔찍한 고통을 견디기도 합니다. 그리고 마음은 그 망상을 영속화시켜 주는 좋아함과 싫어함으로 가득 차게 됩니다. 마음이 철저히 망상에 사로잡혀 있으면, 마음은 실수를 거듭하며, 무지에서 더 큰 무지로 나아갑니다.

어린 시절에 이 기만적인 의식은 전적으로 타인에게 의존해 있고, 청년기에는 그것이 부를 좇느라 걱정으로 가득 차며, 노년에는 그것이 슬픔에 빠져 들고, 죽을 때 그것은 그 자체의 까르마에 의해 끌려갑니다. 그것은 까르마에 따라서 인간이나 인간 이하의 존재, 무생명의 존재로서 천국이나 지옥, 아니면 하계나 지상에 태어납니다. 그것은 비슈누, 쉬바, 브람마 및 기타 신들로서 나타나는 의식과 똑같은 의식입니다. 그것은 태양이나 달, 바람, 계절의 변화를 일으키는 요인들, 낮과 밤으로 작용하는 의식과도 똑같은 것입니다. 그것은 씨앗 속의 생명력이며, 모든 물질의 특성인 같은 의식입니다. 자기 한계에 의해 지배받는 이 의식은 그 자체를 두려워합니다. 그러한 것은 지바의 의식에 대해서도 마찬가지입니다. 그것은 또한 까르마 아뜨마(활동과 반응의 수레바퀴에 잡혀 있는 자기)로서도 알려져 있습니다.

무지와 둔함의 힘을 보십시오! 단지 자기 자신의 참된 상태를 망각함으로써 의식은 엄청난 고통과 슬픔을 겪게 되고 애처로운 몰락을 경험합니다.

쉬바 신은 계속 말했습니다.

의식은 마치 미친 사람이 스스로를 불행하다고 생각하는 것과 마찬가지로, '나는 불행하다.'고 잘못 생각하거나 느끼거나 또는 상상합니다. 죽지 않은 사람이 '아, 난 죽었다.'라고 큰소리로 울부짖고, 길을 잃지 않았는데도 그릇된 이해 때문에 '아! 난 길을 잃어버렸어.'라고 하며 우는 것과 똑같이, 의식도 그것이 불행하거나 한정되어 있다고 잘못 상상합니다. 이러한 상상은 불합리하고 근거도 없는 것입니다. 자아감의 잘못된 가정 때문에, 의식은 현상계가 정말로 실재한다고 생각합니다. 이 세상이 마치 실재하는 것처럼 이 세상을 경험하는 근본 원인은 오직 마음 때문입니다. 그러나 그것은 진실로 그러한 원인으로 간주될 수 없습니다. 왜냐하면 순수 의식 이외의 다른 마음이 전혀 있을 수 없기 때문입니다. 따라서 지각하는 마음 그 자체가 실재하지 않는다고 깨닫는다면, 지각된 세상도 또한 비실재적이라는 것은 명백합니다.

바위 속에 기름이 없는 것과 꼭 같이, 순수 의식 속에도 시력, 보는 자, 장면, 혹은 행위자, 행위, 활동, 혹은 아는 사람, 지식, 알려진 대상과 같은 다양성이 존재하지 않습니다. 마찬가지로, '나'와 '너'란 구분도 가상적인 것입니다. 하나와 다수의 구분도 말에 불과합니다. 이 모든 것은 마치 어둠이 태양 속에 존재하지 않듯이 전혀 존재하지 않습니다. 실재와 비실재, 공과 비공 같은 정반대의 것들도 단순한 개념에 불과합니다. 참나 탐구를 해 보면, 이 모든 것은 사라지고 오직 변화되지 않는 순수 의식만이 남습니다.

의식은 진실로 어떤 변화도 겪지 않으며 또한 불순해지지도 않습니다. 불순 그 자체가 가상적입니다. 그리고 상상은 불순한 것입니다. 이것을 깨닫게 되면, 상상을 버리게 되고 불순함도 끝나게 됩니다. 그러나 심지어 이것을 이미 깨달은 사람들에게도 만약 그들이 상상을 단호히 거부하지 않았다면, 불순함은 다시 일어납니다. 자기의 노력으로 이 상상은 쉽게 거부될 수 있습니다. 즉, 만약 사람이 지푸라기 하나를 떨어뜨릴 수 있다면, 그는 마찬가지로 쉽게 삼계를 떨어뜨릴 수도 있습니다. 이 세상에 자기의 노력으로 성취할 수 없는 것이 도대체 무엇이 있겠습니까?

변화되지도 않고 비이원적인 이 무한한 의식을 스스로 빛을 내는 단 하나의 내면의 빛으로 깨달을 수 있습니다. 그것은 순수하고 영원하며, 그것은 항상 현존하고 마음이 전혀 없으며, 그것은 변화되지도 않고 물들지도 않으며, 그것은 또한 모든 대상들입니다. 사실, 마치 빛이 빛을 내지만 빛남은 그 빛의 활동이 아닌 것처럼, 모든 것을 목격하는 증인처럼 존재하는 것은 전혀 움직이지 않는 의식입니다. 이 의식은 순수하지만, 물들어 있는 것처럼 보입니다. 스스로 움직이지 못하는 물질 안에서 그것은 스스로 움직이는 에너지입니다. 그것은 전체를 구성하는 개별적인 것들로 나누어지지 않은 채 편재하고 있습니다.

개념들이 전혀 없고 극도로 미묘한 이 무한한 의식은 그 자체를 알고 있습니다. 참나 망각 속에서 이 의식은 생각들을 받아들이고 지각들을 경험합니다. 그러나 이 모든 것은 무한한 의식의 본성 때문에 가능합니다. 이는 잠자고 있는 사이에도 내적으로 깨어 있는 것과 꼭 같습니다.

쉬바 신은 계속 말했습니다.

의식은 그것 자신의 대상과 동일시함으로써, 그 스스로를 생각하고 걱정하는 상태로 축소시키는 것 같습니다. 이는 마치 불순한 금이 정제되어 금으로서 빛을 낼 때까지는 구리처럼 보이는 것과 같습니다. 무한한 의식이 참나를 망각함으로써 우주의 개념이 일어납니다. 그러나 참나 지식이 있으면 이러한 비실재도 끝이 납니다.

의식이 그 자체 안에서 그것 자신을 자각하게 되면, 자아감이 일어납니다. 하지만 단지 약간의 움직임만 있어도 실제로 의식 이외의 다른 어떤 것도 아닌 이 자아감은 마치 바위가 산비탈을 굴러 내려가듯이 떨어지게 됩니다. 그러나 바로 그때도 모든 형상과 모든 경험 속에 실재하는 것은 오직 의식뿐입니다. 생명의 공기가 움직이면 내부에 시력이 나타나고, 또한 분명히 바깥에 있는 대상이 보입니다. 그러나 시력이 경험하는 것(보는 그 자체)은 바로 순수한 지고의 의식입니다! 촉각인 분명히 둔한 생명의 공기가 대상과 접촉하면 촉감이 있습니다. 그러나 그 촉감에 대한 자각은 또다시 순수 의식입니다. 마찬가지로 똑같은 에너지의 변화인 향기를 코가 냄새 맡을 수 있게 해 주는 것은 생명의 공기(쁘라나)이지만, 그 냄새에 대한 자각은 순수 의식입니다. 만약 마음이 청각과 연관이 되지 않는다면, 듣기는 전혀 불가능합니다. 물론 듣기를 경험하는 것은 순수 의식입니다.

활동은 생각에서 나오고, 생각은 마음의 작용이며, 마음은 조건화된 의식입니다. 그러나 의식은 조건화가 없습니다! 우주는 투명한 수정 공 안에 비친 경치처럼 의식에 비친 그림자에 불과합니다. 그러나 의식은 그러한 그림자에 의해 조건화되지 않습니다! 지바는 의식의 이동 수단이고, 자아감은 지바의 이동 수단이며, 지성은 자아감의, 마음은 지성의, 쁘라나는 마음의, 감각들은 쁘라나의, 몸은 감각의, 그리고 움직임은 몸의 이동 수단입니다. 이러한 움직임은 까르마입니다. 쁘라나가 마음의 이동 수단이기 때문에, 쁘라나가 가는 곳으로 마음은 갑니다. 그러나 마음이 영적인 가슴과 하나가 되면 쁘라나는 움직이지 않습니다. 그리고 쁘라나가 움직이지 않으면 마음은 정지 상태에 도달합니다. 마치 마부는 수레가 가는 곳으로 가는 것처럼, 쁘라나가 가는 곳으로 마음은 쁘라나를 따라갑니다.

의식 안에 비친 의식의 그림자를 뿌르야스따까라고 합니다. 비록 사람들은 뿌르야스따까를 다섯 개의 원소들, 내면의 도구(마음, 붓디, 자아감, 칫따), 쁘라나, 행위의 기관들, 감각들, 무지, 욕망, 그리고 까르마 즉 활동으로 더 정교하게 묘사했지만, 오직 마음만이 뿌르야스따까입니다. 그것은 또한 미묘한 몸인 링가 샤리라라고도 알려져 있습니다. 이 모든 것이 의식 안에서 일어나고, 의식 안에 존재하고, 또 의식 안에서 소멸되기 때문에, 그 의식만이 실재입니다.

쉬바 신은 말했습니다.

마음과 쁘라나가 없다면, 몸은 스스로 움직이지 못하는 물체 덩어리입니다. 쇳조각이 자석 앞에서 움직이는 것과 마찬가지로, 지바도 무한하고 편재하는 의식의 현존 안에서 움직입니다. 몸은 스스로 움직이지 못하고 의존적입니다. 왜냐하면 몸은 자기 자신이 생명의 공기(쁘라나)와 같다고 믿는 의식에 의해 작용하도록 되어 있기 때문입니다. 따라서 몸을 움직이게 하는 것은 활동의 참나 즉 활동적인 참나입니다. 그러나 마음과 쁘라나 둘 다를 몸 안의 생명을 촉진시키는 촉매로 정해 놓은 것은 지고의 참나 그 자체입니다. 지바로서 마음을 타고 가는 것은 둔함을 가장하고 있는 의식 자체입니다.

일단 이러한 한계가 확립되면, 다른 결과들이 잇따릅니다. 신체적 질병과 정신적 질병이 바로 그것들입니다! 이는 바다 수면 위에 맨 먼저 파도들이 일어나고, 그 다음 물결들 등이 일어나는 것과 같습니다. 지바로서의 의식은 의식으로서 참나 지식을 버렸기 때문에 의존적이 됩니다. 의식은 무지의 두꺼운 베일에 가려 있기 때문에, 마치 검을 휘두르는 취객이 자신의 다리를 잘라 버리는 것처럼, 그것은 어리석게도 스스로에게 자초한 해악을 자각할 수 없습니다. 그러나 그 취객이 곧 술이 깨어 정신이 맑아질 수 있는 것처럼, 이 의식도 곧 참나 지식을 회복할 수 있습니다.

마음이 그 지지물을 잃게 되면 그것은 단지 참나 안에만 머뭅니다.

미묘한 몸(뿌르야스따까)이 그 모든 지지물에서 벗어나면 그것은 정지 상태에 도달하여 움직임이 없게 됩니다. 의식이 객관화 작용 때문에 망상에 빠지게 되면, 잠재해 있던 심리적인 경향성들이 활동하게 됩니다. 그래서 의식은 이들 경향성들과 동일시함으로써 그 본성을 망각하게 됩니다.

가슴의 연꽃이 개화하면 미묘한 몸이 작용합니다. 반면에 그 연꽃이 꽃봉오리를 접으면, 미묘한 몸도 그 작용을 멈춥니다. 미묘한 몸이 몸 안에서 작용을 하는 한, 몸은 살아 있습니다. 반면에 그것이 작용을 멈추면 몸은 죽습니다. 이러한 멈춤은 불순물과 내면의 일깨움이 어떤 형태로든 내부에서 충돌할 때 일어날 수 있습니다. 오직 순수한 바사나 즉 순수한 경향성만이 자신의 가슴을 채운다면, 모든 충돌은 끝이 나고 조화와 해방과 장수가 있습니다. 그렇지 않으면, 미묘한 몸이 작용을 멈출 때, 몸은 죽고, 미묘한 몸은 숨겨진 바사나들을 충족시키기에 적합한 또 다른 몸을 선택합니다. 이러한 바사나 때문에 미묘한 몸은 순수 의식으로서의 그 본성을 망각한 채, 새로운 미묘한 몸과 새로운 관계들을 만듭니다. 그러나 의식은 무한하고 편재하기 때문에 미묘한 몸을 타고 다니는 마음은 어디든지 떠돌아다닐 수 있습니다. 마치 나무가 새 잎을 틔우고 낡은 잎을 버리듯이 지바는 몸을 차지하고 버립니다. 현명한 사람들은 이러한 변화들을 중히 여기지 않습니다.

바시슈타가 던진 두 개의 질문, 즉 첫째 무한한 의식 속에서 이원성은 어떻게 일어났으며, 둘째 영겁에 걸친 확신으로 강화되어 온 그 이원성이 어떻게 끝나는가 하는 질문에 대한 대답으로 쉬바 신은 계속 말했다.

그 편재하는 무한한 의식만이 항상 존재하기 때문에, 다양성(이원성)

은 터무니없고 불가능합니다. 하나라는 개념은 둘이라는 개념이 있는 곳에서 일어나며, 그 반대도 성립합니다. 다양성을 의식의 다양성이라고 깨닫게 되면, 그 다양성은 또한 그 의식이 아니겠습니까! 원인과 결과는 그 본질에 있어서는 하나입니다. 이 본질은 분할할 수 없습니다. 의식은 그 자신의 대상이기 때문에, 언제나 의식인 것입니다. 의식의 변화는 단지 헛된 생각일 뿐입니다. 바다 수면 위에 파도들이 있다고 주장하는 것은 '물로 만들어진 산이 바다의 수면 위에 떠 있다.'고 말하는 것과 같습니다. 파도들이 바다의 바깥에 존재합니까? 오직 의식만이 '그것'이고 '이것'이며, 그리고 의식의 변화를 지각하는 요인인 '중앙에 있는 것'입니다. 브람만이나 진리나 신, 쉬바, 공, 하나 그리고 지고의 참나 등으로 다양하게 알려져 있는 것은 바로 하나의 무한한 의식입니다.

의식의 이 모든 형상과 상태들을 초월해 있는 그것, 지고의 참나인 그것, 순수한 '나'가 가리키는 그것, 그것은 말로 형언할 수 없습니다. 여기서 자각되는 그것은 그 자체를 분할할 수 없습니다. 이 의식이 그 자체에게 부차적인 비전(우빠나야나는 또한 베다 학문의 신성한 실을 의미한다)을 부여하면 그것은 이원성을 지각합니다. 그것은 그 자체의 무지한 상상에 얽매이게 됩니다. 이 상상은 견고성을 일어나게 합니다. 그래서 대상들에 대한 경험은 그 대상들이 실재라는 확신을 일어나게 합니다. 자아감은 그 후 신용을 얻고 확고히 자리 잡아, 활동들의 행위자 역할과 다른 경험들의 경험자 역할을 맡게 됩니다. 따라서 처음에 우연의 일치였던 것이 곧 기정의 사실로 자리를 잡습니다.

악귀가 존재한다는 것을 믿으면, 악귀가 생깁니다. 이원성(다양성)을 믿으면, 이원성이 확립됩니다. 비이원적인 존재를 알게 되면, 이원성은 즉시 사라집니다. 믿음 혹은 상상은 다양성을 일으킵니다. 그 믿음이 그치게 되면, 다양성도 사라집니다. 생각이나 상상이나 믿음은 슬픔을 일으킵니다. 이러한 생각을 버리는 것은 전혀 고통스러운 일이 아닙니다! 이러한 슬픔을 초래한 것은 바로 이러한 생각들과 믿음들을 키우기 때문입니다. 그래서 이런 생각들과 믿음을 지니지 않음으로써 이 슬픔은 끝나게 됩니다. 여기에서 어려운 일이 어디에 있겠습니까? 모든 생각과 믿음들은 슬픔을 초래합니다. 반면에, 생각 없음과 믿음 없음은 순수한 희열입니다. 그러므로 지혜라는 불의 도움을 받아, 그대의 믿음이라는 물을 증발시켜 버리고, 평화롭고 지극히 행복한 상태에 이르도록 하십시오. 하나의 무한한 의식을 바라보십시오.

오직 왕이 '나는 왕이다.'라는 사실을 망각하고 있는 동안만 그는 불행합니다. 일단 그가 그러한 지식을 다시 얻으면 그 슬픔은 사라집니다. 우기가 끝나고 겨울철이 시작될 때, 하늘이 그 자신을 덮을 구름을 더 이상 모을 수 없는 것과 같이, 일단 무한한 의식을 깨닫게 되면 무지의 구름은 영원히 떨쳐 버리게 됩니다.

쉬바 신은 말했습니다.

따라서 우주는 실재와 비실재로서 존재합니다. 신은 이원성이 없으므로 그 둘을 통합하고, 그 둘을 초월하며, 그러므로 그 둘 다이기도 합니다. 나타난 의식은 우주이고, 나타나지 않은 우주는 의식입니다. '나는 이것이다.'라는 생각을 지니게 되면 의식은 묶이게 됩니다. 반면에 바로 이러한 지식을 갖게 되면, 의식은 자유롭게 됩니다. 객관화 또는 개념화는 참나 망각을 초래합니다. 그러나 다양성과 활동의 상태에 있을 때조차 의식은 정말 나누어지지 않습니다. 왜냐하면 마음과 그 마음의 세 가지 양상(사뜨바, 라자스 및 따마스, 다시 말해, 깨어 있는 상태, 꿈꾸는 상태, 잠자는 상태)의 도움을 받아, 분명히 우주로서 나타나는 것은 오직 그 지고의 평화로운 브람만이기 때문입니다.

그러나 그 마음이 마음에 의해 소멸되면, 베일은 산산이 찢어지고 요술 같은 세상의 진리가 보이며, 현상계의 개념과 지바의 존재는 괴멸됩니다. 그때 마음은 객관적인 자각의 개념들을 반복적으로 소생시키던 일을 그만두었으므로 투명하게 됩니다. 이 상태를 '빠슈얀띠'라고 합니다. 그러면 순수한 마음은 대상의 이미지를 더 이상 떠올리지 않습니다. 그것은 깊은 수면 상태나 동질성의 의식에 도달하고, 그럼으로써 다시는 윤회하지 않게 됩니다. 그것은 지고의 평화에 조용히 머물러 있습니다. 이것이 그 첫 번째 상태입니다.

자, 이제 그 두 번째 상태에 귀를 기울이십시오. 마음이 전혀 없는 의식은 온통 빛이라서 어둠이 없고 공간처럼 아름답습니다. 그 무한한 의식은 모든 변화나 이원성으로부터 완전히 벗어나, 마치 깊은 수면 상태에 들어 있는 것처럼, 또는 조각하지 않은 대리석 속의 상처럼 남아 있습니다. 그것은 심지어 시간과 공간의 요소들마저 버리고, 정지와 운동 둘 다를 초월해 있습니다. 그것은 표현할 수 없는 순수한 존재로 남아 있습니다. 그것은 의식의 세 가지 상태를 초월하여, 제4의 즉 분할되지 않는 무한한 의식의 상태로서 남게 됩니다.

자, 이제 세 번째 상태를 봅시다. 이것은 '브람만', '참나' 등으로 불리는 것조차 초월해 있습니다. 그것은 이따금 뚜리야 아띠따(제4의, 즉 뚜리야 상태를 넘어서)라고 불리기도 합니다. 그것은 최후이고 궁극입니다. 그것은 형언할 수 없습니다. 왜냐하면 그것은 수행을 시작한 사람들이 묘사하는 그 수행들 너머에 있기 때문입니다.

오, 현자시여! 늘 그 제3의 상태에 머무십시오. 그것이 진정으로 신을 숭배하는 것입니다. 그러면 그대는 본질과 본질 아닌 것을 초월해 있는 것에 자리를 잡을 것입니다. 지금까지 아무것도 창조되지 않았으며, 사라질 것이 아무것도 없습니다. 그것은 하나와 둘을 초월해 있습니다. 그것은 영원한 것과 덧없는 것을 초월한 영원한 것입니다. 그것은 순수 의식의 덩어리입니다. 그 안에서는 다양성에 대한 의문이 있을 수 없습니다. 그것이 전부이고, 그것이 최고의 축복이며 평화이고, 또한 그것은 표현할 수 없는 것입니다. 그것은 가장 순수한 옴(OM)입니다. 그것은 초월입니다. 그것은 궁극입니다.

(발미끼는 다음과 같이 말했다. "이렇게 말씀하신 뒤에, 쉬바 신은 한동안 말 없이 깊은 명상 상태에 들어갔다.")

데바 뿌자

이렇게 한동안 자기 자신 속에 몰입해 있다가, 쉬바 신은 눈을 뜨고 계속 말했습니다.

오, 현자시여! 그대는 마음으로 사물들을 이해하는 버릇을 버리십시오. 그것(참나)을 아는 사람들은 볼 만한 가치가 있는 것을 보고 있습니다. 봐야 하거나 보지 말아야 할 것이 어디에 더 있겠습니까? 참나를 보십시오. 평화로 간주되는 것과 불안으로 간주되는 것을 자르는 검이 되십시오. 아니면, 주의력이란 다소 약간의 외향성에 의지하여, 내가 그대에게 말하려는 것에 귀를 기울이십시오. 그냥 침묵을 지킴으로써 얻어지는 것은 아무것도 없습니다.

이 몸은 생명력 즉 쁘라나에 의해 살아서 움직입니다. 그 생명력이 없다면, 몸은 스스로 움직이지 못합니다. 몸을 움직이는 에너지는 쁘라나입니다. 이 모든 것을 통해 경험하는 지성은 의식입니다. 이 의식은 형태가 없지만 심지어 하늘보다도 더 순수합니다. 생명력과 몸의 관계가 끝나면, 오직 생명력만이 몸에서 분리됩니다. 공간보다도 더 순수한 의식은 소멸되지 않습니다.

순수한 거울은 그 앞에 있는 것을 비추지만, 만약 그 거울이 먼지로 덮여 있다면 영상은 보이지 않습니다. 그와 같이 몸은 있지만 쁘라나가 몸을 떠나면, 지성은 대상을 비추지 않습니다.

의식이란 비록 무한하고 편재하지만, 마음과 몸의 움직임을 자각할 수 있습니다. 이러한 객관화나 개념화의 결점이 제거되면, 그 자체는 절대자로서 빛납니다. 그것이 바로 창조주 브람마, 비슈누, 쉬바, 인드라, 태양, 달 그리고 최고의 신입니다. 브람마와 비슈누와 쉬바 같은 이들 몇몇 신들은 우주의 환영에 의해 기만당하지 않습니다. 그들은 불의 본성을 공유하고 있는 빨갛게 단 쇠처럼 실로 무한한 의식의 진정한 본성을 공유하고 있는 그 의식의 일부분입니다. 그러나 이들 중 그 어느 것도 실제로 무한한 의식에 의해 창조되지 않았으며, 또 그것과 별도로 존재하지도 않습니다. 이들은 개념들에 지나지 않습니다. 어떤 개념은 다른 개념보다 농도가 더 진할 뿐입니다. 무지에서 일어난 그러한 개념들의 정도를 묘사하는 것은 불가능합니다.

말하자면, 지고의 존재(무한한 의식)는 브람마와 비슈누, 쉬바 그리고 기타 신들의 아버지입니다. 그 무한한 의식만이 숭배와 경배를 받기에 적합합니다. 그러나 그것을 숭배하기 위하여 그것을 초대할 필요는 없습니다. 또 어떤 만뜨라도 그것을 숭배할 때 도움이 되지 않습니다. 왜냐하면 그것은 즉시적 즉 가장 가까이 있는 자기 자신의 참나이기 때문입니다. 그러므로 그것을 초대할 필요가 없습니다. 그것은 모든 것에 편재하는 참나입니다. 이러한 무한한 의식을 어떠한 노력도 없이 깨닫는 것만이 가장 나은 형태의 숭배입니다.

쉬바 신은 말했습니다.

따라서 사람들은 루드라 신을 노력 없이 자연스럽게 나오는 순수한 참나 경험이라고 말합니다. 그것은 모든 대상에 내재해 있는 하나의 의식입니다. 그것은 모든 씨앗 중의 씨앗이며, 이 현상계의 본질이며, 가장 위대한 행위입니다. 그것은 모든 원인 중의 원인이고, 모든 존재들의 본질입니다. 그러나 실제로 그것은 어떤 것을 일으키는 원인도 아니고, 또한 존재의 개념도 아닙니다. 그러므로 생각될 수도 없는 것입니다. 그것은 움직이는 모든 것 안에 존재하는 자각이며, 그것은 그 스스로를 그 자체의 대상으로 알며, 그것은 그것 자신의 지고의 대상이며, 그것은 그것 자신 안에 무한한 다양성을 자각하고 있습니다.

그것은 모든 경험 안에 있는 의식이지만, 그것은 순수하고 무제한적입니다. 그것은 절대적인 진리입니다. 그러므로 하나의 개념으로서의 진리가 아닙니다. 그것은 진리와 거짓의 정의에 제한되지 않습니다. 그것은 사실상 지고의 진리나 근본적인 실재의 바로 끝(종점)입니다. 그것은 순수한 절대적인 의식이지, 그 밖의 어떤 것도 아닙니다.

그러나 그것은 쾌락에 대한 욕망이나 애착이 있으면 스스로 채색이 됩니다. 그것은 스스로 쾌락의 경험자나 쾌락의 경험이 되고, 또 쾌락이 야기한 불순물이나 얼룩이 됩니다. 비록 그것은 무한하고 나누어지지 않는 하늘과 같지만, 곧 그것은 한계와 조건화를 받게 됩니다. 이 무한한 의식 안에 지금까지 현상계라고 하는 수백만 개의 신기루가 존재했고, 앞으로도 또한 현상계라고 하는 수백만 개의 더 많은 신기루가 생겨날 것입니다. 그러나 실제로 무한한 의식과 관계없이는 아무것도 생겨나지 않았습니다. 이는 빛과 열이 불에서 나오는 것 같지만, 그들이 불과 무관하지 않은 것과 같습니다.

이 무한한 의식은 아직도 그 가슴 내부에 가장 큰 산들을 숨기고 있는 궁극적인 소립자에 비유될 수 있습니다. 그것은 무수한 시대의 전 기간을 에워싸고 있지만, 한 순간도 가지 않게 하고 있습니다. 그것은 단 한 올의 머리카락 끝보다 더 섬세하지만, 전 우주에 충만해 있습니다. 아직까지 아무도 그 한계들이나 경계들을 보지 못했습니다.

그것은 아무것도 하지 않습니다. 그러나 그것은 우주를 만들어 냈습니다. 전 우주를 유지시키면서도, 그것은 전혀 아무것도 하지 않습니다. 모든 물질은 그것과 조금도 다르지 않지만, 그것은 물질이 아닙니다. 비록 그것이 비물질적이지만, 그것은 모든 물질에 충만해 있습니다. 우주가 그것의 몸입니다. 그러나 그것은 전혀 몸을 가지고 있지 않습니다. 그것은 영원한 '지금'입니다. 그러나 그것은 내일(아침)입니다. 흔히 분명히 의미가 없는 소리들도 서로 소통을 하면서 의미를 지니게 되고, 또한 의미가 있는 것으로 간주됩니다. 그와 꼭 같이, 그 무한한 의식도 존재하기도 하고 존재하지 않기도 합니다. 그것은 심지어 본질이 아니기도 합니다. 본질과 비본질에 대한 이 모든 진술은 논리에 기반을 두고 있지 않습니다. 그래서 무한한 의식은 진리를 초월하고 논리를 초월해 있습니다.

쉬바 신은 계속 말했습니다.

땅이나 물, 시간 등의 도움을 받아 씨앗을 싹트게 하고, 또 음식이 되게 하는 것은 바로 이 무한한 의식입니다. 그것은 꽃을 피게 하고, 코가 향기를 맡게 합니다. 마찬가지로 그것은 같은 의식에서 생겨나는 적절한 수단의 도움을 받아 세상 속의 물질과 그들의 감각 기관들을 창조하고 계속 유지시킬 수 있습니다. 이 의식의 에너지는 전 우주를 창조할 수 있고, 그러다가 '이것은 없다.'란 생각을 품으면, 모든 것을 공의 상태로 바꿉니다.

이 눈에 보이는 창조는 의식이 그 자체 내에 반영되어, 마침내 하나의 몸을 분명히 얻은 것에 불과합니다. 삼위일체는 '그것은 그렇게 될 것이지, 달리 되지는 않을 것이다.'라고 결정해 주는 그 우주적 힘이나 에너지의 표현이기도 하고, 또한 그 우주적 힘이나 에너지이기도 합니다. 그럼에도 불구하고 의식은 아무것도 창조하지 않습니다. 그것은 마치 활동들이 일어나는 방을 비추는 등불과 같습니다.

바시슈타가 물었다.

신이시여! 이 쉬바(의식)의 에너지는 무엇이며, 그 에너지의 힘들과 활동들은 무엇입니까?

쉬바 신은 대답했습니다.

지고의 존재는 형태가 없습니다. 하지만 의지, 공간, 시간, 질서(혹은 운명) 그리고 우주의 나타나지 않은 본성이라는 다섯 가지가 그의 측면들입니다. 그것은 무한한 힘이나 에너지 혹은 잠재력을 가지고 있습니다. 그 가운데서도 중요한 것은 지식, 동력(다이나믹), 활동 및 무활동입니다.

이 모든 것은 단지 순수 의식에 불과합니다. 그것들이 의식의 잠재력이라 불리기 때문에, 그것들은 의식과 분명히 구별되는 것으로 여겨집니다. 그러나 사실은 그렇지 않습니다.

이 모든 창조물은 의식의 이 모든 잠재력이 시간이란 음악에 맞추어 춤을 추는 무대와 같습니다. 이 가운데서도 으뜸인 것은 '질서'(사물의 자연스러운 순서와 결과)라고 알려져 있습니다. 그것은 또한 행위, 욕망 혹은 하려는 의지, 시간 등으로 알려져 있습니다. 풀잎에서부터 창조주 브람마에 이르기까지 개개의 사물이 어떤 특성을 가져야 한다고 정해 주는 것은 바로 이 잠재력입니다. 이 자연의 질서는 틈틈은 없지만, 그것의 제한이 정화된 것은 아닙니다. 자연의 질서인 그것이 세상의 나타남으로 알려져 있는 드라마인 춤을 추는 것입니다. 그것은 다양한 기분 (연민, 화 등)을 연기하고, 다양한 계절들과 시대들을 만들고 없애며, 천상의 음악과 바다의 노호를 대동하며, 그 무대는 태양과 달과 별들의 조명을 받으며, 그 무대의 남녀 배우들은 모든 세상 내에 살고 있는 존재들입니다. 이러한 것이 자연의 질서의 춤입니다. 무한한 의식인 신은 이 우주적 춤을 조용히, 그러나 방심하지 않고 지켜보는 목격자입니다. 그는 우주적인 자연 질서인 춤추는 '무희', 그리고 사건들인 '춤'과 다르지 않습니다.

쉬바 신은 계속 말했습니다.

거룩한 분들이 변함없이 숭배하기에 적합한 신은 바로 이러한 신입니다. 현명한 사람들에 의해 다양한 방법으로 그리고 쉬바나 비슈누 등과 같은 다양한 형태들로 숭배를 받는 것은 정말로 이 신입니다. 이제 신이 어떻게 숭배를 받을 것인지에 대한 이야기에 귀를 기울이십시오.

우선 사람들은 몸이라는 생각('나는 이 몸이다.'라는 개념)을 버려야 합니다. 명상만이 참된 숭배입니다. 그러므로 명상을 통하여 삼계의 신을 끊임없이 섬겨야 합니다. 어떻게 신을 명상해야 합니까? 신은 순수한 지성이며, 십만 개의 태양이 동시에 뜬 것만큼이나 밝게 빛나며, 모든 햇빛을 비추는 빛이며, 또한 내면의 빛입니다. 무한한 공간은 그의 목구멍이며, 창공은 그의 발이며, 방향들은 그의 팔입니다. 여러 세상들은 그가 손에 쥐고 있는 무기이며, 전 우주가 그의 가슴속에 숨겨져 있습니다. 신들은 그의 몸에 난 털이며, 우주적 잠재력들은 그의 몸에 있는 에너지입니다. 시간은 그의 문지기이며, 그는 수천 개의 머리와 눈과 귀와 팔을 가지고 있습니다. 그는 모든 것을 만지며, 모든 것을 맛보며, 모든 것을 듣고, 비록 생각들을 초월해 있지만 모든 것을 두루 생각합니다. 그는 늘 모든 것을 행하며, 사람이 생각하거나 바라는 것이면 무엇이든지 그에게 줍니다. 그는 모든 것에 내재해 있고, 그는 전부이며, 그만이 모든 것이 추구해야 할 대상입니다. 이렇게 그를 명상해야 합니다.

이 신은 물질에 의해서가 아니라, 자신의 의식에 의해서 숭배를 받아야 합니다. 등불을 흔들거나, 향불을 피우거나, 꽃을 바치거나, 심지어 음식이나 향료를 바침으로써 경배를 올려서도 안 됩니다. 최소한의 노력도 없어야 신에게 다가갈 수 있습니다. 신은 오직 참나 깨달음에 의해서만 숭배를 받습니다. 이것이 최고의 명상이며, 이것이 최고의 경배입니다. 다시 말해, 내재해 있는 존재나 내면의 빛이나 의식에 대한 지속적이고 단절이 없는 자각이 최고의 숭배입니다. 자기가 하고 있는 일을 무엇이든지 하면서, 예컨대, 보거나 듣거나 만지거나 냄새 맡거나 먹거나 움직이거나 잠자거나 숨 쉬거나 혹은 이야기하면서도, 사람은 자신의 본성이 순수 의식이란 것을 깨달아야 합니다. 이렇게 함으로써 사람은 정말로 해방을 성취할 수 있습니다.

명상은 봉헌이며, 명상은 신의 손과 발을 씻도록 신에게 바쳐진 물입니다. 명상을 통해 얻은 참나 지식은 꽃입니다. 진실로 이 모든 것은 명상을 지향하고 있습니다. 참나는 명상 이외의 어떤 수단에 의해서도 깨달아지지 않습니다. 만약 사람이 단지 13초만이라도 명상할 수 있다면,

비록 그가 무지한 사람이라 하더라도, 그는 소 한 마리를 자선 사업에 기부하는 공덕을 쌓게 됩니다. 만약 그가 101초 동안만 그렇게 할 수 있다면, 그 공덕은 신성한 의식을 올리는 공덕과 같습니다. 그 지속시간이 12분이라면, 그 공덕은 천 배나 됩니다. 지속 시간이 하루라면, 그는 가장 높은 세상에 거주하게 됩니다. 이것이 최고의 요가이며, 이것이 최고의 끄리야(활동 또는 봉사)입니다. 이러한 방식의 숭배를 실천하는 이는 신과 악마와 기타 모든 존재들로부터 숭배를 받게 됩니다. 그러나 이것은 외적인 숭배입니다.

쉬바 신은 계속 말했습니다.

나는 이제 그대에게 더러움을 없애 주는 모든 정화제 가운데서도 최고의 정화제이며, 모든 어둠을 완전히 소멸시켜 주는 참나에 대한 내적인 숭배에 대해 말하겠습니다. 이것은 걸어가거나 서 있거나, 깨어 있거나 잠자거나, 자신의 모든 활동을 통하여, 중단 없이 이어지는 명상의 모습입니다. 가슴속에 자리 잡고 있으면서, 말하자면 자기 자신 안에서 모든 변화들을 불러일으키는 이 지고의 신을 명상해야 합니다. 잠을 자고 깨어나며, 돌아다니거나 서 있으며, 만질 수 있는 것을 만지며, 버려야 하는 것을 버리며, 쾌락들을 즐기고 포기하며, 다양한 외적 활동들에 종사하며, 모든 활동에 가치를 부여하며, 신체 내의 주요 기관(영적 중심과 관련이 있는 세 개의 '링감' 즉 데하 링감을 의미할 수도 있다)들에서 평화로운 상태로 있는 '보다 링감'(나타난 의식 또는 참나 자각)을 숭배해야 합니다. 구하지 않았는데도 그에게 찾아오는 모든 것을 가지고, 이 내면의 지성을 숭배해야 합니다. 참나 지식에 흠뻑 젖은 뒤에 끊임없이 이어지는 삶과 그 삶의 경험에 확고히 자리 잡은 채, 참나 깨달음이란 재료를 가지고 이 내면의 지성을 숭배해야 합니다.

다음과 같은 방식으로 신을 명상해야 합니다. 즉, 그는 달의 힘뿐만 아니라 태양의 힘에 의해 빛을 내는 빛입니다. 그는 모든 물질 속에 영원히 숨겨져 있는 지성입니다. 그는 몸의 길을 통해 외부 세상으로 흘러나가는 외향적인 자각입니다. 그는 사람의 얼굴(코)에서 움직이는 쁘라나입니다. 그는 감각의 접촉들을 의미 깊은 경험들로 변형시킵니다. 그는 쁘라나와 아빠나로 구성된 마차를 타고 다닙니다. 그는 사람의 가슴이란 동굴에 비밀스럽게 거주합니다. 그는 알 수 있는 것을 아는 자이며, 모든 활동의 행위자이며, 모든 경험의 경험자이며, 모든 생각을 생각하는 자입니다. 모든 부분이나 수족들을 철저히 알고 있으며, 존재와 무존재에 의해 자각되며, 모든 경험을 밝게 비추는 분이 바로 신입니다.

그는 부분들이 없지만 전체이며, 몸 속에 살지만 편재합니다. 그는 즐기기도 하고 즐기지 않기도 합니다. 그는 매 수족 속에 존재하는 지성입니다. 그는 마음의 생각하는 능력입니다. 그는 쁘라나와 아빠나의 중간에서 일어납니다. 그는 가슴, 목구멍, 구개의 중앙, 눈썹의 중앙, 그리고 코끝에 거주합니다. 그는 36개의 모든 원소(또는 형이상학적인 범주들) 안에 존재하는 실재이고, 내면의 상태들을 초월하여 있으며, 내부의 소리들을 만드는 자이며, 또한 마음이라고 하는 새를 만들어 내기도 합니다. 그는 상상과 무(無)상상이라고 묘사되는 것의 실재입니다. 그는 마치 기름이 씨앗에 내재해 있듯이, 모든 존재 속에 내재해 있습니다. 그는 가슴의 연꽃 속에 내재해 있고, 또한 신체에 두루 내재해 있습니다. 그는 순수 의식으로서 빛을 냅니다. 그는 어디에서든지 즉시 보여집니다. 왜냐하면 그는 모든 경험 속에 있는 순수한 경험이기 때문입니다. 그래서 그러한 경험의 대상들을 이해하려 할 때 분명히 그는 자기 자신을 분리시킵니다.

쉬바 신은 계속 말했습니다.

신이 몸 속의 지성이라고 명상해야 합니다. 몸 안의 다양한 기능들과 능력들은 마치 배우자가 그들의 남편을 섬기듯이 그 지성을 섬깁니다. 마음은 신에게 삼계의 지식을 가져다가 선사해 주는 전령입니다. 두 가지 근본적인 에너지, 즉 지혜의 에너지(냐나 샥띠)와 활동의 에너지(끄리야 샥띠)는 신의 배우자들입니다. 지식의 다양한 양상들은 그의 장신구입니다. 활동 기관들은 신이 바깥세상으로 들어가는 문입니다. '나는 나누어질 수 없는 그 무한한 참나이다. 나는 충만하지만 유한하다.' 이렇게 지성은 몸 속에 내재해 있습니다.

이런 식으로 명상하는 자는 평온 그 자체이며, 그의 행위도 똑같은 비전의 안내를 받기 때문에 침착합니다. 그는 타고난 선과 내면의 순수 상태에 도달했습니다. 그는 그의 존재의 모든 모습 속에서 아름답습니다. 그는 그의 몸 전체에 충만해 있는 지성인 신을 숭배하고 있습니다.

이러한 숭배는 마음을 평온한 상태에 확고히 확립한 채, 바른 영(왜냐하면 신은 의식이고, 오직 바른 영만을 바라기 때문이다)과 평온에 확고히 자리 잡은 마음으로 노력 없이 획득한 물건들을 신에게 바치면서 밤낮 중단 없이 행해집니다. 사람은 노력 없이 획득한 모든 것을 신에게 바치면서 신을 숭배해야 합니다. 자신이 소유하고 있지 않은 것을 얻기 위하여 최소한의 노력을 기울여서도 안 됩니다. 신은 먹고 마시고, 배우자와 함께 있고, 또한 다른 그러한 쾌락들을 통하여 몸이 즐길 수 있는 모든 즐거움에 의하여 숭배를 받아야 합니다. 신은 자신이 경험하는 여러 질병들과 함께, 또 그가 겪는 모든 종류의 불행이나 고통과 함께 숭배를 받아야 합니다. 신은 삶과 죽음 그리고 그의 모든 꿈을 포함한, 그의 모든 활동에 의하여 숭배를 받아야 합니다. 신은 그 사람의 가난이나 성공에 의하여 숭배를 받아야 합니다. 신은 스포츠와 기타 오락들은 물론 심지어 싸움이나 언쟁과 함께, 그리고 애착과 혐오의 감정 표현들에 의하여 숭배를 받아야 합니다. 신은 우정, 동정, 기쁨, 무관심과 같은 경건한 가슴의 고귀한 특성들에 의하여 숭배를 받아야 합니다.

신은 청하지 않았는데도 주어지는 모든 종류의 쾌락들과 함께, 비록 그러한 쾌락들이 경전 등에 의해 인가받았든지 아니면 금지되었든지 간에, 숭배를 받아야 합니다. 신은 바람직한 것으로 여겨지는 것들과 바람직하지 않은 것들로 여겨지는 것들, 적절한 것으로 여겨지는 것들과 또 적절하지 않은 것으로 여겨지는 것들과 더불어 숭배를 받아야 합니다. 이러한 숭배를 위하여 잃어버린 것은 포기해야 하고, 노력 없이 얻어진 것은 받아들여야 합니다.

쉬바 신은 계속 말했습니다.

모든 지각의 대상들과 관련하여, 비록 그 대상들이 유쾌하든 불쾌하든 간에, 지고의 평온 상태를 확고히 유지하면서 언제나 이 숭배에 관여해야 합니다. 모든 것을 좋고 상서로운 것으로 간주해야 합니다(아니면, 모든 것을 선과 악의 혼합물로 간주해야 합니다). 모든 것이 하나의 참나라는 것을 깨달은 뒤에, 이러한 정신으로 참나를 숭배해야 합니다. 즐겁고 아름다운 것과 견딜 수 없을 정도로 불쾌한 것을 똑같은 시각으로 바라보아야 합니다. 이와 같이 참나를 숭배해야 합니다.

'나는 이것이다.', '나는 이것이 아니다.'와 같은 구별하는 개념들을 버리고, '이 모든 것은 정말로' 하나의 나눌 수 없는 무한한 의식인 '브람만이다.'라는 것을 깨달아야 합니다. 그런 정신으로 참나를 숭배해야 합니다. 그 어느 때고 모든 형태들과 그 변화들 속에서도 자기가 얻는 모든 것 안에서, 그리고 그 모든 것을 통하여 참나를 숭배해야 합니다. 바람직한 것과 바람직하지 않은 것의 구별을 버린 뒤에, 참나를 숭배해야 합니다. 아니면 심지어 그러한 구별에 의존하고 있는 동안이라도 (그들을 숭배의 재료로 이용하면서) 참나를 숭배해야 합니다.

갈망하거나 거부함도 없이, 노력 없이 자연스럽게 획득된 것은 즐겨질 수 있습니다. 마치 하늘이나 공간 그 어느 것도 그 안에 존재하면서 성장해 가는 다양한 대상들에 의해 영향을 받지 않는 것과 같이, 무의미하거나 의미 있는 대상들과 마주쳤을 때 침울하거나 들떠서는 안 됩니다. 시간과 장소와 활동의 일치 때문에 순수하게 얻어지는 각각의 모든 대상과 더불어 통속적으로 그것들이 좋거나 혹은 좋지 않은 것으로 알려지든 간에, 심리적인 곡해 없이 참나를 숭배해야 합니다.

참나를 숭배하는 이러한 절차에서, 숭배에 필요한 것으로 언급된 품목이면 무엇이든지, 비록 사용된 표현들은 다를지라도, 다른 모든 것들과 똑같은 성격을 지니고 있습니다. 평온은 매우 달콤하며, 이 달콤함은 감각과 마음을 초월해 있습니다. 그 평온과 접촉하는 것은 무엇이든지, 그 묘사나 정의가 그 무엇이라 하더라도, 즉시 달콤하게 변합니다. 공간의 평온처럼 평온한 상태에 있을 때 행해지는 그것만이 숭배로 간주됩니다. 왜냐하면 그때 마음은 아무런 생각의 움직임이 없이 완전히 정지해 버렸기 때문이고, 또한 비뚤어진 마음이 저절로 없기 때문입니다. 현명한 사람은 이러한 평온의 상태에 정착한 뒤에, 갈망하거나 거부함이 없이 외적으로 자연스런 활동을 행하면서, 자기 자신의 내부에서 무한한 팽창을 경험해야 합니다. 이러한 것이 이 지성을 숭배하는 사람의 본성입니다. 그런 사람의 경우에, 망상과 무지와 자아감은 꿈속에서조차 일어나지 않습니다. 오, 현자시여! 모든 것을 마치 아이처럼 경험하면서 이런 상태에 머무르십시오. 시간과 상황과 환경이 그대에게 가져다주는 모든 것과 함께 이 몸에 충만해 있는 지성의 신을 숭배하고, 욕망이 없는 지고의 평화 속에 안주하십시오.

쉬바 신은 계속 말했습니다.

그대가 무엇을 하든지, 그리고 그대가 그것을 할 때마다 혹은 그것을 하지 않을 때마다, 그 모든 것은 순수 의식인 신에 대한 숭배입니다. 그 모든 것을 신인 참나에 대한 숭배로 간주함으로써, 그는 기쁩니다.

좋아하는 것과 좋아하지 않는 것, 애착과 혐오 등은 참나의 본성과 관계없이는 참나 안에서 발견되지 않습니다. 즉, 그것들은 단지 말에 불과합니다. '주권', '빈곤', '쾌락', '고통', '자기 자신의 것', 그리고 '다른 것들'과 같은 단어들이 가리키는 개념들마저 사실상 참나에 대한 숭배입니다. 왜냐하면 생각하는 그 지성이 참나이기 때문입니다. 우주적 존재에 대한 지식만이 우주적 존재에 대한 적절한 숭배입니다.

'이 세상'과 같은 표현들이 가리키는 것은 오로지 참나 즉 우주적 의식입니다. 순수 의식이나 지성인 참나가 어떻게 해서 그 자체의 본성을 잊고 그 스스로를 지바(개인)로 여기는 것처럼 보이다니, 이 얼마나 신비스럽고 놀라운 일입니까? 사실, 모든 것 안에 있는 실재인 그 우주적 존재 내에는 숭배자와 숭배와 숭배 받는 대상에 대한 구분마저 없습니다. 아무런 구분이 없이 전 우주를 지탱해 주는 그 우주적 존재를 묘사하는 것은 불가능합니다. 그것에 대하여 다른 사람에게 가르치는 것도 불가능합니다. 그리고 우리는 우리가 그것들을 배울 가치가 있다고도 생각하지 않습니다. 왜냐하면 우리는 신이 시간과 공간의 조건화를 받고 있다고 생각하기 때문입니다. 그러므로 그러한 모든 제한적인 개념들을 버리고, 심지어 숭배자와 숭배 받는 대상인 신이라는 구별들도 버린 채, 참나에 의해 참나를 숭배하십시오. 평화롭고, 순수하고, 갈망이 없는 상태로 존재하십시오. 그대의 모든 경험과 표현들이 참나에 대한 숭배라고 생각하십시오.

(바시슈타가 쉬바와 브람만과 참나 등이 왜 그렇게 불리는지 그리고 그러한 차이가 어떻게 일어났는지에 대해 좀 더 충분히 설명해 달라고 요청하자, 그에 대한 대답으로, 신은 다음과 같이 계속 말했다.)

실재는 시작도 없고 끝도 없으며, 그것은 심지어 어떤 것에도 비추어지지 않습니다. 그것이 바로 실재입니다. 그러나 마음과 감각들을 통하여 그것을 경험할 수 없기 때문에, 그것은 마치 비존재인 것처럼 간주되기까지 합니다.

("만약 그것이 마음을 초월해 있다면, 그것을 어떻게 깨달을 수 있습니까?"라는 바시슈타의 물음에 대하여, 쉬바 신은 다음과 같이 대답했다.)

무지를 벗어나 자유를 얻고 싶어 하며, 그러므로 소위 미묘한 무지(사뜨빅 아비디야)를 갖추고 있는 구도자의 경우에, 이 미묘한 무지는 경전의 도움을 받아, 마치 세탁하는 사람이 또 다른 형태의 비누인 때의 도움으로 때를 제거하는 것처럼, 그 무지를 없애 줍니다. 이러한 촉매 작용에 의하여 무지는 제거되고, 참나는 참나를 깨달으며, 참나는 그 자체의 밝게 빛나는 본성 때문에 참나를 보게 됩니다.

쉬바 신은 계속 말했습니다.

아이가 숯을 가지고 놀 때, 그의 손은 검게 변합니다. 그가 손을 씻지만 곧바로 숯을 가지고 다시 놀면, 그의 손은 다시 검게 변합니다. 그러나 만약 그가 손을 씻고 난 뒤에 다시는 숯을 만지지 않으면, 그의 손은 계속 청결할 수 있습니다. 그와 꼭 같이, 만약 사람이 참나의 본성을 알아보고, 동시에 아비디야 즉 무지를 조장하는 그런 활동들을 그만두면,

그 무지의 어둠은 사라집니다. 그러나 참나를 자각하게 되는 것은 오로지 참나뿐입니다.

이러한 다양성을 참나로 생각하지 마십시오. 참나 지식이 스승의 가르침 때문이라는 느낌을 지니지 마십시오. 구루 즉 스승은 마음과 감각을 겸비하고 있습니다. 그러나 참나나 브람만은 마음과 감각을 초월해 있습니다. 다른 것이 멈춘 뒤에야 비로소 얻어지는 그것은 그것이 여전히 존재하고 있는 동안에 그것의 도움으로 얻어지지 않습니다. 그러나 스승의 가르침들과 그 나머지 모두가 실제로 참나 지식을 얻는 수단이 아니라 하더라도, 그것들은 그 수단으로 여겨지게 되었습니다.

참나는 경전이나 스승의 가르침 그 어느 것에 의해서도 드러나지 않습니다. 그리고 참나는 스승의 가르침들과 경전의 도움 없이도 드러나지 않습니다. 참나는 이 모든 것이 동시에 일어날 때 비로소 드러납니다. 참나 지식이 성취되는 것은 오직 경전의 지식과 스승의 가르침들과 참된 제자 관계가 함께 할 때 일어납니다.

모든 감각이 작용을 멈춘 뒤에, 그리고 쾌락과 고통의 모든 개념이 사라진 후에 존재하는 그것이 참나 즉 쉬바이며, 그것은 또한 '그것', '진리' 혹은 '실재'와 같은 표현으로 지칭되기도 합니다. 그러나 이 모든 것이 존재하지 않을 때 존재하는 그것은 무한한 공간처럼, 이 모든 것이 존재해 있을 때도 존재하고 있습니다. 망상에 사로잡힌 무지한 사람들에 대한 동정심에서, 그들을 영적으로 일깨워 주고 또 그들의 마음에 해방에 대한 갈망을 일깨워 주고자 브람마, 인드라, 루드라 및 기타 신들로 알려진 우주의 구원자들이 베다와 전설인 뿌라나들과 같은 경전을 만들었습니다. 이러한 경전들 속에서 그들은 '의식', '브람만', '쉬바', '참나', '신', '지고의 참나' 등과 같은 단어들을 이미 사용했습니다. 이러한 단어들이 다양성을 함축하고 있을지 몰라도, 실제로는 그러한 다양성이 전혀 없습니다.

'브람만' 등과 같은 단어들이 가리키는 진리는 정말이지 순수 의식입니다. 그것과 관련하여 심지어 무한한 공간마저 거대한 산만큼이나 거칠고 단단합니다. 그 순수한 의식은 알 수 있는 대상인 것처럼 보이고, 비록 가장 내면의 참나이기 때문에 그것이 지식의 대상은 아니지만, 지성이나 의식의 개념을 일으킵니다. 순간적인 개념화 때문에 이 순수 의식은 자아의식인 '나는 알고 있다.'를 일으킵니다.

쉬바 신은 계속 말했습니다.

이 자아감은 다시 시간과 공간의 개념을 낳습니다. 그 다음 그것이 생명의 공기가 주는 에너지를 부여받으면, 그것은 지바 즉 개인이 됩니다. 그때부터 개인은 개념들의 명령을 따르고 그래서 짙은 무지 속으로 빠져 들어갑니다. 이런 식으로 마음은 자아감과 다른 여러 가지 형태의 심리적 에너지와 관련하여 태어납니다. 이 모든 것을 통틀어 한 차원에서 다른 차원으로 이동하는 미묘한 몸(아띠바히까)이라고 합니다.

이후에, 미묘한 몸의 미묘한 여러 에너지에 해당하는 세상의 대상물들인 대상들이 잉태되었고, 또한 이런 식으로 시각, 촉각, 청각, 미각, 후각과 같은 다양한 감각들이 그에 해당하는 대상과 그 대상과 관련된 경험들이 생겨나게 되었습니다. 이 모두를 뿌르야스따까라고 하며, 그들이 미묘한 상태에 있을 때 그들을 또한 미묘한 몸이라고도 합니다.

이런 식으로 이 모든 대상들이 창조되었습니다. 그러나 사실은 아무 것도 창조되지 않았습니다. 이 모든 것이 단지 하나의 무한한 의식에서 일어나는 분명한 변화이기 때문입니다. 꿈 속의 대상들이 자기 자신의 내부에 있는 것처럼, 이 모든 것은 무한한 의식과 전혀 다르지 않습니다. 어떤 사람이 그러한 대상들을 꿈꾸고 있을 때처럼, 그것들은 그 사람의 자각의 대상들이 되는 것 같고, 그래서 이 모든 것이 객관적인 실체인 것처럼 나타나 보입니다.

그것들에 관한 진리를 깨닫게 되면, 이 모든 것은 신으로서 빛이 납니다. 그러나 심지어 그것도 사실이 아닙니다. 왜냐하면 이 모든 것이 결코 물질들이나 대상들이 되지 않았기 때문입니다. 자신이 경험하는 그것들이 물질이라는 그 자신의 생각들 때문에 그것들은 실체가 있는 것처럼 보입니다. 이렇게 실체가 있다는 생각을 떠올림으로써, 의식은 실체를 보게 됩니다.

의식이 그러한 개념들에 조건화되었기 때문에, 그것은 고통을 받고 있는 것 같습니다. 조건화는 슬픔입니다. 그러나 조건화는 생각들과 개념들(혹은 감각적, 심리적 경험들)에 기초를 두고 있습니다. 그러나 진리는 그러한 경험들을 초월해 있고, 세상은 신기루와 같은 하나의 현상입니다! 그런 경우에, 심리적 조건화가 무엇이며, 누가 무엇을 조건화하며, 그러한 조건화로 누가 조건화된단 말입니까? 누가 신기루의 물을 마시는 겁니까? 이런 식으로 이 모든 것들이 거부되면, 어떤 조건화도 없고, 조건화되는 것이 하나도 없는, 실재만이 남게 됩니다. 그것은 존재나 비존재로 불릴 수도 있지만, 그것만이 존재합니다. 심리적 조건화는 유령과 같이 가공의 비존재입니다. 즉 그것을 없애면, 세상의 환영도 또한 사라집니다. 이 자아감과 세상이라고 알려진 이 신기루를 실재하는 것으로 여기는 사람은 가르침을 받기에 적합하지 않습니다. 스승은 어리석은 사람들을 가르치는 것이 아니라, 지혜를 갖춘 사람만을 가르칩니다. 어리석은 사람들은 오직 꿈 속에서 본 남자에게 자기 딸을 결혼시키는 그런 무지한 사람처럼, 그들의 믿음과 희망을 현상계에 걸고 있습니다.

쉬바 신은 계속 말했습니다.

마치 꿈꾸는 사람이 내면의 공(空) 속에서 다양한 대상들을 자각하고 있는 것처럼, 지바도 공 속에서 그 몸을 구성하고 있는 이 다양한 원소들을 자각합니다. 이것은 오늘날에도 사실입니다. 우주 의식이나 우주적 존재는 마치 꿈꾸는 사람이 자기 자신의 내부에서 다양성을 자각하는 것처럼, 그 자체 내에서 다양성의 우주를 자각합니다.

지바는 그 스스로를 브람마나 비슈누 등으로 생각하지만, 이 모든 것이 생각의 형태에 불과합니다. 그러나 이 생각의 형태는 다른 여러 생각의 형태들을 상상하고 자각하며 그것들을 경험합니다. 이 모든 지각 안에 있는 유일한 실재는 자아감이라고 하는 일차적인 개념입니다. 자아감은 그 자체 내에서 하나의 대상을 생각하고, 그것이 그것의 대상으로 분명히 그것을 지각하고 있다고 생각하는 바로 그 순간에 일어납니다. 그 순간 그 자체는 한 시대이고, 또한 여러 시대들을 곱한 배수이기도 하며, 그것들을 나눈 것이기도 합니다. 존재의 매 원자 속에서 참나 가림과 참나 지식의 드라마는 늘 상연되고 있지만, 그 모든 것은 우주적 의식이 만들어 낸 생각의 모습에 불과합니다. 그러나 아무것도 우주 의식에 의해서나 혹은 우주 의식 안에서 창조되지 않았습니다. 왜냐하면 우주 의식은 불변이고 변화되지 않기 때문입니다.

꿈 속에서 본 산은 시간과 공간 안에 존재하는 것처럼 보입니다. 그러나 실제로 그것은 어떤 공간도 차지하고 있지 않으며, 또한 나타나고 사라지는 데 시간도 걸리지도 않습니다. 이 세상도 그와 같습니다. 무한한 힘을 가진 신이 어떤 식으로 존재 안으로 들어오든지 간에, 그와 꼭 같은 식으로 지렁이도 또한 눈 깜짝할 사이에 생겨납니다. 루드라

신에서부터 아래로는 풀잎에 이르기까지, 우주에서 보는 모든 존재들은 비록 그것들이 미생물이든 아니면 거대한 인물들이든 간에, 똑같은 식으로 생겨난 것입니다.

이런 식으로 사람이 이 삼사라(현상계)의 본성을 탐구한다면, 다양성의 지각은 참나 지식이나 신의 실현이 시작됨과 동시에 사라집니다. 무한한 의식의 참된 본성을 100분의 1초의 절반 동안이라도 놓치게 되면, 이 모든 불행한 가공의 세상들이 일어나게 됩니다. 지혜로운 현자들이 '브람만'이란 표현을 쓸 때, 그 의미는 무한한 의식 속에 영원히 확고부동하게 자리 잡고 있는 그 상태를 말합니다. 이 상태가 깨어지면, 이 세상이 실재한다는 생각을 지니게 되며, 이것은 신, 악마, 인간, 인간 아류, 식물, 벌레 등과 같은 끝없이 연속되는 다양성을 일으킵니다. 그러나 만약 그 우주 의식의 상태로부터 벗어나지 않는다면, 그는 진리가 어디에서나 늘 존재한다는 것을 깨닫습니다.

바시슈타가 말했다.

오, 라마여! 이렇게 말을 하고 난 뒤 쉬바 신은 나의 숭배를 받았고, 나에게 축복을 내린 뒤에 그의 배우자인 빠르바띠와 함께 떠나갔습니다. 나는 그의 가르침을 이해했으므로 이전의 숭배 방식을 버리고, 편재하는 비이원적인 참나에 대한 숭배를 시작했습니다.

바시슈타는 계속 말했다.

오, 라마여! 비실재적인 지바는 비실재에 대한 비실재적인 영향 때문에 비실재적인 세상을 자각합니다. 이 모든 것을 통해 무엇이 실재적인 것으로 간주될 수 있으며, 무엇이 비실재적인 것으로 간주될 수 있겠습니까? 가상의 한 대상은 누군가에 의해 상상적으로 묘사되면, 사람은 자신의 상상 속에서 그것을 이해하고, 또 그가 그것을 이해하고 있다고 상상합니다. 유동성이 액체에, 운동이 바람에, 텅 빔이 공간에 있는 것과 꼭 같이, 편재는 참나 안에 있는 것입니다.

쉬바 신이 나에게 가르침을 준 때부터, 나는 무한한 참나에 대한 숭배를 해 왔습니다. 그러한 숭배의 은총을 입어, 비록 나는 끊임없이 다양한 활동들에 종사하고 있지만 슬픔이 없습니다. 자연스럽게 내 손에 들어오는 꽃이면 무슨 꽃이든지 그 꽃을 가지며, 나에게 오는 자연스러운 활동이라면 무슨 활동이든지 그 활동을 하면서, 나는 지금도 분명히 겉으로는 나뉘어 있지만 분할되지 않는 그 참나에 대한 숭배를 하고 있습니다.

소유하고 소유당하는 관계 안으로 들어가는 것은 신체를 가진 모든 존재들에게는 공통적으로 있습니다. 그러나 요기들은 영원히 방심하지 않으며, 그러한 방심하지 않음이 참나에 대한 숭배입니다. 이러한 내면적 태도를 취하고, 어떤 애착도 전혀 없는 마음을 가지고, 나는 이 무서운 삼사라라는 현상계의 숲을 떠돌아다닙니다. 그대도 그렇게 한다면 고통을 받지 않을 것입니다.

그대에게 재산의 상실과 친척들의 죽음과 같은 큰 슬픔이 일어나면, 앞에서 기술한 대로 진리의 본성을 탐구하십시오. 그대는 기쁨이나 슬픔으로 영향을 받지 않을 것입니다. 그대는 이제 이 모든 일들이 어떻게 일어나고 어떻게 멈추는지를 알고 있으며, 또한 그런 것들에 의해 현혹되어 있는 사람과 그들의 참된 본성을 탐구하지 않는 사람의 운명을 알고 있습니다. 그들은 그대에게 속하지 않습니다. 그대 또한 그들에게 속하지 않습니다. 그런 것은 이 세상의 비실재적인 본성인 것입니다. 슬퍼하지 마십시오.

사랑하는 라마여! 그대는 우주의 다양성에 대한 환영적인 자각으로 영향을 받지 않는 순수 의식입니다. 만약 그대가 이것을 안다면, 어떻게 그대의 마음속에 바람직한 것과 바람직하지 않은 것의 생각이 일어나겠습니까? 오, 라마여! 이렇게 깨달은 뒤에는 의식의 초월적(뚜리야) 상태에 자리를 잡고 계십시오.

라마는 말했다.

신이시여! 저는 이원성의 더러움으로부터 벗어났습니다. 저는 이 모든 것이 정말로 브람만이라는 것을 깨달았습니다. 저의 지성은 정화되었고, 의심들과 욕망들과 심지어 의문들도 사라졌습니다. 저는 천국도 바라지 않고, 지옥도 두려워하지 않습니다. 저는 참나에 자리 잡고 있습니다. 오, 신이시여! 당신의 은총으로, 저는 이 삼사라(현상계)의 바다를 건넜습니다. 저는 직접적인 참나 지식의 완전함을 깨달았습니다.

바시슈타는 계속 말했다.

오, 라마여! 그대가 애착이 없는 마음을 가지고 단순히 행위 기관들로 그저 행하는 것은 활동으로 간주되지 않습니다. 감각적인 경험에서 나오는 기쁨은 덧없는 것입니다. 그러한 경험의 반복이 반복적으로 똑같은 기쁨을 주지는 않습니다. 바보가 아닌 다음에야 누가 그러한 순간적인 기쁨을 바라겠습니까? 더구나, 대상이란 그대가 그것을 바랄 때만이 그대에게 쾌락을 줍니다. 그래서 쾌락은 욕망에 속합니다. 그러므로 욕망이나 갈망을 버리십시오.

불원간 그대가 그것(참나)의 경험을 얻으면, 다시 한 번 욕망처럼 소생될 수 있는 하나의 기억이나 자아감으로서 그대 마음속에 그것을 저장해 두지 마십시오. 왜냐하면 그대가 참나 지식의 정상에 있을 때, 다시 자아감의 나락 속으로 떨어지는 것은 지혜롭지 못하기 때문입니다. 희망들도 끝나고 개념들도 사라지게 하십시오. 집착이 없이 살아가면서, 마음을 무심의 상태에 이르게 하십시오. 그대는 그대가 무지할 때만이 속박되어 있습니다. 그대가 참나 지식을 갖게 되면 속박당하지 않을 것입니다. 그러므로 어떻게 해서든지 방심하지 말고 참나 지식에 머물도록 노력하십시오.

그대가 감각의 경험들에 관여하지 않고, 또한 구하지 않았는데도 그대에게 찾아오는 모든 것을 경험하면, 그대는 잠재적인 경향성들이나 기억들이 전혀 없는 평온과 순수의 상태에 머물게 됩니다. 하늘처럼 그러한 상태에서는 그대가 일천 번이나 주의를 딴 곳으로 돌려도 그대는 물들지 않을 것입니다. 아는 자와 알려진 대상과 지식이 하나의 참나 속으로 통합되면, 순수한 경험자는 내부에서 다시는 분리를 일으키지 않습니다.

마음이 조금이라도 움직이면 즉 마음의 눈이 깜빡거릴 때, 삼사라(현상계)는 일어나고 사라집니다. 쁘라나와 바사나들을 억제함으로써 마음의 눈을 깜빡거리지 않게, 생각의 움직임이 없게 하십시오. 쁘라나의 움직임(깜빡거림)으로도 삼사라가 일어나고 사라집니다. 따라서 부지런한 수행을 통해 쁘라나에 그러한 움직임이 없도록 하십시오. 어리석음(무지)이 일어나고 멈춤에 따라, 자기를 구속하는 활동이 일어나고 멈춥니다. 따라서 자기 수양과 스승과 경전의 가르침을 통해 그것을 억제하십시오.

이 세상이라는 환영은 마음속에서 생각이 움직이기 때문에 일어났습니다. 따라서 그 생각이 그치면 그 환영도 그칩니다. 그러면 마음은 무심이 됩니다. 이것은 또한 쁘라나를 억제함으로써도 성취될 수 있습니다. 그것이 지고의 상태입니다. 무심의 상태에서 경험되는 희열, 즉 어떤 원인도 없이 일어나는 그 희열은 가장 높은 천국에서도 찾을 수 없습니다. 사실 그 희열은 표현할 수도 없고 형언할 수도 없으며, 심지어 행복이라고 불러서도 안 됩니다! 진리를 아는 사람의 마음은 무심입니다. 즉, 그것은 순수한 사뜨바입니다. 그러한 무심의 상태로 얼마간 산 뒤에는, 뚜리야 아띠따(초월의 상태, 즉 뚜리야 상태 너머의 상태)라고 하는 상태가 일어납니다.

우드애플의 이야기

바시슈타는 계속 말했다.

오, 라마여! 이와 관련된 교훈적인 우화가 하나 있어, 그대에게 들려 주겠습니다.

비록 헤아릴 수 없는 영겁에 걸쳐서 존재해 왔지만, 무한히 크고 썩어 없어지지도 않는 우드애플의 열매가 하나 있습니다. 그것은 불멸불사란 감로의 원천이며 지주입니다. 그것은 달콤함이 깃들어 사는 집입니다. 그 나무는 매우 오래되었지만 초승달처럼 항상 새롭습니다. 그것은 우주의 바로 중심 즉 가슴입니다. 그것은 움직이지 않으며, 우주를 소멸시키는 힘에 의해서도 흔들리지 않습니다. 무한히 큰 이 우드애플의 열매는 이 우주를 만든 최초의 근원입니다.

그 열매는 완전히 익어도, 그 자리에서 떨어지지 않습니다. 그것은 완전히 익은 상태로 영원히 있지만, 너무 익어 변하지도 않습니다. 심지어 창조주 브람마, 비슈누, 루드라, 그리고 기타 신들도 이 우드애플 열매의 기원을 알지 못합니다. 아무도 그 씨앗을 보지 못했으며, 또한 이 열매가 자라는 나무도 본 적이 없습니다. 그것에 대해 말할 수 있는 유일한 것은 이 열매가 시작도 중간도 끝도 없이, 그리고 변화와 부분적인 변형들도 없이 존재하고 있다는 것입니다. 심지어 이 열매 내부에서는 다양성이라고는 전혀 없습니다. 다시 말해, 그것은 안이 텅 비어 있지 않고 완전히 가득 차 있습니다. 그것은 보통 사람의 기쁨에서부터 최고의 신이 누리는 기쁨에 이르기까지 모든 기쁨과 즐거움의 원천입니다. 따라서 이 열매는 다름 아닌 무한한 의식의 에너지가 나타난 것입니다.

잠시도 그 자체의 참된 본성을 버리지 않는 이 무한한 의식의 에너지는 말하자면 그 자체의 지성으로 단순히 우주를 만들겠다는 의지만으로 이 우주를 밖으로 나타내 보입니다. 사실 이것(즉 그것이 의지로 그렇게 했다는 것)조차도 실은 맞지 않습니다! 그러한 의지 행사에 내포된 자아감 그 자체가 비실재적이기 때문입니다. 그러나 여기서부터 모든 원소들과 거기에 해당하는 주관적 감각들이 나옵니다. 진실로 그 무한한 의식의 에너지 그 자체가 공간, 시간, 자연의 질서, 사고의 확장, 애착과 혐오, 나의 성질, 너의 성질, 그것의 성질, 위, 아래, 기타 방향, 산, 창공과 별, 지식과 무지 등 지금 존재하고 있는 모든 것과 과거에 존재했던 모든 것과 미래에 존재하게 될 모든 것입니다. 그 모든 것은 바로 무한한 의식의 에너지에 불과합니다.

비록 그것은 하나이지만, 그것은 다양한 존재들로 생각됩니다. 그러나 그것은 하나도 아니요, 또한 다수도 아닙니다. 그것은 심지어 그것도 아닙니다. 그것은 실재 속에 자리 잡고 있습니다. 그것은 모든 것을 포함한 더할 나위 없는 평화 바로 그것입니다. 그것은 헤아릴 수 없이 거대한 하나의 우주적 존재 또는 참나입니다. 그것은 우주적 의식의 본성을 가진 우주적 에너지입니다.

바위의 이야기

바시슈타는 계속 말했다.

오, 라마여! 이것을 좀 더 설명해 줄 또 하나의 우화가 있습니다. 이제 그것을 그대에게 이야기하겠습니다.

사랑과 애정으로 가득 차 있고, 너무 잘 보여 항상 명확히 자각이 되며, 부드럽고, 편재하며 그리고 영원한 그런 거대한 바위가 하나 있습니다. 그 내부에서는 무수한 연꽃이 꽃을 피웁니다. 그 꽃잎들은 이따금 서로 부딪치기도 하고, 이따금 서로 부딪치지 않기도 합니다. 이따금 그것들은 볼 수 있도록 밖으로 노출되기도 하고, 이따금 보이지 않게 숨겨져 있기도 합니다. 어떤 꽃잎들은 고개를 아래로 숙이고 있으며, 어떤 것들은 위로 쳐들고 있습니다. 또 어떤 연꽃의 뿌리는 서로 뒤얽혀 있으며, 어떤 것은 아예 뿌리가 없기도 합니다. 모든 것이 비록 존재하지는 않지만, 그 안에 존재하고 있습니다.

오, 라마여! 이 바위가 진실로 우주 의식입니다. 그것은 그 동질성에 있어서 바위와 같습니다. 그러나 그 내부에는 이 우주의 이 모든 다양한 생물들이 존재하는 것처럼 보입니다. 마치 사람이 그 바위 내부에 있는 여러 가지 다른 형상들을 생각하거나 상상하는 것과 꼭 같이, 이 우주도 또한 이 의식 속에 존재하고 있는 것으로 어리석게도 상상합니다. 조각가가 바위로 여러 가지 다른 형상들을 '창조'하더라도, 그것은 여전히 바위입니다. 동질의 의식 덩어리인 이 우주 의식의 경우에서도 꼭 그와 같습니다. 견고한 바위 안에는 그것을 쪼아 조각할 수 있는 다양한 조각상들이 잠재되어 있는 것과 꼭 같이, 이 우주에 있는 다양한 이름들과 형상들을 가진 생물들도 우주 의식 안에 잠재적으로 존재합니다. 바위가 조각되었든 조각되지 않았든 간에 여전히 바위인 것과 마찬가지로, 의식도 이 세상이 나타나든 나타나지 않든 간에 여전히 의식인 것입니다. 현상계는 단지 공허한 표현에 지나지 않습니다. 그 실체는 다름 아닌 의식이기 때문입니다.

사실 이렇게 나타나고 변화되는 것마저도 비록 나타나거나 변화된다는 점에서는 그렇지 않지만, 단지 브람만 즉 우주 의식에 불과합니다. 심지어 이러한 구분(변화의 의미에서나 혹은 다른 어떤 의미에서의 변화)도 브람만 내에서는 무의미합니다. 이러한 표현이 브람만과 관련하여 사용될 때, 그 의미는 마치 신기루에 나타난 물처럼 아주 다른 것입니다. 씨앗은 씨앗 이외의 어떤 것도 포함하고 있지 않기 때문에, 그 꽃이나 열매도 씨앗과 꼭 같은 본성을 가지고 있습니다. 즉, 씨앗의 실체는 또한 그 후에 나타난 결과물의 실체이기도 합니다. 그와 꼭 같이 동질의 우주 의식의 덩어리는 의식이란 그 본질 이외의 어떤 것도 일으키지 않습니다. 이러한 진리를 깨달으면 이원성은 사라집니다. 의식은 결코 무(無)의식이 되지 않습니다. 약간의 변화가 있다 하더라도 그것 또한 의식입니다. 그러므로 어디에서든, 어떤 형태로든, 존재하는 모든 것은 브람만입니다. 이 모든 것은 동질의 의식 덩어리 속에서 잠재적인 상태로 영원히 존재합니다.

바시슈타는 계속 말했다.

이른바 이 우주(사실은 똑같은 의식의 또 다른 양상인) 안에 있는 시간과 공간과 기타 요인들은 다름 아닌 의식입니다. 이 모든 것이 단지 생각들과 개념들에 불과하고, 또 참나는 하나이며 분할할 수 없는 것이라는 것을 깨달으면, 이것들이 어떻게 비실재적인 것으로 간주되겠습니까? 씨앗 속에는 씨앗 이외의 어떤 것도 없습니다. 다시 말해 다양성이 전혀 없습니다. 하지만 추측컨대 씨앗 속에 존재하는 (꽃이나 열매 등의) 잠재적인 다양성에 대한 개념이 있을 수 있습니다. 그와 꼭 같이 우주 의식도 다양성이 전혀 없는 하나입니다. 그러나 다양성의 우주가 개념으로만 존재하고 있는 것으로 말해집니다.

돌은 한 개입니다. 오직 그 단 하나의 돌과 관련해서만 수많은 연꽃들의 개념이 일어납니다. 그와 같이 다양성의 개념은 다양성을 일으킴이 없이 의식 안에서 일어납니다. 그러나 마치 신기루에 있는 물이 존재하기도 하고 동시에 존재하지 않기도 하듯이, 무한한 의식과 관련된 다양성도 그와 같습니다. 이 모든 것은 진실로 무한한 의식인 브람만입니다. 돌 속에 연꽃들이 존재한다는 개념이 그 돌을 파괴하지 않는 것처럼, 브람만도 브람만 안에 있는 브람만의 본성 자체로서 존재하는 현상계의 영향을 전혀 받지 않습니다. 진실로 브람만과 세상 사이에는 본질적인 차이가 없습니다. 그들은 동의어입니다. 사람이 실재를 이런 식으로 보면, 브람만만을 보게 됩니다.

이 세상에서 물로 보이는 모든 것이 수소와 산소의 기체에 불과한 것처럼, 현상계도 다름 아닌 오직 브람만입니다. 마치 공작새의 다채로운 깃털과 날개가 공작새의 알 속에 현존해 있는 것처럼, 하나의 의식은 마음이나 산 등으로 나타납니다. 이 같은 힘이나 능력은 무한한 의식 속에 잠재되어 있습니다. 우주의 다양한 대상들로서 그 무엇이 보여진다 하더라도, 지혜의 눈을 가지고 그것을 본다면, 오직 브람만이나 무한한 의식만을 보게 될 것입니다. 왜냐하면 그것은 공작새 알의 유동체에서 다양성의 개념이 나오는 것처럼, 표면상 다양한 것처럼 보이지만 비이원적이기 때문입니다. 그러므로 브람만과 세상이라는 개념은 이원적인 동시에 비이원적입니다. 일원성이나 다양성과 같은 이 모든 개념의 바탕을 이루고 있는 그것이 바로 궁극의 상태입니다.

　무한한 의식은 전 우주에 가득 차 있습니다. 그래서 우주는 그 무한한 의식 속에 존재합니다. 그 관계는 마치 공작새의 다양한 부분들이 하나의 알이란 실체 속에 있는 것처럼, 다양성과 비다양성의 관계입니다. 이 모든 것 속에 다양성이 어디에 있습니까?

　바시슈타는 계속 말했다.

　자아감이나 공간 등과 같은 이 모든 것은 비록 그것들이 전혀 창조된 것은 아니지만, 참된 실체의 본성을 획득했습니다. 아무것도 일어나지 (창조되지) 않은 곳에서 모든 것이 보입니다. 그와 꼭 같이 현자들과 신들과 완전한 이들은 초월적 의식 상태를 유지하면서, 그들 자신의 본성이 주는 희열을 맛봅니다. 그들은 관찰자와 대상이란 이원성의 환영과 그 후에 일어나는 생각의 움직임들을 다 버렸습니다. 그들의 시선은 고정되어 깜빡거리지 않습니다.

　이 현자들은 여기에서 활동을 하고 있지만, 가공의 존재에 대한 생각은 전혀 품지 않습니다. 그들은 아는 자와 알려진 대상(주체와 객체)의 관계를 완전히 버린 상태에 단단히 뿌리를 내리고 있습니다. 그들의 생명력은 흔들리지 않습니다. 그래서 그들은 마치 그려진 그림처럼 보입니다. 즉, 그들의 마음은 그려진 사람의 마음이 움직이지 않는 것처럼 움직이지 않습니다. 왜냐하면 그들은 개념화시키는 의식의 경향성을 버렸기 때문입니다.

　그들은 꼭 신이 하는 것처럼 의식 속에서 약간의 생각을 움직임으로써 적절한 활동에 관여하고 있습니다. 그러나 그러한 생각을 움직이고, 관찰자와 대상이 접촉하는 경험을 가지는 것이 그들에게는 또한 큰 기쁨을 자아냅니다. 그들의 의식은 모든 이미지(관념과 개념)들을 깨끗이 버렸기 때문에 정말로 순수합니다.

이러한 참나의 순수한 상태, 즉 무한한 의식의 참된 본성은 비전(마음과 감각들의 경험)이 아닙니다. 그것은 배울 수 있는 것도 아닙니다. 그것은 매우 쉽지도 않고, 그렇다고 너무 멀거나 불가능한 것도 아닙니다. 그것은 직접적인 경험에 의해서만 성취됩니다.

그것만이 존재하지, 그 밖의 것은 아무것도 존재하지 않습니다. 즉 몸도 존재하지 않고, 또한 감각들과 생명력도 존재하지 않습니다. 마음도 존재하지 않고, 또한 기억이나 잠재적인 경향성들의 창고도 존재하지 않습니다. 지바도 존재하지 않고, 심지어 의식의 움직임도 존재하지 않습니다. 의식도 존재하지 않고, 세상도 존재하지 않습니다. 그것은 실재적인 것도 아니고, 비실재적인 것도 아니며, 그 사이의 어떤 것도 아닙니다. 공도 아니요, 공 아님도 아닙니다. 시간도 아니며, 공간도 아니며, 실체가 있는 것도 아닙니다. 이 모든 것이 전혀 없는 상태로 가슴속에 있는 백 개의 장막에서 벗어날 때, 사람은 보이는 모든 것 속에서 참나를 경험하게 됩니다.

그것은 시작도 아니요, 끝도 아닙니다. 그것은 어디에나 항상 존재하기 때문에, 다른 어떤 것으로 여겨집니다. 수천 명이 태어나고, 수천 명이 죽습니다. 그러나 안이나 바깥이나 어디에도 존재하는 참나는 어떤 영향도 받지 않습니다. 그것은 무한한 것과는 약간의 차이만 나는 듯이, 이 모든 몸 속에 머물러 있습니다.

밝은 표정으로 다양한 활동을 하더라도, '나'라는 것과 '나의 것'이라는 것조차 전혀 없는 상태로 계십시오. 왜냐하면 이 세상에서 볼 수 있는 모든 것은 특징과 특성이 없는 브람만이기 때문입니다. 그것은 영원하고, 평화로우며, 순수하고 그리고 아주 고요한 것입니다.

라마는, 만약 브람만이 어떠한 변화도 받지 않는다면, 실재하기도 하며 실재하지도 않는 이 현상계가 그 안에서 어떻게 일어나느냐고 물었다.

바시슈타는 다음과 같이 대답했다.

오, 라마여! 참된 변화란 우유가 응고되어 두 번 다시 우유의 상태로 돌아갈 수 없는 응유가 되는 것처럼, 한 물질이 다른 물질로 변형되는 것입니다. 그러한 것은 현상계 이전에도 전혀 변화가 없었고, 현상계 이후에도 그 무변화의 상태를 다시 찾는 브람만과는 다릅니다. 시작과 끝 모두에서 그것은 변화하지 않는 동질의 의식입니다. 여기에서 나타나는 일시적이고 분명한 변화는 전혀 변화가 아닌, 의식의 가벼운 동요에 불과합니다. 그 브람만 안에서는 의식의 주체나 대상이 전혀 없습니다. 시작과 끝에 어떤 것이 있다 하더라도 그것은 오로지 브람만일 뿐입니다. 만약 중간에 다른 어떤 것이 있는 것처럼 보인다면, 그 현상은 비실재적인 것으로 간주됩니다. 그러므로 참나는 시작과 끝에도, 따라서 중간에도 역시 참나인 것입니다! 그것은 어떤 변형이나 변경도 받지 않습니다.

라마는, 순수한 의식인 그 참나 안에서 이 가벼운 의식의 동요가 어떻게 일어냐느냐고 다시 물었다.

바시슈타는 이렇게 대답했다.

오, 라마여! 내가 확신하기로 그 무한한 의식만이 실재하며, 그 본성에 있어서는 전혀 동요가 없습니다. 우리가 '브람만'과 같은 단어를 사용하는 것은 하나와 둘의 개념을 불러일으키기 위해서가 아니라, 단지 의사 전달이나 가르침을 위함일 뿐입니다. 그대와 나와 이 모든 것은 순수한 브람만입니다. 따라서 무지는 전혀 없는 것입니다.

라마는 다음과 같이 다시 물었다. 그러나 당신은 앞 장의 마지막 부분에서 나에게 이 무지의 본성을 탐구하라고 말씀하시지 않았습니까?

바시슈타는 대답했다.

그렇습니다. 그때에는 그대가 아직 완전히 깨어 있지 못했습니다. '무지'나 '지바' 등과 같은 표현들은 깨어 있지 못한 이들을 가르치기 위한 보조 수단으로 만들어진 것입니다. 구도자에게 진리의 지식을 전하기 전에 그를 일깨워 줄 상식과 적절한 보조 수단(육띠는 또한 보통 '속임수'를 의미한다)을 사용해야 합니다. 만약 깨어 있지 않은 사람에게 "이 모든 것이 브람만이다."라고 공언하면, 그것은 마치 나무보고 자기의 고통을 덜어 달라고 간청하는 것이나 다름없습니다. 깨어 있지 않은 자가 깨어나게 되는 것은 바로 적절한 보조 수단들을 사용함으로써 가능합니다. 깨어 있는 자는 진리에 의해 깨달음을 얻습니다. 따라서 이제 그대가 깨어 있기 때문에 나는 그대에게 진리를 말합니다.

그대는 브람만입니다. 나도 브람만이고, 우주 전체도 브람만입니다. 그대가 무슨 일을 하더라도, 언제나 이 진리를 깨달으십시오. 이 브람만 즉 참나만이 모든 존재의 실재입니다. 이는 마치 점토가 수천 개의 도자기의 참된 실체인 것과 꼭 같습니다. 바람과 그 움직임이 전혀 별개의 것이 아닌 것과 꼭 같이, 이 모든 현상을 일으키는 의식과 그 내적인 움직임(에너지)도 전혀 별개의 것이 아닙니다. 다양성을 분명히 불러일으키는 것도 바로 의식의 토양에 떨어진 생각의 씨앗인 것입니다. 만약 그 씨앗이 그렇게 떨어지지 않았다면, 마음의 싹도 트지 않습니다.

라마는 말했다.

사람은 알 수 있는 것을 알고, 볼 수 있는 것을 봅니다. 우리 모두는 진실로 당신이 전해 준 그 감미로운 브람만의 지혜 덕분에 궁극의 진리로 가득 차 있습니다. 이 충만함은 충만함으로 가득 차 있습니다. 충만함은 충만함에서 태어났고, 충만함은 충만함을 채웁니다. 충만함은 항상 충만함 속에 자리를 잡고 있습니다. 그러나 의식의 보다 큰 확장을 위하여, 나는 다음과 같이 다시 질문을 던집니다. 부디 참고 들어 주십시오. 감각 기관들은 분명히 모든 사람에게 존재하고 있습니다. 그러나 죽은 사람이 살아 있는 동안에는 그 감각 기관들을 통해 대상을 경험했지만, 죽고 나서는 어떻게 해서 감각들을 경험하지 못합니까?

바시슈타는 계속 말했다.

순수 의식과 따로 떨어져서는 어떤 감각도, 어떤 마음도, 심지어 어떤 대상도 존재하지 않습니다. 자연 속에서는 대상들로서, 사람에게서는 감각들로 나타나는 것은 오로지 그 의식뿐입니다. 그 의식이 분명히 미묘한 몸(뿌르야스따까)이 되었을 때, 그것은 외부의 대상을 반영하게 됩니다.

영원하고 무한한 의식은 진실로 모든 변화들을 벗어났습니다. 그러나 그 의식 속에서 '나는 존재한다.'라는 생각이 일어날 때, 그 생각을 지바라고 합니다. 이 몸 안에서 살아가고 움직이는 것은 바로 그 지바입니다. '나'라는 생각이 일어날 때(아함바바나), 그것을 자아감(아함까라)이라고 합니다. 여러 생각(마나나)이 있을 때, 그것을 마음(마나스)이라고 합니다. 자각(봇다)이 있을 때, 그것을 지성(붓디)이라 합니다. 그것이 개인의 영혼(인드라)에 의해 보여질(드르슈) 때, 그것을 감각(인드리야)이라고 합니다. 몸이라는 생각이 충만하면, 그것은 몸으로 나타납니다. 대상이라는 생각이 충만하면, 그것은 다양한 대상들로 나타납니다. 그러나 이런 생각들이 지속되면, 미묘한 성격은 물질적인 실체로 응축됩니다. 그 후부터 똑같은 의식이 '나는 몸이다.', '나는 나무다.' 등과 같은 생각을 하게 됩니다. 이렇게 스스로 기만당한 채, 그것은 일어났다가 사라집니다. 그러다 마침내 그것은 순수한 탄생을 얻고, 영적으로 깨어나게 됩니다. 그 다음 그것은 진리에 헌신함으로써 참나 지식에 도달합니다.

이제 나는 그대에게 그것이 어떻게 대상들을 지각하는지를 말씀드리겠습니다. 나는 이미 '나는 존재한다.'라는 생각 때문에 의식이 몸 안에서 지바로서 살아간다고 말했습니다. 그 감각들이 그 자체 바깥의 비슷한 몸에 다가가면, 그 둘 사이에는 접촉이 있고, 또 그들을 알고 (그들과 하나가 되고) 싶은 욕망이 일어납니다. 이러한 접촉이 있을 때, 대상은 자기 자신의 내부에 반영이 되고, 지바는 비록 그 반영이 바깥에 있다고 믿지만 이 반영을 지각하게 됩니다. 지바는 오직 이 반영만을 압니다. 이것은 지바가 그 자체를 알고 있다는 의미입니다. 이 접촉이 외부 대상들을 자각하는 원인이 됩니다. 그러므로 그것은 해방된 현인의 경우가 아니라, 마음이 현혹된 무지한 사람들의 경우에만 가능합니다. 물론, '생각'에 지나지 않는 지바와 그 나머지 모든 것이 스스로 움직이지 못하고 지각력이 없기 때문에, 이렇게 보여지고 경험되는 반영은 사실상 시각적 환영 내지 지적인 왜곡입니다. 참나는 항상 완전합니다.

아르주나의 이야기

바시슈타는 계속 말했다.

우주적 몸(지성의 에너지와 우주적 원소들로 구성된)이나 최초의 우주적 미묘한 몸(뿌르야스따까)이 하나의 생각으로서 무한한 의식 속에서 일어났듯이, 모든 다른 몸들도 똑같은 식으로 일어납니다. 지바(뿌르야스따까 즉 미묘한 몸)가 자궁 안에 있는 동안 무엇을 생각하든 간에, 지바는 그 생각하는 모든 것이 존재하는 것으로 압니다. 대우주 속에서 우주적 원소들이 진화하듯이, 소우주 속에서 그런 원소에 해당하는 감각들도 진화합니다. 물론 그것들이 실제로 창조되지는 않았습니다. 이런 표현들과 묘사들은 단지 가르침을 위해 이용되고 있습니다. 가르침에서 사용되는 이런 개념들은 그것들이 처음 조장하고 불러일으킨 탐구에 의해 없어집니다.

심지어 이 무지를 매우 주의 깊고 예리하게 관찰한다 해도, 그대는 그것을 볼 수 없습니다. 왜냐하면 그것은 사라지기 때문입니다. 비실재적인 것은 비실재에 뿌리를 내리고 있습니다. 우리는 단지 신기루 속의 물을 이야기할 뿐입니다. 신기루 속의 물은 비실재적이기 때문에 전혀 물이 아니었습니다. 진리의 빛을 받으면, 모든 사물의 실재는 드러나고, 망상이나 가공의 지각은 사라집니다.

참나는 실재합니다. 지바와 미묘한 몸, 그리고 나머지 모든 것들은 실재하지 않습니다. 그래서 그것들의 본성에 대한 탐구는 분명히 그들의 비실재에 대한 탐구입니다! 지바 등과 같은 표현을 사용하는 것은 비실재의 참된 본성을 가르치기 위해서입니다.

말하자면, 이 무한한 의식이 지바의 본성을 취했습니다. 그리고 그것은 그 참된 본성을 망각한 채, 그것이 생각하는 모든 것이 존재하는 것으로 경험하고 있습니다. 아이에게는 밤에 그가 마음에 떠올리는 비실재적인 유령이 정말로 진짜인 것과 꼭 같이, 지바도 그것이 보고 있는 다섯 가지의 원소들이 존재하고 있는 것으로 생각합니다. 이것들은 단지 지바의 생각들에 불과합니다. 그러나 지바는 그것들이 마치 자기 바깥에 있는 양, 그것들을 봅니다. 그것들은 어떤 것은 내부에 있고 어떤 것은 자기 바깥에 있다고 생각합니다. 그것은 정말로 그것들을 경험하고 있습니다.

공이 공간 속에 본래 갖추어져 있는 것처럼, 지식은 의식 속에 본래 갖추어져 있습니다. 그러나 의식은 이제 지식이 그 자신의 대상이라고 믿게 됩니다. 다양한 대상들은 의식 그 자체 내에서 의식과 지식을 주체와 대상으로 구분함으로써 초래된 의식의 개념적인 구분에 지나지 않는 시간과 공간에 의하여 제한을 받습니다. 이러한 구분은 시간과 공간을 초월해 있는 참나 속에서는 존재하지 않습니다.

그러나 자신 안에 본래부터 지식을 갖추고 있는 무한한 의식은 다양한 피조물들을 생각해 냅니다. 이러한 것은 아무도 도전할 수 없는 의식의 힘입니다. 스스로 움직이지 못하는 둔한 공간은 그 자체 내에서 공간 그 자체를 반사할 수 없습니다. 그러나 브람만은 그 본성이 무한한 의식이기 때문에 그 자체 내에서 그 자체를 반사할 수 있고, 또 비록 그것이 몸은 없지만, 그 자체를 이원성으로 상상할 수 있습니다.

바시슈타는 계속 말했다.

이 의식이 무엇을 생각하든지 간에, 의식은 생각해 낸 그것이 존재하는 것으로 봅니다. 그 개념과 관념들은 결코 불모가 아닙니다. 금팔찌의 경우에, 금과 팔찌라는 두 개가 있는데, 그들 중 하나는 실재(금)이고, 다른 하나는 팔찌라는 외양입니다. 그와 꼭 같이, 참나 안에서도 의식과 물질적(스스로 움직이지 못하는) 실체의 개념이라는 두 개가 있습니다. 의식은 편재하기 때문에, 개념이 일어나는 마음속에도 늘 존재해 있습니다.

꿈꾸는 사람이 어느 마을을 꿈꿀 때 그 마을은 그의 마음을 차지하고, 그는 그 마을에서 당분간 살아갑니다. 조금 뒤에 그는 또 다른 상황을 꿈꾸고, 그는 거기에서 살고 있다고 생각합니다. 그와 마찬가지로, 지바도 한 몸에서 다른 몸으로 이동해 갑니다. 몸은 지바가 마음에 품은 생각의 반영에 불과합니다. 비실재적인 것(몸)만이 죽습니다. 그리고 다른 몸으로 분명히 다시 태어나는 것은 비실재적인 것입니다. 사람이 꿈 속에서는 보이는 것과 보이지 않은 것들을 경험하는 것처럼, 지바의 꿈 속에서도 지바는 세상을 경험하고 그리고 미래에 무엇이 올 것인지조차도 보게 됩니다.

어제의 잘못이 오늘의 자기 노력으로 바루어져 착한 활동으로 변화될 수 있듯이, 과거의 습관들도 적절한 자기 노력으로 극복될 수 있습니다. 그러나 지바에 대한 개념과 눈(eyes) 등의 존재와 기능에 대한 개념은 해방을 얻지 않고서는 일소될 수 없습니다. 그때까지 그들은 번갈아 가며 숨어 있기도 하고 겉으로 나타나기도 합니다.

의식에 의하여 환대받은 개념이 몸으로서 나타납니다. 그것은 마음, 지성, 자아감 및 다섯 원소들로 구성된 하나의 상응하는 미묘한 몸(아띠바히까, 뿌르야스따까라고도 함)을 가지고 있습니다. 참나는 형태가 없습니다. 그러나 미묘한 몸은 지각력이 있고 또한 지각력이 없는 몸을 통해 이 우주에서 떠돌아다니다가, 마치 깊은 수면에 빠진 듯이 살다가, 마침내 그 자체를 정화시키고 해방을 얻습니다. 미묘한 몸은 꿈을 꾸거나 잠을 자는 동안에도 언제나 존재합니다. 그것은 마치 깊은 수면에 있는 것처럼 지각력이 없는 '몸들'(생명이 없는 대상들처럼)에서 계속 존재합니다. 이 모든 것은 또한 이 인간의 몸 안에서도 체험됩니다. 인체의 깊은 수면은 둔하고 지각력이 없으며, 그것의 꿈의 상태는 이 창조에 대한 경험이며, 그것의 깨어 있는 상태는 진실로 초월적인(뚜리야) 의식입니다. 그리고 진리를 깨닫는 것이 해방입니다. 살아 있는 동안의 해방의 상태는 바로 뚜리야 의식입니다. 그 너머에 뚜리야 아띠따(뚜리야 너머의)인 브람만이 있습니다. 존재의 모든 원자 속에는 다름이 아니라 지고의 존재가 있습니다. 어디에서 이 세상을 보더라도, 그것은 단지 가공의 현상계에 불과합니다. 이 환영과 그로 인한 이 속박은 심리적 조건화에 의해서 유지됩니다. 이러한 조건화가 속박이요, 그것을 버리는 것이 자유입니다. 조건화의 정도가 심하면 스스로 움직이지 못하는 대상들로서 존재하는 것이고, 조건화의 정도가 중간이면 동물로서 존재하는 것이요, 조건화의 정도가 아주 약하면 인간으로서 존재하는 것입니다. 이제 구분의 지각은 그만 합시다. 왜냐하면 이 우주 전체는 단지 무한한 의식의 에너지가 나타난 것에 불과하기 때문입니다.

바시슈타는 계속 말했다.

이 삼사라(현상계)라고 하는 것은 단지 지바(첫 번째의 사람)가 꾼 최초의 꿈에 불과합니다. 지바의 꿈은 사람의 꿈과 같지 않습니다. 왜냐하면 지바의 꿈이 깨어 있는 상태로서 체험되기 때문입니다. 그러므로 깨어 있는 상태가 꿈으로 여겨진다고 말할 수 있습니다. 지바의 오랜 꿈은 비록 그것이 비실제적이고 실체가 없는 것이지만, 즉시 물질적 특성이 주어집니다. 지바는 그 꿈 안에서도 한 꿈에서 다른 꿈으로 이동합니다. 그리고 꿈을 실재로서 잘못 생각하는 것이 강해질수록, 그 꿈은 사실인 것처럼 경험되고, 그리고 실재적인 것은 비실재적인 것으로 무시됩니다. 신의 가르침을 통해 깨달음을 얻게 될 아르주나처럼 지혜롭게 사십시오.

우주 전체는 우주적 의식이라는 하나의 바다에 나타납니다. 그 우주에는 열네 종류의 존재들이 살고 있습니다. 이 우주에는 그 주재하는 신으로서 이미 야마, 찬드라, 수리야 그리고 기타의 신들이 있었습니다. 그들은 이미 바른 행동의 강령들을 확립해 두었습니다. 그러나 사람들이 눈에 띄게 부도덕해지면, 죽음의 신인 야마가 이따금 몇 년간 명상에 몰입합니다. 그 동안에 인구는 폭발적으로 급증합니다.

이 같은 인구의 폭발적 증대를 보고 놀란 신들은 그 인구를 감소시킬 다양한 계략을 씁니다. 이 모든 것이 무수히 반복적으로 일어났습니다. 현재의 지배자(야마)는 바이바슈바따 신입니다. 그 또한 얼마간 명상을 해야 할 것입니다. 그 때문에 지상의 인구가 매우 빠른 속도로 급증하면, 모든 신들은 비슈누 신에게 도와 달라고 호소할 것입니다. 그는 아르주나라고 하는 그의 분신(또 다른 자기)과 함께 끄리슈나 신으로 다시 태어날 것입니다.

그의 형은 정의의 화신인 유디슈띠라 즉 다르마의 아들일 것입니다. 그의 사촌인 두료다나는 아르주나의 동생인 비마와 결투를 벌일 것입니다. 사촌 사이에 벌어지는 이 전투에서 18개 사단의 육군이 죽을 것입니다. 이렇게 비슈누 신은 지상에서의 짐을 처분해 줄 것입니다.

끄리슈나와 아르주나는 단순한 인간의 역할을 할 것입니다. 아르주나는 양 진영의 군대가 그 자신의 친척들로 구성되어 있는 것을 볼 때, 그는 낙심하여 싸움을 거부할 것입니다. 그때 끄리슈나 신은 그에게 최고의 지혜를 가르쳐 그에게 영적인 각성을 불러일으킬 것입니다. 그는 아르주나에게 이렇게 말할 것입니다. "이것(참나)은 태어나지도 않으며 죽지도 않습니다. 그것은 영원하며, 이 몸이 죽을 때도 살해당하지 않습니다. 그것이 죽거나 그것이 살해당한다고 생각하는 사람은 무지한 자입니다. 둘째가 없는 하나뿐이며, 공간보다 더 미묘한 이 무한한 존재가 어떻게, 왜, 누구에 의해 파멸되겠습니까? 아르주나여! 무한하고, 겉으로 모습을 드러내지 않은 채 영원하며, 또한 순수한 의식의 본성을 지니고 있어서 물들지 않는 참나를 바라보십시오. 그대는 태어나지도 않았으며 영원합니다!"

끄리슈나 신은 계속해서 아르주나에게 가르칩니다.

아르주나여! 그대는 살해하는 자가 아닙니다. 이 헛된 자기중심적인 개념을 버리십시오. 그대는 늙음도 죽음도 없는 참나입니다. 자아감이 없는 자와 지성이 어떤 것에도 집착하지 않는 자는 죽지도 않으며, 또한 심지어 그가 온 세상을 멸한다 해도 속박당하지 않습니다. 그러므로 '이것이 나다.'와 '이것이 나의 것이다.'라는 잘못된 개념들을 버리십시오. 오로지 이 잘못된 개념들 때문에 그대는 '나는 죽는다.'라고 생각하고 고통을 받는 것입니다. 이 모든 것이 하나의 참나 또는 무한한 의식의 여러 다른 양상들에 의해 이루어지고 있기 때문에, '나는 이것을 한다.'라고 생각을 하는 사람은 오직 자기중심적이고 무지한 사람인 것입니다.

눈으로 보고, 귀로 듣고, 피부로 느끼고, 혀로 맛을 보십시오. 이 모든 활동 속에서 '나'는 어디에 있습니까? 심지어 마음이 계속해서 여러 가지 생각을 품을 때도, '나'라고 분명히 확인할 수 있는 것은 아무것도 없습니다. 이 모든 요인들이 하나의 활동에 개입되어 있기 때문에, '나'라는 것이 행위자의 신분을 맡아서 고통을 받는 것입니다. 요기들은 자기 정화를 위하여 단지 그들의 마음과 감각들에 의해 활동을 합니다. 자아감에 오염된 사람은 비록 그가 박식한 학자이든 아니면 그보다도 훨씬 더 우월한 사람이든 간에, 진실로 사악한 사람입니다. 반면에 자아감이 없고 소유욕이 없으며, 쾌락과 고통 속에서도 평온한 사람은 인정된 것을 하든 금지된 것을 하든지 간에 속박을 당하지 않습니다.

그러므로 오, 아르주나여! 이제 전사로서 그대의 의무는 비록 그것이 폭력을 수반하기는 하지만 적절하고도 고귀합니다. 그대에게 적절한 활동의 수행은 비록 그것이 경멸받을 만한 부당한 것일지라도 최선의 것입니다. 그 정당한 행위를 통해 이곳에서 불멸의 존재가 되십시오. 심지어 바보의 자연스러운 활동도 그의 입장에서는 고귀합니다. 하물며 선량한 사람의 경우에는 이것이 얼마나 더 고귀하겠습니까! 요가의 정신에 자리를 잡고 아무 집착이 없이 행위를 하십시오. 그렇게 함으로써 그대는 속박을 당하지 않을 것입니다.

브람만이 평화이듯이 그대도 평화롭게 계십시오. 브람만의 본성을 그대의 활동으로 삼으십시오. 이렇게 모든 것을 브람만에게 바치는 봉헌물처럼 할 때, 그대는 즉시 브람만이 될 것입니다. 신은 만물에 내재해 있습니다. 신에게 바치는 하나의 봉헌물처럼 그대의 모든 행위들을 행함으로써, 만인이 숭배하는 신처럼 밝게 빛나십시오. 모든 생각과 개념들을 단호히 버림으로써 진정한 산야시(포기자)가 되십시오. 이와 같이 함으로써 그대는 그대의 의식을 자유롭게 할 것입니다.

모든 생각과 개념들 또는 심상들을 멈추고 또한 강한 심리적인 조건화를 멈추는 것이 지고의 참나 즉 브람만입니다. 이 목적을 향해 노력해 가는 것이 요가와 지혜(냐나) 둘 다라고 알려져 있습니다. 브람만만이 이 세상과 '나'를 포함한 전부라는 확신을 '모든 것을 브람만에게 바치는 것'이라고 합니다.

끄리슈나 신은 아르주나에게 다음과 같이 가르칩니다.

브람만은 내부도 비어 있고, 바깥도 비어 있습니다(분화되지 않은 동질의 상태로). 그것은 관찰의 대상이 아니며, 또한 관찰자와 다른 것도 아닙니다. 현상계는 그것의 지극히 적은 일부로서 그 안에서 일어납니다. 이 '세상'은 사실상 하나의 현상에 불과하기 때문에, 그것은 진실로 아무것도 없고 실재하지 않는 텅 빔입니다. 불가사의하게도 이 모든 것 속에서, 현상계와 비교했을 때 지극히 작은 '나'라는 느낌이 일어납니다. 무한한 것은 이 어떤 것에 의해서도 분할되지 않지만, 이 '나'라는 느낌 때문에 나누어지는 것 같습니다. '나'라는 것이 무한한 의식과 전혀 다를 바가 없는 것처럼, 항아리와 같은 물질적인 물건과 원숭이와 같은 살아 있는 존재들도 서로 전혀 다를 바가 없습니다. 그렇다면 누가 이 '나'라는 것을 붙잡고 싶어 하겠습니까? 무한한 의식만을 붙잡으십시오. 왜냐하면 그것만이 그 자체의 신비스러운 에너지에 의해 이 모든 것으로 나타나기 때문입니다. 이러한 이해와, 그 결과 자신의 자연스러운 활동의 결과를 즐기려는 갈망들이 없어지는 것을 '포기'(산야사)라고 합니다. 포기는 희망과 포부들의 포기입니다. 모든 현상과 변화 속에서 신의 존재를 느끼고, 또 이원성에 대한 모든 망상을 버릴 때, 그때가 신에 대한 복종으로 간주되거나 혹은 참나와 모든 것을 신에게 바치는 것으로 간주됩니다.

나는 희망이요, 세상이며, 활동입니다. 나는 시간이요, 하나이며, 또한 다수입니다. 그러므로 그대의 마음을 나로 가득 채워, 나에게 헌신하고, 나를 섬기며, 나에게 경의를 표하십시오. 이렇게 변함없이 나와 하나가 되고, 나를 궁극의 목표로 삼을 때, 그대는 나에게 다다를 것입니다.

오, 아르주나여! 나는 일상적인 형태와 지고의 형태라는 두 가지 형태를 가지고 있습니다. 일상적인 형태란 손 등을 부여받은 것이며, 또한 소라, 원반, 홀 등을 부여받은 것입니다. 지고의 형태란 시작도 없고 끝도 없으며, 두 번째도 없는 하나인 것입니다. 그것은 브람만, 참나, 지고의 참나 등 다양한 이름으로 알려져 있습니다. 사람이 영적으로 충분히 깨어나지 않는 한, 그는 평범한 형태를 숭배합니다. 그러한 숭배에 의해 그는 영적으로 깨어나게 되고, 그러면 그는 다시 태어나지 않는다는 것을 알기 때문에 지고의 형태를 알게 될 것입니다.

나는 그대가 나의 가르침에 의해 깨어났다고 생각합니다. 영원히 요가 속에 단단히 자리를 잡은 채, 모든 것 속에 있는 참나와 참나 속에 있는 모든 것을 바라보십시오. 이렇게 자리를 잡은 사람은 비록 그가 이곳에서 자연스런 활동들을 계속 행할지라도 다시는 태어나지 않습니다. 하나의 개념은 다수의 개념을 없애기 위해 사용됩니다. 참나(무한한 의식)의 개념은 하나의 개념화를 없애기 위해 사용됩니다. 참나는 존재나 비존재로서 생각될 수 없습니다. 그것은 바로 본질입니다.

모든 존재에게 순수한 경험으로서 빛나는 내면의 빛, 그것만이 '나'라는 단어가 가리키는 참나입니다. 이것은 확실합니다.

끄리슈나 신은 계속하여 아르주나에게 가르침을 줍니다.

이 세상의 모든 물질 속에 존재하는 맛의 순수한 경험은 참나입니다. 모든 창조물에게 존재하는 경험의 능력, 그것은 편재하는 참나입니다. 그것은 마치 버터가 우유 속에 존재하는 것처럼 모든 것 속에 존재합니다.

천 개의 항아리가 쌓인 더미 속에서도 그 모든 항아리의 안과 밖에는 분할할 수도 없고 나누어지지도 않는 공간이 있는 것처럼, 참나도 삼계의 모든 존재 속에 고루 퍼져 존재하고 있습니다. 진주 목걸이에서 연결하는 실이 보이지 않는 상태로 있는 것처럼, 이 참나도 그 자체는 보이지 않는 상태로 있으면서, 모든 것을 연결하며, 모든 것을 결합시키고 있습니다. 그 진리나 실재가 바로 창조주 브람만에서부터 풀잎에 이르는 모든 사물에 충만해 있는 참나라고 하는 것입니다.

그 브람만 안에는 역시 브람만인 작은 나타남이 있습니다. 그리고 그것은 무지와 망상 때문에 '나'라는 것과 세상이라는 것으로 여기에 알려져 있습니다. 오, 아르주나여! 이 모든 것이 단지 하나의 참나일 때, '좋은', '좋지 않은', '불행' 등과 같은 표현은 물론이요, '이 사람이 살해당했다.'와 '그가 사람을 죽인다.'와 같은 표현이 가지는 의미는 도대체 무엇이겠습니까? 참나가 이 모든 변화의 목격자이고, 참나가 이들 변화에 의해서도 전혀 변화와 영향을 받지 않는다는 것을 아는 사람은 바로 진리를 알고 있는 자입니다.

비록 내가 다양성을 암시하는 표현들을 사용하지만, 실재는 비이원적입니다. 이 모든 것이 나타나고 사라지는 것과 창조와 소멸은 참나와 전혀 다르지 않습니다. 참나는 마치 견고성이 바위의 특징이고 유동성이 파도의 본질인 것처럼, 존재의 총체성 바로 그 자체입니다.

만물 속에서 참나를 보고 참나 속에서 만물을 보는 사람과, 참나가 비행위자(비이원적임)라는 것을 아는 사람은 진리를 보는 자입니다. 마치 금이 모양과 크기에 관계없이 금으로 만들어진 모든 장신구들에 존재하는 실재인 것처럼, 물이 그 모양과 크기에 관계없이 바다의 파도와 물결에 존재하는 실재인 것처럼, 지고의 참나 즉 무한한 의식만이 다양한 피조물들의 세상처럼 보이는 것 속에 존재하는 실재인 것입니다.

그렇다면 왜 그대는 헛되이 슬퍼합니까? 이 모든 변화하는 현상 속에서 그대가 마음을 바쳐야 할 것이 무엇이 있겠습니까? 해방된 사람들은 이렇게 스스로 의문을 던짐으로써, 완전한 자유와 더할 나위 없는 균형 속에서 세상을 떠돌아다닙니다. 현자들은 그들의 욕망들이 그들 자체(욕망)들에 돌아섰고, 그들의 망상은 이미 떨어져 나갔으며, 어떤 것에도 집착이 없이 참나 지식에 단단히 자리를 잡은 채, 행복과 불행이라는 이원성의 모든 의식을 벗어났기 때문에, 지고의 상태에 도달합니다.

끄리슈나 신은 계속 아르주나에게 가르칩니다.

내가 그대에게 들려 주려는 이야기에 다시 귀를 기울이십시오. 나는 그대가 나에게 소중하기 때문에 그대 자신의 행복을 위해 이것을 그대에게 말합니다.

그대가 어떤 쾌락과 고통을 받더라도, 어떤 더위와 추위를 받더라도, 그것들을 견디어 내십시오. 왜냐하면 그것들은 왔다가 사라지기 때문입니다. 그것들은 시작도 끝도 없으며 부분들도 전혀 없는 참나와 아무런 관계가 없습니다. 감각적 경험은 가공의 원소들과 접촉한다는 망상에서 태어났습니다. 이를 알고 마음이 흔들리지 않는 이는 분명히 해방을 얻을 것입니다. 참나만이 존재할 때, 쾌락과 고통이 일어날 여지가 어디 있겠습니까? 지고의 참나만이 편재하므로 쾌락과 고통은 존재하지 않습니다. 비실재적인 것은 어떤 존재도 가지고 있지 않으며, 실재하는 것은 존재하기를 그치지 않습니다.

참나는 쾌락을 향유하지도 않고, 또한 고통을 슬퍼하지도 않습니다! 몸 안에 거주하면서 고통을 경험하는 것은 스스로 움직이지 못하는 마음입니다. 몸이 썩어 없어져도 참나는 어떤 영향도 받지 않습니다. 몸 등과 같은 것은 없습니다. 또한 참나와 무관한 고통 등과 같은 실체도 없습니다. 그렇다면 누가 무엇을 경험한단 말입니까? 그러므로 완전히 깨어 있는 사람은 그러한 망상이 전혀 없습니다. 밧줄을 뱀으로 잘못 보는 망상이 올바른 이해와 함께 사라지듯이, 몸이나 슬픔 등에 대한 망상도 영적인 일깨움이 있으면 사라집니다. 올바른 이해나 영적인 일깨움이란, 보편적인 브람만은 태어나지도 않으며 또한 죽지도 않는다는 것입니다.

고통과 쾌락은 물론이요, 자만과 슬픔, 두려움, 욕망과 같은 망상의 세력들을 소멸시키십시오. 짝을 이룬 그러한 정반대의 말들은 가공적인 것입니다. 하나라는 것에 자리를 잡고 계십시오. 그대는 의식이라는 단 하나의 바다입니다. 고통과 쾌락, 이익과 손실, 승리와 패배는 무지에서 태어났습니다. 그러므로 그것들에게 영향을 받지 않는 상태로 머물러 계십시오. 그대가 무엇을 하고, 먹고, 신에게 바치고, 주더라도, 그 모든 것은 참나입니다. 그대의 내면의 존재가 무엇이든 간에, 그대는 틀림없이 그것을 얻을 것입니다. 그러므로 브람만에 대한 깨달음을 얻기 위하여, 그대의 존재 전체를 브람만으로 가득 채우십시오.

활동하지 않음 속에서 활동을 보고, 활동 속에서 활동하지 않음을 보는 사람은 현명한 자이며, 그는 모든 것을 성취합니다. 활동의 결과들이나 활동하지 않음에도 집착하지 마십시오. 집착은 진정으로 '행위자의 신분'입니다. 또한 그것은 '비행위자의 신분'(자기중심적으로 '내가 한다.'나 혹은 '내가 하지 않는다.'라고 생각할 수 있다)이기도 합니다. 이 둘 다가 모두 어리석음의 양상입니다. 그러므로 어리석음을 버리십시오. 심지어 다양한 활동들을 하고 있을 때라도 다양성의 개념들을 버리십시오. 그대는 활동들의 행위자가 아닙니다. 참나 지식의 불 속에서 활동들이 소진되고, 그러므로 욕망이 전혀 없는 그런 사람은 현명한 사람으로 간주됩니다. 신체 기관들을 억제하면서 쾌락의 심적 경험에 탐닉하는 자는 위선자입니다. 그러나 마음으로 감각들을 억제하면서, 애착 없이 그의 신체로 일하는 이는 보다 우수한 사람입니다. 마치 강물이 바다 안으로 흘러 들어가듯이, 가슴속에서 일어나는 욕망들이 욕망들 그 자체 안으로 파묻히게 하는 사람은 욕망을 가진 사람이 아니기 때문에 평화롭습니다.

끄리슈나 신은 계속 다음과 같이 아르주나를 가르칩니다.

어떤 포기도 없이, 그리고 '내가 즐긴다.'든가 혹은 '내가 고통 받는다.'라는 자기중심적인 느낌도 없이, 모든 자연스러운 상황들에서 평온한 상태로 남아 있어야 합니다. 참나 아닌 것(의식 아닌 것)에 대하여 '이것은 참나 즉 의식이다.'라는 느낌을 가지지 마십시오. 몸이 썩어 없어져도 아무것도 잃은 것이 없습니다. 참나는 결코 죽지 않습니다. 참나는 불멸의 무한한 의식입니다. '참나는 죽어 없어진다.'라는 생각조차 마음에 들어오게 하지 마십시오. 썩어 없어지고 변화하는 것은 '이것을 잃었다.'든가 '이것을 얻었다.'라는 생각 이외의 어떤 것도 아닙니다. 영원하고 무한한 참나는 계속 실재로 남아 있습니다. 그리고 비실재적인 것은 전혀 존재를 가지고 있지 않습니다. 어디에서든지 만물에 충만해 있는 참나는 죽어 없어지는 것이 아닙니다. 몸은 끝이 있지만, 참나(무한한 의식)는 영원합니다. 참나 즉 무한한 의식은 하나이며 비이원적입니다. 이원성에 대한 모든 분별심을 버리고도 남아 있는 것, 그것이 참나이며 지고의 진리입니다.

아르주나가 이렇게 묻습니다.

오, 신이시여! 그렇다면 죽음이라고 하는 것은 무엇이며, 천국과 지옥이라고 하는 것은 무엇입니까?

끄리슈나 신은 다음과 같이 대답합니다.

지바나 살아 있는 영혼이나 성격은 원소들(흙, 물, 불, 공기, 공간)로 짜여진, 또한 마음과 지성으로 짜여진 그물 속에서 살고 있습니다. 그리고 그 지바는 잠재되어 있는 경향성(과거의 인상, 기억 따위)들에 이끌려, 소위 몸이라고 하는 새장에 갇히게 되었습니다. 마침내 몸은 노쇠해지고, 지바는 마치 나뭇잎을 눌렀을 때 거기에서 즙이 나오는 것처럼 그 몸 밖으로 나오게 됩니다. 감각들과 마음을 함께 데리고 그 지바는 마치 향기가 그 근원을 떠나 나아가듯이 몸을 떠나 앞으로 나아갑니다. 지바의 몸은 바사나, 즉 몸에 남아 있는 인상들에 불과합니다. 지바가 몸을 떠난 뒤에는 몸은 스스로 움직이지 못합니다. 그때 그것은 '죽었다'고 합니다.

공간 안의 그 어디를 떠돌아다니든, 쁘라나 즉 생명력의 본성을 가진 그 지바는 이전의 바사나 즉 인상들에 의하여 불러낸 형태들을 모두 보게 됩니다. 이 전생의 인상들은 오직 강렬한 자기 노력에 의해서만 소멸됩니다. 산들이 가루가 되어 여러 세상들이 소멸된다 하더라도, 사람은 자기 노력을 포기해서는 안 됩니다. 심지어 천국과 지옥도 이들 인상들 즉 바사나들의 투영에 불과합니다.

이 바사나는 무지와 어리석음으로 일어났고, 그것은 오직 참나 지식이 시작될 때만 없어집니다. 지바가 바사나 즉 정신적 조건화가 아니고 무엇이겠습니까? 그리고 바사나 즉 그 정신적 조건화란 헛된 상상이나 생각의 형태입니다. 아직 이 세상에서 몸으로 살아 있는 동안 이 바사나를 버릴 수 있는 사람은 해방을 얻었다고 합니다. 이 바사나를 버리지 못한 사람은 비록 그가 위대한 학자라 하더라도 속박되어 있는 것입니다.

끄리슈나 신은 계속 아르주나에게 가르침을 줍니다.

이렇게 정신적 조건화를 버림으로써 해방된 영혼이 되십시오. 안으로는 고요와 서늘함을 유지하면서, 인간관계로 야기된 슬픔을 버리십시오. 노령과 죽음에 대한 최소한의 의심조차 버리고, 하늘만큼 광활한 비전을 가지십시오. 집착에서 벗어나고, 따라서 혐오에서도 벗어나십시오. 그대에게 자연스러운 활동이면 무엇이든 하십시오. 여기에서는 아무것도 죽어 없어지지 않습니다. 이것이 해방된 현자의 본성입니다.

'나는 이제 이것을 해야겠다.'라든가, '나는 이제 이것을 버려야겠다.' 라고 생각하는 자는 오직 바보일 뿐입니다.

해방된 현자의 감각들은 자연스럽고도 확고하게 그의 가슴속에 자리를 잡고 있습니다. 편재하는 존재의 화포 위에다 삼계의 그림들을 그리는 자는 바로 마음(가슴)입니다. 마음은 분리와 구별을 일으킵니다. 사실상 그러한 분리란 전혀 존재하지 않습니다. 그러나 이 창조물에서 관찰되는 그 분리는 단지 마음이 그린 그림에 불과한 것입니다. 공간은 완전히 아무것도 없는 텅 빔입니다. 그러나 마음속에서 눈 깜짝할 사이에 현상계가 일어났다가 사라지지 않습니까! 참나(마음이 참나 위에 이 세상을 그린다)가 전 우주에 충만해 있기 때문에, 우주는 실재하는 것처럼 보입니다. 그러나 바르게 탐구해 보면, 그 우주는 참나 속으로 사라집니다.

'그것들'은 존재하지 않으며, 또한 그대도 존재하지 않습니다. 그런데 왜 그대는 슬퍼합니까? 순수한 공간 속에는 활동이나 움직임이 전혀 없습니다. 왜냐하면 그러한 움직임이나 활동 그 자체가 공이기 때문입니다. 그러므로 순수한 공간은 시간이나 활동 등과 같은 개념들에 물들지 않습니다. 이 모든 것은 오직 마음속에 있습니다. 그래서 마음의 관념이 이런 심상으로서 퍼집니다. 순수한 공간은 텅 비어 있습니다. 그 공간은 어느 때고 분할될 수 없습니다.

오, 아르주나여! 이제 그 환영의 우주는 소멸되었습니다. 그 세상은 순간적인 망상으로 생겨났습니다. 그것은 비실재적입니다. 그러나 마음은 한 순간에 이 환영을 일으킬 수 있습니다. 그것(마음)은 한 순간을 한 시대처럼 보이게 하기도 하고, 약간의 양을 매우 많은 양처럼 보이게 하기도 하며, 비실재적인 것을 즉시 실재적인 것처럼 보이게 하기도 합니다. 이런 식으로 이러한 망상이 일어난 것입니다. 바로 그 순간적인 망상이 세상이라고 하는 환영으로 남아 있었던 것처럼 보입니다. 그런데 그 세상도 무지한 사람의 눈에는 부인할 수 없는 견고한 실재인 것입니다.

그러나 이 현상계는 무한한 의식의 실재에 기초를 두고 있기 때문에, 그것이 실재적 본성을 지니고 있느냐 또는 비실재적인 본성을 지니고 있느냐에 대한 논쟁은 그리 중요하지 않습니다. 다양성의 이 세상이 분할할 수 없는 무한한 의식 속에 나타난다는 것은 정말로 대단히 놀라운 일입니다. 그러나 그것은 여러 부분들과 신들과 악마들과 다른 존재들과 같은 모든 현상들을 자신의 수족으로 가진 그런 무희를 그린 그림에 지나지 않습니다. 이 모든 것은 정말로 어떤 변화도 전혀 겪지 않는 그것들의 바탕일 뿐입니다. 그것은 무한하고 분할할 수 없는 의식입니다.

끄리슈나 신은 계속 아르주나에게 가르침을 줍니다.

이것은 정말로 대단히 놀라운 일입니다. 맨 처음 모습이 나타나고, 그 다음 분화가 일어납니다. 그 모습은 마음속에서만 존재합니다. 무엇이 행해지더라도, 그것은 텅 빔 속에 있는 텅 빔(공간)에 의해 행해집니다. 텅 빔은 텅 빔 속으로 녹아 사라집니다. 텅 빔은 텅 빔을 즐깁니다. 텅 빔은 텅 빔에 충만해 있습니다. 존재하는 것처럼 보이는 모든 것은 바사나(심리적 조건화나 심적 이미지)들로 가득 차 있습니다. 현상계는 가공적입니다. 그것은, 마치 하나의 이미지가 브람만과 전혀 다르지 않아, 구멍(파손)이나 분할도 없는 무형의 거울 속에 존재하는 것처럼, 브람만 속에 존재합니다. 바사나라고 하는 것조차 본질적으로 무한한 의식에 기초를 두고 있어서, 그 무한한 의식과 전혀 다르지 않습니다.

바사나의 속박으로부터 벗어나지 못한 사람은 그것의 환영에 단단히 구속되어 있습니다. 만약 사람에게 이러한 바사나 즉 정신적 조건화의 흔적만이라도 남아 있다면, 그것은 곧 거대한 삼사라(현상계, 즉 삶과 죽음의 주기)의 숲으로 성장할 것입니다. 그러나 만약 끊임없는 노력을 통하여 이 바사나의 씨앗을 올바른 이해와 참나 지식의 불길로 태워 없앤다면, 그 타 버린 씨앗은 더 이상의 속박을 일으키지 않을 것입니다. 이렇게 바사나를 태워 버린 사람은 고통과 쾌락에 빠지지는 않을 것입니다. 그는 마치 연꽃잎이 물 속에서 살아가듯이, 이 세상을 살아갈 것입니다.

아르주나는 다음과 같이 말합니다.

신이시여! 저의 망상이 사라졌습니다. 저는 당신의 은총을 통하여 지성의 일깨움을 얻었습니다. 저는 모든 의심에서 벗어났습니다. 저는 당신이 시키는 대로 하겠습니다.

끄리슈나 신은 다음과 같이 그의 가르침을 마무리 짓습니다.

마음의 변화들이 가라앉으면, 마음은 평화롭습니다. 사뜨바가 일어납니다. 그러면 의식은 대상에서 해방됩니다. 순수한 내면의 의식이 있습니다. 그것이 전부이며, 그것은 편재합니다. 그것은 순수하며, 생각의 움직임으로부터 자유롭습니다. 그것은 초월적입니다. 그것은 모든 바사나가 정화되지 않는 한 얻어질 수 없습니다. 열이 눈을 녹이는 것처럼, 순수한 의식은 무지를 녹여서 무지를 없앱니다. 우주 속의 모든 것이기도 하고, 우주 속의 모든 것이 없는 것이기도 하며, 표현할 수 없는 것이기도 하며, 지고의 진리인 그것을 어떤 이름으로 부를 수 있겠습니까?

바시슈타는 계속 말했다.

끄리슈나 신이 이와 같이 아르주나에게 가르침을 주고 있을 때, 아르주나는 잠시 침묵을 지키다가 이렇게 말합니다. "신이시여! 당신의 가르침이란 태양의 빛을 받고서, 제 가슴속에 있던 지성의 연꽃이 완전히 만발했습니다." 이렇게 말한 뒤에, 아르주나는 즉시 그의 무기를 집어 들고, 마치 놀이에 가담하기라도 하듯이 전쟁을 하러 갑니다.

바시슈타는 계속 말했다.

오, 라마여! 그러한 태도를 갖추십시오. 그리고 포기의 정신을 가지고, 그대가 하는 무슨 일이든 혹은 그대가 경험하는 무슨 일이든 그것이 편재하는 존재인 브람만에게 바치는 봉헌물임을 깨달아, 전혀 집착하지 않은 채로 있으십시오. 그러면 그대는 진리를 깨달을 것이고 그대의 모든 의심이 끝날 것입니다.

그것은 지고의 상태입니다. 그것은 모든 스승 중의 스승입니다. 그것은 참나이며, 안에서부터 세상을 밝히는 빛인 것입니다. 그것은 모든 물질들의 실재이며, 물질들에 그 본질적인 특성을 부여하는 것입니다. '세상'이라는 생각은 오직 탐구의 정신이 없을 때 일어납니다. 그러나 '나'라는 것은 세상이 있기 전에 존재하는 것입니다. 그렇다면 세상 등의 개념들이 어떻게 나를 속박하겠습니까? 이와 같이 진리를 깨달은 사람에게는 모든 시작과 모든 끝이 전혀 없습니다. 이와 같이 비이원성의 정신을 갖추고 있는 사람은 (비록 깨어 있지만 마치 깊은 수면에 빠진 것처럼) 적극적으로 삶을 영위하고 있다 하더라도 조금도 마음의 혼란을 받지 않습니다. 이러한 사람은 지금 여기서 해방된 것입니다.

여기서 세상으로 보이는 것은 진실로 무한한 의식의 마술(작용)입니다. 여기서는 일원성도 없고 이원성도 없습니다. 나의 가르침들 또한 똑같은 본성에 속해 있습니다! 단어들과 그것들의 의미, 제자, 소망(혹은 제자의 노력), 그리고 단어 사용에 있어서의 구루의 능력, 이 모든 것은 또한 무한한 의식 에너지의 작용이 아니겠습니까! 자신의 내면적 존재의 평화 안에서, 의식이 진동하니 세상의 비전이 일어납니다. 만약 그 의식이 진동하지 않는다면, 어떤 세상의 비전도 없을 것입니다.

마음은 단지 의식의 움직임에 불과합니다. 이 진리를 전혀 깨닫지 못할 때, 세상의 비전이 생깁니다! 이 진리를 깨닫지 못하면, 의식 속에서 생각의 움직임은 더욱 강화되고 격하게 됩니다. 이런 식으로 한 주기가 형성됩니다. 무지와 마음의 활동은 서로 서로에 의해 끊이지 않고 영속됩니다.

내면의 지성이 깨어날 때, 쾌락에 대한 갈망은 멈춥니다. 이것이 현명한 사람의 본성입니다. 그러므로 그에게 쾌락에 대한 갈망이 이처럼 중단되는 것은 자연스럽고 아무 노력도 들지 않습니다. 그는 모든 경험을 체험하는 것이 참나의 에너지라는 것을 알고 있습니다. 대중을 기쁘게 하기 위하여, 경험될 수 있는 것을 경험하지 않기로 거부하는 사람은 정말로 막대기로 공을 치는 것처럼 헛수고를 하는 것입니다. 사람은 이따금 적절한 수단들을 사용함으로써 참나 지식을 얻습니다.

해방에 대한 욕망은 참나의 충만을 방해합니다. 그러나 그러한 욕망이 없어도 속박은 조장되고 있습니다! 그러므로 끊임없는 자각이 요구됩니다. 속박과 해방의 유일한 원인은 의식의 움직임입니다. 이것을 자각하면, 이 움직임도 끝납니다. 자아감도 사람이 그것을 관찰하는 바로 그 순간 끝납니다. 왜냐하면 그것은 의지할 지지물이 더 이상 없기 때문입니다. 그렇다면 누가 누구에 의해 속박당하며, 또 누가 누구에 의해 해방되는 것입니까?

바시슈타는 계속 말했다.

그러한 것이 무한한 의식인 지고의 존재의 본성입니다. 창조주 브람마와 비슈누와 쉬바와 같은 대우주적 형상들을 부여받은 이들은 그 지고의 존재 속에 자리를 잡고 있습니다. 그리고 그들은 여기에서 이 세상의 군주나 왕으로서 직분을 다하고 있습니다. 완전한 경지에 도달한 현인들도 그곳에 자리를 잡고 있기 때문에 여러 천국들을 떠돌아다닙니다. 그곳에 도달하면 사람은 죽지도 않고 또한 슬퍼하지도 않습니다. 눈을 깜빡거릴 동안만이라도 헤아릴 수 없는 무한한 의식 그대로이며, 또한 지고의 참나로서 알려져 있는 그 순수한 존재 속에서 사는 현자들은 비록 그들이 이 세상의 활동들에 계속 관여할지라도 두 번 다시 괴로움을 당하지 않습니다.

라마가 다음과 같이 물었다.

마음과 지성과 자아감이 모두 작용을 멈추면, 그 순수한 존재 즉 무한한 의식은 어떻게 여기에 나타납니까?

바시슈타는 계속 말했다.

그러나 모든 몸들 속에 살면서 여러 가지 경험들을 체험하는, 다시 말해, 먹고 마시고 말하고 모이고 파괴하는 그 브람만은 의식과 그것의 자각과의 분리가 전혀 없습니다. 편재하며, 시작도 끝도 없고, 순수하고, 변화되지 않고, 분화되지도 않는 존재인 그것을 존재(바스뚜-따뜨밤) 혹은 실재라고 합니다.

그것은 공간이 공간 속에 존재하듯이, 소리가 소리 속에 존재하듯이, 접촉이 접촉 속에 존재하듯이, 피부가 피부 속에 존재하듯이, 맛이 맛 속에 존재하듯이, 형태가 형태 속에 존재하듯이, 시력이 눈 속에 존재하듯이, 냄새가 냄새 속에 존재하듯이, 향기가 향기 속에 존재하듯이, 힘이 몸 속에 존재하듯이, 땅이 땅 속에 존재하듯이, 우유가 우유 속에 존재하듯이, 바람이 바람 속에 존재하듯이, 불이 불 속에 존재하듯이, 지성이 지성 속에 존재하듯이, 마음이 마음속에 존재하듯이, 그리고 자아감이 자아감 속에 존재하듯이 존재합니다. 그것은 마음속에서 찌따 즉 마음으로서 일어납니다. 그것은 나무 속에 있는 나무이고, 움직일 수 없는 존재의 부동성이며, 움직이는 존재의 기동성입니다. 그것은 지각력이 없는 것 속에 들어 있는 무지각이며, 지각력이 있는 것 속에 들어 있는 지성입니다. 그것은 신들의 신성이며, 인간의 인간성입니다. 동물에게 그것은 동물성이며, 벌레에게 그것은 벌레의 본성입니다. 그것은 시간과 계절의 본질 그 자체입니다. 그것은 활동 속의 활력이고, 질서 속의 질서입니다. 그것은 존재하는 것의 생명이요, 죽어 없어지는 것의 죽음입니다. 그것은 유년기, 청년기, 노년기이며, 또한 죽음이기도 합니다.

그것은 나누어지지도 않고, 분할할 수도 없습니다. 왜냐하면 그것은 모든 사물의 본질 그 자체이기 때문입니다. 다양성은 비록 앞서 말한 의미(즉 다양성이 무한한 의식에 의해서 생각되고, 또 무한한 의식으로 충만되어 있다는 점)에서는 실재적이지만, 비실재적입니다. 이것을 깨달으십시오. 즉 '이 모든 것이 나로 충만되어 있다. 왜냐하면 나는 편재하고, 몸과 기타 그러한 조건화가 전혀 없기 때문이다.' 그리고 평화와 지고의 행복 속에 안주하십시오.

발미끼는 다음과 같이 말했다.

현자 바시슈타가 이런 이야기를 했을 때, 날은 저물었고, 모인 사람들은 저녁 기도를 위해 흩어졌다.

라마가 물었다.

오, 현자시여! 우리가 꿈 속에서 보는 도시 등이 비실재적인 것과 꼭 같이, 창조주 브람마의 꿈인 이 세상도 사실상 비실재적이며 가공적인 것입니다. 그러나 어찌하여 그것이 우리의 비전 속에서 견고한 고정성을 얻게 되었습니까?

바시슈타는 대답했다.

브람마가 창조한 바로 그 최초의 우주는 오늘날에 와서도 마치 실재하는 것처럼 우리에게 관찰되고 있지 않습니까! 의식은 무한하기 때문에, 지바의 세상도 또한 어디에서든지 일어납니다. 이 세상은 의심할 바 없이 무지에서 태어났습니다. 그래서 세상에 대한 믿음은 진정한 지각을 파괴시킵니다. 비록 이 세상이 비실재적이지만, 자아감의 출현으로 말미암아, 그것은 확실한 실재처럼 보입니다. 꿈꾸는 사람은 꿈 속에서 본 대상들이 덧없는 것인 줄을 깨닫지 못합니다. 그와 꼭 같이, 창조주의 이 우주적 꿈도 마찬가지입니다. 꿈은 꿈꾸는 사람의 특성을 띱니다. 비실재적인 것에서 태어난 것도 또한 비실재적인 것임에 틀림없습니다. 그러므로 비록 이 세상이 실재적인 것처럼 보이지만, 그것이 비실재적인 개념(창조주의 꿈)에서 태어났기 때문에, 그것을 단호히 거부해야 합니다.

무한한 의식인 참나 속에서는 이 세상이 단지 순간적으로밖에 나타나지 않습니다. 바로 그 순간 동안, 그것이 매우 오랜 기간이라는 가공적인 개념이 일어납니다. 그러면 그 세상은 확실히 실재적인 것처럼 보입니다. 이 우주가 창조주의 의식 속에서는 하나의 꿈으로 존재하는 것과 꼭 같이, 그것은 창조주의 꿈의 대상들인 모든 존재들의 의식(꿈) 속에서는 긴 기간으로 체험됩니다.

그대가 꿈 속에서 어떤 형태의 그 무엇을 본다 하더라도, 그대는 그것이 됩니다. 확실히, 마음이 실성한 혹은 혼란된 상태에 있을 때, 마음이 체험할 수 없는 것은 이 세상에 아무것도 없습니다. 왜냐하면 심지어 이 세상에서도 너무나 많은 특별한 현상들이 보이기 때문입니다. 예컨대, 불이 물 속에서 타고, 물이 하늘에 떠 있고, 살아 있는 존재들이 바위 속에서 발견되고, 지각력이 없는 기계들이 여러 가지 다른 방식으로 움직이고 있습니다. 또한 사람은 마치 자신의 죽음을 꿈꾸는 것이 가능한 것처럼, 분명히 비실재적인 것을 볼 수 있습니다.

실재인 것은 아무것도 없으며, 또한 비실재인 것도 아무것도 없습니다. 그래서 우주라고 하는 이 꿈 속에서는 모든 것이 어디에서든지 가능합니다! 꿈 속에 빠진 자가 그 꿈을 완전히 실재적인 것으로 보는 것과 꼭 같이, 이 세상에 빠져 있는 자는 이 세상이 완전히 실재적이라고 생각합니다. 한 꿈에서 다른 꿈으로 이동해 가듯이, 사람은 하나의 망상에서 또 다른 망상으로 이동해 가며, 이 세상을 완전히 실재하는 것으로 경험합니다.

백 명의 루드라의 이야기

바시슈타는 계속 말했다.

오, 라마여! 이와 관련하여 그대에게 한 전설을 이야기할 것이니, 부디 경청하여 주십시오.

옛날에 명상에 헌신했던 탁발 수도승이 한 명 살았습니다. 그의 마음은 이미 그러한 명상에 의해 정화되었기 때문에, 그는 마음의 생각들을 구체화시키는 힘을 소유하게 되었습니다.

어느 날, 계속적인 명상으로 피곤했지만 그의 마음이 완전히 집중해 있었기 때문에, 그는 다른 어떤 것을 할 생각을 했습니다. 그는 일자무식하며, 브람마나 계급이 아닌 가문의 사람으로 태어날 것을 상상했습니다. 말하자면, 즉시 그는 그 부족의 일원이 되었습니다. 그러자 그에게는 '나는 지바타이다.'라는 느낌이 일어났습니다. 이 꿈의 존재는 역시 꿈의 대상들로 만들어진 도시에서 얼마간 떠돌아다녔습니다. 그러던 어느 날 그는 술에 취해 잠을 잤습니다. 그는 자신이 경전의 지식을 갖춘 브람마나가 된 꿈을 꾸었습니다. 그가 올바른 삶을 살아가는 동안, 어느 날 이 브람마나는 자신이 막강한 왕이 되는 꿈을 꾸었습니다. 그는 자신이 최고의 영광을 안은 강력한 황제가 되는 꿈을 꾸었습니다. 어느 날 그는 왕에게 어울리는 쾌락을 즐겼고, 그 후에 잠을 자면서 천상의 요정에 대한 꿈을 꾸었습니다.

마찬가지로, 이 요정도 어느 날 자신이 사슴이 되는 꿈을 꾸었습니다. 그리고 이 사슴은 자신이 덩굴식물이 되는 꿈을 꾸었습니다. 확실히 동물도 꿈을 봅니다. 왜냐하면 과거에 보았거나 들었던 것을 회상할 수 있는 그런 것이 마음의 본성이기 때문입니다. 사슴은 덩굴식물이 되었습니다. 그 덩굴식물 속에 있는 내면의 지성은 그 자신의 가슴속에서 벌을 보았습니다. 그러자 그것은 벌이 되었습니다. 그리고 그 벌은 덩굴식물에 피어 있는 꽃의 넥타를 마시기 시작했습니다. 그 벌은 그 꽃들 중의 하나에 있는 넥타에 애착을 갖게 되었습니다. 이것은 벌에게 확실한 파멸의 길이 되지 않았겠습니까!

밤에 코끼리가 이 덩굴식물에게 다가와서, 벌과 함께 그것을 뜯어 입안에서 짓이겼습니다. 그러나 벌은 이미 코끼리를 본 적이 있기 때문에 코끼리를 생각했고, 그래서 코끼리가 되었습니다. 그 코끼리는 왕에게 잡혔습니다. 어느 날 그것은 벌집을 보았고, 그리고 그 자신의 과거의 기억 때문에 그것은 벌이 되었습니다. 그것은 야생 덩굴식물들에 피어 있는 꽃들의 넥타를 마시기 시작했습니다. 그것은 덩굴식물이 되었습니다. 그 덩굴식물은 코끼리에 의해 파멸되었지만, 그 덩굴식물이 근처의 호수에서 백조를 본 적이 있기 때문에, 그것은 백조가 되었습니다.

어느 날, 이 백조는 다른 많은 백조 무리와 함께 떠돌아다니고 있었습니다. 그 탁발 수도승이 이 백조를 명상하고 있을 때, 그는 죽음을 맞게 되었습니다. 그러므로 그의 의식은 백조의 몸으로 태어나게 되었습니다.

바시슈타는 계속 말했다.

그 백조가 한때 루드라 신을 보았습니다. 그리고 그의 가슴속에서는 '나는 루드라이다.'라는 확신이 일어났습니다. 즉시 그 백조는 백조의 몸을 버리고, 루드라 신이 되었습니다. 그리고 그 루드라는 루드라 신의 거처에서 살았습니다. 그러나 루드라가 참된 지식을 갖추고 있었기 때문에, 그는 이전에 일어났던 모든 것을 기억하고 있었던 것입니다.

루드라는 다음과 같이 회상했습니다.

자, 보라! 모든 세상 사람들을 현혹시키는 이 마야는 얼마나 신비스러운가! 비록 세상이 비실재적이지만, 그것은 실재적인 것처럼 보인다. 무엇보다도 우선, 나 자신인 그 무한한 의식 속에서 아직도 우주적이고 전지적이기는 하지만, 객관적 의식을 가진 마음이 생겨났다. 그 다음 우연히 나는 우주적 원소들 가운데 가장 미세한 부분에 애착을 느끼고, 또한 그 부분에 매료당한 지바가 되었다. 그러므로 어떤 세상의 주기 동안 나는 마음이 완전히 흔들리지 않는 탁발 수도승이 되었다. 그는 모든 혼란을 극복하고 계속 명상 수행에 몰입할 수 있었다.

그러나 그 다음의 모든 활동은 이전의 활동보다 더욱 강력했다. 탁발 수도승은 자신이 지바타라고 생각했고, 또 그는 그렇게 되었다. 그 이후에 그는 브람마나라고 생각했다. 확실히, 보다 강력한 형태의 생각이 보다 약한 형태의 생각을 이긴다. 그 다음 마침내 지속적인 명상 때문에 그는 왕이 되었다. 식물이 빨아들인 물은 결국 그 식물의 열매가 되

는 것이 확실하지 않겠는가! 왕에게 어울리는 쾌락과 관련되는 것은 요
정들이다. 그 요정들을 생각하면서 왕은 요정이 되었다. 순전히 사랑에
빠졌다는 이유로 이 요정은 사슴이 되었다. 그 사슴은 자신이 뚫려서
구멍이 날 것이라는 생각에 사로잡힌 덩굴식물이 되었다. 벌을 생각하
면서, 그 덩굴식물은 그때 그 덩굴식물에다 구멍을 낸 벌이 되었다. 그
벌이 코끼리가 된 것이다.

나는 지난 백 번에 걸친 세상의 순환 주기 동안 루드라 신으로 지냈
던 루드라이다. 그리고 나는 심리적인 망상에 지나지 않는 이 현상계를
떠돌아다닌다. 어떤 세상의 주기에서 나는 지바타였고, 다른 주기에서
는 나는 왕이었으며, 또 다른 주기에서는 나는 백조였다. 이와 같이 나
는 마음과 몸이라고 하는 이 수레바퀴를 타고 돌고 있었다.

내가 그 지고의 참나 즉 무한한 의식으로부터 벗어난 지 영겁의 세월
이 흘렀다. 그렇게 타락한 직후에는 나는 여전히 진리의 지식을 갖춘
그 탁발 수도승이었다. 그러다가 많은 윤회를 겪은 뒤에 우연히 보게
된 루드라 신의 은총으로, 나는 루드라가 되었다. 지바가 우연히 깨달
음을 얻은 사람과 접촉하게 되면, 그 불순한 바사나(경향성)는 멀리 외면
되게 된다. 이것은 깨달음을 얻은 사람과의 접촉을 끊임없이 갈망하는
그런 사람에게 일어난다. 그러한 끊임없는 갈망 그 자체가 구체화되어.
하나의 기정사실이 된 것이다.

루드라는 다음과 같이 계속 회상했습니다.

이 비실재적인 자각이 확장되는 것은 바로 '이 몸이 나의 참나다.'라
는 내면의 확신 때문이라는 것은 확실하다. 만약 사람이 그 참된 본성
을 탐구한다면, 그는 아무것도 남아 있지 않다는 것을 발견할 것이다.
무로 통하는 이러한 탐구의 이야기도 이제 그만 하자. 이 세상은 하늘

의 푸른빛처럼 하나의 시각적인 환영이다. 그것은 무지이다. 그러한 무지를 정화시키려는 이러한 노력에 대해서도 이제 그만 이야기하자. 비실재적인 이 현상계가 계속 나타난다면, 그렇게 내버려두라. 왜냐하면 그것이 어떤 해도 끼칠 수 없기 때문이다. 나는 가상적인 변화의 연결고리를 다시 조사하여, 그들의 기본적인 통일성을 되찾겠다.

바시슈타는 계속 말했다.

이렇게 결심을 한 뒤에, 루드라는 탁발 수도승의 몸이 누워 있던 곳으로 갔습니다. 그는 그 몸을 일깨워 그것이 과거에 일어났던 모든 것을 기억하도록 거기에다 영감을 불어넣어 주었습니다. 탁발 수도승은 루드라가 그 자신의 참나인 것을 보았고, 또한 과거의 모든 일을 기억해 냈습니다.

그리고 그 둘은 똑같은 무한한 의식 속에서 지바타가 살고 있는 곳으로 갔습니다. 그들은 그의 시신을 소생시켰습니다. 그 셋은 실제로 하나입니다. 이러한 신비를 보고 아연실색한 이들 셋은 그 다음 아내의 품에 안겨 잠자고 있던 브람마나의 거처로 갔습니다. 그들은 그의 의식을 깨웠습니다. 그 다음 그들은 왕이 요정들에 둘러싸여 왕의 침실에서 잠자고 있는 곳으로 갔습니다. 그들은 또한 왕의 지성을 깨웠습니다. 그도 또한 진리를 깨닫고 깜짝 놀랐습니다. 이런 식으로 그들은 루드라가 된 그 백조가 사는 곳으로 갔습니다.

그들은 과거 백 번이나 루드라로 태어났던 루드라의 세상을 떠돌아다녔습니다. 그들은 그 모든 것이 하나의 무한한 의식이라는 것을 깨달았습니다. 그 무한한 의식 속에서 이 모든 다양한 가공적인 사건들이 분명히 일어났던 것입니다. 하나의 형태가 말하자면 다수의 형태가 된 것입니다. 이 백 명의 루드라는 전 우주에 충만해 있었고 또한 편재해 있었습니다.

지바는 그 자신으로부터 일어나는 세상에 의하여 사방이 둘러싸여 있다는 사실 때문에, 각성하지 못한 지바들은 서로 서로를 보지 못하며, 서로 서로를 이해하지 못합니다. 모든 파도들이 똑같은 물질이며 따라서 하나이듯이, 깨어 있는 지바들도 그들 자신이 하나임을 깨닫고 서로 서로를 이해합니다. 개개의 지바는 그 자체의 가공적인 현상계를 가지고 있습니다. 그러나 사람이 땅을 파는 곳마다 텅 빈 공간을 발견하듯이, 지바가 이 현상계를 탐구하면 그것은 늘 똑같은 무한한 의식으로 나아가게 합니다.

분리된 의식은 속박입니다. 반대로 해방은 분리된 의식이 없는 것입니다. 어떤 그 무엇이 그대를 만족시킬지라도, 그것을 긍정하고 그것에 단단히 뿌리를 내리십시오. 그 둘 사이에는 어떤 차이도 없습니다. 왜냐하면 자각은 그 둘 속에서 똑같기 때문입니다. 무지 속에서만 존재하는 것을 잃는다고 해서 누가 슬퍼하겠습니까? '고요히 있음'으로써 얻어지는 그것은 이미 존재하고 있는 것이며, 그러므로 이미 '얻어진' 것이었습니다.

바시슈타는 계속 말했다.

그들 모두가 루드라 신과 더불어 그들의 영적 의식의 각성을 이루었습니다. 그들이 루드라의 일부인 것을 깨닫고, 그들은 행복했습니다. 루드라는 마야가 일어날 때 그 마야의 연극을 보았으며, 그는 다른 이들에게 다시 한 번 그 속에서 그들의 역할을 하도록 격려했으며, 그처럼 겉으로 보기에 독립되어 있는 것처럼 보이는 존재가 끝난 뒤에는 그들을 보고 그에게 되돌아오라고 명령했고, 그리고 이 세상의 주기가 끝날 무렵에 그들은 지고의 상태에 도달할 것이라고 확신시켜 주었습니다. 그 다음 루드라는 시야에서 사라졌고, 지바타와 그 밖의 다른 이들은 그들 각자의 거처로 돌아갔습니다.

라마가 물었다.

지바타와 다른 이들은 그 탁발 수도승이 꿈 속에서 본 단순한 대상들(가상적인 실체들)이 아닙니까? 그들이 어떻게 진짜 실체가 될 수 있었습니까?

바시슈타는 대답했다.

상상이 실재적인 어떤 것이라는 개념을 버리십시오. 이와 같이 환영의 가공성이 버려질 때, 존재하는 것은 무한한 의식 속에서 존재합니다. 꿈 속에서 본 것과 실재하는 것으로 상상한 것은 마치 여행자에게 시간적 공간적 경험이 상이한 장소에 따라 실재하는 것과 꼭 같이, 언제나 그렇게 나타납니다. 그 무한한 의식의 가슴속에 모든 것이 존재하며, 사람은 그 안에서 보는 것을 직접 경험합니다.

생각의 형태가 가지고 있는 꿈과 같은 속성은 오직 강렬한 요가의 수행을 통해서만 깨달을 수 있지, 다른 방식으로는 되지 않습니다. 쉬바 신과 다른 신들이 어디에서든지 모든 것을 지각할 수 있는 것은 바로 이러한 수행을 통해서입니다. 그대 앞에 있으며 동시에 그대 마음에 의하여 이해되고 있는 것은 그러한 지각이나 그러한 존재에 오해가 있다면 깨달아질 수 없습니다. 그러한 오해가 존재하지 않을 때만 그 대상을 알 수 있고 깨달을 수 있습니다. 사람이 소망하는 것이 무엇이든 간에, 그것은 오직 그의 내면의 존재가 오로지 전적으로 그 바라는 것에 헌신할 때만 얻어집니다. 이와 같이 자기 앞에 있는 것에 전적으로 헌신하는 자는 자기 앞에 있는 그것을 완전히 알 수 있습니다. 반면에 가상의 대상에 완전히 헌신하는 자는 그 가상의 대상을 완전히 알 수 있습니다. 만약 한 목표를 향한 그러한 헌신이 없다면, 그는 그 대상을 알지 못합니다. 따라서 탁발 수도승이 루드라와 그 나머지 모든 것이 될 수 있었던 것은 바로 그러한 한 목표를 향한 헌신에 의해서 가능했습니다. 그들 각각이 그 나름의 세상을 가졌습니다. 그러므로 그들 속에서 루드라 의식이 일깨워질 때까지는 그들은 서로를 몰랐습니다. 그들이 그렇게 베일에 가려지고, 또 그들이 서로 다른 형태와 본성을 지니게 된 것도 사실상 루드라의 뜻에 의한 것이었습니다.

사람이 하나나 다수 혹은 무학자나 지식인이 될 수 있는 것은 '천인이 되게 해 주소서.', '학자가 되게 해 주소서.'와 같은 기원에 대한 한 목표를 향한 명상에 의해 가능하며, 또한 그러한 명상의 결실로서 가능한 것입니다. 신이나 혹은 인간이 되고, 그에 따라서 작용하는 것은 집중과 명상에 의해 가능합니다.

바시슈타는 계속 말했다.

모든 것의 진정한 참나인 무한한 의식은 무한한 힘을 부여받았지만, 지바(본질적으로 참나와 전혀 다르지 않은)는 (그 개념에 어울리는) 하나의 능력을 부여받았습니다. 그러므로 지바의 본성에 따라서, 그것은 무한한 힘이나 한정된 힘을 즐길 수 있습니다. 무한한 의식은 팽창과 수축이 전혀 없습니다. 반면에 지바는 그것이 구하고자 하는 것을 얻을 수 있습니다. 다양한 능력을 획득한 요기들은 여기에서와 또한 다른 어디에서도 존재하며, 그러한 능력을 나타냅니다. 그러나 유명한 까르따비르야가 집에 있으면서도, 다수의 가슴속에 두려움을 불러일으킨 것과 꼭 같이, 그 요기들은 여기저기에서 그리고 여러 다른 장소에서 즐겨지기 때문에, 그러한 경험이 다수이고 여러 가지인 것처럼 보이는 것입니다! (현대적인 예로는 라디오가 있다. 즉 방송실을 떠나지 않고서도 말하는 사람이

나 가수는 수많은 응접실로 들어갈 수 있다. S.V.)

마찬가지로, 비슈누 신은 그의 거처를 떠나지 않고, 이 지상에 인간의 모습으로 나타납니다. 마찬가지로 인드라 신(신성한 의식을 주재하는)도 그의 천상의 거처를 떠나지 않고, 그러한 의식이 거행되는 일천 개의 장소에 나타날 수 있습니다. 헌신자들의 부름에 응하여, 하나인 비슈누 신이 수천의 비슈누 신이 되어 헌신자들 앞에 나타납니다. 그와 꼭 같이, 지바타와 탁발 수도승의 상상이나 소망이 만들어 낸 것에 지나지 않는 이들과 그리고 루드라의 의식에 의해 생명력을 갖게 된 이들 모두는 그들의 다양한 거처들로 돌아가서 마치 독자적으로 존재하는 것처럼 작용을 했습니다. 그들은 얼마 동안 각기 다른 역할들을 행하고 난 뒤 루드라의 거처로 돌아갔습니다.

이 모든 것이 비록 탁발 수도승과는 별개인 것처럼 보였지만, 탁발 수도승의 의식에 떠오른 한 순간의 망상에 불과했습니다. 그와 꼭 같이 무수한 존재들의 탄생과 죽음은 말하자면 하나의 무한한 의식 속에서 일어나는 것입니다. 그들은 이 현상계에서 다양성을 상상하고, 그 다음 그들은 참나 속에서 일원성을 추구합니다. 그들이 죽을 때 그들은 마치 외부에 있는 것처럼 보이는, 그들 내부에 있는 또 다른 존재의 상태를 상상합니다. 육체를 가진 존재들은 해방을 실현할 때까지 헤아릴 수 없는 슬픔을 겪습니다. 나는 이러한 진리를 예시하기 위하여 이 이야기를 그대에게 했습니다. 이것은 그 탁발 수도승의 운명일 뿐만 아니라, 모든 존재의 운명이기도 합니다. 지고의 참나와 자신이 불가분의 관계에 있다는 사실을 잊어버리는 그런 존재는 그 자신의 생각들이 독립해 있고, 또한 완전히 실재하며, 가공이 아니라고 상상합니다. 그러한 하나의 꿈에서부터 그는 또 다른 꿈으로 나아가며, 마침내는 '나는 몸이다.'

라는 그릇된 생각을 버리게 됩니다.

라마가 다음과 같이 물었다.

아, 얼마나 경이로운 이야기입니까! 신이시여! 당신은 실재하는 것으로 생각되는 모든 것이 실재하며, 또한 실재하는 것으로 체험된다고 말씀하셨습니다. 부디 이 탁발 수도승도 또한 다른 어딘가에 존재하는지를 말씀해 주십시오.

바시슈타는 다음과 같이 대답했다.

나는 이 문제를 깊이 생각하고, 나중에 답해 주겠습니다. (모인 사람들은 이때쯤 정오 기도를 위해 자리에서 일어섰다.)

바시슈타는 계속 말했다.

오, 왕이시여! 오, 라마여! 나의 지혜로운 눈의 도움을 받아, 나는 그 탁발 수도승을 찾았습니다. 나는 그 탁발 수도승을 보고 싶어 깊은 명상에 들어갔습니다. 나는 이 우주 구석구석을 뒤지면서 그를 찾았지만, 그를 발견할 수 없었습니다. 사람의 상상이 또한 실재하는 것처럼 어떻게 바깥에 나타나겠습니까?

그 다음 나는 지나스의 땅이 있는 북쪽으로 나아갔습니다. 개밋둑 위에 사람들이 거주하는 비하라(성지? 또는 비하르)가 존재합니다. 거기 그 자신의 오두막집에 머리 색깔이 노란 디르가드르샤라고 하는 탁발 수도승이 있었습니다. 그는 깊은 명상에 들어 있었습니다. 그의 시종들조차 그의 명상을 방해할까 두려워 오두막집에 들어가지 않았습니다. 그 날이 그러한 명상에 잠긴 지 스물하루째 되는 날이었습니다. 그 날이 그의 마지막 날이 되게끔 운명 지어져 있었습니다.

한 관점에서 보면, 그는 불과 스물하루밖에 명상에 들지 않았으나, 또 다른 관점에서 보면, 수천 년의 세월이 이미 지나갔습니다. 왜냐하면 그런 것이 그의 마음에서 일어난 생각이었기 때문입니다. 나는 그러한 탁발 수도승이 다른 시대에도 살았다는 것을 알았습니다. 심지어 이번 시대에 들어와서도, 그는 두 번째의 그러한 탁발 수도승이었던 것입니다. 그러나 이들 두 명 이외에 나는 세 번째의 탁발 수도승을 볼 수 없었습니다. 내가 마음대로 사용할 수 있는 모든 기지와 내가 마음대로 운용할 수 있는 모든 능력들로, 나는 세 번째 탁발 수도승을 찾아서 바로 이 세상의 중심부까지 들어갔습니다.

마침내 나는 그를 발견했습니다. 그러나 그는 이 우주에 있지 않았습니다. 그는 비록 또 다른 브람마가 창조한 우주이기는 하지만, 이 우주와 거의 똑같은 다른 우주에 있었습니다. 그와 꼭 같이, 그곳에는 지금까지 수많은 존재들이 존재해 왔고, 그리고 미래에도 존재할 것입니다. 바로 여기 모인 이 자리에서도 이와 같이 생각을 가지게 되면, 곧 나타나게 될 다른 존재들에 대한 생각을 가지게 될 현자와 거룩한 브람마나들이 있습니다. 이러한 것이 마야의 본질입니다. 이들 가운데 어떤 존재들은 그들을 상상한 사람과 같은 본성을 갖게 될 것입니다. 다른 존재들은 본성이 아주 다를 것입니다. 그러나 그 다른 존재들도 부분적으로 그들을 닮을 것입니다. 이와 같이 큰 마야는 심지어 위대한 사람들조차 좌절시킵니다. 그러나 그것은 여기에 존재하지 않으며, 또한 작용도 하지 않습니다. 왜냐하면 이 모든 것을 나타나게 하고 또 사라지게 하는 것은 오직 망상이기 때문입니다. 그렇지 않으면 스물하루라는 짧은 기간이 어디에 있으며, 한 시대 전체가 어디에 있겠습니까? 마음의 작용에 대해 생각하는 것조차 무서운 일입니다.

이 모든 것은 아침에 연꽃처럼 피고, 또 만개한 연꽃처럼 다양성을 드러내는 현상에 불과합니다. 이 모든 것은 순수한 그 무한한 의식 속에서 일어납니다. 그러나 그 현상은 불순함에 물드는 것처럼 보입니다. 개개의 사물은 마치 분리된 것처럼 나타나고, 그 분리된 존재의 마지막에 가서는, 그것은 다른 이상한 분리를 겪습니다. 이 모든 것은 완전히 실재하지 않는 것이 아니라, 비교적 실재하는 것입니다. 그들 모두가 만물 속에 나타납니다. 원인은 원인 속에 들어 있기 때문이 아니겠습니까!

다샤라타는 말했다.

오, 현자시여! 그 탁발 수도승이 어디에서 명상하고 있는지 말씀해 주십시오. 그러면 나는 즉시 나의 병사들을 파견하여 그를 명상에서 깨워 이곳으로 데려오겠습니다.

바시슈타는 다음과 같이 대답했다.

오, 왕이시여! 그 탁발 수도승의 육신은 이미 생명이 없습니다. 그래서 그 몸은 소생시킬 수 없습니다. 그의 지바는 깨달음과 해방을 이미 얻었습니다. 그래서 그것은 이 현상계의 경험을 더 이상 받을 수 없습니다. 그의 시종들은 그에게 지시받은 대로 한 달이 끝날 때, 그의 오두막집 문이 열리기를 기다리면서 그 집 밖에서 서 있습니다. 그들은 그때쯤 그가 그의 몸을 버리고, 자기 자리에 다른 누군가를 대신 앉혀 놓은 것을 발견할 것입니다.

이 마야(즉 현상계나 망상)는 유한하고 한정적인 특성과 속성을 지니고 있습니다. 사람들은 무지 때문에 그것을 건너는 것이 불가능하다고 합니다. 그러나 진리의 지식이 있으면, 그것을 쉽게 건널 수 있습니다.

황금을 팔찌로 보는 것은 잘못된 자각입니다. 단순한 현상이 그러한 잘못된 자각의 원인이 됩니다. 이 마야(실재하지 않는 현상)는 단지 말의 멋진 수사에 불과합니다. 현상과 절대적인 참나의 관계는 파도들과 바다의 관계와 꼭 같습니다. 이 진리를 알게 되면, 현상은 더 이상 망상이 아닙니다. 긴 꿈과 같은 이 현상계가 실재하는 것처럼 보이는 것은 바로 무지 때문입니다. 따라서 지바가 생겨나게 됩니다. 그러나 그 진리를 깨닫게 되면, 이 모든 것이 참나라는 것을 알게 됩니다.

사람이 마음에 가지는 생각이 무엇이든 간에, 그 생각으로 나타나는 것은 오로지 참나뿐입니다. 이 우주는 이와 같이 무수히 많은 그러한 개인들이 마음에 가진 생각들의 결과입니다. 브람마가 가진 최초의 생각은 지바에 의해 확실한 실재로서 체험되었습니다. 그러나 브람마의 의식과 같은 의식의 순수성에 도달하면, 그는 이 모든 것을 하나의 긴 꿈으로 보게 됩니다.

사물에 대한 생각이 있으면 마음이 생기고, 그럼으로써 무한한 의식에서 벗어나게 됩니다. 그 다음 그것은 다양한 경험들을 겪게 됩니다. 그러나 이 마음이 절대적인 참나와 관계가 없는 것일까요? 그 절대적인 참나는 또한 마음이 아닐까요? 지바와 몸과 그리고 나머지 그 모든 것은 그 절대적인 참나의 그림자 혹은 현상에 불과합니다. 이 모든 움직임 등은 영원히 무한한 그 하나의 무한한 의식 속에서 일어납니다. 그리고 그 의식은 의식이지, 다른 어떤 것도 아닙니다. 그래서 움직임 등의 말은 가상의 표현입니다. 움직임도 없고, 또한 움직임 없음도 없습니다. 하나도 없고, 또한 다수도 없습니다. 존재하는 것은 있는 그대로입니다. 다양성은 깨어 있지 않은 상태에서 일어나며, 사람이 자신의 탐구를 시작하면, 그것은 사라집니다. 탐구자는 존재하지만, 어떤 의심도 없습니다. 이것이 정말로 지고의 상태입니다. 평화는 세상이라고 알려져 있습니다. 평화만이 이 현상계로서 오로지 존재합니다. 무지는 실재하지 않습니다. 그래서 보는 사람도 없고, 보이는 대상도 없으며, 또한 봄도 없습니다. 마음은 달 속에 하나의 결함이 있다고 상상합니다.

그러나 달은 결함으로서 거기에 존재하지 않습니다. 무한한 의식은 그 '몸'이나, 나타남이나 혹은 현상으로서 오로지 의식만을 가집니다.

바시슈타는 계속 말했다.

오, 라마여! 깊은 수면과 같은 침묵에 의지하며, 생각의 움직임이 전혀 없는 상태에 견고하게 자리를 잡고 영원히 계십시오.

라마는 다음과 같이 말했다.

신이시여! 저는 지금까지 말의 침묵이나 눈과 기타 감각 기관의 침묵에 대해서는 들어봤습니다. 그리고 또한 극단적인 고행의 엄격한 침묵에 대해서도 들어봤습니다. 그러나 깊은 수면과 같은 침묵이란 무엇을 말합니까?

바시슈타는 다음과 같이 대답했다.

라마여! 두 가지 유형의 무니(모우나, 즉 침묵을 지키는 현자)가 있습니다. 하나는 엄격한 고행자이고, 다른 하나는 해방된 현자입니다. 전자는 강제로 그의 감각들을 억제하며, 열광적으로 무미건조한(지혜가 전혀 없는) 끄리야(활동)들을 하고 있습니다. 반면에 해방된 현자는 무엇이 무엇인지를 (진리를 진리로, 비실재적인 것을 비실재적인 것으로) 알고 있고, 참나 지식을 가지고 있으며, 그럼에도 불구하고 그는 여기에서 평범한 사람처럼 활동하고 있습니다. 침묵 즉 모우나로서 간주되는 것은 이들 무니들의 본성과 활동에 기초를 두고 있습니다.

지금까지 네 가지 유형의 침묵이 기술되어 왔습니다. 첫째는 말의 침묵이고, 둘째는 눈 같은 감각들의 침묵이며, 셋째는 격렬한 억제이며, 넷째는 깊은 수면의 침묵입니다. 마음의 침묵이라고 하는 또 하나의 침묵이 있습니다. 그러나 그것은 오직 죽은 사람이나, 엄격한 모우나(까스타 모우나)나, 혹은 깊은 수면의 침묵(수슙띠 모우나)을 수행하는 사람에게만 가능합니다. 이들 중 앞의 세 가지는 엄격한 모우나의 원소들을 필요로 합니다. 정말로 해방에 도움이 되는 것은 네 번째 것입니다. 그러므로 앞의 세 가지 유형의 모우나에 의지하고 있는 사람들에게 불쾌감을 불러일으키는 위험을 무릅쓰고라도, 나는 그 세 가지에는 바람직한 것이 하나도 없다고 말합니다.

깊은 수면의 침묵은 해방에 도움이 됩니다. 그 속에서는 쁘라나 즉 생명력이 억제되지 않으며, 또한 촉진되지도 않습니다. 감각들은 먹을 것을 받지도 않으며, 또한 굶어죽지도 않습니다. 다양성에 대한 지각은 표현되지 않으며, 또한 억압받지도 않습니다. 마음은 마음이 아니며, 또한 마음 아님도 아닙니다. 어떠한 구분도 없고, 그러므로 그 구분을 없애려는 어떤 노력도 없습니다. 그래서 그것은 깊은 수면의 침묵이라 불리며, 그곳에 자리를 잡은 사람은 명상할 수도 있고, 명상하지 않을 수도 있습니다. 있는 그대로의 본질에 대한 지식이 있고, 의심은 전혀 없습니다. 그것은 완전히 아무것도 없는 텅 빔입니다. 그것은 지지물도 없습니다. 그것은 지고의 평화 그대로인데, 거기에 대해서는 그것이 실재한다고도 할 수 없으며, 실재하지 않는다고 할 수도 없습니다. 사람이 "'나'라는 것도 전혀 없으며, 또 다른 것도 없고, 마음도 없고, 또한 마음에서 파생된 어떤 것도 없다."라는 것을 알고 있는 그 상태와, 사람이 "'나'라는 것은 이 우주에서 단지 하나의 개념에 불과하고, 또 그것은 실제로 순수한 존재이다."라는 것을 알고 있는 그 상태, 바로 그것이 깊은 수면의 침묵이라고 하는 것입니다. 무한한 의식인 그 순수한 존재 속에서, '나'라는 것과 '또 다른 것'이 도대체 어디에 있겠습니까?

라마는 다음과 같이 물었다.

오, 현자시여! 백 명의 루드라 신이 어떻게 생겨났습니까?

바시슈타는 다음과 같이 대답했다.

탁발 수도승은 백 명의 루드라 신들 모두에 대한 꿈을 꾸었습니다. 마음이 순수하여 불순물로도 더럽혀지지 않는 그런 사람들이 무엇을 상상하거나 생기게 하더라도, 그들은 오로지 그것만이 실재하는 것으로 경험합니다. 따라서 어떤 생각의 형태라도 그것이 하나의 무한한 의식 속에서 일어나면, 그것은 그렇게 존재하는 것처럼 보입니다.

라마가 다시 물었다.

오, 현자시여! 어찌하여 쉬바 신은 옷도 입지 않은 채, 온 몸에 재를 바르고, 목에는 인간 해골로 만든 화관을 걸치고, 화장터에 사는 그런 사람으로서, 또한 욕정에 쉽게 압도당하는 그런 사람으로서 나타나고자 했습니까?

바시슈타는 다음과 같이 대답했다.

신이나 완전한 경지에 도달한 존재들과 해방된 현자들의 행동은 행동 규칙과 규범에 의해 결정되지 않습니다. 이런 것들은 무지한 사람들이 만들어 낸 것입니다. 그러나 무지한 사람들의 마음이 심한 조건화를 받고 있기 때문에, 만약 그들이 그러한 행동 규칙의 지배를 받고 있지 않다면, 큰 물고기가 작은 물고기를 잡아먹는 혼란이 일어날 것입니다. 반면에 지혜로운 사람은 자신의 감각들을 자연스럽게 통제하고 있고, 또 늘 방심하지 않고 깨어 있기 때문에, 바람직한 것과 바람직하지 않은 것에 빠지지 않습니다. 그는 그렇게 하고자 하는 의도도 없이, 또한 되는 대로 사건에 반응을 나타내 보이지도 않고, 일하며 살아갑니다. 왜냐하면 그의 활동은 (야자나무에 내려앉는 까마귀와 어떤 우연한 관계도 없이 떨어지는 야자열매처럼) 순수하고 자연스럽기 때문입니다. 아니면 그는 아무 일도 전혀 하지 않을 수도 있습니다.

심지어 삼위일체(브람마, 비슈누 그리고 쉬바)의 구성원들조차도 이와 같이 인간의 모습으로 현현해 왔습니다. 깨달음을 얻은 사람들의 경우, 그들의 활동은 칭찬과 비난을 초월해 있고, 수용과 거부도 초월해 있습니다. 왜냐하면 그들은 '이것은 내 것이다.', '이것은 다른 것이다.'라고 하는 생각을 전혀 가지고 있지 않기 때문입니다. 그들의 활동은 불의 열처럼 순수합니다.

나는 육체를 떠난 영혼들의 침묵이라고 하는, 다른 형태의 모우나(침묵)에 대해 상세히 말하고 싶지 않았습니다. 왜냐하면 그대는 여전히 육체를 가지고 있기 때문입니다. 그러나 나는 여기서 간단하게 그것을 묘사하겠습니다. 완전히 깨어 있는 사람들과 끊임없이 사마디에 들어 있는 사람들, 그리고 완전히 깨달음을 얻은 사람들은 상끼야 요기들이라고 합니다. 쁘라나야마 등을 통해서 몸이 없는 의식 상태에 도달한 사람들은 요가 요기들이라고 합니다. 실제로, 이 둘은 본질적으로 꼭 같습니다. 이 현상계와 속박의 원인은 실제로 마음입니다. 이 두 길은 마음의 그침으로 통합니다. 그러므로 쁘라나의 움직임을 멎게 하거나, 혹은 생각을 멎게 하는 수행을 헌신적으로 꾸준히 함으로써 해방은 얻어집니다. 이것이 해방을 다루는 모든 경전의 진수입니다.

라마가 다음과 같이 물었다.

오, 현자시여! 쁘라나의 움직임을 멈추는 것이 해방이라면, 죽음이 해방이 아닙니까? 그래서 모든 사람이 죽을 때는 해방을 얻는 것이지요?

바시슈타는 다음과 같이 대답했다.

오, 라마여! 쁘라나가 몸을 막 떠나려고 할 때, 그것은 이미 다음 몸이 만들어질 원소들과 접촉을 합니다. 이 원소들은 실제로 지바의 바사나(심리적인 조건화, 기억의 창고, 과거 인상과 경향성)들이 결정화된 결정체입니다. 이 때문에 지바는 그들 원소에 집착하는 것입니다. 쁘라나가 몸을 떠날 때, 그것은 지바의 모든 바사나를 함께 데려 갑니다.

정말로 이들 바사나가 완전히 소멸될 때까지는 마음이 마음 없음의 상태로 변하지 않을 것입니다. 마음은 참나 지식이 일어날 때까지 생명력을 버리지 않습니다. 참나 지식에 의하여 바사나는 소멸이 되고, 마음 또한 소멸이 됩니다. 바로 그렇게 되면 쁘라나는 움직이지 않습니다. 그것이 실제로 지고의 평화입니다. 세속적인 대상에 대한 개념들이 비실재적이라는 것을 깨닫게 되는 것은 바로 이 참나 지식을 통해서 가능합니다. 이렇게 되면 바사나도 끝이 나고, 마음과 생명력 사이의 연결도 끝이 납니다. 바사나가 마음을 이루고 있습니다. 마음은 바사나의 집합체이지, 그 밖의 어떤 것도 아닙니다. 그래서 만약 바사나가 사라지면, 그 자체가 지고의 상태입니다. 지식은 실재에 대한 지식을 말합니다. 비차라 즉 탐구 그 자체가 지식입니다.

한 가지 일에 대한 완전한 헌신, 쁘라나의 억제, 그리고 마음의 정지, 이들 세 가지 가운데 어느 하나라도 완전하게 이루어지면, 사람은 지고의 상태에 도달할 수 있습니다. 생명력과 마음은 마치 꽃과 향기처럼, 혹은 참깨 씨앗과 참기름처럼 아주 밀접한 관련을 맺고 있습니다. 그러므로 마음속의 생각의 움직임이 멈추면, 쁘라나의 움직임도 또한 멈춥니다. 마음 전체를 단 하나의 진리에 일방적으로 헌신하면, 마음의 움직임과 더불어 생명력의 움직임은 멈추게 됩니다. 최고의 방법은 무한한 참나에 대한 본성을 탐구하는 것입니다. 그대의 마음이 완전히 빼앗길 것입니다. 그러면 마음과 탐구는 모두 멈추게 될 것입니다. 그 후에 남아 있는 것에 단단히 자리를 잡고 계십시오.

마음이 쾌락을 갈망하지 않을 때, 마음은 생명력과 함께 참나 속으로 흡수됩니다. 무지는 존재하지 않습니다. 그래서 참나 지식이 바로 지고의 상태가 아니겠습니까! 마음이 하나의 실체로 보일 때, 마음은 오로지 무지입니다. 그래서 그 마음이 존재하지 않는다는 것을 깨닫는 것이 지고의 상태입니다. 만약 마음이 15분만이라도 참나 속에 흡수되어 있다면, 그것은 완전한 변화를 겪습니다. 왜냐하면 그것은 참나 지식이란 지고의 상태를 맛보고, 그것을 버리지 않을 것이기 때문입니다. 아니, 마음이 1초 동안이라도 그것을 맛보았다면, 그것은 이 세속적인 상태로 돌아오지 않습니다. 삼사라(현상계 내지 탄생과 죽음의 주기)의 씨앗 자체가 기름으로 튀겨져 죽었기 때문입니다. 그들과 함께 무지는 없어지고, 바사나는 완전히 평정됩니다. 여기에 도달한 사람은 사뜨바(진리)에 뿌리를 내리고 있습니다. 그는 내면의 빛을 바라보며, 지고의 평화 속에서 조용히 머뭅니다.

흡혈귀의 이야기

바시슈타는 계속 말했다.

무지가 참나 탐구를 통하여 멈출 때, 지바가 즉시 지바 아님이 될 때, 그리고 마음이 마음 아님이 될 때, 그것을 목샤 즉 해방이라고 합니다. 자아감 등이 단지 신기루 속의 물과 같기 때문에, 탐구의 빛이 그들을 향할 때 그들은 사라집니다. 오, 라마여! 이와 관련하여, 어느 흡혈귀가 던진 다음과 같은 깨달음을 주는 감명적인 질문에 귀를 기울여 주십시오.

빈댜 숲 속에 어떤 흡혈귀가 살고 있습니다. 한번은 배고픔을 달래려고 어떤 영토로 들어갔습니다. 그러나 그 흡혈귀는 자신이 배가 고팠을 때조차 그 희생자가 그러한 대우를 받을 가치가 없다면 그 누구도 죽이지 않았습니다. 그 숲 속에서는 그러한 사람을 한 사람도 찾을 수가 없어서, 그 흡혈귀는 도시로 들어가서 왕을 만났습니다.

흡혈귀는 왕에게 다음과 같이 말했습니다.

오, 왕이시여! 나는 당신이 잡아먹힐 만한 가치가 없다면, 당신을 잡아먹지 않겠습니다. 당신은 통치자이고, 어려운 사람들이 바라는 바를 만족시키고 있습니다. 부디, 나의 욕망도 만족시켜 주십시오. 나는 당신에게 몇 가지 질문을 던지겠습니다. 거기에 대한 정확한 대답을 해 주십시오.

햇빛의 입자들이 바로 이 우주들을 구성하고 있는 저 태양은 무엇입니까? 이 거대한 우주는 얼마나 거대한 바람(wind)으로 나타나게 됩니까? 사람이 한 꿈에서 다른 꿈으로 영원히 나아가면서, 비록 끊임없이 꿈의 실재를 버리고는 있지만 참나는 버리지 않습니다. 참나란 무엇입니까? 바나나 나무의 줄기를 벗기면 그 나무의 심에 도달할 때까지 나무는 겹겹으로 된 껍질을 하나씩 드러냅니다. 이와 마찬가지로, 이 현상계가 탐구되면, 마지막까지 남는 그 미묘한 진수는 무엇입니까? 바로 이 우주들이란 어떤 원자보다 미세한 원자들입니까? 어떤 무형의 '바위' 속에 (조각되지 않은 상처럼) 삼계가 숨겨져 있습니까? 이들 질문에 답변해 주십시오. 만약 답변하지 못하면, 당신이 나에게 잡아먹힐 가치가 있다는 것은 확실합니다.

왕은 다음과 같이 대답했습니다.

오, 흡혈귀여! 옛날 이 우주는 마치 과일이 그 껍질에 둘러싸여 있는 것처럼, 일련의 덮개들로 둘러싸여 있었습니다. 한 나뭇가지가 있었고, 거기에는 수천 개의 그러한 과일이 달려 있었습니다. 그러한 가지가 수천 개가 있는 나무 한 그루가 있었고, 그러한 나무 수천 그루가 있는 숲이 하나 있었으며, 그러한 언덕이 수천 개가 있는 한 나라가 있었고, 그러한 나라가 수천 개나 되는 대륙이 하나 있었으며, 그러한 대륙이 수천 개나 되는 한 천체가 있었고, 그러한 천체들이 수천 개가 있는 바다가 하나 있었으며, 그러한 바다 수천 개를 자기 자신 안에 가지고 있는 한 존재가 있었고, 그러한 존재 수천 개로 만들어진 화환을 쓰고 있는 한 지고의 인물이 있었습니다. 그러한 지고의 인물들 수천 명을 비추어 주는 태양이 하나 있습니다. 그 태양은 모든 것을 비춥니다. 오, 흡혈귀여! 그 태양은 바로 의식의 태양입니다. 그 태양의 그 빛 속에서는 이 우주들이 단지 가장 미세한 원자의 입자들에 불과합니다. 지금까지 열거한 이 모든 다른 것들이 실재하는 것처럼 보이는 것은 바로 그 태양의 빛 때문입니다.

왕은 계속 말했습니다.

그 지고의 참나 속에서 의식적(의식 속에서 일어나는 움직임과 의식의 움직임)이고 순수한 지성인, 시간, 공간 그리고 운동이라고 하는 실체들(관념이나 상대적인 실재)이 먼지와 같은 입자들로서 빛나고 있습니다.

참나나 브람만은 비록 한 꿈의 세상에서 다른 꿈의 세상으로 이동해 가는 것처럼 보이지만, 사실상 그 자체의 본성을 버리지도 않고, 또한 그 자체를 모르는 것도 아닙니다.

바나나 줄기의 껍질을 벗길 때, 그 껍질이 벗겨지면서 모든 겹이 똑같은 또 다른 겹을 드러내 보이는 것처럼, 이 현상계가 탐구될 때도 그것은 다름 아닌 브람만으로 보이게 됩니다. 이 브람만을 긍정적으로 가리켜 진리나 브람만 등으로 부르고, 또한 그것은 형언할 수 없는 것이기 때문에 부정적으로 그것을 가리켜 텅 빔이나 형언할 수 없는 것 등으로

부릅니다. 실재하는 것으로 경험되는 것은 모두가 실재입니다. 비록 그 특별한 형태가 경험에 의해 만들어지지만, 그것은 다름 아닌 순수 의식입니다. 이는 마치 바나나 줄기가 단지 바나나 줄기에 불과하며, 그 줄기의 모든 겹이 똑같은 본성을 지니고 있는 것과 꼭 같습니다.

참나는 지극히 미묘하고 만질 수 없는 무형이기 때문에 원자의 본성을 가지고 있는 것으로 생각됩니다. 그러나 오로지 참나만이 존재하기 때문에, 그것은 무한한 것이며, 그것은 모든 존재의 뿌리 그 자체입니다. 그것은 비록 모든 형태들 속에서 나타나지만 형태는 없습니다.

이 현상계는 순수 의식인 진리의 옷으로 덮여 있는 육체에 불과합니다.

바시슈타는 계속 말했다.

왕으로부터 직접 이러한 대답을 듣고 난 뒤, 흡혈귀는 말없이 깊은 명상에 잠겼습니다. 그 흡혈귀는 굉장한 굶주림도 잊은 채, 깊은 명상 상태로 들어간 것입니다.

오, 라마여! 나는 이와 같이 그대에게 미묘하고 무한한 의식에 대한 진리를 예시해 주는 그 흡혈귀의 이야기를 했습니다. 이 우주는 단지 이러한 의식의 껍질이나 베일에 불과합니다. 그래서 그것은 그 참된 본성에 대한 탐구를 부지런히 하면 산산이 부서지게 됩니다. 그것은 사실상 흡혈귀의 '몸'만큼 실재하는 것입니다.

라마여! 마음을 사용하여 마음을 확장하십시오. 만물 속에 내재해 있는 하나의 무한한 존재를 보면서, 그대 자신 안에서 평화로운 상태로 계십시오. 바기라타 왕처럼 그대가 만약 참나의 지식에 확고부동하게 머물 수 있고, 또한 자연스러운 상태의 추이를 애쓰지 않고 쉽게 경험하는 그런 특별한 삶 속에서 적절한 활동을 할 수 있다면, 그대는 불가능한 것을 성취할 것입니다.

바기라타의 이야기

라마의 요청에 따라, 바시슈타는 다음 이야기를 들려 주었다.

옛날 옛적에 다르마(법, 옳음)에 헌신했던 바기라타라는 왕이 있었습니다. 그는 경건하고 거룩한 성현들에게 아낌없이 선물을 주었으나, 악인들에게는 공포의 대상이었습니다. 그는 빈곤의 원인 자체를 제거하기 위하여 지칠 줄 모르고 일했습니다. 그가 성현들과 함께 있을 때 그의 가슴은 헌신 속으로 녹아들었습니다.

바기라타는 성스러운 강가 강을 천국에서 지상으로 가져왔습니다. 이때 그는 큰 어려움에 봉착해, 브람마와 쉬바 신들과 또한 현자 자흐누의 마음을 달래 주어야만 했습니다. 이 모든 일에서 그는 자주 좌절과 실망을 겪었습니다.

오, 라마여! 그는 또한 어린 나이에도 불구하고 식별력과 초연을 지니고 있었습니다. 어느 날 그는 혼자 있다가 다음과 같이 생각했습니다. "이 세속적인 생활은 정말로 본질이 없고 어리석구나. 밤과 낮이 서로를 쫓아가고 있다. 사람들은 똑같은 무의미한 활동들을 거듭 반복하고 있구나. 나는 더 이상 얻을 것이 아무것도 없는 깨달음의 성취로 나아가게 하는 것만을 올바른 행위로 여긴다. 그 나머지는 (콜레라에서처럼) 불결한 배설물처럼 반복되는 것일 뿐이다." 그는 그의 구루인 뜨리딸라에게로 다가가서, "신이시여! 어떻게 하면 이곳에서 되풀이되는 탄생의 원인인 이 슬픔과 노령과 죽음과 망상을 종식시킬 수 있습니까?"라고 기원했습니다.

뜨리딸라는 다음과 같이 말했습니다.

오랫동안 참나의 평온함에 완전히 자리를 잡고 있을 때, 구별에 대한 지각이 멈추었을 때, 그리고 마땅히 알아야 하는 것에 대한 지식을 통하여 충만함에 대한 경험이 있을 때, 슬픔은 그치고, 모든 속박도 산산이 부서지고, 의심도 사라집니다. 마땅히 알아야 하는 것이란 무엇일까요? 그것은 순수한 참나이고, 또한 편재하는 영원한 순수 의식 그대로인 참나입니다.

바기라타는 물었습니다.

나는 참나만이 실재하며, 몸 따위는 실재하지 않는다고 알고 있습니다. 그러나 그것이 나에게 아주 명확하지 않은 것은 어찌된 일입니까?

뜨리딸라는 말했습니다.

그러한 지적인 지식은 전혀 지식이라 할 수 없습니다. 아내와 자식과 집에 대하여 집착하지 않고, 쾌락과 고통 속에서도 평온하며, 고독을 사랑하고, 참나 지식에 확고히 자리를 잡고 있는 그러한 것이 지식이고, 그 밖의 모든 것은 무지입니다. 오직 자아감이 없어질 때만, 이 참나 지식은 나타납니다.

바기라타는 물었습니다.

이 자아감이 이 몸 안에 단단히 자리를 잡고 있기 때문에, 어떻게 그것을 근절할 수 있습니까?

뜨리딸라는 대답했습니다.

스스로의 노력에 의해 그리고 쾌락의 추구를 단호히 거절함으로써 가능합니다. 또한 수치(거짓 위엄)의 감옥을 단호히 허물어 버림으로써 가능합니다. 만약 그대가 이 모든 것을 버리고도 흔들림이 없다면, 자아감은 사라지고, 그대는 그대가 지고의 존재라는 것을 깨달을 것입니다.

바시슈타는 계속 말했다.

스승의 교훈을 듣고 난 뒤, 바기라타는 이 세상을 완전히 포기할 첫 단계로서 종교 의식을 거행하기로 결심했습니다. 3일에 걸쳐서 그는 모든 것을 사제들과 그의 친척들에게 나누어 주었는데, 그들이 착한 본성을 타고 났는지 타고 나지 않았는지는 상관하지 않았습니다. 그 자신의 왕국도 국경 너머에 사는 적들에게 넘겨 주었습니다. 작은 허리 가리개 하나만을 걸치고 그는 왕국을 떠나, 그를 전혀 모르는 여러 나라와 숲을 떠돌아다녔습니다.

얼마 가지 않아서 그는 자기 자신 안에서 지고한 평화의 상태를 얻게 되었습니다. 우연히 자기도 모르는 사이에 그는 자신의 이전 왕국에 들어와서 그곳의 시민들로부터 자선을 청하게 되었습니다. 그들은 그를 알아보고 그를 숭배하며, 그가 그들의 왕이 되어 주기를 기도했습니다. 그러나 그는 그들로부터 음식 이외에는 아무것도 받아들이지 않았습니다. 그들은 "이분이 바기라타 왕이십니다. 얼마나 슬픈 처지입니까! 얼마나 불행한 사태입니까!"라며 슬피 울었습니다. 며칠 뒤에 그는 다시 그 왕국을 떠났습니다.

바기라타는 다시 그의 스승을 만났고, 그 둘은 그 나라를 떠돌아다니며, 언제나 영적인 대화를 나누었습니다. "왜 우리는 아직도 이 육신의 짐을 지고 다닙니까? 다른 한편으로, 왜 우리는 그것을 버려야 합니까? 육신이 존속하는 한 그냥 내버려두십시오." 그들에게는 슬픔이나 기쁨이 전혀 없었으며, 또한 그들이 중도에 집착한다고도 전혀 말할 수 없었습니다. 신과 현자들이 그들에게 부와 영적인 힘을 준다 하더라도, 그들은 마치 마른 풀잎을 걷어차듯이 그들을 거절했습니다.

어떤 왕국에서 왕이 상속자도 없이 죽었습니다. 그래서 대신들은 적절한 통치자를 찾고 있었습니다. 허리 가리개를 걸치고 다니던 바기라타가 우연히 그 왕국에 있게 되었습니다. 대신들은 그가 왕위에 오를 적임자라고 결심하고 그를 둘러쌌습니다. 바기라타는 왕의 코끼리에 올라탔습니다. 곧 그는 왕위에 올랐습니다. 그가 그 왕국을 다스리고 있는 동안에, 그가 다스리던 이전의 왕국에서도 사람들이 다시 그를 찾아와 그 왕국도 다스려 달라고 간청했습니다. 바기라타는 수락했습니다. 따라서 그는 많은 나라의 황제가 되었습니다. 자기 자신 내부의 평화에 머물면서, 마음을 침묵시키고, 욕망과 질투가 전혀 없는 상태로, 그는 상황이 일어나는 대로 그 상황 속에서 적절한 활동을 해 나갔습니다.

한번은 그가 자신의 돌아가신 조상들의 영혼을 달래는 유일한 방법은 강가의 물과 함께 헌주를 올리는 것이라고 들었습니다. 천상의 강가를 지상으로 가져오기 위하여, 그는 제국을 그의 대신들에게 맡기고서 고행을 수행하기 위하여 숲 속으로 들어갔습니다. 거기에서 그는 앞으로 다가올 모든 시대의 모든 사람들이 성스러운 강가의 물과 함께 헌주를 그들 조상들에게 바칠 수 있도록, 신과 현자들의 마음을 풀어 주고, 강가를 지상으로 가져오는 가장 어려운 임무를 완수했습니다. 오직 그때부터 쉬바 신의 머리에 얹혀 있는 왕관을 장식한 이 신성한 강가가 지상에 흐르기 시작했습니다.

쉬키드바자와 추달라의 이야기

바시슈타는 계속 말했다.

라마여! 그와 꼭 같이 바기라타 왕처럼 평온한 상태에 머무십시오. 그리고 쉬키드바자처럼 모든 것을 포기한 뒤에, 부동의 상태로 계십시오. 나는 그대에게 쉬키드바자의 이야기를 해 드리겠습니다. 부디 경청하십시오. 옛날에 서로에 대한 신성한 사랑 때문에 나중의 시대에 다시 태어난 두 연인이 있었습니다.

라마가 물었다.

오, 현자시여! 한 시대에 남편과 아내로 함께 살았던 부부가 나중의 시대에 다시 남편과 아내로 태어나는 것이 어떻게 가능합니까?

바시슈타는 다음과 같이 대답했다.

오, 라마여! 그런 것이 이 세상 질서의 미묘한 성격입니다. 어떤 것들은 많이 나타났다가, 다시 한 번 더 많이 나타나기도 합니다. 또 어떤 것들은 이전에 한 번도 존재한 적이 없지만 지금 태어나고, 또 지금 존재했지만 다시는 태어나지 않기도 합니다. 또 어떤 것들은 전에 존재했던 것과 똑같은 형태로 지금 다시 나타나기도 합니다. 그것은 바다의 파도와 같습니다. 즉 똑같은 것들이 있는가 하면, 상이한 것들도 있는 것입니다.

말바 왕국에 쉬키드바자라고 하는 왕이 있었습니다. 그는 왕이 갖추어야 할 모든 종류의 훌륭한 특성을 다 갖추고 있었습니다. 그는 정의로웠고 고귀했으며, 용감하고 예의발랐습니다. 그는 아주 어려서 아버지를 잃었습니다. 비록 그는 어렸지만 통치자의 신분을 주장할 수 있었고, 유능한 대신들의 도움을 받아 가며 왕국을 다스렸습니다.

봄철이 시작되었습니다. 로맨스의 기운이 퍼지고 있었습니다. 젊은 왕은 배우자를 꿈꾸기 시작했습니다. 밤낮 그의 가슴은 애인을 동경했습니다. 명석하고 현명한 대신들은 왕의 가슴 상태를 간파했습니다. 그들은 사우라스뜨라 왕국으로 가서, 그들의 왕을 대신해 공주에게 구혼했습니다. 얼마 지나지 않아, 쉬키드바자 왕은 추달라와 결혼식을 올렸습니다.

쉬키드바자와 추달라는 서로에게 너무 열렬히 헌신했으므로 그들은 두 개의 몸 안에 있는 하나의 지바였습니다. 그들은 많은 공통된 관심사를 공유했으며, 쾌락의 정원에서 함께 놀았습니다. 태양이 햇빛을 비추어 연꽃을 피게 하듯이, 왕은 사랑하는 왕비에게 그의 사랑을 듬뿍 쏟아 그녀를 모든 면에서 즐겁게 해 주려고 노력했습니다.

그들이 지식과 지혜를 서로 공유한 결과, 두 사람은 지식의 모든 분야에서 매우 박식하게 되었습니다. 각자가 온통 밝은 빛으로 상대의 가슴속에서 살았습니다. 사실상, 그것은 마치 비슈누 신과 그의 배우자가 특별한 임무를 완수하기 위하여 지상에 내려온 것처럼 보였습니다.

바시슈타는 계속 말했다.

이와 같이 쉬키드바자와 추달라는 한 순간의 무미건조함도 없이 여러 해 동안 즐거운 시간을 보냈습니다. 아무도 시간의 흐름을 멎게 할 수 없습니다. 생명은 요술쟁이의 속임수처럼 나타났다가 사라집니다. 쾌락은 그것을 추구하면, 마치 활시위를 떠난 화살과 같이 잡을 수 없는 곳으로 날아갑니다. 슬픔은 마치 독수리가 죽은 시체를 먹이로 하듯이 마음을 잡아먹습니다. "마음이 두 번 다시 슬픔을 겪지 않는 상태에 도달한 뒤에는 이 세상에 무엇이 있을까?" 이렇게 곰곰이 생각하면서, 왕과 왕비는 그들의 관심을 영적인 경전을 연구하는 쪽으로 돌렸습니다.

그들은 참나 지식만이 슬픔을 극복시켜 줄 수 있다는 결론에 이르렀습니다. 그들은 마음과 영혼을 다해 참나 지식에 몸을 바쳤습니다. 그들은 참나 지식을 가진 현자들과 같이 지내며, 그들을 흠모했습니다. 그들은 끊임없이 참나 지식을 토론했고, 서로서로 참나 지식을 증진시켜 주었습니다.

이와 같이 끊임없이 참나 지식의 방법을 숙고한 뒤에, 왕비는 다음과 같이 생각하기 시작했습니다.

"이제 나는 나 자신을 보며, '내가 누구지?'라고 물어본다. 그러면 참나에 대한 무지와 망상이 일어날 수가 없구나. 물질적인 몸은 스스로 움직이지 못하는 것이 확실하고, 또 그 몸이 참나가 아닌 것도 틀림없다. 그 몸은 오직 마음속의 생각이 움직이기 때문에 경험되는구나. 활동 기관들도 단지 몸의 일부분에 불과하다. 그러므로 그 기관들은 스스로 움직이지 못하는 몸의 일부분이기 때문에 역시 스스로 움직이지 못한다. 감각 기관들도 역시 스스로 움직이지 못한다. 왜냐하면 그들이 작용을 하기 위해서는 마음에 의존해야 하기 때문이다. 나는 심지어 마음도 스스로 움직이지 못한다고 생각한다. 마음은 생각을 하고 개념을 품지만, 그것도 결정의 동인인 지성에 의해 그렇게 하도록 이끌린 것이다. 심지어 이 지성(붓디)도 스스로 움직이지 못하는 것이 확실하다. 왜냐하면 그것은 자아감의 지시를 받기 때문이다. 이 자아감도 스스로 움직이지 못한다. 왜냐하면 그것은 마치 유령이 무지한 아이의 마음에 떠오르는 것과 꼭 같이, 지바에 의해 나타나기 때문이다. 지바는 단지 순수 의식이 말하자면 생명력의 옷을 입고 있는 것에 불과하다. 그래서 그 지바는 가슴속에 거주한다.

자, 보라! 나는 지바로서 거주하는 것이 순수 의식인 참나라는 것을 깨달았다. 왜냐하면 의식은 그 자체를 그 자체의 대상으로서 알고 있기 때문이다. 이 대상은 지각력이 없고 비실재적이다. 그리고 참나가 그 자체를 이 대상과 동일시하기 때문에, 그것은 의식으로서의 그 본성을 버리고 무지각이란 옷을 입고 있는 것처럼 보인다(그러나 실제로는 그렇지 않다). 왜냐하면 그러한 것이 의식의 본성이기 때문이다. 즉 의식은 그것이 생각하는 어떤 것이 실제적이든 가상적이든 간에, 그 자체가 어떤 것이라고 생각하면 그것은 이미 그 자체의 본성을 버렸기 때문에 그 생각하는 대로 된다. 따라서 비록 참나는 순수 의식이지만, 그것은 그 것이 대상을 자각하고 있기 때문에 그 자체를 지각력이 없고 비실재적이라고 상상하는 것이다."

이와 같이 상당히 오랫동안 깊은 생각을 한 뒤에, 추달라는 깨달음을 얻게 되었습니다.

바시슈타는 계속 말했다.

이렇게 참나를 발견하고 기쁜 나머지, 왕비는 다음과 같이 소리쳐 말했습니다. "마침내 나는 마땅히 얻어야(알아야) 할 것을 얻었다. 이제 어떤 손실도 없다. 마음과 감각들은 의식과 관계가 없는 비실재적인 것이며, 그것들은 단지 의식의 그림자에 불과하다. 이 지고의 의식만이 존재하고 있다. 그것은 어떠한 불순물에도 물들지 않고, 영원히 완전한 균형 상태에 있으며, 자아감이 전혀 없는 지고의 진리이다. 일단 이 진리를 깨닫게 되면, 그것은 영원히 지지 않는 태양처럼 빛난다.

브람만이나 지고의 참나 등의 다양한 이름들로 알려져 있는 것은 바로 이 의식이다. 거기에는 주체와 객체의 구별도 없고, 그들의 관계(지식)도 없다. 의식은 그 자체의 의식을 의식하고 있다. 그래서 그것은 달리(의식의 대상으로서) 깨달아질 수 없다. 마음과 지성과 감각으로서 명백히 나타나는 것은 바로 이 의식뿐이다. 이 현상계도 단지 의식에 불과하므로 그 의식과 별도로 어떤 것도 존재하지 않는다. 의식은 어떤 변화도 받지 않는다. 따라서 유일한 분명한 변화는 가공의 현상이다. 현상은 가공적이고, 그러므로 실재하지 않는다. 가상의 바다에서 가상의 파도들이 일어난다. 마음이란 물질 그 자체는 바다이고, 파도들 또한 마음의 물질이다. 그와 꼭 같이 현상계는 의식 속에서 일어나고, 그러므로 의식과 전혀 다르지 않다.

나는 자아감이 전혀 없고, 만물에 충만해 있는 순수 의식이다. 이 의식 속에는 탄생도 없고, 죽음도 없다. 그것은 소멸되지도 않는다. 왜냐하면 그것은 공간과 같기 때문이다. 그것은 칼로 자를 수도 없고, 불에 태울 수도 없다. 그것은 결함이 전혀 없는 순수한 의식의 빛이다.

나는 모든 망상에서 벗어났다. 나는 평화롭다. 이 모든 신들과 악마들과 수많은 존재들은 본질적으로 만들어지지 않았다. 왜냐하면 그들은 의식과 전혀 다르지 않기 때문이다. 마치 점토로 만들어진 병정들이 병정이 아니고 점토이듯이, 현상은 환영이다.

보는 자(주체)와 보이는 대상(객체)은 실제로 하나의 순수 의식이다. '이것은 일원성이다.', '이원성이 있다.'와 같은 개념들을 불러일으키는 이러한 망상은 어떻게 생겨났는가? 그 망상이 누구에게 존재하는가? 그 망상은 누구의 것인가? 나는 존재하는 모든 것(지각력이 있든 없든)이 순수 의식이라는 것을 깨달았으므로, 최소한의 심적인 동요도 없이 니르바나(해방이나 깨달음)에 조용히 머물고 있다. '이것'도 없고, '나'도 없고, '다른 것'도 없다. 존재도 없고 존재 아님도 없다. 이 모든 것이 평화다." 이와 같이 깨달았으므로, 추달라는 지고의 평화에 안주하고 있었습니다.

바시슈타는 계속 말했다.

하루하루 왕비는 점점 더 자신의 내부로 들어가, 참나의 희열을 더욱 더 많이 향유했습니다. 그녀는 갈망과 애착에서 완전히 벗어났습니다. 어떤 것도 버리지 않고, 또한 어떤 것도 추구하지 않고, 그녀는 그녀의 거동에서 자연스러웠으며, 또한 그녀의 활동에서도 꾸밈이 없었습니다. 그녀의 모든 의심이 사라졌습니다. 그녀는 이미 변화의 바다를 건너 버렸습니다. 그녀는 비할 데 없는 평화로운 상태에 조용히 머물러 있었습니다.

이렇게 매우 짧은 시간 안에 그녀는 이 현상계가 생겨난 방식과 꼭 같이 또한 사라질 것이라는 깨달음에 도달했습니다. 그녀는 참나 지식의 빛 속에서 밝게 빛났습니다.

이와 같이 평화롭고도 환하게 밝은 아내를 보고, 쉬키드바자는 그녀에게 다음과 같이 물었습니다. "여보, 당신은 다시 젊음을 되찾은 것 같습니다. 당신은 특별히 밝은 빛으로 빛나고 있습니다. 당신은 어떤 것에도 전혀 마음이 흔들리지 않고, 갈망도 전혀 없습니다. 하지만 당신은 희열로 가득 차 있습니다. 그것은 당신이 신의 넥타를 마셨기 때문인지 나에게 말해 주십시오. 당신이 지극히 얻기 어려운 어떤 것을 얻은 것이 확실하지 않습니까?"

추달라는 다음과 같이 대답했습니다.

나는 어떤 종류의 형태를 가장하고 있었던 이 텅 빔을 이미 버렸습니다. 나는 현상에 뿌리를 내리고 있는 것이 아니라, 진리에 뿌리를 내리고 있습니다. 그러므로 나는 빛이 납니다. 나는 이 모든 것을 버리고, 이 외의 다른 어떤 것 즉 실재하면서도 실재하지 않는 어떤 것에 의존해 왔습니다. 그러므로 나는 빛이 납니다. 그것은 어떤 것이기도 하고, 또한 어떤 것이 아닌 것이기도 합니다. 사실 나는 있는 그대로의 그것을 알고 있습니다. 그러므로 나는 빛이 납니다. 나는 마치 쾌락을 향유한 것처럼 그 쾌락을 향유하지 않음을 즐기고 있습니다. 나는 기쁨에도 굴하지 않고, 노여움에도 굴하지 않습니다. 그러므로 나는 빛이 납니다. 나는 나의 가슴속에서 빛나는 실재 속에 자리를 잡고 있는 데서 최고의 기쁨을 경험합니다. 나는 왕실의 쾌락 때문에 마음이 흔들리지도 않습니다. 그러므로 나는 빛이 납니다. 내가 쾌락의 정원에 있을 때도, 나는 쾌락의 향유나 수치심 등이 아닌, 참나 속에 흔들림 없이 자리를 잡고 있습니다. 그러므로 나는 빛이 납니다.

나는 우주의 통치자입니다. 나는 유한한 존재가 아닙니다. 나는 참나를 즐깁니다. 그러므로 나는 빛이 납니다. 이것이 나입니다. 나는 존재하지 않습니다. 진실로 나는 존재하며, 또한 존재하지 않습니다. 나는 전부입니다. 또한 나는 무(無)입니다. 그러므로 나는 빛이 납니다. 나는 쾌락도, 부도, 빈곤도, 또한 어떤 다른 형태의 존재도 추구하지 않습니다. 나는 애쓰지 않고 얻어지는 것이면, 그 무엇에도 행복합니다. 그러므로 나는 빛이 납니다. 나는 경전을 통해 얻은 통찰력을 가지고, 약해진 애착과 혐오를 가지고 놉니다. 그러므로 나는 빛이 납니다. 내가 이 두 눈으로 무엇을 보든지 간에, 이 감각으로 무엇을 경험하든지 간에, 그리고 나의 마음을 통해 무엇을 바라보든지 간에, 나는 오로지 나 자신의 내부에서 나에 의해 명확히 보여지는 하나의 진리만을 봅니다.

왕비의 말을 이해할 수 없었기 때문에, 쉬키드바자는 비웃으면서 다음과 같이 말했습니다.

여보! 당신은 유치하고 무지합니다. 쓸데없는 말을 지껄이고 있는 게 틀림없습니다. 아무것도 없는 무를 대가로 중요한 것을 버렸는데도, 다시 말해 참된 실체를 버리고 무의 상태를 얻었는데도, 어떻게 당신은 환하게 빛납니까? 화난 남자가 침실을 거부하듯이, 만약 사람이 "나는 향유될 수 없는 기쁨을 즐긴다."라고 자랑하면서 쾌락을 포기한다면, 그것이 즐거움에 무슨 도움이 되겠습니까! 사람이 모든 것(쾌락 등)을 버리고, 아무것도 없는 텅 빔을 즐긴다고 생각하면, 그것은 전혀 의미가 통하지 않습니다. 또한 사람이 옷과 음식과 침대 등을 버린 뒤에 행

복하다고 생각하면, 그것도 전혀 의미가 통하지 않습니다. '나는 몸이
아니다.', '또한 나는 그 이외의 어떤 것도 아니다.', '어떤 것도 전부가
아니다.' 등과 같은 이런 말들은 순전히 쓸데없는 말이 아니고 무엇이겠
습니까? '나는 내가 보는 것을 보지 않고.', '나는 그 밖의 다른 것을 본
다.'라는 말들도 쓸데없는 말에 지나지 않습니다.

조금도 신경 쓰지 마시고, 당신에게 주어지는 쾌락을 향유하십시오.
나는 계속 당신과 놀 것입니다. 당신도 마음껏 즐기십시오.

바시슈타는 계속 말했다.

왕은 이렇게 말한 뒤에, 안방에서 밖으로 나갔습니다. 추달라는 "왕
께서 이해하지 못하시니 애석한 일이로구나."라고 생각하며, 계속 그녀
의 일을 열심히 했습니다. 이렇게 그들은 상당한 시간 동안 계속 살았
습니다. 비록 추달라에게는 욕망이 없었지만, 우주 속을 돌아다니고 싶
은 소망이 그녀의 마음속에서 일어났습니다. 이러한 힘을 얻기 위하여
그녀는 아무도 없는 곳을 찾아, 거기서 위로 올라가는 경향성을 가진
생명의 기를 단련시켰습니다.

오, 라마여! 이 세상에는 세 가지 유형의 도달할 수 있는 목표가 있습
니다. 즉, 바람직한 목표와 혐오스러운 목표, 그리고 무시해도 좋은 목
표입니다. 바람직한 것은 큰 노력을 기울여 찾아야 하고, 혐오스러운
것은 포기해야 하며, 이들 둘 사이에 있는 것은 사람이 무관심을 보이
는 것입니다. 보통, 사람은 행복을 증진시키는 것을 바람직한 것으로
간주하고, 그 반대를 바람직하지 않은 것으로 여기며, 행복이나 불행
그 어느 것도 가져다주지 않는 것들에 대해서는 무관심합니다. 그러나
깨달음을 얻은 사람들에게는 이들 범주가 존재하지 않습니다. 왜냐하
면 그들은 모든 것을 하나의 단순한 놀이로 간주하고, 그러므로 그들은

보이는 것이든 보이지 않는 것이든 모든 것에 대해 완전히 무관심하기 때문입니다.

이제 나는 그대에게 참나 지식을 갖춘 현자가 무관심을 보이고, 현혹된 자가 바람직하다고 생각하며, 그리고 참나 지식의 계발에 열중하고 있는 사람이 몹시 회피하고 싶어 하는 그런 목표(싯디, 즉 영적인 힘)를 달성하는 방법을 기술하겠습니다.

바시슈타는 계속 말했다.

모든 목적의 달성은 시간과 장소와 활동과 수단이라는 네 가지 요소에 달려 있습니다. 이들 가운데서도 활동이나 노력이 열쇠를 쥐고 있습니다. 왜냐하면 목적 달성을 향한 모든 시도가 활동이나 노력에 기초를 두고 있는 것이 틀림없기 때문입니다.

어떤 잘못된 수행들도 또한 널리 유행하고 있어, 그들이 목적 달성을 가능하게 만든다고도 합니다. 그러한 수행이 특히 미숙한 수행자들의 수중에 들어가면, 그 수행은 큰 해를 입히는 원인이 됩니다. 이 범주에 속하는 것으로는 보석이나 약물의 사용, 고행과 마법에서 쓰는 주문의 사용은 물론이고, 마법의 알약이나 고약 혹은 요술 지팡이 등이 있습니다. 슈리샤일라나 혹은 메루와 같은 신성한 장소에 단순히 거주하는 것만으로도 사람은 영적으로 완벽한 경지에 도달할 수 있다는 믿음이 있지만, 이것 또한 잘못됐습니다.

그러므로 쉬키드바자의 이야기 문맥 속에서, 나는 쁘라나야마 즉 생명력을 단련시키는 기법과 그것이 가져다주는 목적 달성에 대해 기술하겠습니다. 부디 경청해 주십시오.

준비 단계에서, 사람은 자신이 성취하고 싶어 하는 것과 관련이 없는 모든 습관과 경향성들을 버려야 합니다. 사람은 신체의 모든 구멍을 폐쇄하는 법과 또한 여러 가지 상이한 자세의 숙련을 배워야 합니다. 음식은 순수해야 합니다. 성스러운 경전의 의미를 깊이 생각해야 합니다. 올바른 행동과 성자들과의 교제는 필수적입니다. 모든 것을 포기했으므로, 사람은 편안하게 앉아야 합니다. 그 다음 분노나 탐욕 등이 마음속에서 일어나지 않게 하면서 얼마 동안 쁘라나야마를 수련하면, 그는 생명력을 완전히 통제할 수 있게 됩니다.

지구의 통치에서부터 완전한 해방에 이르기까지 모든 것이 생명력의 움직임에 달려 있습니다. 그러므로 그러한 모든 목적의 달성은 쁘라나야마의 수련을 통해 가능합니다.

신체의 깊은 내부에는 안뜨라베스띠까라고 하는 나디가 있습니다. 그것은 생명의 주요 급소에 있으며, 다른 100개의 나디의 근원이 되고 있습니다. 그것은 신들, 악마들, 인간들, 동물들, 새들, 벌레들, 물고기들 등 모든 존재에게 존재합니다. 그것은 그 근원이 코일처럼 감겨 있습니다. 그것은 허리에서부터 머리의 정수리까지 신체의 모든 통로와 접촉하고 있습니다.

이 나디 안에 지고의 힘이 내재해 있습니다. 그것은 꾼달리니라고도 합니다. 왜냐하면 그것은 모양이 코일처럼 감겨 있기 때문입니다. 그것은 모든 존재 속에 있는 지고의 힘이며, 모든 힘의 원동력입니다. 가슴속에 있는 쁘라나 즉 생명력이 꾼달리니의 거처에 도달하면, 그 사람의 내부에서 자연의 원소들에 대한 자각이 일어납니다. 자신의 내부에서 자각이 있다는 것은 바로 그 꾼달리니가 펴지면서 움직이기 시작할 때입니다.

그 밖의 다른 모든 나디들은 방사선 형태로 퍼지는 에너지 흐름, 말하자면 그 꾼달리니와 연결되어 있습니다. 그러므로 꾼달리니는 의식과 이해, 혹은 지식의 씨앗 그 자체입니다.

라마는 다음과 같이 물었다.

무한한 의식은 영원히 분할할 수 없는 것이 아닙니까? 그렇다면, 이 꿈 달리니는 어떻게 일어나고 나타나게 되어, 결국 이 의식을 드러냅니까?

바시슈타는 계속 말했다.

실제로, 무한한 의식만이 언제 어디서나 존재하고 있습니다. 그러나 그것은 여기저기에서 원소들로서 나타나고 있습니다. 태양은 모든 것에 빛을 비추지만, 그 빛이 거울에 닿으면 그것은 특별하게 반사됩니다. 마찬가지로, 똑같은 무한한 의식도 어떤 것에서는 '눈에 띄지 않는' 것처럼 보이고, 어떤 것에서는 분명히 나타나게 되며, 또 다른 어떤 것들에서는 그 화려함이 절정에 있는 것처럼 보입니다.

마치 공간이 어디에서나 텅 빈 공간인 것처럼, 의식도 그것이 어떻게 나타날지라도 의식이지 그 밖의 다른 어떤 것이 절대 아닙니다. 그것은 어떤 변화도 겪지 않습니다. 이 의식 그 자체는 다섯 개의 근본 원소들 입니다. 그대는 마치 하나의 등불을 가지고 백 개의 등불을 보는 것과 꼭 같이, 마치 그대가 그대 자신 안에서 다른 사람을 보고 있는 것처럼, 그대는 그대의 의식으로 다섯 개의 근본 원소들인 같은 의식을 바라봅니다.

약간의 생각의 움직임만 있어도 그것 때문에 의식이라는 꼭 같은 실재가 다섯 개의 원소들이 되고, 그 때문에 몸이 되는 것처럼 보입니다. 마찬가지로 똑같은 의식이 벌레들과 기타 생물들, 금속들과 광물들, 땅과 그 위에 있는 것, 그리고 물과 기타 원소들이 됩니다. 따라서 온 세상은 단지 다섯 개의 원소들로 나타나는 의식 속에서 일어나는 에너지의 움직임에 불과합니다. 마치 물이 찬 바람에 노출되면 굳어지고 고체가 되는 것과 꼭 같이, 이 에너지도 어디에서는 지각력이 있고 또 다른 어디에서는 지각력이 없는 것처럼 보입니다. 자연은 이와 같이 형성되고, 모든 사물은 자연에 순응합니다.

그러나 이 모든 것은 말의 유희 즉 말의 멋진 표현에 지나지 않습니다. 그것이 아니고서는 더위와 추위, 얼음과 불은 도대체 무엇이겠습니까? 또, 이러한 구분이 일어나는 원인은 조건화와 사고의 틀 때문입니다. 그러므로 현명한 사람은 그러한 조건화의 성격이 숨어 있든, 겉으로 드러나 있든, 선하든 악하든 간에, 그 성격을 탐구합니다. 이러한 것이 실속 있는 탐구입니다. 허울 좋은 토론은 공간과 싸우는 것만큼이나 무익합니다.

잠재적인 조건화는 지각력이 없는 존재들을 낳고, 겉으로 드러난 조건화는 신들이나 인간 등을 낳습니다. 어떤 것에는 무지의 원인이 되는 강한 조건화가 있고, 또 어떤 것에는 해방의 원인이 되는 약한 조건화가 있습니다. 오직 그 조건화만이 창조물들의 다양성이 존재하게 된 원인입니다.

창조라고 하는 이 우주적 나무로 말하면, 최초의 생각의 형태는, 나무의 다양한 부분들에는 다양한 천체들이 있고, 그 나무의 열매로는 과거와 현재와 미래가 있는 씨앗입니다. 나무를 만드는 다섯 개의 원소들은 저절로 일어났다가 저절로 사라집니다. 그것들은 저절로 다양해졌다가, 오래지 않아 하나로 되어 고요해집니다.

바시슈타는 계속 말했다.

꾼달리니는 다섯 원소로 구성된 몸 안에서 생명력의 형태로 기능을 합니다. 조건화 혹은 한계, 마음, 지바, 생각의 움직임, 지성 (또는 결정하는 능력) 그리고 자아감이라고 다양하게 알려져 있는 것은 바로 똑같은 꾼달리니입니다. 왜냐하면 그것이 몸 안에 있는 지고의 생명력이기 때문입니다. 아빠나로서 그것은 항상 아래로 흐르고, 사마나로서 그것은 태양 신경총 안에 있으며, 그리고 우다나로서 똑같은 생명력이 위로 올라갑니다. 이러한 힘들 때문에 인체 내의 균형이 있습니다. 그러나 만약 아래로 당기는 힘이 과다하고 그 내려가는 힘이 적절한 노력으로 정지되지 않으면, 죽음이 잇따릅니다. 마찬가지로, 위로 당기는 힘이 과다하고 그것이 적절한 노력으로 정지되지 않으면, 역시 죽음이 잇따릅니다. 만약 생명력의 움직임이 올라가지도 않고 내려가지도 않는 식으로 다스려진다면, 끊임없는 균형 상태가 있고 모든 질병이 극복됩니다. 이와 달리 만약 보통의 부차적인 나디들의 기능 장애가 있으면, 사람은 사소한 병에 걸리기 쉽습니다. 그리고 만약 중요한 나디들에 기능 장애가 있으면, 중병이 생기게 됩니다.

라마는 다음과 같이 물었다.

비야디(질병)들은 무엇이고, 아디(정신 질환)들은 무엇이며, 신체의 퇴화 조건은 무엇입니까? 부디 이 점에 대해 깨우침을 주십시오.

바시슈타는 계속 말했다.

아디와 비야디는 슬픔의 원천입니다. 그것들을 피하는 것이 행복입니다. 그리고 그것들이 사라지는 것이 해방입니다. 때때로 그것들은 동시에 일어나기도 하고, 때로는 서로 서로를 일으키기도 하며, 또 때로는 서로 서로를 따르기도 합니다. 신체적 질병을 비야디라 합니다. 심리적인 조건화로 야기되는 정신적 혼란(신경증)을 아디라 합니다. 이 둘의 근본적 원인은 모두 무지와 사악함에 있습니다. 참나 지식이나 진리에 대한 지식이 얻어지면 그것들은 사라집니다.

사람이 무지하면 자기 통제력의 부재가 생기고, 그래서 그는 좋아하는 것과 싫어하는 것으로부터 그리고 '나는 이것을 얻었으나, 저것도 얻어야겠다.'와 같은 생각들로부터 끊임없이 공격을 받습니다. 이 모든 것이 망상을 강화시켜 줍니다. 그리고 이 모든 것이 정신적 혼란의 원인이 됩니다.

신체적 질환들의 원인은 무지와 또 거기에 따르는 부적절한 식사 및 생활 습관을 초래하는 정신적 억제력의 완전한 부재입니다. 기타의 원인들로는 때를 잘 지키지 않는 불규칙한 활동이나 불건전한 습관, 나쁜 친구, 사악한 생각 등이 있습니다. 신체적 질환은 또한 나디가 약화되든지, 아니면 나디가 혼란해지고 막힘으로써 생명력의 자유로운 흐름이 방해받을 때 일어나기도 합니다. 마지막으로 신체적 질환의 원인은 비위생적인 환경입니다. 물론 이 모든 것은 궁극적으로 가까운 과거나 아니면 먼 과거에 행해진 과거의 업에 의해 결정됩니다.

바시슈타는 계속 말했다.

이 모든 정신적 혼란과 신체적 질환은 다섯 가지의 원소들에서부터 일어납니다. 나는 이제 그것들이 어떻게 없어지게 되는지를 말해 주겠습니다. 신체적 질환은 일상적인 질환과 심각한 질환, 이 두 가지입니다. 전자는 일상적인 원인에 의해 일어나고, 후자는 선천적인 질병입니다. 전자는 일상적인 치료 수단에 의해서와, 올바른 심적 태도를 채택함으로써 치료됩니다. 그러나 정신적 혼란 같은 후자의 (심각한) 질환은 참나 지식을 얻을 때까지는 사라지지 않습니다. 이는 밧줄을 뱀으로 잘못 볼 때, 그 뱀이 사라지는 것은 오직 밧줄이 다시 밧줄로 보일 때만 가능한 것과 같습니다. 참나 지식은 모든 신체적, 정신적 혼란들을 종식시킵니다. 그러나 정신 작용의 영향을 받지 않는 신체적 질환은 약물 치료나 기도 및 목욕과 같은 바른 행동에 의해 치료될 수도 있습니다.

이 모든 것이 지금까지 의학 저서에서 기술되었던 것입니다.

라마는 다음과 같이 물었다.

신체적 질환이 어떻게 정신적 혼란에서 일어나며, 또 그것이 의학적인 치료 수단 이외의 다른 수단들에 의해 어떻게 치료될 수 있는지를 부디 말씀해 주십시오.

바시슈타는 계속 말했다.

정신적 혼란이 있을 때, 사람은 자신의 길을 명확히 자각하지 못합니다. 자기 앞의 길을 볼 수 없기 때문에, 그는 틀린 길을 선택합니다. 여러 생명력은 이 혼란에 동요되어 아무렇게나 나디를 따라 흘러갑니다. 그 결과 어떤 나디는 에너지가 고갈되고, 또 어떤 나디는 막히게 됩니다.

그때 소화 계통의 기능 장애, 신진대사의 혼란, 소화 불량, 지나친 식욕 같은 것들이 일어납니다. 먹은 음식은 독소로 변합니다. 체내에서 음식물의 자연스러운 이동이 정지됩니다. 이것이 다양한 신체적 질환의 원인입니다.

따라서 정신적 혼란은 신체적 질환의 원인이 됩니다. 마치 미로발란 과일이 내장을 움직이게 할 수 있는 것과 꼭 같이, '야, 라, 라, 바'와 같은 어떤 만뜨라들은 정신신체적 질병을 치료할 수 있습니다. 기타 치료 수단으로는 순수하고 상서로운 활동이나 성인들에 대한 봉사 등이 있습니다. 이들에 의하여 마음은 순수해지며, 가슴속에는 큰 기쁨이 솟아납니다. 여러 생명력은 마땅히 나디를 따라 자연스럽게 흘러가야 합니다. 그러면 소화도 정상이 되고 질병도 멎게 됩니다.

뿌라까 즉 숨 들이마시기의 수행에 의하여, 만약 척추의 기저에 있는 꾼달리니가 '채워'지고 균형 상태에 이르게 되면, 몸은 견고한 채로 있습니다. 호흡의 보유를 통해 모든 나디들이 따뜻해지면, 꾼달리니는 막대기처럼 일어나고 그 에너지는 신체의 모든 나디에 가득 차게 됩니다. 이 때문에 나디는 정화되고 가벼워집니다. 그러면 요기들은 공간 속을 여행할 수 있습니다. 브람마나디를 통해 꾼달리니가 일어나서, 레차까 즉 숨을 내쉬는 동안에 드바다샨따(머리 정수리로부터 손가락 12개의 폭만큼 떨어진 곳)라고 하는 지점에 도달할 때, 만약 그 꾼달리니를 거기에서 한 시간 동안 붙잡아 둘 수 있다면, 요기는 신들을 볼 수 있고 또 공간 속을 여행하는 완전한 경지에 도달한 존재들도 볼 수 있습니다.

라마가 다음과 같이 물었다.

인간이 두 눈으로 천인들을 보는 것이 가능합니까?

바시슈타는 다음과 같이 말했다.

실제로 어떤 인간도 인간의 두 눈으로는 천인들을 볼 수 없습니다. 그러나 순수한 지성의 눈을 통하여 사람은 꿈 속에서처럼 천인들을 볼 수 있습니다. 천인들은 사람의 욕망을 충족시킬 수 있습니다. 천인에 대한 비전은 꿈과 전혀 다르지 않습니다. 사실상 그 둘 사이에 유일한 차이가 있다면 그것은 그 비전의 효과가 지속적이라는 것입니다. 또 만약 사람이 숨을 내쉰 뒤에 상당한 시간 동안 생명력을 드바다샨따(몸에서 손가락 12개 폭만큼 떨어진 곳)에 붙들어 둘 수 있다면, 그 생명력은 다른 몸 속으로 들어갈 수 있습니다. 이 힘은 본래 생명력 속에 갖추어져 있습니다. 그래서 비록 본래 불안정하지만, 그것은 안정될 수 있습니다. 모든 것을 덮고 있는 무지가 실재하지 않기 때문에, 그러한 예외는 이 세상에서 흔히 에너지의 움직임에서 볼 수 있습니다. 확실히 이 모든 것은 정말로 브람만입니다. 다양성과 다양한 작용은 단지 말의 멋진 표현에 불과합니다.

라마는 다음과 같이 물었다.

사람의 몸이 미세한 공간(나디) 속으로 들어간 다음에 그 내면의 공간을 생명력으로 채우려면, 그것은 원자이면서 동시에 고체가 되어야만 합니다. 어떻게 이것이 가능합니까?

바시슈타는 다음과 같이 말했다.

목재와 톱이 맞닿으면, 목재는 쪼개집니다. 그러나 두 개의 나무 조각이 맞닿으면, 불이 일어나지 않습니까! 이 모든 것이 자연의 역할입니다.

*이 신체 속에는 두 개의 힘이 복부에서 만납니다. 그것들은 함께 하나의 속이 빈 막대기를 만듭니다. 그 안에 꾼달리니가 있습니다. 이 꾼달리니는 천국과 지구의 중간에 있고, 생명력으로 항상 진동하고 있습니다. 그것이 가슴속에 거주할 때, 그것은 모든 것을 경험합니다. 그것은 모든 사이킥 센터들을 끊임없이 진동하거나 움직이게 합니다. 그것은 모든 것을 소화시키거나 먹어 삼킵니다. 그것은 쁘라나의 움직임에 의해 사이킥 센터들을 떨게 합니다. 그것은 모든 정수가 고갈될 때까지 몸 안의 불을 계속 지핍니다.

(*이 단락에 나오는 '그것'은 위장의 불, 생명력, 또는 심지어 꾼달리니를 가리킬 수도 있다. 바시슈타는 이러한 구분을 아주 열심히 하지도 않고, 또 그런 구분을 계속하지 않는 것이 확실하다.)

본래 그것은 차갑지만, 그러나 그것 때문에 몸이 따뜻해집니다. 비록 그것은 요기가 명상하는 곳인 가슴속에 있지만, 몸 전체에 퍼져 나가고 있습니다. 그것은 냐나(지식)의 속성을 띠고 있고, 그것의 빛을 받으면 먼 대상도 가까이 있는 것처럼 보입니다. 차가운 것은 무엇이든지 달, 참나입니다. 이 달에서부터 불이 일어납니다. 몸은 이 달과 이 불로 이루어져 있습니다. 사실상 온 세상이 차가운 달과 따뜻한 불이라는 이 두 개로 이루어져 있습니다. 혹은 그대는 이 세상이 지식과 무지의 세상, 실재와 비실재의 창조물이라고 생각해도 좋습니다. 그 어느 경우이건 의식, 빛 그리고 지식은 태양이나 불로 간주됩니다. 그리고 스스로 움직이지 못함과 어둠과 무지는 달로서 간주됩니다.

바시슈타는 계속 말했다.

불과 달은 몸 안에서 서로 인과 관계로 존재합니다. 어떤 점에서, 그것들의 관계는 하나가 다른 하나를 탄생시키기 때문에 씨앗과 나무의 관계와 같습니다. 또 어떤 점에서, 그것들의 관계는 하나가 다른 하나를 소멸시키는 빛과 어둠의 관계와 같습니다. ("욕망의 동기가 전혀 없으므로 그러한 인과 관계와 그러한 활동은 비논리적이다."라고 말하면서, 이 모든 것에 의문을 지닌 사람은 재빨리 가게 해야 한다. 왜냐하면 그러한 활동은 명백하고, 모든 것의 경험이기 때문이다.)

(불) 쁘라나는 차가운 달의 입으로 시원한 감로를 마시고, 몸 안의 전 공간을 채웁니다. (감로가 입안 구개로부터 흘러나오고, 태양 신경총에서 위장의 불이 그것을 죄다 먹어 치운다는 것이 요기의 이론이다. 따라서 차가운 달은 타고 있는 불의 원인이다. 그래서 요기는 이러한 감로의 손실을 막기 위하여 비빠리따까라니 수행법을 사용하고 있다. S.V.) 마치 날이 저물어 밤이 시작되는 것과 꼭 같이, 불은 사그라지고 달이 됩니다.

불과 달이 만나는 지점에, 빛과 어둠이 만나는 지점에, 그리고 밤과 낮이 만나는 지점에, 심지어 현명한 사람들의 이해력으로도 알 수 없는 진리의 계시가 있습니다.

하루가 낮과 밤으로 되어 있는 것과 같이, 지바도 의식과 둔함의 특징을 가지고 있습니다. 불과 태양은 의식을 상징하고, 달은 어둠이나 둔함을 상징합니다. 태양이 하늘에 떠 있을 때 어둠이 지상에서 사라지는 것과 꼭 같이, 의식의 빛이 떠 있을 때 무지의 어둠과 생성의 주기는 사라집니다. 그리고 만약 달(무지나 둔함의 어둠)이 달 본래의 모습으로 보여진다면, 의식은 유일한 진리로서 실현됩니다. 스스로 움직이지 못하는 몸을 보여 주는 것은 바로 의식의 빛입니다. 의식은 움직이지도 않고 비이원적이기 때문에 이해되지도 않습니다. 그러나 그것은 그 자체의 반사물인 몸을 통하여 이해될 수 있습니다.

의식이 그 스스로를 자각하게 될 때, 그것은 세상을 자기 편으로 만듭니다. 이러한 객관화를 버릴 때, 해방이 있습니다. 쁘라나는 열(불)이고, 아빠나는 차가운 달입니다. 그래서 이 둘은 같은 몸 안에서 빛과 그림자처럼 존재합니다. 앞서 설명한 의식의 빛과 달이 다 함께 합쳐져서 경험이 생겨납니다. 태양과 달이라고 하는 현상은 이 세상이 창조되던 때부터 존재했지만, 지금도 또한 몸 안에 존재하고 있습니다.

오, 라마여! 태양이 그 자체 속으로 달을 흡수한 상태로 계십시오. 달이 가슴속에서 태양과 하나가 된 상태로 계십시오. 달이 태양의 그림자에 불과하다는 깨달음이 있는 상태로 계십시오. 그대 자신 안에서 태양과 달이 결합해 있다는 것을 아십시오. 외부의 현상은 전혀 소용이 없습니다.

바시슈타는 계속 말했다.

이제 나는 그대에게 요기들이 어떻게 그들의 몸을 크게는 물론, 원자처럼 작게 만들었는지를 설명해 주겠습니다.

불꽃 하나가 바로 가슴 연꽃 위에서 타고 있습니다. 이 불은 재빨리 증대하지만, 그것이 의식의 본성을 띠고 있으므로 지식의 빛으로서 일어납니다. 이렇게 그것이 한 순간에 커지면, 그것은 몸 전체를 용해시킬 수 있습니다. 심지어 몸 안에 있는 물의 원소마저 그 열로 증발되고 맙니다. 그 다음 그것은 두 개의 몸(신체적 몸과 미묘한 몸)을 버렸으므로, 그것이 원하는 곳으로 갈 수 있습니다. 말하자면 꾼달리니의 힘이 불에서 연기처럼 피어올라, 공간 속으로 흡수된 것입니다. 만약 이 꾼달리니가 마음, 붓디 그리고 자아감을 꽉 붙들면, 그것은 먼지의 입자처럼 밝게 빛납니다. 그러면 이 불꽃이나 이 입자는 어떤 것에도 들어갈 수 있습니다. 그 다음 이 꾼달리니는 이전에 그 자체 속으로 흡수되었던 물과 흙의 원소들을 내놓고 그리고 몸은 그 원래의 형태를 회복합니다. 이와 같이, 지바는 원자처럼 작게 될 수도 있고, 산처럼 거대하게 될 수도 있습니다.

나는 이와 같이 그대에게 지금까지 요가의 방법을 설명했고, 이제 지혜의 접근 방법을 다루겠습니다.

오직 하나의 의식만이 있는데, 그것은 순수하고, 보이지 않으며, 미묘한 것 중에서도 가장 미묘하고, 평온합니다. 그리고 그것은 세상도 아니고 또한 세상의 활동도 아닙니다. 그것은 그 자체를 알고 있습니다. 그러므로 이 지바라는 것이 생깁니다. 이 지바는 실재하지 않는 이 몸을 실재하는 것으로 자각하고 있습니다. 그러나 지바가 참나 지식의 빛으로 그것을 자각할 때, 이 망상은 사라집니다. 그리고 몸도 또한 완전히 평온해집니다. 그러면 지바는 몸을 자각하지 못합니다. 몸과 참나를 혼동하는 것은 태양의 빛으로도 사라지게 할 수 없는 최대의 망상입니다.

몸이 실재하는 것으로 간주되면, 그것은 실재하는 몸이 됩니다. 지식을 가지고 그것이 실재하지 않는 것이라고 자각하면, 그것은 공간 속으로 흡수되고 맙니다. 몸에 대해서 확고하게 가지고 있는 개념이 무엇이든 간에, 몸은 그 개념대로 됩니다.

또 하나의 방법은 숨 내쉬기의 수련인데, 그 수련을 통해 지바는 꾼 달리니의 거처로부터 올라와 이 몸을 버리게 됩니다. 그러면 그것은 통 나무처럼 움직이지 못하게 됩니다. 그때 지바는 움직이거나 움직이지 않는, 다른 어떤 몸 안으로도 들어갈 수 있고, 바라는 경험도 할 수 있 습니다. 이와 같이 지바가 그 경험을 얻은 뒤에는 자기 뜻대로, 또 하고 싶을 때에, 이전의 몸이나 다른 어떤 몸 안으로 다시 들어갈 수도 있습 니다. 혹은, 그것은 어떤 특별한 몸 안으로 들어가지 않고, 만물에 충만 해 있는 의식으로서 남아 있을 수도 있습니다.

바시슈타는 계속 말했다.

이와 같이, 추달라 왕비는 모든 영적인 힘(자기 자신을 원자처럼 작게 만 들거나 아주 거대하게 만들 수 있는 능력처럼)들을 부여받게 되었습니다. 그 녀는 남편 곁을 떠나지 않고서, 하늘을 왔다 갔다 했으며, 가장 깊은 바 다 속으로도 들어갔으며, 그리고 지구를 떠돌아다녔습니다. 그녀는 어 떠한 방해도 없이 나무나 바위, 산, 풀, 하늘 그리고 물과 같은 모든 형 태의 물질 속으로 들어갔습니다. 그녀는 천인들과 함께, 그리고 해방을 얻은 현자들과 함께 다녔으며, 그들과 담소를 나누었습니다.

그녀는 또한 자기의 남편을 깨우쳐 주기 위하여 온갖 노력을 다 기울 였지만, 그는 아무 반응이 없을 뿐만 아니라, 그녀의 어리석음을 비웃 었습니다. 그는 무지한 상태로 있었습니다. 그녀는 그녀의 영적인 힘들 을 남편에게 보여 주는 것이 현명하지 못하다고 느꼈습니다.

라마는 물었다.

추달라와 같은 그렇게 위대한 싯다 요기니조차 쉬키드바자 왕의 영 적인 각성과 깨달음을 가져오게 할 수 없다면, 도대체 일반 사람은 어 떻게 깨달음을 얻을 수 있겠습니까?

바시슈타는 다음과 같이 말했다.

스승이 제자를 가르치는 것은 단지 하나의 전통에 지나지 않습니다. 즉, 깨달음을 일으키는 원인은 오직 제자의 순수 의식에 있습니다. 이야기를 듣거나 올바른 활동을 함으로써도 사람은 참나 지식을 얻지 못합니다. 오직 참나만이 참나를 알고, 오직 뱀만이 자기의 발을 아는 것이 아니겠습니까! 그러나……

현자의 돌 이야기

빈댜 언덕의 어느 마을에 한 부유한 사람이 살고 있었습니다. 한번은 그가 숲 속을 걸어가다가 동전 한 닢(1센트)을 잃었습니다. 그는 구두쇠였으므로 무성하게 우거진 덤불 속에서 그 동전을 찾기 시작했습니다. 줄곧 그는 "그 1센트가 있으면 어떤 장사를 하겠고, 그러면 4센트가 되고, 또 8센트가 될 거야."라고 머리를 굴리고 있었습니다. 지켜보는 구경꾼들의 비웃음에도 아랑곳하지 않고, 3일 동안 그는 찾았습니다. 그 3일째가 끝날 무렵에, 그는 갑자기 보석 하나를 발견하지 않았겠습니까! 그것은 현자의 돌이었습니다. 그것을 가지고 그는 집으로 돌아와 행복하게 살았습니다.

이 구두쇠가 현자의 돌을 찾게 된 원인은 무엇이겠습니까? 확실히 그것은 그의 인색함과 잃어버린 1센트를 위해 수풀을 샅샅이 뒤진 결과입니다! 그와 꼭 같이, 스승의 가르침을 받을 경우에도 제자는 무언가를 찾아야 하지만, 그가 실제로 얻는 것은 다른 무언가가 아니겠습니까! 브람만은 마음과 감각을 초월해 있습니다. 그래서 다른 누군가의 가르침을 통해서는 그것을 알 수 없습니다. 그러나 스승의 가르침이 없어도, 또한 그것을 모르는 것이 아니겠습니까! 그 구두쇠는 만약 1센트 때문에 덤불 속을 뒤지지 않았더라면, 그 보석을 발견하지 못했을 것입니다. 그러므로 스승의 가르침은 참나 지식의 원인으로 간주되지만, 실제로 그것은 그 원인이 아닌 것입니다. 오, 라마여! 마야에 대한 이러한 신비를 보십시오. 즉 사람은 무언가를 찾지만, 그가 얻는 것은 다른 무언가가 아니겠습니까!

바시슈타는 계속 말했다.

참나 지식이 없기 때문에, 쉬키드바자 왕은 망상으로 눈이 멀게 되었습니다. 그는 이 세상의 어떤 것으로도 달랠 수 없는 비탄에 잠기고 말았습니다. 오, 라마여! 왕은 곧 그대처럼 그의 대신들이 그에게 맡긴 임무만을 하면서 고독을 찾기 시작했습니다. 그는 자선 사업에 많은 기부를 했습니다. 그는 다양한 금욕 생활을 했습니다. 그러나 망상과 슬픔에는 그 어떤 변화도 없었습니다. 상당히 오랜 심사숙고 끝에 어느 날, 쉬키드바자 왕은 왕비에게 다음과 같이 말했습니다.

여보! 나는 오랫동안 통치자의 신분을 누려 왔고, 또 왕실의 모든 쾌락도 누려 왔습니다. 그러나 쾌락도 고통도, 성공도 역경도 고행자의 마음을 방해할 수 없습니다. 그러므로 나는 숲 속에 들어가서 고행자가 되고 싶습니다. 모든 점에서 당신을 닮은 사랑스런 숲(여기서 왕은 숲을 왕비의 수족과 비교하면서 낭만적으로 묘사한다)이 마치 그대가 나를 기쁘게 해 주는 것과 꼭 같이 나의 가슴을 기쁘게 해 줄 것입니다. 그래서 내가 떠날 수 있도록 허락해 주십시오. 훌륭한 주부는 남편의 소망을 가로막지 않으니까 하는 말입니다.

추달라는 다음과 같이 대답했습니다.

신이시여! 꽃이 봄철에 피어야 어울리고, 열매는 가을에 맺혀야 어울리듯이, 적절한 시기에 행하는 그 행동이야말로 오직 적절한 행동으로서 빛이 납니다. 숲 속의 생활은 노년에 어울리는 것이지, 당신과 같은 나이에 속한 사람에게는 어울리지 않습니다. 당신과 같은 나이에는 집안 생활이 어울리지요. 우리가 좀 더 늙으면, 우리 둘 모두 이 집안 생활을 버리고, 숲 속으로 들어갑시다. 더욱이, 당신이 때 이르게 왕궁을 떠나면 백성들이 슬퍼할 것입니다.

쉬키드바자 왕은 다음과 같이 말했습니다.

여보! 내가 가는 길을 막지 마십시오. 내 이미 숲 속으로 떠난 몸이란 것을 아십시오. 당신은 단지 어린아이에 지나지 않소. 그래서 당신이 또한 숲 속으로 가서 고된 고행을 한다는 것은 적절치 않습니다. 그러므로 여기 남아서 왕국을 다스리십시오.

바시슈타는 계속 말했다.

그날 밤, 왕비가 잠든 사이, 왕은 도성을 순찰한다는 핑계로 왕궁을 떠났습니다. 그는 하루 종일 말을 타고 달려, 마침내 나무가 빽빽이 들어선 만다라 산의 숲에 당도했습니다. 그곳은 사람들이 사는 곳으로부터 아주 멀리 떨어져 있었으나, 이전에 신성한 브람마나들이 거주했던 흔적이 남아 있던 곳이었습니다. 거기에서 그는 혼자 오두막을 지었고, 거기에다 대나무로 된 지팡이와 밥그릇, 물통, 화분용 접시, 까만달루, 염주, 추위로부터 보호해 줄 의복, 사슴 가죽 등과 같은 고행에 필요하다고 생각되는 모든 것을 다 갖추어 놓았습니다. 거기에서 그는 고행을 시작했습니다. 그는 하루의 전반부는 명상과 자빠(신성한 만뜨라의 반복)에 바쳤습니다. 하루의 후반부는 화초를 따는 데 보냈습니다. 그 다음 그는 목욕을 하고, 신을 숭배했습니다. 그 후 그는 과일과 뿌리로 된 검소한 식사를 했습니다. 나머지 시간은 자빠나 만뜨라를 반복해서 암송하는 데 보냈습니다. 이렇게 그는 그의 왕국 따위는 조금도 생각하지 않고, 그 오두막집에서 오랜 시간을 보냈습니다.

바시슈타는 계속 말했다.

추달라는 깨어나서 남편이 왕궁을 떠난 것을 알고 깜짝 놀랐습니다. 그녀는 불행하다고 느끼며, 그녀가 있을 장소는 남편 곁이라고 결심했습니다. 재빨리 그녀도 작은 창문을 통해 왕궁을 빠져나와, 하늘 위로 날아 가며 남편을 찾았습니다. 곧 그녀는 숲 속을 돌아다니고 있는 그를 발견했습니다. 그러나 그녀는 그의 곁에 내려앉기 전에, 그녀의 영적인 힘으로 미래의 일들을 곰곰이 생각해 봤습니다. 그녀는 가장 작은 일에 이르기까지 일어나기로 예정되어 있는 모든 것을 다 보았습니다. 피할 수 없는 운명 앞에 무릎을 꿇고, 그녀는 공중을 통해 날아왔던 똑같은 길로 다시 왕궁으로 돌아갔습니다.

추달라는 왕이 중요한 임무 수행을 위해 왕궁을 떠났다고 발표했습니다. 그때부터 그녀가 직접 국정을 운영했습니다. 18년 동안 그녀는 왕궁에서, 남편은 숲 속에서 각각 살면서, 서로 한 번도 만나지 않았습니다. 그에게는 이미 노령의 흔적이 보이기 시작했습니다.

그때 추달라는 자기 남편의 마음이 상당히 성숙해졌음을 보고, 이제 그녀가 남편의 깨달음을 얻는 데 도울 수 있는 적기임을 알았습니다. 이렇게 결심을 하고 난 뒤, 그녀는 밤에 왕궁을 떠나, 그가 있는 곳으로 날아갔습니다. 그녀는 여러 천국에서 천인들과 완벽한 경지에 도달한 현자들을 바라보았습니다. 그녀는 천상의 향기를 들이마시고, 대단한 현자들을 바라보았습니다. 그녀는 천상의 향기를 들이마시고, 대단한 열성으로 남편과의 재결합을 고대하면서 구름 속을 뚫고 날아갔습니다. 그녀는 흥분했고, 그녀의 마음은 동요되었습니다. 그녀는 이러한 마음 상태를 알고서, 다음과 같이 혼잣말을 했습니다. "아아! 몸에 생명이 붙어 있는 한, 사람의 본성은 활동을 멈추지 않는 것이 확실하구나. 내 마음까지도 이렇게나 동요되다니! 그렇지 않으면, 오, 마음이여! 아마 그대가 그대 자신의 배우자를 찾고 있을지도 모르겠구나. 다른 한편으로 생각해 보면, 내 남편은 18년이란 긴 세월에 걸쳐 금욕 생활을 한 후라, 틀림없이 자기 왕국과 나에 대해서는 까맣게 잊어버렸을 거야. 그런 경우라면, 오, 마음이여! 그대가 다시 한 번 그를 만날 수 있는 기대로 흥분한다는 것은 무익한 일이겠지……. 나는 내 남편이 왕국으로 돌아가 나와 함께 오랫동안 행복하게 살 수 있도록 남편의 가슴속에 균형을 회복시켜 줘야 돼. 완전한 균형 상태에서 맛보는 그 기쁨은 그 밖의 모든 행복보다도 더 나은 것이니까."

이와 같이 생각하면서, 추달라는 만다라 산에 도착했습니다. 여전히 하늘에 머문 상태로, 그녀는 자기 남편이 마치 다른 사람인 것처럼 그를 지켜보았습니다. 왜냐하면 항상 왕복을 입고 있던 왕이 지금은 쇠약한 고행자처럼 보였기 때문입니다. 추달라는 남루한 복장과 헝클어진 머리카락, 마치 먹물이 흐르는 강물에 목욕이라도 한 듯이 상당히 더러운 안색을 한, 말없이 혼자 있는, 이 가슴 아픈 남편의 광경을 보고, 가슴이 덜컥 내려앉았습니다. 잠시 동안 그녀는 다음과 같이 생각했습니다. "아아, 어리석기 때문이구나! 왜냐하면 오직 어리석은 자들만이 지금 왕이 처해 있는 것과 같은 상태에 도달하기 때문이야. 확실히, 그가 이렇게 이 외딴 곳에서 은둔 생활을 한 것은 바로 그 자신의 망상 때문인 거야. 지금 이 자리에서 나는 그에게 깨달음을 얻을 수 있게 해 줘야겠다. 나는 변장을 하고, 그에게 다가가야지."

바시슈타는 계속 말했다.

쉬키드바자가 추달라를 무지한 여자로 생각하고 다시 한 번 그녀의 가르침을 거절할까 봐 두려워, 그녀는 젊은 브람마나 고행자로 변신하여 그녀의 남편 바로 앞에 내려앉았습니다. 쉬키드바자는 젊은 고행자를 보고 매우 기뻐했습니다. 그 두 사람은 누구의 영혼의 광채가 더 뛰어난지를 서로 겨루었습니다. 젊은 고행자가 사실상 비교가 안 될 만큼 더 빛났습니다. 그래서 쉬키드바자는 그를 천인으로 여기게 되었습니다. 그는 그 고행자를 상당히 숭배했습니다. 추달라는 감사하는 마음으로 그 숭배를 받아들이고 다음과 같이 말했습니다. "내가 세상을 두루 돌아다녀 봤지만, 이렇게 헌신적인 숭배를 받기는 처음입니다. 나는 당신의 평온함과 금욕 생활을 존경합니다. 당신은 왕국을 버리고, 숲 속 생활에 의존할 정도로 생명의 위험을 선택했군요."

쉬키드바자는 다음과 같이 대답했습니다. "오, 신의 아들이여! 확실히, 당신은 모든 것을 다 알고 있군요. 당신이 나를 바라보는 것 그 자체만으로도 당신은 나에게 신의 감로를 흠뻑 쏟아 주는 것입니다. 나에게는 사랑스러운 아내가 있고, 그녀는 바로 지금 나의 왕국을 다스리고 있습니다. 당신은 어떤 면에서 그녀와 닮았군요. 그리고 내가 당신을 숭배하면서 바친 그 꽃들에게도 축복이 있기를 빕니다. 사람이 청하지도 않았는데 찾아오는 손님을 숭배하면, 그의 삶은 결실을 맺지요. 이러한 손님을 숭배하는 것이 신을 숭배하는 것보다 훨씬 더 낫지요. 부디 당신이 누구인지와 내가 어떤 은혜로 당신의 방문과 같은 축복을 받을 수 있는지를 말씀해 주십시오."

브람마나(추달라)는 다음과 같이 말했습니다.

이 우주에는 나라다라고 하는 거룩한 현자가 있습니다. 옛날 그는 신성한 강가 강의 강둑에 있는 어느 동굴에서 명상을 하고 있었습니다. 그의 명상이 끝나 갈 무렵에, 그는 물놀이를 하고 있는 사람들의 것으로 보이는 팔찌 소리를 들었지요. 호기심에서 그는 그 방향으로 고개를 돌려, 천상에서 제일가는 몇몇 요정들이 물 속에서 발가벗은 상태로 장난치고 있는 것을 보았지요. 그들은 형언할 수 없을 정도로 아름다웠습니다. 그의 가슴은 기쁨으로 넘쳤고, 그의 마음은 순간 육욕에 짓눌려 그 평정을 잃고 말았습니다.

쉬키드바자는 다음과 같이 물었습니다.

거룩한 성현이시여! 그가 대단한 학식을 갖춘 현자이고, 또 그때 해방된 사람이었으며, 욕망과 애착이 전혀 없고, 그의 의식이 하늘만큼 무한했는데도, 어떻게 그가 육욕에 정복당할 수 있었습니까?

브람마나(추달라)는 다음과 같이 말했습니다.

오, 왕실의 현자시여! 천상의 신들을 포함한 삼계의 모든 존재들은 이원적인 힘의 지배를 받는 몸을 가지고 있지요. 무지하든 현명하든 간에, 사람이 몸을 갖고 태어난 이상 그 몸은 행복과 불행, 쾌락과 고통을 받게 마련입니다. 마음을 충족시켜 주는 대상들을 향유함으로써 사람은 쾌락을 경험하고, 굶주림과 같은 결핍을 통해서 사람은 고통을 체험하지요. 그러한 것이 자연의 이치입니다.

브람마나(추달라)는 계속 말했습니다.

실재인 참나와 순수한 참나가 한 순간이라도 잊혀지면, 경험의 대상은 확대됩니다. 만약 단절 없는 자각이 있다면, 이것은 일어나지 않습니다. 마치 어둠과 빛이 밤과 낮으로 변함없이 연관되어 있는 것처럼, 쾌락과 고통의 경험도 무지한 사람의 경우에는 몸의 존재를 확인해 주었지요. 그러나 현명한 사람의 경우에는, 그러한 경험이 의식 속에 반영된다 하더라도, 그것은 어떤 감명도 불러일으키지 못합니다. 수정의 경우에서처럼, 현명한 사람은 오직 대상이 실제로 물질적으로 가까이 있을 때에만 그 대상의 영향을 받습니다. 그러나 무지한 사람은 너무도 심하게 영향을 받기 때문에 그는 그 대상이 없어도 그 대상을 곰곰이 생각합니다. 이러한 것이 그들의 특징이지요. 즉, 취약성이 점점 감소되는 것이 해방이요, 반면에 마음을 더욱 진하게 채색하는 것이 굴레입니다.

("쾌락과 고통은 그 관련 대상이 없는데도 어떻게 일어납니까?"라는 쉬키드바자의 질문에 대해, 브람마나는 다음과 같이 말했습니다.) 그 원인은 가슴이 몸이나 눈 등을 통해 받은 인상에 있습니다. 나중에 이것은 저절로 확대됩니다. 가슴이 동요되면, 기억은 꾼달리니의 거처에 있는 지바를 뒤흔듭니다. 그러면 전신에 뻗어 있는 나디들이 그 영향을 받습니다. 쾌락의 경험과 고통의 경험은 각각 달리 나디에 영향을 미칩니다. 말하자면 고통 속에 있을 때가 아니라, 쾌락 속에 있을 때에 나디는 팽창하고 꽃을 피웁니다.

이와 같이 지바가 동요된 나디 속으로 들어오지 않을 때, 그것은 해방을 얻습니다. 속박이란 다름 아닌 지바가 쾌락과 고통에 굴복하는 것입니다. 즉 이러한 굴복이 존재하지 않을 때, 해방이 있습니다. 지바란 쾌락과 고통을 '보기'만 해도 동요됩니다. 그러나 만약 지바가 참나 지식을 통하여 고통과 쾌락이 진실로 존재하지 않는다는 것을 깨달으면, 그 지바는 다시 균형을 되찾게 됩니다. 혹은, 만약 이것들이 본질적으로 존재하지 않고, 또한 그것들 안에서도 그 지바가 존재하지 않는다는 것을 지바가 깨달으면, 그것(지바)은 완전한 자유를 실현합니다. 만약 이 모든 것이 단 하나의 무한한 의식에 지나지 않는다는 것을 지바가 깨달으면, 그것은 다시 한 번 균형에 도달합니다. 연료가 없는 등불처럼 그것은 다시는 동요되지 않습니다. 왜냐하면 지바 그 자체가 비실재적인 것으로 실현되었기 때문이고, 또한 지바가 의식에서 나온 최초의 생각에 지나지 않지만, 그것이 다시 그 의식 속으로 흡수되었기 때문입니다.

(쾌락의 경험이 어떻게 에너지의 손실을 가져오는지에 대해 상세히 말해 달라는 쉬키드바자의 질문을 받고, 브람마나는 다음과 같이 말했습니다.) 내가 말씀드렸듯이, 지바는 생명력을 동요시킵니다. 생명력의 움직임은 몸 전체에서 생명의 에너지를 끌어냅니다. 그러면 이 에너지는 자연스럽게 방출되는 생식 에너지로서 내려갑니다.

(본성이 무엇이냐는 질문을 받고, 브람마나는 다음과 같이 말했다.) 원래, 브람만만이 브람만으로서 존재했습니다. 그 속에서 무수한 물질이 바다 수면 위의 잔물결처럼 나타났습니다. 이것이 본성이라고 하는 것입니다. 그것은 브람만과 인과 관계가 없습니다. 그러나 그것은 까마귀가 야자나무에 우연히 내려앉자 동시에 야자열매가 우연히 떨어지는 것처럼 일어났습니다. 그 본성 속에서 다양한 특징을 부여받은 다양한 피조물이 발견됩니다.

브람마나(추달라)는 계속 말했습니다.

이 우주가 태어난 것도 그 참나의 바로 그러한 본성 때문입니다. 그것은 번갈아 가며 일어나는 질서와 무질서 때문에 생기는 자기 한계나 조건화에 의해 유지됩니다. 질서와 무질서 사이에 그러한 자기 한계와 그러한 충돌이 없다면, 존재들은 다시 태어나지 않을 것입니다.

(나라다의 이야기를 계속 하면서, 브람마나는 다음과 같이 말했습니다.) 곧 나라다는 그의 자제력을 되찾았습니다. 그는 흩어져 있던 씨앗을 수정으로 만들어진 항아리 속에 모았습니다. 그 다음 그는 그의 생각의 힘으로 만든 우유를 가지고 그 항아리를 채웠습니다. 오래지 않아, 그 항

아리는 모든 면에서 완벽한 아이를 하나 낳았습니다. 나라다는 그 아기에게 이름을 지어 주고, 마침내 그 아이에게 최고의 지혜를 주었습니다. 그 어린 소년은 그의 아버지에게 필적할 만한 사람이 되었습니다.

나중에, 나라다는 그 아이를 자신의 아버지인 창조주 브람마에게 데려갔습니다. 브람마는 이름이 꿈바였던 그 소년에게 축복으로 최고의 지혜를 주었습니다. 당신 앞에 서 있는 사람이 바로 그 소년이요, 그 꿈바요, 브람마의 그 손자입니다. 나는 세상을 즐겁게 떠돌아다니고 있습니다. 왜냐하면 나는 어떤 누구로부터도 얻을 것이 없기 때문입니다. 내가 이 세상에 들어올 때, 내 발은 땅에 닿지 않습니다.

(바시슈타가 이 말을 할 때, 열일곱 째 날이 끝났다.)

쉬키드바자는 다음과 같이 말했습니다.

내가 오늘 당신과 함께 있으면서 당신 지혜의 감로를 마실 수 있는 것은 진실로 과거의 수많은 생에 걸쳐 쌓아 놓은 선업의 결과 바로 그 때문입니다. 이 세상의 어떤 것도 성자들과의 사귐이 주는 그런 평화를 줄 수는 없습니다.

브람마나(추달라)는 다음과 같이 말했습니다.

나는 지금까지 당신에게 나의 생애에 대한 이야기를 들려주었습니다. 부디, 이제 당신은 누구이며, 여기서 무엇을 하고 있는지 말씀해 주십시오. 또 여기에는 얼마나 계셨습니까? 충실하게 모든 것을 말씀해 주십시오. 왜냐하면 속세를 버린 은둔자는 진실 이외의 어떤 말도 하지 않기 때문이지요.

쉬키드바자는 다음과 같이 대답했습니다.

오, 신의 아들이여! 당신은 사실 있는 그대로 모든 것을 다 알고 있습니다. 그래서 달리 내가 말해야 할 것이 무엇이 있겠습니까? 나는 이 삼사라(세상의 순환 주기 또는 탄생과 죽음의 순환 주기)에 대한 두려움 때문에 이 숲 속에서 살고 있습니다. 비록 당신이 이 모든 것을 다 알고 있지만, 나는 간략하게 나의 이야기를 말씀드리겠습니다. 나는 쉬키드바자 왕입니다. 나는 왕국을 버렸지요. 나는 사람이 반복적으로 그리고 번갈아 가면서 쾌락과 고통을, 탄생과 죽음을 경험하는 이 삼사라를 두려워합니다. 그러나 비록 내가 어디든지 떠돌아다니면서 극도의 고행을 해 보았지만, 아직까지 나는 평화와 고요함을 발견하지 못했습니다. 나의 마음은 편안히 쉬지 못하고 있습니다. 나는 여러 활동들을 마음껏 즐기지도 않고, 또한 어떤 것을 얻으려고 애쓰지도 않습니다. 나는 여기에 혼자 있으면서, 어떤 것에도 집착하지 않습니다. 그럼에도 불구하고 나는 무미건조하며, 성취한 것이 전혀 없습니다. 나는 한 번도 중단하지 않고 모든 끄리야(행동, 요가의 수행법 중의 하나)들을 행해 왔습니다. 그러나 나는 단지 슬픔에서부터 보다 더 큰 슬픔으로 나아갈 뿐입니다. 그리고 신의 감로마저 나에게는 독으로 변합니다.

브람마나(추달라)는 다음과 같이 말했습니다.

옛날에 나는 할아버지에게 "끄리야와 냐나(참나 지식) 중 어느 것이 더 낫습니까?"라고 물은 적이 있지요. 그때 할아버지는 다음과 같이 나에게 말해 주었습니다.

"실제로, 냐나가 더 낫다. 왜냐하면 냐나를 통해서 사람은 오직 하나밖에 존재하지 않는 것을 깨닫기 때문이다. 반면에 끄리야는 하나의 오락으로서 다양한 용어로 기술되어 왔지. 만약 사람이 냐나를 갖지 못하면, 그는 끄리야에 매달리게 된다. 이는 마치 입어야 할 좋은 의복이 없으면, 자루 부대에 매달리는 것과 같은 것이다.

무지한 사람들은 그들의 조건화(바사나) 때문에 그들의 행위의 결과라는 덫에 걸리게 된다. 조건화를 버릴 때, 행위는 그것이 인습적으로 좋거나 혹은 나쁜 것으로 간주되든 말든 간에, 행위 없음이 된다. 자기 한계나 의지 작용이 없을 때, 행위는 결과를 맺지 않는다. 행동 자체가 반작용이나 '결과'를 만들어 내지 않는다. 행동으로 하여금 결과를 맺도록 하는 것은 바로 바사나나 의지의 작용이다. 마치 놀란 소년이 유령을 생각하고 유령을 보는 것과 꼭 같이, 무지한 사람은 슬픔이란 생각을 품고서 슬픔을 당하는 것이다.

바사나(자기 한계나 조건화)도, 자아감도 진정한 실재는 아니다. 그들은 어리석음 때문에 생기는 것이다. 이 어리석음을 버릴 때, 이 모든 것이 브람만이고 또한 자기 한계라는 것도 없다는 깨달음이 있다. 바사나가 있을 때 마음이 있다. 바사나가 마음속에서 사라지면, 참나 지식이 있다. 참나 지식을 얻은 사람은 다시 태어나지 않는다."

이와 같이, 심지어 신들과 브람마와 다른 이들도 참나 지식만이 최고라고 공언했습니다. 그렇다면 왜 그대는 아직도 무지합니까? 그대는 왜 "이것은 까만달루이다.", "이것은 지팡이다."라고 생각하며, 아직까지 무지의 상태에 빠져 있습니까? 그대는 왜 "나는 누구인가?", "이 세상은 어떻게 생겼는가?", 그리고 "이 모든 것은 어떻게 사라지는가?"라고 탐구하지 않습니까? 그대는 왜 굴레와 해방의 본질을 탐구함으로써 깨달음을 얻은 사람의 상태에 도달하지 않습니까? 그대는 왜 이런 쓸데없는 고행과 끄리야들에 그대의 인생을 낭비하고 있습니까? 그대가 참나 지식을 얻게 되는 것은 바로 성현들과의 사귐에 있고, 그들에게 봉사하고 그들에게 물어봄으로써 가능한 것입니다.

쉬키드바자는 말했습니다.

오, 현자시여! 이제 나는 진실로 당신을 통해 깨달음을 얻었습니다.

나는 어리석음에서 벗어났습니다. 당신은 나의 구루입니다. 나는 당신의 제자입니다. 당신은 어떤 사람이 슬퍼하지 않는지를 알고 있기 때문에, 당신이 알고 있는 것을 부디 나에게 가르쳐 주십시오.

브람마나(추달라)는 다음과 같이 대답했습니다.

오, 왕실의 현자시여! 만약 그대가 수용할 자세로 내 말을 소중히 여긴다면, 나는 그대에게 가르쳐 주겠습니다. 만약 배울 사람이 가르침을 받아들여 그것을 소중히 여기고 자기 것으로 만들 의도가 없는데도 장난삼아 단지 질문에 대한 대답으로 그 사람을 가르치려 한다면, 그것은 아무 소용이 없기 때문입니다. (쉬키드바자로부터 그러한 확신을 받아 낸 후, 추달라는 다음과 같이 말했습니다.) 주의 깊게 경청하십시오. 나는 당신에게 당신의 이야기와 닮은 이야기를 하나 들려주겠습니다.

찐따마니의 이야기

브람마나(추달라)는 다음과 같이 말했습니다.

옛날에 거의 믿을 수 없을 정도로 부와 지혜를 고루 갖춘 사람이 있었습니다. 그는 모든 장점을 겸비했고, 모든 일에 있어 슬기로웠으며, 그의 모든 포부를 다 이루었습니다. 그러나 그는 참나를 알지 못했습니다. 그는 찐따마니(소유자가 바라는 모든 것을 성취시켜 줄 수 있는 것으로 생각되는 현자의 돌)라고 하는 천상의 보석을 얻을 욕망으로 고행을 하기 시작했지요. 그의 노력은 열성적이었습니다. 그래서 매우 짧은 기간 내에 그 보석이 그의 앞에 나타났습니다. 실제로, 최선을 다해 노력하는 사람에게 불가능한 일이 어디에 있겠습니까! 노력과 어려움도 알아채지 못한 채, 그가 착수한 일에 전념을 다하는 사람은 비록 그가 가난하다 하더라도, 바라는 목표를 달성할 수 있습니다.

이 사람은 쉽게 손으로 잡을 수 있는 자기 앞의 보석을 보았습니다. 그러나 그는 그것에 대한 어떤 확신에 도달할 수 없었습니다. 그는 오랜 노력과 고통으로 인해 혼란해진 마음으로 다음과 같이 곰곰이 생각하기 시작했습니다. "이것이 찐따마니일까? 아니면, 찐따마니가 아닐까? 내가 그것을 만져 볼까, 아니면 만져 보지 말까? 아마 내가 그것을 만지면, 그것이 사라질지도 몰라. 확실히, 그것이 이렇게 짧은 시간 내에 얻어질 리는 없을 거야. 경전에서도 평생을 노력해야 그것을 얻을 수 있다고 하지 않았던가! 확실히, 내가 가난에 쪼들린 탐욕스러운 사람이기 때문에, 나는 단지 환각을 일으켜 내 앞에 이 보석이 있다고 하는 거야. 나에게 어떻게 그렇게 단시간 내에 그것을 얻을 수 있는 행운이 찾아올 수 있겠나? 어떤 위대한 사람들 같으면, 그들은 단시간 내에 이 보석을 손에 넣을지도 몰라. 그러나 나는 단지 약간의 고행만 내 명예로 내세울 수 있는 평범한 사람이 아닌가? 내가 이렇게나 빨리 이것을 얻는다는 것이 어떻게 가능하겠는가?"

이렇게 마음이 혼란된 상태에서, 그는 그 보석을 잡을 어떤 노력도 하지 않았습니다. 그는 그것을 손에 넣을 운명이 못 되었지요. 그것을 마땅히 받을 가치가 있을 때, 비로소 그가 받을 가치가 있는 것을 얻습니다. 천상의 보석이 그의 앞에 있다 하더라도, 바보는 이렇게 그것을 무시하는 것이 아니겠습니까! 이렇게 보석이 무시당하자, 그 보석은 사라졌습니다. 영적인 재능을 가진 물건들은 그들이 찾는 사람에게 모든 것을 줍니다. 그러나 그들은 그 사람의 지혜를 파괴시킨 뒤에는 곧장 떠나 버립니다. 그리고 그 사람은 찐따마니를 얻기 위하여 고행에 더욱

박차를 가했습니다. 근면한 사람들은 그들이 착수한 일을 버리지 않습니다. 얼마 뒤, 그는 천인들이 장난삼아 그의 앞에 던져 버린 유리 조각을 보았습니다. 그는 그것을 찐따마니라고 생각했습니다. 이렇게 착각에 빠진 나머지, 그는 탐욕스럽게 그것을 주워 들었습니다. 그것의 도움만 있으면, 그가 찾는 것을 무엇이든지 얻을 수 있다고 확신하고서, 그는 모든 재산과 가족 등을 포기하고 숲 속으로 들어갔습니다. 그는 그 자신의 어리석음 때문에 거기에서 고통을 받았습니다. 큰 재난과 노령과 죽음은 어리석음이 일으킨 고통에 비교하면 아무것도 아닙니다. 사실상, 어리석음이 모든 고통과 불행의 머리를 장식하고 있지 않겠습니까!

어리석은 코끼리의 이야기

브람마나(추달라)는 계속 말했습니다.

오, 왕이시여! 역시 당신의 이야기와 꼭 닮은 또 하나의 이야기에 귀를 기울여 주십시오. 빈댜 숲 속에 힘이 매우 세고, 또 튼튼하고 강한 엄니를 가진 코끼리 한 마리가 있었습니다. 그러나 이 코끼리를 타는 주인은 그 코끼리를 우리에다 가두어 두었습니다. 게다가 코끼리 주인이 막대기와 같은 무기를 계속 사용했으므로, 코끼리는 큰 고통을 받았습니다.

주인이 없는 사이, 코끼리는 우리를 벗어나기 위해 몸부림을 쳤습니다. 이 같은 노력은 꼬박 3일간 계속되었습니다. 결국 코끼리는 우리를 부수고 말았습니다. 바로 이때 코끼리 주인이 코끼리의 소행을 보았습니다. 코끼리가 도망을 치려고 하는 동안 주인은 나무에 올라갔고, 거기에서 그는 몸을 던져 코끼리 등에 타서 다시 코끼리를 제압하려는 계획을 세웠습니다. 그러나 그가 나무에서 뛰어내릴 때, 그는 코끼리의 머리에 착지하지 못하고 코끼리의 머리 바로 앞에 떨어졌습니다. 코끼리는 자기 앞에 떨어진 적(주인)을 보았습니다. 그러나 코끼리는 측은한 마음에 압도당하여 그 주인을 해치지 않았습니다. 이러한 동정심은 심지어 짐승에게도 볼 수 있습니다. 코끼리는 그냥 도망쳤습니다.

주인은 심한 부상을 당하지 않았기 때문에 일어났습니다. 악인의 몸은 쉽게 부서지지 않는 법입니다. 그들의 악행은 오히려 그들의 몸을 강하게 하는 것 같습니다. 그러나 코끼리 주인은 코끼리를 잃어버리자 불행했습니다. 그는 잃어버린 코끼리를 찾기 위해 숲을 계속 수색했습니다. 매우 오랜 시간이 흐른 뒤에, 그는 그 코끼리가 우거진 숲 속에 서 있는 것을 보았습니다. 그는 그 코끼리를 다시 포획하고 싶은 간절한 마음에서 다른 코끼리 조련사들을 불러 모아, 그들의 도움으로 거대한 함정을 파고 그것을 나뭇잎으로 덮어 두었습니다.

그 후 며칠이 지나자, 그 거대한 코끼리는 그 함정에 빠졌습니다. 이렇게 사악한 주인에 의해 다시 붙잡혀 결박당한 코끼리는 아직도 거기에 서 있지 않겠습니까!

코끼리는 자기의 원수가 자기 바로 앞에 떨어졌지만 그를 죽이지 않고 그냥 놔두었었지요. 그 때문에 그 코끼리는 다시 고통을 겪어야만 했습니다. 자신의 어리석음 때문에, 기회가 왔을 때 적절하게 활동하지 못함으로써 모든 장애물을 제거하지 못하는 사람은 슬픔을 자초하는 것입니다. '나는 자유롭다.'는 잘못된 만족으로 인하여, 코끼리는 다시 속박당하게 된 것입니다. 어리석음이 슬픔을 자초한 꼴입니다. 어리석음은 굴레입니다. 오, 신성한 현자시여! 속박당한 사람은 자신의 어리석음 때문에 자신이 자유롭다고 생각합니다. 삼계에 존재하는 모든 것이 단지 참나에 지나지 않지만, 어리석음에 확고히 자리를 잡고 있는 사람에게는 그 모든 것이 단지 어리석음의 확장에 지나지 않습니다.

쉬키드바자는 다음과 같이 말했습니다.

거룩한 현자시여! 이 두 이야기의 의미를 설명해 주십시오.

브람마나(추달라)는 다음과 같이 말했습니다.

오, 왕이시여! 천상의 보석을 찾아 나선 부유하고 박식한 사람은 바로 당신입니다. 당신은 경전에 대한 지식을 가지고 있지만, 돌이 물 속에서 쉬는 것처럼 자신 내부에서 편히 쉬고 있지 않습니다. 찐따마니는 모든 슬픔을 종식시켜 주는, 모든 것에 대한 완전한 포기입니다. 순수하고 완전하게 포기를 할 때, 모든 것을 얻을 수 있습니다. 비교해 보면, 천상의 보석이란 무엇입니까? 당신은 제국 등을 버릴 수 있었기 때문에 그러한 완전한 포기를 경험했던 것입니다.

모든 것을 포기한 뒤에 당신은 이 외딴 곳으로 왔습니다. 그러나 아직도 포기해야 할 것이 하나 남아 있습니다. 그것은 바로 당신의 자아감입니다. 만약 가슴이 생각의 움직임인 마음을 버린다면, 절대적인 것에 대한 깨달음이 옵니다. 그러나 당신은 자신의 포기가 자신에게 불러일으킨 포기라는 생각에 압도당하고 말았습니다. 그러므로 이것은 완전한 포기에서 일어나는 희열이 아닌 것입니다. 모든 것을 포기한 사람은 어떤 걱정에 의해서도 동요되지 않습니다. 이는 마치 바람이 나뭇가지를 흔들 수 있다면, 그 바람이 움직일 수 없다고 할 수 없는 것과 같은 것입니다.

그러한 걱정들이나 혹은 생각의 움직임들만이 마음이라고 하는 것입니다. 생각, 개념, 관념은 똑같은 것을 가리키는 다른 이름에 불과합니다. 만일 생각이 여전히 활동하고 있다면, 어떻게 마음을 포기한 것이라고 할 수 있겠습니까? 마음이 생각이나 걱정 등으로 동요되면, 삼계가 즉시 마음에 나타납니다. 생각이 여전히 마음에 있는 한, 어떻게 순수하고 완전한 포기가 있을 수 있겠습니까? 그러므로 그러한 생각이 가슴속에서 일어날 때, 당신의 포기는 찐따마니가 그 사람을 떠나는 것처럼 당신의 가슴을 떠나는 것입니다. 당신이 포기의 정신을 알아보고 그것을 소중히 여기지 않았기 때문에, 그것은 당신을 떠난 것입니다. 그것은 떠나면서 당신이 생각과 걱정으로부터 벗어날 수 있는 자유도 가져가고 말았습니다.

이렇게 당신이 보석(완전한 포기의 정신)에 의해 버림을 받고 있을 때, 당신은 유리 조각(고행과 그 밖의 모든 것)을 주운 것입니다. 당신은 망상 때문에 그것을 소중히 여기기 시작했습니다. 아! 슬프게도, 당신은 무조건적이고 무집착의 무한한 의식을 버리고, 대신 당신 자신의 슬픔을 위해 시작과 끝이 있는 무익한 금욕 생활을 시작했던 것입니다. 쉽게 얻을 수 있는 무한한 기쁨을 버리고, 불가능한 것을 얻으려고 애쓰는 사람은 완고한 바보임에 틀림없으며, 자살 행위와 같은 것입니다. 당신은 이 숲 속 생활이라는 함정에 빠져 완전한 포기의 정신을 계속 유지하려고 노력하지 않았습니다. 당신은 왕국과 그 나머지 모든 것에 대한 속박을 버렸지만, 금욕 생활이라고 하는 것에 다시 속박당하게 된 것입니다. 지금 당신은 추위와 더위, 바람 따위로 인하여 이전보다도 훨씬 더 걱정이 많고, 그러므로 더욱 단단히 속박당하고 있는 것입니다. "나는 찐따마니를 얻었다."라고 어리석게 생각하면서, 당신은 실제로 수정한 조각조차 얻지 못한 것이 아니겠습니까!

이상이 첫 번째 우화의 의미입니다.

브람마나(추달라)는 계속 말했습니다.

자! 이제 두 번째 우화의 의미를 잘 들어 보십시오.

빈댜 언덕의 코끼리로서 묘사된 것은 당신이 이 지구상에 있다는 것입니다. 코끼리에게 난 두 개의 강력한 엄니는 당신이 소유하고 있는 비베까(분별, 지혜)와 바이라기야(초연)를 가리킵니다. 코끼리에게 고통을 주는 주인은 당신에게 슬픔을 일으키는 무지를 가리킵니다. 코끼리는 힘이 막강했지만 주인에게 제압당했습니다. 즉, 당신도 모든 면에서 아무리 뛰어나더라도, 이 무지나 어리석음에게 진 것입니다.

코끼리의 우리는 당신이 갇혀 있는 욕망의 우리를 가리킵니다. 그들 사이에 유일한 차이가 있다면, 쇠로 된 우리는 시간이 흐르면서 부식되지만, 욕망의 우리는 시간과 함께 더 강해진다는 것입니다. 코끼리가 우리를 부수고 도망쳐 나왔듯이, 당신도 왕국을 버리고 이곳으로 왔습니다. 그러나 심리적인 것을 버리는 것은 물질적인 우리를 부수고 나오는 것만큼 쉽지가 않습니다.

코끼리 주인이 코끼리의 도망으로 경계 태세를 취했듯이, 포기의 정신이 그대 안에 나타날 때, 그대 안에 있던 무지와 어리석음은 두려워 벌벌 떨게 됩니다. 현명한 사람이 쾌락의 추구를 포기할 때, 무지는 그로부터 달아나는 것입니다. 당신이 숲 속으로 갔을 때, 당신은 이 무지에게 심한 상처를 입혔으나, 마치 코끼리가 그 주인을 죽이지 못한 것과 꼭 같이, 마음이나 의식 속의 에너지의 움직임을 버림으로써 그 무지를 완전히 죽이지는 못했습니다. 그러므로 이 무지는 다시 일어났고, 당신이 이전의 욕망을 제압했던 방법을 기억해 내고, 그 무지는 다시 당신을 고행이라고 하는 함정에다 가두어 놓은 것입니다.

당신이 왕국을 포기하면서 단호히 이 무지를 완전히 소멸시켰더라면, 이 고행의 함정에 빠지지는 않았을 것입니다.

당신은 비베가 즉 지혜의 강력한 엄니를 갖고 있기 때문에 코끼리들의 왕입니다. 그러나 슬프게도 이 밀림에서 당신은 무지라고 하는 코끼리 주인의 덫에 걸려 버린 것입니다. 그래서 당신은 고행이라는 보이지 않는 우물 속에 갇혀 있게 된 것입니다.

오, 왕이시여! 왜 당신은 정말로 진리를 알고 있는 당신의 아내 추달라의 현명한 말에 귀를 기울이지 않았습니까? 그녀는 참나를 아는 사람 가운데서도 으뜸가는 사람이며, 그녀의 말과 행동 사이에는 어떤 모순도 없습니다. 그녀가 말하는 모든 것이 진실이며, 실천에 옮길 가치가 있는 것입니다. 그러나 비록 당신이 과거에 아내의 말에 귀를 기울이지 않고 그 말을 자기 것으로 만들지 않았다 하더라도, 왜 당신은 완전한 포기를 한다 해 놓고, 모든 것을 버리지 않았습니까?

쉬키드바자는 다음과 같이 말했습니다.

나는 왕국과 궁전과 나라와 아내마저 버렸습니다. 그런데도 당신은 내가 모든 것을 포기하지 않았다고 생각하시니 어찌된 일입니까?

브람마나(추달라)는 다음과 같이 대답했습니다.

오, 왕이시여! 부와 아내와 궁전과 왕국, 땅, 왕실의 보호물이나 당신의 친척들은 당신의 것이 아닙니다. 그래서 그것들을 버린다고 완전한 포기가 이루어지는 것은 아닙니다. 당신의 것으로 보이는데도 당신이 아직 포기하지 못한 다른 어떤 것이 있습니다. 그것이 포기의 가장 좋은 부분이기도 합니다. 하나도 남김없이 그것을 완전히 포기하십시오. 그리고 슬픔으로부터의 자유를 얻으십시오.

쉬키드바자는 다음과 같이 말했습니다.

왕국과 그 안에 있는 모든 것이 내 것이 아니라면, 나는 이 숲과 이 안에 있는 모든 것을 버리겠습니다. 그렇게 말하면서, 쉬키드바자는 마음에서 숲 등을 포기했습니다.

"이 모든 것은 그대의 것이 아닙니다. 그러므로 그들을 포기해 봤자 아무런 의미가 없습니다."라는 브람마나의 말을 듣자마자, 쉬키드바자는 다음과 같이 말했습니다. "바로 지금까지 이 외딴 은둔처가 나의 모든 것이고, 나의 것이라는 것은 분명합니다. 나는 그것마저도 버리겠습니다. (이렇게 결심하고서, 쉬키드바자는 그의 가슴에서 그 은둔처가 자기 것이라는 생각 자체를 지워 버렸습니다.) 이제 내가 모든 것을 완전히 포기했다는 것은 확실합니다."

브람마나(추달라)는 다음과 같이 되풀이 말했습니다.

이 모든 것도 또한 당신의 것이 아닌 것은 분명합니다. 그런데 어떻게 당신이 그것들을 포기합니까? 아직 당신이 포기하지 않은 중요한 것이 있습니다. 그리고 그것이 포기의 가장 중요한 부분입니다. 그것을 포기함으로써 당신은 슬픔으로부터 자유를 얻을 수 있습니다.

쉬키드바자는 다음과 같이 말했습니다.

이것들 또한 내 것이 아니라면, 나는 내 지팡이와 사슴 가죽 따위와 내 오두막집도 버리겠습니다.

바시슈타는 말했다.

그렇게 말하면서, 그는 자리에서 벌떡 일어섰습니다. 브람마나가 수동적으로 지켜보는 가운데, 쉬키드바자는 오두막집 안에 있는 모든 것을 긁어모아 거기에다 불을 지폈습니다. 그는 염주도 던져 버리면서 이렇게 말했습니다. "만뜨라를 반복적으로 암송하는 것이 신성하다는 망상에서 나는 벗어났습니다. 그래서 이제 더 이상 그대(염주)가 필요 없게 되었습니다." 그는 사슴 가죽도 태워 잿더미로 만들었습니다. 그는 물주전자(까만달루)를 브람마나에게 건네주었습니다. 그렇지 않으면 그 것을 불 속으로 던져 넣었을 것입니다.

그는 다음과 같이 혼잣말로 중얼거렸습니다. "포기할 것이 있다면, 모조리 단호히 영원히 포기해야 한다. 그렇지 않으면 그것은 다시 한 번 확대되고, 다시 한 번 모이게 된다. 그러므로 나는 이것을 마지막으 로 모든 것을 다 태워 버리겠다."

이렇게 결심을 한 뒤, 쉬키드바자는 이미 신성하고 세속적인 모든 활 동들을 포기하기로 마음먹었으므로, 그가 그때까지 사용한 모든 물건 들을 긁어모아 그들을 몽땅 다 태워 버렸습니다.

바시슈타는 계속 말했다.

그러고 나서, 쉬키드바자는 과거 자신의 잘못된 생각에 이끌려 불필 요하게 지은 오두막집에 불을 질렀습니다. 그 다음, 그는 차례로 거기 에 있던 모든 것과 남아 있던 모든 것을 불태워 버렸습니다. 그는 자신 의 의복을 포함해 모든 것을 태우거나 던져 버렸습니다. 이렇게 불을 피워 놓고 태워 버리는 바람에 심지어 동물들마저도 놀라서 그곳을 피 해 멀리 도망갔습니다.

그때 쉬키드바자는 브람마나에게 다음과 같이 말했습니다.

오, 신의 아들이여! 나는 당신으로 인해 깨달음을 얻어, 그렇게 오랫 동안 내가 마음속에 지녀 온 모든 생각을 버렸습니다. 이제 나는 순수 하고 그지없이 행복한 지식 안에 자리를 잡았습니다. 속박의 원인이 되 는 모든 것으로부터 내 마음은 등을 돌리고, 균형 속에 안주하게 되었 습니다. 나는 모든 것을 포기했습니다. 나는 모든 속박으로부터 벗어났 습니다. 나는 평화롭습니다. 나는 그지없는 희열을 느낍니다. 나는 승리를 거두었습니다. 이 공간이 나의 옷입니다. 공간이 나의 거처이고, 나는 공간과 같습니다. 오, 신의 아들이여! 이 지고의 포기 너머에 어떤 것이 있습니까?

브람마나(추달라)는 다음과 같이 대답했습니다.

오, 왕이시여! 당신은 아직 모든 것을 포기하지 않았습니다. 그러므로 마치 당신이 지고의 포기가 가져다주는 희열을 지금 즐기고 있는 것처럼 행동하지 마십시오. 말하자면, 당신은 아직 포기하지 못한 중요한 것을 가지고 있습니다. 그것은 포기의 가장 중요한 부분입니다. 그것까지 찌꺼기 하나 남김없이 완전히 버릴 때, 당신은 슬픔이 없는 지고의 상태에 도달할 것입니다.

잠시 생각에 잠긴 뒤에, 쉬키드바자는 다음과 같이 말했습니다.

오, 신의 아들이여! 오직 하나가 더 남아 있군요. 그것은 감각이라고 하는 치명적인 뱀들의 거처이며, 피와 살 따위로 구성된 이 몸입니다. 이제 나는 그것마저 버리고 소멸시켜 완전한 포기를 성취하겠습니다.

그가 결심을 막 실행하려 할 때, 브람마나는 다음과 같이 말했습니다.

오, 왕이시여! 왜 당신은 이 죄 없는 몸을 헛되이 죽이려고 합니까? 송아지를 죽이려 하는 황소의 특징인 이 성냄을 버리십시오. 이 고행에 시달린 몸은 스스로 움직이지도 못하고 말도 못합니다. 당신은 그것과 아무런 관계가 없습니다. 그러므로 그 몸을 파괴하려 하지 마십시오. 몸은 그 본성대로 스스로 움직이지도 못하고 말도 못하는 상태로 있습니다. 그것은 다른 어떤 힘이나 에너지에 의해 자극을 받아 작용을 하는 것입니다. 몸은 쾌락이나 고통의 경험에 대해서도 책임이 없습니다. 더욱이, 몸을 소멸시키는 것이 완전한 포기를 의미하지도 않습니다. 오히려, 당신은 그러한 포기에 도움이 되는 중요한 것을 버리게 되는 것입니다. 만약 당신이 이 몸을 통해 작용하고 이 몸을 동요시키는 그것을 버릴 수 있다면, 당신은 진실로 모든 죄와 악을 버린 것이 되고 최고의 포기자가 될 것입니다. 만약 그것을 포기하면, 몸을 포함한 모든 것을 포기한 것이 됩니다. 그렇지 않으면 죄와 악은 비록 일시적으로 가려져 있을지 몰라도, 또다시 일어나게 될 것입니다.

브람마나(추달라)는 다음과 같이 말했습니다.

모든 것의 포기이며, 이 모든 것의 유일한 원인이며, 또한 이 모든 것이 거주하고 있는 그것만이 완전한 포기입니다.

쉬키드바자는 다음과 같이 간청했습니다.

거룩한 분이시여! 포기해야 할 그것이 무엇인지를 제발 말씀해 주십시오.

브람마나(추달라)는 다음과 같이 말했습니다.

오, 고귀한 분이시여! 그것은 ('지바'나 '쁘라나' 등의 이름으로도 통하는) 마음 또는 찌따라고 합니다. 그것은 스스로 움직이는 것도 아니요, 스스로 움직이지 않는 것도 아니며, 또한 '전부'이기도 한 혼란의 상태 안에 있습니다. 그것은 혼란인 이 찌따(마음)이며, 그것은 인간이며, 그것은 세상이고, 그것은 전부입니다. 그것은 왕국과 몸과 아내와 기타 모든 것을 일으키는 씨앗입니다. 이 씨앗을 버릴 때, 현재에 존재해 있는 모든 것과 심지어 미래에 존재할 모든 것에 대한 완전한 포기가 있는 것입니다.

선과 악, 왕국과 숲 등 이 모든 것은 찌따를 가진 사람의 가슴속에서는 고통을 일으키지만, 마음이 없는 사람에게는 큰 기쁨을 일으킵니다. 마치 나무가 바람으로 흔들리는 것과 꼭 같이, 이 몸 또한 마음 때문에 흔들립니다. 존재들이 겪는 다양한 경험(노령과 죽음과 탄생 등)들과 또한 거룩한 현자들의 흔들리지 않는 마음 등 이 모든 것은 진실로 마음의 변화에 불과합니다. 붓디, 우주, 자아감, 쁘라나 등 다양한 이름으로 불리고 있는 것은 오직 이 마음뿐입니다. 그러므로 그것을 버리는 것만이 완전한 포기입니다. 일단 그것을 버리면, 진리는 즉시 경험됩니다. 일원성과 다양성에 대한 모든 개념이 사라지게 됩니다. 그러면 평화가 도래합니다.

반면에, 당신의 것이 아니라고 생각되는 것을 포기함으로써 당신은 당신 내부에 분리를 일으키게 될 것입니다. 사람이 모든 것을 포기하면, 모든 것은 하나의 무한한 의식의 공(空) 안에 존재하게 됩니다. 연료 없는 등불처럼 완전한 포기라는 그 상태에 안주하면, 그는 연료 있는 등불처럼 더할 나위 없는 광채로 빛이 납니다. 왕국 등을 포기한 후에도, 당신은 존재하고 있습니다. 마찬가지로 마음을 버린 뒤에도, 그 무한한 의식은 존재할 것입니다. 이 모든 것을 불태워 없앴을 때조차, 당신은 어떤 변화도 겪지 않았던 것입니다. 심지어 당신이 마음을 완전히 버렸을 때라도, 어떤 변화도 일어나지 않을 것입니다. 모든 것을 완전히 버린 사람은 노령과 죽음과 기타 그러한 인생사에 대한 두려움 때문에 고통을 받지 않습니다. 그것만이 최고의 희열입니다. 그 밖의 모든 것은 굉장한 슬픔입니다. 옴(OM)! 따라서 이 진리를 자기 것으로 만들고는 당신이 하고 싶은 것을 하십시오. 그 완전한 포기 속에 최고의 지혜 즉 참나 지식이 존재합니다. 그것은 마치 항아리가 완전히 비어야 그 안에 귀중한 보석을 저장할 수 있는 것과 같습니다. 바로 이러한 완전한 포기를 통해서 석가모니(붓다)도 의심할 여지없이 그 상태에 도달하여 흔들림 없이 자리를 잡았습니다. 그러므로 오, 왕이시여! 모든 것을 버렸을 때, 당신이 당신 스스로를 발견하는 그 모습 안에, 그 상태

안에 머무르십시오. '나는 모든 것을 포기했다.'라는 생각조차 버리고, 지고의 평화 상태에 머물러 계십시오.

쉬키드바자는 다음과 같이 말했습니다.

제발 이 찌따(마음)의 정확한 본질과, 또한 다시는 그것이 일어나지 않도록 그것을 버리는 방법을 말씀해 주십시오.

꿈바(브람마나-추달라)는 다음과 같이 대답했습니다.

바사나(기억, 과거의 미묘한 인상들, 조건화)가 이 찌따(마음)의 본질입니다. 사실상 그것들은 같은 말입니다. 그것을 버리거나 포기하는 일은 쉽고, 쉽게 이루어질 수 있으며, 심지어 왕국을 다스리는 것보다 더 즐거우며, 꽃보다도 더 아름답습니다. 확실히 어리석은 사람이 마음을 버리는 것은 마치 우둔한 사람이 왕국을 다스리는 일이 어려운 것과 꼭 마찬가지로 매우 어렵습니다.

마음을 완전히 소멸시키거나 없애는 것은 삼사라(세상의 순환 주기)를 없애는 것과 같습니다. 그것은 또한 마음을 버리는 것이라고도 합니다. 그러므로 '나'라는 생각의 씨앗을 가진 나무를 그 모든 가지와 열매와 잎과 함께 뿌리째 뽑아내십시오. 그리고 가슴속의 공간에 조용히 머물러 계십시오.

'나'라고 하는 것은 마음에 대한 지식(참나 지식)이 없을 때 일어납니다. 이 '나'라는 것이 마음이라고 하는 나무의 씨앗입니다. 그것은 마야라는 가공의 힘이 충만해 있는 지고의 참나라는 밭에서 자랍니다. 따라서 그 밭에서 하나의 분리가 생기고, 경험이 일어나는 것입니다. 이와 함께, 붓디라고 하는 결정하는 능력이 일어납니다. 물론 그것은 단지 그 씨앗의 확대된 모양에 지나지 않기 때문에 뚜렷한 형태가 없습니다. 그 본질은 개념화 즉 관념적인 것입니다. 그래서 그것은 또한 마음, 지바 그리고 공이라고도 합니다.

이 나무의 줄기가 몸입니다. 나무 내에서 나무의 성장을 가져다주는 에너지의 움직임은 심리적인 조건화의 결과 때문입니다. 그 가지는 길어서 먼 거리까지 뻗어 있습니다. 그 가지는 존재와 비존재의 특징을 이루고 있는 유한한 감각 경험들이라 할 수 있습니다. 그 열매는 선과 악(쾌락과 고통, 행복과 불행)이라 할 수 있습니다.

이것은 사악한 나무입니다. 매 순간 그 가지들을 잘라 내고, 그것을 뿌리째 뽑도록 노력하십시오. 그 가지들도 또한 조건화와 개념들과 지각의 대상들을 그 본성으로 하고 있습니다. 그 가지들은 이 모든 것의 열매를 맺고 있습니다. 만약 당신이 지성(의식)의 힘을 통하여, 그것들에게 집착하지 않고, 그것들에게 무관심하고, 당신 자신을 그것들과 동일시하지 않는다면, 이들 바사나들은 크게 약화될 것입니다. 그러면 당신은 나무의 뿌리를 완전히 뽑아 낼 수 있습니다. 그 가지를 없애는 것은 부차적입니다. 일차적인 것은 그 나무의 뿌리를 뽑는 것입니다.

쉬키드바자는 다음과 같이 말했습니다.

나는 내가 순수 의식이라는 것을 알고 있습니다. 그 순수 의식 안에서 어떻게 이 불순물(무지)이 일어났는지 나는 모르겠습니다. 나는 참나도 아니면서 비실재적인 이 불순물을 제거할 수 없기 때문에, 괴롭습니다.

꿈바(브람마나-추달라)가 다음과 같이 물었습니다.

당신이 이 삼사라에 속박되어 있는 무지한 사람이 되는 원인인 그 불순물(무지)이 실재하는 것인지 아니면 실재하지 않는 것인지를 말씀해 보십시오.

쉬키드바자는 다음과 같이 대답했습니다.

그 불순물은 또한 자아감이며, 찌따(마음)라는 이 큰 나무의 씨앗입니다. 나는 그것을 없애는 방법을 모릅니다. 내가 그것을 포기했는데도, 그것은 나에게 다시 돌아옵니다.

꿈바(브람마나-추달라)는 다음과 같이 말했습니다.

실재하는 원인에서 일어나는 결과는 언제 어디서나 자명한 것입니다. 원인이 실재하지 않는 곳에서는, 그 결과도 복시 현상에서 볼 수 있는 두 번째 달만큼이나 분명히 비실재적인 것입니다. 삼사라의 씨앗은 이미 자아감의 씨앗에서 생겨난 것입니다. 지금 그 원인을 탐구해서 나에게 말씀해 보십시오.

쉬키드바자는 다음과 같이 대답했습니다.

오, 현자시여! 나는 경험이 자아감의 원인이라는 것을 압니다. 그러나 그것을 없애는 방법을 나에게 말씀해 주십시오.

꿈바(브람마나-추달라)는 다시 다음과 같이 물었습니다.

아! 과연 당신은 결과의 원인이 무엇인지를 찾아낼 수 있군요. 그러면 그러한 경험의 원인이 무엇인지를 나에게 말씀해 보십시오. 그러면 나는 당신에게 그 원인을 없애는 방법을 알려 드리겠습니다. 의식이란 것이 경험하는 주체이면서 동시에 경험이라는 대상일 때, 그리고 대상으로서의 경험이 일어날 어떤 원인도 없었을 때, 그 결과(경험)는 어떻게 일어났겠습니까?

쉬키드바자는 다음과 같이 대답했습니다.

그것은 분명히 몸과 같은 객관적인 실재 때문이 아닐까요? 나는 그러한 객관적인 실재가 어떻게 가짜로 보이는지를 알 수 없습니다.

꿈바(브람마나-추달라)는 다음과 같이 말했습니다.

만약 경험이 몸과 같은 대상들의 실재에 기초하고 있다면, 그리고 나서 몸 등이 비실재적인 것으로 드러난다면, 경험은 어디에 기반을 두고 있겠습니까? 원인이 없거나 실재하지 않을 때, 결과는 존재하지 않으며, 그런 결과의 경험도 망상입니다. 그렇다면 몸과 같은 대상들의 원인은 무엇이겠습니까?

쉬키드바자는 다음과 같이 물었습니다.

복시 현상에서 두 번째 달이 실재하지 않는 것이 아니라는 것은 분명합니다. 왜냐하면 그것은 눈병이라는 원인을 가지고 있기 때문입니다. 불임 여성의 아들도 우리는 결코 볼 수 없습니다. 그래서 그것은 실재하지 않습니다. 아니, 몸의 존재에 대한 원인은 아버지가 아니겠습니까?

꿈바(브람마나-추달라)는 다음과 같이 대답했습니다.

그렇다 치더라도, 그 아버지는 실재하지 않습니다. 왜냐하면 실재하지 않는 것에서 태어난 것은 역시 실재하지 않기 때문입니다. 만약 최초의 창조주가 그 다음 나타나는 모든 몸들의 본래의 원인이라고 말한다면, 사실상 그것도 진실이 아닙니다. 창조주 그 자신은 실재와 전혀 다르지 않습니다. 그러므로 실재 이외의 다른(이 우주 등) 것으로 보이는 그의 외양은 착각입니다. 이러한 진리를 깨닫게 되면, 무지와 자아감을 제거할 수 있습니다.

쉬키드바자는 다시 물었습니다.

창조주에서부터 기둥에 이르기까지 이 모든 것이 실재하지 않는다면, 이 실재하는 슬픔은 어떻게 생겨났습니까?

꿈바(브람마나-추달라)는 대답했습니다.

현상계에 대한 이러한 망상은 그것을 반복하여 확인함으로써 확대됩니다. 그래서 물이 얼어 평평한 덩어리가 되면, 그것은 앉을 수 있는 의자 역할을 합니다. 오직 무지가 사라졌을 때만 사람은 진리를 깨닫게 됩니다. 그때서야 비로소 원래의 상태가 나타납니다. 다양성에 대한 자각이 감소되면, 이 삼사라에 대한 경험도 멈추게 되고, 당신은 당신 본래의 광채 속에서 빛을 발하게 됩니다.

따라서 당신은 본래 지고의 존재입니다. 이 몸, 이 형상 등은 무지와 오해 때문에 생겨난 것입니다. 창조주와 다양한 존재들의 창조에 대한 이 모든 개념은 실재하는 것으로 드러나지 않았습니다. 원인이 밝혀지지 않았는데, 어떻게 그 결과를 실재하는 것으로 여길 수 있겠습니까?

이 모든 다양한 피조물들은 마치 신기루 속의 물과 같이, 단지 현상에 불과합니다. 그러한 기만적인 현상은 그것을 탐구하면 곧바로 사라집니다.

쉬키드바자는 다시 물었습니다.

지고의 참나 즉 무한한 의식(브람만)이 그 원인이며, 그 원인의 결과가 창조주라고 왜 말할 수 없습니까?

꿈바(브람마나-추달라)는 대답했습니다.

브람만이나 지고의 참나는 둘째가 없는 하나요, 원인도 없으며, 결과도 없습니다. 왜냐하면 그것은 어떤 것을 해야 하거나, 어떤 것을 창조해야 할 어떤 이유(동기나 필요성)도 없기 때문입니다. 그러므로 그것은 행위자도 아니요, 또한 어떤 행위나 도구, 그런 행위를 할 씨앗도 없습니다. 그러므로 그것은 이 우주나 창조주에 대한 원인이 아닙니다.

그러므로 우주와 같은 것은 전혀 없습니다. 그러므로 당신은 활동들의 행위자도 아니요, 또한 경험들의 향유자도 아닙니다. 당신은 전부이며, 항상 평화로우며, 태어나지도 않은 완벽한 존재입니다. 원인(창조의 이유)이 전혀 없기 때문에, 세상이라고 하는 결과도 전혀 없습니다. 현상계는 단지 망상에 지나지 않습니다.

이렇게 세상의 객관성이 실재하지 않는 것으로 보일 때, 경험이란 무엇이며, 또 무엇에 관한 경험입니까? 경험이 전혀 없을 때는 경험자(자아감)도 없습니다. 따라서 당신은 순수하고 자유롭습니다. 굴레와 해방은 말에 지나지 않습니다.

쉬키드바자는 이렇게 말했습니다.

신이시여! 나는 당신의 그 현명하고 논리 정연한 말씀을 듣고 완전한 깨달음을 얻었습니다. 나는 원인이 없기 때문에 브람만은 어떤 것의 행위자가 아니요, 또한 어떤 것의 창조자도 아니라는 것을 깨달았습니다. 그러므로 마음도 없으며, 자아감도 없습니다. 그런 까닭으로 나는 순수하며, 나는 깨달음을 얻었습니다. 나는 나의 참나에 경의를 표합니다. 내 의식의 대상이 되는 것은 아무것도 없습니다.

바시슈타는 계속 말했다.

이렇게 영적으로 깨달음을 얻은 뒤에, 쉬키드바자는 깊은 명상에 들어갔고, 꿈바(브람마나–추달라)는 장난삼아 그를 다시 명상에서 깨워 다음과 같이 말했습니다. "오, 왕이시여! 당신은 이제 충분히 각성하여 깨달음을 얻었습니다. 이 세상의 비전이 사라졌든 사라지지 않았든 간에, 지금 해야 할 일은 지금 해야만 합니다. 일단 참나의 빛을 보게 되면, 당신은 즉시 바람직하지 않은 것과 정신적 조건화로부터 해방됩니다. 그리고 당신은 살아 있는 동안 해방을 얻은 사람으로 남게 됩니다."

이제 참나 지식으로 광채를 발하는 쉬키드바자는 브람마나 꿈바에게 '좀 더 깊은 이해력을 얻기 위하여' 다음과 같이 물었습니다. "실재가 하나의 분할할 수 없는 무한한 의식이라면, 보는 자와 보이는 대상과 봄으로 분명히 나누어지는 이 구별은 거기에서 어떻게 일어납니까?"

꿈바(브람마나–추달라)는 다음과 같이 대답했습니다.

오, 왕이시여! 좋은 질문입니다. 이것이 당신이 마지막으로 알아야 할 유일한 것입니다. 이 우주 안에 있는 모든 것은 이 세상의 순환 주기가 끝날 때, 오직 빛도 아니요 어둠도 아닌 본질만 남겨 놓고 사라질 것입니다. 그것은 무한한 순수 의식이며 지고의 평화입니다. 그것은 논리와 지성적인 이해를 초월해 있습니다. 우리는 그것을 브람만이나 니르바나라고 합니다. 그것은 가장 작은 것보다 더 작으며, 가장 큰 것보다 더 크며, 우수한 것 가운데서도 가장 우수한 것입니다. 그것과 관련해 보면, 지금 존재하는 것으로 보이는 것은 원자와 같은 입자에 불과합니다!

나라는 의식으로 빛을 내는 것과 보편적인 참나인 그것은 바로 이 우주로서 존재하고 있는 그것입니다. 공기와 그 움직임 사이에는 어떤 구별도 없는 것처럼, 사실상 보편적인 참나와 이 우주 사이에도 어떤 진정한 구별도 없습니다. 파도들과 바다 사이에는 시간과 공간에 의한 어떤 인과 관계가 있다고 말할 수 있을지 모르겠습니다. 그러나 보편적인 참나나 혹은 무한한 의식 속에서는 그러한 관계가 전혀 없습니다. 그러므로 이 우주는 원인이 없는 것입니다. 그 무한한 의식 속에서 이 우주는 마치 작은 먼지의 입자처럼 떠다닙니다. 그 속에서 '세상'이라는 단어는 실체나 실재를 부여받게 됩니다.

그것(무한한 의식)만이 여기에서 본질이라 할 수 있습니다. 그것은 만물에 가득 차 있습니다. 그것은 하나입니다. 그것은 의식입니다. 그것은 모든 것을 동시에 잡고 있습니다. 그럼에도 불구하고 분할성과 이원성이 전혀 없기 때문에 그것을 하나라고 말할 수 없습니다. 그러므로 참나만이 진리라는 것을 아는 것과, 이원성의 개념을 일으키지 않는 것으로 충분합니다. 그것만이 모든 다양한 형상 속에 언제 어디서나 존재합니다. 그것은 볼 수도 없고(감각들과 마음을 통해 경험할 수도 없음), 또한 도달할 수 있는 대상도 아닙니다. 그러므로 그것은 원인도 결과도 아닙니다. 그것은 지극히 미묘합니다. 그것은 순수하게 경험하는 것(경험하는 사람도 아니요, 경험도 아님)입니다. 이와 같이 그것을 묘사하지만, 그것은 묘사가 불가능한 것입니다. 그러므로 그것은 존재한다고도 말할 수 없고, 존재하지 않는다고도 말할 수 없습니다. 그런데도 그것이 이 우주의 원인이 어떻게 될 수 있겠습니까?

꿈바(브람마나-추달라)는 말했습니다.

그러므로 씨앗(원인)을 가지고 있지 않은 것과 묘사할 수 없는 것은 또 다른 것의 원인이 아닙니다. 즉 거기에서는 어떤 것도 태어나지 않습니다. 그러므로 참나는 행위자도 아니요, 또한 행위나 도구도 아닙니다. 그것은 진리입니다. 그것은 영원한 절대적인 의식입니다. 그것이 참나 지식입니다. 지고의 브람만 속에는 어떤 세상도 없습니다. 이론적으로는 시간(파도가 일어날 때의)과 공간(파도로서 존재하는 것처럼 보이는)의 토대 위에서 파도가 바다에서 일어나고 존재한다는 것을 증명할 수 있을지 모릅니다. 그러나 브람만과 이 세상 사이에 존재하는 그러한 관계조차 지금까지 누가 증명하려고 했겠습니까? 왜냐하면 브람만 속에는 시간과 공간이 존재하지 않기 때문입니다. 따라서 이 세상은 전혀 토대가 없는 것입니다.

쉬키드바자는 다음과 같이 말했습니다.

파도들이 바다에 존재한다는 것을 합리적으로 설명할 수 있다는 것은 분명합니다. 그러나 이 세상과 자아감은 어째서 그 원인이 없는지를 이해하지 못하겠습니다.

꿈바(브람마나-추달라)는 다음과 같이 말했습니다.

오, 왕이시여! 이제 당신은 진리를 바르게 이해했습니다. 그 이유는 사실상 '세상'이나 '자아감'이란 단어에 해당하는 실재가 전혀 없기 때문입니다. 공간과 전혀 다르지 않은 텅 빔이나 거리의 개념이 존재하는 것과 꼭 같이, 이 현상계도 그 형상이 같든지 다르든지 간에 지고의 존재 즉 무한한 의식 속에 존재합니다.

이와 같이 이 세상의 실재를 잘 이해하면, 그것이 지고의 참나(쉬바) 임을 깨달을 수 있습니다. 독약도 바르게 이해하면, 신의 감로로 바꿀 수 있습니다. 그러나 그것을 바르게 이해하지 못하면, 그것은 악이 되고 슬픔의 세상이 됩니다. 왜냐하면 이 의식은 그것이 실현시키는 모든 것으로 되기 때문입니다. 이 의식이 그 자체를 형체를 가진 영혼으로서와 세상으로서 보는 것은 참나 안의 혼란 때문입니다.

여기에서 지고의 존재로 빛나는 것은 오직 그 지고의 참나뿐입니다. 그러므로 이 세상과 자아감에 관한 질문 자체는 부적절합니다. 실재하는 그러한 물질에 대해서만 그러한 질문이 적절하지, 그 존재가 증명되지 않은 물질에 대해서는 적절하지 않습니다. 이 세상과 자아감은 지고의 참나와 관계없는 독립적인 존재를 전혀 가지고 있지 않습니다. 그들이 존재할 어떤 이유도 없기 때문에, 사실 존재하는 것은 지고의 참나뿐입니다. 다섯 원소들의 결합으로 이러한 환영을 일으킨 것은 브람만의 에너지(마야)입니다. 그러나 의식은 여전히 의식으로 남아 있으며, 그것은 의식에 의해 깨달아질 수 있습니다. 마찬가지로 다양함도 다양함의 개념에 의해 자각될 수 있습니다. 무한한 것은 그 자체 내에서 무한성을 일으키고, 무한한 것은 무한성을 창조하며, 무한한 것은 무한성에서 태어나고, 무한성은 무한한 상태로 남아 있습니다. 의식은 의식으로서 빛을 냅니다.

꿈바(브람마나-추달라)는 다음과 같이 말했습니다.

금의 경우에, 그것은 어떤 시간과 어떤 장소에서 하나의 장신구의 원인이 되었다고 말할 수 있습니다. 그러나 절대적인 평화인 참나로부터는 어떤 것도 창조되지 않았고, 또 어떤 것도 참나로 되돌아간 적이 없습니다. 브람만은 그 자체 내에 안주하고 있습니다. 그러므로 그것은 단순한 경험의 문제인 이 세상에 대한 창조의 씨앗이나 원인이 아닙니다. 이러한 경험과 별도로, 이 세상이나 자아감이라고 말할 수 있는 어떤 것도 존재하지 않습니다. 그러므로 무한한 의식만이 존재합니다.

쉬키드바자는 다음과 같이 말했습니다.

오, 현자시여! 나는 신에게 어떤 세상이나 자아감이 없다는 것을 깨달았습니다. 그러나 이 세상과 자아감은 어떻게 그것들이 마치 존재하는 것처럼 빛납니까?

꿈바(브람마나—추달라)는 다음과 같이 대답했습니다.

실제로, 순수하게 경험하는 의식으로서 시작도 끝도 없이 존재하는 것은 무한한 것입니다. 무한한 것만이 말하자면 그것의 몸체인 이 확대된 우주입니다. 지성이라고 하는 다른 물질도 없으며, 또한 바깥이나 공도 없습니다. 존재의 본질은, 그러므로 의식의 본질인, 순수하게 경험하는 것입니다. 유동성이 물과 불가분의 관계로 존재하듯이, 의식과 무의식은 동시에 공존합니다. 이렇게 존재하는 것을 설명해 줄 이론적 근거는 전혀 없습니다. 왜냐하면 본질은 있는 그대로 있기 때문입니다.

의식 안에서는 어떤 모순이나 분리도 없기 때문에, 그것은 자명한 것입니다. 만약 무한한 의식이 다른 어떤 것의 원인이라면, 어떻게 그것이 형언할 수 없고 비교할 수 없는 것으로 간주될 수 있겠습니까? 그러므로 브람만은 원인이나 씨앗이 아닙니다. 그렇다면 우리는 무엇을 그 결과로 간주하겠습니까? 그러므로 이 세상을 브람만과 관련시키는 것과, 스스로 움직이지 못하는 것을 무한한 의식과 관련시키는 것은 부적절한 것입니다. 만일 세상이나 자아감이 존재하는 것으로 보인다면, 이들은 남을 즐겁게 해 주기 위해 의도된 공허한 말에 불과한 것입니다.

의식은 파괴되지 않습니다. 그러나 만약 그러한 파괴가 이해될 수 있다면, 그것을 이해하는 의식은 파괴와 창조가 없는 것입니다. 만약 그러한 파괴가 이해될 수 있다면, 그것은 의식의 속임수임이 분명합니다. 그러므로 의식만이 존재하는 것이지, 하나도 아니요, 다수도 아닌 것입니다. 이제 이러한 논의는 그만 합시다.

이와 같이 물질적인 존재가 없다면, 생각도 존재하지 않습니다. 세상도 없고, 자아감도 없습니다. 육신을 갖고 있든, 아니면 육신을 떠났든 간에, 마음의 조건화가 없는 평화와 고요함에 잘 자리 잡고 계십시오. 브람만의 실재를 깨닫게 되면, 걱정과 불안이 들어설 여지가 없습니다.

쉬키드바자는 말했습니다.

거룩한 분이시여! 마음이 존재하지 않는다는 것을 내가 아주 명확하게 이해할 수 있도록 부디 가르침을 주십시오.

꿈바(브람마나-추달라)는 이렇게 말했습니다.

오, 왕이시여! 정말로 마음이라고 하는 실체는 지금도 없고, 지금까지 존재한 적도 없습니다. 지금 여기서 빛을 내며 마음으로 알려져 있는 것은 실제로 무한한 브람만인 의식입니다. 마음과 세상 그리고 기타 나머지 모든 것의 개념을 불러일으키는 것은 그 참된 본성을 모르는 무지 때문입니다. 이들마저도 실체가 없는 개념인데, '나'나 '너' 등이 어떻게 실재하는 것으로 간주될 수 있겠습니까? 따라서 '세상'과 같은 것은 없으며, 존재하는 것처럼 보이는 모든 것은 창조된 것이 아닙니다. 이 모든 것은 정말로 브람만입니다. 그것을 어떻게 알 수 있으며, 누구에 의해 알려질 수 있겠습니까?

심지어 현 세상의 순환 주기가 시작될 때에도, 이 세상은 창조되지 않았습니다. 오직 당신의 이해를 돕기 위해서 내가 그것을 창조라고 묘사한 것입니다. 어떤 결과를 일으키는 요인이 하나도 없는데, 이 모든 것이 어떻게 창조될 수 있었겠습니까? 그러므로 존재하는 것이 있다면, 그것은 모두가 브람만이지, 그 밖의 어떤 것도 아닌 것입니다. 이름도 형상도 없는 신이 세상을 창조했다고 말할 때, 거기에는 논리조차 없는 것입니다. 그것은 사실이 아닙니다. 따라서 이 세상의 창조가 가짜라는 것을 알면, 그러한 창조의 개념을 가지고 있는 마음도 또한 가짜인 것이 분명한 것입니다.

마음은 진실을 제한하는 그러한 개념들의 다발에 불과합니다. 그렇다 치더라도, 분할은 분할 가능성의 뜻을 내포하고 있습니다. 무한한 의식이 분할할 수 없을 때는 분할 가능성도 없는 것이고, 그러므로 어떤 분할도 없는 것입니다. 그러면 분할하는 주체인 마음이 어떻게 실재한다고 할 수 있겠습니까? 지금 여기에 존재하는 것으로 보이는 모든 것은 브람만 안에서, 그리고 브람만에 의해서 자각이 됩니다. 그리고 그러한 자각을 의례적으로 마음이라고 하는 것입니다. 이 우주처럼 뻗어 나가는 것은 오직 무한한 의식뿐입니다. 그렇다면 왜 우리는 그것을 우주라고 부를까요? 이 무한한 의식의 이 국면이나 차원에서 보면, 존재하는 것처럼 보이는 모든 사소한 현상도 본질적으로 의식 그 자체의 반사에 불과합니다. 그러므로 마음도 없으며, 또한 세상도 없는 것입니다. 오직 무지하기 때문에, 이 모든 것을 '세상'으로서 보는 것입니다. 그러므로 마음은 실재하지 않습니다.

창조는 진정으로 있는 것에 의해서가 아니라 오직 이것 때문에 부정되는 것입니다. 이 세상으로서 보여지고 있는 진정한 실재는 시작이 없으며 창조되지도 않았습니다. 그러므로 여기에서 물질이 나타나고 사라지는 것에 관한 경전의 주장들과 자기 자신의 경험들은 무지한 사람을 제외하고는 어느 누구에 의해서도 근거가 없는 것이라고 할 수 없는 것입니다. 그러한 주장과 경험의 타당성을 부인하는 사람은 언제라도 피할 준비가 되어 있어야 합니다. 초월적인 실재는 영원합니다. 그리고 세상은 비실재적인 것이 아닙니다. (오직 제한하는 부속물인 마음이 가짜입니다.) 그러므로 이 모든 것은 분할할 수 없고, 제한할 수 없으며, 이름도 형상도 없는 무한한 의식인 것입니다. 창조와 소멸의 순환 주기를 가진 이 우주가 존재하는 것처럼 보이는 것은 무한한 형상들인 브람만이 자기를 반사하기 때문입니다. 한순간에 그 스스로를 이 우주로서 알게 하고, 또 그렇게 존재하는 것처럼 보이게 하는 것은 바로 이 브람만 자체인 것입니다. 마음이란 것은 없습니다.

쉬키드바자는 다음과 같이 말했습니다.

내 망상은 사라졌습니다. 당신의 은총으로 지혜를 얻었습니다. 나에게서 모든 의심이 사라졌습니다. 나는 무엇을 알아야 하는지를 압니다. 환영의 바다를 건넜습니다. 나는 '나'라는 생각이 없이 순수한 지식으로서 평화롭습니다.

꿈바(브람마나-추달라)는 다음과 같이 말했습니다.

이 세상이 그러한 것으로 존재하지 않으면, '나'나 '너'라는 것이 어디에 존재하겠습니까? 그러므로 마음이 평화로운 상태에서, 매 순간 아무 의지 작용이 없는 적절한 행동들을 하십시오. 이 모든 것은 평화인 브람만뿐입니다. 그래서 '나'나 '세상'이라는 것은 실체가 없는 말에 불과합니다. 이러한 표현들에 실체가 없다는 것을 깨달으면, 이 세상으로서 보았던 것을 브람만으로 깨닫게 될 것입니다.

창조주 브람마는 단지 하나의 관념이나 개념에 불과합니다. '참나'나 '나'라는 것도 꼭 그것과 같습니다. 그것들을 올바르게 이해하느냐 아니면 잘못 이해하느냐에 따라서, 해방이나 굴레가 각각 주어집니다. '내가 존재한다.'라는 개념은 굴레와 자기 파멸의 원인이 됩니다. '나는 존재하지 않는다.'라는 깨달음은 자유와 순수성을 가져다줍니다. 굴레와 해방은 개념에 불과합니다. 이 개념들을 알고 있는 것은 유일하게 존재하는 무한한 의식뿐입니다. '내가 존재한다.'라는 개념은 모든 고통의 근원입니다. 그러한 느낌이 없을 때 완벽한 경지에 도달합니다. '나는 그 자아감이 아니다.'라는 것을 깨닫고, 순수한 의식 속에 조용히 머물러 계십시오.

그러한 순수한 자각이 일어날 때, 모든 개념은 사라집니다. 완벽한 경지가 있습니다. 그 순수한 자각, 완벽한 경지나 신 안에서는 인과성도 없고, 또한 그 결과로서 생기는 창조나 대상들도 없습니다. 대상들이 없으면, 경험도 없으며, 거기에 수반되는 자아감도 없습니다. 자아감이 존재하지 않으면, 삼사라(탄생과 죽음의 순환 주기)가 어디에 있겠습니까? 따라서 삼사라가 존재하지 않으면, 지고의 존재만이 남게 됩니다. 그 안에서 이 우주는 마치 조각되지 않은 돌 속에 조각 작품들이 존재하는 것과 꼭 같이 존재합니다. 이와 같이 마음의 간섭이 없이, 그러므로 우주에 대한 개념도 없이 이 우주를 볼 수 있는 사람만이 진리를 볼 수 있습니다. 그러한 비전을 니르바나라고 합니다.

'파도'라는 단어가 그 의미를 상실하면 바다만이 존재하는 것처럼, '창조'라는 단어가 무의미한 것으로 보여지면 브람만만이 존재합니다. 이 우주는 브람만입니다. 브람만만이 이 우주를 알고 있습니다. '우주'라는 단어의 의미가 사라지면, '우주'의 진정한 의미는 영원한 브람만으로 보입니다. '브람만'이란 단어를 탐구해 보면, 전부가 이해됩니다. 마찬가지로 '우주'라는 단어를 탐구해 보면, 브람만이 이해됩니다. 그러나 이러한 모든 개념과 그 자각의 기초와 바탕을 이루고 있는 그 의식이 '브람만'이란 말로 알려져 있습니다. 이 진리를 명확히 깨닫고, 지식과 그 대상의 이원성을 버릴 때, 말로 묘사할 수 없고 표현할 수 없는 지고의 평화가 남게 됩니다.

쉬키드바자는 다음과 같이 말했습니다.

만약 지고의 존재가 실재하고 이 세상도 실재하는 것이라면, 나는 지고의 존재가 원인이고 이 세상은 그 결과라고 가정합니다.

꿈바(브람마나-추달라)는 다음과 같이 대답했습니다.

오직 인과 관계가 있을 경우에만 결과를 가정할 수 있습니다. 그러나 인과 관계가 전혀 없는 곳에서는 어떻게 결과가 일어날 수 있겠습니까? 브람만과 이 우주 사이에는 어떠한 인과 관계도 없습니다. 여기에 존재하는 모든 것이 브람만입니다. 씨앗조차 없을 때, 무엇이 어떻게 태어나겠습니까? 브람만이 이름도 형상도 없는 것이라면, 거기에는 어떠한 인과 관계(씨앗)도 없다는 것은 자명합니다. 그런 고로 브람만은 인과 관계가 없는 비행위자입니다. 그러므로 이 세상이라고 부를 수 있는 어떤 결과도 없습니다.

당신은 오직 브람만입니다. 그리고 브람만만이 존재합니다. 그 브람만이 무지에 의해 이해될 때, 그것은 이 우주로서 경험됩니다. 말하자면 이 우주는 브람만의 몸입니다. 그 무한한 의식이 그 자체를 실제로 있는 그대로가 아닌 다른 것으로 간주할 때, 그것을 자멸이나 자기 경험이라고 하는 것입니다. 그 자멸이 마음인 것입니다. 그것의 본성 자체는 참나 지식을 파괴하는 것(숨기는 것)입니다. 그러한 자멸이 일시적이라 하더라도, 그것은 세상의 한 순환 주기 동안 지속되는 마음으로서 알려져 있습니다.

이러한 개념적인 존재는 오직 올바른 지식이 시작되고, 모든 개념들이 없어질 때만 사라집니다. 개념적인 존재가 비실재적이기 때문에, 진리를 깨닫게 되면 그것은 자연스럽게 사라집니다. 이 세상이 실재하는 독립된 실체로서가 아닌 말로서만 존재할 때, 어떻게 그 세상을 하나의 실재하는 존재로서 받아들일 수 있겠습니까? 그것이 독립적으로 존재한다는 것은 마치 신기루 속의 물과 같습니다. 어떻게 그것이 진짜일 수 있겠습니까? 이러한 비실재가 실재처럼 보이는 혼란된 상태를 마음이라고 합니다. 진리를 이해하지 못하는 것이 무지요, 마음입니다. 반면에 진리를 바르게 이해하는 것이 참나 지식이요, 참나 깨달음입니다. '이것은 물이 아니야.'라는 깨달음이 신기루를 신기루로서 깨닫게 해주는 것과 꼭 같이, '이것은 순수 의식이 아니라, 마음이라고 하는 움직이는 의식이야.'라는 깨달음이 마음의 소멸을 가져다줍니다.

이와 같이 마음이 존재하지 않는다는 것을 깨달을 때, 자아감 등이 존재하지 않는다는 것을 알 수 있습니다. 무한한 의식, 그 하나만이 존재합니다. 모든 개념들은 사라집니다. 마음으로서 일어났던 기만도 개념들이 사라질 때 사라집니다. 나라는 것도 존재하지 않고, 다른 것도 존재하지 않으며, 당신도, 이 모든 것도 존재하지 않습니다. 다시 말해 마음도 없으며, 감각들도 없는 것입니다. 하나만이 존재합니다. 즉, 순수 의식만이 존재합니다. 삼계의 어떤 것도 지금까지 태어나거나 죽은 적이 없습니다. 무한한 의식만이 존재합니다. 일원성이나 다양성도 없으며, 혼란이나 망상도 없습니다. 어떤 것도 소멸되지 않고, 어떤 것도 번성하지 않습니다. 모든 것(욕망과 무욕으로 나타나는 에너지마저도)이 당신 자신의 참나입니다.

꿈바(브람마나-추달라)는 다음과 같이 말했습니다.

나는 당신이 내면에서 영적으로 깨어났기를 바라며, 또한 당신이 해야 할 일을 알고, 보아야 할 것을 볼 수 있기를 바랍니다.

쉬키드바자는 다음과 같이 대답했습니다.

신이시여! 정말로 당신의 은총으로 나는 지고의 상태를 보았습니다. 어떻게 해서 지금까지 나는 나의 이해력으로 그것을 알 수 없었습니까?

꿈바(브람마나-추달라)는 다음과 같이 말했습니다.

오직 마음이 완전히 고요해지고, 쾌락에 대한 모든 욕망이 완전히 사라지고, 그리고 감각이 또한 그 색깔이나 덮개를 벗어났을 때만 스승의 말씀이 올바르게 이해됩니다. 이전의 노력들이 허비된 것은 아닙니다. 왜냐하면 지금까지 기울인 많은 노력들로 오늘의 결실이 있어, 몸 속의 불순물들도 떨어져 나갔기 때문입니다. 따라서 심리적인 조건화가 사라지고 불순물들이 제거되거나 정화되면, 구루의 말씀은 마치 화살이 연꽃 줄기 속으로 들어가듯이 그 자신의 가장 내면에 있는 존재의 핵심까지 바로 들어갑니다. 당신은 이제 그 순수한 상태에 도달했으며, 그러므로 당신은 내 이야기를 듣고 깨달음을 얻었던 것이고, 당신의 무지는 사라진 것입니다.

우리의 삿상(신성한 교제)을 통하여 당신의 까르마(행위와 그들의 잔류 인상)들은 소멸되었습니다. 바로 오늘 오전까지만 해도 당신은 무지 때문에 '나'와 '나의 것'이라는 그릇된 개념들로 가득 차 있었습니다. 이제 내 이야기의 빛을 받아서 당신의 가슴에서 마음이 사라졌으므로, 당신은 완전히 깨어나게 되었습니다. 왜냐하면 무지는 오직 마음이 가슴 속에서 작용하는 한 지속되기 때문입니다. 이제 당신은 깨달음과 해방을 얻었습니다. 슬픔과 노력과 모든 집착이 없는 그 무한한 의식에 자리를 잡고 계십시오.

쉬키드바자는 말했습니다.

신이시여! 해방에 있는 사람에게도 마음은 있습니까? 마음이 없다면, 그는 어떻게 여기에서 살아갑니까?

꿈바(브람마나-추달라)는 다음과 같이 대답했습니다.

해방된 사람에게 마음이 없다는 것은 사실입니다. 마음이 무엇입니까? 재탄생을 가져다주는 강한 심리적인 조건화나 한계가 마음입니다. 그런데 해방된 현자들에게는 이것이 없습니다. 해방된 현자들은 조건화가 없는 마음, 재탄생을 일으키지 않는 그런 마음의 도움을 받고 살아갑니다. 그것은 마음이 아니라 순수한 빛(사뜨바)입니다. 해방된 사람들은 마음이 아닌 이 사뜨바에 자리를 잡고서 여기에서 살아갑니다. 무지하고 스스로 움직이지 못하는 마음이 마음입니다. 반면에 깨달음을 얻은 마음이 사뜨바인 것입니다. 무지한 사람들은 그들의 마음속에서 살고, 깨달음을 얻은 사람들은 사뜨바에서 살아갑니다.

꿈바(브람마나-추달라)는 계속 말했습니다.

당신은 최고의 포기를 했기 때문에 사뜨바(조건화가 없는 절대적인 마음)의 상태에 도달했습니다. 나는 조건화가 있는 마음이 완전히 버려졌다고 확신하고 있습니다. 당신의 마음은 순수하고 무한한 공간처럼 되었습니다. 당신은 완벽의 상태인 완전한 균형의 상태에 도달했습니다. 이것은 잔류물 하나 없이 모든 것이 버려지는 완전한 포기입니다.

금욕 생활을 통해서 사람이 어떤 종류의 행복(슬픔의 파괴)을 얻을 수 있을까요? 최고의 영원한 행복은 오직 완전한 균형을 통해서만 얻어집니다. 천국에서 얻어지는 행복은 어떤 종류의 것일까요? 아직 참나 지식을 얻지 못한 사람은 어떤 의식을 거행함으로써 약간의 만족을 얻으려고 애씁니다. 금이 없는 사람은 구리에라도 집착하는 법이지요.

오, 왕실의 현자시여! 전에 당신이 추달라의 도움을 받아들였더라면 쉽게 현자가 될 수도 있었습니다. 당신이 왜 이 쓸데없는 무의미한 금욕 생활에 빠져들어야 했습니까? 거기에는 시작과 끝이 있고, 중간에는 그럴듯한 행복이 있습니다. 그러나 당신의 금욕 생활은 어떤 점에서 이러한 영적인 각성을 가져오게 했습니다. 이제 지혜에 뿌리를 내리고 조용히 계십시오.

이 모든 실재와 심지어 비실재적인 개념들이 일어나는 것은 바로 무한한 의식 안에서입니다. 그리고 그 속으로 그것들은 사라집니다. 심지어 '이것은 해야 한다.' 혹은 '이것은 해서는 안 된다.'와 같은 생각들조차도 이 무한한 의식의 작은 물방울과 같습니다. 바로 이런 것들을 버리고 조건화가 없는 절대적인 것에 조용히 머물러 계십시오. 금욕 생활 등의 이 모든 것은 간접적인 방법들입니다. 왜 참나 지식이란 직접적인 방법을 채택하지 않습니까?

사뜨바로서 묘사되었던 것은 사뜨바 자체에 의해서 버려져야 합니다. 다시 말해, 사뜨바로부터의 완전한 자유나, 혹은 사뜨바에 대한 무집착에 의해서 버려져야 합니다. 오, 왕이시여! 삼계에서 일어나는 모든 슬픔은 오로지 마음의 갈망 때문에 일어납니다. 만약 당신이 생각의 움직임과 정지, 둘 다를 다르지 않은 것으로 다루는 그 균형 상태에 자리를 잡고 있다면, 당신은 영원 속에 안주하게 될 것입니다.

오직 하나의 무한한 의식만이 존재합니다. 순수한 의식인 그 브람만이 사뜨바입니다. 무지한 사람은 그것을 세상으로 봅니다. 그 무한한 의식 속에서, 움직임이 없는 정지는 물론 움직임(흔들림)도 단지 바라보는 사람의 마음속에서 일어나는 생각일 뿐입니다. 그러므로 무한한 의식의 전체는 그러한 생각이 없는 이 모든 것입니다. 그것의 실재는 말로 표현하기 불가능합니다.

바시슈타는 계속 말했다.

이렇게 말을 한 뒤, 꿈바(브람마나-추달라)는 왕이 숭배의 표시로 꽃을 바치려 하는 바로 그 사이에 시야에서 사라졌습니다. 꿈바(브람마나-추달라)의 말을 곰곰이 되새기면서, 쉬키드바자는 모든 욕망과 갈망에서 완전히 벗어나, 조건화가 없는 심리 상태에 확고히 자리를 잡은 채 깊은 명상에 들어갔습니다.

바시슈타는 계속 말했다.

이와 같이 쉬키드바자가 최소한의 정신적인 조건화나 의식의 움직임에서 완전히 벗어나 깊은 명상에 잠겨 있는 동안, 추달라는 그녀의 변장을 버리고 왕궁으로 돌아가 다시 본래의 여성의 모습으로 국정을 수행했습니다. 사흘 뒤에 그녀는 다시 쉬키드바자가 있는 곳으로 가서, 아직도 그가 명상에 열중해 있는 것을 보고 기뻐했습니다. 그녀는 다음과 같이 생각했습니다. '내가 다시 그의 의식을 이 세상으로 돌아오게 해야겠어. 그가 지금 몸을 버려야 할 이유가 없지. 그로 하여금 당분간 왕국을 통치하게 한 다음, 우리 둘이 동시에 몸을 버리면 될 거야. 분명히 그는 내가 말해 준 가르침을 잊지 않을 거야. 요가의 수련을 통해 그가 방심하지 않고 늘 깨어 있도록 해야겠어.'

그녀는 거듭해서 사자처럼 포효했습니다. 그럼에도 불구하고 그는 여전히 눈을 뜨지 않았습니다. 그녀는 그의 몸을 아래로 밀어 보았습니다. 하지만 그는 계속 참나에 몰두해 있었습니다. '아, 그가 완전히 참나에 들어 있구나. 어떻게 하면 그가 몸을 의식하는 상태로 돌릴 수 있을까? 다른 한편으로 생각해 보면, 왜 내가 그렇게 해야 하는 것이지? 차라리 그가 몸을 버린 상태 그대로 놔두고, 나도 지금 당장 이 몸을 버리면 되지.'라고 그녀는 생각했습니다.

그녀가 자신의 몸을 버릴 준비를 하고 있는 동안, 그녀는 다시 "내 몸을 버리기 전에 그의 몸 속 어딘가에 마음의 씨앗(바사나)이 남아 있는지 봐야겠다. 만약 남아 있다면, 그는 다시 깨어날 수 있고, 그러면 우리 두 사람은 해방된 사람으로 살아갈 수 있을 것이다. 남아 있는 게 하나도 없어서 그가 궁극적인 해방에 이르렀다면, 나도 이 몸을 버리겠다." 라고 생각했습니다. 그녀는 그의 몸을 살펴보고, 개별성의 씨앗이 여전히 그에게 남아 있음을 알았습니다.

라마는 다음과 같이 물었다.

신이시여! 현자의 몸이 통나무처럼 누워 있을 때, 그에게 사뜨바(정화된 마음)의 흔적이 여전히 남아 있는지를 어떻게 알 수 있습니까?

바시슈타는 다음과 같이 말했다.

보이지 않는 미묘한 그의 가슴속에는 육체 의식을 되살리는 사뜨바의 흔적이 있습니다. 그것은 씨앗 속에 잠재해 있는 꽃이나 열매와 같습니다. 마음에 생각의 움직임이 전혀 없고, 이원성이나 일원성에 대한 최소한의 개념도 없으며, 의식이 산과 같이 아주 견고하고 흔들리지 않는 그런 현자의 경우에는 몸이 완벽한 균형의 상태에 있으며, 고통이나 쾌락의 징후도 보이지 않습니다. 말하자면, 그 몸은 일어서거나 쓰러지지(살거나 죽지)도 않으며, 자연과 완벽한 조화를 이루게 됩니다. 그 몸이 마음처럼 변화를 겪게 되는 것은 오직 이원성이나 일원성에 대한 개념이 있을 때뿐입니다. 이 세상으로서 모습을 드러내는 것은 생각의 움직임입니다. 그 때문에 마음은 이와 같이 억제할 수 없는 쾌락, 노여움 그리고 망상을 경험합니다. 그러나 마음이 균형 속에 확고히 자리를 잡고 있으면, 그러한 혼란은 일어나지 않습니다. 그는 순수한 공간과 같습니다.

바시슈타는 계속 말했다.

사뜨바가 완전한 균형 상태에 이르면, 우리는 어떤 육체적, 심리적인 결함도 경험하지 못합니다. 사뜨바를 버리는 것은 불가능합니다. 그것은 시간이 흘러 적당한 때가 되면 사라집니다. 마음도 없고, 심지어 몸 속에 사뜨바도 없으면, 열을 받아 녹아 없어지는 눈처럼 몸도 여러 원소들로 녹아 없어집니다. 쉬키드바자의 몸에도 마음(생각의 움직임)이 완전히 사라졌지만, 사뜨바의 흔적은 남아 있었습니다. 그러므로 그 몸은 이처럼 여러 원소들로 용해되어 사라지지 않았습니다. 이것을 알아차리고, 추달라는 '내가 편재하고 있는 순수한 지성 안으로 들어가서, 그의 육체 의식을 일깨워 봐야겠다. 만약 내가 그렇게 하지 못한다면, 그가 얼마 후에 깨어날 것이 분명해. 그러나 그때까지 내가 혼자 가만히 기다릴 필요가 뭐 있어?'라고 결심했습니다.

그러므로 바로 추달라는 그녀의 몸을 떠나 쉬키드바자의 순수한 마음(사뜨바)속으로 들어갔습니다. 그녀는 그 순수한 마음을 흔들어 놓고는 재빨리 그녀의 몸으로 다시 들어왔습니다. 그리고 그녀는 즉시 자신의 몸을 젊은 고행자 꿈바의 몸으로 바꾸어 놓았습니다. 꿈바는 부드럽게 사마 베다의 찬가를 부르기 시작했습니다. 이 찬가를 들으면서 왕은 그의 육체 의식으로 돌아왔습니다. 그는 자기 앞에 서 있는 꿈바를 다시 한 번 보았습니다. 왕은 기뻤습니다. 그는 꿈바(브람마나-추달라)에게 "오, 신이시여! 다행히 우리는 당신의 의식 속에서 다시 한 번 일어났습니다. 그리고 당신은 단지 나에게 축복을 흠뻑 내려 주시기 위하여 여기로 오셨군요."라고 말했습니다.

꿈바(브람마나-추달라)는 다음과 같이 말했습니다.

내가 당신을 떠나간 이후로, 내 마음(가슴)은 줄곧 당신과 함께 여기에 있었습니다. 천국에 가고 싶은 욕망도 없으며, 단지 당신 곁에 있고 싶을 뿐입니다. 나에게는 이 세상에 친척도, 친구도, 믿을 만한 사람도, 당신과 같은 제자도 없습니다.

쉬키드바자는 다음과 같이 대답했습니다.

비록 당신이 완전한 깨달음을 얻고 집착에서 벗어났지만, 당신이 나와 함께 있고 싶어 하니, 난 최고로 축복받은 사람이라 여겨집니다. 제발 여기 이 숲 속에서 나와 함께 머물러 주십시오.

꿈바(브람마나-추달라)는 다음과 같이 물었습니다.

당신이 잠시라도 지고의 상태에 안주해 있었는지를 말씀해 주십시오. 당신은 '이것은 다르다.'든가 '이것은 불행이야.' 등과 같은 개념들을 버렸습니까? 쾌락에 대한 갈망도 사라졌습니까?

쉬키드바자는 다음과 같이 대답했습니다.

당신의 은총으로 나는 삼사라(현상계)의 피안에 다다랐습니다. 나는 반드시 얻어야 할 것을 얻었습니다. 참나 이외에는 아무것도 없습니다. 다시 말해, 알려진 것도 없고, 알아야(몰라야) 할 것도 없으며, 성취한 것도 없고, 버릴 것과 버려야 할 것도 없으며, 실체도 없고, 타자도 없으며, 또한 사뜨바(순수한 마음)마저 없습니다. 무한한 공간처럼, 나는 아무 조건화가 없는 상태에 머물고 있습니다.

바시슈타는 계속 말했다.

그곳에서 한 시간을 보낸 뒤에, 왕과 꿈바는 숲 속으로 들어갔고, 거기서 그들은 8일 동안 자유롭게 떠돌아다녔습니다. 꿈바는 다른 숲으로 가자고 제안했고, 왕은 동의했습니다. 그들은 정상적인 삶의 규칙들을 준수했고, 조상들과 신들의 마음을 풀어 주기 위하여 적절한 종교 의식들을 거행하기도 했습니다. 그들의 가슴속에서는 더 이상 '이건 우리의 집이야.'나 '이건 우리 집이 아니야.'와 같은 그릇된 개념들이 일어나지 않았습니다. 때로는 호화로운 옷을 입고 다녔고, 때로는 누더기를 걸치고 다니기도 했습니다. 때로는 백단향의 성유를 바르고 다니기도 했으며, 때로는 재를 바르고 다니기도 했습니다. 며칠 뒤에, 왕도 또한 꿈바와 같은 광채로 빛이 났습니다.

왕의 광채를 보고서, 꿈바는 다음과 같이 생각했습니다. '고귀하고 건장한 내 남편이 여기 있구나. 숲도 즐거워하네. 우리는 피로를 모르는 상태에 있지. 그러면 쾌락에 대한 욕망이 어떻게 가슴속에서 일어나지 않겠는가? 해방된 현자라면, 요청하지 않았는데도 그에게 찾아오는 것이 있으면, 그 모든 것을 반가이 맞이하며 경험하지. 그런데 만약 그가 관습(엄격한 규칙)에 얽매여 있다면, 그것은 어리석음(무지)의 원인이 되지. 두 사람이 꽃동산에 둘러싸여 살아가면서, 가까이에 있는 자신의 고귀하고 건장한 남편을 보고 열정이 일어나지 않는다면, 그 여성은 죽은 거나 마찬가지야. 진리를 아는 사람이나 참나 지식을 갖춘 현자라면, 애쓰지 않고 얻어지는 것을 버림으로써 얻어지는 게 무엇이 있을까? 나는 내 남편이 나와 함께 부부의 쾌락을 누릴 수 있도록 해야겠어.' 이렇게 결심을 하고서, 꿈바는 쉬키드바자에게 "오늘은 내가 천국에 가서 나의 아버님을 만나 뵐 경사스러운 날입니다. 떠나도록 허락해 주십시오. 그러면 오늘 저녁에 돌아오겠습니다."라고 말했습니다.

두 친구는 꽃을 주고받았습니다. 꿈바는 떠났습니다. 곧 추달라는 변장을 풀고, 왕궁으로 돌아가 왕의 임무를 수행했습니다. 그녀는 다시 꿈바로 변장하여, 쉬키드바자가 있는 곳으로 돌아갔습니다. 꿈바의 얼굴 표정에 나타난 변화를 알아차리고, 왕은 "오, 신의 아들이여! 왜 당신은 그렇게 슬퍼 보입니까? 거룩한 분들은 어떠한 외부의 영향에도 그들의 균형을 깨뜨리지 않는 법인데요."라고 물었습니다.

꿈바(브람마나-추달라)는 다음과 같이 말했습니다.

비록 마음의 균형을 유지하고 있다 하더라도 육신이 살아 있는 한, 만약 그들이 그들의 신체 기관을 자연스럽게 작용하도록 허용하지 않는다면, 그들은 완고한 고집불통의 사람들일 것입니다. 참깨가 있는 한, 참기름은 있는 것입니다. 육신이 있는 한, 여러 상이한 기분들도 있는 법입니다. 육신이 자연스럽게 따라가는 그 상태에 반항하는 사람이 있다면, 그는 검으로 공간을 자르는 꼴입니다. 요가의 균형은 마음을 위한 것이지, 활동 기관들이나 그들의 상태들을 위한 것이 아닙니다. 육신이 존속하는 한, 비록 지성과 감각은 균형 상태에 머물고 있다 하더라도, 활동 기관들은 그들의 고유 기능을 하도록 허용해야 하는 것입니다. 그러한 것이 자연의 법칙이고, 그 자연의 법칙에는 신들도 따르는 것입니다.

꿈바(브람마나-추달라)는 계속 말했습니다.

오, 왕이시여! 이제 나에게 어떤 불행이 일어났는지 제발 들어 주십시오. 왜냐하면 친구에게 자신의 불행을 털어놓으면 마치 음산하고 어두운 구름이 비를 뿌림으로써 옅어지는 것처럼, 그 불행도 크게 개선되기 때문입니다. 물에다 명반 한 조각을 넣으면 물이 깨끗해지는 것처럼, 친구가 자신의 운명에 귀를 기울이면 마음 또한 깨끗하고 평화로워집니다.

나는 당신을 떠난 뒤, 천국에 가서 나의 임무들을 행했습니다. 저녁이 다가오자 나는 천국을 떠나 당신에게로 돌아왔습니다. 도중에 나는 저녁 예배에 늦지 않게 급히 서둘러 공간 속을 날아가는 두르바사 현자를 보았습니다. 말하자면, 그는 어두운 구름의 옷을 입고 번개로 장식하고 있었습니다. 이 때문에 그는 애인을 급히 만나러 가는 여자처럼 보였습니다. 나는 그에게 인사하며 재미삼아 그렇게 말했지요. 그런데 그는 나의 무례함에 격분한 나머지, "이러한 건방진 언행으로, 그대는 매일 밤마다 여자가 될 것이니라."라고 저주를 했습니다. 나는 매일 밤 여자가 될 것이라는 생각만 해도 슬픕니다. 욕망에 쉽게 넘어가는 신의 아들들이 이와 같이 거룩한 현자들을 모욕하는 결과를 받는 것은 정말로 비극입니다. 그러나 왜 내가 슬퍼해야 합니까? 왜냐하면 이것은 나의 참나에 영향을 주지 않기 때문입니다.

쉬키드바자는 다음과 같이 말했습니다.

오, 신의 아들이여! 슬퍼해 봐야 무슨 소용이 있겠습니까? 어떤 일이 일어날지라도 그대로 놔두십시오. 왜냐하면 참나는 육신의 운명에 영향을 받지 않기 때문입니다. 사람에게 할당되는 기쁨이나 슬픔이 무엇이든 간에, 그것은 육신에 영향을 주는 것이지, 그 내면의 거주자에게는 영향을 주지 않습니다. 당신마저 슬픔에 굴복한다면, 하물며 무지한 사람들은 어떠하겠습니까? 혹은, 당신이 불행한 사건을 이야기하는 동안, 아마도 당신은 적합한 말과 표현을 단순히 이용하고 있는지도 모르지요!

바시슈타는 계속 말했다.

이와 같이 그들은 서로를 위로했습니다. 왜냐하면 그들은 이제 서로 떼어놓을 수 없는 친구였기 때문입니다. 해는 이미 서산으로 넘어갔고, 밤의 어둠이 서서히 땅을 내리덮고 있었습니다. 그들은 저녁 예배를 올렸습니다. 곧 꿈바의 몸이 서서히 소름끼치는 변화를 보이기 시작했습니다. 그는 눈물을 참으며, 목이 멘 목소리로 쉬키드바자에게 다음과 같이 말했습니다. "아, 보십시오. 내 몸이 녹아 땅 위로 흘러내리는 느낌이 들어요. 내 가슴에서 유방이 솟아나고 있어요. 나의 골격 구조도 여자에게 어울리는 변화를 하고 있어요. 보십시오, 여자에게 적합한 옷과 장신구가 바로 몸에서 생겨나고 있어요. 오! 어떻게 하면 좋아요? 나의 수치심을 어떻게 숨기지요? 내가 정말로 여자가 되었으니까요."

쉬키드바자는 "거룩한 분이시여! 당신은 알아야 할 것을 알고 있습니다. 필연적인 것을 두고 슬퍼하지 마십시오. 사람의 운명은 오로지 몸에만 영향을 주는 것이지, 형체를 가진 영혼에게는 영향을 주지 않습니다."라고 대답했습니다. 꿈바도 또한 "당신의 말씀이 맞습니다. 나는 이제 어떤 슬픔도 느끼지 않습니다. 누가 감히 이 세상의 이치나 자연의 이치를 무시할 수 있겠어요?"라며 공감을 나타냈습니다.

이와 같이 대화를 나누면서, 그들은 침실로 가서 같은 침대에서 잠을 잤습니다. 따라서 추달라는 낮에는 수행하는 젊은 남자로서, 그리고 밤에는 여자로서 그녀의 남편과 함께 살았습니다.

바시슈타는 계속 말했다.

이렇게 며칠간을 사이좋게 지낸 뒤에, 꿈바는 쉬키드바자에게 다음과 같이 말했습니다. "오, 왕이시여! 나의 부탁에 귀를 기울여 주십시오. 나는 이제 얼마 동안 밤에는 여자로서 지냈습니다. 나는 밤에 여자의 역할을 다하고 싶습니다. 나는 훌륭한 남편의 아내로서 살아야 한다는 느낌이 듭니다. 삼계에는 당신만큼 나에게 소중한 분이 아무도 없습니다. 그러므로 나는 당신과 결혼하여 당신과 부부의 즐거움을 함께 누리고 싶습니다. 이것은 자연스럽고 즐거운 것이며, 가능한 일입니다. 그렇게 하는 데 어떤 흠이 있겠습니까? 우리는 욕망과 거절을 모두 버렸으며, 서로가 완전히 똑같은 비전을 가지고 있습니다. 그러므로 어떤 욕망이나 혐오도 없이, 자연스러운 것을 하도록 합시다."

쉬키드바자는 다음과 같이 대답했습니다. "오, 친구여! 나는 이런 것을 함에 있어 어떤 선이나 악도 볼 수 없습니다. 그러므로 오, 현명한 분이시여! 그대가 하고 싶은 것을 하십시오. 마음이 완벽한 균형을 유지하고 있기 때문에, 내가 어디에서든지 볼 수 있는 것은 오로지 참나 뿐입니다. 그러므로 당신이 하고 싶은 대로 하십시오."

꿈바는 다음과 같이 대답했습니다. "오, 왕이시여! 당신이 그렇게 느끼신다면, 바로 오늘이 가장 경사스러운 날입니다. 모든 천체들이 우리 결혼의 증인이 될 것입니다."

그리고 나서 그들 두 사람은 결혼식에 필요한 모든 품목들을 모았습니다. 그들은 신성한 의식에 앞서 신성한 물로 서로 몸을 씻었습니다. 그들은 조상과 신에게 숭배를 올렸습니다.

이 무렵, 밤이 찾아왔습니다. 꿈바는 다시 사랑스러운 여자로 몸을 바꾸었습니다. '그'는 왕에게 이렇게 말했습니다. "오, 소중한 친구여! 이제 나는 여자가 되었습니다. 나의 이름은 마다니까입니다. 당신에게 경의를 표합니다. 나는 당신의 아내입니다." 그러자 쉬키드바자는 화환과 꽃과 보석으로 마다니까를 장식해 주었습니다. 왕은 그녀의 아름다움을 흠모하면서, "오, 마다니까여! 당신은 여신 락슈미처럼 빛이 납니다. 우리가 태양과 그림자처럼, 락슈미와 나라야나처럼, 쉬바와 빠르바띠처럼 함께 살 수 있도록 축복을 내려 주십시오. 우리에게 행운의 축복을 내려 주소서!"라고 말했습니다.

두 사람은 직접 신성한 불을 보살피면서, 엄격하게 경전의 지시들에 따라 결혼식을 올렸습니다. 제단은 꽃이 피어 있는 덩굴식물과 보석들로 장식되었습니다. 제단의 네 모서리는 야자열매로 장식이 되었고, 강가의 성수가 가득 든 여러 항아리들도 있었습니다. 그 중앙에는 신성한 불이 있었습니다. 그들은 불 주위를 돌면서 그에 어울리는 신성한 찬가와 함께 규정된 봉헌물들을 거기에 바쳤습니다. 바로 이렇게 하고 있는 사이에도 왕은 자주 마다니까의 손을 잡았으며, 이는 그가 그녀를 얼마나 좋아하는지, 그리고 그 결혼식에서 그의 기쁨이 얼마나 큰지를 보여 주었습니다. 그 다음 그들은 세 번 신성한 불 주위를 돌아 걸으면서, 라자 호마라는 것을 올렸습니다. 그러고 나서 그들은 신부 방인 이 행사를 위해 특별히 마련된 동굴로 물러갔습니다. 달은 서늘한 빛을 쏟아 붓고 있었습니다. 신부의 침대는 향기로운 꽃으로 만들어졌습니다. 그들은 이 침대로 올라가서 그들의 결혼식을 마무리지었습니다.

바시슈타는 계속 말했다.

해가 떠오르자, 마다니까는 다시 꿈바가 되었습니다. 이와 같이 이들 부부는 낮에는 친구로서, 밤에는 남편과 아내로서 살았습니다. 어느 날 밤 쉬키드바자가 잠든 사이, 꿈바는 몰래 침실을 빠져나와 궁중으로 가서 왕실의 임무를 보고, 다시 재빨리 왕의 침대 곁으로 돌아왔습니다.

한 달 동안 그들은 마헨드라 산의 동굴 속에 살았습니다. 그러고 나서 그들은 여러 숲 속을 떠돌며, 산허리를 전전해 다녔습니다. 얼마 동안 그들은 마이나까 산의 남쪽 사면에 있는, 빠리자따 숲으로 알려진 신들의 동산에서 살았습니다. 그들은 또한 꾸루 지역과 꼬살라 지역도 떠돌아다녔습니다.

이런 식으로 여러 달을 즐겁게 지낸 뒤에, 추달라(꿈바로 변장한)는 '나는 왕의 앞에다 천국의 쾌락과 기쁨을 가져다 놓고 왕의 성숙함을 시험해 봐야겠다. 만약 그가 그것들을 보고도 영향을 받지 않는다면, 다시는 쾌락을 추구하지 않을 것이 분명하다.'라고 생각했습니다.

이렇게 결심한 뒤에, 추달라는 그녀의 마력으로 쉬키드바자 왕의 바로 앞에다 신들의 왕인 인드라 신이 천인들과 함께 있는 환영을 만들어 왕이 보게 했습니다. 그들이 갑자기 나타났음에도 왕은 전혀 동요되지 않고, 그들에게 마땅히 표해야 할 숭배를 올렸습니다. 그 다음 그는 인드라에게 "당신이 수고스럽게도 오늘 여기까지 찾아 주시다니, 내가 이런 대접을 받을 만한 일을 한 게 무엇이 있는지 부디 말씀해 주십시오." 라고 물었습니다.

인드라는 다음과 같이 대답했습니다. "거룩한 분이시여! 우리는 우리 자신도 모르게 당신의 현존에 이끌리어 여기까지 오게 되었습니다. 우리는 당신의 영광이 천국에서 칭송되는 것을 들어 왔습니다. 자! 천국으로 오십시오. 천인들은 그대의 위대함을 들어 왔기 때문에, 그들은 그대를 무척 보고 싶어 합니다. 완벽한 경지에 도달한 현자들과 꼭 같이, 공간을 가로질러 그대를 천국에 오게 해 줄 수 있는 이 천국의 표를 부디 받아 주십시오. 오, 현자여! 그대처럼 해방된 사람들은 청하지 않았는데도 찾아오는 행복을 거절하지 않는다는 것이 분명합니다. 그대의 방문으로 천국을 정화시켜 주십시오." 쉬키드바자는 다음과 같이 말했습니다. "오, 인드라여! 나는 천국에 널리 퍼져 있는 조건들을 알고 있습니다. 그러나 나에게는 천국이 모든 곳에 있으며, 또한 어느 곳에 있는 것이 아닙니다. 나에게는 욕망이 없기 때문에, 나는 어디에 있든지 행복합니다. 그러나 나는 당신이 설명하는 한 장소에만 국한된 그런 종류의 천국에는 갈 수 없습니다. 그러므로 나는 당신의 분부를 이행할 수 없습니다." 그러자 인드라는 "그러나 나는 해방된 현자들이 그들에게 주어진 쾌락을 경험하는 것이 옳다고 생각합니다."라고 말했습니다. 쉬키드바자는 침묵을 지켰습니다. 인드라는 떠날 준비를 하고 있었습니다. 쉬키드바자는 "나는 지금은 갈 수 없습니다. 왜냐하면 지금은 그 때가 아니기 때문입니다."라고 말했습니다.

왕과 꿈바에게 축복을 내린 뒤에, 인드라와 그의 모든 수행원들은 사라졌습니다.

바시슈타는 계속 말했다.

추달라는 그 마술의 환영을 거두어들인 뒤에, 혼잣말로 중얼거렸습니다. '다행히 왕은 쾌락의 유혹에도 끌리지 않는구나. 인드라가 그를 찾아와 천국으로 초대한 바로 그때도, 왕은 아무 영향을 받지 않은 채 공간처럼 순수하게 남아 있었지. 이제 나는 그가 애착과 혐오라는 두 가지 세력에 흔들리는지를 알아보기 위하여 그에게 또 하나의 시험을 받아 보게 해야겠구나.'

바로 그날 밤, 추달라는 마술의 힘으로 즐거운 쾌락의 정원과 그 안에 특별히 아름다운 침대 하나를 만들었습니다. 그녀는 심지어 쉬키드바자보다 신체적으로 더 매력적인 젊은 남자를 한 명 만들었습니다. 바로 그 침대 위에서 그녀는 아주 진한 포옹을 하며, 그녀의 애인과 앉아 있는 것처럼 보였습니다.

쉬키드바자는 그날 저녁의 기도를 끝마치고, 아내 마다니까를 찾았습니다. 얼마 동안 찾다가, 이윽고 그는 이 두 사람의 비밀 은신처를 발견했습니다. 그는 그들이 사랑 놀이에 완전히 빠져 있는 것을 보았습니다. 그녀의 머리카락이 그를 휘감고 있었습니다. 그녀는 두 손으로 그의 얼굴을 잡고 있었습니다. 그들의 두 입은 열렬한 키스로 서로 붙어 있었습니다. 그들은 분명히 서로에 대한 정열적인 사랑으로 매우 흥분되어 있었습니다. 그들이 사지를 움직일 때마다 그들은 서로에 대한 극도의 사랑을 표현했습니다. 그들의 얼굴에는 그들 가슴의 희열이 춤을 추고 있었습니다. 한 사람의 가슴이 상대의 가슴을 두드리고 있었습니다. 그들은 주위 환경을 완전히 잊어버렸습니다.

쉬키드바자는 이 모든 것을 보았지만 전혀 감동을 받지 않았습니다. 그는 그들을 방해하고 싶지 않아 돌아서 갔습니다. 그러나 그가 있다는 것이 두 사람에게 목격되고 말았습니다. 그는 그들에게 "제발 내가 그대들의 행복을 방해하지 않게 해 주십시오."라고 말했습니다.

잠시 후에 마다니까는 그 정원에서 나와서, 자신의 행동에 수치심을 느끼면서 쉬키드바자를 만났습니다. 그러나 왕은 "여보! 왜 이렇게 빨리 나오셨어요? 분명히, 모든 인간은 행복을 즐기기 위하여 살아가는 것이지요. 그리고 그토록 조화를 이룬 두 사람을 이 세상에서 찾기란 어려운 일입니다. 나는 이 때문에 마음이 동요되지 않습니다. 왜냐하면 나는 이 세상에서 사람들이 무엇을 아주 대단히 좋아하는지를 잘 알고 있기 때문입니다. 꿈바와 나는 아주 좋은 친구이지만, 마다니까는 단지 두르바사가 내린 저주의 결과가 아니겠어요?"

마다니까는 다음과 같이 변호했습니다. "오, 신이시여! 그러한 것이 여자의 본성입니다. 그들은 정절이 흔들리기도 합니다. 그들은 남자보다 여덟 배나 정열적입니다. 그들은 약합니다. 그래서 그들은 마음에 드는 사람 앞에서 성욕을 억제할 수 없습니다. 그러므로 저를 용서해 주시고, 화내지 마십시오." 쉬키드바자는 다음과 같이 대답했습니다. "여보! 나는 당신에게 전혀 화내지 않아요. 그러나 지금부터 내가 당신을 나의 아내로서가 아닌 나의 좋은 친구로서 대하는 것이 적절하겠습니다." 추달라는 왕의 그러한 태도에 기뻐했습니다. 왜냐하면 그것은 결론적으로 그가 성욕과 분노를 초월해 있음을 증명했기 때문입니다. 그녀는 즉시 마다니까로서의 이전 모습을 버리고, 추달라로서의 원래 모습으로 되돌아왔습니다.

쉬키드바자는 다음과 같이 말했습니다.

오, 사랑스러운 부인이여! 당신은 누구십니까? 어떻게 여기로 오셨습니까? 여기에는 얼마나 오래 계셨습니까? 당신은 나의 아내와 너무 많이 닮으셨습니다.

추달라는 다음과 같이 대답했습니다.

정말로, 내가 추달라입니다. 나는 당신의 영혼을 일깨워 주기 위하여 꿈바와 다른 모습들로 변장했던 것입니다. 나는 또한 당신이 방금 보았던 정원 등을 갖춘 이 작은 환영의 세상을 직접 꾸며냈습니다. 당신이 어리석게 왕국을 버리고 금욕 생활을 하기 위해 이곳으로 온 바로 그날부터, 나는 당신의 영적인 깨달음을 위해 노력을 기울여 왔습니다. 꿈바의 형상을 취하면서 당신에게 가르침을 준 사람은 바로 나입니다. 당신이 꿈바와 다른 사람들에 대해 지각했던 그 형상들은 진짜가 아닙니다. 이제 당신은 완전히 깨달음을 얻었습니다. 그리고 당신은 알아야 할 모든 것을 다 알고 있습니다.

바시슈타는 계속 말했다.

쉬키드바자는 깊은 명상에 들어갔습니다. 그리고 그는 내면에서 그가 왕궁을 떠난 때부터 일어난 모든 일을 보았습니다. 그는 기뻤으며, 아내에 대한 애정도 크게 증가했습니다. 다시 육신의 의식으로 되돌아온 뒤에, 그는 설명하기 불가능할 정도의 열정으로 추달라를 포옹했습니다. 그들의 가슴이 서로에 대한 사랑으로 넘쳐흐르는 가운데, 그들은 마치 초월의식 상태에 빠져 있기라도 하듯이 한동안 그대로 있었습니다.

그리고 나서 쉬키드바자는 추달라에게 다음과 같이 말했습니다.

아! 넥타보다 더 달콤한 사랑스러운 아내의 애정이 얼마나 감미로운

가! 당신은 나를 위하여 얼마나 많은 불편과 고통을 감수했는가! 당신이 나를 이 무서운 무지의 바다에서 구원해 준 방법은 그 어디에도 비교할 수 없습니다. 전해져 내려오는 이야기 속에는 칭찬할 만한 훌륭한 아내였던 위대한 여성들이 다수 있었지만, 그들도 당신에 비교하면 아무것도 아닙니다. 당신은 모든 미덕과 고귀한 자질에서 그들 모두를 능가합니다. 당신은 열심히 노력하여, 나의 깨달음을 가져오게 했습니다. 내가 당신에게 이에 대한 보상을 어떻게 할 수 있겠습니까? 진실로, 사랑하는 아내들은 이와 같이 자신의 남편들을 이 삼사라의 바다로부터 해방시키려고 애씁니다. 이런 점에 있어서 그들은 심지어 경전이나 구루와 만뜨라까지도 해낼 수 없었던 것을 남편에 대한 사랑 때문에 성취할 수 있습니다. 아내는 남편에게 모든 것입니다. 말하자면, 친구이고, 오빠이며, 지지자이고, 하인이며, 구루이고, 동반자이며, 부와 행복이고, 경전과 거처(그릇)이며, 또한 노예입니다. 그러므로 그러한 아내는 언제나 어떤 방식으로든 존경과 숭배를 받아야 합니다.

나의 사랑하는 추달라여! 당신은 정말로 이 세상에서 여성 중의 최고의 여성입니다. 자, 다시 나를 안아 주세요.

바시슈타는 말했다.

그렇게 말한 뒤, 쉬키드바자는 다시 사랑스럽고도 열렬하게 추달라를 포옹했습니다.

추달라는 말했습니다.

여보! 당신이 무의미한 고행을 하고 있는 것을 내가 보았을 때, 내 가슴은 대단히 아팠습니다. 그러나 내가 여기 와서 당신을 일깨워 주려고 노력함으로써 나는 그 고통을 덜었습니다. 그렇게 한 것은 정말로 나의 기쁨과 즐거움을 위한 것이었습니다. 나는 거기에 대한 어떤 칭찬도 받을 가치가 없습니다.

쉬키드바자는 대답했습니다.

지금부터 모든 아내들이 당신처럼 그들 남편의 영혼을 일깨워 줌으로써 그들 자신의 이기적인 목적을 실현하기를!

추달라는 말했습니다.

나는 이제 당신에게서 여러 해 전에 당신을 괴롭혔던 하찮은 갈망들이나 생각들이나 느낌들을 볼 수 없습니다. 이제 당신의 본질은 무엇이며, 당신이 무엇에 자리를 잡고 있으며, 지금 당신이 보는 것은 무엇인지를 부디 말씀해 주십시오.

쉬키드바자는 대답했습니다.

여보! 나는 당신이 나의 내면에 가져오게 한 그것에 조용히 머물러 있습니다. 나에게는 어떤 애착도 없습니다. 나는 분할할 수 없는 무한한 공간과 같습니다. 나는 평화입니다. 나는 비슈누나 쉬바 같은 신들조차 도달하기 어려운 그 상태에 도달했습니다. 나에게는 혼란과 망상이 없습니다. 나는 슬픔이나 기쁨도 경험하지 않습니다. 나는 '이것이 있다.', '다른 것이 있다.'라고 말할 수 없습니다. 나는 모든 덮개들을 제거하고 내면의 행복을 즐기고 있습니다. 내 존재의 본질은 지금 있는 그대로의 나입니다. 말로 옮기기는 어렵습니다. 여보! 당신은 나의 구루입니다. 나는 당신에게 경의를 표합니다. 사랑하는 여보! 나는 당신의 은총으로 이 삼사라의 바다를 건넜습니다. 나는 다시는 그릇된 생각에 빠지지 않을 것입니다.

추달라는 물었습니다.

그렇다면 당신은 지금 무엇을 하고 싶습니까?

쉬키드바자는 대답했습니다.

나는 어떤 금지 사항이나 지시 사항도 모릅니다. 당신이 무슨 일을 하든지 간에, 나는 그것이 적절하다고 알 것입니다. 당신이 적절하다고 생각하는 것을 하십시오. 그러면 나는 당신을 따라가겠습니다.

추달라는 말했습니다.

여보! 우리는 이제 해방된 사람들의 상태에 자리 잡고 있습니다. 우리에게 욕망과 그 반대의 것은 모두 똑같습니다. 쁘라나의 단련이나 무한한 의식의 수행이 무슨 소용이 있겠습니까? 그러므로 우리는 처음과 중간과 끝에서 우리의 본질 그대로 있어야 합니다. 그리고 우리는 이후에도 여전히 남아 있는 한 가지를 버려야 합니다. 우리는 처음과 중간과 끝에서도 왕과 왕비입니다. 버려야 할 그 한 가지는 바로 망상입니다. 그러므로 이제 왕국으로 돌아가서, 그 왕국을 현명한 통치자에게 넘겨 줍시다.

쉬키드바자는 물었습니다.

그렇다면, 우리는 왜 천국에 오라는 인드라의 초대를 수락해서는 안 됩니까?

추달라는 대답했습니다.

오, 왕이시여! 나는 쾌락도 바라지 않고, 또한 왕국의 멋진 모험도 바라지 않습니다. 나는 나의 본성 자체에 따라 내가 처하게 되는 모든 상황에 그대로 있습니다. '이것이 쾌락이다.'라는 생각이 '이것은 쾌락이 아니다.'라는 생각과 마주치면, 그들 둘은 모두 사라집니다. 나는 이보다 더 오래 존속하는 그 평화 속에 계속 머물러 있습니다.

그 다음 해방된 두 사람은 부부의 기쁨을 즐기면서 그날 밤을 보냈습니다.

까짜의 이야기

바시슈타는 계속 말했다.

동이 트자, 부부는 잠자리에서 일어나 아침 기도를 올렸습니다. 추달라는 생각의 힘으로 일곱 바다의 신성한 물을 담고 있는 황금 그릇을 만들었습니다. 이 성수로 그녀는 왕을 씻어 주고, 그를 황제의 자리에 앉혀 주었습니다. 그녀는 "당신은 이 우주를 보호하는 여덟 명의 신성한 수호신이 발하는 광채를 갖추소서."라고 기원했습니다.

왕은 다시 추달라를 그의 왕비의 자리에 앉혔습니다. 그는 그녀에게 그녀의 생각의 힘으로 군대를 만들어 달라고 제안했습니다. 그녀는 그렇게 했습니다.

가장 위풍당당한 코끼리를 탄 왕과 왕비를 선두로 하여, 전 군대가 그들의 왕국으로 진군해 갔습니다. 가는 도중에 쉬키드바자는 그의 고행 생활과 관련된 여러 장소들을 추달라에게 손으로 가리켜 주었습니다. 그들은 곧 그들의 도성 외곽에 당도했고, 거기에서 그들은 시민들로부터 놀랄 만한 환영을 받았습니다.

추달라의 도움을 받아 가면서, 쉬키드바자는 일만 년이란 기간에 걸쳐 그 왕국을 통치했습니다. 그 후 그는 윤회를 통한 어떤 환생도 없는 니르바나(석유 없는 등불 같은 해방)에 도달했습니다. 그는 왕 중에서도 으뜸가는 왕이었기 때문에 이 세상의 쾌락을 향유하며, 매우 오랜 세월 동안 산 뒤에, 그에게는 오직 약간의 사뜨바 잔류물만 남아 있었기 때문에 그 최고의 상태에 도달했습니다. 오, 라마여! 그와 꼭 같이, 아무 슬픔도 없이, 자발적이고도 자연스러운 활동에 종사하십시오. 일어나십시오. 세상의 쾌락을 즐기시고, 또한 궁극의 해방도 즐기십시오.

오, 라마여! 나는 이와 같이 그대에게 쉬키드바자의 이야기를 들려주었습니다. 이 길을 따라 가면, 그대는 결코 슬퍼하지 않을 것입니다. 쉬키드바자가 통치했듯이 통치하십시오. 그대는 이 세상의 쾌락을 향유하고, 또한 궁극의 해방을 얻을 것입니다. 신들의 스승인 브리하스빠띠의 아들, 까짜도 역시 그러했습니다.

라마는 다음과 같이 물었다.

신이시여! 브리하스빠띠의 아들인 까짜가 어떻게 깨달음을 얻었는지 제발 말씀해 주십시오.

바시슈타는 다음과 같이 말했다.

쉬키드바자처럼, 까짜 역시 깨달음을 얻었습니다. 그의 젊은 시절 어느 날, 그는 무척이나 삼사라로부터 해방되고 싶었습니다. 그는 그의 아버지 브리하스빠띠에게 가서 물었습니다. "신이시여! 당신은 모든 것을 알고 있습니다. 부디 이 삼사라의 우리로부터 벗어나는 법을 말씀해 주십시오."

브리하스빠띠는 다음과 같이 말했습니다.

사랑하는 아들아! 삼사라의 이 감옥 같은 집으로부터 해방되는 길은 오직 완전한 포기를 통해서만이 가능하다.

바시슈타는 계속 말했다.

이 말을 듣고, 까짜는 모든 것을 포기하고 숲 속으로 들어갔습니다. 브리하스빠띠는 이러한 사태의 변화에도 전혀 영향을 받지 않았습니다. 현명한 사람들은 같이 살거나 헤어지는 일로 인하여 조금도 영향을 받지 않습니다. 8년간에 걸친 은둔과 고행 후에, 까짜는 우연히 아버지를 다시 만나 이렇게 물었습니다. "아버지! 저는 모든 것을 포기한 뒤에 8년 동안이나 고행을 했습니다. 제가 아직도 지고의 평화를 얻지 못한 것은 어째서입니까?"

브리하스빠띠는 단지 그가 전에 말했던 "모든 것을 포기하라."는 말만 되풀이 하고서 가 버렸습니다. 그것을 하나의 단서로 삼아서, 까짜는 그의 몸을 감싸고 있는 나무껍질조차 버렸습니다. 이렇게 그는 또 3년 동안 고행을 계속했습니다. 다시 그는 아버지를 찾았고, 그에게 경의를 표한 뒤에 다음과 같이 물었습니다. "아버지! 저는 지팡이와 옷 등도 버렸습니다. 그런데도 여전히 저는 참나 지식을 얻지 못했습니다."

그러자 브리하스빠띠는 이렇게 말했습니다. "'모든 것'이라고 말했을 때 그 모든 것은 오직 마음만을 의미하는 것이다. 왜냐하면 마음이 전부이기 때문이다. 마음의 포기야말로 완전한 포기이다." 이렇게 말한 뒤에, 브리하스빠띠는 시야에서 사라졌습니다. 까짜는 마음을 버릴 수 있도록, 마음을 찾기 위하여 내면을 바라보았습니다. 아무리 열심히 찾아 봐도 그는 마음이라고 할 수 있는 것을 찾을 수 없었습니다. 마음을 찾을 수 없자, 그는 이렇게 생각하기 시작했습니다. "몸과 같은 신체적인 물질은 마음으로 간주될 수 없지. 그렇다면 왜 내가 헛되이 이 무고한 몸을 벌해야 하나? 나는 다시 아버지에게 가서, 마음이라는 그 무서운 적의 소재를 물어봐야겠구나. 그것을 알면, 나는 그것을 포기하겠다."

이렇게 결심을 하고, 까짜는 아버지를 찾아, "제가 마음을 버릴 수 있도록 부디 마음이 무엇인지를 말씀해 주십시오."라고 물었습니다. 브리하스빠띠는 "마음을 아는 사람들은 마음이 '나'라고 한다. 너의 내부에서 일어나는 자아감이 마음이다." "그러나 불가능하지는 않지만, 그것은 어렵습니다."라고 까짜는 말했습니다. 그에 대해 브리하스빠띠는 "다른 한편으로 보면, 네 손아귀에 있는 꽃을 뭉개는 것보다 더 쉽고, 너의 두 눈을 감는 것보다도 더 쉽지. 왜냐하면 무지 때문에 존재하는 것처럼 보이는 것은 지식이 시작됨과 동시에 사라지기 때문이다. 사실, 자아감이란 것도 없다. 그것은 무지와 망상 때문에 존재하는 것처럼 보이는 것이다. 이 자아감이 어디에 있나? 그것은 어떻게 일어났는가? 그것은 무엇이냐? 모든 존재들에게는 언제나 오직 하나의 순수한 의식밖에는 없다. 그러므로 이 자아감은 말에 불과하다. 아들아! 그것을 포기하라. 그리고 자기 한계나 마음의 조건화를 버려라. 너는 시간이나 공간 등에 의해 결코 제한받지 않는 절대적인 존재이다."라고 대답했습니다.

망상에 빠진 사람의 이야기

바시슈타는 계속 말했다.

이와 같이 최고의 지혜에 대한 가르침을 받은 뒤에 까짜는 깨달음을 얻게 되었습니다. 그는 자아감과 소유욕에서 벗어나게 되었습니다. 오, 라마여! 까짜처럼 살아가십시오. 자아감은 실재하지 않습니다. 그것을 신뢰하지 말고 버리십시오. 비실재적인 것이 어떻게 붙잡히거나 버려질 수 있겠습니까? 자아감 자체가 실재하지 않으면, 탄생과 죽음이란 무엇이겠습니까? 그대는 분할할 수도 없고 관념화 작용도 없는, 그러면서도 모든 존재를 포함하고 있는, 미묘하고도 순수한 의식입니다. 오직 무지의 상태에 있을 때만 이 세상은 하나의 환영과 같은 모습으로 보입니다. 깨달음을 얻은 사람의 눈에는 이 모든 것이 브람만으로 보입니다. 일원성과 다양성의 개념을 버리고, 희열의 상태로 계십시오. 망상에 빠진 사람처럼 활동하며 고통 받지 마십시오.

라마는 다음과 같이 말했다.

나는 당신의 넥타와 같은 말씀으로부터 더할 나위 없는 희열을 얻습니다. 나는 이제 초월적인 상태에 자리 잡고 있습니다. 그러나 어떠한 싫증도 없습니다. 나는 만족하고 있지만, 다시 당신에게 묻겠습니다. 왜냐하면 아무도 넥타에 만족한 채로 있지 않을 것이기 때문입니다. 당신이 언급한 그 망상에 빠진 사람은 누구입니까?

바시슈타는 말했다.

오, 라마여! 망상에 빠진 사람의 재미나는 다음 이야기에 귀를 기울여 주십시오. 망상의 기계에 의해 만들어진 한 사람이 있었습니다. 그는 사막에서 태어나 사막에서 자랐습니다. 그에게는 다음과 같은 망상의 개념이 떠올랐습니다. "나는 공간에서 태어났다. 나는 공간이다. 공간은 나의 것이다. 그러므로 나는 그 공간을 보호해야 한다." 이와 같이 결심을 하고, 그는 공간을 보호할 집을 하나 지었습니다. 공간이 집 안에서 안전하게 둘러싸인 것을 보고서 그는 행복했습니다. 그러나 마침내 그 집은 허물어졌습니다. 그는 "오, 나의 공간이여! 너는 어디로 갔느냐? 아, 슬프게도 공간을 잃어버렸어!"라며 큰소리로 울었습니다.

그 다음 그는 우물 하나를 팠습니다. 그리고 그는 우물 속의 공간이 보호받는다고 느꼈습니다. 그러나 그것도 시간이 지나자 사라졌습니다. 그 다음 그는 잇따라 항아리와 구덩이와 또한 네 그루의 사라 나무가 있는 작은 숲을 만들었습니다. 얼마 후 이들도 하나씩 사라졌고, 망상에 빠진 사람은 불행해졌습니다.

오, 라마여! 이 이야기의 의미에 귀를 기울여 주십시오. 망상에 의해 만들어진 그 사람은 자아감입니다. 그것은 바람으로 움직임이 일어나듯이 일어납니다. 그것의 실재는 브람만입니다. 이것을 알지 못하기 때문에, 자아감은 자기 둘레의 공간을 자기 자신이나 자기 자신의 소유물로 간주하게 됩니다. 따라서 그것은 그 자체를 그것이 보호하고 싶어 하는 몸 등과 동일시합니다. 몸 등은 존재하다가 얼마 뒤에 사라집니다. 이러한 망상 때문에, 자아감은 참나가 죽고 없어진 줄로 알고, 거듭 슬퍼합니다. 항아리 등이 없어졌을 때, 공간은 아무런 영향을 받지 않고 그대로 있습니다. 오, 라마여! 참나는 심지어 공간보다도 더 미묘한 순수 의식입니다. 그것은 결코 소멸되지 않습니다. 그것은 태어나지도 않습니다. 그것은 죽지도 않습니다. 그래서 이 현상계로서 빛나는 것은 오로지 무한한 브람만뿐입니다. 이것을 아시고 영원한 행복을 누리십시오.

바시슈타는 계속 말했다.

지고의 브람만으로부터, 마음은 생각하는 능력과 상상력을 가지고 처음 생겨났습니다. 그리고 이 마음은 마치 향기가 꽃에 있듯이, 파도들이 바다에 있듯이, 그리고 햇빛이 태양에 있듯이, 그 브람만 안에 그 자체로서 있습니다. 지극히 미묘하고 볼 수 없는 브람만은 말하자면 잊혀졌으며, 따라서 현상계가 진짜 존재한다는 잘못된 생각이 일어났습니다.

만일 햇빛이 태양과 다르고 구별되는 것이라고 생각한다면, 그 사람에게 햇빛은 별개의 실재를 지닙니다. 금으로 된 팔찌를 팔찌로 생각하면, 그 사람에게는 그것이 금이 아니라 정말로 팔찌인 것입니다.

그러나 햇빛이 태양과 다르지 않음을 깨달으면, 그 사람의 이해력은 조금도 변화되지 않았다(니르비깔빠)고 합니다. 파도들이 바다와 다르지 않음을 깨달으면, 그 사람의 이해력은 조금도 변화되지 않았다(니르비깔빠)고 합니다. 팔찌가 금과 다르지 않음을 깨달으면, 그 사람의 이해력은 조금도 변화되지 않았다(니르비깔빠)고 합니다.

불꽃놀이를 구경하는 사람은 그것이 불에 지나지 않는다는 것을 깨닫지 못합니다. 그의 마음은 이들 불꽃이 하늘로 올라가 땅으로 흩어져 내릴 때 기쁨과 슬픔을 경험합니다. 만약 그가 그 불꽃이 불에 지나지 않으며 불과 다르지 않다는 것을 안다면, 그는 오직 불만을 보고, 그의 이해력은 변화되지 않았다(니르비깔빠)고 합니다.

따라서 니르비깔빠에 자리 잡은 사람은 정말로 위대한 사람입니다. 그의 이해력은 줄어들지 않습니다. 그는 얻을 가치가 있는 모든 것을 이미 얻었습니다. 그의 마음은 대상들에 얽매이지 않습니다. 그러므로 오, 라마여! 다양성이나 객관화에 대한 이러한 지각을 버리고, 의식에 자리를 잡고 계십시오.

참나가 깊이 생각하는 것은 모두 그 의식에 내재된 힘 때문에 구체화됩니다. 그 구체화된 생각은 그 다음 마치 독립해 존재하는 것처럼 빛납니다. 따라서 (생각의 능력을 갖춘) 마음이 깊이 생각하는 것은 모두 즉시 구체화됩니다. 이것이 다양성의 발단입니다. 그러므로 이 현상계는 실재하지도 않고, 실재하지 않는 것도 아닙니다. 마치 지각력이 있는 존재들이 그들 자신의 백일몽 속에서 다양한 대상들을 만들고 경험하는 것처럼, 이 현상계도 브람만의 백일몽입니다. 현상계가 브람만임을 깨달을 때, 그것은 사라져 없어집니다. 왜냐하면 절대적인 관점에서 볼 때 이 세상은 존재하지 않기 때문입니다. 브람만은 브람만으로서 남아 있습니다. 그리고 그것은 이미 존재하지 않았던 그 어떤 것도 만들지 않습니다.

오, 라마여! 그대가 무엇을 하더라도, 그것은 단지 순수 의식에 지나지 않는다는 것을 아십시오. 브람만만이 여기서 이 모든 것으로 나타납니다. 왜냐하면 그 밖의 어떤 것도 존재하지 않기 때문입니다. '이것'이나 '다른 것'이 들어설 여지가 없습니다. 그러므로 해방과 속박이란 개념들조차 버리십시오. 자연스러운 활동들을 하면서, 순수하고 자아가 없는 상태에 머무십시오.

브링기샤의 이야기

바시슈타는 계속 말했다.

그대의 모든 의심을 버리십시오. 도덕적 용기에 의지하십시오. 최고의 행위자가 되고, 최고의 향락자가 되며, 그리고 모든 것을 버리는 최고의 포기자가 되십시오. 이러한 세 가지 계율은 먼 옛날 쉬바 신이 브링기샤에게 전수한 것이며, 그 때문에 브링기샤는 완전한 자유를 얻었습니다. 브링기샤는 일상적이고 전통적인 참나 지식을 가진 사람이었습니다. 그는 쉬바 신에게 다가가서, "신이시여! 저는 이 현상계의 망상에 사로잡혀 있습니다. 부디 이 망상에서 벗어날 수 있는 마음가짐을 알려주십시오."라고 요청했습니다.

쉬바 신은 다음과 같이 대답했습니다.

그대의 모든 의심을 버리십시오. 도덕적 용기에 의지하십시오. 마하복따(위대한 기쁨의 향유자)와 마하까르따(위대한 활동의 행위자)와 마하뜨야기(완벽한 포기자)가 되십시오.

아무 의심이 없고, 좋아하는 것과 좋아하지 않는 것, 성공과 실패에 흔들리지 않고, 자아감이나 질투심이 없이, 마음을 고요와 순수의 상태에 둔 채, 자연스러운 상황들에서 비록 그 활동이 다르마(옳음)나 아다르마(그름)로 간주되든 안 되든 간에, 적절한 활동들을 행하는 사람이 마하까르따(위대한 활동의 행위자)입니다. 그는 어떤 것에도 집착함이 없으며, 이기적인 욕망들이나 동기들도 없고, 지나치게 들뜨거나 너무 기뻐 날뛰는 일도 없이, 평화로운 마음을 가지고, 슬픔이나 비애도 없이, 활동과 활동 아님에 무관심한 채로 모든 것의 목격자로 남아 있습니다. 그래서 그의 본성 자체는 평화와 균형, 다시 말해 모든 상황(모든 것의 출생이나 존재나 소멸)에서도 유지되는 평정입니다.

어떤 것도 미워하지 않고, 또한 어떤 것도 동경하지 않으며, 모든 자연스러운 경험들을 즐기는 사람과, 심지어 활동들을 하면서도 그 어떤 것에 집착하지도 않고 거부하지도 않는 사람과, 비록 경험을 하고 있지만 경험하지 않는 사람과, 세상의 유희에 전혀 영향을 받지 않고 그것을 목격하는 사람이 바로 마하복따(위대한 향락자)입니다. 그의 마음은 삶의 과정에서 일어나는 쾌락이나 고통 그리고 혼란을 일으키는 변화들의 영향을 전혀 받지 않고, 노령과 죽음, 통치와 빈곤, 심지어 큰 재난들과 행운들을 즐겁게 바라봅니다. 그 사람의 본성 자체는 비폭력과 미덕이며, 그는 '이것은 즐길 수 있다.', '이것은 즐길 수 없다.'와 같은 임의적인 구별을 하지 않고, 달콤하고 쓴 것을 똑같이 맛있게 즐깁니다.

마음에서부터 다르마와 아다르마, 고통과 쾌락, 탄생과 죽음, 모든 욕망, 모든 의심, 모든 확신 같은 개념들을 버린 사람과, 몸과 마음 등이 일으키는 고통의 경험에서 그릇됨을 볼 수 있는 사람과, '나에게는 어떤 몸이나 탄생이나 옳고 그름이 없다.'를 깨달은 사람과, 가슴에 현상계에 대한 개념을 완전히 버린 사람이 바로 마하뜨야기(위대한 포기자)입니다.

바시슈타는 계속 말했다.

이와 같이 쉬바 신은 브링기샤에게 가르쳤고, 브링기샤는 깨달음을 얻었습니다. 오, 라마여! 바로 이러한 태도를 받아들여 슬픔을 극복하십시오.

라마는 물었다.

신이시여! 당신은 모든 진리를 알고 있습니다. 자아감이 마음속에서 사라져 없을 때, 어떤 징후로 사뜨바의 본성을 알 수 있습니까?

바시슈타는 다음과 같이 말했다.

오, 라마여! 그러한 마음은 가장 심한 자극 하에서도 탐욕과 망상과 같은 죄의 영향을 전혀 받지 않습니다. 다른 사람들의 성공을 보고 기뻐하는 미덕은 자아감이 사라진 그런 사람의 곁을 떠나지 않습니다. 정신적 조건화와 경향성이란 매듭들이 산산이 끊어집니다. 노여움도 크게 약해지고, 망상도 아무 효력이 없어집니다. 욕망은 무력해지고, 탐욕은 사라집니다. 감각은 흥분되지도 우울해지지도 않은 채, 안정된 상태로 작용을 합니다. 쾌락과 고통이 얼굴에 반영된다 하더라도, 그 때문에 마음이 흔들리지 않습니다. 왜냐하면 마음은 그들 모두를 무의미한 것으로 간주하기 때문입니다. 가슴은 평온의 상태에 고요히 머물러 있습니다.

이 모든 미덕들을 겸비한 깨달음을 얻은 사람은 노력이 없이 자연스럽게 몸을 걸치고 있습니다. (행운이나 불운처럼) 존재와 비존재가 다양하고 그리고 심지어 크나큰 모순들을 일으키면서 서로를 뒤따른다 해도 그것들은 거룩한 성현들에게 기쁨이나 슬픔을 일으키지 못합니다.

자신의 지성을 올바른 방향으로 돌리기만 하면 도달할 수 있는 이 참나 지식의 길을 따라가지 않는 자에게는 재난이 있을 것입니다. 이 삼사라(현상계, 즉 탄생과 죽음의 순환 주기)의 바다를 건너 지고의 평화에 도달할 수 있는 수단은 참나의 본질에 대한 탐구(나는 누구인가?)와, 이 세상의 본질에 대한 탐구(이 세상은 무엇인가?), 그리고 진리의 본질에 대한 탐구(진리는 무엇인가?)입니다.

그대 자신의 조상인 익슈바꾸가 그의 왕국을 다스리고 있었을 때도, 그는 어느 날 마음속으로 다음과 같이 생각했습니다. "노령과 죽음, 고통과 쾌락 그리고 망상과 같은 다양한 고통들로 가득 차 있는 이 세상의 근원은 무엇일까?" 그러나 그는 어떤 해답에도 도달할 수 없었습니다. 그래서 브람마의 아들인 자신의 아버지 마누에게 적절한 경배를 올린 뒤에, 그에게 물었습니다. "신이시여! 당신 자신의 뜻에 따라 당신 앞에 문제 하나를 제기합니다. 이 세상의 근원이 무엇입니까? 제가 어떻게 하면 이 삼사라에서 벗어날 수 있겠습니까?"

마누는 다음과 같이 대답했습니다. "사랑하는 아들아! 지금 네가 여기서 보고 있는 것은 하나도 존재하지 않는다. 또한 네가 볼 수 없고, 마음과 감각들을 초월해 있는 어떤 것도 없다. 오직 영원하고 무한한 참나만이 있다. 이 우주로서 보이는 것은 단지 그 참나에 비친 영상에 불과하다. 그 우주적 의식에 내재된 에너지 때문에, 그 영상이 여기서는 우주로, 그리고 그 밖의 다른 곳에서는 살아 있는 존재들로 보이는 것이다. 그것이 바로 네가 세상이라고 부르는 것이다. 속박도 해방도 없다. 하나도 아니요, 다수도 아닌, 오직 하나의 무한한 의식만이 존재한다. 속박이나 해방이란 생각마저 모두 버리고, 평화 속에 조용히 머물러라."

마누는 계속 말했습니다.

순수 의식이 그 자체 내에서 개념들과 관념들을 일으킬 때, 그 순수 의식은 개별성(지바)을 띠게 된다. 그러한 개인들은 이 삼사라(현상계)를 떠돌아다니게 된다. 월식 때는, 이전에 보이지 않았던 것이 보이게 되기도 한다. 그와 꼭 같이, 개인의 경험들을 통하여 무한한 의식인 순수한 경험을 인지하는 것도 가능하다. 그러나 이 참나 지식은 경전들을 공부하거나 또는 구루의 도움을 받아서 얻어지는 것이 아니다. 그것은 오로지 참나 그 자체의 힘으로 얻어질 수 있다.

너의 몸과 감각들을 참나가 아닌, 경험의 도구로 생각하라. '나는 몸이다.'라는 개념은 속박이다. 그래서 구도자는 그것을 피해야 한다. '나는 순수 의식 이외의 어떤 것도 아니다.' 이러한 이해가 지속될 때, 그것은 해방에 도움이 된다. 노령이나 죽음 등이 전혀 없는 그 참나를 깨닫지 못할 때만, "아! 난 죽었다, 혹은 난 어찌할 수 없구나!"라고 큰 소리로 울부짖게 된다. 바로 이러한 생각들 때문에 무지는 더욱 강화된다. 그러한 불순한 생각들과 개념들로부터 너의 마음을 해방시켜라. 그러한 개념들이 없는 참나 속에 조용히 머물러라. 다양한 활동들을 하더라도, 완벽한 균형 상태에 자리를 잡고, 평화와 기쁨 속에서 이 왕국을 통치하라.

신은 이 현상계 속에서 놀다가, 이 현상계를 다시 자기 자신 속으로 회수해 간다. 속박을 만들고 가져오게 하는 힘이나 에너지는 또한 이 세상을 소멸시키고 해방시키는 힘이나 에너지이기도 하다. 마치 나무가 그 모든 부분과 잎사귀에 골고루 스며들어 있듯이, 이 무한한 의식도 전 우주에 골고루 스며들어 있다. 아! 슬프게도, 무지한 사람들은 그 무한한 의식이 자기 존재의 모든 세포 속에 있는데도 그것을 깨닫지 못하는구나. 참나만이 모든 것이라는 것을 아는 사람은 희열을 누리고 있다.

경전들을 공부하고 거룩한 성인들과 함께 교제함으로써 이러한 이해력을 얻어야 한다. 이것이 첫 번째 단계이다. 깊이 생각해 보거나 탐구해 보는 것은 두 번째이다. 집착이 없거나 심리적으로 자유로운 것은 세 번째이다. 네 번째는 바사나(조건화와 경향성들)의 속박을 딱 끊어 버리는 것이다. 순수한 의식에서 나오는 희열은 다섯 번째이다. 그때 해방된 현자는 마치 반쯤 잠을 자는 것처럼 살아간다. 참나 지식은 여섯 번째로, 이때 현자는 온통 희열에 잠겨 마치 깊은 잠을 자는 것처럼 살아간다. 뚜리야(초월)라고 하는 일곱 번째 상태는 바로 해방이다. 그때는 완벽한 평정과 순수가 있다. 이 너머(여전히 일곱 번째 상태)에는 설명할 수 없는 뚜리야띠따가 있다. 처음에 나오는 셋의 상태는 '깨어 있는' 상태이다. 네 번째는 꿈의 상태이다. 다섯 번째는 깊은 수면의 상태이다. 왜냐하면 그것이 희열로 가득 차 있기 때문이다. 여섯 번째는 뚜리야, 즉 비이원적 의식이다. 일곱 번째는 설명할 수 없다. 여기에 도달한 사람은 주체와 객체의 구별이 없이, 순수한 존재에 자리 잡고 있다. 그는 죽고 싶어 하지도, 살고 싶어 하지도 않는다. 그는 모든 것과 하나가 되어 있다. 그는 개체화로부터 벗어났다.*

(*주석: 이 단락에 약간의 혼동이 있는 것 같이 보인다. 그러나 이 부문을 다루는 126장에서 그 뜻은 분명해진다.)

마누는 계속 말했다.

해방된 현자들은 정식으로 이 세상을 포기한 사람일 수도 있고, 집안 생활을 영위해 가는 사람일 수도 있다. 그러나 그는 '나는 아무것도 하지 않는다.'라고 알고 있기 때문에, 슬퍼하지 않는다. '나는 아무 영향도 받지 않고, 나의 마음은 조금도 물들지 않고, 모든 조건화에서 벗어났다. 나는 순수하고 무한한 의식이다.'라고 알고 있기 때문에 그는 슬퍼하지 않는다. '나'와 '타인'에 대한 개념들이 없기 때문에, 깨달음을 얻은 사람은 슬퍼하지 않는다. 그가 어디에 있든지 간에, 그리고 어떤 사회에 있든지 간에, 그는 존재하는 모든 것이 있는 그대로 존재한다는 것을 알고 슬퍼하지 않는다. 그는 모든 방향의 세상이 영원한 참나의 광휘로 가득 차 있다는 것을 알고 있다. 엇갈리는 환경들 속에서 기쁨과 슬픔을 경험하는 것은 정말로 무지한 참나의 조건화 때문이다. 이러한 참나 조건화가 약화되든지 아니면 소멸될 때, 흥분도 없고 또한 슬픔도 없다. 이렇게 약화된 바사나나 조건화에서 나오는 활동은 무행위로, 그 무행위의 씨앗은 발아되지 않는다. 그는 단지 신체의 수족들로 활동들을 행하지만, 그의 마음과 가슴은 지고의 평화에 조용히 머물러 있다.

사람이 힘써 얻는 기타 모든 능력들은 반복적으로 사용하지 않으면 소멸된다. 그러나 이 참나 지식은 일단 얻기만 하면, 나날이 늘어만 간다.

개별성(지바)은 오로지 쾌락에 대한 욕망이 지속되는 동안만 존재한다. 그런데 이 욕망은 바로 무지에서 태어난 것이 아닌가! 참나 지식이 일어나면, 욕망은 사라지고, 그와 함께 참나는 개별성의 개념을 버리고 그 무한한 본성을 깨닫는다. '이것은 내 것이다.' 혹은 '나는 이것이다.'와 같은 생각들을 지닌 사람들은 무지의 함정에 빠진다. 가슴과 마음을 다해 그러한 생각들을 버린 사람들은 더욱더 높이 상승한다. 만물에 골고루 퍼져 있는 스스로 빛을 내는 참나를 바라보라. 이 편재하는 의식을 깨닫는 바로 그 순간, 삼사라의 바다를 건넌다.

브람마, 비슈누 등의 신들이 행한 모든 것을 그대도 할 수 있다는 것을 알라. 어느 때고 볼 수 있는 그 모든 것이 참나 즉 무한한 의식이다. 그대는 바로 그 무한한 의식이다. 그것을 무엇과 비교할 수 있을까? 그대는 공도 아니요, 공 아님도 아니다. 의식도 아니요, 의식 아님도 아니다. 참나도 아니요, 다른 어떤 것도 아니다. 이러한 지식에 조용히 머물러라. 해방이라고 부를 수 있는 장소도 없고, 또한 다른 것으로 부를 수 있는 장소도 없다. 자아감이 소멸될 때 무지는 사라지며, 그것이 바로 해방인 것이다.

이러한 참나 지식을 얻은 사람은 마치 사자가 우리를 부수고 나온 것처럼 카스트 제도와 삶의 순서에 관한 규정들, 그리고 경전들의 지시 사항들과 금지 사항들을 초월해 있다. 그의 활동들은 어떤 동기에 의한 것도 아니요, 어떤 의지에 의한 것도 아니다. 그러므로 그는 그 행위의 업에 물들지 않는다. 그는 칭찬과 비난을 초월해 있다. 그는 숭배하지 도 않고, 숭배를 받지도 않는다. 그는 다른 사람들에 의해 동요되지도 않는다. 그는 다른 사람들을 동요시키지도 않는다. 그런 사람만이 숭배 와 영광과 경의를 받기에 적합한 인물이다. 의례나 의식에 의해서가 아 니라, 그러한 현자들을 숭배함으로써 사람은 진실로 지혜에 도달할 수 있다.

익슈바꾸의 이야기

바시슈타는 계속 말했다.

이와 같이 마누의 가르침을 받은 익슈바꾸는 깨달음을 얻었습니다. 오, 라마여! 이러한 태도를 받아들이십시오.

라마는 물었다.

그러한 것이 깨달음을 얻은 사람의 본성이라면, 거기에는 무엇이 그 토록 비상하고 경이롭습니까?

바시슈타는 계속 말했다.

다른 한편으로, 공중을 날 수 있는 능력과 같은 영적인 힘들을 얻은 것에도 뭐가 그토록 비상하고 놀랍겠습니까? 무지한 사람의 본성 속에 는 침착성이 없습니다. 깨달음을 얻은 사람의 특성은 마음이 순수하고, 갈망이 없다는 것입니다. 깨달음을 얻은 사람은 특징에 의해 특징지어

지지 않습니다. 그는 혼란과 망상이 전혀 없습니다. 삼사라는 끝나 버렸습니다. 그리고 그에게는 성욕과 노여움, 슬픔과 망상, 탐욕과 그러한 불행을 초래하는 속성들이 크게 약화되어 있습니다.

신은 개별성(지바)을 취합니다. 원소들은 어떠한 이유도 없이 우주 속에서 일어납니다. 신으로부터 나온 개인은 마치 원소(대상)들이 신에 의해 창조되기라도 한 듯이 그 원소들을 경험합니다. 따라서 모든 지바들이 일어나서 어떤 분명한 이유도 없이 작용을 합니다. 그러나 그때부터 그들 자신의 개별적인 활동이 그 다음 그들이 경험하는 쾌락과 고통의 원인이 됩니다. 자기 자신의 이해의 한계가 개인 활동의 원인입니다.

사람의 제한된 이해력과 그 자신의 개념들이 굴레의 원인이고, 해방이라는 것은 그러한 것들이 없는 상태입니다. 그러므로 모든 개념(상깔빠)을 버리십시오. 만약 그대가 여기에서 그 어떤 것에라도 집착을 가지게 되면, 그대는 속박당합니다. 반면에 만약 그대가 모든 것에 집착을 끊으면, 그대는 자유롭습니다. 그대가 무엇을 하고 무엇을 즐기든 간에, 그대는 정말로 하는 것이 아니며 또한 즐기는 것도 아닙니다. 이것을 아시고 자유를 누리십시오.

이 모든 개념은 마음속에 존재합니다. 마음으로 마음을 제압하십시오. 노련한 세탁업자는 더러움을 가지고 더러움을 씻어 냅니다. 가시는 다른 가시에 의해 제거됩니다. 독은 독을 해독합니다. 지바는 짙은 것, 미묘한 것, 지고의 것이란 세 가지 형상을 가지고 있습니다. 물질적인 육신은 짙은 형태입니다. 개념들과 조건화들을 가진 마음은 미묘한 몸입니다. 이 둘을 버리고, 실재인 지고의 것 즉 순수하고 변화되지 않는 의식에 의지하십시오. 이것이 우주적인 존재입니다. 앞의 두 개를 확실히 버린 뒤에, 그 우주적 존재에 자리를 잡고 계십시오.

라마는 물었다.

깨어 있을 때나 꿈을 꿀 때나 깊은 수면에 들었을 때, 우리에게 인지되지도 않고 늘 작용하고 있는 뚜리야의 상태를 부디 설명해 주십시오.

바시슈타는 계속 말했다.

자아감이나 자아의식이 없으며, 그리고 자유로운 그 순수하고 평온한 상태를 뚜리야(제4의 상태)라고 합니다. 그것은 해방된 현자의 상태입니다. 그것은 단절 없는 목격자의 의식입니다. 그것은 생각의 움직임을 그 특징으로 하고 있는 깨어 있는 상태나 꿈꾸고 있는 상태와는 다릅니다. 또한 그것은 둔함과 무지를 특징으로 하고 있는 깊은 수면의 상태와도 다릅니다. 자아감을 버리면 뚜리야가 나타나는 완벽한 균형의 상태가 일어납니다.

우화 하나를 들려주겠습니다. 그것을 들으면 비록 그대가 이미 깨달음을 얻은 상태에 있다 하더라도, 그대는 깨달음을 얻게 될 것입니다. 어떤 숲 속에 위대한 현자가 살았습니다. 이 비범한 현자를 보고 사냥꾼은 그에게 다가가서 이렇게 물었습니다. "오, 현자시여! 내 화살을 맞고 부상 당한 사슴 한 마리가 이쪽으로 왔습니다. 그 사슴이 어느 쪽으로 갔는지를 알려 주십시오." 현자는 다음과 같이 대답했습니다. "우리는 숲 속에 사는 신성한 사람들입니다. 그래서 우리의 본성은 평화입니다. 우리에게는 자아감이 없습니다. 감각들의 활동을 가능하게 해 주는 자아감과 마음이 이미 멈추었습니다. 나는 깨어 있는 것과 꿈과 깊은 수면을 모릅니다. 나는 뚜리야에 자리를 잡고 있습니다. 거기에 있으면 볼 수 있는 대상은 하나도 없습니다." 사냥꾼은 그 현자의 말을 이해할 수 없었습니다. 그는 자기 길을 따라 떠나가 버렸습니다.

그러므로 오, 라마여! 나는 그대에게 뚜리야 이외에는 아무것도 없다는 것을 말해 주렵니다. 뚜리야는 변화되지 않는 의식으로, 그것만이 존재합니다. 깨어 있음과 꿈과 수면은 마음의 상태입니다. 그것들이 멈추면, 마음은 소멸됩니다. 사뜨바만이 남게 됩니다. 요기들은 바로 거기에 도달하기를 갈망합니다.

이것이 모든 경전의 결론입니다. 그래서 실제로는 어떤 아비디야(무지)도 없고, 마야(환영)도 없습니다. 브람만만이 존재합니다. 어떤 이는 그것을 공이라 부르고, 또 어떤 이는 그것을 순수 의식이라 부르고, 또 어떤 이는 그것을 신이라고 부릅니다. 그리고 그들은 그들끼리 논쟁을 하고 있습니다. 이러한 모든 개념을 버리십시오. 마음을 크게 '약화'시키고 지성을 평화롭게 하면서, 생각의 움직임이 없는 니르바나에 조용히 머물러 계십시오. 마치 그대가 귀머거리요, 벙어리요, 장님인 것처럼 참나에 조용히 머물러 계십시오. 안으로는 모든 것을 버리고, 밖으로는 적절한 활동을 하십시오. 마음의 존재만이 행복이요, 마음의 존재만이 불행입니다. 마음을 의식하지 않음으로써 이 모든 것이 사라지게 하십시오. 매력적인 것과 매력이 없는 것에 어떤 영향도 받지 마십시오. 바로 이런 정도의 자기 노력을 기울이면, 이 삼사라는 반드시 극복됩니다. 쾌락과 고통을 의식하지 않고, 심지어 그 둘 사이에 있는 것조차 의식하지 않음으로써, 그대는 슬픔을 넘어설 수 있습니다. 바로 이 정도의 적은 자기 노력만 기울여도, 그대는 무한한 것을 얻을 수 있습니다.

라마는 다음과 같이 물었다.

사람은 어떻게 요가의 일곱 상태를 밟아 갑니까? 그리고 이 일곱 상태의 특징들은 무엇입니까?

바시슈타는 계속 말했다.

인간은 세상을 수용하든지(쁘라브르따), 아니면 세상을 부정하든지(니브르따) 둘 중의 하나입니다. 전자는 "이 해방이라는 게 도대체 무얼까? 나에게는 이 삼사라와 그 안에서의 삶이 더 낫다."라고 질문을 던지면서, 세속적인 의무들을 행해 갑니다. 아주 많은 윤회를 거듭한 뒤에, 그는 지혜를 얻습니다. 그는 이 세상의 활동들이 무의미한 반복임을 깨닫고, 그러한 활동들에 인생을 허비하고 싶어 하지 않습니다. 그는 "이 모든 것의 의미는 무엇일까? 세상의 활동들에서 물러나 보자."라고 생각을 합니다. 그는 니브르따로 간주됩니다.

"내가 어떻게 초연을 길러 이 삼사라의 바다를 건널 수 있을까?" 이와 같이 그는 끊임없이 탐구합니다. 하루하루 이러한 생각 자체가 그에게 초연을 일으키고, 그의 가슴에서는 평화와 기쁨이 일어납니다. 그는 시장의 활동들에는 관심이 없지만, 칭찬받을 가치가 있는 활동들에는 관여합니다. 그는 죄짓기를 두려워합니다. 그의 말씨는 때에 적합하여, 부드럽고 진실하며 감미롭습니다. 그는 첫 번째 요가 부미까(요가의 상태)에 발을 들여놓았습니다. 그는 거룩한 분들을 섬기는 일에 헌신합니다. 그는 언제 어디서나 경전들을 발견할 때마다 경전들을 수집하여 연구합니다. 그의 변함없는 탐구는 삼사라의 바다를 건너는 것입니다. 오로지 그런 사람만이 구도자입니다. 다른 사람들은 이기적인 사람들입니다.

그 다음 그는 비차라, 즉 탐구라는 두 번째 요가의 상태에 들어갑니다. 그는 경전들과 영적인 수행에 아주 정통한 성현들과의 교제에 열심히 의지합니다. 그는 해야 할 일과 하지 말아야 할 일을 압니다. 그는 허영, 질투, 망상 그리고 탐욕과 같은 죄악을 버립니다. 그는 스승들로부터 요가의 모든 비밀을 배웁니다.*

(*주석: 물론, 비차라는 '직접적인 관찰이나 들여다보기'를 의미한다.)

그 후 그는 쉽게 아삼상가, 즉 무집착 또는 자유라고 하는 세 번째 요가의 상태로 올라갑니다. 그는 세상과 떨어져서 숲 속을 떠돌아다니며, 마음을 조용하게 하려고 노력합니다. 경전들에 충실하고 덕행을 견지함으로써 그는 진리를 볼 수 있는 능력을 부여받습니다. 이러한 무집착이나 자유에는 두 가지 유형이 있는데, 보통의 유형과 상위의 유형이 그것입니다. 첫 번째 유형의 자유를 실천하는 사람은 다음과 같이 느낍니다. "나는 행위자도 아니요, 향락자도 아니다. 나는 다른 사람들을 괴롭히지도 않고, 다른 사람들에 의해 괴로움을 당하지도 않는다. 이 모든 것은 신의 보호 아래 과거의 업 때문에 일어난다. 고통이 있든 쾌락이 있든, 행운이 있든 불운이 있든 간에, 나는 아무것도 하지 않는다. 만남과 헤어짐은 물론, 정신적 고통과 신체적 질병을 포함한 이 모든 것은 오로지 시간에 의해 초래된 것이다." 이와 같이 생각하면서, 그는 진리를 탐구합니다. 그는 보통의 무집착이나 자유를 실천하고 있습니다.

바시슈타는 계속 말했다.

이러한 요가의 방법을 부지런히 실천하고, 거룩한 성현들과 함께 교제하면서, 죄악의 무리들을 피할 때, 진리는 명백히 드러납니다. 이렇게 이 삼사라의 바다 너머에 있는 유일한 본질 즉 진리인 지고의 것을 깨달을 때, 그는 "나는 행위자가 아니다. 신만이 행위자이다. 과거에도 나는 아무것도 하지 않았다."라는 것을 깨닫습니다. 그는 허망하고 무의미한 말들을 버리고 내면의 마음에서 침묵을 지킵니다. 이것이 상위의 무집착 또는 자유입니다. 그는 위와 아래의, 내부와 바깥의, 유형과 무형의, 지각력이 있고 지각력이 없는, 모든 의존 관계를 버렸습니다. 그는 지지대도 없는 무한한 공간 그 자체처럼 빛납니다. 이것이 상위의 자유입니다. 그 속에서 그는 평화와 만족, 미덕과 순수, 지혜와 참나 탐구를 즐깁니다.

요가의 첫 번째 단계는 덕행으로 가득 찬 순수한 삶을 영위하는 사람에게, 말하자면 우연의 일치로 나타납니다. 거기에 발을 들여놓은 사람은 그것을 소중히 여기고, 대단한 열의와 근면과 노력으로 그것을 보호해야 합니다. 이렇게 함으로써 그는 탐구라는 다음 단계로 나아갑니다. 탐구를 부지런히 실천함으로써, 그는 자유라는 세 번째 단계로 올라갑니다.

라마는 물었다.

사악한 가정에서 태어나, 이 삼사라의 바다를 건너기 위하여 성현들과의 교제를 즐기지 않는 무지한 사람에게는 어떻게 그것이 가능합니까? 또한 요가의 첫 번째나 두 번째 혹은 세 번째 상태에 있을 동안에 그 사람이 죽게 되면, 그에게는 어떤 일이 일어납니까?

바시슈타는 말했다.

수많은 생을 거듭한 뒤에, 무지한 사람은 우연의 일치로 깨달음을 얻습니다. 그때까지 그는 이 삼사라를 경험합니다. 그의 가슴속에서 공평성이 일어나면, 삼사라는 물러갑니다. 이러한 요가를 불완전하게라도 수행하기만 하면, 과거 죄악의 효과는 소멸됩니다. 수행 중에 몸을 버리게 되면, 그는 천국에 올라가 있다가 수행하기 좋은 때가 되면 다시 태어납니다. 매우 빨리 그는 요가의 사다리를 다시 올라갑니다.

이 세 가지 상태는 '깨어 있는 상태'로 알려져 있습니다. 왜냐하면 그 상태에서는 의식의 구분이 있기 때문입니다. 그러나 수행자는 숭배 받을 만한 사람이라야 됩니다. 만약 무지한 사람이 그를 본다면, 그는 영감을 받습니다. 올바른 활동들을 하고 악을 피하는 사람은 숭배 받을 만합니다(아르야). 이 숭배 받을 만한 신성함은 씨앗 상태로 요가의 첫 번째 상태에서 나타납니다. 그것은 두 번째 상태에서 발아하고, 세 번째 상태에서 열매를 맺습니다. 이와 같이 숭배 받을 만한 사람의 지위를 얻은 뒤에 죽는 사람과, 고상한 생각을 분명하게 함양했던 사람은 오랫동안 천국의 기쁨을 누리다가, 요기로서 다시 태어납니다. 요가의 첫 번째 세 가지 상태를 부지런히 수행함으로써 무지는 소멸되고, 지혜의 빛은 가슴속에서 일어납니다.

바시슈타는 계속 말했다.

요가의 네 번째 상태에서, 요기들은 구분이 전혀 없는 마음으로 만물 속에서 하나를 봅니다. 구분은 사라졌고 하나만이 간단없이 계속됩니다. 그러므로 그들은 이 세상이 마치 꿈인 것처럼 그것을 바라봅니다.

다섯 번째 상태에서는 오직 구분되지 않은 실재만이 남아 있습니다. 그러므로 그것은 깊은 수면에 비유됩니다. 이 상태에 도달한 사람은 비록 그가 다양한 외부의 활동들을 하더라도 그 자신의 내부에 안주하게 됩니다.

이와 같이 한 상태에서 다음 상태로 나아간 뒤에, 그는 뚜리야라고 하는 여섯 번째 상태에 도달합니다. 이때 그는 "나는 실재하지도 않고, 실재하지 않는 것도 아니다. 심지어 자아가 없는 것도 아니다. 나는 이원성과 일원성을 초월해 있다. 모든 의심들이 멈추었다."라는 것을 깨닫습니다. 그는 등불의 그림과 같습니다. 그러므로 비록 그가 기름 없는 등불인 니르바나에는 도달하지 못했지만 그 등불이 단지 그려진 그림에 불과하듯이, 그는 기름 없는 등불과 같습니다. 그는 안도 비어 있고 바깥도 비어 있어, 마치 텅 빈 배처럼 비어 있습니다. 동시에 그는 안도 가득 차 있고 바깥도 가득 차 있어, 바다에 잠긴 가득 찬 배처럼 차 있습니다.

일곱 번째 상태에 도달한 사람들은 '몸에서 분리된 해방된 사람들'로 알려져 있습니다. 그들의 상태는 말로 설명할 수 없습니다. 그러나 그들은 지금까지 다양하게 묘사되어 왔습니다.

이 일곱 가지 상태를 수행하는 사람들은 슬픔에 이르지 않습니다. 숲을 황폐화시키면서 숲 속을 떠돌아다니는 무서운 코끼리 한 마리가 있습니다. 만약 그 코끼리를 죽이면, 인간은 이 모든 일곱 가지 상태에 성공적으로 도달합니다. 그렇지 않으면 도달할 수 없습니다. 욕망이 바로 그 코끼리입니다. 그것은 육체라는 숲 속을 떠돌아다닙니다. 그것은 관능성에 의해 미치게 됩니다. 그것은 조건화와 경향성(바사나) 때문에 불안합니다. 이 코끼리가 이 세상의 모든 사람(몸)을 파멸시킵니다. 그것은 욕망, 바사나(경향성 혹은 마음의 조건화), 마음, 생각, 느낌, 애착 등 다양한 이름으로 알려져 있습니다. 그것은 하나임을 깨닫는 데서 나오는 용기나 결의의 무기에 의해 살해되어야 합니다.

오로지 대상적인 존재를 믿는 한, 욕망은 일어나게 마련입니다. '이것이 존재한다.'는 느낌, 이것은 오로지 삼사라입니다. 그 느낌이 사라지는 것이 목샤(해방)입니다. 이것이 냐나 즉 지혜의 본질입니다. '대상'의 자각은 욕망을 일으킵니다. 대상을 자각하지 못할 때, 욕망은 끝납니다. 욕망이 끝날 때, 지바는 그 자기 한계를 버립니다. 그러므로 위대한 사람은 지금까지 경험하고 경험하지 않은 것에 대한 모든 생각을 버립니다. 나는 생각이 없고 개념이 없는 상태가 최고라고 두 팔을 들어 선언합니다. 그것은 이 세상을 통치하는 것보다 무한하게 낫습니다. 생각을 하지 않는 것이 요가입니다. 그 상태에 머물러, 적절한 활동들을 하든지 아니면 아무것도 하지 마십시오. '나'와 '나의 것'이란 생각들이 지속되는 한, 슬픔은 멈추지 않습니다. 그러한 생각이 멈출 때 슬픔도 멈춥니다. 이것을 알고서 그대가 하고 싶은 대로 하십시오.*

(*주석: 이 단락에 나오는 '생각하기'와 '생각 안 하기'란 단어에 대해 말하자면, 본문에서는 단순히 생각한다는 의미보다 훨씬 더 많은 의미를 내포하는 '삼베다남'과 '아삼베다남'이란 단어가 사용되고 있다. '삼베다남'이란 말에는 또한 인지, 이해, 느낌, 경험 그리고 지식의 의미가 내포되어 있다.)

발미끼는 바라드바자에게 말했다.

라마는 이러한 최고의 지혜의 진수를 듣고 압도당한 나머지, 잠시 동안 희열의 바다 속에 잠겨 있었다. 그는 더 이상 질문도 하지 않았고, 대답을 요청하여 그 대답을 이해하려고 노력하지도 않았다. 그는 참나 지식의 최고 상태에 이미 자리를 잡고 있었다.

바라드바자는 다음과 같이 물었다.

오, 신이시여! 이와 같이 라마가 최고의 상태에 도달한 이야기를 듣고 나니 정말로 기쁩니다. 그러나 어리석고 무지하며 사악한 기질을 가진 우리가 브람마와 같은 신들조차 도달하기 어려운 그 상태에 어떻게 도달할 수 있습니까?

발미끼는 다음과 같이 말했다.

나는 그대에게 라마와 바시슈타 사이에 오고간 대화를 전부 다 이야기해 주었다. 그것을 잘 생각해 보라. 왜냐하면 그것이 또한 내가 그대에게 주는 나의 가르침이기 때문이다.

의식 속에는 세상이라고 부를 수 있는 구분이 없다. 내가 그대에게 보여 준 비밀들을 실천함으로써 구분의 개념에서 벗어나라. 깨어 있는 상태와 잠자는 상태는 모두 이 세상의 일부분이다. 깨달음의 특징은 순수한 내면의 빛이다. 이 세상은 무에서 나와 무로 사라지며, 그 본질 자체는 공이며, 그것은 존재하지 않고 있다. 시작도 없는 그릇된 자기 한계 때문에, 이 세상은 존재하는 것처럼 보이며 무수한 혼란을 일으킨다. 그대는 그 무한한 의식에 대한 진리를 반복적으로 자주 회상하지 않고 자기 한계라는 독약을 먹고 그 결과 심리적인 조건화를 받고 있기 때문에, 망상에 사로잡혀 있다.

이러한 망상은 그대가 깨달음을 얻은 현자의 곁에 다가가서, 그들로부터 올바른 지식을 얻을 때까지 계속될 것이다. 사랑하는 이여! 처음에도 존재하지 않았고 끝에도 존재하지 않을 것은 지금도 존재하지 않는다. 이 현상계는 꿈과 같다. 그것이 나타났다가 사라지는 유일한 실재는 무한한 의식이다. 삼사라나 무지의 바다에서는 시작도 없는 자기 한계의 가능성 때문에 '나'라는 개념이 일어난다. 그 후 곧 생각의 움직임이 '나의 것', '애착', '혐오' 등과 같은 다른 개념들을 만들어 낸다. 이러한 개념들이 일단 의식 속에 뿌리를 내리면, 끝없는 불행과 슬픔의 제물이 되는 것은 필연적인 일이다.

다양성의 바다 속으로 들어가지 말고, 내면의 평화 속으로 깊이 들어가라. 누가 살고 있고, 누가 죽었으며, 누가 왔는가? 왜 그대는 이러한 그릇된 개념들 속에 빠져 헤매고 있는가? 하나의 참나만이 실재라면, '또 다른 것'이 들어설 여지가 어디에 있겠는가? 브람만이 이 세상처럼 보인다는 (밧줄이 뱀으로 보이는 것처럼) 이론은 단지 유치하고 무지한 사람들을 즐겁게 해 주기 위해서 의도된 것이다. 깨달음을 얻은 사람들은 다른 것처럼 보이지도 않는 진리 속에 영원히 안주하고 있다.

발미끼는 계속 말했다.

은둔을 싫어하는 무지한 사람들은 슬픔에 잠겨, 이따금 미소를 지을지도 모른다. 반면에 진리를 아는 사람들은 행복하여 언제나 미소를 짓는다. 진리나 참나는 미묘하므로, 그것은 무지에 가려 있는 것처럼 보인다. 그러나 심지어 그대가 이 세상의 원자 같은 실체를 믿는다 하더라도, 참나는 사라지지 않는다. 그렇다면 왜 그대는 슬퍼하는가? 실재하지 않는 것(무지 등)은 어느 때고 생겨나지 않으며, 또한 실재나 참나도 사라진 적이 없다.

그러나 다양한 이유 때문에 혼란이 일어난다. 이를 극복하기 위하여 전 우주의 스승이신 신을 숭배하라. 그대의 사악한 업은 그대로부터 떨어져 나가지 않고, 그대를 속박하는 올가미가 되어 버렸다. 그대의 마음이 마음 없음(사뜨바)의 상태가 될 때까지, 이름과 형상에 대한 숭배를 받아들여라. 그 후에 그대는 절대자에 대한 명상에 자리를 잡을 것이다. 그 다음 잠시 동안이나마 내면의 빛으로 참나와 함께 내면의 참나를 바라보라.

지고의 것에 도달할 수 있는 사람은 자기 노력과 올바른 활동을 통하여 신의 은총을 받은 사람이다. 과거의 습관과 경향성은 매우 강하다. 그러므로 단순한 자기 노력만으로는 불충분하다. 심지어 신들도 필연적인 것(운명)을 무시할 수 없다. 모든 사람이 생각과 표현 너머에 있는 이 세상의 질서(니야띠)를 따라야 한다.

그러나 영적인 영웅은 수많은 환생들을 거친 후에도 깨달음은 확실히 온다고 확고히 믿고 있다. 사악한 행동들로 이 삼사라에 속박이 되며, 올바른 행동으로 해방을 얻는다. 현재의 올바른 행동으로 과거의 나쁜 행동의 효과는 약화된다. 만약 그대가 그대의 모든 행동을 브람만에게 내맡기면, 그대는 결코 두 번 다시 이 삼사라의 수레바퀴를 타고 돌지는 않을 것이다.

보라, 이 세상의 무지한 사람들은 시간이란 감독에 의해 이 세상에서 각기 다른 역할들을 맡도록 되어 있다. 시간은 창조하고, 보존하고, 파괴한다. 왜 그대는 재산 등을 잃으면 동요하게 되는가? 그리고 왜 그대는 스스로 춤을 추기 시작하는가? 움직이지 말고 가만히 있으면서, 이 우주의 춤을 목격하라. 신과 신성한 브람마나들과 구루에게 헌신하는 사람들과, 경전의 교의를 충실히 따르는 사람들은 지고의 신으로부터 은총을 받는다.

바라드바자는 말했다.

신이시여! 나는 알아야 할 것을 모두 알았습니다. 나는 포기보다 더 훌륭한 친구가 없고, 삼사라보다 더 큰 적은 없다는 것을 알고 있습니다. 나는 거룩한 현자이신 바시슈타가 주신 가르침의 핵심을 당신으로부터 직접 듣고 싶습니다.

발미끼는 다음과 같이 대답했다.

오, 바라드바자여! 이제 나의 말에 귀를 기울여라. 단순히 내 말을 듣는 것만으로도 그대는 두 번 다시 이 삼사라에 빠져 죽지 않을 것이다.

발미끼는 계속 말했다.

금지된 이기적인 행동을 버리고, 또한 감각들의 접촉에서 일어나는 쾌락을 버린 뒤에, 마음을 잘 통제하면서 내면이 평화로워야 한다. 자기 자신에게 믿음을 주어야 한다. 그 다음 그는 마음의 평정에 도움이 되는 편안한 자세로 부드러운 자리에 앉아야 한다. 그 다음 그는 마음과 감각들의 활동을 억제해야 한다. 그 다음 그는 마음이 완벽한 평화를 얻을 때까지 옴(OM)을 반복해야 한다.

그 다음에는 마음의 정화 등을 위해 쁘라나야마를 수행하라. 부드럽고 서서히 외부의 대상들과의 접촉으로부터 감각들을 거두어들여라. 몸과 감각들과 마음과 붓디(지성)의 근원을 알 수 있는 방법을 세밀히 조사하고, 그것들이 그 근원으로 돌아가게 하라. 첫째로 나타난 우주적 존재(비라뜨)에 조용히 머물러 있어라. 이후, 나타나지 않은 것에 조용히 머물고, 그 다음에는 만물의 지고의 원인에 안주하라.

이것은 어떻게 이 모든 요소들이 그들의 근원으로 돌아가는지를 보여 준다. 물질적인 몸(살 등)은 흙의 요소이므로 땅으로 돌아간다. 피 등은 액체이므로 물의 원소로 돌아간다. 몸 안의 불(열)과 빛은 불의 원소에 속한다. 그래서 그들은 불의 원소로 돌아간다. 공기는 우주의 공기에게 바쳐진다. 공간은 공간에 흡수되어 하나가 된다.

마찬가지로 감각들도 그들의 근원으로 돌아간다. 청각은 공간으로 돌아가고, 촉각은 공기로, 시각은 태양으로, 미각은 물로 각각 돌아간다. 생명의 호흡은 공기 속으로 돌아가고, 언어의 힘은 불로, 손은 인드라에게, 이동의 힘은 비슈누에게, 생식기는 까슈야빠에게, 배설 기관은 미뜨라에게, 마음은 달에게, 그리고 붓디는 브람만에게 각각 돌아간다. 왜냐하면 이것들은 자기 자신('나')에 의해 만들어지지 않은 각각의 신체 기관을 주재하는 신들이기 때문이다. 이와 같이 그것들 모두가 그것들의 근원으로 돌아갔으므로, 그대 자신을 우주적 존재(비라뜨)로 보라. 양성을 다 구비한 자(의식 에너지)로서 우주의 가슴속에 내재해 있는 신이 그 지지자이다.

이 우주에 있는 흙, 물, 불, 공기, 공간은 그 하나하나가 그 앞의 것보다 두 배나 더 크다. 흙은 물에 용해되고, 물은 불에, 불은 공기에, 그리고 공기는 공간에 용해된다. 공간은 만물의 원인인 우주적 공간 속으로 흡수되어 하나가 된다. 요기는 잠시 동안 그의 미묘한 몸 속에 머물면서 모든 자기 한계를 버린 뒤에, '나는 만물의 참나'라고 느낀다. 이 우주가 의지해 있고 이름과 형상이 없는 그것을 가리켜 어떤 사람들은 쁘라끄르띠(물질)라 하고, 어떤 사람들은 마야(환영)라 하며, 또 어떤 사람들은 원자를 구성하는 요소라고 한다. 그것은 또한 아비디야(무지)라고도 한다. 그들 모두가 논쟁으로 혼란스럽다. 이 점에 있어서, 만물은 그들 사이에 어떤 관계도 없이 나타나지 않은 상태로 존재한다. 그것들은 거기에서 일어나 이 세상의 순환 주기 동안 그러한 것으로 존재한다. 그것들은 에테르와 공기와 불과 물과 흙이다. 이것이 우주의 질서이다. 우주의 소멸은 그 역순으로 일어난다. 뚜리야는 세 가지 상태(깨어 있고, 꿈꾸고, 잠자는)를 버림으로써 얻어진다. 명상 속에서는 미묘한 몸마저 지고의 존재 속으로 흡수되고 만다.

바라드바자는 말했다.

신이시여! 저는 이제 미묘한 몸을 벗어나, 희열의 바다에서 헤엄치고 있습니다. 저는 지고의 참나이며, 스스로 의식과 무의식이라는 두 개의 힘을 소유하고 있는 분할할 수 없는 참나입니다. 마치 불 속으로 던져진 불이 분간할 수 없을 정도로 하나의 불이 되고, 또 바다 속으로 던져진 지푸라기 등이 소금이 되는 것과 꼭 같이, 지각력이 없는 이 세상도 그것이 무한한 의식 속으로 바쳐질 때 그 무한한 의식과 하나가 됩니다. 마치 바다 속으로 던져진 소금 인형이 그 이름과 형상을 버리고 바다와 하나가 되는 것과 꼭 같이, 또 물이 물과 혼합되고, 버터기름이 버터기름과 혼합되듯이, 그와 꼭 마찬가지로 저도 이 무한한 의식 속으로 들어왔습니다.

'나는 영원하고 편재하며, 순수하고 평화로우며, 분할할 수 없고 움직임도 없으며, 모임과 흩어짐이 없지만 그 생각이 유형화되며, 장점과 단점이 없으며, 이 우주의 근원이기도 하며, 그리고 두 번째가 없는 오로지 하나인 최고의 빛인 그 지고의 브람만입니다.' 이와 같이 명상해야 합니다. 그렇게 함으로써 마음은 그 동요를 멈추게 됩니다. 마음의 움직임이 멈추면, 참나는 그 자체의 빛으로 빛을 발합니다. 그 빛을 받으면 모든 슬픔은 끝나며, 참나 그 자체가 경험하는 희열이 있습니다. '참나 이외에 아무것도 없다.'라는 진리에 대한 직접적인 자각이 있습니다.

발미끼는 말했다.

사랑하는 친구여! 삼사라라고 알려진 이 망상이 끝나기를 바란다면, 모든 행동을 포기하고 브람만을 사랑하는 사람이 되라.

바라드바자는 말했다.

오, 구루시여! 깨달음에 관한 당신의 이야기가 저를 완전히 깨어나게 했습니다. 저의 지성은 순수하고, 현상계는 제 앞에 전개되어 있지 않습니다. 저는 참나 지식을 갖춘 사람들이 어떤 일을 하는지 알고 싶습니다. 그들에게는 해야 할 어떤 임무라는 것이 있습니까? 아니면 아무런 임무도 없는 것입니까?

발미끼는 말했다.

해방을 바라는 사람들은 결함이 없는 그런 행동만을 해야 하며, 이기적이고 사악한 행동들을 그만둬야 한다. 마음의 속성들을 버릴 때, 마음은 무한한 절대자의 속성을 띠게 된다. 지바가 해방을 얻는 경우는 사람이 '나는 몸과 마음과 감각들을 초월한 그것이다.'라고 명상할 때이며, 고통과 쾌락의 개념들이 없고 '나는 행위자이다.'라든가 '나는 향락자이다.'라는 생각들이 없을 때이며, 모든 존재들이 참나 안에 있고 참나가 모든 존재들 속에 있다는 것을 깨달을 때이며, 그리고 깨어 있고, 꿈꾸고, 깊은 잠에 든 상태들을 버리고 초월적인 의식에 머물러 있을 때이다. 그것이 무한한 의식인 희열의 상태이다. 평화로 가득 찬 그 감로의 바다에 몰입하라. 다양성의 바다에 빠져 익사하지 말라.

이와 같이 나는 지금까지 그대에게 현자 바시슈타의 이야기를 들려주었다. 수행을 통해 마음을 안정시켜라. 지혜와 요가의 길을 따라 가라. 그러면 그대는 모든 것을 깨달을 것이다.

발미끼는 계속 말했다.

라마가 완전히 참나 속에 몰두해 있는 것을 보고서, 비슈바미뜨라는 현자 바시슈타에게 다음과 같이 말했다. "오, 창조주의 아들이여! 오, 거룩한 현자시여! 당신은 정말로 위대합니다. 당신은 이러한 샥띠 빠따(영적 에너지의 직접적인 전달)를 통해 구루임을 증명했습니다. 한 번 쳐다보거나, 한 번 만져 보거나, 아니면 대화나 은총으로써 제자의 마음속에 신의 의식을 불러일으킬 수 있는 사람이 바로 구루입니다. 그러나 제자의 지성이 깨어나는 것은 그 제자가 세 가지 불순물을 버리고 예리한 지성을 얻었을 때입니다. 그러나 오, 현자시여! 라마가 몸을 의식할 수 있는 상태로 되돌려 주십시오. 왜냐하면 그는 아직도 삼계의 행복과 나 자신의 행복을 위해 해야 할 일이 많기 때문입니다."

거기에 모인 모든 현자들과 나머지 사람들은 라마에게 머리를 숙였다. 그러자 바시슈타는 비슈바미뜨라에게 "부디, 라마가 진실로 어떤 분인지를 그들에게 알려 주십시오."라고 말했다. 비슈바미뜨라는 그들을 향해 다음과 같이 말했다. "라마는 신의 최고의 인격입니다. 그는 창조주요, 보호자이며, 구원자입니다. 그는 신이며, 모두의 친구입니다. 그는 다양한 모습으로 현현하여, 때로는 완전히 깨달음을 얻은 사람으로서, 때로는 완전히 무식한 사람인 것처럼 모습을 드러냅니다. 진실로 그는 신들의 신입니다. 그래서 모든 신들은 그의 부분적인 나타남에 지나지 않습니다. 라마 신을 아들로 둔 이 다샤라타 왕에게 축복을 내려 주십시오. 라마의 손에 머리가 떨어질 라바나에게 축복을 내려 주십시오. 오, 현자 바시슈타여! 부디 그를 육신의 의식 상태로 되돌려 주십시오."

바시슈타는 라마에게 "오, 라마여! 지금은 쉴 때가 아닙니다. 일어나시어 세상 사람들에게 기쁨을 가져다주십시오. 사람들이 아직도 속박당하고 있을 때, 요기가 참나에 완전히 흡수되는 것은 바람직하지 않습니다."라고 말했다. 라마는 이 말에 신경을 쓰지 않고 그냥 있었다. 그러자 바시슈타는 라마의 수슘나 나디를 통해 그의 가슴속으로 들어갔다. 라마에게 쁘라나의 움직임이 있었고 마음은 작용하기 시작했다. 내면의 빛의 형상을 하고 있던 지바는 몸의 모든 나디에 그 광채를 뿌렸다. 라마는 조금 눈을 뜨고, 자기 앞에 있는 바시슈타를 바라보았다. 라마는 바시슈타에게 "내가 해야 할 일도, 하지 않아야 할 일도 하나도 없습니다. 그러나 당신의 말씀은 언제나 존중되어야 합니다."라고 말했다. 그렇게 말하고 나서, 라마는 그의 머리를 현자의 발치에 가져다 놓고, "여러분 모두 경청하십시오. 참나 지식보다 더 나은 것은 아무것도 없습니다. 구루보다 더 나은 것도 아무것도 없습니다."라고 말했다.

그곳에 모인 모든 현자들과 천인들은 라마에게 꽃을 뿌려 주며, 그에게 축복을 빌었다. 그리고 그들은 그 집회에서 떠나갔다.

오, 바라드바자여! 나는 이와 같이 지금까지 그대에게 라마의 이야기를 했다. 이 요가의 수행을 통하여, 최고의 희열의 상태에 도달하라. 라마와 바시슈타 간의 이 대화를 언제나 귀담아 듣는 사람은 그의 삶이 어떤 환경에 처하더라도, 해방을 얻고 브람만의 지식을 얻게 될 것이다.

라마는 물었다.

사람이 행동을 버리고 행동을 수행할 의지마저 버리면, 몸은 약해집니다. 그러면 살아 있는 사람이 그러한 상태에서 어떻게 살아갈 수 있습니까?

바시슈타는 다음과 같이 대답했다.

정신적 조건화와 개념들을 버리는 것은 오직 살아 있는 사람들에게 적합한 것이지, 죽은 사람에게는 적합하지 않습니다. 깔빠나(개념 혹은 정신적 활동)가 무엇이겠습니까? 그것은 단지 자아감입니다. 그것이 공하다는 것을 깨달으면, 자아감은 버려집니다. 외부의 대상에 의해 자기의 내부에서 만들어진 개념이 깔빠나인 것입니다. 그 개념이 공이나 공간의 특성을 띨 때, 그 개념은 버려집니다. 기억은 깔빠나입니다. 그러므로 현명한 사람은 아무것도 기억하지 않는 것이 가장 좋다고 말합니다. 기억은 지금까지 경험되지 않은 것은 물론, 경험된 것까지 포함하고 있습니다. 경험한 것과 경험하지 않을 것을 '기억하는' 일을 버리고, 반쯤 깨어 있는 아기처럼 참나에 자리 잡고 계십시오.

마치 도공의 녹로가 과거의 여세 때문에 계속 회전하듯이, 순수한 사뜨바로 이미 변해 버린 그 마음을 작용시키지 말고, 또한 어떤 개념들도 마음에 지니지 말고, 계속 여기 참나 상태로 살면서 활동하십시오. 나는 두 팔을 치켜들고서 "개념들을 버리는 것이 최고의 선이다."라고 선언합니다. 사람들은 왜 이 말을 귀담아 듣지 않습니까? 망상은 정말로 대단히 강력합니다. 그 망상의 세력 밑에 있을 때는, 자기 손바닥에 비차라(참나 탐구)라는 보석을 쥐고 있는 사람도 그의 망상을 버리지 못합니다. 이것만이 최고의 선입니다. 즉 대상들을 전혀 자각하지 않고, 개념들을 전혀 일으키지 않는 것이 최고의 선입니다. 이것은 우리가 경험해야 하는 것입니다.

만약 그대가 그대 자신의 참나 속에 평화롭게 안주한다면, 그대는 의외로 황제의 지위마저 풀잎과 같다는 것을 알게 될 것입니다. 어떤 장소로 가려고 마음을 먹으면, 그의 발은 어떠한 마음의 활동 없이도 작용을 합니다. 그러한 두 발처럼 움직이십시오. 그리고 지금 여기서 활동을 하십시오. 보상, 즉 행동의 결과들에 대한 욕망을 버리고, 즐거움이나 이익을 얻겠다는 동기도 없이 지금 여기서 활동하십시오. 그러면 감각의 대상들은 매력이 없어지며, 있는 그대로의 모습대로 존재할 것입니다. 대상들과의 접촉으로 쾌감이 일어날 때라도, 그 감각들이 그대를 내면의 참나에게로 나아가게 하십시오. 행동의 결과들을 갈망하지 마십시오. 그렇다고 행동하지 않으려고도 하지 마십시오. 아니면 상황에 따라 그 둘 다에 헌신하든지, 아니면 그 어느 것에도 헌신하지 마십시오. 왜냐하면 속박하는 것은, 하려고 하는 의지이거나 혹은 하지 않으려고 하는 의지이기 때문입니다. 그리고 그 의지가 없는 것이 해방입니다. 사실상 반드시 해야 할 일이 있는 것도 아니며, 반드시 하지 말아야 할 일이 있는 것도 아닙니다. 그대의 지성이 이 어떤 것도 알아차리게 하지 마십시오. 영원히 진실로의 그대의 본질 그대로 계십시오. '나'와 '나의 것'에 대한 자각이 슬픔의 근원이요, 그 자각이 없는 상태가 해방입니다. 그대의 흥미를 끄는 일을 하십시오.

바시슈타는 계속 말했다.

마치 점토로 만들어진 군대가 점토 조각상에 지나지 않는 것과 꼭 같이, 이 우주 전체도 비이원적인 순수한 참나입니다. 이러한 비이원적인 참나만이 존재하므로, 대상이 도대체 무엇이며, 그 대상은 누구에 의해 지각된단 말입니까? 그 지고의 참나를 제외하고는, '나'나 혹은 '나의 것'이라고 말할 수 있는 것은 아무것도 없습니다.

라마는 말했다.

그렇다면, 신이시여! 왜 사악한 행동은 버려야 하고, 좋은 행동에 헌신해야 합니까?

바시슈타는 대답했다.

그러나 오, 라마여! 우선 행동이 무엇인지를 나에게 말씀해 보십시오. 행동은 어떻게 일어나며, 그 행동의 근원은 무엇이며, 그 근원은 어떻게 파괴해야 합니까?

라마는 말했다.

신이시여! 확실히, 파괴해야 할 것은 완전히 뿌리를 뽑아야 합니다. 그래서 그 뿌리 자체마저 없어져야 합니다. 몸이 지속하는 한, 행동은 있게 마련입니다. 그것은 현상계라는 이 삼사라에 뿌리를 두고 있습니다. 그 몸의 사지(행동 기관)들로부터 행동이 일어납니다. 바사나나 마음의 습관은 행위 기관들의 씨앗과 같습니다. 감각들을 통해 작용하는 이 마음의 습관은 아주 멀리 떨어져 있는 것도 이해할 수 있습니다. 바로 이 감각들도 마음에 그 뿌리를 두고 있고, 또 마음은 제한된 의식인 지바에 뿌리를 두고 있으며, 그리고 이는 다시 만물의 뿌리인 제한 없는 것에 뿌리를 두고 있습니다. 브람만이 이 제한 없는 것의 뿌리이며, 브람만에게는 뿌리가 전혀 없습니다. 이와 같이 모든 행동은, 그 자체를 객관화시킴으로써 행동을 일으키는 의식에 바탕을 두고 있습니다. 만약 이것이 일어나지 않으면, 바로 그것이 지고의 상태입니다.

바시슈타는 말했다.

그러한 경우에, 오, 라마여! 무엇을 해야 하고, 무엇을 버려야 합니까? 몸을 받은 사람이 깨달음을 얻었든지 혹은 무지하든지 간에, 그 몸이 계속 살아 있는 한 마음은 계속 존재합니다. 그렇다면 어떻게 지바(개별성)라고 알려진 것을 버릴 수 있습니까? 그러나 사람은 '내가 한다.'라는 잘못된 생각을 버리고 적절한 활동을 해야 합니다. 내면의 지성이 깨어나면, 이 세상에 대한 지각은 사라지고 심리적인 자유나 무집착이 일어납니다. 그것을 해방이라고 합니다. 객관적이거나 제한적인 자각을 버릴 때, 브람만이라고 알려진 평화가 있습니다. 대상에 대한 지각이나 자각을 활동이라 하며, 그 활동은 이 삼사라 즉 현상계로 확대됩니다. 그러한 자각이 없어지는 것을 해방이라고 합니다. 그러므로 오, 라마여! 몸이 살아 있는 한, 활동을 버리는 것은 적절하지 않습니다. 그러한 버림은 오히려 활동에 가치를 부여하는 것입니다. 가치가 있는 것은 버려질 수 없습니다.

라마는 물었다.

존재하는 것은 존재하기를 멈출 수 없고 존재하지 않는 것은 존재할 수 없는데, 어떻게 자각(경험)이 무자각이나 무경험이 될 수 있습니까?

바시슈타는 대답했다.

사실, 존재하는 것은 계속 존재하기를 그치지 않으며, 존재하지 않는 것은 존재하지 않습니다. 경험과 무경험도 또한 그렇게 간단하며, 또 쉽게 성취할 수 있습니다. 왜냐하면 '경험'이란 단어와 그 단어가 가리키는 것은 거짓과 망상에서 나온 것이기 때문입니다. 그러므로 그것들은 슬픔을 일으킵니다, '경험'에 대한 이 자각을 버리고, 최고의 지혜에 대한 자각 안에 자리를 잡고 계십시오. 후자가 바로 니르바나입니다.

좋고 나쁜 행동들이 실제로는 존재하지 않는다는 것을 깨달으면, 그 좋고 나쁜 행동들은 없어집니다. 그러므로 행동의 뿌리가 소멸될 때까지 그 뿌리를 탐구해야 합니다. 왜냐하면 마치 흙에서 나온 모든 것이 흙과 다르지 않은 것과 꼭 같이, 의식에서 나온 모든 것도 의식과 다르지 않기 때문입니다. 유동성은 액체와 다르지 않습니다. 마찬가지로 브람만 안에서는 마음과 의식 사이에서조차 어떤 구분도 없습니다. 자각이라고 알려진 활동은 그 의식 속에서 어떤 원인도 없이 일어납니다. 그러므로 그것은 의식과 다르지 않기 때문에, 존재하지 않는 것이나 다름없습니다.

행동의 뿌리는 자아감에 뿌리를 두고 있는 몸에 있습니다. 자아감에 대한 이해가 버려지면, 그 자아감도 사라집니다. 따라서 행동의 뿌리도 소멸됩니다. 이와 같이 행동이 없어져 버린 사람들은 포기하거나 소유하려고 열망하지 않습니다. 그들은 본질 자체에 자리를 잡고 있으며, 그들의 행동은 자연발생적입니다. 사실상 그들은 아무것도 하지 않습니다. 마치 홍수에 떠밀려 내려간 대상들이 아무 의지력도 없이 이동해 가듯이, 그들도 단순히 그들의 행동 기관들과 함께 작용하고 있습니다. 마음이 그 조건화를 버릴 때 대상들도 그 유혹을 잃게 됩니다.

오로지 이러한 이해나 지성의 각성만이 행동을 없애는 길입니다. '하는 것'과 '그만두는 것'이 무슨 소용이 있겠습니까? '행동의 포기'라는 말로 알려진 것은 행동과 경험의 자각을 멈추는 일이요, 조건화를 버림으로써 평화와 균형 상태에 도달하는 것입니다. 버리지 않음(혹은 잘못된 버림)이 버림(포기)으로 오인될 때, 무지한 동물과 같이 존재하는 망상에 빠진 사람들은 활동의 포기라는 악귀에 사로잡히게 됩니다. 왜냐하면 행동의 포기에 대한 진리를 바르게 이해한 사람들은 활동이나 활동하지 않음과는 전혀 관계없기 때문입니다. 그들은 집에 살거나 숲 속에 사는 것에 관계없이 지고의 평화를 즐깁니다. 평화로운 사람에게 집은 숲과 같으며, 불안한 사람에게는 심지어 숲도 혼잡한 도시와 같습니다. 평화로운 상태에 있는 사람에게 이 세상 전체는 평화로운 숲과 같습니다. 수많은 생각들로 불안한 사람에게는 이 세상이 온통 슬픔의 바다인 것입니다.

바시슈타는 계속 말했다.

오, 라마여! 자아감이 조용해지면, 현상계는 사라집니다. 그러면 마치 기름 없는 등불이 꺼지는 것과 꼭 같이, 객관적인 지각도 자연스럽게 버려집니다. 포기한다는 것은 활동의 포기가 아닙니다. 진정한 포기는 이해에 바탕을 두고 있습니다. 이해라는 등불이 자아감이나 소유욕이라는 연료의 공급을 받지 않을 때, 그래도 남아 있는 것은 참나 지식인 것입니다. 이와 같이 자아감과 나의 것이라는 소유욕을 버리지 못한 사람은 포기도, 지혜도, 평화도 모르는 사람입니다. 나라는 개념 대신에 '자아감은 존재하지 않는다.'라는 이해를 함으로써, 아무 장애 없이 나라는 개념을 쉽게 포기할 수 있습니다. 도대체 이것을 의심할 필요가 어디에 있겠습니까?

'나는 이것이다.' 혹은 '나는 이것이 아니다.'와 같은 이 모든 개념은 의식과 별개가 아닙니다. 의식은 공간이나 공과 같습니다. 어떻게 그 속에 망상이 존재할 수 있겠습니까? 그러므로 망상도 없고, 망상에 빠진 자도 없으며, 혼란도 없고 혼란에 빠진 자도 없는 것입니다. 이 모든 것이 일어나는 이유는 진리를 명확히 자각하지 못하기 때문입니다. 이것을 바로 보십시오. 평화롭게 고요 속에 머물러 계십시오. 이것이 바로 니르바나입니다.

그대가 자아감의 개념을 마음에 지니게 되는 바로 그러한 방식으로, 그대는 눈 깜짝할 사이에 또한 그 자아감이 존재하지 않는다는 것을 깨달을 수 있습니다. 그러면 그대는 이 삼사라의 바다를 넘어서게 될 것입니다. 이와 같이 자기 자신의 본성을 정복할 수 있는 사람은 최고의 상태에 도달합니다. 그런 사람이 영웅인 것입니다. 여섯 개의 적(성욕, 분노, 탐욕 등)을 물리칠 수 있는 사람은 위대한 사람입니다. 나머지 사람들은 인간의 옷을 입은 당나귀라 할 수 있습니다. 마음에서 일어나는 개념들을 극복할 수 있는 사람은 인간(뿌루샤)입니다. 그런 사람은 지혜로운 사람입니다.

한 대상에 대한 지각이 그대의 마음속에서 일어날 때, '나는 이것이 아니야.'라는 이해를 하면서 그것을 대면하십시오. 그러면 그러한 무지한 지각은 즉시 사라질 것입니다. 사실상 이 모든 것에 대하여 알아야 할 것은 아무것도 없습니다. 오직 혼란이나 망상에 빠진 이해를 없애는 것만이 필요합니다. 이 망상이 반복적으로 되살아나지 않는다면, 그 망상은 사라진 것입니다. 어떤 생각이 그대의 마음속에 일어나든지 간에, 마치 바람 때문에 움직임이 일어나는 것과 꼭 같이, '나는 이것이 아니다.'라는 것을 깨달음으로써 그 생각의 지지물을 없애 버리십시오.

탐욕과 수치와 허영과 망상을 극복하지 못한 사람은 이 경전을 읽어도 어떠한 이득도 얻을 수 없습니다. 오히려 그에게는 경전을 읽는 것이 시간 낭비일 뿐입니다.

바람 때문에 움직임이 일어나는 것과 꼭 같이, 자아감도 참나 때문에 일어납니다. 그러므로 자아감은 참나와 전혀 다르지 않습니다. 자아감은 실재 즉 바탕인 참나 때문에 빛을 발합니다. 참나는 어느 때나 일어났다가 사라지는 것이 아닙니다. 사실 참나 이외에는 아무것도 존재하지 않습니다. 그러므로 그것이 있다거나 없다고 감히 어떻게 말할 수 있겠습니까? 지고의 참나는 지고의 참나 속에 존재하고, 무한한 존재는 무한한 존재 속에 존재하며, 그리고 평화는 평화 속에 존재합니다. 그것이 존재하는 전부이며, 그 밖의 '나'나 '세상'이나 '마음' 등은 존재하지 않습니다.

바시슈타는 계속 말했다.

니르바나(해방)는 니르바나입니다. 평화 속에 평화가 있습니다. 신(神) 속에 신성이 깃들어 있습니다. 니르바나는 또한 공간과 관련이 있기도 하고 없기도 한, 아니르바나(무해방)이기도 합니다. 자아감의 비실재성에 대한 올바른 이해가 일어나면, 무기나 질병 등의 공격을 견디는 것은 전혀 어렵지 않습니다. 왜냐하면 현상계(자아감인)의 씨앗이 소멸되면, 현상계도 그 씨앗과 함께 사라지기 때문입니다. 마치 거울이 습기를 만나면 흐릿해지는 것과 꼭 같이, 참나도 비실재적인 자아감을 만나면 가려지게 됩니다. 이 자아감이 이 현상계의 기타 모든 것을 일으키는 원인이 됩니다. 그런데 그 자아감이 사라지면, 마치 태양을 가리고 있던 구름이 말끔히 걷히면 그 태양이 빛을 발하는 것과 꼭 같이, 참나도 그 자체의 빛에 의해 빛을 발합니다. 바다 속으로 던져진 대상이 바다 속에서 용해되듯이, 참나 속으로 들어간 자아감도 그 참나 속에서 용해되어 사라집니다.

자아감이 존속하는 한, 동일한 브람만 즉 무한한 의식이라도 그것은 다양한 이름들을 가진 다양한 대상들로서 빛을 발합니다. 그러다가 자아감이 조용해지면, 브람만은 무한한 순수 의식으로서 빛을 발합니다. 자아감이 이 우주를 만든 씨앗입니다. 그 씨앗을 기름으로 튀기면, '세상'이나 '속박' 혹은 '자아감'과 같은 말에는 아무런 의미가 없습니다. 항아리가 깨어지면 오직 점토만이 남습니다. 그와 마찬가지로 자아감이 사라지면 다양성도 사라집니다. 이 세상의 대상들이 태양이 떠오르면 지각되는 것과 꼭 같이, 현상계의 다양성도 자아감이 떠오름과 동시에 일어납니다. 오, 라마여! 나는 자아감의 비실재성에 대한 깨달음인 참나 지식 이외의 어떤 대안도 볼 수 없습니다. 그 밖의 어떤 것도 그대의 진정한 행복을 보장할 수 없습니다. 그러므로 우선 개별화된 자아감을 버리고, 그대의 참나를 우주 전체로 바라보십시오. 그 다음 그 우주 전체가 참나 즉 브람만이지, 그 밖의 어떤 것도 아니라는 것을 깨달으십시오. 세상의 관념들이 불러일으킨 모든 동요로부터 벗어나십시오.

이 자아감을 정복하지 못한 사람은 지고의 상태에 도달하지 못합니다. 그러나 그의 가슴이 순수하면, 마치 한 방울의 기름이 깨끗한 천 속으로 스며들듯이, 영적인 이해에 대한 가르침이 그 가슴속으로 스며들 수 있습니다. 이와 관련하여, 나는 그대에게 옛날 성현의 이야기 하나를 들려주겠습니다. 옛날 옛적에, 나는 부순다에게 "당신은 이 세상에서 어떤 사람이 무지하고 망상에 빠져 있다고 봅니까?"라고 물었습니다.

부순다는 다음과 같이 대답했습니다.

한 천인(天人)이 언덕 마루에 살고 있었습니다. 그는 무지했고 감각적인 쾌락에 전념했지만, 그는 매우 긴 수명을 보장해 주는 그런 올바른 생활 방식을 받아들인 사람이었습니다. 매우 오랜 시간이 흐른 뒤에, 탄생이나 죽음이 없는 그러한 상태에 도달해야겠다는 이해력이 그의 마음속에서 일어났습니다. 이와 같이 마음을 결심한 뒤에, 그는 나를 찾아왔습니다. 그 천인은 나에게 적절한 경의를 표한 뒤에 다음과 같이 물었습니다. "오, 신이시여! 이 감각들은 그들을 충족시키려는 갈구 때문에 끊임없이 동요하고 있습니다. 그리고 그 감각들이 바로 끝없는 고통과 괴로움의 근원입니다. 나는 이것을 깨달았으므로, 당신을 찾아 이렇게 왔습니다."

천인은 계속 말했습니다.

부디 무한하고 성장과 쇠락이 없으며, 그리고 순수하고 시작도 없으며 끝도 없는 그것이 무엇인지 나에게 말씀해 주십시오. 왜냐하면 나는 지금까지, 말하자면, 잠을 자고 있었던 셈이나 마찬가지였습니다만, 이

제야 비로소 참나의 은총으로 깨어나게 되었기 때문입니다. 부디 이 무시무시한 망상의 불길로부터 나를 구해 주십시오.

존재들은 이곳에서 태어나 생명을 다한 뒤에는 죽습니다. 이 모든 것은 다르마를 얻기 위해 있는 것도 아니요, 해방을 얻기 위해 있는 것도 아닙니다. 이처럼 망상 속에서 길을 잃고 헤매는 일은 끝이 없는 것 같습니다. 이 세상에 있는 쾌락의 중심지는 이러한 망상을 오로지 강화시킬 뿐, 끊임없이 변화하고 있습니다. 나는 그것들을 즐기지 않습니다. 나는 지금까지 천국의 모든 쾌락을 보고 즐겼습니다. 그러나 이제 그러한 쾌락들에 대한 욕망이 식별력이라는 불길에 의해 잿더미로 변하고 말았습니다. 나는 시각, 청각, 후각, 미각 그리고 촉각이라는 감각들이 일으킨 폐해를 명확히 이해하고 있습니다. 이 반복되는 쾌락들을 어떻게 다루면 되겠습니까? 오감들을 즐기면서 천 년이란 세월이 흐른 뒤에도 진정 만족하는 이는 아직 아무도 없습니다. 온갖 쾌락들과 더불어 이 세상을 다스린다 한들, 거기에 특별히 만족할 만한 것이 무엇이 있겠습니까? 왜냐하면 이 모든 것은 소멸과 죽음을 피할 수 없기 때문입니다. 부디 내가 얻어야 할 것이 있다면, 내가 영원한 만족에 도달할 수 있는 그것이 무엇인지를 말씀해 주십시오.

이제 나는 여기에서의 괴로움을 증대시키기만 하는 이 감각적 경험들의 유독한 본성을 명확히 이해했습니다. 그래서 자신의 감각들이라는 이 막강한 군대와 싸움을 할 결의가 되어 있는 사람이 바로 이 세상에서 진정한 영웅입니다. 이 군대의 사령관은 자아감입니다. 그 군대는 감각적 경험들이라는 기병을 갖추고 있습니다. 그런데 그 군대는 이 육신이라는 도시로 완전히 포위되어 있습니다. 심지어 거룩한 성현들마저 이 감각들과 싸우지 않으면 안 됩니다. 이 싸움에서 결국 승리하는 자만이 진정 위대합니다. 나머지 사람들은 살로 된 자동 장치(기계)에 불과합니다.

감각적 욕망이라고 알려진 이 질병의 치료제로는 쾌락에 대한 욕구를 단호히 버리는 것 이외에 다른 어떤 치료제도 없습니다. 어떠한 약도, 어떠한 순례도, 어떠한 만뜨라도 다 소용이 없습니다. 강도들이 밀림에 매복하여 혼자 여행하는 사람을 습격하듯이, 나도 지금까지 이 감각들로부터 매복 기습을 당해 왔습니다. 감각들은 불결하며, 큰 재앙을 초래합니다. 그것들이 탐욕을 일으킵니다. 그 감각들을 극복하는 것은 어렵습니다. 감각들이 있으므로 윤회하여 다시 태어납니다. 감각들은 지혜로운 사람들의 적이요, 어리석은 사람들의 친구입니다. 그래서 타락한 사람들은 그것들을 자주 찾지만, 고상한 사람들은 그것들을 피하는 것입니다. 그것들은 악귀처럼 무지의 어둠 속을 마음대로 떠돌아다닙니다. 그것들은 실속이 없고 무가치하며, 마른 대나무와 같아서 태우기에 적합할 뿐입니다.

신이시여! 당신은 간절히 기원하는 사람에게 위안을 주는 유일한 안식처입니다. 당신은 그런 사람을 구원해 주는 구세주입니다. 부디, 깨우침을 주시는 당신의 말씀으로 이 무서운 삼사라의 바다로부터 나를 구원해 주십시오. 이 세상에서 당신과 같은 현자들에게 헌신하는 것은 슬픔을 없애는 가장 확실한 방법입니다.

부순다는 다음과 같이 대답했습니다.

오, 천인이여! 그대가 영적으로 깨어 있고 또한 그대 자신을 향상시키고 싶어 하니, 그대는 정말로 복을 받았습니다. 그대의 지성은 완전히 깨어 있습니다. 그러므로 나는 그대가 쉽게 나의 가르침을 이해할 수 있으리라고 느낍니다. 이제 내가 말하려고 하는 내용을 잘 들으십시오. 내가 말하는 것은 오랜 경험에서 나온 것이기 때문입니다.

우리에게 '나'라든가 '다른 것'으로 보이는 것은 실제로 그대의 참나가 아닙니다. 왜냐하면 그대가 이런 것을 찾으려고 할 때 그대는 그것들을 볼 수 없기 때문입니다. '나'도, '너'도, '이 세상'도 모두 존재하지 않는다는 확신을 가질 때, 그것은 슬픔이 아닌 행복에 도움이 됩니다. 무지가 어디에서 시작하는지 결정할 수 없습니다. 상당히 오랜 탐구를 한 뒤에도 우리는 현상계가 무지에서 일어난 것인지, 아니면 무지가 현상계에서 나온 것인지를 결정할 수 없습니다. 이 둘은 실제로 똑같은 것의 두 면에 불과합니다. 존재하는 모든 것은 하나의 무한한 의식 즉 브람만입니다. 그래서 현상계는 '그것이 있다.' 혹은 '그것이 없다.'라고 왈가왈부할 수 있는 신기루와 같습니다.

이 현상계를 만든 씨앗은 자아감입니다. 왜냐하면 현상계라는 이 나무는 자아감으로부터 자라나기 때문입니다. 감각들과 그것들의 대상들, 다양한 형태의 조건화, 산이나 바다 등이 있는 지구와 천국, 시간의 구분들, 그리고 모든 이름과 형상들은 현상계라는 이 나무의 각기 다른 부분들에 지나지 않습니다.

그 씨앗이 불타 없어지면, 그것은 아무것도 만들어 내지 못합니다. 그렇다면 이 씨앗을 어떻게 태워 없앨 수 있을까요? 그대가 자아감의 본질을 탐구하면, 그대는 그것이 볼 수 없는 것이라는 것을 깨닫게 됩니다. 이것이 지식입니다. 이 지식의 불로 그 자아감은 태워 없앨 수 있습니다. 자아감의 개념을 마음에 가짐으로써, 현상계는 있는 것처럼 보이고 또 현상계가 생겨나게 됩니다. 이 잘못된 개념을 버릴 때, 자아감은 사라지고 참나 지식이 일어납니다.

이 현상계가 처음 시작할 때, 자아감은 하나의 실재로서 존재하지 않았습니다. 그렇다면 우리는 어떻게 자아감의 존재와, '나'와 '너'라는 실재와, 이원성이나 비이원성을 믿을 수 있습니까? 진리를 깨달으려고 진지하고 열심히 노력하는 사람들은 스승으로부터 그 진리를 충분히 전수받고 경전들을 통하여 그 진리를 연구한 뒤에는 쉽게 이 참나 지식에 도달할 수 있습니다.

　이 세상이 존재하는 것으로 보이는 것은 자기 자신의 개념이나 생각 (상깔빠)들이 확대된 것입니다. 그것은 의식에 바탕을 두고 있습니다. 그것은 그 바탕에 의식이 깔려 있는 하나의 시각적인 환영입니다. 그러므로 그것은 실재하기도 하고, 또한 실재하지 않기도 하는 것으로 여겨집니다. 팔찌의 경우에 금이 진리이며, 팔찌는 단지 하나의 관념이나 개념에 불과합니다. 따라서 이 세상이라는 환영이 나타나고 사라지는 것은 모두 그 관념의 변화들에 불과한 것입니다. 이것을 깨달은 사람은 이 세상이나 천국의 즐거움에 관심이 없습니다. 그러면 이것이 그의 마지막 환생이 됩니다.

　부순다는 계속 말했습니다.

　오, 천인이여! 이 현상계의 대상들을 보고서, 무한한 의식이 그것들로 현현된 것이라고 생각하지 마십시오. 순수한 참나에 안주해 계십시오. 둔함은 의식에서 나타난 것이기 때문에, 비록 그러한 둔함이 의식과 상이한 것처럼 보이지만 의식 속에서 일어납니다. 똑같은 바람이라도 불을 타오르게 할 수 있는 바람이 있는가 하면 불을 끌 수도 있는 바람이 있는 것과 꼭 같이, 의식도 동일한 의식이지만 둔함은 물론이고 의식도 촉진시킬 수 있습니다. 그러므로 그대의 의식이나 그대의 각성된 지성으로 하여금 자아감('나')이 존재하지 않는다는 것을 깨닫게 하십시오. 그리고 나서 있는 그대로의 그대 자신이 되십시오. 그러면 그대의 의식은 의식의 대상을 만들어 내지 않고, 절대적인 의식에 흡수되어 하나가 됩니다. 바로 그것이 비할 데 없는 브람만인 것입니다.

이 우주 전체가 이러한 무한하고 나누어지지 않는 의식으로 가득 차 있습니다. 이를 깨닫고 그대가 하고 싶은 대로 하십시오. 사람이 이 세상의 다양성을 자각하게 되는 것은 오로지 무지 때문에 두 눈이 멀었을 때입니다. 그러나 실제로 이 모든 다양한 대상들은 시각적인 결함이 있는 사람이 공간 속에서 나무를 본 만큼 실제적입니다.

자력으로 움직일 수 없는 이 우주는 마치 물 속에 비친 불이 그 불과 전혀 다르지 않은 것과 꼭 같이 그 무한한 의식과 전혀 다르지 않습니다. 그와 꼭 같이 지식과 무지 사이에도 진정한 구별이 전혀 없습니다. 브람만은 무한한 능력을 갖추고 있기 때문에, 이 둔함이나 무의식은 의식에서 나타납니다. 이 둔함은 마치 앞으로 일어날 파도들과 물결들이 잔잔한 수면 위에 존재하는 것과 꼭 같이 브람만 속에 하나의 잠재력으로 존재하고 있습니다. 물에는 물결들을 일으킬 힘이 전혀 없습니다. 또한 브람만도 이 세상을 '창조'할 어떤 동기도 없습니다. 그러므로 확실한 원인이 없을 때는 세상이 일어나지 않았다고 말하는 것은 옳습니다. 그것은 신기루와 같은 하나의 현상에 불과합니다. 브람만만이 존재합니다. 브람만은 평화이며, 창조된 것이 아닙니다. 또한 브람만은 그 어떤 것을 창조하지도 않습니다.

오, 천인이여! 그대는 공간처럼 나누어지지도 않고 나눌 수도 없는 하나밖에 없는 그 브람만입니다. 그대는 아는 자입니다. 그대가 무엇을 알든지 모르든지 간에, 의심에서 벗어나십시오. 그대가 태어나지도 않은 무한한 의식임을 깨달을 때, 모든 무지와 어리석음은 사라지고, 이 현상계도 사라집니다. 지고의 브람만(그것은 무한하므로 어디에서든지 존재한다)이 존재하는 곳이면, 그 어디에서든지 이 현상계는 나타납니다. 풀잎 하나, 나무, 물, 그리고 이 우주의 만물 속에 똑같은 브람만 즉 무한한 의식이 존재합니다. 브람만의 본질은 설명할 수 없고, 정의를 내릴 수도 없습니다. 그 속에는 다른 어떤 것도 없기 때문에 비교할 수도 없습니다. 그러므로 브람만의 본질을 말한다는 것조차 적절하지 못합니다. 이 자아감이 사라질 때 경험되는 그것은 자아감의 본질을 탐구할 때 그 자아감이 활개를 치는 그런 사람이 도달하는 브람만과 꼭 같습니다. 그 후 곧 그것은 의식 속으로 용해됩니다.

부순다는 계속 말했습니다.

날카로운 무기나 발가벗은 여자와 접촉을 해도 똑같은 경험을 하는 사람은 지고의 상태에 자리를 잡고 있습니다. 사람은 어떤 대상들과 접촉을 해도 똑같은 반응이 나오는 그런 상태에 도달할 때까지 영적인 수행을 부지런히 해야 합니다. 참나를 아는 자는 마음의 병이나 심리적인 고통으로부터 전혀 영향을 받지 않습니다.

마치 독약을 삼켰을 때 그 독약이 독약으로서 그 정체성을 잃지 않고 신체적인 병을 일으키는 것과 꼭 같이, 참나도 참나 즉 나누어지지 않는 의식으로서의 그 본질을 버리지 않고 지바가 됩니다. 그와 꼭 같이, 의식도 무의식이나 둔함의 성질을 띕니다. 어떤 것이 사실은 브람만과 전혀 다르지 않지만, 브람만 안에서 일어난 것처럼 보입니다. 독약도 계속 독약의 성질을 가지고 있기 때문에, 인체에 유해하게 됩니다. 마찬가지로 참나는 태어나지도 죽지도 않습니다. 그러나 다른 관점에서 보면, 그것은 생겨나고 죽습니다.

사람의 지성이 대상적 지각에 빠져들지 않을 때만, 그는 마치 이 삼사라의 바다가 송아지의 발자국인 양 그 바다를 건널 수 있습니다. 이

때 그것은 신의 도움이나 다른 어떤 수단들에 의해서도 성취되는 것이 아닙니다. 편재하는 참나와 만물에 내재해 있는 그 참나 안에서, 어떻게 마음이나 자아감이 일어날 수 있을까요? 언제 어디서나 어느 누구에게도 선이나 악도 없으며, 쾌락이나 고통도 없으며, 불운이나 행운도 없습니다. 어느 누구도 행위자가 아니며, 어느 누구도 어떤 것을 즐기는 사람이 아닙니다.

자아감이 참나에서 일어났다고 말하는 것은 공간(거리)이 공간에서 생겨났다고 말하는 것과 같습니다. 자아감은 하나의 망상에 불과하며, 실재하지 않습니다. 공간에도 오직 공간성만이 있습니다. 그와 꼭 같이 의식만이 의식 속에 존재합니다. 그래서 나는 자아감('나')이라고 하는 그것이 아니기도 하고, 또한 그것이 아닌 것이 아니기도 합니다. 이러한 의식은 매우 미묘하기 때문에, 모든 원자 속에 산처럼 존재하고 있습니다. 대단히 미묘한 이 의식은 '나'라든가 '이것'이라는 개념들을 가지게 되고, 이 개념들은 각각의 물질로서 존재하는 것처럼 보입니다. 마치 소용돌이 등이 개념상 물의 형상에 지나지 않는 것처럼, 자아감과 우주 등도 의식 속에서 일어나는 개념들에 불과합니다. 이러한 개념들을 멈추는 일이 우주의 소멸이라고 합니다. 따라서 이 모든 세상 등은 개념들로서 생겨났다가 사라지는 것이지, 더 이상의 아무것도 아닙니다. 의식은 이 모든 것들 안에서 어떤 변화도 받지 않습니다. 의식 안에서는 쾌락이나 고통의 경험도 없으며, 또한 그 안에서는 '나는 이것이다.'와 같은 개념도 일어나지 않습니다. 의식은 용기나 쾌락, 행운, 두려움, 기억, 명성 혹은 광채와 같은 특성을 가지고 있지 않습니다. 그것들이 참나 안에서 자각되지 않는 것은 마치 뱀의 발이 어둠 속에서 자각되지 않는 것과 꼭 같습니다.

부순다는 계속 말했습니다.

브람만으로부터 다량의 감로가 쏟아지고, 이것이 창조라고 여겨집니다. 그러나 시간과 공간이 실제로 존재하지 않기 때문에, 그러한 우주는 비실재적이며, 존재하는 것처럼 보이는 것은 신과 전혀 다르지 않습니다. 마치 소용돌이로 보이는 것이 물인 것과 같이, 그리고 멀리서 보이는 연기가 구름의 모습을 하고 있듯이, 의식이 그 자체를 알고서 하나의 개념(자력으로 움직일 수 없는)을 일으키게 될 때 그 둘(의식과 개념) 사이에서 창조라는 제3의 요인이 생깁니다. 이 창조는 바나나 나무가 기둥이나 수정에 반사된 것처럼 하나의 현상에 불과합니다. 그러나 비실재적인 것에 들어 있는 실재의 개념을 올바르게 탐구하면, 현상은 사라집니다.

이 현상계는 화폭에 그려진 제국과 같습니다. 마치 다양한 색깔들을 사용함으로써 화폭이 매력적으로 보이는 것처럼, 이 현상계도 다양한 감각들의 경험이 있을 때 매력이 있는 것처럼 보입니다. 비실재적인 바로 이러한 현상은 보는 사람 즉 자아감에 달려 있습니다. 그러므로 그것은 마치 유동성이 물과 구분할 수 없는 것처럼 지고의 참나와 전혀 다르지 않습니다.

의식의 빛이 참나입니다. 이 창조가 생겨나게 되는 것은 바로 이 참나 안에서 '나'라는 개념이 일어날 때입니다. 이 개념이 없다면 창조물도 창조주도 없습니다. 이동이 물에 내재된 본성이지만, 물이 그 자체(물은 있는 그대로 있다. 즉 흐르는 물)와 관련해서는 어떤 흐름도 없습니다. 그와 꼭 같이 의식은 공간처럼 광대하고 안정되어 있습니다. 그러므로 의식은 그 자체 내의 어떤 공간도 알지 못합니다. 똑같은 물이라도 시간과 장소를 달리하여 보면, 이동의 개념이 일어납니다. 그와 꼭 같이 시간과 공간과 관련하여 의식 속에서 일어나는 자각이 우주의 개념을 일으킵니다. (시간과 공간이 비실재적이기 때문에, 사실상 그러한 우주는 불가능하며, 의식과 물의 비교도 적절하지 않다.) 마음이나 자아감, 지성 등의 이름들로 그대가 경험하는 모든 것이 다만 무지에 지나지 않는다는 것을 아십시오. 이러한 무지는 자신의 노력으로 사라집니다. 이러한 무지의 절반은 성현들과 함께 있어도 없어지며, 그 무지의 4분의 1은 경전을 공부함으로써 소멸되며, 나머지 4분의 1은 스스로의 노력으로 없어집니다.

(라마의 질문에 대한 대답으로) 바시슈타는 다음과 같이 설명했다.

현명한 사람들을 찾아가 그들과 어울려 지내야 합니다. 현자들과 함께 있으면서 이 우주에 대한 진리를 탐구해야 합니다. 부지런히 성현을 찾아 그를 숭배해야 합니다. 왜냐하면 그러한 성현을 찾는 바로 그 순간, 무지의 절반이 그와 함께 있음으로써 사라지기 때문입니다. 그 다음 4분의 1은 경전의 연구를 통해 사라지며, 마지막 남은 부분은 자신의 노력으로 없어집니다. 성현과 함께 있으면 쾌락에 대한 욕망도 끝나 버립니다. 그리고 자기의 노력으로 그것을 단호히 거절하면 무지는 사라집니다. 이 모든 것이 동시에 일어날 수도 있고, 혹은 차례로 일어날 수도 있습니다.

부순다는 계속 말했습니다.

마음속에 떠올린 공간 속의 대저택에는 실제 기둥의 지지물이 필요 없습니다. 그와 꼭 같이 가상이나 가공의 현상계도 실제의 시간과 공간에 의존해 있지 않습니다. 시간과 공간과 현상계 모두가 개념에 지나지 않습니다. 이 현상계는 대단히 미묘하므로, 그것은 단순히 마음의 활동이나 생각의 움직임만으로도 만들어집니다. 그래서 그것은 공기 속의 향기와 같습니다. 그러나 이 현상계는 공기 속의 그러한 향기와는 달리, 그것을 상상하는 마음에 의해서만 경험됩니다. 반면에 향기는 다른 사람들에 의해서도 경험될 수 있습니다. 마치 꿈이 꿈꾸는 사람에 의해서만 경험되듯이, 이 창조도 오직 마음속에서 그 우주를 일으키는 그런 사람에 의해서만 경험됩니다.

이와 관련하여 신들의 왕인 인드라가 어떻게 원자 구성 원소의 입자 내부에 들어가 자기 자신을 숨겼는지를 전해 주는 옛날 전설이 하나 있습니다.

언제쯤인가 어딘가에서 사람의 소망을 들어주는 가상의 어떤 나무가 있었습니다. 그 나뭇가지 하나에 이 우주라는 과일이 하나 달렸습니다. 이 과일은 독특하여 다른 모든 과일과는 완전히 달랐습니다. 이 과일 속에 들어 있는 벌레들처럼, 이 과일에는 신과 악마 등 모든 종류의 존재들이 다 살았습니다. 거기에는 천국과 하계는 물론, 지구도 들어 있었습니다. 그것의 크기는 거대했습니다. 왜냐하면 그것은 무한한 의식이 나타난 것이었기 때문입니다. 그리고 그것은 매력적이었습니다. 왜냐하면 그것은 본질적으로 다양한 경험들의 무한한 잠재력을 포함하고 있었기 때문입니다. 그것은 지성으로 빛을 발했으며, 그 중심부에는 자아감이 있었습니다. 거기에는 가장 우둔한 사람과 무지한 사람에서부터 깨달음에 가장 가까이 있는 사람에 이르기까지 모든 종류의 사람들이 다 있었습니다.

신들의 왕인 인드라도 그 과일에서 살았습니다. 한번은 비슈누 신과 다른 신들이 은둔해 있을 때, 이 인드라 신은 강력한 악마들의 공격을 받았습니다. 이 악마들의 추적을 받으면서, 인드라 신은 열 가지 방향으로 도망쳤습니다. 그러나 그는 결국 악마들에게 지고 말았습니다. 악마들의 주의가 잠깐 동안 분산되는 사이, 인드라 신은 그 상황을 이용하여, 미묘하고 아주 작은 형상(그가 거대하다는 생각을 버리고, 그가 미묘하고 매우 작다는 생각을 가짐으로써)을 취하여, 원자 구성 원소의 입자 속으로 들어갔습니다.

그 입자 속에서 그는 휴식과 평화를 찾았습니다. 그는 악마들과의 전쟁도 잊었습니다. 그 안에서 그는 스스로 마음에 궁전을 떠올렸고, 그 다음 도시를, 그 다음에는 다른 도시와 숲을 가진 나라 전체를 떠올렸으며, 그리고 그 다음에는 그 안에서 온 세상을 보았습니다. 말하자면 그는 천국과 지옥을 가진 우주 전체를 보았습니다. 그는 자신이 그 천국의 왕인 인드라라고 생각했습니다. 그에게 한 아들이 태어났고, 그는 그에게 쿤다라는 이름을 지어 주었습니다. 얼마 후에 이 인드라 신은 그의 몸을 버리고, 기름 없는 등불처럼 니르바나에 도달했습니다.

쿤다가 인드라가 되어 삼계를 다스렸습니다. 그도 또한 용기와 광채가 서로 필적할 만한 아들 하나를 두는 축복을 받았습니다. 따라서 그의 자손은 번성했고, 오늘날에도 그의 후손 가운데 한 사람이 천국을 다스리고 있습니다. 이와 같이 그 원자 구성 원소의 미립자 속에도 그러한 많은 왕들이 자신의 왕국을 다스리고 있습니다.

부순다는 계속 말했습니다.

그 집안에서 또 한 사람이 태어났고, 그는 천국의 지배자가 되었으나, 탄생과 죽음의 순환 주기를 끝내려고 결심했습니다. 그는 신들의 스승(브리하스빠띠)으로부터 가르침을 받아 지혜를 얻었습니다. 그는 그가 직접 구하지 않았는데도 일어나는 상황에 따라 적절한 활동들을 해 나갔습니다. 따라서 그는 종교적 의식을 올렸으며, 심지어 악마들과도 싸웠습니다.

그의 마음속에서는 "나는 절대자 브람만에 대한 실재를 자각해야 한다."는 하나의 소망이 일어났습니다. 그는 깊은 명상에 들어갔습니다. 그는 외딴 곳에 은둔하면서, 그 자신 안에서 평화를 누렸습니다. 거기서 그는 지고의 참나 즉 브람만을 보았습니다. 그 브람만은 전능하며, 만물에 가득 차 있는 전부이며, 모든 것이고, 언제 어디에서나 편재하며, 모든 발과 손이 자기의 것입니다. 또한 그 브람만의 눈과 머리와 얼굴은 모든 것이며, 또한 그 브람만에게는 오감이 없지만 그는 모든 감각들의 정수 그 자체이며, 또한 브람만은 모든 것을 떠받치고 있지만 완전히 자유로우며(집착이 없으며), 또한 동시에 모든 특성이 없으면서 또한 모든 특성을 갖추고 있으며, 또한 모든 피조물(움직이거나 움직이지 않는)의 내부와 외부에 있으며, 또한 그 브람만은 멀리에도 있고 가까이에도 있지만, 그것이 매우 미묘하기 때문에 알 수 없는 것이기도 합니다. 그는 태양과 달이며, 도처에 있는 흙의 원소이며, 산과 바다에 있는 실재이며, 또한 모든 것의 본질 자체이기도 합니다. 그 브람만은 이 우주와 세상의 본질을 그대로 가지고 있지만, 해방된 참나이며, 원래의 의식입니다. 비록 그가 전부이지만, 그에게는 이 모든 것이 전혀 없습니다.

그(인드라)는 항아리와 천, 나무, 원숭이, 사람, 하늘, 산, 물, 불과 공기 안에서 각기 다른 모습들로 나타나면서 다양한 기능들을 수행하는 브람만을 보았습니다. 그는 그것이 이 현상계의 실재라는 것을 깨달았습니다. 이와 같이 자신의 순수하고 정화된 의식으로 브람만을 깊이 생각하면서, 이 인드라는 명상에 열중하게 되었습니다. 인드라는 브람만이 자기에게 있는 천상의 최고 정치권력임을 깨닫고서, 이 우주를 통치했습니다.

이 인드라가 그 원자 구성 원소의 미립자 속에 머물고 있는 동안 우주 전체를 다스린 것과 꼭 같이, 지금까지 무수한 인드라와 우주가 있었습니다. 사람이 지각된 대상을 실체가 있는 실재하는 어떤 것으로 경험하는 한, 이 현상계는 계속 흘러갑니다. 이 마야(현상계)는 진리에 대한 깨달음이 올 때까지는 끊임없이 현상이 변화하면서 계속 흘러갈 것입니다. 그러다가 진리에 대한 깨달음이 올 때 마야는 작용을 멈출 것입니다. 이 마야가 어디에서 어떤 식으로 작용을 하든, 그것이 존재하는 것은 오로지 자아감이 있기 때문이라는 것을 기억하십시오. 자아감에 대한 진리가 탐구되어 이해되는 순간, 즉시 이 마야는 사라집니다. 왜냐하면 실재 즉 무한한 의식은 주체와 객체의 구분이 전혀 없으며, 분명한 실체에 대한 최소한의 흔적조차 없기 때문입니다. 그것은 그 실재로서 오로지 무한하고 절대적인 의식을 가진, 순수한 공(空)입니다.

부순다는 계속 말했습니다.

마치 인드라가 원자 구성 원소의 바로 중심부에서 그러한 우주에 대한 개념을 가슴에 지니게 되면서 우주 전체가 생겨났듯이, 자아감이 일어나는 곳이면 어디에서든지 세상은 나타납니다. 그 자아감은 하늘의 푸른색에 필적할 만한 이 세상의 환영을 만들어 낸 첫 번째 원인입니다.

이 현상계라는 나무는 잠재되어 있는 경향성이나 개념들 때문에 브람만이라고 알려진 언덕의 공간에서 자라고 있습니다. 그 나무의 씨앗은 자아감입니다. 별은 그 나무의 꽃입니다. 강은 그 나무의 엽맥(葉脈)입니다. 산은 그 나무의 잎입니다. 개념들과 한계들의 본질 자체는 그 나무의 열매입니다. 이 세상은 그 존재의 개념이 단지 확대된 것에 불과합니다.

이 현상계는 광활하게 펼쳐진 바다와 같습니다. 이 바다에서는 수많은 세상이 잔물결과 파도들처럼 나타납니다. 그것은 참나 지식을 막고,

결과적으로 해방을 방해하는 망상 때문에 확대됩니다. 그것은 그 안에서 생겨났다가 사라지는 존재들이 보여 주는 끊임없이 변화하는 파노라마 때문에 매력적이고도 아름답게 보입니다.

오, 천인이여! 이 우주는 또한 바람의 움직임에 비유해 볼 수 있습니다. 자아감은 바람이고, 그 움직임은 세상입니다. 그러한 움직임이 바람과 전혀 다르지 않은 것처럼, 또 향기가 꽃과 분리될 수 없는 것처럼, 이 자아감도 이 세상과 분리될 수 없습니다. 이 세상은 '자아감'이란 의미 자체 속에 존재하며, 또 자아감은 '세상'이라는 단어의 의미 자체 속에 존재합니다. 따라서 그들은 상호 의존적 관계에 있습니다. 만약 자신의 각성된 지성으로 자아감을 제거할 수 있다면, 그는 그의 의식으로부터 현상계라고 하는 불순물을 깨끗이 정화할 수 있습니다.

오, 천인이여! 사실상 자아감과 같은 것은 전혀 없습니다. 그것은 어떠한 이유도 없이 그리고 실체도 없이 아무튼 신비스럽게 나타났습니다. 오직 브람만만이 모든 것에 고루 스며들어 있습니다. 자아감은 가짜입니다. 자아감 그 자체가 가짜이기 때문에, 자아감에게 실재적인 것으로 보이는 이 세상도 또한 비실재적이라는 것은 분명합니다. 비실재적인 것은 실재하지 않습니다. 그래도 여전히 남아 있는 것은 평화로서 영원합니다. 그대는 바로 그것입니다.

내가 천인에게 이것을 말해 주자, 그는 깊은 명상에 들어갔습니다.

그는 지고의 상태에 도달했습니다. (바시슈타는 라마에게 "만약 가르침이 조건이 맞는 사람의 가슴에 떨어지면, 그 가르침은 그 지성 속에서 확대됩니다. 그러나 조건이 맞지 않는 가슴에 떨어지면, 그것은 거기에 머물지 못합니다. 자아감으로부터 '이것은 내 것이다.'라는 생각이 일어나고, 이것은 현상계로 확대됩니다."라고 말했다.)

따라서 오, 현자시여! 이와 같은 방식으로 가끔 무지한 사람조차 이천인처럼 불멸의 존재가 되기도 합니다. 불멸은 실재에 대한 지식이 있을 때만 얻어지는 것입니다. 그 밖의 다른 방법은 없습니다.

바시슈타는 계속 말했다. 오, 라마여! 이 후 나는 다른 현자들이 회의차 모여 있던 장소로 돌아갔습니다. 이와 같이 나는 그대에게 쉽게 해방을 얻은 천인의 이야기를 들려주었습니다. 내가 이 이야기를 부순다로부터 들은 뒤로 벌써 열한 번의 세상 순환 주기가 지나갔습니다.

바시슈타는 계속 말했다.

달콤하고 쓴 행복과 불행(혹은 선과 악)의 열매들을 맺는 이 세상이라고 하는 거대한 나무는 자아감이 가짜라는 것을 아는 순간부터 곧 사라집니다. 자아감이 가짜라는 것을 알고, 그럼으로써 완벽한 평정 상태를 얻는 사람은 두 번 다시 슬픔을 겪지 않습니다. 참나 지식이 자아감의 무지한 개념을 없애 버릴 때, 그때까지 확실한 실재라고 생각되었던 자아감은 사라집니다. 그리고 그것이 어디로 사라졌는지는 모릅니다. 또한 확실한 실재라고 여겨졌던 몸의 원동력도 어디로 사라졌는지 모릅니다. 잎사귀(몸)는 땅으로부터 습기(자아감)를 끌어들이지만, 태양(자아감이 가짜라는 것을 아는 참나 지식)은 그 습기를 증발시켜 미묘한 수증기(브람만)로 바꾸고 맙니다. 그러나 참나 지식이 없을 때는, 자아감의 씨앗이 눈 깜짝할 사이에 거대한 나무로 확대됩니다. 왜냐하면 그 씨앗 속에는 그 모든 무수한 가지들과 잎들과 꽃들과 열매들을 가진 나무 전체가 숨겨져 있기 때문입니다. 지혜로운 사람들은 우주 전체가 그 자아감 속에 숨겨져 있음을 알고 있습니다.

죽음조차도 이 모든 것을 종식시키지 못합니다. 실재의 개념이 한 물질에서 다른 물질로 옮겨질 때, 그것이 죽음이라고 알려져 있습니다.

지금 바로 그대 앞에 있는 무수한 존재들 내에 존재하고 있는 무수히 많은 존재들의 무수히 많은 창조물들을 바라보십시오. 마음은 쁘라나 즉 생명력 내에 있습니다. 그리고 세상은 그 마음속에 존재합니다. 죽을 때에 이 쁘라나는 몸을 떠나서 공간 속으로 들어갑니다. 그것은 우주의 공기에 따라 이곳저곳으로 떠돌아다니게 됩니다. 자신들의 모든 개념(세상)을 그들 내부에 숨긴 채 우주 전체를 채우고 있는 이 쁘라나 (지바)들을 바라보십시오. 나는 지금 여기 내 앞에서 나의 지성이란 내면의 눈으로 그들을 보고 있습니다.

우주 전체의 공기는 죽은 사람들의 쁘라나들로 가득 차 있습니다. 그 쁘라나들 속에는 마음이 존재하고 있습니다. 그리고 세상은 그 마음속에서 씨앗들 속의 기름처럼 존재하고 있습니다. 생명력(쁘라나)이 공간 속에서 바람을 따라 떠돌아다니는 것처럼, 이 모든 세상도 마치 꽃의 향기가 공기를 따라 떠돌아다니듯이, 마음속에서 떠돌아다닙니다. 오, 라마여! 이런 것들은 이 육안이 아닌 지성의 눈에 의해서만 볼 수 있습니다. 이러한 세상들은 언제 어디에서나 존재합니다. 그것들은 심지어 공간보다 더 미묘합니다. 왜냐하면 그것들은 개념들의 본질을 그대로 가지고 있기 때문입니다. 그러므로 사실상 그것들은 한 곳에서 다른 곳으로 떠돌아다니거나 이동하지 않습니다. 그러나 개개의 지바(쁘라나와 마음과 개념이 결합하여 구성되어 있는)에게는 그것이 스스로 창조한 세상에 대해 가지는 개념은 실재적입니다. 왜냐하면 그 지바는 그 세상의 실체를 확실히 믿고 있기 때문입니다. 물살이 빠른 강물의 강둑에 있는 대상들이 그 물 속에 반사되어 보일 때, 이 대상들은 실제로는 전혀 흔들리고 있지 않지만 흔들리는 것처럼 보입니다. 그와 꼭 같이 지바들 내부에 있는 이 세상들도 움직이고 있다고 말할 수도 있고, 전혀 움직이지 않는다고도 할 수 있습니다. 그러나 무한한 의식인 참나 안에서는, 마치 항아리가 한 장소에서 다른 장소로 옮겨질 때 그 항아리 안에 있던 공간은 한 장소에서 다른 장소로 이동하지 않는 것과 꼭 같이, 그러한 움직임이 전혀 없습니다. 그래서 이 세상은 그것이 존재한다고 잘못 믿는 망상 때문에 단지 존재하는 것처럼 보일 뿐입니다. 실제로 그것은 오로지 브람만이며, 그것은 창조되지도 파괴되지도 않습니다.

바시슈타는 계속 말했다.

이 세상이 우주의 공간 속에서 일어나는 것으로 여겨진다 하더라도, 그 안에 살고 있는 사람들에 의해서는 그것이 그러한 것으로 경험되지 않습니다. 보트를 타고 있는 승객들은 보트와 함께 이동하지만, 그 안에 앉아 있는 사람은 다른 보트가 움직이는 것을 보지 못합니다. 유능한 화가가 그의 그림이나 조각에서 거리감의 환영을 만들어 내는 것처럼, 마찬가지로 원자 구성 원소의 미립자 안에서도 마음은 무한한 거리의 개념을 지니게 됩니다. 또 대상들의 작기와 크기에 대해서도 경험의 왜곡이 있습니다. 마찬가지로, 이승과 저승이 모두 가짜이지만, 이승과 저승에 대한 비실재적인 경험이 있습니다. 이 모든 것에서부터 '이것은 바람직하다.'나 '이것은 바람직하지 않다.'와 같은 잘못된 개념들이 나타납니다.

지각력이 있는 존재는 자신의 내면의 지성으로 그 자신의 내부에 자신의 수족들이 존재한다는 것을 경험합니다. 그와 꼭 마찬가지로, 지바(이 경우에는 우주적 존재)는 그 자체 내에 다양성의 세상이 존재한다는 것을 지각합니다. 무한한 의식은 공간처럼 태어나지도 않았고 분할되어 있지도 않습니다. 그래서 이 모든 세상은, 말하자면, 그 무한한 의식의 수족들과 같습니다. 지각력이 있는 쇠로 된 공이 있다면, 그것은 그 자체 내에 칼, 바늘 따위가 잠재되어 있다는 것을 마음에 떠올릴 수 있을 것입니다. 그와 꼭 같이 지바도 비록 그것이 망상이나 잘못된 자각에 지나지 않는 것이지만, 그 자체 내에 삼계가 존재한다는 것을 보거나 경험할 수 있습니다. 심지어 지각력이 없는 씨앗 속에도, 비록 그렇게 다양한 대상들로서는 아니라 하더라도, 그 모든 수많은 가지와 잎들과 꽃들과 열매들을 가진 나무가 잠재되어 있습니다. 그와 꼭 마찬가지로 이 모든 세상도 비록 그 자체로서가 아닌 분화되지 않은 상태로 이긴 하지만 브람만 내에 존재하고 있습니다. 거울(그대가 거울을 지각력이 있거나 혹은 없는 것으로 간주하든 말든) 속에도 도시가 비칩니다(비록 그대가 거울 속에 그러한 비친 영상이 없다고 사실 그대로 말할 수도 있지만). 그리고 그것은 보여지기도 하고, 또한 보여지지 않기도 합니다. 그러한 것이 삼계와 브람만 간의 관계입니다. 이 세상이라고 알려진 것은 시간과 공간과 이동과 물질성에 지나지 않습니다. 그리고 이 모든 것은 그것들의 상호 의존 관계 때문에 자아감과 전혀 다르지 않습니다.

여기서 세상으로 보이는 것은 그 자체의 참된 본질에 있어서는 어떤 변화도 받지 않은 채, 그냥 세상처럼 보이는 지고의 참나에 불과합니다. 그것은 사람이 특별한 시간과 장소에 그것이 존재한다고 생각하는 대로 존재하는 것처럼 보입니다. 이 모든 분명한 현상들은 마음속에서 개념들로 일어납니다. 왜냐하면 마음 그 자체가 바로 의식에 불과하기 때문입니다. 그러므로 현상들은 마음에서 개념으로서 일어납니다. 그리고 마음 그 자체도 의식에 지나지 않습니다. 그러므로 현상은 가짜이지 진짜가 아닙니다. 관념들이나 개념들(상깔빠), 잠재된 조건화(바사나), 그리고 살아 있는 존재(지바)는 무한한 의식과 전혀 다르지 않습니다. 그것들이 경험된다 하더라도, 그것들은 무한한 의식인 하나의 실재로서 있다는 것을 제외하고는 여전히 비실재적입니다. 그러므로 비실재적인 개념이 없어지면, 해방 즉 목샤가 있습니다. 그러나 사람은 이들 세상이 공기 속에서 이곳저곳으로 떠돌아다닌다고 진실로 말할 수 없습니다. 왜냐하면 이 모든 것은 무한한 의식을 그들의 바탕과 유일한 실재로 깔고 있기 때문에 단지 그릇된 개념들에 불과하기 때문입니다.

라마는 물었다.

오, 현자시여! 지바의 형상과 본성과 소재지는 물론, 지바가 맺고 있는 지고의 참나와의 관계를 부디 말씀해 주십시오.

바시슈타는 대답했다.

오, 라마여! 그것이 그 자체에 대해 지니는 개념 때문에 그 스스로를 대상으로 알게 될 때, 지바로서 알려지는 그것은 무한한 의식입니다. 그것은 또한 찌뜨 즉 순수 의식이라고도 합니다. 이 지바는 미립자도 아니요, 투박하거나 물질적이지도 않으며, 비어 있는 것도 아니요, 그 밖의 다른 어떤 것도 아닙니다. 편재하는 순수 의식이 그것 자신의 존재를 경험할 때, 그것을 지바라고 합니다. 그것은 원자보다 더 미세하며, 가장 큰 것보다 더 큽니다. 그것은 전부이며, 또한 순수 의식입니다. 현자들은 그것을 지바라고 합니다. 여기에서 경험되는 모든 대상은 그 지바가 그렇게 경험한 지바 자체의 영상에 지나지 않습니다. 지바가 매순간 생각하는 모든 것을 지바는 그때 거기에서 경험합니다. 이렇게 경험하는 것은 마치 움직임이 바람의 본성이듯이, 지바의 본성 자체입니다. 그러한 경험하기가 그치면, 지바는 브람만이 됩니다.

의식으로서의 그것의 본성 때문에 지바가 자아감의 개념을 받아들이면, 그것은 시간과 공간, 운동 그리고 물질을 만들고, 몸 안에서 그리고 몸을 통하여 작용을 합니다. 그 다음 그것은 마치 사람이 꿈에서 자신의 죽음을 꿈꾸듯이, 그 자체 내의 이 모든 비실재적인 것들을 마치 실재하는 것처럼 자각합니다. 자신의 참된 본질을 잊은 채 그 다음 그 지바는 그 자신이 만든 그릇된 개념들과 자기 자신을 동일시합니다. 그것은 오감과의 우연적인 관계를 맺고서, 그러한 오감의 경험이 마치 그 자체의 경험인 양, 오감의 작용을 경험합니다. 그것은 이들 다섯 가지 능력들을 갖고 있어서, 뿌루샤(내재적인 존재)와 비라쯔(우주적인 인격)로서 빛을 발합니다. 이것은 아직도 미묘한 정신적인 존재이며, 또한 지고의 존재에서 나온 최초의 것입니다.

이러한 인격은 저절로 나타나서 자라고, 쇠퇴하고, 팽창하고, 수축하다가 사라집니다. 그는 마음(개념이나 생각)의 본성을 가지고 있고, 미묘하기 때문에 뿌르야스따까(여덟 개의 도시)라고 알려져 있습니다. 이 미묘한 존재는 작고 동시에 크며, 분명하고 동시에 불분명하며, 그리고 모든 것의 안과 바깥에 고루 스며들어 있습니다. 그의 수족은 여덟 개입니다. 즉 다섯 개의 감각과 여섯 번째로 마음과, 자아감과 그리고 비존재와 함께 있는 존재인 것입니다. 모든 베다들이 그에 의해 지금까지 시로 찬미되었으며, 활동의 양식이나 규칙들도 그에 의해 마련되었습니다. 이 모든 것이 오늘날까지도 득세하고 있습니다.

그의 머리는 모든 것 중에서 가장 높고, 그의 발은 하계이며, 공간은 그의 복부이며, 모든 세상은 그의 옆구리이며, 물은 그의 혈액이고, 산들과 땅은 그의 살이며, 강들은 그의 혈관이고, 방향들은 그의 팔이며, 별들은 그의 머리카락이고, 우주의 바람은 그의 쁘라나이며, 그의 생명의 불꽃은 달이며, 그리고 그의 마음은 모든 개념의 집합체입니다. 그의 참나는 지고의 참나입니다.

이 우주적인 인격이나 혹은 지바로부터 다른 지바들이 생겨나 삼계의 도처에 두루 배분되어 있습니다. 브람마, 비슈누, 루드라, 그리고 다른 신들도 그것의 마음이 만들어 낸 것들입니다. 그 생각의 형상들이 모습으로 드러난 것이 신이요, 악마요, 천인입니다. 지바는 의식에서 생겨났으므로, 의식은 곧 그것이 머무는 소재지입니다. 수천 명의 이러한 비라뜨들이 지금까지 나타났고, 앞으로도 나타날 것입니다.

바시슈타는 계속 말했다.

우주적 인격 자체가 개념(혹은 관념, 생각 등)의 성격을 띠고 있습니다. 그가 마음에 품는 모든 생각은 우주의 공간에서 다섯 원소들로 된 몸으로 나타납니다. 그러므로 오, 라마여! 창조된 것으로 보이는 모든 것은 개념들이 확장된 것으로 현자들은 보고 있습니다. 이 우주적 인격이 이 모든 현상계를 만든 근본 원인입니다. 그래서 결과도 원인과 똑같은 성격을 띠고 있습니다.

그러나 이 모든 것은 무의식이 아닌 의식 속에서 일어납니다. 이 모든 다양한 피조물들(벌레에서부터 루드라 신에 이르기까지)은 마치 거대한 나무가 작은 씨앗에서 자라난 것처럼 원래의 개념에서 생겨난 것입니다. 이와 같이 비록 우주가 미세한 원자 구성 원소인 양자와 전자 등에서 확장되었지만, 그 확장이나 진화는 둔함이 아닌 지성에 뿌리를 두고 있습니다. 나타나게 된 것처럼, 그와 꼭 같이 모든 사물도 가장 미세한 원자에 이르기까지 존재하게 된 것입니다.

그러나 진실로 큰 것도 없으며 미세한 것도 없습니다. 참나 속에서 일어나는 모든 개념은 마치 그것이 실재하는 것처럼 경험됩니다. 마음은 달의 원소로 생겨납니다. 그래서 달은 마음에 의해 창조된 것입니다. 마찬가지로 하나의 지바는 다른 지바를 만드는 원인이 됩니다. 현명한 사람들은 지바가 정액의 본질이라고 생각합니다. 그 안에 그것이 그 자체와는 별개인 것처럼 경험하는 참나의 희열이 숨겨져 있습니다. 또 그 안에서 어떤 분명한 이유도 없이 그것은 다섯 개의 원소들과 동일시하게 됩니다. 그러나 지바는 계속 지바로서 존재하며, 이들 원소들에 의해 실제로는 제한을 받지 않습니다. 말하자면 그것은 이들 원소들의 안과 바깥에 존재하며, 그들의 구조가 몸입니다. 그러나 그것이 원소들과 동일시함으로 인해 시야가 가리어져 있어, 그것은 마치 장님으로 태어난 사람이 앞길을 보지 못하는 것과 꼭 같이 자신의 참된 본성을 보지 못합니다. 해방 즉 목샤는 이 무지의 파괴이며, 또한 지바가 이들 원소들이나 자아감과는 독립해 있다는 것을 깨닫는 것입니다.

오, 라마여! 사람은 냐니(지혜를 가진 사람이나 직접적인 경험을 하는 사람)가 되려고 노력해야지, 냐나반두 즉 가짜 냐니가 되려고 해서는 안 됩니다. 어떤 사람이 가짜 냐니일까요? 예술을 공부하는 어떤 조각가가 만족이나 이익을 위하여 공부를 하는 것처럼 만족이나 이익을 위해 경전을 공부하거나, 가르침에 따라 생활하지 않는 그런 사람이 가짜 냐니입니다. 경전에 대한 그의 지식이 그의 일상생활에 반영되어 있질 않습니다. 그는 자신의 신체적 안녕과 물질적인 행복을 증진시키기 위하여 경전의 지식을 이용하는 데 관심이 더 많습니다. 그러므로 나는 무지한 사람이 그러한 가짜 냐니보다 더 낫다고 생각합니다.

냐나 즉 지혜가 참나 지식입니다. 다른 형태의 지식은 참나 지식의 창백한 그림자에 지나지 않습니다. 이 세상에서 정직하게 생계를 꾸려 나가는 데 필요한 만큼 일을 해야 합니다. 생명력을 유지시키기 위하여 먹어야 합니다. 오직 지식을 획득하기 위하여 자신의 생명력을 유지해야 합니다. 자신을 슬픔에서 해방시켜 주는 그것을 탐구하고 알아야 합니다.

바시슈타는 계속 말했다.

활동의 결과들을 모르는 혹은 염두에 두지 않는 사람이 냐니입니다. 왜냐하면 그는 참나 지식에 자리를 잡고, 개별화된 마음과 그것의 대상들을 모두 무시하기 때문입니다. 심리적인 조건화가 완전히 제거된 사람이 냐니입니다. 그의 지성에는 왜곡이 없습니다. 그의 지식은 다시 태어남을 초래하지 않는 그런 것입니다. 그는 먹고 입는 단순한 활동을 하며, 또한 욕망이나 정신적 활동이 없는 그런 자연발생적이고 적절한 활동을 합니다. 그를 일러 빤디따라고 합니다.

다양한 피조물들은 태어날 목적이나 계속 존재할 목적을 지니지 않고 있습니다. 그들은 비록 참된 실체처럼 보이지만, 실제로는 그렇지 않습니다. 이러한 비실재적인 우주를 합리적으로 설명하기 위하여 나중에 인과 관계를 끌어들인 것입니다. 신기루는 그것이 나타나야 할 어떤 목적이 있습니까? 이러한 시각적 환영들이 나타난 이유를 찾으려는 사람들은 불임 여성 아들의 손자 어깨 위에 목말을 타려고 애쓰는 것과 같습니다. 이러한 시각적 환영들이나 가공의 현상들이 나타난 유일한 원인은 지각력이 없기 때문입니다. 왜냐하면 그것들을 조사해 보면 그것들은 사라지기 때문입니다. 그것들을 올바르게 탐구하고 지각할 때, 그것들은 지고의 참나인 것으로 드러납니다. 그러나 마음을 통하여 그것들을 지각할 때는, 제한적인 지바가 일어납니다. 이 지바가 올바르게 탐구되고 조사될 때, 그 지바는 사실상 지고의 참나입니다. 그러나 마음으로 그것을 파악할 때, 그것은 온갖 종류의 변화, 탄생, 쇠퇴 등의 지배를 받는 지바인 것처럼 보입니다. 우주적 존재를 직접 경험하는 사람들은 그들의 두 눈이 이 세상을 바라보고 있을 때에도 다양성을 지각하지 못합니다. 그들의 마음이 작용을 하고 있는 중이라도, 그 마음속에는 생각의 무질서한 움직임이나 혹은 각기 상이한 방향들로 나아가는 움직임도 전혀 없습니다. 그러므로 그들의 마음은 생각의 움직임이 전혀 없는 무심입니다. 그들의 활동에도 마치 바람 부는 대로 움직이는 마른 낙엽처럼 의지의 작용이 전혀 없습니다.

심리적인 조건화에 속박되어 있는 무지한 바보는 영적으로 깨어 있지 않기 때문에 경전에서 요구한 활동을 찬양합니다. 그의 감각들은 그 대상들을 약탈합니다. 그러나 현명한 사람은 감각들을 억제하고, 참나에 중심을 잡고 있습니다. 형상 없는 금도 없고, 또한 전혀 나타남이 없는 브람만도 없습니다. 그러나 해방은 창조나 나타남의 개념을 없애는 것입니다. 이 우주의 세상 주기가 끝나는 소멸 기간 동안에는 완전한 하나의 어둠이 전 우주를 감쌉니다. 그와 꼭 같이 현명한 사람들의 눈에는 이 우주 전체가 브람만이라는 하나의 실재로 둘러싸여 있습니다. 바다는 그 자체 내의 다양성과 움직임에도 불구하고 하나의 동질적인 단위입니다. 이 모든 다양성과 움직임을 포함하고 있는 단 하나의 브람만밖에는 없습니다. 자아감 안에는 이 세상이 있고, 이 창조 안에는 자아감이 있습니다. 이 둘은 불가분의 관계에 있습니다. 지바는 어떤 이유나 동기도 없이 그 자체 내에 있는 이 창조를 봅니다. 팔찌는 금입니다. 즉 팔찌가 팔찌로서 보이지 않을 때, 팔찌는 사라지고 금만이 남습니다. 따라서 진리를 보는 사람은 살고 있지만 살지 않으며, 죽어 가지만 죽지 않고, 존재하고 있지만 존재하지 않습니다. 그들의 활동들은 전혀 의지의 작용이 없는 신체의 작용입니다.

바시슈타는 계속 말했다.

모든 몸 속에는 지바가 눈송이처럼 존재하는데, 분명히 무겁고 큰 존재들에게는 무겁고 큰 눈송이처럼 존재하고, 작은 존재들에게는 가볍고 미묘한 눈송이처럼 존재합니다. '나'라는 것은 그것이 잉태되는 순간 삼각관계에 들어갑니다. 그리고 그것이 그 자체를 알고 있기 때문에 그것은 비록 몸이 비실재적이고 단지 실재하는 것으로 보일 뿐이지만, 자기 스스로를 몸으로 생각합니다. 까르마의 덮개인 그 삼각관계에서, 바로 정액의 본질 그대로 되어 있는 지바는 마치 향기가 꽃에 존재하는 것처럼 그 몸 안에 존재합니다. 태양의 광선이 지구의 도처로 퍼져 나가듯이, 정액 속에 있으면서 삼각관계에 들어선 이 지바도 몸의 도처로 뻗어 갑니다.

비록 이 지바가 안이나 바깥 어디에도 있지만, 그것은 이 생명 에너지(정액)와 특별히 동일한 신분 관계를 맺고 있어서, 이 생명 에너지는 그 지바의 특별한 거처로 간주되고 있습니다. 따라서 그것은 존재들의 바로 가슴속에 존재합니다. 이와 같이 그 지바가 존재들 속에 살아가는 동안 생각하는 것은 무엇이나 그것이 경험하는 경험 자체가 됩니다. 그러나 그것이 의식 속의 모든 생각의 움직임을 버리고 무심의 상태가 될 때까지 그것은 평화를 얻지 못하며, 계속해서 '나는 이것이다.'라는 그릇된 개념을 지니게 됩니다. 그러므로 오, 라마여! 비록 그대가 여전히 생각들과 감정들을 계속 가질지라도, '나'라는 것이나 자아감이 그대에게서 사라지면, 그대는 공간처럼 남게 될 것이고, 그러면 평화가 있을 것입니다.

마치 그들이 조각상들인 것처럼 이 세상에서 살아서 기능하고 있는 참나 지식을 갖춘 현자들이 있습니다. 이 세상이 그들의 의식에 전혀 방해를 일으키지 못하지만, 그들의 활동 기관들은 여기에서 작용합니다. 여기에서 공간(거기에서 계속되는 활동에 전혀 영향을 받지 않는)처럼 살아가는 사람은 모든 속박을 벗어났으며 해방을 얻었습니다.

다양성이 존재한다는 자신의 확고한 신념을 버리지 않는 사람은 늘 슬픔이 떠나지 않습니다. 입는 모든 옷과 먹는 모든 음식, 그리고 그에게 제공되는 모든 쉬는 장소에 행복해 하는 사람은 황제처럼 빛을 발합니다. 비록 그가 제한된 삶을 영위해 가는 것처럼 보이지만, 실제로 그는 어떤 제한도 받고 있지 않습니다. 왜냐하면 그는 내면으로 자유롭고, 공하기 때문입니다. 겉으로 활동하는 것처럼 보이지만 그는 애써 노력하지 않고, 마치 깊은 수면에 들어 있는 사람처럼 움직입니다. 실제로 현자(진리를 아는 사람)에게는 제한된 마음이 없다는 사실을 제외하고, 무지한 사람과 현자 사이에는 어떤 차이도 없습니다. 제한적인 마음에게 이 세상이라고 보이는 것이 제한이 없는 마음에게는 브람만으로 보입니다.

여기에 존재하는 것처럼 보이는 모든 것은 존재하다가 소멸하고, 다시 태어납니다. 그러나 오, 라마여! 그대는 탄생도 죽음도 없는 바로 그것입니다. 일단 참나 지식이 그대에게 일어나면, 마치 불탄 씨앗이 식물을 생기게 하지 못하는 것처럼, 이 현상계가 그대에게 어떤 인상을 주기에는 무력합니다. 그러한 사람은 활동을 하든 하지 않든 간에 참나 속에 조용히 머물러 있습니다. 오로지 쾌락에 대한 욕구가 완전히 사라진 그런 사람만이 지고의 평화를 경험하지, 그 밖의 수단으로 마음의 평화를 얻은 사람은 지고의 평화를 경험하지 못합니다.

바시슈타는 계속 말했다.

오, 라마여! 욕망이나 정신적 채색을 모두 없애고 그리고 정신적 조건화를 벗어나, 마치 망끼가 그랬듯이, 일어나서 지고의 상태로 나아가십시오.

그대의 선조인 아자라는 분이 옛날 나를 종교 의식에 초대한 적이 있습니다. 내가 그 의식에 참석하기 위하여 공중에서 내려갈 때, 나는 먼지투성이의 무더운 밀림으로 들어갔습니다. 내가 그 밀림을 뚫고 나아가려고 했을 때, 나는 한 나그네가 "아, 슬프다! 이 태양이 모든 것을 불태워 죽이듯이, 사악한 자와 함께 지내는 것은 오직 슬픔과 죄악을 낳을 뿐이구나. 내가 저쪽 마을로 가서, 그동안 쌓인 피로나 좀 풀어 보자."라며 한탄하는 소리를 들었습니다.

이렇게 하여 그가 다음 마을로 막 들어서려 할 때, 나는 그에게 이렇게 말했습니다. "오, 바른 길을 찾지 못한 나그네여! 어서 오십시오. 그대가 소금물을 마시면 갈증을 풀기는커녕 그대의 갈증이 더해지듯이, 무지한 사람들이 사는 이곳에서는 영원한 만족을 찾을 수 없습니다. 무지한 사람들은 아무 목적 없이 떠돌아다니다가 그릇된 길로 빠져 듭니다. 그들은 참나 탐구도 하지 않으며, 또한 사악한 활동과 관계를 끊지도 않습니다. 그들은 여기에서 기계처럼 움직입니다. 무지한 사람들과 함께 지내기보다는 차라리 어두운 동굴에 있는 뱀이 되는 편이 더 낫습니다. 아니면 바위 속의 벌레가 되는 편이 더 낫습니다. 무지한 사람들과 함께 지내기보다는 사막(신기루)에서 절름발이 사슴이 되는 편이 더 낫습니다. 무지한 사람들과 함께 지내면 순간적인 만족은 있을지 몰라도, 참나는 파괴됩니다. 무지한 사람들과 함께 지내는 것은 유해합니다."

내가 그렇게 말하자마자, 그는 나에게 이렇게 말했습니다. "신이시여! 당신은 누구십니까? 당신은 아무것도 가지고 있지 않지만, 황제처럼 빛을 발합니다. 당신은 신의 감로를 마셨습니까? 당신에게는 아무것도 없지만, 나무랄 데 없이 모든 것을 갖추고 있습니다. 오, 현자시여! 아무것도 아닌 것처럼 보이지만 모든 것이며, 이 지상에 있는 것처럼 보이지만 초월적인 당신의 이 형상은 무엇입니까? 그대에게는 모든 욕망과 희망이 없지만, 욕망과 희망을 가지고 있는 것 같습니다. 당신의 의식 속에는 각기 상이한 관념들이나 개념들이 당신의 소망에 따라 일어납니다. 그리고 이 우주 전체는 과일 속의 씨앗처럼 당신 속에 머물러 있습니다. 나는 망끼라는 이름을 가진 순례자입니다. 나는 먼 곳까지 돌아다녀서, 이제 나 자신의 거처로 돌아가고 싶습니다. 그러나 나는 집으로 돌아가는 데 필요한 힘이 없습니다. 신이시여! 위대한 현자들은 처음 보자마자 우정을 깊게 하려고 합니다. 나는 이 세상의 환영을 극복할 수 없다는 느낌이 듭니다. 부디 나에게 깨달음을 주십시오."

나는 그에게 다음과 같이 대답했습니다. "오, 순례자여! 나는 바시슈타라고 합니다. 두려워 마십시오, 그대는 정말로 해방의 문턱에 다다랐습니다. 그대는 지금까지 (참나 탐구의 특징을 갖춘) 현자를 찾아왔고, 그러므로 그대는 이 현상계의 피안에 거의 다다랐습니다. 그러므로 그대 마음속에는 공평성이 일어났고, 평화가 있습니다. 진리를 감추고 있는 그 장막을 거둘 때, 진리는 스스로 빛을 발합니다. 그대가 알고 싶은 바를 말해 주십시오. 그대는 어떻게 이 세상의 환영을 파괴시키려고 합니까?"

망끼는 다음과 같이 말했습니다.

신이시여! 나는 지금까지 나의 의심들을 없애 줄 수 있는 사람을 온갖 곳으로 찾아다녔습니다. 그러나 지금까지 나는 그러한 사람을 찾지 못했습니다. 오늘 나는 당신으로부터 존재들 가운데서도 운이 가장 좋은 사람에게나 찾아올 수 있는 그런 최고의 축복을 얻었습니다.

이 세상에는 모든 것이 생겨났다가 사라집니다. 그러므로 슬픔이 반복적으로 경험됩니다. 이 세상의 모든 즐거움이 슬픔으로 끝나는 것은 필연적입니다. 그러므로 나는 슬픔을 초래하는 기쁨보다 차라리 슬픔이 더 낫다고 생각합니다. 쾌락과 고통의 경험을 반복해서 겪다 보니,

나의 마음은 그릇된 개념들로 가득 찼으며, 그 때문에 각성된 지성이라는 내면의 빛이 비치지 않는 것입니다. 그러한 무지한 삶에서 태어난 잠재된 경향성들에 속박되어 있기 때문에, 마음은 단지 나를 사악한 생활과 활동으로 이끌어 갈 뿐입니다. 따라서 지금까지 나는 나의 생애를 허비하고 말았습니다. 쾌락에 대한 이 욕망은 결코 실현되지 않으며, 결코 만족을 찾지 못합니다. 그래서 비록 그 욕망의 모든 열망들은 실패로 끝나지만, 그 욕망 자체는 끝나지 않습니다. 가을이 되면 나뭇잎이 말라 떨어집니다. 그러나 쾌락에 대한 욕망은 사라지지 않습니다. 또한 가슴속에서 일어나 나에게 끔찍한 불행을 주는 불안들도 사라지지 않습니다. 많은 축복을 받아 성공을 누리는 사람마저도 불행한 생활 상태로 떨어집니다. 그러한 성공은 흔히 부주의한 사람을 슬픔의 함정에 가두어 버리는 미끼로 보입니다.

이와 같이 내 가슴이 사악한 경향성들과 불안으로 물들어 있기 때문에, 현명한 사람들은 내가 단지 감각의 만족에 관심이 있다는 것을 알고서는 나에게 전혀 주의를 기울이지 않습니다. 이 모든 것에도 불구하고 나의 마음은 아직 죽음에 정복당하지 않았기 때문에 여전히 그 파괴적인 과정을 따라가고 있습니다. 자아감이 무성하게 자라는 내 무지라는 어둠은 경전들의 연구에 의해서나, 깨달음을 얻은 존재들과의 교제라는 달빛에 의해 아직 사라지지 않았습니다. 내 속에 있는 무지의 코끼리는 아직도 지식의 사자를 만나지 못했습니다. 내 까르마의 풀은 그것을 태워 없애 주는 불을 아직 만나지 못했습니다. 참나 탐구의 태양은 정신적 조건화란 어둠을 몰아내기 위하여 아직 내 마음속에 떠오르지 않았습니다.

오, 현자시여! 내가 아무것도 아닌 것이라고 지성적으로 이해하고 있는 것도 여전히 나에게는 참된 실체나 물질인 것처럼 보입니다. 나의 감각들이 나를 갉아 먹고 있습니다. 심지어 경전들의 지식조차 진리를 가리고 있는 기존의 베일을 걷어 내는 데 나를 도와 주기는 커녕 베일 하나를 더 입혀 주는 것 같습니다.

따라서 나는 무지와 혼란에 휩싸여 있습니다. 신이시여! 진실로 나에게 좋은 것이 무엇인지를 말씀해 주십시오.

바시슈타는 다음과 같이 대답했다.

경험과 생각하기(개념 등을 마음에 품는 짓), 정신적 조건화와 상상은 아무 의미가 없으며, 오직 정신적인 고통만 낳을 뿐입니다. 삶의 모든 슬픔과 불행은 감각적 경험과 생각하기에 뿌리를 내리고 의지해 있습니다. 이러한 삶 혹은 삼사라의 길은 정신적 조건화나 잠재된 경향성들의 지배를 받고 있는 사람에게는 꼬불꼬불하게 뒤틀려 있습니다. 그러나 깨어 있는 사람의 경우에는 이 삼사라가 그의 정신적 조건화의 소멸과 더불어 사라집니다.

공간 속에는 순수한 공 이외에 아무것도 없는 것과 꼭 같이, 순수 의식 이외에는 아무것도 없습니다. 이 순수 의식 이외의 경험자라고 하는 어떤 것이 있다는 것은 무지이며, 그 무지의 확장이 이 삼사라(현상계)입니다. 관찰이 없을 때에 나타나는 것은 관찰이란 빛을 그곳으로 돌리면 사라집니다. 마찬가지로, 진정한 참나의 그림자에 불과한 이 경험 주체의 가짜의 나는 그 참된 본질이 조사되는 순간 사라집니다.

대상적인 의식이 만들어 낸 구분도 의식이 분할할 수 없는 것이라는 것을 알게 되면 사라집니다. 항아리는 점토와 관계없이 독립적으로 존재하지 않습니다. 왜냐하면 항아리는 단지 점토의 변형에 불과하기 때문입니다. 대상도 의식으로 되어 있습니다. 즉, 그 대상은 '의식의 대상들'로서 의식과 다르지 않습니다. 지식을 통해 알려진 것은 그 지식과 전혀 다르지 않습니다. 미지의 것은 알려지지 않은 것입니다! 의식은 주어, 술어(아는 것), 그리고 목적어에 들어 있는 공통 인수입니다. 그러므로 지식이나 의식 이외에는 아무것도 없는 것입니다. 그렇지 않다면, 어떤 이해(즉, 완전히 다른 두 개의 물질에 대한)도 있을 수 없을 것입니다. 따라서 나무와 돌조차 의식의 본질을 그대로 가지고 있습니다. 만약 그렇지 않다면, 그것들은 이해될 수 없을 것입니다. 이 세상에 존재하는 모든 것은 순수 의식입니다. 그 대상들(나무와 밀랍 같은)이 다르게 보일지 모르지만, 그 대상은 관찰자의 관점과는 전혀 다르지 않습니다. 왜냐하면 그 두 개의 대상을 모두 보고 있는 것은 똑같은 관찰자이고, 다양성을 지각하는 자아감은 구분을 일으키는 자이기 때문입니다. 자아감은 속박이요, 그것을 없애는 것이 해방입니다. 그것은 너무도 간단합니다. 어려움이 어디에 있겠습니까? 복시 시각 장애의 경우 하나의 달이 두 개로 보이는 현상이 일어난 것과 꼭 같이 그 구분이 '일어난' 것입니다. 그 경우에 그것이 어떻게 '일어났다'고 말할 수 있겠습니까? 그것은 틀렸습니다. 의식과 둔함은 서로 관련될 수 없습니다. 의식은 무의식이 될 수 없습니다. 어쨌든 그것이 스스로 움직이지 않는다고 생각하는 것은 의식뿐입니다. 그러면 마치 바위가 언덕 위에서 아래로 굴러 떨어지듯이, 한계(限界)가 물질성의 개념 안으로 다시 들어오게 됩니다.

바시슈타는 계속 말했다.

이와 같이 사람이 현상계의 환영에 빠지면, 당장 그는 마치 곤충들이 비 온 뒤에 일어나듯이, 원래의 환영에서 일어나는 다른 무수한 환영들의 먹이가 됩니다. 마음은 봄철의 숲과 같습니다. 그 마음은 매우 많은 개념들과 관념들의 나무로 너무나 빽빽이 들어서서, 짙은 어둠이 그 속에 널리 퍼지게 됩니다. 자기 한계나 무지 때문에, 사람들은 이 세상에서 수많은 즐거움과 고통의 경험을 겪게 됩니다.

현자와 달 사이에는 어떤 차이도 없습니다. 그 둘은 모두 기쁨의 빛을 냅니다. 그들은 평화롭고, 차분하고, 조용하며, 불멸의 감로로 가득차 있습니다. 그리고 그들이 있기 때문에 우리는 볼 수 있습니다. 마찬가지로, 무지한 자와 아이 사이에도 어떤 차이도 없습니다. 그들에게 삶의 동기는 변덕들과 공상들이며, 그들은 과거나 미래의 것을 고려하지 않으며, 또한 그들에게는 올바른 활동이 전혀 없습니다.

창조주에서 가장 작은 곤충에 이르기까지, 만약 자신의 마음을 완전히 통제하지 못한다면, 어떤 누구도 지고의 평화를 얻을 수 없습니다. 마치 길 위의 장애물들이 그것을 주의 깊게 관찰하는 사람에게는 방해를 줄 수 없는 것처럼, 속박의 본질이 무엇인지를 단순히 조사만 해 보는 사람에게도 속박은 사라집니다. 유령들도 정신 차리고 깨어 있는 사람에게는 붙어 다니지 않습니다. 그대가 두 눈을 감으면, 외부 세상의 모습은 없어집니다. 그와 마찬가지로, 만약 그대가 그대의 의식으로부터 이 세상의 개념을 없애 버린다면, 순수 의식만이 남게 됩니다. 지금도 이 순수 의식만이 존재합니다. 이 세상은 단지 그 의식이 조금 동요함으로써 생겨난 비실재적인 현상입니다. 말하자면, 세상은 우주적 마음이 만들어 낸 창조물입니다. 이러한 우주적 마음은 단순히 그러한 세상에 대한 개념을 품은 것일 뿐입니다. 왜냐하면 그 우주적 마음에는 물질적인 창조를 위한 물질적인 요소들이 없기 때문입니다. 이 세상은 브람만이라는 화폭 위에 물감이나 도구도 없이 그려진 그림입니다. 그렇다면 이 세상이 정말로 누구에 의해, 어떻게, 언제 그리고 어디에서 창조되었다고 감히 말할 수 있겠습니까?

'나는 행복하다.'라는 개념이 행복을 경험하고, '나는 불행하다.'라는 개념이 불행을 경험합니다. 이 모든 개념은 순수 의식에 지나지 않습니다. 개념들로서 그 개념들은 가짜입니다. 참나나 무한한 의식에는 한계나 조건화가 없기 때문에, 그 속에서는 어떤 동요나 움직임도 전혀 없습니다. 참나 속에서는 어떤 욕망이나 애착(의존)도 없으므로, 불안이나 움직임도 전혀 없습니다. 의존만이 속박입니다. 의존하지 않음이 자유요, 해방입니다. '모든 것', '무한', '충만' 등이 가리키는 것에 조용히 머물러 있는 사람은 어떠한 것도 바라지 않습니다. 육신이 꿈 속에서 본 몸만큼이나 비실재적일 때, 현명한 사람은 그 몸을 위해 도대체 무엇을 바라겠습니까?

현자는 영적으로 깨어 있는 상태나 깨달음을 얻은 상태에서 참나에 조용히 머물러 있습니다. 그의 모든 욕망은 실현됩니다. 오, 라마여! 망끼는 이 모든 말을 듣고서, 그의 망상을 버린 뒤에 깊은 명상에 들어갔습니다. 그는 자연스럽고도 적절한 활동(필연적인 활동; 축어적 의미는, 강물에 빠진 사람의 활동)을 하면서 살아갔습니다.

바시슈타는 계속 말했다.

참나 속에는 일원성과 다양성이 있습니다만, 서로 대립해 있는 일원성이나 다양성은 아닙니다. 그렇다면 어떻게 그 속에서 다양성을 주장할 수 있겠습니까? 하나의 참나만이 존재하며, 그것도 공간처럼 미묘하고 편재하는 상태로 존재합니다. 그것은 몸의 탄생이나 죽음으로도 나누어지지 않습니다. '나는 몸이다.'라는 것은 진리가 아닌 망상입니다. 그대는 순수한 참나 혹은 나누어지지 않는 의식입니다. 주어(관찰자), 목적어(관찰 대상), 그리고 술부(관찰 행위)는 단지 마음의 변형에 불과합니다. 진리나 참나는 이러한 구분으로 나누어지지 않습니다. 그러므로 그것은 명상(디야나) 너머에 있습니다. 이 모든 것은 분할할 수 없는 하나의 브람만입니다. 그래서 이 세상과 같은 것도 없습니다. 그렇다면 도대체 환영이 어떻게 일어나 존재할 수 있을까요? 이 세상(실재로서나 혹은 환영으로서)이 존재한다는 잘못된 느낌은 나의 가르침으로 사라졌습니다. 그래서 이제 그대가 속박을 받을 이유는 전혀 없습니다. 행운과 역경 속에서도 자아감이나 욕망이 없이 자유롭게 살아가십시오.

라마는 말했다.

나는 다시 한 번 까르마 혹은 신의 뜻(운명)이라고 하는 것에 대한 진리를 듣고 싶습니다.

바시슈타는 대답했다.

신의 의지(운명-다이밤)와 까르마는 단지 개념들일 뿐입니다. 사실은, 그것들은 의식의 움직임입니다. 그러한 움직임이 있을 때, 현상계는 일어납니다. 그러한 움직임이 그치면, 현상계도 사라집니다. 그러한 움직임과 의식 사이에는 조금도 구별이 없습니다. 사람과 그의 까르마(활동) 사이에는 조금도 구별이 없습니다. 피조물을 알 수 있는 기준은 그것의 특징적인 활동입니다. 그리고 그러한 활동은 그 피조물의 성격을 드러냅니다. 다시 말해, 그 둘은 불가분의 관계에 있습니다. 그러므로 '신'(다이바), '업'(까르마) 그리고 '사람'(나라)과 같은 말들이나 개념들은 단지 의식의 움직임을 나타내는 표현에 불과합니다.

의식 속에서의 자기 한계와 더불어, 이러한 의식의 움직임은 모든 것의 씨앗 역할을 합니다. 그러나 그 의식의 움직임을 일으키는 원인이나 씨앗은 전혀 없습니다. 씨앗과 싹 사이에도 어떤 구별도 없습니다. 그러므로 이 모든 것(몸 등)은 단지 의식의 움직임일 뿐입니다. 이러한 움직임이 전능하다는 것은 명백하므로, 그러한 움직임은 움직일 수 있거나 움직일 수 없는, 지각력이 있거나 지각력이 없는, 그런 여러 신과 악마 그리고 다른 피조물들을 밖으로 현시할 수 있습니다. 어떤 사람과 그의 활동들(까르마)이 별개의 다른 것이라고 주장하는 사람들은 인간의 모습을 한 동물들입니다. 그들에게 경의를 표합니다.

이 세상으로 싹을 틔우는 씨앗은 자기 한계 내지 의식의 조건화입니다. 무집착이나 자유의 불로 그 씨앗을 태워 버리십시오. 의지 작용이 없는 활동(활동 속에서의 활동 없음)이 무집착 내지 자유라는 것입니다. 다시 말하면, 정신적 조건화(바사나)를 뿌리째 뽑아 버리는 것이 무집착 내지 자유입니다. 어떻게 해서라도 이 자유를 얻으십시오. 바사나의 씨앗을 소멸할 수 있는 그 방법들이 최고입니다. 이렇게 하는 데는 자기 노력 이외의 어떤 것도 아무 소용이 없습니다.

바시슈타는 계속 말했다.

오, 라마여! 모든 장소에서 일어나는 모든 활동을 순수 의식으로 간주하고, 그대는 내면을 주시하면서 살아가십시오. 슬픔이나 불운 속에서도, 심한 고통과 아픔 속에서도, 그대 내부에서는 슬픔이 없는 상태로 남아 계십시오. 그러나 예의범절에 따라, 그리고 그 지방의 예법에 따라, 심지어 눈물을 흘리고 통곡하면서까지, 그리고 겉으로는 즐거움과 아픔을 경험하면서, 마치 슬픔을 당하고 있는 것처럼 행동하십시오. 그대의 아내와 함께 즐거운 시간을 보내거나 축제 따위에 참가할 때에도, 마치 그대가 정신적 조건화를 받고 있는 듯 기쁨을 표현하십시오. 장례식이나 심지어 전쟁에도 마치 제한된 이해력을 가진 무지한 사람처럼 참가하십시오. 부를 얻고 그대의 적을 파괴할 때도, 마치 제한된 이해력을 가진 무지한 사람들이 하듯이 하십시오. 고통 받는 사람들에 대하여는 자비심을 가지십시오. 성현들에 대해서는 숭배를 올리십시오. 행복으로 기뻐하고, 슬픔으로 마음 아파하십시오. 영웅 중의 영웅이 되십시오. 그대의 시선을 내면으로 돌리고, 참나의 희열 속에서 헤엄치며, 그대의 감정과 지성이 평화로워지면, 그대는 그대가 하고 있는 일도 하고 있지 않는 것이 됩니다.

이와 같이 그대가 참나에 조용히 머물면, 가장 날카로운 무기마저 그대(참나 지식)를 절단할 수 없습니다. 이 참나 지식은 무기들에 의해 절단되지도 않고, 불길로 태워 없어지지도 않으며, 비에 젖거나 바람에 마르지도 않습니다. 참나에는 노령과 죽음이 없다는 것을 아시고, 참나 지식의 기둥에 매달리십시오. 이와 같이 참나 지식에 뿌리를 내리면, 비록 외적으로는 그대가 활동을 하고 있지만, 다시는 자기 한계나 바사나의 잘못 속으로 떨어지는 일은 없을 것입니다. 마치 깊은 수면 상태에 빠져 있기라도 하듯이 내면에 조용히 머물러 있다 하더라도, 적극적인 삶을 영위하십시오.

구분의 모든 개념을 버리십시오. 그대의 자각을 조금만 밖으로 확장하면서 참나 지식에 조용히 머물러 계십시오. 그렇게 하면 그대가 외적인 활동을 하든 하지 않든 간에, 그리고 무언가에 집착하고 있거나 그 무언가를 버리든 간에, 마치 깊은 수면에 들어 있는 것처럼 그대는 완전한 휴식의 상태에 이르게 됩니다. 그러면 그대는 깨어 있는 상태와 깊은 수면의 상태 사이에 어떠한 구분도 없음을 깨닫기에, 모든 부조화로부터 완전히 벗어나게 될 것입니다. 따라서 시작도 끝도 없는 참나 자각의 수련을 통하여, 그대는 점차 어떠한 이원성도 없고 모든 물질성을 초월해 있는 그 지고의 의식 상태에 도달할 것입니다. 거기에는 지고의 평화 이외의 그 어떤 일원성이나 다양성도 없습니다.

라마는 다음과 같이 물었다.

오, 현자시여! 만약 그러한 것이 자아감에 관한 진리라면, 당신은 어떻게 바시슈타란 존재로 여기에 나타날 수 있습니까? (라마가 이 말을 할 때, 바시슈타는 완전한 침묵에 들었다. 좌중의 사람들은 걱정이 되었다. 이를 보고, 라마는 다시 다음과 같이 물었다.) 오, 현자시여! 왜 당신은 침묵을 지킵니까? 거룩한 현자가 대답할 수 없는 것이라고는 이 세상에 아무것도 없지 않습니까?

바시슈타는 다음과 같이 대답했다.

내가 침묵을 지킨 것은 내가 대답할 수 없기 때문이 아니라, 침묵이 그대의 질문에 대한 유일한 대답이기 때문입니다.

바시슈타는 계속 말했다.

두 가지 유형의 질문자가 있습니다. 그들은 깨달음을 얻은 자와 무지한 자입니다. 무지한 자의 질문에 대해서는 무지한 자의 관점에서 대답해야 하며, 현자의 질문에는 현자의 관점에서 대답해야 합니다. 지금까지 그대는 무지했으며, 그런 까닭으로 그대는 오직 지적인 대답만을 받는 것이 당연했습니다. 이제 그대는 진리를 알고 있으며, 지고의 상태에 머물러 있습니다. 그런 까닭으로 지적이고 논리적인 대답들은 더 이상 그대에게 도움이 되지 않을 것입니다. 오, 라마여! 모든 말로 된 진술들은 그 진술이 장황하든 간단하든, 그 진술의 취지가 미묘하든 초월적이든 간에, 모두가 논리와 이원성과 구분에 의해 제한되어 있습니다.

나의 소중한 분이시여! 그러한 오염된 대답들은 그대가 들을 가치가 없습니다. 그리고 말들은 순수하고 물들지 않은 진술이 될 수 없습니다. 그대와 같은 사람에게는 가장 순수한 진리를 전달해야 합니다. 그런데 가장 순수한 진리는 오직 완전한 침묵으로밖에는 표현이 되지 않습니다. 합리적인 질문과 정신적인 활동이 전혀 없는 그 침묵이 바로

지고의 상태입니다. 그러므로 그 침묵만이 그대와 같은 현자가 던지는 질문에 대한 적절한 대답이었습니다. 또, 모든 표현은 그것을 표현하는 사람의 본성을 표현한 것입니다. 나는 지고의 상태인 비이원적이고 분할할 수 없는 순수 의식에 확고히 자리를 잡고 있습니다. 그런 내가 어떻게 표현할 수 없는 것을 표현하는 불완전한 상태에 빠질 수 있겠습니까? 그러므로 나는 무한한 것을 정신적 활동에서 나오는 말로 표현하고자 하지 않았습니다.

라마는 말했다.

모든 표현이 이원성과 한계로 오염되어 있다는 것을 이제 알겠습니다. 이를 충분히 참작하시어, 당신이 어떤 분이신지를 말씀해 주십시오.

바시슈타는 다음과 같이 대답했다.

나는 대상적인 경험이 전혀 없고, 모든 정신적 활동이나 생각을 초월해 있는, 순수한 공간과 같은 의식입니다. 나는 순수하고 무한한 의식입니다. 그대도 이와 꼭 같습니다. 이 세상 전부도 또한 그렇습니다. 모든 것이 순수하고 분할할 수 없는 의식입니다. 나는 순수 의식이지, 그 이외의 어떤 것도 아닙니다. 그 순수 의식 이외에 아무것도 없기 때문에, 나는 그것을 설명할 방법을 모릅니다. 바로 우리가 자신의 참나를 표현하려고 노력할 때, 비록 그러한 시도가 완전한 자유를 얻을 수 있을지 몰라도, 자아감과 그 나머지 모든 것이 일어납니다. 사람들은 완전한 자유를 지고의 상태라고 부르며, 그 상태에서는 비록 사람이 살아 있지만 마치 죽은 것처럼 활동합니다.

자아감이 이러한 해방을 추구한다는 것은 도리에 맞지 않습니다. 왜냐하면 그 자아감은 결코 진리를 이해할 수 없기 때문입니다. 무한한 의식이 무한한 의식을 깨달아야 할 필요가 없다는 것은 분명하지 않습니까? 어쨌든 그것은 장님으로 태어난 사람이 그림을 보려고 노력하는 것과 같습니다. 의식의 동요나 움직임이 있든 없든 간에, 바위처럼 확고부동하게 서 있는 그것이 니르바나(해방이나 자유)입니다. 그는 아무런 '다른 것'을 절대로 보지 않습니다. 그는 모든 욕망과 갈망에서 벗어났습니다. 그에게는 '나'나 '너'나 혹은 '다른 것'이라는 것이 전혀 없습니다. 오로지(오로지alone는 모든 것all이 하나one라는 뜻) 그것만이 존재합니다.

바시슈타는 계속 말했다.

무한한 의식이 그 자체를 자각하는 것이 마음입니다. 바로 이것이 정신적 고통을 초래하는 삼사라와 속박입니다. 무한한 의식이 그것 자신을 자각하지 않는 듯 그것 자신으로 남아 있을 때, 그것은 목샤 즉 해방입니다. 마음이나 지성 등은 순수 의식의 변형들에 지나지 않습니다. 왜냐하면 그것들은 단순히 말들에 불과하기 때문입니다. 사실상, 나누어지지 않는 순수 의식만이 존재합니다. 만물의 안과 밖에 고루 스며들어 있는 순수 의식만이 존재할 때, 구분의 개념이 어떻게 일어나겠으며, 또 어디에서 일어나겠습니까?

순수 의식과 완전한 공 사이에는 어떤 차이가 있을까요? 있다 하더라도, 그것을 말로 표현하는 것은 불가능합니다. 만약 자기 한계의 개념(정신적 조건화)이 사라지면, 나는 순수한 (공간의) 의식입니다. 그러나 그러한 한계가 단지 하나의 개념이기 때문에, 그것은 무한한 것을 제한할 수 없습니다. 참나 자각은 있지만, 이러한 이해가 일어날 때, 그것마저 사라집니다. 왜냐하면 관찰자와 관찰 대상 사이에는 어떤 구분도 없기 때문입니다. 그것은 마치 공이 궁극적인 진리처럼 보이는 것과 같습니다!

무지는 숨겨진 지혜를 가리킵니다. 지혜는 그 무지를 소멸시키고, 궁극적으로 그것도 정지시킵니다. 그것이 지고의 상태입니다. 현명한 무니(내면의 침묵을 지키는 사람)는 참나 지식에 의해 마나바(깨달은 자)가 됩니다. 혹은, 깨달은 자가 무니가 됩니다. 무지하기 때문에 무지한 사람은 동물들이나 나무들이 됩니다. '나는 브람만이다.'나 '이것은 세상이다.'라는 것은 잘못된 개념들입니다. 그것들을 탐구하거나 조사해 보면, 그것들은 보이지 않습니다. 빛이 어둠을 찾아갈 때, 어둠은 사라집니다. 올바른 이해력을 가진 평화로운 사람은 모든 감각을 소유하고 있지만, 잘못된 개념들로 흔들리지 않기 때문에 감각의 경험을 받지 않습니다. 그는 마치 깊은 잠에 든 것처럼 살아갑니다.

모든 꿈은 깊은 수면으로 끝납니다. 마찬가지로, 깊은 수면은 사마디로 끝납니다. 지각의 모든 대상들은 지식으로 통합되고, 그러면 모든 것은 하나의 참나로서 보입니다. 이 모든 대상들이 오직 제한된 마음의 상태에서만 경험된다는 것을 아는 사람은 참나가 제한이 없는 절대적인 것이라는 것을 즉시 깨닫게 됩니다. 조건 지어지지 않는 상태에서는 행위자나 즐기는 사람이 없기 때문에, 실제로 어느 누구에게 어떤 슬픔이나 즐거움, 미덕이나 죄나 손실이 없습니다. 이 모든 것은 순수한 공입니다. 자아감과 나의 것이라는 개념마저 공입니다. 모든 현상이 환영이며, 그것은 우리에게 존재하지 않습니다. 이것을 아는 사람은 의지 작용이 없는 활동을 하거나, 완전한 침묵(통나무 같은 침묵)을 지킵니다. 그런 사람이 브람만입니다. 몸을 가진 존재가 지고의 평화를 얻기 위해서는 그 밖의 다른 방법이 없습니다.

바시슈타는 계속 말했다.

'나'라는 개념은 완전한 무지입니다. 왜냐하면 그것이 니르바나 즉 해방에 이르는 길을 방해하기 때문입니다. 그러나 어리석은 사람들은 무지라는 이 어둠의 도움을 받아서 진리의 빛을 찾으려고 애쓰고 있지 않겠습니까! 자아감을 면밀히 조사하면, 그것의 한계와 제한적인 성격 혹은 그것이 전혀 존재하지 않고 있다는 것이 드러납니다. 그 자아감은 진리를 아는 사람이 아닌, 무지한 사람의 경우에만 있습니다. 반면에, 진리를 아는 사람은 이미 자아 개념을 완전히 버렸기 때문에, 최소한의 걱정이나 슬픔도 없이 형체가 있거나 형체가 없는 상태로 존재합니다. 화폭 위에 그려진 전투 속에서는 파괴에 대한 두려움이 전혀 없습니다. 그와 꼭 마찬가지로, 진리를 아는 사람이 내면의 평온한 마음에 자리를 잡고 있을 때, 활동은 그에게 어떤 영향도 미치지 않습니다. 해방된 현자의 경우에, 제한된 행동이 나타나는 것조차 실재하는 것이 아니라, 외관상일 뿐입니다. 실제로는 불에 타서 재가 되었지만 그 형태와 모양을 유지하고 있는, 가스등의 불꽃 덮개의 경우처럼, 해방된 현자의 성격은 성격 아님이요, 그의 마음은 마음 아님이며, 그의 조건화는 진실로 조건화가 아닙니다. 그것은 브람만이지, 그 밖의 어떤 것도 아닙니다. 분명히 밖으로는 다양한 활동들을 하고 있지만, 내면에서는 완전한 평화를 누리고 있는 사람이 해방된 사람입니다.

하늘에 떠 있는 코끼리와 이륜전차는 단지 구름일 뿐이며, 구름이 만들어 낸 모양에 불과합니다. 마찬가지로, 존재하는 것처럼 보이는 세상들도 지고의 참나 혹은 브람만 이외의 어떤 것도 아닙니다. 그러므로 슬픔의 원인은 실재에 대한 오해나 잘못된 이해에서 비롯된, 비실재적인 것을 실재적인 것으로 받아들이는 데 있습니다. 사실은 무지한 사람이 실제로는 무한한 의식이지만, 자아감 때문에 자아감 내에서 이 세상의 존재를 경험합니다. 마치 불붙은 나무토막을 빙빙 돌릴 때, 유일한 실재는 나무 끝에 있는 단 한 개의 불꽃이지만, 그것이 공간 속에서 가상의 형상들을 만들어 내는 것과 꼭 같이, 이 모든 다양한 형상들도 하나의 분할할 수 없는 브람만 내지 무한한 의식이 빚어 낸 나타난 현상에 지나지 않습니다. 이 모든 것(시작과 끝, 올라감과 내려감, 공간과 시간)을 그냥 원하는 대로 존재하도록 내버려두십시오. 사람은 마땅히 내면의 평화에 조용히 머물러 있어야 합니다.

스스로 움직이지 않는 물은 물 위로 짐을 실어 나르는 배의 무게도 견딜 수 있고, 따라서 그 자체(물)가 만든 장애물도 극복할 수 있습니다. 그와 마찬가지로, 이 자동력이 없는 세상 자체도 사람으로 하여금 이 명백하게 나타난 현상계를 건너갈 수 있도록 합니다. 생각이 만들어 낸 것은 또한 생각에 의해서 파괴될 수도 있습니다. 그러므로 '나'도 없고, '다른 것'도 없다는 것을 깨달음으로써 두려움이 없는 상태에 도달하십시오. 왜냐하면 우리가 몸과 마음 등을 면밀히 조사하면, '나'라고 하는 어떤 것도 발견되지 않기 때문입니다. 쾌락을 좇지 말고, 참나 탐구에 열중하며, 자기 노력에 헌신하십시오.

바시슈타는 계속 말했다.

무한한 의식은 그것 자신을 만물 속에 무한하고 절대적인 의식으로서 비추고 있습니다. 그래서 그것만이 진실로 만물 속에서 경험됩니다. 그러나 한 대상에 대한 개념이 일어나고, 그 개념이 반복적으로 확인될 때, 이 의식은 비록 자기 자신의 내부이기는 하지만, 꿈 속에서 대상으로 보이는 그런 꿈 속의 대상들처럼, 대상들로서 나타납니다. 꿈 속의 한 대상이 사라질 때, 잃어버리는 것은 아무것도 없습니다. 그와 마찬가지로, '세상'이나 '내'가 없어질 때도 잃어버리는 것은 아무것도 없습니다. 심지어 이 세상과 자아감을 비난해도 아무런 의미가 없습니다. 누가 하나의 환각을 칭찬하거나 비난하겠습니까? 여기에서는 탐구만이 적절합니다. 결국 남게 되는 것은 진리입니다. 그 진리에 확실히 자리를 잡고 계십시오.

이 현상계는 단지 하나의 개념에 불과합니다. 그래서 그것은 참나 탐구를 하면 완전히 사라집니다. 그 다음에 남는 것이 브람만입니다. 이 현상계의 실재를 받아들이는 것은 불임 여성의 아들의 말을 믿는 것과 같습니다. 개인의 개별성은 바사나 즉 정신적인 조건화이며, 그것은 참나 탐구를 하면 사라집니다. 그러나 무지의 상태에서 그것을 관찰하지 못하면, 이 현상계는 일어나게 됩니다.

이 몸은 다섯 원소들의 순열과 조합의 결과이며, 스스로 움직이는 힘이 없습니다. 심지어 마음과 지성과 자아감조차도 똑같은 원소들로 되어 있습니다. 마음과 지성과 자아감의 스스로 움직이지 못하는 물질성을 버릴 수 있을 때, 우리는 조건 지어지지 않은 순수한 존재에 도달하게 됩니다. 이것이 해방입니다.

'객체'는 '주체' 속에서 일어나지만, 어떤 독립된 존재도 가지고 있지 않습니다. 그러므로 '제한적인 상태나 존재'도 단지 개념에 지나지 않을 뿐, 실재하지 않습니다. 그러므로 참나 탐구를 하면 그것은 사라집니다. 개념을 거부하고 다시는 그 개념을 생각하지 않음으로써 개념이 일어나지 못하게 하는 것이 최고입니다. 주체(보는 사람)도 없고 경험자도 없으며, 실재적인 것도 비실재적인 것도 없습니다. 오로지 지고의 평화만이 존재합니다. 이러한 평화에 자리를 잡고 있는 사람은 비록 활동을 하고 있다 하더라도 좋아하는 것과 싫어하는 것이 없습니다. 혹은 그는 활동을 하고 있지 않을 수도 있습니다. 마음이 절대적인 의식을 제한하는 모든 개념을 벗어나면, 어떻게 현자가 이원적인 방식으로 활동하겠습니까? 사랑과 증오와 두려움이 없기 때문에, 그는 지고의 평화에 확고히 자리를 잡은 채 불변의 참나로서 존재합니다.

'주체' 속에서 일어나는 '대상'의 개념은 주체에 의하여 그것과는 다른 것으로서 그때 경험됩니다. 사실상, 그 둘(꿈꾸는 사람과 깨어 있는 상태의 사람)은 두 개의 컵 속에 있는 우유처럼 구분할 수 없을 정도로 하나인 것입니다. 지고의 참나는 아무런 개념이 없습니다. 개념들은 대상들을 일으키는 원인이며, 그 개념들이 버려지면 대상들은 사라집니다.

바시슈타는 계속 말했다.

무한한 의식 속에 움직임이 있을 때, '나'와 '세상'에 대한 개념들이 일어납니다. 만약 이 개념들이 참나나 무한한 의식과 사실상 전혀 다르지 않다는 것을 깨닫는다면, 그 개념들은 본질적으로 무해합니다. 그러나 그 개념들이 본질적으로 실재하는 것으로 생각되고, 이 세상도 실재하는 것으로 생각되면, 큰 불행이 있습니다.

심지어 조건 지어지지 않은 의식 내의 이러한 움직임조차 참된 실체가 아닙니다. 만약 그것이 비실재적인 것이라면, 그러한 움직임 때문에 일어나는 개념들은 얼마나 더 비실재적이겠습니까? 그것은 불임 여성의 아들이 춤추는 것만큼이나 진실이 아닙니다. 그러한 움직임은 무지에서 일어납니다. 다시 말해 그것은 무지입니다. 올바른 이해의 빛을 받으면 그것은 사라집니다.

마찬가지로, 자아감도 그것이 존재한다고 생각될 때 일어납니다. 그 개념이 거부되면, 자아감도 사라집니다. 이것을 디야나(명상)와 사마디(초의식의 상태)라고 합니다. 그것은 조건 지어지지 않은 의식입니다. 부디, 이원성이나 비이원성 등의 그물에 걸려들지 마십시오. 그러한 모든 논의와 논쟁은 오직 슬픔과 절망을 초래할 뿐입니다. 비실재적인 것이나 영원하지 않은 것을 추구할 때, 슬픔이 있습니다. 의식의 조건화가 사라지면, 마치 수면 속에서 슬픔이 없는 것처럼 어떤 슬픔도 없습니다. 조건화를 버리는 의식은 그 의식의 절대적인 본성을 깨닫습니다. 그것이 해방입니다.

내 가르침의 도움을 받아, 만약 그대가 '나'라는 것이 존재하지 않는다는 것을 깨달으면, 그대의 이해는 확고부동합니다. 이 세상과 '나'라는 것은 오직 개념들로서 존재할 뿐, 사실이나 실재로서 존재하지 않습니다. '나는 누구인가?'나 '이 세상은 어떻게 생겨났는가?'라는 질문을 하게 되면, 그러한 개념들은 사라집니다. '나'라는 것이 존재하지 않는다는 것을 깨닫는 것이 니르바나 즉 해방입니다. 이 깨달음의 빛은 무지의 어둠을 몰아냅니다. 그러므로 진리를 아는 사람들이 가르친, "나는 누구인가?", "이 세상은 어떻게 생겨났는가?", "지바나 개인의 개별성은 무엇인가?", 그리고 "삶은 무엇인가?"와 같은 질문을 죽을 때까지 계속해야 합니다. 그대가 진리를 아는 사람들을 찾아가 그들과 함께 지내면, 그들의 참나 지식의 빛은 자아감을 포함한 무지의 어둠과 그에 따른 것들을 몰아내 줍니다. 그러므로 계속 그들과 함께 지내십시오.

진리를 아는 사람들에게 의존할 때는 공개적으로 하지 말고 은밀하게 하십시오. 왜냐하면 여러 다른 사람들이 각기 상이한 관점들을 표현할 때, 그대의 이해는 방해받거나 왜곡될 수 있기 때문입니다. 현명한 사람은 은밀하게 진리를 아는 사람에게 다가가서 진리를 배우고, 그 진리를 명상합니다. 이러한 명상이 의식에 그림자를 던지는 관념들과 개념들의 구름을 몰아내는 것입니다.

바시슈타는 계속 말했다.

사람이 스스로의 노력과 성현들의 도움을 받아서 지혜를 얻고 나면, 이 현상계는 그의 의식 속에서 더 이상 확장되지 않습니다. 자신의 의식 안에서 개념들이 일어나고, 다시 그 반대 개념이 일어나면, 전자는 근본적인 변화를 겪습니다. 모든 개념이나 관념들을 완전히 버리는 것이 해방이며, 이러한 버림은 쾌락의 추구가 버려질 때 가능합니다. 말들이 타인에 의해 발설되었든 아니면 그 자신의 마음속에서 일어났든 간에, 자신의 마음속에서 말들과 그 의미들의 연상을 단호히 거부하는 그런 사람의 경우에는 점차 개념들과 관념들이 나타나거나 확장되지 않습니다.

자아감을 버리는 것이 무지를 끝내는 것입니다. 이것이 해방이지, 그 밖의 어떤 것도 해방이 아닙니다. 이 세상이 존재하든 존재하지 않든 간에, 마음이 이 세상을 이해하거나 자각하게 되면 슬픔이 초래됩니다. 반대로 마음이 이 세상을 전혀 자각하지 않을 때, 희열이 찾아옵니다. 모든 몸을 가진 존재들에게는 두 가지 형태의 질병이 있습니다. 첫 번째 것은 현세와 관련이 있고, 두 번째 것은 내세와 관련이 있습니다. 이 현세의 삶과 관련이 있는 질병들에 대해서, 무지한 사람들은 죽기 전에 치료법을 찾으려고 노력합니다. 그러나 내세와 관련된 문제들에 대해서는 어떤 치료법도 없습니다. 사람은 내세에서 그들을 치료하기를 바랄 수 없습니다. 왜냐하면 그러한 치료법들이 내세에는 존재하지 않기 때문입니다. 만약 지금 이 세상에서 무지라고 하는 이 무서운 질병의 치료약을 찾을 수 없다면, 그는 이 세상을 떠난 뒤에도 분명히 치료약을 발견할 수 없습니다. 그러므로 현세에서 그대 삶과 관련된 문제들에 대한 해결책들을 헛되이 찾으려고 시간을 허비하지 마십시오. 참나 지식을 통해서 내세와 관련된 문제들을 없애십시오. 지체할 시간이 없습니다. 삶은 매 순간 죽음을 향해 가고 있기 때문입니다.

만약 그대가 쾌락의 수렁을 벗어나지 못하면, 그대는 기타 어떤 치료법도 찾을 수 없습니다. 쾌락을 즐기는 바보는 슬픔과 불행을 자초합니다. 성년기의 힘이 유년기의 에너지 속에 나타나 있듯이, 완벽한 경지(니르바나)의 도달은 자기 수양이나 쾌락 추구의 포기가 얼마나 효과적으로 이루어지는지와 함께 시작합니다. 진리를 아는 사람의 인생의 강물은 조화롭게 흘러가지만, 무지한 사람의 인생의 강물은 소용돌이로 가득 차 있습니다.

마치 바다의 수면 위에서 이는 물거품들처럼 여러 우주가 무한한 의식 속에서 일어납니다. 그러나 그것들은 조건 지어지지 않은 존재와 전혀 다르지 않습니다. 브람만은 설명이 불가능하며, 생각할 수 있는 '본질'조차 없습니다. 그러므로 우주의 나타남이 우주의 본질이라고 제안하는 것은 현명하지 못합니다. 우주, 세상, 의식의 움직임 등은 내용이 없는 말들에 불과합니다. 이러한 관념들이 버려질 때, '세상'과 '나'란 것도 끝나며, 순수하고 영원한 의식만이 존재하게 됩니다. 이 절대적인 의식만이 존재하지, 그 밖의 어떤 것도 존재하지 않습니다. 여기에서는 다양한 대상의 본질조차 없습니다. 그러한 모든 개념(다양한 대상의 본질에 대한)은 망상의 곁가지들인 것입니다.

바시슈타는 계속 말했다.

인생에서 행복이나 불행으로 완전히 소멸되는 것은 그렇게 완전히 소멸이 됩니다. 그러나 완전히 소멸되지 않는 것은 완전히 소멸되지 않습니다. 이것이 경전의 가르침들이 전하는 핵심입니다. 욕망들을 가진 사람은 즐겁고 불쾌한 경험을 겪습니다. 만약 이러한 경험들의 질병을 없애기를 바란다면, 해야 할 유일한 방법은 욕망들을 없애는 일입니다.

지고의 참나 속에는 '나'와 '세상'이 존재한다는 어떤 망상도 없습니다. 과연 누가 이런 표현들을 만들어, 지고의 평화인 순수한 공 위에다 덧씌웠을까요? '나'도 '세상'도 '브람만'조차도 없습니다. 이 모든 것들은 말뿐입니다. 유일한 실재는 지고의 평화입니다. 이것이 전부이기 때문에, 그 속에는 어떤 구분도 없으며, 어떤 행위자나 경험자도 없습니다. 가르침을 주기 위하여 여러 정의가 만들어진 것입니다. 참나와 참나만이 존재한다는 것, 그것이 유일한 진리입니다. 그러나 마치 나란히 잠을 자는 두 사람의 꿈에 대한 경험이 똑같지 않고, 한 사람이 상대방의 꿈을 모르는 것과 꼭 같이, 자신의 이해와 내면의 경험은 개인적이고 독특한 것입니다.

이 우주 속의 모든 것을 자각하는 것이 참나로서의 의식이라는 것은 분명합니다. 그러므로 나는 바로 그 의식입니다. 나와 세상과 그 안에 있는 모든 것이 그 의식과 전혀 다르지 않습니다. 다수로서 보이는 것은 실제로 하나의 참나입니다. 그러나 무지 때문에, 그리고 참나의 극단적인 미묘함 때문에, 이것은 그런 것으로서 보이지 않습니다. 사실상 우주는 아무런 형상을 지니고 있지 않지만, 형상이 있는 것처럼 그 자체 내에서 이 우주를 보는 것은 바로 참나입니다. 지각력이 있거나 지각력이 없는 것 등과 같은 모든 구별도 비록 실재하는 것은 아니지만, 오직 구도자들에게 가르침을 주기 위해 의도된 것입니다.

'나'라는 개념은 우연히(야자나무에 내려앉는 까마귀와 아무 인과 관계도 없이 떨어지는 야자열매처럼) 브람만 안에서 일어납니다. 진실로, 나는 브람만입니다. 세상도 브람만입니다. 시작도 끝도 없습니다. 그러므로 기뻐하거나 슬퍼할 이유가 어디에 있겠습니까? 신은 전능하기 때문에, 어떤 것들은 지각력이 있는 것으로 나타나고, 어떤 것들은 지각력이 없는 것으로 나타납니다. 그러나 브람만 안에서는 그러한 구분들이 전혀 없습니다. 이 우주는 신의 수족처럼 보입니다. 그리고 인과 관계가 있는 것처럼 보이지만, 이것은 사실이 아닙니다. 왜냐하면 브람만 안에서는 그 본성이라고 일컬을 수 있는 어떠한 것도 존재하지 않기 때문입니다.

이원적인 경험은 속박이고, 그 이원적인 경험의 포기는 해방입니다. 이러한 경험을 포기하면, 보는 사람(주체)과 보이는 대상(객체), 즉 관찰자와 관찰 대상 사이의 모든 구분은 사라집니다. 의식 속에서의 움직임은 우주로 생각됩니다. 그리고 그 움직임이 가짜로서 존재하지 않는 것으로 보여질 때, 니르바나가 있습니다. 브람만은 절대적이고 변화가 없습니다. 우주 전체가 어떠한 구분도 없는 절대적인 브람만입니다.

바시슈타는 계속 말했다.

오, 라마여! 무한한 의식은 어디에나 존재하며, 그러므로 그것은 눈깜짝할 사이에 우주의 한 곳에서 다른 곳으로 이동하는 것처럼 보입니다. 그대가 어떤 활동을 하고 있든지 간에, 절대적인 참나 속에 자리를 잡고 계십시오. 무지의 특징은 그것을 탐구하거나 조사하면 그것을 찾을 수 없다는 것입니다. 그래서 만약 그것이 보여지거나 관찰될 수 있다면, 그것은 지식이 될 것입니다. 따라서 무지가 존재하지 않을 때, 의식 속에서 어떤 구분도 없다는 것은 분명합니다.

브람만만이 세상인 것처럼 존재합니다. 그것은 마치 하나가 양분된 것처럼, 순수한 것이 불순한 것처럼, 충만한 것이 텅 빈 것처럼, 텅 빈 것이 충만한 것처럼, 움직임이 부동인 것처럼, 부동이 움직임인 것처럼, 무변화가 변화된 것처럼, 고요한 것이 불안정한 것처럼, 실재가 존재하지 않는 것처럼, 의식이 스스로 움직이지 않는 것처럼, 참나가 대상인 것처럼, 참나 아님이 참나인 것처럼, 영원한 것이 소멸되기 쉬운 것처럼, 알 수 없는 것이 알 수 있는 것처럼, 분명한 것이 어둠에 가리어 있는 것처럼 존재합니다. 그리고 그것이 모든 존재이지만, 그것을 보기는 어렵습니다.

무한한 것은 조건 지어져 있지 않습니다. 그러므로 그것은 특별히 어디에도 존재하는 것처럼 보이지 않습니다. 그 무한함 속에는 행위자, 활동, 수단 그리고 원인과 같은 구분이 없습니다. 그 무한함은 언제 어디서나 모든 것으로서 존재합니다. 그것은 볼 수 없지만, 늘 그대 앞에 있습니다. 그 안에서는 의식과 둔함 사이의 구별도 없습니다. 나는 존재하며, 나는 심지어 '나는 존재하지 않는다.'라는 개념이기도 합니다. 다른 어떤 것이 있다면, 그것도 역시 나입니다.

이 모든 우주들은 무한한 의식 속에 있는 것처럼 보입니다. 비록 그 의식 속에서는 그러한 현상이나 구분이 가능하지 않지만…… 그것은 마치 이 의식이 그 자체를 보고 싶어 하여, 그러한 어떤 의도도 없이 자기 자신을 비춰 주는 그 자신의 거울이 된 것처럼 보입니다. 따라서 순수한 존재는 스스로 움직이지 않는 그 자체의 반영인 우주가 됩니다. 무한한 의식 그 자체가 세상이라고 알려져 있는 것입니다.

모든 물체들이나 물질적인 피조물이 그 안에서 일어납니다. 그것들은 그 안에서 빛나며, 그리고 그것들은 그 안으로 흡수됩니다. 이 세상 전체가 하나의 그림이며, 이 의식 자체가 이 세상이란 그림이 그려지는 순수한 무색의 물감입니다. 대상들은 창조와 파괴의 지배를 받는 것처럼 보이지만, 의식은 영원하며 절대적입니다. 수천 개의 세상들이 이 의식 속에서 일어나는 것처럼 보이지만, 그것은 평화로운 상태로 있습니다. 왜냐하면 그 안에서는 마치 거울이 그 안에 보이는 많은 반사물들의 영향을 받지 않고 있는 것처럼, 창조할 어떤 의도도 없기 때문입니다. 이 무한한 의식은 지금 이 세상과 앞으로 다가올 세상의 현상을 일으키는 의도나 의지 작용이 전혀 없는 원인입니다. 그것이 눈을 뜰 때 여러 세상들은 나타나고, 그것이 눈을 감으면 여러 세상들은 사라집니다.

바시슈타는 계속 말했다.

어린아이의 환각을 내가 경험할 수는 없지만 그것이 그 아이에게는 생생한 것처럼, 나의 의식 안에서는 어떤 우주도 없습니다. 형상들과 비전들과 또 그것들을 이해하는 지성이 순수 의식이기 때문에, 오직 그것만이 존재하지, 우주는 존재하지 않습니다. 나는 자아감 등을 자각하지 못하지만, 순수 의식이나 절대적인 평화가 존재한다는 것을 깨닫고 있습니다. 심지어 나의 이러한 말조차 순수 의식이며, 이 대화가 그대 자신의 의식 차원에서 존재하고 있다는 것을 아십시오.

어떤 욕망도 일어나지 않는 바로 그것이 지고의 상태라고 하는 것입니다. 욕망이 전혀 없는 현자는 마치 목석처럼 이곳에서 활동합니다. 그는 안과 밖에서 공히 순수한 공(空)을 경험합니다. 그에게 이 세상은 텅 빈 갈대와 같습니다. 이 세상에 마음을 빼앗기지 않고, 그의 가슴이 우주적 존재만을 즐기는 그런 사람은 평화로우며, 또한 이 삼사라의 바다를 물리친 것입니다. 욕망을 다 물리치고, 또 잠재된 경향성들이나 정신적 조건화들을 다 버린 뒤에, 해야 할 말을 하고, 만져야 할 것을 만지고, 다양한 풍미들을 맛보고, 다양한 장면들을 보고, 그리고 다양한 향기들을 맡으십시오.

이와 같이 경험의 대상들 속에는 어떤 본질도 없다는 것을 이해함으로써만 사람은 욕망의 질병을 벗어날 수 있게 됩니다. 욕망이 일어나는 것은 슬픔이고, 그 욕망이 없어지는 것은 지고의 기쁨입니다. 심지어 지옥과 천국에서도 그들에 비견할 만한 슬픔이나 기쁨이 없습니다. 마음은 욕망이고, 욕망이 없어지는 것은 목샤(해방)입니다. 그리고 바로 이것이 모든 경전의 진수인 것입니다. 만약 이 욕망이 자기 노력으로 극복될 수 없다면, 그것은 강력하여 다른 어떤 치료법도 소용이 없다는 것은 분명합니다. 만약 그대가 욕망을 완전히 극복할 수 없다면, 단계적으로 그 욕망을 해결하십시오. 방랑자는 자기 앞에 펼쳐진 먼 길을 보고도 절망하지 않고, 한 번에 한 발자국씩 내딛습니다. 욕망만이 삼사라 즉 현상계입니다. 왜냐하면 삼사라는 자신의 욕망이 확장되거나 투영된 것이기 때문입니다. 반대로, 그것을 전혀 인지하지 못하는 것이 해방입니다. 그러므로 욕망을 극복하기 위하여 부지런히 노력해야 합니다. 그 밖의 모든 것은 무익합니다. 왜 사람은 경전들을 헛되이 공부하고, 스승들의 가르침을 헛되이 듣습니까? 욕망을 없애지 않고는 어떤 사마디도 없습니다! 만약 그 자신의 지혜로 욕망을 극복하는 것이 불가능하다고 알면, 경전을 공부하거나 스승의 가르침을 듣는다고 한들 무슨 소용이 있겠습니까? 일단 욕망으로 야기된 이 불안함이 억제되기만 하면, 참나 지식을 얻는 데는 노력이 거의 들지 않습니다. 그러므로 모든 수단을 동원해서라도 탄생과 노령과 죽음의 씨앗인 욕망을 극복하도록 노력하십시오. 욕망이 일어날 때 속박도 같이 일어나며, 욕망이 그치면 속박도 같이 끝나게 됩니다. 그러므로 욕망의 씨앗을 가슴속에서 평화와 평정과 자제력의 불로 태워 없애십시오.

바시슈타는 계속 말했다.

요가는 욕망의 독소를 없애는 것입니다. 나는 이미 그것을 다루었으나, 그것이 분명해질 수 있도록 다시 그대에게 말씀드리겠습니다.

그대가 무엇인가를 가지고 싶어 할지라도, 참나 이외에는 아무것도 없습니다. 그대는 무엇을 바랍니까? 의식은 공간처럼 미묘하고 분할할 수 없습니다. 그래서 그것 자체가 이 세상입니다. 그대는 어떻게 또 무엇을 바랍니까? 그대가 바랄 수 있는 어떤 대상도 없습니다. 우리는 또한 (어떤 대상의) 획득과 그것의 소유자 사이에 구별이나 관계가 있는지 없는지도 알 수 없습니다. 비실재적인 물질을 어떻게 얻을 수 있겠습니까? 검은 달을 얻은 사람이 누가 있습니까? 그래서 얻는 것과 그것의 소유자를 명확히 이해하면, 우리는 그것들이 어디로 사라졌는지 모릅니다!

보는 사람과 봄과 보이는 것 사이에 구별이 존재하지 않는 것으로 보여질 때, 자아감 등은 참나 즉 의식 속으로 통합됩니다. 니르바나 즉 해방의 상태에서는 보는 사람도, 봄도, 보이는 것도 없습니다. 따라서 보는 사람과 봄과 보이는 것이 있을 때는 어떤 니르바나도 없습니다. 가공의 대상들의 모습은 아무런 실제적인 소용이 없습니다. 예컨대 은처럼 보이는 조개껍질은 전혀 현금가가 없습니다. 그대가 가공의 현상을 실재하는 것으로 받아들일 때, 그대는 불행을 불러들입니다. 반면에 그것의 비실재성을 깨달으면 큰 행복이 있습니다.

여기에서는 어떤 두 개의 물건 사이에 인과 관계조차도 없습니다. 왜냐하면 무한한 의식 하나만이 실재하기 때문입니다. '원인'과 '결과'라는 것은 아무것도 가리키지 않는 말들에 불과합니다. 물의 유동성이나 공기의 움직임의 원인은 무엇입니까? 어떤 슬픔이나 행복도 없습니다. 왜냐하면 이 세상 전체가 신이기 때문입니다. 절대적인 의식 이외의 어떤 것도 없습니다. 그렇다면 욕망이 어떻게 일어날 수 있겠습니까?

라마는 다음과 같이 물었다.

존재하는 모든 것이 브람만 즉 무한한 의식이라면, 욕망 또한 그 무한한 의식이라는 것이 틀림없지요! 그렇다면 경전에서 하라, 하지 말라고 할 정당한 근거가 어디에 있습니까?

바시슈타는 다음과 같이 대답했다.

일단 진리를 깨달으면, 욕망은 브람만이 되고, 그 밖의 것은 아무것도 없습니다. 오, 라마여! 그러나 마치 태양이 떠오르는 그 순간에 어둠이 사라지듯이, 참나 지식이나 진리에 대한 지식이 일어나는 바로 그 순간에 욕망은 사라집니다. 참나 지식의 태양이 떠오를 때, 이원성의 의미는 바사나 즉 정신적 조건화와 더불어 사라집니다. 욕망이 어떻게 그 상태에서 존재할 수 있겠습니까? 참나 지식을 갖춘 사람에게는 대상들에 대한 혐오나 애착이나 그것들에 대한 욕망도 없습니다. 대상들에 대한 기호가 없다는 것은 당연합니다.

바시슈타는 계속 말했다.

참나 지식을 갖춘 사람이 조금이라도 욕망을 가지게 되면, 그것은 우연적이고 원인이 없으며, 그렇지 않다면 그것은 다른 사람들의 요청에 의한 것입니다. 그러한 욕망이 브람만입니다. 그러나 이 정도만큼은 확실합니다. 즉, 현명한 사람에게는 욕망이 일어나지 않는다는 것 말입니다. 하라, 하지 말라고 하는 지시와 금지 사항들은 참나 지식을 갖춘 사람에게는 적용되지 않습니다. 모든 욕망이 사라져 버린 사람에게 어떤 지시를 내리고 싶은 사람이 어디에 있겠습니까? 사실상, 이런 것들은 진리를 아는 사람이 누구인지를 우리가 식별할 수 있도록 해 주는 표시들입니다. 다시 말해 진리를 아는 사람에게는 욕망이 크게 약화되었으며, 그는 모든 사람의 행복과 기쁨에 헌신하고 있습니다.

대상들에는 본질이 없음이 이해되고 쾌락에 대한 기호마저 전혀 없을 때, 욕망은 일어나지 않습니다. 바로 그것이 해방입니다. 깨달음을 얻은 사람이 일원성과 이원성의 개념들을 초월할 때, 그는 욕망과 욕망 아님을 똑같고 신성한 것으로 취급합니다. 그는 동요가 없으며, 평화롭게 신 안에 안주합니다. 그는 어떤 일을 행함에도 관심이 없고, 그가 어떤 일을 행하지 않음으로써 얻는 것도 없습니다. 그 어떤 것도 더 이상 중요하지 않습니다. 즉 욕망이나 욕망 없음, 진리나 허위, 참나나 다른 것, 삶이나 죽음, 그 어느 것도 문제가 되지 않습니다. 이러한 사람에게는 어떤 욕망도 일어나지 않습니다. 그리고 어떤 욕망이 정말로 일어난다면, 그것은 브람만입니다.

기쁨이나 슬픔도 없고, 평화에 안주하며, 내면적으로 흔들리지 않는 그런 사람이 깨달음을 얻은 자입니다. 그는 슬픔조차도 기쁨으로 바꿀 수 있습니다. 진리의 깨달음에 확고히 자리를 잡고 있을 때, 공간은 공간에 의존하고, 평화는 평화에, 행운은 행운에, 공은 공에, 그리고 이 세상은 브람만에 각각 의존합니다. 가짜 자아의식은 사라집니다.

이 세상이 존재하는 것처럼 보인다면, 그것은 확실히 다른 어떤 사람의 상상 속에 나타나는 도시와 같습니다. 그것은 가공의 현상입니다. 자아감도 그것이 실재하는 것처럼 보이지만 비실재적인 것입니다. 이 현상계는 실재하는 것도 아니요, 실재하지 않는 것도 아닙니다. 말하자면 그것은 설명이 불가능합니다. 그러므로 진리를 아는 사람은 욕망이나 욕망 아님에 의해 어떤 영향도 받지 않는다는 것이 사실이지만, 바로 그의 경우에는 욕망이 일어나지 않는다고 말하는 것이 더 낫다고 나는 생각합니다. 왜냐하면 의식이 의식 그 자체를 알고자 하여 의식 속에서 일어나는 움직임이 마음이기 때문입니다. 그리고 그 마음 자체가 바로 삼사라이고 또한 욕망입니다. 거기에서 벗어나는 것이 해방입니다. 이러한 것이 욕망이라는 것을 알아 욕망을 버리십시오.

그러나 진실로, 욕망이 있든지 없든지 간에, 우주가 있든지 우주의 소멸이 있든지 간에, 여기에 있는 그 누구에게도 어떤 것의 손실이 없습니다. 욕망과 욕망 아님, 진리와 허위, 존재와 존재 아님, 행복과 슬품, 이 모든 것은 공간에서 일어나지만, 그 어떤 것도 일으키지 못하는 개념들에 불과합니다. 그러나 욕망이 나날이 약화되어 가는 그런 사람은 해방될 수 있는 사람으로 간주됩니다. 이 세상에 있는 그 어떤 치료법도 욕망이 가슴속에 일으킨 그 무서운 고통을 없앨 수는 없습니다.

바시슈타는 계속 말했다.

욕망을 제거하는 데는 참나 지식이나 진리에 대한 지식 이외의 어떤 치료법도 효과가 없습니다. 다시 말해, 치료법 자체가 허위(자아감 등과 같은)에 바탕을 두고 있기에 그런 치료법의 도움으로 욕망을 해결한다는 것은 무익합니다.

의식은 자아감 때문에 스스로 움직이지 못하는 물질이 되는 것 같습니다. 따라서 마음과 몸이 나타납니다. 그러나 그것이 의식이기 때문에, 그것은 의식으로서의 그 실재를 버리지 않고 그 자체(이제는 몸으로서이지만)를 경험합니다. 그러므로 이 창조(이 세상이나 몸 등의)는 진실도 아니요, 허위도 아닙니다.

땅은 비어 있습니다. 산은 비어 있습니다. 견고한 물질들은 비어 있습니다. 여러 세상도 비어 있습니다. 움직임도 비어 있고, 심지어 이 우주의 경험도 비어 있습니다. 그러므로 이 현상계는 나타나지도 사라지지도 않습니다. 무한한 의식의 이 바다 속에서, 여러 세상들은 비록 다른 것처럼 보일지라도 전혀 다르지 않은 파도들이나 물결들과 같습니다. 이것들은 아무런 이유나 원인도 없이 일어나지만, 사실은 일어나지도 않고 사라지는 것도 아닙니다. 무한한 의식 속에서 그 자체 이외의 다른 대상이 조금이라도 일어난다는 것은 불가능합니다.

요기들이나 완벽한 경지에 도달한 존재들은 눈 깜짝할 사이에 의식이라는 마법의 물약으로 이 세상 전체를 공으로 만들 수 있고, 또한 그 공을 이 세상으로 다시 바꿀 수도 있습니다. 이들 싯다(완벽한 경지에 도달한 존재)들이 우주 속에 창조한 그러한 세상들과 피조물들은 무수히 많습니다. 그런데 그 모든 것이 단지 순수한 무한한 의식에 지나지 않습니다. 깨달음을 얻은 요기들은 심지어 그러한 하나의 우주에서 또 다른 우주로 여행도 합니다.

이러한 모든 우주는 향기와 꽃처럼 의식과 전혀 다르지 않지만, 그들은 다르게 보입니다. 무한한 의식 속에 그들이 나타나는 것은 환영입니다. 각 관찰자의 마음에서 일어나는 개념들에 의하여 그것들이 이해되기 때문에, 그것들은 그러한 개념들에 일치하여 경험됩니다. 요기들의 경우에, 이러한 개념들은 크게 약화되었습니다. 그러므로 그들은 진리를 보고, 그들의 말은 진리에 가깝습니다. 나머지 사람의 경우에는, 그들의 말은 그들 자신의 개념들이나 정신적 조건화로 채색이 되어 있습니다.

오, 라마여! 시간은 여러 세상들을 움직이게 하고, 그 세상들 속에서 허구적인 '나'와 '너', '그들,' '거기,' '따라서' 등이 생겨났습니다. 이 모든 것은 하나의 무한한 순수 의식이며, 그것은 창조되지도 않았고 소멸되지도 않는 지고의 평화입니다. 이것이 신이며, 참나입니다. 욕망이나 그 밖의 모든 것이 어떻게 그리고 누구에게서 일어나겠습니까?

바시슈타는 계속 말했다.

의식은 마치 의식이 그 자신의 대상인 것처럼, 그 자신 속에서 그 자신의 참나를 봅니다. 창조는 브람만이 만든 창조와 사람의 마음이 만든 창조라는 두 개의 창조로 되어 있다고 간주되지만, 본질적으로 그들은 동일합니다. 왜냐하면 그 둘이 모두 참나 즉 무한한 의식에서 비롯되었기 때문입니다. 창조에 대한 이러한 개념이 의식의 바깥에 있는 것처럼 보이게 만드는 것은 의식 속에 내재된 자각 때문입니다. 그러므로 우리는 주관적인 이상주의와 절대적인 이상주의 사이에 어떤 차이도 볼 수 없습니다.

이 모든 다양한 대상들은 무한한 의식 속에서 일어나며, 무한한 의식 안에서 존재하고, 또한 그 무한한 의식과 전혀 다르지 않습니다. 바로 이러한 진리 때문에 이들 다양한 대상들에 대한 경험이 일어납니다. 경험의 주체와 객체가 모두 의식이기 때문에, 객체는 마치 물이 물과 하나가 되듯이 주체 속으로 흡수됩니다. 그럼으로써 경험이 일어납니다. 만약 이것이 그렇지 않다면, 두 나무 조각들 사이에서처럼 전혀 경험이 있을 수 없습니다. 객체 속에는 다양한 원소들을(흙, 물 등)이 존재합니다. 주체 속에는 생명력, 마음, 지바 등이 존재합니다. 그러나 이것들은 순수 의식이 아닙니다. 그것들은 의식에서 일어나는 표면적인 현상들에 불과합니다. 그러므로 그것들은 사실상 실재하지 않습니다. 비실재적인 것은 본질이 없기 때문에, 실재나 무한한 의식이나 브람만만이 존재한다는 것은 명확합니다.

그대 옆에서 잠을 자고 있는 사람이 깨어나면서 그가 꿈 속에서 본 대상들이 없어질 때, 그대가 잃는 것은 아무것도 없습니다. 자아감을 초월한 사람에게는 우주 전체가 풀잎 하나보다 가치가 적어 보입니다. 그러한 사람은 이 삼계에 있는 어떤 것에 의해서도 유혹받지 않으며, 심지어 신들의 지위조차 그에게는 머리카락 한 올보다 가치가 더 적습니다. 그에게 이원성이나 다양성은 실재하지 않는 가짜입니다.

이와 같이 현명한 사람의 눈에 우주 전체가 공으로 보일 때, 그의 가슴속에 어떻게 욕망이 일어나겠습니까? 그에게는 심지어 삶과 죽음도 전혀 다르지 않습니다. 자세히 조사해 보면, 심지어 몸 등도 실재하지 않는 가짜로 보입니다. 이 몸과 세상에 대한 개념들이 없어짐과 더불어 마음마저 사라질 때는 참나 즉 무한한 의식만이 남습니다.

자아감은 진리의 본질에 대한 그러한 조사가 없을 때만 일어나는 것 같습니다. 반대로 그 진리의 본질을 조사하면, 자아감은 일어나지 않고 무한한 순수 의식만 남습니다. 그러면 마음은 객관화로부터 벗어납니다. 일상생활이 신성한 삶으로 바뀝니다. 그대가 무엇을 하든, 무엇을 즐기든, 그 모든 것이 신성해집니다. 욕망이 없고 망상으로부터 자유로운 채, 참나 지식에 자리를 잡고 계십시오. 다른 어떤 동기도 없기 때문에, 경전들이 그대의 행동의 안내자가 되도록 하십시오.

바시슈타는 계속 말했다.

무지의 장막이 모두 찢겨지고, 어떤 욕망도 없는 그런 사람은 순수한 지성의 빛으로 빛을 발합니다. 그의 모든 의심은 사라지고, 그는 사방에 빛을 뿌립니다. 의심이 없고 독립적인(모든 의존에서 벗어난) 그런 사람과 접촉하는 사람도 역시 정화되고 빛을 받습니다.

이 세상의 대상들이 실재한다는 개념은 오직 무지할 때만 일어납니다. 대상들이 실재하지 않는 것이라는 것을 깨달으면, 대상들에 대한 욕망이 어떻게 일어나겠습니까? 심지어 '우주'와 '해방'조차도 의미 없는 말들에 불과합니다. 그러나 이 세상은 의식입니다. 만약 그렇지 않다면, '나'도 '그것'도 이해될 수 없을 것입니다.

진정한 평화는 슬픔을 포함한 자아감과 거기에 딸린 나머지 모든 것들을 자각하지 못할 때 얻어집니다. 깊은 수면 상태에서는 꿈들도 없습니다. 그리고 깊은 꿈을 꾸는 동안에는 수면 상태가 경험되지 않습니다. 그와 꼭 마찬가지로, 자아감이나 슬픔(현상계의 개념에서 나온)에 대한 자각과, 평화(니르바나에서 나온)는 동시에 존재하지 않습니다. 이 모든 것은 단지 개념에 불과합니다. 진실로, 우주도 니르바나도, 수면도 꿈도 없습니다. 이 모든 것이 거부될 때, 진정한 평화가 있습니다.

혼란이나 망상은 실재하지 않으며, 실재하지 않는 것은 존재하지 않습니다. 조사를 해 보고도 찾을 수 없는 것은 존재하지 않습니다. 조사를 통해 여실히 나타나는 것은 자신의 진정한 본성입니다. 그것만이 존재하지, 그 안에 어떤 다양성도 없습니다. 자신의 진정한 본성으로부터 멀어질 때, 큰 슬픔이 나타납니다. 반대로 참나에 안주할 때는 큰 평화와 자제력이 나타납니다.

원소들(감각들, 마음 등)은 그들의 다른 상대(빛, 공간 따위)의 도움이 있어야만 작용합니다. 참나 즉 무한한 의식은 그 어떤 것도 하지 않고, 활동들에 개입하지도 않습니다. 이 세상이 실재한다고 생각하는 사람들은 참나 지식을 가지고 있지 않습니다. 나에게는 하나의 우주 의식에 대한 순수한 자각이 있으며, 이 세상의 활동조차 마치 움직임이 바람과 다르지 않은 것처럼 그 순수 의식과 다르지 않아 보입니다. 그들의 마음속에는 나의 몸이 실재하는 것처럼 보입니다. 그러나 나의 밝은 지성의 빛에는, 그들의 신체적인 존재가 마치 잠자는 사람에게 실재하지 않는 것처럼 비실재적입니다. 나와 그들의 관계는 브람만 속에 존재하는 브람만의 관계입니다. 그들의 비전이 무엇이든 간에, 그렇게 놔두십시오. 나에게는 아무 상관이 없기 때문입니다. 이 모든 것에 브람만이 가득 차 있기 때문에, 나는 '나'로서 존재하지 않습니다. 지금 이 말을 하는 것조차도 분명히 그대를 위해 하는 것입니다. 그렇게 진리를 아는 사람의 가슴속에는 쾌락에 대한 욕망이나 해방에 대한 욕망도 없습니다. 해방이나 부 등도 '나는 존재하지 않고, 또한 이 세상도 존재하지 않는다.'라는 깨달음에 자리 잡고 있는 사람에게는 아무런 소용이 없습니다.

바시슈타는 계속 말했다.

오, 라마여! 외부의 형상들과 내면의 심리적 상태들을 아는 그것이 참나(스와루빰)라고 하는 것입니다. 참나 아닌 것이 약화되고 참나의 본성이 확대될 때, 그때 일어나는 빛 속에서는 이 세상은 단순한 하나의 경험으로서 이해됩니다. 사람이 참나에 완전히 자리를 잡을 때, 이 현상계는 마치 깊은 수면 상태에서의 꿈처럼 사라집니다.

쾌락들은 무서운 질병이고, 친척들은 속박이며, 부(아르타)가 불행의 근원임을 안다면, 마땅히 참나에 안주해야 합니다. 참나 아닌 것이 삼사라이며, 참나에 안주하는 것이 지고의 행복입니다. 그러므로 의식의 공(쭌)으로서의 자기 자신으로 존재해야 합니다. 나는 자아도 아니요, 대상들도 아니며, 현상계도 아닙니다. 나는 지고의 평화인 브람만입니다. 나는 그 속으로 들어왔습니다. 그대만이 '그대'를 자각합니다. 그러나 나는 오직 지고의 평화만을 봅니다. 브람만의 의식은 마치 꿈꾸는 사람이 수면의 상태를 모르고, 잠자는 사람이 꿈의 상태를 경험하지 못하는 것과 꼭 같이, 이 세상의 의식을 알지 못하며, 이 세상의 의식 또한 브람만의 의식을 알지 못합니다. 깨달음을 얻은 사람은 브람만과 이 세상을 모두 깨어 있는 상태와 꿈꾸는 상태들로 봅니다. 그러므로 그는 이 모든 것을 있는 그대로 압니다.

햇빛이 있는 곳에 밝음이 있다는 것이 확실한 만큼이나 분명하게, 세상의 대상들에 본질이 없음을 경험할 때 영적인 각성이 일어납니다. 여기에서 유일한 실재가 있다면, 그것은 우주 의식의 궁극적 본질이 존재의 모든 원자 속에서 춤을 추고 있다는 것입니다. 누가 감히 잴 수 없는 것을 재거나 무한한 것을 셀 수 있겠습니까? 오, 라마여! 그대가 그대 앞에서 보는 이 즐거운 우주의 춤은 단지 무한한 의식의 유희에 불과합니다. 잠자는 사람이 깊은 잠에 들지 않을 때, 그는 꿈의 작용이 일어나는 장(場)이 됩니다. 마찬가지로, 자기에게 참나 지식이 없을 때, 그 자신은 이 현상계를 만드는 씨앗이 됩니다. 심리적인 고통에서 벗어나, 마치 깊은 잠에 빠진 듯이 자신을 깊이 명상하며, 깨어 있는 상태로 살아가십시오.

영적으로 깨어난 사람이 깊은 수면의 상태와 비슷한, 깨어 있는 상태로 살아갈 때, 그가 있는 그 상태를 스바바바(참나 본성)라고 합니다. 그리고 이 상태가 되면, 해방으로 나아갑니다. 브람만에 자리를 잡아, 브람만과 이 '세상' 사이의 차별을 보지 않는 사람은 주체와 객체와 술부 사이에 어떤 구분도 일으키지 않으며, 그러므로 행위자의 느낌이 없이 세상을 살아갑니다. 그의 두 눈에는 모든 것이 있는 그대로 보입니다. 그래서 일원성도 다양성도 없습니다.

가상의 도시는 도시가 아니라 상상입니다. 이 현상계도 세상이 아니라 현상입니다. 실재는 무한한 의식 즉 브람만입니다.

바시슈타는 계속 말했다.

현상계는 무지 때문에 일어납니다. 그리고 지혜가 무지를 없애 줍니다. 그러나 이 모든 것이 실재 그 자체에게는 무의미합니다. 왜냐하면 실재는 일어나지도 사라지지도 않는 것이기 때문입니다. 그 실재는 분할할 수 없는 무한한 의식이며, 그 이외에는 아무것도 존재하지 않습니다. 그것이 그 자체 내에서 분리를 함으로써 그 자체를 그 자신의 대상으로 자각하게 되는 것 같습니다. 그리고 이것이 구분을 일으키고, 무지인 불완전한 지식을 일으키는 것 같습니다. 이러한 자각이 의식 속에 내재되어 있으며 그리고 그것은 의식과 다르지 않습니다.

이 세상과 세상의 신 사이의 구별은 말뿐인 가짜입니다. 분할할 수 없는 무한한 의식 속에서는 그러한 구별은 아무런 의미가 없습니다. 시간과 공간이라는 가공의 개념들 때문에, 언제 어디선가 금이 팔찌로 변해 버린 것처럼 보입니다. 그와 꼭 같이, 창조가 의식 속에서 일어납니다. 이와 같이 이원성마저 존재하지 않는데도, 창조주와 이 창조 사이의 인과 관계를 조사한다는 것은 무의미합니다.

존재하는 것이 있는 그대로(즉, 분할할 수 없는 의식으로서) 이해될 때, 이 현상계는 없어집니다. 여기에서 지성을 갖춘 존재로서 활동하면서, 이 진리의 깨달음에 바위처럼 확고히 자리를 잡고 계십시오. 그대의 지혜를 포함한 그대의 모든 자연스러운 활동이나 경험들과 더불어 지고의 신인 참나를 숭배하십시오. 이것들과 함께 숭배를 받는 참나는 즉시 그대에게 영적인 깨달음의 은혜를 베풀어 줍니다. 이에 비해, 루드라나 비슈누 같은 신들을 숭배하는 것은 가치가 없습니다. 신이신 참나가 자제력과 삿상(현자들과의 교제)과 더불어 참나의 본질에 대한 탐구로 숭배를 받을 때, 그것은 즉시 목샤 즉 궁극적인 해방을 줍니다.

실재를 지각하는 것이 최고의 숭배입니다. 신이 참나로서 존재할 때, 오직 바보만이 다른 것들을 숭배합니다. 신들에 대한 숭배와 순례와 금욕 생활 등도 지혜 즉 비베까와 함께 이루어지면 축복을 준다고 합니다. 이 모든 것들에서 가장 중요한 것이 바로 이러한 지혜라는 것은 확실합니다. 그렇다면 비베까 그 자체와 함께 참나를 숭배하는 것이 족하지 않을까요? 이 지혜를 가지고 몸의 의식을 제거하고, 또한 그와 더불어 수치, 공포, 절망, 쾌락 그리고 고통을 없애십시오. 지혜는 의식을 참나로서 드러냅니다. 그러나 몸 등과 같은 대상들이 없을 때, 이 의식은 형언할 수 없는 지고의 평화 상태로 들어갑니다. 그것을 설명하는 것은 오히려 그것을 파괴시킵니다. 그래서 자기 자신이 깨달음을 얻었다고 생각하면서, 경전들로부터 얻은 지식에 만족하여 안주하는 것은 장님으로 태어난 사람의 헛된 상상과 같습니다. 대상들의 비실재성이 이해되고, 의식이 지식의 대상이 아니라는 것이 이해될 때, 설명이 불가능한 깨달음이 있습니다.

바시슈타는 계속 말했다.

무지의 열병이 없는 사람과, 참나의 지식 때문에 가슴이 고요하고 침착한 사람의 특징은 쾌락의 유혹을 받지 않는다는 것입니다. 말에 지나지 않는 지식과 지혜에 대해서, 그리고 해당되는 진리도 없이 그 말들이 가리키는 개념들에 대해서도 이제 그만 이야기합시다. 니르바나나 해방이란 자아감을 경험하지 않는 것입니다. 이 진리를 분명히 이해하십시오.

잠에서 깨어난 사람이 그가 꿈 속에서 본 대상들에서 더 이상 만족을 얻지 못하는 것과 마찬가지로, 우리도 이 현상계의 대상들로부터 더 이상 어떤 만족도 얻지 못합니다. 마치 흡혈귀나 악귀들이 어두운 숲 속에서 나타나듯이, 이 모든 14계도 무지와 망상의 어둠 속에서 나타납니다. 진리를 조사해 보면, 악귀는 존재하지 않는 것으로 보입니다. 그리고 이 14계에 대한 진리도 조사해 보면, 그들은 순수 의식으로 보입니다. 대상들은 분명히 독자적으로 존재하지 않습니다. 그러므로 그것들은 실재하지 않습니다. 대상들에는 주체인 의식이 충만해 있습니다. 그러나 한편으로는, 의식이 주체라고 생각될 수 있는 관련된 아무런 객체가 없기 때문에, 의식도 또한 주체로서 존재하지 않는다고 말할 수 있습니다. 설명될 수 없는 어떤 것이 존재하고 있습니다.

순수 의식으로서 계십시오. 참나 지식의 진수를 마시십시오. 니르바나 즉 해방의 동산에서 모든 의심이 없는 상태로 쉬십시오. 오, 그대들이여! 왜 그대들은 본질이라고는 조금도 없는 이 삼사라의 숲을 떠돌아 다니고 있습니까? 오, 망상에 사로잡힌 사람들이여! 이 세상에서 희망과 행복에 대한 욕망이라고 하는 이 신기루를 쫓아가지 마십시오. 쾌락들이란 정체를 숨기고 있는 고통입니다. 왜 그대는 그 쾌락이 그대 자신을 파멸시키는 원천이라는 것을 모릅니까? 이 가공의 현상계에 현혹되지 마십시오. 이 망상을 똑바로 보고, 그것을 탐구하십시오. 그러면 그대는 시작도 끝도 없는 그대 자신의 참나에 안주할 것입니다.

무지한 사람은 이 삼사라를 실재하는 것으로 봅니다. 실제로, 그것은 전혀 존재하지 않습니다. 이 현상을 물리치고 난 뒤에 정말로 존재하는 것이 사실상 진리입니다. 그러나 그것은 어떤 이름도 없습니다. 사자와 같이 무지의 우리를 부수고 나와, 모든 것을 초월하십시오. '나'와 '나의 것'이란 개념들을 버리는 것이 해방입니다. 그 밖의 어떤 것도 해방이 아닙니다. 해방은 평화입니다. 해방은 모든 조건화의 소멸입니다. 해방은 모든 종류의 신체적, 정신적, 영적인 고통으로부터의 해방입니다.

이 세상은 무지한 사람과 현명한 사람에게 똑같은 빛으로 보이지 않습니다. 참나 지식을 얻은 사람에게 이 세상은 삼사라로서 보이지 않고, 하나의 무한한 분할할 수 없는 의식으로서 보입니다. 참나 지식을 갖춘 사람은 무지한 사람의 눈에는 존재하지 않는 것에 깨어 있습니다. 또 무지한 사람에게 실재하는 것은 깨달음을 얻은 사람에게는 존재하지 않고 있습니다.

바시슈타는 계속 말했다.

진리를 아는 사람은 마치 장님으로 태어난 사람이 그의 꿈 속에서 이 세상을 '보고,' 깊은 수면 상태에서는 아무것도 보지 못하는 것과 꼭 같이 이 세상을 경험합니다. 그의 가슴과 마음은 욕망의 불이 꺼졌으므로 서늘합니다. 진리를 아는 사람의 마음은 애착이 없기 때문에, 심지어 그가 '명상 수행'을 하고 있지 않을 때도, 마치 웅덩이의 물이 배수구가 없을 때 아무 동요 없이 그대로 있는 것처럼, 완벽한 평정의 상태에 있습니다.

대상은 밖으로 드러난 마음의 활동입니다. 그리고 마음의 활동은 대상이 지성에다 새긴 인상입니다. 마치 똑같은 물이라도 그것이 바다에 이를 때까지 각기 다른 이름들과 다른 강물들에서 흘러가듯이, 똑같은 의식도 다양한 대상들이면서 동시에 그에 상응하는 마음의 작용입니다. 따라서 대상과 마음은 서로 다르지 않습니다. 그 둘 중에 하나라도 없으면, 그들 모두가 없어집니다. 그들 모두는 본질이 없습니다. 그러므로 그것들이 없어지면 평화가 있습니다. 진리를 아는 사람은 그것들을 버립니다. 그렇다고 그가 잃는 것은 하나도 없습니다. 왜냐하면 '대상'과 '마음'은 서로 상응하는 실체가 없는 단지 말들에 불과하기 때문입니다. 존재하는 것은 정말로 무한한 의식뿐입니다.

참나 지식이 있는 사람에게는 무지한 사람이 실재한다고 생각하는 것(시간, 공간, 물질 등)이 전혀 존재하지 않습니다. 용감한 사람의 눈에는 어떤 악귀도 보이지 않는 것과 같이, 현명한 사람의 눈에는 어떤 세상도 없습니다. 그러나 무지한 사람에게는 진리를 아는 사람조차 무지하게 보입니다.

오, 라마여! 물질과 마음의 개념들에 연루되지 마십시오. 왜냐하면 그것들은 가짜이기 때문입니다. 그대 자신의 참나 속에 안주하십시오. 나무의 다양한 부분들로 자라나는 씨앗처럼, 이들 표면상의 '형상들'을 취하는 것은 오로지 의식뿐입니다. 이들 대상이 떨어져 나간 뒤 남는 것(의식)은 설명이 불가능합니다. 왜냐하면 그것을 '의식'이라고 부르는 것도 그것을 제한시키기 때문입니다.

　물질과 마음은 동일합니다. 그래서 둘 다 가짜입니다. 그대는 이 가짜의 현상에 현혹되어 있습니다. 참나 지식이 이 망상을 없애 줄 것입니다. 참나 지식과 현상계의 없어짐, 이 두 가지가 지혜(보담 즉 깨어남)의 특징입니다. 욕망이 소멸되지 않았을 때 일어나는 자아감은 슬픔의 원인이 됩니다.

　뿌리에서부터 모든 가지들과 잎들과 꽃들과 열매들에 이르는 나무 전체가 오직 단 하나의 동일한 나무에 불과합니다. 마찬가지로, 분할할 수도 없고 변화될 수도 없는 의식만이 전부입니다. 마치 버터기름이 그 속성상 돌(그것을 얼릴 때)처럼 굳어지듯이, 의식도 '얼려'지면 물질로 바뀝니다. 그러나 무한하고 변화되지 않는 절대적인 의식 속에서는 그러한 변화가 불가능합니다. 그래서 정신적 조건화란 것도 단지 가짜 개념에 불과합니다. 그러므로 참나 지식을 가지고 있고, 망상과 자아감이 없는 사람의 가슴속에서는 그것이 녹아 없어집니다.

　바시슈타는 계속 말했다.

　이제 나는 현자의 가슴이라고 하는 숲 속에서 자라는 사마다나(평온)의 나무에 대해 설명하겠습니다.

　그 나무의 씨앗은 이것이 자연스럽게 생겨났든, 아니면 슬픔을 경험하고서 생겨났든 간에, 이 '세상'을 등지는 것입니다. 마음은 밭입니다. 그 밭은 바른 활동에 의해 경작이 되고, 바른 느낌에 의해 밤낮 물을 공급 받으며, 쁘라나야마의 수련을 통해 영양분을 공급 받습니다. 마음이라고 하는 이 밭에는 사람이 지혜라고 하는 숲 속에 혼자 있을 때, 사마디(세상으로부터 돌아서는 것)라고 하는 씨앗이 저절로 떨어집니다. 현명한 사람은 지성적인 방법으로 이 명상의 씨앗에 계속 물을 주고 영양분을 공급하려고 끊임없이 노력합니다.

자기 자신의 행복을 진정으로 빌어 주는, 순수하고 다정한 현자들을 찾아가야 합니다. 그 다음 그는 완전한 내면의 텅 빔을 가져다주고, 또한 감로와 같은 순수하고 시원한 지혜로 가득 차 있는 경전들의 말씀을 듣고, 생각하고, 명상함으로써 사마디나 명상의 씨앗에 물을 주어야 합니다. 자신의 마음의 밭에 떨어진 명상이나 사마디의 귀중한 씨앗을 안다면, 현명한 사람은 고행이나 자선 사업 등을 통하여 그 씨앗을 정성들여 소중히 여기고, 영양분을 주어야 합니다.

이 씨앗이 싹트기 시작할 때, 그것은 평화와 만족에 의해 더욱 보호받아야 합니다. 동시에 만족의 도움을 받아서 욕망, 가족에 대한 애착, 자만, 탐욕 등의 새들로부터 그 씨앗을 보호해야 합니다. 올바르고 사랑스러운 행동의 빗자루로 불안(라자스적인 불안)의 먼지를 쓸어 내야 하는데 반해, 무지(따마스적인 무지)의 어둠은 올바른 이해의 빛으로 몰아내야 합니다.

부의 자만이라고 하는 번개와, 쾌락의 추구라고 하는 천둥이 그 밭을 강타하고 황폐화시킵니다. 이런 것들은 관용과 자비, 자빠, 고행, 자제력, 그리고 쁘라나바(OM)의 의미에 대한 명상과 같은 삼지창으로 막아야 합니다.

이와 같이 그 씨앗을 보호한다면, 이 씨앗은 지혜로 자라납니다. 그 지혜와 더불어 마음의 밭 전체가 아름답게 빛을 발합니다. 싹은 두 개의 잎으로 자랍니다. 하나는 경전들에 대한 연구라고 하며, 다른 하나는 삿상(현자들과의 교제)입니다. 곧 그것은 공평성이나 마음의 무색이라는 수액과 함께 만족이라는 껍질을 길러 냅니다. 그것은 경전의 지혜라는 비를 맞고, 곧 나무로 자랄 것입니다. 그 다음 그 나무는 라가 드베사(애착과 혐오)라고 하는 원숭이들이 흔들어도 쉽게 흔들리지 않습니다. 그 다음 그 나무에서는 아주 멀리까지 뻗어 가는 순수한 지식이라는 가지들이 생겨납니다. 명확한 비전, 진실, 용기, 구름이 끼지 않는 이해, 평정, 평화, 다정함, 자비, 명성 등은 사람이 디야나 즉 명상에 완전히 자리를 잡을 때 생겨나는 그 나무의 다른 가지들입니다.

바시슈타는 계속 말했다.

명상의 나무는 시원한 그늘을 드리우며, 그 그늘 속에서 모든 욕망과 갈망들은 종말을 고하고, 모든 타는 듯한 강력한 고통은 사라집니다. 명상은 흔들리지 않는 부동의 마음을 촉진시키는 자제력의 그늘을 확대시킵니다.

무수한 관념들과 개념들과 편견들의 황무지를 떠돌아다니다가 올바른 길을 찾은 마음이라는 사슴이 이 나무 아래에 피신해 있습니다. 이 사슴은 그 가죽 즉 외피를 탐내는 많은 적들의 추격을 받고 있습니다. 사슴은 자신의 목숨을 구하기 위하여 몸이라는 가시덤불 속에 자신을 숨깁니다. 이러한 모든 노력으로 사슴의 에너지는 고갈되어 가고 있습니다. 삼사라의 숲 속을 이리저리 달리고, 바사나 즉 잠재된 경향성이라는 바람에 시달리면서, 자아감의 열기에 그을린 채, 사슴은 끝없는 고통을 받고 있습니다.

이 사슴은 그것이 얻는 것에 쉽게 만족하지 못합니다. 사슴의 욕구는 늘어나고, 그것은 그러한 욕구를 채우기 위해 더 멀리까지 계속 갑니다. 그것은 아내와 자식 등이라는 많은 쾌락 중심들에 애착을 가지고 있으며, 그래서 그것들을 돌보느라 자신의 힘을 다 써 버립니다. 그것은 부 등의 그물에 걸려, 거기서 벗어나려고 발버둥칩니다. 이러한 발버둥 속에서 그것은 거듭해서 넘어지고 상처를 입습니다. 갈망의 물결에 밀려 떠내려가면, 그것은 아주 멀리까지 떠내려갑니다. 무수한 병들이 끊이지 않고 그를 추격합니다. 그것은 또한 상이한 감각적 경험들의 덫에 걸려 있습니다. 그것은 번갈아 천국으로 올라갔다가 다시 지옥으로 떨어지는 일로 당황해 하고 있습니다. 그것은 정신적 변화들과 사악한 특성들이라고 하는 돌들과 바위들에 맞아 박살이 나거나 부상을 당했습니다. 이 모든 것들을 치료하기 위하여 그것은 그 자체의 지성으로 다양한 행동 규범들을 만들어 내지만, 그것들은 아무 효과가 없는 것으로 드러납니다. 그것은 참나 즉 무한한 의식에 대한 지식을 전혀 가지고 있지 않습니다.

마음이라고 하는 이 사슴은 세속적인 쾌락과 그러한 쾌락에 대한 욕구라고 하는 뱀이 토해 내는 유독한 독기를 마시고 감각을 잃었습니다. 그것은 분노의 불길로 타고 있습니다. 그것은 불안과 걱정에 의해 말라붙어가고 있습니다. 그것은 가난이라 알려져 있는 호랑이의 추격을 받고 있습니다. 그것은 애착의 함정에 떨어집니다. 그 가슴은 자신의 자만심의 좌절로 망가졌습니다.

어떤 단계에 이르자, 사슴은 이 모든 것을 등지고, 이미 설명한 어떤 나무(명상의 나무)의 보호를 찾습니다. 그리고 거기에서 그것은 밝게 빛을 발합니다. 지고의 평화나 희열은 조건화가 없는 의식의 상태 이외의 다른 어떤 조건에서도 얻어지지 않습니다. 그래서 이것은 오직 사마디 즉 명상이라고 하는 나무의 그늘에서만 얻어집니다.

바시슈타는 계속 말했다.

이와 같이 휴식을 얻은 뒤에, 사슴(마음)은 거기에서 기뻐하며 다른 곳으로 가려고 하지 않습니다. 얼마 뒤에, 명상 즉 사마디라고 하는 나무는 열매를 맺기 시작하는데, 그 열매는 지고의 참나가 밖으로 드러난 것입니다. 마음이란 사슴은 자기 위에 있는 명상의 나무에 달려 있는 그 열매를 바라봅니다. 그 후 곧 그것은 다른 모든 일을 버리고, 그것의 열매들을 맛보기 위하여 그 나무로 올라갑니다. 나무에 올라간 뒤에, 마음이란 사슴은 세속적인 사고 양식들을 버리고, 다시는 더 비천한 삶을 생각하지 않습니다. 뱀이 그 허물을 벗어 버리듯이, 이 마음이란 사슴도 명상의 나무에 올라갈 수 있도록 이전의 습관들을 버립니다. 과거의 기억이 떠오를 때마다, 사슴은 "내가 어떻게 지금까지 이런 바보로 남아 있었지?"라며 큰 소리로 웃습니다. 탐욕 등을 버리고서 사슴은 황제처럼 그 나무 위에서 쉬고 있습니다.

나날이 사슴의 갈망은 줄어듭니다. 사슴은 구하지 않았는데도 자기 손에 들어오는 것을 피하지 않고, 또한 노력 없이 쉽게 얻지 못하는 것을 갈망하지도 않습니다. 사슴은 무한한 의식 즉 절대적인 존재를 다루는 경전들의 지식으로 자신을 에워쌉니다. 사슴은 속으로 자신이 과거에 무지했던 상태들을 자각하고 웃습니다. 그리고 자신의 아내와 자식 등을 보고, 마치 그들이 전생의 친척들이거나 아니면 꿈 속에서 본 사람인 양 그들을 보고 웃습니다. 애착과 혐오, 두려움과 허영, 자만과 망상에 기초를 둔 모든 활동이 사슴에게는 마치 모두가 연극인 것처럼 보입니다. 이 세상의 덧없는 경험들을 볼 때, 그것들이 미치광이의 경험들과 같다는 것을 알기 때문에 경멸조로 웃습니다.

그렇게 특별한 상태에 자리를 잡고 있기 때문에, 그것(마음이란 사슴)은 아내, 자식 등에 대하여 어떠한 불안이나 걱정도 가지지 않습니다. 그것은 깨달음을 얻은 시각으로 유일한 본질(무한한 것) 속에 유일하게 존재하는 것(실재)을 바라봅니다. 자신의 비전을 완전히 집중시킨 채, 그것은 사마디의 나무로 올라갑니다. 그것은 심지어 이전에 불운들이라고 여겼던 것마저 즐기고 있습니다. 그것은 마치 바로 그 일을 하기 위해 막 깨어난 것처럼 필요한 활동들을 하다가, 그 후에 다시 명상의 상태로 돌아갑니다. 그러나 자연스럽게 그것은 언제나 사마디 상태에 들고자 합니다. 그것은 자아감이 완전히 없습니다. 하지만 그것도 또한 다른 것들처럼 숨을 쉬고 있기 때문에, 그것은 자아감을 알고 있는 것처럼 보입니다. 심지어 그것이 구하지 않았는데도 쾌락들이 그것을 찾는 그러한 경우에도, 그 사슴은 전혀 강한 흥미를 보이지 않습니다. 왜냐하면 그 마음은 자연스럽게 모든 쾌락에 등을 돌렸기 때문입니다. 그것은 충만합니다. 그것은 세속적인 활동들과 추구들에는 무감각합니다. 그것이 어떤 상태로 존재하는지 누가 알겠습니까? 그것은 목샤 즉 해방이란 최고의 열매에 점점 더 가까이 다가가고 있습니다. 마침내 그것은 붓디 즉 지성조차 버리고 절대적인 의식 속으로 들어갑니다.

바시슈타는 계속 말했다.

그러한 것이 대상들의 존재에 대한 개념들을 버리고 자기 자신의 순수한 참나에 조용히 머물러 있는, 지고의 성취라고 알려져 있습니다. 모든 구분을 버릴 때, 분할할 수 없는 것만이 남게 됩니다. 그것은 순수하고 하나이며, 시작도 끝도 없습니다. 이것이 브람만이라고 하는 것입니다. 부와 아내와 세속적인 대상들에 대한 욕망을 포기한 사람은 그 지고의 참나에 안주합니다. 심지어 마음과 무한한 의식 사이의 구분마저 떨어져 나가면, 모든 구분은 사라져 무(無)가 됩니다. 이후에 마치 조각되지 않은 석상이 대리석 석판으로 존재하듯이 지고의 존재로 존재합니다.

무지한 사람은 명상을 할 수 없습니다. 또한 그가 그렇게 하는 것도 바람직하지 않습니다. 깨달음을 얻은 사람이란 이미 참나에 자리를 잡고 있는 사람입니다. 자각의 대상들에 사심이 전혀 없는 사람이 깨달음을 얻은 사람이지만, 이것이 무지한 사람에게는 불가능합니다. 대상에 대한 자각이 영원한 순수 의식으로 보일 때, 그것은 사마다나 즉 평온의 상태라고 하는 것입니다. 주체와 객체가 통합되면, 마음은 사마다나 상태에 있다고 합니다. 참나에 안주한다는 것은 참나가 대상에 사심이 없음을 의미합니다. 반면에, 무지는 참나가 대상들을 향해 움직이는 것을 말합니다. 확실히 그러한 움직임은 무지한 사람의 경우에만 일어납니다. 감로의 맛을 본 사람은 아무도 쓴 것들에 관심을 보이지 않습니다. 그러므로 현자의 경우에, 명상은 자연스럽고 노력 없이 저절로 됩니다. 강렬한 욕망이 전혀 없을 때, 참나는 결코 버려지지 않습니다. 혹은 마음이 확장되어 우주 전체를 포함하면, 또다시 참나는 버려지지 않습니다. 이 정도는 확실합니다. 즉, 참나 지식을 얻을 때까지는 사마디를 얻기 위해 애쓸 필요가 있다는 것입니다. 사마디에 자리 잡은 사람은 인간의 형상을 한 브람만입니다. 그에게 경의를 표하십시오.

대상들에 관심이 없을 때, 심지어 신들조차도 그 사람의 명상을 방해할 수 없습니다. 그러므로 흔들리지 않는 명상을 계발해야 합니다. 여기에 이르는 방법으로는 첫째가 경전들이고, 둘째는 성현들과의 교제이며, 셋째는 명상입니다. 무지는 불완전한 지식으로는 없어지지 않습니다. 이는 마치 불이 그려진 그림 가까이에 앉는다고 해서 추위가 경감되지 않는 것과 같습니다. 무지한 사람은 이 세상을 물질적인 실재로서 보지만, 현명한 사람은 이 세상을 의식으로 봅니다. 현자에게는 자아감도 이 세상도 없습니다. 그가 이 세상을 바라보는 비전은 형언할 수 없을 정도로 아름답습니다. 그러나 무지한 사람에게 이 세상은 마른 장작과 돌이 있는 세상입니다. 깨달음을 얻은 사람은 이 세상을 하나의 참나로서 보지만, 무지한 사람은 이 세상을 하나의 참나로서 보지 않습니다. 무지한 사람은 끝없는 논쟁들에 열중합니다. 깨달음을 얻은 사람은 만물에 대하여 우호적입니다. 뚜리야 혹은 사마디는 깨어 있거나 꿈꾸거나 잠자는 상태에서 시종 존재하는 것인 자연스러운 상태입니다. 조건화라고는 오로지 마음뿐이지만, 그 마음도 탐구를 하면 사라집니다.

바시슈타는 계속 말했다.

지고의 진리라는 열매를 얻어 해방된 상태가 되면, 심지어 자각도 말하자면 존재하지 않게 됩니다. 왜냐하면 마음이 지고의 진리 속으로 흡수되었기 때문입니다. 마음속에 있는 사슴이란 생각도 마치 연료 없는 등불처럼 사라집니다. 지고의 진리만이 남게 됩니다. 명상의 열매 즉 참나 지식을 얻은 마음은 벼락(바즈라)처럼 확고부동합니다. 마음의 특징인 움직임이나 불안함이 사라집니다. 왜냐하면 그는 자기 위치를 알기 때문입니다. 밝은 빛만이 아무 방해나 구분 없이 순수 의식으로서 남게 됩니다.

그 상태에 이르면, 모든 욕망이 아무 노력 없이 떨어져 나갑니다. 그리고 노력 없는 명상만이 남게 됩니다. 브람만을 깨달을 때까지는 참나에 안주할 수 없습니다. 그때까지는 참나 등에 대하여 생각하는 것만으로는 명상이 가능하지 않습니다. 지고의 진리를 깨달으면, 마음은 사라집니다. 왜냐하면 그는 자신이 어디에 있는지를 알고 있기 때문입니다. 그리고 그는 기쁨과 절망은 물론이고, 바사나 즉 정신적 조건화나 까르마가 어떻게 사라지는지를 알고 있습니다. 그렇다면 요기는 산처럼 조금도 흔들리지 않는 명상이나 사마디(바즈라 사마다나)에 확고부동하게 자리를 잡은 채, 계속적이고도 부단한 명상의 상태에 있는 것으로 보여집니다.

요기가 쾌락에 관심이 없고, 그의 감각들이 아주 평화롭게 통제되며, 그가 즐겁게 참나에 안주하며, 그의 모든 마음의 변화들이 없어졌을 때, 그가 사마디의 이름을 걸고 해야 할 일이 그 밖에 무엇이 있겠습니까? 마음의 조건화가 없기 때문에, 요기가 이 세상을 관찰의 대상으로서 알지 못할 때, 그는 마치 어떤 다른 힘에 강요받기라도 한 듯이, 바즈라 사마디(조금도 흔들리지 않는 명상)에 머물지 않을 수 없습니다. 마음은 거기에서 조금도 다른 곳으로 빗나가지 않습니다. 마음이 진리를 알았으므로 세속적인 대상들에 관심이 없기 때문에 그것이 평화로워지면, 그것이 바로 사마디이지, 그 밖의 어떤 것도 아닙니다. 쾌락을 확고부동하게 물리치는 것이 명상입니다. 그것이 결실을 맺으면, 그것은 바즈라 사라(조금도 흔들리지 않는)입니다. 이것은 또한 완벽한 지식의 상태이기 때문에, 니르바나 혹은 희열의 상태라고도 합니다.

쾌락에 대한 강한 욕망이 있다면, 명상이라고 하는 것이 무슨 소용이 있겠습니까? 그러한 욕망이 존재하지 않으면, 명상이라고 하는 것이 무슨 소용이 있겠습니까? 완벽한 지식이 있고, 동시에 쾌락에 대한 관심이 없으면, 절대적인 의식(니르비깔빠 사마디)이 자연스럽고도 수월하게 따라 나옵니다. 쾌락에 대한 강한 욕망으로도 흔들리지 않는 사람을 가리켜 완벽하게 깨달음을 얻은 사람(삼붓다)이라고 합니다. 그러한 완벽한 깨달음은 쾌락의 추구를 완전히 외면하는 데서 일어납니다. 참나에 의지하는 사람은 조금도 욕망을 경험하지 않습니다. 쾌락적인 경험에 대한 욕망은 오직 참나로부터 멀어지는 움직임이 있을 때 일어납니다. 경전이나 자빠 등에 대한 연구가 끝날 때에, 사람은 사마디에 들어갑니다. 그리고 사마디의 수련 후에도 경전을 연구하거나 자빠 등을 해야 합니다. 오, 라마여! 언제나 니르바나 상태에 머물러 계십시오.

바시슈타는 계속 말했다.

세속적인 삶의 고통들과 시련들로 헤매며 떠돌아다니다가, '이 모든 일에 싫증을' 느낄 때, 그는 이 모든 것을 벗어나는 피난처를 구합니다. 나는 이제 그대에게 그러한 사람이 휴식과 평화에 도달하는 점진적인 단계들에 대하여 설명하겠습니다. 직접적인 원인 때문이든지, 아니면 그런 이유도 없이, 그는 세속적인 일(쾌락과 부의 추구)들을 외면하고, 현자의 은신처를 찾습니다. 그는 나쁜 친구들을 매우 멀리하며 피합니다.

성현들과의 교제로 흘러나오는 축복은 다른 어떤 축복에도 견줄 수 없습니다. 성현의 성품은 침착하고 평화롭습니다. 그의 품행과 활동들은 순수합니다. 그러므로 성현과 함께 있으면 그를 찾는 누구에게나 평화와 미덕이 증진됩니다. 성현과 함께 있을 때 사람은 두려움을 잊어버립니다. 사악한 성질도 사라지고, 사람은 순수해집니다. 신들과 천사들이 소유하고 있는 사랑과 애정마저 성현들에게서 흘러나오는 무한한 사랑과 비교하면 아무것도 아닙니다.

바른 행동을 행할 때, 그의 지성은 평화에 의지하며, 완벽한 거울처럼 진리를 비춰 줍니다. 바로 그때 경전의 말씀들이 전하는 의미가 충분히 명확해집니다. 현자는 지혜와 미덕의 빛을 발합니다. 그래서 무지의 우리를 벗어나고자 할 때, 그는 쾌락을 피해 절대적인 희열을 향해 도망칩니다.

쾌락들을 좇는 것은 큰 불행입니다. 현자들도 그 쾌락을 물리치지만, 그것은 그의 가슴속에 약간의 불안을 일으킵니다. 그러므로 그가 즐거운 상황들에 처해 있지 않을 때 그는 최고로 행복합니다. 현자들이나 요기들과 완벽한 경지에 도달한 사람들은 그러한 현명한 사람에게 다가갑니다. 그러나 현명한 사람은 그들이 그에게 주는 영적인 힘이나 지식의 선물마저도 중히 여기지 않습니다. 그는 깨달음을 얻은 사람들과 함께 있기를 원합니다. 그들과 함께 있을 때, 그는 경전들의 진리 속으로 빠져듭니다. 다른 사람들을 그들 자신의 수준으로 끌어올리는 것이 이들 깨달음을 얻은 사람들의 특징입니다.

현명한 사람은 모든 이기적인 행동과 부나 쾌락을 얻으려는 노력을 점차 버립니다. 그는 자기희생적인 자선 사업에 모든 것을 나누어 줍니다. 오, 라마여! 지옥조차도 이기적인 활동이 일으키는 괴로움만큼 고통스럽지 않다는 것을 기억하십시오. 부는 끝없는 불행의 근원이요, 행운은 영원한 불운이며, 쾌락의 즐거움은 영속적인 질병입니다. 이 모든 것들이 왜곡된 지성에 의하여 오해되고 있습니다. 이 세상에서는 만족만이 최고의 약이요, 최고의 강장제이며, 최대의 행운입니다. 만족하는 가슴은 깨달음을 얻을 준비가 되어 있습니다. 첫째로 세속적인 것을 피하십시오. 그 다음 삿상에 의존하고, 경전들의 진리를 탐구하고, 쾌락에 대한 무관심을 계발하십시오. 그러면 그대는 최고의 진리를 얻을 것입니다.

바시슈타는 계속 말했다.

마음이 초연과 성현들과의 교제에 자리를 잡고 있고, 경전들의 연구를 통해 쾌락의 추구에 대한 무관심이 일어나면, 부를 더 이상 동경하지도 않고, 자기가 가지고 있는 부조차도 마른 똥처럼 취급합니다. 그는 친척들과 친구들을 같은 순례자로서 취급하며, 적절한 시기에 그들에게 적절하게 봉사합니다. 그는 은둔 생활이나 정원들, 성지들, 또는 자신의 집, 친구들과의 놀이나 장난, 경전의 토론 등에 집착하지 않습니다. 그리고 그는 이것들 가운데 어떤 것에도 너무 많은 시간을 소비하지 않습니다.

그는 지고의 상태에 안주해 있습니다. 지고의 상태란 존재하고 있는 것입니다. 그 안에서의 오락은 무지에 의해 생긴 것이고, 이 무지는 가짜이며 존재하지 않습니다! 참나에 확고히 자리 잡고서, 조각상처럼 마음이 혼란되지 않는 사람은 감각의 대상들에 의해 흔들리지 않습니다. '나'와 '세상', 시간과 공간, 지식이나 공, 이것들은 비록 계속 존재할지는 모르지만, 진리를 아는 사람에 의해서는 경험되지 않습니다. 인간의 형상을 한 그 태양에게 경의를 표해야 합니다. 왜냐하면 그의 개성에는 라자스(불안한 활동이나 불순물)가 전혀 없고, 그는 심지어 사뜨바나 순수를 초월했으며, 또한 무지의 어둠이 그에게 전혀 없기 때문입니다. 모든 구분을 초월했고, 그의 마음이 마음 없음의 상태가 되어 버린 그런 사람의 상태는 형언할 수 없습니다. 밤낮 그의 숭배를 받고 있는 신은 그에게 니르바나라는 지고의 상태를 줍니다.

신은 멀리 있는 것도 아니요, 접근할 수 없는 것도 아닙니다. 자기 자신의 밝은 참나가 바로 신입니다. 그로부터 모든 사물이 비롯되며, 또 그에게로 그것들은 돌아갑니다. 이곳에 있는 만물들은 그들 자신의 다양한 방법으로 언제나 그를 숭배하고 경배합니다. 이와 같이 어떤 사람이 태어날 때마다 그에 의해 다양한 형태로 숭배를 받고 있음으로써, 참나는 기뻐하고 있습니다. 이와 같이 기쁜 상태에 있기 때문에, 참나는 사람의 내면적 각성이나 깨달음을 위해 전령을 보냅니다.

이와 같이 참나가 보낸 전령이 비베까 즉 지혜입니다. 그것은 가슴의 동굴 속에 거주하고 있습니다. 무지의 조건화를 받고 있는 사람에게 점진적인 각성을 가져다주는 것이 바로 이 지혜입니다. 이와 같이 깨어난 이가 내면의 참나이고, 그것이 옴(OM)이라는 '이름'을 가진 지고의 참나입니다. 그는 편재하는 존재입니다. 말하자면, 우주가 그의 몸입니다. 모든 머리와 눈과 손 등이 그의 것입니다. 그는 자빠와 자선 사업, 의식적인 숭배, 경전의 연구, 그리고 그러한 수행들을 기뻐합니다. 이 참나가 지혜 즉 비베까의 도움으로 깨어나면서, 내면의 열림이 있을 때, 마음은 사라지고, 지바도 또한 사라집니다. 이 끔찍한 삼사라의 바다에서, 지혜(비베까)만이 이 삼사라의 바다를 건너게 해 줄 수 있는 배입니다.

참나는 우리가 이전에 채택하여 사용한 다양한(그대가 하고 싶은 대로 하는) 형태의 숭배들에 대해서도 대단히 기뻐합니다. 참나는 우리에게 비베까라는 순수한 전령을 줍니다. 성현들과의 교제, 경전의 진리에 대한 연구 그리고 깨달음을 통하여, 그것은 지바가 순수하고 근본적인 일원성(oneness)의 상태에 더욱 가까이 다가가게 합니다.

바시슈타는 계속 말했다.

이 비베까 즉 지혜가 강화되고 굳어지면, 그리고 조건화의 불순물이 깨끗이 씻겨 나가면, 신성한 사람은 특별한 광채로 빛이 납니다. 내면의 개념과 세상에 대한 외면의 지각이 모두 그에게서 사라집니다. 그렇다 치더라도 이 모든 것이 가짜인 무지에서 태어난 것이기 때문에, 실재하는 것은 아무것도 사라지지 않습니다. 이 세상은 단지 하나의 현상에 지나지 않습니다. 그래서 그것은 참나 아닌 것도 아니요, 또한 거칠고 물질적인 것도 아닙니다. 이러한 원소들은 실재하지 않습니다. 그래서 세상도 공도 실재하지 않습니다. 브람만만이 펼쳐져 있고, 브람만만이 빛을 발합니다.

이 세상은 물질이 아닙니다. 공도 보이지 않습니다. 마음도 헛된 것입니다. 그래도 남아 있는 것은 설명할 수는 없지만, 존재하지 않는 것이라고 할 수 없는 진리입니다. 지성은 서로 모순되는 진술로 난처한 처지에 빠지지만, 진리가 적절한 방법에 의해 탐구되면, 그것은 이해됩니다. 지성이 깨어 있는 사람을 가리켜 진리를 아는 사람이라고 합니다. 그는 비이원적인 의식에 자리 잡고 있으며, 그는 이 세상을 '세상' 으로서 자각하지 않습니다.

이 현상계가 나타나는 것은 오직 무한한 의식이 그 자체를 하나의 대상으로서 볼 때입니다. 차라리 이런 일이 일어나지 않는 것이 더 나을 것입니다. 그러나 일단 이것이 일어나면, 그것은 외면화되고 구체화됩니다. 물질을 자각하는 것이 마음이며, 그리고 마음은 그 자신을 몸에 속박합니다. 그러나 이 모든 것은 단지 개념과 말뿐인 묘사에 지나지 않습니다. 그래서 이러한 구별은 관념적이고 가상적인 것입니다. 의식인 참나는 지금까지 하나의 대상이나 물질이 된 적이 없습니다. 그래서 참나 지식에 자리를 잡으면, '의식'이나 '무의식'조차도 무의미한 말이 되어 버립니다.

물질적인 몸은 미묘한 정신적인 몸에서 일어나는데, 그것은 지속적인 생각이 있기 때문입니다. 그러므로 물질은 실재하지 않습니다. "나는 혼란스럽다. 나는 미쳤다."라고 끊임없이 생각함으로써 사람은 정말 미치게 됩니다. 그러나 "나는 미치지 않았다."라고 깨달음으로써 사람은 다시 마음의 균형을 회복하게 됩니다. 꿈을 꿈이라고 깨닫고 나면, 그 꿈에 속지 않습니다. 마치 미묘한 몸이 지속적인 생각 때문에 거칠고 물질적인 몸이 되는 것과 꼭 같이, 올바른 지식만 있으면 그 과정이 역전될 수도 있습니다. 지속적인 올바른 명상을 통하여 미묘한 몸마저 지바로서의 그 실제의 상태로 나아가게 해야 하고, 그 다음에는 브람만으로 나아가게 해야 합니다.

이 둘 모두(물질과 마음, 거친 것과 미묘한 것)가 하나의 무한한 의식이라는 것을 깨닫지 못하면, 그리고 그렇게 깨달을 때까지, 현명한 구도자는 그것들을 정화시키려고 노력해야 하며, 또한 그것들의 참된 본성을 탐구하려고 노력해야 합니다. 참나 지식에 자리 잡은 사람은 최악의 재앙이 닥쳐와도, 예컨대, 유황불이 쏟아져 내리거나, 지구가 소멸되어 엷은 공기 속으로 사라지거나, 아니면 대홍수가 모든 것을 집어 삼키더라도, 절대로 흔들리지 않습니다. 최고의 초연을 갖춘 사람은 조금도 흔들리지 않는 사마디(바즈라 사마디)를 즐길 수 있습니다. 그러한 초연에서 나오는 내면의 평화는 고행 등에서 일어나는 평화와는 견줄 수가 없습니다.

바시슈타는 계속 말했다.

여러 세상에서 볼 수 있는 이 모든 다양한 존재들은 다음 범주들 가운데 하나에 속합니다. 즉, 그들 가운데는 꿈 속의 깨어 있는 상태에 있는 존재들이 있는가 하면, 개념상 깨어 있는 상태에 있는 존재들도 있습니다. 또 순수하게 깨어 있는 상태에 있는 존재들이 있는가 하면, 오랫동안 깨어 있는 상태에 있는 존재들도 있습니다. 또 투박하게 깨어 있는 상태의 존재들이 있는가 하면, 깨어 있는 꿈 상태에 있는 존재들도 있습니다. 그러나 깨어 있음이 줄어드는 상태로 존재하는 자들도 있습니다.

오, 라마여! 이전의 어떤 세상 순환 주기 때에 이 우주의 어느 한 모퉁이에서는, 비록 살아 있지만 깊은 수면 상태에 들어 있는 존재들도 일부 있었습니다. 그들이 꿈꾸는 그 꿈들이 이 우주로서 나타납니다. 그들이 이른바 꿈 속의 깨어 있는 상태에 있습니다. 우리는 모두가 그들의 꿈의 대상들입니다. 그들의 꿈이 대단히 긴 꿈이라는 사실 때문에, 그 꿈은 우리에게 진짜 깨어 있는 상태로 보입니다. 그리고 꿈꾸는 사람들은 이 모든 것을 통해 계속 지바로 남아 있습니다. 편재하는 것은 편재하는 의식이기 때문에, 모든 것이 모든 곳에 존재합니다. 그러므로 우리는 그 원래 꿈꾸는 사람들의 꿈에 나오는 꿈의 대상들로서 존재합니다.

이 꿈의 세상에서 만약 망상을 물리치면, 그는 해방을 얻습니다. 혹은 자기 자신에 대한 관념에 따라, 자기 자신을 다른 몸이라고 생각합니다. 그러한 관념에 의해 나타나는 현상계는 그들에 의해서 경험됩니다.

이전의 어떤 세상 순환 주기 때에, 어떤 곳에서는 다양한 피조물을 만드는 원인이 되는 여러 상이한 개념들을 지니면서 깨어 있는 상태로 살아가는 존재들도 일부 있었습니다. 이들은 개념상의 깨어 있는 상태에 속한 존재들입니다. 그들은 그들을 일으키는 개념들의 지속성 때문에 그 개념의 지속성에 확고히 자리 잡고 있습니다. 심지어 그 개념들이 없어졌을 때조차 그들은 그들 자신의 과거 개념들 때문에 계속 존재합니다.

수면이나 꿈도 없었던 태초에 브람마의 확장된 의식 속에서 일어난 존재들은 이른바 순수하게 깨어 있는 상태로 존재하는 자들입니다. 그들이 새로운 몸을 받으면서 계속 존재해 갈 때도, 그들은 정말로 오랫동안 혹은 계속적인 깨어 있는 상태로 존재합니다. 그들이 의식이 짙은 상태, 즉 무의식 상태로 존재할 때, 그들은 거친 깨어 있는 상태에 있다고 합니다.

경전의 해설들에 귀를 기울인 뒤에, 깨어 있는 상태를 꿈으로 간주하는 존재들은 깨어 있는 꿈의 상태에 있습니다. 그들이 완전히 깨어나서 지고의 상태에 안주할 때, 깨어 있는 상태에서 그들이 보는 세상에 대한 자각은 그 투박함이 줄어들며, 그렇게 깨어 있음이 줄어드는 상태에 있는 이들은 뚜리야, 즉 의식의 네 번째 상태에 도달합니다.

이상이 다양한 존재들이 존재하는 일곱 가지 상태들입니다. 사실상 일곱 바다가 하나의 물 덩어리에 불과하듯이, 이 모든 것도 의식이란 하나의 바다에 지나지 않습니다.

　라마는 물었다.

　신이시여! 순수하게 깨어 있는 상태가 어떻게 일어납니까? 그리고 어떠한 원인이나 동기도 전혀 없이 어떻게 그들은 그러한 상태로 존재합니까?

　바시슈타는 다음과 같이 대답했다.

　오, 라마여! 원인이 없이는 어떤 결과도 나오지 않습니다. 그러므로 순수하게 깨어 있는 상태는 일어나지 않으며, 또한 이 분명한 우주의 나머지 모두도 전혀 존재 속으로 오지 않습니다. 아무것도 창조되지 않았으며, 아무것도 소멸되지 않습니다. 그래서 이 모든 설명은 가르침에 부수하여 일어나는 것입니다.

　라마는 다시 물었다.

　몸이나 마음 등을 창조한 자는 누구이며, 우정이나 좋아함 등의 굴레로 이 모든 존재들을 누가 현혹시키고 있습니까?

　바시슈타는 다음과 같이 대답했다.

　오, 라마여! 언제라도 아무도 이 몸을 창조하지 않습니다. 그리고 언제라도 아무도 존재들을 현혹하지 않습니다. 의식은 시작도 없는 영원한 것입니다. 그래서 그것만이 이 모든 다양한 존재들로서 존재하고 있습니다. 비록 바깥에 있는 것처럼 보일지라도, 이 의식 바깥에는 아무것도 없습니다. 이 현상 또한 마치 씨앗에서 싹이 나듯이, 그 자체 내에서 일어납니다. 이 우주는 마치 조각상이 대리석 석판에 존재하듯이, 의식 내에 존재하고 있습니다. 안이나 바깥, 그 어디에나 존재하는 이 의식은 마치 꽃의 향기가 퍼져 나가듯이, 시간과 공간 때문에 이 현상계로서 펼쳐집니다. '현세' 자체가 '내세'입니다. 내세를 창조하는 정신적 조건화를 버리십시오. 내세에 대한 개념이 이미 사라졌는데, 그러한 개념이 도대체 어디에서 일어나겠습니까?

참나만이 시간이나 공간의 개념들과 다른 그러한 관념들이 없이 실재합니다. 참나는 공(空)이 아닙니다. 이러한 진리를 깨닫는 사람은 자아감에 의지하고 있는 사람이 아닌, 지고의 상태에 자리 잡고 있는 그런 사람들뿐입니다. 이 진리를 깨달은 사람에게는 14세계도 그 자신의 수족입니다. 그의 눈에는 꿈의 상태와 깨어 있는 상태 간의 구분도 존재하지 않습니다. 이 현상계가 순수 의식으로 보여지면, 그것은 꿈과 같은 것이 됩니다. 불 속으로 들어가는 모든 것이 하나(재)가 되듯이, 모든 상태들과 현상계도 지혜의 불길에 의해 하나로 바뀝니다.

의식만이 이 거친 우주로 나타납니다. 이것을 깨달으면, 물질이 존재한다는 믿음은 사라집니다. 그것과 더불어 그러한 물질을 소유하고 싶은 욕망도 사라집니다. 그러면 그 사람은 자신의 내면의 평화 속에 남아 있을 수 있습니다. 참나가 이 세상도 아니고 공도 아니라는 것을 깨달으면, 모든 것은 진실로 있는 그대로 남게 됩니다. 참나를 깨달은 현자는 이 삼사라를 건너, 모든 까르마의 종말에 도달한 사람입니다.

바시슈타는 계속 말했다.

이 세상이 존재한다는 관념은 무지한 사람에게 일어나는데, 이는 마치 한 나무의 '마음' 속에서 그 다양한 가지들에 대한 자각이 일어나는 것과 꼭 같습니다. 아비디야 즉 '무지'란 이름으로 통하고 있는 이 객관적인 세상에 대한 가공의 이해는 사실상 존재하지 않습니다. 그것은 신기루 속에 보이는 물(내용 없는 소리)만큼이나 비실재적입니다. 그러나 단지 명확한 이해를 위하여, 이 무지를 실재하는 것으로 받아들이고 잘 들어 주십시오. 그러면 그대는 그것이 실제로는 존재하지 않는다는 것을 직접 이해할 것입니다.

여기에 존재하는 것으로 보이는 모든 것은 이 세상의 주기가 끝날 때에는 소멸됩니다. 아무도 이 완전한 소멸을 피할 수 없습니다. 그러면 브람만만이 존재합니다. 이러한 깨달음은 마약이 유발시킨 경험과는 다릅니다. 즉 우리는 이 몸이 꿈 속에서 본 한 대상과 같고, 의식만이 실재한다는 것을 확실하게 알고 있습니다. 이 현상계는 반복적으로 소멸됩니다. 무엇이 소멸되었으며, 또 그 소멸된 것이 어떻게 반복적으로 생겨날까요? 이 모든 대상이 공간 속에 숨겨져 있다고 한다면, 그것들은 우주가 소멸되더라도 파괴되는 것이 아니라는 것을 인정해야만 합니다.

원인과 결과 사이에는 유사성이 있습니다. 이 현상계를 만든 원인이 전혀 없기 때문에, 그것은 하나의 결과물이 아닙니다. 그래서 하나만이 존재합니다. 한 나무의 수많은 가지들과 잎들과 꽃들과 열매들은 단지 단 하나의 씨앗이 확대된 것에 지나지 않습니다. 인과 관계를 만들어 낼 필요도 없습니다. 씨앗만이 실재입니다. 진리를 탐구해 보면, 우리는 하나의 의식만이 진리로서 남아 있다는 것을 깨닫습니다.

이 세상의 주기가 끝날 때, 이 모든 지각의 대상들은 사라집니다. 의식인 하나의 참나만이 남게 되고, 이것은 생각이나 설명을 초월해 있기 때문에 형언할 수가 없습니다. 오로지 참나 지식을 가진 현자들만이 이것을 경험합니다. 나머지 사람들은 단지 이러한 말을 읽을 뿐입니다. 왜냐하면 그것은 시간도 마음도 아니며, 존재도 존재 아님도 아니고, 의식도 무의식도 아니기 때문입니다. 나는 이와 같이 지금까지 부정적으로 그것을 묘사해 왔습니다. 왜냐하면 경전들이 그렇게 해 왔기 때문입니다. 내 관점으로 볼 때, 그것은 순수한 지고의 평화입니다. 이 속에는 잘려지지 않은 대리석 속에 조각상이 잠재해 있는 것처럼, 무수한 가능성이 잠재되어 있습니다. 따라서 지고의 참나는 다양하기도 하고 동시에 다양하지 않기도 합니다. 여기에 대한 의심이 그대 마음속에서 일어나는 것은 바로 그대에게 직접적인 참나 지식이 없기 때문입니다.

다양성에 대한 지각은 참나 속에서 일어나는 구분 때문입니다. 그러나 참나는 시간, 공간 등으로 나누어지는 구분이 전혀 없습니다. 마치 바다가 파도들의 바탕 자체이며 나누어지지 않는 실재인 것처럼, 참나도 시간이나 공간 등의 바탕 자체이자, 나누어지지 않는 실재인 것입니다. 그러므로 실재는 나누어지지도 않으면서 나누어지는 것이며, 존재하는 것이면서도 존재하지 않는 것입니다. 대리석 속의 조각되지 않은 조각상은 그 돌로부터 조각이 될 수 있지만, 무한한 의식으로부터 이 세상을 조각하는 것은 불가능합니다. 그러므로 나누어지지 않았지만 나누어진 그것은 비록 실제로는 전체와 전혀 다르지 않지만, 단지 전체와 다르게 보일 뿐입니다.

바시슈타는 계속 말했다.

실재는 무한한 나누어지지 않는 의식입니다. 그리고 그 의식은 관찰의 대상이 아니기 때문에 알 수 없습니다. 브람마, 비슈누, 루드라 등의 이름도 반복적으로 사용되었기 때문에 그들이 실재하는 것으로 간주되게 되었습니다. 원인이나 이유도 없는 우주는 존재하지 않습니다. 그러나 우리는 전혀 존재하지 않는다고 주장할 수도 없으며, 또한 어떤 것이 존재한다고도 주장할 수 없습니다.

마음이 완벽한 고요 상태에 머물 때, 있는 것이 실재입니다. 그 실재 안에 이 세상이 존재하는 것으로 나타납니다. 이 현상계는 아무것도 없는 무에서 어떻게 생겨나겠습니까? 그러므로 이 우주의 모습을 띠고 있기는 하지만, 브람만만이 존재한다고 결론을 내릴 수밖에 없습니다. 우주(창조)는 단지 말뿐이며 이름에 불과합니다. 실재는 브람만입니다. '나'와 '너' 그리고 '세상'은 브람만 속에 브람만으로 존재하는 이름들에 불과합니다.

바다, 산, 구름, 땅 등은 모두가 태어나지도 창조되지도 않았습니다. 이 우주는 브람만 속에서 대(大)침묵(까슈타 모우나, 통나무의 침묵)으로 존재합니다. 보는 사람은 그 자신의 본질적인 속성 때문에 봄(seeing)으로서 보이는 것 속에 존재합니다. 행위자는 행위로서 존재합니다. 왜냐하면 그가 어떤 것을 할 이유가 없기 때문입니다. 그 속에는 아는 사람도, 행위자도 없으며, 둔함도 경험자도 없으며, 공이나 물질도 없습니다. 삶과 죽음, 진실과 허위, 선과 악, 이 모든 것이 바다의 파도들처럼 하나의 본질로 되어 있습니다. 보는 사람(주체)과 장면(객체) 사이의 구분은 상상으로 만들어진 것입니다.

아무리 노력하더라도 이 우주의 원인은 찾을 수 없습니다. 아무 이유나 원인도 없이 빛나는 그것은 확실히 환영으로서 존재하는 것 이외에 전혀 존재하지 않습니다. 그것은 그 자체로서 존재하며 창조자와 창조물과의 관계도 없이 그것이 그것이기 때문에 그것은 빛을 냅니다.

라마는 물었다.

사람은 반얀 나무 전체가 그 나무의 씨앗 속에 숨겨져 있다는 것을 압니다. 그와 꼭 같이 이 세상도 브람만 속에 숨겨져 있다는 것을 왜 우리가 받아들이지 못합니까?

바시슈타는 다음과 같이 대답했다.

그러한 씨앗이 존재하고 또한 서로 협력하는 원인들이 존재하는 곳에서는 우주(창조)의 가능성이 있습니다. 우주가 소멸하는 동안 모든 원소들이 없어질 때, 그 씨앗의 형상은 어디에 있고, 그 협력적인 원인들은 어디에 있습니까? 무한하고 분할할 수 없는 의식만이 진리일 때, 심지어 원자 구성 요소인 미립자마저 존재할 영역이 전혀 없는데, 더군다나 이 우주를 만든 씨앗은 더욱 존재할 영역이 없습니다. 그 지고의 존재가 무엇이든 간에 그것 자체가 바로 이 우주입니다. 하나의 무한한 의식은 그 자체를 가짜 속에서는 가짜로서, 순수 의식 속에서는 순수 의식으로서 생각합니다. 마치 공간(거리)이 공간 속에 존재하듯이, 이 모든 것은 브람만 속에 존재합니다.

바시슈타는 계속 말했다.

바로 처음부터 우주가 나타날 원인도 동기도 없었기 때문에, 존재도 존재 아님도 없으며, 거친 물질도 미묘한 마음도 없으며, 움직이는 대상들도 움직이지 않는 대상들도 없습니다. 의식은 형상이 없으며, 이름과 형상이 있는 이 세상을 창조할 수 없습니다. 왜냐하면 원인과 결과는 동일하고, 오직 형상을 가진 것만이 다른 어떤 형상을 창조하거나 다른 어떤 형상으로 바뀔 수 있기 때문입니다. 참나는 나누어지지 않는 의식 내에서 이 모든 다양한 대상들을 상상하며, 항상 참나로 남아 있습니다. 그 의식이 마치 그 자체 내에서인 듯 그 무엇을 경험하더라도, 그것이 그리고 그것만이 세상이나 이 우주로 '불리는' 것입니다.

이 모든 것이 일어나기 전에 (이 모든 것이 실재하지 않으며 존재하지 않는다는 것을 깨달을 때) 매우 평화롭고 동질의 것으로 된 오직 하나의 브람만만이 존재했다는 것을 아십시오. 무한한 의식은 무한한 의식이고, 물은 물입니다. 그래서 이 '우주'가 의식에 의해 일어났기 때문에, 그것은 그렇게 창조된 것처럼 보입니다. 마치 꿈꾸는 세상이 자신의 의식 속에서는 가공의 현상인 것과 꼭 마찬가지로, 깨어 있는 상태에서 이 세상은 의식 속에서 의식으로서 나타납니다.

최초의 창조에서, 분할되지 않은 의식의 꿈은 깨어 있는 상태(깨어 있는 상태에서 경험되는 세상)라고 합니다. 그 무지에서 나타나는 존재들의 의식 속에 떠오르는 꿈은 꿈의 상태라고 합니다. 이러한 환영적인 꿈은 끊임없는 반복에 의해 이 세상의 질서 속으로 '구체화'되었습니다. 강은 물의 움직임에 지나지 않습니다. 마찬가지로 우주도 무한한 의식의 환영입니다.

자기의 완전한 소멸 때문에, '죽음'이 희열의 상태라고 생각하는 것은 옳지 않습니다. 그것은 공(공간과 같은)의 상태입니다. 이 삼사라의 비전이 또다시 일어날 것입니다. 사악한 활동들로 인한 두려움이 있다면, 그 결과는 여기서나 '거기'에서나 똑같습니다. 그러므로 삶과 죽음 사이에는 큰 차이가 없습니다. 이것을 알면, 마음의 평화를 얻을 수 있습니다. 이와 같이 구분에 대한 지각이 없어지면, 일원성의 비전이 나타납니다. 이것이 해방입니다. 그때는 이 세상이 존재하든 존재하지 않든 간에, 대상들이 없다는 데 대한 완전한 이해와 나눌 수 없는 무한한 것에 대한 경험이 모두 있습니다. 이처럼 객체와 주체를 깨닫지 못할 때 큰 평화가 있습니다. 물론 지고의 참나에서는 속박이나 해방도 없습니다.

이와 같이 진리를 깨닫는 사람은 니르바나를 얻습니다. 가벼운 의식의 움직임에 불과한 이 현상계 자체도 그에 의해서는 니르바나로서 또한 실현됩니다. 그는 이 세상이 다양성이 아니라 순수한 브람만뿐이라는 것을 깨닫습니다.

바시슈타는 계속 말했다.

순수한 공은 의식인 이 공간에 언제 어디서나 어떤 방법으로든 존재하고 있습니다. 의식은 이 세상의 모습으로 여기저기에 존재합니다. 그 어디에도 무의식은 없습니다. 왜냐하면 이 모든 것이 오직 순수 의식이기 때문입니다. 심지어 물질로서 나타나는 그것도 오직 순수 의식입니다. 오, 라마여! 이와 관련하여, 내가 직접 목격한 바위에 대한 다음의 이야기를 들어보십시오.

옛날에, 나는 내가 알아야 할 모든 것을 분명히 이해했기 때문에 이세상의 모든 활동을 포기하고 싶었습니다. 나는 세상으로부터 완전히 떨어진 곳에서 어떤 방해도 받지 않는 상태로 끊임없이 명상을 하고 싶었습니다. 외딴 장소로 가서 나는 다음과 같이 명상했습니다.

'이 세상 전체는 아무 가치나 가격도 없다. 이 세상에서 나에게 최소한의 행복을 줄 수 있는 것은 아무것도 없다. 나는 지금 무엇을 보고 있으며, 나는 누구인가? 그에 대한 바른 해답을 찾기 위하여, 나는 심지어 악마들과 신들의 손길도 닿지 않는 완전히 외부와 격리된 그런 곳으로 가서, 주의 산만에 대한 두려움도 없이 명상을 해야만 한다. 심지어 동굴도 주의 산만의 방해가 없는 곳이 아니다. 왜냐하면 동굴 속에는 바람의 움직이는 소리가 울리고, 기어 다니는 벌레 등도 많기 때문이다. 호수도 천인들은 물론이고 사람들의 놀이터로 자주 사용되고, 그러므로 거기에도 마음을 혼란시키는 것이 많다.' 이와 같이 나는 지상의 모든 장소들을 검토한 뒤에, 우주 공간 속으로 가려고 결심했습니다. 그러나 거기서도 나는 구름이나 천인들과 악마들, 천인들의 몸들과 죽은 영혼들 때문에 마음이 산란해지는 것을 알았습니다.

이 모든 것을 버리고, 나는 자연의 원소들마저 미칠 수 없는 아주 멀리 떨어진 외딴 곳으로 갔습니다. 그 텅 빈 장소에 나는 은자의 집이 있다고 상상했습니다. 나 자신의 마음속에서 나는 어떤 존재도 그 집에 접근할 수 없게 했습니다. 나는 연꽃 자세로 앉아 마음을 고요하게 했습니다. 나는 백 년 동안 사마디에 들어가 앉아 있기로 결심했습니다. 오랫동안 깊이 생각하는 것을 볼 수 있다는 규칙에 따라, 나의 상상의 소망들은 구체화되어 내 앞에 펼쳐졌습니다. 백 년이란 세월이 눈 깜짝할 사이인 것처럼 지나갔습니다. 왜냐하면 마음이 완벽하게 집중되면, 시간의 흐름을 알아차릴 수 없기 때문입니다.

이 기간이 끝나자, 나의 마음은 확장되어 펼쳐지기 시작했습니다. '나'와 '너'와 같은 모든 악귀들이 내 안에서 움직이기 시작한 여러 생명력의 도움을 받아 서서히 나에게 다가왔습니다. 즉시 욕망이 내 가슴속으로 들어왔습니다. 나는 그 욕망이 어디에서 왔는지, 또 어떻게 나에게 들어왔는지를 모릅니다.

라마가 물었다.

오, 현자시여! 니르바나에 자리를 잡고 있는 사람의 경우에도, 어떻게 이처럼 자아감이 일어날 수 있습니까?

바시슈타는 다음과 같이 대답했다.

진리를 아는 사람이든지 진리를 모르는 사람이든지 간에, 자아감이 없이는 몸이 존재할 수 없습니다. 부축을 받을 필요가 있는 것은 지지물이 없이는 존재할 수 없습니다. 그러나 한 가지 매우 중요한 차이가 있는데, 나는 이제 그것을 그대에게 설명해 주겠습니다.

무지라고 하는 작은 소년은 자신이 알아차리지도 못하는 상태에서 자기 자신의 내부에 존재하는 것처럼 보이는 자아감이란 이 악귀를 만들어 냈습니다. 이 무지는 또한 전혀 실체가 없습니다. 왜냐하면 그것을 조사하면 그것이 존재하는 것으로 보이지 않기 때문입니다. 어둠도 등불의 도움을 받아 어둠을 보면, 전혀 존재하지 않습니다. 마찬가지로 무지라는 이 악귀를 찾을 때도 그것은 존재하지 않습니다. 그러나 그러한 조사가 없으면 그래서 그것이 당연시되고 또한 그 영향력 하에 있을 때는, 그것은 확장되어 자리를 잡게 됩니다. 이 세상은 무지한 사람에게만 실재하는 것으로 보이는 바로 그 무지에 의해 만들어진 것입니다. 그것은 실재하지 않습니다. 마음과 감각들 너머에 있는 그것(무한한 의식이나 브람만)은 마음과 감각들의 대상인 그것을 생겨나게 하는 씨앗도 원인도 될 수 없습니다. 씨앗이 없는데, 어떻게 싹이 틀 수 있습니까?

이 무한한 의식 속에서, 창조된 우주처럼 보이는 것은 단순히 상상이 만들어 낸 것입니다. 이 의식만이 이슈와라 즉 신이며, 또한 이 우주적 인격체입니다. 이 창조는 모든 사람의 일상 경험인 자신의 꿈의 세상과 같습니다. 꿈꾸는 사람은 의식적인 존재이기 때문에, 그 꿈의 대상들은 지성과 그 나름의 마음을 가지고 있는 것처럼 보입니다. 그와 마찬가지로, 우주라고 알려진 이 무(無)우주도 마치 그것이 창조된 것인 양, 독립된 존재와 지성을 가지고 있습니다. 우주 자체는 없습니다. 왜냐하면 오직 하나의 브람만이 브람만으로서 존재하기 때문입니다. 이 브람만 속에서 일어나는 모든 관념은 마치 그것이 경험의 대상인 양, 브람만에 의해 경험되고 있습니다. 그 브람만 자체가 이 모든 것을 '우주'라고 상상합니다. 그렇다 치더라도, 경험자와 경험 대상과 경험은 하나이며 분할할 수 없습니다. 그와 꼭 같이, 브람만과 우주의 관념과 우주도 오직 하나의 브람만입니다. 그런 까닭으로, 자아감이나 '나'라는 잘못된 관념이 어떻게 일어날 수 있겠습니까?

따라서 나는 지금까지 올바르게 이해하면 사라지는 자아감이라는 이 유령을 없애는 방법을 말했습니다. 이와 같이 자아감은 나에게 명확하게 이해되었습니다. 그러므로 자아감이 내 마음속에서 일어나는 것처럼 보일지라도, 그것은 불을 그린 그림처럼 작용을 하지 못합니다. 이렇게 나는 자아감을 버린 것입니다. 나는 공간 속에 있지만 공간 밖에 있는 것처럼 존재하고, 이 우주 속에 있지만 우주 밖에 있는 듯이 존재합니다. 나는 존재하지 않으며, 또한 나의 시야에 다른 것도 없습니다. 모든 것이 존재하기도 하며, 아무것도 존재하지 않기도 합니다.

바시슈타는 계속 말했다.

오, 라마여! 내가 그대에게 이야기해 주려는 바위에 대한 이야기에서, 바위 속 내부에도 수천 개의 우주가 있다는 것이 명확해질 것입니다. 이 물질적인 우주 속에도 마찬가지로 무수한 우주들이 있습니다. 사실상, 모든 원소나 대상 속에는 무수한 피조물들이 있습니다. 그러나 이모든 것은 실재하는 물질이나 실체로서 존재하는 것이 아니라, 오직 나눌 수 없는 무한한 의식 속에서만 존재합니다. 태초부터 일찍이 창조된 것이라고는 아무것도 없습니다. 브람만만이 브람만 속에서 공간, 공기, 불, 물, 흙, 산 등으로서 존재합니다. 브람만과 우주 사이에는 어떠한 구분도 이원성도 없습니다. 그들은 단지 아무 의미가 없는 두 개의 말들에 불과합니다. 심지어 일원성이나 이원성도 의미 없는 말들에 불과합니다. 일원성과 다양성의 관념들을 일으키는 그것이 또한 브람만과 우주라는 관념들을 일으킵니다. 이러한 관념들이 없어졌을 때, 비록 활동에 관여하더라도 큰 내면의 평화가 있습니다. 모든 것이 니르바나입니다. 우리가 지각하는 우주는 하늘(형상과 색이 있는 것 같지만 공허한)과 같습니다. 마치 그대가 꿈이 만든 세상들과 사건들을 바라보듯이, 그대와 나, 산, 신, 악마 등으로 구성된 이 우주 전체를 바라보십시오.

백 년 동안 사마디에 잠겨 있다가, 나는 다시 몸의 의식으로 돌아와서 한숨 소리를 들었습니다. 나는 그 한숨 소리에 귀를 기울이며, 그것이 무엇인지를 알려고 노력했습니다. 나는 너무나 멀리 떨어진 우주 공간에 있었기에, 거기에서 그렇게나 내 가까이에 어떤 사람이나 심지어 벌이 존재할 수가 있겠습니까? 더구나 나는 어떤 사람도 볼 수 없었습니다. 그래서 그것을 더 조사하려고 마음먹었습니다. 나는 다시 사마디에 들어갔습니다. 나는 마음과 감각들을 고요하게 했습니다. 나는 무한한 의식 속으로 흡수되었습니다. 나는 그 의식 속에 무수한 우주들의 이미지가 반영된 것을 보았습니다. 나는 어디든지 가서, 모든 것을 볼 수 있었습니다. 나는 수많은 피조물들을 보았습니다. 그런데 그것들은 서로의 존재를 알지 못했습니다. 어떤 것들은 생겨나고 있었고, 어떤 것들은 소멸해 가고 있었으며, 그것들 모두가 각기 다른 대기(다섯에서 서른여섯 층에 이르는 대기)로 둘러싸여 있었습니다. 그 하나하나에는 각기 다른 원소들이 들어 있었고, 거기에는 성질들과 문화들이 다르고 진화의 단계들이 각기 다른 다양한 종류의 존재들이 살고 있었습니다. 어떤 것들은 그들 내부에 다른 우주들도 가지고 있었고, 또 어떤 것들에는 존재할 수 있다고 그대가 믿지 못하는 그런 생물들도 있었고, 또 어떤 것들에는 분명한 자연의 이치가 있었지만, 어떤 것들에는 완전한 무질서가 있었으며, 또 어떤 것들에는 빛도, 시간 의식도 없었습니다. 이 모든 것이 단지 하나의 나눌 수 없는 무한한 의식의 결과에 불과합니다. 그것들이 언제, 어떻게 일어났는지를 말하는 것은 불가능합니다. 그것들은 무지가 만들어 낸 것들입니다. 이러한 세상 속에는 모기의 수만큼이나 많은 신들과 악마들이 있습니다. 사람이 이러한 우주들을 지고의 창조주가 만든 창조물들로 여기든 아니면 그릇된 관념들로 여기든 간에, 그것들은 사실상 무한한 의식으로서 무한한 의식과 전혀 다르지 않으며, 그 의식과 독립해서 존재하지도 않는다는 것이 확실합니다. 그것들은 경전들의 설명에서 볼 수 있는 스스로 움직이는 힘이 없는 실체처럼 쉬고 있습니다. 이렇게 나는 이 모든 무한한 피조물들을 바라보았습니다.

바시슈타는 계속 말했다.

결국 나는 소리가 나는 곳으로 주의를 돌렸습니다. 나는 광채를 발하며 공간의 사방을 밝게 비추는 한 여성을 보았습니다. 그녀는 매우 교양이 있었습니다. 그녀는 살며시 나에게 다가와 달콤한 목소리로 "오, 현자시여! 그대는 진실로 성욕, 분노, 탐욕과 같은 악을 정복했습니다. 그대의 마음은 완전히 자유롭고 집착이 없습니다. 그러므로 나는 사방에서부터 그대에게 경의를 표합니다."라고 말했습니다. 이제 나는 그 소리의 진원지를 알았기 때문에 이 여성과 더 이상 어떤 관계도 없다고 생각하고서, 계속 나아가려고 마음먹었습니다.

그때 나는 많은 우주들을 보았으며, 그것들의 다양성이 나의 호기심을 불러일으켰습니다. 나는 우주의 크기를 알기 위하여 더욱더 돌아다니고 싶었습니다. 얼마 후에, 나는 그것이 망상임을 알고 그 생각을 버렸습니다. 그리고 무한한 의식 속에 자리 잡고 있었습니다. 그러자 즉시 이 모든 다양성의 지각이 나의 시야에서 사라졌습니다. 순수 의식만이 있었고, 그 밖의 어떤 것도 없었습니다. 이것이 바로 진리입니다. 그 밖의 모든 것은 상상이나 관념이나 망상, 아니면 가공의 지각인 것입니다.

전 우주가 이러한 무지나 망상으로 둘러싸여 있기 때문에, 하나의 창조물 즉 하나의 우주에 살고 있는 거주민들은 다른 창조물 즉 우주의 존재를 심지어 알지도 못할 것입니다. 이 다양한 세상들은 마치 같은 방에서 잠을 자고 있는 사람들이 그들의 꿈에서 토해 내는 함성들을 알지 못하는 것처럼, 다른 세상의 관념들이나 그 생물들에 대해서도 모릅니다. 나는 이들 여러 우주 속에서 수천의 브람마들과 비슈누들과 루드라들을 보았습니다. 이 모든 것은 의식 속에 있고, 이 모든 것은 의식이며, 그리고 의식만이 이 모든 것입니다. 그러므로 의식으로서 나는 이 모든 것을 보았습니다.

라마여! 그대가 무언가를 보고서, "그것은 여차여차한 것이다."라고 말할 때, 실제로 의식만이 그 자체로 존재하고, 이름이나 형상은 전혀 거기에 존재하지 않지만, 의식은 거기에서 여차여차한 것으로서 빛을 발하고 있습니다. 이러한 의식의 공간이나 차원만이 언제 어디서나 존재합니다. 그리고 그것 자체가 세상으로 불리고 있습니다. 여기에서 대상들에 대한 지각(우리가 그 대상에 대한 지식이라고 부르는)은 단지 무지나 망상일 뿐입니다. 반면에 나는 의식의 공간이나 차원만이 존재한다는 것이 진리임을 알았습니다. 나는 또한 밝은 지성을 통하여 이 모든 것에 대한 궁극적인 진리, 즉 이 모든 것이 순수하고 나눌 수 없는 무한한 의식이라는 것을 경험했습니다. 다양성에 대한 지각이 꾸준히 지속됨으로 인하여, 나는 그 속에서 무수한 바시슈타들과 무수한 시대들과 세상 순환 주기들과, 라마가 번성했던 수많은 시대를 보았습니다. 다양성에 대한 지각이 있을 때, 이 모든 것이 나타납니다. 진리의 깨달음이 있을 때, 이 모든 것은 순수하고 나눌 수 없는 무한한 의식으로 보여집니다. 물론, 무한 속에는 '이것이 세상 즉 우주다.'라고 일컬을 수 있는 어떤 이름이나 형상도 없습니다. 브람만만이 브람만으로서 존재합니다.

바시슈타는 계속 말했다.

브람만은 하나입니다. 그리고 이 모든 것은 브람만의 빛이 그렇게 할 의도도 없이 분명히 밖으로 드러내 주는 현상들입니다. 이 때문에 경험의 큰 다양성이 일어납니다. 예를 들면, 의식에서 일어나는 관념들에 따라, 어떤 우주들에서는 달빛이 뜨겁고 햇빛이 차갑습니다. 또 어둠 속에서 볼 수 있고 일광 속에서는 볼 수 없습니다. 선이 파괴적이고, 악이 건설적입니다. 독은 건강을 증진시키고, 감로는 사람을 죽입니다. 또 어떤 우주들에서는 여성이 아무도 없으며, 그러므로 성욕도 전혀 없으며, 또 어떤 우주들에서는 사람들이 무자비한 마음을 가지고 있습니다. 어떤 우주들에서는 사람들이 하나 혹은 그 이상의 감각들을 가지고 있지 않습니다. 또 어떤 우주들에서는 그 지역 조건에 맞게 적응된 생물들이 살고 있지만, 오직 한두 개의 원소들만이 존재합니다.

이 모든 것이 의식 속에서 의식을 통하여 의식으로서 일어납니다. 그리고 이것이 마음이라고 하는 것입니다.

라마는 물었다.

우주가 소멸되는 동안 세상의 주기가 끝날 때에 모든 것이 해방을 얻는데, 그 다음 우주에 대한 관념이 어떻게 일어납니까?

바시슈타는 대답하였다.

오, 라마여! 브람만은 형언할 수 없는 우주 의식의 덩어리입니다. 이 창조는 바로 그 의식의 가슴이므로 그 의식과 전혀 다르지 않습니다. 그것은 실제로가 아니라 신비스럽게 창조로서 이해되고 있습니다. 그것의 창조가 가짜이기 때문에, 그것이 언젠가 소멸한다고 어떻게 말할 수 있겠습니까? 우주의 소멸 등도 말하자면 브람만의 수족들입니다. 그러한 구분들은 오로지 무지 때문에 나타납니다. 그러므로 어느 때고 소멸되는 것은 아무것도 없으며, 또한 생겨나는 것도 아무것도 없습니다. 지고의 진리나 의식은 무기나 불이나 바람, 그리고 물에 의해서도 파괴될 수 없습니다. 그것은 그것을 모르는 사람들에 의해서는 이해되지 않습니다. 이 진리의 가슴인 이 우주는 또한 그 진리와 같습니다. 그래서 그것은 태어나지도 죽지도 않습니다. 그것이 존재하고 또 존재하지 않는다는 경험은 거기에 적합한 관념이 일어나고 없어지는 것과 더불어 일어납니다. 그러므로 '세상 주기'나 '우주의 소멸' 등과 같은 말조차도 내용 없는 소리에 불과합니다. 유령은 유령을 생각하는 사람의 마음에서만 존재하거나 사라집니다. 탄생, 죽음, 고통, 쾌락, 형상, 무형 등으로서 보이는 것은 모두가 한 존재물의 수족들입니다. 마치 한 나무가 여러 부분들로 나누어지는 구분이 없는 것처럼, 그것들 사이에서도 구분이 없습니다. 이러한 진리를 깨닫지 못할 때, 분명한 구분들이 일어나는 것 같습니다. 브람만 속에는 지식도 무지도 없습니다. 그것은 속박과 해방을 초월해 있습니다. 이것을 깨닫는 것이 해방입니다.

라마는 물었다.

당신은 당신이 있었던 한 곳에서 이 모든 것을 보았습니까? 아니면 공간 속을 떠돌아다녔습니까?

바시슈타는 대답했다.

나는 그때 이미 무한한 의식을 얻었습니다. 그 안에서는 오고 감도 없습니다. 나는 한 곳에 머물지도 않았으며, 여러 곳으로 떠돌아다니지도 않았습니다. 나는 내가 목격한 것의 형상을 이미 띠고 있었던 그 찰나 내부에서 이 모든 것을 목격했습니다. 마치 그대가 두 눈을 감고서도 머리끝에서 발끝까지 그대의 신체를 볼 수 있듯이, 그렇게 나는 의식이란 눈으로 모든 것을 보았습니다. 이것은 꿈과 같습니다. 왜냐하면 꿈 속에서 경험되는 모든 것도 의식의 순수한 공간이기 때문입니다. 지금도 깨달음 때문에 나는 이 모든 것을 바라보고 있습니다. 이제 나는 모든 깨달음을 얻은 존재들과 하나가 되었습니다. 나는 주체, 객체 그리고 관찰의 구분이 없이 그들 모두를 나 자신의 참나로서 압니다. 왜냐하면 하나의 의식만이 분할할 수 없이 존재하기 때문입니다.

그 여자에 대한 질문의 대답으로, 바시슈타는 다음과 같이 말했다. 그녀도 공간의 몸을 가지고, 공간 속에 나와 함께 서 있었습니다. 나는 앞서 그녀가 있다는 것을 알아차리지 못했습니다. 비록 그녀는 공간의 몸을 부여받았지만, 마치 사람이 꿈 속에서 다른 사람에게 말하듯이, 세련된 목소리와 말씨로 나(역시 공간의 몸을 가지고 있었던)와 의사소통을 할 수 있었습니다. 그대는 내면의 감각들이 있다고 주장할 어떤 종류의 확신을 가지고 있습니까? 우리는 내면의 감각들과 같은 몸을 가졌습니다. 이것은 나의 경우에도, 그대의 경우에도, 그녀의 경우에도, 그 밖의 모든 것에도 사실입니다. 마치 사람이 꿈 속에서 전투를 경험하듯이, 사람들은 이 우주 속에서 사건들을 경험할 때 마치 그 사건들이 진짜인 것처럼 경험합니다. 그러나 아무리 많은 실례들을 들어도 부족하며, 진리는 말로 나타낼 수 없습니다. "당신은 어떻게 꿈을 봅니까?"라고 묻는다면, 대답은 "당신이 그 꿈을 보는 것처럼 봅니다."일 것입니다. 이 모든 것은 그대의 이해를 돕기 위한 것입니다. 즉, 진리는 그대가 꿈 속에서 보는 모든 것뿐만 아니라 이 우주도 오직 브람만이라는 것입니다.

꿈의 상태와 우리가 눈으로 보는 이 우주 사이에는 본질적인 차이가 없습니다. 깨어 있는 상태 바로 앞에 있던 그 경험이 꿈입니다. 이 세상이 처음 창조될 때에 일어났던 그 경험이나 지식이 깨어 있는 상태입니다. 이 세상이 존재하고 있다는 경험은 하나의 긴 꿈입니다. 그렇지 않으면 그것은 공입니다. 그것은 영원한 실재에 자리 잡고 있기 때문에 순수 의식입니다. 그대는 그대 자신의 꿈을 보는 목격자 내지 관찰자입니다. 그와 마찬가지로, 무한한 의식도 우주라고 하는 긴 꿈을 보는 관찰자입니다. 마치 관찰자와 관찰 대상이 의식인 것처럼, 그 중간에 있는 것(관찰)도 또한 순수하고 나눌 수 없는 무변화의 브람만입니다. 그러한 까닭에, 이 우주가 어떻게 단단하고 실재가 있거나 물질적인 것으로 간주될 수 있겠습니까? 그대처럼 형체를 가진(형상을 가진) 존재들의 꿈조차도 비물질적인 것입니다. 형상도 없는 무한한 의식의 긴 꿈이 어떻게 형상을 가질 수 있겠습니까? 그러므로 그것은 단지 창조되지 않은 브람만입니다.

라마는 물었다.

오, 현자시여! 그 형상도 없는 여자가 어떻게 말을 할 수 있었습니까?

바시슈타는 대답했다.

물론, 공간의 몸을 부여받은 사람들은 귀로 들을 수 있는 말을 할 수 없습니다. 만약 그것이 가능하다면, 그대가 꿈 속에서 나누는 대화도 그대 옆에서 잠자는 다른 사람이 들을 수 있을 것입니다. 그러므로 꿈에서 본 것은 오로지 순수 의식에 바탕을 둔 하나의 환영이라는 것이 분명합니다. 깨어 있을 때 경험하는 것이 꿈에서 경험하는 것과 완전히 다른 것은 아닙니다. 그것은 단지 의식의 작용에 불과합니다. 즉, 그 의식 속에서 일어나는 관념들은 견고한 실재의 옷을 입고 있는 것처럼 보입니다.

과거 경험의 씨앗들이 의식 속에 있고, 그것들은 과거의 경험과 때로는 동일하고 때로는 다소 다른 그런 새로운 경험들을 싹틔웁니다. 이와 같이 그 씨앗들에서 싹터 나온 세상들은 서로를 알지 못합니다. 이 꿈의 세상 속에서 살아가는 동안에, 악마들은 신에 의해 살해당하지만, 악마들은 여전히 그들의 꿈의 상태로 남아 있습니다. 그들은 깨달음을 얻지 못했기 때문에 해방을 얻지 못합니다. 그들에게 지각력이 없지 않기 때문에, 그들은 무지각해지지 않고 자각을 계속 유지할 수 있습니다. 그러므로 그들은 꿈의 세상에서 공간의 몸으로 살아갑니다. 소위 인간의 경우도 꼭 그와 같습니다. 그들의 세상, 그들의 삶 그리고 그들의 정신 작용은 우리의 것과 같고, 그 역도 마찬가지입니다. 우리는 그들의 꿈의 대상으로서 존재합니다. 그들 자신의 동포들도 비록 꿈의 대상이지만, 그들에 의해서 실재하는 실체로서 간주됩니다. 마찬가지로, 나의 모든 꿈 속에 나타나는 대상들도 나에게 실재합니다.

　무한한 의식의 본성 때문에, 이 꿈의 세상들은 깨어 있는 상태에서도 역시 존재하는 것처럼 보입니다. 물론 그들의 실재는 유일한 실재인 브람만입니다. 모든 것은 언제 어디서나 분할할 수 없는 순수 의식으로서 존재하지만, 그것은 아무것도 없는 무이며, 그러므로 파괴되는 것은 아무것도 없습니다.

　무한한 의식의 영원한 공간(차원) 속에, 다시 말해, 무한한 것의 무한한 활동 속에 무한한 마음들이 있고, 그 마음속에 무한한 세상들이 있습니다. 그 모든 세상의 하나하나 속에는 대륙과 산들이 있고, 또 그들 나름의 시간 규모와 수명을 가진 사람들이 사는 집과 마을과 도시들이 있습니다. 이 지바들이 수명의 종말에 도달할 때, 만약 그들이 깨달음을 얻지 못했으면, 그들은 그들 자신의 꿈의 세상들을 만들면서 무한한 공간 속에 계속해서 존재합니다. 그 꿈의 세상들 속에는 마음이 있는 다른 사람들이 있고, 또 그 마음속에는 더 많은 사람들이 사는 세상들이 무한히 있습니다.

　이 가공의 현상은 시작도 끝도 없습니다. 그것은 브람만이고, 오로지 브람만일 뿐입니다. 오, 라마여! 이 모든 다양한 대상들 속에도 오직 순수 의식만이 있습니다. 의식만이 이 우주입니다. 그렇다면 무지한 사람의 마음속에 존재하는 것처럼 보이는 그런 세상들이 있다고 어떻게 말할 수 있겠습니까?

그녀가 누구냐는 바시슈타의 질문을 받고, 천인은 다음과 같이 대답했다.

오, 현자시여! 이 거대한 우주의 한 모퉁이에 그대가 사는 세상이 있습니다. 이 우주의 경계 너머에는 로까로까 산맥이라는 산이 있습니다. 그 지역에는 기후와 원소에 대한 모든 형태의 순열과 조합이 있습니다. (경전의 묘사는 정교하고 재미있다. S.V.) 그곳 어딘가에는 인간만이 거주하며, 그 밖의 곳에는 신들이 거주합니다. 그곳에는 매우 장수하는 존재들은 물론, 악귀들도 있습니다. 또 그곳에는 스스로 빛을 내는 장소들과 완전한 암흑의 장소들도 있고, 기름진 들판과 사막들이 있으며, 인구 밀집 지역들이 있는가 하면 사람이 거주하지 않는 지역들도 있습니다.

나는 그 산맥의 동북쪽 사면에 위치한 견고한 바위 속에 거주하고 있습니다. 나는 숙명적으로 이 바위 속에서 반드시 살아야만 합니다. 따라서 나는 무수한 겁에 걸쳐서 그 바위 속에서 살아왔습니다. 나의 남편도 여기서 살도록 운명지어져 있습니다. 오늘날까지 우리는 강한 욕망(까마)과 서로에 대한 강한 애착 때문에 해방을 얻을 수 없었습니다. 우리 친척들의 운명도 마찬가지입니다.

이와 같이 속박 상태에 있는 나의 남편은 태생이 브람마나 출신입니다. 그는 매우 늙었습니다. 그는 헤아릴 수 없는 세기 동안 그의 자리에 계속 앉아 왔지만, 그는 거기서 움직이지 않습니다. 그는 태어날 때부터 독신주의자(브람마차리)로서 교육을 받았지만 나태합니다. 그는 쾌락에 대한 갈망으로도 마음이 움직이지 않기 때문에 세상과 떨어져서 살아갑니다. 나는 그의 아내이지만, 비참한 삶을 살아가고 있습니다. 그러나 나는 단 한 순간도 그가 없이는 살아갈 수 없습니다.

이제 나는 당신에게 왜 내가 그의 아내가 되었는지를 말해 주겠습니다. 그가 젊었을 때 그는 내면적으로 불완전하게 깨어 있었습니다. 그는 그의 영적인 탐구를 도와 줄 사람을 그의 아내로 맞이하고 싶었습니다. 나는 그의 소망으로 태어났습니다. 말하자면 그의 정신적 아내가 될 정신적인 존재였습니다. 나는 그러한 존재로 자라나 젊은 여성이 되었습니다. 나는 즐겁게 좋은 음악을 듣고, 또 여러 가지 방식들로 즐거운 시간을 보내기 시작했습니다.

나는 나의 남편뿐만 아니라, 내 남편 속에 있는 모든 삼계도 부양하고 있습니다. 내가 성인이 되고, 내 몸이 아름다움과 젊음의 여러 조짐으로 피어나고 있지만, 나의 남편은 오랜 기간 동안 깊은 수면 상태에 있든지, 아니면 종교적인 활동들에 열중하고 있었습니다. 비록 나는 지금까지 항상 우리 결혼의 완성을 강렬하게 갈구하고 있지만, 그는 아직 신방에 들어 결혼을 완성하지 않았습니다. 나는 욕망으로 불타고 있습니다. 나의 시종들은 나의 고통을 덜어 주기 위해 최선을 다하고 있습니다만, 그러한 모든 노력들은 오히려 나의 고뇌만 더해 줄 뿐입니다. 나는 욕망으로 불타고 있기 때문에 끊임없이 눈물을 흘립니다. 오, 현자시여! 이곳 사방에 아름다운 꽃들과 차가운 눈이 널려 있지만, 내가 욕망의 불로 타고 있기 때문에 나에게는 그것들이 쓸모없는 잿더미로 보입니다. 나는 나의 기쁨을 더해 주기 위해 마련된 꽃들과 화환들로 장식된 침대에 누워 있어도, 무미건조함과 공허함만이 느껴집니다. 그래서 나의 젊음은 헛되이 소모되어 가고 있습니다.

천인은 계속 말했다.

상당한 시간이 경과한 후에, 내가 남편에 대해 가졌던 똑같은 애착과 애정이 무집착과 공평성으로 바뀌었습니다. 내 남편은 이미 늙었고, 그는 오직 은둔 생활에만 관심이 있었으며, 모든 애착과 관능적인 쾌락에 대한 기호는 전혀 없었습니다. 그는 언제나 침묵을 지키고 있었습니다. 삶 자체가 도대체 나에게 무슨 소용이 있을까? 나는 성품이 자기 자신의 가슴을 따르지 않는 남편보다는 어린 과부나, 심지어 죽음이나 질병, 혹은 심지어 최악의 불운이 더 낫다고 생각합니다. 정말로 한 여자의 일생에서 최대의 축복과 기쁨은 인생을 즐길 줄 알고, 행동과 품행이 달콤하고 상냥한 그런 젊은 남편을 얻는 것입니다.

인생을 즐기지 못하는 남편을 둔 여자는 좌절을 맛봅니다. 계발되지 않은 지성은 파괴적입니다. 부가 사악한 무리들의 손아귀에 넘어가도 불행입니다. 자신의 창피스러운 일이 매춘부로 말미암아 없어졌을 때, 큰 해가 있습니다. 남편을 따르는 여자가 부인입니다. 좋은 사람을 찾는 것이 부입니다. 달콤하고 제한이 없으며, 고귀하고 동등한 비전을 부여받은 그것만이 지성입니다.

남편과 아내가 서로를 좋아하면, 육신의 질병도, 마음의 질병도, 큰 불행이나 자연의 참사도 그들의 마음을 괴롭히지 못합니다. 나쁜 성격의 남편을 둔 여자나, 남편이 없는 여자에게 이 세상이라는 쾌락의 동산은 불타는 사막과 같습니다. 여자란 이런저런 이유로 이 세상의 모든 것을 버릴 수 있지만, 그녀의 남편은 버릴 수 없습니다.

오, 현자시여! 당신은 숱한 세월에 걸쳐서 내가 어떤 불행을 감내해 왔는지를 직접 보았습니다. 그러나 이제 나도 초연을 계발해 왔습니다. 이제는 나에게 하나의 욕망밖에는 없습니다. 즉, 내가 니르바나를 얻을 수 있도록 당신의 가르침을 받는 것입니다. 여기에서 욕망이 좌절된 사람과, 마음이 흔들리는 사람과, 그리고 서서히 죽음을 향해 나아가고 있는 사람에게는 죽음이 삶보다 더 낫습니다. 내 남편도 니르바나를 얻고 싶어 합니다. 그는 마음으로 마음을 제어하려고 노력합니다. 신이시여! 최고의 지혜가 담긴 당신의 말씀으로 우리 두 사람에게 참나 지식을 일깨워 주십시오.

나의 남편이 나에게 전혀 관심을 보이지 않았기 때문에, 나는 초연을 계발했습니다. 정신적 조건화가 약화되어 갔고, 나는 요가 수행을 했습니다. 그 수행은 내가 공간에서 움직일 수 있도록 공간 제어 능력을 나에게 주었습니다. 그 후 나는 완벽한 경지에 도달한 사람들을 만나게 해 줄 그런 집중력을 수련했습니다. 이 모든 것이 결실을 맺게 되었습니다.

내가 나 자신의 세상을 벗어나 멀리 날아 왔을 때, 나는 로까로까 산에서 전에 본 적이 없는 바위 하나를 보았습니다. 우리는 전에 이것을 보고 싶은 욕망이 전혀 없었습니다. 내 남편과 나는 이제 참나 지식을 얻고 싶어 합니다. 이러한 청탁을 들어주시기를 당신에게 간절히 부탁드립니다. 왜냐하면 성현들은 이러한 요청을 거절하지 않기 때문입니다. 나는 지금까지 완벽한 경지에 도달한 존재들을 수없이 보아 왔지만, 당신과 같은 사람은 처음입니다. 나는 당신의 발치에 엎드려 당신의 보호를 구합니다. 나를 버리지 마십시오.

그 바위 속에서 어떻게 살았느냐는 바시슈타의 질문을 받고서, 천인은 다음과 같이 말했다.

오, 현자시여! 그 바위 속에 있는 우리의 세상은 바로 여기에 있는 당신의 세상과 꼭 같습니다. 우리의 세상에서도 천국과 지옥, 신과 악마, 태양과 달, 하늘과 별, 움직일 수 있거나 또 움직일 수 없는 생물, 언덕과 바다, 그리고 살아 있는 존재라고 알려진 미세한 입자들이 있습니다. 자, 그 바위를 찾아가서 축복을 내려 주십시오. 현자들은 항상 경이로운 일들에 관심이 많으니까요. (이 지구는 또한 거대한 우주 속에 있는 하나의 조약돌과 같은 것이 아니겠는가!—S.V.)

바시슈타는 계속 말했다.

나는 그녀와 함께 우주를 가로질러 로까로까 산에 당도하여, 그 바위를 보았습니다. 나는 그것이 단지 바위에 지나지 않는다는 것을 알았고, 그 바위 속에는 어떤 세상도 없었습니다. 나는 그녀에게 물었습니다. 신과 악마, 산과 바다가 있는 그대의 세상, 즉 그대가 그토록 생생하게 묘사한 그 세상은 어디에 있습니까?

천인은 다음과 같이 대답했습니다.

오, 현자시여! 진실로, 나는 이제 비로소 내가 전에 바위 속에서 보았던 것이 단지 나 속에 있다는 것을 알겠습니다. 내가 그 모습을 보았다고 생각한 것은 바로 그것을 반복적으로 바위에 투영하여 경험했기 때문입니다. 내가 이제 그런 경험을 하지 않기 때문에, 그 모습은 사라졌습니다. 당신의 경우에는 이원성의 의식이 사라진 지 오래되었습니다. 그러므로 당신은 어떤 그릇된 관념도 가지고 있지 않습니다. 나의 경우에도, 오래 지속되었던 환영이 올바른 지각에 의해 사라졌습니다. 그러므로 나에게도 그 세상이 분명히 보이지 않습니다. 진리에 대한 현재의 깨달음이 과거의 가공적인 관념보다 더 강하기 때문에, 후자는 희미해졌습니다.

오, 현자시여! 이것이 구원으로 가는 유일한 길입니다. 즉 바람직한 하나의 대의명분에 전적으로 헌신해야 하며, 그것을 성취하기 위한 올바른 노력을 배워야 하며, 그러한 올바른 행동을 반복적으로 해야 합니다. 올바른 노력(아비야사)에 의해 무지는 사라지며, 무지한 사람은 깨달음을 얻게 됩니다. 쓴 것까지도 맛있게 즐길 수 있는 것은 바로 올바른 노력에 의해서 가능합니다. 이방인이 친구가 되는 것은 반복적인 노력으로 가능합니다. 그리고 가까운 친척이 자기 자신과 멀어지게 되었을 때, 그 관계를 잃어버리게 되는 것도 그러한 반복적인 명상이 없기 때문입니다. 미묘한 몸이 신체적인 몸으로 변하는 것은 반복을 통해서입니다. 부단한 노력을 통하여 불가능한 것이 가능해집니다. 잘못된 관계들도 지속적인 노력에 의해 만들어진 것입니다. 그러나 그 잘못된 관계들도 역시 생명이 다할 때까지 지속적인 노력을 기울임으로써 단호히 버려야 합니다. 지속적인 노력을 통하여 바라는 대상을 자기에게 가까이 가져올 수 있습니다. 그러한 노력이 있어야 그는 아무 장애 없이 그것을 성취할 수 있습니다.

지속적이고 반복적인 노력을 아비야사라고 합니다. 그것만이 인간의 최대의 목표(뿌루샤르타)이며, 그 밖의 다른 길은 없습니다. 오로지 지속적이고 확고한 스스로의 노력과 자기 자신의 직접적인 경험을 통해서만 완벽한 경지에 도달할 수 있으며, 그 밖의 다른 어떤 수단들에 의해서도 그 경지에 도달할 수 없습니다. 이 세상 어디에서나 두려움이 완전히 없어지게 되는 것은 바로 이러한 아비야사 때문입니다.

바시슈타는 계속 말했다.

천인이 이와 같이 말했을 때, 나는 가부좌의 자세로 앉아 사마디 즉 깊은 명상에 들어갔습니다. 나는 모든 물질적이고 신체적인 개념을 버리고 순수한 의식의 비전에 매달렸습니다. 나는 말하자면 무한한 의식이 되었습니다. 그리고 최고로 순수한 우주적 비전을 얻었습니다.

진리에 대한 이러한 깨달음 때문에 물질적이거나 신체적인 것에 대한 망상은 나에게서 사라졌습니다. 그 망상 대신에 일어나지도 지지도 않는 커다란 의식이 자리를 잡았습니다. 공간도 바위도 보지 못하는 그런 의식이 나타났지만, 나는 오로지 무한한 것만을 알았습니다. 이전에 보았던 모든 것이 단지 하나의 참나였으며, 이제 비로소 나는 참나만이 옛날 내가 보고 경험한 전부라는 것을 깨달았습니다. 전에 바위로 보였던 것은 단지 무한한 의식(찌다까샤)의 공간뿐이었습니다.

인간은 한낱 다른 사람의 꿈의 대상에 불과하며, 그는 자신이 사람이라는 꿈을 꿉니다. 그러나 영원한 진리 즉 브람만 이외에는 아무것도 없기 때문에, 최악의 망상의 피해자가 된 사람들마저도 알맞은 때에 깨달음을 얻습니다. 그러므로 내가 앞서 바위라고 보았던 그것이 순수 의식의 덩어리가 아님을 알았습니다. 땅이나 물질 같은 그런 것은 없습니다.

원소들이나 존재들의 참나는 브람만의 몸입니다. 그 개념만이 이제 하나의 관념이나 상상으로 보입니다. 이러한 관념이 일어나기 때문에 우주적인 미묘한 몸이 있는 것으로 보입니다. 처음으로 일어나는 관념이나 생각이 지바의 몸입니다. 그 무지한 생각 즉 '나'라는 생각은 이제 마음이 명백한 실재라고 생각합니다. 어떤 이유나 목적도 없이, 마음이 명백한 실재(쁘라띠약샤)라는 이 관념들이 일어납니다. 따라서 의식은 그 자체 이외의 다른 것이 됩니다. 이제 분명한 실재라고 하는 것(몸 등)은 분명한 비실재입니다. 역설적으로, 분명한 것이 비실재적이고, 비실재적인 것이 분명해집니다. 그러한 것이 환영의 신비로운 힘입니다.

이러한 분명한 진리 가운데서도 미묘한 몸이 그 첫 번째 진리입니다. 진리는 편재하며, 물질은 비록 경험될 수 있지만 단지 환영입니다. 이는 마치 사람들이 금을 가리키면서 그것을 팔찌라고 말할지 몰라도, 금으로 된 '팔찌'가 금의 가공적인 현상인 것과 꼭 같습니다. 미묘한 우주적 몸(아띠바히까)은 물질이 아닙니다. 지바가 이러한 환영의 지배를 받게 되는 것은 이해력이 없기 때문입니다. 물질적이거나 신체적인 몸은 조사를 해 보면 찾을 수 없습니다. 그리고 미묘한 몸은 두 개의 세상(현세와 내세)에서조차 무변화로 존재합니다.

바시슈타는 계속 말했다.

거친 신체적인 몸은 마치 물이 신기루 속에 존재하듯이, 아띠바히까 즉 미묘한 몸 속에 존재합니다. 몸에 대한 그릇된 지각 때문에 마치 통나무가 사람으로 여겨지듯이, 이 물질적인 몸도 하나의 실체로 받아들여지게 됩니다. 환영이란 것이 비실재적인 것을 실재적인 것처럼 보이게 하고, 실재적인 것을 비실재적인 것으로 보이게 하니, 그것이 얼마나 신비스럽고 강력한 것입니까? 이 환영이 존재하는 것은 오로지 진리에 대한 이해가 없기 때문입니다.

이 세상에 있는 존재들의 활동과 행동은 주로 요기들의 비전에 의해서 지배를 받고 있으며, 적게는 마음의 지각에 의해 지배를 받고 있습니다. 그러므로 이 둘을 사실로 받아들일 수 있을지 모르겠습니다. 그러나 전자를 버리고 물질의 실재에 매달리는 사람은 그의 갈증을 풀기 위하여 신기루 속의 물을 마시려고 애쓰는 것과 같습니다.

일시적인 쾌락은 고통입니다. 진정한 기쁨은 변하지 않으며, 시작도 끝도 없습니다. 그러므로 직접적인 경험의 도움을 받아 진리를 탐구하십시오. 직접적인 경험으로 근본적인 진리를 바라보십시오. 이 경험을 버리고 가공의 '실재들'을 좇는 사람은 바보나 다름없습니다.

미묘한 무형의 몸만이 실재합니다. 그래서 그 안에서는 물질적이거나 신체적인 몸에 대한 지각이 비실재적이며 가공적인 것입니다. 후자(비실재적인 것)는 오직 관념적이고 창조된 적도 없는데 어떻게 실재하는 것으로 경험될 수 있습니까? 그대가 명백하게 볼 수 있는 것이 가공적이고 비실재적인 것이라는 것을 알 때, 그대는 그 밖의 어떤 것을 실재적인 것으로 받아들일 수 있겠습니까? 비실재적인 것에 의해 증명된 것이 어떻게 실재적인 것으로 받아들여질 수 있겠습니까?

이러한 것이 첫 번째의 으뜸가는 증거(쁘라띠약샤 즉 직접적인 경험)라면, 추론에다 어떤 가치를 둘 수 있겠습니까?

그러므로 이들 방법(직접적인 감각 경험과 추론과 과학적인 조사)에 의하여 증명되었다고 하는 객관적인 우주의 존재는 가짜이며 비실재적인 것입니다. 이원성이나 다양성도 틀렸습니다. 왜냐하면 무한한 의식이라는 하나의 덩어리만 실재하기 때문입니다. 꿈 속에서 본 대상이 비실재적인 것과 꼭 같이, 우리가 바위라고 본 것도 비실재적입니다. 그래서 그것은 순수 의식일 뿐입니다. 이 산과 이 우주와 이 세상 그리고 '나'가 모두 하나의 무한한 나눌 수 없는 의식에 지나지 않는다는 것을 깨달으십시오.

깨달음(각성)을 얻은 사람은 이것을 깨닫지만, 깨달음을 얻지 못한 사람은 이것을 깨닫지 못합니다. 실재에 대한 이러한 무지가 확고히 자리를 잡게 된 것은 '나는 깨달음을 얻지 못했다.'라는 잘못된 느낌 때문입니다. 나눌 수 없는 무한한 의식의 본질을 그대로 가지고 있는 신에 대한 직접적인 경험의 깨달음을 버리고, 다른 형태의 경험에 매달리는 사람은 분명히 어리석은 사람입니다. 그러한 사람들을 우리는 어떻게 해야 합니까?

바시슈타는 계속 말했다.

그 다음 그 천인은 바위 속의 세상으로 들어갔습니다. 나도 그녀와 함께 들어갔습니다. 거기에서 그녀는 그 세상을 만든 창조주가 앉아 있는 곳으로 가서, 그 창조주 앞에 앉았습니다. 그 다음 그녀는 나에게 이렇게 말했습니다. "오, 현자시여! 이분이 나의 남편입니다. 그는 나를 그의 아내로 두기 위하여 나를 창조했습니다. 그러나 그는 아직 신방에 들지 않았습니다. 이제 그와 나, 두 사람은 늙었습니다. 나는 초연을 얻었습니다. 그도 그의 명상에서 조금도 마음이 흐트러지지 않습니다. 우리가 이 삼사라에서 해방할 수 있도록 삼사라의 근본 원인에 대하여 우리 두 사람에게 부디 깨우침을 주십시오." 이렇게 말하고 난 뒤, 그녀는 창조주인 그녀의 남편을 평상시의 의식으로 '깨워', 그에게 "신이시여! 우리의 거처에 도착한 이 현자를 바라보십시오. 그는 우리의 귀한 손님입니다. 그는 다른 세상의 창조주의 아들입니다. 우리가 이 귀빈을 존중하고 숭배하는 것이 세대주로서 우리가 할 의무입니다."라고 말했습니다.

다른 세상(바위)의 창조주는 두 눈을 떴습니다. 그는 자신의 '수족들'을 알게 되었습니다. 이 수족들은 사실상 그 의식 속에서 일어난, 다른 '창조된' 존재들이었습니다. 즉시 그의 앞에는 신들과 악마들, 인간들 등 각기 다른 종류의 존재들이 나타났습니다. 그는 자기 앞에 앉아 있는 나와 아내를 보았습니다. 그는 나를 반가이 맞이하면서 보석으로 장식된 자리에 앉으라고 했습니다. 나도 답례를 하고, 그 자리에 앉았습니다. 천상의 음악과 또한 신을 찬양하는 노래가 흘러나왔습니다. 우리 모두는 적절히 서로 인사를 나누었습니다.

그러고 나서 나는 두 번째 브람마에게 물었습니다. "신이시여! 이 천인께서 나를 이곳으로 데려왔고, 그녀는 나에게 여러분 두 분께서 깨달음을 얻을 수 있도록 가르침을 달라고 요청했습니다. 그 말씀이 맞고 적절한지요? 왜냐하면 당신이 바로 만물의 신이시며, 최고의 지혜를 가진 지배자이기 때문입니다. 그녀는 욕망을 이겨내지 못하였습니다. 당신은 어찌하여 그녀를 당신의 아내로 창조하였습니까? 그리고 그것이 사실이라면, 당신이 그녀를 무시하고, 또 결혼은 했지만 신방에 들지 않은 것은 무슨 까닭입니까?"

바위 속의 창조주는 다음과 같이 대답했습니다.

오, 현자시여! 당신에게 그간의 모든 일을 말씀드릴 테니, 잘 들어 주십시오. 태어남도 없고 평온한 오직 하나의 의식만이 있습니다. 그 안에서 작은 움직임이나 진동, 잔물결이 일어났습니다. 바로 그것이 나의 본질입니다. 나는 순수한 공간의 본질 그대로입니다. 나는 참나 속에 안주하고 있습니다. 나는 어떤 이유나 물질도 없이 나타났기 때문에 참나에서 태어났다고 합니다. 나는 전혀 창조된 것이 아니며, 어떤 것도 보지 않습니다. 여기에서 당신과 나로 보이는 것과 우리 사이에 이 대화로 보이는 것은 마치 바다에서 두 개의 파도가 충돌하면서 소리를 내는 것과 같습니다. 우리는 바다의 파도와 같고, 무한한 의식의 바다와도 전혀 다르지 않습니다. 우리는 단지 그 속에서 자연발생적으로 일어나는 관념들에 불과합니다. 그것과 다른 것처럼 보이는 여기에 있는 이 여인도 결코 창조된 적이 없으며, 생겨나지도 않았습니다. 말하자면, 그녀는 하나의 관념이나 개념, 생각의 한 파장이나 심리적인 조건화에 불과합니다. 이 몸은 나에게 존재한 자아감의 흔적으로 만들어졌습니다. 그리고 그녀는 말하자면 이 자아감을 주재하는 신에 지나지 않습니다. 그러므로 그녀는 나의 아내도 아니요, 또한 아내로서 창조되지도 않았습니다.

그 다른 세상의 브람마는 계속 말했습니다.

이제 나는 무한한 의식의 차원이나 공간 속으로 들어가고 싶습니다.

그러므로 나는 우주의 소멸을 신호로 알리는 이 같은 소멸을 지금까지 분명하게 나타냈습니다. 그러므로 우리에게는 이러한 초연성이 있습니다. 내가 우주적 마음을 버리고 무한한 의식 속으로 통합될 때, 모든 바사나들(관념들 등)이 없어지는 것은 확실합니다. 그러므로 몸으로 나타난 바사나인 이 여자도 초연을 얻게 되어 나를 따라온 것입니다.

이제 세상의 주기가 끝나고 그와 더불어 신들도 종말을 고합니다. 이는 또한 우주 소멸의 순간이기도 합니다. 그것은 나 자신의 정신적 조건화(바사나)가 끝나는 것이며, 또한 몸이 공간으로 완전히 변형되는 것입니다. 그러므로 이 바사나는 바야흐로 소멸되려고 합니다. 해방의 욕망은 분명한 이유도 없이 바사나 속에서 일어납니다. 그렇게 해서 바사나는 자신의 소멸을 맞게 됩니다. 그녀는 명상 등의 수행을 했지만, 참나를 깨달을 수 없었습니다. 그러다가 그녀는 당신(깨달음을 얻은 현자)이 사는 세상을 본 것입니다.

그때 그녀는 내가 창조한 이 세상의 주춧돌도 보았습니다. 이 세상의 주춧돌을 알아차릴 수 있는 것은 오직 마음이 다양성의 지각을 버릴 준비가 되어 있을 때입니다. 마음이 그러한 지각에 묶여 있는 동안은 그럴 수 없습니다. 마치 이 바위 속에서처럼, 언제나 이 모든 대상과 원소들 속에는 수많은 세상들이 있고, 또 그 수많은 세상들 속에 무수한 세상들이 있습니다. 물론, 그것이 '세상'으로서 나타나는 현상은 하나의 환영입니다. 왜냐하면 그것은 순수 의식이기 때문입니다. 그 '세상'의 참된 본질을 이해한 사람에게는 이 가공적인 '세상'의 모습이 사라지지만, 그 밖의 사람들의 눈에는 그 세상이 계속 존재합니다.

그녀(바사나)는 이전에 집중이나 명상 등의 수행을 통하여 초연을 이미 얻었습니다. 그 다음 참나 지식을 얻기 위하여 그녀는 당신을 찾은 것입니다.

따라서 여기에서 통과할 수 없는 환영의 힘 즉 마야로서 존재하는 것은 오로지 이 무한한 의식의 힘입니다. 이 힘은 시작도 끝도 없으며, 소멸하지도 않습니다. 시간과 공간, 물질, 운동, 마음, 지성 등은 이 바위의 부분들처럼 의식의 부분들에 지나지 않습니다. 무한한 의식만이 의식의 바위로 존재합니다. 그 무한한 의식의 수족들이 여러 세상들입니다. 이 의식의 덩어리가 그 스스로를 세상이라고 생각합니다. 그것은 시작도 끝도 없지만, 그것은 자신에게 시작과 끝이 있다고 생각합니다. 따라서 그것은 변화하는 것처럼 보입니다. 이 의식의 덩어리는 형상도 없지만, 바위의 형상을 띠고 있습니다. 여기에는 강이 전혀 없습니다. 회전하는 바퀴도 없으며, 또한 변화와 변형을 겪는 물질도 없습니다. 이 모든 것은 무한한 의식(찌담바람)의 차원이나 공간에 나타나는 현상들에 지나지 않습니다. 이 우주의 공간 속에 집이라는 공간과 항아리라는 또 다른 공간이 존재하는 것처럼 보이는 것과 꼭 같이, 비록 공간이 나눌 수 없는 것이고, 그래서 그 집 안에 공간이 존재한다고 해서 전체의 공간이 줄어드는 것도 확실히 아니지만, 이 모든 '세상'도 나눌 수 없고, 그럼으로써 조금도 줄어들 수 없는 그 무한 속에 존재하는 것처럼 보입니다.

바시슈타는 계속 말했다.

이 말을 하고 난 뒤, 바위 속의 세상을 창조한 창조주는 마지막 깊은 명상 상태로 들어갔습니다. 그는 옴(OM)이라고 말하고는, 그 조음의 마지막 단계에 대해 명상을 했습니다. 그의 마음은 완전히 고요했습니다. 그는 마치 그림처럼 있었습니다. 바사나(여인의 모습을 한 심리적 조건화를 가진 몸)도 창조주를 뒤따라 깊은 명상에 들어갔습니다. 그녀는 공간과 같은 형상이 되었습니다. 나도 또한 깊은 명상에 들어가서, 편재하는 무한한 의식이 된 뒤에 이 모든 것을 목격했습니다.

창조주의 우주적 마음속에 있던 관념들이 사라지기 시작하자, 바로 그 순간에 산들과 대륙들과 바다들로 된 지구가 사라지기 시작했습니다. 풀과 나무가 더 이상 존재하지 않았습니다. 이 지구도 창조주라는 우주적 인격체의 수족 가운데 하나였습니다. 그러므로 우주적 인격체가 지구로부터 그의 자각을 거두어들일 때 지구는, 마치 마비 상태에서 수족에 대한 우리의 자각이 철수할 때 그 수족이 약화되면서 소멸되어 가는 것과 꼭 같이, 더 이상 존재하지 않았습니다.

동시에 지구는 수많은 자연 재해들을 입게 되었습니다. 악인들은 불에 타 죽으며 지옥으로 갔습니다. 지구는 그 모든 매력과 비옥함을 잃어버렸습니다. 여자들은 음란해졌으며, 남자들은 자존심을 잃어버렸습니다. 짙은 먼지 폭풍이 일어나 태양을 가리었습니다. 사람들은 어리석음 때문에 스스로 지배당하던, 상반되는 쌍들 때문에 괴로워했습니다. 홍수와 기근, 전쟁과 역병 때문에 많은 인간이 죽어 갔습니다. 수많은 고통 때문에 사람들은 교양이 없는 미개인으로 바뀌고 말았습니다. 이 모든 끔찍스러운 일들이 일어난 그 갑작스러움 때문에 지구의 고귀한 사람들이 죽어갔으며, 사방에서 비명을 지르는 소리가 들렸습니다. 물이 부족하여 사람들은 깊은 우물을 파기 시작했습니다. 남자들과 여자들 사이에 난잡한 결합이 있었고, 사회적 질서가 붕괴했습니다. 모든 사람이 장사를 하면서 살아갔습니다. 여자들은 자기 머리카락의 아름다움을 과시함으로써 살아(생계를 유지해)갔습니다. 왕들은 '힘이 정의다.'라는 금언을 따랐습니다. 어디에서나 무법이 횡행했습니다. 지도자들은 독한 술을 퍼 마시는 데 모든 시간을 바쳤습니다. 그들은 학자들과 성현들을 괴롭히며 고문했습니다. 사람들은 그들에게 자연스러웠던 생활 방식이나 믿음을 버리고 다른 것들에 의존했습니다. 학식 있는 사람들도 폭력과 공격성에 쉽게 빠졌습니다. 사원은 약탈당했습니다. 성현들조차 나태함 때문에 종교적 의식들을 올리지 않았습니다.

여러 도시들이 하늘에서 갑자기 쏟아지는 불길로 전소되고 말았습니다. 계절들도 변덕을 부렸습니다. 이와 같이 흙의 원소가 그 파멸에 이르렀습니다. 왜냐하면 창조주가 무한한 의식 속에 자신을 통합시켰기 때문입니다.

바시슈타는 계속 말했다.

이와 같이 일단 흙 원소가 무한한 의식 속으로 흡수되어, 그 한계를 초월하고 난 뒤에, 물의 원소가 그 자체의 소멸을 향해 갔습니다. 물이 동요되자 물은 그 자체의 본래 경계를 넘어섰고, 바다들도 그 경계를 넘어 사방으로 넘쳐흘렀습니다. 무서운 소리를 일으키면서 파도들이 숲을 강타하며 파괴하기 시작했습니다. 이 거대한 파도들은 공간의 구름들과 섞여서 하나의 거대한 물덩어리를 이루었습니다. 모든 산이 물 아래로 가라앉았습니다. 수생 생물들이 놀라 허둥지둥 날뛰며 재난을 피하고자 했습니다. 파도들이 산의 동굴들을 파괴시킬 때, 사자들이 동굴에서 나와 다른 짐승들을 죽였고, 결국은 그들도 파멸을 당하게 되었습니다. 이 모든 것이 일으킨 혼란은 심지어 태양의 영역까지 미치게 되었습니다.

마치 여러 바다들이 신들의 영역을 직접 침략하여 그들을 점령한 것처럼 보였습니다. 높은 파도들의 힘으로 숲들과 산들이 파괴되었기 때문에, 그것은 마치 우주 전체가 커다란 나무숲과 산인 것처럼 보였습니다. 큰 산들도 바다의 파도들 속에 사라져 가고 있었습니다. 어떤 단계에서는 마치 산들이 이빨을 드러내고 웃고 있는 것처럼 보였습니다. 왜 냐하면 높은 파도들에 산들이 씻겨 나가자, 그 땅 속에 묻혀 있던 보석과 준보석들이 산허리에 그대로 노출되었기 때문입니다.

심지어 천인의 몸들마저도 이 영향을 받은 것처럼 보였습니다. 지구의 산들이 큰 소리를 일으키면서 몇몇 천인들의 몸 위로 떨어졌습니다. 심지어 우주적 파괴의 불길도 이 높은 파도에 진화되는 것을 두려워하는 것처럼 보였습니다. 또 어떤 단계에서는 지상의 코끼리들과 바다의 코끼리들 사이에 무시무시한 싸움이 있었습니다. 그토록 많은 지상의 대상들이 그 바다 속으로 잠겨 가고 있을 그 당시에, 단 하나의 바다만이 초자연적인 광채를 뿜으며 빛을 발하고 있었습니다.

그때 그것은 마치 우주 자체가 우주 소멸의 파도 속으로 떨어지고 있는 것처럼 보였습니다. 모든 빛과 보석을 가지고 있는 창공이 홍수 속으로 떨어졌습니다.

불꽃들이 사방으로 퍼지면서, 공간에 존재하는 모든 것을 다 태워 버렸습니다. 창조주가 이미 자기가 실현시킨 세상을 거두어들였으므로, 악마들과 다른 것들이 마음대로 날뛰며 그들이 하고 싶은 대로 파괴를 해 나갔습니다. 모든 신(자연 원소들 사이에 질서를 유지하기 위하여 그것들을 관장하고 있는 신들인, 인드라 등)이 악마들에게 압도당하고 말았습니다. 혼돈이 있었습니다. 쉬바 신 등의 거처들도 흔들리고 방해를 받았습니다. 별들과 행성들이 서로 충돌하고, 우주의 소멸이 있었습니다.

바시슈타는 계속 말했다.

창조주 브람마가 그의 쁘라나(생명력)를 거두어들이자, 우주 속을 이동하던 공기가 공간 속의 이동이라는 본래의 작용을 버렸습니다. 그렇다면 그 밖의 무엇이 원소들과 기타 존재들의 생명을 유지시킬 수 있겠습니까? 이와 같이 모든 천체들을 붙들고 있던 힘이 없어지자, 마치 나무에서 꽃이 떨어지듯이 별들이 그들의 궤도에서 떨어져 나가기 시작했습니다. 생명력이 없어지면서 시간과 공간의 연속체가 없어졌기 때문에 우주 공간을 돌고 있던 위성들도 붕괴되었습니다. 심지어 싯다들과 완벽한 경지에 도달한 존재들의 길마저 흔적도 없이 지워졌습니다. 이들 싯다들은 마치 솜 조각처럼 우주에서 떨어지기 시작했습니다. 심지어 인드라(신들의 왕)와 그의 천국조차 떨어져 붕괴되기 시작했습니다.

라마가 물었다.

의식은 순수하며, 우주적 인격체도 하나의 관념에 지나지 않습니다. 이 우주적 인격체 즉 브람마가 어떻게 지구, 천국 그리고 지옥 같은 수족들을 얻게 되었습니까?

바시슈타는 계속 말했다.

오, 라마여! 처음에는 존재나 비존재라고 말할 수 없는 순수 의식만이 있었습니다. 그 자체 안에서 그것은 그 자체를 자각의 대상으로서 자각하게 되었습니다. 주체로서의 입장을 버리지 않고, 그것은 또한 객체가 된 것 같습니다. 그것이 지바이며, 그 지바로부터 마음 등이 일어납니다. 그러나 이 모든 것은 순수 의식과 다른 것이 아닙니다.

순수 의식이기도 한 마음이 '나는 공간이다.'라고 생각할 때, 비록 그러한 공간이 존재하지 않지만, 그것은 공간을 경험합니다. 참나 혹은 순수 의식은 텅 비어 있는 무형의 것입니다. 물질적인 우주에 대한 관념이 있는 한, 의식은 그 우주가 마치 실재하는 것처럼 경험합니다. 반대로, 의식이 이 우주를 없애겠다고 마음을 먹는다면, 그것은 이 우주를 없애 버리며, 그러면 우주는 끝나 버립니다.

관념들을 일으키고 모든 종류의 경험을 일으키는 바사나 즉 정신적 조건화는 진리에 대한 비전이나 실재에 대한 이해가 일어나면 사라지게 됩니다. 자아감이 없어지며, 그러므로 하나만이 남게 됩니다. 다시 말해, 그 후에는 해방 즉 목샤만이 남게 됩니다.

이것이 브람마의 본성입니다. 이것이 이 세상이 우주적인 인격체인 브람마의 몸으로 존재하는 경위가 됩니다. 그 우주적 인격체에서 일어나는 관념은 이 우주로 나타납니다. 그것은 순수한 공입니다. 사실상, 세상과 같은 그런 것은 없으며, 또한 '너'와 '나'로 간주될 수 있는 것도 없습니다. 순수하고 나눌 수 없는 의식 속에서 이 세상은 무엇이고, 누구에 의해 어떻게 이 세상이 창조되었으며, 또 어떤 물질들이나 상호 협력적인 원인들로 창조되었을까요? 그 세상은 나타나 있지만, 가공의 현상에 지나지 않습니다. 그것은 무한한 의식과 동일하지도 않으며, 또한 그것과 다른 것도 아닙니다. 일원성도 다양성도 없습니다. 분할할 수 없는 무한한 의식만이 실재입니다. 그러므로 개개의 상황 속에서 자연스럽고도 적절하게 활동하면서, 모든 조건화에서 벗어나 자유롭게 살아가십시오.

라마가 물었다.

신이시여! 당신께서 지금까지 저에게 말씀해 주신 모든 것을 명확하게 이해했습니다. 그러나 당신의 이야기를 아무리 들어도 싫증이 나지 않습니다. 그것은 마시면 영생불멸하는 넥타와 같습니다. 그러므로 다시 한 번, 창조의 경험을 설명해 주십시오.

바시슈타는 계속 말했다.

소위 우주의 소멸 기간 중에는, 지금 존재하는 것으로 보이는 모든 것이 소멸됩니다. 그래도 남는 것은 영원한 것입니다. 그것은 설명이 불가능합니다. 겨자 씨앗에 비교하면, 메루 산은 거대합니다. 그와 마찬가지로 영원한 무한한 의식에 비교하면, 이 우주도 겨자 씨앗과 같이 작습니다. 산들 중에서도 가장 큰 산에 비교하면, 원자 구성 요소의 미립자는 너무나 작습니다. 이 세상이라는 우주와 그 영원한 무한한 의식을 비교해 보는 차원도 꼭 그와 같습니다. 현상계의 모든 것이 없어지는 그 우주의 소멸 기간 중에 영원한 무한한 의식만이 남아서, 우주적 공간에 존재하는 모든 원자 구성 원소의 미립자를 압니다. 그것은 그들(그들이 실재하지 않지만)을 마치 꿈 속에서 보는 것처럼 봅니다. 그 다음 그것은 그 자체를 '브람만'이라고 상상합니다. 그것은 심지어 그 자체를 무한한 의식이라고도 상상합니다. 의식이 그 자체를 의식이라는 원자의 입자로 간주할 때, 그것은 대상이 된 원자의 입자를 분명히 보고 있기 때문에 주체로서 존재합니다. 이것은 마치 사람이 꿈 속에서 자기 자신을 보는 것과 같습니다. 따라서 의식은 그 자체의 비분리성을 버리지 않고도 그 자체를 주체와 객체로 분명히 양극화시키고 있습니다.

그 순간에는 다음과 같은 원칙들이 자연스럽게 발생합니다. 즉 시간과 공간, 활동, 물질, 보는 사람(주체), 봄, 그리고 보이는 것(객체)이 그것들입니다. 그러나 이것들을 억제하거나 방해하는 힘들은 일어나지 않습니다. 의식의 미립자들이 빛을 낼 때, 공간도 거기에 분명히 나타납니다. 이것이 일어나면 시간도 존재합니다. 그리고 그것이 일어나는 방식은 활동이 됩니다. 존재하는 것으로 경험되는 모든 것은 물질입니다. 그 경험자는 주체가 되고, 이 물질을 경험하거나 보는 것은 봄이 됩니다. 그리고 이 보거나 경험하는 것의 원인이 되는 것은 대상이 됩니다. 따라서 이 모든 것은 분명히 모두가 가짜이지만, 생겨납니다. 공간만이 어떤 특별한 인과적 순서나 원칙이 없이 공간 속에서 일어납니다.

마찬가지로, 이 의식이 빛을 내는 물질은 몸입니다. 그것이 보는 수단이 되는 것은 눈입니다. 다른 감각 기관들에 대해서도 마찬가지입니다. 이 의식이 이름이나 형상도 없이 빛을 내는 상태는 오로지 공간이나 공의 본질 그대로인 딴마뜨라(순수한 원소)라고 합니다. 의식 자체의 입자에서 나오는 이 광채는 거칠어져서, 몸이라는 것이 됩니다. 그러면 그 몸 안에서 다섯 가지의 감각이 나옵니다. 이 모든 것을 아는 것이 붓디 즉 지성입니다. 생각과 함께 마음이 일어나며, 그 마음속에 자아감이 뿌리내리고 있습니다.

바시슈타는 계속 말했다.

의식의 입자가 공간을 이동하면, 그것은 앞서 '여기에서' 했던 것을 '거기에서' 합니다. 따라서 '위', '아래', 방향과 같은 공간적 구별뿐만 아니라, 시간의 순서도 일어납니다. 비록 그것은 공간이나 공의 본질 그대로이지만, 시간과 공간, 활동, 물질, 그리고 말들의 의미에 대한 자각 등이 되는 것 같습니다. 이렇게 하여 아띠바히까(미묘한) 몸이 생겨나게 됩니다. 이것이 바로 그 자체에 대한 계속적인 자각을 통하여 물질적인 몸으로 압축되는 것처럼 보입니다.

의식은 진실로 담길 수 없는 공간과 같은 것이지만, 형체를 지니게 됩니다. 그 속에서 '머리'나 '발'이라는 생각들이 일어나고, 그 몸은 이것들을 존재하는 기관들로 보게 됩니다. 신체의 다른 수족들에 대해서도 마찬가지입니다. 동일한 의식이 명령과 그 나머지 모든 것을 받아들이고 거절하면서, 그 자체를 존재와 비존재로 생각합니다. 그것은 이러한 관념들이 실재하는 것처럼 그들을 봅니다. 그와 꼭 같이 그것은 창조주 브람마가 됩니다. 또한 그와 꼭 같이 그것은 하리나 비슈누의 상태에 도달합니다. 마찬가지로, 그것은 루드라나 쉬바 상태에 도달하거나 표면상 그들이 됩니다. 그와 꼭 같이 그것은 겉으로 벌레가 됩니다. 그러나 실제로, 그것은 이들 중 그 어느 것도 되지 않았습니다. 즉 그것은 있는 그대로 그 자신이며, 공 속의 순수한 공이며, 의식 속의 의식입니다.

그것은 삼계의 모든 몸의 씨앗입니다. 그것은 해방의 문턱을 막고 있는 삼사라(세상의 환영)의 씨앗입니다. 그것은 모든 것의 원인이며, 시간과 활동의 지도자입니다. 그것은 비록 태어나지 않았지만 태어난 것처럼 보이는 최초의 인격체입니다. 그것은 물질적이거나 신체적인 몸을 가지고 있지 않습니다. 그러므로 그것은 잡힐 수 없습니다. 비록 실제로는 말없이 잠자고 있지만 꿈 속에서 사자와 싸우고 있는 사람이 그 꿈 속에서 비명을 지르는 것과 꼭 같이, 이 모든 관념을 가지고 있는 무한한 의식은 그 자체 내에서 평화롭고 고요합니다. 사방으로 수백만 마일이나 뻗어 가는 우주는 가장 작은 원자 구성 원소의 미립자 속에도 존재하며, 삼계도 무한한 의식과 비교하면 한 올의 머리카락 속에 존재합니다.

창조주 브람마는 상상할 수 없을 정도로 광대하며, 또한 자신의 몸이기도 한 이 우주를 관장하고 있지만, 그조차도 한 원자 속에 존재합니다. 사실상, 그는 꿈 속에서 보이는 산들과 같이 조금도 공간을 차지하고 있지 않습니다. 우주적 인격체는 비라뜨라고도 하지만, 스바얌뷰 브람마(스스로 태어난 창조주)라고도 합니다. 오, 라마여! 그러나 실제로 그는 단지 순수 의식에 불과합니다. 이 의식이 움직임을 알게 되기 때문에, 그것은 그러한 움직임이나 생명력을 경험합니다. 이것이 쁘라나와 아빠나이며, 그것들이 소용돌이치는 움직임은 우주에서 바람이라고 하는 것이며, 그것들이 바로 우주의 가슴입니다. 말하자면, 이 쁘라나가 밖으로 나가는 것이 바람인 바따, 열인 삐따, 그리고 습기인 슐레슈마라고 하는 것(인체의 세 가지 체액)입니다. 그리고 그것들에 상당하는 우주적 존재는 바람과 태양과 달입니다.

바시슈타는 계속 말했다.

우주적 인격체(비라뜨)는 두 가지 몸을 가지고 있습니다. 하나는 상위의 몸으로, 그것은 시작이나 끝이나 중간이 없는 순수 의식입니다. 다른 하나의 몸은 이 세상입니다. 그러므로 그는 (암탉처럼) 밖에서부터 (계란과 같은) 이 세상을 볼 수 있습니다. 그는 계란을 두 쪽으로 나누었습니다. 즉 그는 위쪽 부분을 하늘이나 천국이라 부르고, 아래쪽 부분을 지상이라 불렀습니다. 위쪽 부분은 비라뜨의 머리라는 것이며, 아래쪽 부분은 그의 발이며, 그리고 중간 부분(대기권)은 그의 등이나 엉덩이입니다. 위쪽 부분은 너무나 멀리 떨어져 있기 때문에, 푸른 텅 빈 하늘로 보입니다.

창공은 비라뜨의 입천장이며, 별들은 핏방울입니다. 몸을 가로지르는 '공기의 미립자들'은 신들과 악마들과 인간들입니다. 인체 내의 세균들과 바이러스들은 유령들과 악귀들입니다. 인체의 구멍들은 다른 세상들입니다. 그의 허리는 바다들입니다. 나디들은 강이고, 잠부드비빠라고 하는 대륙은 그의 심장입니다. 텅 빈 공간은 그의 복부입니다. 산은 그의 간과 비장입니다. 구름들은 그의 살입니다. 태양과 달은 그의 눈입니다. 브람마의 세상은 그의 얼굴입니다. 체세포(소마)는 그의 에너지입니다. 눈에 덮인 산은 그의 점액이며, 지하의 불은 그의 담즙이고, 바람은 그의 쁘라나와 아빠나입니다. 모든 나무들과 뱀들은 그의 머리카락입니다.

그가 바로 우주적 마음이기 때문에 그에게는 마음이 없습니다. 무한한 참나만이 순수 의식인 경험이 되기 때문에, 그것과 별도로 떨어진 경험자는 없습니다. 마찬가지로, 그가 모든 감각의 경험자이기 때문에,

그에게는 어떤 인드리야들 즉 감각들도 없습니다. 그러므로 감각들에 대한 구별은 단지 관념들에 지나지 않습니다. 인드리야들과 마음의 관계가 수족과 인체의 관계와 같다는 개념은 틀렸습니다. 왜냐하면 그러한 구별이 전혀 없기 때문입니다. 심지어 인체와 수족들도 하나의 단위입니다.

이 세상에서 일어나는 모든 활동은 그에게서 시작합니다. 그로 인하여 이 세상이 실재하는 것으로 보입니다. 만약 그가 없다면, 이 세상도 없습니다. 이 세상(우주), 창조주 브람마, 그리고 비라뜨(우주적 인격체)는 모두 말의 멋진 수사에 불과합니다. 왜냐하면 그것들은 순수하고 무한한 의식에서 일어나는 관념들에 지나지 않기 때문입니다.

라마가 물었다.

이 우주적 인격체가 단순한 관념이라면, 그는 어떻게 그 몸 안에 존재합니까?

바시슈타는 대답했다.

그대가 명상에 잠겨 있을 때, 그대가 그대의 가슴속에 존재하는 것과 꼭 마찬가지입니다. 지바가 모든 존재의 몸에 존재하고, 거울 속에 비친 영상이 존재하는 것과 꼭 같이, 이 우주적 인격체도 그 자신의 우주적 몸 안에 존재합니다. 비록 그가 이 모든 수족 등을 가지고 있는 것처럼 보이지만, 그에게는 어떤 구분도 없으며, 그래서 그는 구분되지 않은 완전하고 순수하며 무한한 의식으로서 바위가 존재하듯이 존재합니다.

바시슈타는 계속 말했다.

창조주 브람마가 이와 같이 명상하고 있을 때, 나는 주변을 둘러보았습니다. 나는 사방에서 태양이 떠오르는 것을 보았습니다. 내가 이 특별한 현상을 바라보고 있는 동안, 태양이 마치 지하의 불처럼 땅 속에서 올라왔습니다. 모두 열한 개의 태양이 있었고, 쉬바 신의 세 개의 눈 같은 세 개의 위성이 모여 열두 번째 태양을 이루었습니다. 그곳의 날씨는 너무 뜨거워졌습니다. 그래서 나는 그곳을 떠나 먼 곳으로 갔습니다. 창공 전체가 이들 태양이 내는 빛으로 불타올랐습니다. 어디에서나 '따다닥' 또는 '타다닥' 불타는 소리가 들렸습니다.

살아 있는 존재들은 어디서나 열기 때문에 말라 죽어 가고 있었습니다. 심지어 수생 생물조차 거기에서 제외되지 않았습니다. 파멸은 방대하고 완전했습니다. 산들이 불타는 도시에 무너지면서 그 도시들을 갈아 으깨고 말았습니다. 그때 사람들은 큰 소리로 울부짖으며 슬퍼했습니다. 머리의 정수리를 통해 생명력을 떠나가게 할 수 있었던 다른 사람(요기)들은 불멸을 얻었습니다. 지구는 위와 아래에서부터 일어나는 불로 초토화되었습니다.

온 세상과 그 안에 사는 모든 존재들은 루드라의 눈에서 나오는 불길로 타오르고 있었습니다. 어디에서나 '훨훨' 불타는 소리가 났고, 그것은 마치 여자 악마들이 서로에게 끊임없이 불길을 던지는 장난을 하고 있는 것처럼 보였습니다. 유성들이 산꼭대기에 떨어지면서 죽음과 파멸의 춤을 '추기' 시작했습니다. 땅 속에서 올라온 불은 지구를 천국이나 우주 전체와 연결시켜 주는 것 같았습니다. 단단한 금으로 만들어진 수메루 산도 녹기 시작했습니다. 눈에 갇힌 산(히말라야)도 녹아 없어졌습니다. 오직 말라야 산만이 아무 해를 입지 않은 상태로 남아 있었습니다. 자신이 고통을 받을 때조차 타인의 행복을 증진시켜 주려고 하는 고귀한 사람들의 가슴처럼, 그 산은 마치 백단향 나무가 그것을 태우는 사람에게마저 그 향기를 주듯이 기쁨과 평화를 널리 확대시키면서 서 있었습니다.

오직 두 개의 대상만이 전혀 영향을 받지 않고 있었습니다. 즉 만물에 고루 퍼져 있는 공간과 순수한 금은 파괴될 수 없었습니다. 그러므로 나는 오직 사뜨바(순수)만이 믿을 만하고 바람직하지, 라자스(활동이나 불순물)와 따마스(둔한, 우둔)는 그렇지 않다고 생각합니다.

따라서 그 밖의 모든 것이 파괴되고 난 뒤에는 심지어 재조차도 보이지 않았습니다. 무지와 그 결과들이 현자의 지혜의 불길로 파괴될 때, 과거의 무지의 '재'조차 남지 않고 오직 절대적인 순수만이 남아 있는 것과 꼭 같습니다. 얼마 동안 이 불길은 루드라 신이 거처하는 까일라사까지는 다다를 수 없었습니다. 그러나 곧 그가 다시 불타는 눈길을 그곳으로 돌리자, 그것도 불타기 시작했습니다.

아무것도 남아 있지 않았습니다. 미래의 세대가 있다면, 그들은 "아마도 예전에 하나의 세상, 하나의 우주, 하나의 창조물이 있지 않았을까."라며 궁금해할지 모르겠습니다.

바시슈타는 계속 말했다.

그 다음 무시무시한 파멸의 바람들이 일어났는데, 그것들은 너무 사납게 불어 산들과 바다들이 마구 흔들리며, 그들의 자연스러운 활동을 잃어버렸고, 심지어 지옥마저 그 훨씬 아래에 있는 어떤 곳으로 떨어지는 것처럼 보였습니다. 전 우주가 말라 버리고 본질을 잃어버렸습니다.

이후 성난 악마처럼 거대한 구름이 일어나며 무서운 꽹음을 일으켰습니다. 그 소리는 창조주 브람마가 우주 창조의 원인이 된 황금의 알을 깰 때 났던 소리와 같았습니다. 그 소리에 여러 세상들과 바다들이 붕괴되면서 나는 소리가 더해졌기 때문에 모든 사람들이 공포에 질려 버렸습니다. 그 소리는 창조된 우주 전체를 가득 채웠고, 지구를 천국과 지옥과 합쳐 하나로 만들었습니다. 그것은 틀림없이 우주가 소멸될 때 나는 소리였습니다.

나는 그 구름의 소리를 들었습니다. 나는 "이 구름이 우주 파멸의 불길과 어떻게 공존할 수 있을까?" 하고 의아하게 생각했습니다. 나는 사방을 둘러보았습니다. 나는 사방에서 견석과 천둥을 수반한 번개들이 쏟아져 내리는 것을 보았습니다. 순간 나는 위에서는 차가운 어떤 것이, 아래에서는 매우 뜨겁게 불타는 어떤 것이 느껴지는 것을 경험했습니다. 구름은 너무나 높이 있었기 때문에 볼 수도 없었고, 또한 불길이 거기에 닿을 수도 없었습니다.

불길들이 여러 세상들을 다 태워 버린 뒤에 순수한 불꽃이 되어 특별한 광채를 내며 빛을 발하고 있었습니다. 파멸의 구름이 내려오자, 그것은 가장 밝게 빛나는 번갯불로 만들어져 있는 것처럼 보였습니다. 일곱 대양의 바닷물은 오직 그 구름의 한 모퉁이에 있는 매우 작은 일부와 같았습니다. 마치 이 바닷물들이 하늘로 올라온 것처럼 보였습니다. 열두 개의 태양은 그 구름 속에 있는 소용돌이였고, 수생 생물들은 그 속을 움직이는 번갯불이었습니다.

비가 내렸습니다. 빗방울 하나하나는 모두가 벼락과 같았습니다. 이 빗방울들이 우주 전체를 가득 채웠습니다. 그것들은 엄청난 힘으로 떨어져 내렸기 때문에, 우주에 남아 있는 모든 것을 파괴시켰습니다. 하늘 전체가 하나의 물 덩어리였습니다. 비가 불을 꺼 버리면서 지면에 닿았습니다.

이 비상하고 초자연적인 비의 바닷물들이 아직도 불타고 있는 불길들과 혼합되었습니다. 그 둘은 서로를 이기거나 정복할 수 없었습니다. 그러므로 그것들은 어울리지 않는 적(그것들의 용맹성이 대등하여 그것들의 싸움은 끝이 없고 결론이 나지 않았기 때문)이었습니다. 그것들은 똑같은 큰 힘과 권력을 가지고 있었습니다. 그러므로 그것들의 충돌은 목격하기에 너무나 무시무시했습니다.

바시슈타는 계속 말했다.

그때 우주 전체는 파괴의 잿더미로 덮여 있었습니다. 이 잿더미는 무서운 바람에 의해 세차게 흔들리고 있었습니다. 떨어지는 비는 어디에서나 더욱 무서운 굉음을 내고 있었는데, 그 소리는 마치 파멸의 악마들이 승리를 거두면서 지르는 소리와 같았습니다. 그 바람은 인드라(천국의 신)와 기타 신들의 도시들이 타다 남은 잔해들을 휩쓸어 가고 있었습니다.

따라서 물과 불과 바람이라는 세 가지 원소들이 통제나 협조 혹은 조화를 완전히 잃고 말았습니다. 그래서 그 모습은 마치 그들이 서로 싸우고 있는 것처럼 보였습니다. 이 혼란의 소동과 소음은 귀를 멀게 할 정도였습니다. 억수같이 퍼붓는 비는 불길을 진화하면서 '피시식' 하고 불이 꺼지는 소리를 내었습니다. 산 아래로 흘러내리는 거대한 강물들이 다른 산들과 대륙들과 도시들을 휩쓸어 버렸습니다. 하늘에 떠 있는 행성들과 별들도 또한 그들의 궤도를 이탈하여 떨어지고 있었습니다. 거대한 높은 파도들이 어디에서나 산들을 무너뜨리고 있었으며, 바람은 이들 산들을 날려 버리고 있었습니다.

태양의 광선이 비와 구름에 가리자, 사방에 칠흑 같은 어둠이 내려앉았고, 그 색깔은 검푸른빛이었습니다. 지구를 지탱해 주던 지지물마저도 완전히 붕괴했고, 그러므로 산들도 붕괴하고 있었습니다. 높은 파도들이 이들 산을 집어삼키며 구름 속으로 날려 보내고 있었습니다. 마치 삼계가 큰 소리로 울부짖으며 슬퍼하는 것처럼 보였습니다.

신들과 악마들도 모두 이 무서운 참화를 받았습니다. 그러나 그들은 여전히 끝없는 적의로 서로를 맹렬히 공격하고 있었습니다.

물질적이거나 신체적인 몸의 분해를 관장하고 있는 생명의 공기 즉 쁘라나만이 분해되어 가는 대상들을 떠받치면서, 그것들을 여기저기에 떠돌게 했습니다. 동시에 우주 전체는 날아다니는 도시들, 악마들, 불, 뱀들과 태양들로 가득 차 있었는데, 그것은 마치 그 숫자만큼 많은 파리들과 모기들이 떠돌아다니는 것처럼 보였습니다.

각기 다른 방향들을 관장하고 있는 신들조차 파멸로 다가가고 있었으며, 그러한 방향들에 혼란이 있었습니다. 파괴된 우주의 먼지가 사방에 퍼져 있었습니다. 우주 전체가 상이한 보석들과 다른 색깔의 금속들로 만들어진 '사원들'의 부서진 파편들로 가득 차 있었습니다. 우주를 보는 것은 어려웠습니다.

우주라고 알려진 것이 완전히 파괴되고 난 뒤에 남은 그것(진리나 혹은 신)만이 우주의 장막이 전혀 없는 상태로 존재했습니다. 다시 한 번 충만함이 있었고, 그 충만함은 다양한 생물들이 파괴될 때 분명해지며, 또한 항상 거기에 있었던 충만함이기도 했습니다. 물론, 이때쯤 우주적 파괴의 불길은 우주적 구름에서 떨어지는 억수 같은 빗물로 완전히 진화되었습니다.

바시슈타는 계속 말했다.

공간도 전혀 없었고, 방향도 전혀 없었습니다. '아래'도 '위'도 또한 없었습니다. 원소들도 우주들도 없었습니다. 오직 하나의 무한한 바다만이 있었습니다.

한편, 나는 태양이 떠오르면서 지구를 바라보듯이, 브람마로까를 보았습니다. 거기에서 창조주 브람마는 마치 흔들리지 않는 산처럼 사마디 즉 명상에 잠겨 앉아 있었고, 그의 주변은 쁘라다나 즉 제일의 원리들, 신들과 현자들, 천인들과 싯다들이 에워싸고 있었으며, 그들 역시 모두 명상 자세로 앉아 마치 생명이 없는 것처럼 깊은 명상에 잠겨 있었습니다. 열두 개의 태양도 거기에 도착하여 명상에 들어갔습니다.

잠시 뒤에 나는 마치 사람이 잠에서 깨어날 때 자신이 꿈 속에서 본 대상들을 보듯이 브람마와 다른 사람들을 보았습니다. 그들을 보았을 때, 나는 꿈 속의 대상들이 구체화된 것으로서가 아니라, 정신적 조건화가 그렇게나 많은 모습으로 나타난 것으로 보았습니다.

그 다음 나는 이 모든 신들이 순수한 공이라는 것을 또한 깨달았습니다. 그곳을 떠나지도 않고 그들은 시야에서 사라졌습니다. 나는 그들 또한 창조주 브람마처럼 이름과 형상을 버린 뒤에 이미 니르바나에 도달했다는 것을 깨달았습니다. 자기를 제한시키는 조건화 즉 바사나가 그들로부터 사라졌을 때, 그들은 보이지 않게 되었던 것입니다. 이 몸은 순수한 공에 지나지 않습니다. 그것은 바사나나 정신적 조건화 때문에 존재하는 것처럼 보입니다. 바사나가 사라지면, 마치 잠에서 깨어난 뒤 꿈 속의 대상을 더 이상 경험하지 못하는 것과 꼭 같이, 몸도 더 이상 보이거나 경험되지 않습니다. 그와 마찬가지로, 미묘한(아띠바히까) 몸이나 거친(아디바우띠까) 몸도 정신적 조건화가 사라지면 심지어 깨어 있는 상태에 있을지라도 보이지 않습니다. 여기에서 꿈의 상태를 예로 드는 이유는 그것이 모든 사람이 경험하는 어떤 것이기 때문입니다. 자기 자신의 경험을 거절하는 사람 같으면, 일찌감치 멀리서부터 그를 피해야 합니다. 잠자는 체하는 사람이 있으면 누가 그를 깨울 수 있겠습니까?

꿈을 일으키는 몸이 없어질 때 꿈이 없어진다고 주장한다면, 몸이 없을 때 내세에서는 어떤 삶도 없습니다. 그러면 어떤 우주도 없다는 것이 분명합니다. 이 세상이 지금과 다른 세상이 된 적이 한 번도 없었다고 말할 수 있다면, 그것은 지금도 존재하지 않습니다. 만약 의식이 몸 등의 분비물이라고 말할 수 있다면, 경전들의 가르침은 완전히 쓸모없게 됩니다. 만약 그대가 경전들의 권위를 부정한다면, 왜 그대는 조금이라도 권위를 가집니까? 만약 그대가 몸이 존재하는 한 망상도 존재한다는 것을 받아들인다면, 망상은 하나의 실재가 됩니다. 만약 의식이 몸에서 우연히 일어난다면, 왜 그 의식은 그 무한한 본성을 실현시키지 못합니까?

어쨌든 의식이 그 자체 내에서 무엇이든지 자각한다면, 우리가 그것을 실재적이라고 하든 비실재적이라고 하든지 간에, 그것은 경험을 합니다. 그러므로 첫 번째의 예에서, 참나의 본성은 그 자체의 타고난 움직임 때문에 그 자체를 의식으로서 압니다. 그 다음 그 의식은 정신적 조건화(바사나) 때문에 잘못된 자각을 경험합니다. 제한된 자각은 속박입니다. 반면에, 조건화에 대한 어떠한 자각(혹은 제한적인 자각)도 없을 때 니르바나가 있습니다.

바시슈타는 계속 말했다.

이와 같이 모든 신과 열두 태양이 브람마와 하나가 되었을 때, 이들 태양은 지구를 태워 없앴듯이 창조주의 세상마저 태워 없애기 시작했습니다. 창조주의 세상을 태우고 브람마처럼 깊은 명상에 들어간 뒤에 그들은 연료 없는 등불처럼 니르바나에 들어갔습니다. 그 다음 모든 것이 짙은 암흑에 싸였습니다.

한편 나는 거기에서 무시무시한 형상을 하나 보았습니다. 그는 형체를 가진 어둠처럼, 형체를 가진 우주의 소멸처럼 보였습니다. 그러나 그는 그 자신의 광휘로 빛을 발했습니다. 그에게는 다섯 개의 얼굴과 열 개의 팔, 그리고 세 개의 눈이 있었습니다. 손에는 삼지창을 들고 있었습니다. 그는 그 자신의 존재의 공간 속에서 이동하고 있었습니다. 그는 비를 머금고 있는 구름처럼 어두웠습니다. 그는 마치 우주의 바다에서 솟아난 것처럼 보였으며, 그 자신이 바로 그 우주적 바다의 화신이기라도 한 것처럼 보였습니다. 그는 날개 달린 산과 같이 생겼습니다. 그의 삼지창과 세 개의 눈을 보고, 나는 "이 분이 루드라 신이다."라고 생각하며 먼 거리에서 그에게 절을 했습니다.

라마는 물었다.

이 루드라는 누구이며, 그의 다섯 개의 얼굴과 열 개의 손 등은 무엇입니까?

바시슈타는 계속 말했다.

오, 라마여! 그는 루드라입니다. 그리고 그는 자아감입니다. 그는 마음의 평정을 깨뜨리는 데 열중하고 있습니다. 그의 형상은 순수한 공간 내지 공입니다. 그는 공간의 형상을 하고 있기 때문에 그의 공간의 색깔을 하고 있습니다. 그는 공간처럼 순수하고 분할할 수 없는 의식이기 때문에, 그는 공간의 참나(아까샤 아뜨마)라고 합니다. 또 그가 모든 것의 참나이고 편재하기 때문에, 그는 큰 참나 혹은 지고의 참나라고 합니다. (지식의) 다섯 감각 기관이 그의 얼굴입니다. 활동의 다섯 기관과 그들의 다섯 영역이 그의 열 개의 팔입니다.

무한한 의식이 그 자체를 자각하게 될 때만 이 형상이 실제로 밖으로 드러나게 됩니다. 또 루드라로서 나타난 이 형상은 말하자면 무한한 의식의 작은 입자에 지나지 않으며, 그러므로 실제로는 그러한 것으로 존재하지 않습니다. 그 형상은 가공의 자각에 지나지 않습니다.

그는 찌다까샤(무한한 의식)의 전개나 움직임으로서 존재하고, 또한

(생명의 숨결로서) 창조물과 살아 있는 존재들의 두 공간에서 공기로 존재합니다. 마침내 그의 모든 움직임이 멈추게 될 때, 그는 지고의 평정을 얻습니다. 루드라의 세 개의 눈이란 세 개의 구나(사뜨바, 라자스 그리고 따마스), 세 개의 시간(과거, 현재 그리고 미래), 세 개의 내면의 도구(찌따, 붓디 그리고 아함까라), 옴(AUM)의 세 가지 양상, 그리고 세 개의 베다를 말합니다. 삼지창은 그가 그의 손에 삼계를 들고 있다는 것을 의미합니다. 그가 사뜨바나 미덕에 의해 얻어지고 그의 존재 자체가 모든 것의 행복을 위해 있기 때문에, 그는 쉬바라고 합니다. 그 다음 그는 지고의 평화 상태를 얻으므로 끄리슈나라고 합니다. 그는 깔빠나(상상력)로서 직접 우주 전체를 창조하고, 우주적 존재의 바닷물을 마시며, 그 지고의 평화에 도달합니다.

바시슈타는 계속 말했다.

그 다음 나는 이 루드라가 생명력 즉 쁘라나의 속도로 우주적 바닷물을 마시기 시작하는 것을 보았습니다. 우주적 바다의 바닷물은 거대한 불길이 맹렬하게 타고 있는 그의 입 안으로 들어갔습니다. 그 루드라나 자아감은 바다(지구)의 중심에 있는 불로서 존재합니다. 그리고 세상의 주기가 끝날 때에 그는 그 바닷물을 마십니다. 정말로 이 자아감은 언제나 모든 것입니다.

그때, 그 순수하고 무한한 공간 속에는 오직 네 개의 것만이 있었습니다. 첫째는 검은색의 루드라였는데, 그는 어떤 지지물도 없이 그리고 어떤 움직임도 없이 서 있었습니다. 둘째는 지구였으며, 그것은 상당히 진흙투성이였고, 지옥에서부터 천국에 이르는 모든 세상의 거처였습니다. 셋째는 이 우주의 상층부로서, 그것은 너무나 멀리 떨어져 있어서 보이지 않았습니다. 그리고 넷째는 이 모든 것 가운데 어디에나 순수한 브람만, 즉 이 우주의 각기 다른 부분들에 고루 퍼져 있는 무한한 의식이 있었습니다. 그 밖의 어떤 것도 존재하지 않았습니다.

라마가 물었다.

창조주 브람마의 거처는 어디입니까? 그리고 그 거처의 장막은 무엇이며, 그것은 어떻게 존재합니까?

바시슈타는 대답했다.

브람마의 거처(지구 평면의 중심)는 지구 평면의 열 배나 넓은 물로 둘러싸여 있습니다. 그와 꼭 같이, 불의 영역도 그 크기가 물의 열 배나 됩니다. 그 너머에 있는 공기의 영역도 불의 영역보다 열 배나 넓습니다. 마지막으로, 공간의 크기는 공기 영역의 열 배나 됩니다. 그 너머에 브람마아까샤라는 무한한 공간이 있습니다.

라마는 물었다.

오, 현자시여! 이 우주를 누가 위에서 그리고 아래에서 붙들고 있습니까?

바시슈타는 계속 말했다.

지구 등이 그들의 위치를 차지하고 있는 것은 브람마안다(황금의 알 즉 우주적 인격체)의 커다란 몸 때문입니다.

라마가 다시 물었다.

오, 신이시여! 브람마안다는 또 누가 지탱하고 있는지 말씀해 주십시오.

바시슈타는 다음과 같이 대답했다.

오, 라마여! 그대가 그것을 떨어지는 것으로 여기든 그렇지 않든 간에, 그것은 어떤 누구의 지탱도 받고 있지 않습니다. 왜냐하면 이 우주는 비록 형상을 가지고 있는 것처럼 보이지만, 어떤 형상도, 몸체도, 물질성도 가지고 있지 않기 때문입니다. 우리가 '그것이 떨어진다.'라고 말하거나 '그것을 붙잡는다.'라고 말할 때, 그 정확한 의미는 무엇이겠습니까? 무한한 의식 속에서 일어나는 관념이 무엇이든 간에, 그것은 그런 식으로 있습니다. 이 우주는 무한한 의식이 만들어 낸 꿈의 도시에 불과합니다. 그것이 '떨어진다'라고 생각될 때, 그것은 언제나 떨어지는 것처럼 보입니다. 반면에 그것이 공간 속에 존재한다고 생각되면, 그것은 공간 속에 있으면서 움직입니다. 또 그것이 움직이지 않는 것으로 생각되면, 그것은 움직임이 없는 것입니다. 또 그것이 소멸된 것으로 생각이 되면, 그것은 소멸된 것처럼 보입니다.

바위 안에 있는 세상

바시슈타는 계속 말했다.

그러고 나서 나는 루드라가 마치 도취되기라도 한 듯이 공간 속에서 춤추기 시작하는 것을 보았습니다. 그것은 마치 우주를 소멸시키는 바닷물이 하나의 형상을 띠고서 그 형상으로 춤추고 있는 것처럼 보였습니다. 자, 보십시오, 내가 루드라의 춤을 지켜보고 있을 때, 나는 그의 뒤편에 있는 한 그림자를 보았습니다. 태양도 없는데 어떻게 그림자가 존재할 수 있을까 하고 나는 자문했습니다. 내가 이 현상을 곰곰이 생각하고 있을 때, 그 그림자(여성)는 루드라 앞으로 걸어 나왔는데, 그녀도 또한 춤을 추고 있었습니다.

그녀에게는 세 개의 눈이 있었습니다. 그녀는 검은색을 띠고 있었습니다. 그녀는 말랐습니다. 그러나 몸집은 거대했습니다. 그녀의 입에서는 불이 나왔습니다. 그녀는 여성의 모습을 한 캄캄한 밤이나 무한한 공간처럼 보였습니다. 그녀의 팔들은 우주의 가장 먼 곳까지 뻗어 있었습니다. 그녀는 너무나 야위어서 그녀의 신경을 볼 수 있었고, 야위고 키가 컸기 때문에, 그녀가 넘어지지 않도록 마치 누군가가 그녀를 그 신경줄로 동여매어 놓은 것처럼 보였습니다. 그녀는 신들과 태양들과 악마들의 머리로 만들어진 화환을 쓰고 있었습니다. 그녀는 뱀 귀고리를 하고 있었습니다.

때로는 그녀에게 팔이 하나 있다가도, 잠시 뒤에는 팔이 여럿이 있는가 하면, 또 잠시 뒤에는 춤추는 마룻바닥에 그녀의 여러 팔들을 내던지기도 했습니다. 때로는 그녀에게 입이 하나 있다가도, 잠시 뒤에는 입이 여럿이 있는가 하면, 또 잠시 뒤에는 입이 하나도 없었습니다. 때로는 그녀에게 발이 하나 있다가도, 잠시 뒤에는 발이 여럿이 있는가 하면, 또 잠시 뒤에는 발이 하나도 없었습니다. 이 모든 것을 보고서 나는 그녀가 깔라라뜨리(죽음의 밤)라고 결론을 내렸습니다. 성현들은 그녀를 깔리나 혹은 바가바따라고 부릅니다.

그녀는 불구덩이 같은 눈을 세 개 가지고 있었으며, 높은 광대뼈와 턱을 가졌습니다. 그녀는 별을 공중에 꿴 목걸이를 가지고 있었습니다. 그녀는 번쩍이고 빛나는 손톱을 가진 거대한 팔들로 사방을 가득 채웠습니다. 그녀의 호흡은 너무나 강력하여 가장 큰 산들조차도 그 숨결에 날아갈 정도였습니다.

그녀가 춤을 추고 있을 때, 그녀의 몸집은 어마어마하게 팽창하는 것처럼 보였습니다. 내가 이 춤을 목격하고 있는 동안, 그녀는 장난삼아 산들을 줄로 엮어서 화환을 만들었습니다. 삼계는 그녀 신체의 세 부분(상체, 중간, 하체)에서 거울이 되었습니다. 여러 도시들과 숲들과 산들 등은 그녀가 몸(목)에 걸고 있는 화환의 꽃이 되었습니다.

그녀의 수족들에는 여러 도시들과 마을들, 사계절, 삼계, 열두 달, 낮과 밤이 있었습니다. 다르마와 아다르마는 그녀의 귀고리가 되었습니다. 베다들은 최고의 지식이라는 우유로 가득 채워진 그녀의 젖가슴이었습니다. 그녀는 각기 다른 수많은 무기들을 손에 들고 있었습니다. 여러 신들과 그 나머지 모든 것을 포함한 열네 종의 존재들은 그녀의 신체에 나 있는 털(머리카락)이었습니다. 자신의 도시들과 마을들을 가지고 있는 이 모든 존재들은 다시 태어난다는 생각에 즐거워하며, 그녀와 함께 춤을 추고 있었습니다. 그녀가 춤을 추고 있었기 때문에 우주 전체가 끊임없이 움직이고 있었습니다. 물론, 다른 관점에서 볼 때 그들은 (그녀 안에) 확고히 자리를 잡고 있었습니다.

우주 전체가 마치 거울에 비치듯이 그녀의 몸에 비춰졌습니다. 내가 지켜보고 있을 때도 그들은 나타났다가 사라지는가 하면, 또다시 나타났습니다.

바시슈타는 계속 말했다.

그 춤이 무엇이었을까요? 별이 떠 있는 창공은 회전하고 있었습니다. 산들도 회전하고 있었고, 신들과 악마들도 모기들처럼 회전하고 있었습니다. 회전하는 창공은 미끈하게 늘어뜨린 그녀의 옷처럼 보였습니다. 그녀가 춤추는 동안 그녀의 몸에 나 있는 털들에 지나지 않는 그 큰 나무들(칼빠 나무)이 회전하는 것을 지켜보는 것은 즐거웠습니다. 말하자면, 그들은 천국과 지구 사이를 오르락내리락 하고 있었습니다.

태양과 달, 낮과 밤은 그녀가 춤을 추고 있을 때, 말하자면 그녀의 손톱에 비춰졌습니다. 히말라야, 메루 등과 같은 큰 산들도 즐거워서 춤을 추고 있었습니다. 그것은 마치 또 하나의 우주적 소멸이 바야흐로 일어나는 것처럼 보였습니다.

그 여신은 모든 종류의 행운과 완벽한 지식과 희생을 나타내는, 세 가닥으로 만들어진 신성한 실을 몸에 걸치고 있었습니다.

모든 것이 회전하고 있는 것처럼 보였지만, 실제로는 아무것도 일어나지 않았습니다. 그녀의 콧구멍을 들락거리는 공기는 "훔 훔"하는 커다란 소리를 내고 있었습니다. 그 여신에게 달린 수많은 팔들이 움직이고 있기 때문에 우주 전체의 공기도 돌아가고 있었습니다. 단순히 이모든 것을 지켜보는 것만으로도 나의 두 눈(그리고 마음 또한)은 피로해지고 혼란해지기 시작했습니다. 그녀의 몸에 있는 거울들이 춤으로 흔들렸을 때, 산들도 무너지기 시작했고 신들과 천인들도 쓰러지기 시작했으며, 그들의 궁전들도 무너지기 시작했습니다.

그녀의 몸 안에 있던 모든 움직일 수 없는 대상들이 움직일 수 있게 되었습니다. 더욱 놀라웠던 것은, 여러 바다들이 산꼭대기에서 춤을 추었고, 산은 텅 빈 공간 속에서 춤을 추었다는 것입니다. 공간은 지면 아래에서 춤을 추었고, 꽃이 가득히 핀 정원들과 도시들이 있는 대륙들은 태양의 천체 속에서 춤을 추고 있었습니다. 이 모든 것은 말하자면 그 여신의 거울 안에서 지푸라기처럼 떠돌고 있었습니다. 물고기들이 신기루 속에서 헤엄쳐 다녔고, 도시들이 공간 속에서 보였는데, 그것은 또한 산들을 잡고 있는 듯 했습니다. 하늘과 우주 소멸 때의 구름들이 무너져 내린 산 위에 얹혀 있었습니다.

깔라라뜨리의 몸 안에서는 낮과 밤, 창조와 소멸, 순수와 불순물이 발견되었습니다. 모든 신 등이 그녀의 춤으로 넘어졌지만, 그들은 흔들리지 않는 무한한 의식 때문에 분명히 흔들리지 않고 있었습니다. 그녀의 의식 속에는 때 묻지 않은 순수한 지식이 있었습니다. 마치 작은 아이가 매 순간 주의력을 옮겨가듯이, 춤을 추면서 그녀는 매 순간 우주를 창조하고 소멸해 갔습니다. 그녀는 때로는 가까이 있는가 하면, 어떤 때는 멀리 있고, 때로는 너무 작다가도, 어떤 때는 우주만큼 거대합니다. 그러한 것은 우주를 창조하는 그녀의 힘이 밖으로 드러난 것입니다. 그녀는 죽음의 신을 운반하는 이동 수단인 물소의 뿔들을 잡고서, '딤밤 딤밤 빠짜 빠짜 잠야'와 같은 소리에 반주를 맞추어 춤을 춥니다. 그녀는 두개골들로 만든 화환을 쓰고 있으며, 그녀의 머리에는 공작새의 깃털이 하나 꽂혀 있습니다. 그녀는 파괴의 신 루드라에게 절을 합니다. 그가 그대를 보호해 주기를!

라마는 물었다.

신이시여! 모든 것이 파괴되었을 때, 그녀는 어떻게 춤을 추며, 누구와 춤을 춥니까? 그리고 그녀는 어떻게 그러한 모든 화환과 그 나머지 것들을 가질 수 있습니까?

바시슈타는 대답했다.

오, 라마여! 이분은 남자도 아니요, 여자도 아니며, 또한 그들이 춤을 추지도 않았습니다. 그들은 그러한 본성을 가지고 있지도 않으며, 또한 그러한 어떤 형상도 가지고 있지 않았습니다. 제1원인이며, 모든 원인 중의 원인인 영원하고 무한한 의식만이 무한으로서, 평화로서, 그리고 단순히 나타나는 것만으로도 모든 것 속에 충만해 있는 것으로 존재합니다. 신(쉬밤)이 바로 그것입니다. 이 우주 전체가 더 이상 존재하지 않았을 때, 신은 직접 바이라바의 모습이나 형상을 띠었습니다. 그러나 실제로는 그는 무한한 공간만큼이나 형상이 없습니다. 무한한 의식은 그 타고난 본성 때문에 그 모든 영광 속에서 분명히 모습을 드러냈지만, 그 의식이 형상 없이 갑자기 존재할 것이라고 가정하는 것조차 적합하지 않습니다. 왜냐하면 그것은 마치 금이 어떠한 형상도 없이 존재할 수 없는 것과 같기 때문입니다.

그렇다면 의식은 어떻게 의식 없이 남아 있을 수 있을까요? 그대는 어떤 형태도 없는 금을 볼 수 있습니까? 어떤 것이 그 자체의 본성을 표현하지 않고 어떻게 남아 있을 수 있을까요? 사탕수수가 어떻게 그 당분을 잃을 수 있습니까? 만약 그 사탕수수가 그 당분을 상실하면, 그것은 더 이상 사탕수수가 아닙니다. 그리고 그 사탕수수의 수액도 달콤하지 않습니다.

의식이 의식을 상실할 때, 그것은 더 이상 의식이 아닙니다. 모든 것은 자신의 본질 상태로 있어야만 합니다. 그 밖의 다른 방법으로 그것을 가지는 것은 불가능합니다. 그러므로 그 무한한 의식은 언제나 순수한 존재입니다. 그래서 그것은 조금도 줄어들지 않습니다. 그것은 그 자체의 빛으로 빛을 발합니다. 그것은 시작도 중간도 끝도 없습니다. 그리고 그것은 전능합니다. 세상의 주기가 끝날 때, 그것은 직접 공간과 지면 등으로서 나타납니다. 그리고 그것은 자연의 참화와 전면적인 파괴를 받는 것 같습니다. 그러나 이 모든 것에는 어떠한 실재도 없습니다.

탄생, 죽음, 마야, 망상, 지적 장님, 비실재성, 실재성, 지혜, 속박, 해방, 선과 악, 지식과 무지, 유형과 무형의 상태, 순간과 영원, 불안정과 부동, 그대와 나와 타인, 진실과 거짓, 영리함과 어리석음, 시간과 공간과 활동과 물질에 대한 관념, 형상과 광경과 그에 관련된 생각, 지성과 감각에서 나오는 활동, 그리고 모든 것에 충만해 있는 다섯 가지 모든 원소, 이 모든 것이 순수 의식입니다. 이 순수 의식은 그 본성을 버리지 않고, 이 모든 것이 되는 것처럼(마치 공간이 실제로는 잘게 잘려지지 않지만, 잘게 잘려지는 것처럼 보이는 것과 꼭 같이) 보입니다. 이 무한한 의식만이 쉬바 신, 하리, 브람마, 달과 태양, 인드라와 바루나, 야마, 꾸베라 그리고 불인 것입니다. 그러나 깨달음을 얻은 사람은 다양성을 보지 않고, 하나의 무한한 의식만을 봅니다.

바시슈타는 계속 말했다.

내가 그대에게 쉬바 신으로 묘사했던 그 우주적 형상은 순수 의식이었습니다. 그리고 바로 그것이 춤추는 루드라였습니다. 그러한 형상은 없었으며, 또한 형상 없음도 없었습니다. 의식의 덩어리 속에서 이 모든 것이 경험된 것으로 느껴졌습니다. 나는 지고의 평화인 그 공간(평면)만을 보았습니다. 그리고 나는 내가 묘사했던 모습으로 그것을 경험했습니다. 나 이외에 아무도 그런 식으로 그것을 보지 않았습니다.

세상 주기의 종말로서, 루드라로서, 그리고 바이라비로서 묘사된 그 모든 것은 단지 가공의 현상에 불과했습니다. 그래서 그들은 오직 나에 의해서만 그러한 형태로 경험이 되었습니다. 의식의 덩어리만이 존재합니다. 그 의식이 어떤 형태(바이라바)로서 자각되면, 그것은 그 형태로서 보여지는 것이고, 또한 그것은 그러한 형태를 띠는 것처럼 보입니다. 한 단어와 그 의미(대상)에 대한 이해는 의식 없이는 불가능합니다. 그러한 이해를 꾸준히 사용하기 때문에 그대는 그러한 표현이 나타내는 대상이 절대적으로 실재한다고 느끼기 시작하는 것입니다. 바이라비(깔라라뜨리)도, 바이라바(루드라)도, 우주의 소멸조차도 없었습니다. 이 모든 것이 가공의 현상들이기 때문입니다. 유일한 실재는 무한한 의식입니다. 따라서 지금까지 나는 그대에게 루드라의 형상과 형상 없음에 대한 의미를 묘사했습니다. 이제 나는 그대에게 그 춤의 의미를 설명해 주겠습니다.

의식은 그 자체 내에서 어떤 움직임이 일어나지 않고는 존재하지 않습니다. 이 움직임이 없다면, 그것은 '비실재적'인 것이 될지도 모릅니다. 따라서 의식은 그 자체 내에서 일어나는 이러한 움직임 때문에 루드라로 나타난 것입니다. 움직임은 의식의 본질 자체이며, 그러므로 그것과 불가분의 관계에 있습니다. 이와 같이 의식이 그 자체 내에서 움직이는 것은 루드라 신의 춤으로 경험이 되었던 것입니다. 그 움직임은 단지 순수한 움직임에 지나지 않았습니다. 그것은 나 자신의 심리적인 조건화 때문에 내게 신의 춤으로 경험되었습니다. 따라서 신의 춤은 순수 의식 내의 움직임이었습니다.

라마가 물었다.

비실재적인 모든 것이 우주의 소멸 기간 중에 파괴되면, 의식은 어떻게 자각하게 되며 무엇을 자각하게 됩니까?

바시슈타는 계속 말했다.

물론, 의식은 다른 것을 자각하지 못합니다. 여기서 관찰의 대상이라고 말하는 것은 단지 그 의식의 본질 자체를 가리키는 말에 불과합니다. 꿈 속에서 도시 등이 꿈꾸는 사람의 의식 속에 있는 것과 마찬가지로, 의식도 의식 자체 내에서의 움직임이 일어나는 바로 그 순간부터 그 자체의 움직임을 자각하게 됩니다. 따라서 '나'와 '너' 등의 관념들은 물론이고, 한 순간, 한 시대, 한 세상의 주기 등의 관념들이 그 안에서 일어납니다. 따라서 이원성도, 일원성도, 공도 없으며, 또한 의식(주체로서)도, 무의식도 없습니다. 순수한 침묵이 있습니다. 아니, 그것조차도 없습니다. 무한한 의식만이 존재합니다.

바시슈타는 계속 말했다.

의식 그 자체의 차원(공간)은 바이라바 혹은 쉬바라고 하는 것입니다. 그와 불가분의 관계에 있으면서 그와 전혀 다르지 않은 것은 마음의 본성을 가지고 있는 그의 역동적인 에너지입니다. 공기는 그 움직임 속에서 보입니다(경험됩니다). 불은 그 열로 알 수 있습니다. 순수 의식은 순수하고 고요하며, 그래서 그것을 쉬바라고 합니다. 이 쉬바는 설명이 불가능합니다. 말하자면 그것은 그의 모든 소망들을 성취시켜 주는 신의 역동적인 에너지이고, 그 소망들이 비전으로 나타나게 합니다. 이 에너지나 힘이나 마야가 의식입니다. '그녀'는 살아 있는 힘이고, 그래서 그녀는 지바라고 불립니다. 이러한 우주의 나타남이 무한한 의식에게는 자연스러운 일이기 때문에 그녀는 쁘라끄르띠 혹은 자연이라고 합니다. 그녀가 보이거나 경험되는 모든 것의 원인이기 때문에, 그녀는 끄리야 즉 행동이라고 합니다.

그녀는 악에 대해 큰 분노를 나타내기 때문에 찬디까라고 합니다. 그녀는 푸른 연꽃의 색을 띠고 있기 때문에 우뜨빨라라고 합니다. 그녀는 항상 승리를 거두고 있기 때문에 자야라고 합니다. 완벽함이 그녀에게 있기 때문에 그녀는 싯다라고 합니다. 자야는 비자야뿐만 아니라 자얀띠라고도 하는데, 이 모두가 승리를 의미합니다. 그녀는 정복하기 어려운 대상이기 때문에 쁘라지따라고도 합니다. 그녀의 형태나 참된 본성을 우리가 파악할 수 없기 때문에, 그녀는 두르가라고 합니다. 그녀는 신성한 단음절인 옴(OM)의 본질 자체이기 때문에 우마라고도 합니다. 그녀의 이름이 모든 사람에 의해 칭송되기 때문에 가야뜨리라고도 불립니다. 또한 그녀는 모든 것을 창조하는 모태이기 때문에 사비뜨리라고도 합니다. 그녀는 만물에 대한 사람의 비전이 확대된 것이므로 사라스와띠라고 합니다. 그녀는 흰(노란 혹은 붉은) 색깔을 띠고 있기 때문에 가우리라고 합니다. 그녀는 잠자는 사람 안에서 그리고 옴(OM)이라는 소리에 의해 일어난 내면의 미묘한 진동들에 대한 명상으로 일깨워진 사람 안에서 광선으로서 존재하기 때문에 인두깔라(달빛)라고 합니다.

그녀와 쉬바는 공간을 그들의 진정한 형상으로 가지고 있기 때문에 그들의 몸은 푸른색을 띠고 있습니다. 공간은 그들의 살이고 뼈이며 모든 것입니다. 그들은 공간 속에서 공간으로 존재합니다. 각기 다른 몸짓 등을 동반한 그녀의 춤은 모든 존재의 창조와 쇠퇴와 죽음을 상징합니다. 그녀가 자신의 에너지를 움직임으로써 여러 세상들을 창조하기 때문에 그녀는 수족들을 가지고 있는 것으로 생각됩니다. 이러한 깔리는 말하자면 그녀 자신의 수족들에 내재된 힘으로 만물에다 그들의 특성들을 부여해 줍니다. 그러나 결코 그녀의 수족들을 이해할 수 없으며, 또한 그녀의 참된 본성도 묘사될 수 없습니다. 공간 내에서의 움직임이 우리에게 공기로 경험되는 것과 꼭 같이, 의식의 역동적인 에너지도 그 의식 속에서 일어나는 활동이나 움직임에 의해 경험됩니다. 그러나 움직임이나 활동은 의식의 특성으로 간주될 수 없습니다. 왜냐하면 그것은 어떤 특징이나 특성도 가지고 있지 않기 때문입니다. 말하자면 의식은 순수하며, 형언할 수 없을 정도로 완전히 고요합니다. 의식 속에 움직임이 있다는 관념은 바로 무지입니다.

바시슈타는 계속 말했다.

이러한 의식의 역동적인 에너지가 개개의 장소에 있는 그대로 다른 어떤 것으로 변하지 않고 있을 때, 그것을 쉬바 신이라고 합니다. 다시 말해, 그것은 본질적으로 신입니다. 그 다음의 것들은 이러한 의식의 역동적인 에너지의 수족들로서, 그녀 안에서 관념들로서 창조된 것입니다. 즉, 이 모든 창조된 세상들, 모든 대륙과 바다를 가진 지구, 숲들과 산들, 경전들, 각기 다른 형태의 신성한 의식들, 다양한 형태의 무기들이 사용되는 전쟁들, 그리고 열네 개의 모든 세상이 바로 그것들인 것입니다.

라마는 말했다.

오, 현자시여! 이 역동적인 에너지의 몸 안에 있는 수족들이라고 하는 이러한 것들이 실재합니까, 아니면 실재하지 않습니까?

바시슈타는 대답했다.

오, 라마여! 이 모든 것은 정말로 실재합니다. 왜냐하면 그것들 모두가 이러한 의식의 역동적인 에너지의 작용으로 생겨나, 의식에 의해 모두 경험되고 있기 때문입니다. 마치 거울이 밖에 존재하는 진짜 대상들을 비추어 주는 것과 꼭 같이, 이 의식도 그 자체 내에서 그 자체 내에 있는 것을 비춰 줍니다. 그러므로 그것은 실재합니다. 가상의 도시 혹은 그 도시의 가공적인 현상도 꾸준한 명상 때문에 일어나든지 아니면 의식의 순수성 때문에 일어나든지 간에, 오직 의식 안에서만 일어납니다. 이러한 창조는 그것이 하나의 반사물이나 꿈 속의 대상 또는 공상으로 간주되든지 간주되지 않든지 간에, 실재합니다. 왜냐하면 그것은 참나라는 진리에 기초를 두고 있기 때문입니다. 이상은 나의 의견입니다. 만약 그대가 "그러나 이 환영적인 세상들은 나에게 실제적으로 아무 소용이 없다."라고 말하면서 이의를 제기한다면, 먼 나라로 떠나가 버린 그 세상들이 무슨 소용이 있는지를 생각하십시오. 그것들은 그것들이 간 그곳의 마을 주민들에게는 쓸모가 있습니다. 모든 것이 그와 꼭 같습니다.

지금 여기에 존재하고 작용하는 모든 것은 참나에게 실재하지만, 그것을 자각하지 못하거나 그것을 모르는 다른 사람에게는 실재하지 않습니다. 그러므로 의식 에너지의 장(場) 안에서 존재하는 이 모든 창조들과 그 피조물들은 자각력이 있는 참나에게는 실재하지만, 자각력이 없는 사람에게는 실재하지 않습니다. 현재, 과거 혹은 미래에 존재하는 모든 관념과 꿈들은 모두가 실재합니다. 왜냐하면 모든 것의 참나인 참나가 실재하기 때문입니다. 마치 먼 나라로 간 사람이 그곳의 경치들을 볼 수 있는 것과 꼭 같이, 그것들 모두도 적절한 의식 상태에 도달한 사람들에 의해서만 경험됩니다. 그러나 의식 에너지의 움직임은, 마치 수면의 방해를 받지 않고서 다른 장소로 옮겨간 꿈꾸는 사람이 자신의 꿈을 방해받지 않는 것처럼, 진리를 바꾸지 못합니다. 삼계에 대한 지각이 단지 비실재적인 환영에 불과하다는 것을 깨달을 때, 그 지각이 방해받았다든가 방해받지 않았다는 것은 하등의 문제도 되지 않습니다.

바시슈타는 계속 말했다.

가상의 도시는 실제의 도시가 아니라 상상입니다. 그와 마찬가지로, 이 창조도 무한한 의식의 에너지에서 일어나는 관념에 불과합니다. 달리 말하면, 그렇게 일어나는 관념이 바로 이 창조입니다.

깔라라뜨리와 신의 관계는 움직임과 공기의 관계와 같습니다. 텅 빈 공간 속에서 공기가 마치 형태를 가진 것처럼 움직이는 것과 마찬가지로, 그녀도 말하자면 신의 의지나 소망을 성취시켜 주면서 무한한 의식 속에서 움직입니다. 그러한 에너지의 움직임이 전혀 없을 때, 신만이 존재합니다.

그녀가 이런 식으로 공간 속에서 계속 춤을 추는 동안, 우연의 일치(까마귀와 야자열매)로 그녀는 신과 접촉하게 됩니다. 이러한 접촉이 이루어지는 순간, 그녀는 약해지며 야위고 투명해집니다. 그녀는 우주의 형상을 버리고 산이 됩니다. 다시 그녀는 작은 도시가 되고, 그 다음 아름다운 나무가 됩니다. 그 다음 그녀는 공간처럼 되고, 마지막으로는 바다로 흘러 들어가는 강물처럼 신 자신의 형상이 됩니다. 그때 신은 둘째가 없는 하나로서 빛을 발합니다.

라마는 물었다.

그러나 거룩한 현자시여! 왜 신성한 어머니가 이와 같이 평온하게 되었는지 말씀해 주십시오.

바시슈타는 대답했다.

오, 라마여! 그것은 쁘라끄르띠, 자간마야 등으로 알려진 의식의 역동적인 에너지입니다. 그녀는 정도에서 벗어나지 않습니다. 이 에너지보다 더 우월한 것은 의식이라는 참나 자체, 즉 지고의 평화인 의식 그 자체입니다. 이 역동적인 에너지는 신의 소망이라는 운동량이 있는 한 작용하고 움직입니다. 어떤 면에서 그녀는 신을 보지 못하는 한 춤을 춥니다.

의식과 에너지는 서로 떼어 놓을 수 없을 정도로 하나이기 때문에, 그 에너지는 신과 접촉하게(알게) 되고, 그리고 직접 신이 됩니다. 쁘라끄르띠가 신과 접촉하게 되면, 그녀는 쁘라끄르띠의 신분(움직임이 되는 상태)을 버립니다. 그녀는 마치 강이 바다에 흡수되어 하나가 되듯이, 신과 하나로 통합됩니다. 에너지의 움직임은 의식에서 일어나는 관념의 결과에 지나지 않습니다. 그리고 그 에너지는 마치 그림자가 없어질 때 사람 속으로 들어간다고 하듯이 의식 속으로 자연스럽게 되돌아갑니다. 거룩한 사람은 진리를 발견하기 전에는 도둑들과 함께 어울려 살아갈 수 있을지 모릅니다. 그러나 나중에는 그러한 어울림을 좋아하지 않습니다. 의식도 그 자체의 참나를 보기 전에는 이원성을 즐깁니다. 의식의 에너지는 그것이 니르바나의 영광을 보기 전에는 춤을 춥니다. 그 에너지가 의식을 바라볼 때, 그것은 순수 의식이 됩니다.

사람은 지고의 존재를 바라보기 전에만 탄생과 죽음이 있는 이 삼사라를 떠돌아다닙니다. 그 지고의 존재를 본 뒤에는 즉시 그 지고의 존재 속으로 잠겨 버립니다. 모든 슬픔으로부터 그를 해방시켜 주는 그것을 누가 다시 버리겠습니까?

바시슈타는 계속 말했다.

오, 라마여! 이제 나는 그대에게 하나의 분명한 형상을 가지고 우주의 공간에 서 있는 루드라 신이 어떻게 그 형상을 버리고 완전한 평온을 얻었는지 말씀드리겠습니다.

그 루드라는 우주라고 하는 의식의 분리를 관찰하면서 서 있었습니다. 한 순간에 그는 말하자면 '그 분리를 삼켜 버렸습니다.' 그 다음 루드라는 마치 그가 직접 공간인 것처럼 공간과 하나가 되어 홀로 서 있었습니다. 잠시 뒤 그는 구름처럼 가벼워졌고, 그의 크기도 빠르게 줄어들었습니다. 나는 나 자신의 신과 같은 비전을 통해 그가 원자보다 더 작아진 것을 보았습니다. 그 순간 그는 볼 수 없게 되었습니다. 그는 지고의 평화가 되었습니다. 그는 절대적인 브람만 즉 순수 의식과 하나가 되었습니다.

오, 라마여! 이와 같이 나는 그 바위 속에서 이 우주의 창조와 유지 그리고 소멸을 보았습니다. 나는 이 모든 가공의 것을 보고 놀랐습니다. 또한 그 바위를 보며 깔라라뜨리의 수족들처럼 그 안에 있는 모든 종류의 세상과 피조물을 보았습니다. 이 모든 것은 오직 깨어 있는 지성의 눈이나, 혹은 언제 어디서나 모든 것을 있는 그대로 보는 신성한 눈을 통해서만 보입니다. 만약 사람이 육안으로 마치 바위가 멀리 있는 것처럼 그 바위를 본다면, 오직 바위만이 보일 뿐 어떠한 세상 등은 보이지 않습니다.

이 모든 것을 본 뒤에 나는 나의 내면의 시선을 똑같은 바위의 다른 부분으로 돌렸습니다. 다시 한 번 나는 전 우주가 생겨나는 것과 그 우주의 나머지 모든 것을 보았습니다. 그리고 그 바위의 모든 부분에서 이 우주 전체를 보았습니다. 그와 꼭 같이, 나는 그 산에서 발견한 바로 그 많은 바위들 속에서도 무수한 세상을 보았습니다.

이 세상들 중 어떤 세상에서는 브람마가 그의 창조의 작업을 막 시작했는가 하면, 어떤 세상에서는 신들이 창조주의 마음에서 생겨나고 있었습니다. 또 어떤 세상에서는 인간이 거주했는가 하면, 또 어떤 세상에서는 신이 하나도 없거나, 악마가 하나도 없는 곳도 있었습니다. 또 사띠야유가(황금시대)가 지배하는 세상이 있는가 하면, 깔리유가(철의 시대)가 지배하던 세상도 있었습니다. 또 사람이 노령과 죽음을 정복한 세상이 있는가 하면, 정의로운 삶을 가로막는 어떤 방해물도 없어서 사람들이 모두 깨달음을 얻은 세상도 있었습니다. 이와 같이 나는 과거와 현재와 미래에 걸쳐서 이 우주의 상태를 보았습니다. 어떤 곳에서는 짙은 어둠과 무지를 보았는가 하면, 어떤 곳에서는 라바나와 싸우는 라마도 보았으며, 또 어떤 곳에서는 시타를 유괴하는 라바나도 보았습니다. 어떤 세상은 신들이 통치했는가 하면, 어떤 세상은 악마들이 지배했습니다.

라마가 물었다.

신이시여! 제가 이번 생에 몸을 받아 나오기 전에 라마로서 존재했는지 말씀해 주십시오.

바시슈타는 대답했다.

오, 라마여! 그대와 나는 지금까지 이곳에 반복해서 태어났습니다. 물론 절대적인 실재의 관점에서 보면, 그대도 나도 이 세상도 여태 생겨난 적이 없습니다. 이 모든 것은 수면 위의 물결들 같습니다. 그것들이 구체적으로 나타났다가 사라지는 것은 잘못된 지각과 기만적인 이해 때문입니다.

바시슈타는 계속 말했다.

이와 같이 얼마 동안 무한한 의식을 곰곰이 생각한 뒤, 나는 갑자기 마치 나무가 그 씨앗 속에 있는 것과 꼭 같이 이 모든 우주가 나 자신 속에, 나 자신의 몸 속에 있다는 것을 깨달았습니다. 눈을 감고 잠을 잘 때, 그는 그의 내면의 비전이 만들어 낸 내면의 세상으로 들어갑니다. 수면이 끝나면, 그는 깨어나고, 그의 비전은 다시 깨어 있는 상태의 세상 속으로 들어옵니다. 마찬가지로, 그 자신의 가슴 내에서 이 우주 속으로 들어갈 때 이 우주는 경험됩니다.

나는 이미 순수한 공간 속에 이 우주가 나타나는 것을 보았기 때문에 이 우주의 다른 양상들을 보고 싶어서, 나 자신의 다른 부분들 속으로 들어갔습니다. 이와 같이 나의 내면에 있던 지성의 빛이 그 '우주'를 향해 방향을 돌리자, 그 안에서 그 우주에 대한 경험이 일어났습니다. 오, 라마여! 그대가 잠을 자고 있는 상태에 있든, 아니면 깨어 있는 상태에 있든 간에, 그대가 그대 자신의 참나의 의식 속으로 들어갈 때, 그대는 그것이 마찬가지로 하나의 의식 덩어리라는 것을 압니다. 무엇보다도 먼저 이 순수한 공간 즉 텅 빔만이 있습니다. 그 속에서 '나는 존재한다.'라는 개념이 일어납니다. 그것의 압축은 붓디 즉 지성이라고 하고, 또 그것(붓디)의 압축은 마음이라고도 합니다. 그것은 소리의 순수한 원소와 또한 다른 순수한 원소들 즉 딴마뜨라(순수한 원소)들을 알거나 경험합니다. 이러한 경험들로부터 다양한 감각들이 일어납니다.

이 우주에는 어떤 질서가 있다고 말하는 사람이 있는가 하면, 그러한 질서란 전혀 없다고 주장하는 사람들도 있습니다. 그러나 창조된 대상들의 본질과 특성들을 바꾸는 것은 불가능합니다. 왜냐하면 그것들은 처음부터 무한한 의식 속에서 일어난 적절한 관념을 통하여 그러한 특성들을 획득했기 때문입니다.

이와 같이 이 우주를 관찰하고 있을 때, 나는 이미 원자처럼 되어 버렸습니다. 나는 나 자신이 한 줄기 광선이라는 것을 깨달았습니다. 그것만 생각해도 나는 거칠어졌습니다. 이러한 둔함 속에 감각 경험들의 가능성이 잠재되어 있었습니다…… 나는 보기 시작했습니다. 내가 보는 기관은 눈이 되었고, 내가 본 것은 장면(대상)이 되었으며, 이 경험의 결과는 봄이었습니다. 내가 보았을 '때', 이 모든 것은 시간(지속)이 되었고, 내가 보는 태도는 방법이나 순서가 되었으며, 내가 보는 '곳'은 모두 공간이 되었습니다. 이것들은 확신에 의해 창조의 순서가 되었습니다.

이와 같이, 말하자면, 의식이 '그 눈을 뜰' 때, 다시 말해, 그 자체의 타고난 잠재력들을 알게 될 때, 딴마뜨라들이 일어났고, 그 다음 실제로 순수한 공이나 공간과 다름없는 모든 감각이 생겨났습니다.

그와 꼭 마찬가지로, 나는 "소리를 들어 볼까?"라고 생각했습니다. 이 소리로부터 또한 청각 기관이 생겨났습니다. 그 다음 촉각, 미각, 후각 등이 생겨났습니다. 비록 이 모든 것이 내 안에서 일어난 것처럼 보이지만, 사실상 아무것도 일어나지 않았습니다.

바시슈타는 계속 말했다.

이와 같이 다섯 원소들과 다섯 감각들이 생겨날 때, 그것들에 상응하는 지식과 경험이 나도 모르게 내 안에서 일어났습니다. 그것들은 '형상'(실체)이 없었으며, 또한 환영과 같은 것이었습니다. 이와 같이 내가 그러한 관념들과 경험들을 명상하면서 서 있을 때, 내 존재의 상태는 그대와 같은 사람들에 의해 '나'라는 것 즉 자아감으로 알려집니다. 자아감의 이러한 관념이 더욱 투박해지면, 그것은 붓디 즉 지성이라고 합니다. 그리고 그것이 투박해지면, 그것을 마음이라고 합니다. 따라서 비록 내가 순수 의식이지만, 나는 미묘한 몸(아띠바히까)과 안따까라나(마음과 지성 등으로 구성된 내면의 도구)를 획득한 것처럼 보입니다.

나는 심지어 공기보다도 더 미묘하고 더 비어 있습니다. 그러므로 나는 어떤 것이 생겨나는 것을 방해하지 않습니다. 그러나 내가 상당한 기간 동안 이 같은 관념적인 존재로 계속 존재하고 있기 때문에 그대는 내가 몸을 가지고 있다고 상상합니다. 그대에게 존재하는 이러한 관념 때문에 나는 말이라고 하는 이러한 소리를 내는 것입니다. 그대는 마치 잠자는 사람이 꿈 속에서 소리를 듣는 것처럼 그것을 듣습니다. 아이가 내뱉는 첫 소리가 옴(OM)입니다. 그러므로 옴은 소리들 가운데서도 으뜸의 소리로 간주되게 되었습니다. 그 후에 내가 꿈 속에서 말하는 것처럼 말하는 모든 것이 그대에게는 나의 언어처럼 보입니다.

나는 절대적인 브람만입니다. 나는 필요한 모든 것이 갖추어진 완전한 사람이며, 이 우주의 창조자이며, 모든 사람의 스승입니다. 나는 나 자신의 생각들과 관념들을 통하여 이 모든 것을 창조했습니다. 따라서 나는 정말로 존재합니다. 그러나 나는 태어나지 않았습니다. 나는 이 우주를 보았습니다. 그러나 그 너머에서는 아무것도 보지 못했습니다. 그러나 내가 지금까지 본 이 모든 것은 단지 순수한 공에 지나지 않습니다. 이 모든 것은 단지 순수한 경험에 지나지 않습니다. 아무것(지구 등)도 존재하지 않으며, 또한 어떤 것도 생겨난 적이 없습니다. 바깥에 존재하는 것은 아무것도 없습니다. 모든 것이 의식 안에 존재합니다. 모든 것이 의식입니다. 브람만 속에는 어떤 세상도 없습니다. 그러나 브람만은 하나의 세상을 보거나 경험합니다. 이러한 지각은 하나의 사실이나 실재가 아니라, 단지 관념에 불과합니다.

이러한 진리는 물질적인 대상만을 볼 수 있는 육안으로는 볼 수 없습니다. 그대가 그대의 미묘한 눈으로 볼 때, 그대는 진리로서 그리고 순수한 브람만-니르바나로서 있는 그대로의 이 우주를 바라볼 수 있을 것입니다.

나는 공간을 경험할 때 땅이 어떤 것인지를 알았습니다. 나는 땅이 되었습니다. 그 땅에서 나는 내가 무한한 의식이라는 자각을 버리지 않고 무수한 우주의 존재를 경험했습니다. 나는 그 땅 안에서(내 안에서) 가장 놀랄 만한 지상의 현상들과 사건들을 보았습니다. 사실상, 나는 '나'(땅)를 쟁기로 가는 농부도 경험했고, 불타는 듯한 태양의 열기와 시원하게 흐르는 빗물도 경험했습니다. 나는 로까로까 산(이 세상의 경계들)이 존재하는 무서운 공간이 되었고, 무수한 존재들의 활동과 움직임을 경험했습니다. 각기 다른 종류의 무수한 존재들, 예컨대 신들, 악마들, 인간들, 동물들 그리고 벌레들이 나를 채웠습니다. 나는 땅 위에 존재하는 산들과 숲들 등으로 가득 찼습니다.

바시슈타는 계속 말했다.

땅의 의식 속에 있는 동안, 나는 모든 강 등을 가지고 있는 지구의 경험들을 경험했습니다. 여기에서 나는 사랑하는 가까운 사람들을 잃어버린 사람들이 울부짖으며 슬퍼하는 것을 경험했고, 여기에서 나는 춤추는 소녀들의 기쁨을 경험했습니다. 그런가 하면, 굶주린 사람들의 울음소리와 부유한 사람들의 기쁨, 가뭄과 지진, 전쟁과 파괴, 아름다운 새와 호수, 고통 받는 벌레들, 무성하게 자라는 숲, 그리고 명상하는 현자들이 있었습니다. 오, 라마여! 나의 이 흙으로 된 몸 안에서 이 모든 것이 일어났습니다.

라마는 물었다. 이와 같이 당신이 땅에 대한 명상을 하고 있을 때, 그 땅은 실재한 것입니까? 아니면 단지 마음의 작용에 불과한 것이었습니까?

바시슈타는 대답했다.

진실로 이것은 정신적 작용이었습니다. 내가 직접 땅이 된 것이었습니다. 마찬가지로, 이것은 정신 작용이 아니었으며, 또한 내가 실제로 땅이 되지 않은 것도 사실입니다. 마음을 제쳐 놓고는 땅도 없는 것입니다. 그대가 어떤 것을 실재적이거나 비실재적인 것으로 생각하든지 간에, 그것은 단지 정신적 작용에 불과합니다. 나는 오직 무한한 순수 의식입니다. 그 안에서 일어나는 관념은 상깔빠 혹은 생각, 혹은 상상이라고 합니다. 그 관념이 마음이요, 그것이 땅이며, 그것이 이 세상이며, 그것이 창조주입니다. 이 세상은 마치 공상의 도시가 하늘에 존재하는 것과 같이 그러한 관념 때문에 공간에 나타납니다.

내가 땅으로서 경험했던 것은 하나의 단순한 개념에 불과했고, 그러므로 정신적인 작용이었습니다. 그것은 마음으로 충만해졌습니다. 계속적인 생각 때문에 그것은 지구인 것처럼 그대로 남아 있습니다. 땅의 차원은 정신적인 작용입니다. 그것은 의식 속에서 일어나는 관념입니다. 그렇지 않으면 그것은 공입니다. 이러한 관념이 얼마 동안 변하지 않고 그대로 남아 있으면, 그것은 분명히 그 마음의 상태를 버리고, 그것은 이처럼 견고하고 물질적이며 딱딱하고 단단한 땅이 되는 것처럼 보입니다.

이러한 관점에서 보면, 지구는 존재하지 않습니다. 그러나 그것은 창조의 시작부터 견고하고 물질적인 존재로 간주되게 되었습니다. 꿈 속의 대상이 꿈꾸는 사람의 의식에 지나지 않는 것처럼, 이 현상계도 순수 의식에 지나지 않습니다. 의식 속에서 일어나는 관념은 순수 의식이지, 그 밖의 어떤 것도 아닙니다. 그러므로 개념 그 자체도 없으며, 자신도 세상도 없습니다. 세상이 이렇게 보일 때, 세상은 존재하지 않습니다. 그러나 세상이 주의 깊게 관찰되지 않으면, 세상은 생겨나는 것처럼 보입니다.

수정이 색상을 반사시킬 의도도 없이 색상을 반사하는 것과 꼭 같이, 무한한 의식은 그 안에서 전 우주를 반사합니다. 그러므로 이 세상은 정신적인 것도 물질적인 것도 아닙니다. 이 지구처럼 보이는 것은 오로지 순수 의식입니다. 지구라고 하는 상대적 혹은 실존적인 실재를 얻게 된 것은 삼계에 있는 무수한 존재들이 마음에 품고 있는 잘못된 관념 때문입니다. '나는 이 모든 것이며, 그 모든 것은 이 모든 것 안에 있다.' 이러한 깨달음과 함께 나는 모든 것을 보았습니다.

바시슈타는 계속 말했다.

따라서 나는 나의 가슴속에서 지구의 차원을 경험했습니다. 내가 보고 경험한 모든 것은 내 가슴속 거기에 있었습니다. 그러나 그것은 주체와 객체의 관계 속에서 '나'와 다른 것처럼 보였습니다. 그 이유는 어디에나 우주가 있고, 어디에나 브람만이 있으며, 어디에나 공이 있기 때문이었습니다. 지구의 차원은 어디에나 존재합니다(물론 그것은 진실로 아무것도 없는 무(無)입니다). 그러나 그것은 순수 의식입니다. 꿈의 도시처럼, 그것은 사실상 실제로 창조된 적이 없습니다.

다양성도 없으며, 다양성 없음도 없습니다. 존재도 없으며, 존재 없음도 없습니다. '나'도 없습니다. 그렇다면 어떻게 무언가가 있다고 말할 수 있겠습니까? 이 우주는 경험되지만, 그것은 진실로 존재하지 않습니다. 달리 말해, 만약 그것이 존재한다고 하면, 존재하는 것은 브람만뿐입니다. 그것이 꿈의 도시와 같을 때, 그것이 존재한다는 것을 어떻게 긍정하거나 부정할 수 있겠습니까?

내가 땅의 명상을 통하여 땅의 차원을 경험했듯이, 나는 또한 물의 명상(쁘리뜨비 다라나)을 통해 물의 차원을 경험했습니다. 물의 명상을 통하여 나는 물이 되었습니다. 비록 스스로 움직이지 못하는 존재가 아니지만, 나는 스스로 움직이지 못하게 되었습니다. 나는 적절한 소리를 내면서 오랜 시간 동안 바다 속에 거주했습니다. 나는 초목과 덩굴식물의 몸 안에 거주했고, 그들 안에서 내 자신의 수로를 만들었습니다. 나는 살아 있는 존재들의 입 속으로 들어가서 그들 몸 안의 중요한 기관들과 합류했습니다. 나는 강바닥을 따라 쉼 없이 흘렀고, 흘러가는 도중에 댐에서 쉬기도 했습니다. 나는 수증기가 되어 올라갔고 구름이 되어 천국으로 들어갔습니다. 거기에서 나는 나의 친구인 번갯불과 얼마간 쉬었습니다.

나는 마치 무한한 의식이 모든 존재 속에 거주하듯이, 모든 존재들 속에 물의 원소로서 살았습니다. 혀끝의 수많은 미뢰와 접촉하면서, 나는 각기 다른 맛들을 경험했습니다. 그 경험이 순수 지식이라는 것은 분명합니다. 그 맛은 내가 경험한 것도 아니요, 몸이 경험한 것도 아니며, 다른 어떤 것이 경험한 것도 아닙니다. 그 경험은 경험의 대상으로서 내면에서 일어났습니다. 그 자체로 그것은 가짜입니다.

여러 꽃들이 개화하면, 나는 이슬이 되어 그들 위에 내려앉아, 벌들이 그들의 몫을 챙겨간 뒤에 남아 있던 모든 달콤함을 맛보았습니다. 나는 맛에 대한 자각, 즉 무의식처럼 보이지만 의식이 되어 열네 가지 부류의 존재들 속에 살았습니다. 작은 물방울이나 물보라의 형태들을 취하고서, 나는 바람을 타고 이곳에서 저곳으로 다니는 것을 즐겼습니다. 따라서 나는 물과 같은 그런 상태로 다양하고 재미있는 경험들을 했습니다. 나는 수백 개의 세상들이 생겨나고 사라지는 것을 보았습니다. 이 세상이 형태를 가지고 있든, 아니면 어떤 형태도 가지고 있지 않든 간에, 그것은 순수한 의식이며 무형의 공입니다. 오, 라마여! 그대도 무(無)입니다. 그러나 그대가 존재하지 않는 것은 아닙니다. 그대는 순수한 지고의 의식입니다.

바시슈타는 계속 말했다.

그 다음 나는 불의 원소를 명상함으로써 불의 원소가 되었습니다. 불이나 빛은 주로 사뜨바입니다. 그러므로 그것은 항상 빛을 냅니다. 그래서 그것은 마치 왕이 도둑들을 그의 앞에서 도망가게 하듯이, 어둠을 몰아냅니다. 나는 모든 좋은 특성을 파괴하는 어둠의 불행을 깨달았습니다. 왜냐하면 나는 모든 것을 볼 수 있는 빛이 되었기 때문입니다. 마치 아버지가 그 자식들에게 형태를 부여하듯이, 빛은 모든 것에 형태를 부여합니다. 지옥에서는 빛이 최소한의 수준으로 빛나기 때문에 더 큰 어둠이 있습니다. 천국에서는 빛만이 있으며, 항상 있습니다. 빛은 활동의 연꽃을 개화시키는 태양입니다.

나는 금 등에서는 좋은 색상이 되었습니다. 나는 남자들 속에서는 활력과 용기가 되었으며, 보석 속에서는 그들의 불처럼 번쩍번쩍 빛났으며, 비구름 속에서는 번갯불이 되었으며, 정열적인 여성 속에서는 그들의 눈에서 반짝이는 빛이 되었으며, 나는 사자의 힘이 되었습니다. 나는 신들 속에서는 악마들에 대한 증오가 되었으며, 악마들 속에서는 신들에 대한 증오가 되었습니다. 나는 모든 존재의 가장.중요한 본질이 되었습니다. 나는 태양이 되는 경험뿐만 아니라, 달과 별, 보석, 불(우주 소멸의 불을 포함한), 번갯불 및 등불이 되는 경험을 했습니다. 내가 불이 되었을 때, 타다 남은 재는 나의 이빨이 되었고, 연기는 나의 머리카락 이 되었으며, 연료는 나의 식량이 되었습니다. 나는 대장간에서는 쇠를 벌겋게 달구는 불이 되었고, 그 쇠를 내려쳤을 때는 나는 불꽃이 되어 튀었습니다.

라마가 물었다.

오, 현자시여! 당신이 이와 같이 불의 원소가 되었을 때, 당신은 행복 했습니까, 아니면 불행했습니까?

바시슈타는 대답했다.

마치 사람이 잠을 잘 때 비록 그는 지각력이 있는 존재이지만 일시적 으로 지각력이 없어지는 것처럼, 의식도 스스로 움직이지 못하는 대상 이 됩니다. 그것이 그 자체를 원소들(흙 등)로 생각할 때, 그것은 자기 자 신이 스스로 움직이지 못한다고 생각합니다. 그러나 사실상 의식이 주 체와 객체로 나누어지는 그러한 구분은 전혀 없습니다.

그러므로 내가 흙, 물 그리고 불의 상태들에서 어떤 것을 경험했다 하더라도, 나는 오직 브람만으로서만 경험했습니다. 만약 내가 사실상 스스로 움직일 수 없게 되었다면, 흙이 되는 것이 어떤 것인지를 내가 어떻게 경험할 수 있겠습니까? 지각력이 있는 사람은 "나는 잠자고 있 다."라고 생각합니다. 그러면 그는 지각력이 없는 것처럼 보입니다. 만 약 사람이 깨어나서 자기 자신에 대한 진리를 알게 되면, 몸의 물질성 은 사라집니다. 미묘한 몸을 가지면, 그는 어디에서나 모든 것 속으로 들어갈 수 있습니다. 이 미묘한 몸이 바로 순수한 지성입니다. 그 자신 의 소망으로 이 지성을 사용하여 다른 상태로 들어가면, 그는 분명히 불행이나 슬픔을 경험하지 않습니다.

꿈 속에서 보거나 경험한 세상이 무지의 어둠에 싸여, 실재하지 않는 것과 꼭 같이, 경험하는 다른 원소들의 경우에도 마찬가지입니다. 자기 자신의 마음속에서 상상하는 불꽃의 강물을 만지면, 그는 고통을 경험하지 않습니다. 내가 다른 원소들에 대해 경험하는 경우도 그와 같습니다.

바시슈타는 계속 말했다.

그 다음 나는 바유 다라나(자기 자신을 바람이라고 명상함)를 통하여 공기의 원소가 되었습니다. 나는 풀들과 나뭇잎들, 덩굴식물들과 밀짚에게 춤추는 기술을 가르쳐 주었습니다. 시원한 산들바람을 가볍게 불어 보내면서 나는 젊은 여인들의 사랑하는 친구가 되었습니다. 동시에 나는 내가 뿜어내는 장기간에 걸친 더위와 허리케인과 회오리바람 때문에 공포의 대상이 되었습니다. 나는 쾌락의 동산에서는 달콤한 향기를 실어 보냈고, 지옥에서는 불꽃을 날려 보냈습니다. 나의 움직임은 너무나 빨라서 사람들은 마음과 바람이 같은 형제라고 생각했습니다. 나는 신성한 강가의 강물들과 함께 흘러갔는데, 그것이 힘들 수도 있었지만, 우리가 다른 사람들의 괴로움과 피로를 덜어 줄 수 있어서 나는 행복했습니다. 나는 음파들을 전달해 줌으로써 공간을 도왔습니다. 그래서 나는 공간의 소중한 친구로 알려지게 되었습니다. 나는 모든 존재의 가장 중요한 기관들 속에서 살았습니다. 나는 불의 비밀들을 알았으며, 또한 불의 친구로 알려지게 되었습니다. 나는 형체를 가진 모든 살아 있는 존재들의 생명의 숨결이 되어 그들의 몸이라는 기계를 움직이고 있었습니다. 그러므로 나는 그들의 친구가 되는 동시에 그들의 적도 되었습니다.

비록 나는 모든 존재 앞에 서 있었지만, 아무도 나를 알아볼 수 없었습니다. 우주가 소멸되는 기간에도, 나는 거대한 산들을 들어 내 마음대로 던질 수 있었습니다. 나는 공기로서 다음의 여섯 가지 작용을 했습니다. 즉 하나의 덩어리로 모으고, 말리고, 떠받치거나 지지하고, 진동시키거나 움직임을 일으키고, 향기를 실어 나르고, 그리고 차게 하는 것이었습니다. 나는 몸들을 만들고 파괴하는 임무들에 헌신했습니다.

공기라는 원소가 되자, 나는 공기의 각 분자 내에서 하나의 우주 전체를 지각했습니다. 그리고 그 각각의 우주 속에서 마치 이 우주에서처럼 또다시 모든 원소 등을 보았습니다. 그것들은 실재하는 존재들이 아니었습니다. 말하자면 그것들은 우주적 공이나 공간 속에서 일어나는 관념들에 불과했습니다.

그러한 세상들에서도 신들과 행성들이 있었고, 산들과 바다들이 있었으며, 출생과 노령과 죽음이라는 가상의 개념들도 있었습니다. 나는 마음껏 그러한 모든 세상을 떠돌아다녔습니다. 천인들과 현자들 같은 무수한 종류의 존재들이 그토록 많은 수의 파리들과 모기들처럼 내 몸에 의지해 있었습니다. 나의 허락을 받고 그들은 다양한 형태들과 색상들을 획득했습니다. 내가 그것들과 접촉할 때, 그것들은 무한한 기쁨을 얻었으나, 그것들은 나를 볼 수 없었습니다.

지옥들은 나의 발이고, 지구는 나의 복부이며, 그리고 천국들은 나의 머리였지만, 그때도 나는 나의 원자 구성 원소인 본질을 버리지 않았습니다. 나는 언제 어디서나 사방으로 퍼져 나갔으며, 모든 일을 했습니다. 나는 모든 것의 참나였습니다. 모든 것이었습니다. 하지만 나는 순수한 공이었습니다. 나는 어떤 것이 되는 경험과 아무것도 되지 않는 경험을, 다시 말해, 형태가 있는 경험은 물론이고, 형태가 없는 상태가 되는 경험을 했는데, 그 동안 나는 줄곧 이 모든 것을 의식하지 못했을 뿐만 아니라, 이 모든 것을 의식하기도 했습니다. 내가 경험했던 우주와 같은 그런 우주들이 무수히 많았습니다. 마치 사람이 꿈 속에서 무수한 대상들을 꿈꾸는 것처럼, 나는 모든 원자들 내에서 수많은 우주들을 경험했고, 그 수많은 우주의 원자들 내에서 또다시 수많은 우주들을 경험했습니다. 나는 직접 이 모든 우주들이 되었습니다. 그리고 비록 내가 모든 것의 참나이고, 이 모든 것에 충만해 있지만, 나는 이 모든 것을 그렇게 둘러싸지는 않았습니다. 이들은 마치 '불 속에 열이 있는' 것처럼(불 속의 열이란 비록 세 단어로 되어 있지만, 단지 하나의 사실을 나타낼 뿐이다) 말에 지나지 않습니다.

외부 행성에서 온 현자의 이야기

바시슈타는 계속 말했다.

이 모든 일이 있은 뒤에 나는 우주 공간에 있는 나의 오두막 즉 은자의 집으로 다시 들어갔습니다. 나는 나의 육신을 찾았습니다. 육신은 그곳에 없었습니다. 대신 나는 그 은자의 집에 노령의 현자 한 분이 앉아 있는 것을 발견했습니다. 그는 깊은 명상에 잠겨 있었습니다. 그는 연꽃 자세로 앉아 있었습니다. 그의 얼굴은 그를 가득 채운 평화와 희열 때문에 아름답게 빛이 났습니다. 연꽃 같은 그의 두 손은 그의 배꼽 앞에 놓여 있었고, 그 손은 특별한 광채를 발하며 빛나고 있었습니다. 그의 두 눈은 감겨 있었는데, 그는 분명히 몸의 의식 너머에 있었습니다. 나 자신의 몸을 보지는 못했지만, 명상에 잠겨 있는 현자를 보면서 나는 다음과 같이 생각하기 시작했습니다.

이 분은 완벽한 경지에 도달한 위대한 현자가 분명하다. 내가 그랬던 것처럼, 그도 완전한 은둔을 찾아 여기에 왔음에 틀림이 없다. 그가 외딴 곳을 찾았기 때문에 그는 우주 속에 있는 이 은자의 집을 보았음에 틀림이 없으며, 아마도 그는 내가 돌아오리라 기대했을지도 모른다. 그리고 내가 오랫동안 돌아오지 않은 것을 알고, 그는 그 몸(나의 육신)을 내버리고, 대신 그 자신이 이 은자의 집을 차지했음에 틀림이 없다. 나자신의 세상으로 돌아가자.

내가 이와 같이 생각하며, 그 은자의 집에 머물고 싶은 욕망이 없어졌을 때, 그 은자의 집은 사라졌고, 그와 더불어 그 현자마저 사라졌습니다. 사람의 생각들(관념들이나 개념들)이 없어지면, 그 생각들이 불러일으킨 그것들도 또한 없어집니다. 은자의 집에 대한 나의 소망이 없어지자, 그 집은 사라졌습니다. 우주선처럼 그 은자의 집은 떨어졌습니다. 그 현자도 떨어졌습니다. 나도 그와 함께 지상으로 내려왔습니다. 현자는 그 은자의 집에 있었던 것과 꼭 같은 상태와 자세로 내려앉았습니다. 이것은 쁘라나와 아빠나의 결합을 통하여 그가 중력의 힘을 이겨냈기 때문이었습니다. 그는 심지어 명상에서 깨어나지도 않았습니다. 그의 몸은 바위처럼 강했고 솜처럼 가벼웠습니다.

그를 정상적인 몸의 의식 상태로 데려오기 위하여, 나는 비와 천둥을 동반한 큰 구름의 형태를 취했습니다. 그러자 그는 다시 몸의 의식을 회복했습니다. 나는 그에게 "오, 현자시여! 당신은 어디에 계십니까? 당신은 무엇을 하고 있으며, 어떤 분이십니까? 그렇게나 높은 곳에서 떨어졌지만, 당신은 그것을 모르고 있으니 어찌된 일입니까?"라고 물었습니다.

잠시 과거를 생각하다가, 그 현자는 다음과 같이 말했습니다. "나는 이제 당신이 누군지 알았습니다. 오, 거룩한 현자시여! 당신에게 경의를 표합니다. 더 일찍 당신에게 인사드리지 못한 것을 부디 용서해 주십시오. 용서해 주는 것이 정말로 현자의 본성이 아니겠습니까? 오, 현자시여! 나는 상당한 시간 동안 신들의 세상을 떠돌아다녔습니다. 나는 이 삼사라에 싫증이 났습니다. 이 모든 것이 순수 의식이라면, 우리가 쾌락이라고 부르는 것은 도대체 무엇입니까? 그러므로 나는 마음의 혼란과 애착이 전혀 없는 우주 속에서 살아갑니다. 이 감각적인 경험들은 그 어느 것도 실재하지 않고, 의식과 관계없는 것도 아닙니다. 쾌락의 대상들은 독약의 근원이고, 성적인 기쁨은 망상이며, 달콤함은 그것을 즐기는 사람에게서 달콤함을 빼앗아 버립니다. 따라서 그러한 것들에게 정복당한 자는 반드시 멸망합니다. 이 인생은 짧습니다. 그것은 혼란으로 가득 차 있습니다. 이따금 정말로 우연히 사람은 여기에서 약간의 행복을 얻습니다. 여기에서는 그 어떤 것도 영원하거나 안정적이지 않습니다. 도공의 녹로에서 돌아가는 항아리처럼, 이 몸은 현생에서 끊임없이 회전하고 있습니다. 어디에나 막강한 도둑(감각의 대상)들이 있습니다. 그러므로 나는 경계를 늦추지 않습니다."

그 현자는 계속 말했습니다.

'이것은 오늘 일어났다.', '이것은 내 것이다.' 그리고 '이것은 그의 것이다.'와 같은 생각들로 점령당한 사람들은 시간의 경과를 깨닫지 못합니다. 우리는 많이 먹고 많이 마셨으며, 많이 떠돌아다녔고, 그리고 고통과 쾌락을 경험했습니다. 이제 우리가 해야 할 일로 어떤 것이 남아 있습니까? 어떻게 하면 지고의 평화를 얻겠습니까? 모든 나무는 목질이고, 모든 존재들은 살집이며, 모든 땅은 점토이며, 모든 것이 고통과 무상에 오염되어 있습니다. 내가 무엇을 믿어야겠습니까?

여기에서 나의 보호자는 누구입니까? 재산도, 친구들도, 친척들도,

교제들(또는 쾌락들)도 나의 보호자가 아닙니다. 이 모든 것은 정말로 시간의 희생자들이기 때문입니다. 모든 사람이 오늘 아니면 내일 반드시 죽는다는 것을 깨달을 때, 나는 누구를 믿어야겠습니까?

마치 물이 높은 곳에서 낮은 곳으로 흘러가는 것처럼, 지시들과 금지들의 지배를 받고 있는 종교 의식들마저도 인간을 이 삼사라로 떨어지게 만듭니다. 그 종교 의식들은 사람을 당황하게 하고 혼란에 빠뜨립니다. 비실재적인 것도 꾸준히 반복적으로 이해되면 실재적인 것처럼 보입니다. 그러므로 비실재적인 것은 본질적으로 비실재적이기 때문에, 겉으로는 실재적인 것처럼 보이더라도, 그것은 비실재적입니다. 마치 강물이 빨리 아래로 흘러내려 바다에서 자멸에 이르려고 하듯이, 사람들은 현혹되어 감각적인 쾌락의 대상들을 쫓아다니다가 자멸에 이르려고 합니다. 무지한 마음은 시위를 떠난 화살처럼 감각적 쾌락을 향해 돌진해 갑니다. 그래서 그 무지한 마음은 미덕에 관심이 없습니다.

쾌락은 무서운 고통입니다. 행운은 불운이며, 관능적 쾌락은 최악의 질병이며, 쾌락의 추구는 진절머리 납니다. 역경은 큰 축복입니다. 행복이 있으면 불행이 따라옵니다. 인생은 죽음으로 끝납니다. 아, 마야(환영)의 힘이여! 관능적 쾌락은 가장 유독한 뱀보다도 더 나쁩니다. 왜냐하면 전자는 단순히 접촉하기만 해도 즉시 죽여 버리기 때문입니다. 재산 따위는 망상을 일으키므로 독약보다 더 나쁩니다. 쾌락이 즐겁고 부유함이 아름답다는 것은 사실이지만, 인생은 덧없는 것이므로 그것들도 무의미해집니다. 쾌락과 부가 표면적으로는 즐거움을 주지만, 결말은 불행과 슬픔입니다.

나이가 점점 들어감에 따라 머리카락은 희게 변하고, 이빨과 기타 모든 것(능력과 활력 등)이 감퇴해 갑니다. 오직 강한 욕망만이 감퇴하지 않습니다. 어린 시절과 청년기 사이에는 유사점이 있습니다. 즉, 둘 다 빨리 지나가 버린다는 것입니다. 인생은 흐르는 강물처럼 점점 쇠해 갑니다. 그리고 과거는 결코 회복될 수 없습니다.

오랜 시간이 흐른 뒤에 나는 자아가 없는 상태에 도달했습니다. 나는 천국의 기쁨들에 관심이 없었습니다. 오, 현자시여! 당신처럼 나도 외딴 곳으로 가고 싶었습니다. 그러므로 나는 우주 속에 있는 그 은자의 집을 보았습니다. 나는 그것이 당신의 은둔처라는 것과 언젠가 당신이 그곳으로 돌아오리라는 것을 깨닫지 못했습니다. 거기에는 주의를 기울이지 않았습니다. 이제야 나는 이것을 알겠습니다. 사람의 주의력이 이러한 사실들에 집중될 때만 사람은 지성이라는 자신의 내면의 눈으로 그들을 자각할 수 있고, 그러면 그는 과거와 현재와 미래를 알게 됩니다. 그러나 그때가 되기 전에는 알 수 없습니다. 이러한 것이 마음의 본질이며, 이는 심지어 신에게도 적용됩니다.

바시슈타는 계속 말했다.

나는 그 현자에게 다음과 같이 말했습니다. "당신의 이야기를 듣고 나니, 당신은 우주 공간에 있는 그 은자의 집에서 계속 살아야 한다는 생각이 듭니다. 자, 일어나서, 그 완벽한 경지에 도달한 존재들의 세상에서 살아갑시다. 각자가 마음의 혼란을 일으키지 않는 그런 자신의 환경에서 살아가는 것이 좋습니다."

우리 두 사람은 우주 속으로 올라갔습니다. 우리는 서로 인사하고 작별했습니다. 그는 스스로 적절하다고 생각한 곳으로 갔으며, 나는 그와 헤어진 뒤 내 길을 갔습니다.

라마가 이렇게 물었다.

신이시여! 당신의 몸이 이 지상에서 소멸되었을 때, 당신은 어떤 종류의 몸으로 싯다들의 세상을 떠돌아다녔습니까?

바시슈타는 다음과 같이 대답했다.

내가 신들의 왕인 인드라의 도시로 갔을 때, 나는 공간의 몸을 가졌습니다. 그러므로 거기에서 아무도 나를 알아보지 못했습니다. 아무도 나를 만지거나 잡을 수 없었습니다. 나는 물질이 전혀 없는 생각과 같았지만, 순수한 소망(상깔빠)으로 이루어진 형태를 부여받았습니다. 이 것은 꿈 속의 몸들이 비물질적인 재료에서 만들어지는 그런 꿈의 경험과 닮았습니다. 이것이 불가능하다고 생각하는 사람은 꿈의 경험을 무시하는 것이며, 따라서 명백한 경험을 무시하는 사람은 언제라도 무시받기 쉽습니다. 나는 다른 사람들을 볼 수 있었으며, 특히 물질적인 몸을 부여받은 사람들을 볼 수 있었으나, 그들은 나를 볼 수 없었습니다.

라마는 다시 물었다.

그렇다 치더라도, 그 현자는 어떻게 당신을 볼 수 있었습니까?

바시슈타는 다음과 같이 대답했다.

오, 라마여! 우리와 같은 사람들은 우리의 소망을 구체화시켜 실현하는 힘을 가지고 있습니다. 우리가 바라지 않는 것은 하나도 우리에게 일어나지 않습니다. 세속적인 활동에 흠뻑 빠져 있는 사람들만이 자신이 미묘한 몸이라는 사실을 잠시 잊고 있습니다. 내가 '이 현자가 나를 보게 하소서.'라는 마음만 먹으면, 그 현자는 나를 보았습니다. 이분법에 대한 지각이 너무 깊이 뿌리박혀 있는 사람들은 소망을 실현할 힘이 없습니다. 그 현자와 같은 사람이 이분법에 대한 지각을 약화시키면, 그는 소망을 실현시킬 수 있습니다. 싯다 즉 완벽한 경지에 도달한 존재들 가운데서도, 영적인 투명도가 더 높은 자가 그의 노력에서 성공할 수 있습니다.

다시 본론으로 돌아가서, 나는 유령처럼 여러 천국들을 떠돌아다녔습니다.

라마가 다시 물었다.

신이시여! 유령이 존재합니까? 그들은 어떻게 생겼으며, 그들은 어떤 일을 합니까?

바시슈타는 대답했다.

오, 라마여! 유령은 실제로 이 세상에 존재합니다. 나는 이제 그대에게 유령이 어떤 존재이고, 어떤 일을 하는지 말씀드리겠습니다. 어떤 문제를 논하라는 요청을 받고도 그 주제를 논하지 않는 사람은 확실히 존경받을 만한 스승이 아닙니다.

바시슈타는 계속 말했다.

어떤 유령(삐샤차)은 손과 발이 있지만 에테르의 몸을 가지고 있습니다. 그래서 그들은 그대처럼 사람들을 봅니다. 또 어떤 유령은 무서운 그림자 같은 형태를 가지고 있습니다. 그래서 그들은 인간의 몸을 압도하며, 인간의 마음에 영향력을 발휘합니다. 그들 가운데 어떤 유령들은 사람들을 죽이거나 해칩니다. 어떤 유령들은 짙고 옅은 안개처럼 생겼으며, 어떤 유령들은 꿈과 같은 몸을 가졌습니다. 또 어떤 유령들은 공기만으로 이루어진 몸체를 가졌고, 어떤 유령들은 지각자의 망상이나 다름없는 그런 몸체를 가졌습니다. 그들은 붙잡힐 수 없습니다. 또한 그들이 다른 유령들을 잡을 수도 없습니다. 그들은 더위와 추위를 경험하며, 쾌락과 고통도 경험합니다. 그러나 그들은 어떤 것을 먹거나 마시거나 섭취할 수는 없습니다. 그들은 만뜨라, 약물, 고행, 자선, 용기 그리고 공명정대함 등을 보면 넋을 잃고 제어가 됩니다. 사람이 사뜨바에 의지하면, 그 유령은 보이고 또한 붙잡힙니다. 또한 마법의 상징(만달라)을 이용하고, 만뜨라를 외고, 그리고 어떤 장소, 어떤 시간에 어떤 사람이 올리는 숭배 의식을 통해서도 이런 것이 일어날 수 있습니다.

어떤 유령들은 신성한 속성을 가지고 있어서 신처럼 보입니다. 어떤 유령들은 사람과 같고, 어떤 유령들은 뱀과 같습니다. 어떤 유령들은 개나 늑대와 같으며, 마을과 숲 속에서 살거나, 보이지 않는 우물 속이나, 아니면 길가나 다른 불순한 장소에서 삽니다. 이제 나는 그대에게 유령의 발생에 대해 말해 주겠습니다.

하나의 무한한 의식 속에서 하나의 관념이 생겨나고, 그 관념은 지바가 되고, 그 다음 그것이 더욱 짙어짐으로써 자아감 즉 마음(나중에 창조주 브람마라고 불림)이 됩니다. 이 모든 것과 이 세상 전체가 하나의 관념 속에서 일어납니다. 그러므로 그것들은 실재하지 않습니다. 그것은 마치 사람이 자신의 관념을 실재적인 어떤 것으로 느끼는 것과 꼭 같이, 실재적인 것으로 경험됩니다. 그런 의미에서 이 모든 신과 다른 피조물들은 실재적입니다. 그러나 진실로, 여기에는 밭도, 씨앗도, 농부도, 나무(우주나 세상으로서 알려진)도 없습니다. 그러나 우주의 밭이라는 관념이 있으면, 거기에서 이 모든 존재들이 존재하게 됩니다. 그 존재들 속에서 찬연히 빛나는 존재들은 신들입니다. 그리고 반쯤 구운 존재들은 인간들입니다. 또 불순물이라는 두꺼운 장막에 가려져 있는 존재들은 벌레와 그러한 생물들입니다. 반면에, 어떤 좋은 결실도 없고 텅 비어 있으면서 몸이 없는(아샤리라) 그런 존재들은 유령 즉 삐샤차들이라고 하는 것입니다. 이러한 구분은 창조주 브람마의 변덕이나 일시적 기분에 기인하는 것이 아니라, 그들 자신의 선택에 기인합니다. 그들은 그들이 되고 싶은 대로 되었습니다. 그러나 사실상 그들은 모두가 미묘한 (아띠바히까) 몸처럼 보이는 의식에 지나지 않습니다. 그들이 신체적이거나 물질적인 형태를 가지고 있는 것처럼 보이는 것은 끊임없는 자기기만 때문입니다.

유령들도 그들 자신의 형태들로 존재하며, 그들 자신의 본성에 따라 그들이 해야만 하는 일들을 하고, 다양한 경험들을 합니다. 그들은 마치 꿈 속에 있는 것처럼 서로를 보고 의사소통을 합니다. 또 그들 가운데는 사람의 꿈 속에 나오는 꿈의 대상들처럼 의사소통을 하지 않는 유령들도 있습니다. 유령과 마찬가지로 악귀들과 형체 없는 망령들도 있습니다. 유령들은 심지어 태양 광선도 꿰뚫고 들어갈 수 없는 무지의 암흑이라는 그들 자신만의 활동 범위를 만듭니다. 그들은 무지의 암흑 속에서 번성합니다. 지식의 빛은 그들의 적입니다.

바시슈타는 계속 말했다.

앞서 말한 대로, 나는 유령처럼 천국을 떠돌아다니고 있었습니다. 아무도 나를 볼 수 없었습니다. 그들은 나의 통제를 받고 있었지만, 그들은 나를 통제할 수 없었습니다. 어느 날, 나는 "지금부터 이들 신들이 내 모습을 볼 수 있게 되기를." 하고 생각했습니다. 즉시 내 소망은 실현되었고, 그들은 나를 보았습니다.

신들 가운데서도 나의 모습에 관한 그들의 관념들은 각기 달랐습니다. 나의 정체를 몰랐던 신들은 내가 지구에서 올라왔다고 생각했습니다. 그래서 그들은 나를 빠르티바(지구) 바시슈타라고 불렀습니다. 어떤 신들은 내가 태양 광선을 타고 내려왔다고 생각했습니다. 그래서 나는 따이자사(빛) 바시슈타라고 알려지게 되었습니다. 내가 바람과 함께 실려 왔다고 생각한 신들은 나를 바따(공기) 바시슈타라고 불렀습니다. 내가 물에서 올라왔다고 생각한 신들은 나를 바리(물) 바시슈타라고 불렀습니다.

머지않아 나는 신체적인 혹은 물질적인 몸을 가지게 되었습니다. 나에게는 미묘한 몸과 물질적인 몸 사이에 어떤 차이도 없었습니다. 즉 실제로 그것들은 모두 순수 의식이었습니다. 심지어 여기에서도 나는 이러한 담화 때문에 이 몸 안에서 그리고 이 몸을 통하여 움직이는 것처럼 보입니다. 지반묵따(살아 있는 동안에 해방된 현자)는 정말로 브람만입니다. 그래서 그는 에테르의 몸을 가지고 있습니다. 그와 꼭 같이, 몸이 없는 현자인 사람도 또한 브람만입니다. 나에게는 브람만 이외의 다른 어떤 관념도 없습니다. 그러므로 내가 다양한 활동들을 하고 있더라도, 이러한 브람만에 대한 깨달음은 없어지지 않습니다. 꿈꾸는 사람에게 태어나지도 않고 몸도 없는 꿈의 대상이 실재하는 것과 꼭 같이, 이 세상도 나에게 실재하는 물질인 것입니다. 그와 꼭 같이, 이 모든 우주들과 세상들이 마치 실재하는 물질인 것처럼 빛을 냅니다. 그러나 그것들은 한 번도 창조된 적이 없습니다.

내가 에테르 같은 바시슈타라는 느낌이 그대 모두의 마음에서와 나의 마음속에서 되풀이 일어나기 때문에, 나는 여기에 앉아 있는 것으로 보입니다. 그러나 실제로, 이 모든 것은 순수한 공이며, 이 모든 것은 창조주의 마음에서 일어나는 관념에 불과합니다. '나'와 '그대'와 같은 관념들은 그대의 의식 속에 확고히 자리를 잡았습니다. 왜냐하면 그대는 주의를 기울여 그 관념들을 탐구하지 않았기 때문입니다. 만약 그것들이 탐구되어 그것들의 참된 본성이 이해되면, 그것들은 곧 사라집니다. 진리를 깨닫게 되면, 소위 우주라고 하는 이 모든 장면들은 마치 신기루의 참된 본질이 이해될 때 그것이 더 이상 물로 보이지 않는 것처럼 사라집니다.

사실상, 이 마하라마야나(요가 바시슈타)를 단순히 연구하는 것으로도 실재는 깨달아집니다. 거기에는 전혀 어려움이 없습니다. 그러나 해방에 관심이 없는 사람은 인간이 아니라 벌레입니다. 사람은 해방의 희열과 무지에 당연히 따르는 슬픔을 주의 깊게 탐구해야 합니다. 마하라마야나에 대한 공부를 통하여 지고의 평화에 도달할 수 있습니다. 해방은 마음에 '내면의 고요'(평화)를 가져다줍니다. 반면에, 속박은 심리적 고통(심리적으로 타는 듯한 불)을 증대시킵니다. 이러한 사실을 깨달은 뒤에도 해방을 얻으려고 노력하지 않는 사람이 있습니다. 그러한 사람들은 얼마나 어리석은 존재입니까! 그러한 사람들은 감각적인 만족에 대한 욕망에 정복당합니다. 그래도 그들은 이 경전의 연구를 통하여 해방의 욕망을 함양할 수 있습니다.

(모인 사람들이 흩어졌다. 17일째가 끝났다.)

바시슈타는 계속 말했다.

나는 지금까지 그대가 진리를 아주 명확하게 깨달을 수 있게 해 주는 바위의 이야기를 했습니다. 언제 어디서나 아무것도 존재하지 않습니다. 브람만만이 어떠한 분할도 없이 브람만의 한 덩어리로 존재합니다. 브람만은 의식의 덩어리입니다. 그것은 어떤 변화도 받지 않습니다. 우주적 존재는 비록 그 존재가 미묘하든 투박하든 간에, 그 의식 속에서 하나의 꿈의 대상에 지나지 않습니다. 그러므로 창조주 브람마도 이 우주도 없습니다. 오직 분할할 수 없는 의식만이 있습니다. 꿈 속에서 인지된 다양성은 꿈꾸는 사람에게 다양성을 창조하지 않습니다. 그와 꼭 같이, 이 우주의 관념도 의식 속에서 분할을 창조하지 않습니다. 의식만이 존재하지, 어떤 우주도 존재하지 않습니다. 꿈 속의 산은 산이 아니라, 꿈꾸는 사람입니다. 무한한 의식(찌다까샤)은 '나'이고, 삼계이며, 뿌루샤(우주적 존재)이며, 또한 그대입니다.

이러한 찌다까샤가 없으면, 이 몸은 시체입니다. 이 무한한 의식은 칼로 자를 수도 불로 태울 수도 없습니다. 그러므로 그것은 결코 없어지지 않습니다. 그러므로 지금까지 죽은 사람이 아무도 없었으며, 태어나는 사람 또한 아무도 없습니다. 의식은 사람입니다. 만약 그 사람이 죽는다고 하면, 그러므로 의식이 죽는다고 하면, 그것은 아들이 죽을 때 그의 아버지도 죽는다고 말하는 것이나 같습니다. 의식이 죽는다면, 모든 것은 죽게 되고, 이 세상은 텅 비게 됩니다. 오, 라마여! 이 의식은 지금까지 어디에서도 어떤 사람에게서도 죽지 않았습니다. 또한 이 우주도 공으로 서 있지 않았습니다. 그러므로 순수 의식인, 모든 사람의 가장 내면적인 존재가 불변하다는 것은 틀림없습니다. 이것을 깨달으면, 탄생과 죽음이 도대체 어디에 있겠습니까?

사람이 '나는 순수 의식이다.'라는 것을 깨달으면, 그는 삶이나 죽음, 쾌락이나 고통에 전혀 관심이 없습니다. 아직도 이러한 깨달음이 일어나지 않은(없는) 사람은 정말 가련합니다. '나는 순수 경험이나 의식이다.'라는 것을 깨달은 사람은 어떠한 불행에도 영향을 받지 않습니다. 그는 마음의 고통이나 심리적인 질병에 의해서도 영향을 받지 않습니다. 사람이 '나는 몸이야.'라고 느낄 때, 그는 힘과 지혜를 몰수당합니다. 반면에, '나는 순수 의식이야.'라고 깨닫는 사람은 그 힘과 지혜를 얻습니다. 이 후자의 사람은 탐욕이나 망상이나 허영에 노출되지 않습니다. 그러나 이 몸의 죽음을 생각하면서 '우리는 죽을 거야.'라고 울부짖는 자들은 얼마나 어리석은 존재들입니까! 사람이 '나는 의식이야.'라는 지식에 머물러 있으면, 가장 강력한 무기로부터 타격을 받아도, 마치 꽃잎 하나가 몸에 닿는 것처럼 그 타격이 가볍게 느껴질 것입니다.

의식이 죽을 수 있다면, 사람들은 언제나 죽습니다. 그대가 아직도 죽지 않고 있는 것은 어떤 일인지 말씀해 보십시오. 아무것도 죽지 않습니다. 의식만이 '나는 살아 있다.'와 '나는 죽었다.'라는 두 개의 생각을 지닙니다. 의식은 삼사라(현상계)를 보거나 알게 됩니다. 그리고 의식은 해방을 알게 됩니다. 의식은 그 참된 본성을 버리지 않고, 쾌락과 고통을 알게 됩니다. 참나 무지의 상태에 있으면, 의식은 망상에 연루됩니다. 반면에, 참나 지식의 상태에 있으면, 의식은 망상에서 벗어납니다. 그러나 의식은 직접 일어나지도 않고, 또한 지는 법도 없습니다. 실재와 같은 그런 것은 없습니다. 그리고 무지나 허위라고 하는 것도 없습니다. 사람이 마음에 지니는 것은 모두가 그런 식으로 존재합니다.

바시슈타는 계속 말했다.

이 세상은 지고의 참나가 꾸는 꿈이고 모든 것이 브람만으로 충만되어 있기 때문에, 그것은 브람만으로 경험됩니다. 현상계나 환영은 감지됩니다. 지고의 의식은 보이지 않습니다. 그러므로 환영은 참나의 실제적인 상상으로 간주될 수 있습니다. 다른 관점에서 보면, 비록 무한한 의식인 실재는 이해될 수 없는 상태로 있지만, 이 현상계는 하나의 환영입니다. 그러므로 순야 즉 완전한 공(空)이라는 관념이 일어납니다. 이것 또한 사실입니다. 무한한 의식(혹은 그 안에서 일어나는 지고의 인격체)은 활동에 개입하지 않습니다. 이 세상은 불분명한 원인(본성)에서 생겨나옵니다. 이러한 관점도 그러한 것으로 경험되기 때문에 역시 변호할 수 있습니다. 어떤 사람들은 마치 어둠 속에서 밧줄을 뱀으로 보는 것처럼, 브람만이 무지의 상태에서 이 세상으로 나타난다고 주장합니다. 이것 또한 직접적인 경험에 입각해 있으므로 사실입니다. 전 우주가 원자들의 집합체라는 이론도 또한 받아들일 수 있습니다. 올바른 탐구를 통해서 이러한 지식이나 이해는 얻어집니다.

이 세상은 사람이 세상을 보는 그대로이며, 이러한 원칙은 '내세'에서도 적용된다고 말하는 사람들도 있습니다. 그러므로 그들은 현세는 실재적인 것도 비실재적인 것도 아니며, 실재는 순전히 주관적이라고 말합니다. 반면에, 외부적인 세상만이 실재하며, 다른 실재는 없다고 주장하는 사람들도 있습니다. 그들은 또한 그들 자신과 타인의 감각들의 경험 너머에 있을 수 있는 모든 것에 도달하지 못하기 때문에 그렇게 진리를 표현합니다. 모든 것이 언제나 변화하고 있다고 주장하는 그들의 말도 또한 맞습니다. 왜냐하면 이와 같이 끊임없는 변화를 획책하는 힘이 전능하기 때문입니다. 항아리 속에 갇혀 있는 참새처럼 지바가 몸 안에 살고 있다가 죽을 때 거기에서 다른 세상으로 날아간다는 믿음과, 또한 외국 사람들이 갖고 있는 이와 유사한 믿음도 역시 받아들일 수 있습니다. 왜냐하면 그런 믿음이 그들 자신의 나라와 사회 속에서 받아들여지고 있기 때문입니다. 성현들은 이 모든 것을 똑같은 시각으로 바라봅니다. 그래서 실재를 아는 사람들은 그 실재가 모든 것의 참 나라는 것을 압니다.

자연은 이성적인 창조주가 없어도 스스로 자연스럽게 모습을 드러낸다고 주장하는 사람들도 있습니다. 왜냐하면 사람은 자연 속에서 바람직하지 못하고 이성적이지 못한 많은 사건들(자연의 참화처럼)이 있다는 것을 보기 때문입니다. 이러한 관점도 또한 합리적입니다. 반면에, 모든 것을 행하는 하나의 보편적인 행위자가 있다고 주장하는 사람들의 말도 또한 옳습니다. 그들의 마음은 이러한 보편적인 힘에 함빡 젖어 있습니다. 현세가 '내세'로서 존재하고 있다고 말하는 사람들도 또한 옳습니다. 그들의 눈에는 순례와 의식 등은 의미심장한 것들입니다. 모든 것을 공(空) 즉 순야로 보는 관념도 옳습니다. 왜냐하면 그것은 많은 탐구의 결과이기 때문입니다. 무한한 의식은 가장 순수한 수정과 같습니다. 그것은 사람이 마음에 지니는 모든 개념을 비춰 주기 때문입니다. 진리를 아는 사람들은 이 무한한 의식이 공도 아니고 공 아님도 아니라는 것을 깨달았습니다. 그것이 전능한 것이지만, 보이거나 알려지는 것은 아니기 때문입니다. 그러므로 어떤 확신이든 간에 그 확신에 매달리면, 그가 유치하게 이러한 관념이나 깨달음을 가지고 놀지 않는 한, 똑같은 목표에 도달하는 것(똑같은 결과를 얻는 것)은 분명합니다. 진리를 아는 사람들과 함께 진리를 탐구해야 하며, 그 다음에는 마음이 혼란되거나 빗나감이 없이 자기 자신의 깨달음에 확고히 서야만 합니다.

바시슈타는 계속 말했다.

자신의 활동에 의해서뿐만 아니라, 경전들에 대한 지식이란 면에서 박식한 그런 현명한 사람들도 여기저기에 많습니다. 수행자는 그런 사람들을 찾아가야 합니다. 경전들에 대해서 많은 이야기를 하는 사람들도 많이 있을 수 있지만, 그들 가운데서도 모든 사람의 기쁨과 즐거움을 증진시켜 주고 행동이 나무랄 데 없는 그런 사람이 최고입니다. 모든 사람은 물이 아래로 흘러가듯이, 마치 강요받기라도 한 것처럼 항상 그들 자신의 이익을 추구합니다. 수행자는 이를 이해하고 현명한 사람들을 찾아가 그들에게 의지해야 합니다.

라마는 물었다.

이 세상은 덩굴식물처럼 지고의 절대자라는 나무에 의지해 있습니다. 그 안에서 과거와 미래를 충분히 탐구한 뒤에 궁극적인 진리를 보고 있는 사람들은 어떤 사람입니까?

바시슈타는 대답했다.

모든 사회에는 많은 현자들이 있어, 그들의 빛(혹은 은총)으로 이 세상에 광명이 있습니다. 모든 사람은 이 삼사라의 바다 위를 떠다니는 마른 풀잎처럼 이리저리 뛰어다니고 있습니다. 천국에 거주하는 사람들은 참나를 망각한 채 쾌락의 불길 속에서 타고 있습니다. 현혹된 악마들은 그들의 적인 신들에 의해 파괴되고, 나라야나에 의해 지옥 속으로 던져지고 있습니다. 천국의 예술가(간다르바)들은 지혜의 향기(간다)를 조금도 들이마시지 않습니다. 그들은 그들 자신의 음악 등의 쾌락에 빠져 있기 때문입니다. 비디야다라라는 천인들은 현자들을 존경하지 않습니다. 그들은 학문(비디야)의 후원자들(아다라)이어서 자만심으로 가득 차 있기 때문입니다. 약사들이라고 하는 반신(半神)들은 그들이 불멸의 존재라고 생각합니다. 그래서 그들은 나이 많고 힘없는 사람들 앞에서 그들의 솜씨를 과시합니다. 락샤샤라는 악마들은 망상 속에서 삽니다. 유령들은 영원히 사람들을 괴롭히는 데 관심이 있습니다. 나가라는 지옥의 거주자들은 스스로 움직이지 못하고 총명하지 못합니다. 아수라라고 하는 악마들은 땅 속의 구멍에 사는 벌레들과 같습니다. 그들이 어떻게 조금이라도 지혜를 얻을 수 있겠습니까?

심지어 인간도 도량이 좁고, 마음이 편협하며, 삶의 시시한 일에 관심이 많습니다. 그들은 사악한 욕망을 추구하는 데 대부분의 시간을 보냅니다. 조금이라도 선하거나 현명한 것과는 접촉을 하지 않습니다. 그들 자신의 허영과 욕망의 유혹을 받아 이치와 지혜의 길을 벗어납니다. 요기니(흑마술을 하는 사람)라고 하는 부류의 사람들은 개화되지 않은 사람들처럼 먹고 마시는 지옥 속으로 떨어집니다.

그러나 신들 가운데서도 해방된 존재들(비슈누, 브람마, 루드라 등)이 약간 있고, 지도자들 가운데서도 해방된 존재들(까슈아빠, 나라다, 사나뜨꾸마라)이 약간 있으며, 악마 가운데서도 해방된 존재들(히라니약사, 발리, 쁘라흘라다 등)이 약간 있고, 락샤샤들 가운데서도 해방된 존재들(비비샤나, 쁘라하스따, 인드라지뜨)이 약간 있으며, 나가들 가운데서도 (딱샤까 등) 해방된 존재가 좀 있었고, 다른 차원에서도 기타 해방된 존재들이 있었습니다. 심지어 인간 가운데서도 해방을 얻은 사람들이 있었지만, 그들은 극히 드물었습니다. 수없이 많은 사람들이 있지만, 해방된 사람은 극히 드물었습니다.

바시슈타는 계속 말했다.

탐욕과 망상 등과 같은 신성함의 적들은 현명한 사람들의 경우에는 크게 약화되었습니다. 왜냐하면 그들은 초연으로 가득 차 있으며, 지고의 상태에 의지해 있기 때문입니다. 그들은 들뜬 기분이나 분노에 굴복하지 않으며, 어떤 것에 연루되거나 어떤 것을 받아들이지도 않습니다. 그들은 사람들을 동요시키지도 않고, 그들에 의해 동요되지도 않습니다. 그들은 무신론자도 아니며, 전통적인 믿음에 국한되어 있지도 않습니다. 비록 관습이 경전들에 정해져 있다고 하더라도, 그들은 부정한 관습을 행하지 않습니다. 그들의 행동과 품행은 상식과 달콤함으로 가득 차 있고, 부드럽고(온화하고) 애정이 담겨 있습니다.

그들은 모든 사람의 마음을 기쁘게 해 줍니다. 그들은 현명한 길을 가리켜 주며, 최선의 것을 즉각 자연스럽게 결정합니다. 그들은 외부적으로 모든 종류의 활동에 종사하지만, 내면적으로 차분하고 평온합니다. 그들은 경전들의 뜻이 무엇인지 탐구하기를 좋아합니다. 그들은 누가 누군지(누가 성숙한 사람이고, 누가 미숙한 사람인지)를 압니다. 그들은 받아들여야 할 것과 거절해야 할 것을 압니다. 그들의 행동은 그 상황에 어울립니다.

그들은 금지된 행동들을 피합니다. 그들은 좋은 친구들과 함께 있기를 즐깁니다. 그들은 좋은 사람들을 찾아가 그들의 가르침을 구하는 모든 사람을 지혜의 꽃으로 숭배합니다. 그들은 사람들의 슬픔과 비탄을 없애 줍니다. 그들은 친절하고 온화합니다. 그러나 지구의 지배자들이 정의롭지 못하고 탄압적일 때, 그들은 마치 지진이 산을 흔들듯이 그들을 흔들어 바로잡습니다. 그들은 고통에 빠진 사람들에게 용기를 주고, 행복한 사람의 기쁨을 더해 줍니다. 그들은 사람들이 무지하고 어리석은 행동을 못하게 합니다.

불행들과 정신적 혼란, 고난들과 시련들로 고통을 받고 있을 때, 성인들만이 그의 피난처입니다. 위에서 설명한 특성들을 보고 그들을 알아본 뒤에, 그는 그들을 찾아가 평화를 얻어야 합니다. 이 삼사라의 바다는 성현들의 도움이 없이는 통과할 수 없습니다. 사람은 일어나는 모든 일을 운명적으로 수용함으로써 수동적이 되어서는 안 됩니다. 만약 위에서 기술한 모든 특성을 가진 사람이 없다면, 그리고 만약 이런 특성들 가운데 하나라도 있는 사람이 있다면, 우리는 그에게 있을 수 있는 다른 모든 결점을 무시하고 그러한 신성한 사람에게 의지해야 합니다. 우리는 다른 사람들에게 있는 단점은 물론이고 장점도 인정해 주는 법을 배워야 합니다. 그리고 나서 우리는 선한 사람들과 지혜로운 사람들을 찾아가 그들에게 의지하려고 애써야 합니다. 선한 사람들이 어떤 결점을 가지고 있다 하더라도, 우리는 큰 사악한 경향성들을 피하면서 그를 섬겨야 합니다. 만약 우리가 사악한 경향성들을 극복하지 못하면, 심지어 선한 사람도 사악해집니다. 이것이 바로 내가 보았던 것입니다. 선한 사람이 주변의 상황 때문에 사악하게 변해 버릴 때, 그것은 정말로 사회 전체에 큰 불행이며 재앙입니다.

그러므로 다른 모든 활동을 버리고 성현들에게 헌신해야 합니다. 이것을 가로막을 어떤 방해물도 없습니다. 이것만이 양쪽 세상의 가장 좋은 것을 사람에게 부여할 수 있습니다. 결코 성인들로부터 멀리 떨어져 있어서는 안 됩니다. 왜냐하면 성인들 가까이에만 있어도 그들이 어디에서든지 선을 증진시켜 주기 때문입니다.

라마는 물었다.

우리 인간들은 슬픔을 극복하는 다양한 방법들을 가지고 있습니다. 벌레들과 파리들과 나무들은 어떻습니까?

바시슈타가 말했다.

모든 존재들이 그들의 본성에 적합한 의식에 의지해 있습니다. 그들도 나름의 강한 갈망과 욕망들을 가지고 있습니다. 우리 인간의 경우에는 욕망의 성취들을 가로막는 장애물이 조금 있습니다만, 그들의 경우에는 어려움이 엄청납니다. 우주적 인격체(비라뜨)가 노력하듯이, 벌레들과 파리들도 노력합니다. 어린 소년은 불끈 쥔 주먹을 휘두릅니다. 자만심이 놀라울 정도입니다! 새들은 텅 빈 공간에서 태어나 죽습니다. 심지어 개미조차도 먹이를 먹어야 하고 가족의 욕구들을 돌보아야 합니다. 방을 날아다니는 작은 파리도 그 위엄에 있어서는 하늘 높이 나는 가루다 독수리에 버금갑니다. '나는 이것이다.' 혹은 '이것은 나의 것이다.'와 같은 생각들은 그 개념이 가지고 있는 고상한 함의에도 불구하고, 인간과 벌레 모두에게 공통적입니다.

마치 우리가 생계 수단들을 얻으려고 애쓰듯이, 벌레들도 그것들을 얻기 위해 노력합니다. 그들도 삶을 사랑합니다. 노예는 새로운 나라에 관심이 거의 없습니다. 그와 마찬가지로, 젖소들과 기타 동물들도 그들 주인의 집에는 관심이 없습니다. 그들 역시 쾌락과 고통을 가집니다. 그러나 그들에게는 '나의 것'이나 '너의 것'과 같은 의식이 없습니다.

심지어 씨앗과 어린 싹도 벌레에 물어뜯기면 마치 잠자는 사람이 벼룩의 성가심을 경험하듯이, 약간의 고통(혹은 자각)을 경험합니다. 인드라(신들의 왕)와 벌레 모두 똑같은 애착과 혐오, 공포, 음식과 섹스에 대한 욕망, 고통과 쾌락 그리고 탄생과 죽음이 일으키는 고통을 경험합니다. 유일한 차이는 말들의 의미와 원소들의 내용, 미래 사건들의 예상을 이해하는 데에 있습니다.

말하자면, 잠자고 있는 나무들과 바위들처럼 움직이지 않는 대상들은 무한한 의식의 단절되지 않는 경험 안에 존재하고 있습니다. 그들에게 있어서는 구분의 관념이 전혀 없습니다. 이 모든 것은 오직 순수하고 무한한 의식에 지나지 않으며, 그 의식은 자신이 이전의 우주에서 그랬던 것처럼 바위 같은 것에서 잠자고 있다고 생각합니다. 그러므로 그대는 그대 본래의 모습대로 남아 있고, 나는 나의 본래 모습대로 남아 있습니다. 지고의 참나나 의식 속에서는 쾌락이나 고통이 없습니다. 무지만이 모든 망상의 원인입니다. 그러나 이해심이 생겨 그 무지가 없어지면, 보이는 것은 아무것도 없음입니다. 이 꿈같은 세상에 대한 진리가 이해될 때, 그것은 없어집니다. 그렇다면 여기에서 무엇이 바람직한 것이며, 당장 얻어야 할 것은 무엇입니까? 파도들이 가라앉아도 물은 소멸되지 않습니다. 마찬가지로, 몸이 소멸되어도 의식은 불변의 상태로 남아 있습니다.

오직 무지한 사람만이 이 세상에 대한 자신의 관념을 주장합니다. 그리고 그는 이 세상이 마치 실재하는 것처럼 경험합니다. 이러한 진리를 올바르게 이해하면, 참나 지식의 문은 열립니다. 마치 사물이 거울 속에 비춰지듯이, 이 세상도 브람만 속에 나타납니다. 비록 비친 영상이 거울 속에 있는 것 같지만, 그것은 실제 거기에 없습니다. 그와 마찬가지로, 이 세상이 존재하는 것처럼 보이지만, 그것은 실제로 거기에 없습니다. 비록 그 자체가 비실재적인 것이지만, 마치 사람이 꿈 속에서 섹스를 할 때 에너지의 방출이 있는 것처럼, 그것은 어떤 효과를 내는 것처럼 보입니다. 그러나 오직 무지한 사람만이 왜 그가 이 세상을 실재하는 것으로 여기는지 그 이유를 압니다!

라마는 물었다.

오, 현자시여! 죽음은 피할 수 없는 것이기 때문에 사람이 살아 있는 한 행복하게 살아야 하며, 또 일단 이 몸이 재로 변하면 살아남는 것은 아무것도 없다고 주장하는 사람들도 있습니다. 그들이 이 삼사라에 본래 내재된 슬픔을 벗어날 수 있는 방법은 무엇입니까?

바시슈타는 대답했다.

내면의 지성이 무엇을 확고히 믿든지 간에, 그것만이 내면의 지성에 의해 분명한 것처럼 경험됩니다. 의식은 보편적이며 분할할 수 없습니다. 말하자면 그것은 하나이며, 그것만이 다양합니다. 이 우주의 개념이 일어나기 전에는 그 밖의 아무것도 존재하지 않았습니다. 그러므로 그 밖의 어떤 것도 실제로 참된 것이 아닙니다. 경전에서 설명된 실재를 보지 못하는 사람들은 확실히 무지합니다. 우리들 눈에는 그들이 죽은 것이나 마찬가지입니다. 이 모든 것이 순수 의식(브람만)이라는 것을 이미 깨달은 사람들은 우리의 가르침을 받을 필요가 없습니다.

의식의 '몸' 안에서 실재적인 것으로 일어나는 모든 것은 실재하는 것으로 경험됩니다. 그리고 실재하는 물질적인 몸이 있든지 없든지 간에, 모든 사람은 그것으로 만들어져 있습니다. 감각적 경험만이 의식이라고 주장한다면, 그 사람은 반드시 고통을 받습니다. 왜냐하면 그가 살아 있는 한, 모순적인 경험들이 반드시 있기 때문입니다. 반면에 이 세상이 의식 속에서 일어나는 하나의 관념에 지나지 않는다는 것을 깨닫는다면, 분할이나 모순이 없어지므로 모순적인 경험도 전혀 없습니다. 마치 떠다니는 미세한 먼지가 공간에 영향을 미치지 못하듯이, 하나의 분할할 수 없는 무한한 의식의 깨달음 속에 자리를 잡은 사람에게는 쾌락과 고통도 영향을 미치지 못합니다.

우리는 몸이나 성격이나 심지어 지바도 이해하지 못합니다. 왜냐하면 이 모든 것이 순수 의식이고, 그 의식 안에서 일어나는 모든 관념은 그러한 관념으로서 경험되기 때문입니다. 그것이 실재적이든 비실재적이든 간에, 그것은 몸의 존재를 경험합니다. 의식이 실재적인 것으로 간주되든, 비실재적인 것으로 간주되든 간에, 사람은 오직 그것뿐입니다. 그래서 그 의식이 실재적인 것이라고 여기는 것은 확실히 실재합니다. 즉 의식은 그 사람이나 혹은 참나만큼 실재적입니다. (즉, 심지어 유물론자도 그 사람의 존재를 부인하지 않으며, 그러므로 그는 의식의 존재를 부인할 수 없다.) 이러한 교의는 모든 경전의 가르침을 확인해 줍니다.

이러한 이해가 흐려지면, 왜곡된 교의들이 나타납니다. 그 오해가 없어지면, 그것은 최고의 결과를 산출합니다. 그러나 그것이 올바르게 이해되지 않을 때라도, 그것이 사라지는 것은 아닙니다. 참나 지식을 얻은 뒤에도 이 올바른 이해가 다시 한 번 흐려질 수 있다고 한다면, 슬픔을 없애 버릴 가망은 전혀 없습니다. 의식이 실재하는 것으로 이해되면, 현자들은 그 의식에 의지합니다. 그러나 그것이 비실재적인 것으로 여겨지면 바위처럼 둔해집니다. 말하자면 대상의 경험이 일어나고, 이 세상이 생겨나는 것은 이 무한한 의식이 '잠자고' 있을 때입니다. 따라서 이 세상과 감각 경험만이 실재한다고 여기는 사람은 둔하며 '잠자고' 있는 것입니다.

라마는 물었다.

오, 현자시여! 이 무한한 우주가 모든 방면에 존재한다고 생각하는 사람들도 있습니다. 그들은 그것이 의식의 덩어리라는 것을 모릅니다. 그들은 보통 그것이 보이는 대로 그것을 봅니다. 그러나 그들은 그것이 변화하고 있고 소멸로 나아가고 있다는 것을 보지 못합니다. 그러한 사람들의 경우에, 정신적 고통을 극복하는 어떤 방법이 있습니까?

바시슈타는 대답했다.

그 문제에 대답하기 전에, 다른 문제를 하나 제기해야 합니다. 그 사람은 물질이 물질로서 파괴될 수 없고, 몸도 불멸이라고 느낍니까? 그렇다면 슬픔은 어디에 있습니까? 그러나 이 몸이 다양한 부분들로 이루어져 있다면, 틀림없이 그것들은 소멸할 것입니다.

만약 참나가 물질적인 몸이 아닌 순수 의식이라는 것을 안다면, 그가 죽을 때도 그의 의식 속에는 삼사라(현상계)가 없습니다. 만약 이해가 이와 같이 올바른 이해나 지혜로 정화되지 않는다면, 그것은 삼사라의 지지물 없이는 남아 있지 못합니다. 그러나 만약 그가 의식과 같은 것이 전혀 없다고 생각하면, 그는 둔함과 같은 상태를 경험합니다. 몸을 가진 상태에서 일어나는 경험만이 실재한다고 생각할 수도 있습니다. 이러한 확신을 확고히 가지고 있으면, 그는 죽음과 더불어 슬픔이 최종적으로 끝난다고 생각합니다. 그러나 이것은 오직 불완전한 경험 때문입니다. 의식이 존재하지 않는다고 믿는 사람들은 몸이 버려질 때, 자동력이 없는 물질이 됩니다. 따라서 그들은 앞을 내다볼 수 없는 무지의 어둠 속으로 가라앉습니다. 반면에 이 세상이 꿈에서처럼 상대적인 실재로 존재한다고 믿는 사람들은 계속 이 환영과 같은 세상을 경험합니다.

이 세상을 영원한 실재로 여기든, 아니면 변화하는 현상으로 여기든 간에, 마찬가지로 고통과 쾌락의 경험은 있습니다. 이 세상이 변화하지만 의식이 없는 순수하게 물질적인 실체라고 생각하는 사람들은 유치합니다. 그들과는 관계를 갖지 마십시오. 몸이 의식으로 존재한다는 것을 깨달은 사람들은 현명합니다. 그들에게 경의를 표하십시오. 몸 안에 지성이 있다고 생각하는 사람은 무지합니다.

이 우주적 공간 속에서 위 아래로 계속 움직이는 것은 지바를 그 몸으로 두고 있는 순수 의식입니다. 그 지바가 그 자체 내에서 무엇을 생각하든지, 그것은 그 생각하는 것을 경험합니다. 마치 구름이 하늘에 각기 다른 문양을 내듯이, 그리고 파도들이 바다 수면 위로 나타나듯이, 이 세상도 무한한 의식 속에서 나타납니다. 꿈의 도시는 오직 꿈꾸는 사람의 마음입니다. 그래서 그 꿈의 도시를 짓는 데는 (건축 자재와 같은) 상호 협력적인 원인들마저 필요 없습니다. 이 우주도 그와 꼭 같습니다. 즉 그것은 순수 의식이지, 그 밖의 어떤 것도 아닙니다. 이것을 깨달은 사람들은 인생의 물결이 가져다주는 여러 상황들 속에서 자연스럽게 적절한 활동들을 계속 행해 가지만, 망상과 애착(의존)과 심적 고통에서 벗어났습니다.

바시슈타는 계속 말했다.

모든 사람은 오로지 순수 의식일 뿐입니다. 이 의식을 제외하면 그 밖에 무엇이 있을 수 있겠습니까? 의식만이 존재할 때, 무엇을 얻어야 하고 무엇을 거절해야 합니까? 그 밖의 다른 것이 전혀 없다면, 라가(애착이나 애정)와 드베샤(거절이나 혐오)는 무의미한 것이 되고 맙니다.

의식만이 인간들이요, 신이요, 나가(지옥의 거주자들)요, 산들이며, 그리고 움직이는 대상들입니다. 나는 순수 의식이며, 그대도 마찬가집니다. 우리는 언젠가는 죽습니다. 그러나 의식은 죽지 않습니다. 의식에게는 그것이 자각하게 될 대상이 없습니다. 그러므로 일원성과 다양성에 대한 모든 이야기는 무의미합니다.

심지어 유물론자들(물질적인 세상의 실재를 믿는 사람들)도 이 의식을 암시하고 있는데, 그 이유는 단지 그들이 그들로 하여금 그들이 말하는 것을 생각하고 말하게 만드는 참나나 지성이나 의식을 부정하지 않기 때문입니다. 어떤 사람들은 이 의식을 브람만이라고 부르고, 또 어떤 사람들은 냐남(참나 지식), 순야(공), 망상의 힘, 뿌루샤(참나), 찌다까샤(의식의 공간 혹은 차원), 쉬바, 아뜨만 등으로 부릅니다. 이 모든 묘사들이 의식입니다. 왜냐하면 이와 같이 그 자체를 생각하는 것이 오로지 의식(즉, 각기 다른 관점을 가지고 있는 이런 사람들 개개인 속에 있는 지성)이기 때문입니다.

내 수족들이 가루가 되도록 박살 나든지, 아니면 메루 산만큼 강해진다고 한들, 내가 순수 의식이라는 것을 깨달으면, 잃거나 얻는(늘리는) 것이 어디에 있겠습니까? 나의 조부나 다른 사람들은 죽었지만, 의식은 죽지 않았습니다. 의식은 태어나는 것도 죽는 것도 아닙니다. 그것은 공간과 같습니다. 하늘이 어떻게 죽겠습니까? 이 세상이 밤의 어둠으로 보이지 않다가(파괴되어 있다가), 동이 틀 때 다시 보이는(창조되는) 것과 꼭 같이, 탄생과 죽음도 꼭 그와 같습니다. 그러므로 사람은 죽음을 즐거운 일로 보아야 합니다. 왜냐하면 사람은 하나의 몸에서 다른 몸으로 가기 때문입니다. 오직 바보들만이 그렇게 좋은 날에 슬퍼합니다. 그렇지 않고 만약 그대가 사람은 다른 몸으로 다시 태어나지 않는다고 생각한다면, 그때도 슬퍼할 이유가 전혀 없습니다. 왜냐하면 그때는 죽음과 더불어 탄생과 죽음의 질병도 끝나 버리기 때문입니다. 그러므로 현명한 사람은 삶이나 죽음에 대해 슬퍼하거나 기뻐하지 않습니다. 만약 자신의 악행들을 의식하고 있는 사람이 죽음을 두려워한다면, 그것도 무의미합니다. 왜냐하면 그러한 사람은 내세에서는 물론이고 현세에서도 고통을 받기 때문입니다. 그러므로 그대는 왜 "나는 살고 싶다, 나는 살고 싶다, 나는 살고 싶다."라고 기뻐서 소리치지 않고, "나는 죽겠다, 나는 죽겠다, 나는 죽겠다."라고 슬퍼합니까? 그러나 이러한 표현도 무한한 의식만이 존재한다는 것을 그대가 깨달을 때는 무의미합니다. 공간은 공간 속에 존재합니다. '탄생'과 '죽음'과 같은 단어들의 의미는 무엇입니까? 그대가 순수 의식이라는 것을 안다면, '나'와 '나의 것'이라는 의식을 전혀 갖지 말고, 먹고 마시며 살아가십시오. 그대는 하늘과 같습니다. 욕망들이 어떻게 그대에게 일어나겠습니까? 현명한 사람은 자신이 청하지 않았는데도 순수한 것이 자기에게 찾아온다면, 인생의 강물을 따라 떠내려 오는 그 순수한 것을 즐깁니다. 만약 인생의 강물에 의해서나 혹은 환경들에 의해 떠내려 온 불순물들이 있다면, 현명한 사람들은 마치 깊은 잠에 들어 있을 때처럼 그것들에 전혀 관심이 없습니다.

라마는 물었다.

사람이 지고의 진리를 깨달았을 때, 그는 어떤 사람이 됩니까?

바시슈타는 대답했다.

그러한 사람에게는 심지어 바위조차 친구가 되고, 숲 속의 나무들도 친척이 됩니다. 그가 숲 속에서 살아간다 해도, 동물들이 그의 친지와 친척이 됩니다. 왕국은 그의 눈에 비어 있는 것으로 보입니다. 불행은 큰 행운이 됩니다. 그리고 그가 왕국에서 살아간다 해도, 그는 그의 불행을 기뻐(축하)합니다. 부조화는 조화가 되고, 슬픔은 큰 기쁨이 되며, 심지어 격한 활동을 하고 있다 하더라도, 그는 깊은 침묵을 경험합니다. 그는 활동 속에서 철저하게 활동 없음을 봅니다. 깨어 있지만 그는 깊은 잠에 들어 있고, 살아 있지만 그는 죽은 것이나 마찬가집니다. 그는 모든 것을 하지만 아무것도 하지 않습니다. 그는 쾌락을 맛보지 않고서 즐깁니다. 그는 모두의 매우 소중한 친구입니다. 그는 타인을 불쌍히 여기는 마음이 없으나, 동정심으로 가득 차 있습니다. 강한 욕망이 없지만 그는 원하는 것처럼 보입니다. 그는 오로지 자신의 활동들을 적절히 수행하는 데에 관심이 있습니다.

그는 각 상황에 따라 행복하고 불행한 것처럼 보입니다. 그는 자연스러운 것을 버리지 않고, 이러한 인생의 드라마에서 적절한 역할을 수행합니다. 그는 마음이 물들지 않아, 슬픔에 잠긴 사람들을 동정하고, 행복한 사람들과 함께 기뻐합니다.

라마가 물었다.

그러나 비록 무지하지만 어떤 영리한 사람들은 올바른 영혼이 없이 철저하게 독신을 지키면서 또한 그런 상태에 있는 체할 수 있습니다. 그러니 어떻게 진짜와 가짜를 구별할 수 있습니까?

바시슈타는 대답했다.

진짜든 가짜든 간에, 그러한 본성은 칭찬받을 만합니다. 진실로 현명한 사람들은 마치 그들에게 다양한 욕망들이 있는 것처럼 살아가며, 비록 그들 자신은 현명하지만 바보들과 함께 웃습니다. 아무도 그들의 내면의 평화와 깨달은 상태를 모릅니다. 오직 현명한 사람들만이 다른 현명한 사람들을 알아봅니다. 진실로 지혜로운 사람들은 그들의 지혜를 노출시키지도 않고, 일반 대중의 숭배를 받기 위하여 그 지혜를 과시하지도 않습니다. 일반 대중은 현자의 눈에는 마음을 흐트러뜨리는 것입니다. 나는 모든 사람이 나를 숭배할 수 있도록, 그들이 내가 얼마나 선한 사람인지를 알아주었으면 좋겠어.'와 같은 생각들은 허영심 많은 사람의 마음에서 일어나지, 현명한 사람의 마음에서는 일어나지 않습니다.

공중부양과 같은 능력은 만뜨라나 약물 등에 의해서도 얻어지며, 심지어 무지한 사람들에 의해서도 얻어집니다. 필요한 노력을 할 준비가 되어 있는 사람은 깨달음을 얻었든지 안 얻었든지 이와 같은 능력들을 얻을 수 있습니다. 노력을 하여 그 능력들을 얻는 것은 자아입니다. 이러한 능력들은 오히려 바사나들 즉 정신적 조건화를 강화시켜 줍니다. 그러나 깨달음을 얻은 사람은 이런 것에는 조금도 관심이 없습니다. 그는 이 세상을 하나의 풀잎처럼 봅니다. 깨달음을 얻은 사람은 자연스럽게 적절한 활동을 하면서, 아무런 의지 작용이 없는 삶을 영위해 갑니다. 심지어 천국에 있는 쾌락의 동산들도 깨달음을 얻은 사람의 지혜만큼 사람을 행복하게 하지는 못합니다. 깨달음을 얻은 사람들은 자신의 몸이 더위나 추위 따위에 노출되면, 마치 이 모든 것이 다른 어떤 사람에게 일어난 것처럼 봅니다. 그는 가슴속에 모든 존재들에 대한 동정심을 가득 안은 채 타인을 위해 살아갑니다. 그는 동굴 속이나 은자의 집, 혹은 일반 집에서 살아갈 수 있으며, 혹은 끊임없이 떠돌아다닐 수도 있습니다. 그는 스승이 되거나 제자가 될 수도 있습니다. 그는 심령적인 능력들을 가지고 있을 수도 있고, 혹은 영원히 사마디에 들어 있을 수도 있습니다.

바시슈타는 계속 말했다.

무한한 의식만이 이 현상계로서 빛납니다. 그것이 어떻게 소멸될 수 있겠습니까? 의식 이외의 다른 것이 존재할 가능성은 없습니다. 이 몸이 죽어 없어질 때, 의식은 죽어 없어지지 않습니다. 몸이 없어질 때 의식이 사라진다고 하면, 그것은 오히려 기뻐해야 할 일입니다. 왜냐하면 삼사라와 슬픔이 없어지기 때문입니다. 몸이 존재하는 한 의식이 존재한다고 하면, 왜 죽은 몸은 의식을 하지 못하는 것일까요? 이 모든 논쟁들은 근거가 없습니다. 무한한 의식만이 실재하고, 그래서 그 의식은 스스로 경험하고 싶어 하는 모든 것을 실재로서 경험합니다. 왜냐하면 그 관념들의 실현을 막을 어떤 장애물도 없기 때문입니다. 이 세상은 결코 창조되지 않았습니다. 다시 말해 존재하고 있는 것은 무한한 의식뿐입니다.

이 의식 자체는 그것의 무한한 능력을 경험하고 싶어 합니다. 그것이 자기 자신을 자각하게 될 때, 그것은 그 자신을 압니다. 그리고 그것이 자기 자신을 자각하지 못하게 될 때, 그것은 그 자신에 대해 모릅니다. 그러므로 심지어 지식과 무지조차도 순수 의식입니다. 그리고 실제로는 그러한 구분이 없습니다. 그러므로 참나의 실현에 진지한 노력을 기울여야 합니다. 왜냐하면 참나 지식이 두 세상의 최고의 것을 사람에게 주기 때문입니다.

온갖 종류의 마음의 동요를 버리고, 그대 인생의 매 순간을 이 경전들의 연구와 탐구에 바치십시오. 자신이 얻으려고 애쓰는 것을 얻게 된다는 것은 분명합니다. 반대로 사람이 얻으려고 하는 것을 소홀히 하면 그는 반드시 그것을 잃게 됩니다. 마음이란 그대가 지혜나 무지 중 어느 방향으로 그것이 흐르도록 하든지 간에, 그것들의 진로를 따라 흐릅니다. 이 경전을 통하지 않고서는, 지금이든 그 어느 때이든, 좋은 것을 얻을 수 없습니다. 그러므로 지고의 진리에 대한 완벽한 깨달음을 얻기 위하여 열심히 이 경전을 탐구해야 합니다. 이 경전은 그대의 아버지, 어머니, 그리고 그대의 모든 친구들을 다 합친 것보다도 더 그대에게 이익을 줍니다.

삼사라 즉 세속적인 삶에 대한 속박으로 알려진 이 무서운 질병은 참나 지식 이외의 어떤 치료법으로도 고칠 수 없습니다. 그대가 시간을 허비하면서 죽음의 시간을 기다리고 있다는 것은 정말로 애석합니다. 재산과 명성을 쫓아다니는 어리석은 사람들은 그 재산과 명성을 획득하고 보존하느라 그들 자신의 목숨을 걸고 있습니다. 그들은 왜 경전을 탐구하여 불멸을 얻는 데 그들의 삶과 시간을 사용하지 않을까요? 사람이 불행과 재앙을 송두리째 없앨 수 있는 것은 참나 지식을 통해서 가능합니다.

내가 밤낮 큰 소리로 외쳐가며 진리를 말하는 것은 그대의 행복을 위해서입니다. 이 말에 귀를 기울이고, 스스로 참나를 깨달으십시오. 지금 그대가 이 무서운 병을 없애지 않으면, 죽고 나서 그대는 무엇을 하겠습니까? 그대가 참나 지식을 얻도록 하는 데 도움을 줄 수 있는 이 같은 경전은 어디에도 없습니다. 그것이 등불처럼 빛나게 하고, 그것이 아버지처럼 그대를 일깨워 가르침을 주게 하고, 그것이 아내처럼 그대에게 기쁨을 가져다주게 하십시오. 이 경전에는 새로운 것이 아무것도 없습니다. 그러나 진리는 많은 이야기들과 함께 기분 좋게 제시되어 있습니다. 중요한 것은 이 경전에서 주장되고 있는 진리입니다. 다시 말해, 누가 그 진리를 말했거나 누가 이 경전을 썼는가는 중요하지 않습니다.

바시슈타는 계속 말했다.

무지 때문이든지 아니면 망상 때문이든지 이 경전을 비웃거나 경시하는 사람과는 사귀지 말아야 합니다. 나는 나 자신의 본질을 알고, 그대들 모두가 누구인지도 압니다. 나는 그대에게 가르침을 주기 위해 여기에 앉아 있는, 그대 자신의 의식에 불과합니다. 즉 나는 인간도, 천인도, 신도 아닙니다. 나는 그대가 지은 공덕의 결과로서 여기에 있습니다. 사실상, 나는 이것도 아니요, 다른 것도 아닙니다.

사람은 삼사라(환영 같은 세상)라고 하는 병의 적절한 치료법을 지금 이 세상에서 찾아야 합니다. 만약 이 세상의 객관적이고 물질적인 존재에 대한 무관심을 계발하지 않으면, 그것이 존재한다는 데 대한 믿음이나 관념은 약화될 수 없습니다. 참나 제한의 그 불순물을 없앨 다른 방법은 없습니다. 유일한 방법은 바사나(자기 제한이나 조건화, 혹은 이 세상이 존재한다는 관념)를 약화시키는 것입니다. 만약 대상이 정말로 존재한다면, 그것이 존재한다는 그러한 관념은 당연합니다. 그러나 탐구의 빛이 없을 때는 그것이 존재하는 것처럼 보이지만, 실제로는 그것이 존재하지 않습니다.

표면상 존재하는 세상은 그것이 존재할 어떤 실제적인 이유도 가지고 있지 않습니다. 비실재의 결과가 어떻게 비실재적인 것이 아닌 다른 것이 될 수 있겠습니까? 비물질적인(영적인) 원인이 어떻게 물질적인 결과를 가져올 수 있겠습니까? 그림자가 태양 속에 존재할 수 없듯이 물질이 어떻게 순수 의식 속에 존재할 수 있겠습니까? 이 세상이 원자들의 순수하고 우연한 결합이라고 말하는 것은 옳지 않습니다. 왜냐하면 원자들은 스스로 움직이지 못하는 물질이기 때문입니다. 창조된 이 세상이 무지의 활동이 아니라 그 반대인 지성의 활동이라면, 지성이 있는 존재가 왜 미친 사람처럼 그런 쓸데없는 행동에 빠지겠습니까? 그러므로 이 세상은 존재하는 실재가 아니라 하나의 현상이라는 것이 분명합니다. 우리는 마치 꿈 속에서 보이는 대상들처럼, 순수한 공(空) 속에 존재하는 것처럼 보입니다. 이 세상은 단지 순수 의식에 불과하며, 그 둘 사이에는 어떤 차이도 없습니다. 즉, 하나가 마치 '공기'와 '공간 속의 이동'처럼 두 가지로 표현되고 있습니다. 무한한 의식에 현상을 보탠 것이 세상입니다. 이 세상에서 그 형태 즉 현상을 뺀 것이 무한한 의식입니다(현상은 환영과 같고, 환영은 존재하지 않는다). 의식이 꿈꾸는 사람에게 꿈을 창조하는 것과 꼭 같이, 의식은 깨어 있는 상태에서 이 세상을 창조합니다. 따라서 그 둘은 똑같은 실체로 구성되어 있습니다. 그렇다면 심지어 창조주 브람마의 몸에 대한 실재는 어디에 있습니까? 그것은 의식 속에서 최초의 꿈의 대상으로서 일어났습니다.

브람만만이 존재합니다. 심지어 우주적 인격체도 존재하지 않습니다. 그러나 이 모든 것이 오랜 기간에 걸쳐서 마치 실재하는 것처럼 경험됩니다. 하지만 비실재적인 것은 비록 그것이 오랜 시간에 걸쳐서 모든 사람들에 의해 경험되었더라도 비실재적입니다. 창조주 브람마로부터 기둥에 이르기까지 모든 물질적인 현상은 꿈 속에서 보이는 대상들처럼 비실재적입니다. 이 대상들은 마치 꿈 속에서 본 대상들이 꿈을 꾸는 동안에는 하나의 형상을 가지고 있는 것처럼 보이는 것과 꼭 같이 하나의 형상을 가지고 있는 것처럼 보입니다. 그러므로 물질적인 존재가 무엇이며, 이 현상계의 대상들이 무엇인지를 말씀해 보십시오. 그것들은 어디에 있으며, 그것들은 무엇입니까? 일원성은 무엇이고, 다양성은 무엇입니까? 나는 무엇입니까? 존재의 대상들에 대한 관념들은 무엇입니까? 이 존재계의 관념을 영속시켜 주는 관념들과 바사나들, 즉 자기 제한이나 정신적 조건화는 무엇입니까? 그것들은 어디에 있습니까? 실은 그것들은 존재하지 않습니다. 이 사실을 깨닫고 니르바나의 상태에 안주하십시오.

바시슈타는 계속 말했다.

미묘한 소리의 진동은 공간을 구성하며, 미묘한 접촉의 진동은 공기를 구성합니다. 그들의 마찰은 더위나 불 원소의 원인이 됩니다. 불이 사그라질 때, 물이 있습니다. 이 모든 것이 모일 때, 거기에서 흙이 생겨납니다. 그러나 이 모든 것은 형태가 없는 단순한 진동의 작용입니다. 형태가 어떻게 일어납니까? 이것을 오랫동안 생각한 뒤에, 형태를 낳는 것은 의식이라는 것을 이해하게 됩니다. 왜 이러한 진리를 바로 처음부터 이해하지 못할까요? 실제로 거친 원소들이나 형태들은 모두 존재하지 않습니다. 왜냐하면 그것들은 마치 꿈 속에서 일어나듯이 일어나기 때문입니다. 형태들이 꿈 속에서 일어나듯이, 그것들은 깨어 있는 상태에서도 일어납니다. 이것을 깨달으면, 해방이 있습니다. 몸이 계속 존재하든지 존재하지 않든지, 어떤 슬픔도 없습니다.

　깨어 있는 상태에서나 꿈 속에 있을 때나 그 어느 경우에도 실재하는 세상은 없습니다. 의식은 그 자체를 그러한 것으로서 경험하며, 그 경험이 이 세상입니다. 꿈 속에서 보이는 세상이 아무것도 없는 '무' 이듯이, 깨어 있을 때 보이는 세상도 마찬가지로 '무'입니다. 한 사람이 꿈 속에서 보는 경험들을 그 옆에 자는 사람이 모르는 것과 꼭 같이, 한 사람이 이 세상에서 겪는 경험들을 다른 사람은 모릅니다.

　꿈 속에서는 불임한 여성도 아들을 가지는 것 같습니다. 깨어 있는 상태에서도 불가능한 것이 일어난 것처럼 보입니다. 비실재적인 것이 실재하는 것처럼 보입니다. 실제로 경험되지 않은 것이, 마치 꿈 속에서 자신의 장례식을 경험하듯이, 실제의 경험처럼 보입니다. 사람이 지옥에 떨어지는 꿈을 꿀 때, 그의 침대가 그 지옥이 됩니다. 햇빛이 차단되면 사람은 아무것도 볼 수 없습니다. 그것은 어둠과 같습니다.

　꿈 속에서 꿈꾸는 사람은 그의 꿈 속의 친척들을 버리고, 죽습니다. 그러나 그가 깨어날 때는 꿈 속의 삶과 죽음에서 벗어납니다. 그와 마찬가지로 여기에서 오랫동안 기쁨과 슬픔을 경험하고 난 뒤에, 사람은 죽습니다. 꿈꾸는 사람은 이 세상이라고 알려진 또 다른 꿈을 경험하기 위하여 깨어납니다. 그와 마찬가지로, 이 세상을 경험한 뒤에 그는 또 다른 세상으로 나아갑니다. 꿈꾸는 사람은 꿈을 꾸는 동안에, 이전의 꿈이 비실재적인 꿈이라는 것을 깨닫지 못합니다. 그와 마찬가지로, 사람은 과거의 삶을 기억하지 못하고, 현생만이 실재하는 것으로 봅니다. 꿈꾸는 사람은 그의 수면이 끝날 때 꿈에서 '깨어난다'고 합니다. 그와 마찬가지로, 이 세상에서 살다가 죽는 사람도 다른 어딘가에서 깨어납니다. 그러므로 꿈과 깨어 있는 상태의 구분은 순전히 임의적이고 이론적입니다. 그 둘 다가 무한한 의식이라는 유일한 실재에 기초를 두고 있습니다.

모든 움직이는 사물과 움직이지 않는 사물은 단지 순수 의식에 지나지 않습니다. 그 의식 속에서 구별이라는 환영 같은 관념이 일어날 때, 의식은 세상이라고 알려지게 됩니다. 항아리는 점토에 불과합니다. 점토가 없을 때는 항아리도 없습니다. 모든 대상은 순수 의식이며, 만약 의식이 없다면 아무것도 보이지 않습니다. 물은 액체입니다. 물에서 유동성이 빠지면, 그것은 물이 아닙니다. 탈수된 물이 무엇입니까? 의식도 그와 꼭 같습니다. 여기에 있는 모든 것은 순수 의식입니다. 그래서 순수 의식이 빠지면, 아무것도 없게 됩니다.

바시슈타는 계속 말했다.

똑같은 것이 편의상 두 개의 이름을 부여받았습니다. 두 가지, 즉 깨어 있는 것과 잠자는 것은 마치 물 두 컵처럼 꼭 같습니다. 그들에게 공통적인 것, 즉 그들의 공통된 바탕이 되는 것은 순수 의식입니다.

뿌리를 통해 영양분을 빨아들이면서 존재하는 나무의 태도나 본성은 순수 의식입니다. 마찬가지로, 사람이 자신의 욕망들을 물리치고 마음이 완벽한 평화 상태에 있을 때, 순수 의식이 있습니다. 건강한 사람의 경우에 그의 마음에 대상에 대한 관념들이 없고 잠이 아직 오지 않았을 때, 순수한 의식이 있습니다. 나의 것이란 느낌이 없이 그들에게 어울리는 계절에 자라나는 목초와 덩굴식물 속에 존재하는 그 본성도 순수 의식입니다. 지각들과 개념들이 없지만 죽지 않은 사람, 그리고 그의 존재가 겨울 하늘처럼 맑고 순수한 그런 사람의 본성은 순수 의식입니다. 처음 창조된 대로 존재하는 나무와 바위의 순수한 존재, 그리고 순수한 존재들의 마음도 또한 순수 의식입니다. 그 안에 모든 것이 존재하고, 거기로부터 모든 것이 나오고, 그 자체가 모든 것이며, 그리고 완전한 그것이 바로 순수 의식(찌다까샤)입니다.

수면이 끝날 때, 현상계는 일어납니다. 그리고 그 현상계가 없어질 때, 순수 의식(찌담바람)이 있습니다. 모든 것이 '이것 아닌' 것으로 부정되고 난 뒤에도 남는, 아무것도 없는 '무'가 순수 의식입니다. 우주 전체는 사실 과거도 그랬고 지금도 그러한 순수 의식입니다. 형태들에 대한 지각과 관념들과 개념들에 대한 이해가 있을 때라도, 그 의식만이 존재하고 있습니다.

이것을 안다면, 마치 잠자는 사람이 아직 안으로는 '깨어 있는' 것처럼, 감각의 대상들을 자각하고 있는 동안이라도 조건화에서 벗어나십시오. 바위처럼 내면적으로 침묵을 지키면서, 이야기하고, 걸어가고, 마시고, 드십시오. 이 세상은 전혀 창조되지 않았습니다. 왜냐하면 거기에는 원인이 없기 때문입니다. 원인이 없으면, 어떤 결과도 일어나지 않습니다. 그러므로 의식은 어떤 변화도 없이 의식으로 남아 있습니다. 의식이 그 자체의 본래 갖추어진 잠재력들을 계속 경험할 때, 그 의식은 이 세상으로 나타납니다. 따라서 이 객관적인 세상은 전혀 창조되지 않았으며, 지금도 존재하지 않으며, 앞으로도 생겨나지 않을 것입니다. 또한 그 의식은 죽어 없어지지도 않을 것입니다. 왜냐하면 존재하지도 않는 것이 어떻게 죽을 수 있겠습니까? 존재하는 것처럼 보이는 것은 의식이 그 자체 내에 비춰진 것입니다. 그러나 어떤 이원성도 없기 때문에 어떤 반사나 현상도 없습니다. '본질'이 실재적인 것인지, 아니면 비실재적인 것인지를 누가 알겠습니까? 꿈이 자기 자신의 의식이라는 것을 제외하고, 왜, 어떻게 꿈을 꾸는지를, 혹은 그 꿈이 무엇인지를 누가 알겠습니까? 창조주와 모든 것은 단지 순수 의식에 지나지 않습니다. 이것을 깨달을 때, 그것을 브람만이라고 합니다. 그것을 깨닫지 못하면, 그것을 환영, 마야, 무지 그리고 이 세상이라고 합니다. 마치 어떤 사람이 꿈을 꾸면서 이 모든 것이 그의 꿈 속에 존재하고 있다고 생각하는 것처럼, '나는 산이다.', '나는 루드라다.', '나는 바다다.', '나는 우주적 인격체다.'라고 그 자체를 아는 것은 오로지 그 의식뿐입니다. 외부의 모든 대상은 자신의 의식의 거울 속에 비춰집니다. 그래서 그것들을 탐구할 때 그 의식은 즉시 보입니다. 이와 같이 그것들을 탐구할 때, 순수 의식으로서의 그것들의 본성은 실현됩니다.

비빠슈찌뜨의 이야기

바시슈타는 계속 말했다.

전 우주가 순수 의식이지만, 하나의 대상으로서 그것은 둔한 모습을 하고 있습니다. 그러므로 모든 것은 살아 있지만 죽은 것과 같습니다.

그와 마찬가지로, 나와 그대도 비록 살아 있지만 죽은 것과 같습니다. 이 세상에서 '세상'이라는 개념과 우리 자신에 대한 '나'와 '그대'라는 개념을 버린 뒤에, 적절한 행동을 하십시오. 왜냐고요? 이 현상계가 나타나는 이유는 무엇입니까? 어린아이가 놀이를 할 때 어떠한 이유나 동기가 없는 것처럼 거기에는 어떤 이유도 없습니다. 그러므로 물질과 마음에 대한 쓸데없는 지식을 추구하는 데 일생을 허비하지 말아야 합니다. 황금을 찾으려 하는 사람은 하늘을 맑게 하지 못합니다.

다음 이야기를 경청해 주십시오. 이 우주 속의 잠부드비빠라는 대륙에는 따띰이란 이름의 유명한 도시가 있었는데, 비빠슈찌뜨(문자 그대로의 뜻은 박식한, 현명한)라고 하는 왕이 그 도시를 다스리고 있었습니다. 그의 영광은 형언할 수 없었습니다. 심지어 궁중의 시인들조차 모든 재능을 다 동원해도 그의 미덕들을 다 묘사하지 못했습니다. 그러나 그들은 그 왕과 함께 있기를 좋아하고 즐겼습니다. 그는 그들을 좋아했고, 매일 그들에게 후한 선물을 주었습니다. 그는 브람마나(사제들)에게 헌신했고, 또한 그가 매일 열심히 숭배하는 불에게도 헌신했습니다.

그에게는 왕국의 네 국경에서 열심히 왕국을 지키고 있던 네 명의 대신이 있었습니다. 그들의 지혜와 용기 때문에 왕은 승리를 거두었고 난공불락이 되었습니다. 어느 날, 동방으로부터 한 현자가 그를 방문했습니다. 그는 왕에게 귀에 거슬리는 불쾌한 말을 했습니다.

그는 이렇게 말했습니다. "오, 왕이시여! 그대는 그대 자신의 손발을 이 지상에다 함께 묶어 놓았습니다. 이제 제 이야기를 듣고 어떻게 해야 할지를 결정하십시오. 그대의 도시 동쪽을 지키고 있던 그대의 대신이 죽었습니다. 남쪽을 수비하던 대신이 동쪽까지 엄호하려 했지만, 적에게 지고 말았습니다. 그도 죽었습니다. 서쪽을 지키던 대신이 급히 남쪽으로 달려갔을 때, 그는 도중에 적에게 차단당하여 살해되었습니다.”

현자가 이 말을 하고 있을 때, 또 한 사람이 왕실 안으로 달려와서 북쪽을 수비하던 대신이 궁전 입구에 와 있다고 알렸습니다. 왕은 군대에 경계 발령을 내리고, 그 대신을 안으로 들어오게 했습니다. 대신은 들어와서 왕에게 인사했습니다. 그는 약했으며 그의 호흡은 힘들었습니다. 그는 약하기 때문에 이미 적에게 압도당하고 만 것입니다. 그는 왕에게 “폐하! 다른 세 명의 대신들 모두가 폐하를 위해 그 영토를 지키려다가 죽음의 세상으로 떠나갔습니다. 오직 폐하만이 그 적을 진압할 수 있는 힘이 있습니다.”라고 말했습니다.

한편, 또 한 사람이 왕의 어전에 들어와, “폐하! 도시가 적에게 완전히 포위되었습니다. 사방에서 적들의 무기가 난무합니다. 그들은 악마처럼 대단히 강력합니다. 그들의 갑옷은 폐하의 영광과 맞먹는 빛으로 빛나고 있습니다. 그들의 군대도 잘 배치되어 있습니다. 그들은 분기충천해 있고, 그들의 함성은 격렬합니다. 그 군대의 사령관이 이 소식을 폐하에게 전하기 위해 저를 보냈습니다. 이제 적절한 조치를 취해 주십시오.”라고 보고했습니다.

이 전갈을 전한 뒤에 그 사람은 떠나갔습니다. 왕의 군대에 소속된 모든 사람은 그들의 팔과 무기들을 치켜들고 전투할 태세를 취했습니다.

바시슈타는 계속 말했다.

한편 모든 대신들이 왕 주위에 소집되었습니다. 그들은 다음과 같이 왕에게 충고했습니다. “폐하! 우리는 우리의 적에 대한 상황을 충분히 생각했습니다. 우리는 적을 다루는 세 가지의 평화로운 방침이 이번의 경우에는 부적절하며, 오직 처벌이나 폭력이라는 네 번째의 방침이 적절하다는 결론에 도달했습니다. 사실상, 우리는 과거에 한 번도 이들

적과의 우정이나 동맹을 보여 주지 못했습니다. 그러므로 그것이 이제는 아무 소용이 없게 되었습니다. 다음과 같이 분류되는 적들은 평화로운 협상을 기꺼이 받아들이지 않습니다. 즉 우리의 약점을 매우 잘 아는 사람들은 물론, 죄인들, 야만인들, 외국인들, 그리고 확고한 동맹 관계에 있는 사람들이 그들입니다. 그러므로 조금의 지체도 있어서는 안 됩니다. 전면전을 위한 총동원령을 내려 주십시오."

왕은 필요한 명령들을 내렸고, 대신들을 전쟁터로 보내면서 그도 신성한 불에 대한 그의 관습적인 숭배를 올린 뒤에 곧 그들과 합류할 것이라고 말했습니다. 그리고 나서 그는 목욕을 하고, 예배를 올리기 위해 신성한 불로 다가갔습니다. 그는 이렇게 기도했습니다. "신이시여! 저는 지금까지 힘들이지 않고 수월하게 저의 모든 적들을 정복하여, 많은 섬들과 대륙들에 저의 통치권을 행사하면서 이처럼 멀리까지 뻗친 제국을 다스려 왔습니다. 저는 악마들을 포함한 많은 민족들을 통치했습니다. 그러나 이제 제가 늙었나 봅니다. 그러므로 저의 이 적들은 지금이 저의 영토를 공격할 적기라고 생각했던 것입니다. 신이시여! 지금까지 제가 이 신성한 불에게 각기 여러 봉헌물들을 바쳐 온 것처럼, 오늘 저는 저 자신의 머리를 봉헌물로 바치겠습니다. 저는 이 불에서 나라야나 신의 네 개의 팔처럼 강력한 네 개의 존재가 나와 주기를 기도드립니다."

그렇게 말을 하고 난 뒤에 왕은 곧바로 자기 머리를 잘랐습니다. 그 다음 순간 그의 몸은 동강난 머리와 함께 불 속으로 떨어졌습니다. 그 불에서 왕은 비상한 광채와 활력을 가지고 있는, 온갖 종류의 최고의 무기들만을 갖춘 네 명의 찬란한 전사들이 되어 다시 나타났습니다. 그 네 명의 전사들은 적이 사용하는 어떤 군사 무기들에 의해서도 정복당할 수 없음이 분명했습니다. 비록 그 무기가 미사일이든, 만뜨라이든, 약물이든 말입니다.

적의 병력들이 동시에 진군해 왔습니다. 처참한 전투가 벌어졌습니다. 하늘은 연기와 날아다니는 무기들로 뒤덮였습니다. 장검이 번득였고, 회전식 연발권총들이 계속적으로 불을 뿜었습니다. 보는 것조차 처참했습니다. 피가 강물을 이루어 코끼리마저 떠내려갈 정도였습니다. 여기저기에서 두 개의 미사일이 하늘에서 충돌하여, 하늘은 그들이 내는 빛으로 밝았습니다. 모든 군인의 지성과 가슴속에는 오직 "나는 적을 죽여야만 한다. 그렇지 않으면 내가 죽는다."라는 한 가지 생각만 있었습니다. 전쟁은 그때까지 사람들 속에 잠재해 있던 선량하고 고귀한 특성들도 밖으로 드러내 주고 있었습니다. 반면에, 지극히 잔인한 행동도 있었습니다. 여기저기에서 군인들은 심지어 피난민들마저 죽였고, 닥치는 대로 약탈을 했습니다.

전쟁에 직접 개입되지 않은 사람들 즉 민간인들은 그곳에서 도망쳤습니다. 전쟁터는 삶과 죽음의 구분이 이미 사라져 버린 그런 군인들로 가득 차 있었습니다.

바시슈타는 계속 말했다.

왕은 자신의 네 개의 형상들로 네 개의 방향에서 전쟁터로 나아갔습니다. 그는 자기 군대가 잘 준비되고 잘 갖추어진 적의 군대보다 훨씬 약하다는 것을 알았습니다. 그는 "아가스띠야 현자는 바닷물을 마셨다. 나도 제2의 아가스띠야가 되어, 이 바닷물과 같은 적의 병력을 말려 버려야겠다."라고 생각했습니다. 그가 바람의 미사일을 생각하자 즉시 그것이 그에게 당도했습니다. 그는 다시 한 번 경의를 표하고 자기 백성들을 위하여 기도를 올렸습니다. 그리고 미사일을 적군에게로 돌렸습니다. 순간 엄청난 양의 미사일과 무기들이 사방으로 날아갔습니다. 불어 닥치는 강풍은 우주를 소멸시키는 바람과 같았습니다. 과연 예상한 대로, 그 미사일의 위력으로 적군은 곧 무력해지고 말았습니다. 바람의 미사일은 억수 같은 비와 강풍들과 짙은 먹구름들도 일으켰습니다.

적군의 여러 부대들이 각기 다른 방향으로 도망쳤습니다. 체디 군대 (진주와 뱀의 나라에서 온)는 남쪽 방향으로 도망쳤습니다. 빠르시스 병사들은 반줄라라는 숲 속에서 죽었습니다. 다라다 병사들은 동굴 속에 몸을 숨겼습니다. 인근 숲 속으로 들어갔던 다샤르나 병사들은 그곳에 있던 사자들에게 물려 죽었습니다. 샤까 영토에서 온 군인들은 쇠로 만들어진 미사일들을 견딜 수 없어 공포에 떨면서 뛰어다녔습니다. 뚱가나의 군대(이들의 색깔은 황금색이었다)는 강도들에게 옷을 빼앗기고 악마들에게 잡아 먹혔습니다.

적군의 생존자들은 사햐 아드리라는 산 속에 몸을 숨기고 7일 동안 쉬었습니다. 간다라라는 영토에서 온 천인들이 그들의 상처를 보살펴 주었습니다. 후나와 찌나와 끼라따에서 온 군인들은 비빠슈찌뜨 왕이 날려 보낸 미사일들을 맞고 보기 흉한 끔찍한 상처를 입었습니다. 심지어 나무조차 왕의 능력을 두려워하여, 전쟁이 끝난 뒤에도 매우 오랫동안 가만히 서 있었습니다.

만두라 영토의 공군은 바람을 만나 호수에 추락했습니다. 보병은 앞을 볼 수 없을 정도로 퍼붓는 비 때문에 뛸 수도 없었습니다. 북쪽으로 도망친 후나스 병사들은 모래벌판을 만나 거기에서 빠져 죽었습니다. 동쪽으로 도망친 샤까스 병사들은 왕에게 포로가 되어 하루 동안 감금되어 있다가 풀려났습니다.

만드라 영토에서 온 병사들은 피난처를 찾아 마헨드라 산으로 올라갔습니다. 그들은 문자 그대로 그들의 몸을 조금씩 산 위로 끌어올리다가, 현자들이 사는 은둔처 근처에서 쓰러졌습니다. 그때 현자들은 그들에게 음식과 마실 것 등을 가져다주었습니다. 그들은 전쟁터에서 죽음을 피하고 음식을 구걸하기 위해 이 산으로 올라왔습니다. 그러나 그들은 신들이 사는 동굴에서 두 가지(직접적인 안전과, 영원한 평화를 보장해주는 현자들과의 교제)를 얻었습니다. 이따금 우연의 일치(까마귀와 야자열매)로 악 뒤에는 선이 따릅니다. 다샤르나 병사들은 우연히 독약을 먹고 죽었습니다. 하이하야 병사들은 우연히 약초를 먹고, 하늘을 나는 능력을 가진 천인으로 변해 버렸습니다.

바시슈타는 계속 말했다.

이렇게 도망치는 적들을 추적하면서, 네 명의 왕(비빠슈찌뜨)들은 멀고도 먼 거리를 횡단했습니다. 전능한 내재 의식의 강요를 받고, 그들은 디그비자야라고 하는 세상의 정복을 위한 군사 활동에 이미 착수했습니다. 그들은 상당한 거리를 그들의 군대와 함께 같이 갔습니다. 그들이 쉬지 않고 휴식도 없이 행군해 갔기 때문에 이들 군대와 그들의 장비와, 또한 그들이 추격하는 적의 군대도 약화되고 죽어갔습니다. 왕들이 소유한 미사일들도 마치 불이 그 연료를 다 태우고 나면 꺼지듯이 이미 효력을 잃어버렸습니다.

네 개의 다른 방향들로 추적해 가고 있던 네 명의 왕들은 거대한 바다와 마주쳤습니다. 그들이 가진 남아 있던 미사일들도 엄청나게 내린 비로 만들어진 진흙 속에 떨어져서 부서졌습니다. 그 네 명의 형제들은 그 무한한 바다를 바라보면서 경탄했습니다. (다음을 보라. 이어서 대단히 시적인 바다의 묘사가 나온다.)

이 원정길에 네 명의 왕을 따라갔던 대신들은 숲들과 나무들, 바다들, 산들, 구름들, 그리고 산악 부족과 같은 다양한 아름다운 광경들을 그들의 왕들에게 가리켜 보여 주었습니다. (다음을 보라. 경전 속에는 다시 이 모든 것에 대한 시적인 묘사가 나온다. 또한 비교를 위해 하나의 '반전'도 나온다.) 마치 브람만이 비록 하나이지만 다양하게 분할되는 것처럼 보이듯이, 그리고 브람만이 무한하지만 이 유한하고 소멸되는 세상을 창조한 것처럼 보이듯이, 이 바다도 비록 하나이지만 여러 바다들로 분할되는 것처럼 보이고, 또한 영원한 물결들처럼 보이기도 하고, 동시에 일시적인 물결들처럼 보이기도 합니다.

대신들은 더 많은 바다들을 가리키면서 다음과 같이 말했습니다. "폐하! 바로 여기 이 바다에 나라야나 신이 쉬고 계십니다. 이곳의 다른 바다에는 그의 적인 악마들이 숨어 있습니다. 그 다른 바다 속에는 산들도 숨어 있습니다. 이 바다 밑에는 우주를 소멸시키는 구름과 함께, 상상할 수 없을 정도의 열기를 가진 우주의 불이 있습니다. 이 바다가 이토록 거대하고, 이토록 확고하게 자리를 잡고 있으며, 그토록 많은 짐을 지탱할 수 있다는 것이 얼마나 경이로운 일입니까? 달을 보십시오. 달이 동쪽 수평선 위에서 떠오를 때, 그것은 부드러운 달빛을 사방에 던지면서 모든 사람에게 행운을 가져다주며, 어둠과 밤에 대한 모든 사람들의 두려움을 없애 줍니다. 그러나 이 달도 검은 얼룩들로 더럽혀져 있습니다. 이러한 것이 요정들의 몸의 실정일진대, 우리가 이 세상에서 무엇을 더럽혀지지 않은 대상이라고 부를 수 있으며, 이 세상에서 어떤 것을 좋고 우수하다고 할 수 있겠습니까? 시간이나 운명이 눈 깜짝할 사이에 더럽히지 못할 것이 이 세상에 무엇이 있겠습니까? 확실히 그러한 것은 이 지상에 하나도 없습니다."

대신들과 다른 사람들은 이렇게 말했습니다.

오, 폐하! 이 지상의 변방들에서 전투를 벌이고 있는 통치자들을 바라보십시오. 천국의 요정들은 우주의 차를 몰면서 전투에서 살해된 고귀한 분들을 실어 나르고 있습니다. 이것은 삶의 모든 결실들 가운데 최고의 결실로 간주됩니다. 다시 말해, 사람은 사회의 노여움을 사지 않는, 성공과 건강과 부의 삶을 영위해야 하고, 타인들을 위하여 정의로운 전쟁에 임해야 한다는 것입니다. 다른 사람이 싸움을 걸어올 때, 전투에 적용되는 도덕적 규범을 위반하지 않고서 그 상대를 죽이는 사람은 영웅이며, 그는 천국으로 갑니다.

오, 폐하! 막강한 신들과 악마들이 별들의 형태로 나타나는 하늘을 바라보십시오. 그곳은 또한 태양과 달처럼 막강한 행성들과 별들이 움직이는 터이기도 합니다. 어리석은 사람들은 심지어 지금도 그것을 텅 빈 공으로 간주합니다. 이 모든 별과 행성들의 이동에도 불구하고, 신(빛)과 악마(어둠) 사이의 전투에도 불구하고, 이 공간은 오염되거나 더럽혀지거나 혹은 어떤 식으로도 바뀌지 않았습니다.

오, 공간이여! 비록 그대가 그대 무릎 위에 태양을 가지고 있고, 심지어 나라야나 신과 그 신의 모든 수행원을 데리고 있지만, 그대는 그대 안에 있는 어둠을 아직 버리지 않았습니다. 그러므로 그대는 마야로서 여겨지고 있습니다. 아무도, 심지어 박식한 사람들과 현명한 사람들조차도 진실로 그대와 그대의 작용을 이해할 수 없습니다. 오, 공간이여! 아무것도 소유하지 않는 사람들이 모든 것을 성취합니다. 그대는 그대 내부에 있는 순수한 공입니다. 그러나 그대는 모든 것을 자라게 하고 의기양양하게 합니다.

공간에는 도시들이나 마을들도 없으며, 숲들이나 공원들도 없고, 나무들이나 그림자도 없습니다. 그러나 태양은 매일 공간을 가로질러 갑니다. 진실로, 고귀한 사람들은 그들의 의무가 아무리 어렵고 성가신 것이라 해도, 반드시 그들의 의무를 이행합니다.

겉으로 보기에는 아무 일도 하고 있지 않지만, 공간은 식물들과 나무들이 지나치게 자라지 못하게 함으로써 그들의 성장을 통제합니다. 수많은 무한한 우주들이 태어나고 다시 그 속으로 소멸되는 그 공간이 어떻게 모든 것이 없는 것으로 간주될 수 있겠습니까? 학자들에게는 무언가 잘못이 있습니다.

대신들과 다른 사람들은 계속 말했다.

(다음 몇 장은 또한 재미있는 비유적인 영적인 이야기와 더불어, 자연 현상과 식물상과 동물상에 대한 매우 시적이고 예술적인 묘사로 가득 차 있다. 그 비유적 이야기 가운데 다음 두 개는 단지 예에 불과하다.―S.V.)

오, 폐하! 두루미를 바라보십시오. 그것은 얼마나 부지런하고 효율적으로 물고기를 잡아먹습니까? 사악한 사람들은 저 두루미의 자연스러운 활동 속에서, 사람은 자신의 이기적인 목적들을 달성하기 위하여 꼭 그렇게 다른 사람들을 파괴시켜야 한다는 그들 자신의 사악한 이론을 정당화시키는 논거를 찾을 것입니다.

공작새를 보십시오. 그 공작새는 가장 순수한 빗물로 자신의 갈증을 해갈합니다. 그 공작새는 배수로와 운하의 오염된 물을 마시지 않습니다. 그러나 그것은 계속적으로 구름과 그 구름에서 떨어지는 비를 기억하고 만족을 얻습니다. 거룩한 성현들에게 마음을 집중적으로 헌신할 때, 불쾌한 경험마저도 즐거워집니다.

오, 왕이시여! 저기에서 음식을 먹으면서 서로 이야기를 나누고 있는 젊은 부부를 바라보십시오. 자기 배우자에 대한 사랑에 사로잡힌 이 젊은이는 매우 오랜 이별 끝에 이제 막 그녀를 만났습니다. 다음은 그가 그녀에게 말한 내용입니다.

"가장 사랑하는 사람이여! 우리가 떨어져 있는 동안 어느 날 나에게 일어난 일을 들어 보십시오. 나는 구름을 바라보면서, 당신에게 메시지를 전해 달라고 구름에게 기도했습니다. 나는 당신에 대한 그리움에 너무 크게 압도당한 나머지 기절하고 말았습니다. 내 호흡이 멈추었습니다. 내 기억도 없어졌습니다. 내 몸은 통나무처럼 차갑고 딱딱하게 변해 갔습니다. 사랑하는 사람과 떨어져 있을 때 생기는 이 불행을 과연 누가 충분히 묘사할 수 있겠습니까?

이를 목격한 여행자들은 내가 죽었다고 생각하고, 가난한 몸을 화장하기 위하여 준비를 했습니다. 나는 화장터로 옮겨졌습니다. 그들은 나를 장작더미 위에 올려놓고 거기에 불을 질렀습니다. 순간 나는 온갖 종류의 이상한 느낌들과 감각들과 비전들을 경험했습니다. 나는 땅 속의 어떤 구멍으로 떨어지는 느낌이 들었습니다. 나는 당신의 사랑이라는 갑옷과 당신의 모습에 대한 생각의 갑옷으로 보호를 받았습니다. 나는 내 가슴속에서 당신과 함께 즐거운 시간을 보냈습니다. 이제는 우리가 자신을 완전히 잊어버린 채 서로를 좋아했던 연애 시절의 가장 작은 일까지 기억납니다. 한편 나는 내 주위에 번져 가는 불길을 보았습니다." 이 이야기를 듣고 그 처녀는 졸도했으나, 그가 그녀를 소생시킨 다음에 계속 이야기를 해 나갔습니다.

"곧 나는 '불이야, 불!' 하고 소리를 질렀고, 졸도에서 깨어났습니다. 화장터에 있던 사람들은 내가 사자들 가운데서 돌아왔다고 생각하며 감동했습니다. 그들은 노래하고 춤을 추었습니다. 우리 모두는 집으로 돌아갔습니다."

바시슈타는 말했다.

이 모든 이야기를 듣고 난 뒤, 네 명의 왕으로 나타난 비빠슈찌뜨는 그 불에 숭배를 올렸습니다. 불의 신은 그들에게 나타났습니다. 그들은 불의 신에게 이렇게 기도 드렸습니다. "우리는 다섯 개의 원소들로 구성된 우주 전체를 바라보고 싶습니다. 우리가 그렇게 할 수 있도록 해 주시고, 우리가 모든 것을 다 보거나, 아니면 육안과 그 육안을 넘어서서 마음을 통해 가능한 한 많은 것을 볼 때까지는 죽지 않도록 해 주십시오." 불의 신은 이러한 축복을 내려주고 사라졌습니다.

라마가 물었다.

신이시여! 네 명의 왕으로 나타난 비빠슈찌뜨가 단지 하나의 의식을 가진 한 사람에 불과했지만, 어째서 그들 네 사람이 각기 다른 욕망들을 지니게 되었습니까?

바시슈타는 다음과 같이 대답했다.

의식은 비록 하나이고 비이원적이고 편재하는 것이지만, 그것은 잠자는(꿈꾸는) 사람의 마음처럼 다양해지는 것처럼 보입니다. 거울이 순수하기 때문에 그 자체 내에서 다양한 대상들을 비추는 것과 꼭 같이, 의식도 완전히 순수하기 때문에 그 자체 내에서 모든 것을 비춰 줍니다. 비록 거울들이 같은 금속으로 만들어져 있을지 몰라도, 그것들은 서로에게 다양한 대상들을 무한히 비춰 줍니다. 마찬가지로, 의식도 그 앞에 무엇을 갖다 놓더라도 그 자체 내에서 그것들을 비춰 줍니다.

이와 같이 다양성이 하나처럼 보이지만, 그러나 그것은 다양하기도 하고 동시에 다양하지 않기도(하나이기도) 합니다. 왜냐하면 그것은 다양하지도 않고, 또한 다양하지 않은 것도 아니기 때문입니다. 또한 그것은 다양하면서 동시에 하나이기 때문입니다. 그러므로 네 명의 비빠슈찌뜨 개개인 앞에 나타난 것은 무엇이나 그의 의식 속에서 비춰졌으며, 또한 그는 그것을 경험했습니다. 요기들은 분명히 한 장소에 있지만 여러 활동을 어디에서든지 행할 수 있고, 세 가지 모든 시간대에 있는 모든 것을 경험할 수 있습니다. 하나이면서 만물에 충만해 있는 물은 동시에 많은 것을 하고, 다양한 경험을 겪는 것 같습니다. 네 개의 팔이나 네 개의 몸을 가지고 있는 하나의 비슈누 신은 이 세상을 보호하는 데 다양한 역할을 수행합니다. 많은 팔을 가진 존재(동물)는 두 팔로 어떤 것을 잡고, 다른 팔로는 그것을 죽입니다. 네 명의 비빠슈찌뜨 왕들이 다양한 활동을 하고 있는 것도 바로 그런 식이었습니다.

그들은 지상의 초목을 침대 삼아 다양하게 잤습니다. 그들은 각기 다른 대륙들에 살면서 즐겁게 시간을 보냈습니다. 그들은 각기 다른 숲들 속에서 놀았습니다. 그들은 여러 사막들을 떠돌아다녔습니다. 그들은 산꼭대기들과 여러 바다들 속에서 살았습니다. 그들은 가끔 산의 동굴들 속에 몸을 숨기기도 했습니다. 그들은 바닷가와 도시들에서는 물론, 파도들을 타며, 여러 바다들 위에서 바람을 맞으며 놀았습니다.

동쪽으로 간 비빠슈찌뜨는 샤까라는 대륙에 있는 일출 산의 비탈에서 7년 동안 잠을 잤습니다. 왜냐하면 그는 거기에 있는 천인들의 마법에 걸렸기 때문입니다. 바위에 고여 있던 물을 마시고 난 뒤에 그는 돌처럼 변해 버린 것입니다. 같은 대륙의 일몰 산이 있는 서쪽으로 간 비빠슈찌뜨는 요정의 마법에 걸려들었고, 그 요정은 한 달 동안 그를 데리고 즐겼습니다. 동쪽으로 간 비빠슈찌뜨는 얼마 동안 심황숲 속에 신분을 숨기고 지냈습니다. 천인의 주문(呪文) 때문에 그는 열흘 동안 사자가 되어 살았습니다. 악귀에게 졌을 때는 열흘 동안 개구리가 되어 살았습니다. 북쪽으로 간 비빠슈찌뜨는 백 년 동안 샤까 대륙의 닐라기리(푸른 산)에 있는 보이지 않는 우물 속에서 살았습니다. 서쪽으로 간

비빠슈찌뜨는 천인이 되는 방법을 배워, 14년 동안 천인(비디야다라)으로 살았습니다.

바시슈타는 계속 말했다.

동쪽으로 간 왕이 그가 마신 물의 주문에 걸려 있을 때, 그를 구조해 준 사람은 서쪽으로 간 비빠슈찌뜨였습니다. 서쪽으로 간 왕이 바위가 되었을 때, 쇠고기 등의 사용으로 그를 구출해 준 사람은 남쪽으로 간 비빠슈찌뜨였습니다. 서쪽으로 간 왕이 암소의 형상을 한 악귀 암놈에 의해 황소로 바뀌었을 때, 그를 다시 구출해 준 것은 남쪽으로 간 비빠슈찌뜨였습니다. 남쪽으로 간 왕이 천인으로 바뀌었을 때, 그는 서쪽으로 간 비빠슈찌뜨의 중재로 또 다른 천인에 의해 구출되었습니다. 동쪽으로 간 왕이 사자로 바뀌었을 때, 그를 구출해 준 사람은 서쪽으로 간 왕이었습니다.

라마는 물었다.

그러나 이 요기들은 세 가지 시간대에 걸쳐서 어떻게 그렇게 다양한 활동을 수행합니까? 부디 이것을 말씀해 주십시오.

바시슈타는 계속 말했다.

깨달음을 얻지 못한 사람이 여기에 대해 어떤 설명을 할지라도, 그것들을 그냥 내버려두십시오. 대신 깨달음을 얻은 사람의 설명에는 귀를 기울이십시오.

진리를 아는 사람들의 눈에는 순수하고 무한한 의식 이외의 다른 것은 아무것도 없습니다. 그리고 객관적인 우주는 존재하지 않습니다. 창조도 없고 그 반대도 없습니다. 이 순수하고 무한한 의식 속에 영원히 안주하는 존재는 편재하고 전능한 신입니다. 그는 전부이며, 그는 언제나 모든 것의 참나입니다. 누가 언제, 어디서, 어떻게 그를 억제할 수 있는지 말해 보십시오. 편재하는 신은 자신이 좋아하는 대로, 자신이 좋아할 때 빛을 냅니다. 왜냐하면 그는 모든 것의 참나이기 때문입니다. 모든 것의 참나 속에 존재하지 않는 것은 무엇이겠습니까? 그러므로 그는 시간대가 과거나 미래나 현재가 되든지 관계없이, 그리고 그러한 활동이 일어나는 곳이 투박하든지 미묘하든지 관계없이, 그가 좋아하는 방식대로, 그가 좋아하는 때에, 그리고 그가 좋아하는 곳에서 빛을 발합니다. 순수 의식으로서 자신의 실재를 조금도 버리지 않고, 그는 한 시대나, 아니면 눈 깜빡임과 같은 순간을 창조하면서, 멀리서 그리고 가까이에서 작용을 합니다. 이 모든 것이 참나 속에 있지만, 겉으로 드러나는 현상은 마야(환영)입니다. 그는 태어나지도 창조되지도 않았고, 지금까지 제지당하거나 억제당한 적도 없습니다. 존재하는 본질은 있는 그대로의 실재입니다. 존재하는 모든 본질은 의식의 덩어리입니다. 그리고 그것 자체가 삼계입니다. 그것은 이 세상의 참나이고, 의식이 주체와 객체로 양극화되어 일어난 이 세상의 형상입니다. 모든 것을 보는 자, 이 모든 것의 주체를 누가 언제 그리고 어떻게 창조했습니까?

이 의식에 불가능이란 아무것도 없습니다. 비빠슈찌뜨의 의식은 이미 깨어나 있었지만 지고의 상태에는 도달하지 못했습니다. 그러므로 의식은 하나이지만, 그것은 어디에서든지 모든 것으로 나타납니다. 깨어 있음과 깨어 있지 않음이 동시에 있는 그런 상태에서는 이 모든 것이 가능합니다. 그래서 아직 지고의 진리에 도달하지 못했을 때는 그러한 물질화 현상이 가능합니다. 영적인 능력을 누릴 수 있는 것도 바로 그러한 깨어 있음이 부분적으로 있을 때입니다. 따라서 네 명의 비빠슈찌뜨는 다른 사람들이 가졌던 상태들을 경험했습니다.

라마는 물었다.

만약 비빠슈찌뜨가 깨달음을 얻은 사람이라면, 그가 어떻게 자기 자신을 사자 등으로 생각할 수 있었습니까?

바시슈타는 다음과 같이 대답했다.

내가 이들 왕이 깨어 있다거나 깨달음을 얻었다고 묘사한 것은 단지 멋진 비유적 표현에 불과합니다. 사실상 비빠슈찌뜨는 깨달음을 얻지 못했습니다. 네 명의 비빠슈찌뜨가 깨달음을 얻은 것도 아니었으며, 또한 그들이 무지한 것도 아니었습니다. 말하자면 그들은 그 사이를 오고 갔던 것입니다. 그러한 사람의 경우에 무지와 속박의 징후는 물론, 깨달음이나 해방의 징후도 보입니다. 그들은 불완전하게 깨어 있는 것입니다. 비빠슈찌뜨가 지고의 상태에 도달하지 못했기 때문에, 그가 이미 도달했던 상태가 무엇이든 간에, 그것은 명상을 통해서 도달된 것이었습니다. 이 모든 싯디들과 영적인 능력들은 그러한 명상을 통해 얻어집니다.

지고의 상태에 도달한 사람들에게는 무지나 망상이 없습니다. 그들이 어떻게 현혹된 시각을 가질 수 있고, 어떻게 허위를 볼 수 있겠습니까? 명상을 수행하는 요기들과, 은총이나 은혜를 통하여 여러 가지 심령적인 능력을 얻은 요기들은 무지에 빠지기 쉽기 때문에 그 무지가 그들에게서 눈에 띕니다. 그러므로 그들은 진리를 명상하는 것이 아니라, 실재적인 것 이외의 어떤 것을 명상합니다.

그 이상의 어떤 것이 있습니다. 여전히 살아 있는 해방된 현자들의 경우에도, 그들은 일상적인 활동을 하면서도 물질성에 대해 이해합니다. 목샤 즉 해방은 마음의 상태이기도 합니다. 신체의 자연적인 기능들은 그 마음에 집착하여 멈추지 않습니다. 무지 혹은 마음에서 벗어난 사람은 두 번 다시 그 마음에 속박당하지 않습니다. 그것은 일단 열매가 나무에서 떨어지면, 아무리 노력해도 그 열매가 나무에 붙을 수 없는 것과 꼭 같습니다. 해방된 사람의 경우에도 몸은 자연스럽게 작용을 합니다. 그러나 그 사람의 의식은 흔들리지 않고, 물질적인 신체의 상태들에 영향을 받지 않습니다.

명상 등을 통해 얻은 능력들은 다른 사람들이 볼 수도 있습니다. 그러나 그런 사람이 도달하는 해방의 상태는, 마치 꿀의 맛은 자기 자신만이 맛볼 수 있는 것처럼, 다른 사람들이 볼 수 없습니다. 고통과 쾌락, 속박의 상태를 이미 경험한 사람이 이 모든 것들로부터 해방될 때, 그는 해방을 얻었다고 합니다. 내면의 의식이 차분하고 평화로운 그런 사람은 해방된 사람으로 간주됩니다. 반면에 지성과 감정이 어지럽고 혼란스러운 사람들은 속박의 상태에 있습니다. 속박과 해방은 신체적 기능들 속에서는 보이지 않습니다.

그의 몸이 수천 조각으로 잘리든지, 아니면 그가 황제의 자리에 오르든지 관계없이, 해방된 사람은 비록 겉으로는 울고 웃는다 하더라도 해방된 것입니다. 자기 자신의 내면에서 그는 우쭐하지도 않으며 낙담하지도 않습니다. 그는 행복과 불행 같은 이 모든 경험을 겪고 있는 동안에도 실제로는 행복이나 불행을 경험하지 않습니다. 그는 심지어 죽었을 때도 죽지 않았으며, 울고 있을지라도 우는 것이 아니며, 웃고 있다하더라도 웃는 것이 아닙니다. 그러한 사람이 해방된 사람입니다. 그는 비록 애착과 집착으로 끌리더라도, 애착이나 집착을 벗어나 있습니다. 그는 화가 나지 않지만, 화를 냅니다. 그는 현혹되지만 실제로는 현혹되지 않습니다.

바시슈타는 계속 말했다.

해방된 사람들에게는 '이것은 행복이다.', '이것은 불행이다.'와 같은 개념들이 일어나지 않습니다. 그들이 '세상'도 없고, '자기'도 없고, 그리고 하나가 전부라는 진리를 깨달았을 때, '행복'이나 '불행'은 무의미한 말로 보입니다. 그들에게는 슬픔이 없기 때문에, 그들의 슬픔은 피상적입니다.

쉬바 신은 브람마 신의 머리 다섯 개 가운데 하나를 뽑아 냈다고 합니다. 브람마는 확실히 그것을 대신할 머리 하나를 더 자라게 할 수 있었지만, 그렇게 하지 않았습니다. 왜냐하면 그는 "이 우주 전체가 환영인데, 머리 하나 더 있다고 내가 뭘 하겠는가?" 하고 알았기 때문입니다. 그에게는 어떤 것을 하든 하지 않든 얻을 것이 아무것도 없었습니다. 무슨 일이 일어나든지, 그 일이 그렇게 일어나도록 내버려두십시오. 왜 그 일이 그와 달라야 합니까?

쉬바 신은 비록 사랑의 신마저 불태워 없앨 능력을 가졌지만, 자기 몸의 절반에다 자신의 배우자를 두고 있습니다. 그는 모든 애착이나 애정을 버릴 힘이 있지만, 마치 그의 배우자를 매우 사랑하고 있는 것처럼 행동합니다. 그에게는 그렇게 사랑함으로써 또는 사랑하지 않음으로써 얻을 것이 아무것도 없습니다. 있는 그대로 그냥 내버려두십시오.

그와 마찬가지로, 비슈누 신은 직접 다양한 활동들에 임하며, 다른 사람에게도 그러한 활동들을 하도록 고취시킵니다. 그는 '죽습니다.' 그리고 그는 다른 사람들을 죽입니다. 그는 태어나서 성장해 갑니다. 그러나 언제나 이 모든 것으로부터 완전히 벗어나 있습니다. 그는 마음만 먹으면 이 모든 것을 하지 않을 수도 있습니다. 그러나 그렇게 하지 않는다고 그가 무엇을 얻을 수 있겠습니까? 이 모든 것을 있는 그대로 내버려두십시오. 이러한 것이 무한한 의식을 확실히 깨달은 사람의 태도입니다.

그와 꼭 같이, 태양과 달 그리고 불도 모두가 해방된 존재들(지반묵따)
이지만, 그것들도 그들의 자연적인 기능들을 수행합니다. 신들(브리하스
빠띠)과 악마들(슈끄라)의 스승들도 비록 무지한 사람처럼 서로 싸우면
서 반대 세력의 지도자 역할을 행하고 있지만, 역시 지반묵따들입니다.
자나까 왕도 해방된 왕실의 현자이지만, 무시무시한 전쟁에 참가합니
다. 이 밖에도 내면적으로는 속박에서 완전히 벗어나 있었지만 왕의 본
분을 다한 많은 왕실의 현자들도 있었습니다. 해방된 사람들은 세속적
인 직무를 수행하는 동안, 무지한 사람들과 똑같은 방식으로 활동합니
다. 속박과 해방의 구별은 사람의 의식 상태에 있으므로, 의식이 조건
화를 받고 있으면 속박이고, 의식이 조건화를 벗어나 절대적인 상태에
있으면 해방입니다. 심지어 발리, 쁘라흘라다, 나무찌, 브르뜨라, 안다
까, 무라 등과 같은 많은 악마들도 해방을 얻었습니다. 깨달음을 얻은
의식은 좋아하고 싫어하는 감정들의 발생과 소멸, 또는 심리적 활동과
초심리적 의식에 전혀 영향을 받지 않습니다. 무한하고 절대적인 의식
에 확고히 자리를 잡고 있을 때, 이와 같은 구별들은 사라집니다. 이 우
주 속에서 경험하는 다양성은 단지 무지개 빛과 같은 하나의 현상에 지
나지 않습니다.

이 세상은 마치 공간성(공이나 거리)이 공간과 관련을 맺고 있는 것처
럼 보이듯이 무한한 의식과 관련을 맺고 있는 것처럼 보입니다.

바시슈타는 계속 말했다.

이제, 네 명의 비빠슈찌뜨 왕에게 어떤 일이 일어났는지를 들어 보십
시오. 그들 가운데 한 사람은 코끼리에 밟혀 죽었습니다. 두 번째 사람
은 몇몇 천인들(약사)에게 끌려가, 타오르는 불 속으로 던져져 죽었습니
다. 세 번째 비빠슈찌뜨는 비댜다라라는 천인들에 의해 천국으로 갔으

나, 거기서 인드라 왕에게 절을 하지 않았다는 이유로 인드라 왕의 저주를 받아 잿더미로 변해 버렸습니다. 네 번째 사람은 악어에게 잡혀 죽었습니다.

이들 네 명은 미묘한 몸의 상태로, 그들은 미묘한 인상들을 만들어 놓은 그들 마음속에서 자신의 전생을 보았습니다. 그들은 자신의 의식이라는 공간 속에서 모든 바다들과 산들, 마을들과 도시들, 태양과 달, 별들과 구름들이 있는 우주 전체를 보았습니다. 그들은 심지어 이전처럼 그들 자신의 몸도 보았습니다. 미묘한(아띠바히까) 몸을 부여받았기 때문에 그들은 그들 앞에 있는 공간 속에서 그들 자신의 신체를 보았습니다. 그들은 지난 생의 인상들이나 기억들 때문에, 이 세상의 크기를 목격하기 위하여 그들 자신이 육신의 옷을 입고 있는 것을 보았습니다. 이 지구의 실제 넓이를 보기 위하여 그들은 다른 왕국들을 떠돌아다녔습니다.

서쪽의 비빠슈찌뜨는 일곱 개의 대륙과 일곱 개의 바다를 건너, 비슈누 신을 만나는 행운을 가졌습니다. 그로부터 비빠슈찌뜨는 최고의 지혜를 받았으며, 5년 동안 사마디에 들어 있었습니다. 그 후 그는 육신을 버리고 니르바나에 도달했습니다.

동쪽의 비빠슈찌뜨는 달빛 가까이에 머물면서 끊임없이 달을 묵상했습니다. 그러므로 그는 달의 영토를 얻었습니다.

남쪽의 비빠슈찌뜨는 그의 모든 적을 격파하고 지금도 그 나라를 다스리고 있습니다. 왜냐하면 그는 그의 기억이나 신념들을 잃지 않았기 때문입니다.

북쪽의 비빠슈찌뜨는 악어에게 잡아먹힌 뒤에 그 몸 안에서 천일 년 동안 살았습니다. 그 악어가 죽자, 그는 또 다른 악어가 되어 그 악어의 몸에서 나왔습니다. 그 다음 그는 상상할 수 없는 거리의 수많은 바다들과 부빙군들을 건너, 수바르나라는 신들의 호수에 당도했습니다. 거기에서 그는 죽었습니다. 신들이 사는 그 왕국에서 죽었기 때문에 이 비빠슈찌뜨는 마치 석탄불 속에 있던 장작개비가 즉시 불이 되는 것처럼 어느 신이 되었습니다.

이 마지막 비빠슈찌뜨는 과거 생의 경험들로부터 기억한 로까로까 산이라 하는 지구 평면의 경계 지역에 도착했습니다. 이 산들은 높이가 수천 마일에 이르렀고, 한쪽 면은 밝았으나, 다른 한쪽 면은 밝지 않았습니다. 거기서부터 그는 지구와 같은 행성들을 보았는데, 그것들은 마치 멀리 떨어져 있는 별들과 같았습니다. 그러고 나서 그는 영원히 어둠 속에 싸여 있는 이 산의 반대쪽으로 갔습니다. 그 너머에는 땅도 없고, 존재들도 없으며, 움직이거나 움직이지 않는 그 어떤 것도 없는 거대한 공이 있습니다. 그 속에는 심지어 창조의 가능성마저도 존재하지 않습니다.

라마는 물었다.

신이시여! 이 땅이 어떻게 존재하고, 별의 천체가 어떻게 공전하며, 로까로까 산이 어떻게 존재하는지를 부디 말씀해 주십시오.

바시슈타는 다음과 같이 대답했다.

어린아이가 텅 빈 공간에서 장난감을 상상하며, 그 장난감이 거기에 있다고 생각하는 것과 꼭 같이, 이 땅이 존재한다는 관념도 무한한 의식 속에서 일어납니다. 시각적 결함이 있는 사람은 공간 속에서 '머리털'로 된 작은 공들을 보지만, 실은 그러한 공은 전혀 존재하지 않습니다. 그와 마찬가지로, '지구의 존재'와 같은 관념들도 창조라고 알려지게 된 그 순간에 무한한 의식 속에서 일어났습니다. 백일몽을 꾸는 이의 마음속에 존재하는 도시는 상상력이 그 유일한 지지물이기 때문에 그 어떤 지지물도 필요가 없습니다. 그와 마찬가지로, 이 세상도 무한한 의식의 경험에 의해서만 지탱이 되고 있습니다.

어떤 것이 의식 속에 나타나더라도, 그리고 그것이 아무리 존재하는 것처럼 보이더라도, 그리고 어떤 기간 동안이라 하더라도, 그것은 본래 갖추어진 의식의 힘 때문에 그 기간 동안 그 방식으로 그 의식 속에 존재하는 것처럼 보입니다. 그러므로 시각적 결함을 가진 사람의 눈에 '머리털로 만들어진 공'이 공간에 떠 있는 것과 꼭 같이, 이 지구와 같은 행성들도 정말로 의식 속에 존재합니다. 만약 의식이 태초에 물이 위로 흐르고, 불이 아래로 타 내려가는 것을 '보았다'면, 그러한 것이 지금까지도 그 원소들의 본성이 되었을지도 모릅니다. 그러나 그 의식이 지구가 공간에서 아래로 떨어지는 것으로 '보았기' 때문에, 지구는 지금도 떨어지는 것처럼 보이며, 그에 상응하여 의식은 지구와 관련하여 '올라가는' 것처럼 보입니다. 따라서 이원성이나 다양한 운동들이 일어납니다.

로까로까 산맥은 지구 평면의 경계 지역입니다. 그 너머에는 비록 여기저기에 어떤 것이 존재하고 있기는 하지만, 완전한 어둠으로 가득 찬 거대한 우주의 나락이 있습니다. 별의 천체가 상당히 멀리 떨어져 있기 때문에, 어떤 곳에는 약간의 빛이 있는 것처럼 보이고, 또 다른 곳에서는 약간의 어둠이 있는 것처럼 보입니다. 이 별들은 로까로까 산맥에서 매우 멀리 떨어져 있습니다. 북극성을 제외한 별의 천체 전부가 끊임없이 그 자체의 축을 중심으로 회전하고 있습니다. 그러나 이 모든 것은 순수 의식에서 일어나는 관념들과 전혀 다르지 않습니다.

로까로까 산맥을 그 경계 지역으로 하고 있는 여러 세상들이나 지구 평면 너머에 있는 별의 천체는 다소 열매의 껍질과 같은 것으로 보입니다. 그러나 이 모든 것은 단지 무한한 의식에서 일어나는 확고한 관념에 지나지 않습니다. 따라서 이들 세상이 실재로서 존재한다고 여겨서는 안 됩니다.

심지어 이 별의 천체 너머에도, 그 크기가 두 배나 되는 또 하나의 천체가 있습니다. 그 천체도 밝은 부분이 있지만, 가라앉아 있는 어두운 부분도 있습니다. 말하자면 이 모든 것은 두 개의 스컬캡(skull-cap: 머리에 꼭 끼는 테두리 없는 모자) 속에 둘러싸여 있습니다. 즉 하나는 위에 있고, 다른 하나는 아래에 있으며, 그 사이에는 공간이 있습니다. 광대무변한 원형인 이 우주는 태양과 별들에 의해 빛이 납니다. 이 모든 것 속에서 '위'에 있고 '아래'에 있는 것이 무슨 의미가 있겠습니까? 올라가거나 내려가거나, 움직이거나 정지해 있다는 이 모든 것은 의식 속에서 일어나는 관념들입니다. 실제로 이것들은 그 어느 것도 존재하지 않습니다.

바시슈타는 계속 말했다.

내가 그대에게 설명한 우주의 모습은 추론적인 짐작이 아닌 직접적인 경험의 결과입니다. 이 우주 외에도 내가 그대에게 말하지 않은 다른 우주들이 있습니다. 한낱 꿈의 본질에 지나지 않는 이 세상과 다른 세상들에 대한 본질을 조사해 봐야 무슨 소용이 있겠습니까? 그래서 현명한 사람들은 쓸데없는 것에 대한 이야기로 시간을 허비하지 않습니다.

최북단의 끝은 메루 산입니다. 그리고 최남단의 끝은 로까로까 산맥입니다. 의식의 다양한 차원들과 각기 다른 세상들에 거주하는 사람들은 그들 세상의 물질화를 경험하지, 다른 세상의 물질화를 경험하지 않습니다.

나는 그대에게 스컬캡에 싸여 있는 우주의 모습에 대해 말했습니다.

그들 너머에는 우주 전체가 물로 둘러싸여 있는데, 그 크기는 열 배나 더 큽니다. 그 너머에는 또 하나의 덮개가 있는데, 이번에는 불의 덮개로서 그 크기는 이 앞의 것보다 열 배나 더 큽니다. 그 너머에는 바람의 덮개가 있고, 그 다음에는 우주의 평면이 있는데, 이들의 크기는 앞의 것보다 각각 열 배나 더 큽니다.

심지어 그 너머에도 무한한 공간이 있습니다. 이것은 밝지도 어둡지도 않습니다. 그것은 순수 의식으로 가득 차 있습니다. 그것은 시작도 중간도 끝도 없습니다. 그 안에서는 헤아릴 수 없는 수백만의 우주들이 각기 다른 지점들에서 되풀이하여 일어났다가, 되풀이하여 그 안에서 소멸됩니다. 이 무한한 공간 속에서는 이러한 우주들이 있다는 관념을 지닐 존재가 아무도 없습니다. 그러나 그 우주들은 그들이 어떤 형태와 방식으로 존재하든 존재하고 있습니다.

이제 로까로까 산맥의 정상에 있는 비빠슈찌뜨 왕의 이야기를 들어 보십시오. 그는 자신이 죽은 뒤에 거대한 독수리 한 마리가 자기의 몸을 먹는 것을 보았습니다. 그의 의식 속에서는 또 다른 신체에 대한 개념이 일어나지 않았으며, 그도 깨달음에 도달하지 못했습니다. 그러므로 그는 더 많은 활동에 가담하고 싶었습니다. 순수한 정신적 활동을 위해서는 신체가 필요하지 않습니다. 환영, 꿈, 백일몽 그리고 환각의 경우에는 마음이 미묘한 몸(아띠바히까)이라고 알려진, 그 자체의 장(場)을 만들어 냅니다. 오직 그것이 잊혀지거나 버려질 때만 신체가 나타납니다. 그러다가도 적절한 탐구를 통하여 신체의 비실재성을 깨닫게 되면, 미묘한(아띠바히까) 몸은 다시 나타납니다.

그러므로 무한한 의식만이 진리라는 지식이 일어날 때까지 미묘한 몸의 본질을 탐구하십시오. '이원성이 도대체 어디 있는가? 증오나 애정은 도대체 어디에 있는가? 이 모든 것은 시작도 끝도 없는 순수한 쉬바이다.'라는 자각이 곧 깨달음입니다.

비빠슈찌뜨는 깨달음을 얻지 못한 채 아직도 미묘한 몸으로 있었습니다. 그는 마치 태아로 있을 때처럼 어둠에 둘러싸여 있었습니다. 그 다음 그는 흙의 차원, 물의 차원, 불의 차원, 그리고 공간의 차원을 경험했습니다. 그 다음 그는 그 자신의 미묘한 몸의 본질을 조사하기 시작하며, "순수 의식인 나를 유지시키는 것은 무엇일까?"라고 의아하게 생각했습니다. 그는 브람마의 무한한 공간 속으로 들어가, 거기에서 모든 것을 보았습니다. 그러나 비록 실제로 무지란 것은 없고 브람만만이 존재하는 것이지만, 그는 무지의 환영과 같은 본질을 조사하지 못했기 때문에 지금도 그 무지에 머물러 있습니다.

바시슈타는 계속 말했다.

또 한 명의 비빠슈찌뜨 왕도 오랫동안 여러 대륙을 돌아다니고, 수백만의 우주들을 볼 수 있었던 브람마의 무한한 공간에 도달한 뒤에 역시 똑같은 상태에 도달했습니다. 지금도 그는 거기에서 존재하고 있습니다. 하지만 또 다른 비빠슈찌뜨 왕은 그 자신의 정신적 조건화에 희생이 되어, 자신의 몸을 버린 뒤에 사슴이 되어 산에서 살고 있습니다.

라마는 물었다.

신이시여! 비빠슈찌뜨 왕의 바사나(정신적 조건화)가 단지 하나에 불과한데도, 어떻게 그것이 네 명의 비빠슈찌뜨 왕을 통하여 다양한 결과들을 빚어 내면서 다양해졌습니까?

바시슈타는 다음과 같이 대답했다.

존재들의 바사나는 반복적인 사용과 그 효과의 반복에 의해 농도가 진해지든지 아니면 옅어질 수 있습니다. 그것은 또한 시간과 장소와 활동의 영향을 받기 쉽습니다. 만약 바사나의 농도가 '옅어'진다면, 그것은 다른 어떤 것으로 변화합니다. 반면에 만약 그 바사나가 깊이 뿌리를 박고 있다면, 그것은 변화하지 않습니다. 한편에는 시간과 장소와 활동(바사나에서 나온 습관의 반복)이 있고, 다른 한편에는 바사나(정신적 조건화) 그 자체가 있습니다. 그 둘(환경과 바사나)은 서로서로에 따라 움직입니다. 어느 쪽이 더 강하더라도 강한 쪽이 곧 승리합니다. 따라서 네 명의 비빠슈찌뜨 왕은 비록 처음에는 똑같은 바사나를 가지고 있었지만, 각기 다른 방향들로 끌렸던 것입니다. 그들 가운데 둘은 무지의 그물에 사로잡혀 있었고, 한 명은 해방되었으며, 다른 한명은 사슴이 되었습니다.

무지의 그물에 사로잡혀 있는 두 명은 지금까지도 출구를 찾을 수 없었습니다. 어떤 의미에서는 무지도 역시 무한합니다. 왜냐하면 그것은 어떤 참된 실재도 가지고 있지 않기 때문입니다. 그러나 만약 내면의 빛을 개발하여 그 빛으로 무지를 탐구하기 시작한다면, 이 무지는 눈 깜짝할 사이에 사라집니다.

여러 나라와 여러 세상을 전전했던 비빠슈찌뜨 왕은 환영 같은 우주를 보았습니다. 그가 본 환영 같은 세상은 실은 오직 브람만이었습니다. 아무튼 그는 성현과 접촉하게 되었습니다. 그의 도움으로 비빠슈찌뜨 왕은 환영 같은 이 세상의 자각에 대한 진리를 깨달았고, 즉시 무한한 의식 즉 브람만을 깨달았습니다. 바로 그 순간에 그의 무지 즉 그의 몸도 물론 사라졌습니다.

오, 라마여! 이와 같이 나는 그대에게 비빠슈찌뜨 왕의 이야기를 들려주었습니다. 브람만이 무한하듯이 이 무지도 역시 무한합니다. 왜냐하면 무지는 브람만과는 별도의 독자적인 실재를 가지고 있지 않기 때문입니다. 무수한 우주들과 세상들을 여기저기에서 이따금 볼 수 있는 것은 오로지 이 무한한 의식뿐입니다. 이 진리를 깨닫지 못할 때 그것을 무지라고 합니다. 반면에 이 진리를 깨달을 때, 똑같은 그 의식을 브람만이라고 합니다. 그 둘 사이에는 어떤 구분도 없습니다. 왜냐하면 그 구분이 실제로는 브람만이지만, 비실재적인 무지이기 때문입니다. 그 구분은 의식 속에서 일어나는 것 같고, 그러므로 의식과 전혀 다르지 않습니다. 따라서 브람만만이 현상계이며, 그 구분은 의식입니다.

라마는 물었다.

비빠슈찌프 왕은 어찌하여 창조주 브람마가 창조했던 그 우주의 스컬캡에 도달할 수 없었습니까?

바시슈타는 대답했다.

창조주 브람마가 태어나는 바로 그 순간, 그는 두 팔로 우주를 밀어냈습니다. 위에 있던 것은 훨씬 더 위로 밀려났고, 아래에 있던 것은 훨씬 아래로 내려갔습니다. 모든 창조된 원소들은 이 두 극단의 지탱을 받으면서 그 안에 안주하고 있습니다. 이 두 극단 사이에 있는 것을 공간이라고 하는데, 공간은 한계가 없고 푸른색을 띠고 있는 것 같습니다. 물과 기타 그러한 원소들은 이 공간을 더럽히지 못합니다. 사실 그것들은 그 공간 속에 없습니다. 왜냐하면 공간은 그들과는 독립해 있고, 또한 사람이 물이나 공기 따위가 존재한다고 생각하는 곳에 존재하기 때문입니다. 이들 원소는 단지 다른 것들 속에서 일어나는 관념에 불과합니다.

비빠슈찌뜨는 무지의 정도를 알아보기 위하여 그 진로를 따라 별 천체를 조사하기 시작했습니다. 브람만은 무한합니다. 그러므로 브람만의 무지도 무한합니다. 무지는 브람만을 깨닫지 못할 때 존재합니다.

그리고 브람만을 깨달을 때, 무지는 존재하지 않는 것으로 보입니다. 비빠슈찌뜨가 아무리 멀리 갔더라도, 그는 여전히 무지의 세상을 떠돌아다니고 있었습니다.

다른 비빠슈찌뜨 왕들 가운데서 한 사람은 해방을 얻었고, 또 한 사람은 사슴이 되었으며, 또 한 사람은 역시 무지 속에서 떠돌아다니고 있습니다. 따라서 머나먼 세상들을 떠돌아다니고 있는 두 사람은 우리의 의식에서 보이지 않습니다. 그러나 사슴이 된 사람은 우리가 이해할 수 있는 범위 안에 있습니다. 비빠슈찌뜨가 먼 세상들을 떠돌아다닌 뒤에 사슴으로서 살고 있는 그 세상은 의식이라는 무한한 공간 속에서도 멀리 떨어진 한 모퉁이에 존재하는 바로 이 세상입니다.

라마가 물었다.

신이시여! 비빠슈찌뜨는 이 세상에서 살다가, 이곳을 떠나 먼 곳으로 갔습니다. 그가 어떻게 이 세상에서 사슴이 되었습니까?

바시슈타는 대답했다.

수족들을 갖고 있는 사람이 그 수족을 아는 것처럼, 나도 브람만 속에 존재할 수 있는 모든 것을 알고 있습니다. 왜냐하면 브람만은 나 자신의 참나이기 때문입니다. 과거는 미래를 모릅니다. 그리고 미래도 과거를 모릅니다. 그러나 시간으로 구분되지 않는 의식은 이 모든 것을 알고 있습니다. 그 의식 속에서는 모든 것이 지금 '여기에' 있습니다. 비록 일상적인 지각에게는 어떤 것이 멀리 떨어져 있을지 모르지만 말입니다. 따라서 나는 비빠슈찌뜨가 떠돌아다닌 세상들을 보고 있으며, 그가 이 세상에서 어떻게 사슴이 되었는지를 압니다. 오, 라마여! 사실 나는 바로 이 순간에도 그 사슴이 어디에 있는지를 알고 있습니다. 뜨리가르타의 왕이 그대에게 선물로 준 것이 바로 그 사슴입니다.

바시슈타는 말했다.

현자 바시슈타가 이 말을 했을 때, 라마와 좌중의 현자들과 나머지 사람들은 깜짝 놀랐습니다. 라마는 몇 명의 소년을 급히 보내, 그 사슴을 가져오게 했습니다. 회중들은 그것을 보고 어안이 벙벙했고, 모두가 '진실로 마야는 한없이 무한하구나!'라고 감탄했습니다.

라마는 물었다.

오, 현자시여! 누가 어떤 방법을 써서, 어떻게 하면, 이 사슴을 그 불행한 존재 상태로부터 벗어나게 할 수 있습니까?

바시슈타는 대답했다.

이 불행을 벗어나는 방법은 바로 그 불행의 최초의 원인이 되었던 그것입니다. 그 외의 다른 어떤 방법도 올바른 것이 못되며, 그것은 행복이나 복지나 기쁨을 자아내지 못할 것입니다. 비빠슈찌뜨 왕은 불을 숭배했습니다. 그래서 불 속으로 들어감으로써 이 사슴은 그 이전의 상태를 회복할 것입니다. 그것은 마치 금이 불 속에서 정화됨으로써 그 광택을 되찾는 것과 꼭 같습니다. 보십시오, 나는 이 사슴이 불 속으로 들어가도록 하겠습니다.

발미끼는 말했다.

그렇게 말을 하면서 현자 바시슈타는 그의 신성한 물주전자로부터 물을 따라 마시며, 아무 연료도 없이 홀 중앙에다 불을 지폈다. 그 불은 어떤 불꽃이나 연기도 내지 않고 밝게 탔다. 좌중의 사람들은 홀의 중앙에서부터 뒤로 물러났다. 사슴은 그 불을 보고 기뻐했다. 사슴은 즐거워서 깡충깡충 뛰어 돌아다니기 시작했다. 바시슈타는 그 사슴이 과거의 죄 많은 경향성들에서 벗어나도록 깊은 명상 상태에서 사슴을 위해 축복을 빌었다. 더욱이 그는 불의 신에게 다음과 같이 기도했다. "오, 불의 신이

시여! 사슴의 전생을 기억하시어, 부디 그에게 비빠슈찌뜨 왕으로서의
옛 모습을 되돌려 주십시오."

현자가 이 말을 하자마자, 사슴은 너무 좋아 불 속으로 뛰어들었다.
사슴은 모든 사람이 지켜보는 가운데 잠시 동안 그 불 속에 있었다. 그
리고 점차 사슴의 형상은 인간의 모습으로 변해 갔다. 그는 잘 생겼으
며, 빛이 났다. 그가 불 속에서 일어서자마자, 불은 시야에서 사라졌다.
그곳에 모인 모든 현자들은 한 목소리로 "아, 이 분은 도대체 어떤 광채
를 지녔기에 태양처럼 빛을 내고 있는가! 그는 바사(Bhasa)로서 유명해
질 것이 틀림없다."라고 큰 소리로 말했다. 그런 까닭으로 그는 바사라
고 알려지게 되었다.

바사는 깊은 명상을 통해 한 순간에 그의 여러 전생들에 걸쳐 일어났
던 모든 일을 깨달았다.

한편, 회중 가운데 일었던 흥분과 대화도 가라앉았고, 다시 한 번 침
묵이 흘렀다. 바사는 자리에서 일어나 현자 바시슈타에게 나아가 그에
게 절을 했다. 그러자 현자는 다시 그에게 "그대를 그토록 오랫동안 고
생하게 만든 그 무지가 이제 그대 곁을 떠나기를." 하고 말하면서 그에
게 축복을 빌었다. 그리고 나서 바사는 라마에게 인사하고 그를 환호하
며 맞이했다.

이후 다샤라타 왕은 바사에게 "오, 왕이시여! 어서 오십시오. 여기에
앉으십시오. 그대는 이 삼사라에서 너무나 오랫동안 그리고 너무나 멀
리까지 돌아다녔습니다. 이제 여기에서 쉬십시오."라며 그를 반가이 맞
아 주었다. 바사는 그곳의 현자들 가운데 자리를 잡았다. 다샤라타 왕
은 계속 말했다. "아, 슬프게도, 밧줄에 속박된 코끼리처럼 이 비빠슈찌
뜨 왕은 무수한 시련들을 겪어야만 했습니다. 실재를 불완전하게 보고

진리를 왜곡되게 이해하면, 그 얼마나 큰 불행이 뒤따릅니까! 비록 본질적으로 비실재적이고 존재하지 않는 것이지만 이 환영은 엄청난 힘을 가지고 있어서, 그것이 무한한 의식 속에서 그렇게 다양한 세상들과 그렇게 다양한 경험들을 표면상 창조할 수 있다는 것은 놀라운 일입니다."

비슈바미뜨라는 말했다.

오, 왕이시여! 그와 마찬가지로, 이 삼사라를 떠돌아다니는 사람들도 대단히 많습니다. 왜냐하면 그들이 최고의 지식이나 깨달음을 얻지 못했기 때문입니다. 지난 백칠십만 년 동안 이 삼사라를 떠돌아다닌 왕이 한 분 계십니다. 이들 무지한 사람들은 세속적인 물건들의 본성을 조사하는 데 관심이 있습니다. 그리고 그들은 이 삼사라를 피하려고도 하지 않고 그 안에서 계속해서 흘러 다닙니다.

이 우주는 무한한 공간 속에서 창조주 브람마의 마음속에 일어나는 단지 하나의 관념으로서 존재합니다. 마치 작은 개미들이 공의 표면을 따라 여기저기로 움직이듯이, 사람들은 이 지구 표면 위에서 돌아다닙니다. 공간 속에서는 '아래'도 없고 '위'도 없습니다. 하나의 대상이 떨어지는 방향이 '아래'라고 합니다. 그리고 새들이 날아오르는 방향이 '위'라고 합니다.

이 세상에는 바따다나라고 하는 곳이 있습니다. 그 왕국에는 세 명의 왕자들이 있었습니다. 그들은 이 세상에 들어 있는 모든 것을 조사하기 위해 이 세상 끝까지 가 보려고 결심했습니다. 얼마 동안 그들은 지상의 대상들을 조사했고, 그 다음에는 바다 속의 대상들을 조사했습니다. 그들은 탄생을 거듭해 가면서 계속해서 이 지구의 완전한 지식을 얻으려는 그들의 목표를 추구했습니다. 그들은 이 지구의 '끝'까지 갈 수 없었습니다. 왜냐하면 그들은 공 위를 기어 다니는 개미처럼 언제나 지구의 한 부분에서 다른 부분으로만 움직이고 있을 뿐이었기 때문입니다. 그리하여 그들은 오늘날까지도 이 지상을 헤매고 있는 것입니다.

이와 같이, 이 삼사라에서는 환영의 끝이 없습니다. 이 환영은 무한한 의식 속에서 하나의 관념으로서 일어나기 때문에, 그것은 또한 무한한 것처럼 보입니다. 그 관념의 본질(실재 혹은 실체)은 지고의 브람만이며, 또한 지고의 브람만이 그 관념의 본질입니다. 그들은 모두 순수 의식이며, 공간과 텅 빔 사이에는 어떤 구별도 없는 것처럼 의식 속에서는 어떤 차이나 구분도 없습니다. 수면 위에 나타나는 흐름들과 소용돌이들은 오직 물일 뿐입니다. 의식 이외에는 그 어떤 것도 있을 수 없기 때문에, 어떻게 의식 이외에 다른 어떤 것이 있을 수 있겠습니까? 무한한 의식만이 저절로 빛을 내려는 의도도 없이 이 세상으로서 저절로 빛을 냅니다. 무한한 의식은 그것이 어떤 형태로든 나타나고 싶은 곳이 있으면 그곳에 정말로 나타나, 그 자신이 즐기고 싶은 만큼 오랫동안 그 형태로 그 자체의 본성을 경험합니다.

마치 산에 돌들과 바위들이 있는 것과 마찬가지로, 무한한 의식의 가장 작은 원자 속에도 모든 경험의 잠재력이 존재합니다. 이 모든 경험은 어디에서나 그 자체의 독특한 양태의 경험들을 끊임없이 체험하면서 존재합니다. 물론 실제로 그것들은 경험으로서 존재하는 것이 아니라, 오직 무한한 의식으로서만 존재합니다. 이들 여러 가지 경험들을 집단적으로 가리켜 세상이라고 하며, 그 세상은 브람만의 빛나는 현상입니다. 그러나 이 무한한 의식이 그 실재를 버리지 않고 스스로를 "나는 지바다."라고 생각하는 것은 정말로 대단히 놀라운 일입니다. 오, 바사 왕이시여! 이제 그대의 지난 경험들을 우리에게 들려주십시오.

바사는 다음과 같이 말했다.

나는 피로도 모른 채 많이 돌아다니면서 많은 것을 보았습니다. 나는 많은 것을 매우 다양하게 경험했습니다. 나는 이 모든 것을 기억하고 있습니다. 나는 오랜 기간에 걸쳐서 이 끝없는 우주의 여러 먼 곳에서 많은 몸들로 윤회하면서 많은 기쁨과 많은 슬픔을 경험했습니다. 내가 받은 은혜들과 저주들 때문에 다양한 몸을 얻었으며, 그 몸을 통하여 나는 무수한 대상들과 장면들을 보았습니다. 나는 또한 모든 것을 보고 경험하기로 결심했습니다. 이것이 내가 불의 신으로부터 얻은 최초의 은혜였습니다. 그러므로 비록 내가 다른 여러 차원들에서 다른 여러 몸들을 받았지만, 나는 이 세상에 대한 철저한 지식을 얻으려는 원래의 목적을 여전히 추구했습니다.

천 년 동안 나는 나무로서 살았습니다. 나는 그 기간 중에 많은 고통을 견뎌야 했습니다. 나의 마음은 완전히 내면으로 집중되었고, 정신적 활동도 없이 나는 꽃들과 열매들을 만들었습니다. 백 년 동안은 메루 산에서 사슴으로 지냈습니다. 나는 황금빛을 띠고 있었습니다. 나는 풀을 뜯어먹으며 살았고, 음악을 사랑했습니다. 나는 매우 작았으며, 그러므로 비폭력적이었습니다. 오십 년 동안 나는 샤라바(사자보다 더 힘이 센 여덟 개의 발을 가진 동물)로 살았습니다. 그 후 나는 비디야다라의 천인이 되었습니다. 그 다음 나는 창조주 브람마의 이동 수단인 백조의 아들이 되었습니다. 나는 백조로서 천오백 년 동안 살았습니다. 백 년 동안 나는 나라야나(비슈누) 신을 시중들던 천인들의 신성한 음악을 들었습니다. 그 다음에는 늑대가 되어 숲에서 살았습니다. 거대한 코끼리 한 마리가 내가 살던 숲을 황폐하게 했습니다. 내가 이 때문에 죽어 가고 있는 동안, 나는 그 코끼리가 사자에게 죽는 것을 보았습니다. 그 후

나는 다른 세상의 요정이 되어, 어떤 현자의 저주 때문에 한 시대의 절반을 혼자서 살았습니다. 이후 나는 백 년 동안 발미까 새로 살았습니다. 우리의 보금자리가 나무와 함께 파괴되었을 때, 나는 내 짝을 잃고 아득히 먼 곳에서 나머지 생을 혼자 보냈습니다. 그 다음에는 고행자가 되어, 어느 정도의 초연을 얻었습니다.

나는 놀라운 것들을 많이 보았습니다. 나는 완전히 물로 이루어진 세상을 보았습니다. 다른 곳에서는 한 여성을 보았는데, 그녀의 몸에서는 삼계가 마치 거울처럼 비춰졌습니다. 내가 그녀에게 누구냐고 물었을 때, 그녀는 이렇게 대답했습니다. "나는 순수 의식이며, 모든 세상들은 나의 수족입니다. 마치 내가 그대에게 이러한 당혹감을 불러일으키는 것처럼, 모든 것도 마찬가집니다. 그대가 똑같은 당혹감과 경이감으로 모든 것을 보기 전에는, 그대는 그들의 진정한 본성을 알 수 없을 것입니다. 모든 세상들이란 자기 자신의 수족들입니다. 나는 마치 사람이 꿈 속에서 소리와 말을 듣는 것처럼 그들 모두의 소리와 말을 듣습니다." 나는 무수한 존재들이 그녀 안에서 나왔다가 역시 그녀 속으로 사라지는 것을 보았습니다. 또 다른 곳에서는 미사일이 충돌할 때의 무시무시한 소리를 내고, 지상에다 빗발치듯 무기를 퍼붓는 그런 특이한 형태의 구름들을 보았습니다. 나는 또 하나의 놀라운 일을 보았습니다. 지구 전체가 어둠으로 싸여 있었고, 마을 전체가 어느 먼 세상으로 날아가고 있었습니다. 나는 다른 세상에서 그대의 마을을 보았습니다. 또 다른 곳에서는 모든 존재들이 똑같은 본성을 지니고 있는 것을 보았습니다. 또 다른 곳에서는 태양과 달과 별들이 없는 세상을 보았습니다. 그런데도 어둠이 전혀 없었습니다. 그곳에 사는 모든 주민들은 밝게 빛을 내고 있었습니다…… 내가 보지 못한 세상이 하나도 없으며, 내가 경험해 보지 못한 것도 하나도 없습니다.

바사는 계속 말했다.

한번은 어느 동산에서 천상의 요정과 잠을 자고 있었습니다. 갑자기 깨어나서 보니, 내가 풀잎처럼 강물을 따라 떠내려가고 있었습니다. 깜짝 놀란 나머지 나는 요정에게 "이것이 어찌된 일입니까?"라고 물었습니다. 그녀는 나에게 다음과 같이 설명해 주었습니다. "근처에는 월장석 산이 하나 있습니다. 달이 뜰 때, 그 산에서 나오는 샘물이 불어나며 갑작스럽게 홍수가 일어납니다. 나는 그대와 함께 체험한 그 지고의 기쁨 속에서 그만 깜빡 잊고 그대에게 이 사실을 알리지 못했습니다."

이렇게 말한 뒤에 요정은 나를 잡고 아무 어려움도 없이 공간 속으로 날아갔습니다. 그때부터 7년 동안 나는 만다라 산의 정상에서 그녀와 함께 살았습니다.

이후 나는 사람들이 스스로 빛을 내는 다른 여러 세상들을 돌아다녔습니다. 내가 본 어느 세상에서는 동쪽이나 서쪽 같은 방향도 없었고, 낮과 밤도 없었으며, 경전들과 논쟁들도 없었으며, 신들과 악마들 간의 구별도 전혀 없었습니다. 그 다음 나는 아마라소마라는 이름의 천인이 되어, 고행자로서 14년을 살았습니다.

불의 신이 나에게 베풀어 주신 은혜 덕분에, 나는 비상한 속도로 공간을 이동했습니다. 어떤 곳에서는 큰 바다 속으로 떨어졌고, 어떤 곳에서는 공간에서 쭉 떨어지는 느낌을 체험했습니다. 우주 속을 이리저리 돌아다니는 것이 나의 유일한 일이었습니다. 나는 피로에 지치게 되었고, 그래서 상당한 시간 동안 잠을 잤습니다.

잠자는 동안 나는 꿈들의 세상에 들어갔습니다. 거기에서 다시 다양한 세상들과 다양한 대상들을 경험했고, 내 마음속에는 커다란 불안이 있었습니다. 내 두 눈이 무엇을 보았든 간에, 나는 순식간에 거기에 있었습니다. 거기서부터 나는 또 다른 어떤 것을 보았고, 그러면 거리에 상관없이 다시 순식간에 거기에 있었습니다.

이렇게 나는 빠른 속도로 여러 세상을 돌아다니면서 여러 해를 보냈습니다. 그러나 나는 '객관적인 우주'라고 알려진 그 분명한 무지의 끝을 보지 못했습니다. 왜냐하면 무지는 하나의 환영으로서 마치 유령에 대한 공포가 어린아이의 마음을 사로잡고 있듯이, 내 가슴속에 확고히 뿌리를 내리고 있었기 때문입니다. 강렬한 탐구 끝에 "이것은 실재가 아니다."라고 아무리 내가 잘 깨닫고 있다 하더라도, '이것이 실재하고 있다.'는 느낌은 사라지지 않습니다. 매 순간 쾌락과 고통에 대한 새로운 경험들이 마치 강물이 흘러가는 것처럼 일어났다가 사라집니다.

나는 또한 거기에는 태양도 달도 전혀 없었지만, 거대한 산 정상이 그 자체의 빛으로 빛나고 있는 것을 기억하고 있습니다. 그것은 너무나 아름다워 혼자서 살기를 좋아하는 그런 현자들의 마음을 황홀하게 했습니다.

비빠슈찌뜨(바사)는 계속 말했다.

나는 이제 또 다른 세상에서 보았던 또 하나의 대단히 경이로운 사건을 그대에게 들려주겠습니다. 거대한 우주 속에는 여러분이 도달할 수 없는 하나의 빛나는 세상이 있습니다. 그 세상은 마치 꿈의 세상이 깨어 있는 상태로 경험하는 세상과 다른 것만큼이나 이 세상과 다릅니다. 내가 객관적 우주의 크기를 알기 위하여 그 세상을 돌아다니고 있는 동안, 나는 그 땅 전체를 감싸고 있는 거대한 그림자를 보았습니다. 내가 그 그림자의 원인이 무엇인지를 알기 위하여 두 눈으로 하늘을 쳐다보았을 때, 나는 사람처럼 생긴 거대한 대상이 우주에서 떨어지며 내가 있던 세상으로 내려오는 것을 보았습니다. 그것은 심지어 너무나 확실히 태양을 가렸기 때문에 이 세상은 완전히 어둠 속에 싸이게 되었습니다.

내가 이와 같이 두려움과 경외감으로 그것을 응시하고 있던 바로 그때, 그것은 땅에 떨어졌습니다. 나는 나의 종말이 가까이 왔음을 느끼고, 두려움에 압도당한 나머지 재빨리 불 속으로 들어갔습니다. 나는 전생에 수많은 윤회를 하면서 불의 신을 숭배해 왔습니다. 그러므로 불의 신은 나에게 "두려워하지 마십시오."라는 말로 나를 안심시켰습니다. 나도 역시 불의 신에게 지켜 달라고 빌었습니다. 불의 신은 나에게 그의 이동 수단에 올라타라고 하며, "우리 함께 불의 세상으로 가 보십시다."라고 말했습니다. 그러고 나서 불의 신은 땅에 떨어진 그 거대한 몸에 작은 구멍을 냈고, 우리 둘은 우주 공간으로 탈출했습니다.

우리가 지구에 떨어졌던 그 몸의 놀랄 만한 본성을 깨달을 수 있었던 것은 오직 우주 공간에서 가능했던 것입니다. 그것이 떨어지면서 그것은 모든 바다를 흔들어 놓았고, 모든 도시들과 마을들과 숲들을 파괴시켰습니다. 그것은 강물의 흐름도 멈추게 했습니다. 사방에서 슬피 울부짖는 소리가 들렸습니다. 땅 자체가 그 무게에 짓눌려 신음 소리를 내고 있었습니다. 거센 강풍과 억수 같은 비는 우주의 소멸을 연상시켰습니다. 히말라야 산맥의 정상들이 이미 하계로 가라앉아 버렸습니다. 태양도 지구에 떨어졌습니다. 땅 전체가 산산조각이 났습니다. 여러 천국들을 통과하고 있던 천인들은 이 거대한 몸을 보고, 그것이 갓 태어난 또 다른 지구이거나, 아니면 우주의 나머지 절반이거나, 아니면 그 위치에서 떨어진 우주의 일부일 것이라고 생각했습니다.

그러나 내가 아주 주의 깊게 그것을 보았을 때, 나는 그것이 살(flesh)로 이루어져 있다는 것과, 지구 전체로 덮어도 심지어 그 몸의 수족 하나도 덮을 수 없다는 것을 알았습니다. 이것을 보고 나서, 나는 나의 수호신인 불의 신을 향해, "신이시여! 이것이 무엇입니까?"라고 물어보았습니다.

불의 신은 "아들이여! 이 시체가 떨어지면서 일어난 혼란이 가라앉을 때까지 기다리십시오. 그러면 거기에 대한 모든 것을 그대에게 말해 주겠습니다."라고 대답했습니다.

그 다음 지구를 둘러싼 공간은 현자들과 싯다들, 천인들, 죽은 사람들의 영혼과 신들로 가득 찼습니다. 이들은 한결같이 에테르의 몸을 지니고 있었습니다. 그들은 머리를 숙여, 신의 어머니인 깔라라뜨리에게 다음과 같이 기도를 올렸습니다. "검은 몸을 갖추고서, 우주 전체를 파괴시키며, 칼끝으로 브람마의 머리를 떠받치시고, 악마의 머리로 화환을 만들어 목에 걸치고 계시면서도 완전히 순수하신 신의 어머니시여! 우리를 보호해 주소서!"

비빠슈찌뜨(바사)는 계속 말했다.

현자들과 싯다들이 올린 기도에 대한 응답으로, 신의 어머니는 하늘에 나타났습니다. 그녀는 '무혈의' 존재로 피를 흘리지 않았습니다. 그녀는 무수한 악귀들과 다른 정령들의 시중을 받았습니다. 그녀의 키는 수천 마일이나 되었습니다. 그녀는 지고의 존재에 자리를 잡고 있었습니다. 그녀는 시체 위에 앉아 있었습니다.

신들이 그녀에게 "오, 신의 어머니시여! 이것은 우리가 당신에게 바치는 봉헌물입니다. 우리는 당신이 당신의 많은 시자들과 함께 그것을 빨리 소모시켜 주시길 빕니다."라고 말했습니다. 신들이 이 말을 하자마자, 신의 어머니는 자신의 쁘라나 샥띠(생명력)의 도움을 받아 그 죽은 시체의 생명의 피를 빨아들이기 시작했습니다. 이 피가 그녀의 입으로 흘러들어 갈 때, 그녀의 여위었던 몸이 피로 가득 차면서, 그녀의 복부가 부풀어 올랐습니다. 그녀는 춤을 추기 시작했습니다. 로까로까 산맥(지구 평면의 경계 지역)에 앉아 있던 신들이 이 춤을 목격했습니다. 악귀들이 그 시체를 먹기 시작했습니다. 그때 이 세상의 상태는 실로 가엾기 짝이 없었습니다.

지구의 산들이 사라지고 없었습니다. 창공은 붉은 천을 걸치고 있는 것처럼 보였습니다. 신의 어머니가 신성한 무기들을 사방으로 휘두르며 춤을 추고 있을 때, 이 지구의 도시들과 마을들에 남아 있던 것들은 모조리 파괴되었습니다. 오직 그들에 대한 기억만이 남았습니다. 이제 이 세상에는 온통 신의 어머니를 수행했던 악귀들과 다른 무리들이 살게 되었습니다. 이 완전한 모든 파괴를 보면서, 로까로까 산에 앉아 있던 신들은 고통스러웠습니다.

라마는 바시슈타에게 물었다.

그 시체가 지구 평면을 전부 덮고 있는데, 어떻게 해서 로까로까 산은 그래도 보일 수 있었습니까?

바시슈타는 말했다.

그 산은 그 시체의 어깨 너머로 보였습니다. 고통에 빠진 신들은 다음과 같이 생각했습니다. "아, 슬프도다! 지구가 어디로 사라졌단 말인가? 바다는 어디로 사라졌으며, 사람들과 산들은 어떻게 된 것인가! 백단향들과 다양한 향기로운 꽃동산들로 이루어진 히말라야 산은 어디로 갔단 말인가? 아, 히말라야 산맥의 순수한 흰 눈도 이제는 진흙이 묻은 것처럼 탁해 보이는구나! 아, 우윳빛 바다(비슈누 신의 거처)들과, 소망을 들어주던 나무들과, 다른 모든 바다(응유나 포도주나 혹은 꿀로 가득 찬)들과, 야자나무로 가득 찬 산들도 다 사라졌구나! 아! 아름다운 산들이 있던 크라운차 대륙과, (창조주 브람마의 이동 수단이던 백조가 연꽃이 가득 찬 호수에서 살았으며, 천인들이 산의 동굴 속에서 즐거운 시간을 보냈던) 뿌슈까라 대륙, 소금기 없는 바다로 둘러싸인 고메다 대륙, 그리고 기억만 해도 행운을 가져다주는 샤까 대륙도 모두가 파괴되고 말았구나! 모든 동산과 숲들도 사라졌구나. 피로에 지친 사람들은 이제 어디에 가서 휴식을 취하겠는가? 모든 사탕수수 밭이 파괴되고 말았으니, 우리는 언제 또다시 설탕의 달콤함과 설탕으로 만들어진 작은 입상(立像)의 맛을 볼 수 있겠는가? 아, 다른 모든 대륙을 지탱하고 있던 잠부드비빠도 파괴되고 말았으니, 슬프구나! 아, 좋은 지구는 어디로 사라졌는가?"

사냥꾼과 사슴의 이야기

바시슈타(또는 바사)는 계속 말했다.

이와 같이 신들은 그들끼리 계속 말했습니다. "악귀들은 이제 이 시체의 피와 살을 다 먹었습니다. 그러므로 다시 땅이 보였습니다. 그 시체의 뼈 자체는 새로운 산맥들을 이루었습니다." 신들이 이렇게 말하고 있을 때, 악귀들은 만족한 나머지 공간에서 춤을 추기 시작했습니다. 신들은 땅에 약간의 피가 남아 있는 것을 보고, 그 피로 여러 바다를 채우고, 그 피를 술로 바꾸어 놓았습니다. 악귀들은 이 술을 마시고 계속 춤을 추었습니다. 지금도 그들은 춤을 추고 있습니다. 이 지구는 그 시체의 살로 만들어진 것입니다. 그러므로 이 지구는 '메디니(땅)'라고 합니다. 이와 같이 지구와 그 주민들은 다시 생겨나게 되었습니다. 창조주는 새로운 인류를 창조했습니다.

(바사가 말했다.) 그리고 나서 나는 불의 신에게 이 사람은 죽기 전에 누구였는지를 물었습니다. 불의 신은 다음과 같은 이야기를 나에게 들려주었습니다.

잘 들으십시오. 순수한 의식으로 가득 찬 무한한 공간이 있었습니다. 그 안에는 무수한 세상들이 무수한 원자들처럼 떠돌아다니고 있었습니다. 그 속에서 자기 자각을 갖춘 우주적 인격체가 생겨났습니다. 그 사람은 마치 그대가 꿈 속에서 하나의 대상을 보듯이 그 자신의 빛을 경험합니다. 그러한 경험들로부터 신체를 구성하고 있는 여러 가지의 감각들과 그 해당 기관들이 생겨납니다. 이 감각들은 이 세상으로 변하는 그들 각자의 대상들을 자각합니다.

그 세상에서 아수라(악마)란 사람이 생겨났습니다. 그는 자기의 힘을 자랑했습니다. 한번은 그가 어느 현자의 은둔처를 파괴했고, 그때 그 현자가 다음과 같이 그를 저주했습니다. "그대는 거대한 몸집을 자랑하고 있기 때문에 이런 짓을 저질렀다. 그대는 죽어서 모기가 될 것이다." 그 저주의 불은 아수라를 태워서 재로 만들었습니다. 그는 무의식적인 사람의 마음과 꼭 같이, 육신이 없는 인격체가 되었습니다. 그것은 물질적인 공간과 하나가 되었습니다. 그 다음 그것은 그 공간 속의 바람과 결합하게 되었습니다. 이 바람은 생명력(쁘라나)입니다. 이제 아수라는 살아 있는 존재로서 깨어나 에너지와 물 등을 얻었습니다. 그가 다시 한 번 다섯 원소(딴마뜨라)들과 무한한 의식의 미립자를 부여받자, 그는 하나의 개인으로서 진동하기 시작했습니다. 마치 알맞은 조건에서 씨앗이 싹트는 것처럼, 그에게 자기 자각이 일어났습니다. 그 자기 자각 속에는 그 현자의 저주와 모기의 관념이 들어 있었습니다. 그러므로 그는 모기가 되었습니다.

(라마의 질문에 대한 대답으로, 바시슈타는 다음과 같이 말했다. "브람마로부터 풀잎에 이르기까지, 모든 존재들은 두 가지 형태의 탄생을 겪습니다. 하나는 브람마의 창조이며, 다른 하나는 환영의 창조입니다. 그가 이전에 경험해 본 적이 없는 창조주의 마음에서 자연스럽게 일어나는 창조는 '자궁을 통한 탄생'이 아닌, 브람마의 창조입니다. 잠재된 망상 때문에 일어나는 것은 주체와 객체의 관계에서 태어난 환영과 같은 탄생입니다.")

모기는 그 짝과 함께 풀잎 위에서 행복하게 살았습니다. 이 풀은 사슴에게 뜯어 먹혔습니다. 그가 사슴을 쳐다보면서 죽었기 때문에, 그는 사슴이 되었습니다. 그 사슴은 사냥꾼에게 죽었습니다. 그러므로 사슴은 다음 생에서는 사냥꾼으로 태어났습니다. 그 사냥꾼은 숲 속을 떠돌아다니다가 운 좋게도 어느 거룩한 현자를 만났으며, 그 현자는 "그대는 왜 이같이 잔인한 사냥꾼의 생활을 하고 있습니까? 이 사악한 삶을 버리고, 니르바나를 얻도록 하십시오."라고 말하며, 그를 일깨워 주었습니다.

사냥꾼은 다음과 같이 물었습니다.

오, 현자시여! 그렇다면, '어렵거나' 혹은 '힘들지 않은' 수행을 하지 않고도 슬픔을 극복할 수 있는 방법을 알려 주십시오.

현자는 다음과 같이 대답했습니다.

바로 이 순간 활과 화살을 버리십시오. 바로 여기에 남아서 슬픔이 없는 침묵의 생활에 의지하십시오.

바시슈타는 계속 말했다.

사냥꾼은 조금도 망설이지 않고 그렇게 했습니다. 불과 며칠 사이에 그는 마치 꽃의 향기가 사람의 몸에 스며들듯이, 경전들의 지혜 속으로 들어갔습니다. 어느 날, 그는 현자에게 "오, 현자시여! 어떻게 해서 내부에서 일어나는 그 꿈이 밖에 있는 것처럼 보입니까?"라고 물었습니다.

현자는 다음과 같이 대답했습니다.

이 질문은 맨 처음부터 나의 마음속에서도 일어났습니다. 이 질문에 대한 답을 찾기 위하여 나는 집중을 수련했습니다. 나는 연꽃 자세로 앉아서 순수한 의식의 상태로 남아 있었습니다. 나는 수천 가닥으로 분산된 마음의 모든 광선을 모아서 나 자신의 가슴에 집중했습니다. 생명의 힘과 함께 나는 몸 밖으로 마음을 '토해 냈습니다.' 그 쁘라나는 내 앞에 나타난 어떤 살아 있는 존재 속으로 들어갔습니다. 그 존재는 그 쁘라나를 '들이키면서' 그 자신의 가슴에서 그것을 받아들였습니다.

그 다음 나는 그 존재의 가슴속으로 들어갔습니다. 나 자신의 지성에 속박되어 있었기 때문에, 나는 그 쁘라나를 따라 그 존재 속으로 들어갔습니다. 나는 그 사람의 내부가 무수한 통로들로 가득 차 있는 것을 보았는데, 마치 그 통로들은 모두가 밖에 있는 것처럼 보였습니다. 그 내부는 또한 마치 집이 가구들로 가득 차 있는 것처럼, 간이나 비장과 같은 다양한 오장육부와 신체 기관들로 가득 차 있었습니다. 내부는 따뜻했습니다. 몸 밖에서 안으로 흘러들어 온 시원한 산들바람 때문에 그 몸은 살아 의식이 있었습니다. 그 통로들은 음식의 정수를 운반했습니다. 내부는 지옥처럼 매우 어두웠습니다. 이 통로들을 따라 흘러가는 생명력의 흐름들은 불규칙적인 생명력의 흐름들을 따라가는 신체적 혼란의 징후를 충분히 보여 주었습니다. 연꽃 줄기처럼 생긴 한 통로에는 번쩍번쩍 빛나는 강렬한 힘이 흘러갔는데, 그 힘은 멀리서 바람이 좁은 관을 통해 흘러갈 때 내는 그런 소리를 냈습니다. 그것은 온갖 종류의 대상들로 가득 찼습니다. 그것은 공기의 움직임에 의해 함께 결속되어 있었습니다. 그것은 어떤 곳에서는 유쾌했으며, 어떤 곳에서는 동요되었습니다. 그것은 마치 천상의 음악가들이 혓바닥 아래 어딘가에서 노래를 부르고 있는 것처럼 보였고, 또 다른 곳에서는 그것이 마치 좋은 음악인 것처럼 들렸습니다.

나는 그 존재의 가슴 안으로 들어갔습니다. 그 가슴속에서 나는 빛의 근원에 도달했습니다. 그 속에는 삼계가 다 비춰졌습니다. 그것은 삼계의 빛입니다. 그것은 만물의 본질 자체입니다. 그 속에는 지바도 있습니다. 지바는 몸 전체에 골고루 퍼져 있지만, 이 '오자스'(내면의 빛)가 그 지바의 특별한 자리입니다. 그것은 생명력에 의해 사방에서 보호받고 있습니다. 나는 마치 물이 토기에 스며들듯이 그 속으로 들어갔습니다. 그곳에 남아서 나는 마치 나 자신의 '오자스'로부터 우주를 보고 있는 것처럼 우주 전체를 보고 있었습니다.

현자는 계속 말했습니다.

그 꿈의 세상 속에서도 신들과 악마들과 인간들은 물론, 태양과 산들과 바다들이 있었습니다. 또한 도시들과 숲들과 시간의 척도들과 방향들이 있었습니다. 그 꿈의 환영은 영원한 것처럼 보였습니다. 그래서 그것은 마치 나의 수면이 끝난 뒤에 일어난 것처럼 보였습니다. 나는 '잠을 자지도 않는데 어떻게 이 꿈을 볼 수가 있을까?'라고 스스로 물었습니다. 오랫동안 탐구를 한 뒤에, 나는 '이것은 의식에 관한 신성한 형태의 진리임에 틀림이 없다. 그 의식이 본질적으로 나타나는 모든 것이 이 세상이라고 하는 것이다.'라고 깨달았습니다. 말하자면, 이 의식의 씨앗이 그 자체의 형태를 어디에서 보든지 간에, 그때 그 자리에서 그것은 무한한 의식으로서의 그 자체의 실재를 버리지 않고 이 세상을 보는 것입니다.

꿈의 대상이라고 하는 이 세상이 이 무한한 의식의 지각이라는 것을 이제 나는 깨달았습니다. 이 의식의 나타남(빛남)을 깨어 있는 세상이라고 하며, 또한 꿈의 세상이라고도 합니다. 그것은 하나의 의식입니다. 그래서 그 의식에는 어떤 구분도 없습니다. 꿈은 깨어 있는 상태와 관련해서는 꿈입니다. 그러나 하나의 꿈은 꿈 자체와 관련해서는 깨어 있는 상태입니다. 꿈은 깨어 있는 상태와 전혀 다르지 않습니다. 그래서 깨어 있는 상태 그 자체는 두 부분으로 이루어져 있습니다.

사람은 단지 의식에 불과합니다. 백 개의 몸이 썩어 없어진다 해도, 의식은 소멸하지 않습니다. 의식은 공간과 같지만 마치 몸인 것처럼 존재합니다. 무한한 것은 형태가 있거나 없는 무한한 대상들로 나누어지는 것처럼 보입니다. 이것은 경험의 무수한 입자들이 무한한 의식 내에서 빛나기 때문입니다. 지바가 외부 세상의 경험을 외면하고, 가슴속에 있는 내면의 세상으로 방향을 돌릴 때, 그때 꿈이 일어납니다. 지바가 의식을 외면화시킬 때, 깨어 있는 상태가 됩니다. 똑같은 지바가 그 시선을 자체로 돌리면, 꿈이 일어납니다. 지바 그 자체는 그들이 안에서 보이든 밖에서 보이든 간에, 공간이나 지구, 바람, 산 그리고 바다들로서 펼쳐집니다. 이러한 진리를 깨닫게 되면, 사람은 바사나 즉 정신적 조건화로부터 벗어나게 됩니다.

그 다음 나는 "잠은 무엇일까?"라고 자문했습니다. 나는 잠을 탐구하기 시작했습니다. '내가 이 세상의 대상들을 어떻게 다루어야 할까? 당분간 완전한 평화 속에서 휴식이나 취해 보자.'라고 생각할 때, 잠은 일어납니다. 똑같은 몸 속에 지각력이 있고 또한 지각력이 없는 부분(손톱, 머리카락 등)들이 있는 것처럼, 잠도 지각과 무지각 두 가지를 그 특징으로 하고 있습니다. '평화롭게 쉬어나 보자.'와 같은 하나의 관념이 마음을 지배할 때, 잠이 옵니다. 이것은 깨어 있는 상태에서도 일어날 수 있습니다.

그 다음 나는 뚜리야의 상태(제4의 상태)를 탐구하기 시작했습니다. 만약 뚜리야 상태에 자리를 잡게 되면, 이 현상계는 완벽한 깨달음(조명) 때문에 사라집니다. 그때는 세상이 있는 그대로 존재합니다. 아무것도 사라지지 않습니다. 깨어 있음과 꿈과 수면이 있는 그대로 존재하는 것은 이 뚜리야의 존재 때문입니다. '이 세상은 그것을 생기게 할 원인이 전혀 없기 때문에 창조되지 않았다.'는 것과 '이 세상으로서 빛을 내고 있는 것은 오로지 브람만뿐이다.'라는 깨달음이 곧 뚜리야입니다.

현자는 계속 말했습니다.

그 다음 나는 그 존재의 의식과 하나가 되고 싶었습니다. 내가 의식 속으로 들어가기 위하여 그 존재의 '오자스'를 떠났을 때, 나 자신의 감각들은 즉시 깨어났습니다. 그러나 나는 즉시 감각들을 억제하고 의식 속으로 들어갔습니다. 내가 그 의식 속으로 들어갔을 때, 나는 동시에 두 개의 세상을 경험했습니다. 모든 것이 두 개로 보였습니다. 그러나 지각하는 두 개의 지성이 닮았기 때문에 이원성은 동일한 것처럼 보였고, 마치 물과 우유처럼 잘 혼합되었습니다.

곧 나는 의식의 도움을 받아, 나 자신 속으로 그 다른 존재의 의식을 끌어들였습니다. 그러자 즉시 '두 세상'은, 마치 복시 환자에게 달이 두 개로 지각되다가 치료가 되면 달이 하나로 지각되는 것과 똑같이, 하나로 통합되었습니다. 나는 나 자신의 지혜를 버리지 않았지만, 나 자신의 사고 형태는 크게 약화되어, 다른 존재의 사고 형태를 갖게 되었습니다. 그러므로 나는 그 사람처럼 이 세상을 경험하기 시작했습니다.

얼마 후, 그는 잠자리에 들었습니다. 그는 마음의 빛들을 한 곳에 모았습니다. 마치 거북이가 그 수족들을 그 자신 속으로 끌어들이는 것처럼, 그의 감각들도 그들의 작용과 함께 그의 가슴속으로 끌려들어 갔습니다. 그의 감각 기관들은 마치 죽은 것처럼 변했거나, 아니면 그려진 초상에 불과한 것처럼 보였습니다. 나는 그의 내부에 있으면서 그의 마음의 진로를 따라갔고, 그의 가슴속으로 들어갔습니다. 나는 외부의 대상들에 대한 경험을 포기하고 '오자스' 속으로 들어간 상태였으므로 잠시 수면의 행복을 즐겼습니다. 그의 내부에 있는 모든 통로들이 밀집해 있었고, 피로 때문에 충혈되어 있었습니다. 그리고 음식과 음료 등 때문에 생명의 숨결이 콧구멍을 통하여 천천히 흘러들어 갔습니다. 생명력은 가슴속에 있는 그 자체의 근원을 자극하여 마음의 중요성을 없애 줍니다. 즉, 마음을 중요하지 않게 만듭니다. 왜냐하면 자연스럽게 그것이 그 자체의 대상이기 때문입니다. 참나는 이제 그 자체의 대상입니다. 그리고 다른 어떤 외면화된 활동도 없습니다. 그러므로 그것은 본질적으로 그 자체로서 빛납니다.

라마는 물었다.

마음은 오로지 생명력 때문에 생각할 수 있습니다. 그래서 그것이 그 자체로서는 어떤 실체도 없습니다. 그렇다면 그것은 본질적으로 무엇입니까?

바시슈타는 대답했다.

비록 몸은 실재하는 것으로 경험되고 있지만, 그것은 진실로 존재하지 않습니다. 마음은 꿈 속에서 본 산 만큼이나 비실재적입니다. 어떠한 원인도 없고 어떤 '대상'도 창조된 적이 없기 때문에, 마음(찌따)은 존재하지 않습니다. 이 모든 것은 브람만입니다. 그리고 브람만이 모든 것이기 때문에, 이 세상은 있는 그대로 존재합니다. 심지어 몸과 마음 등도 오직 브람만입니다. 그러나 진리를 아는 사람들이 어떻게 이것을 볼 수 있는가 하는 것은 우리가 설명할 일이 아닙니다.

분할할 수 없는 하나의 무한한 의식은 그 자체를 그 자신의 대상으로 서 자각했으며, 우리는 그것을 마음이라고 합니다. 움직임의 관념이 일 어났을 때, 그 관념은 쁘라나 즉 생명력으로 나타나게 되었습니다. 쁘라나는 감각들을 통해 경험을 일으키고, 따라서 이 세상이 나타납니다.

바시슈타는 계속 말했다.

마음은 실재적이거나 비실재적이거나 혹은 혼합된 모든 것을 가지고 있는 이 세상의 창조자입니다. 쁘라나(생명력)는 다음과 같은 생각과 더 불어 마음에 의해 생겨났습니다. '쁘라나는 나의 움직임이다. 그래서 나는 쁘라나 즉 생명력이 없이는 존재하지 못할 것이다. 그러므로 그것 이 나의 목적이 되도록 하겠다. 비록 내가 얼마 동안 쁘라나 없이 존재 한다 하더라도, 나는 다시 곧 쁘라나와 함께 있겠다.' 이 쁘라나가 마음 과 결합되는 순간, 그것은 환영의 세상을 봅니다. '나는 생명력과 몸이 없이는 다시는 절대로 존재하지 않겠다.'라는 확고한 생각 때문에, 그 것은 순수 의식으로서의 그 진정한 본성을 회복하지 못합니다.

그것은 슬픔을 경험합니다. 왜냐하면 그것은 의심으로 인하여 양 극 단으로 흔들리기 때문입니다. 이러한 슬픔은 참나 지식이 일어날 때를 제외하고는 멈출 수가 없습니다. 참나 지식 이외의 그 어떤 것도 '나는 이것이다.'라는 잘못된 생각을 없앨 수 없습니다. 참나 지식은 해방의 방법에 대한 탐구를 통하지 않고서는 일어나지 않습니다. 그러므로 모 든 수단을 강구해서라도 해방의 방법을 탐구해야 합니다. 마음은 끊임 없이 '생명력이 나 자신의 생명이다.'라는 생각을 지닙니다. 그러므로 마음은 쁘라나에 의지해 있습니다. 몸이 건강한 상태에 있을 때, 마음 은 작용을 잘 합니다. 그러나 몸이 건강한 상태를 누리지 못할 때, 마음은 신체적인 혼란 이외의 어떤 것도 볼 수 없습니다. 쁘라나가 그 자체의 힘찬 움직임에 분주하게 종사할 때, 그것은 그 자체의 움직임에 몰두한 나머지, 참나 지식에 힘을 기울일 수 없습니다.

이와 같이 마음과 쁘라나의 관계는 기수와 마차의 관계와 같습니다. 이러한 것이 바로 처음부터 무한한 의식이 지닌 생각이었습니다. 그러므로 이러한 관계는 오늘날까지도 그 효력을 유지하고 있습니다. 깨달음을 얻지 못한 사람들은 그것을 초월할 수 없습니다. 무지한 사람들은 시간과 공간, 물질, 마음, 쁘라나 그리고 몸에 대한 흔들리지 않는 관념들을 계속 지니고 있습니다. 마음과 쁘라나가 조화롭게 작용할 때 사람들은 다양한 활동들에 종사합니다. 혼란이 있을 때 부조화가 있습니다. 둘 다 쉬고 있을 때 수면이 있습니다. 나디(에너지의 통로들)가 음식물 따위로 막히고 활발하지 못할 때, 쁘라나의 움직임은 둔해지고 수면이 있습니다. 또한 나디가 음식물 등으로 막히지 않을 때라도 힘이 약하거나 피로가 있을 때는 쁘라나가 적절하게 움직일 수 없어서 잠을 잡니다. 나디가 어떤 이유에서든지 부드럽고 약해질 때, 나디가 온갖 종류의 불순물로 채워질 때, 따라서 쁘라나가 어떤 특별한 활동에 종사할 때도 역시 잠이 일어납니다.

현자는 말했습니다.

어둠이 다가오자, 내가 가슴속으로 들어갔던 그 사람은 깊은 수면에 들었습니다. 나도 이러한 깊은 수면을 즐겼습니다. 그리고 나서 그가 먹었던 음식물이 소화가 다 되고 나디가 깨끗해졌을 때, 생명력은 힘차게 움직이기 시작했고 잠은 약화되었습니다.

현자는 계속 말했습니다.

이렇게 잠이 약화되었을 때, 나는 마치 가슴속에서 세상이 떠오른 것처럼 태양 등이 있는 세상을 보았습니다. 나는 내가 있던 곳에서 이 모든 것을 보았습니다. 그러나 이 세상은 우주 소멸의 홍수로 뒤덮이고 있었습니다. 나는 나의 신부와 함께 어느 집에 앉아 있었습니다. 홍수가 우리 모두를 휩쓸어 가고 있을 때, 집 전체는 마치 홍수와 싸워 살아남으려고 애쓰는 듯이 물 위에 떠 있었습니다. 곧 내가 앉아 있던 집은 홍수에 떠내려가다가 산산조각이 났습니다. 나는 물 속으로 뛰어들었습니다. 나는 이미 가족과 친구들을 포기했고, 오로지 나의 생명의 보존에만 관심이 있었습니다. 나는 이따금 물아래로 내려가기도 하고, 이따금 수면 위로 떠오르기도 했습니다. 바위에 발붙일 곳을 얻어 잠시 쉬려고 했지만, 거대한 파도들이 다가와서 다시 나를 홍수 속으로 내동댕이쳤습니다. 이 기간 중에 내가 경험하지 못한 고통의 형태는 단 하나도 없었습니다. 나는 모든 형태의 고통스러운 경험을 다 겪은 것입니다.

한편, 비록 내가 제법 의식은 있었지만 완전한 절망 상태에 있었기 때문에, 나는 사마디 상태에서 전생 때의 경험을 회상했습니다. 그때는 내가 고행자였습니다. 나는 꿈의 상태를 목격하고 싶어서, 이미 다른 사람 속으로 들어갔습니다. 나는 내가 하나의 환영을 지각하고 있다는 것을 알았습니다. 동시에 나는 또한 현재의 경험도 자각했습니다. 즉 비록 내가 홍수에 떠내려가고 있었지만, 나는 기쁨을 경험했습니다.

홍수와 그 홍수가 일으킨 파괴를 보고 있는 동안, 나는 다음과 같이 생각했습니다. '운명이 할 수 없는 것은 무엇일까? 심지어 눈이 세 개 달린 신도 이 홍수로 산산이 부서지고 있다. 이 홍수 속에서 모든 신들과 악마들도 소용돌이를 일으키면서 빙글빙글 돌고 있구나. 이 산더미 같은 파도들이 바로 창조주 브람마가 앉아 있는 자리까지 치솟고 있다. 이들 파도는 코끼리처럼 생겼고, 사자만큼이나 강력하고, 마치 구름처럼 하늘을 떠 가고 있는 것처럼 보인다. 이 지구를 지키는 보호자들조차 그들의 궁전 및 탈 것과 함께 이 홍수에 휩쓸려 익사하는구나. 신들과 악마들도 함께 이 홍수 속에서 떠다니며 서로서로에게 매달린다. 무너지는 도시들과 물에 떠다니는 궁전들 때문에 홍수가 일으키는 파도들은 견고한 성벽처럼 보인다. 태양마저도 이 홍수에 정복당하여 하계로 끌려가고 있다. 오직 진리를 아는 이들(참나 지식을 갖춘 현자들)만이 조금도 슬픔을 경험하지 않는구나. 왜냐하면 그들은 그들의 몸이 물살에 따라 떠내려가고 있는 것을 보지만, '내가 몸이다.'라는 잘못된 생각이 그들에게 전혀 없기 때문이다. 힘없는 여자들은 익사해 가고 있다. 모든 것이 죽음에 잡아먹히고 있는 이 우주 소멸의 홍수 속에서, 누가 누구를 구할 수 있겠는가? 이제 우주 전체가 오직 무한한 바다인 것처럼 보인다. 인드라가 왕으로 있는 모든 신들은 어디에 있는가?"

사냥꾼은 물었습니다.

오, 현자시여! 당신과 같은 그런 위대한 사람들에게서도 그러한 환영이 일어납니까? 명상 수행을 통하여 그들 환영은 사라지지 않았습니까?

현자는 대답했습니다.

모든 것은 이 세상의 주기가 끝날 무렵에 사라집니다. 어떤 것들은 서서히 종말에 이르지만, 어떤 것들은 갑자기 없어집니다. 또, 반드시 일어나야만 하는 것들은 필연적으로 일어납니다. 더욱이, 불운이 도래하면, 힘과 지성과 활력(광채)은 심지어 위대한 사람들의 경우에서조차 언제 어디서나 모두 불리하게 영향을 받습니다. 마지막으로 내가 지금까지 묘사했던 것은 단지 하나의 꿈에 불과했습니다. 꿈에서 불가능하거나 꿈과 양립할 수 없는 것이 무엇이 있겠습니까?

그러나 내가 이 꿈의 경험을 그대에게 이야기해 주는 것은 중요합니다. 이제 나는 그대에게 그 진리를 말해 주겠습니다.

이와 같이 우주 소멸의 거대한 홍수를 목격하고 있는 동안, 나는 우연히 어느 산 정상과 마주쳤습니다. 나는 그 꼭대기에 올라갔습니다. 그 다음 순간 장면 전체가 바뀌었습니다. 나는 홍수의 큰 물살이 어떻게 사라졌는지를 알지도 못합니다. 지구 전체가 진흙 덩어리로서, 인드라와 같은 신들과 코끼리 같은 동물들이 모두 목까지 진흙 속에 빠져 있었습니다. 나는 피로로 곧 잠에 빠지고 말았습니다.

이후에, 비록 나는 나 자신의 '오자스'에 남아 있었지만, 여전히 전생의 경험으로 결정된 심리적인 조건화를 가지고 다녔습니다. 이와 같이 내가 일종의 이원적인 의식을 경험한 뒤에 깨어났을 때, 나는 다른 사람의 가슴속에서 그 산 정상을 보았습니다. 둘째 날은 거기에서 일출을 보았습니다. 이후에 이 세상의 다른 모든 대상이 일어났습니다.

나는 다른 모든 것을 잊어버리고 그 세상 속에서 나의 일상적인 활동을 하려고 노력했습니다. 나는 '나는 열여섯 살이야. 이분들은 나의 부모님들이야.'라고 혼자 중얼거렸습니다. 그러자 나는 마을 하나와 그 마을 속에 있는 한 은자의 집을 보았습니다. 나는 나에게 진짜가 되어버린 그 은자의 집에서 살기 시작했습니다. 전생 경험의 기억이 사라지기 시작했습니다. 나는 몸이 나의 유일한 희망이라고 생각했습니다. 지혜는 나와 멀리 떨어져 있었습니다. 바사나 즉 정신적 조건화는 내 존재의 정수 자체였으며, 나는 부에 헌신했습니다. 나는 나의 모든 사회적 종교적 의무들을 다 했습니다. 나는 해야 할 일과 하지 말아야 할 일을 알았습니다.

어느 날, 한 현자가 나의 손님으로 나에게 왔습니다. 나는 그를 환대해 주었습니다. 밤에 그는 나에게 이야기를 하나 들려주었습니다. 그는 무한한 우주를 상세히 묘사했고, 결론적으로 그 모든 것이 무한한 의식이라고 말했습니다. 나 자신의 지성이 깨어났습니다. 즉시 나는 모든 과거와 어떻게 내가 다른 사람의 몸 속으로 들어갔는지를 기억했습니다. 나는 그 상대가 우주적 인격체라고 생각하고 거기로부터 빠져나오려고 애썼습니다. 나는 그 사람의 쁘라나 속으로 들어갔습니다. 나는 그것과 하나가 된 뒤에 밖으로 나왔습니다. 그러고 나서 바로 내 앞에서 제자들의 시중을 받으며 은자의 집에서 가부좌 자세로 앉아 있는 나 자신의 몸을 보았습니다. 이들 제자들에 따르면, 내가 사마디에 들어간 지 한 시간밖에 지나지 않았던 것입니다. 내가 가슴속으로 들어갔던 그 사람은 잠자고 있는 또 다른 여행자였습니다. 나는 이 모든 것을 어느 누구에게도 말하지 않고, 재빨리 그 잠자는 사람의 가슴속으로 다시 들어갔습니다. 그의 가슴속에서는 우주의 소멸이 완료된 뒤였습니다. 그리고 내가 나의 친척들과 살았던 마을도 이미 사라진 뒤였습니다. 모든 것이 우주 소멸의 불길로 불타고 있었습니다. 나는 바람에 대한 명상을 하고, 그 안에서 돌아다녔습니다.

현자는 계속 말했습니다.

비록 거기에서 그 무시무시한 불길에 휩싸여 있었지만, 나는 조금도 불행하지 않았습니다. 그대가 꿈꾸는 동안 그것이 단지 꿈이라는 것을 알 때, 그대는 심지어 불길로부터도 자유롭습니다. 나는 그것이 꿈이라는 사실을 알았기 때문에 그 불길에 전혀 영향을 받지 않은 채, 내가 그 불길의 본성을 탐구하고 있는 동안, 무서운 열파가 일어났습니다. 그 열파가 일으킨 거센 바람 속에서 모든 것이 사방으로 날아다니면서 전소하기 시작했습니다. 그것은 마치 파괴의 춤과 같았습니다.

나는 다음과 같이 의아한 생각을 품기 시작했습니다.

결국, 이 모든 것은 내가 다른 누군가의 가슴속에서 살아 있는 동안, 내가 꾸는 꿈에 불과하다. 나는 왜 이 모든 것에서 벗어나지 못하고, 오히려 이러한 고통을 목격하고 있는가?

　사냥꾼은 물었습니다.

　당신은 꿈이 무엇인지를 알아보기 위하여 그 사람의 가슴속으로 들어갔습니다. 왜 거기서 빠져나오려고 결심했습니까? 당신은 진리를 알아냈습니까?

　현자는 대답했습니다.

　우선, 이 우주는 생겨나야 할 어떠한 원인도 없습니다. 그러므로 '창조'라는 단어도, 객체인 '창조물'도 실재하지 않습니다. 그것들은 존재하지 않습니다. 그러나 이 무지나 비실재성도 또한 의식이나 실재 안에서 일어나는 하나의 관념입니다. 그리고 의식이나 실재 안에서 ('창조물'로서) 존재하고 있는 것은 분명합니다. 나는 무지와 어리석음이 사라진 그런 사람의 관점에서 그대에게 진리를 말할 수 있을 뿐입니다. 다시 말해, 무지하고 어리석은 사람의 관점에서는 무엇이 진리인지를 나는 모릅니다. 사실은 이 모든 것이 순수 의식으로서, 순수 의식은 만물에 충만해 있습니다.

　몸은 어디에 있고, 마음은 어디에 있으며, 또 꿈은 무엇입니까? 물과 홍수 등은 어디에 있습니까? 각성은 어디에 있으며, 그러한 각성의 멈춤은 어디에 있습니까? 탄생과 죽음은 어디에 있습니까? 오직 순수 의식만이 있을 뿐입니다. 이러한 의식이 있는 곳에서는 가장 작고 가장 미묘한 공간일지라도 그 공간은 대우주로 나타납니다. 자연스럽게 이 의식이 잠깐 동안 '생각'하면, 세상의 관념이 아직은 순수한 공간이지만 일어납니다. 마치 꿈 속에서 오직 의식만이 다양한 옷을 입고, 어떤 도시 등도 없는 것처럼, 이 세상은 오직 순수 의식일 뿐입니다. 우리에게는 어떤 외양도 없으며, 비실재적이거나 실재적인 것도 아무것도 없으며, 공간도 전혀 없습니다. 대신, 오직 형태도 없고 시작도 끝도 없는 비이원적인 무한한 의식만이 있습니다. 꿈은 어떤 원인도 없이 일어납니다. 그래서 하나의 독립된 객체도 없이 오직 지각하는 사람의 순수 의식만이 있습니다. 여기에서도 또한 어떤 원인이 없습니다. 그러므로 주체나 객체도 없습니다. 존재하는 것은 순수 의식이거나 그 본질입니다. 그러나 비이원적이고 형언할 수 없는 것은 순수한 경험입니다.

시간은 존재와 파괴 둘 다입니다. 씨앗 그 자체는 꽃들과 열매들에 이르기까지 그 씨앗에서 나오는 모든 것입니다. 그와 마찬가지로, 브람만도 이 모든 것입니다. 의식은 항상 순수하게 빛납니다. 꿈을 꾸는 동안에 그 꿈 속에 깨어 있음의 특성이 있는 것과 꼭 마찬가지로, 깨어 있음도 또한 오직 꿈만의 본질이기도 합니다. 모든 마음의 활동이 사라질 때, 그대는 존재 그 자체입니다.

사냥꾼은 물었습니다.

신이시여! 과거의 까르마의 영향을 받는 사람은 누구이며, 그러지 않는 사람은 누구입니까?

현자는 다음과 같이 대답했습니다.

창조주 브람마처럼 창조를 시작하던 바로 그 순간에 생겨난 존재들은 탄생도 까르마도 없습니다. 그들에게는 어떤 이원성의 관념도, 삼사라도, 다른 여러 개념들도 없습니다. 그래서 그들의 의식은 순수합니다. 창조가 시작되는 바로 그 순간에 어떤 누구에게도 까르마가 없다는 것은 분명합니다. 왜냐하면 그 이전에는 오로지 무한하고 절대적인 브람만만이 존재했기 때문입니다. 그러므로 창조가 시작될 때, 그 창조물로서 나타나게 된 것은 브람만이었습니다. 창조가 처음 시작될 때, 창조주 브람마와 다른 것들이 나타난 것과 마찬가지로, 무수한 지바들도 그때 나타났습니다. 그러나 그들 자신을 브람만 이외의 다른 존재로 생각하는 자들은 그들 자신이 무지하다고 생각하고, 이원성을 자각하게 됩니다. 그들의 경우에는 탄생과 까르마가 저절로 일어납니다. 왜냐하면 이들 존재들은 비실재성에 의지해 있기 때문입니다. 그러나 그들 자신이 브람만과 다르다고 생각하지 않는 사람들(브람마, 비슈누, 쉬바 등)의 경우에는 까르마의 영향을 전혀 받지 않습니다.

무한한 의식은 절대적으로 순수합니다. 브람만은 그 자신에게 의지해 있습니다. 그러나 그 속에서 단지 지바의 작은 개념 하나가 일어납니다. 이러한 지바의 개념이 일어나는 곳에서는 무지가 일어납니다. 그래서 그것 자체가 동일한 의식에 의해 창조로서 간주됩니다. 의식은 그 자체의 참된 본성을 알아차리게 되며, 그것이 현재도 브람만이며, 과거부터 지금까지 항상 브람만이었다는 것을 깨닫습니다.

물 그 자체가 소용돌이의 현상을 띱니다. 마찬가지로, 브람만 그 자체도 이 우주의 현상을 띱니다. 이 우주는 나타난 브람만입니다. 그것은 꿈도 아니요, 각성 상태의 실재도 아닙니다. 그 경우에, 무엇이 까르마이고, 그 까르마는 누구의 것이며, 그 까르마는 얼마나 많은 종류로 되어 있습니까? 진실로, 까르마도, 무지도, 우주도 없습니다. 이 모든 관념들은 오로지 자기 자신의 경험 때문에 일어납니다.

오로지 브람만만이 우주로서, 개인적 자아로서, 까르마로서, 탄생과 기타 그러한 관념들로서 빛납니다. 그것이 신이기 때문에, 그것은 마치 이들 개념들이 진실인 것처럼 그 개념들을 경험합니다. 창조가 시작될 때, 지바는 어떤 까르마의 지배도 받지 않았습니다. 그러나 이후에 그것은 그것이 지니는 관념들 때문에 까르마에 연루되게 되었습니다. 소용돌이의 몸이나 개별성은 무엇이며, 그 까르마는 무엇입니까? 그것은 물입니다. 그래서 모든 것인 브람만도 꼭 그와 같습니다.

꿈 속에서 본 사람들에게는 과거의 까르마가 전혀 없습니다. 그와 마찬가지로, 창조가 시작될 때 생겨난 지바에게도 까르마는 전혀 없습니다. 왜냐하면 그들 지바가 순수 의식이기 때문입니다. 까르마의 관념이 일어나는 것은 오로지 이 현상계를 실재로서 보는 관념에 확고히 뿌리를 내릴 때입니다. 그러면 지바들은 그들의 까르마에 속박된 채로 이곳을 떠돌아다닙니다. 이 우주 자체가 전혀 우주 아님을 깨닫고, 브람만만이 존재한다는 것을 깨닫는다면, 까르마가 어디에 있으며, 까르마가 누구의 것이며, 또 누가 그 까르마에 속하겠습니까? 까르마는 오직 무지 속에서만 존재합니다. 올바른 지식이 일어나자마자, 까르마는 구속력을 잃게 됩니다.

현자는 계속 말했습니다.

빤디따(참나 지식을 가지고 있는 사람)는 모든 다르마, 까르마와 지식의 연꽃을 피우는 태양과 같습니다. 참나 지식을 가진 현자의 지혜에 비교하면, 신들의 왕이라는 신분조차도 쓸모없는 지푸라기와 같습니다. 참나 지식이 일어날 때, 실존계의 환영 같은 관념들은 사라지고, 브람만이 유일한 진리라는 깨달음이 일어납니다. 빛이 어둠을 몰아내는 것과 꼭 같이, 뱀으로 오인받았던 화환이 진짜 화환으로서 빛을 냅니다.

꿈 속에서 보인 사람들에게는 부모가 없습니다. 마찬가지로 이 꿈같은 세상도 원인이 없습니다. 꿈 속의 사람들에게는 그들의 현재의 탄생을 일으킬 어떤 과거의 까르마도 없었습니다. 이 꿈같은 세상에서 실재하는 것으로 보이는 사람들에게도 과거의 까르마가 없습니다. 지바가 여기서 꿈을 자각하고 경험하는 것과 꼭 같이, 그것은 그 자체의 정신적 조건화(바사나)에 따라서 전생과 까르마를 마치 실재하는 것처럼 상상하고 경험합니다.

　창조가 시작될 때와 몸의 존재가 끝날 때에, 지바는 꿈과 같은 상태를 경험합니다. 그것이 경험하는 모든 것은 실제적이고 비실재적인 것처럼 보이고, 또한 그것은 실재적이며 동시에 비실재적입니다. 꿈 속에서 비록 그러한 것이 전혀 존재하지 않지만, '다른' 대상들과의 접촉이 있습니다. 그와 마찬가지로, 깨어 있는 상태에서 다른 대상들을 자각하는 것도 비록 그 대상들이 비실재적이지만 가능합니다. '깨어 있음'과 '꿈'은 자각을 가져다주는 의식의 움직임들을 나타내기 위하여 사용되는 두 개의 단어입니다. 창조가 시작될 때(사르가디)와 몸의 생명 주기가 끝날 때(데한따)에 일어나는 자각이나 경험은 그것이 사라질 때까지, 즉 해방이 이루어질 때까지 계속 존재합니다. 그리고 그것을 우주라고 합니다.

　깨어 있는 상태에서나 꿈 속에서 보이는 대상들에 대한 의식과 자각 사이에는 마치 바람과 움직임 사이에 어떤 구별도 없는 것처럼 어떤 구별도 없습니다. 오직 브람만만이 일어났다가 없어지거나 죽는 것처럼 보이고, 또한 대상들을 경험하는 것처럼 보입니다. 그러나 어떠한 변화도 겪지 않고, 영원히 평화로운 상태에서 순수한 것은 오직 순수 의식뿐입니다. 그 무한한 의식이나 우주적 인격체가 그 자체 내에서 자각하게 되는 모든 것은 원인과 결과 둘 다가 됩니다. 이 우주는 마치 꿈이 그대의 가슴속에 있는 것과 꼭 같이 그 무한한 의식의 가슴속에서 원인과 결과 모두로 존재합니다.

　그것이 처음에 어떤 방식으로 나타났든지 간에, 그것은 지금까지 계속 자연의 질서, 시간, 공간 등으로 존재해 왔습니다. 우주가 그때 어떤 특성을 얻었든지 간에 그 특성은 그때 이후로 계속 존재해 왔습니다. 처음에는 의식 속에서 하나의 관념이나 느낌 혹은 개념이 일어납니다. 그 다음 우주라고 하는 것이 뒤따릅니다. 그러나 이 모든 것은 단지 의식의 놀라운 작용에 불과합니다. 무한한 공간은 푸른색을 띤 것처럼 보입니다. 마찬가지로, 무한한 의식은 이 우주로 존재하는 것 같습니다.

사냥꾼은 물었습니다.

이 몸을 떠난 뒤에, 쾌락과 고통을 경험할 목적으로 어떻게 다른 몸을 얻습니까? 원인이 되는 요인은 무엇이며, 그것을 협조해 주는 원인들로는 무엇이 있습니까?

현자는 대답했습니다.

다르마(미덕), 아다르마(죄), 바사나(잠재적 경향성이나 정신적 조건화), 활동적인 자아 그리고 지바 등과 같은 이 모든 것은 거기에 해당하는 어떤 실재가 없는 관념에 불과한 동의어들입니다. 의식은 의식의 공간(혹은 차원)에서 이러한 관념들을 가집니다. 참나는 몸의 관념을 경험합니다. 왜냐하면 참나는 몸과는 완전히 독립된 순수 의식이기 때문입니다. 몸의 관념은 비실재적이지만, 마치 꿈의 대상처럼, 실재하는 것처럼 경험됩니다. 죽은 사람에게 '저승'은 그 자신의 의식 속에서 하나의 관념으로서 빛납니다. 그가 얼마 동안 이것을 보기 때문에, 그는 그것을 실재하는 것으로 여깁니다.

다른 누군가가 옛날 죽었던 사람을 낳았다고 주장한다면, 그 죽은 사람은 어떻게 현생에서 그 과거를 기억합니까? 죽은 자는 다시 태어나지 않습니다. 그러나 그는 그 자신의 의식 안에 있는 그 자신의 정신적 조건화 때문에 '나는 이런 식으로 여기에 존재한다.'와 같은 관념을 경험합니다. 이 경험이 얼마 동안 지속되고 뿌리를 깊이 내릴 때, 그것은 실재의 특성을 띠게 됩니다. 순수한 공간(공)에 지나지 않는 참나는 그 공간(공) 자체 속에서 하나의 꿈을 봅니다. 그것은 그 꿈을 거듭 기억하고, 그럼으로써 환생과 또 다른 세상이 일어납니다. 그러면 그것은 그 세상과 그 탄생이 실재하는 것으로 믿게 되며, 그 세상 속에서 그 지바로서 움직이기 시작합니다.

이런 식으로 수백만 개의 세상들이 있습니다. 그 세상의 진리를 명확히 이해하면, 그것들은 단지 순수 의식 즉 브람만에 지나지 않습니다. 그렇지 않으면 그것들은 창조된 세상처럼 보입니다. 그것들은 아무것도 아닙니다. 그리고 그것들은 그 어디에도 속해 있지 않습니다. 그것들은 실제로 결코 창조된 적이 없습니다. 개개의 지바는 그 세상들 가운데 각각의 세상을 마치 '이것이 세상인' 것처럼 경험합니다. 이러한 환영에 실재를 부여하는 것은 바로 이 같은 상호 관계입니다. 그래서 그것들의 진리를 깨닫게 되면, 그것들은 창조되지 않은 실재로서 알려지게 됩니다. 현자에게 실재하는 것은 무지한 사람에게는 이해할 수 없는 환영입니다. 반대로, 현자에게 실재하지 않는 것은 무지한 사람에게는 가장 명백한 진리입니다.

무한한 의식이 경험하는 모든 것은 그때 그 자리에서 존재하는 것처럼 보입니다. 그러므로 그러한 경험들은 그 특별한 경험자와 관련하여 실재합니다. 그렇다 치더라도 이 모든 것(경험자와 경험들)이 순수 의식이므로 '다른 것'이나 혹은 이원성으로 불릴 것이 아무것도 없습니다. 무한한 의식 속에서 '이것은 이것이다.'라는 관념이 일어날 때, 그것은 '이것은 이것이다.'로서 빛납니다. 그러나 그것이 '이것이 이것이다.'라고 보일 때, 물론 그것은 비실재적인 것이 됩니다. 만약 그것이 의식의 경험이라면, 그것은 의식과 전혀 다르지 않습니다. 반면에 존재하지도 않는 무지의 상태에서만 그 경험은 독립적으로 경험이 됩니다. 따라서 참나 지식 속에는 알아야 할 대상이 전혀 없습니다. 그 지식이 알려진 것이 될 때, 참나는 그 자체를 압니다.

현자는 계속 말했습니다.

우리가 아무리 주의 깊게 보고 조사하더라도, 우리는 실재 이외의 어떤 것도 보지 못합니다. 무지하고 어리석은 사람들이 보는 것을 우리는 알지 못합니다. 깨달음을 얻은 현자의 시각으로 보면, 이 모든 것이 순수하고 분할할 수 없는 의식입니다. 그러나 무지한 사람들의 눈에는 바로 그것이 무수한 별개의 분리된 대상들(지각력이 있고, 지각력이 없는)처럼 보입니다. 단 하나의 순수한 의식이 꿈 속에서는 다양한 꿈의 대상들로서 나타납니다. 꿈 속에서 나타나는 수백만 개의 이 모든 대상이 다시 깊은 수면 속에서는 하나가 됩니다. 마찬가지로, 이 꿈의 세상이 무한한 의식 속에서 나타날 때, 바로 그것이 우주라고 하는 것입니다. 그리고 바로 이것이 깊은 수면 상태와 같은 것에 들어갈 때, 그것을 우주의 소멸이라고 합니다. 이것이 순수한 상식입니다.

하나의 분할할 수 없는 의식은 다양한 대상들이 되고 동시에 무한한 개체들이 됩니다. 의식 그 자체는 마치 꿈 속에서처럼, 공(空)이 되고 동시에 물질이 됩니다. 이 모든 다양성은 단지 경험입니다. 그것은 순수합니다. 그것은 그것을 생각하는 방식대로 빛납니다. 우리는 그것을 없앨 수 없습니다. 이 의식만이 창조가 시작될 때 이 꿈의 세상을 이루기 위하여 불 등이 됩니다. 지구 등으로서 빛을 내는 것은 오로지 순수한 경험뿐입니다. 비록 실제로는 그 지구가 창조된 세상으로서 빛나는 공간이나 공 이외의 아무것도 아니지만 말입니다. 이러한 자각이나 경험은 이따금 이겨내기 불가능한 것처럼 보이기도 하고, 때로는 없어질 수 있는 것처럼 보이기도 합니다. 그러나 실제로 그것을 없애는 것은 가능하지 않습니다. 왜냐하면 순수한 경험은 다른 모든 것이 없어진 후에도 남아 있기 때문입니다. 그것은 그대가 동쪽에서 서쪽으로 가는 것과 같습니다. 그대가 동쪽을 알기도 하고, 서쪽을 알기도 하지만, 안다는 경험은 항상 동일한 상태로 있습니다. 그대가 상당히 오랫동안 무엇을 열심히 생각하면, 그대는 생각하는 그 모든 것을 경험합니다. 즉 그대가 평화에 안주해 보면, 그대는 그 평화를 경험합니다. 그대가 동쪽에서 서쪽으로 가면, 그대는 동쪽과 서쪽을 압니다. 다른 사람이 가지 않고 한 곳에 남아 있어도 그는 여전히 동쪽과 서쪽을 알고 있습니다. 이와 같이 무한한 의식은 그것이 경험되든 혹은 생각되든지 간에 전혀 움직이는 것이 아니기 때문에 항상 동일하게 남아 있습니다. 두 개의 경험이 일어나고, 또 두 개의 경험이 사라집니다. '나는 남쪽에서 북쪽으로 가겠어.'라는 소망이 일어나면, 이들 두 개(남과 북)는 움직이지 않는 의식 속에서 일어납니다. 그러나 그러한 소망이 일어나지 않으면, '남'과 '북'이라는 방향은 존재하지 않습니다. "내가 하늘의 도시가 될까?" 아니면 "내가 지상의 동물이 될까?"라고 의식이 생각하면, 이들 두 개는 생겨납니다. 반면에 그러한 관념이 거기에 없으면, 그들도 없습니다. 다른 사람들에게는 이 세상이 다른 어떤 것으로 보입니다.

몸이 필멸이든 불멸이든 간에, 진실은 이 삼사라와 지바가 꿈과 같다는 것입니다. 심지어 외국인들 사이에서도 그들의 과거의 여러 생에서 일어난 사건들을 회상하는 그런 사람들에 대한 이야기들이 있습니다. 그들이 '죽지' 않았다는 것은 틀림없습니다. 따라서 오로지 이 모든 것으로 나타나는 무한한 의식은 죽지 않고, 변화하지 않고, 영원합니다.

움직이지 않는 의식은 그대로 남아서, 이곳저곳에서 어떤 관념들이 그 의식 속에서 일어나든, 그 일어나는 관념처럼 보이는 것입니다. 무엇이 진실이고, 무엇이 거짓입니까? 그래서 사람에게 몸들이나 활동들, 슬픔이나 기쁨이 일어날 때 그것들이 일어나는 대로 그것들을 경험하도록 내버려두십시오. 아니면 그 모든 것이 사라지게 내버려두십시오. 이 모든 것에는 전혀 의미가 없습니다. '이런' 식이 되든, '저런' 식이 되든 그냥 내버려두십시오. 존재하든지 존재하지 않든지 그냥 내버려두십시오. 이러한 망상을 버리고, 깨달음을 얻은 상태로 계십시오.

현자는 계속 말했습니다.

존재하는 모든 것과 존재하지 않는 모든 것은 꿈의 경험과 같습니다. 진실이 이렇다면, 속박이란 무엇이며, 해방을 얻은 사람은 어떤 사람일까요? 하늘의 구름들은 끊임없이 변화하는 모양들과 패턴들을 만들어냅니다. 그와 마찬가지로, 현상계도 늘 변화하고 있습니다. 그것이 흔들리지 않는 불변의 것으로 보이는 것은 무지 때문입니다. 이 무한한 공간 속에는 마치 우리가 우리 자신의 세상을 가지고 있는 것처럼 무수한 세상들이 있습니다. 그래서 한 사람의 세상은 다른 사람이 경험하지 못합니다. 우물과 호수와 바다 속에서 살아가는 개구리들의 판단 기준과 경험은 각기 서로 다릅니다. 그들은 서로의 지식을 공유하지 않습니다. 말하자면, 한 집에서 자고 있는 사람들도 각기 다른 꿈을 꾸며, 그 꿈 속에서 각기 다른 세상의 삶을 경험합니다. 그와 마찬가지로, 사람들도 같은 공간에 있어도, 일부는 그렇지 않을지 모르지만, 각기 다른 세상을 가지고 있습니다. 이 모든 것이 단지 무한한 의식의 신비스럽고 능률적인 작용에 불과합니다.

의식은 어떤 것에 매달리는 능력을 가지고 있습니다. 그렇게 매달린 하나의 관념을 삼스까라라고 합니다. 그러나 그 관념이 의식 속에서 단지 비추어진 것이라는 것을 깨달으면, 의식과 관계없는 어떤 삼스까라도 없다는 것을 알게 됩니다. 꿈 속에서는 이전의 기억은 전혀 없고, 오직 당분간 경험된 대상들에 대한 경험만이 있습니다. 꿈 속에서 자기 자신의 죽음을, 대상들을 보듯이 경험할 수도 있는데, 이때 나타나는 대상들은 이전에 보았던 대상들과 같습니다.

이 우주는 처음에는 분할할 수 없는 의식이라는 거울에 비친 영상에 불과했습니다. 그러므로 그것은 그 의식과 전혀 다르지 않았습니다. 브람만(무한한 의식)만이 이 세상으로서 빛납니다. 그래서 이 세상은 새로운 어떤 것이 아닙니다. 오로지 원인이 결과입니다. 결과가 있기 전에 원인이 있었으며, 그 원인은 결과가 사라진 뒤에도 여전히 남아 있을 것입니다. 원인이 결과를 야기시킬 때 '능률적으로 작용하기'(샴야끄 까로띠) 때문에, 원인 그 자체가 삼스까라로서 알려집니다.

꿈이 일어나기 전에 존재했던 것이지만 전에 보여졌던 것으로서 빛나는 그것이 삼스까라입니다. 삼스까라('과거의 경험과 활동들에 대한 잠재적 인상들'이라고 통속적으로 번역됨)라고 알려진 다른 외부적 요인은 없습니다. 우리가 이미 보았거나 보지 않았던 것은 그 자체의 빛으로 빛을 내며, 그러한 모든 것을 이미 보았던 것처럼 경험하는 그런 의식 속에서 존재합니다. 깨어 있는 상태에서 창조된 삼스까라들이 꿈 속에서 나타납니다. 그러나 깨어 있는 상태 그 자체 속에서 그 삼스까라들은 새로이 창조됩니다. 그러나 진리를 아는 사람들은 실제로 그 삼스까라들이 깨어 있는 상태인 것처럼 보이지만 실은 깨어 있는 상태가 아닌 상태에서 창조되었다고 주장합니다. 마치 움직임이 공기 속에서 자연스럽게 일어나듯이, 관념들도 의식 속에서 꼭 그와 같이 일어납니다. 삼스까라가 그것들을 창조할 필요성이 어디에 있겠습니까? 천 가지 사물들에 대한 경험이 의식 속에서 일어날 때, 그것이 우주입니다. 그리고 천 가지 사물들에 대한 경험이 의식 속에서 사라질 때, 그것이 우주의 소멸입니다. 따라서 마치 그대가 그대의 꿈 속에서 하나의 세상을 창조하듯이, 순수한 의식(찌다꺄샤)은 그 분할할 수 없는 성질을 조금도 버리지 않고, 그 모든 이름과 형상을 가진 이 다양성을 생겨나게 합니다.

현자는 계속 말했습니다.

'세상'에 대한 지각이나 경험은 무한한 의식의 극미한 미립자 속에 존재합니다. 그러나 마치 거울에 비친 반사물이 오직 거울에 불과하듯이, 그것도 무한한 의식과 전혀 다르지 않습니다. 이 무한한 의식은 시작도 끝도 없습니다. 그래서 무한한 의식 그 자체가 우주적 인격체입니다. 이러한 의식이 빛나는 곳이면 어디에서든지 이 우주는 존재하며, 마치 몸이 그 수족들과 전혀 다르지 않은 것처럼, 이 우주 또한 그 무한한 의식과 전혀 다르지 않습니다. 그대와 나도 의식이고, 온 세상도 의식입니다. 그래서 이것을 깨닫게 되면, 이 우주는 의식의 중요한 일부로 보이게 되며, 그러므로 우주는 창조된 것이 아닙니다. 그러므로 나도 의식의 그 미세한 미립자이며, 그러한 것으로서 나는 무한하며 어디에서든지 존재합니다. 그러므로 내가 어디에 있든지 간에, 나는 바로 거기에서부터 모든 것을 봅니다. 나는 미세한 의식이지만, 마치 물이 물과 꼭 같은 것처럼, 나도 이 진리를 깨닫고 있기 때문에 그 무한한 의식과 같습니다.

그러므로 나는 '오자스'에 들어감으로써 삼계를 경험했습니다. 이 모든 것이 그 안에서 일어났고, 또 바깥이 아닌 그 안에서 나는 삼계를 보았습니다. 그것을 꿈이나 혹은 각성으로 부르든, 안이나 혹은 밖이라고 부르든 간에, 이 모든 것은 무한한 의식 안에 있습니다.

사냥꾼은 물었습니다.

이 우주에 원인이 없다면, 어떻게 그것이 생겨났습니까? 만약 하나의 원인이 있다면, 이 꿈같은 우주의 원인은 무엇입니까?

현자는 대답했습니다.

처음에 이 우주에는 전혀 원인이 없었습니다. 이 우주의 대상들에게 전혀 원인이 없었기 때문에, 서로 상반되는 대상들이 충돌하는 다양성도 일어나지 않습니다. 하나의 절대적인 브람만만이 이 모든 것으로서 빛나고, 그것은 '우주'와 같은 말들로 표현됩니다. 따라서 이 원인이 없는 우주가 브람만이지만, 그것은 어떤 부분도 없는 것의 부분인 것처럼 보이고, 분할할 수 없는 것 속에서 다양한 것처럼 보이며, 형태가 없는 것 속에서 형태를 가지고 있는 것처럼 보입니다. 그것이 순수 의식이기 때문에, 그것은 움직일 수 있고, 또 움직일 수 없는 대상들처럼 다양한 형태를 취하는 것처럼 보입니다. 그리고 그것은 모든 신들과 현자들처럼, 모든 지시들과 금지들을 통하여 하나의 세상의 질서를 창조하고 유지시킵니다. 존재와 비존재, 거친 것과 미묘한 것 등은 편재하는 의식에 조금도 영향을 미치지 못합니다.

그러나 거기서부터 결과들은 원인이 없다면 일어나지 않습니다. 이 세상의 질서와 그 주인(브람만)은 비록 두 개의 팔이 같은 사람의 것이지만, 한 팔이 다른 팔을 억제하는 것처럼 서로에게 작용합니다.

따라서 이 창조는 욕망이나 심리적 인과 관계가 없이 일어납니다. 이 세상의 질서(니야띠)는 브람만 안에 존재합니다. 그래서 브람만은 니야띠 없이는 존재하지 않습니다. 따라서 이 우주에는 하나의 원인이 있지만, 그것은 오직 그것을 창조한 사람과 관련해서이며, 또한 그 창조된 우주가 그와 관련해서 지속된다는 조건이 있을 때만입니다. 무지한 사람들은 브람만이 어떤 원인도 없이 이 우주로서 빛나거나 혹은 나타난다고 생각합니다. 그리고 이러한 인과의 혼란이나 인과 관계가 어길 수 없을 정도로 실재한다는 현혹된 관념에 사로잡혀 있는 사람도 역시 무지한 사람들입니다. 이 우주는 마치 까마귀가 야자나무에 내려앉는 순간 우연히 익은 야자열매가 떨어지는 것처럼, 우연의 일치로 일어납니다. 그러면 니야띠가 '이것은 이것이다.', '저것은 저것이다.'라고 결정합니다.

현자는 계속 말했습니다.

지바는 외부의 세상을 외적 감각들로, 그리고 내면의 꿈의 세상을 내적 감각들로 알고 경험합니다. 감각들이 외부 세상의 경험에 관여할 때, 내적 관념의 장은 모호하고 불분명합니다. 그러나 감각들이 내부로 향할 때, 지바는 최대한 명료하게 그 자신 내부에 있는 세상을 경험합니다. 이 현상계에서는 언제나 모순이라고는 전혀 없습니다. 그것은 있는 그대로 보는 것과 같습니다. 그러므로 시선이 외부로 향할 때, 지바는 무한한 의식 속에서 마치 그 세상이 밖에 있는 것처럼 그 세상을 경험합니다. 청각(귀), 촉각(피부), 시각(눈), 후각(코), 미각(혀)과 욕망의 집합체가 지바라고 하는 것이며, 그 지바는 생명력을 부여받은 순수 의식의 본성을 지니고 있습니다. 그러므로 이 지바는 어디에서나 모든 것 속에서 모든 것으로 존재하며, 그러므로 어디에서나 모든 것을 경험합니다.

지바('오자스' 즉 생명의 정수)가 '점액'(슬레슈마 혹은 까빠, 신체의 생명의 정수를 구성하고 있는 체액들)으로 가득 차 있을 때, 그는 그때 그 자리에서 그 점액의 효과를 봅니다. 그는 우유의 바다로부터 떠오르는 자기 자신을 '봅니다.' 그는 하늘에 떠 있는 달을 봅니다. 그는 호수들과 연꽃들, 정원들과 꽃들, 여자들이 노래하고 춤추는 축제들과 환희, 많은 음식과 술이 있는 연회들, 바다로 흘러가는 강물들, 흰 색의 거대한 궁전들, 갓 내린 눈으로 뒤덮인 들판들, 사슴이 쉬고 있는 공원들 그리고 산맥들을 봅니다.

지바가 '담즙'(삐따, 또 하나의 체액)으로 가득 차 있을 때, 그는 그 담즙의 효과를 그때 그 자리에서 경험합니다. 그는 아름다운 불꽃들과 신경 과민의 땀을 흘리게 하는 불꽃들, 하늘을 어둡게 하는 검은 연기를 내는 불꽃들, 광채가 눈부시며 열기가 뜨거운 태양들, 바다와 그 바다에서 피어오르는 안개, 지나갈 수 없는 숲들, 백조들이 수영하는 신기루들을 '봅니다.' 그는 자신이 두려움 속에서 길을 따라 달려가는 것을 봅니다. 그리고 뜨거운 먼지로 덮인 채, 그는 불에 타서 뜨겁게 말라 버린 땅을 봅니다. 어디를 보든지 간에, 두 눈은 모든 것이 불에 타고 있는 것을 봅니다. 심지어 구름들도 불의 비를 뿌리고, 이처럼 사방에 불이 만연해 있기 때문에 모든 것이 눈부시게 빛나 보입니다.

지바가 '바람'(바따, 또 하나의 체액)으로 가득 차 있을 때, 그는 다음과 같은 효과를 경험합니다. 그는 이 세상이 마치 새로운 것처럼 봅니다. 그는 자기 자신과 심지어 바위들과 산들이 날아다니는 것을 봅니다. 모든 것이 자전과 공전을 합니다. 천사들과 천인들이 날아다니며, 지구와 그 안에 있는 모든 것이 흔들립니다. 그는 자기 자신이 보이지 않는 우물이나 무서운 재앙에 빠졌거나, 아니면 어마어마하게 높은 나무 꼭대기나 산 정상에 위험스럽게 서 있는 것을 봅니다.

현자는 계속 말했습니다.

지바가 바따(바람)와 삐따(담즙)와 슬레슈마(점액)로 가득 차 있을 때,

그는 바람의 영향을 받고 고통을 경험합니다. 그는 빗발치듯 쏟아지는 산들과 바위들을 봅니다. 그는 땅 속에서 나무가 돌아가며 내는 무서운 소리들을 듣습니다. 모든 숲이 그 숲 속의 모든 동물과 함께 빙글빙글 돌아갑니다. 모든 나무들이 불에 타고 있으며, 모든 동굴 속에서부터 불타는 소리가 나옵니다. 그는 산들이 충돌하는 것을 봅니다. 그는 여러 바다들이 일어나 하늘을 채우고, 모든 숲과 심지어 구름들마저 쓸어가며, 그들을 창조주 브람마의 세상까지 치솟게 하는 것을 봅니다. 하늘 전체가 그 안에서 일어나는 이 모든 마찰 때문에 맑고 깨끗한 것처럼 보입니다. 삼계는 전쟁터에서 군인들과 전사들이 내는 함성으로 가득 차 있는 것처럼 보입니다.

이와 같이 이 모든 무서운 광경을 보고 지바가 동요되고 고통에 빠질 때, 그는 무의식 상태가 됩니다. 땅 속에 묻혀 있는 지렁이처럼, 바위 속에 숨겨져 있는 개구리처럼, 자궁 속의 태아처럼, 열매 속의 씨앗처럼, 씨앗 속의 태어나지 않은 싹처럼, 분자 속의 원자처럼, 바위 속의 조각하지 않은 상처럼, 그는 쁘라나의 움직임에 방해받지 않은 채, 그 자신 속에 안주하고 있습니다. 왜냐하면 그의 안식처에서는 어떠한 '구멍'이나 출구가 전혀 없기 때문입니다. 그는 깊은 수면 상태에 들어가는데, 그것은 마치 바위 속이나 보이지 않는 우물 속에서 쉬고 있는 것과 같습니다.

정신적 노력이 그 안식처에 하나의 큰 구멍을 내면, 그는 꿈들의 세상을 압니다. 왜냐하면 그는 생명력 즉 쁘라나의 움직임으로 그것을 알게 되었기 때문입니다. 이러한 생명력이 하나의 나디(신경 통로)에서부터 또 다른 나디로 흘러갈 때, 빗발치듯 쏟아지는 산들의 비전이 나타납니다. 바따, 삐따, 슬레슈마로 인한 이러한 움직임이 너무 많이 있다면, 그러한 경험이 많이 있습니다. 반면에, 그러한 움직임이 적다면, 그 경험도 적습니다.

지바가 바따, 삐따, 슬레슈마 때문에 꿈 속에서와 같이 내부에서 무엇을 경험하든지, 그는 그것을 외부에서도 경험하고, 그 분야에서 그 자신의 활동 기관들은 적절하게 작용합니다. 그가 내부와 외부에서 동요되거나 어지럽혀질 때, 만약 바따, 삐따, 까빠(슬레슈마)의 동요가 약간이라면 그 지바는 약간의 동요를 경험하고, 만약 그들이 균형이나 평형 상태에 있다면 그 지바는 평온을 경험합니다. 이 세 가지 체액들이 동요되거나 어지럽혀지면, 지바는 외부에서 이 모든 것을 경험합니다. 즉, 그는 뜨거운 불, 익사, 공중 이동, 바위와 산에서의 휴식, 지옥, 하늘로 올라갔다가 떨어짐, 운동장에서 익사하는 것과 같은 환각, 한밤중의 햇빛, 자기 자신의 것이 낯선 사람들로 보이고 적들이 친구처럼 보이는 지성의 왜곡 등을 경험합니다. 눈을 감으면 이 모든 것이 자기의 내부에서 보이고, 눈을 뜨면 이들이 외부에서 보입니다. 그러나 이 모든 망상은 세 가지 체액들의 평형이 깨어졌을 때 야기됩니다. 그들이 평형 상태에 있을 때 그들 속에 안주해 있는 지바는 정말로 존재하는 그대로, 브람만과 전혀 다르지 않은 이 세상 전체를 있는 그대로 봅니다.

현자는 계속 말했습니다.

내가 다른 사람의 '오자스' 내부에 있을 때, 우주 소멸의 징후들이 일어났습니다. 산들이 하늘에서 비 내리듯 떨어지기 시작했습니다. 나는 내가 다른 사람의 '오자스' 내부에 앉아 있는 동안 그것을 보았습니다. 사실, 이처럼 깜깜한 하늘에서부터 산들이 쏟아져 내리는 이 환영을 불러일으킨 것은 그의 신체의 통로를 따라 나아가고 있던 음식의 입자들이었습니다. 그리고 이러한 어둠은 그 자신의 깊은 수면의 어둠이었습니다. 나는 또한 깊은 수면 속으로 들어갔습니다. 얼마 후에, 나는 깨어나는 의식의 여명을 경험했습니다.

내가 수면에서 깨어나고 있을 때, 나는 꿈의 상태를 경험했습니다. 같은 '오자스' 내부에서 나는 나처럼 보였던 거대한 바다를 보았습니다. 경험의 장이었던 그 '오자스' 안에서 무엇이 일어났든지 간에, 나는 어떠한 왜곡이나 곡해 없이 보았습니다. 왜냐하면 나의 의식은 전혀 움직임이 없이 안정되어 있었기 때문입니다. 의식은 사방에 퍼져 있고, 그 안에서 이 현상계가 일어납니다. 이 현상계는 마치 아기가 어머니에서 태어나듯이 깊은 수면 상태에서 나옵니다.

사냥꾼은 물었습니다.

당신은 현상계가 깊은 수면 상태에서 나온다고 하셨는데, 우리가 깊은 수면 속에서는 어떤 경험을 하는지 부디 말씀해 주십시오.

현자가 계속 말했습니다.

'태어난다', '나타난다', '세상으로서 나타난다' 등과 같은 기타 이원적인 표현들은 전혀 의미가 없는 단지 말에 지나지 않습니다. 나는 그대에게 '태어난다'(자따)가 무슨 뜻인지를 말해 주겠습니다. 그 표현의 정수는 '존재하게 되다'라는 것입니다. 그래서 그 '존재'는 영원히 실존하는 실재를 암시합니다. 그와 마찬가지로, '창조'(사르가)라는 말도 똑같은 함축성을 지니고 있어서 그것은 '존재'를 가리킵니다. (주의: 자야테와 '사르가'란 말의 구조가 산스크리뜨 문법에 따라 여기에서 검토되고 있다. '자니'는 '쁘라두르바바'와 같고, 그리고 쁘라두르바바의 핵심적인 부분은 '존재'를 가리키는 '부후'이다.)

깨달음을 얻은 우리에게는 어떠한 창조도, 죽음도, 사라짐도 없습니다. 모든 것이 영원히 태어나지 않고 평화롭습니다. 브람만은 순수한 존재입니다. 이 세상도 순수한 존재입니다. 지시들과 금지 사항들이 누구에게 영향을 미치겠습니까? 마야라고 하는 환영의 힘만이 '그것이 존재한다.'와 '그것이 존재하지 않는다.'와 같은 토론과 논의의 주제입니다. 그러므로 이러한 논쟁은 무지한 사람들에 의해 브람만 즉 무한한 의식까지 확대됩니다.

진리 즉 지고의 상태를 아는 사람들에게는 깨어 있음과 꿈과 수면의 상태가 전혀 존재하지 않습니다. 존재하는 모든 것은 있는 그대로 존재합니다. 그 자신의 상상 속에서 보는 세상은 물론, 꿈의 세상도 비록 그들이 당분간은 실재한다고 경험되고 있지만, 실재하지 않습니다. 따라서 이 세상이 순수 의식이란 것을 깨달으면, 그것은 지각의 대상이 아닙니다. 그러므로 주체나 관찰자도 없는 것이고, 경험이나 경험자도 없습니다.

현자는 계속 말했습니다.

내가 깊은 수면에서 밖으로 나왔을 때, 이 세상은 마치 조각상이 돌에서 나오듯이, 꽃이 나무에서 나오듯이, 기억이 마음에서 나오듯이, 파도들이 바다에서 나오듯이, 마치 바다에서 일어나는 것처럼 나의 꿈속에서 일어났습니다. 그것은 마치 그것들이 하늘에서 떨어진 것처럼 보였고, 그것들이 땅에서 솟아오른 것처럼 보였으며, 그것들이 가슴에서 일어난 것처럼 보였고, 그것들이 땅에서 솟아난 곡식인 것처럼 보였으며, 그것들을 가리고 있던 커튼이 걷힌 것처럼 보였고, 또한 그것들이 사원에서 나온 것처럼 보였습니다. 이 세상은 어디에서부터 생겨났습니까? 아무도 모릅니다. 그것은 무한한 의식이라는 돌 속에 만들어진 상임에 틀림없습니다. 그것은 순수한 공간이나 공인 성벽들로 만들어진 가상의 도시입니다. 그것은 무지라고 하는 요술쟁이의 속임수입니다. 비록 그것이 확고한 실재처럼 보이지만, 그것은 본질적으로 공간과 시간이 없습니다. 비록 그것이 다양한 것처럼 보이지만, 그것은 비이원적이고 다양하며 동시에 아무것도 아닙니다. 분명히 그것은 공중누각에 비유될 수 있을 뿐입니다. 왜냐하면 그것은 깨어 있는 상태에서도 보이고 경험되기 때문입니다.

그것은 비록 창조된 적이 없지만, 마치 창조되었던 것처럼 존재합니다. 그것은 순수 의식입니다. 그것은 시간과 공간, 물질, 활동, 창조와 파괴를 부여받은 것처럼 보입니다. 그것은 신들과 악마들, 인간 존재들, 기타 다양한 형태의 피조물들을 가지고 있습니다. 그 안에는 강들과 산들, 숲들과 하늘, 그리고 별들이 있습니다.

나는 이러한 '관찰의 장'을 보았습니다. 동시에 나는 나의 모든 친척들의 건물들과 함께 내가 전에 보았던 집을 거기에서 보았습니다. 그리고 그것들이 이전에 있었던 그대로 모든 것을 보았습니다. 이 모든 것들이 잠재되어 있던 바사나 즉 심리적 경향성에 의해 관찰의 장 속으로 끌려온 것입니다. 바사나 때문에 나는 일시적으로 그것이 환영이라는 것을 망각해 버린 채, 곧 나의 친척들을 반가이 맞아 포옹하게 되었습니다.

마치 거울이 그 거울 앞에 위치한 모든 사물을 반사시키듯이, 의식도 그 의식 앞에 제시되는 모든 것의 형태를 그대로 띱니다. 그러나 모든 것이 순수하고 무한한 의식이라는 것을 깨달은 사람은 이원성에 전혀 영향을 받지 않습니다. 그는 어떤 영향도 받지 않고 혼자 자유로운 상태로 남아 있습니다. 일원성에 대한 지식을 결코 망각하지 않는 사람은 차이나 분리에 대한 자각이라고 하는 이 악귀로부터 어떤 어려움도 겪지 않습니다. 성현들과 가까이 지내고 이 경전을 공부함으로써 이 지식을 얻은 사람들은 두 번 다시 그 지식을 망각하지 않습니다. 그러나 그때에 나 자신의 이해력은 명확하거나 확고하지 못했습니다. 그러므로 나 자신도 관계의 관념들에 의해 흔들렸습니다. 그러나 이제는 이 세상의 어떤 것도 나의 이해력을 흔들 수 없으며, 또한 나의 깨달음을 흐리게 할 수 없습니다. 오, 사냥꾼이여! 그대의 마음도 지금은 확고하지 못합니다. 왜냐하면 그대는 성현들과 함께 지내는 삿상을 가져 본 적이 없기 때문입니다.

사냥꾼은 말했습니다.

오, 현자시여! 사실 그렇습니다. 당신이 말씀하신 그대로입니다. 그러므로 비록 내가 당신의 깨우침에 대한 말들을 지금까지 경청했지만, 아직도 내 마음속에는 '이 모든 것이 정말로 사실일까?' 하는 약간의 의심이 있습니다. 아, 이것은 얼마나 큰 비극입니까! 이 무지가 너무도 명백한 것처럼 보이지만, 그것을 버리는 것이 어렵습니다.

사냥꾼은 물었습니다.

오, 현자시여! 꿈 속의 대상들이 어떻게 실재적이며 또한 동시에 비실재적인 것으로 간주될 수 있는가 하는 커다란 의문이 나에게 있습니다.

현자는 대답했습니다.

꿈 속에서는 시간과 공간, 활동과 물질성의 현상이 있습니다. 이러한 현상이 일어나는 것은 순전히 우연의 일치로 의식 속에서 일어나는 관념 때문입니다. 그러므로 그 현상은 꿈 속에서 실재로서 빛납니다. 보석들(마법의 지팡이?)이나 만뜨라 그리고 약물의 도움으로 일어난 환각의 경우에는, 때로는 그것들이 실재하지만 또 어떤 때는 완전히 환영과 같습니다. 그러나 사람이 꿈 속에서 참된 실체를 경험할 때, 그것은 오로지 우연의 일치 때문입니다. 의식 속에서 확고한 하나의 관념이 일어날 때마다, 그것은 그런 방식으로 구체화됩니다. 왜냐하면 의식이 구체화시키는 그런 힘을 갖고 있기 때문입니다. 이러한 구체화가 다른 힘에 의해 바뀔 수 있다면, 우리는 의식 속에서 일어난 관념이 확고하다는 것을 어떻게 확인할 수 있겠습니까?

'소망'이나 무한한 의식의 관념이 구체화되지 않고서는 내부나 외부 그 어디에서도 어떤 구체성이 없습니다. '이것은 꿈이다.'라는 관념이 일어날 때, 그 꿈은 실재하게 됩니다. 그러나 의심의 관념이 있다면, 그 꿈은 또한 의심의 특징을 띠면서 실재하지 않게 됩니다. 아마도 꿈을 꾸는 것과 동시에 꿈을 꾸는 사람은 그 꿈과 무관한 경험들을 겪을 수도 있을 것입니다. 그러나 그는 그 경험들을 그 꿈 자체의 탓으로 돌립니다. 따라서 순전히 우연의 일치로 의식 속에서 일어나는 현상계는 조만간 어떤 변화를 겪습니다.

이러한 창조의 관념은 태초에 의식 속에서 일어나고, 그것은 구체화됩니다. 이 구체화가 순수 의식입니다. 이것을 막을 때, 그 밖의 모든 것은 실재하기도 하고 또한 실재하지 않기도 하며, 질서정연하기도 하고 혼란스럽기도 합니다. 그러므로 무지한 사람들의 눈에는 꿈이 때로는 사실인 것처럼 보이고, 때로는 사실이 아닌 것처럼 보입니다. 그러나 깨달음을 얻은 사람들의 눈에는, 그 꿈들은 실재적인 것도 아니며 또한 비실재적인 것도 아닙니다. 현상계는 의식 속에서 일어나는 하나의 현상입니다. 그래서 '현상'이라는 말 자체는 거기에 대한 어떤 긍정적인 탐구도 배제합니다.

꿈을 꾼 뒤에 잠을 잡니다. 깨어 있는 상태 이후에도 잠을 잡니다. 그러므로 깨어 있음과 꿈은 서로 다르지 않습니다. 의식의 거친 '대상'이 진정한 의미가 전혀 없는 말들인 깨어 있음의 상태, 꿈의 상태 및 수면 상태로 간주됩니다. 이 기나긴 꿈 속에서는 질서도 무질서도 없습니다. 꿈 속에서 무엇이 일어나든, 공기 속에서 일어나는 움직임처럼, 그것만 이 존재합니다. 명확한 인과 관계가 없으면, 질서란 얼토당토않습니다. 명확한 인과 관계가 없는 우주 전체도 마찬가지입니다. 어떤 대상이 무 엇으로 보이든지 간에, 그것은 보이는 그대로이며, 그리고 이것이 세상 의 질서입니다. 꿈이란 때로는 실재적이지만, 때로는 비실재적입니다. 그러므로 그것은 고정된 원리나 질서의 지배를 받지 않습니다. 그것은 순전히 우연의 일치입니다. 마술이나 만뜨라나 마약 때문에 일어나는 비전은 깨어 있는 상태에서도 또한 존재합니다. 그러므로 깨어 있는 상 태, 꿈의 상태 그리고 깊은 수면 상태의 조건화를 받지 않는 것, 즉 절 대적인 순수한 의식만이 실재합니다.

현자는 계속 말했습니다.

내가 여전히 다른 사람의 가슴속에 있는 동안 나 자신의 친척들 등을 보았을 때, 나는 그들이 나 자신의 관념이 빚어낸 것이라는 것을 잠시 잊고, 그들과 함께 16년 동안 살았습니다. 그러다가 어느 날, 위대한 고 행자 한 분이 내 집에 왔습니다. 나는 헌신적으로 그를 잘 섬겼습니다. 나는 이 기회를 이용하여 그에게 다음과 같은 질문을 던졌습니다. "이 세상에는 사람들이 그들 자신의 선하고 악한 활동들에 따라 선하고 악 한 결과들을 경험한다고 하는데, 이것이 모든 경우에 적용됩니까?"

고행자는 이 질문을 받고 놀란 듯이 보였습니다.

고행자는 다음과 같이 대답했습니다.

그대 마음속에서 선과 악을 구별하는 그것이 무엇인지를 부디 말씀 해 주십시오. 그대는 누구이고, 그대는 어디에 있으며, 나는 누구이며, 이 세상은 무엇입니까? 이 모든 것이 한낱 꿈에 지나지 않습니다. 나는 그대의 꿈의 대상이고, 그대는 나의 꿈의 대상입니다. 대상은 진실로 형체가 없습니다. 그러나 의식이 이것은 이러한 형체를 가지고 있다고 생각하면, 그것은 그러한 형체를 띱니다. '이 모든 것에는 원인이 있다.'라는 관념은 인과적 관계를 낳습니다. 반면에, '어떤 원인도 없다.'라는 관념은 어떤 인과 관계도 보지 못합니다.

우리 모두는 우리 모두에 의해 대우주의 존재로 간주되고 있는 그런 대우주의 존재의 가슴속에 있습니다. 그와 마찬가지로, 다른 사람들에 게도 다른 대우주의 존재들이 있을 것입니다. 이 대우주의 존재가 쾌락과 고통을 경험하는 원인이며, 또한 다양한 형태의 활동들을 일으키는 원인입니다. 이 대우주의 존재의 '오자스'가 어지럽혀지면 그것은 동요되고, 그러면 그 영향은 그의 가슴속에 있는 우리 모두가 경험하게 됩니다. 우리는 그의 가슴이 평정을 회복하면 사라지는 그런 자연 재해의 영향도 받습니다. 그러므로 이 대우주의 존재는 이 특수한 창조물의 실재입니다. 우연의 일치로 어떤 사람들이 사악한 활동들에 관여할 때, 그 결과로 생기는 불행이 모두에게 일어납니다.

행동들이 자기 자신의 개인적 관념("내가 이것을 한다.")에서 일어나면, 의식은 그 사람에게 보상을 줍니다. 그러나 의식이 그러한 관념에서 해방되어 있을 때는 그러한 행동은 그 결과들을 수반하지 않습니다. 어떤 관념이든 그것이 어디에서든지 그리고 어떤 크기로든지 일어나기만 하면, 거기에 해당하는 원인이 있든 없든 간에, 그 관념은 열매들을 맺습니다. 꿈 속에서처럼, 어떤 활동의 결과는 명확한 원인의 지배를 받지 않습니다. 이따금 꿈의 경험에는 원인이 있기도 하고 또 어떤 때는 어떤 원인이 없기도 합니다. 그것은 순전히 우연의 일치입니다. 깨어 있는 상태의 경험은 명확한 인과 관계를 가지는 것 같습니다. 그러나 그 관념 자체도 하나의 꿈입니다. 왜냐하면 이 모든 것이 무한한 의식의 단순한 외양에 지나지 않기 때문입니다.

무지와, 이 창조물과, 창조주 브람마의 창조의 원인은 무엇이겠습니까? 그리고 공기와 불, 물 혹은 공간의 본래 원인은 무엇이겠습니까? 왜 사람들은 죽어 미묘한 몸으로 들어갑니까? 이 모든 것에는 전혀 원인이 없습니다. 즉 이 모든 것은 태초부터 이처럼 일어났던 것입니다. 얼마의 시간이 지나서, 이러한 관념들이나 현상들은 물질성을 얻게 됩니다. 원래 의식 속에서 어떤 관념들이 일어났든지, 그 관념들은 지금까지 그러한 것으로 남아 있습니다. 그러나 의식은 현재의 새로운 노력으로 이것을 바꿀 수 있습니다.

현자는 계속 말했습니다.

이와 같이 고행자의 가르침을 받고, 나는 즉시 깨달음을 얻었습니다. 나는 그를 떠날 수 없었습니다. 나의 요청으로 그는 나와 함께 살았습니다. 바로 그 고행자가 지금 당신 바로 옆 자리에 앉아 있습니다.

사냥꾼은 깜짝 놀라 다음과 같이 말했습니다.

오, 현자시여! 꿈으로 간주되었던 것이 깨어 있는 상태에서 형체를 부여받은 것처럼 보이는 것은 놀랍고도 이상합니다. 어떻게 해서 당신의 꿈 속에서 나타났던 이 성현이 깨어 있는 상태에서조차 하나의 실체가 되었습니까?

현자는 계속 말했습니다.

너무 서두르지 마십시오. 모든 것을 그대에게 설명해 드리겠습니다. 이 성현의 가르침을 듣고 난 뒤에, 나는 다음과 같이 생각하기 시작했습니다. "아! 감각적 쾌락에 대한 나의 욕망과, 쾌락의 대상들에 대한 나의 욕망 때문에, 비록 내가 지금까지는 현명한 사람이었지만, 나는 나의 정도에서 벗어나 있었다. 아니면, '이것이 나다.'라는 관념은 환영과 같고 비실재적인 것이다. 그러나 그것은 수천 가지의 기묘한 사건들을 일으킬 수 있다. 아니면, 비록 내가 이 모든 것이 비실재적이고, 또한 '내가 존재하지 않는다.'고 여기고 있지만, 이 모든 것은 엄연히 존재하고 있는 것이 아닌가. 이제 내가 어떻게 해야 하나? 나는 내 마음속에서 분리의 씨앗을 볼 수 있다. 나는 즉시 그것을 버려야겠다. 이러한 환영이나 무지를 그냥 그대로 있다고 하자. 그것은 하나의 공허한 현상이다. 그것이 무엇을 할 수 있겠나? 나는 이제 망상을 버렸다. 나에게 가르침을 주신 현자마저 환영에 불과하구나. 나는 무한하고 절대적인 브람만이고, 그도 또한 그렇구나. 상대적인 형체는 단지 지나가는 구름에 불과하구나."

이러한 지식에 도달한 뒤에 나는 고행자에게 "오, 현자시여! 내가 지금 가려 하는 것은 내가 이미 탐구하기 시작했던 그 몸뿐만 아니라 나 자신의 몸을 보기 위해서입니다."라고 말했습니다. 그는 이 말을 듣고 미소를 짓기 시작했습니다. "그 몸들이 어디에 있지요? 그 몸은 이미 저 멀리 사라졌습니다. 그러나 만약 그대가 혼자 힘으로 이것을 증명하고 싶다면, 가 보십시오." 나는 그에게 "내가 돌아올 때까지 제발 여기에서 기다려 주십시오."라고 부탁했습니다. 이후, 나는 공기 같은 이동수단에 올라타고, 매우 오랫동안 날아갔습니다. 그러나 나는 내가 있던 그 사람의 가슴에서 나가는 출구를 찾을 수 없었습니다. 나는 낙담했습니다. 나는 내가 그 집에 묶여 있는 것을 알았습니다. 나는 거기로 다시 돌아가서 고행자에게 "제발, 이 모든 것이 어떻게 된 것인지 말씀해 주십시오. 내가 들어갔던 그 몸과 나의 몸은 도대체 어디에 있습니까? 어떻게 해서 나는 출구를 찾을 수 없었습니까?"라고 물었습니다.

고행자는 다음과 같이 대답했습니다. "만약 그대가 내면의 눈으로 그
것을 본다면, 분명히 그대는 모든 것을 알 것입니다. 그대는 이렇게 하
찮은 개별성이 아닙니다. 그대는 대우주의 인격체 그 자체입니다. 일단
그대는 꿈을 경험하기 위하여 어떤 존재의 가슴속으로 들어가고 싶어
했습니다. 그대가 들어간 그것이 바로 이 우주입니다. 그대가 그 몸 속
에서 계속 꿈을 꾸는 동안, 큰 화재가 일어났고, 그래서 그 불이 그대가
들어갔던 그 몸 안의 숲을 다 태워 버리기 시작했습니다. 그 불이 그대
가 가슴속으로 들어갔던 그 사람의 몸뿐만 아니라 그대의 몸마저 파괴
시키고 만 것입니다."

　(사냥꾼의 질문에 대한 대답으로, 현자는 대답했습니다. "마치 현상계의 원인
이 무한한 의식 속에서 일어난 생각의 움직임이고, 또한 창조주 브람마의 의식
속에서 일어난 생각의 움직임이듯이, 불의 원인은 단지 의식 속에서 일어난 생
각의 움직임에 지나지 않습니다.")

　고행자는 계속 말했습니다.

　따라서 그대 두 사람이 잠을 자고 있는 동안, 두 개의 몸이 큰 불로 다
타 버렸을 때, 그대는 단지 의식으로서 계속 진동했습니다. 몸은 '오자
스'에 속하고, 두 개의 몸이 그 '오자스'와 함께 다 타 버렸기 때문에, 그
대는 출구를 찾을 수 없었습니다. 비록 그대가 두 개의 몸을 찾을 수 없
었지만, 그대는 지금 이 '세상'에 존재하고 있습니다. 따라서 그대의 꿈
은 깨어 있는 상태의 실재로 물질화되었습니다. 여기에 있는 우리 모두
는 그대 자신의 꿈이 만든 대상들입니다. 마찬가지로, 그대들도 우리의
꿈이 만든 대상들입니다. 이 모든 것이 일어나는 그것은 언제 어디서나
존재하는 순수 의식(찌다까샤)입니다. 그대는 이전에 하나의 꿈의 대상
들이었습니다. 그러나 그대가 이것이 깨어 있는 상태의 세상이라고 당

연히 생각했기 때문에, 그대는 가족과 친척 등이 딸린 호주가 되었습니다. 이와 같이 나는 지금까지 일어난 모든 일을 그대에게 말했습니다.

현자는 말했습니다.

만약 이것이 꿈의 본질이라면, 나는 이 모든 것이 실재한다고 생각합니다.

고행자는 대답했습니다.

실재하는 것이 생겨날 수 있다면, 또한 다른 어떤 것도 실재하는 것으로 생각할 수 있습니다. 전자의 실재 그 자체가 의심스러우면, 어떻게 우리가 후자의 실재를 확인할 수 있겠습니까? 반면에, 심지어 본래의 우주도 하나의 꿈과 같습니다. 그것은 한낱 환영과 같은 현상에 지나지 않습니다. 비록 그것은 땅과 땅에 속한 나머지 모든 것이 없지만, 땅 같은 것을 가지고 있는 것처럼 보입니다. 오, 사냥꾼의 스승이시여! 본래 꿈과도 같은 이 세상의 창조와 또한 우리가 지금 경험하고 있는 그 꿈은 둘 다 비실재적입니다. 현재의 꿈은 그 소재로서 이미 보여졌던 대상들을 가지고 있습니다. 그리고 꿈과도 같은 세상은 이전에도 보여졌던 것처럼 공간에 나타나 있습니다. 왜 그대는 의심에 사로잡혀 있는 듯이, "나는 꿈이 실재한다고 생각하는 것인가?' 그대가 이 세상을 마치 실재하는 것처럼 경험할 때, 그 참된 본질에 대한 의심은 어떻게 일어나겠는가?"라고 주저하며 말합니까?

현자는 (사냥꾼에게) 말했습니다.

나는 고행자의 말을 가로막고, 그에게 "그대는 어떻게 그리고 왜 내가 사냥꾼의 스승이라고 언급했습니까?"라고 물었습니다.

고행자는 대답했습니다.

잘 들으십시오. 나는 그대에게 미래에 무엇이 일어날지를 말해 주겠

습니다. 나는 오래 전부터 금욕 생활을 한 고행자입니다. 그대는 정의
로운 사람입니다. 그러므로 그대가 이 진리를 들을 때, 그대는 행복할
것입니다. 그대와 나는 계속 여기에 남아 있을 것입니다. 나는 그대 곁
을 떠나지 않을 것입니다.

몇 년 뒤에, 여기에는 큰 기근이 일어날 것입니다. 그때 그대의 모든
친척은 죽을 것입니다. 그리고 사악한 왕들은 서로 전쟁을 일으키고 나
머지 모두를 멸망시킬 것입니다. 그러나 우리는 어떤 슬픔도 알지 못합
니다. 왜냐하면 우리는 진리를 아는 사람들이고, 또한 모든 것에 애착
이 없기 때문입니다. 우리는 여기 이 나무 밑에서 계속 살아갈 것입니
다. 적당한 때에 멋진 숲이 여기에 자라날 것입니다. 그 숲은 정말로 천
국에서나 많이 볼 수 있는 그런 쾌락의 동산을 닮았을 것입니다.

현자는 계속 말했습니다.

고행자는 이렇게 말했습니다. "우리 두 사람은 모두 상당히 오랫동안
거기 그 숲 속에서 금욕 생활을 할 것입니다. 어느 날, 그곳으로 한 사
냥꾼이 사냥감을 찾아 올 것입니다. 그대는 담화를 하고 이야기를 들려
줌으로써 그에게 깨우침을 줄 것입니다. 그도 또한 이 세상과 관계를
끊고, 똑같은 숲 속에서 금욕 생활을 하게 될 것입니다. 그는 참나 지식
을 찾는 과정에서 꿈에 관하여 그대에게 질문을 할 것입니다. 그대는
참나 지식에 대하여 이야기할 것입니다. 따라서 그대는 그의 구루가 될
것입니다. 그러므로 나는 그대를 사냥꾼의 구루라고 불렀던 것입니다.
나는 지금까지 그대에게 나 자신과 그대, 그리고 장차 그대에게 일어날
일에 대한 모든 것을 말해 주었습니다."

나는 이 모든 것을 듣고 대경실색했습니다. 고행자는 같은 집에서 계
속 머물렀고, 나는 경건한 마음으로 열심히 그를 숭배하며 섬겼습니다.

나는 다양한 경험들을 하면서 산처럼 꼼짝하지 않고 아직도 여기에 남아 있습니다. 나는 죽음을 바라지도 않고, 또한 살기를 바라지도 않습니다. 나는 마음의 동요가 하나도 없는, 있는 그대로의 나 자신입니다.

그러고 나서 나는 "이 세상의 원인은 무엇일까? 그것은 무엇일까? 그리고 그것을 알고 있는 사람은 누구인가?"와 같은 객관적인 세상의 본질을 탐구하기 시작했습니다. 확실히 하나의 무한한 의식만이 존재합니다. 창공, 땅, 공기, 공간, 산, 강 그리고 방향은 모두가 한낱 분할할 수 없는 공간과 같은 동일한 의식에 불과합니다. 그것들은 그 의식 속에서 관념들로서 존재합니다. 본질적으로, 그 속에서는 어떤 분리나 모순도 없습니다. 이것들은 산도 아니고, 땅도 아니며, 공간도 아닌 것입니다. 이것은 또한 '나'도 아닙니다. 이 모든 것은 단순히 순수한 의식 속에서 일어나는 현상들에 불과합니다.

원인이 없이는 아무것도 일어날 수 없는데, 이 몸을 나타나게 하는 원인은 무엇일까요? 그것이 망상이라고 한다면, 또 그 망상의 원인은 무엇이겠습니까? 이 망상을 보는 자는 누구이며, 그것을 생각하는 자는 누구입니까? 내가 경험자로서 가슴속에서 살았던 그 사람과 나는 이미 다 같이 잿더미로 변해 버렸습니다. 그러므로 나는 활동과 행위자와 도구가 없는 순수 의식의 상태로 존재하고 있습니다. 존재하는 것은 심지어 무한한 의식의 현상조차도 아닌 순수 의식입니다. 그것이 어떻게 하나의 현상으로 나타날 수 있을까요? 이 현상을 보는 사람은 누구일까요?

이와 같이 나는 어떠한 마음의 동요도 없이, 도움이나 의존도 없이, 그리고 자만도 없이 이 객관적인 세상에서 계속 살았습니다. 나는 반드시 해야만 할 일을 적절한 시기에 하지만, 실제로는 아무것도 하지 않습니다. 일어나는 일은 일어납니다. 하늘과 땅과 바람 등은 하나의 참나에 지나지 않습니다. 그래서 모든 원소들은 의식의 몸입니다. 나는 평화로우며, 경전들의 지시와 금지로부터 벗어나 있으며, 심지어 안과 밖의 구분도 없습니다. 내가 이처럼 살고 있었기 때문에, 그대는 우연히 나에게 다가왔습니다. 따라서 나는 지금까지 꿈과 우리와 이 우주에 대하여 그대에게 말해 주었습니다. 이것을 알고, 평화에 안주하십시오. 니르바나는 저절로 일어날 것입니다. 그렇지 않으면 아무것도 일어나지 않을 것입니다.

사냥꾼은 말했습니다.

그렇다면 우리 모두는 실재하지 않는 존재가 되겠습니다.

현자는 계속 말했습니다.

맞습니다. 이 모든 존재들은 서로에게는 실재합니다. 그들이 서로를 자각하는 정도까지는 그들은 서로를 경험합니다. 그대는 이 모든 말을 들었지만, 진리에 안주하고 있지 않습니다. 오직 끊임없는 수행을 통해서만 이 진리는 충분히 자리를 잡게 될 것입니다.

불의 신은 말했습니다.

그 현자의 가르침을 듣고 난 뒤, 사냥꾼은 바로 거기 그 숲 속에서 초상화처럼 앉아 있었습니다. 그러나 그가 그 가르침을 꾸준히 실천하지 않았기 때문에, 그의 가슴은 지고의 상태에 충분히 자리를 잡지 못했습니다. 오히려 그는 파도 마루 위에 있는 것처럼 혹은 회전하는 기계 장치 위에 있는 것처럼 이리저리 흔들리고 있었습니다. 그는 마치 악어의 공격을 받아 자신을 방어할 수 없는 것처럼 무력감을 느꼈습니다. 그는 의심으로 가득 찼습니다. 그는 끊임없이 "'이것이 니르바나인가?' 혹은 '아마 이것이 니르바나가 아닐지도 몰라. 다른 어떤 것이 니르바나일 거야.'"라고 스스로 질문하거나 의심했습니다. 그는 이렇게도 생각했습니다. "이 현상계가 무지에서 일어났기 때문에, 현자의 가르침은 나의 가슴속에 확고히 뿌리를 내리지 못했어. 그러므로 나는 무지로부터 벗어나야 해. 금욕 생활을 통해 미묘한 몸을 얻은 뒤에, 나는 심지어 공간도 존재하지 않는 멀고 먼 곳까지 가야 해." 그렇게 그는 아직도 자신이 완전히 무지하며, 현자의 가르침이 아무 소용이 없었다는 것을 입증했습니다. 왜냐하면 그 가르침이 아직 흡수되지 않았고, 또한 그것이 활성화되지 않았기 때문입니다.

그는 사냥을 포기했습니다. 그리고 현자를 따라 강도 높은 고행을 실천하기 시작했습니다. 그는 고행자에게 어울리는 삶의 양식을 받아들인 뒤에, 수천 년 동안 금욕 생활을 계속했습니다. 어느 날, 그는 다시 현자에게 "내가 도대체 어떻게 하면 참나에 안주하겠습니까?"라고 물었습니다.

현자는 다음과 같이 대답했습니다.

내가 그대에게 준 지혜는 마치 고목의 둥치에 잠재해 있던 약한 불씨처럼 그대의 가슴속에서 약한 상태로 남아 있었습니다. 그것은 무지를 태워 없앨 수 없었습니다. 그대는 아직도 가르침을 자기 것으로 만들지 않았고, 또 그 가르침이 활성화되지 않았기 때문에 신에게 확고히 안주해 있지 못합니다. 따라서 그대가 그 가르침을 그대의 것으로 만들어 그것이 활성화될 때, 그대가 신에게 안주해 있을 것이 분명합니다. 나는 그대에게 미래의 사건들을 기술할 터이니, 귀를 기울여 주십시오.

그대가 참나 지식을 얻는 일에 착수했다는 것은 의심의 여지가 없습니다. 그러나 그대는 아직도 건전한 지혜의 발판을 찾지 못했습니다. 그러므로 그대는 시계의 진자처럼 흔들리고 있습니다. 그대는 이 현상계로부터 벗어나고 싶어 하고, 꾀하고 있는 이러한 목적을 위하여 그 현상계의 크기를 알고 싶어 합니다. 이를 확인하기 위하여 그대는 고행을 하고 있습니다. 그대는 세상의 여러 주기에 걸쳐서 그러한 고행을 계속할 것입니다. 그러면 신이 그대의 고행에 만족하여 그대 앞에 나타날 것입니다. 그러면 그대는 그에게 다음과 같은 은혜를 베풀어 달라고 요청할 것입니다.

"신이시여! 저는 이 모든 우주가 무지에서 일어난다는 것을 이해합니다. 그 안에서 저는 참나의 순수하고 투명한 지식을 경험할 수 없습니다. 이 현상계의 끝은 어디입니까? 그리고 이 너머에는 무엇이 있습니까? 이 질문에 대한 답을 찾기 위하여, 저는 다음과 같은 은혜를 베풀어 주시기를 신에게 간청합니다."

"제가 오직 죽고 싶을 때만 죽을 수 있도록 해 주십시오. 제 몸이 모든 병에서 벗어나도록 해 주십시오. 제가 가루다처럼 빠른 속도를 갖게 해 주십시오. 아무런 장애 없이 공간을 가로질러 갈 수 있도록 해 주십시오. 제 몸이 한 시간에 일 마일씩 자라나 곧 이 세상보다 더 크게 자랄 수 있도록 해 주십시오. 그러면 저는 이 우주의 크기를 이해할 것입니다."

신은 부탁을 들어주고 나서 시야에서 사라질 것입니다.

현자는 계속 말했습니다.

신이 떠나간 뒤에, 그대는 고행을 계속할 것입니다. 그대의 몸은 이때쯤은 해골로 변해 있을 것입니다. 그러나 그 몸은 그 은혜 때문에 이제 광채를 얻을 것입니다. 그대는 나에게 고개 숙여 절할 것이고, 곧 그대의 몸은 신성해질 것입니다. 그 몸은 가루다보다도 더 빨리 '날아다닐' 것입니다. 그리고 점차 그 몸은 그 안에 있는 천체들을 확대시키고, 또 포함시킬 것입니다. 그 팽창하는 몸 속에서 그대는 바다의 파도들만큼이나 많은 무수한 우주들을 볼 것입니다. 태초에 이 모든 우주들이 무한한 의식 속에서 일어났듯이, 그때에도 꼭 그와 같이 이 우주들은 그대의 시력 범위 내로 들어올 것입니다. 그러면 그대는 이 모든 것이 무지한 사람의 눈에는 비실재적이고 다양한 것과 꼭 같이, 그들도 깨달음을 얻은 사람들에게 실재하며 분할할 수 없는 것이라는 것을 깨달을 것입니다.

이와 같이 번갈아 가며 일어났다가 사라져 가는 이 무수한 우주들을 보면서, 그대는 기나긴 시간을 보낼 것입니다. 그러다가 그대는 이 무한한 지성에 대한 찬탄으로 가득 찰 것입니다. 그대는 그대 자신의 몸을 알게 되고, 그대 자신에게 다음과 같이 말할 것입니다. '거대하고 무거운 이 불행한 몸은 무엇인가? 그 몸은 비할 데 없는 크기로 자라나 버렸구나. 왜냐하면 그 몸으로 나는 전 우주를 채웠기 때문이다. 이 다음에 나는 어떻게 해야 할지를 정말 모르겠다. 나에게는 이 무지와 현상계가 끝이 없는 것처럼 보인다. 브람만에 대한 직접적인 지식이 없이는 그 크기를 전혀 측정할 수 없구나. 나는 이 몸을 버려야겠다. 왜냐하면 그 몸으로는 아무것도 얻을 수 없기 때문이다. 나의 이 몸은 거대하여 의지할 곳이 없다. 그리고 내가 그 몸의 도움을 받고서는 깨달음을 얻은 현자들과 함께 있을 수도 없다.'

이렇게 결심을 한 뒤에 그대는 그대의 몸을 버릴 것입니다. 오직 생명력(쁘라나)만을 부여받은 그대의 지바는 공기보다 훨씬 더 미묘해질 것입니다. 지바에 의해 버려진 몸은 크기가 축소되어 그 순전한 크기와 무게로 지구 등에 떨어져 박살날 것입니다. '건조'라고 알려진 여신이 그 몸을 다 먹어 치울 것이고, 따라서 지구는 정화될 것입니다. 이와 같이 나는 그대에게 어떤 미래가 그대에게 계속될지를 말해 주었습니다.

사냥꾼은 물었습니다.

신이시여! 진정한 이익이 조금도 없는데도 내가 참아내지 않으면 안 되는 그 슬픔은 어마어마합니다. 이 운명을 피할 수 있는 방법이라도 있습니까?

현자는 다음과 같이 대답했습니다.

피할 수 없는 것은 어느 때고 누구도 피할 수 없습니다. 그것은 아무리 노력을 한다고 해서 바뀔 수도 없습니다. 오른팔은 오른팔이며, 왼팔은 왼팔입니다. 아무도 그 사실을 바꿀 수 없습니다. 머리와 발을 서로 바꿔 놓을 수도 없습니다. 존재하는 모든 것은 존재합니다. 심지어 점성학도 단지 미래에 무엇이 일어날지를 예언해 줄 수 있을 뿐이며, 필연적으로 일어나지 않으면 안 되게 되어 있는 일을 피할 수는 없습니다. 그러나 참나 지식을 갖춘 현자들은 마치 깊은 수면에 든 것처럼 이 세상을 살아갑니다. 그들은 비록 몸이 타서 없어진다 해도, 내면의 의식을 조금도 왜곡시키지 않고, 과거 활동들의 결과를 경험합니다. 그들은 모든 업(까르마)을 극복합니다.

사냥꾼은 물었습니다.

신이시여! 그 후에 무슨 일이 나에게 일어날지 말씀해 주십시오.

현자는 대답했습니다.

그 다음, 그대가 꿈 속에서 이 세상을 보듯이, 그대의 지바는 이 세상 전체를 바라볼 것입니다. 그리고 나서 그것은 그 자신을 왕으로서 간주할 것입니다. 그것은 다음과 같이 생각할 것입니다. '나는 널리 존경받는 신두라는 이름의 왕이다. 나의 아버지가 숲 속으로 은거했기 때문에, 나는 불과 여덟 살의 나이에 왕이 되었다. 나의 왕국의 국경 너머에는 정복하기 어려운 비두라타라는 막강한 왕이 또 하나의 왕국을 통치하고 있다…… 지금까지 나는 모든 왕실의 쾌락을 즐기면서 백 년이 넘도록 이 왕국을 다스려 왔다. 아! 그런데 나의 왕국이 비두라타 왕의 침공을 받고 말았구나.' 이러한 생각 때문에 그대와 비두라타 왕 사이에는 치열한 전투가 일어날 것입니다. 그대는 비두라타를 죽일 것입니다. 그 다음 그대는 온 세상의 왕이 될 것입니다. 대신들에 둘러싸여 그대는 다음 대화를 하게 될 것입니다.

대신이 그대에게 말할 것입니다.

오, 폐하! 왕께서 비두라타 왕을 정복할 수 있었던 것은 놀라운 일입니다.

그대는 다음과 같이 대답할 것입니다.

나는 정말로 부유하고 강력하다. 그런데 왜 그대는 내가 비두라타 왕을 정복한 것을 놀라운 일로 여기는가?

대신은 다음과 같이 말할 것입니다.

그에게는 릴라라는 아내가 있는데, 그 아내는 고행과 헌신을 통하여 사라스와띠 여신의 비위를 맞추었고, 그 여신은 릴라를 그녀의 양녀로 삼아 그녀의 모든 기도를 들어주었습니다. 그녀가 마음만 먹었다면, 폐하를 멸망시키는 것은 어렵지 않았을 것입니다.

그대는 이렇게 말할 것입니다.

만약 그게 사실이라면, 내가 비두라타를 무찌를 수 있었던 것은 대단히 놀라운 일임에 틀림이 없다. 그런데 왜 비두라타가 여신의 도움을 받아서 나를 물리치려고 하지 않았을까?

대신은 이렇게 말할 것입니다.

실은 그는 삼사라에 대한 속박으로부터의 해방을 기도했고, 그 결과 그는 사실상 폐하로부터 죽기를 바랐습니다.

그대는 말할 것입니다.

만약 그게 사실이라면, 왜 나는 그 여신을 숭배하고, 해방을 달라고 기도하지 않는가?

대신은 말할 것입니다.

그녀는 모든 사람의 가슴속에서 빛나는 지혜입니다. 그녀가 모든 사람에게 있는 지성의 정수(라사)이기 때문에, 그녀는 사라스와띠라고 알려져 있습니다. 그녀는 모든 사람이 간절히 기도하는 모든 것을 그들에게 즉시 들어줍니다. 왜냐하면 그녀는 모든 사람의 참나이기 때문입니다. 그러므로 자기 자신의 기도의 기쁨을 경험합니다. 폐하께서는 아직까지 해방을 요구하지 않았습니다. 단지 폐하께서는 적의 멸망을 빌었을 뿐입니다.

그대는 말할 것입니다.

왜 내가 해방을 간절히 빌지 않았을까? 그대의 말에 의하면 그녀는 내 자신의 가슴속에서도 사는데. 왜 그녀는 내가 해방을 위해 기도하도록 나에게 영감을 불어넣지 않았을까?

대신은 말할 것입니다.

그 이유는 폐하의 가슴속에는 적의 멸망을 바라는 불순한 습성이 있었기 때문입니다. 그러므로 폐하께서는 해방을 빈 것이 아니라, 적의 파멸을 빈 것이었습니다. 찌따(마음, 가슴)가 무엇이든지 간에, 존재는 바로 그 찌따입니다. 그리고 이것은 심지어 어린아이의 경험이기도 합니다. 자기 자신의 가슴속에서 무엇을 알고 있든지, 그리고 그의 가슴속에서 어떤 것을 거듭 경험하므로 그 결과 그것이 습성이 되든지 간에, 그것은 좋든 좋지 않든지 간에, 구체화됩니다.

현자는 계속 말했습니다.

그대는 이렇게 말할 것입니다.

내가 그렇게 사악한 사고 습성에 젖어 들었다니 나는 과거 생에서 무엇을 했단 말인가?

대신은 대답할 것입니다.

제가 폐하께 그 비밀을 털어놓겠습니다. 시작도 끝도 없이 '나'와 '너' 등으로서 존재하지만, 브람만이라고 알려져 있는 어떤 것이 있습니다. 그 브람만이 그 자체의 자각 대상이 되었고, 그러므로 그것은 지바가 되었고, 그 다음 마음이 되었습니다. 이 미묘한 심리적이거나 혹은 에테르 같은 몸이 응축되어 물질적인 신체가 되었습니다. 그것은 전혀 형상이 없지만 마치 형상을 가지고 있는 것처럼 존재하는 마음에 지나지 않습니다. 마음만이 이 세상입니다. 그 둘 사이에는 어떤 구별도 없습니다. 사뜨바(마음의 가장 순수한 형태)만이 원래 브람만 안에서 일어났습니다. 그리고 그것이 이제는 극도로 농도가 짙고 활기가 없는 상태(따마사-따마사)가 되었습니다.

그대는 말할 것입니다.

이 따마사 따마사는 무엇이며, 그것이 어떻게 지고의 상태에서 일어났는가?

대신은 말할 것입니다.

여기에서 살아 있는 존재들은 다양한 수족을 가지고 있습니다. 그와 마찬가지로, 말하자면, 미묘한 참나 즉 의식은 그 수족으로서 미묘한 에테르의 몸을 가지고 있습니다. 그것은 직접 그 자신이 흙과 같은 물질적인 원소들을 가진 거친 몸이라고 생각합니다. 그것 자체는 꿈 속에서처럼 똑같은 의식 속에서 일어나는 이 현상계에서 그 자체의 관념들의 도움을 받아 작용을 합니다. 폐하 자신께서도 에테르의 몸 속에서

'이것은 가장 농도가 짙은 어둠이다.'라는 관념을 가지게 되면, 그 결과 그 관념이 태어납니다. 이 모든 다양성들은 브람만 속에 존재합니다. 비록 그 브람만이 절대적으로 순수한 것이지만 말입니다.

브람만 안에서 일어나는 첫 번째 관념이 지바가 될 때, 그것은 말하자면 붓디(지성)에 의해서 완벽한 순수성(사뜨비까–사뜨비까)으로 경험됩니다. 그것이 생명의 흐름 속으로 들어가서, 만약 그것이 모든 고귀한 특성들을 갖추게 되면, 그것은 단순히 사뜨바적인 탄생이라고 합니다. 생명의 흐름 속에서 일어나고, 다양한 쾌락들에 노출되지만, 해방을 지향하는 탄생은 라자사 라자사라고 합니다. 그 탄생이 생명의 흐름 속에서 일어나고, 거기에 고귀한 특성들이 없으면, 그것은 단순한 라자사라고 합니다. 그 존재가 생명의 흐름 속에서 매우 오랫동안 있으면서, 그냥 방향을 해방 쪽으로 돌렸을 때, 그것은 따마사 따마사라고 하는 것입니다. 그러나 해방을 지향하는 일련의 여러 탄생들 중의 하나인 보통의 탄생은 단순한 따마사라고 합니다.

이런 방식으로의 탄생들에도 매우 많은 분류가 있습니다. 폐하께서는 따마사 따마사 계층에서 태어나셨습니다. 폐하께서는 수많은 윤회를 하셨고, 저 또한 그랬습니다. 저는 그 윤회들을 알고 있지만, 폐하께서는 모르고 계십니다. 이 모든 곳을 떠돌아다니면서 폐하께서는 많은 시간을 허비했습니다. 폐하께서는 그렇게 조건화를 받고 있었기 때문에, 자신을 해방시킨다는 것이 어렵다는 것을 알았습니다.

그대는 말할 것입니다.

내가 어떻게 하면 그러한 과거 생의 결과를 극복할 수 있는가?

대신은 말할 것입니다.

아무런 동요 없이 무엇을 얻으려고 애쓰는 사람이 성취할 수 없는 것은 아무것도 없습니다. 어제의 사악한 행동은 오늘의 고귀한 행위에 의해 좋은 행동으로 변화됩니다. 그러므로 선하도록 애를 쓸 것이며, 지금 당장 선을 행하십시오. 사람은 자신이 얻고 싶은 바를 얻으려고 애씁니다. 그러면 그가 그것을 얻게 된다는 것은 틀림이 없습니다.

이와 같이 대신의 충고를 들은 뒤에, 신두 왕은 즉시 왕국을 버리고 숲 속으로 들어갈 것입니다. 그는 성현들 밑에서 위안을 찾을 것입니다. 성현들과 가까이 지냄으로써 그는 최고의 지혜를 얻고, 또한 해방을 얻을 것입니다.

불의 신은 계속 말했습니다.

사냥꾼은 이 모든 이야기를 현자로부터 듣고 경이로움으로 가득 찼습니다. 사냥꾼과 현자는 계속 고행을 했습니다. 얼마 뒤에 현자는 니르바나를 얻었고, 그의 몸을 버렸습니다. 매우 오랜 시간이 지나서, 창조주 브람마가 그 사냥꾼 앞에 나타나서 그의 청탁을 들어주었습니다. 사냥꾼은 비록 현자의 예언을 기억했지만, 자기 자신의 정신적 조건화가 가하는 자연적인 힘을 피할 수 없었습니다. 그러므로 그는 요청하도록 정해져 있었던 바로 그 청탁을 했습니다.

그 청탁의 결과, 사냥꾼의 몸은 우주의 크기만큼 팽창하기 시작했습니다. 이 모든 것에도 불구하고 그가 무지의 한계들을 찾을 수 없다는 것을 발견했을 때, 그는 놀라움과 동시에 불안해졌습니다. 쁘라나를 포기하는 신비적인 과정을 통하여 그는 몸을 버렸고, 그러자 몸은 공간 속으로 떨어졌습니다. 그는 직접 공간 속에서 남아, 자기 자신이 신두 왕이라고 생각하기 시작했습니다.

몸은 이 우주의 어떤 현상계 위에 나타났고, 그것은 털 뭉치 모양을 하고 있었습니다. 그것은 지구 전체를 덮을 만큼 커 보였습니다.

오, 비빠슈찌뜨 왕이시여! 이와 같이 나는 그대에게 지금까지 그 몸의 정체를 묘사했습니다. 그 몸이 떨어진 그 세상의 나타남은 우리에게 세상처럼 보입니다. 여신의 말라 버린 몸이 채워지기 시작하면서 찬디까 여신으로 알려지게 된 것은 여신이 그 몸의 피를 다 먹고 난 뒤였습니다. 그 시체의 살은 땅의 원소가 되었습니다. 적당한 때에 이 세상은 지구와 같은 그 현재의 본질을 얻었습니다. 다시 한 번 지구는 살아 있는 존재들과 숲들, 마을들 그리고 도시들을 갖추게 되었습니다.

지구는 다시 한 번 단단하고 견고해졌습니다. 오, 착한 사람이여, 그대가 가고 싶은 곳으로 가십시오. 나는 나의 도움으로 신성한 의식을 올리고 싶어 하는 신들의 왕인 인드라로부터 천국에 오라는 초청을 받았습니다. 나는 거기로 가겠습니다.

바사(비빠슈찌뜨)는 말했습니다.

이렇게 말한 뒤에 불의 신은 시야에서 사라졌습니다. 내 마음속에 있는 모든 심리적인 조건화에도 불구하고, 나는 내가 해야만 했던 것을 하기 위하여 길을 떠났습니다.

다시 한 번, 나는 무한한 우주 속에서 무수한 세상들과 우주들을 보았습니다. 그들 중 어떤 것들은 우산처럼 생겼고, 어떤 것들은 동물처럼 생겼으며, 어떤 것은 나무로 가득 차 있는가 하면, 또 어떤 것들은 바위로 가득 차 있었습니다. 그러나 나는 무지의 끝에는 즉 무지의 한계점에는 도달하지 못했습니다. 그러므로 나는 풀이 죽어 실망했습니다. 그 후 곧 나는 고행을 하기로 결심했습니다. 이것을 보고 인드라는 나에게 다음과 같이 말했습니다. "오, 비빠슈찌뜨여! 우주 속에서 그대와 나는 사슴의 몸을 가지고 있습니다. 이전에 내 마음속에 있었던 어떤 천국에 대한 망념 때문에 나는 천국을 떠돌아다니고 있습니다." 이 말을 듣고서 나는 인드라에게 "오, 천국의 왕이시여! 나는 이 삼사라에 싫증이 났습니다. 제발 빨리 이 삼사라로부터 나를 해방시켜 주십시오."라고 말했습니다.

인드라는 비빠슈찌뜨에게 말했습니다.

그대의 의식은 사슴의 종(種) 안에서 움직이고 있습니다. 그러므로 나는 사슴이 피할 수 없는 것처럼 그 탄생을 봅니다. 사슴으로서 그대는 그 큰 집회에 도착할 것이고, 거기에서 그대는 그대 자신의 이야기를 들은 뒤에 깨달음을 얻을 것입니다. 그대가 지혜의 불 속으로 들어갈 때, 그대는 인간의 형태를 얻게 될 것이고, 또한 그대의 가슴속에서 영적인 개안을 얻을 것입니다. 그러면 그대는 무지를 버리고, 움직임이 없는 바람처럼 완전한 평화를 다시 얻을 것입니다.

비빠슈찌뜨(바사)는 계속 말했습니다.

인드라가 이렇게 말했을 때, '나는 사슴이다.'라는 자각이 나에게서 일어났습니다. 그때부터 나는 사슴으로 여러 숲 속을 떠돌아다녔습니다. 한번은 사냥꾼이 나를 추적했을 때, 나는 달리기 시작했습니다. 그러나 그는 나를 사로잡은 뒤 집으로 데려갔습니다. 그는 며칠 동안 나를 거기에 잡아 두고 있다가, 내가 당신의 애완동물이 되도록 나를 당신에게 데려온 것이었습니다. 오, 라마여! 이와 같이 나는 그대에게 나의 이야기를 들려주었는데, 그 이야기는 분명히 이 삼사라의 환영 같은 본질을 예시해 줍니다. 이러한 무지는 사방으로 무수한 가지가 나 있어 끝이 없습니다. 그 무지는 참나 지식 이외의 어떤 수단에 의해서도 끝날 수 없습니다.

라마는 물었다.

당신의 형태가 당신의 상깔빠에서 일어났을 때, 어떻게 다른 사람들이 당신을 볼 수 있었습니까?

비빠슈찌뜨(바사)는 계속 말했습니다.

한번은 인드라가 신성한 의식을 성공적으로 끝낸 것에 자만심을 가득 안고서 하늘을 가로질러 지나가다가, 명상에 잠겨 있는 현자 두르바사의 몸을 찼습니다. 현자는 그에게 다음과 같은 저주의 말을 던졌습니다. "오, 인드라여! 지금 그대가 가고 있는 그 땅은 곧 아무것도 없는 무로 변할 것입니다. 그대는 내가 죽었다고 생각하고 나를 발길로 찼기 때문에 그대는 머지않아 바로 그 땅으로 가서, 비빠슈찌뜨가 사슴으로 거기에 사는 한, 그대도 사슴으로 살아갈 것입니다." 그러므로 우리는 다른 사람들이 볼 수 있는 사슴이 되었습니다. 물론 자기 자신의 마음속에서 일어나는 하나의 대상은 다른 사람의 마음속에서 일어나는 대상만큼이나 비실재적인 것입니다. 또한 무한한 의식인 브람만이 이 모든 것이고, 또 이 모든 것을 할 수 있으니, 그 브람만 속에서 그리고 그 브람만에게 불가능한 것이 무엇이 있겠습니까? 그것이 전능하다는 근거에서 볼 때, 두 개의 가상적인 대상들이 서로를 알아보게 되거나 혹은 서로를 몰라보게 되는 것도 가능합니다. 그림자가 있는 곳에는 빛도 있게 마련입니다. 그리고 빛이 있기 때문에 그림자가 생기는 것입니다. 무한한 의식 속에서는 끝없는 무지가 있습니다. 그러므로 그 안에서는 어떤 것도 가능합니다. 사람을 당혹케 하고 마음의 망상을 일으키는 이 마야는 이상하고도 경이롭습니다. 그래서 그 마야 속에서는 명제와 반대명제가 충돌이나 모순이 전혀 없이 공존하고 있습니다. 브람만에 관한 진리는 그러하므로 브람만은 그 자체 내에서 이러한 무지를 시작이 있는 것으로서 그리고 시작이 없는 것으로서 모두 경험합니다.

만약 삼계가 무한한 의식 속에서 일어나는 관념들이 단지 물질화된 것이 아니라면, 우주가 주기적으로 소멸된 뒤에도 그 의식이 어떻게 삼계를 재창조할 수 있겠습니까? 그러므로 이 우주는 단지 무한한 의식의 움직임과 그 결과로서 그 안에 잠재되어 있던 현상이 일어나는 것에 지나지 않는다는 것은 명백합니다.

비빠슈찌뜨(바사)는 계속 말했습니다.

현명한 사람들은 순수한 지혜의 입장에서 볼 때는 모든 것이 즉시 이해된다는 것을 압니다. 그 외의 다른 방법은 없습니다. 이 현상계는 '나는 무지하다.'라는 관념을 지니고 있는 무한한 의식의 결과입니다. 따라서 무지마저도 오로지 무한한 의식 때문에 일어납니다.

아무도 여기서 죽지 않으며, 또한 태어나지도 않습니다. 즉 이들 두 관념은 의식 속에서 일어나고, 마치 죽음과 탄생이 실재하는 것처럼 보입니다. 실제로 그리고 진실로, 최종적인 종말로서 죽음이 있다면, 그것은 정말로 대단히 환영할 만한 행복한 사건입니다. 그러나 만약 죽은 사람을 다시 볼 수 있다면, 그가 항상 살아 있다는 것은 분명합니다. 따라서 어떤 죽음도 없습니다. 같은 이유로, 어떤 탄생도 없습니다. 그 두 개의 사건은 의식이 움직이기 때문에 실재하는 것처럼 보입니다. 그렇지 않으면 그것들은 비실재적입니다. 만약 그것들이 실재하는 것으로 생각된다면, 그것들은 실재합니다. 그러나 그것들이 실재하지 않는 것으로 알려져 있다면, 그것들은 실재하지 않습니다. 이는 생각만이 실재한다는 것을 의미합니다. 의식이 전혀 없는 어떤 생명이 존재하는지를 알려 주십시오. 그 순수 의식 속에서는 어떤 슬픔이나 죽음도 없습니다. 그렇다면 누가 슬픔을 경험하고, 누가 죽는 것입니까? 소용돌이와 물의 관계는 몸과 지고의 진리의 관계와 같습니다. 현상 속에는 실재가 충만해 있습니다. 그래서 현상은 그 자체의 실체가 없는 단지 현상에 지나지 않습니다. 이 둘 사이에는 어떤 구분이나 구별 혹은 모순이 없습니다. 그러나 무한한 의식은 모순들로 가득 찬 이 우주처럼 보입니다. 이것은 정말로 대단히 경이로운 일입니다.

그 모든 모순을 안고 있는 이 현상계가 전혀 존재하지도 않는 현상에 지나지 않는다는 것을 깨달으십시오. 그 무한하고 분할할 수 없는 의식만이 여기에서는 이것으로서, 저기에서는 또 다른 것으로서 존재합니다. 그러므로 다양성도, 일원성조차도 없습니다. 어떤 모순도 없으며, 또한 모순 아님도 없습니다. 진리를 아는 사람들은 그것이 실재하는 것도 실재하지 않는 것도 아니라는 것을 깨닫습니다. 그러므로 그들은 진리를 완전한 침묵으로 이해하고 있습니다. 여기서 객관적인 우주로 보인 것이 사실은 지고의 브람만입니다. 그 브람만만이 여기에서 이들 다양한 대상들로서 나타나는 다양한 관념들을 지니고 있습니다. 그러나 이런 관념들을 지니고 있는 그 브람만 속에는 어떤 구분도 없습니다. 그러므로 그러한 구분은 실재하지 않습니다.

공간은 어느 모로 보나 완전히 '죽은' 지바들의 세상들로 가득 차 있습니다. 그러한 세상들은 무수히 많습니다. 그들은 보이지 않습니다. 그들은 그들 사이에 모순이나 충돌이 조금도 없이 모두가 공존합니다. 그들은 서로를 보지 못합니다. 이 모든 지각의 대상들은 단지 순수한 공간에 지나지 않습니다. 의식만이 모든 것을 지각하거나 관찰하는 자입니다. 그리고 의식은 마치 사람이 꿈 속에서 어떤 대상을 보듯이, 공간 속에 있는 이런 대상들을 지각합니다. 비록 이러한 의식이 완전히 깨어 있고 밝아 있을지 몰라도, 그 대상은 마치 어둠이 여명까지 계속되는 것처럼, 계속 존재해 있는 것처럼 보입니다. 그러나 현상계가 실재하든 실재하지 않든지 간에, 진리를 깨달으면 큰 평화가 있습니다.

잔물결들과 물보라가 바다 수면 위로 일어나서 잠시 존재하는 것처럼 보이다가 다음 순간 다시 바다 속으로 흡수되어 하나가 되듯이, 이 세상도 브람만 속에서 일어났다가 그 다음 순간에 사라집니다. 왜냐하면 브람만만이 실재하기 때문입니다.

발미끼는 말했다.

다샤라타 왕은 비빠슈찌뜨(바사)의 부양을 위해 충분한 식량을 준비했다. 그때 또 하루가 끝이 났다. 다음 날, 그 집회의 구성원들은 다시 모였고,

현자는 계속 말했다.

확실히, 여기서 보이는 것은 무지가 아닙니다. 그 이유는 비빠슈찌뜨가 그 무지의 한계나 그 범위를 찾을 수 없기 때문입니다. 오직 그것을 올바르게 이해하지 않는 한, 그것은 무지로 남아 있습니다. 그 무지의 실재를 볼 때, '신기루 속의 물'은 결코 없었다는 것을 깨닫게 됩니다. 그대는 직접 이 모든 것을 그대 자신의 눈으로 보고, 이 비빠슈찌뜨(바사)의 입을 통해 그것을 들었습니다. 그가 우리의 이야기를 듣게 되면, 그도 역시 여러분 모두처럼 깨달음을 얻게 될(밝아질) 것입니다.

브람만이 무지의 자각을 붙들고 있을 때, 이 무지는 실재하는 것처럼 보입니다. 이러한 망상 때문에, 실재하지 않는 것이 실재하는 것처럼 보입니다. 이 무지가 브람만이라는 것을 깨달으면, 우리는 그것이 브람만과 다르지 않다는 것을 깨닫습니다. 그래서 그 구분은 사라집니다.

이 무지가 비록 그 자체는 아무것도 아니지만, 가장 매혹적인 대상들을 일으킵니다. 꿈의 범위를 탐색하고자 하는 사람은 곧 그 꿈에는 한계가 없다는 것을 발견합니다. 이 무지에서 일어나는 이 현상계의 범위를 탐색하는 사람도 또한 거기에는 아무것도 없다는 것을 발견합니다.

의식 속에서 일어나는 개념들 때문에 구체화된 대상들이었지만, 그러한 개념들을 지각하고 있는 사람(그는 그 후 곧 다른 개념들을 지니게 됨)에 의해 버려진 그 대상들은 서로의 존재를 모른 채, 싯다들의 세상들로서 공간 속에 존재합니다. 이들 세상들은 다양한 성격을 지니고 있으며, 다양한 피조물들이 거기에 삽니다. 그러나 브람만 이외에 아무것도 없기 때문에, 이 모든 것도 역시 오직 브람만으로만 가득 차 있습니다. 우주의 시초에는 어떤 원인도 없었고, 그러므로 전혀 우주가 없었습니다. 무한한 의식은 무한한 개념들을 지니게 되고, 이들은 그 개념들이 일어나는 곳에서 구체화됩니다. 이것에 대하여 무엇이 그토록 이상합니까? 지금도 그대와 나머지 모든 사람은 비상한 집중력을 부여받은 강렬한 개념들의 존재에 의해 창조된 현상들입니다.

두 가지 것, 즉 이 세상과 천국 같은 것을 실재하는 것으로 여기는 사람은 이 둘 다를 획득합니다. 어떤 싯다들은 지옥도 실재하는 것으로 여깁니다. 그래서 그 지옥은 실재하는 것처럼 보입니다. 존재하는 것으로 확고히 믿어지는 것은 그 사람에 의해 신체적으로 경험됩니다. 왜냐하면 몸은 오로지 마음이기 때문입니다. 지바가 하나의 몸을 떠날 때 어떤 특별한 상태를 버립니다. 그 다음 그것은 다른 상태의 개념을 지니게 됩니다. 그 개념이 좋다면, 그것은 좋은 세상을 경험하고, 만약 그 개념이 사악하다면 그것은 나쁜 세상을 경험합니다. 만약 그것이 싯다들의 세상을 생각하면, 그것은 그 세상을 경험합니다. 또 그 생각이 불순하다면, 그것은 바로 그 자리에서 지옥을 경험합니다.

지옥에서 지바는 화살에 찔리거나, 가슴이 바위에 눌린다거나, 빨갛게 단 기둥을 안는다든가, 화형을 당한다거나, 굶주림으로 서로의 몸을 뜯어먹는다든가, 피와 고름의 강물 속에서 수영한다든가, '그 사악한 행동이 이 사악한 경험을 가져오게 했다.'는 것을 느끼는 등 다양한 고통들과 재난들을 경험합니다.

라마는 물었다.

우리가 방금 들었던 이야기 속에서, 우리는 현자와 사냥꾼이 얼마나 다양한 경험을 겪게 되었는지를 보았습니다. 이러한 경험들을 결정하는 것이 사물의 본질 자체입니까? 아니면 거기에는 또 다른 이유가 있습니까?

바시슈타는 다음과 같이 대답했다.

현상의 그러한 소용돌이들은 무한한 의식의 바다 속에서 언제나 저절로 계속 일어납니다. 일단의 소용돌이 같은 현상들은 또 다른 것이 나타나서 그것을 대신할 때까지는 계속 남아 있습니다. 이들 현상들 가운데 어떤 것은 영속하는 것처럼 보입니다. 왜냐하면 그것들은 오래 계속되고, 나머지 것들은 일시적이기 때문입니다. 그러나 움직임이 아무리 작은 것이라 하더라도, 그 움직임이 공기와 피할 수 없는 관계인 것처럼, 이 현상도 항상 무한한 의식 속에 존재합니다. 깨달음을 얻은 사람들은 그것을 순수 의식이라고 부릅니다. 반면에, 무지한 사람들은 그것을 세상이라고 부릅니다. 그것은 실재하는 것도 실재하지 않는 것도 아닙니다. 그러니 우리가 그것을 무엇이라고 불러야 하겠습니까? 이 우주는 무한한 의식 혹은 신 속에서 자각이 움직이는 것입니다. 그러므로 희망과 절망은 모두 거기에 적절하지 않습니다. 오, 현명한 분들이시여! 본래의 그대 자신이 되십시오.

무한한 의식 그 자체는 그 안에서 일어난 움직임을 이 세상이라 여깁니다. 그 속에 흙과 기타 그러한 원소들은 어디에 있습니까? 빛을 내는 것은 무한한 의식의 빛입니다. 그 밖에 다른 빛은 없습니다. 브람만만이 영원히 브람만 속에 있습니다. 우주 전체는 의식의 충만으로 채워져 있고, 그것이 창조라고 하는 것입니다. 그 속에는 어떤 모순이나 이원성도 없습니다.

그 무한한 의식만이 존재할 때, 끝나야 할 것이 무엇이 있겠습니까? 마치 꿈 속에서 경험된 세상이 존재하지 않는 것처럼, 이 세상도 비록 물질적 실체로서 보이지만, 물질적인 실체로서는 존재하지 않습니다. 꿈으로서 빛나는 것은 오직 자기 자신의 의식이듯이, 깨어 있는 상태에서 객관적인 세상으로서 빛나는 것도 같은 의식입니다. 그러므로 꿈과 깨어 있는 상태 사이에는 어떤 차이도 없습니다. 꿈 속에서 깨어난 사람은 "내가 꿈 속에서 본 것은 저것과 같지 않고 이것과 같아."라고 생각합니다. 죽은 뒤에도 역시 사람은 "내가 죽기 전에 보았던 것은 저것과 같지 않고 이것과 같아."라고 생각합니다. 꿈은 짧고, 인생은 길 수도 있지만, 그 순간의 경험은 두 가지 경우에 똑같습니다. 한 번의 일생동안 수백 번의 꿈을 경험하듯이, 니르바나에 도달할 때까지 수백 번의 깨어 있는 상태를 경험합니다. 마치 어떤 사람들이 그들의 꿈을 기억하고 있듯이, 어떤 사람들도 그들의 과거 경험을 기억하고 있습니다.

이와 같이 둘 사이에 어떤 차이도 없을 때, 이 세상이라고 하는 것은 무엇이며, 무지는 무엇입니까? 무지가 존재하지 않을 때, 속박이란 무엇입니까? 제발, 언제나 자유로운 사람을 속박하지 마십시오! 하나의 순수하며 형상이 없는 의식을 제외한 '다른 것'은 존재하지 않습니다. 이 현상계가 그 의식 속에서 일어날 때도, 의식은 현상계에 의하여 속박되지 않습니다. 그러므로 어떤 해방도 없습니다. 의식 속에는 어떤 무지도 없고, 순수 의식 속에는 어떤 개념도 없습니다. 공간만이 공간입니다. 깊은 수면 속에서도 '자각하고' 있는 그것만이 깨어 있는 상태에서는 물론, 꿈 속에서도 자각하고 있습니다. 그것이 바로 순수 의식입니다. 다양성의 자각에 원인이 되는 것도 오로지 그 의식뿐입니다. 우주 그 자체는 일원성과 다양성 그 둘 다인 지고의 브람만입니다.

바시슈타는 계속 말했다.

이 세상은 무한한 의식이 물질화된 것입니다. 의식은 의식 그 자체로서의 그 모든 대상과 함께 존재합니다. 그러므로 심지어 형태와 그것을 보는 것과 거기에 대한 생각은 모두가 동일한 순수 의식이며, 그 밖의 어떤 것도 아닙니다. 꿈 속의 대상들의 다양성은 다양성이 아니라 꿈입니다. 그와 마찬가지로 깨어 있는 상태 중에 무한한 의식 속에서 보인 다양성도 무한한 공간(의식)이며, 어떤 다양성도 없습니다. 다양성의 현상을 가지는 것은 분할할 수 없는 의식입니다.

이러한 의식의 실재는 현자들과 무지한 사람들에 의해 각각 달리 경험됩니다. 그러므로 이 우주는 비실재적이면서 또한 실재적인 것이라고 합니다. 그들의 관점이 정반대이기 때문에, 상대 쪽이 보는 것을 이쪽이 본다는 것은 불가능합니다. 그리고 그들은 그들이 보는 것을 서로에게 이해시킬 수 없습니다. 우주는 사람이 보고 자각하는 것이고, 이것은 자기 자신 내부에 있습니다. 이러한 내면의 경험이 지속될 때, 이 우주도 지속된다고 합니다. 그리고 그것(내면의 경험)이 바뀔 때, 우주도 또한 바뀐다고 합니다.

꿈 속에서 대상들은 정말로 비물질적이고 미묘합니다. 그러나 그 대상들은 실재하는 것으로 보입니다. 그와 마찬가지로, 이 우주 속에 있는 대상들도 진실로 미묘하고 눈에 보이지 않지만, 그들도 견고하고 지각할 수 있는 것처럼 보입니다. 이것은 몸에도 마찬가지입니다. 즉 몸은 하나의 망상이며, 그 자체로는 전혀 존재하지 않습니다. 그러나 유령처럼 그 몸은 하나의 실체로서 마음속에 떠오릅니다. 심리적이거나 신체적인 조건화도 바람이 불 때 들리는 소리(전혀 거기에 없지만 들린다)처럼 하나의 현상입니다.

여기에서 존재하는 것으로 보이거나 생각되는 모든 것은 순수 의식 뿐입니다. 그 밖의 다른 어떤 것이 생겨났어야 할 만한 어떤 이유도 지금까지 없었습니다. 그러므로 '나는 평화롭다. 나는 무한한 공간과 같다.'는 것을 깨달으십시오. 그대가 지바라는 개념을 버리십시오. 이와 같이 자기 자신을 구할 수 없다면, 그 밖의 다른 어떤 구원 수단도 없습니다. 왜냐하면 사람은 자기 자신의 친구이며, 또한 자기 자신의 원수이기 때문입니다. 아직 젊을 때 순수하고 올바른 이해 즉 붓디의 도움을 받아 해방하도록 노력하십시오. 지금 당장 그렇게 하십시오. 늙고 노쇠해지면 무엇을 할 수 있겠습니까? 노령 그 자체가 부담입니다. 그대는 더 이상 어떤 것도 성취할 수 없습니다. 어린 시절과 노년기는 둘 다 소용없습니다. 그대가 현명한 사람으로 현명하게 살고자 한다면, 청년기만이 적기입니다. 삶이 너무나 일시적인 이 삼사라에 들어왔으므로, 신성한 경전들과 성현들을 가까이 함으로써 누구나 자기 자신을 향상시키려고 노력해야 합니다.

진리를 깨닫게 되면, 객관적인 우주는 비록 계속해서 보이고, 불안으로 가득 차 있다 하더라도, 더 이상 그대를 괴롭히지 못합니다.

라마는 물었다.

감각들을 완전히 제어하지 못하고는 무지가 사라지지 않습니다. 어떻게 감각들을 제어하는지를 부디 알려 주십시오.

바시슈타는 말했다.

이제 나는 그대에게 자신의 노력으로 쉽게 감각들을 제어하는 방법을 설명해 드리겠습니다. 자아(혹은 개별성)는 정말로 오로지 순수한 의식뿐입니다. 그것이 자기를 자각하고 있기 때문에 그것은 지바라고 알려지게 되었습니다. 그 지바가 무엇을 생각하든, 그것은 즉시 그 생각하는 것이 됩니다. 그러므로 자기나 감각들에 대한 통제력을 얻고자 하는 시도는 그 자기 자각 쪽으로 지향되어야 합니다. 마음(찌따)이 사령관이고, 감각들은 군대입니다. 그러므로 마음의 통제는 감각들에 대한 통제(혹은 승리)입니다. 만약 두 발이 가죽 신발로 감싸여 있다면, 세상 전체는 가죽으로 덮여 있는 것입니다.

자신의 자각이 자신의 가슴까지 올라와서 순수 의식 속에 확고히 정착해 있을 때, 마음은 자연스럽고도 아무 노력 없이 평온해집니다. 마음은 고행들과 순례들과 의식들과 같은 다른 수단들을 통해서는 평온해지지 않습니다. 따라서 참나의 자각이 그 경험을 자각하게 되면, 그때 그 경험은 의식에다 인상이나 기억을 남기지 않습니다. 말하자면, 즉시 '잊혀'집니다. 심지어 이것을 하려고 시도할 때조차, 참나 지식이라는 지고의 상태에 더 가까이 다가가게 됩니다.

그대가 자신의 적절한 활동을 적절히 수행하는 과정에서 얻어지는 그것만이 그대 자신의 것이라는 것을 알게 되는 그런 만족스런 상태에 뿌리를 내리십시오. 반드시 이행해야만 하는 모든 것을 이행하고, 피해야 할 것을 피하면서 평화와 만족 상태에 있는 그런 사람이 자기를 정복한 사람입니다. 자기 자신을 관찰하거나 지켜보는 것을 즐기고, 외부의 사건들과 관찰들에는 관심이 없는 그런 사람의 마음은 편안합니다. 자각이 이와 같이 자기 자신 내부에 확고히 붙들려 있을 때, 마음은 그 보통의 불안함을 버리고 지혜를 향하여 흘러갑니다. 현명한 사람은 감각들에 대한 승리를 얻고, 바사나들 즉 정신적 조건화의 파도들 속에 빠져 죽지 않습니다. 그는 이 세상을 있는 그대로 봅니다. 그러면 삼사라 즉 현상계의 환영은 사라지고 그와 더불어 모든 슬픔도 종말을 고하게 됩니다.

이 세상으로서 나타나는 것(생각 너머에 있고, 그러므로 결코 지각이나 경험의 대상이 되지 않는 것)이 순수 의식뿐이라는 것을 깨달을 때, 도대체 속박이란 무엇이며, 해방이란 무엇입니까? 건조된 물은 흐르지 않습니다. 원인이 없는 경험은 심리적인 분리를 일으키지 않습니다. 경험이란 것은 '나'와 '너' 등과 같은 여러 다른 형태들을 띠고, 아무것도 일어날 수 없는 곳에서 다양성을 일으키는 것처럼 보이는 공간과 같습니다. 이 공간을 채우고 있는 그것은 순수 의식입니다. 그밖에는 아무것도 존재하지 않습니다.

바시슈타는 계속 말했다.

'나는 행위자나 행위나 도구 그 어떤 것도 아니라 순수 의식이며, 그리고 세상도 무어라 말하기 어렵다.'는 진리에 대한 직접적인 경험이 있을 때, 참나 지식이 있다는 것이 알려집니다. 세상은 본질이 아닌 것처럼 보입니다. 그러므로 이 세상의 정체를 밝혀 주는 참나 지식은 지고의 진리입니다.

여러 개의 수족들을 가진 어떤 존재의 경우에, 그 존재는 여러 개의 수족들과 일체를 이루고 있습니다. 그와 마찬가지로, 브람만도 지바 등으로 알려진 무수한 수족들과 일체를 이루고 있습니다. 대상은 단지 하나의 현상일 뿐입니다. 의식은 영원히 바뀌지 않고 존재하는 무한한 평화입니다. 마치 이것들이 서로 다르기라도 하듯이 그것들을 조사하는 것은 아무 소용이 없습니다. 무한한 의식 속에 무한한 개념들이 있습니다. 이때 후자인 무한한 개념들을 '무지'라고 부릅니다. 그 밖의 다른 어떤 무지도 여기에는 없습니다.

지바는 깨어 있는 상태에서 꿈의 상태로, 또 꿈의 상태에서 깨어 있는 상태로 번갈아 가며 변합니다. 그러나 그는 그가 깨어 있든지 잠을 자고 있든지 간에 변함이 없습니다. 깊은 수면과 뚜리야(제4의 상태)라는 두 상태는 깨어 있는 상태와 꿈의 상태 모두의 토대를 이루는 실재입니다. 후자의 둘(깨어 있는 상태와 꿈의 상태)은 동일하며, 실제로 다른 모든 것을 아는 것은 뚜리야입니다. 깨달음을 얻은 사람에게는 깨어 있는 상태와 꿈의 상태와 깊은 수면 상태가 단지 뚜리야에 불과합니다. 왜냐하면 뚜리야 속에서는 어떤 무지도 없기 때문입니다. 그러므로 비록 그 속에 다양성이 있는 것처럼 보이지만, 그것은 비이원적입니다. 이원성과 비이원성에 대해 말하는 사람은 단지 유치하고 무지한 사람들밖에 없습니다. 깨달음을 얻은 사람들은 이 모든 것을 비웃습니다. 그러나 이원성과 비이원성에 입각한 그러한 논의가 없이는 우리의 의식에서 무지를 없애기는 불가능합니다. 내가 그대의 친한 친구로서 이 모든 것을 다룬 것은 오로지 그러한 정신에 있습니다.

현명한 사람들은 끊임없이 이 진리에 대한 이야기를 하면서 서로를 깨우쳐 줍니다. 이와 같이 그들이 이 진리를 끊임없이 명상할 때, 그들은 깨달음(붓디 요가)을 얻고, 그 깨달음에 의해서 지고의 상태에 도달합니다. (주석: 이들 두 행의 시구는 또한 「기타」를 닮았지만, 두 번째 행에서 중요한 변화가 있고, 그 변화로 인해 학생이 준비가 될 때 깨달음이 일어나는 것처럼 보이는 것이다. S.V.)

지고의 상태는 노력 없이는 얻어지지 않습니다. 따라서 진리에 대한 그대의 명확한 이해를 돕기 위하여, 나는 지금까지 여러 가지 다른 예들을 들면서 되풀이하여 그것들을 설명해 왔습니다. 따라서 심지어 무지한 사람마저도 거듭 설명된 이 진리를 맛보게 된다면, 그는 깨달음을 얻게 될 것입니다. 이것을 한 번 읽은 후에, "나는 이것을 알고 있고, 더이상 알 것이 없다."라고 생각하는 사람은 분명 바보임에 틀림이 없습니다. 이 경전을 공부함으로써 얻어진 지식은 다른 어떤 경전을 공부함으로써도 얻어지지 않습니다. 이 경전은 그대에게 행동의 능률과 지혜의 완벽, 둘 다를 모두 줍니다.

바시슈타는 계속 말했다.

무한한 의식(태양의 천체에 비유될 수 있는) 속에서는 지바라고 하는 무수히 많은 빛의 입자들이 있습니다. "그들이 그것 안에 있다."라고 말하면, 그들은 그것의 일부분으로 간주되지만, 실제로 그것은 그러한 부분들을 가지고 있지 않습니다. 다수가 깨달음을 얻으면 다수는 그것의 다양성을 버립니다. 그러나 그것(다수)이 하나로서 기술될 때, 그것은 이전에 있었던 것 이외의 다른 어떤 것이 되지는 않았습니다. 그것은 모든 조건과 상태들 속에서 동일합니다. 그것이 지혜로운 현자의 의식이나 자각의 내용입니다. 그것만이 존재합니다. 그 밖의 어떤 것도 존재한 적이 없습니다. 무지한 사람들이 그들 자신의 무지의 대상을 이해하는 것은 오로지 그 의식의 도움 때문입니다. 우리는 무지한 사람들이 그들의 무지 속에서 지각하는 '나', '너' 혹은 대상조차도 모릅니다. '나는 깨달음을 얻었다.'나 '그는 무지하다.'나 '이것이 진리다.'와 같은 느낌들은 깨달음을 얻은 사람들에게는 일어나지 않습니다. 창조물로 알려진 이것은 결코 창조된 적이 없으며, 또한 생겨난 적도 없습니다. 이세상은 브람만이요, 브람만은 여기 있는 그대로입니다. 그러므로 여기에는 어떤 무지한 사람들이나 존재들도 존재하지 않습니다. '이것이 창조주 브람마이다.'와 같은 개념들이 떠다니는 오직 무한한 공간만이 있습니다.

깨어 있는 상태에 존재하고 있는 의식은 꿈의 상태로 들어가서 꿈이 됩니다. 꿈 속에서 깨어 있는 꿈 의식은 꿈 속에서 깨어 있음의 상태를 얻습니다. 꿈의 상태는 깨어 있음의 상태에 들어가고, 깨어 있음의 상태는 꿈을 버리고 깨어납니다. 깨어 있는 상태가 꿈의 상태로 들어갈 때, 꿈꾸는 사람은 말하자면 깨어납니다. 꿈꾸는 사람은 깨어 있는 상태를 하나의 꿈으로 간주합니다. 그래서 그에게 꿈에 대한 의식은 진짜 깨어 있는 상태입니다. 확실히, 꿈을 꾸는 사람에게 참된 깨어 있는 상태는 다른 깨어 있는 상태가 아니라 꿈입니다.

깨어 있는 상태와 관련하여 볼 때, 꿈은 단명인 것처럼 보입니다. 그와 마찬가지로, 꿈꾸는 사람은 깨어 있는 상태가 짧다고 여깁니다. 이 둘 사이에는 전혀 차이가 없으며, 그것들 중 어느 것도 실재하지 않습니다. 자각이 그칠 때, 깨어 있는 상태와 꿈꾸는 상태 모두 사라집니다. 공이 있습니다. 살아 있는 사람은 꿈 속에서나 혹은 깨어 있는 상태에서 '다른 세상'을 경험하지 못하다가, 죽음의 의식이 일어날 때 비로소 그것을 경험합니다. 꿈이 의식 속에서 일어나서 삼계를 창조하듯이, 마찬가지로 이 세상도 깨어 있는 상태에서 일어납니다. 꿈의 세상이 순수한 공이듯이, 마찬가지로 깨어 있는 상태의 세상도 현상이 일어나는 유일한 장소인 무한한 의식을 제외하고는 공입니다. 이 세상은 의식에 내재된 힘 때문에 의식 속에 나타나는 환영입니다. 의식만이 물, 흙, 공간 및 벽으로서 빛납니다. 그 안에서 붙잡거나 가질 수 있는 것은 아무것도 없습니다.

바시슈타는 계속 말했다.

참나 혹은 무한한 의식은 '참나' 혹은 '지식'과 같은 말들을 필요로

하지 않으며, 또 그런 말들과는 아무 관계없는 가장 분명한 진리입니다. 최초의 창조가 시작되면서부터 이 무한한 의식만이 이 창조의 개념과 함께 존재합니다. 현자들과 학자들은 참나 지식에는 개념이나, 물질적 대상들에 대한 지식이 없다고 주장하고 있습니다. 그러나 이 모든 것은 오로지 참나입니다. 지식 없음이라고 일컬어지는 어떤 지식(범주)도 여기에서는 알려진 적이 없습니다. 지식과 지식 없음(무지)은 상응하는 실체들이 없는 두 개의 개념입니다. 알아야 하거나 알지 말아야 할 무엇이 있겠습니까? 진정으로 있는 것에 대한 지식, 이것은 이것이라는 지식, 그리고 그것은 실재하지 않는다고 하는 지식, 이 모든 것은 의식 안에서 일어납니다. 참나에 대한 지식, 실재하지 않는 것에 대한 지식, 지식의 부재, 진리는 현상 이외의 다른 것이라는 지식, 이 모든 것도 단지 무한한 의식의 유희에 지나지 않습니다. 그것들은 참나 지식이 밖으로 나타난 것들이거나 확대된 것들입니다.

참나 지식에 대한 사실은 '참나 지식'이라는 용어가 버려진 뒤에도 존재합니다. 참나 지식만이 존재합니다. 그 예를 들어 보겠습니다. 어마어마하게 큰 거대한 바위 하나가 있는데, 그 바위의 사면이 푸른 하늘입니다. 거기에는 어떤 이음매도 없습니다. 왜냐하면 거기에는 어떤 분리도 없기 때문입니다. 그것은 절대적으로 견고하고 분할되지 않는 것입니다. 그것은 불멸입니다. 그것은 비교할 수 없는 독특한 것입니다. 그 기원은 알려져 있지 않습니다. 그 내용은 비물질적이지만 견고합니다. 그 안에는 지바로서 그 자체에게 알려진 수많은 인상들이나 이미지들이 있습니다. 그것은 지각력이 있고, 또 지각력이 없습니다.

아무도 그것을 부술 수 없습니다. 그러나 그 안에는 형상들을 가지고 있거나 가지고 있지 않은, 신들과 악마들과 인간들이라고 알려진 이들

인상들이 있습니다. 나는 바위 속에 존재하는 이들 인상들을 보아 왔습니다. 그대도 보고 싶다면 그것들을 볼 수 있습니다.

라마가 물었다.

그 바위가 분할할 수 없는 것이라면, 당신은 어떻게 그 내부를 볼 수 있습니까?

바시슈타는 말했다.

정말로 아무도 그 바위를 깰 수 없습니다. 그러나 나는 그 바위 내부에 하나의 인상으로 있기 때문에, 나머지 모든 것을 볼 수 있습니다.

이와 같이 내가 그대에게 설명했던 것은 지고의 실재나 참나입니다. 우리는 그 분할할 수 없는 무한한 의식의 통합적인 부분들입니다. 이 공간과 바람과 기타 원소들, 이 모든 행동과 활동들, 이 모든 조건화들과 시간 감각, 즉 이 모든 것이 그 존재의 수족들입니다. 흙, 물, 불, 공기, 공간, 마음, 붓디와 자아감은 그 지고의 참나의 수족들입니다. 이 무한한 의식 이외의 다른 무엇이 어디에 있겠습니까? 이 세상의 대상들은 순수 의식의 덩어리인 순수한 자각이나 경험에 불과합니다.

바시슈타는 계속 말했다.

참나 지식이나, 지식 없음이나, 비실재적인 것에 대한 지식 등은 말들이나 관점들에 불과합니다. 진리를 아는 사람의 눈에는 그것들이 전혀 실재하지 않습니다. 이 모든 것은 분명히 나에게 보이는 순수 의식 안에서 일어납니다. '이것은 참나다.', '이것은 지식이다.'와 같은 것들은 내부에서 일어나는 그릇된 개념들임에 틀림이 없지만, 그러나 그것들은 실재하지 않습니다. 말들을 버리고, 그 말들이 가리키는 진리의 경험에 자리를 잡으십시오.

비록 그것 안에서는 무수한 활동들이 계속 진행되지만, 그것은 완전히 고요하고 평온합니다. 비록 그것이 무수한 최상급들로 묘사되지만, 그것은 아무런 동요 없이 있습니다. 비록 그것은 끊임없이 움직이고 있지만, 그것은 바위처럼 흔들리지 않고 그대로 있습니다. 비록 그것은 다섯 원소로 된 물질 그 자체이지만, 그것은 공간과 같은 그들 원소들의 영향을 전혀 받지 않습니다. 비록 그것은 모든 대상이 거주하는 곳이지만, 그것은 순수 의식으로 남아 있습니다. 비록 그것은 꿈의 도시처럼 보이지만, 그것은 눈에 보이지 않는 의식으로 남아 있습니다.

라마는 말했다.

마치 깨어 있는 상태와 꿈의 상태 모두에서 기억이 지각의 뿌리에 있듯이, 외부의 대상들이 실재한다는 느낌을 일으키는 것도 오로지 기억뿐입니다.

바시슈타는 계속 말했다.

우주 속에서 다양한 대상들이 나타나는 현상은 무한한 의식이 그것 자체를 자각하게 될 때, 아주 우연의 일치로(마치 까마귀가 야자열매에 내려앉을 때, 그 익은 야자열매가 떨어지는 것처럼) 그 의식 속에서 일어납니다. 이 의식이 어떤 방식으로든 그것 자체를 명상할 때마다, 그리고 명상하는 곳이면 어디서나, 그것은 어떤 원인도 없이 바로 그 자리에서 곧장 그렇게 나타납니다. '이것은 깨어 있는 상태이다.', '이것은 꿈이다.', '이것은 수면이다.' 그리고 '이것은 뚜리야.'와 같은 개념들은 그것들이 의식이기 때문에 의식 속에서 일어납니다. 사실, 꿈도, 깨어 있는 상태도, 수면도, 뚜리야도, 그 너머의 어떤 것도 없습니다. 모든 것이 순수한 평온과 침묵입니다. 그렇지 않으면 사람은 이 모든 것이 언제나 깨어 있는 상태나 꿈, 깊은 수면 혹은 뚜리야라고 말할지도 모릅니다. 아니면, 우리는 그것이 무엇인지를 모릅니다. 왜냐하면 모든 것이 생각되는 바대로 경험되기 때문입니다.

　그것이 나타나고 나타나지 않는 것, 즉 지식이나 무지는 마치 공기의 움직임이나 정지처럼 본래 갖추어져 있는 두 가지 상태입니다. 그러므로 깨어 있는 상태들 등에서는 어떤 구별도 없습니다. 또한 기억이나 욕망이라고 알려진 것도 없습니다. 이 모든 것이 제한된 비전입니다. 그것이 오로지 외부의 대상으로서 빛나는 내면의 경험일 때, 객관성이나 기억은 어디에 있겠습니까? 기억은 오로지 경험에서부터 일어날 수 있고, 경험은 오직 그 대상이 실재할 때만 가능합니다. 무한한 의식이 개념적으로 나타나는 현상이 나중에 흙 등으로 알려지게 됩니다. 이러한 의식은 그것이 원하는 대로 빛나게 내버려두십시오. 그것은 실재하지도 않고 또한 실재하지 않는 것도 아니며, 어떤 것도 아니며 또한 아무것도 아닙니다. 그것 그 자체는 밖에 있다고 생각되는 어떤 대상의 개념으로서 가슴속에 있습니다. 무엇이 '내부'나 '외부'에 있습니까? 그것을 옴(OM)이라고 생각하고 평화에 안주하십시오.

　바시슈타는 계속 말했다.

　마치 나무가 마음의 활동이나 의지의 작용(의도)도 없이, 다양한 아름다운 가지들을 만들어 내듯이, 마찬가지로 태어나지도 않고 창조되지도 않은 무한한 의식도 다양하고 다채로운 현상계(우주)를 만들어 냅니다. 그것은 공간을 만들어 내는 공간과 같습니다. 마치 바다가 정신적 활동이나 의도도 없이 소용돌이들을 일으키는 것처럼, 마찬가지로 그렇게 하고자 하는 의도도 없이 의식은 온갖 종류의 경험을 일으킵니다. 왜냐하면 의식은 모든 것의 주인이기 때문입니다. 바로 그러한 경험들에게 똑같은 의식은 '마음', '붓디', '자아감' 등과 같은 다양한 '이름'들을 부여합니다. 또 정신적 활동이나 의도도 없이 무한한 의식은 붓디 등의 모든 잇따라 일어남과 함께 그 자체 내에서 어떤 대상의 개념을 낳았습니다. 대상들에 대한 근본적인 특성을 포함하고 있는 세상의 질서(니야띠)마저도 어떤 의도나 정신적 활동이 전혀 없이 무한한 의식 속에서 일어납니다.

더욱이, 그것은 모두가 하나입니다. 즉 나무는 줄기와 가지들과 잎들과 꽃들을 포함하고 있습니다. 그래서 구분은 실질적인 것이 아니라, 다만 말뿐입니다. 그와 마찬가지로 무한한 의식은 모든 것을 포함하고 있어서, 구분은 실질적인 것이 아니라 말뿐입니다. 만약 그대가 "그렇다면 대상들에 대한 이 무익한 경험들이 왜 있습니까?"라고 묻는다면, 이 모든 것은 단지 하나의 긴 꿈에 지나지 않는다고 그대 자신에게 상기시키는 것이 좋습니다. 누가 존재하지 않는 것이나 혹은 숨겨진 것에 의지하겠습니까? 마치 우리가 우리의 마음속에서 '이것은 나무다.'라는 이미지를 만들었듯이, 무한한 의식 속에서도 공간 등의 이미지들이 존재합니다. 마치 공간(거리)이 공간과 구분할 수 없을 정도로 하나이고, 움직임이 공기와 하나이듯이, 마찬가지로 지성(붓디) 등도 지고의 존재나 무한한 의식과 하나입니다. 이 세상은 무한한 의식과 다르지 않습니다.

이 세상은 태초부터 마치 꿈 속에서처럼 무한한 의식 속에서 나타납니다. 더욱이 이러한 현상에는 어떤 원인도 없습니다. 그렇다면 그것이 무한한 의식 이외의 다른 것이 어떻게 될 수 있겠습니까? 그것은 날마다 일어나는 보편적인 경험인 꿈과 유사합니다. 그러므로 그것을 탐구해야 합니다. 꿈 속의 본질이나 실재는 그것을 창조하고 또 그것이 그 안에서 존재하는 그런 순수 지성이나 의식이 아니고서 무엇이겠습니까?

이 세상은 무한한 의식 속에서 하나의 '기억'으로서 일어나지 않습니다. 그것은 어떤 이유나 원인도 없이 의식 속에서 일어납니다. (그것은 까마귀가 야자열매에 앉을 때 익은 야자열매가 떨어지는 것과 같은 우연의 일치입니다.) 꿈이나 개념화 등은 나중에 일어납니다. 일단 이 세상이 무한한 의식 속에서 어떠한 원인도 없이 일어났다면, 그것의 '존재'는 나중에 일어납니다. 그러므로 비록 이 세상이 창조된 것처럼 보이지만, 실은 창조되지 않았습니다. 이와 같이 이 세상이 전혀 창조되지 않았기에, 확실히 세상은 존재하지 않습니다.

무한한 의식의 순수한 공간 속에서, 이 무수한 현상계들이 존재합니다. 비록 그것들은 모두가 본질적으로 그 본성에 있어서는 공이지만, 그것들은 생겨났다가 소멸합니다. 그것들은 비록 본질적으로는 공이지만, 서로에게 반응하고, 그럼으로써 이 현상계를 창조합니다. 이 세상은 공입니다. 그리고 공은 성장하고, 공만이 사라집니다. 공에는 '자기'가 없기 때문에 공합니다.

바시슈타는 계속 말했다.

이 우주의 창조와 그것의 소멸은 의식 속에서 일어나는 오직 기만적인 개념들에 불과합니다. 창조의 개념이 오랫동안 계속 남아 있게 되면, 그것은 실재하는 것으로 여겨집니다. 우주의 객관적인 현상은, 마치 깊은 수면의 기간이 지나면 꿈이 일어나듯이, 자연발생적으로 우주적 존재 속에 나타납니다. 의식만이 이 우주로서 빛납니다. 그러므로 이 우주는 의식의 몸입니다. 이후에 의식 자체는 그 자체 내에서 기억과 심리적 범주들, 땅이나 기타 원소들에 대한 개념들을 일으킵니다.

라마는 물었다.

신이시여! 기억들이란 붓디에 남아 있는 인상들입니다. 만약 그러한 인상들과, 따라서 기억들이 없다면, 어떻게 어떤 것이 생겨날 수 있고, 혹은 개념들마저도 어떻게 일어날 수 있겠습니까?

바시슈타는 대답했다.

오, 라마여! 내가 곧 그대의 의심을 몰아내고 비이원성을 확립시켜 주겠습니다. 이 현상계는 나무에서 아직 조각되지 않은 조각상과도 같습니다. 한 조각상이 실제로 나무에서 조각되어 나올 때만 실제로 그것은 조각상이 됩니다. 그러나 무한한 의식은 비이원적이기 때문에 그러한 것이 일어나지 않습니다. 스스로 움직이지 못하고 지각력이 없는 목재에서 조각상은 그것이 실제로 조각될 때까지는 모습을 드러내지 않습니다. 그러나 의식은 의식으로 가득 차 있기 때문에, 현상계는 그 자체 내에서 빛납니다. 실제로 의식이 의식 아닌 적은 한 번도 없습니다. 또한 이 세상도 거기에서 조각되어 나오지 않았습니다. 그럼에도 불구하고 그것은 이 세상으로서 빛납니다.

우주의 시초에, 의식은 잠재적인 개념들로 가득 차 있기 때문에 그 개념들을 나타냅니다. 그러한 개념들은 또한 의식을 부여받고 있기 때문에, 꿈 속에서처럼 실재하는 것처럼 보입니다. 가슴 그 자체의 공간 내에서, 의식은 '이것은 브람만의 개념이다.', '이것은 지바의 개념이다.', '이것은 자아감, 붓디, 마음, 시간 그리고 공간이다.', '나는 아무개이다.', '이것은 활동이다.', '이들은 원소들이다.', '이들은 감각이다.', '이것은 미묘한(뿌르야스따까) 몸이다.', '저것은 거친 신체적 몸이다.', '나는 창조주 브람마이고, 쉬바이고, 비슈누이고, 태양이다.', '이것은 안쪽이고, 저것은 바깥쪽이다.', '이것은 창조이고, 이것은 세상이다.' 등과 같은 다양한 개념들을 일으킵니다. 그러한 개념들은 의식 그 자체 내에서 일어납니다. 신체적이거나 물질적인 실체도 없고, 기억도

사냥꾼과 사슴의 이야기 1137

없으며, 이원성도 없습니다.

아무런 원인도 없이 이 현상계는 의식 속에서 일어납니다. 그것은 의식에 의해 의식 자체 내에서 경험됩니다. 그 자체를 이 세상으로서 생각하고 이 세상을 경험하는 것은 의식입니다. 그러므로 여기에 연루된 어떤 기억도, 꿈도, 시간 등도 없습니다. 내부에서는 의식의 덩어리인 이것이 밖에서는 세상처럼 보입니다. 그러나 밖도 안도 없으며, 또한 지고의 실재를 제외한 그 어떤 것도 없습니다. 그러므로 무한한 브람만이 실재하듯이, 마찬가지로 이렇게 관찰된 객관적인 우주도 또한 실재합니다.

바시슈타는 계속 말했다.

기쁨이 기쁨으로 보이지 않고, 슬픔이 슬픔으로 보이지 않는 이는 해방된 사람입니다. 심지어 기쁨에 관여할 때도 마음이 동요되지 않는 이는 해방된 사람입니다. 객관적인 세상뿐만 아니라, 순수 의식 그 자체도 향유하는 이는 해방된 사람입니다.

라마는 물었다.

해방된 사람이 기쁨 속에서 기쁨을, 슬픔 속에서 슬픔을 찾지 못하면, 그는 틀림없이 지각력이 없고 감수성이 없는 사람입니다.

바시슈타는 계속 말했다.

그의 자각이 의식 속에 완전히 몰입해 있기 때문에, 만약 그가 기쁨을 경험하기 위하여 노력하지 않는다면, 그는 그 기쁨을 경험하지 못합니다. 그는 의식 속에 안주해 있다고 말합니다. 그의 의심은 녹아 없어졌으며, 이 세상의 모든 대상과 접촉할 때 그는 지혜의 향기를 풍깁니다. 비록 그가 매 순간 해야 할 필요가 있는 것을 하면서 세상 속에서 여전히 활동을 하고 있지만, 그 세상도 그에게는 그 '맛'을 잃었습니다.

이와 같이 해방된 사람들이 참나 혹은 의식 속에 안주해 있다는 사실 때문에, 그들은 비록 활동을 하고 있더라도 잠을 자고 있는 것처럼 보입니다. 사실은 그들이 지각력이 없는 것도, 감수성이 없는 것도 아닙니다. 그들이 '잠을 자고 있는' 것으로 여겨지는 이유는 그들에게 지각력이 없기 때문이 아니라, 그들이 이 현상계를 마치 하나의 긴 꿈인 것처럼 다루고 있기 때문입니다. 그들은 무지한 사람들에게는 밤과 같이 완전히 깜깜해 보이는 그런 진리나 지고의 평화에 의지해 있습니다. 그러므로 그들은 잠을 자고 있는 것처럼 여겨지지만, 실은 그들에게 지각력이 없는 것이 아닙니다. 그들은 무지한 자들의 세상에 무관심하기 때문에 이 세상에서 잠을 자고 있는 것으로 여겨집니다. 그들은 언제나 참나를 향유하고 있습니다. 그러므로 그들은 지각력이 없는 것이 아닙니다. 그들은 슬픔을 초월한 것입니다.

　이 삼사라를 떠돌면서 온갖 종류의 쾌락과 고통을 경험한 뒤에, 지바는 성현과 접촉하여 이 삼사라의 바다를 건널 행운을 갖게 됩니다. 그는 침대 없이도 아주 평화롭게 잠을 잡니다. 비록 여기서 격한 활동에 관여하고 있지만, 그는 깊은 수면 같은 평화를 즐기고 있습니다. 이것은 대단히 경이로운 일입니다. 이 '수면'은 어떤 것에 의해서도 방해받을 수 없습니다. 비록 그가 두 눈을 크게 뜨고 있다 하더라도 이 '세상'을 보지 않고 있다면, 그는 진실로 취해 있습니다. 그는 깊은 수면 같은 희열을 즐깁니다. 그는 그의 마음에서부터 세상의 개념을 몰아낸 뒤 충만함에 도달했습니다. 그는 넥타를 마셨으며 이제 평화롭습니다. 그의 기쁨은 쾌락과 관계없습니다. 그는 이미 탐욕에서 등을 돌렸습니다. 그는 모든 원자 속에는 우주가 있다는 것을 알고 있습니다. 비록 아무 일도 하지 않지만, 그는 다양하고 강한 활동에 종사하고 있습니다. 그는 이 현상계가 꿈과 똑같은 실재를 가지고 있다는 것을 알고 있으므로 깊은 수면 같은 평화와 희열에 들어갔습니다. 그의 의식은 공간보다도 더 광대합니다. 최고의 자기 노력으로 그는 참나 지식을 깨달았고, 그래서 그는 마치 순수한 공간 속에서 하나의 긴 꿈을 보고 있는 것처럼 살아가고 있습니다. 그가 잠을 자고 있는 것처럼 보이지만, 그는 완전히 깨어 있고 깨달음을 얻었습니다. 비록 잠을 자고 있는 것처럼 보이지만, 그는 최대의 기쁨을 즐깁니다. 그는 가장 높은 상태에 도달했습니다.

라마는 물었다.

신이시여! 그가 함께 즐기고 있는 그 현자의 친구는 누구이며, 그의 즐거움이나 기쁨은 무엇이며, 어떤 방식으로 그는 그러한 쾌락들을 즐깁니까?

바시슈타는 대답했다.

오, 라마여! 그 현자의 친구는 자연스럽게 그에게서 일어나고, 어떤 분리나 충돌도 없는 그러한 그 자신의 활동입니다. 아버지처럼 그것은 그를 격려하고 그에게 열정을 줍니다. 아내처럼 그것은 그를 억제하고, 그를 제지하며, 그를 안내합니다. 그것은 최악의 재난이 닥쳐와도 그를 버리지 않습니다. 그것은 의심이 전혀 없습니다. 그것은 포기의 정신을 촉진시킵니다. 그것은 분노와 증오를 그들 자신에게 돌리기 때문에, 그것은 감로를 마시는 것과 같습니다. 그것은 고통과 어려움의 가장 빽빽한 밀림 속에서도 그의 친구이며 조력자입니다. 그것은 소중한 믿음의 보석들을 담고 있는 보물 상자입니다. 그것은 그를 악에서 구하며, 아버지처럼 언제나 그를 열심히 보호해 줍니다.

그것(자기 자신의 활동)은 그에게 모든 형태의 기쁨을 가져다줍니다. 온갖 상황과 조건 속에서도, 그것은 그의 몸의 건강을 증진합니다. 그것은 그에게 '이것은 해야 한다.'와 '이것은 해서는 안 된다.'를 알려 줍니다. 그것은 바람직한 대상들과 경험들을 열심히 가져다주고, 바람직하지 않은 대상들과 경험들을 막아 줍니다. 그것은 말씨를 부드럽고 유쾌하게 만들며, 활동도 부드럽고 달콤하며, 유용하고 예쁘며, 이기적인 욕망이나 정열이 없고, 지고의 참나 지식을 획득하는 데도 도움이 되게 합니다. 그것은 사회 전체와 선을 보호하는 일에 헌신합니다. 그것은 몸과 마음의 질병들을 예방해 줍니다. 그것은 학자들과 건전한 토론을 함으로써 그들의 행복을 증진시킵니다. 동등한 사람들의 경우에는, 이 원성을 닮은 것이 그냥 있습니다. 삶에서 자기가 차지하고 있는 지위가 어떠하든 간에, 그것(자기 자신의 활동)은 자기 희생, 자선, 엄격한 생활 그리고 순례에 헌신하고 있습니다. 그것은 음식과 음료를 나누어 먹음으로써 아들, 아내, 브람마나, 하인 그리고 친척들과 건전한 관계를 확립합니다. 현자는 바로 그 자신의 본성에 의해 그러한 진정한 친구나, 그 친구의 배우자와 함께 지내는 것을 즐깁니다. 그 친구는 바로 자기 자신의 활동입니다.

이 친구(자기 자신의 활동)에게는 목욕(몸의 청결), 자선, 엄격한 생활, 그리고 명상이라고 하는 자식들이 있습니다. 그들 역시 모든 존재의 안녕과 행복을 증진시킵니다. 행복의 정신(혹은 행복한 정신)은 모든 사람에게 자연스럽고도 수월하게 행복을 듬뿍 쏟아 주는 그의 아내입니다. 그녀의 이름은 사마따(마음의 평온이나 침착)입니다. 그녀는 그녀의 남편(자연스러운 활동)이 정의롭거나 적절한 활동을 수행하도록 격려해 줍니다.

그녀에게는 마이뜨리(다정함)라고 하는 또 한 명의 성실한 친구가 있습니다.

모든 친구들 가운데서도 최고의 친구와 그의 아내, 기타 동료들과 함께 지내는 것을 즐기는 현자는 기쁨이나 쾌락의 상황에 처할 때 기뻐할 필요가 전혀 없고, 또 불쾌한 상황들에 처해 있을 때도 슬퍼할 필요가 전혀 없습니다. 그는 증오하지도 않으며, 화내지도 않습니다. 어디에 있든지, 어떤 상황에 처해 있든지, 비록 끊임없이 이 세상의 활동들에 관여하고 있지만, 그는 니르바나의 상태를 즐기고 있습니다. 그는 쓸데 없는 논쟁에서 입을 다물며, 쓸데없는 이야기는 듣지도 않으며, 정의롭 지 못한 활동들과 관련해서는 시체와 같습니다. 그러나 정의로운 활동 들에는 대단히 생기를 띠며, 경사로운 것을 폭로하는 데 총명하며, 한 순간에 그는 최대의 진리를 드러냅니다.

이 모든 것이 현자에게는 자연스럽습니다. 그는 이러한 특성들을 획 득하기 위해 노력할 필요는 없습니다.

바시슈타는 계속 말했다.

여기에서 이 세상으로서 빛나는 것은 오직 무한한 의식뿐입니다. 그 러나 실제로, 그것은 세상도, 공(空)도, 심지어 의식도 아닙니다. 오직 이 정도만큼은 말할 수 있습니다. 즉 세상이라고 일컬어지는 그것은 실 제로 그것이 아니라고 말할 수 있습니다. 그것이 공간보다도 더 미묘하 기 때문에, 그것은 있는 그대로가 아닌 다른 어떤 것으로 보입니다.

'이것'과 '저것' 사이에 의식의 몸이 있고, 그 몸은 지각의 대상으로 서 경험됩니다. 그러나 그러한 세상에는 어떤 원인도 없고, 그러므로 그것이 일어날 어떤 이유도 없습니다. 그렇다면 이제 그것이 존재한다 고 어떻게 말할 수 있겠습니까? 그러므로 외부의 우주가 존재한다고 가정할 어떤 정당한 이유도 없으며, 심지어 그 우주의 원자 하나조차 존재한다고 가정할 어떤 논거도 없습니다. 만약 무언가가 여기에서 외 부의 우주로서 보인다면, 사실, 그것은 무한한 의식임에 틀림이 없습니다. 곤히 잠자는 사람이 수면을 버리지 않고 계속 꿈을 꾸듯이, 순수하고 분할할 수 없는 이 의식도 마찬가지로 그 자체 내에서 의식으로서의 그 자체의 본질을 버리지 않고, 객관적 우주의 개념을 일으킵니다. 그러므로 흙 등과 같은 원소로서 알려진 어떤 물질성도 전혀 없습니다. 그러나 자기가 보는 것을 형상이라고 느끼든 형상이 아니라고 느끼든지 간에, 궁극적인 진리는 이 모든 것이 하나의 무한한 브람만이라는 것입니다. 그 브람만만이 이 모든 것으로서 빛납니다. 꿈꾸는 사람이 잠에서 깨어날 때, 꿈 속의 산이 순수한 공(空)으로서 깨달아지는 것처럼, 마찬가지로 이런 모든 형태도 사람이 깨달음을 얻으면 전혀 존재하지 않는 것으로 깨달아집니다.

이 세상은 깨달음을 얻은 사람들에게는 분할할 수 없는 지고의 브람만입니다. 비록 우리가 고도로 지성적이지만, 우리는 깨닫지 못함(무지)이 어떤 것인지를 모릅니다. '이것'과 '저것' 사이에, 모든 존재의 필수적인 본질인 의식의 덩어리가 있습니다. 그것이 참나의 지고의 상태입니다. '이것'과 '저것' 사이에 의식의 덩어리로서, 모든 것이 확고히 자리를 잡고 있는 그 무한한 공간이 있습니다. 그 의식의 덩어리가 무엇이든지 간에, 그것만이 실재하면서 동시에 실재하지 않는 이 모든 것입니다. 소용돌이들이 바다에 있듯이, 형태들과 지각과 또 마음속에서 일어나는 거기에 상응하는 개념들도 모두가 순수 의식입니다. '이것'과 '저것' 사이에는 무한한 의식이 있습니다. 조금도 가감이 없이 그것을 깨달았을 때, 그것만이 존재하고 어떤 세상도 없다는 것을 알 수 있습니다. 그러면 심지어 애착과 혐오, 존재와 비존재도 의식의 참된 본성에 조금도 영향을 미치지 않고, 그 자체의 수족들이 됩니다. 두 개의 '끝' 사이에 순수 의식이 있습니다. '끝'은 단지 개념에 지나지 않고, 중간인 실재와 관계없이는 존재하지 않습니다. 중간의 실재, 그것은 무한한 참나 혹은 의식의 필수적인 본성입니다. '이것'과 '저것' 사이에 존재하는 그 의식을 가리키는 다른 이름은 '세상'입니다.

맨 처음부터 이 세상은 생겨난 적이 없습니다. 이 세상이 그러한 것으로서 존재한다고 말하는 것은 순전히 허구입니다. 비록 이 세상이 존재하지 않지만 이 세상이 존재한다고 말하고, 비록 지고의 브람만만이 존재하지만 지고의 브람만이 존재하지 않는다고 말하는 것은 유감스럽고도 비극적인 일입니다.

바시슈타는 계속 말했다.

브람만이나 무한한 의식이 아닌 것을 찾으러 내가 어디로 가야 하겠습니까? 아! 이 세상은 사람들이 비실재적인 세상(자각의 대상)을 실재적인 것으로 간주하는 이상한 곳입니다. 그럼에도 불구하고 그들은 실제로 똑같은 브람만에 도달합니다. 귀중한 보석의 광채는 보석이 창조해 낸 것도 아니요, 또한 그 광채가 그 보석과 무관한 것도 아닙니다. 그와 마찬가지로, 현상계도 순수 의식인 참나와 전혀 다르지 않습니다. 태양은 지고의 의식 상태에서 빛납니다. 그래서 태양은 그 참나와 다르지 않습니다. 그러나 태양도, 달도 참나를 비추거나 밝혀서 보여 줄 수 없습니다. 태양과 달이 직접 빛을 내고, 따라서 지각의 대상들을 비추고 보여 주는 것은 그 의식이 본래 갖추고 있는 힘 때문입니다.

그 의식은 형태가 있기도 하고, 형태가 없기도 합니다. 이 모든 것이 단순히 말과 무의미한 개념들에 불과합니다. 태양 광선을 구성하고 있는 빛의 입자들은 태양과 전혀 다르지 않은, 태양의 광선들입니다. 그래서 그들이 빛난다고 말하는 것은 옳고, 또한 그들이 빛을 내지 않는다고 말하는 것도 옳습니다. 그와 마찬가지로, 태양과 달이 빛난다고 말하는 것도 옳고, 또한 그들이 빛을 내지 않는다고 말하는 것도 옳습니다. 태양과 기타 모든 발광체들이 무한한 의식 때문에 빛을 내므로, 그것이 빛을 내지 않는다거나 혹은 그것들이 빛을 내지 않는다고 우리가 어떻게 말할 수 있겠습니까?

그 지고의 상태는 모든 관념을 초월해 있고, 심지어 '의식의 덩어리'나 '공'(空)의 관념들조차 초월해 있습니다. 그래서 그 지고의 상태에는 모든 것이 없지만, 또한 모든 것으로 가득 차 있습니다. 그러므로 흙 등은 실제로 존재합니다. 반면에, 그 안에는 아무것도 존재하지 않습니다. 비록 그 안에 무한한 지바들이 있지만, 그들은 의식과 관계없는 지바로서 존재하지 않습니다. '어떤 것'이나 아무것도 없는 '무' 등도 실재나 무한한 의식과는 거리가 먼 관념들입니다.

비이원적이고, 영원하며, 만물에 충만해 있는 순수 의식은 존재하며, 또 '세상'이라고 합니다. 대상으로 있는 이 모든 것이 그저 없어질 때, 그 뒤에 남게 되는 것은 진리입니다. 무한한 경험들로서 분명히 나타나는 것은 그 의식 자체입니다. 의식의 깨어 있는 상태가 뚜리야(초월적) 상태와 가지는 관계는, 꿈의 상태가 깊은 수면 상태와 가지는 관계와 꼭 같습니다. 그러나 깨달음을 얻은 사람에게 이 모든 상태들은 단지 의식의 한 뚜리야 상태에 지나지 않습니다.

창조에 대한 이론들이나, 참나 혹은 의식이 물질로 변형되는 데 대한 이론들은 스승이 제자를 가르칠 때 사용하는 표현들입니다. 이 모든 것에는 조금도 진실이 없습니다. 꿈을 꿈이라고 깨달을 때 기쁨이 있지만, 이것을 깨닫지 못하면 불행한 사건을 꿈꿀 때 불행이 있습니다. 깨달음을 얻은 현자는 비록 그가 다양한 활동들에 관여하고 있을 때라도 진리를 깨달은 상태에서 살아갑니다. 다양성 속에서 그는 일원성을 경험합니다. 심지어 불쾌한 상황들 속에서도 그는 기뻐합니다. 비록 그가 이 세상 속에서 살아가지만, 그는 실제로 이 세상에 없습니다. 깨달음을 얻은 사람이라면 더 이상 무엇을 얻어야 하겠습니까? 얼음이 늘 차갑듯이, 현자도 어떤 것을 열망하거나 버리지 않고, 그에게 자연스러운 것을 행하며, 자연스러운 삶을 영위해 가고 있습니다. 무지한 사람의 특성은 자기 본래의 모습이 아닌 다른 사람이 되려고 애쓴다는 것입니다.

바시슈타는 계속 말했다.

창조주는 물질성의 흔적이 하나도 없는, 오로지 마음입니다. 그러므로 그는 몸도, 감각들도, 바사나 즉 정신적 조건화도 가지고 있지 않습니다. 그는 이전 세상 주기가 끝날 때에 이미 해방을 얻었기 때문에, 그에게는 어떤 기억도 없습니다. 기억이 전혀 없을 때, 형체를 부여받을 어떤 원인도 없습니다. 창조주에게 그러한 기억이 가능했다 하더라도, 심지어 거기에도 꿈의 도시처럼 물질이 없을 것입니다. 그러나 이것은 논의를 위해 말하는 것입니다. 실제로 해방된 사람들에게는 기억이 불가능합니다.

라마는 물었다.

신이시여! 왜 그들에게 기억이 없는지, 그리고 기억이 없을 때 구나(창조의 건축용 블록)들이 어떻게 일어나는지 말씀해 주십시오.

바시슈타는 대답했다.

기억은 오직 객관적인 우주와 관련하여 일어납니다. 따라서 그것은 인과 관계의 맥락을 제공합니다. 자각 그 자체의 그러한 대상이 존재하지 않을 때, 기억이 어떻게 그리고 어디에서 일어나거나 존재하겠습니까? 사실 이 모든 것이 실제로는 브람만 즉 무한한 의식이고 보면, 기억이 들어설 여지는 전혀 없습니다.

　살아 있는 존재들에게 일어나는 사물들에 대한 묵상은 스므르띠(회
상)로 여겨집니다. 물론 그러한 사물들은 전혀 존재하지 않습니다. 그렇
다면 스므르띠가 어떻게 존재할 수 있습니까? 그러나 무한한 의식은
모든 존재들의 실재이기 때문에 사물들에 대한 그러한 묵상은, 말하자
면, 의식 속에 본래 갖추어져 있습니다. 그러므로 나는 스므르띠라고
언급했습니다. 그러나 그것은 오직 보통의 무지한 사람들의 관점에서
보았을 때입니다. 이제 그 이야기는 그만 합시다. 의식 속에서 일어나
는 자연적인 움직임도 역시 스므르띠라고 합니다. 그 움직임이 반복적
으로 일어날 때, 그것은 외적으로 물질로서 보입니다. 의식이 그 자체
의 본성에 의해 무엇을 경험하든지, 그것은 스므르띠라고 말하는 것입
니다. 이 모든 경험은 어떠한 인과적 관계(까마귀가 우연히 야자열매에 앉
자, 익은 야자열매가 떨어지듯이)도 없이 의식의 수족들로서 저절로 무한
한 의식 속에서 일어납니다. 그것들이 기억이라고 불립니다. 이것은 우
연히 일치하는 원인이 있는 것처럼 보일 때조차도 모든 사건들에 적용
됩니다.

　기억과 관련되는 지각의 대상들이 전혀 존재하지 않는다는 것을 우
리가 깨닫고 있을 때, 왜 우리는 이와 같이 우연적인 기억을 탐구해야
합니까? 그 지각의 대상들이란 오직 무지한 사람들의 눈에만 존재합니
다. 나는 그러한 무지한 사람들을 위하여 해방의 방법을 설명하고 있지
않습니다. 그것은 오로지 깨어났지만, 거기에 대하여 약간의 의심을 가
진 그런 사람들을 위해 의도된 것입니다. 우리는 진리를 알아볼 수 없
는 무지한 사람들과 결코 교제해서는 안 됩니다. 어떤 것이 아주 조금
이라도 의식에 의해 경험되고 그 경험이 반복될 때는, 정신적인 인상(삼

스까라)이 만들어집니다. 따라서 현상계가 창조됩니다. 그러나 이 모든 것은 무한한 의식으로 가득 차 있습니다. 어떤 형태도, 어떤 기억도 그것과 관련이 없습니다. 이원성 자체가 존재하지 않을 때, 어떤 속박도 없다는 것은 틀림없습니다.

라마는 물었다.

편재하고 있는 의식이 어떻게 몸과 동일시합니까? 의식은 어떻게 바위들과 숲과 동일시합니까?

바시슈타는 대답했다.

형체를 가진 존재가 그 자신을 손과 동일시하는 것과 마찬가지로, 무한한 의식도 그 몸과 동일시합니다. 몸이 손톱이나 머리카락과 동일시하는 것과 마찬가지로, 편재하는 참나도 자기 자신을 바위들과 숲 등과 동일시합니다. 꿈 속에서 바위들과 숲이 되는 것은 오로지 순수 의식이듯이, 이들 개념들도 우주의 처음 시작부터 무한한 의식 속에서 일어났습니다. 개인의 몸에 지각력이 있는 부분과 지각력이 없는 부분들이 있듯이, 무한한 의식의 우주적 몸에서도 마찬가지로 지각력이 있는 대상과 지각력이 없는 대상들이 분명히 있습니다. 그러나 사실은 그러한 형태들은 전혀 없습니다. 이 모든 것이 분명히 보일 때, 마치 깨어나는 순간 꿈이 사라지듯이 그것들은 사라집니다. 이 모든 것은 순수 의식입니다. 그래서 보는 사람도, 지각의 대상도 없습니다.

수천 번의 세상 주기들이 무한한 의식 속에서 일어났다가 사라질 수 있습니다. 그러나 마치 파도들이 바다와 다르지 않듯이, 그 주기들은 무한한 의식과 전혀 다르지 않습니다. '나는 파도들이 아니라 바다이다.' 이와 같이 진리를 깨달을 때, 파도라는 생각은 사라집니다. 현상계도 바다인 브람만과 관련하여 파도와 같습니다. 이 현상계가 존재하거나 존재하지 않는 것은 브람만 속에 내재된 에너지가 나타나는 두 가지 방법입니다.

꿈 속에서처럼 의식 속에서 일어나는 경험은 마음, 창조주 브람마, 만물의 조부라고 알려져 있습니다. 이 존재는 이름도 형상도 없고, 변하지도 않습니다. 그 안에서 '나'와 '너' 등의 개념들이 일어납니다. 심지어 그것들도 창조주와 다르지 않습니다. 이 모든 관념이 일어나는 순수 의식은 만물의 증조부입니다. 바다에서 일어났다가 사라지는 파도들이 단지 바다이고, 또 그 바다와 다르지 않듯이, 이 모든 세상과 그 소멸도 무한한 의식과 다르지 않습니다.

무한한 의식 속에서 일어나는 에너지의 움직임은 자장과 중력을 부여받은 우주적 인격체라고 알려져 있습니다. 이 세상은 꿈과 같이 그에게서 일어납니다. 세상은 하나의 꿈입니다. 깨어 있는 상태도 하나의 꿈입니다. 이 세상 혹은 현상계가 분명히 보이고 경험되고 있지만, 그것은 실제로 우리 내부에서 일어나는 개념들이 실현된 것입니다. 그리고 그것들만이 우주적 개별성으로서 존재합니다. 의식 자체는 그 안에서 반복적으로 일어나는 개념들을 경험합니다. 모든 꿈 속의 대상들처럼 나타나는 것은 온통 의식으로 충만되어 있는 그 우주적 인격체입니다. 자기가 연기하고 있다고 꿈꾸고 있는 배우가 관객을 즐겁게 하면서 무대 위에서 연기하는 자기 자신을 보듯이, 이 의식도 이 현상계에 대한 그 자신의 경험을 알게 됩니다.

바시슈타는 계속 말했다.

우주가 시작될 때 이 우주로서 빛나는 것은 오로지 의식뿐입니다. 그러므로 삼계는 브람만과 다르지 않습니다. 브람만은 바다와 같습니다. 그 속에서 세상들은 파도들과 같고, 경험은 물입니다. 이 우주 이후에도, 순수한 절대적인 희열이 있습니다. 도대체 어디에 이원성이나 비이원성, 아니면 그 밖의 어떤 것이 있겠습니까? 깊은 수면과 꿈은 모두가 수면 중에 번갈아 일어나는 상태들입니다. 그와 마찬가지로, 이 우주가 나타나고 사라지는 것도 무한한 의식 속에서 번갈아 일어나는 사건들입니다.

현명한 사람이 이 세상이 꿈의 도시와 같다고 깨달을 때, 그의 희망은 그곳에 집중되지 않습니다. 백일몽을 꾸는 사람도 매우 다양한 비전들과 희망들을 꿈꿉니다. 비록 그러한 백일몽 속에도 어떤 실재가 있는 것처럼 보이지만, 그것들은 실제로 존재하지 않습니다. 그러나 만약 그대가 이 현상계에 대한 다른 어떤 설명을 찾고 있다면, 왜 그대는 망상이나 정신착란 상태의 생각들과 환각의 가능성을 받아들이지 않습니까?

마음이 조금도 변화를 겪지 못하도록 하는 명상 수행은 지고의 활발하지 못함만큼이나 좋습니다. 반면에, 그러한 변화들이 마음속에 존재할 때, 그것은 다양성이나 삼사라가 들어앉을 자리가 됩니다. 이러한 명상에 의해서는 평온의 상태가 얻어지지 않습니다. 강제적으로 마음이 모든 변화들을 하지 못하게 할 때 해방이 얻어진다고 한다면, 왜 꿈속에서는 그것이 얻어지지 않습니까? 그러므로 어떤 우주도 없다는 것을 깨달을 때만, 해방을 가져오는 진정한 참나 지식이 일어납니다. 이러한 해방은 영원하고 무한하며 절대적이어서, 진실로 니르비깔빠 사마디입니다. 그 속에서는 조금도 동요됨이 없이 참나 지식에 확고히 뿌리를 내리게 됩니다. 그것은 또한 영원한 수면, 뚜리야, 니르바나 그리고 목샤라고도 합니다.

디야나 즉 묵상이나 명상은 완벽한 일깨움 즉 깨달음입니다. 객관적인 우주가 존재하지 않는다는 깨달음이 곧 완벽한 일깨움입니다. 그것은 활발하지 못함의 상태나 깊은 수면, 니르비깔빠 사마디나 사비깔빠 사마디와도 닮지 않았습니다. 또한 그것은 실재하지 않는 가상의 상태도 아닙니다. 그 속에서는 우주가 있는 그대로 존재하지만, 동시에 소멸됩니다. 그 속에서는 일원성과 다양성, 그것들의 혼합, 그것들의 비존재에 대한 관념들도 전혀 없습니다. 그 속에서는 지고의 평화가 있습니다.

그 완벽한 일깨움은 순례나 자선, 지식의 획득, 명상이나 요가의 수련, 엄격한 생활(고행)이나 종교적 의식들에 의해서 얻어지는 것이 아니라, 밤낮 끊임없이 이 경전을 주의 깊게 탐구함으로써 얻어집니다. 경전 공부를 제외한 앞의 어떤 방법에 의해서도 환영은 사라지지 않습니다. 그것들은 해방을 가져다주는 것이 아니라, 단지 천국이나 다른 그러한 보상들을 가져다줍니다. 망상이 사라질 수 있는 유일한 길은 이 경전을 세밀하게 공부하고 탐구한 사람에게 참나 지식이 일어날 때뿐입니다.

바시슈타는 계속 말했다.

시초에는 이 세상도 다른 세상도 무한한 의식 속에서 생겨나지 않았습니다. 마치 꿈 속에서 어떤 여인을 포용하는 경험처럼, 실재하지 않는 가상의 경험이 의식 속에서 일어났습니다. 오직 꿈꾸는 사람만이 꿈 속에 존재합니다. 오직 무한한 의식만이 비실재적인 경험 속에 존재합니다. 이 세상처럼 보이는 것은 이와 같이 언제나 순수한 의식 속에서 일어납니다. 순수한 의식 속에서 어떻게 불순한 것이 일어날 수 있겠습니까? 이 경험도 또한 순수합니다. 그것 자체가 꿈 속의 도시나 꿈의 세상입니다. 그것이 바로 이 세상입니다. 왜냐하면 우주가 맨 처음 시작될 때 어떤 흙 등도 없었기 때문입니다. 이어서 땅과 물리적 원소들, 마음과 기타 심리적 범주들(이들은 단지 의식 속에 있는 개념들에 지나지 않음)을 만들어 낸 것은 바로 무한한 의식 속의 에너지의 움직임이었습니다. 이러한 에너지의 움직임은 어떤 마음의 활동이나 의도도 없이 일어나는 공기 속에 본래 갖추어져 있는 움직임과 같습니다.

의식은 의식 속에서 그 자신의 몸이나 물질로 나타납니다. 마음 그 자체는 꿈 속에서처럼 지각의 대상들인 것처럼 보입니다. 다른 어떤 원인도 있을 수 없습니다. 그러므로 어떤 이원성도 없고, 어떤 의식의 분리도 없습니다. 지고의 브람만은 모든 형태로부터 자유롭습니다. 그것이 형태를 가지고 있는 것처럼 보일 때, 그것은 바로 이 현상계입니다. 이것은 영원히 존재합니다. 다양성이 꿈 속의 사람에게 일어나듯이, 다양성의 이 현상계도 하나의 무한한 브람만 속에서 일어나는 것처럼 보입니다.

마음이 바로 창조주 브람마입니다. 그것은 이 우주의 바로 중심에 있습니다. 그리고 그것만이 모든 것을 행하며, 모든 것을 파괴합니다. 이 모든 것을 철저히 탐구할 때, 순수한 의식만이 존재하지, 그 밖의 어떤 것도 존재하지 않는다는 것을 분명히 알게 됩니다. 그것은 형언할 수 없습니다. 탐구의 끝에서는 완전한 침묵만이 남아 있습니다. 비록 모든 활동에 관여하고 있지만, 그것은 마치 벙어리인 양 공간처럼 아무 영향도 받지 않은 채 있습니다. 그러므로 깨달음을 얻은 사람은 무한의 지식을 얻고 완전한 침묵에 잠깁니다. 그는 사람들 중에 최고입니다.

창조주 브람마는 그렇게 할 의도도 없이 이 현상계를 일으킵니다. 무한한 의식은 만약 그 의식의 '눈을 감으면', 그 의식 자체가 되고, 만약 그 '눈을 뜨면', 이 세상이 됩니다. 그러나 그 무한한 의식은 이 두 상태에서 늘 그 자체로 남아 있습니다. 그러므로 그것은 '존재하기도' 하고

'존재하지 않기도' 하며, 실재하기도 하고 실재하지 않기도 합니다. 이 두 상태는 끊임없이 번갈아 일어납니다. 하나는 다른 하나가 없이는 결코 존재하지 않습니다. 그러므로 지고의 평화로서, 있는 그대로의 진리를 아십시오. 그리고 그것은 태어나지도 않고, 죽지도 않는 공간이라는 것을 아십시오. 또한 현상계가 비록 이따금 그처럼 보이지 않을지라도, 그와 같다고 아십시오. 객관적인 우주는 비록 현재 분명히 경험되고 있지만, 결코 일어난 적이 없으며 사라지지도 않습니다. 그것은 무한한 의식의 에너지나 힘이 만들어 낸 신비한 결과입니다.

언제 어디서나 경험되는 모든 것은 그것이 실재하든 실재하지 않든지 간에, 그때 그 자리에서 곧장 존재하는 것처럼 보입니다. 다른 어떤 이유도 적절하지 않습니다.

바시슈타는 계속 말했다.

사람이 끊임없이 어떤 것을 묵상하면, 무엇이 끊임없이 사람의 마음을 차지하고 있으면, 그리고 사람이 자기의 목숨을 다해 어떤 것에 헌신하면, 그는 그것을 실재하고 분명한 것으로 알게 됩니다. 마음이 브람만의 의식에 함빡 젖어들게 되면, 마음은 그 의식이 됩니다. 마음이 가장 사랑하는 것이 무엇이든지 간에, 마음은 그것이 됩니다. 사람의 마음이 지고의 실재나 무한한 의식 속에 안주할 때, 그는 활동 그 자체를 위한 활동에 관심을 가지지 않고 올바른 활동에 관여합니다.

이 객관적인 우주 자체가 존재하지 않을 때 혹은 그 우주의 존재를 긍정도 부정도 할 수 없을 때, 누가 활동의 행위자이며 누가 그 경험을 즐기는 사람인지를 결정하는 것은 불가능합니다. 보통 창조주 브람마나 각성된 지성인 붓디 등이라고 하는 것은 그 자체가 절대적으로 순수한, 무한한 의식입니다. 하늘의 평화는 순수한 공(空)입니다. 이 모든 것에 이원성이 나타나는 것은 환영과 같고, 존재하지 않습니다. 그러므로 다양성은 무의미한 관념입니다. 깊은 수면 상태 이후에 꿈의 상태로 들어가듯이, 같은 무한한 의식도 절대적인 정지 상태에서부터 창조의 상태로 나아갑니다. 그 안에는 이원성이나 일원성이 없습니다. 무한한 의식은 그 자체 의식의 공간 내에서 이 우주를 자각합니다.

꿈 속에서 명확한 차례나 순서 혹은 인과적 관계가 전혀 없듯이, 이 현상계에서도 비록 명확한 인과적 관계나 순서가 있는 것처럼 보이지만, 실제로는 없습니다. 꿈 속에서는 어떤 구분도 없습니다. 또한 지각의 대상들 속에서도 어떤 구분도 없습니다. 이 우주나 세상으로서 그대 앞에 나타나는 것은 바로 똑같은 브람만 즉 무한한 의식입니다. 꿈 속에서는 꿈 속에 보이는 사물들에 대한 아무런 인식이 없습니다. 또한 삼스까라(마음의 인상)도 심지어 기억도 없습니다. 왜냐하면 꿈꾸는 사람은 '나는 이것을 전에 본 적이 있다.'라고 생각하지 않기 때문입니다. 마찬가지로 깨어 있는 상태에서도 이 세 가지 고려 사항들이 없어지면, 무지한 사람이 기억과 동일시하는 것인 바로 무한한 의식만이 있습니다.

긍정과 부정, 지시와 금지는 비록 지고의 존재 속에 존재하지 않지만, 그렇게 존재하는 것처럼 보입니다. 현기증을 느낄 때, 비록 그 현기증이 그에게 있지만, 그는 이 세상이 자기 주변에서 돌아가고 있다고 느낍니다. 심지어 이것을 알고, 또 객관적 우주가 망상이나 환영이라는 것을 알 때조차도, 그것은 꾸준한 수련을 통하지 않고서는 사라지지 않습니다. 그러므로 이 환영은 이 경전을 열심히 연구함으로써만 사라집니다. 그 밖의 다른 방법은 없습니다. 이 세 가지(마음, 자각의 대상들과 몸)가 평온의 정지 상태에 도달하는 것은 참나 지식이나 깨달음에 의한 것이지, 다른 방법으로 되는 것은 아닙니다. 왜냐하면 이들 세 가지가 무지에서 일어나기 때문입니다. 이 경전을 단순히 연구함으로써 그 무지는 없어집니다. 이 경전의 아름다움은 그것을 공부하는 학생을 절망으로 몰아넣지 않는다는 것입니다. 이 경전을 처음 공부할 때 분명하게 이해되지 않은 것이 있다면, 좀 더 공부하게 되면 그것은 분명해집니다. 이 경전은 망상을 없애 주고, 일상생활 그 자체가 지고의 상태라는 것을 깨닫게 해 줍니다.

그러므로 적어도 매일 이 경전의 적은 일부분이라도 공부해야 합니다. 그러나 만약 이 경전이 사람이 만든 것이기 때문에 권위가 없다고 생각한다면, 그는 참나 지식과 궁극적인 해방을 다루는 다른 경전의 연구에도 의존할 수 있습니다. 그러나 우리는 우리의 일생을 허비해서는 안 됩니다.

라마는 물었다.

이와 같이 무한한 의식 속에서 일어났다가 소멸되는 무수한 우주들이 있을 때, 왜 당신은 나에게 그것들의 본질을 가르쳐 주고 있습니까?

바시슈타는 대답했다.

이 세상이 하나의 긴 꿈이라는 것을 그대가 이해하게 된 것은 바로 그 방법을 통해서였습니다. 그대는 이미 한 단어와 그 의미 사이, 혹은 단어와 그 단어가 나타내는 대상 사이의 관계를 알고 있습니다. 그러므로 현상계와 가상의 우주에 대한 이 모든 논의가 무익하지는 않았습니다. 그 실례가 우리로 하여금 단어와 거기에 부합되는 개념을 이해할 수 있게 해 주는 그런 영적인 진리를 명확히 깨닫게 해 주는 그 목적에 가장 잘 합치되고 있습니다. 그래서 오직 그것만이 우리를 일상생활에서 안내해 줄 하나의 살아 있는 진리가 됩니다. 그대가 알아야 할 것을 모두 알고 난 뒤에, 시간의 세 기간(과거, 현재, 미래)들에 대한 지식을 얻게 되면, 그대는 이 모든 것이 진리라는 것을 알게 될 것입니다.

이 존재물의 모든 원자 속에는 무수한 우주들이 있습니다. 그래서 심지어 누가 감히 그 우주의 수를 헤아릴 힘을 가지고 있겠습니까? 이와 관련하여, 나는 창조주이신 나의 아버지 브람마께서 옛날 내게 들려주었던 이야기 하나가 생각납니다. 내가 그 이야기를 그대에게 곧 들려줄 터이니, 잘 들어 보십시오. 나는 나의 아버지 브람마에게 "이 현상계는 무엇이며, 그것이 어디에 존재합니까?"라고 물었습니다.

브람마는 말했습니다.

오, 현자여! 이 우주로서 나타나는 이 모든 것은 단지 무한한 의식인 브람만에 불과합니다. 현자들은 이것이 무한한, 순수 사뜨바(절대적인 지성)라는 것을 알고 있습니다. 그러나 무지한 사람은 그것을 물질적인 우주로서 보고 있습니다. 나는 이 브람만다(우주의 알)에 관한 다음의 이야기를 가지고 이 진리를 예시해 보겠습니다.

이 무한한 공간 속에는 그 공간과 전혀 다르지 않은 무한한 참나가 있습니다. 그 참나는 그 자체 내에서 그 자체를 살아 있는 제한된 실체인 지바로서 자각했습니다. 그것은 어느 때고 무한한 공간으로서 그 자체의 필수적인 본성을 버리지 않고, 비록 그 몸을 위하여 여전히 공간과 함께 있지만, 그것은 그 자체를 '나는 ……이다'(I am) 혹은 자아감으로서 생각했습니다. 이 '나는 ……이다'가 '나는 붓디 즉 지성이다.'로 확대되었습니다. 그 다음 그것은 그 자체를 붓디로서 보았는데, 이 붓디는 '이것'은 무엇이고 '저것'은 무엇인가를 결정해 주지만, 조건화된 지각의 기본적인 환영을 따라갑니다. 이후에, 그것은 '나는 마음이다.'라는 생각을 품고, 여러 개념들이나 다양하고 그릇된 생각에 연루되게 되었습니다. 그 마음은 그 후 곧 오감들의 존재라는 생각을 지니게 되었으며, 오감들은 비록 무형이지만, 꿈 속에서 본 산들처럼 투박하고 물질적인 것처럼 보입니다. 마음은 다양한 피조물들이 그들 사이에 온 갖 종류의 관계를 맺으며, 모두가 시간의 지배를 받는, 그런 삼계로 구성된 몸을 가지고 있다고 생각했습니다.

따라서 그것은 마치 사람이 거울에서 다양한 대상들을 보듯이 모든 것을 보았습니다. 그것이 보는 모든 것은 매혹적이고 다채로웠습니다. 모든 원자 구성 원소의 미립자 속에는 그러한 우주들이 존재합니다. 무지는 이 모든 것을 무지로서 그리고 또 무한한 세상으로서 생각합니다. 그러나 그것을 브람만으로 깨달을 때, 그것은 바로 순수한 브람만이 됩니다. 심지어 이 모든 것을 실제적으로 본다 하더라도, 아무것도 보이지 않습니다. 왜냐하면 이 모든 것이 한낱 꿈이기 때문입니다. 여기서 지각하는 사람은 누구이며, 무엇을 지각하며, 무한한 존재에게 어떻게 이원성이 있을 수 있겠습니까?

라마는 물었다.

현상계는 원인도 없이 무한한 의식 속에서 일어납니다. 그렇다면, 원인도 없이 생겨난 그러한 사건들이 왜 지금도 계속 일어나지 않습니까?

바시슈타는 대답했다.

어떤 생각을 지니게 되면, 그 사람은 그것을 진실이라고 지각합니다. 브람만 속에서는 원인 작용과 원인 작용 없음이 모두 존재합니다. 왜냐하면 브람만은 전능하기 때문입니다. 그와 마찬가지로, 살아 있는 존재의 경우, 지성적인 몸도 역시 스스로 움직이지 못하는 머리카락과 손톱을 가지고 있습니다. 브람만 이외의 다른 어떤 것이 경험되면, 틀림없이 그것의 원인이 되는 잘못된 원인 작용이 있을 것입니다. 그러나 오직 하나의 무한한 의식만이 모든 곳에서 빛날 때, 그 속에서 원인은 무엇이며, 결과는 무엇이겠습니까?

라마는 물었다.

그러나 무지한 사람의 경우에는 인과적 관계가 있습니다. 그에게는 원인 없이 생겨난 것이 무엇이 있겠으며, 또 그것이 어떻게 존재하겠습니까?

바시슈타는 대답했다.

깨달음을 얻은 이에게는 무지한 사람이 아무도 없습니다. 우리는 왜 존재하지도 않는 것을 논의하면서 시간을 허비하겠습니까?

원인이 있어 생긴 것들도 있지만, 원인을 가지지 않는 것들도 있습니다. 그것은 관점에 달려 있습니다. 합당하다고 간주하는 것만을 합당한 것으로 받아들입니다. 이 우주에는 원인이라고는 전혀 없습니다. 이 세상이 신 등에 의해 창조되었다는 믿음은 말장난입니다. 꿈의 경험이 예시해 주듯이, 이 진리를 예시해 주는 것은 아무것도 없습니다.

꿈과 같은 이 우주를 분명히 이해하지 못하면, 큰 망상이 있습니다. 그러나 올바르게 이해하면, 망상은 사라집니다. 이 우주와 관련하여 제기된 사변적인 추론은 무지와 어리석음입니다. 불은 그에게 자연스러운 열의 '원인'입니까? 몸의 구성 요소는 사실상 무형의 에테르 같은 물질입니다. 그러므로 신체에는 어떤 참된 원인도 없습니다. 그리고 또 존재하지 않는 이 우주를 경험하는 몸의 원인은 무엇일 수 있습니까?

비록 하나의 원인을 가정한다 하더라도, 이 모든 것은 자연(그것이 무엇이든지)에게 자연스럽습니다. 심지어 여기서 사용된 '자연'(自然)이라는 단어도 하나의 비유적인 표현에 불과합니다. 그러므로 이 모든 대상과 거기에 가정된 원인들은 무지한 자의 마음에서 일어나는 망상에 지나지 않습니다. 현자들은 모든 결과가 원인에서 나온다는 것을 알고 있습니다. 강도당하는 꿈을 꾸면서 그것이 꿈에 불과하다는 것을 알 때는 어떤 슬픔도 없습니다. 마찬가지로, 진리를 깨달을 때는 삶이 슬픔에서 해방됩니다.

우선 이 우주에 어떤 원인도 없었기 때문에, 이 우주가 결코 창조되지 않았다는 것은 틀림없는 진실입니다. 그것은 생겨났으며, 마치 꿈의 대상이 무한한 의식 속에서 존재하듯이 존재합니다. 그것은 오로지 브람만뿐이며, 브람만 속에서 빛납니다. 수면과 꿈이 둘 다 한 꿈의 두 양상이듯이, 마찬가지로 이 우주와 그 소멸도 하나의 분할할 수 없는 무한한 의식의 두 양상입니다.

라마는 말했다.

신이시여! 이 세상에는 분할할 수 있는 물질도 있고, 분할할 수 없는 물질도 있습니다. 분할할 수 있는 물질은 서로 충돌하며, 분할할 수 없는 물질은 서로 그렇게 충돌하지 않습니다. 예컨대, 우리는 달을 봅니다. 그때 말하자면 시력은 달을 분할하거나 달과 접촉하지 않고서도 달을 알아차립니다…… 나는 일깨움이 없는 사람의 관점에서 다음 질문을 던집니다. 몸 속으로 생명의 호흡을 들이쉬고 내쉬는 것을 누가 관장하고 있습니까? 몸은 견고하여 저항합니다. 미묘한 힘이면서도, 그 자체로서는 어떤 저항력도 없지만 몸을 움직일 수 있는 그 힘은 무엇입니까? 미묘하고 저항력이 전혀 없는 그것이 견고하고 저항하는 물질에 작용할 수 있다면, 왜 사람은 생각의 힘만으로도 산을 움직일 수 없습니까?

바시슈타는 말했다.

생명의 호흡은 숨을 들이쉬고 내쉬는 사이에 몸에 들어왔다가 몸을 떠납니다. 그렇게 호흡할 때, 가슴에 머물고 있는 미묘한 신경의 힘은 대장장이의 풀무처럼 팽창하고 수축합니다.

라마는 말했다.

대장장이의 풀무의 경우에는 그 풀무를 작동시키는 사람이 대장장이입니다. 이와 같이 가슴속에 있는 나디를 팽창시키고 수축시키는 것은 무엇입니까?

바시슈타는 말했다.

대장장이가 이 세상에서 풀무를 팽창시키고 수축시키듯이, 모든 내부의 기관들을 체내에서 움직이게 만드는 내면의 의식이 있습니다. 바로 이 때문에 모든 사람이 이 세상에서 살아가고 움직입니다.

라마는 다시 물었다.

그러나 몸과 그 모든 구성 요소들은 단단합니다. 어떻게 미묘한 의식이 그것들을 움직입니까? 왜냐하면 단단한 것과 미묘한 것 사이에 어떤 접촉도 없기 때문입니다.

바시슈타는 말했다.

의심의 나무를 통째로 뿌리째 뽑아 버리는 다음의 가르침에 귀를 기울여 주십시오. 이 세상에는 단단하거나 저항하는 것이 하나도 없습니다. 만물은 어디에서든지 영원히 미묘하고 저항력이 없습니다. 이 모든 것은 순수 의식으로서, 그 순수 의식은 마치 사람이 꿈 속의 대상들을 경험하듯이 겉으로 단단해 보이는 이 물질들을 경험합니다. 흙, 물, 바람, 공간, 산과 바다 등은 모두가 오직 미묘한 의식일 따름입니다. 마음과 나머지 모든 내면의 도구들도 그와 마찬가집니다. 이와 관련하여, 나는 그대에게 옛날의 성현에 대한 이야기를 하나 들려드리겠습니다. 나는 이미 같은 이야기를 다른 정황 속에서 이야기했습니다. 그 이야기를 잘 들어 보면, 그대는 여기서 그대가 보는 모든 것이 순수 의식이지,

그 밖의 아무것도 아니라는 것을 깨달을 것입니다.

바시슈타는 계속 말했다.

옛날에 인두라는 이름의 브람마나가 살았습니다. 그에게는 열 명의 자식이 있었습니다. 마침내 인두는 죽었고, 그의 아내도 그를 따라 저승으로 갔습니다. 자식들은 장례식을 치렀습니다. 그들은 이 세상의 문제에 관심이 없었습니다. 그들은 신처럼 살 수 있게 해 줄 최고의 명상이 어떤 것인가를 생각하기 시작했습니다.

그들은 자신들의 열망을 좇아 숲 속으로 들어가, 열성적으로 명상과 고행을 했습니다. 그들은 동상이나 그림처럼 있었습니다. 그들의 몸은 말라 죽어 갔고, 남은 것은 육식 동물이 다 먹어 버렸습니다. 그들은 '나는 창조주 브람마이다.', '나는 세상이다.' 혹은 '나는 전 우주이다.' 와 같은 깊은 명상에 들어 있었습니다. 이들 열 명의 마음들은 형체가 없었지만 그러한 명상에 완전히 잠겨 있었기 때문에, 그 마음들은 그들이 명상한 것이 되었습니다. 따라서 이 우주로서 존재하는 것은 그들의 생각입니다.

이 우주는 순수 의식입니다. 땅이나 산조차도 순수 의식입니다. 그 밖에 무엇이 있겠습니까? 인두의 자식들의 마음들이 여기서 우주로 나타나게 되었듯이, 창조주 브람마 그 자체 내에서 일어나는 우주나 세상의 개념도 마찬가지로 이 우주로서 나타납니다. 그러므로 이 모든 원소들과 땅과 산들은 모두가 순수 의식 이외의 어떤 것도 아닙니다.

의식이라고 하는 도공은 그 자신의 몸(의식)이라는 녹로와 역시 그 자신의 몸인 점토의 도움을 받아서 이 우주를 만듭니다. 이 모든 피조물과 물질들이 의식이 아니라면, 그것들은 도대체 무엇이겠습니까? 이 우주와 의식의 관계는 광채와 보석의 관계와 같습니다. 이 모든 것이 정말로 브람만입니다. 이것은 확실하여 의심할 여지가 없습니다.

이 진리를 명확히 알게 될 때, 슬픔은 즉시 사라집니다. 이 진리를 모른다면, 슬픔은 확고하고 흔들림 없이 자리를 잡게 됩니다. 사악하고 무지한 사람들은 이 진리를 모릅니다. 그들의 눈에는 이 삼사라가 견고한 실체입니다. 그래서 그들은 이 진리를 전혀 자각하지 못합니다. 어떤 형태도 없습니다. 존재도, 비존재도, 탄생도, 죽음도 없습니다. 실재라고 알려진 것은 하나도 없으며, 또한 실재하지 않는다고 할 수 있는 어떤 것도 없습니다. 절대적인 평화인 지고의 존재는 이 우주를 그 자체 내에서 지각합니다. 그래서 그것은 무한한 의식인 브람만과 무관한 것이 아닙니다. 그런데도 왜 독자적으로 나타나게 되었다는 그릇된 개념을 만들어 냅니까? 그것이 해방을 얻지 못한 상태에서는 수천 개의 눈과 기타 수족들을 가집니다. 그러나 해방된 상태에서는 그것은 전부이며, 평화이며, 평온입니다. 이러한 설명은 이제 그만 하겠습니다.

바시슈타는 계속 말했다.

모든 삼계는 오직 순수 의식입니다. 그것들은 무조건적인 마음(사트바)입니다. 무지한 사람들이 이 삼계에서 생생하게 마음에 떠올리는 원소들과 피조물들은 전혀 존재하지 않습니다. 이러한 것이 진실이라면, 단단한 몸 등이 어디에 있겠습니까? 여기에서 자각되는 모든 것은 진실로 비(非)고체이며, 극도로 미묘한 의식입니다. 의식만이 의식 속에 존재합니다. 평화는 평화 속에 있습니다. 공간은 공간 속에 존재합니다. 지혜만이 지혜 속에 존재합니다.

몸이 어디에 있으며, 수족들은 어디에 있고, 내장의 기관들과 해골은 어디에 있습니까? 이 몸은 공간과 같은 순수 의식이라는 것을 아십시오. 비록 이 몸이 고체로 보이지만 미묘합니다. 팔들도 의식입니다. 머리와 모든 감각 기관들도 마찬가집니다. 이 모든 것이 미묘하여, 단단한 것은 아무것도 없습니다. 이 세상은 꿈과 같이, 무한한 공간 즉 브람만 속에서 일어나는 것처럼 보입니다. 무한한 의식의 본성 그 자체 때문에, 그것은 이 우주로서 존재하는 것처럼 보입니다. 그러므로 그것은 원인이 있기도 하고 원인이 없기도 합니다. 물론 원인이 없다면 어떤 결과도 없습니다. 자기 자신의 의식 속에서 구성하는 모든 것을 또한 자신이 직접 볼 수 있습니다. 꿈 속에서 모든 사물이 모든 방식으로 어디에서든지 나타나듯이, 깨어 있는 상태에서도 이 세상은 모든 방식으로 어디에서든지 나타납니다.

인두의 자식들이 그들의 생각하는 힘 때문에 이 우주가 되었듯이, 하나는 다수가 됩니다. 또 비슈누 신의 헌신자들이 비슈누 신과 하나가 되듯이, 다수는 하나가 됩니다. 강은 다수이지만 바다는 하나입니다. 계절들과 해들도 다른 이름들로 불릴 수 있지만, 시간은 하나입니다. 이 몸도 또한 순수 의식이고, 그래서 그것은 꿈의 대상처럼 의식 속에 존재합니다. 또 꿈의 대상처럼, 그것은 비록 그 형태가 하나의 실체로서 명백하게 경험되는 것처럼 보이지만, 실은 형태가 없습니다.

한 번의 수면이라도 어떤 때는 꿈의 경험으로서 간주되고, 또 다른 때는 꿈이 없는 깊은 수면으로 간주됩니다. 그러나 수면은 하나이고 분할될 수 없습니다. 그와 마찬가지로, 의식도 그 의식 속에서 대상들에 대한 자각이 있든지 없든지 간에 하나입니다. 그러므로 이 세상으로서 경험되는 것은 오직 순수 의식뿐입니다. 보는 사람(경험자)과 대상(경험)과 보는 행위(경험하기)는 모두가 진실로 분할할 수 없는 하나의 의식입니다. 이 의식 속에 나타난 이 세상의 모습은 의식 이외의 다른 어떤 것으로, 하나의 환영입니다. 그것은 마치 악몽의 진실을 깨달을 때 악몽이 더 이상 사람을 괴롭히지 않듯이, 그 진리를 깨달으면 사라집니다. 여기서 우주의 무한한 대상들로서 나타나는 것은 하나의 무한한 의식이 가지고 있는 무한한 잠재력 때문입니다.

꾼다단따의 이야기

라마는 말했다.

신이시여! 옛날 내가 스승의 집에 있었을 때, 누군가가 왔습니다. 그는 대단히 눈부신 빛을 발했습니다. 그는 비데하의 왕궁에서 왔습니다. 그는 자리에 모인 성현들에게 인사를 했고, 우리 제자들도 그에게 적절한 인사를 했습니다. 그가 자리에 앉아 조금 쉰 뒤에, 나는 그에게 "성현이시여! 긴 여행으로 피곤해 보입니다. 당신은 어디에서 오셨습니까?"라고 물었습니다.

브람마나(사제 계급)는 대답했습니다.

예, 맞습니다. 나는 무언가를 찾고 있으며, 그것을 얻으려는 격심한 노력 때문에 지쳐 있습니다. 내가 왜 여기 왔는지 말씀드리겠습니다. 나는 비데하의 나라에서 온 브람마나입니다. 나는 꾼다단따라고 합니다. 나는 세상사에 관심을 잃고서 성현들이나 고행자들과 함께 있고자 했습니다. 나는 슈리 산에서 고행을 하면서 상당히 오랫동안 살았습니다.

그 산에서 어느 날 나는 이상한 광경을 보았습니다. 한 고행자가 나뭇가지에 그의 발을 묶어 놓은 채 매달려 있었습니다. 나는 그에게 인사하며 가까이 다가갔습니다. 나는 '이 고행자는 틀림없이 살아 있다. 왜냐하면 그의 몸이 기후 조건의 변화에 반응하고 있기 때문이다.'라고 생각했습니다. 나는 며칠 동안 거기에 머물면서 그에게 봉사하며 그의 신뢰를 얻었습니다. 어느 날 나는 그에게 "당신은 어떤 목적으로 이 고행을 하고 있습니까?"라고 물었습니다. 그 고행자는 "형체가 있는 존재들은 살면서 많은 재미있는 목적들을 가지고 있지요."라고 대답했습니다. 나는 같은 질문을 다시 물었습니다.

고행자는 말했습니다.

나는 마뚜라라는 도시에서 태어나, 거기에서 자랐습니다. 그때 나는 경전들에 대한 지식을 얻었습니다. 나는 "왕은 온갖 종류의 쾌락을 향유한다."라는 말을 들었습니다. 나는 그 목표에 감동을 받았습니다. 그래서 온 세상의 황제가 되고자 결심했습니다. 그러므로 나는 여기에 와서 지난 12년 동안 이 고행을 해 오고 있습니다. 나는 이제 그대의 질문에 대답했으니, 그대는 그대의 갈 길을 가는 게 좋겠습니다. 나는 나의 고행을 계속하겠습니다.

브람마나는 계속 말했습니다.

나는 그가 고행을 계속하는 동안 나의 봉사를 받아 줄 것을 그에게 요청했습니다. 내가 이 말을 하자마자 그는 눈을 감았는데, 마치 죽은 듯 했습니다. 그날부터 6개월 동안 나는 그곳에 남아서 그를 섬겼습니다. 어느 날 그곳에 태양처럼 빛나는 어떤 존재가 나타났습니다. 나는 그에게 적절한 숭배를 올렸고, 고행자도 정신적으로 그에게 숭배를 올렸습니다. 그 빛나는 존재는 고행자에게 이렇게 말했습니다. "오, 고행자시여! 이 고행을 그만두십시오. 나는 그대에게 그대가 선택한 청탁을 들어주겠습니다. 그대는 전 지구의 황제가 되어, 그대의 이 몸에 있으면서 7천 년 동안 통치할 것입니다." 이 소원을 들어준 뒤에 그 빛나는 존재는 시야에서 사라졌습니다. 그가 사라진 뒤에 나는 고행자에게 "이제 그대는 그대가 선택한 소원을 이루었으니, 이 고행을 끝내시고 그대의 정상적인 임무로 돌아가십시오."라고 말했습니다. 그는 내 말을 수락했습니다. 나는 그의 발이 묶여 있는 나무의 밧줄을 끊었습니다. 그다음 우리 둘은 마뚜라로 갔습니다.

브람마나 꾼다단따는 계속 말했습니다.

마뚜라로 가는 길에 우리는 로다라는 마을에서 약간의 시간을 보냈고, 살림이라는 도시에서 이틀을 보냈습니다. 사흘째 되는 날에 우리는 어느 숲에 당도했습니다. 거기에서 그 고행자는 일반적인 길을 포기하고, 나에게 이렇게 말했습니다. "이 근처에 있는 가우리 아쉬람으로 갑시다. 거기에는 나의 일곱 형제들이 살고 있습니다. 우리는 여덟 형제이지요. 비록 우리는 독립된 개인으로 태어났지만, 우리 모두는 하나의 의식으로 통합되어 있었고, 우리 모두가 같은 목표를 가지고 그 목표에 도달하고자 결심했습니다. 그 때문에 그들도 고행을 하고 있습니다. 나는 그들과 함께 이곳에 왔으며, 처음에 가우리 아쉬람이 있는 이 숲을 보았습니다. 자, 사람의 모든 죄를 정화시켜 주는 아쉬람으로 갑시다. 심지어 학자들과 진리를 아는 사람들도 그들의 마음에는 성현들을 찾고 싶은 열의로 가득 차 있습니다. 그래서 분명히 우리는 이 은자의 집을 찾아가는 기회를 갖게 된 것을 큰 축복으로 생각해야 합니다."

아쉬람이 있던 지역으로 다가갔을 때, 우리는 마치 홍수가 은자의 집을 휩쓸고 지나가기라도 한 듯이 불모의 땅만을 보았습니다. 나무 한 그루도, 은자의 집도, 인간도, 어떤 현자도 없었습니다. 아무것도 없었습니다. 우리 두 사람은 동시에 "아! 이곳에 어떤 일이 일어났을까?"라고 큰 소리로 말했습니다. 그 다음 우리는 그 지역을 돌아보다가 외로이 서 있는 나무 한 그루를 보았습니다. 이 나무에게 다가가자, 우리는 나무 아래에 앉아서 사마디에 깊이 들어 있는 늙은 고행자 한 분을 보았습니다. 우리는 그의 옆에 앉아 상당한 시간을 기다렸습니다. 그러나 그는 명상에서 깨어나지 않았습니다. 그러다가 나는 그의 옆으로 가서, "오, 현자시여! 명상에서 깨어나십시오."라고 목청껏 소리 질렀습니다. 그러자 현자는 눈을 떴고, 사자의 포효를 닮은 목소리로 이렇게 말했습니다. "거룩한 분들이시여! 그대들은 누구십니까? 여기에 있었던 가우리 아쉬람에는 어떤 일이 일어났습니까? 아니면 누가 나를 이 황량한 곳으로 데려왔습니까? 현재는 어떤 시대에 속해 있습니까?" 우리는 얼떨떨했습니다. 나는 그에게 이렇게 말했습니다. 오, 현자시여! 확실히, 그대는 모든 것을 알고 있습니다. 그러므로 그대만이 그대 자신의 질문에 답할 수 있습니다. 그대 자신이 갖고 있는 요기의 비전으로 지금까지 일어난 모든 일을 보시면 어떻겠습니까?

내가 이 말을 하자, 현자는 다시 한 번 깊은 명상에 들었습니다. 그리고 그는 내면의 영적인 비전을 통하여 지금까지 일어난 모든 일을 알았습니다.

현자는 잠시 침묵을 지키고 있다가, 우리에게 "거룩한 분들이시여! 다음의 경이로운 이야기를 잘 들어 보십시오."라고 말했습니다.

현자는 말했습니다.

그대들은 지금 여기서 이 나무를 보고 있습니다. 내가 지금 여기에 있기 때문에, 이 나무는 흐드러지게 꽃을 피웠습니다. 알 수 없는 어떤 이유로 학문과 이야기의 여신이 10년 동안 여기에서 살면서, 한 해의 모든 각기 다른 계절들로부터 숭상을 받았습니다. 이곳은 밀림이 되었고, 또 가우리 바나(가우리 숲)로 알려지게 되었습니다. 이 숲에서는 심지어 여러 여신들과 여자 싯다들 즉 완벽한 경지에 도달한 여성들도 놀았습니다. 그 여신의 발에 경의를 표하기 위하여 심지어 여러 신들도 여기에 왔습니다.

현자는 계속 말했습니다.

10년을 거기서 보낸 뒤에 가우리는 쉬바 신의 왼편에 있는 그녀의 자리로 돌아갔습니다. 여신의 손길이 닿은 뒤로 이 나무는 결코 늙지 않았습니다. 얼마 후에 그 숲은 그 지역 사람들이 이용하는 보통의 숲이 되었습니다. 그 당시에 나는 말라바의 왕이었습니다. 나는 왕국을 버리고, 고행을 하러 여기로 왔습니다. 나는 여기서 깊은 명상에 들었습니다. 얼마 후에 그대 여덟 형제 모두가 이곳에 왔지요. 여기서 얼마 동안 있다가, 그대는 슈리 산으로 갔고, 또 다른 형제는 크라운차 산으로 갔고, 또 한 사람은 까시로 갔고, 또 한 명은 히말라야로 갔지요. 나머지 네 사람은 여기서 고행을 계속했습니다. 그들 모두가 온 세상의 통치자가 되고 싶어 했습니다. 그들 모두 신들로부터 적절한 소원을 이루었습니다. 그들 모두는 고행의 기쁨을 즐긴 뒤, 그대를 제외하고 집으로 돌아갔습니다. 나는 이곳을 떠나지 않았습니다. 사람들은 나와 이 나무를 크게 존경했습니다. 나는 오랫동안 여기에 있었습니다. 나는 이 모든 것을 요기의 비전으로 보았습니다. 자, 이제 그대도 집으로 돌아가서 가족과의 재회를 즐기십시오.

("지구는 하나인데, 어떻게 여덟 사람이 그것을 동시에 통치할 수 있습니까?" 라는 꾼다단따의 물음에 대한 대답으로, 현자는 다음과 같이 말했습니다.)

이것만이 우리를 얼떨떨하게 하는 유일한 특징은 아닙니다. 다른 특징들도 있습니다. 사실상, 이 여덟 형제 모두가 그들의 몸을 버린 뒤에 그들 자신의 집에서 지구를 통치할 것입니다. 그들은 또한 그들의 (여덟) 아내들이 별처럼 변함없이 그들과 함께 남아 있도록 할 것입니다…… 왜냐하면 남편들이 고행을 하러 집을 떠났을 때 그들의 아내들은 위로할 길 없는 슬픔에 잠겨 있었기 때문입니다. 여자들은 남편과의 별거를 견딜 수 없습니다. 이 여성들도 강도 높은 고행을 했습니다. 빠르바띠 여신은 그들을 보고 기뻐하며, 그들에게 소원을 말하면 들어주겠다고 했습니다. 그들은 이렇게 말했습니다. "여신께서 남편을 사랑하듯이 우리도 우리 남편을 사랑합니다. 제발 저희 남편들이 영생하도록 해 주십시오." 그러나 여신은 그것은 자연의 이치에 위배된다고 지적하면서, 그들에게 다른 청을 하도록 했습니다. 그러자 그들은 "비록 우리 남편들이 죽어 그들의 몸을 던져 버린다 하더라도, 그들이 단 한 순간이라도 집을 떠나게 하지 말아 주소서."라고 요청했습니다. 여신은 그 부탁을 들어주었고, 또한 그들의 남편이 지구를 통치하도록 해 주었습니다. 이후 얼마 지나지 않아 일곱 형제들은 집으로 돌아갔습니다. 오늘 여덟째도 집으로 돌아갈 것입니다.

이 이야기 속에는 또 하나의 놀라운 일이 있습니다. 여덟 명의 모든 소년이 고행을 하러 숲으로 들어갔을 때, 여덟 형제의 아내들과 함께 슬퍼하던 부모들은 순례를 떠났습니다. 순례를 하던 도중에 그들은 키가 작고, 피부색이 붉고, 온 몸에 재를 바른 한 고행자를 우연히 만났는데, 그 고행자는 깔라빠그라마라고 하는 성지로 가는 길이었습니다. 그들은 그 고행자를 존경하지 않고 의심의 눈길로 그들을 대했습니다. 두르바사였던 그 고행자는 화가 나서 그들에게 다음과 같은 저주를 내렸습니다. "그대들은 오만함의 대가를 치를 것입니다. 비록 그대들의 자식들과 며느리들은 신들로부터 소망을 성취할 것이지만, 그 소망은 반대의 결과를 낳을 것입니다." 그들은 그들의 잘못을 깨닫고, 급히 그 고행자에게 용서를 구하러 달려갔지만, 그들이 그에게 도착하기 전에 그는 이미 시야에서 사라졌습니다.

꾼다단따는 말했습니다.

오, 현자시여! 지구는 하나입니다. 어떻게 동시에 이 지구의 통치자가 일곱 명이나 있을 수 있습니까? 자기 자신의 집을 떠나지 않는 사람이 어떻게 지구의 황제가 될 수 있습니까? 어떤 사람이 서로 모순되는 축복(은총)과 저주를 둘 다 받았다면, 그의 운명은 어떻게 됩니까?

현자는 고행자에게 말했습니다.

그대는 이 모든 것이 어떻게 가능해졌는지를 알게 될 것입니다.

그대는 곧 집으로 돌아가서 가족들과 재회할 것입니다. 오래지 않아 그대들은 모두 죽을 것입니다. 그대들의 몸은 모두가 친척들에 의해 화장될 것입니다. 그대 모두가 마치 깊은 수면에 든 것처럼 잠시 동안 의식의 공간에서 따로따로 있을 것입니다. 한편, 그대의 모든 까르마(축복과 저주)는 그대 주변에 모일 것입니다. 축복은 그들 자체의 형태를 지닐 것이고, 저주도 그들의 형태를 지닐 것입니다. 축복은 즐거운 얼굴과 연꽃 같은 손바닥, 네 개의 팔과 홀(mace)을 가질 것입니다. 저주는 사나워 보이고, 가무잡잡하며, 팔이 두 개, 눈이 세 개 있을 것이고, 또 삼지창을 들고 있을 것입니다.

축복은 저주에게 이렇게 말할 것입니다. "너 저주야! 가거라. 우리의 시대가 도래하였으니, 너는 그것을 어길 수 없노라." 저주는 축복에게 이렇게 말할 것입니다. "너 축복아, 가거라. 지금은 우리의 시대이니, 아무도 그것을 어길 수 없다."

축복은 "너희들은 현자에 의해 만들어졌으나, 우리들은 태양에 의해 창조되었다."라고 말할 것입니다. 그러나 저주는 "너희들은 정말로 태양에 의해 창조되었으나, 우리들은 신들보다도 더 뛰어난 루드라 신의 일부로 태어났다. 왜냐하면 현자는 루드라 신의 일부 즉 수족이기 때문이다.”라고 대답할 것입니다. 이렇게 말하면서 저주는 그들의 삼지창을 치켜들면서 내리칠 준비를 할 것입니다.

그러자 바로 축복은 말할 것입니다. “오, 저주여! 우리가 여기서 벌이는 싸움에서 어떤 악이 나올지를 생각해 보라. 그대의 공격적인 태도를 버리고 어떤 것이 최선의 방책인지를 결정해 보자. 우리는 결국 해결을 위해 창조주 브람마에게 가야만 한다. 지금 바로 가 보는 게 어떻겠는가?” 저주는 동의할 것입니다. 확실히 바보라도 현명한 충고에는 동의할 것입니다. 그들은 브람마를 찾아가서, 그에게 논쟁을 알릴 것입니다. 브람마는 그들에게 “너희 가운데 어느 쪽이든 내부에 진실을 가지고 있으면, 그가 논쟁에서 이길 것이다. 그러므로 안을 바라보고, 내부의 내용들이 무엇인지를 보라.”라고 말할 것입니다.

그러면 곧 저주는 “오, 신이시여! 우리가 졌습니다. 왜냐하면 우리의 내부에는 가치 있는 것이라고는 하나도 없기 때문입니다. 오, 신이시여! 우리 모두가, 즉 축복과 저주 둘 다가 사실은 순수 의식입니다. 그래서 우리는 심지어 몸도 소유하고 있지 않습니다.”라고 말할 것입니다.

현자는 계속 말했습니다.

저주는 계속해서 말할 것입니다. “은총을 베푸는 사람을 통하여 은총을 주는 의식은 은총을 받는 사람의 입장에서 ‘나는 그 은총을 받았다.’라고 생각할 것입니다. 똑같은 의식은 적당한 화신과 은총의 결과들을 경험할 것입니다. 그러므로 은총을 주는 사람들이 은총을 베푸는 것과, 은총을 구하는 사람들이 은총을 받는 것은 그들의 의식 속에 확고히 확립되어 있고, 그러므로 그들의 본질의 일부를 이루고 있습니다. 그런고로 그들은 우리에게 정복될 수 없는 무적입니다. 순수한 것은 언제나 불순한 것을 정복합니다. 오로지 축복과 저주가 똑같은 힘을 가지고 있을 경우에만, 그들은 물에 혼합된 우유처럼 혼합된 결과를 실제로 낳습니다. 이들 결과는 마치 꿈 속에 있듯이 경험됩니다. 신이시여! 물러나도록 허락해 주십시오." 저주는 물러날 것입니다.

또 다른 상황이 일어날 것입니다. 여기서 그 형제들의 지바들이 집을 떠나지 않을 것이라는 바로 그 은혜는 하나의 저주로 바뀌어, 그들이 전 지구를 통치하겠다는 그 은혜에 도전합니다. 전자는 창조주 브람마에게 통치를 청할 것입니다. 브람마는 이렇게 말할 것입니다. "두 개의 은총이 표면상 대립하고 있는 것 같지만, 실제로 그들 둘은 이미 실현되어 있다. 왜냐하면 그 여덟 명의 형제가 그들의 집안에 존재하기 때문이다. 그러나 그들도 또한 전 세상의 통치자로서 존재하고 있다. 왜냐하면 그들은 이미 신체를 버렸기 때문이다."

모든 은혜들이 이제 브람마에게 물을 것입니다. "우리는 오직 하나의 지구가 있다는 것을 들었습니다. 여덟 명의 형제 모두가 그들 자신의 집에 있으면서 그 지구를 통치하는 것이 어떻게 가능합니까?" 브람마는 말할 것입니다. "너희들의 세상과 우리의 세상은 모두 순수한 공이다. 그리고 꿈의 대상이 자기 자신의 내부에서 경험되듯이, 그것들은 하나의 원자 구성 원소의 미립자 안에 존재하고 있다. 그렇다면 여덟 형제가 그들 자신의 집에서 많은 세상들의 존재를 경험한다는 것이 도대체 뭐가 그토록 놀라운 일인가?"

"죽음 직후에 이 세상은 자기 자신의 마음 내부에서 정확히 있는 그대로, 즉 밀도가 높은 공으로서 존재한다. 심지어 한 원자 속에서도 그집은 말할 필요도 없고, 전 지구가 빛을 낸다. 존재하는 모든 것은 무한한 의식이다. 지구라고 하는 것은 없다." 브람마가 이렇게 말할 때, 은혜들은 그에게 고개를 숙일 것입니다. 그리고 신체적 존재에 대한 그들의 잘못된 관념을 버린 뒤에, 그들은 그들의 미묘한 존재를 다시 취할 것입니다.

서로를 모르는 여덟 형제들은 곧장 지구의 통치자가 될 것입니다. 한 사람은 우자이니를 다스릴 것이고, 또 한 사람은 샤까드비빠를 다스릴 것이고, 또 한 사람은 꾸샤드비빠를 다스리고, 또 한 사람은 물 속에서 천인들과 놀면서 살마리드비빠를 다스리고, 또 한 사람은 크라운차드비빠를 다스리고, 또 한 사람은 고메다드비빠를 다스리고, 그리고 마지막 사람은 뿌슈까라드비빠를 다스릴 것입니다. 그리하여 은혜 둘은 충분히 실현될 것입니다.

꾼다단따는 물었습니다.

여덟 형제가 어떻게 한 집에 존재할 수 있습니까?

현자는 대답했습니다.

무한한 의식은 편재하기 때문에 모든 방식으로 어디에서든지 빛납니다. 참나는 그 자체 내에서 세상들을 자각합니다.

꾼다단따는 다시 물었습니다.

무한한 의식인 하나의 신 속에서 다양성이 마치 실재하기라도 하듯이 어떻게 존재합니까?

현자는 말했습니다.

지고의 평화인 무한한 의식은 하나밖에 없습니다. 그러한 다양성이 경험될 수 있지만, 다양성이란 전혀 없습니다. 존재하는 것처럼 보이는 그 다양성은 꿈이나 깊은 수면처럼 표면적이고 거짓된 것입니다. 비록 움직임이 있는 것처럼 보이지만, 전혀 움직임은 없습니다. 산은 산이 아닙니다. 마치 꿈 속에서처럼 참나의 본질만이 이 모든 것으로 존재합니다. 그러나 그 본질마저도 존재하지 않습니다. 그러므로 다양한 대상들도 역시 존재하지 않습니다. 처음에 무한한 의식이 상상했던 것만이 오로지 과거의 모습 그대로 존재하고 있습니다. 심지어 그 상상마저 진짜가 아닙니다. 그 무한한 의식은 그것이 항상 존재하듯이 존재하고 있습니다.

꽃들이나 나뭇잎들, 과일들, 기둥들, 나무들에서와, 그리고 모든 것들로서 모든 것들의 어디서나 지고의 존재만이 '다른 것들'로서 존재하고 있습니다. 두 가지 표현들, 즉 '지고의 존재'와 '우주'는 동의어입니다. 참나 지식을 다루는 경전들을 공부함으로써 이러한 진리를 깨달았을 때 해방이 있습니다. 개념들과 생각들의 내용이나 실재는 브람만 즉 무한한 의식이고, 그것 자체가 또한 현상계의 내용이나 실재입니다. 그러므로 이 세상은 브람만입니다. 설명과 설명할 수 없는 것, 지시들과 금지들, 존재와 비존재, 침묵과 침묵 아님, 지바와 참나와 같은 이 모든 것이 브람만입니다. 실재만이 비실재적인 현상인 것처럼 보입니다. 이 모든 것이 오로지 브람만뿐일 때, 활동은 무엇이고, 포기는 무엇이며, 나머지 그 모든 것은 무엇입니까? 한 번의 수면을 통하여 수면과 수천 가지 꿈들이 모두 일어납니다. 그와 마찬가지로, 분할할 수 없는 하나의 의식 속에서 무수한 현상들이 일어납니다. 이 모든 것은 본질적으로 지극히 미묘한 순수 의식입니다. 비록 그것들이 볼 수 있는 것처럼 보이지만, 그것들은 실제로 눈에 보이지 않습니다. 우주 전체(루드라, 비슈누, 브람마를 포함한)가 하나의 꿈과 같습니다.

단 하나로 된 그 의식의 바다 속에서 그 모든 기쁨과 슬픔을 가진 이러한 다양성이 일어납니다. 시력에 결함이 있는 사람이 공간 속에서 이상한 대상들을 보듯이, 그와 마찬가지로 무지한 사람들은 이 세상을 지각합니다. 창조주 브람마(세상 질서라고 알려진) 속에서 일어나는 개념은 이 모든 것을 오게 하여, 그것들을 유지시킵니다.

꾼다단따는 말했습니다.

과거의 경험이 의식 속에서 되살아날 때 기억이 일어납니다. 이 우주가 시작될 때, 누구의 기억이 이러한 우주로서 확대됩니까?

현자는 대답했습니다.

비록 이전에 이 모든 것을 보거나 경험한 적이 없었지만, 마치 꿈 속에서 자신의 죽음을 보듯이, 이 모든 것을 보고 경험합니다. '내가 이것을 전에 본 적이 있다.'라는 개념 자체가 반복적으로 마음에 새겨지면, 하나의 기억이 됩니다. 자기 자신의 의식의 공간 속에, 가상의 대상이 나타납니다. 그래서 그것이 실재한다거나 실재하지 않는다고 말할 수 없습니다. 심지어 꿈과 같은 것도 경험이 되는 것은 오로지 의식의 은총이나 힘 때문입니다. 그렇다면 이 순수 의식이 마치 기억을 되살리는 것처럼, 현상계를 불러일으키는 것이 어떻게 불가능하겠습니까? 깊은 수면의 끝에서 꿈을 꾸듯이, 무한한 의식 속에서 삼계가 나타납니다. 이 세상이라고 불리는 것은 순수한 공입니다. 존재하는 모든 것은 본질 그대로 언제 어디서나 존재합니다.

자, 이제 일어나서 해야 할 일을 하십시오. 나는 나의 명상을 다시 계속하겠습니다. 왜냐하면 그러한 명상이 없이는 슬픔과 접촉할 가능성이 있기 때문입니다.

꾼다단따는 말했습니다.

이와 같이 말한 뒤에, 현자는 즉시 눈을 감았고, 깊은 명상 속으로 들어갔습니다. 그의 생명의 호흡과 그의 마음은 움직이지 않았고, 따라서 그는 마치 한 폭의 그림처럼 앉아 있었습니다. 우리가 그에게 말을 걸려고 노력했으나, 그는 우리 말을 듣지도 않았습니다. 우리는 그를 잃게 되어 유감이었습니다. 그러나 우리는 그곳을 떠나 천천히 그 집에 당도했습니다.

마침내 일곱 형제들은 모두 죽었습니다. 오직 나의 친구인 여덟째만 살아 있었습니다. 나중에 그도 저 세상으로 갔습니다. 나는 슬픔을 가누지 못했습니다. 그러므로 다시 한 번 나는 까담바 나무 아래에 있던 그 현자에게로 갔습니다. 나는 그의 시중을 들었습니다. 3개월 후에 그는 눈을 떴습니다. 나의 기도에 응하여 그는 이렇게 말했습니다. "나는 명상이나 사마디에 헌신했습니다. 나는 잠시라도 그것과 떨어져 있을 수 없습니다. 진리는 그것이 반복적으로 들리거나 반복적으로 명상될 때까지는 그대 마음에 분명해지지 않습니다. 그러므로 나는 그대에게 무엇을 해야 할지를 말해 주겠습니다. 아요드야로 가십시오. 거기에는 다샤라타라는 왕이 있습니다. 그의 아들은 라마입니다. 그의 구루 바시슈타는 해방에 이르는 방법을 이야기하고 있습니다. 이 강연을 경청하십시오. 그 방법을 통하여 그대는 지고의 평화를 얻을 것입니다." 이 말을 마친 뒤, 그는 다시 한 번 사마디로 들어갔습니다. 그러고 나서 나는 이곳으로 와서 지금 여러분과 함께 있는 것입니다.

라마는 말했다.

그 꾼다단따가 바로 내 옆에 앉아서, 해방에 이르는 방법에 대한 이 강연을 열심이 들었습니다. 오늘 그는 모든 의심에서 벗어났습니다.

바시슈타는 꾼다단따에게 물었다.

이 강연에서 그대가 배운 것을 말씀해 보십시오.

꾼다단따는 대답했다.

마음의 정복만이 모든 의심을 소멸시킬 수 있습니다. 이제 나에게는 어떤 모순도 없는 지식이 있습니다. 나의 모든 의심이 사라졌습니다. 나는 지고의 상태에 확고히 자리를 잡았습니다. 내가 당신으로부터 배운 것은 바로 이렇습니다. 즉 무한한 참나나 의식만이 이 세상으로서 무한한 공간에 존재합니다. 만물은 영원히 어디에서나 만물로서 만물 속에 존재합니다. 전 우주가 한 톨의 겨자 씨앗 속에 존재하지만, 실재를 알게 되면 우주는 겨자 씨앗 속에 존재하지 않습니다. 우주는 집 안에 존재하지만, 그 집 자체는 순수한 공입니다. 이 모든 것으로 나타나서 이 모든 것으로서 경험되는 것은 오로지 브람만 즉 무한한 의식입니다.

바시슈타는 계속 말했다.

이 위대한 사람이 깨달음을 얻었다는 것은 놀라운 일입니다. 그는 전 우주가 브람만이라는 것을 완벽하게 깨우쳤습니다.

브람만이 이 세상으로서 보이는 것은 오직 망상 때문입니다. 그러나 그 망상도 또한 지고의 무한한 평화인 브람만인 것입니다. 언제 어디서나 어떤 방식으로든 존재하는 모든 것은 바로 거기에 곧장 그리고 그런 방식으로 존재합니다. 무한한 의식이 그 자체를 무엇으로 간주하든지 간에, 그 무한한 의식은 간주하는 그것으로 나타납니다. 전 우주(브람만다)가 무한한 의식의 원자 속에 존재합니다. 그러므로 하나의 원자 그 자체가 바로 우주입니다. 무한한 의식은 분할할 수 없습니다. 이것을 깨달으면, 탄생과 같은 속박이 사라지고, 해방이 있습니다. 아무 고통이 없는 그대 자신이 되십시오.

그대는 지각의 대상입니다. 그대는 보는 사람입니다. 그대는 의식이고, 그대는 둔합니다. 그대는 중요한 존재이기도 하고, 아무것도 아닌 존재이기도 합니다. 왜냐하면 브람만은 그 자체 내에 쉬고 있기 때문입니다. 브람만과 객관적 우주라는 두개의 사물은 절대 없습니다. 즉 그들은 공간과 공처럼 하나입니다. 지성적이고 의식적인 사람도 그가 자는 동안에는, 지각력이 없고 스스로 움직이지 못하는 사람처럼 보입니다. 그와 마찬가지로, 무한한 의식도 이 우주 속에서는 지각력이 없는 사물들처럼 보입니다. 마치 잠자는 사람이 꿈을 꾸기 시작하는 것처럼, 무한한 의식도 나중에 지각력이 있는 사물들이 됩니다. 이것은 그 사람이 해방을 얻고, 이 현상계가 하나의 긴 꿈이라는 것을 깨달을 때까지 계속됩니다. 무한한 의식이 그 자체를 지각력이 없고 움직일 수 없는 존재라고 생각하는 것은 그것이 본래 갖추고 있는 자각 때문입니다. 그리고 그 동일한 자각 때문에 다른 곳에서도 그것은 그 자체를 지각력이 있고 움직일 수 있다고 생각합니다. 마치 동일한 사람이 지각력이 있지만 분명히 지각력이 없는 수족을 가지고 있듯이, 이 우주의 모든 지각력이 있고 지각력이 없는 사물들도 다함께 무한한 의식의 몸을 이루고 있습니다.

바시슈타는 계속 말했다.

우주가 처음 시작될 때, 무한한 의식 속에서 어떤 꿈과 같은 현상이 일어났든지 간에, 그것은 지금까지 이 우주로서 남아 있습니다. 그러나 의식은 분할할 수 없고 대단히 미묘합니다. 그러므로 그 의식 속에서는 지금도 다양성은 전혀 없습니다. 우리와 같은 깨달음을 얻은 사람들의 눈에는 우주와 존재와 소멸은 존재하지 않습니다. 비록 무한한 의식이 분할할 수 없지만, 그것은 그 자체 내에서 속박과 해방이라는 두 가지 상태를 경험합니다. 즉 꿈과 같은 다양성의 경험은 속박이라 하고, 수면과 같은 상태는 해방입니다. '이것은 우주다.', '이것은 소멸이다.', '이것은 깨어 있음이다.', '이것은 꿈이다.'와 같은 것을 아는 것은 오로지 무한한 의식뿐입니다. 만약 무한한 의식이 동질의 깊은 수면 상태에 비유된다면, 꿈과 비교될 수 있는 그 의식의 일부분은 마음이라고 하는 것입니다. 지바로서, 그 자체를 신이나 악마 등으로 보는 것과, 또한 모든 존재들을 그러한 다양성으로부터 해방시키는 것은 바로 이 마음입니다. 우리가 이것을 깨닫게 될 때, 꿈이 없는 수면 상태의 균질성을 얻게 됩니다. 바로 그것이 해방을 열망하는 사람들에 의해 해방으로 간주됩니다.

오로지 마음만이 인간과 신, 악마, 나무, 산, 악귀, 새, 벌레와 같은 이 모든 것입니다. 그것만이 브람마에서부터 기둥에 이르기까지 여기서 볼 수 있는 그 무한한 다양성이 됩니다. 위의 공간을 보는 것도 마음입니다. 마음은 역동적이고 공격적인 형태의 무한한 의식입니다. 따라서 우주의 개념이 무한한 의식 속에서 일어날 때, 우리는 이 모든 것을 야기시킨 것이 마음이라고 생각합니다. 마음만이 지바입니다. 그것은 시작도 끝도 없습니다. 그것은 주전자와 항아리를 차지하는 것처럼 보이지만 그것들에 의해 제한받지 않는 공간과 같습니다. 그것은 몸체를 드러내지만 그 몸체를 버립니다. 그러나 그것이 그 자체의 참된 본질을 깨달을 때, 신체적 화신에 대한 잘못된 개념은 사라집니다.

마음은 원자의 가장 작은 입자와 같습니다. 마음은 개성이나 지바입니다. 그러므로 이 세상이나 이 우주는 사람이나 지바 속에서 존재합니다. 이 세상에서 자각되는 모든 대상은, 마치 꿈의 대상들이 오직 마음뿐이듯이, 마음뿐입니다. 또 사람이나 지바도 또한 마음 이외의 다른 어떤 것도 아닙니다. 그러므로 현상계와 참나가 다르지 않다는 것은 분명합니다.

이 우주 속에서 보이는 이 모든 물질은 사실상 순수 의식입니다. 의식과 별도로 존재하는 것은 하나의 꿈과 같은데, 즉 그것은 금으로 된 팔찌의 성질과 같이 단지 하나의 개념이나 생각에 불과합니다.

이러한 우주의 개념이 무한한 의식 속에서 일어날 때, 그것을 우주라고 합니다. 이 현상은 상깔빠(사상이나 개념) 등으로 다양하게 묘사되어 왔습니다.

바시슈타는 계속 말했다.

마침내, 비차라 즉 탐구와, 평온의 끊임없는 수행을 통해서나, 혹은 태어날 때 순수성을 갖추고 태어남으로써, 모든 것 속에서 실재를 보는 현명한 사람에게 완벽한 지식이 일어납니다. 그러면 그의 붓다나 일깨워진 지성은 이원성이 전혀 없는, 순수 의식으로서의 그 본질을 다시 얻게 됩니다. 무한한 의식은 몸이 없으며, 베일에 숨겨져 있지 않습니다. 그래서 그것의 유일한 몸이란 자각의 능력과 모든 것을 밝힐 수 있는 능력입니다. 의식이 그 속에서 일어나는 개념들의 결과로서 존재한다고 여기는 그 모든 것을 알아차릴 수 있는 것도 바로 이들 능력 때문입니다. 이 우주 전체는 무한한 의식 속에서 일어나는 하나의 개념입니다. 그와 마찬가지로, 참나도 또한 그 자체 내에서 각기 다른 개념들을 일어나게 할 수 있고, 이들 개념들이 구체화되는 것을 경험할 수 있습니다. 따라서 축복과 저주도 또한 의식 속에서 일어나는 개념들로서 이해되지만, 그것들이 그 의식과 전혀 다르지 않습니다. 그러나 만약 무지의 장막이 제거되지 않았고, 또 만약 여전히 이원성이나 다양성의 개념들을 마음속에 지니고 있다면, 그러한 사람이 베푼 은혜들은 아무 효과가 없을 것입니다.

라마는 물었다.

깨달음을 얻지 못했지만 정의로운 사람은 어떻게 은혜를 베풉니까?

바시슈타는 계속 말했다.

이 우주가 시작될 때 창조주 브람마가 정한 모든 것은 지금도 유효합니다. 브람마는 무한한 의식인 브람만과 전혀 다르지 않습니다. 그 브람마는 그 자신의 생각의 힘을 통해 정의의 기준, 자선, 엄격한 생활, 좋은 자질, 베다 경전들, 기타 경전들, 그리고 다섯 개의 위대한 원소들을 생겨나게 했습니다. 그는 또한 고행자들과 베다 경전들을 아는 사람들이 하는 말들(은혜 등)이 실현되도록 정해 놓았습니다. 여기에 있는 모든 물질의 본질을 정해 놓은 것도 또한 브람마였습니다. 우리가 꿈을 꾸는 동안에 우리들은 우리 자신의 꿈의 대상들이 되듯이, 의식도 비록 그것이 실재하고 의식하고 있지만 심지어 지각력이 있고 지각력이 없는 그 모든 대상들을 가진 비실재적인 현상계가 됩니다. 비실재적인 현상계 그 자체가 나중에 실재적인 것으로 간주되는 것은 그 현상계의 실재를 끊임없이 반복적으로 긍정하고 확신하기 때문입니다. 백일몽에 빠질 때, 그는 심지어 석상들이 마치 살아 있는 것처럼 춤추는 것을 볼 수조차 있습니다. 그와 마찬가지로 브람만 속에 나타나는 이 현상계도 실재하고 있는 것으로 생각됩니다.

보는 사람과 보이는 대상은 전혀 다르지 않습니다. 의식은 그 자신을 의식으로서 알고 있습니다. 그러므로 의식은 자신이 보고 싶은 것이면 무엇이든지 모두 볼 수 있습니다. 나는 우주 인격체인 브람만으로 그 몸은 이 세상입니다. 그러므로 이 세상과 브람만은 다르지 않습니다. 의식적인 어떤 존재가 때때로 무의식 상태에 빠질 수 있듯이, 지고의 존재나 무한한 의식 그 자체도 분명히 자동력이 없는 이 세상으로서 존재합니다. 꿈 속에서는 '빛'이 있지만, 깊은 수면 속에서는 어둠이 있습니다. 비록 이 둘은 잠자는 상태에 있지만 말입니다. 그와 마찬가지로 빛과 어둠 둘 다는 하나의 무한한 의식 속에 존재하는 것처럼 보입니다.

라마는 말했다.

어리둥절하게 만드는 그 모든 다양성을 가지고 있는 이 현상계 속에서, 우주의 질서(니야띠)는 어떻게 작용합니까? 모든 천체의 태양이 그렇게 뜨거운 것은 어째서이며, 낮이 어떤 때는 길고 어떤 때는 짧은데, 누가 그것을 정해 놓았습니까?

바시슈타는 대답했다.

우주의 질서는 지고의 존재 즉 무한한 의식 속에서 순전히 우연의 일치(마치 까마귀가 야자열매에 우연히 앉을 때 그 익은 열매가 떨어지듯이)에 의해 일어나고 존재합니다. 그 우주의 질서가 존재하는 방식을 우주라고 합니다. 의식의 무한성과 전능함 때문에 이 우주의 질서는 지성을 갖추고 있는 것으로 보입니다. 이와 같이 존재하는 것을 우주의 질서 즉 니야띠라고 합니다.

의식 속에서 일어나는 순간적인 움직임을 보고, 의식은 '이것이 우주이다.'라고 이해합니다. 또 의식 속에서 순간적으로 에너지의 움직임이 있을 때, 의식은 그것을 '이것이 한 시대이다.'라고 압니다. 오로지 의식 속에서 일어나는 비슷한 에너지의 움직임을 보고 우리는 시간이나 활동, 공간, 물질 등이라고 합니다. 심지어 형태와 경치와 이들에 대한 생각마저 형태 없는 의식 속에서 저절로 일어나는 에너지의 움직임에 지나지 않습니다. 이런 식으로 일어나는 모든 것을 개개 물질의 성격이라고 합니다. 다시 말해, 이것이 우주의 질서라고 하게 되었습니다.

본질적으로, 한 순간과 한 시대는 무한한 의식 속에서 일어나는 동일한 에너지의 움직임입니다. 그들 모두가 의식 속에서 자연스럽게 일어나기 때문에, 그들은 자연의 이치나 우주의 질서로 간주되고 있습니다. 이와 같이, 하나의 의식 속에서 무수한 물질들이 그들 각자의 특징을 가지고 일어납니다. 그래서 예컨대, 땅은 단단함과 견고성을 갖추고 있어서 살아 있는 존재들을 지탱할 수 있는데, 그것이 우주의 질서에서는 땅의 특성입니다. 그와 마찬가지로, 태양을 포함한 다섯 원소들 등의 경우에도 똑같습니다. 그것들의 특성들은 무한한 의식 속에서 하나의 부합되는 에너지의 움직임으로서 일어납니다. 그래서 그것들은 우주의 질서라고 하게 됩니다. 별의 천체도 의식 속에서 일어나는 에너지의 움직임 때문에 수레바퀴처럼 회전하고 있습니다. 그 때문에 어떤 별들은 밝게 빛나고, 어떤 별들은 덜 빛나며, 또 어떤 별들은 전혀 빛을 내지 않습니다. 이 현상계에 있는 이들 다양한 대상들의 특징들도 정말 다양합니다. 그러나 실제로, 이들은 대상으로서 정말 창조되지 않았습니다. 이 모든 것들로 보이는 것은 오로지 무한한 의식입니다. 그들이 정말로 존재하는 한, 그들이 존재하는 것처럼 보이는 그 방식이 자연이나 우주의 질서 즉 니야띠라고 하는 것입니다.

바시슈타는 계속 말했다.

무한한 공간 내부에 마치 씨앗 속에 싹이 있는 것처럼 숨겨진 소리의 근원적 원소가 있습니다. 여기서부터 어리석은 사람들은 다른 바보들을 즐겁게 해 주기 위해 물질적 우주에 대한 여러 이론을 만들어 냈습니다. 아무것도 생겨나지도 않고, 어떤 것도 사라지지 않습니다. 그래서 존재하는 것은 마치 바위의 중심처럼 지고의 평화 속에 확고히 자리를 잡고 존재합니다. 수족들과 내장 기관들을 가지고 있는 사람의 경우에 그러한 기관들을 구성하는 세포들이 끊임없이 재생되고 있는 것처럼, 지고의 존재 속에 있는 우주들의 존재에도 끝이 없습니다.

무한한 의식은 그 자체의 존재의 일부분을 알게 되고, 따라서 자각이 그 안에서 일어납니다. 이 다음에 관계의 개념, 즉 말과 그 말이 가리키는 대상이 따릅니다. 이러한 자각은 그것이 관찰하는 것을 관찰하고 조사하는 능력을 갖추고 있기 때문에, 그것은 의식으로서 인정받고 있습니다.

이러한 의식의 덩어리로부터 지바와 그 나머지 모든 것이 일어납니다. 그러나 이 단계에서 그것은 무지가 없기 때문에 여전히 개별화되지 않았습니다. 그러나 무지가 그 안에서 일어날 때, 그것은 바로 삼사라로 바뀝니다. 그것은 태어나지 않은 원소들로 채워집니다. 이 단계에서 자아감이나 개별화가 시간의 의식과 더불어 일어납니다. 이것이 이 세상이 존재하는 중요한 요인입니다.

따라서 개별화되는 것은 의식 그 자체입니다. 그 의식 속에서 공간이라는 근원적 원소의 개념이 일어납니다. 그것과 더불어 또한 그 관계도, 즉 말(그 이름)과 그 의미(대상)가 나타납니다. 여기서부터 나중에 기타 모든 원소들과 14계(界)가 일어납니다.

그 다음에 의식은 움직인다는 개념을 마음에 지닙니다. 이 움직임이 공기인데, 공기는 모든 존재의 촉감과 생명으로서 그에 부합되는 작용을 가지고 있습니다. 마찬가지로, 의식 속에서 빛나는 빛은 모든 존재에게 형태를 부여하는 형태의 근원적인 원소입니다. 시각 경험은 빛이고, 접촉의 경험은 촉감이며, 듣는 경험은 청각입니다. 그와 마찬가지로 맛과 냄새의 원인이 되는 근원적인 원소들도 일어납니다. 그들은 독립된 물질로서는 비실재적이지만, 마치 꿈 속에서처럼 실재하는 것으로 보입니다. 이 모든 것이 나중에 서로 혼합하여, 거친 형태 등을 만들어 냅니다. 그것들은 참된 실체가 아니라, 무한한 의식 속에서 일어나는 개념들이나 사상들이 구체화된 것에 지나지 않습니다.

형태를 볼 수 있는 것은 눈이라고 하고, 소리를 들을 수 있는 것은 귀라고 하며, 감촉을 경험할 수 있는 것은 피부이며, 맛을 경험할 수 있는 것은 혀라고 하며, 냄새를 경험할 수 있는 것은 코(또는 그 기관이라기보다 그들에게 상응되는 내면의 감각)라고 합니다. 지바는 공간적 시간적 조건화 때문에, 우주의 질서에 연루되어 모든 것을 경험할 수 없습니다.

바시슈타는 계속 말했다.

마치 개념으로나마 그러한 우주의 그러한 시작이 있는 것처럼 사용된 '처음에'라는 표현은 오로지 가르침을 줄 목적으로 의도된 것뿐입니다. 그것은 사실이 아닙니다. 의식 속에서 일어나지만 의식 그 자체와 전혀 다르지 않은 그 개념이 '대상'을 자각하기 위하여 나갈 때, 그것은 지바라고 합니다.

이러한 개념이나 관념은 여러 가지의 이름과 종류들을 가지고 있습니다. 그것을 통하여 의식이 살아 있는 실체가 됩니다. 그것을 지바라 합니다. 그것이 대상을 의식하기 때문에, 그것을 의식이라 합니다. 그것이 모든 사물을 '이것은 이것이다.'라고 지칭하고 있기 때문에, 그것을 붓디(지성)라고 합니다. 그것은 관념과 지각의 대상들을 생각하고 있기 때문에, 그것을 마음(마나스)이라고 합니다. 그것은 그 자체를 '나는 존재한다.'라고 생각하고 있기 때문에, 그것을 자아감(아함까라)이라고 합니다. 그것은 의식이 풍부하기 때문에, 그것을 찌뜨(영혼)라고 합니다. 그것은 확고한 개념들의 망을 형성하고 있기 때문에, 그것을 뿌르야스따까라고 합니다. 그것은 우주의 시작 때 일어나기 때문에, 그것을 쁘라끄르띠(자연)라고 합니다. 그것은 사람이 깨달음을 얻을 때 더 이상 모르기 때문에(즉 그것은 사라지기 때문에), 그것을 무지(아비디야)라고 합니다. 이 모든 종류들이 미묘한(아띠바히까) 몸의 존재에 기초를 두고 있습니다. 이러한 가상의 현상계가 이와 같이 묘사되었지만, 그것은 실제

존재하지 않습니다.

미묘한 몸은 단지 미묘한 공에 불과합니다. 그것은 일어나지 않기 때문에 사라질 필요도 없습니다. 그러나 무한한 의식이라고 하는 장에서 무수한 우주들이 계속해서 나타날 것입니다. 미묘한 정신의 몸은, 마치 거울이 그 거울 앞에 놓인 대상을 비추어 주듯이, 이 우주를 비추어 줍니다.

우주의 소멸 다음에 오는 시기가 끝날 때, 지고의 존재는 무한한 의식 속에서 일어나는 미묘한 몸을 생각합니다. 이 미묘한 몸은 그 자체를 브람마, 비라뜨, 비슈누 등으로 생각합니다. 미묘한 몸이 그 자체를 그 무엇과 동일시하더라도, 그것은 그 동일시하는 대상처럼 보입니다. 이 모든 다양한 실체들이 이미 창조된 것처럼 보일지라도, 그것은 오직 하나의 시각적 환영에 불과합니다. 왜냐하면 아무것도 창조된 적이 없기 때문입니다. 모든 것은 만물에 고루 스며들어 있는 순수한 공에 지나지 않습니다. 시작도 없는 브람만만이 존재합니다. 그러나 이 우주의 미묘한 몸이 이러한 다양성을 경험하고 있다는 개념을 가지고 있다는 사실 때문에, 그러한 다양성은 모순이 없는 진실처럼 보입니다.

이 미묘한 몸 속에서 노령, 죽음, 장단점, 지식 등에 관한 관념들이 일어나는 것은 물론, 신체와 그 구성 부분들에 대한 생각들이나 관념들, 탄생과 활동 등에 대한 관념들, 혹은 시간, 공간, 인과적 관계 등에 대한 관념들이 일어납니다. 이러한 관념들을 불러일으킨 뒤에, 미묘한 몸은 다섯 원소들로 구성된 객관적인 우주가 마치 실제로 존재하는 것처럼 스스로 그 우주를 경험합니다. 그러나 이 모든 것은 꿈 속의 대상들과 꿈 속의 경험들처럼 틀림없는 환영입니다.

바시슈타는 계속 말했다.

순전한 우연의 일치(마치 까마귀가 야자열매 위에 내려앉자 그 익은 열매가 떨어지는 것처럼)에 의해 창조주 브람마로서 일어난 미묘한 우주적인 몸은 의식의 타고난 본성 때문에 계속 존재합니다. 그것 자체가 우주입니다. 보는 사람과 보이는 대상, 그리고 보는 행위는 모두 실재하지 않습니다. 혹시 그것들이 모두 실재하는 것으로 여겨진다 하더라도, 그때도 그것들은 모두가 브람만입니다. 그래서 브람만만이 실재합니다.

미묘한 우주적 몸은 저절로 일어나고, 그것은 마치 꿈이 길어질 때 그 꿈이 실재하는 것처럼 보이듯이, 스스로 단단한 물질로서 끊임없이 생각됨으로써 그러한 단단한 물질이 됩니다. 따라서 심지어 물질성이나 견고성도 미묘한 몸에서 저절로 생겨납니다. '나는 이것이다.' 혹은 '나는 저것이다.'처럼, 그러한 몸에서 일어나는 개념들은 산들과 다양한 방향으로 보이지만, 이 모든 것이 단순한 망상이나 현상 혹은 시각적 환영입니다. 그 미묘한 몸이 창조주 브람마에 의해서 물질적이거나 신체적인 물질로서 생각될 때, 그러한 물질성이 일어납니다.

의식은 그 스스로를 창조주 브람마로 여깁니다. 그래서 의식은 '이것은 몸이다.'와 '이것은 몸의 지지물이다.'라고 생각을 하고, 그럼으로써 몸과 지지물 사이에 관계를 만들어 내며, 이 관계는 그 후에 하나의 속박이 됩니다. 실재하지 않는 현상 속에 실재의 개념이 있을 때, 속박이 있습니다. 많은 그러한 개념들이 일어날 때, 다양성이 생겨납니다.

그 다음, 그 사람은 소리를 내고, 몸짓을 하고, 그가 전하고 싶은 것은 무엇이든지 지적합니다. 그는 옴 소리를 낸 뒤에 경전의 만뜨라를 노래합니다. 곧 그는 이 모든 것의 도움을 받아 다양한 활동들에 종사합니다. 그는 마음의 본성을 가지고 있으며, 그래서 그가 생각하는 그 모든 것을 그는 경험합니다. 우리가 그 자신의 본성을 보는 것과, 그 자신의 본성 때문에 일어난 것을 보는 것은 전혀 어렵지 않습니다. 그러나 그가 이와 같이 자기 자신의 내부에서 세상의 개념을 지각할 때, 곧 그것은 견고한 실체가 됩니다. 비록 이 물질적인 자연의 우주가 하나의 긴 꿈이나 마술의 결과에 불과하지만, 그것은 마치 미묘한 몸이나 창조주 브람마 속에서는 사실인 것처럼 빛납니다.

그러므로 자연계나 물질적인 우주가 언제 어디서나 존재하지 않는다는 것은 분명합니다. 미묘한 몸은 그 안에서 반복적으로 일어나는 견고성의 개념 때문에 스스로 단단한 몸인 것처럼 보입니다. 그것의 근원 자체가 비실재적입니다. 이 모든 것에 나타난 유일한 실재는 브람만입니다. 여기서는 브람만 이외에는 아무것도 없습니다.

바시슈타는 계속 말했다.

지식이 앎의 대상이 될 때, 그것은 속박이라고 합니다. 해방은 지식이 그러한 앎의 대상이 되지 않을 때입니다.

라마는 물었다.

지식이 앎의 대상이라는 확고한 신념은 어떻게 사라집니까?

바시슈타는 말했다.

완전한 각성이 있을 때, 지성의 둔함은 없어집니다. 그때 형태도 없고 평화로우며 실재하는 해방이 생겨납니다.

라마는 말했다.

완벽한 지식이기도 하며, 또 여기에서 살아 있는 존재가 속박을 벗어나는 수단이기도 한 그 완벽한 각성이란 무엇입니까?

바시슈타는 말했다.

지식에는 알아야 할 대상이 없습니다. 지식은 독립적이고 영원합니다. 그것은 형언할 수도 없고 정의를 내릴 수도 없습니다. 이 진리를 바로 깨달을 때, 완벽한 지식이 있습니다.

라마는 말했다.

지식과 앎의 대상 사이에서 일어나는 구분은 무엇입니까? 어떤 의미에서 우리는 '지식'이라는 단어를 사용합니까?

바시슈타는 말했다.

완전한 각성이나 깨달음은 냐나(jnana) 혹은 지식입니다. 그것을 명상하는 것이 그러한 각성에 이르는 방법입니다. 실제로 지식과 앎의 대상 사이에는 어떤 구분도 없습니다.

라마는 말했다.

만약 그렇다면, 지식과 앎의 대상에 대한 이러한 망상적 비전이 우선 어떻게 생겨났고, 또 확고하게 뿌리를 내리게 되었습니까?

바시슈타는 말했다.

지식 이외의 다른 어떤 것, 즉 그 자체 바깥에 어떤 것이 있어서 구분이 생겨났다는 것은 바로 잘못된 믿음 때문입니다. 사실상 안이나 바깥 그 어느 곳에도 아무것도 없습니다.

라마는 말했다.

나와 너 등, 그리고 우리가 확실히 경험하는 이 모든 원소들과 다양한 존재들처럼, 너무도 빤히 보이는 이 모든 것이 존재하지 않는다고 하는 것을 어떻게 받아들일 수 있겠습니까?

바시슈타는 말했다.

우주적 인격체 즉 비라쯔와 우주 등은 창조가 처음 시작될 때 사실상 생겨나지 않았습니다. 그러므로 어느 때고 '시각의 대상'은 존재한 적이 없습니다.

라마는 물었다.

이 세상은 과거에도 있었고, 현재에도 있으며, 미래에도 있을 것입니다. 그리고 그것은 매일 경험되고 있습니다. 그런데도 그것이 창조된 적이 없다고 어떻게 말할 수 있습니까?

바시슈타는 대답했다.

꿈 속의 대상들, 신기루 속의 물, 복시증 환자에게 보이는 두 번째 달, 그리고 공중누각과 같은 것들이 겉으로는 실재하는 것처럼 보이지만 실은 실재하지 않듯이, 이 현상계도 실재하지 않습니다.

라마는 물었다.

이 우주가 바로 시작될 때에도 '나'와 '너' 등이 전혀 생겨나지 않았다고 어떻게 말할 수 있습니까?

바시슈타는 대답했다.

하나의 결과는 하나의 원인에서 일어나지, 다른 어떤 것에서도 일어나지 않습니다. 가정된 우주가 있기 전의 우주의 소멸 상태 동안에는 지고의 평화가 있고, 그때는 이 우주의 창조에 대한 어떤 원인도 없습니다.

라마는 말했다.

우주가 소멸되는 기간 동안에도 태어나지도 않는 영원한 존재가 그대로 남아 있다는 것은 틀림없습니다. 왜 그것을 이 우주의 원인으로 간주할 수 없습니까?

바시슈타는 대답했다.

원인 속에 무엇이 들어 있든지 간에, 그것만을 결과에서 찾아볼 수 있습니다. 실재하지 않는 어떤 것은 실재하는 것에서 생겨나지 않습니다. 한 조각의 천은 항아리의 도움으로 만들어지지 않습니다.

라마는 말했다.

아마도 이 전 우주가 우주의 소멸 기간 중에 무한한 의식이라는 브람
만 속에서 미묘한 상태로 존재하고 있을지 모릅니다. 그리고 아마도 그
것만이 그 다음 우주의 창조 때 나타나게 될지도 모릅니다.

바시슈타는 대답했다.

그렇게 가정된 진리를 경험해 본 사람이 누가 있습니까? 그래서 왜
그러한 추측을 신뢰합니까?

라마는 말했다.

진리를 아는 사람들이 그 상태에서 순수하고 무한한 의식이 있다는
것을 경험했다는 것은 분명합니다. 물론 공간은 그때도 존재하지 않았
습니다. '실재적'이고 물질적인 세상은 분명히 공에서 생겨날 수 없습
니다.

바시슈타는 말했다.

만약 그렇다면, 삼계가 단지 순수 의식에 지나지 않는다는 것은 확실
합니다. 몸이 순수 의식으로 되어 있는 사람에게는 탄생이나 죽음이 없
습니다.

라마는 물었다.

그렇다면 이러한 환영의 세상이 어떻게 일어났는지 부디 말씀해 주
십시오.

바시슈타는 대답했다.

인과가 없을 때 존재도 비존재도 없습니다. 그렇다면 이러한 '지각의
대상'이 어떻게 일어나겠습니까? 그것은 일어나지 않습니다. 즉 참나
스스로가 그 자체를 생각하고, 그 자체를 지각의 대상으로 경험하는 것
입니다. 이 모든 것은 단지 의식일 뿐이며, 그 밖의 어떤 것도 아닙니다.

라마는 물었다.

둔한 '지각의 대상'이 생각을 하다니! 이 모든 것을 보는 자인 신이 그 대상이 된다고요. 이 모든 것이 어떻게 가능합니까? 장작이 불을 태우는 것도 가능합니까?

바시슈타는 대답했다.

보는 자는 지각의 대상이 되지 않습니다. 왜냐하면 후자인 지각의 대상이 존재하지 않기 때문입니다. 보는 사람만이 이 모든 것입니다. 즉 하나의 의식 덩어리입니다.

라마는 물었다.

무한한 의식은 그 자체 내에서 의식을 그 대상으로서 지각하게 되고, 그럼으로써 이 현상계가 생겨납니다. 그 대상은 어떻게 생겨납니까?

바시슈타는 대답했다.

원인이 없기 때문에, 대상은 전혀 일어나지 않습니다. 그러므로 의식은 늘 자유로우며, 늘 말로 표현할 수 없으며, 정의도 내릴 수 없습니다.

라마는 물었다.

만약 그렇다면, 자아감과 다른 그런 범주들은 어떻게 일어납니까? 사람은 어떻게 이 세상을 경험합니까?

바시슈타는 대답했다.

원인이 없기 때문에, 이들 중 어느 것도 지금까지 일어난 적이 없습니다. 지각의 대상이 어디에 있습니까? 이른바 창조된 모든 사물은 단지 지각의 환영에 지나지 않습니다.

라마는 물었다.

움직임이 없고, 그러므로 대상에 대한 지각이 없는 이 순수 의식 속에서, 환영이 어떻게 일어납니까?

바시슈타는 대답했다.

오, 라마여! 원인이 없기 때문에, 환영도 또한 없습니다. 이 모든 것 (나와 너, 그리고 그 나머지 모든 것)은 하나의 무한한 평화입니다.

라마는 물었다.

신이시여! 나는 얼떨떨하여 이제 무엇을 질문해야 할지도 모르겠습니다. 나는 완전히 깨어났거나 깨달음을 얻었습니다. 이제 어떤 질문을 던질까요?

바시슈타는 대답했다.

이 어느 것에 대해서도 원인이 없기 때문에, 그 원인('왜')을 묻지 마십시오. 그러면 그대는 쉽게 지고의 형언할 수 없는 그 실재에 안주할 것입니다.

라마는 말했다.

나는 원인이 없기 때문에 지금까지 우주가 존재한 적이 없다는 것을 받아들입니다. 그러나 지식과 그 대상에 대한 이러한 혼동이 누구에게 일어납니까?

바시슈타는 대답했다.

원인이 없기 때문에, 그리고 하나의 무한한 평화만이 존재하기 때문에, 환영 또한 없습니다. 그대는 반복적으로 이 진리를 명상하지 않았기 때문에 그 평화에 머물러 있지 않습니다.

라마는 물었다.

명상은 어떻게 일어나고, 비(非)명상은 무엇입니까? 다시, 우리는 같은 함정에 걸려들었습니다.

바시슈타는 대답했다.

사실상 무한한 것에는 어떤 환영도 없습니다. 그러나 의식이 무한하고 축소될 수 없기 때문에, 이러한 진리를 반복적으로 명상한다는 관념이 그 의식 안에서 일어납니다.

라마는 물었다.

만약 이 모든 것이 하나의 무한한 평화라면, '스승'이나 '제자'와 같은 말의 의미는 무엇입니까? 그리고 어떻게 이러한 이원성이 일어납니까?

바시슈타는 대답했다.

'스승'과 '제자'는 모두 브람만 속에 존재하는 브람만입니다. 깨달음을 얻은 사람에게는 어떤 속박도 해방도 없습니다.

라마는 물었다.

만약 시간, 공간, 물질, 에너지 그리고 그 나머지 모든 것의 다양성이 존재하지 않는다면, 이 다양성이 하나라는 관념은 어떻게 생겨납니까?

바시슈타는 대답했다.

시간, 공간, 물질, 에너지(활동) 그리고 경험의 다양성은 오로지 존재하지 않는 무지 속에서만 존재합니다. 이것과 독립된 아무런 관념이 없습니다.

라마는 물었다.

만약 '스승'과 '제자'의 이원성이 거짓이라면, 깨어남이나 깨달음은 무엇입니까?

바시슈타는 대답했다.

깨어남은 깨어남에 의해서 얻어집니다. 그리고 '깨어남'이란 관념은 분명히 이해됩니다. 물론 이 모든 것은 우리가 아닌 그대와 같은 사람들에게만 이해될 수 있습니다.

라마는 물었다.

이와 같이 깨달음 자체가 자아감과 관련이 될 때, 깨달음 그 자체는 깨달음 이외의 것이 됩니다. 이러한 구분이 순수하고 분할할 수 없는 의식 속에서 어떻게 존재할 수 있습니까?

바시슈타는 대답했다.

깨달음을 얻은 사람의 빛 그 자체는 참나 자각입니다. 분명한 구분이나 이원성은 바람과 그 움직임과 같습니다.

라마는 말했다.

만약 그것이 진실이라면, 바다와 파도들이 전혀 다르지 않다는 비유에 기초하여, 다양성(아는 사람, 지식 그리고 지식의 대상)의 존재를 받아들이는 것도 가능하지 않습니까?

바시슈타는 대답했다.

만약 그것을 받아들인다면, 비록 진실은 실재가 하나의 분할할 수 없는 의식인 것이지만, 구분을 해도 어떤 결함도 없습니다.

라마는 말했다.

신이시여! 어떤 사람에게 자아감이 일어나며, 누가 이 현상계나 환영을 경험합니까?

바시슈타는 대답했다.

경험의 대상이 실재한다고 믿는 확신만이 속박입니다. 대상이 존재하지 않는다는 것을 아는 것으로 충분합니다. 의식이 전부이기 때문에, 속박도 해방도 없습니다.

라마는 말했다.

등불은 보이는 대상들을 밝힙니다. 그와 마찬가지로, 의식도 실재하는 바깥의 대상들을 밝힙니다.

바시슈타는 대답했다.

외부의 세상에는 그 창조에 대한 어떤 원인도 없습니다. 결과는 원인없이 일어나지 않습니다. 그런 고로 그것은 가공의 지각입니다.

라마는 말했다.

그것이 실재적이거나 비실재적인 것으로 여기지든 여겨지지 않든지 간에, 악몽은 그것이 지속되는 한 슬픔을 야기시킵니다. 현상계도 그와 꼭 같습니다. 우리는 어떤 방법으로 그것을 극복할 수 있습니까?

바시슈타는 대답했다.

악몽과 그 악몽으로 일어난 슬픔이 잠에서 깨어날 때 사라지는 것처럼, 환영의 세상을 지각함으로써 생긴 슬픔도 그 환영에서 깨어나, 결국 이 세상의 사물들에 집착하여 그것들을 획득하려는 일을 그만둘 때 사라집니다.

라마는 물었다.

사람은 어떻게 자신의 행복의 대상을 얻습니까? 또, 이 꿈같은 세상에 있는 대상들의 견고성은 어떻게 없어집니까?

바시슈타는 대답했다.

'전'과 '후'를 검토함으로써 물질의 견고성은 사라집니다. 꿈 속에서도 꼭 그와 같다는 진리를 명상함으로써, 이러한 물질들이 투박하다는 믿음은 사라집니다.

라마는 물었다.

그러한 믿음이 약화되었을 때, 사람은 어떤 것을 봅니까? 이 환영의 세상은 그의 비전 속에서 어떻게 사라집니까?

바시슈타는 대답했다.

그의 비전 속에서 실재하지 않는 현상계는 공중누각이나 비에 씻겨 없어진 그림과 같은 성격을 가지고 있습니다. 그래서 그의 마음에는 바사나 즉 정신적 조건화가 없습니다.

라마는 물었다.

그 후에 그에게는 어떤 일이 일어납니까?

바시슈타는 대답했다.

단순한 개념으로서 존재하는 현상계는 점점 없어집니다. 곧 그는 제한과 조건화로부터 완전히 자유롭습니다.

라마는 물었다.

이러한 조건화는 매우 많은 생에 걸쳐서 되살아나기 때문에 뿌리를 깊이 내린 것이 틀림없습니다. 그래서 어떻게 그것이 없어집니까?

바시슈타는 대답했다.

모든 대상들과 물질들이 참나 혹은 무한한 의식 속에서 잘못된 개념으로서 존재하고 있다는 진리를 깨달음으로써, 그가 물질을 붙들고 있는 힘(반대로, 물질이 그를 붙들고 있는 것)은 없어집니다. 삼사라의 수레바퀴는 이윽고 멈추게 됩니다.

라마는 물었다.

그 다음은 어떤 일이 일어나며, 그는 어떻게 평화를 얻습니까?

바시슈타는 대답했다.

이와 같이 사물들이 견고하다는 환영이 없어지고, 심지어 그러한 환영을 억제하려는 노력마저 없어지면, 이 세상에 대한 모든 의존은 사라집니다.

라마는 물었다.

이 현상계가 아이의 마음속에 하나의 관념으로 존재할 때, 그것이 사라지면 왜 슬픔이 일어나지 않습니까?

바시슈타는 대답했다.

가상의 대상을 잃었는데 어떻게 슬픔이 일어나겠습니까? 그러므로 마음속에 생각과 개념, 관념, 그리고 지각의 대상이 있는 한, 사람은 그것들의 본성을 탐구하는 일에 종사해야 합니다.

라마는 물었다.

마음(찌땀)은 무엇이며, 그 본성을 어떻게 탐구하며, 그러한 탐구의 결과는 무엇입니까?

바시슈타는 대답했다.

의식이 그 자체를 하나의 대상으로 알고 있을 때, 그 의식을 마음이라고 합니다. 탐구한다는 것은 지금 그대가 무엇을 하고 있는지를 알아보는 것입니다. 이렇게 함으로써 정신적 조건화는 사라집니다.

라마는 물었다.

니르바나를 얻을 수 있도록 이 마음이 어떻게 조건화를 벗어날 수 있습니까?

바시슈타는 대답했다.

하나의 사물이나 정신적 조건화가 실체가 아니라는 것은 확실합니다. 그러므로 마음도 진짜 실체가 아닙니다.

라마는 말했다.

그러나 우리는 그 존재를 경험하고 있지 않습니까!

바시슈타는 대답했다.

이 세상은 무지한 사람의 눈에 보이는 그것이 아닙니다. 즉 깨달음을 얻은 사람의 눈에 실재하는 것은 말로 표현할 수 없습니다.

라마는 말했다.

무지한 사람의 비전은 어떻습니까? 그리고 왜 깨달음을 얻은 사람의 눈에 그것은 표현될 수 없습니까?

바시슈타는 대답했다.

무지한 사람들은 이 세상에 시작과 끝이 있다고 봅니다. 그러나 깨달음을 얻은 사람들은 전혀 그렇게 보지 않습니다. 왜냐하면 이 세상은 전혀 창조된 적이 없고, 그러므로 존재하지 않기 때문입니다.

라마는 말했다.

그러나 우리는 어떻게 해서 그것이 존재한다고 경험합니까?

바시슈타는 대답했다.

마치 꿈 속에서 하나의 대상이 실제로는 존재하지 않는데도 그것을 경험하듯이, 우리는 그것을 경험합니다.

라마는 물었다.

그렇다 치더라도, 꿈 속의 대상을 경험할 수 있는 것은 깨어 있는 상태에서 겪은 이전의 경험 때문입니다.

바시슈타는 말했다.

이 두 가지 경험이 동일한 대상과 관련이 있습니까?

라마는 대답했다.

깨어 있는 상태가 마음속에 창조한 인상들 때문에, 오직 그러한 경험들은 꿈 속에서만 나타납니다.

바시슈타는 말했다.

그러한 경우에, 수면 중에 파괴된 집이 그 다음 날 아침에 존재해 있는 것으로 보이는 것은 어째서입니까?

라마는 말했다.

물론 깨어 있는 상태의 실재는 꿈을 꾸는 동안에는 실재하지 않습니다. 그때 나타나 보이는 것은 의식(브람만)입니다. 그러나 이전에 없었던 그것이 어떻게 생겨납니까?

바시슈타는 대답했다.

이것이 그 경우이든지 아니든지 간에, 이 모든 것이 이전에 경험되었던 것처럼 언제나 빛을 내는 것은 순수 의식입니다.

라마는 물었다.

신이시여! 어떻게 하면 이 환영을 없앨 수 있습니까?

바시슈타는 대답했다.

"이 삼사라가 생겨날 아무런 원인이 없는데, 어떻게 이것이 존재하는 것처럼 보일 수 있을까?"라고 탐구하십시오.

라마는 말했다.

마음이 꿈의 대상들을 위한 지지물입니다. 그러므로 그 대상들은 오로지 마음입니다. 이 세상도 그와 같습니다.

바시슈타는 말했다.

마음은 순수 의식의 덩어리와 전혀 다르지 않습니다. 그 밖에 아무것도 없습니다.

라마는 말했다.

몸이 그 구성 성분인 수족들과 전혀 다르지 않듯이, 이 우주도 브람만과 전혀 다르지 않습니다.

바시슈타는 말했다.

그러므로 이 세상은 전혀 창조되지 않았습니다. 그것은 영원한 브람만입니다.

라마가 말했다.

이 우주의 환영과 이 세상의 소멸이 '나는 행위자다.' 혹은 '나는 경험한다.'와 같은 가공의 개념들을 수반한, 순전한 우연의 일치라는 것을 저는 깨달았습니다.

라마는 말했다.

신이시여! 이 세상은 언제나 모든 면으로 지고의 실재로 가득 차 있습니다. 그러므로 그것은 일어나지도 않고 사라지지도 않습니다. 이 현상계는 환영입니다. 그러나 그것이 환영으로 간주되든 안 되든, 그것은 실제로는 브람만뿐입니다.

바시슈타는 말했다.

브람만은 그 자체로서 본질적으로 빛을 내고(마치 까마귀가 익은 야자 열매에 내려앉을 때, 그 열매가 떨어지는 것처럼), 그래서 그것은 그 자체에 의해 본질적으로 이 우주라고 알려져 있습니다.

라마는 말했다.

신이시여! 이 우주가 시작되기 전과 이 우주가 소멸된 뒤에 무한한 의식의 빛이 어떻게 빛나는지를 말씀해 주십시오. 그리고 구분이 있어도 그것은 어떻게 빛납니까?

바시슈타는 말했다.

그대 자신의 내부에 있는 의식의 빛을 그대의 참나에 의해 바라보십시오. 빛은 오직 다른 것과 관련해서만 경험됩니다. 처음에는 그러한 구분이나 이원성이 전혀 없었기 때문에, 그대 자신의 내부에서 이 빛을 경험하십시오. 이 빛 그 자체가 꼭 꿈 속의 경험처럼 보는 사람이요, 시각이요, 보이는 것(대상)입니다. 그 의식의 빛 그 자체는 우주의 시작 때 그 우주로서 빛납니다. 하나의 의식이 셋(주체, 객체, 경험)으로서 빛납니다. 그리고 우주의 시작 때, 그 빛은 우주로서 보입니다. 그 자체의 본성이 바로 그러하기 때문에, 그것은 지금처럼 빛을 냅니다.

그러한 것은 또한 꿈과 백일몽 혹은 환각의 경험이기도 합니다. 이와 같이 의식의 빛은 또한 이 모든 것 속에서도 빛납니다. 시작도 끝도 없는 공간 속에서 이 세상으로서 빛나는 것은 이 의식의 빛입니다. 그 빛의 발산이 이 우주들로서 빛납니다.

이 의식의 빛은 우리 깨달음을 얻은 사람들에게는 주체와 객체의 구분이 없이 자연스럽게 빛납니다. 그러나 이 우주가 시작될 때는 주체도 객체도 없었습니다. 어찌된 일인지, 마치 나무등치 속에 사람이 잘못 나타나듯이, 이 무지한 구분이 일어났습니다. 시초에 이러한 구분의 지각이 있었기 때문에 그러한 구분은 계속 경험되어 왔습니다. 그러나 그러한 구분의 원인이 전혀 없기 때문에 지금도 오직 의식의 빛만이 이 모든 것으로서 빛나고 있다는 것은 분명합니다.

깨어 있는 상태도, 꿈의 상태도, 심지어 깊은 수면 상태도 없습니다. 이 우주의 시작부터 빛나는 것은 시종 브람만뿐입니다. 그 브람만은 이 우주를 그 자체의 몸으로 생각합니다. 이 세상이라고 하는 것은 브람만과 전혀 다르지 않습니다.

라마는 말했다.

아! 우리는 오랫동안 실재를 모른 채 망상에 사로잡혀 이 무한한 공간을 떠돌아다녔습니다. 이 현상계의 환영은 일깨워져 깨달음을 얻을 때 사라집니다. 그때 비로소 그것이 지금까지 존재한 적도 없고, 현재도 존재하지 않으며, 미래도 존재하지 않을 것이라는 것을 깨닫게 됩니다. 이 모든 것은 순수 의식이며 지고의 평화입니다. 그것은 무한한 것으로서 존재합니다.

우리가 삼사라의 성격을 올바르게 이해하지 못했기 때문에 우리에게 삼사라처럼 보이는 이 모든 것은 정말로는 지고의 의식입니다. '이것은 다르다.', '그것은 이것처럼 빛난다.', '이들이 세상들이다.' 혹은 '이들이 산들이다.'와 같은 진술의 대상으로서 나타나는 것은 지고의 존재 그 자체입니다.

이 우주가 시작될 때, 다른 세상에서 자신의 삶이 시작될 때, 그리고 꿈이나 공상이 시작될 때, 그 자체의 대상으로서 일어나는 것은 오직 의식뿐입니다. 어떻게 다른 것이 있을 수 있겠습니까? '나는 천국에 있거나 혹은 지옥에 있다.'라는 생각이 있을 때, 그것을 하나의 사실로서 경험합니다.

보는 사람도, 대상도, 우주도, 세상도, 심지어 의식도 없습니다. 깨어 있음도, 꿈도, 수면도 없습니다. 존재하는 것처럼 보이는 것은 또한 실재하지 않습니다. 만약 "비(非)실재에 대한 이 가공의 지각이 어떻게 생겨났는가?"라고 물으면, 그러한 질문은 부적절합니다. 왜냐하면 환영은 실재가 아니기 때문입니다. 환영은 순수한 의식 속에서는 일어나지 않습니다. 그러므로 환영처럼 보이는 것도 역시 의식입니다.

가공의 지각은, 마치 꿈 속에서 나타난 자기 자신의 죽음처럼 몰이해 때문에 일어납니다. 그래서 그 실재의 성격을 탐구할 때, 그 환영은 사라집니다. 그것은 어린아이의 마음속에 존재하는 유령에 대한 두려움과 같습니다. 그래서 탐구가 전혀 없을 때 그것은 뿌리를 더 깊이 내리게 됩니다. 그러나 탐구를 시작하면 그것은 사라집니다.

그러므로 '비실재적인 것이 어떻게 생겨났는가?'라는 질문은 부적절합니다. 실재하지 않는 것이 아닌, 실재에 대한 질문이 있을 때만 의미가 있습니다. 탐구를 해도 깨달아지지 않는 것은 비실재적인 것입니다. 그리고 만약 그것이 실재하는 것으로 경험이 되면, 그러한 경험은 망상입니다. 강렬하고도 장기간에 걸친 탐구 후에도 어떤 것을 찾을 수 없을 때, 그것은 마치 불임 여성의 아들처럼 실재하지 않는 것이 틀림없습니다.

그렇다 치더라도, 실재하지 않는 것은 언제나 존재하지 않습니다. 그러므로 이 모든 것에는 어떤 베일도 없이 의식의 덩어리가 골고루 스며들어 충만해 있습니다. 이 세상으로서 빛나는 것은 단지 지고의 존재입니다. 그리고 지고의 존재만이 지고의 존재 속에 존재합니다. 어떤 빛도, 어둠도 없습니다. 지고의 존재만이 지금 존재하고 있는 모든 것으로서 존재합니다.

라마는 말했다.

시작도 끝도 없으며, 신들이나 현자들마저도 모르는 그 실재만이 빛을 발합니다. 그래서 '세상'이라는 것은 무엇이며, '사물'이란 것은 무엇입니까? 일원성과 다양성에 관한 이 혼란스러운 논쟁은 이제 그만합시다. 처음에 있었던 그 평화는 불변입니다. 마치 공간 속에 거리가 있듯이, 브람만 즉 무한한 의식 속에 이 우주가 있습니다. 이러한 깨달음이 지바 속에 일어날 때, 삼사라라고 하는 이 마귀는 비록 겉으로는 여전히 존재하는 것처럼 보일지 몰라도 죽어 없어질 것입니다. 무지의 태양이 지면, 슬픔의 열기도 사라지고, 삼사라의 실체에 대한 확신이라는 일광도 끝날 것입니다. 무지에서 벗어나면, 진리를 아는 사람은 탄생과 죽음과 노령 같은 이러한 패턴의 일부로서 온갖 종류의 활동들에 관여하고, 또 비록 실제로는 그렇지 않다 하더라도, 그는 계속 그 활동들에 관여할 것입니다.

여기에는 어떤 무지도, 망상도, 슬픔도, 기쁨도 없습니다. 지식과 무지, 쾌락과 고통은 모두가 브람만일 뿐입니다. 지식의 입장에서 보면, 그것은 브람만으로서 이해됩니다. 그러나 지식이 없는 상태에서는, 비(非)브람만이라고 칭할 수 있는 것이 아무것도 없습니다. 나는 깨달음을 얻었고, 나의 모든 잘못된 생각들은 사라졌습니다. 나는 평화롭고 침착한 상태에 있습니다. 나는 바로 그것이며, 나는 이 세상을 순수한 공으로 봅니다. 깨달음을 얻기 전에도 브람만은 있었지만, 참나 무지로서 있었습니다. 그러나 지금은 똑같은 브람만이 참나 지식으로서 있습니다. 지식으로서든 무지로서든, 알려진 것으로서든 아니면 미지의 것으로서든, 브람만만이 항상 존재합니다. 이는 마치 하늘이 비록 텅 비어 있고 분할되어 있지 않으며 푸른빛을 띠고 있지만, 하나인 것과 같습니다.

나는 니르바나입니다. 나는 의심이 전혀 없습니다. 나는 자유롭습니다. 나는 희열로 가득 차 있습니다. 나는 무한한 것만큼이나 본질적인 존재입니다. 나는 언제나 전부이거나, 아니면 나는 아무것도 아니지만 평화롭습니다. 나는 하나의 실재이기도 하고, 그렇지 않기도 합니다. 이 지고의 평화는 경이롭습니다. 반드시 얻어야 할 것을 이미 얻었습니다. 대상들의 지각도 버려졌습니다. 진정한 깨달음의 동은 텄고, 다시는 그 깨달음의 해가 지지 않을 것입니다.

깨달음을 얻은 지성은 존재하는 모든 것을 있는 그대로 경험합니다. 무수한 우주들이 언제나 무한한 의식 속에서 일어났다가 사라집니다. 어떤 것은 어떤 사람에 의해 보이지만, 어떤 것은 보이지 않습니다. 그 우주의 수를 누가 셀 수 있겠습니까? 기관들과 유기체 사이의 구별은 임의적이고 말일 뿐입니다. 브람만과 우주 사이의 구별도 그와 같습니다. 전자(브람만)만이 존재합니다. 후자(우주)는 존재하지 않습니다. 이것을 깨달을 때, 갈망이 사라지고 지고의 평화가 오는데, 이것이 니르바나입니다.

이 깨달음은 붓디 혹은 지성에 의해 초래되지 않습니다. 또한 지성의 억압으로도 얻어지지 않습니다. 깨달음은 그 자체를 알지 못합니다. 왜냐하면 그것은 자각의 대상이 아니기 때문입니다.

라마는 계속 말했다.

일깨움이나 깨달음은 마치 태양이 정오에 작열하는 것처럼 저절로 일어납니다. 깨달음을 얻은 사람에게는 모든 갈망과 욕망들이 없습니다. 그러므로 니르바나는 그가 그것을 바라지 않는데도 그에게 일어납니다. 그는 영원히 명상에 들어 있고, 그는 항상 그 자신의 진정한 본성에 자리를 잡고 있습니다. 그러므로 그는 어떤 것을 구하거나 어떤 것을 거절하지 않습니다. 등불 속에서 모든 활동이 일어나고, 그 등불 자체가 관심의 대상이 되지 않는 그런 등불처럼, 그는 살아가면서 활동하지만 의지의 작용이 없습니다.

무한한 의식만이 존재합니다. 그것은 우주로서 나타나고, 그리고 그것은 달리 브람만이라고 합니다. 이것을 아는 자는 평화롭습니다. 이 우주 속의 모든 대상은 사실상 이 무한한 의식과 전혀 다르지 않습니다. 이것 너머에, 진리를 아는 사람들은 오로지 무한한 의식에만 안주해 있습니다. 그러나 그것은 말로 표현할 수 없으며 정의를 내릴 수도 없습니다. '그것만이 존재한다.'와 같은 표현마저도 부적절하고 애매합니다.

이 삼사라는 슬픔으로 가득 차 있습니다. 니르바나는 절대적인 평온입니다. 후자만이 실재입니다. 전자는 실재가 아닙니다. 한 토막의 나무 속에 존재하는 조각되지 않은 조각상들처럼, 이 삼사라는 무한한 의식 속에 존재합니다. 이 무한한 의식은 분할될 수는 없지만, 다양한 존재들에 의하여 다양하게 경험됩니다. 그래서 그들 개개인은 그 무한한 의식으로부터, 말하자면, 그것이 바라는 것을 조각해 냅니다. 그 바라는 것이 기쁨이든 해방이든 간에 말입니다. 그러나 이 모든 것은, 마치 조각된 나무 조각상들이 본질적으로 나무와 다르지 않은 것처럼, 본질적으로 실재 그 자체입니다. 꿈 속에서 본 친척들의 삶이나 죽음은 잠에서 깨어난 뒤에는 그에게 전혀 영향을 끼치지 않습니다. 마찬가지로,

깨달음을 얻은 사람들은 이 현상계에 전혀 영향을 받지 않습니다.

이 모든 것을 하나의 무한한 의식으로 볼 때, 망상이 들어설 여지는 전혀 없습니다. 갈망도 사라졌습니다. 갈망이 사라지면 일깨움이나 깨달음은 더욱 강화됩니다. 그리고 깨달음이 있으면, 갈망은 더 빨리 사라집니다. 깨달음의 보증서는 바로 이러한 갈망의 소멸입니다. 또 갈망의 소멸이 없으면, 어떤 깨달음도 없고, 사실상 무지나 사악함과 다름없는 말만이 있을 뿐입니다. 만약 이 둘이 서로를 촉진시키지 못하면, 그것들은 분명히 실재하지 않고, 없는 것입니다. 완벽한 깨달음에서 태어난 완벽한 갈망의 소멸이 바로 해방인 것입니다. 여기에 도달하면, 비록 계속 살아가고 있지만 더 이상 슬퍼하지 않습니다.

자신의 참나에 안주하면서 참나를 즐기는 사람과, 갈망이 다 사라지고 자아감도 없는 그런 사람에게는 삶이 비의지적이 되며, 완벽한 순수가 있습니다. 그러나 수백만 명 가운데 한 사람이 이러한 순수한 존재의 절대적인 상태에 도달할 수 있습니다.

바시슈타는 말했다.

오, 라마여! 잘 했습니다. 그대는 깨달음을 얻었습니다. 그대의 말에는 깨달음의 힘이 있습니다. 여기에서 존재하는 것처럼 보이는 비실재는 그것을 마음에 지니거나 생각하지 않으면 사라집니다. 이 지고의 평화가 니르바나이고, 이것이 지고의 진리입니다. 깨달음을 얻은 사람이 혼자서 쉬고 있든, 아니면 다양한 활동들에 종사하고 있든, 마치 그가 바위의 중심부에 사는 것처럼 존재하는 그런 상태는 순수의 상태이며, 그리고 바로 그것이 해방입니다. 오, 라마여! 비록 우리가 끊임없이 다양한 활동들에 관여하고 있지만, 우리는 그 상태에서 살아갑니다. 그대도 역시 그 상태에 안주하며, 그대의 일을 행하고 있습니다.

오, 라마여! 이제, 비록 이 세상이 그토록 실재하는 것처럼 보이지만, 실제로 전혀 존재하지 않는다는 것을 어떻게 깨달았는지를 말씀해 주십시오.

라마는 대답했다.

이 세상은 심지어 시초에도 창조되지 않았습니다. 그렇다면 그것이 지금 존재하고 있다고 어떻게 생각할 수 있습니까? 거기에는 어떤 원인도 없습니다. 원인도 없는데 어떻게 결과가 나올 수 있겠습니까? 변화는 한 상태가 끝나고 그 다음 상태가 생겨나는 것을 의미합니다. 이것은 무변화의 실재 속에서는 불가능합니다. 만약 이 세상이 브람만 속에 존재하는 것으로 상상되는 가공의 현상이라면, 그것은 환영에 불과합니다. 꿈 속에서 한 순간은 한 평생으로 경험됩니다. 그와 마찬가지로, 이 현상계에서도, 시간은 시간의 토대가 되는 태양과 달과 함께 경험됩니다.

무한한 의식 속에는 시간과 공간 등과 같은 우주의 모든 필연적 부분들과 함께 이 창조의 개념이 있습니다. 이러한 비실재는 작용하는 것처럼 보이지만, 그것은 또한 거짓입니다. 우연히 일어나는 이러한 개념은 지속적으로 나타나고, 또 뿌리를 깊이 내립니다.

아니면, 그것은 실재하는 것으로 여겨져야 합니다. 가짜가 어떻게 존재하는 것처럼 보일 수 있겠습니까? 아니면, 실재와 같은 것이 전혀 없을지도 모르며, 또 비실재적인 것과 같은 것도 없을지 모릅니다. 무엇이 존재하든, 존재하는 모든 것은 존재합니다. 존재하는 것은 하늘처럼 맑고, 바위의 중심부처럼 충만하며, 돌처럼 고요하고 평화로우며, 그리고 무한합니다. 그러한 것이 이 우주입니다. 왜냐하면 이 우주는 말하자면 무한한 의식의 미묘한 몸을 이루고 있는 모든 생각과 관념들의 실재인, 그 순수하고 무한한 의식 속에 존재하기 때문입니다. 그 '몸'에서 일어나는 순수한 경험이나 자각이 이 우주적 인격체입니다. 따라서 이 우주 그 자체가 브람만입니다.

지고의 존재 그 자체 속에는 '다른 것'(우주)이 존재합니다. 그래서 후자(우주)는 전자(지고의 존재)에 속하며, 전자와 다르지 않습니다. 그러므로 그것은 지고의 평화 그 자체입니다. 우주도, 움직임도, 활동도 없습니다. 꿈을 꿈으로 깨달으면, 잘못된 개념이 사라집니다. 자각은 그것의 대상(세상)을 버리고, 무한한 의식 속에 머물게 됩니다.

바시슈타는 물었다.

마치 씨앗이 싹의 원인이듯이, 브람만도 이 우주의 원인이라고 왜 가정해서는 안 됩니까?

라마는 대답했다.

씨앗 속의 싹은 싹으로서 보이지 않고 오직 씨앗으로 보입니다. 그러므로 그것은 단지 씨앗일 따름입니다. 마찬가지로, 만약 이 세상이 브람만 속에 존재한다면, 그것은 단지 브람만일 뿐이지, 이 세상이 아닙니다. 그리고 브람만은 어떤 변화도 겪지 않습니다. 브람만이 무변화이고 형태도 없으므로, 그것이 변화하고 형태를 갖춘 이 세상을 야기한다고 받아들이는 것은 불가능합니다. 마치 보석이 상자 속에 있듯이, 이 우주가 분할할 수 없는 브람만 속에 존재한다고 말하는 것은 무의미한 잡담에 불과합니다. 지고의 브람만이 형태를 가진 우주의 지지물이라는 이론도 역시 받아들일 수 없습니다. 왜냐하면 형태를 가진 것은 반드시 소멸되기 때문입니다. 이 세상이 이와 같이 구체화된 꿈 속의 대상에 불과하다는 관념도 받아들일 수 없습니다. 왜냐하면 꿈 속의 대상들은 자기 자신에 의해서 경험된 것들이기 때문입니다. 그러나 깨어 있는 상태의 실재와 꿈 속의 실재는 각기 다른 두 개의 차원에 속합니다. 왜냐하면 자신의 죽음을 꿈꾸었던 사람이 꿈에서 깨어나면 그는 다시 보이기 때문입니다. 따라서 이 세상은 심지어 꿈 속의 대상으로서도 창조되지 않았습니다. 그러나 꿈 속의 대상이 오직 의식이듯이, 마찬가지로 이 세상으로서 보이는 모든 것도 단지 무한한 의식일 뿐입니다.

'실재하는 것', '실재하지 않는 것' 혹은 '경험자'라고 하는 것도 하나도 없으며, 또한 '경험'도 없으며, 또한 이들을 경험하지도 못합니다. 존재하는 모든 것은 말로 표현할 수 없습니다. 무한한 의식 속에서는 '존재'와 '비존재' 사이의 모든 구별도 사라집니다. 브람만은 마치 공간이 공간 속에서 공간으로 존재하듯이, 브람만 속에서 브람만으로 존재합니다. 이 우주라고 하는 이것은 단지 분할할 수 없는 브람만일 따름입니다. 뿌려진 씨앗이 싹이 트기 시작하듯이, 브람만 속에서 일어나는 움직임도 설명될 수 있습니다. 이 우주 속의 모든 존재들은 나에게 깨달음을 얻은 것처럼 보입니다. 이 세상을 실재한다고 여기는 사람들에게는 이 세상이 실재하는 것처럼 보입니다. 또 참나 지식을 갖춘 사람들에게는 그것이 가짜의 현상으로 보입니다. 사실상 그것은 브람만일 뿐입니다.

실재를 아는 사람들의 눈에는, 존재하는 모든 것(지각력이 있고, 지각력이 없는 모든 것들과, 움직이는 모든 것과 움직이지 않는 모든 것)은 순수한 공입니다. 나는 공입니다. 당신도 공입니다. 이 우주도 순수한 공입니다. 나는 무한한 공간과 같은 지식을 가지고 있으며, 주체와 객체(아는 자와 알 수 있는 대상)의 관계가 없는, 무한한 공간과도 같은, 모든 존재들 중에서 최고의 존재에게 경의를 표합니다. 당신은 경전들에서 기술된 모든 상태들을 초월했으며, 지고의 비이원적인 의식에 자리를 잡고 있습니다.

이 지고의 진리는 논리와 논의와 논쟁에 의해서가 아니라, 오로지 완전한 침묵 속에서만 자리를 잡게 됩니다.

라마는 말했다.

오, 현자시여, 이와 같이 참나 지식은 말의 요술이 미치는 범위 너머에 있다는 것은 분명합니다. 어떻게 그것이 경전들의 상충된 진술들에 의해서 얻어집니까? 만약 그것이 그렇게 얻어지지 않는다면, 이 경전들은 무슨 소용이 있습니까? 부디 참나 지식이 스승의 가르침이나 경전 공부들의 결과로서 일어나는지 안 일어나는지를 말씀해 주십시오.

바시슈타는 말했다.

오, 라마여! 경전들의 공부가 참나 지식을 얻는 원인이 아닌 것은 사실입니다. 경전들은 다양한 표현들로 구성되어 있습니다. 지고의 존재는 말로 표현할 수 없습니다. 그러나 나는 그대에게 경전들의 공부가 어떻게 참나 지식과 관련이 되었는지를 설명해 드리겠습니다.

어느 마을의 주민들이 끊임없는 불행을 당하게 되었습니다. 그들은 굶어 죽어 갔습니다. 가난과 불행의 압박 속에서 그들은 생계를 꾸려갈 여러 가지 방도를 강구했습니다. 그들은 인근의 숲 속으로 가서 장작을 끌어 모아, 그것을 팔아 생계를 꾸려가기로 마음먹었습니다.

이렇게 그들은 하루하루 생계를 꾸려갔습니다. 그 숲 속에서 그들은 때로는 숨겨져 있기도 하고, 때로는 공지에 드러나 있는 보석들을 발견했습니다. 장작을 구하러 숲 속으로 간 사람들 중에는, 더러는 이러한 보석들을 발견했고, 더러는 우수한 백단향을 얻었으며, 또 일부는 과일을 발견했습니다. 그러나 일부는 거기에서조차 불운하게도 아무 쓸모 없는 장작만을 발견했습니다. 그들 가운데 보석을 획득한 사람들은 즉시 가난과 슬픔을 벗어났습니다.

그들이 이와 같이 땔나무를 끌어 모으면서 생계를 꾸려가고 있을 때, 어느 날 그들은 모든 사람의 소망을 들어주는 현자의 돌을 발견했습니다. 그들은 그 돌의 도움을 받아서 그들이 필요로 하고 바라는 모든 것을 얻었으며, 그 후 그들은 영원히 행복한 삶을 살았습니다. 그들은 땔감을 찾아 나섰으나, 결국 가장 귀중한 현자의 돌을 손에 넣게 되었던 것입니다.

이 우화 속에 나오는 마을 사람들은 지구의 사람들입니다. 그들의 가난은 모든 가난 가운데서도 최악의 가난이며, 바로 그것은 모든 슬픔의 원인인 무지입니다. 우화 속의 숲은 영적인 스승이나 경전입니다. 그들은 그들의 욕구를 충족시키기 위해 숲 속으로 갔습니다. 사람들은 그들의 욕구를 충족시키기 위하여 스승이나 경전들에 의지합니다. 그러나 불원간에 그들은 스승이나 경전들의 가르침을 실천함으로써 더욱 귀중한 어떤 것을 얻습니다. 장작을 구하러 숲 속으로 갔던 사람들은 현자의 돌을 얻은 것입니다. 자신들의 욕망을 성취하기 위하여 경전들에 의지하는 사람들은 지고의 진리를 얻습니다.

바시슈타는 계속 말했다.

어떤 사람들은 호기심이나 의심(경전들의 공부가 도대체 무엇을 할 수 있을까?)에 의해 경전을 공부합니다. 또 어떤 사람들은 그 경전들 속에서 성공과 기쁨의 열쇠를 찾고자 합니다. 그러나 또 일부는 다른 동기로 경전들을 공부합니다. 그래서 땔감을 모으러 숲 속으로 간 마을 사람들이 현자의 돌을 얻었듯이, 다양한 이유로 경전들을 공부하는 사람들도 지고의 진리를 얻습니다. 이 모든 것을 통해 사람들은 인류의 복지에 헌신하는 신성한 분들의 품행으로부터 안내를 받습니다. 사람들은 비록 이들 성인들이 실제로 경전들을 공부하고 있지만, 최고의 영적인 이득 이외의 다른 어떤 이득을 위해 경전들을 이용하지 않는다는 것을 알고 있습니다. 그들에게 감동을 받아, 사람들은 경전들을 공부합니다.

몇몇 마을 사람들이 그 숲 속에서 백단향 등을 얻었듯이, 경전들을 공부하는 사람들 가운데서도 일부는 기쁨을 얻고, 일부는 부를 얻지만, 또 일부는 바른 활동의 안내를 얻습니다. 오직 이 세 가지만이 경전들에서 설명되고 있습니다. 브람만에 대한 깨달음의 성취는 말로 표현할 수 없습니다. 그러므로 그것은 경전들의 가르침 속에서는 찾을 수 없습니다.

지고의 진리에 대한 직접적인 깨달음은 경전들을 공부하거나, 스승의 가르침을 듣거나, 자선을 행하거나, 아니면 신을 숭배해도 결코 얻어지지 않습니다. 왜냐하면 그것은 이 모든 것을 초월해 있기 때문입니다. 그러나 나는 비록 이것들이 실제적인 방법은 아니지만, 어떻게 이것들이 참나 실현의 수단으로 간주되게 되었는지를 그대에게 말씀드리겠습니다. 경전들의 가르침을 실천함으로써 마음은 순수하고 투명해집니다. 그러다가 그것에 대한 바람조차 없을 때, 지고의 진리를 보게 됩니다. 경전들은 마음의 순수에 해당하는 무지의 사뜨바의 부분을 촉진시킵니다. 이 순수가 무지의 둔한 따마스 부분을 없애 줍니다.

태양은 하늘에 나타나는 그 자체만으로 바다에 비칩니다. 그러나 이때 태양이나 그 출현 어느 것도 이것(바다에 비치는 것)을 바라고 있지 않습니다. 그와 마찬가지로, 경전들과 구도자가 단순히 함께 어우러짐으로써 진리가 구도자에게 비칩니다. 아이가 진흙투성이의 손으로 더 많은 진흙을 집어 들고 두 손을 비비다가 손을 씻습니다. 그러면 손은 깨끗해집니다. 그와 마찬가지로 경전들은 마음을 정화시키고, 그러면 깨끗한 마음이 진리를 비춥니다.

하늘에는 사방에 빛이 있습니다. 그러나 빛이 비칠 수 있는 것은 오직 빛이 장애물을 만날 때뿐입니다. 그와 마찬가지로 경전들(혹은 구루)이 구도자를 만날 때, 조명이 있습니다. 그러므로 지고의 진리는 스승의 말씀이나 삿상, 자기 수련과 마음 통제의 도움 등을 받아 경전들의 진정한 의미를 숙고할 때 실현됩니다.

바시슈타는 계속 말했다.

오, 라마여! 다시 한 번 나는 그대에게 무언가를 말씀드리겠습니다. 제발 귀를 기울여 주십시오. 반복적으로 진리에 귀를 기울임으로써 무지한 사람은 깨달음을 얻습니다.

우선, 나는 이 우주의 창조에 대한 진리가 드러났던 스티띠 쁘라까라남을 설명했습니다. 그 후, 나는 우빠샨띠 쁘라까라남을 통하여 이 환영의 세상을 없앨 수 있는 수단을 설명했습니다. 이와 같이 이 환영의 세상을 없애고 난 뒤에, 사람은 모든 마음의 동요나 고통에서 벗어나 여기에서 살아야 합니다.

모든 축복을 주고, 최고의 위로를 주며, 최대의 부이기도 하며, 또한 자신의 행운을 강화시켜 주는 그런 평온의 상태에 완전히 자리를 잡은 채 이 세상에서 살아가야 합니다. 평온은 순수를 자라나게 할 수 있습니다. 다른 모든 고귀한 미덕들은 이 결과로서 일어납니다. 이 세상에 있는 어떤 부나 축복도 평온과 비교할 수 없습니다. 그것은 모든 슬픔을 사라지게 합니다. 평온에 자리를 잡은 그런 영혼들은 드물며, 또 그들에게는 모두가 친구입니다.

평온한 상태에 자리 잡은 사람에게 슬픔은 행복이요, 죽음은 새로운 삶입니다. 환희나 우울로부터 벗어나, 어떻게 하든지, 해야 할 때 해야 할 일을 하고, 그리고 보이는 것을 있는 그대로 볼 수 있는 그런 사람의 위대성을 과연 누가 측정할 수 있겠습니까? 친구들과 친척들, 적들과 왕들은 이와 같이 자연스럽게 삶을 영위하는 사람을 가장 신뢰합니다. 그러한 자연스러운 삶 속에서 비록 그가 화를 낸다 하더라도, 그것은 어느 누구의 마음도 상하게 하지 않습니다. 사람들은 비록 그가 다른 사람들을 압도하거나 엄하게 책망하더라도, 그가 하는 모든 일이나 그가 먹는 모든 음식을 칭찬합니다. 왜냐하면 그가 평온의 상태에 자리 잡고 있기 때문입니다. 그들은 그가 지금 하고 있는 모든 일이나, 오래 전에 했던 모든 일을 칭찬합니다. 비록 그것이 좋았거나 그렇게 좋지 않았든지 간에 말입니다.

그들이 행복이나 큰 불행의 지배를 받고 안 받고 간에, 평온의 상태에 자리 잡은 사람들은 절망을 경험하지 않습니다.

(이어서 타인의 행복을 위해 자신을 기꺼이 희생하고, 또한 최악의 불행을 겪고서도 전혀 영향을 받지 않은 몇몇 위대한 사람들에 대한 간략한 언급이 뒤따른다. 예컨대, 자신의 아내를 면전에서 모욕한 시비 왕, 뜨리가르따의 왕인 유디슈티라, 살바의 왕인 자나까, 까담바 숲의 악마인 사우비라와 낀디빠, 고귀한 사냥꾼인 자다 바라따, 현자 까빠르다나 등이다. 두 가지 요인이 중요하다. 첫째는 평온의 실례들이 각기 다른 삶의 분야에서 왔다는 것이고, 둘째로는 역사적으로 그들 가운데 다수가 라마의 시대 이후에 왔다는 것이다.)

그들 모두가 평온을 얻었고, 그러므로 비록 그들은 보통 사람들일 뿐만 아니라 왕이었지만 신들의 숭배마저 받게 된 것입니다. 그러므로 사람은 유쾌하거나 불쾌하거나, 명예롭거나 불명예스러운 삶에 관계없이 삶의 모든 조건 속에서 평온을 얻어야 합니다.

라마는 물었다.

이들 현자들이 끊임없이 참나 지식의 희열에 잠겨 있는데도, 왜 그들은 모든 활동을 포기하지 않습니까?

바시슈타는 대답했다.

그들은 이미 '이것은 바람직하다.', '이것은 바람직하지 않다.'와 같은 모든 생각을 버렸습니다. 그러므로 그들에게는 활동의 포기와 활동의 수행이 모두 무의미합니다. 그러므로 그들은 어떻게 그것을 하든지, 해야 할 일을 합니다.

라마여! 생명이 있는 한, 몸은 살아서 움직이고 작용을 합니다. 이것이 계속되도록 그냥 내버려두십시오. 왜 다른 방식으로 되기를 바라야 합니까? 아무튼 언제고 어떤 일을 해야 할 때, 옳은 일을 왜 하지 않습니까? 평온에 기반을 둔 순수하고 깨끗한 마음으로 하는 모든 일은 옳고 적절한 것이지, 불완전한 것이 아닙니다. 오, 라마여! 우리들 가운데 많은 사람들이 불완전한 활동들에 연루되어 있지만, 그들은 지혜롭고 명석합니다.

어떤 해방된 사람들은 세대주로서 삶을 영위하지만 전혀 애착이 없습니다. 그대처럼 왕실의 현자로서 왕실의 직무를 수행하지만 아무 애착이나 마음의 동요가 없는 사람들도 있습니다. 경전의 의무들과 의식들을 행하는 사람들도 있습니다. 신과 명상과 그들 자신의 임무에 헌신하고 있는 사람들도 있습니다. 내적으로 모든 것을 버렸지만 온갖 종류의 활동을 하면서 마치 무지한 사람인 양 살아가는 사람들도 있습니다. 완전히 명상에 잠긴 채, 밀림 속에서 살아가는 사람들도 있습니다. 신성한 장소에서 살아가는 사람들도 있습니다. 모든 좋아하는 것들과 싫어하는 것들을 완전히 극복하기 위하여 먼 이국땅들을 떠돌아다니는 사람들도 있습니다. 어떤 사람들은 끊임없이 이곳에서 저곳으로 다니고 있습니다.

어떤 이들은 그들의 타고난 의무들을 버렸는가 하면, 어떤 이들은 그
것들에 헌신하고 있습니다. 어떤 이들은 지혜로운 사람처럼 행동하는
가 하면, 어떤 이들은 미치광이처럼 행동합니다. 어떤 이들은 인간이지
만, 어떤 이들은 신들이고, 어떤 이들은 악마입니다.

이 세상에는 완전히 깨달은 사람들과 깨닫지 못한 사람들이 있으며,
바른 행위를 버림으로써 여기에도 저기에도 있지 않은, 반쯤 깨달은 사
람들이 있습니다. 숲 속의 생활이 해방에 필수적인 것은 아닙니다. 또
한 자기 자신의 나라에서 살아가는 것도, 고행들을 하는 것도, 활동들
을 버리는 것도 해방의 필수 조건은 아닙니다. 해방은 본성 자체가 완
전히 자유롭고 집착이 전혀 없는 그런 사람에게 얻어집니다. 마음이 자
유롭고 집착이 없는 사람은 다시는 이 삼사라에 연루되지 않습니다.
오, 라마여! 그대는 바로 지고의 상태에 있습니다. 지고의 진리에 자리
를 잡은 채, 좋아하는 것들과 싫어하는 것들이 없는 지금의 상태 그대
로 계십시오. 그 브람만 속에는 어떤 불순물들이나 변화들, 장막들, 갈
망들 혹은 혐오들도 없습니다. 더 이상 말할 것이 아무것도 없습니다.

발미끼는 말했다.

니르바나에 대한 강론을 종결지은 뒤에, 현자 바시슈타는 침묵을 지
켰다. 그곳에 모인 모든 사람은 최고의 니르비깔파 사마디 즉 명상에
깊이 들었다. 그곳에 모인 현자들과 완벽한 경지에 도달한 사람들의 환
호 소리로 여러 천국들이 메아리쳤다. 천인들은 그들의 북들과 다른 악
기들을 울렸다. 꽃비가 쏟아져 내렸다.

싯다들은 말했다.

이 시대가 시작될 때부터 우리는 해방에 이르는 방법에 대한 수많은

강론들을 열고 들었습니다만, 오늘과 같은 강론은 한 번도 없었습니다. 동물들이나 아이들마저도 현자의 말씀을 들음으로써 깨달음을 얻을 것입니다.

다샤라타 왕은 말했다.

신이시여! 당신에게 적절한 숭배를 올릴 수 있는 그 무엇이 이 세상에는 하나도 없습니다. 그러나 나의 기도에 귀를 기울이시고, 화내지 마십시오. 나는 나 자신과 나의 가족과 함께, 그리고 내가 지금까지 얻은 공덕들과, 내가 이곳과 다른 세상에서 행한 그 모든 훌륭한 업적들과 함께 당신을 경배하고 숭배합니다. 신이시여! 이 모든 것은 당신의 것입니다. 우리를 지배하는 것도 당신께서 할 일입니다.

바시슈타는 말했다.

오, 왕이시여! 우리는 경의와 찬사에 만족합니다. 그리고 그것은 나에게 과분한 것입니다. 그대만이 이 세상을 다스리는 방법을 알고 있습니다.

라마는 말했다.

신이시여! 내가 당신에게 무엇을 바칠까요? 당신의 발아래 무릎 꿇고 엎드립니다.

그를 이어 그의 형제들이 그 현자에게 경의를 표했다. 그 다음에 이 현자의 말씀을 듣기 위하여 먼 곳에서 온 여러 왕들과 나머지 사람들이 예배의 꽃을 바쳤다. 바시슈타는 문자 그대로 꽃으로 덮였다.

이 모든 일이 끝났을 때 바시슈타는 말했다.

오, 현자들이시여! 이 강론 중에 혹시 결점들이나 부족한 점들 혹은 잘못된 가르침들이 있는지 부디 말씀해 주십시오.

그 자리에 모인 현자들은 대답했다.

오, 신이시여! 당신의 이야기 속에서는 단 한 개의 적절하지 못한 어조도 없었습니다. 최고의 진리가 한결같이 그 이야기의 특징을 이루었습니다. 당신은 우리의 마음을 덮고 있던 죄의 장막을 즉각 없애 주셨습니다. 우리 가슴의 연꽃은 완전히 개화했습니다. 우리는 당신에게 경의를 표합니다. 당신이야말로 우리의 구루이십니다.

이렇게 말을 하고 나서, 그들 모두는 한 목소리로 "당신에게 경의를 표합니다!"라고 외쳤다. 또다시 그들은 그에게 꽃 세례를 퍼부었다. 그 다음 그곳에 모인 현자들은 그 모임을 소집했던 다샤라타 왕을 칭찬했다. 그들은 라마도 칭찬했다. 그들은 라마와 그의 세 형제들에게 경의를 표했다. 그들은 바시슈타와 비슈바미뜨라 현자들에게도 칭찬을 보냈다. 왜냐하면 그들이 망상을 즉시 없애 주는 바시슈타의 최고의 강론에 귀를 기울일 수 있었던 것은 오직 그들 모두의 은총 덕분이었기 때문이다.

이와 같이 그들 모두는 현자 바시슈타를 거듭 숭배하고 칭찬했다.

그러고 나서 바시슈타는 라마에게 물었다.

오, 라마여! 이 밖에 그대는 나로부터 무엇을 듣고 싶습니까? 이제 그대는 이 현상계를 어떻게 지각합니까? 그대의 내적인 경험은 어떻습니까?

라마는 대답했다.

당신의 은총으로, 나는 지고의 순수성을 얻었습니다. 모든 불순물이 깨끗이 사라졌습니다. 나의 모든 오해들과 망상들은 사라졌습니다. 나의 속박도 단절되었습니다. 나의 지성은 수정처럼 순수합니다. 나의 마음은 더 이상의 가르침을 갈망하지 않습니다.

나는 어떤 것과도 아무런 관계가 없습니다. 즉 가르침들이나 어떤 대상들, 친척들, 경전들, 심지어 포기와도 아무 관계가 없습니다. 나는 이 세상을 순수하고 무한하며 분할할 수 없는 의식으로서 바라봅니다. 혹은, 이 세상은 환영이 사라지는 순간 사라져 버리는 공입니다.

나는 당신이 무엇을 바라든지 내가 마땅히 해야 하는 것을 하겠으며, 지나친 기쁨이나 우울함이 없이 내가 반드시 해야 하거나 혹은 하고 싶은 것을 하면서 살아가겠습니다. 왜냐하면 나의 망상이 없어졌기 때문입니다. 이 우주가 다른 어떤 것이 되든 말든, 아니면 이 나라가 번창을 하든 말든, 나는 참나 지식에 자리를 잡고 있습니다. 나는 평화롭습니다. 나의 비전은 투명합니다. 나의 참된 상태를 보거나 이해하는 것은 어렵습니다. 나는 희망들과 욕망들에서 벗어나 자유롭습니다. 나는 다른 왕들이 깨달음을 얻었든 아니면 무지하든 간에, 그들과 똑같은 비전은 갖고 있겠지만 마음의 동요는 전혀 없는 상태로 통치하며 살아갈 것입니다. 이 몸이 존속하는 한, 나는 마치 아기가 놀이에 몰입해 있듯이, 이 삼사라의 성격에 대한 모든 의심에서 벗어나 순수한 비전을 가지고 이 왕국을 다스릴 것입니다.

바시슈타는 말했다.

오, 라마여! 훌륭합니다! 그대는 기쁨과 슬픔 너머에 있는 지고의 상태에 진실로 이르렀습니다. 그리고 그대는 이 세상과 다음 세상에서 볼 수 있는 모든 것을 초월했습니다. 그대는 이제 현자 비슈바미뜨라의 소망을 실현하고 이 왕국을 다스릴 것입니다.

모인 회중이 다시 한 번 환호를 보낸 뒤에, 라마는 말했다.

신이시여! 마치 불이 금을 정제하듯이 당신은 우리 가슴속의 불순물들을 없애 주었습니다. 그들의 몸을 전부로 여겼던 사람들은 이제 전 우주를 참나로 알게 되었습니다.

나는 존재의 충만함을 얻었습니다. 나에게는 모든 의심이 사라졌습니다. 나는 묽어지지 않는 영원한 희열로 가득 차 있습니다. 나는 감로와 같은 최고의 지혜로운 말씀들로 순화된 나 자신의 가슴을 가지고 있습니다. 당신의 은총으로 나는 온 세상이 바로 영원하고 무한한 불멸의 실재처럼 보이는 그런 상태에 도달했습니다.

바시슈타는 라마에게 말했다.

오, 라마여! 그대는 마땅히 들을 가치가 있는 모든 것을 들었고, 알 가치가 있는 모든 것을 알고 있습니다. 내가 그대에게 말했던 것과 그대가 경전들을 통해 공부했던 것이 이제 그대 자신의 직접적인 경험과 조화를 이루게 되었습니다.

그러나 나는 다시 한 번 그대에게 지고의 진리를 말씀드리겠습니다. 거울은 닦고 광을 낼수록 더 투명하게 빛납니다. 여기에 있는 모든 대상들은 자기 자신의 경험이나 자각의 척도입니다. 모든 소리들은 흐르는 물이 내는 소리와 같습니다. 여기서 보이는 모든 것은 무한한 의식의 가공적인 현상입니다. 이 세상은 마치 꿈처럼 일어났습니다. 깨어 있는 상태의 실재라고 알려진 것은 하나의 꿈입니다. 그것은 유일한 실재인 의식과 전혀 다르지 않습니다. 그러므로 이 세상은 진실로 형태가 없습니다.

오, 라마여! 지구와 나머지 모든 것이 이 꿈의 도시에 어떻게 생겨났는지 말씀해 보십시오. 이 모든 것은 누구에 의해 만들어졌고, 그들의 진정한 본질은 무엇이며, 그들의 기능은 무엇입니까?

라마는 말했다.

참나 혹은 무한한 의식만이 지구, 산 등과 같은 이 모든 것의 실재입니다. 그리고 참나는 모양도 없고 지지물도 없는 공간과 같습니다. 이 모든 것은 전혀 창조되지 않았습니다. 의식 속에서 일어나는 이 개념은 마음이라고 합니다. 그리고 이 모든 것으로 존재하는 것은 오로지 마음뿐입니다.

시간과 공간과 그 나머지 모든 것은 의식의 현상입니다. 그와 마찬가지로 산들도 의식에 지나지 않습니다. 모든 원소들도 또한 의식입니다. 땅의 견고성이나 물의 유동성과 같은 원소들의 특징적인 본질을 이루고 있는 것은 오로지 의식뿐입니다. 그러나 실제로, 땅이나 기타 원소들은 존재하지 않습니다. 그래서 무한한 의식만이 존재합니다. 하나의 바다가 파도들과 조류들을 일으킬 수 있는 것은 물의 유동성 때문입니다. 마찬가지로, 하나의 바다가 다양한 것처럼 보이는 것도 의식의 무한한 잠재력 때문입니다. 견고성과 딱딱함의 개념이 그 의식 속에서 일어나면, 그것은 산이 됩니다. 다른 모든 대상들에 있어서도 마찬가지입니다. 의식 자체는 이 모든 것을 통해 전혀 변화하지 않습니다. '나'와 '너' 등의 개념들이 어떤 이유나 원인도 없이 그 의식 속에서 일어납니다. 그래서 그 개념들은 의식과 다른 것이 아닙니다.

마음과 붓디, 자아감, 다섯 원소들, 그리고 이 모든 현상계는 무한한 의식 속에서 존재하기에 그 의식과 다르지 않습니다. 아무것도 창조되지 않았고, 아무것도 없어지지 않았습니다.

라마는 물었다.

이와 같이 이 모든 것이 무한한 의식이며 이 세상이 단지 꿈에 지나지 않는데, 이러한 의식이 어떻게 깨어 있는 꿈의 상태로 구현되는 것처럼 보입니까?

바시슈타는 말했다.

꿈 속에서든 혹은 깨어 있는 상태에서든 보이는 모든 것은 지지물로서 오직 공간밖에 없습니다. 그것은 공간에서 태어나고, 공간(공)의 성격을 띠고 있습니다. 이 공간은 다름 아닌 지고의 무한한 의식입니다. 아무것도, 심지어 이 몸조차도 창조되지 않았으며, 그러므로 아무것도 존재하지 않습니다. 무한한 의식은 마치 꿈 속에서처럼 이 모든 것의 존재를 경험합니다. 이 경험은 마치 견고한 창조물인 양 의식 속에 존재합니다. 의식의 무한한 잠재력 때문에 그 의식 속에서 일어나는 다양성은 여러 피조물들의 다양성을 불러일으키는 것처럼 보입니다.

라마는 물었다.

당신은 무수한 우주들이 있다고 설명했습니다. 또 거기에는 매우 다른 성격들과 기능들을 가진 다양한 존재들이 산다고 말했습니다. 그 모든 우주들 가운데 이 우주는 어떻게 존재하는지 부디 말씀해 주십시오.

바시슈타는 대답했다.

이전에 경험해 본 적도, 눈으로 본 적도, 귀로 들어 본 적도 없는 모든 것을 설명하면서, 스승은 진리를 파악하고 추론할 수 있는 보조 자료로서 적절한 실례들을 이용합니다. 그러나 그대는 이 우주의 본질을 알고 있습니다.

시작도 끝도 없고, 모양도 변화도 없는, 하나의 무한한 브람만만이 존재합니다. 브람만으로 충만해 있는 무한한 공간 속에서 이 우주는 브람만과 전혀 다르지 않은 상태로 존재합니다. 이 우주도 역시 시작도 없고 끝도 없습니다. 이 우주는 무한한 의식이 그 자체 내부에서 무엇을 경험하든지, 그 자체 내부에서 생각하는 그대로 됩니다. 그래서 무한한 의식 그 자체는 그 경험을 우주로 여기는 것입니다. 그러므로 그것은 꿈을 꾸는 사람이 꿈 속에서 보는 대상처럼 가공적입니다.

산들은 고체가 아니며, 물들도 또한 액체가 아닙니다. 무한한 의식이 어디에서나 그 자체를 무엇으로 생각하든지, 그것은 거기에 그렇게 존재하는 것처럼 보입니다. 산은 꿈 속에서 나타나지만, 어떤 것 속에도 존재하지 않으며, 또한 어떤 것으로도 존재하지 않습니다. 이 우주도 그와 꼭 같습니다. 왜냐하면 그것은 무한한 의식의 꿈이기 때문입니다. 브람만만이 언제나 브람만으로서 존재합니다. 아무것도 창조되지 않았고, 또한 어떤 것도 파괴되지 않았습니다. 브람만 속에는 어떤 다양성도 없으며, 또한 그 안에는 다양성 없음도 없습니다. 일원성, 다양성, 진리, 허위 등과 같은 모든 관념은 그것과 아무 관계가 없습니다.

바시슈타는 말했다.

어떠한 원인도 없이 존재하는 것처럼 보이는 것은 실제로 존재하지 않습니다. 그러므로 오로지 존재하는 그것(실재)만이 존재할 뿐입니다.

나는 그대의 명확한 이해를 돕기 위하여 내가 옛날 들었던 재미있는 질문 하나를 이야기하겠습니다. 꾸샤드비빠라는 섬이 하나 있는데, 그 섬에는 일라바띠라는 도시가 하나 있었습니다. 쁘라야쁘띠라는 왕이 그 도시를 다스리고 있었습니다. 옛날 나는 우연히 그를 만난 적이 있었습니다. 그는 나에게 적절한 경배를 올린 뒤에, 다음과 같은 질문을 던졌습니다.

"가시적인 전 우주가 소멸되고 난 뒤에, 이 우주를 창조할 이유나 원인은 무엇이었습니까? 이 우주는 무엇입니까? 그 일부는 항상 어둠에 가려 있고, 또 어느 곳에는 벌레들이 살고 있습니다. 이 세상을 구성하는 이들 원소들이 어떻게 생겨났으며, 마음이나 붓디 등은 어떻게 창조되었습니까? 이 모든 것의 창조주는 누구이며, 그것을 자각하는 사람은 누구입니까? 또 그것을 지지해 주는 것은 누구입니까?

분명히 이 우주의 궁극적인 소멸은 없습니다. 모든 살아 있는 존재가 무엇을 자각하게 되든지, 그 존재는 그것만을 경험합니다. 그렇다면 무엇이 파괴될 수 없는 것이고, 무엇이 실재하는 것입니까? 어떤 사람이 여기서 죽어 그의 시신이 화장되면, 지옥에서 그가 필요한 경험을 겪게 될 몸을 누가 창조합니까? 미덕(다르마)이나 악덕(아다르마)이 아닌 것은 확실합니다. 왜냐하면 그것들은 미묘하고 형태가 없기 때문입니다. '저승'이 존재하지 않는다고 말하는 것은 마찬가지로 논리적 결함이 있는 것처럼 보입니다. 왜냐하면 그것은 경전들의 진술과 모순되기 때문입니다.

형태가 없는 사람이 처벌과 같은 경험들을 겪을 수 있다고 제안하는 것은 도리에 맞지 않습니다. 또한 물질이 여기서 어떻게 변화를 겪는지 말씀해 주십시오. 지시들과 금지들을 다루는 경전들은 무슨 쓸모가 있습니까? 경전들에서는 비실재적인 것만이 처음에 존재했다가 나중에 그것이 실재적인 것이 되었다고 말하는데, 도대체 그 의미는 무엇입니까? 창조주 브람마가 공에서 나왔다면, 왜 그 공은 매우 많은 창조주들을 어디에서나 창조하지 않습니까? 약초들 등은 어떻게 그것들의 특성들과 그것들의 내용을 얻었습니까? 어느 신성한 장소에서 같은 시간대에 두 사람이, 즉 친구와 원수가 살아가고 있습니다. 친구는 장수를 빌고, 원수는 죽음을 빌고 있습니다. 누구의 기도가 실현되겠습니까? 수천 명의 사람들이 '내가 하늘에 있는 달이 되었으면.' 하고 소망했다면, 왜 동시에 빛나는 수천 개의 달들이 있을 수 없습니까? 만약 수천 명의 남자들이 모두 어느 특정한 여성을 자기 아내로 맞이하겠다고 명상하고 기도한다면, 또 동시에 만약 그 여자가 자기를 처녀로 남게 해 달라고 명상하고 기도한다면, 그 결과는 어떻게 되겠습니까?

육체가 없는 가운데 죽은 영혼들이 경험하는 장례식과 그 후에 치르는 의식들의 결과는 어떻습니까?"

바시슈타는 말했다.

오, 왕이시여! 경청하십시오. 그대의 모든 의심이 사라지도록 그대의 여러 질문들에 대한 답을 드리겠습니다.

이 세상에 있는 모든 것은 영원히 실재하지 않습니다. 그러나 그것들은 또한 유일한 실재이며 그것들의 내용인 의식 때문에 실재하기도 합니다. "이것은 이러이러하다."와 같은 결정처럼 그 의식이 결정하는 모든 것은 그것이 실재하든 실재하지 않든지 간에, 결정한 그대로 됩니다. 이러한 것이 의식의 본성입니다.

이 의식은 몸을 생각했고, 그래서 그것은 몸을 알게 됩니다. 몸을 알게 되는 것은 참나 의식이지, 그 반대의 다른 길이 아닙니다. 우주가 시작될 때, 오직 의식만 있었지, 그 밖에 아무것도 없었습니다. 그러므로 현상계는 마치 꿈처럼 그 의식 속에서 일어났습니다. 의식이 이 세상을 어떤 식으로 생각하든지, 이 세상은 오로지 의식이 생각한 그대로 되었습니다. 이 세상은 그것이 아니고 그 밖에 무엇이겠습니까? 이 세상이 다름 아닌 의식이나 브람만에 지나지 않으므로, 경전들에서도 이 세상이 그렇다고 말하는 것입니다.

그러나 눈에 띄지 않는 우물 속의 개구리처럼, 어리석고 무지한 사람들은 그들의 이해의 토대를 그 순간의 경험에 두고 있습니다. 그래서 그들의 잘못된 이해 때문에, 그들은 몸만이 경험이나 자각의 근원이라고 잘못 생각하게 됩니다. 그러나 우리는 그들과 아무 관계가 없습니다. 아무리 총명하다 할지라도, 만약 그가 자신의 의심을 떨쳐 버릴 수 없다면, 그러한 사람은 무지한 것입니다. 만약 참나 의식이 신체의 특징 가운데 하나라면, 왜 시체는 아무것도 경험하지 못합니까?

진리는 반대 방향의 다른 길에 있습니다. 마치 꿈 속의 대상들이 그대의 의식 속에 나타나듯이, 이 우주로서 나타나는 것은 브람만의 의식 즉 무한한 의식입니다. 브람만은 무한한 의식입니다. 그는 비라뜨 즉 우주적 인격체인 이 꿈의 도시를 생각합니다. 이 우주적 인격체는 창조주 브람마이고, 그것은 비록 이 우주라고 알려져 있지만, 또한 순수 의식입니다. 창조주 브람마의 꿈의 세상 속에서 무슨 생각이 일어났든, 오로지 그것은 그와 똑같은 식으로 여기에서도 경험됩니다. 따라서 몸에는 두 가지 상태, 즉 살아 있는 상태와 죽은 상태가 있습니다. 그와 마찬가지로 이 우주는 나타났다가 사라집니다. 이 우주에는 브람만 이외의 다른 어떤 원인도 없습니다. 그러므로 그것은 바로 브람만인 것입니다. 몸이 존재하든 존재하지 않든지 간에, 이 의식은 언제 어디서나, '죽기' 이전과 '죽은' 이후에도 그것이 알고 있는 것을 경험합니다. '다른 세상'을 생각하고, 그것을 그러한 것으로 경험하는 것은 오로지 의식뿐입니다.

이러한 기만적인 경험은 사람이 해방의 올바른 방법을 이용하여 정신적 조건화가 사라지고 의식이 절대적이 되는 그런 일깨움을 얻을 때까지는 사라지지 않습니다.

바시슈타는 말했다.

무한한 의식이 무엇을 생각했든지, 그리고 그런 생각을 지닐 때마다, 그 의식은 그것이 생각한 것을 경험했습니다. 그와 마찬가지로, 축복과 저주도 또한 그들의 힘을 무한한 의식에서 끌어냅니다. 지시와 금지가 그들의 권위와 힘을 얻게 되는 것도 의식 속에서 일어나는 적절한 개념 때문입니다.

지금 이 세상에 있는 형체를 가진 존재가 이 우주가 시작되기 전에 존재했던 것을 이해할 수 없었기 때문에, 그 이전에는 오로지 비존재만이 있었다고 하는 것입니다. 그러나 존재와 비존재, 우주와 소멸은 무한한 의식이 눈을 떴다가 감는 것과 같습니다. 무한한 의식의 본성 자체가 바로 그러하기 때문에, 마치 그대가 백일몽에 잠겨 있을 때, 눈 깜빡하는 사이에 수많은 심적 이미지들을 만들었다가 해체시키는 것처럼, 우주는 끊임없이 일어났다가 사라집니다. 그러나 이 모든 것은 무한한 의식 속에서 일어나는 이미지들에 불과합니다. 그것은 전혀 아무 것도 하지 않습니다.

무한한 의식은 언제 어디서나 존재하기 때문에, 거기에는 어떤 장벽들도 없고, 그것은 언제 어디서나 어떤 이미지도 불러일으킬 수 있습니다. 지시들과 금지들은 오로지 여기에서 사회 구조를 보존하기 위해서만 존재합니다. 그러나 이들 모두가 의식 속에 자리를 잡고 있기 때문에, 그것들은 사람이 이 세상을 떠나간 후에도 그것들의 열매들을 산출할 수 있습니다.

브람만은 생겨나지도 않고 또한 사라지지도 않습니다. 그러나 주체와 객체의 관계가 그 안에서 일어날 때, 그것은 생겨난다고 합니다. 그리고 그 객체는 이 우주라고 합니다. 브람만이 그 관계를 철회하고 그 자체로서 본질적으로 존재할 때, 브람만은 무한한 공간과 지고의 평화로서 존재하고 있다고 합니다. 이 둘(존재와 비존재의 관계)은 마치 움직임과 정지가 바람에 자연스러운 것처럼, 브람만에게 자연스럽습니다.

시간의 구분들은 물론, 노령과 죽음 등도 마치 온갖 심상들이 반복적으로 그대의 백일몽 속에서 일어나듯이, 거듭 되풀이하여 무한한 의식 속에서 일어납니다. 그와 마찬가지로, 다양한 대상들은 물론, 약초들과 약용 식물들도 삼계에 생겨났습니다.

하나의 무한한 의식만이 그 안에서 일어나는 무한한 (의식적인) 심상들 때문에 이 무한한 다양성으로 나타납니다. 그러나 이 모든 것 속에서 그리고 이 모든 것으로서 빛나는 것은 오직 하나의 브람만입니다.

바시슈타는 말했다.

그대는 어느 신성한 장소에서 친구와 원수가 서로 반대의 결과를 비는 경우를 언급했습니다. 이 모든 것도 바로 처음에 무한한 의식에 의해 결정됩니다. 장소의 신성함과 공덕을 짓는 품행 때문에 그런 장소에서 그런 공덕을 얻을 수 있습니다. 비록 그가 죄인이었다 해도, 그의 죄의 부담은 신성한 장소의 공덕으로 줄어들거나 제거됩니다. 그러나 만약 그 죄의 무게가 공덕의 힘보다 훨씬 적다면, 그 죄가 완전히 소멸된다는 것은 틀림없습니다. 만약 그들이 같은 힘을 가지고 있다면, 공덕과 과실 둘 다를 해결하기 위하여 두 개의 몸이 의식 속에 나타나는 것이 가능합니다.

무슨 개념들이 무한한 의식 속에 일어나는지 그리고 그것 안에 어떤 개념들이 존재하는지가 공과(功過)의 결과들을 결정합니다. 나와 그대 그리고 이 모든 것들 모두는 심상들이 공덕에 관계하든지 그렇지 않든지 간에, 무한한 의식 속에 존재하는 그 심상들의 지배를 받습니다.

죽어가는 사람은 그가 죽어가고 있다는 것과 다른 사람들이 자기 때문에 울고 있다고 생각합니다. 그와 마찬가지로 죽음과 화장 등과 같은 생각들이 죽은 친척 때문에 울고 있는 다른 사람들 안에 일어납니다. 죽어가는 사람은 그에게 보이는 대로 이 세상을 봅니다. 그러나 나머지 사람들(그의 죽음을 빌었던 원수)은 그가 죽었다고 생각합니다. 하지만 일부(그의 안녕을 빌었던 친구)는 그가 불멸을 얻었다고 생각합니다. 따라서 두 개의 기도 모두가 충족되었습니다. 삼계는 망상이 빚어낸 가공의 산물들입니다. 그러나 그 안에는 어떤 구분이나 모순이 없습니다. 환영 속에서 불가능한 것이 어디에 있겠습니까?

왕은 물었다.

형태도 없는 공과가 어떻게 몸을 생기게 할 수 있습니까?

바시슈타는 대답했다.

이 우주는 브람만이 만든 꿈의 도시입니다. 그 안에서 불가능한 것은 아무것도 없습니다. 꿈 속에서 혹은 백일몽을 꾸고 있을 때, 사람은 백만장자가 됩니다. 그와 마찬가지로, 무한한 의식이 '꿈'을 꾸기 시작하면, 하나는 일 천(군대)이 됩니다. 또 깊은 수면 속에서처럼, 일 천은 하나가 됩니다. 그러므로 여기에서 어떤 것이 불가능하다고 말하거나 혹은 여기에서 어떤 것이 일어난다고 말하는 것은 가능하지 않습니다. 우리가 경험하는 모든 것은 우리가 그것을 경험하는 방법입니다. 그러므로 진리를 아는 사람들은 이 어느 것 속에서도 어떤 모순이나 불가능을 볼 수 없습니다. 무엇이 가능하고 무엇이 불가능한지에 대한 이러한 논의는 오직 그 논의가 실재에 관련될 때만이 의미가 있습니다. 그러나 현상계조차도 하나의 환영이나 긴 꿈에 지나지 않고 보면, 이러한 논의는 무의미합니다. 꿈과 같은 실재 속에서 유일한 시금석은 '경험'입니다. 즉 경험되는 모든 것은 실재하는 것으로 경험됩니다. 여기에 존재하는 것은 무한한 의식 속에서 일어나는 심상에 따른 것입니다.

바시슈타는 계속 말했다.

나는 이제 그대에게 백 명의 사람들이 "내가 달이 되었으면." 하고 명상을 하고 기도할 때, 왜 하늘에 백 개의 달이 나타나지 않는지를 말씀드리겠습니다. 그 달 모두가 이 특별한 하늘에 나타나지 않습니다. 또한 그들이 하나의 특별한 달 속으로 들어가지도 않습니다. 한 사람은 다른 사람의 꿈의 도시 속으로 들어갈 수 없습니다. 각자가 그 자신의 꿈의 세상을 가지고 있고, 그 꿈의 세상 속에서 그는 달이 됩니다. 이것은 많은 남자들이 모두가 어느 특정한 여성을 아내로 맞고 싶다고 기도할 때도 꼭 같습니다. 그러한 기도의 결실은 마치 실재하는 것처럼 각자가 경험하는 각자의 의식 속에 비칩니다. 확실히, 이 모든 것은 순전히 상상적인 것입니다. 그래서 상상으로 불가능한 것이 어디에 있겠습니까?

그와 마찬가지로, 사람은 자기의 자선 등의 결과들을 다른 세상에서 경험합니다. 그러한 자선 행위 등은 사람의 의식 속에 하나의 심상을 만들었고, 의식 그 자체는 다른 세상에서 그러한 자선의 결과들을 경험하고 있다고 상상합니다. 이것은 또한 지혜로운 사람들의 관점이기도 합니다.

왕은 물었다.

신이시여! 이 몸은 우선 어떻게 나타납니까?

바시슈타는 대답했다.

그대가 몸이라고 부르는 것은 현자의 눈에는 존재하지 않습니다. 그것은 오직 브람만일 뿐입니다. 현상계가 가공적이라는 진리를 예시하기 위하여 사용된 '꿈'이란 단어도 그와 꼭 같습니다. 무한한 의식 속에서는 '꿈'이란 것이 전혀 없습니다. 그 속에서는 몸도 꿈도 없습니다. 깨어 있는 상태도, 꿈도, 수면도 없습니다. 존재하는 모든 것은 공이요, 옴(OM)입니다. 이러한 이야기도 이제 그만 합시다.

'이것'과 '저것' 사이에는 의식의 몸이 있습니다. 즉 그것은 일원성과 다양성입니다. 충만은 무한으로 확대됩니다. 그 다음 무한만이 이 세상으로서 존재합니다. 그것은 존재하는 것처럼 보이지만, 겉으로 드러난 현상 그대로가 아닙니다. 의식이 이 우주를 생각하는 곳에서는 어디에서든지 우주가 존재하는 것처럼 보입니다. 분할할 수 없는 의식은 어디에서든지 존재하며, 그 모든 것은 또한 이 우주입니다. 이 모든 것은 항상 평화로운 브람만 즉 무한한 의식입니다. 그래서 그것은 또한 우주라고도 합니다.

그것은 다른 것이 될 수 없습니다. 그 밖의 모든 것은 무지입니다. 이것은 이 세상에 있는 모든 사람들의 경험이요, 이것은 모든 경전들과 베다들에서 전하는 말입니다. 이 진리를 깨달을 때, 그 깨달음 자체가 브람만이 되고, 그리고 이 우주 전체가 브람만과 전혀 다르지 않다는 것으로 깨달아집니다. 따라서 나의 견해는 경험이나 경전의 말씀과 일치합니다. 그것은 바로 지금 여기에서 해방되는 데 도움이 되며, 그러므로 그것은 가장 적절한 견해입니다. 이 삼사라의 나무에 대한 진리를 명확히 자각할 때, '나는 삼계이다.'라는 깨달음이 일어나고, 해방이 있습니다.

가시적인 우주는 있는 그대로 계속 있겠지만, 그러나 의식의 대상이 되기를 그만둡니다. 즉 그것은 무한한 의식 속에 통합됩니다.

라마는 물었다.

이들 싯다(완벽한 경지에 도달한 사람)들과 샤다야(천인)들, 야마(죽음), 브람마(창조)들, 비디야다라들과 디바우까사(천인)들, 그리고 그들 자신의 세상들은 무엇입니까?

바시슈타는 말했다.

매일 밤낮, 그대 앞에서, 그대 뒤에서, 그리고 그대 위에서 그대는 이들 싯다들과 다른 존재들의 세상을 봅니다. 만약 그대가 그들을 보고 싶어 하면, 그대는 그들을 봅니다. 그렇지 않으면 그대는 그들을 보지 않습니다. 만약 그들을 보는 기술을 수련하지 않으면, 그들은 아주 멀리 있는 것처럼 보입니다. 이 세상들 역시 미묘하고 초감각적이며 전 공간이 그들로 가득 차 있습니다.

이 세상이 가공적이고 가상적이듯이, 싯다들과 천인들의 세상들도 그와 같습니다. 이들 세상들은 그들의 심령적인 힘으로 튼튼해졌습니다. 그와 마찬가지로, 그대도 집중적인 명상을 통하여 그대 자신의 상상이나 환영이 만든 그 세상을 안정시킬 수 있습니다. 싯다들 즉 완벽한 경지에 도달한 사람들은 이와 같이 그들의 세상을 흔들리지 않게 만들었습니다. 이 우주는 무한한 의식으로 가득 차 있어서, 그 의식이 그 자체 내에서 어떤 이미지를 가지느냐에 따라 우주는 그 이미지대로 존재합니다.

이 우주는 다른 어떤 것에 의해서나 다른 어떤 것으로부터 창조되지 않았습니다. 왜냐하면 우주가 시작될 때 그러한 어떤 원인도 존재하지 않았기 때문입니다. 우주는 의식 속에서 떠오르는 개념이나 이미지 그대로 존재합니다. 자기 자신의 상상 속에서는 비록 실제로는 그러한 산이 없지만 산이 나타납니다. 그러한 것이 또한 현상계의 성격입니다. 그러므로 이러한 진리를 아는 사람들은 마치 걸어 다니는 나무처럼 여기에서 살아가고 있습니다.

브람만 속에서 나타나는 이 모든 우주들은, 마치 파도들이 바다와 전혀 다르지 않은 상태로 바다 속에 존재하듯이, 브람만과 전혀 다르지 않은 상태로 브람만 속에서 존재합니다. 비록 이 우주가 오랫동안 존재해 온 것처럼 보이고, 어떤 작용을 하는 실체인 것처럼 보이지만, 여전히 그것은 순수한 공이고, 가상의 도시가 실재하지 않듯이 그것도 실재하지 않습니다. 비록 사람들은 그 존재를 경험해 봤지만, 그것은 실제로 존재하지 않습니다. 그것은 마치 꿈 속에서 자기 자신의 죽음을 보는 것과 같습니다. 비실재적인 것이 실재적인 것처럼 보입니다. 이 세상의 실재와 비실재는 지고의 존재가 가지고 있는 두 가지 양상들입니다. 심지어 지고의 존재라는 개념마저도 진리가 아닌 관념에 불과합니다. 그 모든 것이 이런 식으로 존재한다고 생각하든지, 아니면 진리는 이 모든 것과 달리 존재한다고 생각하십시오. 혼란스럽거나 혼동할 필요가 어디에 있겠습니까? 행위들의 결과들의 추구를 버리십시오. 그대는 깨달음을 얻었습니다. 헛된 일에 힘을 쏟지 마십시오.

바시슈타는 계속 말했다.

브람만은 무한한 의식이기 때문에, 브람만은 그것 자신을 무한한 공간으로 생각합니다. 그 무한한 공간 그 자체가 이 세상이 존재하고 있는 우주적 인격체입니다. 그러나 이 모든 것은 브람만과 전혀 다르지 않습니다. 그러므로 이 모든 것은 브람만입니다. 혹은, 마치 신기루 속의 물이 존재하는 것처럼 보이지만 실은 실재하지 않는 가공적인 것처럼, 이 현상계는 하나의 실체처럼 보이지만 환영입니다.

라마는 물었다.

브람만이 그 자체를 이와 같이 생각하지 않는 때를 말씀해 주십시오.

바시슈타는 말했다.

브람만 즉 무한한 의식 속에는 지금도 우주의 이미지가 존재하고 있습니다. 그러나 우주와 비우주가 언제 어디서나 브람만 속에 존재하고 있는 것이 사실이지만, 그것들은 그 브람만과 관계없이는 존재하지 않습니다. 그러므로 다른 관점에서 보면, 그것들은 실제 존재하지 않습니다. 이 우주가 움직임과 바람의 관계처럼 브람만과 전혀 다르지 않으므로, 브람만은 그것을 하나의 대상으로 알지 못합니다. 그러므로 우주는 시작도 끝도 없습니다. 그리고 그것이 브람만입니다.

　그대가 깨달음을 얻지 못하고 단순히 이 이야기를 들음으로써 깨어
남을 경험할 때, 그대는 사실상 비이원적인 브람만 속에서 분명히 이원
성이나 다양성을 경험합니다. 여기에는 아무것도 존재하고 있지 않습
니다. 그러므로 대상들에 대한 관념들도 없습니다. 오로지 참나밖에 없
고, 참나는 하나의 대상도 가지고 있지 않습니다. 삼계처럼 보이는 것
이 언제나 존재하는 것처럼 보입니다. 그러나 그것은 다양성이라고는
전혀 없는 지고로 평화로운 브람만입니다. 그대가 다양성을 분명히 경
험하는 것은 오로지 그대가 충분한 깨달음을 얻지 못했기 때문입니다.
그대가 충분히 깨달음을 얻었을 때는 경전들도 가르침들도 필요 없을
것입니다. 그리고 그대는 '나'라는 개념에 바탕을 둔 이원성이나 다양
성을 경험하지도 않을 것입니다.

　라마는 물었다.

　'나'라는 개념이 지고의 존재 속에서 일어날 때 어떤 일이 일어납니까?

　바시슈타는 대답했다.

　'나'라는 개념이 의식 속에서 일어날 때, 무한한 공간의 관념도 함께
일어납니다. 이 무한한 공간에서부터 시공(時空)의 연속체가 일어나고,
이 시공의 연속체에서부터 구분과 다양성이 일어납니다. 그러므로 '나
는 거기에 있지 않다.'를 의미하는 '나는 여기에 있다.'와 같은 개념들
이 일어납니다. 이 모든 것이 일어났을 때, '나'는 현상계가 또한 현상
계로서 일어나는 그 미묘한 근원적인 원소들을 자각하게 됩니다. 따라
서 브람만 즉 무한한 의식으로부터 비(非)브람만적인 것이 분명히 생겨
납니다. 그러나 이것은 오직 표면상일 뿐이지 실재적이지는 않습니다.
실제로는 무한한 브람만만이 존재합니다.

바시슈타는 계속 말했다.

오, 라마여! 그대가 방금 나에게 질문했듯이, 그대는 옛날 이전 시대에서도 나에게 그런 질문을 던졌습니다. 그때도 그대는 나의 제자였으며, 나는 그대의 구루였습니다. 나는 그때의 대화를 분명히 기억하고 있습니다. 이 자리에서 그대에게 다시 들려주겠습니다.

제자가 물었습니다.

신이시여! 제발 말씀해 주십시오. 이 세상의 주기가 끝날 때 죽어 없어지는 것은 무엇이며, 죽지 않고 남아 있는 것은 무엇입니까?

스승은 말했습니다.

사랑하는 제자여! 보이는 것 즉 지각의 대상들은 모두가 소멸됩니다. 이는 마치 그대가 깊은 수면 상태에 들어갈 때, 꿈의 세상이 소멸되는 것과 같습니다. 산들과 그들의 방향들이 있는 이 모든 세상들은 완전히 없어집니다. 세상의 질서는 물론이고, 시간과 활동마저도 없어집니다. 모든 존재들도 소멸되고, 공간마저 사라집니다. 왜냐하면 공간을 생각하거나 공간 속에서 생각하는 사람이 아무도 없기 때문입니다. 창조주 브람마나 보호자 비슈누, 그리고 구원자 루드라와 같은 신들도 존재하지 않습니다. 그들은 이름으로조차 존재하지 않습니다. 그러면 무엇이 남아 있습니까? 오직 무한한 의식만이 남습니다. 그러나 이것마저도 현재의 경험에 기초를 둔 하나의 추론입니다.

제자는 물었습니다.

비실재적인 것은 생겨나지 않고, 실재적인 것은 어떤 비존재도 가지고 있지 않다고 사람들은 말해 오고 있습니다. 어떻게 이것이 일어나며, 어떻게 보이는 것이 없어집니까?

스승은 말했습니다.

사랑하는 제자여! 이것은 없어지지 않습니다. 그러므로 '그것은 보이지 않는다.'라고 말합니다. 그래서 비실재적인 것은 어떤 존재도 가지지 않고, 또 실재적인 것은 어떤 비존재도 가지지 않는다고 말하는 것입니다. 언제 어디서나 존재하지 않는 것은 이미 비존재입니다. 그래서 그것이 어떻게 없어지겠습니까? 신기루 속에서 보인 물에 있어서 무엇이 영원합니까? 그리고 환영 속에서 무엇이 영원합니까? 이 우주에서 보이는 모든 것은 하나의 환영입니다. 그러므로 왜 그 환영이 존재하기를 그치지 않겠습니까? 마치 잠에서 깨어날 때 꿈이 끝나고, 잠자리에 들 때 깨어 있는 상태가 끝나듯이, 이 모든 현상계도 끝이 납니다. 잠에서 깨어날 때, 꿈의 도시는 어디로 사라졌습니까? 마찬가지로, 현상계가 어디로 사라지는지를 알지 못합니다.

제자는 물었습니다.

왜 이 모든 것이 존재하는 것처럼 보이며, 그리고 왜 현상계가 사라지는 것처럼 보입니까?

스승은 대답했습니다.

이 모든 것으로 나타나는 것은 오직 무한한 의식입니다. 즉 그 무한한 의식과 관계없이는 어떤 세상도 존재하지 않습니다. 심지어 무한한 의식이 이 모든 것처럼 보이는 것으로 나타나는 동안에도, 무한한 의식은 그 자체의 참된 본성이나 정체성을 잃지 않습니다. 예컨대, 그대의 모습이 물에 비칠 때 그 비친 모습이 일시적이고 그대 자신의 모습이 아닌 것처럼, 현상과 비(非)현상도 모두 의식의 양상들입니다. 꿈이 있는 수면과 꿈이 없는 수면은 하나의 수면의 양상들입니다. 그와 마찬가지로, 창조와 소멸도 브람만의 양상들입니다.

제자는 말했습니다.

꿈 속에서는 꿈꾸는 사람 이외의 다른 누군가(즉, 꿈꾸는 사람과 꿈으로 양분되지 않는 순수 의식)가 있습니다. 그와 마찬가지로, 이 환영의 세상을 지각하는 사람 이외의 누군가도 있을 수 있습니까?

스승은 말했습니다.

그렇습니다. 그러므로 그것의 참된 본성이나 형태는 현상계가 아닙니다. 의식만이 존재하고, 그것은 존재하는 모든 것을 비춥니다. 그러나 그 현상은 다른 사람에 의해 경험됩니다. 그러므로 그것은 모순들의 종합입니다. 그것은 어떤 것도 비추지 않고, 심지어 그것은 존재한다고 할 수도 없습니다. 그것은 무한한 의식 속에 나타난 현상입니다. 관찰자에게 어떻게 '실재적인' 것과 '비실재적인' 것이 있을 수 있겠습니까?

언제 어디서나 그것이 모든 것으로서 보인다고 말한다면, 그것은 또한 언제 어디서나 모든 것으로서 보이지 않는다고도 말해질 수 있습니다. 그것은 실재이고, 또한 언제나 비실재입니다. 그것은 무한한 의식입니다. 그것은 소멸되지 않고, 다른 것(현상계)도 역시 소멸되지 않습니다. 오직 창조와 소멸이라는 두 가지 양상을 가진 무한한 의식의 실재를 깨닫지 못했을 때만 큰 슬픔이 있습니다. 그러나 그것을 깨달았을 때는 크나큰 평화가 있습니다.

신이나 무한한 의식만이 항아리요, 산이며, 천, 나무, 풀, 불이며, 움직일 수 있고 움직일 수 없는 것 등이며, 한마디로 모든 것입니다. 신은 본질과 비본질, 공, 활동, 시간, 공간과 땅, 존재와 파괴, 선과 악입니다. 무한한 의식이 아닌 것은 아무것도 없습니다. 그것은 언제 어디서나 모든 것입니다. 동시에 그것은 언제 어디서나 그 어느 것도 아닙니다.

풀잎 한 조각도 행위자이며 향유자입니다. 항아리도 행위자이며 동시에 향유자입니다. 한 조각의 천도 행위자이며 향유자입니다. 경치도 행위자이며 또한 향유자입니다. 산도 행위자이며 향유자입니다. 사람도 행위자이며 향유자입니다. 다시 말해, 그 하나하나가 바로 지고의 신입니다. 개개의 이 모든 사물 속에는 신이 직접 행위자이며 향유자 즉 경험자입니다. 왜냐하면 모든 것이 모든 것을 결정하는, 시작도 끝도 없는 브람만이기 때문입니다. 그러므로 심지어 창조와 파괴마저도 하나의 신 즉 무한한 의식의 양상들입니다. 의식만이 모든 것 속에서 모든 것을 행하는 행위자이며 경험자입니다. 그러므로 여기에서는 아무도 어떤 것을 행하는 행위자와 경험자가 아니든지, 혹은 신이 모든 것을 행하는 행위자나 경험자입니다. 따라서 모든 것(지시와 금지들)이 신 속에 존재하고, 또 실제로 그렇게 존재하지 않는 것이 가능합니다. 이 모든 것은 개개인이 이 모든 것을 경험하는 그대로입니다.

오, 라마여! 나는 이와 같이 그대에게 가르침을 주었습니다. 또 이와 같이 나는 그대에게 알 가치가 있는 모든 것을 알려 주었습니다. 깨달음의 상태에서 실재에 자리를 잡고 계십시오. 니르바나 상태에서 자유를 즐기며, 왕국을 공정하게 다스리십시오.

바시슈타는 말했다.

현자 바시슈타가 이와 같이 그의 가르침을 종결지었을 때, 하늘에서는 천상의 음악이 울려 퍼지면서 꽃비가 쏟아져 내렸습니다. 그곳에 모인 모든 사람들은 꽃으로 현자를 숭배했습니다.

그때 다샤라타 왕은 말했다.

우리는 완벽한 지식을 얻었습니다. 우리는 지고의 상태에 안주해 있습니다. 우리의 마음과 가슴은 현자의 밝은 가르침으로 정화되어, 모든 망상과 환영과 개념들과 잘못된 상태들이 완전히 사라졌습니다.

라마는 말했다.

오, 현자들 중의 주님이시여! 당신의 은총으로 나의 망상은 사라졌고, 나는 지고의 상태를 얻었습니다. 나는 이제 완전한 깨달음을 얻었고, 나의 지성도 완벽하게 맑아졌습니다. 나에게는 의심이 하나도 없습니다. 나는 브람만으로서 나 자신의 자연스러운 상태에, 즉 니르바나의 지식 속에 안주하고 있습니다. 나는 당신이 말씀하신 대로 하겠습니다. 제가 어떤 것을 행하거나 행하지 않음으로써 얻을 수 있는 것은 아무것도 없습니다. 나에게는 친구나 원수도 없습니다. 당신의 은총을 통해서가 아니고서는 어떻게 이 모든 것을 깨달을 수 있겠습니까? 작은 아이가 어떻게 다리나 배의 도움이 없이 바다를 건널 수 있겠습니까?

락슈마나는 말했다.

과거의 여러 생들에 지은 공덕으로 우리는 현자의 말씀을 들었고, 이제는 모든 의심에서 벗어났습니다.

비슈바미뜨라는 말했다.

그것은 마치 우리가 천 개의 신성한 강가 강들에서 목욕한 것이나 같습니다.

나라다는 말했다.

우리는 우리가 천국이나 지상에서도 듣지 못했던 것을 듣게 되었습니다. 그러므로 우리는 완전히 정화되었습니다.

샤뜨루그나는 말했다.

나는 지고의 평화와 희열을 얻었습니다.

그들이 모두 말을 하고 난 뒤에, 현자 바시슈타는 왕에게 말했다.

"경전에 대한 이야기가 끝날 때에는 성현들이 마땅히 숭배받아야 합니다. 그러므로 브람마나들의 모든 소망들을 들어주십시오. 그러면 그대는 이 신성한 과업의 결과들을 얻을 것입니다." 그러자 왕은 전국에서 일만 명의 브람마나들을 초청했다. 그는 그들을 숭배했다. 그는 그들에게 음식을 대접하고, 그들에게 선물을 아낌없이 주었다. 나중에 그는 시민들과 하인들, 가난한 사람들과 장애자들을 숭배했다.

그 후 수도에서는 여러 음악회들과 춤 공연들, 베다 경전들과 기타 경전들에 대한 설명회 등이 포함된 큰 축하 행사가 있었다. 그때 이들 모든 예술가들은 음식과 술을 대접받았고, 옷과 보석 같은 선물들도 아낌없이 그들에게 주어졌다.

깨달음을 얻은 다샤라타 왕은 일주일 내내 다양한 여흥들과 종교 의식들을 곁들여, 현자 바시슈타의 강론이 성공적으로 끝난 것을 축하했다.

발미끼는 말했다.

오, 바라드바자여! 이와 같이 라마와 다른 사람들은 지고의 지식과 슬픔을 넘어선 상태를 얻었다. 꼭 그와 같이, 이러한 태도를 얻어, 의심이 없는 해방된 현자처럼 살아가라. 정말로 그대는 이 경전을 경청함으로써 이미 해방을 얻었다. 그대는 지반묵따이다. 심지어 어린아이도 이 경전의 말씀에 귀를 기울이면, 참나 지식을 얻는다. 강한 욕망 때문에 끈질기게 강한 속박이 가슴속에 생긴 그런 무지한 사람마저도, 마치 어린아이들이 성숙한 어른(아이가 아닌)이 되듯이, 해방을 다루고 있는 이 경전을 공부함으로써 분리의 상태를 초월할 수 있다. 그들은 두 번 다시 삼사라에 연루되지 않을 것이다.

이 경전의 의미를 이해하지도 못하고 이 경전을 암송하는 이들이나, 이것을 책으로 쓰는(이것을 복사하는) 사람들이나, 어떤 사람들로 하여금 이 경전을 읽게 하거나 해설하게 하는 사람들도 큰 공덕을 쌓아 천국에서 삶을 즐기고, 제3생에서는 해방을 얻을 것이다.

발미끼는 아리슈따네미 왕에게 말했다.

이와 같이 나는 그대에게 바시슈타가 라마에게 가르친 것을 들려주었습니다. 이 길을 따라감으로써 그대도 진리를 얻을 것입니다.

왕은 말했다.

신이시여! 그대의 은총으로 나는 이 삼사라를 건넜습니다.

(신들의 전령에게 왕은 말했다.)

그대는 나에게 진정한 친구였습니다. 그대는 이제 가도 좋습니다. 나는 지금까지 들었던 이 진리를 명상하겠습니다.

전령은 천인에게 말했다.

나도 이 모든 말씀을 듣고 더할 나위 없는 감동을 받았습니다. 이제 저는 인드라의 거처로 가야겠습니다.

천인은 말했다.

오, 신들의 전령이여! 나는 그대로부터 이 모든 것을 들을 수 있었으니 진실로 복 받았습니다. 이제 그대는 인드라에게 갈 수 있습니다.

아그니베슈야는 까룬야에게 말했다.

따라서 천인은 계속 명상에 잠겨 있었다. 그대는 이 모든 것을 잘 들었는가?

까룬야는 대답했다.

물론입니다. 나의 망상이 사라졌습니다. 나는 이제 의지의 작용이 전혀 없는 자연스러운 활동을 하는 그런 삶을 영위할 것입니다.

아가스띠야는 수띡슈나에게 말했다.

이와 같이 아그니베슈야는 그의 아들인 까룬야에게 가르침을 주었습니다. 이 가르침을 의심하지 마십시오. 왜냐하면 이것을 의심하는 사람은 죽기 때문입니다.

수띡슈나는 말했다.

나의 무지도 없어졌습니다. 지식의 등불이 켜졌습니다. 나는 이 세상의 이 모든 사물들이 바다의 파도들처럼 무한한 의식 속에 존재하고 있다는 것을 깨달았습니다. 그러므로 나는 아무 의지의 작용이 없는 자연스러운 활동을 하는 그런 삶을 영위할 것입니다. 나는 정말 복을 받았습니다. 나는 그대에게 경의를 표합니다. 왜냐하면 제자는 생각이나 말이나 행동으로 마땅히 자신의 구루를 숭배하고 섬겨야 하기 때문입니다. 신이시여! 당신의 은총으로 나는 이 삼사라의 바다를 건넜습니다. 나는 지고의 존재에게 경의를 표합니다. 그 지고의 존재를 명상함으로써 우리는 이 모든 것이 정말로 브람만 즉 무한한 의식이라는 것을 깨닫기 때문입니다. 거룩한 스승이신 바시슈타에게 경의를 표합니다.

옴 탓 삿(OM TAT SAT)

바시슈타 요가

초판 1쇄 발행　2009년 8월 25일
초판 2쇄 발행　2022년 3월 15일
지은이　스와미 벤까떼사난다
옮긴이　김병채
펴낸이　황정선
펴낸곳　슈리 크리슈나다스 아쉬람
출판등록　2003년 7월 7일 제62호
주소　경상남도 창원시 의창구 북면 신리길 35번길 12-9
대표전화　(055) 299-1399
팩시밀리　(055) 299-1373
전자우편　krishnadass@hanmail.net
홈페이지　www.krishnadass.com

ISBN 978-89-91596-24-5　03270

Printed in Korea